Professor Dr. Dr. h.c. mult. Peter Häberle/
Professor Dr. Markus Kotzur, LL.M. (Duke Univ.)

Europäische Verfassungslehre

8., aktualisierte und erweiterte Auflage

Nomos

DIKE

Die Deutsche Nationalbibliothek verzeichnet diese Publikation in der Deutschen Nationalbibliografie; detaillierte bibliografische Daten sind im Internet über http://dnb.d-nb.de abrufbar.

ISBN 978-3-8487-2121-4 (Nomos Verlag, Baden-Baden)

ISBN 978-3-03751-764-2 (Dike Verlag Zürich, St. Gallen)

8. Auflage 2016

Inhaltsübersicht

Inhaltsverzeichnis

Abkürzungsverzeichnis

A

aaO.	am angegebenen Ort
ABGB	Allgemeines Bürgerliches Gesetzbuch
AbgG	Abgeordnetengesetz
ABl.	Amtsblatt
Abs.	Absatz
AcP	Archiv für civilistische Praxis
AdV	Archiv des Völkerrechts
AEUV	Vertrag über die Arbeitsweise der Europäischen Union
a.F.	alte Fassung
AfP	Archiv für Presserecht
AfrMRK	Banjul Charta der Menschenrechte und Rechte der Völker
AJDA	Actualité juridique/ Droit administratif
AJP	Archiv für Juristische Praxis
AJIL	American Journal of International Law
AK GG	Alternativkommentar zum Grundgesetz
AllgERklMR	Allgemeine Erklärung der Menschenrechte/UN
ALR	Allgemeines Landrecht für die preußischen Staaten
Anm.	Anmerkung
AMRK	Amerikanische Menschenrechtskonvention
AO	Abgabenordnung
AöR	Archiv des öffentlichen Rechts
ARG	Allgemeine Rechtsgrundsätze
ARSP	Archiv für Rechts- und Sozialphilosophie
Art.	Artikel
Aufl.	Auflage
AVR	Archiv für Völkerrecht

B

B`90	Bündnis 90
BAföG	Bundesausbildungsförderungsgesetz
BAG	Bundesarbeitsgericht
BauR	Baurecht
BayVBl.	Bayerische Verwaltungsblätter
BB	Der Betriebs-Berater
BBauG	Bundesbaugesetz

BDSG	Bundesdatenschutzgesetz
BFH	Bundesfinanzhof
BG	Bundesgericht (Schweiz)
BGB	Bürgerliches Gesetzbuch
BGBl.	Bundesgesetzblatt
BMF	Bundesminister für Finanzen
BMI	Bundesminister des Innern
BT	Drs Bundestag-Drucksache
BV	Schweizerische Bundesverfassung
BVerfG	Bundesverfassungsgericht
BVerfGE	Entscheidungen des Bundesverfassungsgerichts
BVerfGG	Gesetz über das Bundesverfassungsgericht
BVerwG	Bundesverwaltungsgericht
BV-G	Bundes-Verfassungsgesetz (Österreich)

C

CDU	Christlich Demokratische Union
CIC	Codex Iuris Canonici
CIG	Christ in der Gegenwart
CODESA	Convention for a Democratic South Africa
ČSFR	Tschechoslowakische Föderative Republik
ČSSR	Tschechoslowakische Sozialistische Republik
CSU	Christlich Soziale Union in Bayern

D

DA	Demokratischer Aufbruch
DDR	Deutsche Demokratische Republik
ders.	derselbe
DFG	Deutsche Forschungsgemeinschaft
DGB	Deutscher Gewerkschaftsbund
DKP	Deutsche Kommunistische Partei
DJT	Deutscher Juristentag
DÖV	Die Öffentliche Verwaltung
DRiZ	Deutsche Richterzeitung
DSU	Deutsche Soziale Union
DtZ	Deutsch-Deutsche Rechts-Zeitschrift
DV	Die Verwaltung
DVBl.	Deutsches Verwaltungsblatt

E

E	Entscheidung
EEA	Einheitliche Europäische Akte
EFTA	European Free Trade Association
EG	Europäische Gemeinschaft
EGMR	Europäischer Gerichtshof für Menschenrechte
EGV	Vertrag zur Gründung der Euopäischen Gemeinschaften
EJIL	European Journal of International Law
EKD	vangelische Kirche in Deutschland
EMRK	Konvention zum Schutze der Menschenrechte und Grundfreiheiten
EnWG	Energiewirtschaftsgesetz
ESC	Europäische Sozialcharta
EU	Europäische Union
EuG	Europäisches Gericht erster Instanz
EuGH	Europäischer Gerichtshof
EuGRZ	Europäische Grundrechte-Zeitschrift
EuR	Europarecht
EUV	Vertrag zur Gründung der Europäischen Union
EuZW	Europäische Zeitschrift für Wirtschaftsrecht
EWGV	Vertrag zur Gründung der Europäischen Wirtschaftsgemeinschaft
EwiR	Entscheidungen zum Wirtschaftsrecht
EWR	Europäischer Wirtschaftsraum
EWS	Zeitschrift für Europäisches Wirtschafts- und Steuerrecht

F

FAZ	Frankfurter Allgemeine Zeitung
F.D.P.	Freie Demokratische Partei
FG	Finanzgericht
FR	Frankfurter Rundschau
FS	Festschrift
FTG	Feiertagsgesetz

G

GBl.	Gesetzblatt
Ged.-Schrift/GS	Gedächtnisschrift
GemO	Gemeindeordnung
GewArch	Gewerbearchiv
GG	Grundgesetz
ggf.	gegebenenfalls
GUS	Gemeinschaft unabhängiger Staaten

GVBl.	Gesetz- und Verordnungsblatt
GVG	Gerichtsverfassungsgesetz
GVK	Gemeinsame Verfassungskommission von Bundestag und Bundesrat
GWB	Gesetz gegen Wettbewerbsbeschränkungen

H

HCHE	Herrenchiemsee-Entwurf
HdBStKirchR	Handbuch des Staatskirchenrechts
HdBStR	Handbuch des Staatsrechts
HdBVerfR	Handbuch des Verfassungsrechts
HdUR	Handbuch des Umweltrechts
HdSW	Handwörterbuch der Sozialwissenschaften
HGR	Handbuch der Grundrechte
Hrsg.	Herausgeber

I

i.E.	im Erscheinen
IGH	Internationaler Gerichtshof
IntKomm	Internationaler Kommentar
IntVG	Integrationsverantwortungsgesetzs
IPbürgR	Internationaler Pakt über bürgerliche und politische Rechte
IPR	Internationales Privatrecht
IPRax	Praxis des Internationalen Privat- und Verfahrensrechts
IPwirtR	Internationaler Pakt über wirtschaftliche, soziale und kulturelle Rechte
IPR	Internationales Privatrecht
IWF	Internationaler Währungsfonds

J

JA	Juristische Arbeitsblätter
Jb.	Jahrbuch
JoR	Jahrbuch für Ostrecht
JöR	Jahrbuch des öffentlichen Rechts
JR	Juristische Rundschau
Jura	Juristische Ausbildung
JuS	Juristische Schulung
JZ	Juristenzeitung

K

KAS	Konrad-Adenauer-Stiftung, Auslandsinformationen
KJ	Kritische Justiz

KMK	Kultusministerkonferenz
KPD	Kommunistische Partei Deutschlands
KPdSU	Kommunistische Partei der Sowjetunion
KritV	Kritische Vierteljahresschrift für Gesetzgebung und Rechtswissenschaft
KSchG	Kündigungsschutzgesetz
KultSchG	Kulturgüterschutzgesetz
KSZE	Konferenz über Sicherheit und Zusammenarbeit in Europa
KV	Kantonsverfassung
KZfS	Kölner Zeitschrift für Soziologie und Sozialpsychologie

L

LES	Liechtensteinische Entscheidungssammlung
LGBl.	Landesgesetzblatt
lit.	Littera
Lit.	Literatur
LKV	Landes- und Kommunalverwaltung
LL-PDS	Linke Liste ...
LS	Leitsatz
LV	Landesverfassung

M

m.w.N.	mit weiteren Nachweisen
MdB	Mitglied des Deutschen Bundestages

N

Nds.VBl.	Niedersächsische Verwaltungsblätter
n.F.	neue Fassung
NF	Neues Forum
NJ	Neue Justiz
NJW	Neue Juristische Wochenschrift
NPD	Nationaldemokratische Partei Deutschlands
NRW	Nordrhein-Westfalen
NVwZ	Neue Zeitschrift für Verwaltungsrecht
NWZ	Neue Wüttembergische Zeitung
NZZ	Neue Zürcher Zeitung

O

OER	Osteuropa-Recht
ORDO	Jahrbuch für die Ordnung von Wirtschaft und Gesellschaft
OSZE	Organisation für Sicherheit und Zusammenarbeit in Europa

OVG	Oberverwaltungsgericht

P

PartG	Parteiengesetz
PEN-Club	Internationale Schriftstellervereinigung
PDS	Partei des Demokratischen Sozialismus
PVS	Politische Vierteljahresschrift

R

RabelsZ	Zeitschrift für ausländisches und internationales Privatrecht
RdA	Recht der Arbeit
RdJB	Recht der Jugend und des Bildungswesens
Rdnr.	Randnummer
REDP/ERPL	Revue Europeenne de Droit Public/ European Review of Public Law
RFH	Reichsfinanzhof
ROW	Recht in Ost und West
RuP	Recht und Politik
RuStAG	Reichs- und Staatsangehörigkeitsgesetz
Rz	Randziffer

S

SächsVBl.	Sächsische Verwaltungsblätter
SBZ	Sowjetische Besatzungszone
sc.	scilicet
SED	Sozialistische Einheitspartei Deutschlands
SIPE	Societas Iuris Publici Europaei
SJZ	Schweizerische Juristen-Zeitung
Soc.Sc.Qu.	Social Science Quaterly
SPD	Sozialdemokratishe Partei Deutschlands
Stasi	Staatssicherheitsdienst der DDR
StGB	Strafgesetzbuch
StGH	Staatsgerichtshof
StPO	Strafprozeßordnung
StWStP	Staatswissenschaften und Staatspraxis
SV	Sondervotum
SZ	Süddeutsche Zeitung

T

TB	Taschenbuch
ThürVBl.	Verwaltungsblätter für Thüringen

TVG	Tarifvertragsgesetz

U

UdSSR	Union der Sozialistischen Sowjetrepubliken
UN	United Nations
UNESCO	United Nations Educational, Scientific and Cultural Organization

V

VBlBW	Verwaltungsblätter für Baden-Württemberg
VE/VerfE	Verfassungsentwurf
Verf.	Verfassung; Verfasser
VerwArch	Verwaltungsarchiv
VGH	Verwaltungsgerichtshof
VRE	Versammlung der Regionen Europas
VRÜ	Verfassung und Recht in Übersee
vs	versus
VVDStRL	Veröffentlichungen der Vereinigung der Deutschen Staatsrechtslehrer
VSSR	Vierteljahresschrift für Sozialrecht
VwGO	Verwaltungsgerichtsordnung
VwVfG	Verwaltungsverfahrensgesetz

W

WGO	Die wichtigsten Gesetzgebungsakte in den Ländern Ost-, Südeuropas und in den ostasiatischen Volksdemokratien (1.1959-8.1966, darin Monatshefte für Osteuropäisches Recht)
WHO	World Health Organization
WPflG	Wehrpflichtgesetz
WRV	Weimarer Reichsverfassung
WSI	Wirtschafts- und sozialwissenschaftliches Institut
WuB	Entscheidungssammlung zum Wirtschafts- und Bankrecht

Y

YIL	Gearman Yearbook of International Law

Z

ZaöRV	Zeitschrift für ausländisches öffentliches Recht und Völkerrecht
ZBJV	Zeitschrift des Bernischen Juristenvereines
ZBl.	Schweizer Zentralblatt für Staats- und Verwaltungsrecht
ZEuP	Zeitschrift für Europäisches Privatrecht
ZEuS	Zeitschrift für europarechtliche Studien
ZevKR	Zeitschrift für evangelisches Kirchenrecht

ZfA	Zeitschrift für Arbeitsrecht
ZfBR	Zeitschrift für deutsches und internationales Baurecht
ZfP	Zeitschrift für Politik
ZfRV	Zeitschrift für Rechtsvergleichung
ZfV	Zeitschrift für Verwaltung
ZG	Zeitschrift für Gesetzgebung
ZGB	Schweizerisches Zivilgesetzbuch
ZHR	Zeitschrift für das gesamte Handelsrecht und Wirtschaftsrecht
ZIAS	Zeitschrift für ausländisches und internationales Arbeits- und Sozialrecht
Ziff.	Ziffer
zit.	zitiert
ZnR	Zeitschrift für neuere Rechtsgeschichte
ZÖR	Zeitschrift für öffentliches Recht (Österreich)
ZParl	Zeitschrift für Parlamentsfragen
ZRG	Zeitschrift der Savigny-Stiftung für Rechtsgeschichte
ZRP	Zeitschrift für Rechtspolitik
ZSE	Zeitschrift für Staats- und Europawissenschaften
ZSR	Zeitschrift für Schweizerisches Recht
ZStW	Zeitschrift für die gesamte Strafrechtswissenschaft
ZUM	Zeitschrift für Urheber- und Medienrecht
ZVglRWiss.	Zeitschrift für vergleichende Rechtswissenschaft

Vorwort zur 8. Auflage

Diese 8. Auflage ist ein Gemeinschaftswerk beider Autoren. In einer Zeit, in der sich Europa im Brüsseler Alltag im Klein-Klein buchstäblich selbst zerlegt, in der die EU als Friedensgemeinschaft aufs Äußerste herausgefordert ist (durch Russland, das gemeinsam mit der Ukraine Mitglied des Europarates ist!), in der es keine großen Europapolitiker vom Range eines *A. de Gasperi*, *Ch. de Gaulle*, *K. Adenauer*, *F. Mitterand* und *H. Kohl* mehr gibt, muss gerade die Europäische Verfassungslehre als *Wissenschaft* ihre grundlegenden Architekturelemente bewahren und weiter entwickeln, so begrenzt die Möglichkeiten der Wissenschaft sein mögen.
Auch diese 8. Auflage hätte ohne den kulturwissenschaftlichen Ansatz von 1982/98 nicht geschrieben werden können. Die ersten sieben Auflagen waren eine Etappe auf dem Weg zu „Vorstudien zu einer universalen Verfassungslehre“ (2013), ohne das damit das Denken in Ebenen richtig geworden wäre. Auch Europas Teilverfassungen bilden zusammen mit den nationalen und völkerrechtlichen Teilverfassungen ein Ensemble. Das Buch von 2016 hofft auf die schon vor 1998 konzipierte Öffentlichkeit aus Wissenschaft und auf die weitere Entfaltung des Gemeineuropäischen Verfassungsrechts (1991). Es lebt vom unverzichtbaren wissenschaftlichen Optimismus, auch im Hinblick auf das „europäische Haus“, zu dem die Ukraine ebenso gehören sollte wie Russland und das dem Terror ebenso standhalten muss wie es – im Rahmen des Möglichen – den Flüchtenden Heimat werden sollte. Ermutigen darf, dass die Aufstellung von Spitzenkandidaten für die Wahl des Europäischen Parlaments (2014) jetzt zu einer Demokratisierung der EU geführt hat (Wahl von *J.-C. Juncker* zum Präsidenten der EU-Kommission). Bei all dem bleibt der „europäische Jurist“ gefordert.
Der Verfasser *Peter Häberle* ist überaus glücklich und sehr dankbar dafür, dass der seinerzeitige Bayreuther Habilitand und jetzige Professor in Hamburg, *Markus Kotzur*, bereit ist, als tatkräftiger Ko-Autor mitzuwirken. Etwaige spätere Auflagen wird wesentlich er betreuen. Auch an dieser Stelle soll dankbar zum Ausdruck gebracht werden, dass Professor *Kotzur* seit 2002, dem Jahr der Emeritierung von *Peter Häberle*, bis heute mit ihm ein gemeinsames Seminar in Bayreuth gestaltet.

Die erstmalige Einfügung von Randnummern soll die Lesbarkeit des Buches erhöhen. Für große Hilfe danken die Verfasser den Mitarbeiterinnen und Mitarbeitern des Hamburger Lehrstuhls, allen voran Herrn wiss. Mit. Felix Heidrich, der in unermüdlicher Detailarbeit das Buch von der Literaturrecherche bis zur Fahnenkorrektur begleitet hat.

Bayreuth/Hamburg im Februar 2016 PETER HÄBERLE, MARKUS KOTZUR

Vorwort zur 1. Auflage

Jedes Vorwort zu einem im Laufe vieler Jahre geschriebenen wissenschaftlichen Werk ist in Wahrheit entstehungsgeschichtlich eher ein „Nachwort“: d.h. es wird realiter meist am Ende, als Abschluss, geschrieben. Sogar *W. A. Mozart* hat seine Ouvertüre zu „Don Giovanni“ als letzten Teil komponiert (1787). Freilich darf allenfalls formal an dieses Meisterstück im vorliegenden Kontext erinnert werden, sofern zu Vorworten, auf eine Weise Verfassungspräambeln ähnlich, aus kulturwissenschaftlichen Gründen eine Analogie gezogen werden kann. Im Rückblick erst vermag ein Vorwort, wenn überhaupt, zu gedeihen, da erst am Schluss die großen Linien klarer werden (können).

Das hiermit der deutschen und vielleicht europäischen Öffentlichkeit vorgelegte Buch trägt den Titel „Europäische Verfassungslehre“ – 1999 waren hierzu gleichnamige „Einzelstudien“ publiziert worden. Der Titel bleibt ambitiös, und sein Versprechen kann vielleicht im Ganzen und Einzelnen gesehen, nicht voll eingelöst werden. Denn im Grunde handelt es sich lediglich um Versuche zu einer Annäherung in mehreren Schritten, so wie der Verf. 1994 seine „Europäische Rechtskultur“ (Taschenbuch 1997) im Untertitel bezeichnet hat. Zum stufenhaften Entstehungsvorgang gehört zum einen die 1998 nach mehr als 15jähriger Vorarbeit publizierte „Verfassungslehre als Kulturwissenschaft“, zum anderen die im Auftrag der Italienischen Enzyklopädie Treccani (Rom) geschriebene Monographie „Der Verfassungsstaat“ (Rom 2001, bislang nicht auf Deutsch veröffentlicht, mexikanische Ausgabe: „El Estado constitucional“, 2001). Der Verf. hofft mit seinem seit 1982 entfalteten kulturwissenschaftlichen Ansatz gerade dem Konstituierungsprozess Europas nahe zu kommen. Dies umso mehr, als die wissenschaftliche Begleitung der konstitutionellen Einigung Europas nicht in den Engführungen einer („allgemeinen) Staatslehre“, sondern in der Kategorie *Verfassungs*lehre erfolgversprechend ist. Langjährige Vorstudien etwa zum „Gemeineuropäischen Grundrechts- bzw. Verfassungsrecht“ (1983/91), zur „Europäischen Öffentlichkeit“ (1998) waren Etappen zu dieser „Versuchsreihe“ – eine kleine wissenschaftliche Analogie zu den großen politischen Trial- and Error-Verfahren im Europäischen Einigungsprozess (zuletzt der „Post-Nizza-Prozess“!).

Das Buch will nicht in Anspruch nehmen, ein (großes) Lehrbuch zu sein, es ähnelt eher einer Monographie. Vor allem bleibt es auf die ganze Breite juristischer Literaturgattungen vom Aufsatz über den Handbuch- und Lexikonartikel sowie Kommentar bis zur Rechtsprechungsrezension angewiesen. Während die meisten heute entstehenden Arbeiten betont und gezielt dem positiven „Europäischen Verfassungsrecht" gelten, bemüht sich dieses Buch jedoch um die Etablierung einer „höheren" Ebene: eben der Verfassungslehre. Dadurch wird es auch möglich, von einer abstrakteren Sicht aus vergleichend und rechtspolitisch zu arbeiten. So vieles sich von der nationalstaatsbezogenen Verfassungslehre aus auf das konstitutionelle Europa übertragen lässt: Es geht auch darum, das in Themen und Artikelgruppen, Institutionen und Verfahren spezifisch Neue, Eigene, der Verfassung Europas herauszuarbeiten. Diese Arbeit kann letztlich nur generationenübergreifend und von vielen nationalen Wissenschaftlergemeinschaften in Europa gemeinsam geleistet werden. Der kulturelle Generationenvertrag, Teil des europäischen Gesellschaftsvertrages, ist selten so notwendig wie beim Aufbau und Ausbau des gemeinsamen „europäischen Hauses", das ein *Haus der Verfassung* ist.

Danken möchte ich an erster Stelle Herrn Dr. *Markus Kotzur*, LL.M., der über Jahre hinweg den Entstehungsvorgang dieses Buches hilfreich begleitet hat und dem ich vor allem in den völkerrechtlichen Passagen viele Anregungen verdanke; überdies nahm er zusammen mit den Sekretärinnen, Frau *H. Walther* und Frau *A. Popp*, die technischen Fragen der Fertigstellung des Manuskripts in die Hand. Für Anregungen danke ich bei dem wirtschaftsverfassungsrechtlichen Abschnitt Herrn Dr. *Lothar Michael*, beim religionsverfassungsrechtlichen Teil Herrn Assessor *Arne Kupke*.

Gewidmet ist dieser Band meinem Bayreuther Montagsseminar (1981 bis 2002) sowie den darin mitwirkenden ausländischen Gastwissenschaftlern aus der Schweiz, Italien, Spanien und Griechenland, aus Ungarn, Polen, Kroatien und der Ukraine sowie Japan und Korea, Südafrika und Peru.

Bayreuth/St. Gallen im Mai 2001 — PETER HÄBERLE

Zur Arbeit mit diesem Buch

Die Europäische Verfassungslehre steht noch vor der Aufgabe ihrer Begründung als Disziplin. So sehr sie auch das gesamte Primärrecht der Europäischen Union reflektierend aufgreift[1], das darüber hinausweisende europäische Verfassungsrecht zu ihrem Gegenstand hat[2] und sich aus den Kontexten des „Ius Publicum Europaeum" speist[3], will sie doch mehr leisten als deren bloße verfassungstheoretische Reflexion[4] und muss dabei notwendig weniger bleiben als deren umfassend aufbereitende Darstellung. Die Verfassungslehre buchstabiert nicht im Detail von den Grundrechten bis zur Finanzverfassung, vom Organisationsrecht bis zum Prozessrecht all jene Kapitel aus, die Leserinnen und Leser in einer Abhandlung über das Europäische Verfassungsrecht – gar deutscher Kommentartradition folgend – erwarten dürften. Diesbezüglich bleibt sie selektiv, lässt hier (bewusste) Lücken und vertieft dort mit weiter ausholenden Narrativen[5]. Die Verfassungslehre betrachtet – notwendig vergleichend – den Typus des demokratischen Verfassungsstaates. Die Europäische Verfassungslehre weitet – dazu angehalten von Europäisierung, Internationalisierung und Globalisierung[6] – ihren Blick in den Raum jenseits des Staates, 1

---

1 In der von A. Hatje/P.-Ch. Müller-Graff herausgegebenen „Enzyklopädie Europarecht" (ab Bd. I, 2014) mit eben jenem titelgebenden Anspruch enzyklopädisch dokumentiert, im von R. Schulze/M. Zuleeg/S. Kadelbach herausgegebenen „Europarecht. Handbuch für die deutsche Rechtspraxis" (3. Aufl. 2015) auf ein praxistaugliches Konzentrat heruntergebrochen.

2 A. Bodnar/M. Kowalski/K. Raible/F. Schorkopf (Hrsg.), The Emerging Constitutional Law of the European Union, 2013; *R. Schütze*, European Constitutional Law, 2012; A. v. Bogdandy/J. Bast (Hrsg.), Europäisches Verfassungsrecht, 2. Aufl. 2009.

3 So das gleichnamige von A. v. Bogdandy/P. Cruz Villalón/P. M. Huber herausgegebene Handbuch (ab Bd. I, 2007).

4 Dazu *A. Peters*, Elemente einer Theorie der Verfassung Europas, 2001; siehe auch *J. Nergelius*, The EU Constitution in a historical and comparative perspective. An analysis of the Lisbon treaty and its importance, 2009.

5 Vgl. *A. Koschorke*, Hegel und wir, 2015, S. 139 ff.

6 *M. Albert*, Globalization Theory: Yesterday's Fad or More Lively Than Ever?, International Political Sociology 1 (2007), S. 165 ff.; *A. Leander*, Globalisation Theory: Feeble... And Highjacked, International Political Sociology 3 (2009), S. 109 ff.; *P. Zumbansen*, Spiegelungen von Staat und Gesellschaft: Governance-Erfahrungen

weil sie in Rechnung stellen muss, dass diese drei interdependenten Phänomene die Perspektiven auf das Recht, die Entstehung von Recht und den Zugang zum Recht nachhaltig verändert haben. Sie wird, um auf eine den Sozialwissenschaften entlehnte Methode anzuspielen, auf eine Weise zur „teilnehmenden Beobachterin"[7] von konstitutionellen Wandlungsprozessen, will ihre Welt beobachtend beschreiben, bevor sie sie erklärt. Dass zu solcher Erklärung die überkommenen Kategorien und die Semantik der staatsradiziert gedachten Verfassung nicht mehr genügen, liegt auf der Hand. Kaum einer hat das so pointiert formuliert wie K. Hesse: „Wir leben insoweit von dem Gedankengut einer Welt, die nicht mehr die unsere ist und, wie wir immer deutlicher sehen, in den tiefen Wandlungen des 20. Jahrhunderts ihren Untergang gefunden hat. Über ihre Grundlagen, bisher als gesichert geltende Bestandteile der Staats- und Verfassungslehre, ist die Geschichte hinweggegangen."[8]

2 Die Europäische Verfassungslehre hat der überkommenen Gedankenwelt eine neue und doch an Tradiertes anknüpfende entgegenzusetzen. Ihre Öffnung bedingt Verunsicherung. Ihre Negation des vermeintlich „Sicheren" kann aber fruchtbar sein für eine „Neuvermessung der Welt"[9] von europäischem Recht und europäischer Integration. Genau darum geht es vorliegendem Buch, indes viel bescheidener formuliert und konzipiert. Es macht sich aus den Tiefen der europäischen Rechtskultur[10] und mit komparatistischer Neugier auf die Spurensuch nach dem, was die konstitutionelle Qualität des auf heutiger Entwicklungsstufe, aber mit offener Finalität geeinten Europas ausmacht. In Zeiten der Krise weckt das Wort vom „offenen Ende" indes auch Integrationszweifel, denen diese europäische Verfassungslehre – das sei als programmatisches Bekenntnis offengelegt –

---

in der Globalisierungsdebatte, ARSP 2001, Beiheft 79, S. 13 ff., 21 ff.; zur Begriffstrias Globalisierung, Internationalisierung und Europäisierung respektive zu den Begriffskontexten *M. Kotzur*, Grenznachbarschaftliche Zusammenarbeit in Europa, 2004, S. 54 ff.

7 *B. Hauser-Schäublin*, Teilnehmende Beobachtung, in: B. Beer (Hrsg.), Methoden und Techniken der Feldforschung, 2003, S. 33 ff.; *P. Atteslander*, Methoden der empirischen Sozialforschung, 10. Aufl. 2003, S. 79 ff.

8 *K. Hesse*, Die Welt des Verfassungsstaates – Einleitende Bemerkungen zum Baden-Badener Kolloquium zu Ehren von P. Häberle, in: M. Morlok (Hrsg.), Die Welt des Verfassungsstaates, 2001, S. 11 ff., 13.

9 In sprachlicher Anspielung auf den im Jahre 2005 erschienenen Roman von *D. Kehlmann* mit dem Titel „Die Vermessung der Welt".

10 *P. Häberle*, Europäische Rechtskultur, 1994.

entschieden entgegentreten will. Gerade die mittleren und jüngeren Generationen kennen Europas Trümmerfeld nach 1945 längst nicht mehr aus eigener Anschauung. *Leidvolle Erfahrungen* und *leidenschaftliches Europawerben* der Gründerjahre mögen ihnen allenfalls noch als historische Eckdaten, als erinnerungskulturelle Fixpunkte präsent sein. Für viele bilden aus ihrem alltäglichen Erleben Frieden und Wohlstand eine Selbstverständlichkeit, die sie aber nicht ebenso selbstverständlich dem geeinten Europa als Integrationserfolg zurechnen[11] und vom „gemeineuropäischen Verfassungsrecht" her als Integrationsleistung denken[12].

Es gilt deshalb Europas große politische (Einigungs-)Ideen, die in seinen konstitutionellen Texten ausgeformt sind, oft rezipiert und produktiv fortgeschrieben wurden[13], aufzudecken und in den Theorierahmen einer die mitgliedstaatlichen Verfassungsordnungen mitberücksichtigenden, sie zugleich transzendierenden Verfassungslehre einzubinden. Dass sich Europas „In Vielfalt geeint" leichter zum Leitmotto ausbuchstabieren als alltäglich leben respektive mit politischem Leben füllen lässt, sei dabei keineswegs ausgeblendet. Dass visionäre[14] realitätsbezogenen Europabildern gewichen sind, muss dabei indes kein Nachteil sein. Dass es in einem Zeitalter globalisierungsbedingter Entgrenzungen – die zutiefst verunsichern – leichter sein mag, Europa von seinen Grenzen als von seinen Chancen her zu denken[15], gilt es wirklichkeitsbewusst in Rechnung zu stellen. Und dennoch will diese Europäische Verfassungslehre – allen Krisenbefunden zum Trotz oder vielmehr gerade angesichts aller Krisenbefunde – ihre Le- 3

11 Ein „Faktum ohne besonderen Charme" sei Europa für viele, so resümieren *U. Sarcinelli/M. C. Herrmann*, Europa in der Wahrnehmung junger Menschen – Bedingungen und Konsequenzen für Politikvermittlung und politische Bildungsarbeit, Aus Politik und Zeitgeschichte 48 (B25-26/1998), S. 10 ff., 11.

12 *P. Häberle*, Gemeineuropäisches Verfassungsrecht, EuGRZ 1991, S. 261 ff., 265; *ders.*, Der kooperative Verfassungsstaat – aus Kultur und als Kultur. Vorstudien zu einer universalen Verfassungslehre, 2013, S. 30 und passim.

13 Dazu rechnet etwa auch der von Frankreich ausgehende Menschenrechtsuniversalismus, vgl. *L. Kühnhardt*, Die Universalität der Menschenrechte, 2. Aufl. 1991, S. 231 ff.

14 So, besonders prominent, *W. Churchills* Neuordnungsideen unmittelbar nach dem Zweiten Weltkrieg; dazu *M. Seidel*, Der europäische Verfassungsprozess und Winston Churchills Züricher Vision der „Vereinigten Staaten von Europa", EuZW 2008, S. 1 ff.

15 *J. Schwarze*, Das schwierige Geschäft mit Europa und seinem Recht, in: ders., Europarecht. Strukturen, Dimensionen und Wandlungen des Rechts der Europäischen Union. Ausgewählte Beiträge, 2012, S. 89 ff., 89.

serinnen und Leser dazu einladen, die *Zugehörigengemeinschaft Europa* nicht als primäre Krisenursache, sondern als zukunftsweisende Krisenlösung zu denken. Die europäische Integration ist gewiss nicht „alternativlos", aber sie ist die *bessere Alternative*.

Einleitung: Kulturwissenschaftliches Vorverständnis, text- und kontextwissenschaftliche Methodenwahl, entwicklungsgeschichtlicher Ansatz

A. Das Textstufenparadigma, komparatistische und kulturwissenschaftliche Öffnung der Verfassungslehre – erarbeitet an der „Sache Europa"

I. Das Textstufenparadigma als Teil der Entwicklungsgeschichte des Verfassungsstaates – die komparatistische Öffnung der Verfassungslehre

Dass Polen der erste europäische Staat war, der im Gefolge von Amerikanischer und Französischer Revolution eine geschriebene Verfassung vorlegte (3. Mai 1791), ist bekannt. Weniger bekannt sein dürfte, dass *W. B. Jastrzębowski* (1799-1882), ein polnischer Naturwissenschaftler, angesichts des polnisch-russischen Krieges im Jahre 1831 und gewiss inspiriert von *I. Kants* Traktat „Zum ewigen Frieden" am 3. Mai 1831 – just zum 40. Geburtstag der Verfassung von 1791 – ein eigenes Traktat vorlegte. Es trägt, getragen vom konstitutionellen Enthusiasmus seiner Zeit, den Titel: „The Treatise on the Eternal Union between Civilized Nations – the Constitution for Europe." Unter Punkt 2 der handschriftlich verfassten „thoughts pertaining to a law establishing eternal peace in Europe" heißt es: „National laws will be a guarantee of equality of men composing a nation, whereas European laws, which are to constitute a basis of eternal alliance in Europe, will be a guarantee of equality of European nations."[1] Und Art. 3 fährt fort: „A nation constitutes national law through its plenipotentiaries, i.e. by its Parliament, whereas Europe constitutes European laws by its Congress consisting of plenipotentiaries elected by all nations."[2] Der Text erscheint nicht nur als visionäre Vorwegnahme souveräner Staatengleichheit, sondern als Blaupause dessen, was mehr als ein Jahrhundert später und nach zwei verheerenden Weltkriegen Europas Ver- 4

---

1 *W. B. Jastrzębowski*, The Treatrise on the Eternal Union between Civilized Nations – the Constitution for Europe (1831), englische Übersetzung 1985, S. 266.

2 Ebd.

fassungszukunft werden sollte. Auch andere europäische Visionäre wie *R. N. Coudenhove-Kalergi* (1894-1972), der Gründer der Paneuropa-Union, hatten ihren Anteil daran, dass solche frühen Blütenträume die Menschheitskatastrophen des 20. Jahrhunderts überdauern sollten. Gewiss darf die Europäische Verfassungslehre von heute sich nicht in blütenträumerischen Idealismus verlieren, sie verlangt vielmehr nach sachlicher Nüchternheit[3], methodischer Klarheit und konzeptioneller Stringenz. Sie wäre aber naiv und kontextunsensibel, beschränkte sie sich allein auf das positive Recht der Union und ignorierte die in Jahrhunderten gewachsenen – manchmal auch nur geträumten – Meistererzählungen des europäischen Einigungsprozesses[4].

5 Die Europäische Verfassungslehre kann daher, will sie kein auf das europäische Primärrecht beschränktes selbstreferentielles System bleiben, nur aus einem *doppelten* Ansatz gelingen: als Rechtsvergleichung in der *Zeit*, der Rechtsgeschichte bzw. werdenden Verfassungsgeschichte; insofern ist es zutreffend, auch eine „Verfassungsgeschichte der Europäischen Union" zu beginnen und den großen Integrationserzählungen entwicklungsgeschichtlich nachzuspüren[5]. Im *gleichen* Atemzug ist die Rechtsvergleichung im *Raum* zu unternehmen – neugierig auch auf die Erzählungen der Anderen –, so dass die „zwei Seiten" des *einen* Gegenstandes in ihrer Interdependenz erfasst werden[6]. Diese Komparatistik hat in der Zivilrechtslehre seit langem vorbildlich Heimat, in Namen wie *H. Coing*, *K. Zweigert*

---

3 Lange bevor nach Maastricht die europäische Verfassungsdebatte Fahrt aufnahm, kannte die vormalige EWG schon ihre „Verfassungskrisen": *J. Lambert*, The Constitutional Crisis (1965-66), JCMS 4 (1966), S. 195 ff.

4 *P. Brooks*, Narrative in and of the Law, in: J. Phelan/P. J. Rabinowitz (Hrsg.). A Companion to Narrative Theory, 2005, S. 415 ff.

5 So *M. Zuleeg*, Ansätze zu einer Verfassungsgeschichte der EU, ZNR 1997, S. 270 ff.; *D. Armstrong/L. Lloyd/J. Redmond,* From Versailles to Maastricht: International Organisation in the Twentieth Century, 1996; *U. Everling*, Von den Europäischen Gemeinschaften zur Europäischen Union, in: FS Oppermann, 2001, S. 163 ff.; W. Hummer/E. Busek (Hrsg.), Etappen auf dem Weg zu einer europäischen Verfassung, 2004; *P. Pescatore*, Die Geschichte der europäischen Einigung zwischen Realität und Utopie, 2007; *G. Brunn*, Die europäische Einigung: von 1945 bis heute, 2009; *J.-W. Müller*, Das demokratische Zeitalter. Eine politische Ideengeschichte Europas im 20. Jahrhundert, 2013; *W. Loth*, Europas Einigung. Eine unvollendete Geschichte, 2014.

6 *C.-D. Busse*, Die Methoden der Rechtsvergleichung im Öffentlichen Recht als richterliches Instrument der Interpretation von nationalem Recht, 2015, S. 27 ff. übernimmt hier eine Idee von P. Häberle.

und *H. Kötz* greifbar. Zu vergleichen ist auf mehreren Ebenen: auf der Ebene der Verfassungs*texte*, auf der der *Rechtsprechung* und auf der der *Wissenschaft*. Dabei gibt es „Überkreuzrezeptionen". Beispiele sind: Der Regionalismus der spanischen Verfassung (1978), z.T. auf Vorbildtexte Italiens von 1947 (und mittelbar auf die WRV) zurückzuführen, rezipiert in der weiteren Entwicklung Klassikertexte und Judikate des deutschen BVerfG zum Föderalismus. Z.B. wird „Bundestreue" zur „Regionalismustreue"[7], auf europäischer Ebene zur „Unionstreue"[8]. Die Idee „Solidarität" ist vielseitig verwendbar, auch im Europarecht im engeren Sinne (Art. 4 Abs. 3 UAbs. 2 und 3 bzw. Art. 5 EUV). Sichtbar wird so das *Textstufenparadigma*: Was im einen Land Ergebnis längerer (ungeschriebener) Verfassungsentwicklung ist, wird im anderen Rahmen nationaler Verfassunggebung auf den Begriff bzw. neue Texte gebracht. In Europa hat z.B. Art. 6 Abs. 3 EUV hinsichtlich der Menschenrechte und Grundfreiheiten als „allgemeine Grundsätze des Unionsrechts" formell das auf eine Textstufe gehoben, was nach und nach durch EuGH und EGMR-Prätorik bzw. die Wissenschaft erarbeitet worden war. Darüber hinaus kann schon durch bloßen europa-, ja weltweiten Verfassungstextvergleich eine Verfassungslehre konturiert werden, da und insofern neue Texte auch die Wissenschaft verarbeiten, dies aber so konzentriert, dass manche wissenschaftliche Literatur überflüssig wird (Stichwort: Verfassungstexte „als Literatur"), zumal unsere professorale wissenschaftliche Literatur oft kurzlebiger ist als die von ihr kommentierten Verfassungstexte[9]. Ein Teilaspekt dieses Ansatzes ist es, die Rechtsvergleichung als „fünfte" Auslegungsmethode zu inthronisieren[10] (was auch den Teilaspekt einer *„europarechtsfreundlichen bzw.*

---

7 Nachweise bei *P. Häberle*, Theorieelemente eines allgemeinen juristischen Rezeptionsmodells, JZ 1992, S. 1033 ff.; *ders.*, Europäische Rechtskultur, 1994, S. 175 ff. Zum „Treue"-Prinzip: *M. Lück*, Die Gemeinschaftstreue als allgemeines Rechtsprinzip im Recht der EG, 1992; *A. Anzon*, La Bundestreue et il sistema federale tedesco, 1995; *A. Alen u.a.*, „Bundestreue" im belgischen Verfassungsrecht, JöR 42 (1994), S. 439 ff.; *H. Bauer*, Die Bundestreue, 1992; *P. Unruh*, Die Unionstreue, EuR 2002, S. 41 ff.

8 *A. Hatje*, Loyalität als Rechtsprinzip in der Europäischen Union, 1999.

9 Zu alldem *P. Häberle*, Verfassungslehre als Kulturwissenschaft, 2. Aufl. 1998, S. 342 ff. und passim; vgl. auch den Besprechungsaufsatz von *W. Brugger*, Kultur, Verfassung, Recht, Staat, AöR 126 (2001), S. 271 ff.; *P. Mankowski*, Rechtskultur, JZ 2009, S. 321 ff.; *H. Hofmann*, Recht und Kultur, Drei Reden, 2009; *P. Wiater*, Kulturpluralismus als Herausforderung für Rechtstheorie und Rechtspraxis, 2009.

10 Dazu *P. Häberle,* Grundrechtsgeltung und Grundrechtsinterpretation, JZ 1989, S. 913 ff.

-konformen Auslegung“ in sich trägt). Die beiden europäischen Verfassungsgerichte EuGH und EGMR sind ebenso auf diesem Weg wie vereinzelt nationale Verfassungsgerichte, etwa das BVerfG (E 74, 358 (370 f.); 111, 307 (317); 113, 273 (344)), das freilich die Grundrechte noch deutlicher im Lichte der EMRK auslegen sollte. Gerade die Europäische Verfassungslehre kann auf sensible Textstufenanalysen nicht verzichten: weil sie ihren Gegenstand in *Teil*verfassungen, *Teil*öffentlichkeiten und in einer *Vielfalt* von nationalen Rechtskulturen findet und zum Teil auch mit schafft. Dass die herkömmliche Rechtskreiselehre seit dem „annus mirabilis“ 1989 der Revision bedarf, da europa-, ja weltweit ein „internationaler“ Wirkungszusammenhang der Verfassungen erkennbar wird[11] und der Typus Verfassungsstaat ein universales Projekt geworden ist, sei nur angemerkt.[12]

6 In Europa ist der Vergleich in dem Maße auf *zwei* Ebenen zu leisten, wie die Europäische Verfassungslehre zwei Ebenen zu unterscheiden hat, auch wenn sie real vielfältig (auch *rechtspluralistisch*) verschränkt sind: zum einen die national-verfassungsstaatliche Ebene, die aus ihrem Schatzhaus ständig neue Elemente „nach oben“ liefert, ohne zu simplifizierenden Strukturanalogien zu verleiten (Grundrechte, Demokratiekonzepte, Regionalstrukturen, Rechtsstaatselemente, z.B. die Staatshaftung, oder Parteienstaatsmodelle, Staats- bzw. Verfassungsziele); zum anderen die überstaatliche, eben europäische Ebene, aus der die Europäische Verfassung und ihre Lehre buchstäblich „erwächst“. Diese Ebene rezipiert nicht nur schöpferisch, sie gibt im gemeineuropäischen Verbund konstitutionelle Teilprinzipien auch an die Nationalstaaten weiter bzw. zurück: indem sie z.B. den Regionalismus in Großbritannien (Schottland, Wales, 1997: „devolution“, später der halbautonome Status für Nordirland mit dem „Rat der Inseln“, 1998; 2014 entschied sich Schottland für seinen Verbleib im Vereinigten Königreich) zwar nicht hervorbringt, aber doch anregt. Aus diesem „horizontalen“ und „vertikalen“ osmotischen Geben und Nehmen „gerinnt“ die

---

11 Dazu das Hagener Kolloquium von 1989: U. Battis/E. G. Mahrenholz/D. Th. Tsatsos (Hrsg.), Das Grundgesetz im internationalen Wirkungszusammenhang der Verfassungen, 1990; später: U. Battis u.a. (Hrsg.), Das Grundgesetz im Prozess europäischer und globaler Verfassungsentwicklung, 2000. – Grundsätzlich hierzu: *H. Kötz*, Abschied von der Rechtskreislehre?, ZEuP 1998, S. 493 ff.; *R. Grote*, Rechtskreise im öffentlichen Recht, AöR 126 (2001), S. 10 ff.

12 *P. Häberle*, Der kooperative Verfassungsstaat – aus Kultur und als Kultur. Vorstudien zu einer universalen Verfassungslehre, 2013.

Europäische Verfassung, gewinnt der „europäische Verfassungsstaat“ seine Konturen, kann die Europäische Verfassungslehre als Wissenschaft programmatisch Theoriemodelle entwickeln, Ziele setzen, Alternativen benennen und – bescheiden – auch praktische Beiträge leisten[13].

Das skizzierte Europäische Verfassungsrecht speist sich *multi*national. 7
Wohl fast jedes Land hat zu „seiner Stunde“ einen Beitrag geleistet, der ins „Gemeineuropäische“ verweist: Großbritannien verdanken wir den Parlamentarismus, der innerverfassungsstaatlich nachhaltig und jetzt auch, wenngleich zögernd, auf EU-Ebene fragmentarisch Epoche gemacht hat. Frankreich schenkte uns die „Ideen von 1789“ und den Conseil d'Etat. Die Schweiz hat 1848 den Föderalismus geschaffen, der u.a. in Belgien (1994) Erfolg hatte und im Regionalismus, ausgehend von Italien (1947), kräftig ausgebaut in Spanien (1978), auf der EU-Ebene fortschreitet („Ausschuss der Regionen“, Art. 13 Abs. 4 EUV, Art. 300 Abs. 3 AEUV) und so manches Dokument des Europäischen Parlamentes (vgl. die Gemeinschaftscharta der Regionalisierung von 1988) befruchtet. Die skandinavischen Länder praktizieren „Toleranz als Verfassungsprinzip“ und sind in manchem ein besonders waches „kollektives Gewissen Europas“. Deutschlands „Grundrechtskultur“ (ein vom Erstverfasser 1979[14] ebenso wie der Begriff „Verfassungskultur“ im Jahre 1982 vorgeschlagenes Wort) ist wohl ein Respekt heischender Beitrag mit Ausstrahlung auf andere Länder, auch die beiden europäischen Verfassungsgerichte in Luxemburg und Straßburg, wobei sich das BVerfG mehr als einmal von „Straßburg“ aus in Sachen Art. 6 Abs. 1 EMRK belehren lassen musste[15]. Dabei wird das Projekt einer gemeineuropäischen Grundrechtstheorie dringlich, die in ihrem allgemeinen wie in den besonderen Teilen die Unterschiede der nationalstaatlichen Dogmatiken flexibel auffangen sollte. Auch sind viele Einzelfragen in „gemeineuropäischer Hermeneutik“ zu lösen. Das heißt:

---

13 *J. Abr. Frowein,* Die Verfassung der Europäischen Union aus Sicht der Mitgliedstaaten, EuR 1995, S. 315 ff.; *R. Arnold*, Begriff und Entwicklung des Europäischen Verfassungsrechts, in: FS H. Maurer, 2001, S. 855 ff.

14 Vgl. *P. Häberle*, Kommentierte Verfassungsrechtsprechung, 1979, S. 88 ff.

15 EGMR EuGRZ 1997, S. 405 ff. – „Primärliteratur“ zur EMRK: J. Abr. Frowein/W. Peukert (Hrsg.), EMRK, 3. Aufl. 2009; K. Pabel/S. Schmahl (Hrsg.), Internationaler Kommentar zur EMRK, 2014; *Ch. Steinbeiß-Winkelmann/T. Sporrer*, Rechtsschutz bei überlangen Gerichtsverfahren. Eine Zwischenbilanz anhand der Rechtsprechung, NJW 2014, S. 177 ff.; *Th. Jacob*, Der Europäische Gerichtshof für Menschenrechte – Eine aktuelle Bestandsaufnahme von Organisation, Arbeitsweise und Entscheidungsfindung, DVBl. 2015, S. 61 ff.

Nach und nach verlieren die Einzelstaaten ihr herkömmliches Interpretationsmonopol. Die offene Gesellschaft der europäischen Verfassungsinterpreten ist *multi-national*! – so wie „Europa“ dank des Europarates und der OSZE oft zum *mittelbaren Verfassunggeber* wird, insofern es (Beitritts-)Bedingungen stellt bzw. bestimmte Verfassungstexte verlangt.

II. Verfassungstheorien: Die kulturwissenschaftliche Grundierung und Sensibilisierung der Verfassungslehre

1. Klassische Verfassungstheorien – eine Übersicht

8 Verfassungstheorien befassen sich mit der Frage, mit welchem „*Vor-Verständnis*“ wir an die Auslegung einer geschriebenen Verfassung herangehen sollen. In Deutschland leben wir bis heute vom Grundlagen-Streit der Weimarer „Riesen“, auf deren „Schultern wir als Zwerge“ stehen, indes mitunter nur deshalb ein Stück weitersehen. Eine kurze Skizze der „Positionen und Begriffe“ der Weimarer Klassiker sei ergänzt um die eigene Sicht.

9 Alle Auslegung wird von einem Vorverständnis gesteuert, dieses prägt auch die „Methodenwahl“ (*J. Esser*)[16]. Das Vorverständnis muss *offengelegt*, möglichst rationalisiert werden. Der Wissenschaftler kann seine Theorien „rein“, ohne Kompromisse vertreten, ein Verfassungsgericht als im Antagonismus bzw. Pluralismus der Ideen und Interessen vermittelnde Instanz sollte sich in kompromisshafter „pragmatischer Integration von Theorieelementen“ üben.[17] Dieses sei vorweg gesagt, um den hohen Stellenwert von (alternativen) Verfassungstheorien anzudeuten. In Deutschland ist er im europäischen Vergleich wohl besonders hoch, was nicht unbescheiden sein will.

10 Für die Praxis, auch des BVerfG, höchst einflussreich geworden sind Teile der Lehre von *R. Smend*. Seine Idee der „Bundestreue“ (1916) hat sich ebenso durchgesetzt (vgl. nur BVerfGE 12, 205 (255); 81, 330 (337 f.); 92,

---

16 *J. Esser*, Vorverständnis und Methodenwahl in der Rechtsfindung, 1970; *ders.*, Grundsatz und Norm in der richterlichen Fortbildung des Privatrechts, 4. Aufl. 1990.

17 Das gilt insbesondere für überstaatliche Verfassungsgerichte, dazu: *A. v. Bogdandy/I. Venzke*, In wessen Namen? Internationale Gerichte in Zeiten globalen Regierens, 2014.

203 (230 f.); 101, 158 (221 f., 223): „Solidargemeinschaft“) wie der Gedanke der Grundrechte als einheitliches Wertesystem (1928). Ein Theorieangebot von *R. Smend* ist schon aus dem Jahre 1928 das Konzept der Verfassung als „Anregung und Schranke“[18]. Er hatte seinerzeit Schlagzeilen gemacht durch seine Integrationslehre. Der Staat *ist* nur in immer neuer Integration – der innerlich europäische Verfassungsstaat unserer Tage hat hier freilich neue Fragen zu stellen und neue Antworten zu suchen! *C. Schmitt* hat in seiner Verfassungslehre von 1928 wichtige Erkenntnisse erarbeitet[19], vor allem in dogmatischer Hinsicht, etwa in Gestalt der Lehre von den Instituts- und institutionellen Garantien wie Eigentum, Erbrecht, Berufsbeamtentum und ihrem auch gegen den Gesetzgeber geschützten Wesensgehalt[20] (vgl. später Art. 19 Abs. 2 GG, auch Art. 79 Abs. 3 GG); er hat indes auch Positionen bezogen[21], die, ganz abgesehen von seiner zeitweiligen Verstrickung mit dem Nationalsozialismus, für eine „europäische Verfassungslehre“ untauglich sind. So ist seine Lehre von der verfassunggebenden Gewalt, die „normativ aus dem Nichts“ entscheidet (Dezisionismus) fragwürdig, sie wird schon durch einen Blick auf das pluralistische Zustandekommen von verfassungsstaatlichen Verfassungen wie in Griechenland (1975) oder Portugal (1976) widerlegt[22]; vor allem auch durch die europarechtlichen „Vorgaben“. Jeder nationale Verfassunggeber in Europa ist heute praktisch an die Vorgaben der EMRK gebunden, z.B. auch in Sachen Minderheitenschutz dank des Europarates. Mit *Schmitt* kann man weder die Schweiz erklären, noch Europa bauen.

Ein Wort zu *H. Heller*, dem Dritten im „Dreigestirn“ der Weimarer Zeit[23]. 11
Er hat nicht nur das Wort vom „sozialen Rechtsstaat“ geprägt, sondern

18 *R. Smend*, Staatsrechtliche Abhandlungen, 4. Aufl. 2010, S. 187 ff., 195.

19 *C. Schmitt*, Verfassungslehre, 1928, S. 105 f., 177 f.

20 Dazu *P. Häberle*, Die Wesensgehaltgarantie des Art. 19 Abs. 2 GG, 3. Aufl. 1983.

21 Aus der (kritischen) Lit.: *W. v. Simson*, Carl Schmitt und der Staat unserer Tage, AöR 114 (1989), S. 185 ff.; *H. Hofmann*, Legitimität gegen Legalität, 1. Aufl. 1964 (5. Aufl. 2010); *M. Stolleis*, Geschichte des öffentlichen Rechts in Deutschland, Bd. III, 1999, S. 171 ff., 316 ff. und passim.

22 *M. Kotzur*, Thematik des Verfassungsgestzes, in: HStR, Bd. XII, 3. Aufl. 2014, § 260, Rn. 4.

23 Aus der Lit.: *M. Friedrich*, Geschichte der deutschen Staatsrechtswissenschaft, 1997, S. 370 ff.; *M. Stolleis*, Geschichte des öffentlichen Rechts in Deutschland, Bd. III, 1999, S. 183 ff. – Zu R. Smend: R. Lhotta (Hrsg.), Die Integration des modernen Staates, 2005; *S. Obermeyer,* Integrationsfunktion der Verfassung und Verfassungsnormativität, 2008.

auch ein Wort *Goethes* schöpferisch im juristischen Kontext verwendet: Verfassung als „geprägte Form, die lebend sich entwickelt"[24]. Überdies korrigierte er manche Übertreibungen der Integrationslehre von *R. Smend* und bleibt wegweisend durch sein Verständnis der Staatslehre als Kulturwissenschaft[25]. – Ein weiteres Wort zu *H. Kelsen*, von *H. Heller* als „Testamentsvollstrecker des Positivismus" kritisiert („Jeder Staat ein Rechtsstaat"). Er ist demgegenüber nur bei der Lehre vom „Stufenbau der Rechtsordnung" in der Variante des „Vorrangs der Verfassung" hilfreich; freilich verdanken wir ihm auch Wesentliches in Sachen Verfassungsgerichtsbarkeit[26].

12 Im Kontext der GG-Praxis, d.h. *nach* 1949 wurden weitere Verfassungstheorien entwickelt, die hier kurz erwähnt seien: Verfassung als „Norm und Aufgabe" (*U. Scheuner*), Verfassung als grundlegender „Strukturplan für die Rechtsgestalt eines Gemeinwesens" (*A. Hollerbach*), von der Schweiz aus zuvor Verfassung als „rechtliche Grundordnung des Staates" (*W. Kägi*, 1945) und später ein betont geschichtliches Verfassungsverständnis (*R. Bäumlin,* 1961). *H. Ehmke* verdanken wir das Verständnis der Verfassung als „Beschränkung und Rationalisierung der Macht und Garantie eines freien politischen Lebensprozesses" (1953)[27]. Unseres Erachtens ist Verfassung Konstituierung staatlicher Macht, es muss aber *auch gesellschaftliche* Macht beschränkt werden. Vor allem ist Verfassung auch *öffentlicher Prozess* (1969)[28]. Zu votieren ist für ein *„gemischtes Verfassungsverständnis"*, wobei je nach Etappe der Verfassungsentwicklung und je nach Nation der eine oder andere Aspekt im Vordergrund stehen mag.

---

24 *H. Heller*, Staatslehre, 6. Aufl. 1983, S. 258.

25 *H. Heller*, Staatslehre, 1934, S. 32 ff.

26 *H. Kelsen*, Wesen und Entwicklung der Staatsgerichtsbarkeit, VVDStRL 5 (1929), S. 30 ff. Weitere klassische Lit. ist wieder abgedruckt in: P. Häberle (Hrsg.), Verfassungsgerichtsbarkeit, 1976; M. Stolleis u.a. (Hrsg.), H. Kelsen – Staatsrechtslehrer und Rechtstheoretiker des 20. Jahrhunderts, 2005; M. Jestaedt/O. Lepsius (Hrsg.), Verteidigung der Demokratie, 2006; H. Brunkhorst/R. Voigt (Hrsg.), Rechts-Staat. Staat, internationale Gemeinschaft und Völkerrecht bei H. Kelsen, 2008; *V. Neumann*, Hans Kelsen und die deutsche Staatsrechtslehre, HumFor 2012, S. 149 ff.

27 *H. Ehmke*, Grenzen der Verfassungsänderung, 1953, S. 103 ff. S. auch den Überblick bei *K. Hesse*, Grundzüge des Verfassungsrechts der Bundesrepublik Deutschland, 20. Aufl. 1995 (Neudruck 1999), Rn. 16 ff.; K. Bentele u.a. (Hrsg.), Metamorphosen, FS H. Ehmke, 2007.

28 Vgl. *P. Häberle*, Verfassung als öffentlicher Prozess, 3. Aufl. 1998, S. 121 ff., 265 ff.

So musste in Spanien 1978 nach Franco das Gewicht auf das Element der „Beschränkung" gelegt werden, heute kann stärker das Element der „Anregung" in den Vordergrund rücken, auch das des öffentlichen *Prozesses*. Das Plan-Element tritt in Zeiten des Umbaus des Sozialstaates und der Privatisierung stärker zurück, wobei freilich anzumerken ist, dass der Neigung zur Verabsolutierung des „Marktes" heute mehr verfassungsrechtliche „Zügel" anzulegen sind[29].

2. Der eigene Ansatz: das gemischte, kulturwissenschaftliche Verfassungsverständnis

Es zeigen sich *nationale Besonderheiten*: So begegnet uns in den *USA* fast 13
eine Art „Verfassungsglaube", geschrieben in den Federalist Papers, wie überhaupt Parallelen zwischen den drei Buchreligionen mit Thora, Bibel und Koran einerseits und der Wert- bzw. Hochschätzung der geschriebenen Verfassung weltweit andererseits kaum zufällig sein dürften. In *Frankreich* steht die Idee des Republikanischen im Vordergrund, auch ein kulturelles Verhältnis zur Verfassung; in *Deutschland* haben wir in *D. Sternbergers* Dictum vom „Verfassungspatriotismus" ein einleuchtendes Theorieangebot, wobei uns freilich das Wort von *J. Habermas* „DM-Nationalismus" schmerzhaft in den Ohren brannte. Insgesamt überwuchert derzeit ein unbegreiflicher „Ökonomismus" unsere Diskussion, als ob der „Wirtschaftsstandort Deutschland" alles wäre, als ob Europa nur aus dem „Euro" bestünde. Unseres Erachtens sind Verfassungen besonders ein Stück *Kultur*[30]: Verfassung ist nicht nur juristischer Text oder normatives Regelwerk, sondern Ausdruck eines kulturellen Entwicklungszustandes,

29 Zu den Gefahren eines ungehemmten Marktes in Europa: *A. v. Bogdandy*, Beobachtungen zur Wissenschaft vom Europarecht, Der Staat 40 (2001), S. 1 ff., 13. Ein Ungleichgewicht der europäischen Verträge zugunsten ungezügelter Marktmacht und zu Lasten sozialverträglicher Marktregulierung beklagt *F. Scharpf*, Regieren in Europa, 1999, S. 52. Siehe auch *Ch. Calliess/F. Schorkopf*, Finanzkrisen als Herausforderung der internationalen und europäischen Rechtsetzung, VVDStRL 71 (2012), S. 113 ff. bzw. 183 ff.

30 *P. Häberle*, Verfassungslehre als Kulturwissenschaft, 2. Aufl. 1998, S. 28 ff., 405, 591 und passim. – Zum Thema „Kultur und Wissenschaft" *P. Häberle*, Diskussionsbeitrag, VVDStRL 65 (2007), S. 88 f.; Kritisch: *Th. Gutmann*, Recht als Kultur? Über die Grenzen des Kulturbegriffs als normatives Argument, 2015.

Mittel der kulturellen Selbstdarstellung des Volkes, Spiegel seines kulturellen Erbes und Fundament seiner Hoffnungen.

14 Dieses *kulturwissenschaftliche* Verfassungsverständnis kann Elemente der Arbeiten von *R. Smend* und *H. Heller, W. Kägi, R. Bäumlin* und *U. Scheuner*, auch *H. Ehmke* sowie *K. Hesse* beweglich einbauen, je nach Zeit und Raum, diesen beiden zusammengehörenden Dimensionen, in die eine europäische Verfassungslehre wie gezeigt ausgreifen muss. Bei all dem kann die „Philosophie des offenen Geistes" (*K. Popper*), sein „process of trial and error" (vgl. auch BVerfGE 5, 85 (135)) erkenntnisleitend sein[31].

III. Die Verarbeitung von Texten, Theorien und Judikatur aus ganz Europa – ein Ideal

15 Was bislang primär national-verfassungsstaatsbezogen entwickelt wurde, ist jetzt auf der europäischen Ebene zu leisten. Zu verarbeiten hat die europäische Verfassungslehre die Trias von juristischen Texten, Theorien und Judikatur aus *ganz* Europa. Dieses hohe Ideal ist naturgemäß im Folgenden allenfalls fragmentarisch zu erfüllen. Die schiere Stofffülle überwältigt jeden Autor. Immerhin sei je nach Problemkreis versucht, neben dem nationalen auch das gesamte europäische Verfassungsmaterial zu integrieren, meist im Beispielstil. So sind die neuen osteuropäischen Verfassungen ebenso in den Gesamtblick zu nehmen wie Texte der Verfassungsgemeinschaft der EU bzw. Dokumente und Texte des Europarates und der OSZE. Die Judikatur der beiden europäischen Verfassungsgerichte EuGH und EGMR sei grundsätzlich ebenso einbezogen, gerade auch in ihrer relativen Dichte, wie wissenschaftliche Grundlagenwerke aus der Feder eines *G. de Vergottini*, *C. Grewe/H. Ruiz Fabri, J. Miranda* sowie *F. de Quadros*[32].

16 Im Grunde müsste es zu einer konzertierten Aktion *aller* nationalen europäischen Wissenschaftlergemeinschaften kommen, um eine europäi-

31 S. noch Zweiter Teil E. I.

32 *G. de Vergottini*, Diritto Costituzionale Comparato, 9. Aufl. 2014; *C. Grewe/ H. Ruiz Fabri*, Droits constitutionnels européens, 1995. – S. weiterhin *B. Großfeld*, Neue Rechtsvergleichung, in: FS Henrich, 2000, S. 211 ff.; *ders.*, Rechtsvergleichung als Kulturvermittlung, in: ders. (Hrsg.), Probleme des deutschen, europäischen und japanischen Rechts, 2006, S. 71 ff.

sche Verfassungslehre zu schreiben.[33] Gemeinsam hätte ihnen das Anliegen zu sein, darzutun, wie es zu einer Europäisierung fast aller Grundbegriffe der herkömmlichen nationalen Verfassungslehren kommt: von den sog. Staatselementen bis zur Verfassunggebung und Verfassungsgerichtsbarkeit, von Begriffen wie Repräsentation, Öffentlichkeit, Gemeinwohl, „(Verfassungs-)Identität" bis zum Rechtsstaat, zur Gewaltenteilung und schließlich bis zur Demokratie. Gemeineuropäische Grundwerte, in den Grundrechten als „allgemeine Rechtsgrundsätze" greifbar, sind „Bindemittel" für das sich Stück für Stück konstituierende Europa. Das Selbstverständnis der hier unternommenen Europäischen Verfassungslehre ist dabei das Wort von der „juristischen Text- und Kulturwissenschaft", das nach und nach an den Sachen selbst entfaltet und nicht vorweg zu abstrakt postuliert sei. Relevant wird indes schon hier der „Kontext". Er sei absichtsvoll mit Beispielen aus der *Schweiz* illustriert[34].

B. Die Kontextthese

I. Problemstellung

„Wenn zwei Grundgesetze dasselbe sagen, so ist es nicht dasselbe". Dieses 17
geflügelte Wort von *R. Smend* (1951) deutet auf die Relevanz dessen, was „hinter", vor oder über den (geschriebenen) Verfassungstexten steht bzw. wirkt. Und so eindrucksvoll der Sieg „des Typus Verfassungsstaat" seit dem „annus mirabilis" 1989 ist: Die raum-zeitlichen nationalen *Varianten* drängen sich ebenso auf wie die lange – in Textstufen greifbare – Entwicklungsgeschichte des *Typus* mit frühen Klassikertexten seit der griechischen Antike. Wird diese Vielfalt nicht zuletzt aus bestimmten „Kontexten" gespeist? Lebt die Verfassung – auch hier den drei großen Buchreligionen ähnlich – vielleicht gerade aus der – sich wandelnden – Interpretation ihrer Kontexte, was sogar zu neuen Verfassungstexten führen kann? Gibt es auch „Prätexte"? „Subtexte"?

---

33 Ansätze dazu bei *P. Cruz Villalón*, Grundlagen und Grundzüge staatlichen Verfassungsrechts: Vergleich, in: A. v. Bogdandy/P. Cruz Villalón/P. M. Huber (Hrsg.), Handbuch Ius Publicum Europaeum, Bd. I, 2007, § 13.

34 *C. Kaddous*, The Relations between the EU and Switzerland, in: A. Dashwood/ M. Maresceau (Hrsg.), Law and Practice of EU External Relations – Salient Features of a Changing Landscape, 2003, S. 227 ff.

18 Der Kontextbegriff selbst scheint derzeit in vielen Disziplinen „Karriere" zu machen. Bald ziert er als Untertitel ein ganzes Buch über die „Herausgeforderte Verfassung"[35], bald spricht ein führender Philosoph unserer Tage im Rahmen seiner Kommunikationstheorie von „Kontextualismus"[36]. In der deutschen Staatsrechtslehre wurde schon vor mehr als 30 Jahren die „Kontextthese" entwickelt[37]. Im Folgenden geht es darum, sie grundsätzlich und systematisch für das Ganze der verfassungsstaatlichen Verfassung der heutigen Entwicklungsstufe und für den europäischen Konstitutionalisierungsprozess fruchtbar zu machen. Dass der Blick sich dabei zu anderen Wissenschaften weitet bzw. intensiviert, liegt auf der Hand. „Kontext" ist der zentrale *Brückenbegriff* des Denkens über „Verfassung" zu den anderen Kulturwissenschaften hin, insbesondere zu Philosophie und Ethik, Religion und Pädagogik, aber auch zu Politikwissenschaften, Ökonomie und Ökologie, so fragmentarisch der Brückenschlag bleibt. Kontext meint: „Verständnis durch Hinzudenken".

II. Allgemeine Überlegungen zum Typus „Verfassungsstaat", seiner Kultur sowie zum Kontext-Begriff

1. Das kulturwissenschaftliche Verfassungsverständnis – „Verfassung als Kultur" –, alte und neue Klassikertexte, die spezifische Offenheit

19 Das Verständnis der „Verfassung als Kultur" ist ein Programm, das seit 1982 Stück für Stück entfaltet wurde[38]. Es nimmt den überkommenen „Funktionen der Verfassung"[39] (Machtbegrenzung, Organisation, Orientie-

---

35 B. Sitter-Liver (Hrsg.), Herausgeforderte Verfassung, Die Schweiz im globalen Kontext, 1999.

36 So *J. Habermas*, Wahrheit und Rechtfertigung, 1999, S. 249.

37 So *P. Häberle*, Kommentierte Verfassungsrechtsprechung, 1979, S. 44 ff., 50 f. und passim. Dort finden sich auch Belege aus der angloamerikanischen Literatur.

38 Dazu *P. Häberle*, Verfassungslehre als Kulturwissenschaft, 2. Aufl. 1998; *ders.*, Der Sinn von Verfassungen in kulturwissenschaftlicher Sicht, AöR 131 (2006), S. 621 ff.; *W. Brugger*, Kultur, Verfassung, Recht, Staat, AöR 126 (2001), S. 271 ff.

39 Aus der Lit.: *J.-F. Aubert*, La Constitution, son contenu et son usage, ZSR NF 110 II (1991), S. 9 ff.; *W. Kägi*, Die Verfassung als rechtliche Grundordnung des Staates, 1945; *K. Hesse*, Grundzüge des Verfassungsrechts der Bundesrepublik Deutschland, 20. Aufl. 1995 (Neudruck 1999), Rn. 16 ff.

rung, Identifizierung etc.) nichts an Aussagekraft, will aber die Verfassung darüber hinaus in Horizonte stellen, die ihr zusätzlich Kraft, Tiefe und Legitimität vermitteln. Es geht dabei nicht nur um das geschriebene allgemeine und spezielle „Kulturverfassungsrecht“ mit seinen Teilbereichen wie kulturelle Freiheiten, Kulturföderalismus, Religionsverfassungsrecht, Erziehungsziele, Feiertagsrecht. Vielmehr soll Verfassung allgemein „*als Kultur*“ verstanden werden.

Dabei hilft die Interpretation von „*Klassikertexten*“. Sie gelten als „Verfas- 20
sungstexte im weiteren Sinne“ und bauen ein Kraftfeld auf, das die positiven Verfassungstexte im engeren Sinne immer wieder anreichert, provoziert und „entwickelt“. „Klassiker“ ist hier ein *Wert*begriff und ein *Erfolgs*begriff[40]. Einzelne Normen etwa des deutschen GG, gewiss aber auch der Schweizer BV, osteuropäischer Verfassungen und sogar europäischer Vertragstexte lesen wir immer wieder neu „mit den Augen“ eines *Montesquieu* bzw. seiner Klassikertexte zur Gewaltenteilung, die sich immer neue Felder erobert (z.B. in den gesellschaftlichen Bereich hinein: Ombudsmänner, oder im staatlichen Bereich: Rechnungshof). Das heutige Umweltverfassungsrecht muss mit dem (schon nicht mehr) neuen Klassiker *H. Jonas* (Das Prinzip Verantwortung, 1979) gelesen werden, vor allem in seinen verantwortungsethischen Kontexten, auch im Blick auf spätere Generationen. Verfassung als Kultur zu verstehen, erlaubt Sensibilität für eine Fülle von Kontexten und eine spezifische Offenheit.

Es ist kein Zufall, dass gerade jüngere Verfassungsstaaten wie Entwick- 21
lungsländer besonders häufig „kulturelles Erbe-Klauseln“ (vgl. auch Art. 6 Abs. 3 EUV: „Die Union achtet die nationale Identität ihrer Mitgliedstaaten“) verwenden, weil sie sich ihrer gewachsenen kulturellen Kontexte versichern müssen[41]. Damit ist ein Ganzes in Bezug genommen – ein Kontext durch Text! Solche Klauseln dürfen aber nicht einseitig als Zementierung eines Status quo gelesen werden, die Zukunft bleibt dank der auch garantierten kulturellen Freiheiten offen: Die Trias Religion, Wissenschaft und Kunst sind die letzten und vorletzten Ressourcen des (europäischen) Verfassungsstaates, in *Goethes* Dictum tiefgründig verbunden: „Wer Wissenschaft und Kunst besitzt, hat Religion; wer diese beiden nicht besitzt, der habe Religion.“

---

40 Dazu *P. Häberle*, Klassikertexte im Verfassungsleben, 1981; fortgeführt in *ders*., Verfassungslehre als Kulturwissenschaft, 2. Aufl. 1998, S. 481 ff., 484.

41 Nachweise hierzu bei *P. Häberle*, Rechtsvergleichung im Kraftfeld des Verfassungsstaates, 1992, S. 836 ff.

2. Der Kontext-Begriff: Text und Kontext

a) Elemente einer Bestandsaufnahme

22 Aus der *rechtswissenschaftlichen* Literatur ist u.a. die von *J. Leilich* aus dem Niederländischen übersetzte Monographie von *Mark van Hoecke*, „Norm, Kontext und Entscheidung. Die Interpretationsfreiheit des Richters", 1988, zu nennen. Sie entfaltet[42] den Kontextbegriff systematisch. Der Autor knüpft an sprachwissenschaftlichen Untersuchungen an und unterscheidet zwischen explizitem und implizitem Kontext[43], Sprachkontext und a-linguistischem Kontext[44], textuellem und a-textuellem Kontext[45], juristischem und nicht-juristischem Kontext[46] und untersucht die Struktur[47] und Funktion[48] des Kontextes. Den räumlichen (europäischen bzw. nationalen und internationalen) Kontext[49] behandelt andere[50] rechtswissenschaftliche Literatur. Auch der lokale[51] Kontext wird gesehen. Oberflächlicher, aber immerhin explizit äußert sich *H. Giersch* in seinem *wirtschaftspolitischen* Sammelband[52] zum Kontextbegriff. Die Wirtschaftswissenschaften verwenden den Kontextbegriff gerne, ohne ihn selbst voll zu hinterfragen. Angeknüpft wird an den sachlichen[53] sowie den räumli-

---

42 *M. van Hoecke*, Norm, Kontext und Entscheidung, 1988.

43 Ebd., S. 38 f.

44 Ebd., S. 39.

45 Ebd., S. 39 f.

46 Ebd., S. 40 f.

47 Ebd., S. 41.

48 Ebd., S. 41 f.

49 *M. Waldstein*, Das Asylgrundrecht im europäischen Kontext, 1993; J. Schwartländer/W. Brugger (Hrsg.), Neue Medien und Meinungsfreiheit im nationalen und internationalen Kontext, 1990; *N. Glatfeld*, Das Umweltaudit im Kontext der europäischen und nationalen Umweltgesetzgebung, 1998.

50 Vgl. aber auch: *W. Hinrichs*, Heimatbindung, Heimatkunde, Ökologie im nationalen und europäischen Kontext, 1991.

51 *A. Engel*, Wahlen und Parteien im lokalen Kontext, 1988.

52 *H. Giersch*, Kontroverses im Kontext, 1996.

53 *M. Brockhaus*, Gesellschaftsorientierte Kooperation im ökologischen Kontext, 1996; *T. Mayer*, Medienrecht im Kontext standortrelevanter Faktoren, 1997; *G. Lübke*, Die Staatsverschuldung im Kontext alternativer Wirtschaftspolitik, 1989.

chen[54] Kontext. Die *Soziologie,* aber auch die *Theologie* behandelt ebenfalls den kulturellen, kulturwissenschaftlichen und gesellschaftlichen Kontext.[55] Auch werden der räumliche und der kulturelle[56] sowie der politische und der kulturelle[57] Kontext im Zusammenhang gesehen. In der *Politikwissenschaft* wurde vereinzelt der Werkkontext herausgearbeitet.[58] Die *Literaturwissenschaft*[59] und *Philosophie*[60] hat das Werk und die Person einzelner Klassiker „im Kontext" gewürdigt. Zu nennen sind auch die hermeneutischen Überlegungen der *Sprachwissenschaften*[61] und die *Pädagogik*[62]. Als Titel und Programm steht „Kontext" für zahlreiche Periodika.[63]

---

54 *G. Enderle*, Sicherung des Existenzminimums im nationalen und internationalen Kontext, 1987; *H. Zirfas de Morón*, Transnationale Besteuerung im Kontext der Globalisierung, 1996.

55 *W. Dreyer*, Soziologie im kulturwissenschaftlichen Kontext, 1989; H. Mandl u.a. (Hrsg.), Entwicklung und Denken im kulturellen Kontext, 1993; *B. P. Beltran*, Philippinische Theologie in ihrem kulturellen und gesellschaftlichen Kontext, 1988.

56 *F. Hainard/H.-P. Meier-Dallach/K. Weber*, Innovationen von Unternehmen und ihr räumlich-kultureller Kontext, 1990; zum Raumbezug politischer Gemeinschaftsbildung *G. Winkler*, Raum und Recht, 1999, S. 29; H. Dreier u.a. (Hrsg.), Raum und Recht, FS Würzburger Juristenfakultät, 2002.

57 *T. Niehr*, Schlagwörter im politisch-kulturellen Kontext, 1993.

58 *M. Zängle*, Max Webers Staatstheorie im Kontext seines Werkes, 1988.

59 *W. Wittkowski*, Goethe im Kontext, 1984 (zur Goethe-Rezeption vgl. auch *H. de Berg*, Kontext und Kontingenz, 1995); *G. Müller*, Jean Paul im Kontext, 1996; P. Béhar/M.-L. Roth (Hrsg.), Literatur im Kontext: Robert Musil, 1999; *A. M. v. Erp Taalman Kip*, Intertextuality and Theocritus 13, in: I. J. F. de Jong/ J. P. Sullivan (Hrsg.), Modern critical theory and classical literature, 1994, S. 153 ff.; *M. Hose*, Fragment und Kontext. Zwei Methoden der Interpretation in der Griechischen Literatur, in: FS K. Alt, 1998, S. 89 ff.; *T. Krischer*, Das Denkvermögen und die Hand im Kontext der griechischen Kulturgeschichte, in: FS K. Alt, 1998, S. 113 ff.

60 *D. Henrich*, Hegel im Kontext, Neuaufl. 2010; *G. Leaman*, Heidegger im Kontext, 1993.

61 *G. Horstkotte*, Wortbedeutung und Kontext, 1978; *M. Pinkal*, Kontext und Bedeutung, 1977; *G. Röhr*, Erschließen aus dem Kontext, 1993.

62 *F. Lehnau*, Normen im Kontext, 1984.

63 Folgende Periodika tragen den Titel „Kontext": eine vierteljährlich erscheinende Zeitschrift für systemische Therapie und Familientherapie, herausgegeben von der Deutschen Gesellschaft für Systemische Therapie und Familientherapie sowie eine mittwochs als Internetzeitung bzw. samstags als unabhängige Beilage der taz-Wochenendausgabe erscheinende Wochenzeitung, herausgegeben vom Verein für ganzheitlichen Journalismus; vgl. auch: P. Tschuggnall (Hrsg.), Im Kontext. Beiträge zur Religion, Philosophie und Kultur.

Das Wortspiel „Text und Kontext“[64] wurde bereits verschiedentlich als Titel verwendet. Weitere Aspekte kommen in verschiedenen Titeln zum Ausdruck: Moral[65], das Ich[66] und der Habitus[67], Einheit[68] und schließlich die Computertechnik[69]. Schon aus diesen „Stichproben“ darf gefolgert werden, dass der Kontextbegriff ein viele Wissenschaften verbindendes, wenn auch bislang disparates Instrument des Verstehens ist. Freilich wird die Verfassungslehre ihren „eigenen“ Kontextbegriff zu erarbeiten haben, lebt ihr „Recht“ in Kontexten und kann zugleich selbst Kontext sein.[70]

b) Ein eigener Ansatz: Das kontextualistische Verfassungsverständnis

23 (aa) Das kulturwissenschaftliche Verfassungsverständnis ermutigt, durchaus im Verein mit Elementen der Bestandsaufnahme, die Kontextthese von 1979[71] grundsätzlich zu entfalten. Die Sicht der Verfassung *„als Kultur“* gibt den Blick frei für das hinter, über, vor („prä“) und in den Texten Wirkende. Jeder konstitutionelle Text ist eingebettet in einen Kontext aus Kultur, die ihrerseits in ihren Bereichen und Schichten näher ausdifferenziert ist: „Hochkultur“, „Volkskultur“, „Alternativ-“ und „Subkultur“ – all dies im Rahmen eines „offenen Kulturkonzeptes“[72]. Kultur meint – im Gegensatz zur Natur – das vom *Menschen* Geschaffene. Sie hat ihre relativ verselbständigten Verfassungsfelder z.B. in den kulturellen Grundrechten, in kulturellen Staatszielen, dem Kulturföderalismus und im Religionsverfassungsrecht.

24 (bb) Der Verfassungsstaat als Typus durchlebte eine *Entwicklungsgeschichte* im Großen ebenso wie die nationalen Verfassungen Perioden und

---

64 *R. Kreissl*, Text und Kontext, 1985; vgl. auch K. Bohnen, B. Hoffmann, M. Schramm (Hrsg.), Text und Kontext. Zeitschrift für germanistische Literaturforschung in Skandinavien; s. zur Wechselbeziehung zwischen Literatur, Kunst und Psychiatrie *S. L. Gilman*, Wahnsinn, Text und Kontext, 1981; *P. Häberle*, Präambeln im Text und Kontext von Verfassungen, in: FS Broermann, 1982, S. 211 ff.

65 *M. Arnold*, Kontext und Moral, 1988.

66 *S. Benhabib*, Selbst im Kontext, 1995.

67 *C. Bohn*, Habitus und Kontext, 1991.

68 J. Henkys/B. Weyel (Hrsg.), Einheit und Kontext, 1996.

69 H.-J. Ewers u.a. (Hrsg.), Der Kontext entscheidet, 1989.

70 *A. Grimmel*, Europäische Integration im Kontext des Rechts, 2013.

71 Dazu *P. Häberle*, Kommentierte Verfassungsrechtsprechung, 1979, S. 44 ff. und passim.

72 Dazu *P. Häberle*, Kulturpolitik in der Stadt – ein Verfassungsauftrag, 1979.

Phasen durchmachen. M.a.W.: Die Zeitdimension liefert Kontexte: von der „Vorgeschichte" einer Verfassung über ihre Gegenwart und Zukunftsentwicklungen. Die Hermeneutik erinnert an Begriffe wie „Vorverständnis", jetzt historisch verstanden, und ebenso „Nachverständnis" als Verstehen einer Norm im Laufe der Zeit[73]. Erfahrungen, auch „Wunden" eines Volkes, „Ergebnisse einer Geschichte", etwa 1776, 1789, 1848 und Hoffnungen bzw. Wünsche (bis 1990 die deutsche Wiedervereinigung nach der Präambel des GG von 1949) kommen so ins Blickfeld. Der von *G. Jellinek* 1906 gefundene „Verfassungswandel" erklärt sich primär aus dem *Kontext* – so vermittelt der dem Wortlaut nach gleichbleibende Text andere, neue Inhalte. Und alle Arten von richterlicher Fortbildung des Verfassungsrechts speisen sich ebenfalls aus „anderen" Kontexten – genauer aus dem *Kon-Text* der Norm! – man denke auch an die „broad interpretation" des US-Supreme Court.

(cc) Das „Verständnis" i.S. der *Hermeneutik*[74] wird zum Schlüssel für die 25
Erfassung bzw. Wirkung der Kontexte. Hier können die Sprachwissenschaften Hilfestellung leisten[75].

(dd) Die *Verfassungstexte im weiteren Sinne,* d.h. vor allem die *Klassiker-* 26
texte von *Aristoteles* bis *J. Rawls,* einschließlich großer Texte von *Friedrich Schiller* zur Menschenwürde oder von *W. Shakespeare* zur „Gnade", aber auch Gegenklassiker wie *B. Brecht* („Alle Staatsgewalt geht vom Volk aus, aber wo geht sie hin?") bilden ein kulturelles Umfeld für das Verstehen eines (geschriebenen) Verfassungstextes; gerade in der werdenden Europäischen Verfassungsgemeinschaft.

(ee) *Beteiligt* an der kreativen Erschließung der relevanten Kontexte sind 27
in einer Verfassung des Pluralismus potentiell alle Bürger und aktuell viele. Die offene Gesellschaft der Verfassungsinterpreten (1975), aber auch das Konzept des kulturellen Trägerpluralismus (1979) braucht ein kontextualistisches kulturelles Verfassungsverständnis im gekennzeichneten Sinne. Für Europa liefert der Historiker *H. A. Winkler* aus dem *Kontext* seiner Wissenschaft das Stichwort: „Europa wird pluralistisch sein oder es wird nicht sein."[76]

---

73 Dazu *P. Häberle*, Zeit und Verfassung, ZfP 1974, S. 111 ff., zuletzt in: *ders.*, Verfassung als öffentlicher Prozess, 3. Aufl. 1998, S. 59 ff.

74 Dazu *H.-G. Gadamer*, Wahrheit und Methode, 4. Aufl. 1975.

75 Hierzu *M. van Hoecke*, Norm, Kontext und Entscheidung, 1988, S. 38 ff.

76 Zit. nach Nordbayerischer Kurier vom 27. Juli 2001, S. 4.

28 (ff) So wird der Kontext zu einem *Schlüsselbegriff*, der freilich nicht verabsolutiert werden darf. Das Leben und die Interpretation des Verfassungstextes aus dem Kontext, besser aus den Kontexten, ist nicht beliebig. Offenlegung der Wege zur Kontextfindung, Rationalität bleiben gefordert. Zwar ist der Wortlaut *keine* Grenze der Auslegung[77], doch bleibt der Text das Forum, von dem aus reflektiert und, steter Gerechtigkeitskontrolle unterworfen, nach den relevanten Kontexten gesucht wird.

29 (gg) Zwar ist der Kontext-Begriff das *Bindeglied zur interdisziplinären* Zusammenarbeit mit anderen Kulturwissenschaften[78]; doch ist an der relativen Autonomie des spezifisch juristischen „Handwerkszeugs" und – in ihren Spitzen – der „Juristenkunst" (z.B. der Römer) festzuhalten. Dass andere Wissenschaften den Kontextbegriff verwenden, darf dabei ermutigen, auch wenn der Kontextbegriff des Juristen in seiner Hand „eigenwüchsig" bleibt.

30 (hh) *„Europa"* bzw. die *Welt* vermitteln der nationalen Verfassung von heute neue Kontextrelevanzen. „Völkerrechtsfreundlichkeit", „Menschenrechtsfreundlichkeit", „Europaoffenheit" sind keine bloßen Worte mehr, sie sind – geschrieben oder nicht – Kontext, früh konzipiert z.B. das „Europäische Deutschland" (*Th. Mann*), jetzt das „Europäische Spanien" (*M. Azpitarte*, 2008).

3. Bezugsfelder für verfassungsstaatliche Kontexte

31 Im Folgenden seien die Bezugsfelder für das verfassungstheoretische Arbeiten mit der Kontext-These dargestellt. Dabei ist vorweg zu sagen, dass die Normenensembles der Verfassungen unterschiedlich „kontextoffen" sind. Es hängt von ihrer sprachlichen und inhaltlichen „Dichte" ab, ob sie besonders kontextsensibel sind oder eher „für sich" stehen. Die Präambeln, vor allem dort, wo sie „Bekenntnisse" formulieren, auch die sog. „Allgemeinen Bestimmungen" sind besonders auf Kontexte angewiesen; ebenso die betont generalklauselartigen Verfassungstexte bzw. offenen

---

77 So aber eine vorherrschende Auffassung: z.B. *K. Hesse*, Grundzüge des Verfassungsrechts der Bundesrepublik Deutschland, 20. Aufl. 1995 (Neudruck 1999), Rn. 77 f.; *O. Depenheuer*, Der Wortlaut als Grenze, 1988.

78 *H. Ch. Röhl/A. v. Arnauld*, Öffnung der öffentlich-rechtlichen Methode durch Internationalität und Interdisziplinarität: Erscheinungsformen, Chancen, Grenzen, VVDStRL 74 (2015), S. 7 ff. bzw. 39 ff.

Normen wie Staatszielbestimmungen („Kulturstaat“, „Sozialstaat“). Zu vermuten ist, dass *neue* Verfassungsnormen primär aus Kontexten leben, aus denen sie im Positivierungsprozess entstanden sind (Beispiele: Umweltverfassungsrecht, Schuldenbremsen). Das juristisch „Autonome“ lässt sich erst in einem längeren arbeitsintensiven Auslegungsprozess gewinnen. Freilich: So wichtig die Orientierungsfunktion von Text und Kontext solcher konstitutioneller Normen ist: Die vor allem für die Grundrechte charakteristische Begrenzungsfunktion gegenüber dem Staat verhindert, dass die kontextintensive Auslegung hier zu einer Relativierung der Freiheit des einzelnen führt. M.a.W.: Die Kontext-These muss die *verschiedenen Funktionen* einer Verfassung (Orientierung, Machtbegrenzung, Integration etc.) je nach der Eigenart der Texte berücksichtigen.

a) Religion und Philosophie, Ethik und Pädagogik

Die Texte der geschriebenen Verfassung, aber auch die Judikatur und Pra- 32
xis zu einer ungeschriebenen wie in Großbritannien stehen historisch wie gegenwärtig, aktuell wie potentiell im Kontext zu *Religion und Philosophie* bzw. den sie erschließenden Wissenschaften. Das zeigt sich in Bezug auf den Entstehungs-, aber auch den weiteren Entwicklungsvorgang von Verfassungen. Die *Religion*, genauer: eine bestimmte Religion, das Christentum, hat einzelne Elemente des Verfassungsstaates bis heute geprägt, auch wenn der Prozess der Säkularisierung, der „Verweltlichung der Welt“, fortschreitet und nicht zuletzt eine Folge des Verfassungsstaates selbst ist.[79] Unmittelbar greifbar wird der religiöse Kontext des Verfassungsstaates dort, wo er Gottesbezüge „textet“, etwa bei Eidesklauseln und an anderen Stellen[80]. Besonders auffällig ist die „invocatio dei“, die sich vorweg nicht nur in der alten und neuen BV der Schweiz findet (1874 bzw. 2000), sondern auch in anderen Verfassungen (z.B. Präambel Verf. Südafrika von 1996: „May God protect our people“). In der Präambel der

79 Vgl. auch *M. Kotzur*, Religionsfreiheit als Thema der Völkerrechtsordnung, in: L. Jaeckel/B. Zabel/R. Zimmermann (Hrsg.), Grundrechtspolitik und Rechtswissenschaft. Beiträge aus Anlass des 70. Geburtstags von Helmut Goerlich, 2015, S. 129 ff.

80 Dazu die Nachweise bei *P. Häberle*, „Gott“ im Verfassungsstaat? (1987), in: Rechtsvergleichung im Kraftfeld des Verfassungsstaates, 1992, S. 213 ff.; *H. Goerlich*, Der Gottesbezug in Verfassungen, in: ders. u.a. (Hrsg.), Verfassung ohne Gottesbezug?, 2004.

Verf. Polen (1997) wird auf Gott alternativ Bezug genommen; auf die „Dreifaltigkeit" beruft sich die Verf. Irland (1937). Heute mag sich die Frage stellen, ob neben dem christlichen Gott nicht auch andere monotheistische Gottesvorstellungen in solchen Verfassungen Platz haben müssen.

33 Im Ganzen ist es die gesamte Verfassungsmaterie „*Religionsverfassungsrecht*" als spezielles Kulturverfassungsrecht, deren Verständnis besonders auf religiöse Kontexte angewiesen ist: sei es, dass hermeneutisch die vergleichenden Religionswissenschaften gefordert sind, sei es, dass die Religionen selbst dank der Relevanz ihres „Selbstverständnisses" am Vorgang der Verfassungsinterpretation beteiligt sind[81]. Grundrechte wie die individuelle und kollektive Religionsfreiheit, verfassungsrechtliche Begriffe wie „weltanschaulich-konfessionelle Neutralität des Staates" (vgl. BVerfGE 19, 206 (216), 93, 1 (16); 102, 370 (387 f.); 108, 282 (303); 122, 89 (95); BVerfG NJW 2009, 1195 (1195)), aber auch die Grenzen, die der Verfassungsstaat wegen seiner *Toleranz* zum fundamentalistischen Islam ziehen muss, lassen sich ohne Selbstvergewisserung über die Sache Religion nicht lösen[82]. M.a.W.: Das Religionsverfassungsrecht erinnert daran, wie intensiv der Verfassungsstaat und die Europäische Verfassungsgemeinschaft sich der bzw. den Religionen in Geschichte und Gegenwart als *Kon-Text* stellen müssen. In Deutschland zeigte sich dies etwa in der Argumentation des BVerfG zum Christentum als „Kulturfaktor" (BVerfGE 41, 29 (52)); virulent wurde das Problem auch in der umstrittenen Kruzifix-Entscheidung (BVerfGE 93, 1). In Zeiten von „ISIS", den barbarischen Anschläge auf „Charlie Hebdo" und wiederum in Paris im November 2015 fürchten viele, die Religion könne zur Gefahr für den freiheitlichen Verfassungsstaat, zu einem feindlich konnotierten Kontext von Freiheit werden.[83]

34 Die *Philosophie* schafft und steuert noch mehr Kontexte für eine verfassungsstaatliche Verfassung. Das zeigt sich an der Fülle der Klassikertexte von Philosophen, die auf lange Sicht positive Verfassungstexte hervorge-

---

81 Dazu pionierhaft BVerfGE 24, 285. Aus der Lit. zum „Selbstverständnis": *P. Häberle*, Grenzen aktiver Glaubensfreiheit, DÖV 1969, S. 385 ff.; *M. Morlok*, Selbstverständnis als Rechtskriterium, 1993. – S. jetzt BVerfGE 102, 370 (387): „Im Kontext des Grundgesetzes...".

82 Aus der Schweizer Lit.: *J.-F. Aubert*, L'Islam à l'école public, in: FS Hangartner, 1998, S. 479 ff.; *M. Nussbaum*, Die neue religiöse Intoleranz. Ein Ausweg aus der Politik der Angst, 2014.

83 *U. Sacksofsky* bzw. *Ch. Möllers*, Religiöse Freiheit als Gefahr, VVDStRL 68 (2009), S. 7 ff. bzw. 42 ff.

bracht haben (etwa *Aristoteles* zur Gleichheit bzw. Gerechtigkeit) und noch immer hervorbringen (so *H. Jonas* in Bezug auf das „Prinzip Verantwortung“: vgl. nur Art. 20 a GG, aber auch die vielen neuen Verantwortungstexte in jüngeren Schweizer Verfassungen, z.B. Präambel und Art. 6 nBV von 2000, Präambel KV Aargau von 1980). *J. Locke, Montesquieu, J.-J. Rousseau* und vor allem *I. Kant* – dieser in Bezug auf die Menschenwürde[84], letztlich auf den Rechtsstaat – sind weitere Denker, die den Verfassungsstaat im Ganzen oder doch einzelne seiner Prinzipien beeinflusst, wenn nicht gar „mitgebaut“ haben.

Gewiss, „Kant *im* Grundgesetz“ – als Verfassungstext im weiteren Sinne 35
verstanden – bedeutet nicht einfach eine unbesehene Rezeption seiner Ideen. Die Verfassungsrechtswissenschaft hat auch als besonders kontextsensible Wissenschaft „Autonomie“, Selbststand gegenüber einer Grundlagenwissenschaft wie der Philosophie. Sie verarbeitet *Kant* nach *ihren* spezifischen Methoden und Prinzipien. Und es ist eine Pluralität von Philosophen bzw. anderen Denkern (auch Dichtern), die eine in offenen Verfahren zustande gekommene Verfassung prägen. Dennoch kann nicht bezweifelt werden, dass der Verfassungsstaat ohne das philosophische Denken verarmt, ja ausblutet[85]. Die konkret Handelnden, die eine Verfassung entwerfen, und die Interpreten, etwa Verfassungsrichter, die sie auslegen, haben ihre allgemeinen und speziellen philosophisch aufgeklärten „Vorverständnisse“, die sie in den konkreten Auslegungsvorgang einbringen. Der Pluralismus der *Kon-Texte* stellt dabei eigene Probleme – Konsequenz der „Verfassung des Pluralismus“[86]! Der zu Recht gerühmte „Schweizer Pragmatismus“[87], um ein Beispiel aus dem Herzen Europas anzuführen, schützt vielleicht vor zu kühnen philosophischen Höhenflügen. Speziell in Deutschland lassen sich im juristischen Schrifttum besonders viele philo-

---

84 Dazu bereits *P. Häberle*, Die Menschenwürde als Grundlage der staatlichen Gemeinschaft, in: HStR, Bd. I, 1. Aufl. 1987, § 20 (jetzt in: Bd. II, 3. Aufl. 2004, § 22).

85 Aus der Lit. zum GG: W. Brugger (Hrsg.), Die Legitimation des Grundgesetzes aus Sicht von Rechtsphilosophie und Gesellschaftslehre, 1996; dazu *P. Häberle*, AöR 123 (1998), S. 476 ff.

86 *P. Häberle*, Die Verfassung des Pluralismus. Studien zur Verfassungstheorie der offenen Gesellschaft, 1980.

87 Dazu *D. Schindler*, Die Staatslehre in der Schweiz, JöR 25 (1976), S. 255 ff.

sophische Rezeptionen nachweisen: *Kant*-Rezeptionen[88], *Max-Weber*-Rezeptionen[89], *Gadamer*-Rezeptionen[90], *Habermas*-Rezeptionen[91], *Luhmann*-Anbindungen[92], *Jonas*-Übernahmen[93] und nicht zuletzt *Popper*-Rezeptionen[94]. Der philosophisch „tief" begründete Diskurs über die Verfassung ist vielleicht eine Eigenart Deutschlands und einer seiner spezifischen Beiträge zum europäischen Verfassungsdenken.

36 *Verfassungsethik und Pädagogik* sind zwei weitere höchst vitale Sinnspender bzw. Kontext-Geber von Verfassungen. Im Einzelnen: „Ethik im Verfassungsrecht"[95] ist der Versuch, die ethischen Kontexte einer konkreten Verfassung namhaft zu machen. Das beginnt bei den Normen, die die Achtung der gleichen Rechte anderer festschreiben und letztlich auf den Kategorischen Imperativ von *I. Kant* zurückverweisen, wird besonders sinnfällig dort, wo ausdrücklich auf das „Sittengesetz" Bezug genommen wird (z.B. Art. 2 Abs. 1 GG) und die vielen Normen in neuen Schweizer Verfassungen, die schlicht auf „Treu und Glauben" verweisen (z.B. Art. 5 Abs. 3 nBV von 2000 und Art. 8 Abs. 1 KV Appenzell AR von 1995), führen zu den geschriebenen Erziehungszielkatalogen nach dem Muster

---

88 *F. Zotta*, Immanuel Kant, Legitimität und Recht, 1998; *R. A. Lorz*, Modernes Grund- und Menschenrechtsverständnis und die Philosophie der Freiheit Kants, 1993; *E. Denninger*, Menschenrechte und Grundgesetz, 1994.

89 *J. Heidorn*, Legitimität und Regierbarkeit, Studien zu den Legitimationstheorien von M. Weber, N. Luhmann, J. Habermas und der Unregierbarkeitsforschung, 1982.

90 Vgl. *H. Ehmke*, Prinzipien der Verfassungsinterpretation, VVDStRL 20 (1963), S. 53 ff., 61; *F. Müller*, Normstruktur und Normativität, 1966, S. 47 f.

91 *R. Alexy*, Theorie der juristischen Argumentation, 1. Aufl. 1978 (7. Aufl. 2012), S. 134 ff.; *G. Frankenberg*, Die Verfassung der Republik, 1997.

92 *R. Damm*, Systemtheorie und Recht, 1976.

93 *P. Saladin*, Verantwortung als Staatsprinzip, 1984; *J. Schubert*, Das „Prinzip Verantwortung" als verfassungsstaatliches Rechtsprinzip, 1998; *B. Wiegand*, Das Prinzip Verantwortung und die Präambel des Grundgesetzes, JöR 43 (1995), S. 31 ff.

94 Dazu vor allem *P. Häberle*, Die offene Gesellschaft der Verfassungsinterpreten, JZ 1975, S. 297 ff; jetzt in: *ders.*, Verfassung als öffentlicher Prozess, 3. Aufl. 1998, S. 155 ff.; s. auch *ders.*, Grundrechte im Leistungsstaat, VVDStRL 30 (1972), S. 43 ff., 73; *O. Freiburg*, Elemente einer Verfassungsgesetzgebungslehre, 1999, S. 179 ff.

95 Vgl. *P. Häberle*, Ethik im Verfassungsrecht, Rechtstheorie 21 (1990), S. 269 ff., s. auch zum Stichwort „Moral und Kontext" die obige Bestandsaufnahme.

von Art. 148 WRV (vgl. etwa Art. 131 Verf. Bayern von 1946)[96]. Auch das neue, oft strenge Umweltverfassungsrecht lebt aus einem starken ethischen Impuls, nicht zuletzt mit Blick auf die „Nachwelt" – und auf der philosophischen Spur eines *H. Jonas*[97] (der auch beim Pariser Klimagipfel 2015 wirkungsmächtiger Ideengeber sein möge). Vor allem die Präambeln, die sich von einer unseligen Vergangenheit absetzen wollen und so Geschichte verarbeiten (Präambel Verf. Bayern; Präambel Verf. Sachsen von 1992) leben aus bzw. verweisen auf einen Kontext der Ethik, der direkt oder indirekt auf die drei Weltreligionen zurückverweist. Die Gentechnik-Normen der nBV Schweiz (Art. 119, 120) sind besonders ethik- bzw. kontextbezogen und -bedürftig. Der Verfassungsstaat auf der heutigen Entwicklungsstufe bedarf eines ethischen Grundkonsenses, an dem er auch aktiv mitarbeiten kann. In offenen Gesellschaften mit ihrem Pluralismus der Werthaltungen und Bekenntnisrichtungen ist es freilich schwerer, sich immer neu auf diesen „Grundkonsens" zu verständigen.

Der Schritt von der Ethik zur *Pädagogik* als Bezugsfeld oder „Ressource" 37
für Kontexterarbeitung, die textbezogen bleibt, ist nicht groß, wenngleich Verfassungen den mündigen, d.h. volljährigen Bürger nicht mehr „erziehen" dürfen. Dennoch gibt es ein Stück legitimer „Verfassungspädagogik" i.S. des Vor-Augen-Führens der verfassungsstaatlichen Grundwerte für alle Bürger: ein bestimmtes Verständnis der nationalen Geschichte bzw. das Bekenntnis zu ihr, (neben den erwähnten Präambeln) greifbar in den Pluralismus-Klauseln osteuropäischer Verfassungen, auch in dezidierten Flaggen-Artikeln, die wie Art. 22 GG zugleich die Verwerfung älterer Gegenbilder bedeuten (Schwarz-Weiß-Rot), die Festschreibung von Nationalhymnen, die Anordnung von Feiertagsöffentlichkeit (4. bzw. 14. Juli – USA bzw. Frankreich), kurz die Eröffnung „emotionaler Konsensquellen" eines Landes (*K. Eichenberger*) gehören hierher. Die Erziehung zu den Menschenrechten (vgl. Art. 72 Verf. Guatemala von 1985; Art. 22 Abs. 2 alte Verf. Peru von 1979[98]) ist das heute vornehmste Feld der Verfassungspädagogik. Auch hier zeigt sich, dass die Behauptungsformel, der Verfassungsstaat lebe von Voraussetzungen, die er selbst nicht garantieren könne

96 Dazu aus der Lit: *P. Häberle*, Erziehungsziele und Orientierungswerte im Verfassungsstaat, 1981.

97 *H. Jonas*, Das Prinzip Verantwortung, 1979; dazu *J. Schubert,* Das „Prinzip Verantwortung" als verfassungsstaatliches Rechtsprinzip, 1998.

98 Aus der Lit. etwa *P. Häberle*, Erwartungen an die Pädagogik – Aus der Sicht des Verfassungsrechts, in: A. Gruschka (Hrsg.), Wozu Pädagogik?, 1996, S. 142 ff.

(*E.-W. Böckenförde*), nicht zutrifft. In der Festlegung und Vermittlung, auch Durchsetzung seiner Grundwerte und besonders in Gestalt der Festlegung auf einen Kanon an teils alteuropäischen (Toleranz), teils neuen Erziehungszielen (z.B. zum Bewusstsein für den Schutz der Umwelt: Art. 26 Ziff. 5 Verf. Bremen, Art. 7 Verf. NRW), aber auch in der Normierung der Treu- und Glauben-Regel steckt ein Stück Erziehung, von den Resozialisierungsgedanken des Strafrechts ganz abgesehen.

b) Politik und Psychologie

38 Die Kontext-These auf die Politik, ihre Praxis und ihre Wissenschaft zu beziehen, ist fast schon ein Gemeinplatz. Verfassungsrecht als „politisches Recht“ (*H. Triepel*) ist ohne den „Hintergrund“ des Politischen nicht denkbar, so schwierig alle Definitionsversuche sind[99]. Freilich ist auch hier differenziert zu arbeiten: Mehrere konstitutionelle Normenensembles verstehen sich primär aus dem Politischen (etwa das Parteienrecht), andere sind Barrieren *gegen* das Politische (etwa der status negativus der Grundrechte). Die Spielregeln der Demokratie begrenzen und ermächtigen das politische Leben und sie schließen etwa „Freund-Feind“-Verständnisse i.S. von *C. Schmitt* aus. Die Verfassungsgerichtsbarkeit ist ein besonders sensibles Feld für das heikle Verhältnis von Verfassungsrecht und Politik. Parteipolitische Vorverständnisse fließen nur zu leicht in die Verfassungsinterpretation ein, so fest das Ideal und meist auch die Realität der „Überparteilichkeit“ der Verfassungsgerichte stehen. Vor allem der Vorgang der „Verfassung*gebung*“ z.B. in Gestalt von Totalrevisionen, wie in der heutigen Schweiz, ist ein eminent politischer Prozess. Die *Auswahl* zwischen den verschiedenen Textalternativen ist politisch und sie kann Fernwirkungen bis in die spätere Auslegung zeitigen (nicht nur über die sog. „historische Auslegung“).

39 Die *Psychologie* sei von ihren Gegenständen und Methoden als Wissenschaft her nur stichwortartig erwähnt. Begriffe wie „Politische Kultur“, „kollektives Gedächtnis der Nation“ sind Brückenschläge zur Psychologie. Es gibt Beispiele dafür, dass die Staatsrechtslehre z.B. in der Schweiz

---

99 Dazu etwa *K. Stern*, Das Staatsrecht der Bundesrepublik Deutschland, Bd. I, 2. Aufl. 1984, S. 109.

sich dessen besonders bewusst ist[100]. Da der Mensch, dank der Würde-Klauseln, im Zentrum des Verfassungsstaates steht, ist es nur konsequent, wenn die Psychologie[101], d.h. die Wissenschaft von seiner individuellen und sozialen „Seele", auch die Verfassungsrechtslehre beschäftigt. Das Erziehungsziel „Völkerversöhnung", „Völkerverständigung" (vgl. Art. 148 WRV; Art. 33 Verf. Rheinland-Pfalz) hat auch eine psychologische Dimension, ebenso wie der Umgang mit dem „Anderen"[102]. Auch hier gilt das Postulat der *bereichsspezifischen Differenzierung*: Es hängt ganz von der konkreten Verfassungsnorm ab, ob sie in einem solcherart psychologischen Kontext steht oder nicht.

c) Ökonomie und Ökologie

Ökonomie und Ökologie seien bewusst gemeinsam behandelt: weil die Relevanz ihrer Kontexte für die Verfassungstexte auch zu Antinomien und Spannungen führt. 40

Beginnen wir, schon aus Gründen der Entwicklungsgeschichte des Verfassungsstaates, mit der *Ökonomie*. Sie kann aus ihren Kontexten Fragen stellen, die auch für „Staat und Verfassung", genauer den „Verfassungsstaat" (denn es gibt in ihm nur so viel Staat, wie die Verfassung konstituiert: *R. Smend/A. Arndt*), relevant sind: Geschichtlich etwa in Gestalt der Frage: „Setzt Demokratie Wohlstand voraus?"[103], in armen Entwicklungsländern besonders aktuell. Die Lehre von den „Property Rights"[104], noch grundsätzlicher aber die sog. ökonomische Theorie der Verfassung[105] geht auf die Verfassung mit spezifisch ökonomischen Fragen zu. Man mag darüber streiten; sicher aber zwingt das wichtige positivrechtliche Teilgebiet einer 41

100 Z.B. *H. Marti*, Urbild und Verfassung, 1958; s. auch *J. P. Müller*, Religionsfreiheit – ihre Bedeutung, ihre innere und äußere Gefährdung, JöR 45 (1997), S. 1 ff., 2 ff.

101 Vgl. *H. Heckhausen/F. E. Weinert*, Psychologie, in: Görres-Gesellschaft (Hrsg.), Staatslexikon, Bd. IV, 7. Aufl. 1995, Sp. 615 ff.

102 Vgl. *J. Habermas*, Die Einbeziehung des Anderen, 1996.

103 Dazu aus der Lit.: *O. Depenheuer*, Setzt Demokratie Wohlstand voraus?, Der Staat 33 (1994), S. 329 ff.

104 Aus der Lit.: *P. Häberle*, Vielfalt der Property Rights und der verfassungsrechtliche Eigentumsbegriff, AöR 109 (1984), S. 36 ff. m.w.N.

105 Dazu *R. Eschenburg*, Der ökonomische Ansatz zu einer Theorie der Verfassung, 1977.

verfassungsstaatlichen Verfassung, das sog. „Wirtschaftsverfassungsrecht“, zu einer „Nachfrage“ im Blick auf ökonomische Kontexte[106]. Zwar dürfen gewiss nicht wirtschaftswissenschaftliche Paradigmen einfach ins Verfassungsrecht übernommen werden, doch sind Lehren wie die Economical Question-Doktrin[107] ohne den ökonomischen Kontext nicht beantwortbar.

42 Funktion und Grenzen der wirtschaftlichen Freiheiten, besonders betont in der Schweiz (Art. 27, 94 nBV von 2000), Glanz und Elend der Märkte, vor allem unter der Fragestellung „Zähmung des Kapitalismus“ (*Gräfin Dönhoff*), die Geltendmachung der „kulturellen Ausnahme“ in Frankreich bzw. etwaiger Quotenregelungen in der EU zum Schutz der Kulturgüter gegen die Warenweltideologien – all das stellt die Verfassung in einen Kontext zur Ökonomie. Die Ökonomisierung fast aller Lebensbereiche im heutigen Zeitgeist, Aspekte der „Globalisierung“[108] bzw. die Notwendigkeit, dass sich ein Volk (auch Europa) nach wie vor dank seiner *kulturellen Identität* behaupten kann und muss, zwingt die Verfassungslehre dazu, ihre Texte im ökonomischen Kontext zu lesen, sie ggf. aber auch gegen diese als „*Gegen-Texte*“ zu behaupten und zu verteidigen.

43 Diese Frage stellt sich besonders im Blick auf die *Ökologie*: Das expansive Wachstum des positiven „Umweltverfassungsrechts“ in neueren Texten rückt die vergleichende Verfassungslehre fast dramatisch in Kontexte der Ökologie als Wissenschaft. In wenigen Jahren geschah hier vor allem in der Schweiz viel. Der dynamische Positivierungsprozess lässt sich auch hinsichtlich seiner „Quellen“ namhaft machen: Es sind dramatische soziologische Notwendigkeiten und Entwicklungen, neue philosophische Klassikertexte (*H. Jonas*), Diskurse über das anthropozentrische oder physiozentrische Welt- und Menschenbild (*K. M. Meyer-Abich*)[109] sowie Staatsrechtslehrer-Texte (vor allem von *P. Saladin*), schließlich private Verfassungsentwürfe (von *A. Kölz/J. P. Müller*, 1984, 3. Aufl. 1995), die umweltwissenschaftliche Kontexte zum positiven Text in neuen Verfassungen ge-

---

106 Aus der Lit.: *K. A. Vallender u.a.*, Wirtschaftsfreiheit und begrenzte Staatsverantwortung, 4. Aufl. 2006; *P. Ulrich*, Integrative Wirtschaftsethik, 5. Aufl. 2007; U. Scheuner (Hrsg.), Die staatliche Einwirkung auf die Wirtschaft, 1971; *H. Ehmke*, Wirtschaft und Verfassung, 1961.

107 *H. Spanner*, Zur Verfassungskontrolle wirtschaftspolitischer Gesetze. Eine „Economical-Question-Doktrin“ des BVerfG, DÖV 1972, S. 217 ff.

108 *R. Stober*, Globalisierung der Wirtschaft und Rechtsprinzipien des Weltwirtschaftsrechts, in: FS Großfeld, 1999, S. 1173 ff.

109 *K. M. Meyer-Abich*, Wege zum Frieden mit der Natur, 1984.

macht haben. Nicht nur in der nBV der Schweiz, zuvor schon in neuen Kantonsverfassungen (ausgeprägt in Art. 31, 32 KV Bern von 1993), aber auch europa- und weltweit (vgl. nur Art. 5 Verf. Polen von 1997, Art. 20 a GG oder Art. 27 Verf. Benin von 1990) ist die Idee des Umweltschutzes auf die Tagesordnung gerückt. Die positiven Verfassungstexte wirken gewiss auf alle „Umweltethiken“ und Ökologie-Diskussionen zurück, anders gesagt: Die positiven Verfassungstexte provozieren auch die ökologischen Kontexte.

Bei aller Kontextabhängigkeit auch dieser neuen Verfassungsmaterie gilt 44
das Postulat des *bereichsspezifisch-differenzierten* Ansatzes. Die vielen Erscheinungsformen von Umweltverfassungsrecht (Bekenntnisnormen und Erkenntnisnormen in Präambeln, Staatsziele, Erziehungsziele, sogar Umweltgrundrechte) öffnen sich ganz unterschiedlich für ihre Kontexte[110].

III. Beispiele aus der Schweizer Bundesverfassung und Kantonsverfassungen (Auswahl)

1. Die neue Schweizer Bundesverfassung in ihren Kontexten

Gerade weil die Schweiz, wenngleich nicht EU-Mitglied, für alle Konsti- 45
tutionalisierungsprozesse in Europa im weiteren Sinne eine entscheidende Rolle spielt, sei ihre Verfassung vorliegend als Beispiel herausgegriffen. Die erneuerte BV von 2000 scheint trotz oder gerade wegen ihres bescheidenen Anspruchs, bloße „Nachführung“[111] zu sein, auf die aktive, schöpferische Herstellung von Kontexten besonders angewiesen: Auch der Blick zurück, auf die „alte“, teils erneuerte, teils fortgeschriebene „verbesserte“ Verfassung schafft einen *Kon-Text.*

Präambel und „*Allgemeine Bestimmungen*“ bedürfen wegen ihres Gene- 46
ralklauselcharakters der phantasievollen Kontextanalysen. Schon die „invocatio dei“ vorweg stellt Kontextfragen: Ist es der „Gott“ der christlich-

110 Aus der unüberschaubaren Literatur: *M. Kloepfer,* Umweltrecht, 3. Aufl. 2004.

111 Aus der Lit.: *R. A. Rhinow,* Zur Aktualisierung der Bundesverfassung, oder: Nachführung ist mehr als Nachführung, in: B. Sitter-Liver (Hrsg.), Herausgeforderte Verfassung, 1999, S. 569 ff.; *B. Ehrenzeller*, Konzeption der Verfassungsreform, AJP 1995, S. 971 ff.; T. Fleiner u.a. (Hrsg.), BV-CF 2000, 2000; *P. Häberle,* Die „total“ revidierte Bundesverfassung der Schweiz, 1999/2000, in: FS H. Maurer, 2001, S. 935 ff; *R.A. Rhinow/M. Schefer*, Schweizerisches Verfassungsrecht, 2. Aufl. 2009.

abendländischen Überlieferung oder ein „offener Gottesbegriff": offen für andere Gottesbilder der monotheistischen Weltreligionen oder darüber hinaus?[112] Hier kann nur die Frage nach dem kulturellen *Kon-Text* weiterführen. Der Begriff „Verantwortung" verweist auf „ethische Ressourcen". In der Präambel findet er sich sogar an zwei Stellen: „gegenüber der Schöpfung" und „gegenüber den künftigen Generationen". Die schon mehrfach zitierte Verantwortungsethik eines *H. Jonas* ist hier der unverzichtbare „Kontext". „Gegenseitige Rücksichtnahme" bedarf ebenfalls der Anreicherung durch sozialethische Entwürfe und Kanones, und die „Achtung" der „Vielfalt" ist zuvörderst ein Kulturaspekt. Das „Wohl der Schwachen" ist ein so offener Begriff, dass nur im Zusammenwirken vieler Einzelwissenschaften bis hin zu Psychologie und ökonomischer Armutslehre der hier einzusetzende Sozialstaatsgedanke aus anderen Partien der nBV zu konkreten Inhalten gelangt (vgl. Art. 41, Art. 114 bis 117 nBV).

47 Damit ist aber auch ein Stichwort für das kontextualistische Verfassungsverständnis gefallen: Es geht auch darum, die Bezüge zu anderen getexteten Normenensembles in *derselben* Verfassung herzustellen. Was in der deutschen Literatur als Maxime der „Einheit der Verfassung" verstanden wird[113], heute freilich der Revision angesichts der Weltoffenheit auch der Schweiz (vgl. Präambel) bedarf, ist nichts anderes als die aktive Herstellung von Kontexten. Die in der Präambel steckenden Normativitätsreserven, ihre „Ausstrahlungswirkung" auf die späteren Artikel, etwa das Umweltverfassungsrecht (Art. 73 bis 80 nBV) oder der Sprachen-Artikel (Art. 70 i.V.m. Art. 18 nBV), ist die Arbeit mit dem und am Kontext.

48 Von den „Allgemeinen Bestimmungen" seien hier nur Art. 5 und 6 nBV herausgegriffen. Wenn „staatliche Organe und (!) Private" nach „Treu und Glauben" handeln (sollen), so sind damit bestimmte sozialethische Maximen zum Kontext gemacht. Überdies kommt der Zeitfaktor ins Spiel: Die ethischen Vorstellungen *wandeln* sich, und das lässt sich gerade am Art. 119 nBV illustrieren. Mit recht rigorosen Gebots- und Verbotsnormen (Art. 119 Abs. 2 lit. a bis c nBV) kommt hier eine neuere Ethik im Gewand des positiven Verfassungsrechts des Weges. Ihre Rückbindung an die Menschenwürde (Art. 119 Abs. 2 S. 2 bzw. Art. 7 nBV) zeigt einmal

---

112 Dazu *P. Häberle*, Verfassungslehre als Kulturwissenschaft, 2. Aufl. 1998, S. 951 ff.

113 *K. Hesse*, Grundzüge des Verfassungsrechts der Bundesrepublik Deutschlands, 20. Aufl. 1995, (Neudruck 1999), Rn. 71.

mehr das Geflecht der Kontextbezüge *innerhalb* der Verfassung („intrakonstitutioneller Kontext").

Das Postulat „*individuelle und gesellschaftliche Verantwortung*" gemäß 49
Art. 6 nBV ist vielleicht das Schulbeispiel für kontextbewusste Verfassungsauslegung. Die sehr allgemein gehaltenen Begriffe, die Nähe zur Sozialethik der Grundpflichten, zum Prinzip der Subsidiarität und Solidarität, insgesamt die hier in Bezug genommene Verantwortungsethik[114] – all das sucht nach „Maßgaben" bzw. Auslegungshilfen teils aus anderen Prinzipien der Verfassung selbst, teils aus in ihr kontexthaft mitgedachten anderen Bereichen bzw. Inhalten (s. auch die Bezüge zum Sozialverfassungsrecht in Art. 111 und 115 nBV, zum „Erziehungsziel" der „sozial verantwortlichen Personen" in Art. 41 Abs. 1 lit. g nBV sowie zum „Umweltverfassungsrecht" in Art. 73 bis 80 nBV).

Auffällig ist, dass eine „*Ewigkeitsklausel*" nach dem Muster von Art. 79 50
Abs. 3 GG (1949) oder Art. 288 Verf. Portugal (1976) fehlt. Gerade diese Beobachtung kann aber durch den kultur- bzw. kontextwissenschaftlichen Ansatz geklärt werden. Die Schweiz braucht dank ihrer im Ganzen glücklichen Verfassungsgeschichte keine positivierte Ewigkeitsklausel[115]. Ihr kultureller Kontext, d.h. Freiheit, Demokratie, Föderalismus und Gewaltenteilung sind so vital, dass auch in der erneuerten BV nichts festgeschrieben werden muss. Die Widerstandsfähigkeit gegen alle Formen von totalitärer oder autoritärer Staatlichkeit ist im kollektiven Gedächtnis der „Willensnation Schweiz", auch der Umgang mit ethnischen und anderen Minderheiten (es gibt freilich auch Rückschläge, siehe etwa das Minarett-Verbot), ist so sehr Teil der politischen Kultur, dass es eines positiven Verfassungstextes dazu nicht bedarf.

Anders stellt sich vor allem für eine Europäische Verfassungslehre die 51
Frage im Blick auf das *Fehlen* eines „*Europa-Artikels*"[116]. Zwar ist text- und kontexthaft von „Solidarität und Offenheit gegenüber der Welt" schon in der Präambel die Rede, auch fallen im Abschnitt „Beziehungen zum

114 Dazu *P. Häberle*, in: B. Ehrenzeller u.a. (Hrsg.), St. Galler Kommentar, Art. 6 nBV, 2. Aufl. 2008 (3. Aufl. 2014), S. 67 ff.

115 Aus der Lit.: *J. P. Müller*, Materiale Schranken der Verfassungsrevision, in: FS Haug, 1986, S. 195 ff.; *P. Häberle*, Verfassungsrechtliche Ewigkeitsklauseln als verfassungsstaatliche Identitätsgarantien, in: FS Haug, 1986, S. 81 ff.

116 Zum Problem: *T. Fleiner*, Die schweizerische Verfassung im Kontext eines gemeinsamen europäischen Verfassungsrechts, in: B. Sitter-Liver (Hrsg.), Herausgeforderte Verfassung, 1999, S. 413 ff.; *R. J. Schweizer*, Auswirkungen einer Mitgliedschaft in der EU auf das schweizerische Verfassungsrecht, in: ebd., S. 447 ff.

Ausland“ Stichworte wie die „Linderung von Not und Armut in der Welt“, „Achtung der Menschenrechte“, „Förderung der Demokratie“ (Art. 54 Abs. 2 nBV), womit die Schweiz an ihre besten Traditionen seit der Gründung des Roten Kreuzes anknüpft. Dennoch fehlt ein manchen neueren Kantonsverfassungen (vgl. Art. 54 Abs. 1 Verf. Bern) analoges Bekenntnis zu Europa. Der gescheiterte Vorschlag des Schweizer Bundesrates in Sachen Europaoffenheit aus dem Jahre 2000 hätte die Grundlage einer hochkonzentrierten und innovativen Variante nationalen Europaverfassungsrechts bilden können:

> 52 „Art. 1: Die Schweiz beteiligt sich am europäischen Integrationsprozess und strebt zu diesem Zweck den Beitritt zur Europäischen Union an.
>
> 53 Art. 2: Der Bundesrat bereitet Beitrittsverhandlungen vor. Zu diesem Zweck prüft er die Auswirkungen eines EU-Beitritts, insbesondere auf die Bereiche Föderalismus, Volksrechte, Regierungsorganisation, Finanzordnung, Wirtschafts- und Geldpolitik, Landwirtschaft, Außen- und Sicherheitspolitik, und unterbreitet in der laufenden Legislaturperiode Vorschläge für die notwendigen Reformen.
>
> 54 Art. 3: Der Bundesrat entscheidet über die Reaktivierung des Beitrittsgesuchs im Lichte der Debatte über die vorgeschlagenen Reformen und erster Erfahrungen mit den sektoriellen Abkommen zwischen der Schweiz und der Europäischen Gemeinschaft.
>
> 55 Art. 4: Dieser Beschluss ist nicht allgemein verbindlich; er untersteht nicht dem Referendum.“[117]

56 Gerade kulturwissenschaftlich fällt das Scheitern aller Bemühungen um eine Öffnung für den europäischen Einigungsprozess schmerzhaft ins Gewicht. Denn die Schweiz ist eine „Herzkammer Alteuropas“ und Teil von dessen Rechtskultur; kraft positiven Rechts gehört sie auch zur EMRK als einem Stück Europarecht im weiteren Sinne. Der „nachführende“ Verfassunggeber hat vielleicht taktisch im Blick auf die innerschweizerische Kritik an der EU gedacht. Der kulturelle – europäische – Kontext wird ihm später vielleicht Texte „nachliefern“ und korrigierend wirken.

117 Zit. nach NZZ v. 27./28. Mai 2000, S. 13.

2. Ältere und neuere Kantonsverfassungen

Einige Beispiele aus Kantonsverfassungen seien im Folgenden nicht nur um ihrer selbst willen auf ihre aktuellen und potentiellen Kontexte hin befragt: sie seien auch wegen ihrer „*Kontextpotenz*“ für die nBV und den europäischen Konstitutionalisierungsprozess behandelt. Angesichts des Nehmens und Gebens zwischen Bundesverfassung und Kantonsverfassungen[118] sind nicht selten die Texte der jeweils anderen Verfassung „mitzulesen“. Gerade im Umweltverfassungsrecht hat sich die nBV durch Kantonsverfassungen (etwa Bern) anregen lassen. Die Kantonsverfassungen ihrerseits stehen in vielseitigen Rezeptionsprozessen untereinander (nachweisbar etwa im Verhältnis Appenzell AR 1995 und Bern 1993). Der Bund sollte nicht zögern, dort wo in Praxis und Judikatur, auch Wissenschaft ausformuliertes gelebtes Verfassungsmaterial bereits vorliegt, auf die „niederere“ Ebene der KV zurückzusehen. Zumal die Kategorie des „gemeinschweizerischen Verfassungsrechts“[119] aus der Aktivierung von Kontextbezügen lebt. 57

Als Prototyp einer älteren, in Manchem pionierhaften Kantonsverfassung sei die Verf. Aargau (1980), als schon neuere Bern (1993) und schließlich Schaffhausen (2000 im Entwurf, 2002 verabschiedet) stichwortartig skizziert. 58

Die *KV Aargau* (1980)[120] ist in ihrer reichhaltigen Präambel und in ihren „Allgemeinen Bestimmungen“ höchst kontexthaltig. Schon hier findet sich die verantwortungsethische Klausel („vor Gott, gegenüber Mensch, Gemeinschaft und Umwelt“), schon hier ist die Einheits- und Vielfaltsklausel verankert, freilich auf den Kanton bezogen. Die Klausel zur Förderung der „Wohlfahrt aller“ ist ein allgemeines Staatsziel, das in den anderen Teilen der Verfassung näher konkretisiert wird, aber als solches durchaus normativ verbindlich ist. Ihre Bedeutung erschließt sich aus einer Plu- 59

---

118 Dazu *P. Häberle*, Neuere Verfassungen und Verfassungsvorhaben in der Schweiz, JöR 34 (1985), S. 354 ff.

119 Dazu aus der Lit.: *P. Häberle*, Neuere Verfassungen und Verfassungsvorhaben in der Schweiz, JöR 34 (1985), S. 303 ff., 340 ff. sowie *G. Schmid*, Die Bedeutung gliedstaatlichen Verfassungsrechts in der Gegenwart, VVDStRL 46 (1988), S. 92 ff.

120 Abgedruckt in JöR 34 (1985), S. 437 ff. Aus der Lit.: *K. Eichenberger*, Kommentar zur Verf. des Kantons Aargau, 1986; *K. Nuspliger*, Wechselwirkungen zwischen neueren Kantonsverfassungen und der Bundesverfassung, in: U. Zimmerli (Hrsg.), Die neue Bundesverfassung, 2000, S. 63 ff.

ralität von Kontexten (vgl. nur § 25: „Staatsziele"). Für das Postulat der Ausrichtung öffentlicher und privater Tätigkeit an „Treu und Glauben" (§ 2) gilt das oben Gesagte. Das Kulturverfassungsrecht im Kanton hat in § 36 („Kulturpflege") einen besonderen Ort. Die Sorgfalt für die „Erhaltung der Kulturgüter", die „Pflege der Wissenschaften, der Künste und des Volkstums" ist ein Text, der eigentlich erst aus seinen Kontexten reale Gestalt gewinnt. Das Kulturverfassungsrecht insgesamt ist *Kontext-Recht* par excellence. Diese Orientierungs-Normen haben in den Grundsätzen für den Unterricht an öffentlichen Schulen (§ 35) ihr Pendant (Achtung des Elternrechts auf „Erziehung und Bildung" der Kinder, sowohl Achtung der „Persönlichkeit der Schüler" als auch Bindung durch die staatlichen Lehrziele).

60 Die *KV Bern* (1993)[121] hat Kontext-Recht sogleich in der bekenntnishaft formulierten Präambel geschaffen („Gemeinwesen, in dem alle in Verantwortung gegenüber der Schöpfung zusammenleben") – der Begriff „Schöpfung" verweist auf religiöse Kontexte, bedarf es doch des Glaubens an einen „Schöpfer", und der Wille zum Schutz der Umwelt ist dann auch in späteren Partien dokumentiert (Art. 31 und 32). Erwähnt sei die verantwortungsethische Pflichtenklausel in Art. 8, die die „Mitverantwortung für künftige Generationen" einbezieht. Von ähnlichem „Geist" sind die Grundsätze des Bildungswesens (Art. 42) geprägt. Wenn Art. 29 (Sozialrechte) einen Anspruch auf „grundlegende medizinische Versorgung" gewährt, so ist damit der Stand der (Natur-)Wissenschaft in Bezug genommen. Ähnliches gilt für den umfangreichen Art. 41 zum Gesundheitswesen.

61 Eigens erwähnt sei der für die Schweiz kühne *Europa-Artikel* 54 Abs. 1: „Der Kanton beteiligt sich an der Zusammenarbeit der Regionen Europas". Denn dieses kantonale Europaverfassungsrecht[122] steht im Gegensatz zum *Europadefizit* der nBV. Den „europäischen Kontext" herzustellen, hat das „kleine Bern" gewagt. Ja, es denkt sogar an den globalen Kontext (Abs. 2 ebd.: Beitrag zum „wirtschaftlichen, sozialen und ökologischen Aufbau in benachteiligten Ländern", „humanitäre Hilfe für die notleidenden Menschen und Völker").

---

121 Abgedruckt in JöR 47 (1999), S. 212 ff.

122 Zum nationalen Europaverfassungsrecht *P. Häberle*, Europaprogramme neuerer Verfassungen und Verfassungsentwürfe, in: FS Everling, Bd. I, 1995, S. 355 ff. sowie Erster Teil A. II.

Aus den Totalrevisionsprozessen im *Kanton Schaffhausen* seien nur wenige Artikel-Vorschläge aus dem Verfassungsentwurf II von 2000 herausgegriffen. Art. 6 („Verantwortung und Pflichten") leistet eine interessante Variante zu Art. 6 nBV, insofern sie das Verantwortungspostulat ausdrücklich in den Kontext der Pflichten stellt: „[1]Jede Person trägt Verantwortung für sich selbst. [2]Sie trägt Mitverantwortung für die Gemeinschaft und die Umwelt. [3]Sie erfüllt die Pflichten, die ihr durch Verfassung und Gesetz übertragen sind." Freilich lässt sich auch argumentieren, erst Abs. 3 bringe die Steigerung zur Pflicht, das Vorherige sei „soft law", „potentieller Kontext" zu anderen hard law-Texten im Entwurf. Art. 9 versucht sich an einer Definition der „Nachhaltigkeit", die offenkundig aus einem Vergleich aller heutigen Verfassungsmaterialien in der Schweiz entstanden ist: „Alles staatliche Handeln hat sich auf eine ökologische, wirtschaftliche und soziale Entwicklung auszurichten, welche die Bedürfnisse heutiger wie auch zukünftiger Generationen berücksichtigt" – eine wahre Vielfalt an *Kontextaktivierung*. Neben dem geglückten Kultur-Artikel (Art. 94) und der Norm zur „sinnvollen Freizeitgestaltung" (Art. 95) – quis judicabit? – sei das Bildungsziel in Art. 91 erwähnt (Ziel, „die Entwicklung zu selbstverantwortlicher Persönlichkeit, den Willen zur sozialen Gerechtigkeit und die Verantwortung für die Umwelt zu fördern"). Die in Kraft getretene Verfassung vom 17. Juni 2002 hat fast alle Texte rezipiert (siehe später auch noch Art. 5, 6 *KV Zürich* von 2004) 62

IV. Zusammenfassung und Fortschreibung zu einer europaspezifischen Kontextthese

Die Kontextthese konnte theoretisch und an einigem Verfassungsmaterial erschlossen werden. Auch sie ist nur eine *Teil*wahrheit, wie alles wissenschaftliche Arbeiten. Sie führt nicht zu einer Relativierung der – oft genug fragmentarischen – positiven Verfassungstexte, vielmehr erschließen sich durch sie kontextliche Tiefendimensionen oder Höhenbezirke, die eine nur positivistisch arbeitende Verfassungsrechtswissenschaft nicht zu erkennen vermag. Es geht um beides: ein Ernstnehmen der in komplexen Positivierungsvorgängen zu solchen gewordenen Verfassungstexte im engeren Sinne und ein Aufschließen ihrer sie anreichernden, begleitenden, fortführenden und auf eine Weise sogar erfassenden *Kon-Texte* (etwa die Klassikertexte als Verfassungstexte i.w.S.). Es gibt ein spezifisches Kräftereservoir für die verfassungsstaatlichen Verfassungen aus ihren *Kon-Texten*! Gerade 63 ein kulturwissenschaftliches Verfassungsverständnis baut Brücken zur Erschließung der Kontexte. Dabei ist immer bereichsspezifisch vorzugehen: Die sehr unterschiedlichen Normenensembles einer Verfassung, die verschiedenen „Arten" der Verfassungsrechtssätze mobilisieren unterschiedliche Kontext-Bezüge. Diese Sensibilität für Kontexte stellt aber auch neue und alte Verbindungen zu anderen Kulturwissenschaften her. So wie der „hermeneutische Zirkel" produktive Kraft entfaltet, kann die Kontexterschließung der lebenden Verfassung neue Inhalte gewinnen. Dabei sind die verschiedenen Funktionen der Verfassung – von der Machtbegrenzung und -konstituierung bis zur Schaffung von Identifikationschancen für den Bürger und Vermittlung von Grundwerten zur Orientierung, von der „Organisation" der Staatsorgane bis zum Verfassen der Gesellschaft – im Auge zu behalten. Die Kontext-These will all dies nicht beiseiteschieben, sondern nur in zusätzliche Horizonte stellen. Auch der besonders in der Präambel sichtbare, teils *Er*kenntnis-, teils *Be*kenntnis-Charakter von Verfassungen verlangt eine Auseinandersetzung mit der Kontext-These. Das kantonale und eidgenössische Beispielsmaterial zeigt, wie wichtig sie gerade in den mannigfachen, schöpferischen Totalrevisionen ist.

64 Besondere Fruchtbarkeit kann – und muss – die Kontext-These für die Erschließung des europäischen Verfassungsraumes (in seinen Texten und Kontexten) entfalten. Im Folgenden ist sie Stück für Stück mitgedacht (vgl. z.B. Zweiter Teil A.-D., insb. D. I. 4). Was bisher national-verfassungsstaatlich mit Hilfe eines Blicks auf andere Wissenschaften entwickelt worden ist, soll je nach Problemkreis „europäisch" fortgedacht werden.

C. Europa als Beispiel einer konstitutionell dichten regionalen Verantwortungs- und Solidargemeinschaft im Rahmen der globalen Verantwortungsgemeinschaft der Menschheit bzw. des Völkerrechts als Menschheitsrechts

I. Die regionale Einbindung

65 Die universale Verantwortungsgemeinschaft der Verfassungsstaaten mag oft von diesen zu viel verlangen oder nur sehr punktuell einlösbar sein. Die Frage ist, ob der Verfassungsstaat auf seiner heutigen Entwicklungsstufe konkreter in regionalen Solidaritätspflichten steht; dies nicht i.S. von Hegemonie im Blick auf einen Ausschnitt der Welt, eben eine Region, sondern i.S. gleichberechtigter Partnerschaft. Die auf Regionen bezogenen

Identitätsklauseln und die grenzüberschreitenden Kompetenz-Artikel deuten von der Seite der Verfassungstexte darauf hin, auch die EMRK- und AMRK-Gemeinschaft in Europa bzw. Amerika, vielleicht schon die OSZE von 1995. Gerade der EMRK-Europarat hat seit 1989 viele konstitutionelle Elemente recht erfolgreich in den postsozialistischen Ländern Osteuropas zur Beitrittsbedingung erhoben (Menschenrechte, Minderheitenschutz etc.). Eine politisch gelebte Regionalpartnerschaft von Verfassungsstaaten zeichnet sich zudem im Blick auf die, wenn auch sehr fehlerhaft wahrgenommene Verantwortung der EU-Staaten für die Länder auf dem Balkan als Teil Europas ab. Das zeigt sich nicht nur im Versuch der Friedensstiftung, sondern auch in sehr konkreten „Verfassungsvorgaben", die als „Rahmenvereinbarung" für Bosnien-Herzegowina (1995) paktiert wurden[123]. Denn hier werden den Typus Verfassungsstaat kennzeichnende Elemente wie Grundrechte (Bewegungsfreiheit, Meinungs- und Pressefreiheit) bzw. international anerkannte Menschenrechte „vorgegeben", auch die Wahlen, die Anwendung des Mehrheitsprinzips und die Gründung eines „Verfassungsgerichts" sind vereinbart[124]. Die sich damit abzeichnende Aufgabe der „Konstitutionalisierung" einer Region könnte zu einem Wachstumsring der Kompetenzen und Aufgaben, auch der Legitimation des Verfassungsstaates von heute werden. Sie ist dem Verfassungsbürger vielleicht eher vermittelbar als eine allgemeine, universale Pflicht. Mag er mit der „weltbürgerlichen Absicht", dem „Weltbürgerrecht" *I. Kants* überfordert sein: mindestens eine Regionalbürgerschaft ist – weil überschaubar – ihm schon heute „zuzumuten".

123 Zit. nach FAZ vom 28. Sept. 1995, S. 2.

124 Der Vertrag von Dayton (zit. nach FAZ vom 23. November 1995, S. 4) gibt die Bundesstaatsstruktur und bestimmte Kompetenzverteilungen zwischen der Zentrale und den zwei Teilen des Staatsgebildes vor, ebenso den Satz: „Die neue Verfassung soll ein Höchstmaß an Menschenrechten garantieren" sowie: „Die internationale Gemeinschaft organisiert ein humanitäres Hilfsprogramm, um den Wiederaufbau des Landes, die Rückkehr der Flüchtlinge und die Abhaltung freier Wahlen zu gewährleisten". – Aus der Lit.: W. Graf Vitzthum (Hrsg.), Europäischer Föderalismus, 2000.

II. Der „Schulterschluss“ mit dem Völkerrecht als verfassungsstaatlichem „Innenrecht“: „Menschheitsrecht“

66 Schon im einleitenden Teil dieser Europäischen Verfassungslehre sei gewagt, was es im abschließenden Ausblick zu wiederholen und bestätigen gilt: der Brückenschlag von der regionalen Verantwortungsgemeinschaft Europa hin zur universalen Weltgemeinschaft der Verfassungsstaaten und ihrer Bürger. Wenn sich der Verfassungsstaat in den Tendenzen seiner Textstufenentwicklung in vielerlei Gestalt intensiv und extensiv auf die „Welt“ bzw. „Menschheit“ einlässt, dann muss dies auch Konsequenzen für das „Recht“ dieser Welt haben: für das Völkerrecht[125]. Jedenfalls in der Theorie wird dessen „Umbau“ erforderlich. Das Völkerrecht sollte nach und nach die Elemente, die es selbst – oft in Analogie zum Verfassungsstaat – setzt, etwa die Menschenrechte, den Minderheitenschutz, den Umweltschutz kongenial auf seiner Ebene „denken“. Erst dann ließe sich von „Verfassung der Völkergemeinschaft“ sprechen[126]. Erst dann wird mit der „offenen Staatlichkeit“ (*K. Vogel*), dem „kooperativen Verfassungsstaat“, der „kooperativen Weltordnung“ ernst gemacht. Das Völkerrecht muss sich selbst von der in Verfassungsstaaten verfassten „Menschheit“ her denken, auf die es ja in nicht wenigen Konventionen Bezug nimmt. Dieses „Programm“ verlangt ein Umdenken in Sachen Souveränität[127].

---

125 Die seit mehreren Jahrzehnten wehrende Diskussion über Konstitutionalisierungsprozesse im Völkerrecht – sorgfältig zu unterscheiden von einer Konstitutionalisierung des Völkerrechts – wurde von der Deutschen Staatsrechtslehrervereinigung auf ihrer Jahrestagung in Speyer programmatisch aufgegriffen: *A. Tschentscher* und *H. Krieger*, Verfassung im Völkerrecht: Konstitutionelle Elemente jenseits des Staates?, VVDStRL 75 (2016), i.E.

126 *A. Verdross*, Die Verfassung der Völkerrechtsgemeinschaft, 1926; zur aktuellen Diskussion *M. Kotzur*, Das Völkerecht von der Menschheit her denken, in: A. Blankenagel (Hrsg.), Den Verfassungsstaat nachdenken. Eine Geburtstagsgabe, 2014, S. 43 ff.

127 Zur „Verabschiedung“ der Souveränität: *M. Kriele*, Staatslehre, 1. Aufl. 1975 (6. Aufl. 2003), S. 111 ff.: „Im Verfassungsstaat gibt es keinen Souverän“. S. auch *P. Häberle*, Zur gegenwärtigen Diskussion um das Problem der Souveränität, AöR 92 (1967), S. 259 ff., 279 ff.; *P. Saladin*, Wozu noch Staaten?, 1995. Zu den Grundlagen und zum Wandel des Souveränitätsbegriffs: *H. Kelsen*, Das Problem der Souveränität und die Theorie des Völkerrechts, 2. Aufl. 1928; *H. Heller*, Die Souveränität (1927), in: M. Drath/O. Stammer u.a. (Hrsg.), Hermann Heller – Gesammelte Schriften, Bd. II, 1971, S. 31 ff.; *H. Quaritsch*, Staat und Souveränität, Bd. I, 1970, S. 243 ff.; *ders.*, Souveränität. Entstehung und Entwicklung des Begriffs in Frankreich und Deutschland vom 13. Jh. bis 1806, 1986; *L. Wildha-*

Völkerrecht ist ein Stück *Menschheitsrecht*[128]. Dabei sind die Menschenrechte nicht nur als subjektive Rechte aller Menschen, sondern auch als solche der Menschheit zu begreifen. Die „überstaatliche Bedingtheit der Staaten" i.S. von *W. von Simson* hat gewiss die Souveränität relativiert. Doch sollte man sich vergegenwärtigen, dass es eine „verfassungsstaatliche Bedingtheit" des „Überstaatlichen", d.h. des Völkerrechts gibt. Es lebt heute letztlich aus der *Verantwortungsgemeinschaft der Verfassungsstaaten*. Deshalb ist es an der Zeit, im Kontext einer europäischen Verfassungslehre einen spezifisch an den Verfassungsstaaten und Menschenrechten orientierten kulturwissenschaftlichen Theorierahmen für das allgemeine Völkerrecht und seine fragmentierten Teilgebiete zu entwerfen.

Die „Menschheit" ist in jüngerer Zeit zum Bezugssubjekt bzw. -objekt 67
neuen Völkerrechts geworden, was mit der Menschheit als innerverfassungsstaatlicher „Figur" zusammengedacht werden sollte. Die Meeresbodenprinzipien-Deklaration der UN (1970) erklärte den Meeresboden und Meeresgrund zum „gemeinsamen Erbe der Menschheit"[129]. Ähnliches

---

ber, Entstehung und Aktualität der Souveränität, in: FS Eichenberger, 1982, S. 131 ff., 133 ff.; *A. Verdross/B. Simma*, Universelles Völkerrecht, 3. Aufl. 1984 (Nachdruck 2010), S. 25 ff.; *H. Steinberger*, Der Verfassungsstaat als Glied einer europäischen Gemeinschaft, VVDStRL 50 (1991), S. 9 ff., 17; *P. Saladin*, Wozu noch Staaten?, 1995, S. 28 ff.; *A. Randelzhofer*, Staatsgewalt und Souveränität, in: HStR, Bd. II, 3. Aufl. 2004, § 17, Rn. 13 ff.; *J. P. Müller*, Wandel des Souveränitätsbegriffs im Lichte der Grundrechte, in: Symposion L. Wildhaber, 1997, S. 45 ff.; *A. Gamper*, Staat und Verfassung – Einführung in die Allgemeine Staatslehre, 2007.

128 S. noch *W. Grewe*, Epochen der Völkerrechtsgeschichte, 1984, S. 72: zur „spätantiken Menschheitsidee", S. 176: „Der Gedanke einer die ganze Menschheit umspannenden Völkerrechtsgemeinschaft beherrscht auch das Lehrgebäude des... Francisco Suarez". *F. de Vitoria* vertrat eine universalistische Konzeption des Völkerrechts, da er die staatlich organisierten Völker (gentes) als Glieder einer einheitlichen Weltordnung (una res publica) betrachtet. Dazu *A. Verdross/B. Simma*, Universelles Völkerrecht, 3. Aufl. 1984 (Nachdruck 2010), S. 11.

129 Dazu *A. Verdross/B. Simma*, Universelles Völkerrecht, 3. Aufl. 1984 (Nachdruck 2010), S. 737; *W. Graf Vitzthum*, Der Rechtsstatus des Meeresbodens, 1972, S. 247 ff., 358. Zu dieser „grandiosen Wortprägung" des maltesischen Botschafters A. Pardo (1967): *T. Oppermann*, Vom Marktbürger zum EG-Bürger, Lüneburger Symposium für H. P. Ipsen, 1988, S. 87. Pardo umschreibt dieses neue Konzept als „a new legal principle" (zit. nach *K. Ipsen*, 6. Aufl. 2014, S. 925). S. auch *D. Rauschning*, Gemeinsames Erbe der Menschheit, HdUR, Bd. I, 2. Aufl. 1994, Sp. 853 ff.

wurde später für die Antarktis gefordert[130]. Der „Mondvertrag" (1979) erklärt den Mond und seine natürlichen Ressourcen zum „common heritage of mankind"[131]. Art. 22 Abs. 1 der Afrikanischen Menschenrechtserklärung (1982) spricht allen Völkern u.a. ein Recht auf „gleichmäßige Beteiligung an dem gemeinsamen Erbe der Menschheit" zu[132]. Längst machte die Idee des „common concern of mankind" „Weltkarriere"[133]. So dürfte das common heritage-Prinzip zu einem völkerrechtlichen „Schlüsselbegriff" werden[134] und in die Nähe der allgemeinen Rechtsgrundsätze rücken[135]. So heißt es bei *A. A. Cançado Trindade*: „The conceptions of common heritage and of common concern of mankind embody universal solidarity and social responsibility ..., emanate from human conscience ..., reflect basic values of the international community as a whole (rather than State interests), and strengthen the notion of an international *ordre public* (rather than a fragmented contractual vision). They do so in order to face the new global challenges to the international community as a whole, and indeed to all humankind ..."[136]

68 All dies gehört zur Tendenz des Völkerrechts, „von einem bloßen Zwischenmächterecht zur Rechtsordnung der vielfach gegliederten Menschheit ausgestaltet zu werden"[137]. Hier bleibt die These der klassischen

---

130 Dazu *A. Verdross/B. Simma*, Universelles Völkerrecht, 3. Aufl. 1984 (Nachdruck 2010), S. 747.

131 Dazu ebd., S. 761.

132 Zur entsprechenden Tendenz der UNESCO vgl. *E. H. Riedel*, Theorie der Menschenrechtsstandards, 1986, S. 213. – Vgl. Satzung der UNESCO (1945), Art. 1 Ziff. 2 lit. c: „Schutz des Erbes der Welt an Büchern, Kunstwerken und Denkmälern der Geschichte und Wissenschaft ...".

133 *Th. Cottier/Ph. Aerni/B. Karapinar/S. Matteotti/J. de Sépibus/A. Shinga*, The Principle of Common Concern and Climate Change, Swiss National Centre for Competence in Research, Working Paper No. 2014/18.

134 Vgl. *W. A. Kewenig*, Common heritage of mankind – politischer Slogan oder völkerrechtlicher Schlüsselbegriff?, in: FS Schlochauer, 1981, S. 385 ff.

135 Dazu *R. Wolfrum*, The Principle of the Common Heritage of Mankind, ZaöRV 43 (1983), S. 312 ff., 333 ff. – *R. St. J. Macdonald*, The Common Heritage of Mankind, in: FS Bernhardt, 1995, S. 153 ff., 171 prophezeit der „Common Heritage story" nach Mondvertrag und Seerechts-Konvention eine weitere Zukunft; *S. Hobe*, Was bleibt...?, in: FS Delbrück, 2005, S. 909 ff.

136 *A. A. Cançado Trindade*, International Law for Humankind: Towards a New Jus Gentium, 2010, S. 144.

137 *A. Verdross/B. Simma*, Universelles Völkerrecht, 3. Aufl. 1984 (Nachdruck 2010), S. 916. Zuletzt *A. Bleckmann*, Allgemeine Staats- und Völkerrechtslehre: Vom Kompetenz- zum Kooperationsvölkerrecht, 1995.

Schule von Salamanca wegleitend, wonach das „bonum commune humanitatis" das Ziel des Völkerrechts bilde (*F. de Vitoria*)[138]. Die wachsende Bedeutung der Menschenrechte im Völkerrecht, der Kulturgüterschutz sowie das Weltraum- und Umweltrecht sind Elemente, dieses zum „Menschheitsrecht" reifen zu lassen. Die „Rückwendung zum Naturrecht" (*U. Scheuner*) gehört in das Gesamtbild. Die erwähnten Klassikertexte aus „Weimar", „Königsberg" bzw. dem Deutschen Idealismus und seiner „Menschheitsbotschaft" (*F. Schillers/L. v. Beethovens* „Neunte") erleichtern diese Wege.

Der Ertrag dieser letzten einstimmenden Reflexionen zum Völkerrecht 69
mag schmal erscheinen. Vieles wurde ausgelassen, etwa die aktuelle Frage, wie viele Menschen der „Globus" noch tragen könne[139], was auch neue Fragen an die Mehrheit der pronatalistisch wirkenden Weltreligionen und Weltkulturen stellt. Die weltweiten Migrationsbewegungen und Flüchtlingsströme müssten ebenfalls beim Namen genannt werden[140]. Viele Fragen bleiben offen, andere sind „vorläufig" gestellt – sie alle müssen aber als unverzichtbare Eckdaten im Koordinatensystem einer Europäischen Verfassungslehre von Anfang an ins Bewusstsein gerufen werden.

---

138 Zit. nach *A. Verdross/B. Simma*, Universelles Völkerrecht, 3. Aufl. 1984 (Nachdruck 2010), S. 915. Zu Elementen des „humanitären Völkerrechts" vgl. *K. Ipsen*, Völkerrecht, 6. Aufl. 2014, S. 1181 ff. Zum geplanten „Weltstrafgesetzbuch" der UN: *M. Reichart*, ZRP 1996, S. 134 ff. Bemerkenswert ist die neue Textstufe in Art. 28 Verf. Äthiopien (1994): „Crimes against Humanity", mit einem ausdrücklichen Verbot von Amnestien oder Begnadigungen.

139 Vgl. *K. Natorp*, Die Erde als Brücke, FAZ vom 16. Jan. 1996, S. 10.

140 Erste Stichworte zum Thema „Weltbild" und „Menschheit" bei *P. Häberle*, Das Menschenbild im Verfassungsstaat, 4. Aufl. 2008, S. 12 ff. sowie in seinem Speyerer Vortrag vom September 1995, Aspekte einer kulturwissenschaftlich-rechtsvergleichenden Verfassungslehre in „weltbürgerlicher Absicht" – ihre Mitverantwortung für Gesellschaften im Übergang, in: R. Pitschas (Hrsg.), Entwicklungen des Staats- und Verwaltungsrechts in Südkorea und Deutschland, 1997, S. 27 ff. – S. auch *W. Schreckenberger*, Der moderne Verfassungsstaat und die Idee der Weltgemeinschaft, Der Staat 34 (1995), S. 503 ff.; *K. F. Gärditz*, Weltrechtspflege, 2006.

D. Regionale und universale Verantwortungsgemeinschaften: das Europa der „kulturellen Vaterländer" und der „europäischen Verfassungsstaaten"

I. Problemstellung

70 Die Jurisprudenz kann einen wesentlichen und originären Beitrag zur Genese regionaler Verantwortungsgemeinschaften leisten. Die nationale, oft allzu introvertierte Verfassungsrechtswissenschaft ist hier in einem bemerkenswerten Verzug, die zunftmäßigen Europarechtler und die Staats(rechts)lehrer sollten stärker aufeinander zugehen. Jede nationale Verfassungslehre sollte heute *von vornherein* europäisch arbeiten, indem sie z.B. das nationale Europaverfassungsrecht in den eigenen „Europa-Artikeln" mehr zur Kenntnis nimmt[141], indem sie offen Rechtsvergleichung als „fünfte" Auslegungsmethode betreibt, die nationalen Grundrechtskataloge *EMRK-konform* interpretiert, um eine Europäisierung der Rechtsquellen ringt und indem sie Rechtspolitik vergleichend europäisch anlegt.

71 Dabei sind Präzisierungen notwendig. Nicht nur die direkt verfassungsbezogenen Rechtswissenschaften leisten Beiträge in Sachen Europa. Auch das Privatrecht als „europäisches Privatrecht" (*P.-C. Müller-Graff*) oder das Sozialrecht als „europäisches Sozialrecht"[142] bzw. das „Europäische Verwaltungsrecht" (*J. Schwarze*) – umgekehrt kann man, ebenfalls in den Worten von *J. Schwarze,* auch vom (nationalen) Verwaltungsrecht „als konkretisiertem Europarecht" sprechen –, das „europäische Strafrecht"[143], vielleicht auch ein „europäisches Arbeitsrecht"[144] tun dies. Mitunter wirken sie sogar als „Vorreiter" bzw. Vorhut. Im Grunde müsste die ganze Breite der Rechtswissenschaften zu Wort kommen, vor allem der profes-

---

141 Dazu *P. Häberle*, Europaprogramme neuerer Verfassungen und Verfassungsentwürfe – der Ausbau von nationalem „Europaverfassungsrecht", in: FS Everling, Bd. I, 1995, S. 355 ff. Dazu noch Erster Teil A. II.

142 Z.B.: B. Schulte/H. F. Zacher (Hrsg.), Wechselwirkungen zwischen dem Europäischen Sozialrecht und dem Sozialrecht der Bundesrepublik Deutschland, 1991.

143 *U. Sieber*, Memorandum für ein Europäisches Modellstrafgesetzbuch, JZ 1997, S. 369 ff.; *G. Dannecker*, Das Europäische Strafrecht in der Rechtsprechung des BGH in Strafsachen, in: FS 50 Jahre BGH, 2000, S. 339 ff.

144 Dazu *W. Däubler*, Auf dem Weg zu einem europäischen Arbeitsrecht?, in: L. Krämer u.a. (Hrsg.), Law and Diffuse Interests in the European Legal Order, Recht und diffuse Interessen in der Europäischen Rechtsordnung, 1997, S. 441 ff.; *M. Fuchs*, Europäisches Sozialrecht, 6. Aufl. 2013.

sionelle Rechtshistoriker i.S. der „europäischen Rechtsgeschichte" von *H. Hattenhauer*. Weitergreifend wären sogar die Kunsthistoriker und die europäischen Musikforscher einzubeziehen – man denke an die Bedeutung des Bildes von *E. Delacroix* über die Freiheit für die französische Republik oder an die „geheime Nationalhymne" Italiens, den Gefangenenchor *G. Verdis* aus „Nabucco". Von einem weiten *kulturwissenschaftlichen Verfassungsbegriff* aus, der z.B. auch das kollektive bzw. historische Gedächtnis einschließt und den Begriff nationale Identität entschlüsselt, ist dies konsequent.

Andere der nationalen Verfassung zuzurechnende Themenfelder seien 72
stichwortartig genannt: neben dem Ringen um „*Europäisches Privatrecht*" in der EU[145] die Bemühungen um ein europäisches *Modellstrafgesetzbuch* für die EU[146]. Denn sein etwaiger Erlass setzt den Konsens über gewisse Grundwerte voraus, die letztlich auf Konstitutionelles verweisen. So wie das Privatrecht ein Stück Verfassung der Freiheit ist, so schützte ein „europäisches Strafrecht" letztlich bestimmte Verfassungswerte. Gelänge hier eine Vereinheitlichung, so hätte man tendenziell indirekt ein weiteres

---

145 Dazu *P.-C. Müller-Graff*, Europäisches Gemeinschaftsrecht und Privatrecht, NJW 1993, S. 13 ff.; D. Dörr u.a. (Hrsg.), Europa als Rechtsgemeinschaft, 1997; *H.-W. Micklitz*, Perspektiven eines Europäischen Privatrechts, ZEuP 1998, S. 253 ff.; *E. Kramer*, Vielfalt und Einheit der Wertungen im Europäischen Privatrecht, in: FS Koller, 1993, S. 729 ff.; *P. Lagarde/V. v. Hoffmann*, Die Europäisierung des internationalen Privatrechts, 1996; *P. Hommelhoff*, Zivilrecht unter dem Einfluss europäischer Rechtsangleichung, AcP 192 (1992), S. 71 ff.; *ders.*, „Europarechtliche Bezüge" im Zivilrecht, in: FS Helmrich, 1994, S. 329 ff.; *E. A. Kramer*, Die Europäisierung des Privatrechts, 2001, S. 102 ff.; *H. Schack*, Europäisches Urheberrecht im Werden, ZEuP 2000, S. 799 ff.; *U. Blaurock*, Europäisches Privatrecht, JZ 1994, S. 270 ff.; *R. Zimmermann*, Konturen eines Europäischen Vertragsrechts, JZ 1995, S. 477 ff.; *M. Timme*, Zu Chancen und Grenzen einer Europäischen Ordnung des Zivilrechts, ZRP 2000, S. 301 ff.; *S. Grundmann*, Europäisches Schuldvertragsrecht, NJW 2000, S. 14 ff.; *ders.*, Privatautonomie im Binnenmarkt, JZ 2000, S. 1133 ff.; *H. Weiss*, Europäisches Vertragsrecht in statu nascendi?, ZfRV 1995, S. 54 ff.; *A. Teichmann*, Die „Europäisierung des Zivilrechts" und ihre Auswirkungen auf die Hermeneutik, in: FS Zivilrechtslehrer 1934/35, 1999, S. 629 ff.; *R. Ranieri*, Europäisches Obligationenrecht, 3. Aufl. 2009; *S. Grundmann*, Europäisches Gesellschaftsrecht, 2. Aufl. 2011; *S. Leible*, Europäisches Privatrecht am Scheideweg, NJW 2008, S. 2558 ff.; *K. Riesenhuber*, Europäisches Arbeitsrecht, 2009; *R. Streinz*, Grundlagen der Europäisierung der Zivilrechtsordnung, in: FS Spellenberg 2010, S. 745 ff.

146 Dazu *U. Sieber*, Memorandum für ein Europäisches Modellstrafgesetzbuch, JZ 1997, S. 369 ff.

Stück von Europa als „Verfassungsgemeinschaft“ geschaffen. Die anstehende „Europäisierung“ der Juristenausbildung ist dabei ein Teilaspekt[147]. Aber auch sonst ist Ausschau zu halten, wo Bauteile für innerstaatliches Europaverfassungsrecht zu entdecken sind[148].

II. Methodenfragen

73 Der *kulturwissenschaftliche Ansatz*[149] sei im Methodenkontext noch einmal ins Gedächtnis gerufen: *Lebende* Verfassungen als ein Werk aller Verfassungsinterpreten der offenen Gesellschaft sind der Form und der Sache nach weit mehr Ausdruck und Vermittlung von *Kultur*, Rahmen für kulturelle (Re-)Produktion und Rezeption und Speicher von überkommenen kulturellen „Informationen“, Erfahrungen, Erlebnissen, Weisheiten[150]. Entsprechend tiefer liegt ihre – kulturelle – Geltungsweise. Gerade auf der europäischen Ebene kann und muss sich dieser Ansatz bewähren. So sind Richtbegriffe wie „nationale Identität“ (Art. 4 Abs. 2 EUV) oder das „europäische Bewusstsein“ (Art. 10 Abs. 4 EUV) nur kulturwissenschaftlich

---

147 Dazu etwa *D. Martiny*, Babylon in Brüssel?, ZEuP 1998, S. 227 ff., 251. – Zur Sprachenfrage: *K. O. Nass*, Man spricht nicht Deutsch, FAZ vom 6. Jan. 2001, S. 15; T. Bruha/H.-J. Seeler (Hrsg.), Die Europäische Union und ihre Sprachen, 1998; *A. Ross*, Europas Einheit in Babylonischer Vielfalt, FAZ vom 14. März 2001, S. 11; *K. Loehr*, Mehrsprachigkeitsprobleme in der Europäischen Union, 1998; I. Burr/G. Gréciano (Hrsg.), Europa: Sprache und Recht, 2003.

148 Vgl. etwa den frühen Entwurf einer europäischen Bundesverfassung von 1951 (zit. bei P. C. Mayer-Tasch (Hrsg.), Die Verfassungen Europas, 2. Aufl. 1975, S. 832 ff.: „im Bewusstsein unserer Kulturgemeinschaft“). Ferner *M. Imboden*, Die Verfassung einer europäischen Gemeinschaft, FS Schweizerischer Juristentag, 1963, S. 127 ff.: „Die europäischen Völker, getragen vom Wunsche, sich Freiheit und Frieden zu sichern, im Bewusstsein ihres großen Erbes...“ – Art. X/6 eines Entwurfes der Europäischen Kommission bzgl. der politischen Union (Mai 1991): „Jeder Unionsbürger hat das Recht auf freie Entfaltung seiner Kultur. Er hat die Pflicht, die Entfaltung der Kultur des anderen zu achten“. – Präambel Verfassungsentwurf der Europäischen Union (Februar 1993): „... dass die Union die Identität der Mitgliedstaaten... auf der Grundlage der Grundsätze der Solidarität, des wirtschaftlichen und sozialen Fortschritts, der Subsidiarität und der aktiven Beteiligung der regionalen und lokalen Gebietskörperschaften achtet“.

149 Dazu *P. Häberle*, Verfassungslehre als Kulturwissenschaft, 2. Aufl. 1998.

150 Im nicht-juristischen, kulturanthropologisch bzw. ethnologisch gewendeten Sinne wird der Begriff „Verfassung“ nicht zufällig benutzt bei *B. Malinowski*, Eine wissenschaftliche Theorie der Kultur (1941), 1975, S. 142.

zu erarbeiten. So kann die regionale Vielfalt (Art. 167 Abs. 1 AEUV), das „gemeinsame kulturelle Erbe" (ebd.) nur kulturwissenschaftlich erschlossen werden. Auf diese Weise eröffnen sich auch Geltungsräume für die europäische Vielfalt, die bei allen gemeineuropäischen Gemeinsamkeiten gerade auch in rechtskultureller Hinsicht besteht. Die Beurteilungsspielräume, die etwa der EGMR in Straßburg den einzelnen Nationen bei der Begrenzung der EMRK-Freiheiten überlässt[151], rechtfertigen sich ebenfalls aus der Differenziertheit der (Rechts-)Kultur. Alle juristischen Begriffe haben ihre vorab erläuterten spezifischen *kulturellen Kontexte*, aus denen sie leben und sich ggf. auch wandeln. Der Methode der Rechtsvergleichung kommt bei all dem wiederum eine besondere Rolle zu. Sie eröffnet schöpferische Interpretationsprozesse, sei es des Richters oder des Verwaltungsbeamten. In der Hand des Europapolitikers, der neue Rechtsnormen schafft, dient die Rechtsvergleichung als Handhabe, gerade auch das Unterschiedliche zu erkennen, das z.B. einer vorschnellen Rechtsvereinheitlichung (Harmonisierung) oder Rechtsangleichung entgegensteht.

Alle Mitglieder der „europäischen Republik"[152], alle Repräsentanten der 74
einzelnen nationalen Wissenschaftlergemeinschaften in Europa müssen in einer gemeinsamen, konzertierten Anstrengung diesen Baustein der „europäischen Hausordnung" zu erschließen suchen[153]. Auf lange Sicht kann eine Europäische Verfassungslehre, wie gezeigt, nicht von einer einzigen nationalen Sicht her geschrieben werden. So wie es um ein „europäisches Deutschland" i.S. von *Th. Mann* geht, so sollen Begriffe und Prinzipien des konstitutionellen Europas als *Gemeinschaftsleistung* aller gedacht werden.[154] Testfall war und ist die Europäische Grundrechte-

---

151 *Ch. Calliess*, Zwischen staatlicher Souveränität und europäischer Effektivität: Zum Beurteilungsspielraum der Vertragsstaaten im Rahmen des Art. 10 EMRK, EuGRZ 1996, S. 293 ff.

152 *A. v. Bogdandy*, Konstitutionalisierung des europäischen öffentlichen Rechts in der europäischen Republik, JZ 2005, S. 529 ff.

153 Dabei spielt das Sprachenproblem freilich eine besondere Rolle. Aus der Lit.: T. Bruha/H.-J. Seeler (Hrsg.), Die Europäische Union und ihre Sprachen, 1998; *D. Martiny*, Babylon in Brüssel?, ZEuP 1998, S. 227 ff.; *P. Pescatore*, Recht in einem mehrsprachigen Raum, ZEuP 1998, S. 1 ff.; *W. Pfeil*, Der Aspekt der Mehrsprachigkeit in der Union und sein Einfluss auf die Rechtsfortbildung des Europäischen Gemeinschaftsrechts, ZfRV 1996, S. 11 ff.; *T. Oppermann*, Reform der EU-Sprachenregelung, NJW 2001, S. 2663 ff.

154 *A. Hatje/P. Mankowski*, „Nationale Unionsrechte" – Sprachgrenzen, Traditionsgrenzen, Systemgrenzen, Denkgrenzen, EuR 2014, S. 155 ff.

Charta[155]. Dabei kann es nicht um eine quantifizierende Summierung gehen, vielmehr sind die Beiträge aus den einzelnen nationalen Wissenschaftlergemeinschaften in „gemeineuropäischer Hermeneutik“ wertend zu sichten – auch in ehrlicher Offenlegung etwaiger Dissense. So muss das Nachdenken über die „Verfassung Europas“ um die *Unterschiede* wissen: etwa Frankreichs laizistisches Republikverständnis kennen, die deutsche Grundrechtsfixierung mitberücksichtigen und Spaniens kulturelle Vielfalt dank der Autonomen Gebietskörperschaften ins Auge fassen. Auch das Verständnis des „Föderalismus“ ist in den einzelnen Nationen sehr verschieden: man vergleiche den vitalen „Kulturföderalismus“ Deutschlands, auch der Schweiz, mit dem teilweise eher technischen Föderalismus Österreichs oder dem „neuen“ Föderalismus in Belgien und vielleicht in Italien. Dasselbe gilt in Sachen „Regionalismus“. So kann es sein, dass ein spanischer Jurist über die Sache und den Begriff der „Repräsentation“ anders denkt als ein italienischer. Gemeinsam sollte indes allen nationalen Juristen das Ziel des *„europäischen Juristen“* sein. Er ist ein Leitbild, das, sensibel für die Vielfalt der nationalen Rechtskulturen, das Gemeineuropäische in Geschichte und Gegenwart des Rechts im Auge hat.

75 Ein Schritt dieser Europäischen Verfassungslehre hat dem Streit um das Verhältnis von *Staat* und *Verfassung* zu gelten. Gemäß einer in Deutschland nach wie vor beliebten Tradition gibt es *zunächst* den Staat, dann danach sozusagen als (äußeres) „Kleid“ die Verfassung. Das mag im geschichtlichen Werden des Konstitutionalismus bei uns so gewesen sein. Von der heutigen Idealität und Realität des Typus Verfassungsstaat aus betrachtet, ist dem aber nicht so. Es gibt hic et nunc, in den nationalen Verfassungsstaaten, nur so viel Staat, wie die *Verfassung* konstituiert (*R. Smend* bzw. *A. Arndt*). Um auf die europäische Ebene überzugehen: Auf

---

155 Viel Vorarbeit für die EU-Grundrechte-Charta hat auch die „Erklärung der Grundrechte und Grundfreiheiten“ seitens des Europäischen Parlaments (April 1989, zit. nach EuGRZ 1989, S. 203 ff.) geleistet. Aufmerksamkeit verdienen nicht nur Entschließungspassagen wie „sich auf der Grundlage der Grundrechte für die Demokratie einsetzen“, „dass die Identität der Gemeinschaft in der Formulierung der den europäischen Bürgern gemeinsamen Werte zum Ausdruck kommen muss“. Beachtlich sind auch die Aussagen zu Umwelt und Verbraucherschutz (Art. 24), der Demokratie-Artikel (Art. 17) und die Wesensgehalt-Klausel (Art. 26). In der Präambel ist „von den gemeinsamen Verfassungstraditionen der Mitgliedstaaten“, d.h. den Grundrechten die Rede, was eine frühe Textstufe dessen war, was der Vertrag von Lissabon schließlich positivierte.

ihr sind es erst recht Verfassungsprinzipien, die punktuell Staatlichkeitsaspekte *fundieren*: etwa die Unionsbürgerschaft (Art. 20 ff. AEUV), die Subsidiarität (Art. 5 Abs. 1 EUV), das Europäische Parlament, der EuGH, der Rechnungshof, der Ausschuss der Regionen und Organe wie der Bürgerbeauftragte – auch der „Euro“ –, die Währungshoheit ist ja ein klassisches Staatlichkeitselement *gewesen*. Gewiss, all dies macht noch keinen Staat, genauer Verfassungsstaat: Das Maastricht-Urteil des BVerfG (BVerfGE 89, 155) hat in den Kategorien der Allgemeinen Staatslehre retrospektiv daran erinnert[156]; das unglückliche Wort vom „Staatenverbund“ brennt einer europäischen Verfassungslehre schmerzhaft in den Ohren[157]. Wohl aber konstituiert all dies zusammengenommen einen „Verfassungsverbund“ (*I. Pernice*[158]), mehr noch: Vorformen einer Vollverfassung, die als unvollendetes Kaleidoskop bislang nur *Teil*verfassungen miteinander verknüpft. Dieses Thema hat im Jahre 2015 auch die Deutsche Staatsrechtslehrervereinigung – fünfzehn Jahre nach der Leipziger Tagung – retrospektiv wie prospektiv aufgegriffen: „Verfassung im Nationalstaat: Von der Gesamtordnung zur europäischen Teilordnung?“[159] Jedenfalls sind die Staaten längst nicht mehr die viel zitierten „Herren der Verträge“, ist Europa auf dem Weg vom „Contract to Status“, wobei unterschiedlich dicht gewebte europaverfassungsstaatliche Zonen zu unterscheiden sind (besonders dicht: EU, weitmaschiger: Europarat bzw. OSZE, diese z.B. in Gestalt

---

156 Aus der Lit.: *I. Pernice*, Carl Schmitt, Rudolf Smend und die europäische Integration, AöR 120 (1995), S. 100 ff.; *J. Schwarze*, Europapolitik unter deutschem Verfassungsrichtervorbehalt, NJ 1994, S. 1 ff.; *R. Steinberger*, Die Europäische Union im Lichte der Entscheidung des BVerfG vom 12. Okt. 1993, in: FS Bernhardt, 1995, S. 1313 ff. S. aber auch *H. H. Rupp*, Ausschaltung des BVerfG durch den Amsterdamer Vertrag?, JZ 1998, S. 213 ff.; *P. M. Huber*, Maastricht – Ein Staatsstreich?, 1993. Siehe noch Erster Teil A. II. 2 a).

157 S. auch die Kritik von *J. H. H. Weiler*, Der Staat „über alles“, JöR 44 (1996), S. 91 ff.; Kritik auch bei *D. H. Scheuing*, Deutsches Verfassungsrecht und europäische Integration, EuR 1997, Beiheft 1, S. 7 ff., 38 ff.

158 *I. Pernice*, Die Dritte Gewalt im europäischen Verfassungsverbund, EuR 1996, S. 27 ff.

159 Dazu die Vorträge von *F. Mayer*/*H. M. Heinig*, Verfassung im Nationalstaat: Von der Gesamtordnung zur europäischen Teilordnung?, VVDStRL 75 (2016), i.E. Die Idee der Teilverfassung wurde erstmals aufgegriffen von *P. Häberle*, Das Grundgesetz als Teilverfassung im Kontext der EU/EG – eine Problemskizze, in: FS Schiedermair, 2001, S. 81 ff., 83 ff. Sie wirkt seither auch für diese Verfassungslehre prägend.

des Beauftragten für die Pressefreiheit und des „Hohen Kommissars für nationale Minderheiten").

76 In den herkömmlichen Wissenschaftsdisziplinen gedacht: So wie klassische und neuere sog. Allgemeine Staatslehren (auch die „Souveränität") zu verabschieden sind[160], sollten auf der Europa-Ebene solche erst gar nicht begonnen werden: Statt dessen ist eine *europäische* Verfassungslehre zu entwickeln, sind Begriffe wie „Verfassunggebung", „Öffentlichkeit", „Verfassungsgerichte", auch das „Volk"[161] in ihrem Kraftfeld zu entwerfen. Längst sind die EU-Länder einander auch nicht mehr „Ausland". Europapolitik ist nicht mehr „Außenpolitik". Wenn die Polis nach antiker Tradition die „zweite Natur" ist, bildet Europa dann für die Europäer nicht mindestens die „dritte"? – Natur und Kultur so im *Goethe*schen Sinne zusammenführend?

III. Konsequenzen

77 Sehr grundsätzlich sind Begriffe der „Allgemeinen Staatslehre", etwa das viel berufene nationale „Staatsvolk", ebenfalls zu „europäisieren": Das (nationale) Staatsvolk wird ergänzt um die EU-Mitbürger (Art. 9 EUV, Art. 20 AEUV), die das Kommunalwahlrecht haben (Art. 22 AEUV, Art. 28 Abs. 1 S. 3 GG)[162] und das Europäische Parlament wählen. Die nationale Staatsgewalt muss sich ihren Wirkungsraum mit europäischen Instanzen teilen („Schengen" und unmittelbare Geltung des Europarechts i.e.S.). Die nationalen politischen Parteien stehen unversehens im Verbund mit den Parteien auf europäischer Ebene (Art. 10 Abs. 4 EUV). Wir sind auf dem Weg zu einem „europäischen Verfassungsvolk", repräsentiert

---

160 Was kein generelles Votum gegen manche Neufassung ist: *P. Pernthaler*, Staatslehre und Verfassungslehre, 2. Aufl. 1996; K. Weber/I. Rath-Kathrein (Hrsg.), Neue Wege der Allgemeinen Staatslehre, 1996; *G. Haverkate*, Verfassungslehre, 1992; *P. Saladin*, Wozu noch Staaten?, 1995. Eine neue Sicht bei *J. P. Müller*, Wandel des Souveränitätsbegriffs im Lichte der Grundrechte, in: R. Rhinow u.a. (Hrsg.), Fragen des internationalen und nationalen Menschenrechtsschutzes, 1997, S. 45 ff.

161 Zum Problem: *W. v. Simson*, Was heißt in einer europäischen Verfassung „Das Volk"?, EuR 1991, S. 3 ff.; *T. Schmitz*, Das europäische Volk und seine Rolle bei der Verfassunggebung in der Europäischen Union, EuR 2003, S. 217 ff.

162 Aus der Lit.: *K. Barley*, Das Kommunalwahlrecht für Ausländer nach der Neuordnung des Art. 28 Abs. 1 S. 3 GG, 1999.

vom Europäischen Parlament und aktiviert von den europäischen politischen Parteien, dem Petitionsrecht (Art. 24 UAbs. 2 AEUV) und der europäischen Bürgerinitiative (Art. 24 UAbs. 1 AEUV).[163]

Europa als „werdende Verfassungsgemeinschaft" eigener Art[164] bildet eine Herausforderung nicht nur für die (Tages-)Politik. Verlangt ist auch, dass die Wissenschaft die überkommenen Begriffe der sog. Allgemeinen Staatslehre wie „Staat", „Gemeinwohl", „Souveränität", „Staatsvolk" (bzw. Staatsbürgerschaft), „Staatsgebiet" und „Staatsgrenze" sowie „Staatsverfassung" und „Öffentlichkeit" neu durchdenkt. Die sich intensivierende Europäisierung der nationalen Staats- und Rechtsordnungen, das Zusammenwachsen Europas in unterschiedlichen, aber hohen Geschwindigkeiten, das Entstehen von „Gemeineuropäischem Verfassungsrecht"[165] verlangt die Entfaltung einer *europäischen Verfassungslehre*, zu deren unverzichtbarem Baustein auch der alteuropäische Begriff der „Repräsentation" gehören dürfte. Alle großen Begriffe der klassischen Staatslehre von *G. Jellinek* bis *H. Heller* bedürfen einer Revision auf dem Forum des konstitutionellen Europas von heute. Dabei ist zwischen Europa im *engeren* Sinne der EU und Europa im *weiteren* Sinne von Europarat und OSZE zu unterscheiden. Können wir für die EU von einer Verfassung[166] (bzw. von einem bereits dicht gewebten Ensemble von *Teil*verfassungen) sprechen, sofern man bereit ist, die traditionelle Staatsfixiertheit des Verfassungsbegriffs aufzugeben, so sind für das Europa im *weiteren* Sinne von Europarat und OSZE erst sehr punktuelle Teilverfassungen greifbar, besonders deutlich in Gestalt der EMRK mit ihren 47 Mitgliedern bzw. mancher Vertragswerke der OSZE. Die nationalen Verfassungen der Mitgliedstaaten 78

163 *Th. Hieber*, Die Europäische Bürgerinitiative nach dem Vertrag von Lissabon. Rechtsdogmatische Analyse eines neuen politischen Rechts der Unionsbürger, 2014; weitere Nachweise bei *D.-E. Khan/S. Henrich*, in: R. Geiger/D.-E. Khan/M. Kotzur (Hrsg.), European Union Treaties, 2015, Art. 24 TFEU, Rn. 1 ff. und Bibliographie.

164 Dazu *P. Häberle*, Europa als werdende Verfassungsgemeinschaft, DVBl. 2000, S. 240 ff. Dazu im Detail Zweiter Teil B.

165 Dazu *P. Häberle*, Gemeineuropäisches Verfassungsrecht, EuGRZ 1991, S. 261 ff.; s. auch P.-C. Müller-Graff/E. Riedel (Hrsg.), Gemeinsames Verfassungsrecht in der Europäischen Union, 1998.

166 Für einen ersten Kulminationspunkt der Debatte siehe die Leipziger Staatsrechtslehrertagung von 2000: Europäisches und nationales Verfassungsrecht, VVDStRL 50 (2001), S. 148 ff., mit Referaten u.a. von *I. Pernice* und *P. M. Huber*.

der EU relativieren sich besonders intensiv zu *Teil*verfassungen: viele Verfassungsthemen wandern nach Europa ab. Das Schengener Abkommen vergegenwärtigt besonders deutlich, wie sich klassische Staatselemente wie „Staatsgebiet" und „Staatsgrenze" verflüchtigt haben: die Mitgliedsländer sind einander nicht mehr „Ausland", sondern buchstäblich „Freundesland". Umso prekärer wirkt, wenn dies angesichts der Flüchtlingskrise im Jahre 2015 „renationalisierend" und „Grenzen ziehend" in Frage gestellt wird. Im Entstehen ist auch ein spezifisch „europäisches Gemeinwohl". Nicht nur EuGH[167] und EGMR – die beiden „europäischen Verfassungsgerichte" – operieren bereits mit dem Topos „Gemeinwohl"; auch das innerverfassungsstaatliche Gemeinwohl reichert sich durch spezifisch europäische Aspekte an, so wie umgekehrt das europäische Gemeinwohl Elemente der nationalen Gemeinwohl-Begriffe in sich aufnimmt[168]. Auch für einen anderen traditionsreichen Begriff wie die „Öffentlichkeit" lassen sich substantielle Veränderungen nachweisen: neben und mitunter „in" den vielen nationalen Öffentlichkeiten Europas bildet sich eine europäische Öffentlichkeit heraus[169]. Sie ist in einzelnen Normenkomplexen des europäischen Primärrechts angedeutet: etwa in den öffentlichen Sitzungen des Europäischen Parlaments und des EuGH oder in den veröffentlichten Berichten des Rechnungshofes. Sie kommt aber auch in der sog. „Skandalöffentlichkeit" zum Ausdruck: etwa im Streit um den Rinderwahnsinn BSE, im deutsch-spanischen Fall Bangemann, im Aufbau und dank des Drucks der öffentlichen Meinung später wieder erfolgten Abriss der Mauer gegen eine ethnische Minderheit im tschechischen Aussig, in der „Causa Österreich"[170] oder jüngst den „Luxemburg-Leaks" (2014). In eigentümlicher, fast *Hegel*scher Dialektik festigen sich ausgerechnet in solchen negativen Schlagzeilen die positiven „europäischen Werte". Europa als Rechts- und Wertegemeinschaft gewinnt Gestalt; gerade in und aus Krisen

---

167 Aus der Lit.: *G. C. Rodriguez Iglesias*, Der EuGH und die Gerichte der Mitgliedstaaten – Komponenten der richterlichen Gewalt in der EU, NJW 2000, S. 1889 ff.; *K. W. Weidmann*, Der Europäische Gerichtshof für Menschenrechte auf dem Weg zu einem europäischen Verfassungsgerichtshof, 1985.

168 Dazu *P. Häberle,* Gibt es ein europäisches Gemeinwohl? in: FS Steinberger, 2001, S. 1153 ff.

169 Dazu *P. Häberle*, Gibt es eine europäische Öffentlichkeit?, 2000.

170 Dazu aus der Lit.: *G. Winkler*, Europa quo vadis?, ZÖR 55 (2000), S. 231 ff. – Der Bericht der sog. drei Weisen ist publiziert in EuGRZ 2000, S. 404 ff. Ein Positives hat der Fall Österreich allerdings: Es wurde ein „Frühwarnsystem" bei Verletzungen der EU-Verfassungsgrundsätze geschaffen.

kann ein europäisches Bewusstsein entstehen. All das lässt sich letztlich auf ein Schlagwort zurückführen: die Europäisierung.

Konsequenzen für konkrete Verfassungsprobleme ergeben sich z.B. für 79
Einzelfragen des Art. 32 GG. Insbesondere muss dessen Abs. 1 wohl neu – d.h. „europäisiert" – gelesen werden. Wenn hier seit 1949 gesagt wird, „die Pflege der Beziehungen zu auswärtigen Staaten ist Sache des Bundes", so ist seit dem neuen Europa-Artikel 23 GG von 1992 zu fragen, ob die im Kontext Europas wirkenden Verfassungsstaaten wirklich noch „auswärtige Staaten" sind, m.a.W.: Die europäischen Verfassungsstaaten sind sich gegenseitig eigentlich nicht mehr „auswärtiges Ausland". Das Außen/Innen-Schema ist gerade in Europa grundsätzlich in Frage gestellt. Das bedeutet z.B., dass die wachsende Europapolitik der Bundesländer nicht einfach unter Art. 23 Abs. 1 GG fällt. Auch Art. 23 Abs. 2 GG ist neu, d.h. im Lichte der Europäisierung zu lesen. „Besondere Verhältnisse eines Landes" kann auch dessen europäische Regionalpartnerschaften einschließen[171]. Die umstrittene sog. „Nebenaußenpolitik" der deutschen Länder ist im europäischen „Staatenverbund" eine solche gar nicht mehr. Das Entstehen von nationalem Europaverfassungsrecht verlangt jedenfalls eine interpretatorische oder verfassungspolitische Revision von Bestimmungen wie Art. 32 GG. Die Europäisierung von bisher klassischem nationalem Verfassungsrecht kann ganze Dogmatikgebäude zum Einsturz bringen. Dazu das folgende Anwendungsbeispiel zur Veranschaulichung des Theoriemodells und zur Vergegenwärtigung, dass europäische Vielfalt auch die vielfältigen staatlichen Untergliederung der Mitgliedstaaten beeinflusst.

IV. Inkurs: Art. 29 GG in kulturwissenschaftlicher und „europäischer" Sicht

1. Problemstellung

Art. 29 GG ist im Ganzen wie im Einzelnen kulturwissenschaftlich zu er- 80
schließen. Zu den Begriffen des Abs. 1 S. 1 n.F. („Leistungsfähigkeit",

171 Nachweise zur älteren und neueren Lit. in Sachen grenzüberschreitender Kooperation bei *M. Kotzur*, Grenzüberschreitende Zusammenarbeit in Europa. Der Beitrag von Art. 24 Abs. 1 a GG zu einer Lehre vom kooperativen Verfassungs- und Verwaltungsstaat, 2004.

„Aufgaben" etc.) gehört von vornherein die Sache Kultur; die den Ländern „obliegenden Aufgaben" sind nicht zuletzt kulturstaatliche Aufgaben, ihre „Leistungsfähigkeit" ist kulturelle Leistungsfähigkeit!

81 Das kulturverfassungsrechtliche Defizit bzw. die Hilflosigkeit, mit der Art. 29 GG im Ganzen und in seinen Teilen meist kommentiert wird (vor und nach seinen Änderungen), ist symptomatisch[172]. Die Chance, speziell hier über den im engeren Sinne juristischen Ansatz hinauszukommen, wird bisher zu wenig wahrgenommen. Ein Blick in die juristische Kommentarliteratur zeigt, wie wenig diese in der Lage ist, die „Sache Kultur" bundesstaatsspezifisch zu behandeln. Schon speziell der verfassungsrechtliche Begriff „kulturelle Zusammenhänge", erst recht Art. 18 WRV (Dienst an der „kulturellen Höchstleistung des Volkes"), aber auch Art. 29 GG insgesamt nötigen die Verfassungsrechtswissenschaft, sich der reichen Fülle, Komplexität, Offenheit bzw. Dynamik und darin auch den Schwierigkeiten des Kulturbegriffs – und des Art. 29 GG im Ganzen – zu stellen und sich die Arbeitsmethoden der Kulturwissenschaften zu integrieren. Der funktionellrechtliche Aspekt spielt dabei eine nicht geringe Rolle[173].

---

172 Zum folgenden schon *P. Häberle*, Kulturverfassungsrecht im Bundesstaat, 1980, S. 62 ff. – Anfang der 90er Jahre wendet sich *J. Isensee* etwas grundsätzlicher Art. 29 GG zu. Er sieht zu Recht in den Zielvorgaben des Art. 29 GG eine „Teleologie des Föderalismus", ein „Programm radizierter Legitimation aus der Vielfalt und Besonderheit der Länder", vgl. *ders.*, Idee und Gestalt des Föderalismus im GG, in: HStR, Bd. VI, 3. Aufl. 2009, § 126, Rn. 1 ff., 24 ff. *I. v. Münch*, in: ders./Ph. Kunig (Hrsg.), GG, Bd. II, 2. Aufl. 1983, Art. 29, Rn. 27 a greift den Ansatz von *P. Häberle* u.a. mit der Bemerkung auf, richtig sei, dass die Neugliederungsdiskussion in der Vergangenheit zu technokratisch („Effizienz") geführt worden sei. Vgl. jetzt die Kommentierung von *Ph. Kunig*, in: I. v. Münch/ders. (Hrsg.), GG, Bd. II, 6. Aufl. 2012, Art. 29, Rn. 20 ff., 24.

173 Die Lit. weist zu Recht darauf hin, dass Art. 29 Abs. 1 GG „weitgehende Beurteilungs-" bzw. Entscheidungsspielräume enthalte (*T. Maunz/R. Herzog,* in: T. Maunz/G. Dürig (Hrsg.), GG, Art. 29 (Stand: 2014), Rn. 23; *I. v. Münch*, in: ders./Ph. Kunig, GG, Bd. II, 2. Aufl. 1983, Art. 29, Rn. 24 (jetzt die Kommentierung von *Ph. Kunig*, in: I. v. Münch/ders. (Hrsg.), GG, Bd. II, 6. Aufl. 2012, Art. 29, Rn. 20 ff., 24)). Es besteht ein Zusammenhang zwischen der Art der Begriffe und der Fassung der Norm einerseits sowie der *funktionellrechtlichen* Zuweisung an bestimmte Entscheidungsträger andererseits. Die Kommentatoren arbeiten zu sehr nur aus der Perspektive des Richters, der *Kommentar* hat jedoch hier eine z.T. weitere Aufgabe: Er muss auch der politischen Praxis des Art. 29 GG, d.h. etwaigen Neugliederungsverfahren (als Teil öffentlicher Prozesse) Wege weisen: dem Bundesgesetzgeber ebenso wie dem Volk (Art. 29 Abs. 2-6 GG) und

2. Der primär kulturverfassungsrechtliche Ansatz

Wenn die Möglichkeit zu und Wirklichkeit von kultureller Individualität für jeden Gliedstaat wesentlich ist, so rückt der – rein textlich in Art. 29 Abs. 1 S. 1 a.F. bzw. S. 2 n.F. GG. im Vergleich zu Art. 18 WRV zurücktretende (oder zurückgestufte) – Begriff der Kultur („kulturelle Zusammenhänge")[174] in die *Mitte* des Art. 29 GG im Ganzen. Gewiss leben die Gliedstaaten nicht von „kultureller Vielfalt" allein: „Wirtschaftliche Zweckmäßigkeit", „Erfordernisse der Raumordnung und Landesplanung" besitzen ihre relative Bedeutung; sie machen als Teilfaktoren ihrerseits „einen Staat", aber sie „machen" ihn *nicht allein*! Die gewaltenteilende, bundesstaatsgliedernde kulturelle Vielfalt ist der zentrale Gesichtspunkt. „Kultur" ist also aus ihrer textlich bloß nebensätzlichen (und scheinbar nebensächlichen) Bedeutung ins Zentrum des Art. 29 GG zu rücken. 82

Anders formuliert: Art. 29 Abs. 1 GG ist nicht nur in S. 2, sondern schon in S. 1 (n.F.) auch als („verdeckte") Kulturstaatsklausel („Aufgaben") zu lesen. Dabei kann der Rückblick auf Art. 18 WRV hilfreich sein: Es geht um den Dienst an einer „kulturellen Höchstleistung", jedenfalls um ein Optimum an Kultur. Art. 29 GG ist so gesehen ein Herzstück des deutschen Bundesstaates als Kulturstaat, so wenig praktisch politisch er bislang geworden ist und so paradox dieses daher zunächst erscheinen 83

den Ländern (Abs. 6-8). Auch wäre nach der positiven Funktion von Widersprüchen innerhalb des Zielbündels zu fragen.

174 Das Defizit der Lit. in Bezug auf den Kulturstaatsgehalt in Art. 29 Abs. 1 S. 1 n.F. GG (das Ernst-Gutachten (Bundesministerium des Innern (Hrsg.), Bericht der Sachverständigenkommission für die Neugliederung des Bundesgebietes, 1972) erwähnt ihn nicht (Tz. 93-100), wohl aber den „sozialen Rechtsstaat" (Tz. 99), von „Kultur" ist in diesem Zusammenhang nur negativ die Rede: „Milderung des kulturellen Leistungsgefälles" (Tz. 104), die Ausrichtung an dem Wenigen, bereits Veröffentlichten, ist ein Zeichen der Ratlosigkeit, aber auch der Schwierigkeit beim Umgang mit dem Begriff „kulturelle Zusammenhänge". Charakteristisch ist der Rückgriff auf das Luther-Gutachten (Bundesministerium des Innern (Hrsg.), Die Neugliederung des Bundesgebietes, Gutachten des von der Bundesregierung eingesetzten Sachverständigenausschusses, 1955) und die dortige Bezeichnung „Richtbegriffe" (A VII (2), S. 21), welcher Begriff weniger juristisch judizierbaren Gehalt als relative Unverbindlichkeit als Konnotation hat. Evident wird diese Struktur des Begriffs z.B. bei *I. v. Münch*, der von einem „Mosaikbegriff" aus „vielen (!) schwammigen Einzelteilen" spricht (*I. v. Münch*, in: ders./Ph. Kunig, GG, Bd. II, 2. Aufl. 1983, Art. 29, Rn. 26); vgl. jetzt aber die Kommentierung von *Ph. Kunig*, in: I. v. Münch/ders. (Hrsg.), GG, Bd. II, 6. Aufl. 2012, Art. 29, Rn. 20 ff., 24.

mag.[175] Immerhin haben die 1945 z.T. recht willkürlich zugeschnittenen deutschen Länder unter dem Grundgesetz durchaus eigenes kulturpolitisches Gepräge entwickelt und auch insoweit „Selbststand“ gewonnen. Die spezifische Verknüpfung von Kulturverfassung und Bundesstaatlichkeit besitzt in Art. 29 GG einen spektakulären Anwendungsbereich. Mit Grund wird im Blick auf diese Bestimmung von einem „labilen“ Bundesstaat gesprochen[176]. Dies ist nicht kritisch zu nehmen, im Gegenteil: Die relativ offene Struktur des Bundesstaates, seine Wandlungsfähigkeit ist in der Möglichkeit einer Neugliederung nach Art. 29 GG konsequent zu Ende gedacht – und angesichts der Offenheit der Kulturverfassung immer „neu zu denken“[177].

a) Die Vielschichtigkeit und Offenheit des Kulturbegriffs, die Relativierung der Staatsbezogenheit, die ganzheitliche und prozessuale Interpretation

84 Aus der bisher skizzierten Geschichtlichkeit und Offenheit der „Sache Kultur“ sind im Kontext des Art. 29 GG konkrete Folgerungen zu ziehen. Zum einen bestehen komplexe Zusammenhänge und Wechselbeziehungen zwischen den verschiedenen Richtbegriffen des Art. 29 Abs. 1 S. 2 GG[178],

---

175 Die Reformdebatte hält freilich weiter an, siehe etwa Akademie für Raumordnung und Landesplanung (Hrsg.), Territoriale Gliederung des deutschen Bundesstaates – Probleme und Reformoptionen = Positionspapier aus der ARL 100, 2014.

176 Vgl. die Nachweise bei *I. v. Münch*, in: ders./Ph. Kunig (Hrsg.), GG, Bd. II, 2. Aufl. 1983, Art. 29, Rn. 14; vgl. jetzt die Kommentierung von *Ph. Kunig*, in: I. v. Münch/ders. (Hrsg.), GG, Bd. II, 6. Aufl. 2012, Art. 29, Rn. 20 ff., 24.

177 Darum verlangt das hier vertretene „kulturelle Bundesstaatskonzept“ verfassungspolitisch in jedem Bundesstaat einen Neugliederungsartikel, der z.B. in Österreich fehlt. – Die Richtbegriffe sind im Grund Elemente einer föderalen *Gemeinwohlklausel*, wobei es sowohl um das Wohl der Glieder wie auch um „das Wohl des Ganzen“ geht (vgl. aber BVerfGE 49, 10 (13): „ausschließlich im Interesse und zum Wohl des Ganzen“; s. auch BVerfGE 13, 54 (74): „nur im Interesse des Ganzen“).

178 Auch der Begriff „zusammenhängender, abgegrenzter Siedlungs- und Wirtschaftsraum“ (Art. 29 Abs. 4 GG) ist ein Aspekt schon für Art. 29 Abs. 1 (!) GG. – Es gibt die „kulturellen Zusammenhänge“ in Art. 29 Abs. 1 S. 2 n.F. GG und die den „Ländern obliegenden“ – auch kulturellen – „Aufgaben“ (S. 1, ebd.). In der bisherigen Diskussion ist der Aspekt der Kulturstaatlichkeit, den die Aufgabenklausel des S. 1 (früher S. 2) auch hat, verdeckt geblieben – vielleicht gerade

zum anderen gewinnt der Passus aus S. 2 a.F. bzw. S. 1 n.F. („dass die Länder nach Größe und Leistungsfähigkeit die ihnen obliegenden Aufgaben wirksam erfüllen können“) einen kulturverfassungsrechtlichen Hintergrund. Hier ist *ganzheitlich* zu arbeiten[179], nicht nur „innerhalb“ des Art. 29 GG, sondern auch „extern“: Aussagen des GG an anderer Stelle sind von vornherein in die Interpretation einzubeziehen, so vor allem die Kulturhoheit gemäß Art. 30 GG[180]. M.a.W.: Art. 29 GG ist auf den „Kultur-Begriff“ zu bringen, der eine bundesstaatliche Verfassung trägt und prägt bzw. von ihm her auszulegen und zu praktizieren. Nicht zufällig steht der *Verfahrensaspekt* in Art. 29 GG im Vordergrund: Abs. 2-6, auch

---

und sogar wegen des speziellen Tatbestandes „kulturelle Zusammenhänge“ in S. 2 n.F. Heute sind beide „Kulturstaatsartikel“ zu unterscheiden, aber nicht zu trennen: die weitere, um das „Kulturelle“ als ungeschriebenes Tatbestandsmerkmal anzureichernde Aufgabennorm und der spezielle Aspekt der „kulturellen Zusammenhänge“. Das bedeutet keine Trennung: Denn „kulturelle Zusammenhänge“ gibt es gerade auch im schon bestehenden, durch „gute“ kulturelle Leistungen legitimierten Gliedstaat als Kulturstaat. Paradebeispiel ist Bayern. Auf der anderen Seite hat die Kulturpolitik eines Landes wie Rheinland-Pfalz oder Hessen nach 1945 gerade neue „kulturelle Zusammenhänge“ geschaffen bzw. revitalisiert.

179 In der Literatur viel betont ist speziell der inhaltliche Zusammenhang von „landsmannschaftlicher Verbundenheit“, „geschichtlichen und kulturellen Zusammenhängen“. Dies wird explizit gesagt („erlauben und erfordern gemeinsame Behandlung“: Luther-Gutachten, B II (1), S. 30) und ist auch sichtbar in der gemeinsamen Behandlung unter einer einheitlichen Überschrift. Auch in der – wenn überhaupt – angestellten Erörterung eines Einzelbegriffs wird immer wieder auf den Zusammenhang mit den anderen Begriffen hingewiesen. Zum Teil geschieht dies aber auch offensichtlich aus der Not, zu einem Begriff nur wenig sagen zu können. Am materialreichsten sind die beiden großen Gutachten. Das Luther-Gutachten zeichnet in erster Linie die historische Herausbildung von landsmannschaftlichen Verbundenheiten und kulturellen Traditionen nach (allgemein und im Überblick: B II, S. 30 f.; für das Bundesgebiet im Ganzen, für einzelne Kulturräume speziell: C, S. 49 ff.). Die Ernst-Kommission betont demgegenüber die Faktoren, welche die Verbundenheit und die Zusammenhänge geschaffen haben und auch weiterhin schaffen (allgemein: Tz. 197 ff., 203 ff.; knapp auf Einzelbereichsprobleme bezogen: Tz. 392 ff., 481 ff.).

180 D.h. in dem Begründungszusammenhang des BVerfGE 12, 205 (229): das den Ländern trotz Art. 91 a und b GG, Art. 75 Ziff. 1 a GG kulturell Verbleibende, ihnen aus Gründen der „Rechts- oder Wirtschaftseinheit“ bzw. „Einheitlichkeit der Lebensverhältnisse“ (Art. 72 Abs. 2 Ziff. 3 GG) nicht oder nur begrenzt zu Nehmende. Daran ändern auch Art. 72 Abs. 2 und 3 n.F. GG nichts.

Abs. 7 S. 3. Letztlich entscheidet das (kulturelle) Selbstverständnis des Volkes: in Abstimmungen und Wahlen.

85 Zu Konsequenzen im Verständnis des Art. 29 GG führen vor allem das „offene Kulturkonzept", die Schichtenstruktur der Kultur, ihr Gesellschaftsbezug, der (korporative) Trägerpluralismus, die Freiheit (des Einzelnen) und die Vielfalt der Kultur sowie ihre Angewiesenheit, aber nicht „Abhängigkeit" vom Staat und auch von den Kommunen. Der Staat hat sich als „Kulturstaat" täglich neu zu bewähren (durch kulturelle Leistungsgesetze und sonstiges Kulturrecht ebenso wie durch Förderungsmaßnahmen). Er trägt reiche kulturelle Verantwortung für viele spezielle Kulturbereiche, aber er bleibt lediglich ein – oft genug irrendes – *Instrument*. Das individuelle kulturelle Schaffen des Menschen, und d.h. juristisch gesprochen die – sensiblen – subjektiven, staatsabwehrenden Freiheiten des Bürgers bleiben unbeschadet der notwendigen, sie fördernden kulturellen Verfassungsaufträge und Leistungsverpflichtungen des Staates der archimedische Punkt im freiheitlichen Kulturverfassungsrecht. Das führt zur These von der „Relativierung der Staatsbezogenheit"[181] der „Sache Kultur", wie sie das Verständnis des Art. 29 GG zu prägen hat. D.h.: Im Felde von Art. 29 GG ist kultur*verfassungs*rechtlich, nicht kultur-*staatlich* zu denken.

b) Insbesondere: Die „kulturellen Zusammenhänge" (Art. 29 Abs. 1 S. 2 GG)

86 Die Literatur verdient manche Kritik. Der Begriff „kulturelle Zusammenhänge" wird relativ wenig vertieft. Symptomatisch (wenn nicht fast schon erschöpfend) ist die Bemerkung im Luther-Gutachten[182], Kultur sei ein umstrittener Begriff, der nicht bestimmt werden könne und der deshalb als „konventionell geläufig hinzunehmen" sei. Weiter wird auf die kulturelle Ausstrahlungskraft von „fürstlichen Residenzen" (!), „Behördenzentren",

181 Zum „ethnischen Föderalismus" s. den Beitrag von *G. Héraud*, Ethischer Föderalismus, in: F. Esterbauer/G. Héraud/P. Pernthaler (Hrsg.), Föderalismus als Mittel permanenter Konfliktregelung, 1977, S. 73 ff., dort auch Hinweise auf kulturelle Fragen (S. 76, 79, 81).

182 Luther-Gutachten, B II (4), S. 31. – Zum Begriff „Kultur" als „konventionell geläufig" (im Anschluss an das Luther-Gutachten) auch: *H. v. Mangoldt/F. Klein*, GG, Bd. II, 2. Aufl. 1964, Anm. III 5 b, S. 728.

Kirchensitzen, Schulen, Kunstpflege und so weiter hingewiesen[183]. Methodische Reflexion ist zu selten anzutreffen[184]. Die Kommentatoren sagen relativ wenig zum Begriff „kulturelle Zusammenhänge". Ihre Arbeit besteht zum guten Teil im Zitieren der Kommissionsberichte und der Kommentare von anderen[185]. Dies ist symptomatisch. Am konkretesten

---

183 Beachtung verdient die frühe Kritik *U. Scheuners*, Eine zweckrationale Gestaltung der föderativen Ordnung, DÖV 1974, S. 16 ff., 18, die landsmannschaftliche Verbundenheit, die historischen und kulturellen Gegebenheiten würden stark in den Hintergrund gerückt. *U. Scheuner* beklagt (unseres Erachtens allgemein zu Recht) die gegenwärtige Tendenz, historische und geistige Momente geringer zu bewerten. Diese Kritik speziell des Berichtes der Ernst-Kommission ist aber nicht voll begründet, weil er auch auf die Bildungsfaktoren für jene Zusammengehörigkeitsgefühle eingeht (Tz. 85) und die im GG angesprochenen Zusammenhänge in dieser Form thematisiert; die aus diesen Faktoren wachsenden aktuell erscheinenden Zusammengehörigkeitsbande selbst treten im Bericht demgemäß freilich recht wenig in Erscheinung (immerhin Tz. 202: was „kulturräumlich prägend ist").

184 Am ehesten noch im Luther-Gutachten, A VII, S. 21, das wegen der (auf dem Wege juristischen Denkens kaum überwindbaren) Schwierigkeiten vorschlägt, statt „deduktiv" aus den Begriffen des Art. 29 Abs. 1 GG etwas ableiten zu wollen, „induktiv" vorzugehen, was hier heißen soll, sich den empirischen Sachverhalten zuzuwenden (genau gesehen geht es aber weniger um eine empirisch zu gewinnende „Umschreibung der Richtbegriffe" (so das Gutachten) als darum, dass die Begriffe auf Sachverhalte verweisen, welche in empirischer Analyse zu erheben sind). Das GG integriert sich „außerrechtliche" Größen, welche mit dem geeigneten (kulturwissenschaftlichen) Instrumentarium zu ermitteln sind. – Der Bericht der Ernst-Kommission ist gekennzeichnet durch Abstraktion. Weitgehende methodische Überlegungen stehen in dem Bericht nicht, sie scheinen aber angestellt worden zu sein. Leitlinie bei der Behandlung der Richtbegriffe des Art. 29 Abs. 1 GG war, auf die Faktoren abzustellen, welche die „landsmannschaftliche Verbundenheit" und die geschichtlichen und kulturellen Zusammenhänge schaffen. Damit ist ein zwar abstrakter, aber allgemein gültiger Bezugspunkt gewonnen. Als Hauptfaktoren, die geschichtliche, kulturelle und landsmannschaftliche Verbundenheit schaffen können, werden das „staatlich-territoriale Prinzip" und die „zentralörtliche Raumbildung" genannt (bes. Tz. 203). Immerhin wird dem Namen nach auf die volkskundliche Kulturraumforschung hingewiesen (Tz. 198).

185 So in starkem Maße bei *I. v. Münch*, in: ders./Ph. Kunig, GG, Bd. II, 2. Aufl. 1983, Art. 29, Rn. 24 (jetzt die Kommentierung von *Ph. Kunig*, in: I. v. Münch/ders. (Hrsg.), GG, Bd. II, 6. Aufl. 2012, Art. 29, Rn. 20 ff., 23); aber auch ein Großkommentar wie der von *T. Maunz/G. Dürig* scheut sich nicht, ganze Absätze aus dem Luther-Gutachten zu zitieren (vgl. *T. Maunz/R. Herzog*, in: T. Maunz/G. Dürig (Hrsg.), GG, Art. 29 (Stand: 2015), Rn. 30 ff.); ähnlich *H. v. Mangoldt/F. Klein*, GG, Bd. II, 2. Aufl. 1964, Art. 29, Anm. III 3 b bis 6 b, S. 724 ff.

werden immerhin *T. Maunz/G. Dürig* in folgender Hinsicht: Sie betonen, dass es um „lebendige Zusammenhänge“ der Kultur gehe[186]. Kultur bedeutet hier nach *T. Maunz/R. Herzog*: „Erziehung und Unterricht, religiöses Leben, Kunst und Wissenschaft ('Einzugsgebiete' von Hochschulen, Bischofssitze, Sammlungen und Museen, Bibliotheken usw.)“, „dagegen nicht Volkstumsprägungen, Bräuche, Trachten usw., da sie weitgehend kein gemeinsames Bewusstsein in dem Grade erzeugen, der zu einer Staatsbildung veranlassen könnte“. Dies verdient Kritik. Einmal ist ein solcher Kulturbegriff zu sehr allein dem herkömmlichen „gehobenen“ Kulturbegriff i.S. der „Hochkultur“ verpflichtet: Kultur als Inbegriff des „Wahren, Guten und Schönen“[187] – der sich implizit von den „Niederungen“ der Zivilisation und den Erfordernissen des Alltagslebens abhebt. Diesem einseitigen Kulturbegriff kann verfassungsinterpretatorisch (schon nach den Erziehungszielen mancher Länder) nicht gefolgt werden. Nicht einzusehen ist, warum eine Neugliederung nicht etwa *auch* eingebürgerte Volksfeste, Traditionen der Interheirat oder selbst, um ein „realistisches“ Beispiel zu wählen, die Unterstützung für einen bestimmten großstädtischen Fußballverein im Umland berücksichtigen sollte.

87 Zu den „Hochschulen, Bischofssitzen, Bibliotheken, Museen“ *sind* auch die Massenmedien, der Sport u.Ä. hinzuzuzählen[188]. Richtig, allerdings abstrakt bleibend, fragt die Ernst-Kommission nach den Wirkfaktoren und den Kommunikations- und Verkehrszusammenhängen, welche kulturelle Zusammenhänge schaffen, erhalten und umschaffen. Wenn das Luther-Gutachten vor allem auf „Ausstrahlungsgebiete beherrschende Punkte“[189] abstellen will, so provoziert dies Kritik: Hier dürfte ein verdeckt zentralistisches Denken am Werke sein, das Kultur nur von „Herrschaft“ und „Mit-

---

186 *T. Maunz/R. Herzog*, in: T. Maunz/G. Dürig (Hrsg.), GG, Art. 29 (Stand: 2015), Rn. 30 ff., 31. Das kann gelesen werden als Verweis auf einen empirischen Kulturbegriff, wie ihn etwa die Kulturanthropologie, die Ethnologie vertritt, ist bei *T. Maunz/R. Herzog* aber stark herkömmlich-normativ gemeint, wie sogleich zu sehen ist.

187 Dazu *P. Häberles* kritische Ergänzungen in: Kulturpolitik in der Stadt – ein Verfassungsauftrag, 1979, S. 31. Allgemein *ders.*, Verfassungslehre als Kulturwissenschaft, 1982, 2. Aufl. 1998.

188 *P. Häberle*, „Sport“ als Thema neuerer verfassungsstaatlicher Verfassungen, in: FS Thieme, 1993, S. 25 ff; *M. Nolte,* Staatliche Verantwortung im Bereich Sport, 2004.

189 Luther-Gutachten, B II (4), S. 31; s. auch *T. Maunz/R. Herzog*, in: T. Maunz/G. Dürig (Hrsg.), GG, Art. 29 (Stand: 2015), Rn. 30 ff.

telpunkten" aus sehen kann. Mit *T. Maunz/R. Herzog*[190] lässt sich zwar sagen, kultureller Zusammenhang bedeute „Zusammengehörigkeit nach Kulturlandschaften, gemeinsamen Kulturdenkmälern, gemeinsamen Kulturmittelpunkten"; auch ist auf „lebendige" Zusammenhänge Gewicht zu legen (hervorzuheben sind freilich die Stadtkulturen!). Zustimmung verdient die Auffassung, Kultur bedeute hier Erziehung und Unterricht, religiöses Leben, Kunst und Wissenschaft („Einzugsgebiete von Hochschulen, Bischofssitze, Sammlungen, Museen, Bibliotheken usw."). Heute wären aber auch Institutionen der Erwachsenen- und Volksbildung, der Wohlfahrtspflege und andere kulturelle Trägerorganisationen im Sinne des „korporativen Kulturverfassungsrechts" mancher deutscher Länder hinzuzufügen. Fragwürdig ist überdies, von diesem Kulturbegriff „*Volkstumsprägungen*, Bräuche, Trachten usw." auszuschließen, „da sie weitgehend kein gemeinsames Bewusstsein in dem Grad erzeugen, der zu einer Staatenbildung veranlassen könnte". Denn hier schlägt offensichtlich die herkömmliche Fixierung auf die „Hochkultur" durch. Indes sind auch (regionale) *Volkstumsprägungen* in einem komplexen und offenen Kulturverständnis, in einer sich entwickelnden „Kultur für alle" (*H. Hofmann*) und „Kultur von allen" kulturelle „Kristallisationen"! Mit Grund versucht etwa Hessen durch den „Hessentag" diese Dimension ebenfalls zu pflegen. „Dialekte, Volksdichtung", Bräuche können konstitutiv sein bzw. werden für „kulturelle Zusammenhänge"[191] i.S. des Art. 29 Abs. 1 S. 1 und S. 2 GG. „Leistungsfähigkeit"[192] i.S. von Art. 29 Abs. 1 S. 1 GG meint im Üb-

---

190 *T. Maunz/R. Herzog*, in: T. Maunz/G. Dürig (Hrsg.), GG, Art. 29 (Stand: 2015), Rn. 31.

191 Unergiebig, aber symptomatisch ist auch der Streit um die Frage des Verhältnisses von Art. 29 Abs. 1 S. 1 und 2 a.F. GG als Frage, welche Richtbegriffe „denen des anderen Satzes" vorgehen (vgl. etwa *H. v. Mangoldt/F. Klein*, GG, Bd. II, 2. Aufl. 1964, Art. 29, Anm. III 4 c, S. 725 f.). Sieht man im neuen S. 1 (von 1976) nicht zugleich eine kulturstaatliche Aufgabenklausel, so wird die gängige Lehre ihre Schwierigkeiten tradieren.

192 *H. v. Mangoldt/F. Klein*, GG, Bd. II, 2. Aufl. 1964, Art. 29, Anm. III 6 a, S. 730, formulieren typisch: „Unter Leistungsfähigkeit ist in erster Linie das wirtschaftlich-finanzielle Leistungsvermögen zu verstehen". Im Schlusspassus wird hinzugefügt: Neben ihr sei „aber auch die verwaltungsmäßige und politische Leistungsfähigkeit zu beachten". Immerhin tauchen dann doch noch die „Betreuung des Schulwesens und des sonstigen kulturellen Bereiches" auf – wenn auch nicht so zentral, wie dies im GG als Verfassung mit Länder-Kulturhoheit geboten ist. Kulturstaatlich unergiebig sind *hier* selbst *T. Maunz/R. Herzog*, in: T. Maunz/G. Dürig (Hrsg.), GG, Art. 29 (Stand: 2015), Rn. 33, 35.

rigen nicht nur wirtschaftliche, sondern auch kulturverfassungsrechtliche bzw. kulturrechtliche Leistungsfähigkeit! Im Ganzen zeigen sich Überschneidungen zu den Richtbegriffen „geschichtliche Zusammenhänge". Sie können zu „kultureller Zusammengehörigkeit" führen.

88 Diese Analyse mag ein konkretes Beispiel dafür liefern, mit welchen Methoden die verfassungstextliche Verwendung des Begriffs „Kultur" bzw. einzelner seiner Elemente wissenschaftlich zu erschließen ist. Nur ein komplexer, auch sozialwissenschaftlicher, Art. 29 GG im Ganzen umgreifender Ansatz hilft weiter. „Leistungsfähigkeit" und „Größe" (Art. 29 Abs. 1 S. 1 GG) meint auch *kulturelle* Leistungsfähigkeit und Größe der Länder. Ihre „Leistungsfähigkeit" in Sachen Kultur ist nach Art. 29 Abs. 1 a.F./n.F. GG zunächst aus der *geschichtlichen* Perspektive zu erschließen. Es ist zu fragen, was die Länder als Staaten bisher geschichtlich in Bezug auf die „ihnen obliegenden – *kulturellen* – Aufgaben" geleistet haben. Davon hängt auch (wenngleich nicht allein) ab, was diese Leistungsfähigkeit in der *Zukunft* meinen kann. Die Kulturhoheit der Länder und das, was sie mit ihr bisher „ausgerichtet", „geleistet" haben[193], gewinnt hier eigenes Gewicht. Ganz oder zum Teil „erfüllte" Kulturhoheit wird zu einem Maßstab für die Zukunft, der *gelebte* Kulturstaat zu einem Beleg für seine Rechtfertigung als Gliedstaat im Bundesstaat.

89 Die kulturelle Wirklichkeit ist von der staatlichen *und* der Bürgerseite her im Kontext des Art. 29 Abs. 1 GG ins Auge zu fassen. Sie ist nur begrenzt eine Wirklichkeit von (juristischen) Texten. Die „kulturellen Zusammenhänge" (Art. 29 Abs. 1 S. 2 GG) – und darüber hinaus Art. 29 Abs. 1 GG im Ganzen – sind aus einer *doppelten* Perspektive zu bestimmen: von der kultur*staatlichen* Seite und von der kulturellen *Freiheit* und Leistung der Bürger (und Gruppen). Aus *beidem* entsteht und entwickelt sich das „kulturelle Gefüge" (das zugleich einen Teil des „sozialen Gefüges", vgl. Art. 29 Abs. 1 S. 1 a.F. GG, bildet). Kulturstaat ist nicht nur Kultur des Staates! Kulturstaat im hier verstandenen Sinne ist auch Kultur der Bürger (und Gruppen), dies sogar in besonderer Weise, und sie ist Kultur der – verfassten – Gesellschaft („kultureller Trägerpluralismus"). Mag in der Retrospektive die bisherige Gliederung im Bundes- bzw. Reichsgebiet in Länder sehr stark von den traditionalen Leistungen und Inhalten des Kulturstaates geprägt sein – daher wohl auch die „spätabsolutistische" Fixie-

193 *R. Hrbek*, Das Problem der Neugliederung des Bundesgebiets, in: H. Laufer/ F. Pilz (Hrsg.), Föderalismus, 1973, S. 222 ff., 251, sieht „Leistungsfähigkeit" i.S. des Art. 29 Abs. 1 GG gerade nicht (auch) im kulturellen Kontext.

rung der juristischen Literatur auf „Residenzen", „Bischofssitze", staatliche Sammlungen, Universitäten, also sog. „Kulturzentren": Für den 1976 *revidierten* Art. 29 GG mit seiner bloßen Verfassungs*kompetenz* statt Verfassungs*pflicht* zur Neugliederung ist auch das ins Auge zu fassen, was sich in Zukunft positiv oder negativ an „Kulturstaatlichkeit" (oder kulturellen „Notstandsgebieten") entwickelt. Und diese kulturelle Struktur ist nicht primär staatsbezogen, sondern bürger- und gesellschaftsbezogen. Sie lebt gleichermaßen von dem, was Bürger (und sonstige „Kulturträger") aus ihrer kulturellen Freiheit praktisch *machen* und was sie (gewiss z.T. mit Hilfe der Leistungen und Einrichtungen des Staates) aus dieser Freiheit machen *können* (z.B. dank regionaler Kunstsammlungen, Universitätsneugründungen in der Provinz[194] u.Ä.) und was sie machen *wollen* (z.B. in Verfahren nach Art. 29 Abs. 2-7 GG).

c) Zur Neugliederungsdebatte in den ost- und westdeutschen Bundesländern

Ein Festhalten an Art. 29 Abs. 1 GG in der jetzt geltenden Fassung ist aus 90
einem weiteren Grund geboten. Es war dem bayerischen Finanzminister *G. von Waldenfels* vorbehalten, ausgerechnet in seiner Haushaltsrede vor dem bayerischen Landtag im Januar 1991 zu fordern[195], einige kleinere Bundesländer müssten aufgelöst und zu größeren Einheiten zusammengefasst werden; der „gesunde Föderalismus" sei in Gefahr, wenn der Bund durch die finanzielle Schwäche einiger Länder dazu ermuntert werde, sich in deren Angelegenheiten einzumischen; Beispiele für nicht lebensfähige politische Gebilde seien das Saarland, Bremen und Mecklenburg-Vorpommern. Und drei Jahre später machte der Baden-Württembergische Finanzminister *G. Mayer-Vorfelder* darauf (und auf sich) aufmerksam, dass er die Zahl der Länder auf zehn vermindert wissen wollte, um dadurch zehn Milliarden DM je Jahr zu sparen[196]. Dem ist entschieden zu widersprechen:

194 Damit erhält die schöne Formulierung von *R. Herzog* einen neuen Sinn: Bund und Länder als „Provinzen des Ganzen", vgl. *ders.*, Zwischenbilanz im Streit um die bundesstaatliche Ordnung, JuS 1967, S. 193 ff., 200.

195 FAZ vom 31. Jan. 1991, S. 6.

196 FAZ vom 9. April 1994, S. 1. S. auch das Argument, der Föderalismus sei „in der Form, wie wir ihn praktizieren, schlicht zu teuer". Der von ihm vorgelegten Studie gemäß könnten das Saarland und Rheinland-Pfalz ebenso zusammengelegt werden wie Schleswig-Holstein, Hamburg und Mecklenburg-Vorpommern sowie

Die beiden Hansestädte Hamburg und Bremen sind im deutschen Kulturföderalismus in ihrer Eigenheit ebenso unentbehrlich wie Rheinland-Pfalz und Hessen. Im Grund konstituieren die elf alten Bundesländer gerade in ihrer Unterschiedlichkeit den in mehr als 60 Jahren gewachsenen kulturellen Pluralismus und die Gewaltenteilung im gelebten GG. In einer Zeit, in der Gesamteuropa um die kleineren Einheiten i.S. des „Europas der Regionen" ringt, sollte nicht auf größere Einheiten hin „konstruiert" werden. Hinzu kommt, dass das kontinuierliche Zusammenwachsen mit der ostdeutschen „Bundesstaatshälfte" erschwert würde, wenn gerade jetzt geglückte Identifikationsprozesse im Westen durch eine Neugliederung hier gestört würden. Es gibt so etwas wie eine „*normative Kraft des Kulturellen*" (nicht bloß des „Faktischen")! Die westdeutschen Länder haben im Bewusstsein der Deutschen Wurzeln geschlagen[197]. Man sollte sie nicht, auch nicht aus vermeintlichen Effizienz- und Finanzgründen[198], in Frage stellen (wie zuletzt 2006).

91 Ein Wort zur Neugliederung in *Ostdeutschland.* Hier ist unseres Erachtens noch mehr Sensibilität und vor allem Zurückhaltung bei Forderungen aus dem Westen geboten. Es gleicht ja einer Art „Kulturwunder", dass im Gefolge der friedlichen Oktoberrevolution 1989 die fünf ostdeutschen Länder wieder entstanden sind. Mag die Zugehörigkeit einzelner (Grenz-)Gebietsteile umstritten sein, zu Tage liegt, wie intensiv sich die Ostdeutschen als

---

Berlin mit Brandenburg, Niedersachsen mit Bremen und Sachsen-Anhalt mit Thüringen. Nach *G. Mayer-Vorfelder* sind die Stadtstaaten und Kleinländer auf Dauer nicht leistungsfähig und müssen mit Zuwendungen aus dem Finanzausgleich und des Bundes „über Wasser gehalten werden".

197 *I. v. Münch*, Staatsrecht, Bd. I, 5. Aufl. 1993, Rn. 503, nennt als „Widerstände" gegen die Neugliederung: das seit 1949 gewachsene historisch-politische Selbstbewusstsein der Länder, das Beharrungsvermögen von status-quo-Denken allgemein und die Sorge von Landespolitikern, ihre Ämter bzw. Mandate zu verlieren.

198 Gegen das Argument von der Erzwingung einer Neugliederung durch den Finanzausgleich: *P. Selmer*, Grundsätze der Finanzverfassung des vereinten Deutschland, VVDStRL 52 (1993), S. 10 ff., 61 unter Hinweis auf *P. Häberle*, Aktuelle Probleme des deutschen Föderalismus, Die Verwaltung 24 (1991), S. 191 ff., 202. S. auch *M. Kilian*, Diskussionsbeitrag, VVDStRL 52 (1993), S. 177: „Länderneugliederung und Finanzierung dürfen nichts miteinander zu tun haben". – Freilich weist BVerfGE 86, 148 (270) *nach* einer Betonung der Pflicht von Bund und Ländern, der „extremen Haushaltsnotlage" eines Landes abzuhelfen, auf die Möglichkeit der Neugliederung nach Art. 29 Abs. 1 GG hin, „um zu gewährleisten, dass die Länder nach Größe und Leistungsfähigkeit die ihnen obliegenden Aufgaben wirksam erfüllen können".

Sachsen, Sachsen-Anhalter, Thüringer, Mecklenburg-Vorpommer und Brandenburger verstehen. Die wiedererstandenen Länder waren und sind es doch, die dem Bewusstsein, der Selbstachtung und dem Stolz der Ostdeutschen im Prozess des Zusammenbruchs des zentralistischen SED-Staates DDR Halt und Sinn, Würde und Freiheit vermittelt haben.

Solange es den um materielle Richtbegriffe angereicherten Art. 29 GG 92
gibt, bleibt die Gefahr geringer, dass eine Neugliederung allein aus wirtschaftlichen, finanziellen Gründen à la *v. Waldenfels* und *Mayer-Vorfelder* (2004 auch vom bayerischen Europaminister *T. Goppel* und vom Bundesfinanzminister *H. Eichel*) gefordert wird. Sobald man Art. 29 GG technokratisch entleert, unterstützt dies pure Effizienz-Argumentationen und vordergründigen Ökonomismus. In Verfassungen, denen wie dem GG *in Verbindung* mit den Länderverfassungen die kulturelle Vielfalt und Einheit so wichtig ist wie in der seit 1946 bzw. 1949 gewachsenen und seit 1989 aus dem Osten angereicherten Bundesrepublik, spricht alles gegen den Vorschlag des Entwurfs des Kuratoriums von 1991 (vgl. unten). Verfassungen sind nicht nur juristisches Regelwerk, sie umschreiben auch den Kulturzustand einer Nation. Das deutsche Volk lebt aus der Kultur und in der Kultur seiner vielfältigen Gliederung in alte und neue Länder. Das sollte sich im Text einer gesamtdeutschen Verfassung spiegeln, ggf. im Neugliederungsartikel 29 GG und in seinen inhaltsreichen Rechtsbegriffen und materiellen Richtbegriffen[199].

d) Die Idee des „fiduziarischen Föderalismus"

Ein weiteres Problem sei nicht verschwiegen: Der deutsche Föderalismus 93
mag in Gefahr geraten, z.T. „*alimentierter Föderalismus*" zu sein, so groß sind die bis heute unvermeidbaren Finanzhilfen seitens des Bundes für die neuen Länder (z.B. „Gemeinschaftswerk Aufschwung Ost", „Föderatives Konsolidierungsprogramm" sowie „Solidarpakt" I und II). Der Einigungsvertrag von 1990 selbst schiebt den Bund z.B. auf kulturellem Feld weit in eigentlich den ostdeutschen Ländern obliegende Kompetenzen hinein (vgl. Art. 35 Abs. 4, 6, Art. 39 Abs. 3). Doch ist diese Kompetenzverlagerung als „*fiduziarischer*" Föderalismus nur für eine Übergangszeit hinnehmbar

199 Zu ihrer kulturwissenschaftlichen Ausdeutung im Einzelnen: *P. Häberle*, Kulturverfassungsrecht im Bundesstaat, 1980, S. 62 ff., in Kritik an der Lit.

(und sogar aus Art. 28 Abs. 3 GG geboten!)[200], andernfalls könnte eine unter wirtschaftlichen Aspekten geforderte kulturelle Zerschlagung gewachsener Länderstrukturen in der politischen Diskussion neues Unheil anrichten. Die neuen Bundesländer müssen mittelfristig weitgehend aus eigener Kraft leben (mindestens so wie das Saarland!). Wenn sie es auf Dauer nicht können, dann mag aus *ihren* Reihen eine Initiative zu einer Neugliederung kommen. Aber auch dann würde Art. 29 Abs. 1 GG eine bundesverfassungsrechtliche Bremse gegenüber einseitig ökonomischen Argumenten bilden. Art. 29 des Entwurfs des Kuratoriums „für einen demokratisch verfassten Bund deutscher Länder" (1991) baut vom Bund her keine materiellen Hürden auf. Er befasst sich nur mit dem Prozessualen und dies zunächst allein als Sache der Länder (Abs. 1). Nur in Abs. 2 ist, wiederum ohne inhaltliche Vorgaben, der Bund eingeschaltet. Das macht seine Schwäche aus. Kurz: der geplante Art. 29 im Verfassungsentwurf eines „Bundes deutscher Länder" (Art. 19 a Abs. 1) ist ein „Irrläufer", ein „schwarzes Loch". Am besten belässt man es beim „alten" Art. 29 Abs. 1 GG. Er hat sich auf eine Weise bewährt, obwohl er bisher grundsätzlich „platonisch" blieb. Sein kulturverfassungsrechtlicher bzw. den Bundesstaat mittragender Gehalt ist aber für den deutschen Kulturföderalismus über 1991 hinaus als Textbeleg unentbehrlich.

e) Eine rechtsvergleichende Perspektive

94 Ein weiteres Argument für die Beibehaltung des Art. 29 GG lässt sich aus der *Rechtsvergleichung* gewinnen. Zwar ist *Bundesstaats*-Rechtsvergleichung, soweit ersichtlich, speziell hier wenig ergiebig[201]: Wohl kein Bun-

---

200 Zum fiduziarischen Föderalismus die Präzisierungen in *P. Häberle*, Aktuelle Probleme des deutschen Föderalismus, Die Verwaltung 24 (1991), S. 169 ff., 181 ff. bzw. in: J. Kramer (Hrsg.), Föderalismus zwischen Integration und Sezession, 1993, S. 201 ff., 210 f. S. auch *M. Nierhaus*, Strukturprobleme des gesamtdeutschen Bundesstaates in: J. Burmeister/M. Nierhaus/F. Ossenbühl/G. Püttner/M. Sachs/P. J. Tettinger (Hrsg.), Germania restituta, 1993, S. 35 ff., 43 f.

201 Verf. Brasilien (1988, zit. nach JöR 38 (1989), S. 462 ff.) bleibt in ihrem Neugliederungsartikel formal, vgl. Art. 18 § 3: „Einzelne Staaten können sich zusammenschließen, sich untergliedern, oder Teile zwecks Anschluss an andere Staaten oder Bildung neuer Staaten oder Bundesterritorien ausgliedern. Erforderlich ist die Zustimmung der unmittelbar betroffenen Bevölkerung im Wege des Plebiszits und die des Nationalkongresses im Wege des Ergänzungsgesetzes". – Negativ-

desstaat verfügt über eine Art. 29 Abs. 1 GG gleichkommende inhaltsreiche Neugliederungsklausel. Art. 3 österreichisches B-VG verlangt für die Änderung einer Landesgrenze „nur" übereinstimmende Verfassungsgesetze des Bundes und des betreffenden Landes („paktierte Verfassungsgesetzgebung")[202]. In Österreich gibt es heute keine Neugliederungsdiskussionen, da die Länder „durch Jahrhunderte gewachsene Identitätsgemeinschaften sind"[203]. Dasselbe gilt für die Schweiz, in der die so friedlich geglückte Schaffung des Kantons Jura (1978) eine Ausnahme bildet; der Versuch einer Wiedervereinigung der beiden Basel ist in den 60er Jahren

prozedural bleibt Art. IV Sect. 3 Abs. 2 Verf. U.S.A.: „... auch darf kein Staat durch Vereinigung zweier oder mehrerer Staaten oder Teilen von Staaten gebildet werden ohne Einwilligung der gesetzgebenden Versammlungen oder betreffenden Staaten sowie des Kongresses". – Art. 66 Nr. 5 Verf. Russland (1993) lautet: „The status of a subject of the Russian Federation can be changed with a mutual consent of the Russian Federation and the subject of the Russian Federation according to a federal constitutional law". – Art. 13 Verf. Argentinien (1853/1957, zit. nach: L. Lopez Guerra/L. Aguiar (Hrsg.), Las Constituciones de Iberoamerica, 1992, S. 17 ff.) verlangt für die Neugliederung von Provinzen die Zustimmung der Legislativen der betreffenden Provinzen und des Kongresses. – Ähnliches verlangt Art. 3 und 4 Verf. Indien (1949, zit. nach JöR 4 (1955), S. 183 ff.). – Das Konsensprinzip – ohne materielle Richtbegriffe – findet sich auch in Art. 123 f. Verf. Australien (1900, zit. nach JöR 39 (1990), S. 669 ff.); s. auch Art. 45, 46 Verf. Mexiko (1988, zit. nach: A. P. Blaustein/G. H. Flanz (Hrsg.), Constitutions of the countries of the world, Bd. XI). – Den Weg der Verfassungsänderung bei jeder Art von Grenzänderung verlangt Art. 43 lit. a Verf. Kanada (1981, zit. nach JöR 32 (1983), S. 632 ff.). – Rechtstechnisch findet sich immer wieder die Figur der (meist staatsvertraglich möglichen) Sonderregelung für zwei unter „Neugliederungsverdacht" stehende Länder (vgl. Art. 118 GG („Südweststaat"), Art. 5 2. Spiegelstrich Einigungsvertrag von 1990 (Neugliederung für den Raum Berlin/Brandenburg oder die spanische (regionalstaatliche) Diskussion um eine Zusammenlegung von Navarra und Baskenland. Vgl. auch die „kleine" Neugliederungsklausel im Ländereinführungsgesetz der Noch-DDR (1990, zit. nach JöR 42 (1994), S. 306 ff.) in § 2 Abs. 2: „Änderungen von Grenzen der Länder der DDR, die im Ergebnis von Bürgerbefragungen in Gemeinden und Städten begehrt werden und von der Gemeindevertretung bzw. Stadtverordnetenversammlung beschlossen wurden, bedürfen eines Staatsvertrages zwischen den beteiligten Ländern".

202 Dazu *L. K. Adamovich/B.-C. Funk*, Österreichisches Verfassungsrecht, 2. Aufl. 1984, S. 141.

203 Vgl. *W. Mantl*, Diskussionsbeitrag, VVDStRL 52 (1993), S. 145.

gescheitert[204]. In der Schweizer Bundesverfassung findet sich keine generelle (Verfahrens-)Regelung für die Neugliederung[205].

95 Ein anderes Bild ergibt sich aus einem Blick auf Verfassungsstrukturen des *Regionalismus*. Gewiss, der Regionalismus ist im Verhältnis zum Föderalismus eine *selbstständige* Ausformung des gegliederten Verfassungsstaates[206]. Indes finden sich vereinzelt Richtbegriffe, die an Leitgedanken des Art. 29 GG bzw. seine Problematik erinnern. Ein erster Platz gebührt hier Art. 143 Abs. 1 Verf. Spanien (1978)[207]:

96 „In Ausübung des in Artikel 2 der Verfassung anerkannten Rechts auf Autonomie können aneinandergrenzende Provinzen mit gemeinsamen historischen, kulturellen und wirtschaftlichen Eigenschaften, die Inselgebiete und die Provinzen, die historisch eine Regionaleinheit bilden, die Selbstregierung erlangen ...“[208].

97 In dem Maße, wie sich heute die Verfassungsstaaten von Einheitsstaaten zu *Regional*staaten zu differenzieren beginnen, wird es verfassungspoli-

---

204 Dazu *U. Häfelin/W. Haller*, Schweizerisches Bundesstaatsrecht, 6. Aufl. 2005, S. 281 ff.

205 Dazu *U. Häfelin/W. Haller*, Schweizerisches Bundesstaatsrecht, 6. Aufl. 2005, S. 282; vgl. aber auch Art. 42 Bundesverfassungsentwurf (1977), zit. nach JöR 34 (1985), S. 536 ff.: „Änderungen im Bestand und im Gebiet der Kantone“, der im Verfahrensrechtlichen bleibt. S. jetzt Art. 53 Abs. 2 BV (2000).

206 Dazu *P. Häberle*, Der Regionalismus als werdendes Strukturprinzip des Verfassungsstaates und als europarechtspolitische Maxime, AöR 118 (1993), S. 1 ff., 22, 27, auch in: *ders.*, Europäische Rechtskultur, 1994, S. 209 ff. – Wie nahe sich Neugliederungsprobleme im *Regional*staat einerseits, Bundesstaat andererseits sein können, beweist die Verf. Belgiens. Ihr bis 1994 geltender Art. 3 bis Abs. 3 sah für die Änderung der „Grenzen der vier Gebiete“ qualifizierte Mehrheiten vor (ohne inhaltliche Richtbegriffe); der entsprechende neue Art. 4 Abs. 3 von 1994 spricht neu von „quatre régions *lingustiques*“ und belässt es im Übrigen bei den strengen Verfahrenserfordernissen.

207 „Paten-Artikel“ dürften – neben Art. 29 GG – Neugliederungsartikel in Regionalismusklauseln älterer Verfassungen sein, vgl. Art. 132 Verf. Italien (1947), der rein formal bleibt (in Abs. 1 findet sich immerhin die Bevölkerungszahl „1 Million Einwohner“), auch Art. 227 Verf. Portugal (1976), der Inhaltliches in Bezug auf die Inselgruppen Azoren und Madeira wagt („geographische, wirtschaftliche, soziale und kulturelle Besonderheiten“, „historisches Streben nach Selbständigkeit“). Ein „Tochter-Artikel“ dürfte Art. 259 Abs. 1 alte Verf. Peru (1979) sein (zit. nach JöR 36 (1987), S. 641 ff.): „Die Regionen werden auf der Grundlage benachbarter, historisch, wirtschaftlich, verwaltungsmäßig und kulturell zusammengehöriger Gebiete errichtet. Sie bilden geo-ökonomische Einheiten“.

208 Dazu aus der Lit.: *P. Cruz Villalón*, Die Neugliederung des Spanischen Staates durch die „Autonomen Gemeinschaften“, JöR 34 (1985), S. 195 ff.

tisch notwendig, regionale Neugliederungsartikel zu entwerfen[209]. Sie sollten sich sowohl auf die prozessuale Seite (Plebiszite, Zustimmung auf der Regional- und Gesamtstaatenebene), wie auch auf die inhaltlichen Aspekte erstrecken (Richtbegriffe analog Art. 29 Abs. 1 GG bzw. Art. 143 Abs. 1 Verf. Spanien). Das dürfte für die seit den März-Wahlen 1994 und seit 2001 verstärkte Regionalismus-Debatte in Italien relevant werden[210]. Auch um der dabei möglichen Vorbildwirkung des geltenden Art. 29 GG willen sollte dessen Abs. 1 nicht leichtfertig zur Disposition gestellt werden[211].

3. Die Europäisierung des Art. 29 Abs. 1 GG

Zu neuen Dimensionen gelangen die Richtbegriffe in Art. 29 Abs. 1 GG in 98
dem Maße, wie Europa zusammenwächst und das „Europa der Regionen" Wirklichkeit wird[212]. Man darf von einer in Gang kommenden *Europäisie-*

---

209 Südafrika, dessen beispielhafter Prozess der Verfassunggebung („Runder Tisch" der „Codesa", Praxis der Verfassunggebung als Vertrag, große Rolle einer vorbildlichen Persönlichkeit, *N. Mandela* als „institution-personne", Hilfeleistung durch Verfassungsberater aus anderen Ländern (z.B. das Schweizer Föderalismus-Institut in Fribourg)) die „Weltstunde des Verfassungsstaates 1989" auch in Afrika vernehmbar macht, hat in seiner Übergangsverfassung von 1994 eine Konstruktion gewählt, die zwischen dem Regionalstaat und dem Bundesstaat zu changieren scheint. Jedenfalls hat sich die vertikale Gewaltenteilung in Gestalt von „Provinzen" als ideales Gehäuse für verschiedene Volksgruppen, Rassen, Sprachen und Religionen i.S. des kulturellen Pluralismus erwiesen. Art. XVIII Schedule 4 der Übergangsverfassung („Constitutional Principles") verlangt für Grenzänderungen der Regionen besondere Mehrheiten und verfassungsändernde Gesetze. Aus der Lit.: *U. Karpen*, Südafrika als Bundesstaat – Einheit in der Vielfalt, FAZ vom 17. Mai 1994, S. 10.

210 Aus der Lit.: *L. Paladin*, Diritto regionale, 5. Aufl. 1992; *T. Martines*, Diritto Costituzionale, 6. Aufl. 1990, S. 757 ff.; A. D'Atena (Hrsg.), Federalismo e regionalismo in Europa, 1994.

211 Die Gemeinsame Verfassungskommission von Bundestag und Bundesrat (1993) ließ Art. 29 Abs. 1-7 unverändert. Ein neuer Abs. 8 befasst sich mit der Möglichkeit der Neugliederung abweichend von Abs. 2-7 im Wege des Staatsvertrages, mit Anhörungsrechten der betroffenen Gemeinden und Kreise sowie mit der Bestätigung durch Volksentscheid.

212 Die Lit. hat schon früh darauf hingewiesen, z.B. *H.-U. Evers*, in: BK, GG, Art. 29 GG (Stand: 1980), Rn. 47: Berücksichtigung der Bedürfnisse eines „integrierten Europas mit ihren Auswirkungen auf die Neugliederung". S. auch *I. v. Münch/ U. Mager*, Staatsrecht I, 7. Aufl. 2009, Rn. 685, Anm. 19. Aus der Kommentar-

rung des Art. 29 Abs. 1 GG bzw. seiner Richtbegriffe sprechen. Das Europa der Regionen überschreitet die nationalen Staatsgrenzen bzw. es relativiert sie. Die einzelnen Richtbegriffe müssen jetzt auch von der europäischen Ebene her „erfüllt" werden. So kann etwa das Saarland dank seiner Brückenfunktion nach Frankreich hin zusätzliches Gewicht erhalten; so kann die „Euregio Basilensis" das Land Baden-Württemberg auch zum Elsass hin akzentuieren[213]; so vermag die spezifische Brückenfunktion Brandenburgs nach Polen hin diesem Land das Eigengewicht zu bestätigen. Diese hier nur andeutende (auch) europarechtliche Sicht des Art. 29 Abs. 1 GG wird durch zwei Entwicklungen unterstrichen: den neuen Art. 23 GG einerseits, das „Europaprogramm" der Bundesländer andererseits (vgl. z.B. Art. 1 Abs. 2 Verf. Niedersachsen von 1993: „Teil der europäischen Völkergemeinschaft"; Präambel Verf. Thüringen von 1993: „Trennendes in Europa" zu überwinden; Präambel Verf. Brandenburg von 1992: „Glied in einem sich einigenden Europa"). Das europäische Selbstverständnis[214] der alten und der neuen Bundesländer verbindet sich mit dem Fortgang der europäischen Einigung zu einem Ganzen, das die Fragen der Neugliederung in Deutschland, aber auch den Zuschnitt mancher (Grenz-)Regionen in den übrigen EU- und Europarats-Ländern in neue Horizonte stellt und neue Beurteilungen verlangt. Dem Zeitfaktor kommt dabei große Bedeutung zu.

99 Kulturell „mitzulesen" ist speziell bei Art. 29 Abs. 1 GG, dass die Länder die „ihnen obliegenden Aufgaben" im *europäischen* Rahmen und Raum wirksam erfüllen können. Die „landsmannschaftliche Verbundenheit" kann sich jetzt über die nationalen Grenzen hinweg bewegen, ebenso die „geschichtlichen und kulturellen Zusammenhänge". Schließlich sind die „wirtschaftliche Zweckmäßigkeit" sowie die Erfordernisse der „Raumordnung und der Landesplanung" heute ebenfalls im europäischen Rahmen zu beurteilen[215]. So groß der Beurteilungsspielraum der politischen Instanzen (gegenüber dem BVerfG) bleibt: Der Text von Art. 29 Abs. 1 GG steht

---

Lit. jetzt *I. Pernice*, in: H. Dreier (Hrsg.), GG, Bd. II, 2. Aufl. 2006, Art. 29, Rn. 8, 30 f.

213 Zu „Europa am Oberrhein" vgl. die Schrift von *B. Speiser*, Der grenzüberschreitende Regionalismus am Beispiel der oberrheinischen Kooperation, 1993.

214 Wegweisend heißt es in Art. 54 Abs. 1 Verf. Bern (1993): „Der Kanton beteiligt sich an der Zusammenarbeit der Regionen Europas".

215 Aspekte einer solchen grenzüberschreitenden Zusammenarbeit im europäischen Raum beleuchtet *G. Halmes*, Rechtsgrundlagen für den regionalen Integrationsprozess in Europa – Das neue „Karlsruher Übereinkommen" und die Weiterent-

jetzt im „Kontext“ der innerstaatlichen und europarechtlichen Europa-Artikel. Das ursprünglich nur nationale Neugliederungskonzept wird zum Teil des transnationalen Europa-Programms.

E. Die „europäische (Verfassungs-)Familie“ im Spannungsfeld von „europäischer Identität“ und nationalen Identitäten – „Europäisierung“ und ihre Grenzen

I. Vorbemerkung

„Europäisierung“ ist längst ein Schlagwort, ja fast ein inflationärer Allerweltsbegriff, gelegentlich ein „Zauberwort“. Es wird auf nahezu alle (nationalen) Rechtsgebiete und Lebensbereiche bezogen und hat eine Flut von Publikationen wohl aller Literaturgattungen hervorgebracht.[216] Beginnend mit dem Pionieraufsatz von *H. Coing* zur „Europäisierung“[217], weitergeführt zur These von „Gemeineuropäischem Verfassungsrecht“ von 1991[218], das auf der Metapher „Gemeineuropäisches Grundrechte-Recht“ von 1983 aufbaute[219], wird „Europäisierung“ auf wohl alle Gebiete des 100

wicklung des Rechts der grenzübergreifenden Zusammenarbeit, DÖV 1996, S. 933 ff.

216 Aus dem Bereich der Politikwissenschaften seien genannt: *P. Bender*, Das Ende des ideologischen Zeitalters. Die Europäisierung Europas, 1971; *W. Eberwein/J. Tholen/J. Schuster*, Die Europäisierung der Arbeitsbeziehungen als politisch-sozialer Prozess, 2000; zur Einwirkung Europas auf die außereuropäische Welt, bewusst in kritische Frageform gesetzt, G. Klingenstein (Hrsg.), Europäisierung der Erde?, 1980. Zum Aspekt der Europäisierung der nationalen Rechts- und Verfassungsordnungen K. F. Kreuzer (Hrsg.), Die Europäisierung der mitgliedstaatlichen Rechtsordnungen in der Union, 1997; H.-J. Ahrens/H.-W. Rengeling (Hrsg.), Europäisierung des Rechts, 1996. S. noch M. Knodt/B. Kohler-Koch (Hrsg.), Deutschland zwischen Europäisierung und Selbstbehauptung, 2000; s. auch M. Bach u.a. (Hrsg.), Europe in Motion, 2006; ders. (Hrsg.), Die Europäisierung nationaler Gesellschaften, 2000; *ders.*, Europa ohne Gesellschaft, 2008.

217 *H. Coing*, Europäisierung der Rechtswissenschaft, NJW 1990, S. 937 ff.

218 *P. Häberle*, Gemeineuropäisches Verfassungsrecht, EuGRZ 1991, S. 261 ff.; s. auch *H. Kötz*, Gemeineuropäisches Zivilrecht, in: FS Zweigert, 1981, S. 481 ff., E. Jayme/H.-P. Mansel (Hrsg.), Auf dem Wege zu einem gemeineuropäischen Privatrecht, 1997; P. C. Müller-Graff (Hrsg.), Privatrecht und europäisches Gemeinschaftsrecht, 1991.

219 *P. Häberle*, Europa in kulturverfassungsrechtlicher Perspektive, JöR 32 (1983), S. 9 ff., 25 f. mit Anm. 68.

nationalen Verfassungsrechts bezogen[220], sodann auf das Verwaltungsrecht, auch das Umweltrecht sowie das Sozialrecht[221], sogar das Strafrecht als eigentlich besonders „nationalstaatlichem Recht"[222] und – naheliegend und schon mit vielen Einzelwerken besonders intensiv – auf das Privatrecht[223], ferner das Arbeitsrecht[224].

101 Im Folgenden kann es nicht darum gehen, die „Europäisierung" auf den Foren der Judikatur aller nationalen (Verfassungs-)Gerichte, der Rechtswissenschaft im Ganzen und in allen ihren Teildisziplinen nachzuzeichnen – ein Riesenunternehmen, das auch die Europäisierung darzustellen hätte, die in den *anderen* Nationen der europäischen Verfassungsfamilie mit de-

---

220 *E. Klein*, Gedanken zur Europäisierung des deutschen Verfassungsrechts, in: FS K. Stern, 1997, S. 1301 ff.; *D. H. Scheuing*, Die Europäisierung des Grundgesetzes für die Bundesrepublik Deutschland, in: H. Bauer u.a. (Hrsg.), Ius Publicum im Umbruch, 2000, S. 47 ff.

221 Zu den wichtigen neueren Monographien über die europäische Dimension des Verwaltungsrechts gehören: *M. Brenner*, Der Gestaltungsauftrag der Verwaltung in der europäischen Union, 1996; *Th. v. Danwitz*, Verwaltungsrechtliches System und europäische Integration, 1996; *A. Hatje*, Die gemeinschaftsrechtliche Steuerung der Wirtschaftsverwaltung, 1998; *S. Kadelbach*, Allgemeines Verwaltungsrecht unter europäischen Einfluss, 1999. Aus der Lit. sodann *E. Schmidt-Assmann*, Zur Europäisierung des allgemeinen Verwaltungsrechts, in: FS P. Lerche, 1993, S. 514 ff.; *B. Bernighausen*, Die Europäisierung des Vertrauensschutzes, 1998; *D. Ehlers*, Die Europäisierung des Verwaltungsprozessrechts, 1999; *C. D. Classen*, Die Europäisierung der Verwaltungsgerichtsbarkeit, 1996. Aus der weiteren Lit.: *S. Cassese*, Der Einfluss des gemeinschaftsrechtlichen Verwaltungsrechts auf die nationalen Verwaltungsrechtssysteme, Der Staat 33 (1994), S. 25 ff.; *J. A. Kämmerer*, Europäisierung des öffentlichen Dienstrechts, EuR 2001, S. 27 ff.; *K. Harms*, Europarecht im deutschen Verwaltungsprozess, VBlBW 2001, S. 161 ff.

222 Aus der Lit.: *U. Sieber*, Memorandum für ein europäisches Strafgesetzbuch, JZ 1997, S. 55 ff.; *G. Dannecker*, Strafrecht in der EG, JZ 1996, S. 869 ff.; *H. Satzger*, Die Europäisierung des Strafrechts, 2001; *S. Beukelmann*, Europäisierung des Strafrechts – Die neue strafrechtliche Ordnung nach dem Vertrag von Lissabon, NJW 2010, S. 2081 ff.

223 Vgl. etwa *Ch. v. Bar*, Gemeineuropäisches Deliktsrecht, Bd. I, 1996 und Bd. II, 1999; s. auch die eigene Zeitschrift ZEuP zum europäischen Privatrecht; darüber hinaus Ch. Weber (Hrsg.), Europäisierung des Privatrechts, 1997; *M. Gebauer*, Grundfragen zur Europäisierung des Privatrechts, 1998; *S. Grundmann*, Europäisches Schuldvertragsrecht, 1999.

224 *R. Birk*, Die Europäisierung des Arbeitsrechts, in: K. F. Kreuzer (Hrsg.), Die Europäisierung der mitgliedstaatlichen Rechtsordnungen in der Europäischen Union, 1997, S. 55 ff.; vgl. auch *K.-D. Borchardt*, Der sozialrechtliche Gehalt der Unionsbürgerschaft, NJW 2000, S. 2057 ff.

ren Augen zu berücksichtigen wäre. Vielmehr kann es sich nur darum handeln, vom nationalen und europäischen Verfassungsrecht her (genauer von der etwas „höheren“ Ebene der europäischen Verfassungslehre aus), der vielzitierten „Europäisierung“, ihren Grenzen und einer etwaigen Gegenbewegung der „Renationalisierung“ nachzugehen und sie genauer zu differenzieren.

II. Europäische Identität und nationale Identitäten – Die Stunde der vergleichenden Kulturwissenschaft – Methodenfragen

Wenn es einen Rechtsbereich gibt, dem nur im Weg des kulturwissen- 102
schaftlichen Ansatzes beizukommen ist, dann ist es der vorliegende. Das führt so weit, dass nicht nur von der Europa*rechts*wissenschaft (im Singular), sondern von Europawissenschaften (im Plural) gesprochen werden sollte. Denn Begriffe wie „Vielfalt der Kulturen, Religionen und Sprachen“, wie „europäische Identität“[225], „kulturelles Erbe“, „nationale Identität“[226], „europäisches Bewusstsein“ u.Ä. lassen sich nicht allein herkömmlich juristisch aufschließen. Erforderlich wird eine europäische Kulturgeschichte, etwa eine europäische Architektur-, Literatur-, Malerei- und Musikgeschichte: Man denke an ihre Relevanz für Staats- und Volksgruppensprachen einerseits (z.B. Art. 33-34 Verf. Slowakei) sowie für sog. Staatshymnen andererseits (vgl. Art. 28 Abs. 3 Polen oder Art. 2 Verf. Frankreich, auch Art. 14 Abs. 4 Verf. Albanien; Art. 20 Abs. 5 Verf. Ukraine, Art. 11 Abs. 2 Verf. Portugal) – ihre meist vorrangige, stets hochrangige Platzierung im nationalen Verfassungsrecht spricht für sich. Es ermu-

225 *S. Korioth/A. v. Bogdandy*, Europäische und nationale Identität: Integration durch Verfassungsrecht, VVDStRL 62 (2003), S. 117 ff. bzw. 156 ff.

226 Eine Brücke zwischen nationaler und kultureller Identität zu schlagen, ist Anliegen der Aufsatzsammlung von B. Giesen (Hrsg.), Nationale und kulturelle Identität, 1999; vgl. darüber hinaus die empirischen Studien bei H. Meukmann (Hrsg.), Werte und nationale Identität im vereinten Deutschland, 1999; die Identitätsfrage im Spiegel der (schönen) Literatur z.B. bei *P. Sprengel*, Von Luther zu Bismarck: Kulturkampf und Nationale Identität bei Theodor Fontane, Conrad Ferdinand Meyer und Gerhard Hauptmann, 1999; *A. Uhle*, Freiheitlicher Verfassungsstaat und kulturelle Identität, 2005; A. Rauscher (Hrsg.), Nationale und kulturelle Identität im Zeitalter der Globalisierung, 2006; *K. Körner*, Identitätsstiftung durch den Europäischen Verfassungsvertrag, 2009.

tigt, dass es eine eindrucksvolle „Europäische Rechtsgeschichte“[227], es ernüchtert, dass es bislang keine „europäische Verfassungsgeschichte“ gibt. Diese „Bringschuld“ der Rechtshistoriker kann nur als solche festgestellt werden. Im Übrigen hätten Philosophie wie Politikwissenschaften sich an den Begriffen „abzuarbeiten“, die nun einmal positivrechtliche Texte des europäischen Verfassungsrechts sind: „nationale Identität“ (vgl. Art. 4 Abs. 2 EUV), europäische Identität (vgl. Art. 2 EUV zu den gemeinsamen Werten), „kulturelles Erbe“ (Art. 167 AEUV).

103 Diese Stichworte müssen hier genügen, um auf die Größe der von der nächsten Generation im künftigen Europa zu leistenden interdisziplinären Aufgaben hinzuweisen. Eine kulturwissenschaftlich vorgehende europäische Verfassungslehre ist auf solche Diskussionen angewiesen. Der Philosophie dürfte eine Leitaufgabe bei der Erschließung des ihr spezifisch verbundenen Identitätsbegriffes zukommen. Schon heute lässt sich aber sagen, dass das vergleichende Verfassungsrecht *einzelne* Identitätselemente etwa eines nationalen Verfassungsrechts sogleich benennen kann: Sprache(n), Hymnen, Feiertage, Flaggen, auch Hauptstädte (auch in neuen Verfassungen sind die „Hauptstadtartikel“ meist hochrangig platziert, vgl. etwa Art. 14 Abs. 6 Verf. Albanien, Art. 13 Abs. 1 Verf. Kroatien, Art. 6 Verf. Makedonien, Art. 7 Abs. 1 Verf. Montenegro, Art. 5 Abs. 3 Verf. Serbien, Art. 13 Verf. Tschechien)[228] und Mentalitäten sind allgemeiner Natur; individuelle Identitätselemente bilden z.B. in Spanien die verfassungsstaatliche Monarchie, in Deutschland der Föderalismus und die Eigenheiten des „Staatskirchenrechts“, in Bosnien die Multiethnik[229], in der

---

227 *H. Hattenhauer*, Europäische Rechtsgeschichte, 4. Aufl. 2004. – Wegen ihrer Fixierung auf die „Geschichte der Staatsgewalt“ (so gleichnamig *W. Reinhard*, 1999) kann diese „vergleichende Verfassungsgeschichte Europas“ im Sinne des Textes nicht weiterhelfen. Siehe aber überzeugend *H. Fenske*, Der moderne Verfassungsstaat. Eine vergleichende Geschichte von der Entstehung bis zum 20. Jahrhundert, 2001.

228 Zur Hauptstadtfrage: *P. Häberle*, Die Hauptstadtfrage als Verfassungsproblem, DÖV 1990, S. 989 ff.; *O. Pagenkopf*, Die Hauptstadt in der deutschen Rechtsgeschichte, 2004; *M. Haedrich*, Der Rechtsstatus von Jerusalem und die Hauptstadtfrage, JöR 55 (2007), S. 403 ff.; *C. Seiferth*, Die Rechtsstellung der Bundeshauptstadt Berlin, 2008.

229 Dazu aus der Lit.: *W. Graf Vitzthum/M. Mack*, Multiethnischer Föderalismus in Bosnien-Herzegowina, in: W. Graf Vitzthum (Hrsg.), Europäischer Föderalismus, 2000, S. 81 ff.

Schweiz die Referendumsdemokratie[230], schließlich seit der Französischen Deklaration der Menschen- und Bürgerrechte immer stärker zu gemeineuropäischem Erbe gereift und seit Lissabon als gleichsam dritter Gründungsvertrag mit Primärrechtsqualität auf eine neue Textstufe gebracht, die Grundrechte[231]. Vermutlich liegt in der Auflistung und Bündelung der vielen *einzelnen* Identitätselemente die Aufgabe und Chance. Es gibt nicht die eine Identität, es gibt *multiple Identitäten*. Und es gibt ebenso *multiple Interdependenzen* zwischen mitgliedstaatlichen und europäischer Identität(en).

III. Die Relevanz der Unterscheidung von Europarecht im engeren und weiteren Sinne

An anderer, späterer Stelle wird Europa bzw. seine „Familie“ bilderphilo- 104
sophisch und rechtskulturell, juristenrechtlich („europäischer Jurist“) und von der „europäischen Öffentlichkeit“ her näher charakterisiert. Hier muss eine erste, in dieser Verfassungslehre durchgehaltene Unterscheidung (nicht Trennung) getroffen werden, ohne die die Begriffe „europäische“ Identität und „nationale Identität“ nicht zu erfassen sind. So sehr europäische Identität und „nationale Identitäten“ prinzipiell konstitutionelle Verweis-Begriffe sind: das Material, aus dem sie Gestalt gewinnen, *unterscheidet* sich: das Europa(recht) im engeren Sinne der EU und im weiteren Sinne des Europarates und der OSZE. Die EU als schon besonders dichte „Verfassungsgemeinschaft eigener Art“ verfügt bereits über Texte, die es prima facie leicht, danach aber doch schwer machen, europäische und nationale Identität – dank der Kontexte – inhaltlich zu fassen und zu begrenzen, aber auch aufeinander zu beziehen. Anders steht es im Europa im weiteren Sinne. Auch hier gibt es einschlägige Aussagen in Dokumenten und Texten von Europarat (vor allem das Kulturabkommen von 1954) und OSZE (von 1990/91), doch ist es hier noch schwerer zu bestimmen, was der nationale Verfassungsstaat noch „ist“, wie weit (bis zu welchen Gren-

230 Allg. zur Demokratie als identitätsbildendem Strukturverband der Europäischen Rechtskultur und speziell zum Demokratieverständnis in Deutschland, Frankreich und Großbritannien siehe *H. Schauer*, Europäische Identität und demokratische Tradition, 1996.

231 S. Peers/T. Hervey/J. Kenner/A. Ward (Hrsg.), The EU Charter of Fundamental Rights. A Commentary, 2014.

zen) er sich „europäisieren" kann und soll und was die Identität des ganzen Europa (vor allem die EMRK) schon heute ausmacht (im Sinne seines „kulturellen Erbes" gemäß dem Krakauer Dokument von 1991)[232].

105 Das kontinuierliche Ringen um Kriterien im etwaigen EU-Beitrittsprozess der Türkei ist symptomatisch: Hier will ein Land, dessen Zugehörigkeit zum Europa im weiteren Sinne gelegentlich bestritten wird (Prägung durch die islamische Kultur), dem Europa im engeren Sinne beitreten, obwohl es in Sachen Schutz kultureller Minderheiten (Kurdenproblem) und Rechtstaatselementen signifikante Defizite aufweist. Immerhin ist die Türkei Mitglied der EMRK, bei allen „Vollzugsdefiziten"[233].

IV. Inhaltliche und prozessuale Balancen zwischen den Konnexbegriffen „Nation" und „Europa"

1. Das Europa im engeren Sinne

106 *Im Europa im engeren Sinne* stellen sich bei näherer Betrachtung die Nationen und die EU als nur wechselseitig zu bestimmende Größen dar. Man darf von *„innerer Europäisierung*" sprechen. Dennoch gibt es Inhalte und Verfahren, die die nationale Ebene von der EU-Ebene abgrenzen wollen und müssen[234]. Dem dienen an erster Stelle alle *Subsidiaritätsklauseln* als Grenzen der Unionalisierung, seien sie vom nationalen Verfassungsrecht her gezogen (z.B. Art. 23 Abs. 1 S. 1 GG; Art. 7 Abs. 5 Verf. Portugal), seien sie im Europäischen Verfassungsrecht der EU selbst positioniert (Art. 5 Abs. 1 EUV[235]). Aber auch dort, wo das „nationale Europaverfas-

232 Besondere Aufmerksamkeit verdienen daher empirische Untersuchungen wie z.B. die Studie von *S. Wiberg*, Nationale Identität, 1999, die 14jährige Jugendliche in Deutschland und Polen zum Thema befragt hat. In solchem Ansatz wird mit gutem Grund der Identitätsaspekt mit der Generationenfrage verknüpft.

233 *W. Graf Vitzthum*, Gehört Anatolien zu Europa?, in: FS v. Bormann, 2001, S. 321 ff.

234 Das gelegentlich unvermeidliche Denken in „Ebenen" sei in dieser Verfassungslehre unter einen Vorbehalt gestellt: es ist nicht hierarchisch i.S. eines „oben" und „unten" gemeint. Nicht einmal im „vollendeten Bundesstaat" sind die Länder „unten" und der Bund „oben". Daher ist Skepsis gegenüber dem Begriff „Mehrebenenkonstitutionalismus" (z.B. *I. Pernice*) geboten, zumal er den *Teil*charakter der Verfassung nicht widerspiegelt.

235 Die Lit. ist unüberschaubar: *H. Lecheler*, Das Subsidiaritätsprinzip – Strukturprinzip einer europäischen Union, 1993; *P. Häberle*, Das Prinzip der Subsidiarität

sungsrecht" wie in Präambel und Art. 23 GG von „Europa" u.Ä. („vereintes Europa") oder von „europäischer Einigung" spricht (Art. 7 Abs. 5 Verf. Portugal, ähnlich Präambel Verf. Brandenburg, Art. 12 Verf. Sachsen) – dazu eigens unten Erster Teil I 2 b – will es zwar Öffnung, Integration, Unionalisierung, aber keine Selbstaufhebung oder Auslöschung des Nationalen (bzw. Regionalen).

In der EU wird vor allem über Art. 6 und 7 EUV Europäische Homogeni- 107
tät bei aller nationalen Pluralität hergestellt. Die „Causa Österreich" hat indes schmerzlich gezeigt, dass die Einhaltung der Grenzen im Einzelfall prekär ist und sie seitens der EU 2000 verletzt wurde[236]. Wenn Art. 23 Abs. 1 S. 1 GG von einer EU spricht, „die demokratischen, rechtsstaatlichen, sozialen und föderativen Grundsätzen und dem Grundsatz der Subsidiarität verpflichtet ist", so will es hier die EU auf homogene Verfassungsdirektiven eigener Art festlegen (ganz i.S. der national-verfassungsstaatlichen Analogie). Dass das GG damit die EU nicht von den *deutschen* Maßstäben her präjudizieren kann, liegt auf der Hand. Erst eine Gesamtsicht aller Europaziele bzw. -Artikel aller EU-Mitgliedstaaten vermag allgemein akzeptierte Strukturen festzulegen. Zugespitzt: das „nationale Europaverfassungsrecht" Deutschlands kann nicht beanspruchen, per se zum Europaverfassungsrecht der EU zu werden[237].

Die der EU gemeinsamen Prinzipien strahlen via „Kopenhagener Beitritts- 108
kriterien" (1993)[238] auch auf das Europa im weiteren Sinne aus. Hier zeigt

---

aus Sicht der vergleichenden Verfassungslehre, AöR 119 (1994), S. 169 ff.; *Ch. Bickenbach*, Das Subsidiaritätsprinzip in Art. 5 EUV und seine Kontrolle, EuR 2013, S. 523 ff. mit zahlreichen weiteren Nachweisen.

236 Aus der Lit. zur Causa Österreich: *P. Häberle*, Aussprache, VVDStRL 60 (2001), S. 404 f.; *G. Winkler*, Europa quo vadis?, ZÖR 55 (2000), S. 231 ff.; *F. Schorkopf*, Verletzt Österreich die Homogenität der Europäischen Union?, DVBl. 2000, S. 1036 ff.; *L. Adamovich*, Juristische Aspekte der „Sanktionen" der EU-14 und des „Weisenberichts", EuGRZ 2001, S. 89 ff. Der Bericht der sog. „Drei Weisen" ist abgedruckt in EuGRZ 2000, S. 404 ff.; *K. Serini*, Sanktionen der EU bei Verstoß eines Mitgliedstaats gegen das Demokratie- oder Rechtsstaatsprinzip, 2009.

237 Aus der Lit. zu Art. 23 GG: *I. Pernice*, in: H. Dreier (Hrsg.), GG, Bd. II, 2. Aufl. 2006, Art. 23; *U. Di Fabio*, Der neue Art. 23 des Grundgesetzes, Der Staat 32 (1994), S. 191 ff.; *U. Everling*, Überlegungen zur Struktur der Europäischen Union und zum neuen Europa-Artikel des Grundgesetzes, DVBl. 1993, S. 936 ff.; *R. Breuer*, Die Sackgasse des neuen Europaartikels (Art. 23 GG), NVwZ 1994, S. 417 ff.

238 Dazu *C. Hillion*, The Copenhagen Criteria and their Progeny, in: C. Hillion (Hrsg.), EU Enlargement. A Legal Approach, 2004, S. 1 ff.; *Th. Oppermann/*

sich, wie jede Erweiterung aus dem „ganzen Europa" (Art. 49 EUV spricht von „jedem europäischen Staat") in das kleinere Europa der EU ein Stück Konstitutionalisierung bzw. „Europäisierung" im EU-Sinne schafft.[239] Die innereuropäische Gesetzgebung von Rat und Kommission, und heute mehr denn je auch vom Europäischen Parlament sind auf der Alltagsebene die stärksten Europäisierungsvorgänge, ebenso die schöpferische Judikatur des EuGH und alle Verfahren der „Rechtsangleichung" (vgl. Art. 114 AEUV). Auch auf mitgliedstaatliches Verfassungsrecht greifen Europäisierungsprozesse durch, so bei einem möglichen neuen Verständnis des Art. 19 Abs. 3[240], bei der vom EuGH erzwungenen Öffnung der Bundeswehr für Frauen, die nachträglich vom verfassungsändernden Gesetzgeber auch formal akzeptiert wurde[241], beim oben skizzierten neuen Verständnis des Neugliederungsartikels 29 GG sowie bei der neuen („europäischen") Ausdeutung des Art. 32 GG[242].

2. Das Europa im weiteren Sinne

109 Im Europa im weiteren Sinne haben viele neue Verfassungen in Osteuropa auf Europa zielende Öffnungs- bzw. Kooperationsklauseln (z.B. Art. 90 Verf. Polen[243]). Auch so aussagekräftige Normenensembles wie Bekenntnisse zur „europäischen Familie" seien erwähnt (z.B. Präambel Verf.

C. D. Classen/M. Nettesheim, Europarecht, 6. Aufl. 2014, § 42, Rn. 7 ff.; *R. Streinz*, Europarecht, 9. Aufl. 2012, Rn. 98 ff.

239 S. auch *B. de Witte*, The Impact of Enlargement on the Constitution of the European Union, in: M. Cremona (Hrsg.), The Enlargement of the European Union, 2003.

240 BVerfGE 129, 78 (94 ff.).

241 Aus der Lit.: *R. Streinz*, Frauen an die Front, DVBl. 2000, S. 185 ff.; *R. Scholz*, Frauen an die Waffe kraft Europarecht?, DÖV 2000, S. 417 ff.; *T. Sieberichs*, Nochmals: Waffeneinsatz von Frauen bei der Bundeswehr, NJW 2000, S. 2565 ff.; *B. Schmidt am Busch*, Die neuen Bestimmungen zur Gleichstellung von Frauen und Männern im EG-Vertrag, BayVBl. 2000, S. 737 ff.; *C. Stahn*, Streitkräfte im Wandel – Zu den Auswirkungen der EuGH-Urteile Sirdar und Kreil auf das deutsche Recht, EuGRZ 2000, S. 121 ff.

242 *P. Häberle*, Die europäische Verfassungsstaatlichkeit (1995), in: *ders.*, Europäische Verfassungslehre in Einzelstudien, 1999, S. 64 ff., 78.

243 Aus der Lit.: *L. L. Garlitzki*, Der Verfassungsgerichtshof und die „europäische Klausel" in der polnischen Verfassung von 1997, in: FS Oppermann, 2001, S. 285 ff.

Tschechien von 1992: „Familie der Demokratie in Europa und der Welt“). Zugleich halten osteuropäische Verfassungsstaaten dezidiert an der „nationalen Identität“ und am „nationalen Erbe“ fest (z.B. Art. 3 Abs. 1 Verf. Albanien; s. auch Art. 6 Abs. 2 Verf. Polen: „nationales Kulturerbe“; Präambel Verf. Slowakei: „kulturelles Erbe“; Präambel Verf. Litauen: „Geist“). Dennoch ist es schwierig, hier die Grenze zwischen nationaler Identität und Zugehörigkeit zur „europäischen Familie“ (bzw. ihren Merkmalen) zu ziehen. Dass aber auch hier Vorgänge der „Europäisierung“ intensiv und extensiv stattfinden, zeigt sich (abgesehen von vielen Europaratskonventionen) an EMRK und EGMR. Die Mitgliedsländer des Europarates haben ein wesentliches Stück ihrer klassischen nationalen Souveränität preisgegeben, indem sie die europäische Verfassungsgerichtsbarkeit des EGMR auf der Basis der „europäischen Grundrechte“ der EMRK anerkennen[244]. Darüber hinaus sind einige Dokumente für weitere Europäisierungsvorgänge in gleichzeitiger Bewahrung der nationalen Identität aufschlussreich. So spricht die Charta von Paris für ein neues Europa (November 1990) von „unserer gemeinsamen Kultur“, von „unserem kulturellen und geistigen Erbe in all seinem Reichtum“. Und so macht das Krakauer Symposium über das kulturelle Erbe der KSZE-Staaten (Juni 1991) „Kultur und Freiheit“, „Kultur und kulturelles Erbe“ sowie das „gemeinsame kulturelle Erbe“ zu Schlüsselbegriffen, die den Nationalstaat relativieren, ihn qua „Teilnehmerstaat“ aber als effektiven nationalen Akteur behalten und verpflichten. Pionier- bzw. Klassikertext für all das dürfte das Europäische Kulturabkommen von 1954 gewesen sein: mit Worten wie „gemeinsames kulturelles Erbe Europas“ (Art. 1), „Ideale und Grundsätze, die ihr gemeinsames Erbe bilden“ (Präambel), „gemeinsames europäisches kulturelles Erbe“ (Art. 5).

Wie im Europa der EU ist auch im Europa im weiteren Sinne die *Differenz*, das Ungleiche, kurz die „nationale Identität“ zu bewahren, so wand- 110
lungsoffen sie historisch ist. Bei aller Entwicklung gemeineuropäischer „Allgemeiner Rechtsgrundsätze“, bei aller Praktizierung der Rechtsvergleichung als „fünfter“ Auslegungsmethode: die Erkenntnis des Ungleichen, Abweichenden, Anderen, Eigenen, kurz der „nationalen Identität“ bleibt – auch im europäischen Kontext – eine Aufgabe der europäischen Verfassungslehre[245]. Gewollt ist Pluralität *und* (relative) Homogenität, ge-

244 Umfassend *Ch. Grabenwarter*, European Convention on Human Rights. Commentary, 2014.

245 Zu einigen Beispielen oben II.

meineuropäisches *und* nationales Gleichgewicht als Konnexbegriffe. Die Schweiz ist als alteuropäisches Kulturland zwar nicht Mitglied der EU, die EMRK gilt bei ihr aber im Verfassungsrang, was zeigt, dass hier eine „innere Europäisierung" höchsten Ranges stattgefunden hat, die dieses Nicht-EU-Land besonders auszeichnet.

111 M.a.W.: Die EMRK und ihre Integrierung in die nationalen Verfassungsstaaten der „europäischen Familie" bzw. Menschenrechtsgemeinschaft sowie die Sanktionierung durch den EGMR ist das spektakulärste Beispiel für „innere Europäisierung". Dass die Schweiz im Übrigen fast eigensinnig auf ihrer nationalen Identität (z.B. Volksrechte) besteht und auch deshalb gerade bislang nicht der EU, ja nicht einmal dem EWR (wohl aber 2005 „Schengen") beigetreten ist, zeigt, wie facettenreich das Verhältnis zwischen europäischer Identität und je nationaler Identität ist.

112 Die „Europäisierung" ist je nach Land verschieden intensiv, sie erfasst oft die unterschiedlichsten Gebiete bzw. Rechtsbereiche, das zeigt sich z.B. daran, dass seit März 2001 auch skandinavische Nicht-EU-Länder wie Norwegen und Island das Schengen-Abkommen bei sich gelten lassen. Dies relativiert innereuropäische Staatsgrenzen bzw. das Staatsgebiet substantiell und bewirkt ein Stück neuer Europäisierung über das Gebiet der EU hinaus. Die Tatsache, dass umgekehrt einige EU-Länder wie Großbritannien und Dänemark den Euro bislang nicht einführen (Stichwort: Flexibilität)[246] zeigt, dass sie auf ihrer durch die Währungshoheit gestifteten nationalen Identität bestehen wollen, also sich gerade auf diesem Gebiet nicht „europäisieren" möchten. Wenn und insoweit, wie zu zeigen sein wird, Osteuropa in seinen nationalen Verfassungen sich viele Textfiguren und Prinzipien aus Westeuropa „osmotisch" schöpferisch aneignet, so bedeutet auch dies ein Stück prinzipiengeleiteter „Europäisierung" Europas.[247] Kurz: Die Vielschichtigkeit des Begriffs „Europäisierung" und die Entwicklungsoffenheit seiner Inhalte und Verfahren muss Stück für Stück erarbeitet werden. Dazu dient der folgende Punkt V sowie der Erste Teil in

---

246 *Th. Herwig*, Europa der unterschiedlichen Geschwindigkeiten. Eine rechtswissenschaftliche Darstellung und Untersuchung anhand historischer Entwicklungen, praktizierter Formen und zukünftiger Lösungsansätze hinsichtlich der europäischen Integration, 2014; *M. Savat-Gündüz*, Variable Geometrie. Subsidiarität und differenzierte Integration im Mehrebenensystem der Europäischen Union, 2013.

247 *A. v. Bogdandy*, Founding Principles of EU Law. A Theoretical and Doctrinal Sketch, ELJ 16 (2010), S. 95 ff.

seiner Trias von: „Kulturelles Europa-Bild", „Europäische Rechtskultur" und „Europäische Öffentlichkeit".

V. „Europäisierung" und ihre Grenzen

1. Allgemeine begriffliche Annäherung

a) Der Begriff der Europäisierung setzt den Begriff Europas voraus und ist – wie gezeigt – so vielgestaltig und in den Grenzen offen wie dieser. Vor allem die kulturelle Dimension ist von entscheidender Bedeutung: die Europäisierung ist ein kulturelles Phänomen, das ein Stück weit den beständigen Prozess der Identitätsfindung und Selbstvergewisserung Europas beschreiben kann. Im Stichwort von der „Europäisierung der Welt" deutet sich aber auch eine negative Komponente an: der Eurozentrismus und der damit verbundene „Missionseifer" gegenüber außereuropäischen Staaten. Die alte völkerrechtliche Differenzierung zwischen zivilisierten und nicht-zivilisierten Staaten verkörpert diese Schattenseite einer „globalen" Europäisierung[248]. 113

b) „Europäisierung" meint einen dynamischen Begriff, der einen Prozess umschreibt: das ständige „Werden" einer europäischen Integrationsgemeinschaft[249]. Wo von Europäisierung die Rede ist, heißt das auch: Europa *ist* nicht, es *wird*, es bleibt *Prozess*. 114

c) In diesem weiten Sinne verstanden ist Europäisierung nicht etwa ein reiner Rechtsbegriff, sondern ein zum Teil vor-, zum Teil außerrechtliches Phänomen, das ganz unterschiedliche Lebensbereiche durchzieht: die Politik, die Gesellschaft, die Wirtschaft, den Wissenschaftsprozess, die Kunst, die „Europäisierung der ehemals kommunistischen Staaten Osteuropas" im Sinne einer Werte- bzw. Rechtsrezeption, die Bildung eines europäischen Selbstbewusstseins gegenüber den USA oder dem asiatischen Kultur- und Wirtschaftsraum, um nur einige Beispiele zu benennen. „Europäische Identität" ist, wie gezeigt, der kulturwissenschaftlich zu erschließende Leitbegriff. 115

248 Eine Bezugnahme auf den Topos „civilized nations" findet sich auch noch in neueren Völkerrechtsdokumenten, so z.B. in Art. 22 Völkerbundsatzung oder in Art. 38 Abs. 1 lit. c IGH-Statut, dazu *J. Crawford*, Brownlie's Principles of International Law, 8. Aufl. 2013, S. 34.

249 *M. Holland*, European Community Integration, 1992.

116 d) Der Begriff der Europäisierung muss vor allem im Kontext der Trias: Europäisierung – Internationalisierung – und Globalisierung[250] ausgedeutet werden. Er ist Korrelat wie Konkurrenz zu den beiden anderen Begriffen, es gibt teilweise Überschneidungen, teilweise ein eigenes, unverwechselbares Profil. Bezugsgröße sind die „gemeineuropäischen Grundwerte", z.T. schon teilkodifiziert, vielleicht so etwas wie ein europäisches Ethos.[251]

2. Europäisierung als spezifisch juristischer Terminus

117 a) Als juristischer Fachbegriff ist die Europäisierung bezogen auf all die Phänomene rechtlichen Wandels, die mit dem Prozess der europäischen Integration verbunden sind. Dabei ist zunächst eine *bereichsspezifische* Einteilung vorzunehmen: die Europäisierung erfasst unterschiedliche Rechtsgebiete mit unterschiedlicher Intensität und Geschwindigkeit: besonders stark das private Wirtschaftsrecht, das Konzern- und Kartellrecht, das IPR etc.; aber auch spezifisch „hoheitliche Materien" wie das Strafrecht und das gesamte öffentliche Recht, intensiv das Umweltrecht, langsamer das Privatrecht. Der Raum der Freiheit, der Sichert und des Rechts mit seiner Zusammenarbeit in Zivil- (Art. 81 AEUV) und Strafsachen (Art. 82 ff. AEUV) dynamisiert die juristische Europäisierung auf seine Weise[252]. Von besonderem Stellenwert ist in jedem Mitgliedstaat die Europäisierung der Verfassung als *der* Grundentscheidung für das Zusammenleben im politischen Gemeinwesen. Die Europäisierung der nationalen Verfassungsgerichte ist eine Konsequenz.

118 b) Eine Typisierung, die letztlich für alle Rechtsgebiete Gültigkeit beansprucht, muss auch nach den *Mitteln* der Europäisierung fragen. Dem dient das folgende Tableau:

- Unionalisierung des jeweiligen Rechtsbereichs, Schaffung neuer Unionskompetenzen

250 K.-E. Schenk u.a. (Hrsg.), Globalisierung und Wirtschaft, Jahrbuch für Neue Politische Ökonomie 19 (2000); R. Voigt (Hrsg.), Globalisierung des Rechts, 2000; *P. Pernthaler*, Die Globalisierung als eine Herausforderung an eine moderne Staatslehre, in: FS Koja, 1998, S. 69 ff.

251 *A. Williams*, The Ethos of Europe, 2010.

252 Nachweise bei *M. Kotzur*, in: R. Geiger/D.-E. Khan/M. Kotzur (Hrsg.), European Union Treaties, 2015, Art. 81 ff. TFEU.

- Rechtsvereinheitlichung (vor allem als Auftrag an die Legislativkörperschaften)
- neue kollisionsrechtliche Lösungen im europäischen Privat- wie Verwaltungsrecht
- die strikte Beachtung des Grundsatzes vom Vorrang des Unionsrechts
- die unionsrechtskonforme Auslegung des nationalen Rechts, vor allem, aber nicht nur, durch die Gerichte
- besonders intensiv: der begriffliche Wandel innerstaatlichen positiven Rechts auf allen Stufen der „Normenpyramide“: Europa von vornherein mitgedacht („innere Europäisierung“)
- Europäisierung der Dogmatik, Entwicklung einer gemeineuropäischen Methodenlehre, Untersuchung der Kernelemente gemeineuropäischen Rechts, Pluralisierung der „Rechtsquellen“, allgemeine Rechtsgrundsätze
- im Rahmen der Methodenlehre besonders zu nennen: die Rechtsvergleichung als „fünfte“ Auslegungsmethode.

c) Spezifisch für das Verfassungsrecht und die Verfassungslehre beachtliche Aspekte sind: 119

- eine Neubestimmung des Souveränitätsbegriffs[253], spezifisch der Souveränitätswandel[254] als Voraussetzung und Konsequenz der Europäisierung (die EU als „Inland“)

---

253 Verwiesen sei an dieser Stelle nochmals auf die Grundlagen-Lit.: *H. Kelsen*, „Souveränität“, in: K. Strupp (Hrsg.), Wörterbuch des Völkerrechts, Bd. II, 1925, S. 554 ff.; *H. Heller*, Die Souveränität (1927), in: *ders.*, Gesammelte Schriften, Bd. II, 1971, S. 31 ff.; *H. Quaritsch*, Staat und Souveränität, Bd. I, 1970, S. 243 ff.; *L. Wildhaber*, Entstehung und Aktualität der Souveränität, in: FS Eichenberger, 1982, S. 131 ff., 133 ff.; *P. Saladin*, Wozu noch Staaten?, 1995, S. 28 ff.; *A. Randelzhofer*, Staatsgewalt und Souveränität, in: HStR, Bd. II, 3. Aufl. 2004, § 17, Rn. 13 ff.; *J. P. Müller*, Wandel des Souveränitätsbegriffs im Lichte der Grundrechte, in: Symposion Wildhaber, 1997, S. 45 ff.; *M. Baldus*, Zur Relevanz des Souveränitätsproblems, Der Staat 36 (1997), S. 381 ff. unter Verweis auf Klassiker wie *H. Preuß, C. Schmitt, H. Heller, A. Haenel, L. Duguit, H. J. Laski* und *N. Politis*; *M. Koskenniemi*, From Apology to Utopia, 2005, Kapitel 4; *D. Grimm*, Souveränität, 2009. – Im guten Sinne „bewahrend“: *W. Schmitt Glaeser*, Der freiheitliche Staat des GG, 2. Aufl. 2012.

254 *P. Häberle*, Zur gegenwärtigen Diskussion um das Problem der Souveränität, AöR 92 (1967), S. 259 ff.; *M. Kotzur*, Souveränitätsperspektiven – entwicklungsgeschichtlich, verfassungsstaatlich, staatenübergreifend betrachtet, JöR 52 (2004), S. 197 ff.; zum aktuellen Diskussionsstand im Völkerrecht *J. Crawford*, Brownlie's Principles of Public International Law, 8. Aufl. 2013, S. 447 ff.

- Staatsorganisationsrecht, vor allem die Integration eines Bundesstaates in die EU (neue Sicht der Art. 29 und 32 GG)
- Grundrechtsschutz im Rahmen mitgliedstaatlicher und europäischer Teilverfassungen
- der „multilevel constitutionalism", oder besser, um die Ebenen-Metapher zu vermeiden, das Denken in Teilverfassungen insgesamt
- neue Impulse für die klassische Lehre von der verfassunggebenden Gewalt (Ausbau des Konventsmodells)
- neue Impulse für die Demokratietheorie, die Frage nach einem europäischen Volk, die „Repräsentation"
- die Europäische Öffentlichkeit
- das Europäische Gemeinwohl.

3. Grenzen der Europäisierung

120 So vielfältig die Chancen und Möglichkeiten der Europäisierung sind, so wichtig ist es auch, sich ihre Grenzen zu vergegenwärtigen. Sie liegen schon prima facie in der „nationalen Identität" der Mitgliedstaaten. Das Wort des damaligen Bundespräsidenten *J. Rau*, die Europäische Gemeinschaft sei eine „Föderation von Nationalstaaten" behält seine Gültigkeit auch für die Europäische Union. Die Europäisierung will nicht etwa die Verfassungsstaatlichkeit aufheben: der nationale Verfassungsstaat als Garant der Freiheit seiner Bürger, als Raum der Grundrechtsverwirklichung, als den Menschen dienender Leistungs-, Daseinsvorsorge-, Sicherheitsvorsorge- und Risikovorsorge-Staat bleibt unverzichtbar[255]. In wirtschaftlicher, kultureller und politischer Hinsicht lebt Europa von seiner Vielfalt, seinen „Ungleichzeitigkeiten" und Asymmetrien. Die Erarbeitung des „Ungleichen" (dank der Rechtsvergleichung) und ihrer Aufrechterhaltung, keine blinde Gleichmacherei, sind konstitutiv für das sich verfassende Europa. Ein Letztes: Vor allem das Subsidiaritätsprinzip setzt der Europäisierung Schranken und verbürgt ein Mindestmaß an Kompetenzen für die jeweils kleinere, national, regional oder auch kommunal definierte Einheit. Trotz aller Europäisierung ist das Integrationsziel nicht die Staatlichkeit

---

255 Die unverzichtbar (ver)bleibende Verfassungsstaatlichkeit der EU-Länder übersieht *P. Allot*, Integration von Verfassungen, nicht von Staaten, FAZ vom 9. Mai 2001, S. 13. – Aus der guten Lit.: *I. Appel*, Staatliche Zukunfts- und Entwicklungsvorsorge, 2005.

Europas, sondern die Gemeinschaft wechselseitig verflochtener Verfassungsräume[256] – eine „ever closer Union", teils mit einem Frage-, teils mit einem Ausrufungszeichen[257].

256 Siehe auch *J. Isensee*, Integrationsziel Europastaat?, in: FS Everling, Bd. I, 1995, S. 567 ff. Vor allem das kommunale Kulturrecht (*O. Scheytt*, Kommunales Kulturrecht, 2005) sichert Subsidiarität von unten her.

257 *D. Dinan*, Ever Closer Union?, 1994.

Erster Teil: Europa als Gegenstand (im Focus) der Verfassungslehre

A. Das – kulturelle – Europa-Bild

121 Nach dem Scheitern hochfliegender Visionen einer „Art vereinigter Staaten von Europa“ (*W. Churchill*, 1946)[1] reduzierte sich das ursprüngliche Selbstverständnis der heutigen Union auf das einer reinen Wirtschaftsgemeinschaft. Aufgrund der marktspezifischen perspektivischen Verengung fand aber keine hinreichende theoretische Reflexion über den Kulturbegriff und die kulturelle Identität Europas statt, das selbst nichts anderes als ein „kulturgeprägter Raum“ und damit eine kulturelle Größe ist[2]. Zu solchem Nachdenken gibt der heutige „Vertrag über die Arbeitsweise der Europäischen Union“ schon textlich vielfachen Anlass. Als Beispiel seien allein die Nuancierungen des Titels XIII „Kultur“ gewählt. Der Kulturbegriff ist zunächst schlichte Titelüberschrift, entfaltet sich dann aber in vielerlei Variationsformen: als *Bereichsbegriff*, wenn Art. 167 Abs. 3 AEUV den „Kulturbereich“ nennt; als *Komplementärbegriff*, wenn die Querschnittsklausel des Art. 167 Abs. 4 AEUV „kulturelle Aspekte“ einbezieht; als *Konnexbegriff*, der Union und Mitgliedstaaten in ihrem wechselseitigen Identitäts- und Achtungsanspruch charakterisiert, wenn Art. 167 Abs. 1 AEUV auf die „Kulturen der Mitgliedstaaten“ verweist. Der Kulturtopos kann zur *Bekenntnisformel* mit bewusstem Pathos werden: „gemeinsames kulturelles Erbe“ (Art. 167 Abs. 1 AEUV), „Kultur und Geschichte der europäischen Völker“ (Art. 167 Abs. 2 AEUV). Im „kulturellen Erbe von europäischer Bedeutung“ (Art. 167 Abs. 2 AEUV) erhebt er gleichermaßen *wertenden* wie *werthaften* Anspruch.

122 Europa selbst ist kein geographisch limitierter, sondern ein kulturell geprägter Raum. Die Kultur wirkt mitbestimmend für Europas Realität und Idealität. Eine europäische politische Öffentlichkeit kann nur als kulturelle

---

1 Dazu *Th. Oppermann/C. D. Classen/M. Nettesheim*, Europarecht, 6. Aufl. 2014, § 2, Rn. 3 ff.

2 *P. Häberle*, Verfassungslehre als Kulturwissenschaft, 2. Aufl. 1998, S. 65 ff.

Öffentlichkeit gelingen[3]. Und so wie Europa selbst nicht etwas Abgeschlossenes, sondern politische Einheit in beständigem Werden ist, so wird diesem Europa nur ein offener, ein dynamischer Kulturbegriff gerecht[4]. Er muss das Moment der Verschiedenheit der mitgliedstaatlichen Kulturen respektieren, darf sie nicht zu homogenisieren versuchen. Die kulturelle Differenz ist ein entscheidendes Identitätsmerkmal der Europäischen Union[5]. *J. Burckhardt* hat das mit seiner „Discordia concors" klassisch formuliert und damit der Verfassungsbildung ein Paradigma vorgegeben: „Einswerden der Vielheit"[6]. Dazu – neben *Burckhardt* – ein Blick auf jene Klassikertexte, aus denen sich das *Fortschrittsnarrativ* der europäischen Integration speist.

I. Klassikertexte

1. Sieben Ausgangsthesen in kulturwissenschaftlicher Sicht

123 Die sieben für eine europäische Verfassungslehre unverzichtbaren Ausgangsthesen lassen sich wie folgt formulieren:

124 a) Klassikertexte, wie die Schriften von *J. Locke* und *Montesquieu, E. J. Sieyès* und *I. Kant*, aber auch „Gegen"-Klassiker wie *T. Hobbes* und *J.-J. Rousseau* oder *K. Marx* werden nicht zufällig „faktisch" im Entstehungs- und späteren Interpretationsprozess verfassungsstaatlicher Verfassungen einflussreich, sie haben eine legitime – begrenzte – Geltungsweise normativer Art. Sie gelten im Kontext von Verfassungen kulturspezifisch und sind mit Hilfe kulturwissenschaftlicher Arbeitsmethoden zu erschließen[7].

---

3 Einerseits *P. Häberle*, Gibt es eine Europäische Öffentlichkeit?, 2000; andererseits *D. Grimm*, Braucht Europa eine Verfassung?, 1995.

4 *H.-J. Blanke*, in: Ch. Calliess/M. Ruffert (Hrsg.), EUV/AEUV, 4. Aufl. 2011, Art. 167 AEUV, Rn 3.

5 *Ch. Landfried*, Das politische Europa. Differenz als Potential der Europäischen Union, 3. Aufl. 2015.

6 Dazu *K. Hesse*, Grundzüge des Verfassungsrechts des Bundesrepublik Deutschland, 20. Aufl. 1995 (Neudruck 1999), Rn. 6.

7 Speziell zum schon vor 1989 kulturwissenschaftlich erarbeiteten Deutschlandbegriff: *P. Häberle*, Diskussionsbeitrag, VVDStRL 38 (1980), S. 114 ff. Vgl. im Übrigen *P. Häberle*, Klassikertexte im Verfassungsleben, 1981, mit vielen Belegen. Auch andere Kulturwissenschaften arbeiten gerne mit dem Begriff der „Klassiker", z.B.: *A. Beyer*, Zehn Klassiker der Kunstgeschichte, Eine Einführung, 1996;

In ihnen sind jene Narrative mitangelegt, aus denen sich – auch ohne revolutionären Urknall – Europas große *Meistererzählung* speist.

b) Während die berühmten Namen und Texte allzu selbstverständlich, ja 125
„naiv" immer wieder zitiert werden, ist auch zu fragen, was eigentlich dazu legitimiert, sie im Verfassungsleben zu verwenden und im politischen Prozess auf ihre Erzählgehalte zu bauen. Nur wenn man sich die Breite und Tiefe von Sache und Prozess des „Verfassungslebens" – und zwar i.S. der Breite des Pluralismus der Verfassungsinterpreten und der Tiefe einer Kultur – vor Augen hält, wird man die Vielfalt der Erscheinungsformen juristischer Klassiker(texte) und Meistererzähler unterscheiden können. Zum Verfassungsleben gehören Personen und Institutionen – hinter denen natürlich immer (wirkungsmächtige) Personen stehen.

c) Klassikertexte sind deshalb „Verfassungstexte" im weiteren Sinne, d.h.: 126
im Zusammenhang mit dem – interpretationsbedürftigen – Verfassungstext wirken sie als „geschriebener Kontext"[8], so wie es weiterer Hilfsmittel, etwa Interpretationsmethoden, Vorverständnisse, Zusatztheorien, anderer Kontexte bedarf. Klassikertexte sind insbesondere Stifter von Paradigmen i.S. *T. S. Kuhns*[9]. Sie benennen Probleme, liefern Teilaspekte für Problemlösungen[10]. Eine inhaltliche Leitidee wie die Gewaltenteilung *Montesquieus* wirkt durch ihre Erweiterung und Erneuerung (z.B. durch *W. Kägi*[11]). Klassiker helfen den „Verfassungsinterpreten im weiteren Sinn", d.h. dem Bürger im Umgang mit der Verfassung. Sie sprechen ihn unmittelbar als *Erzählung* an. Jede verfassungsstaatliche Verfassung hat, ebenso wie

P. Landau (Hrsg.), Klassiker des Kanonischen Rechts, 1997; H. Maier/H. Denzer (Hrsg.), Klassiker des politischen Denkens, Zwei Bände, 2001.

8 Etwa *U. Saint-Mont*, Kontexte als Modelle der Welt, 2000.

9 *T. S. Kuhn*, Die Struktur wissenschaftlicher Revolutionen, 3., mit der 2., rev. Aufl., identische Aufl., 1978.

10 Dies mag *J. Habermas* bei dem Dictum im Sinn gehabt haben, das Moderne behalte einen geheimen Bezug zum Klassischen: *ders.*, Die Moderne – ein unvollendetes Projekt, Die Zeit Nr. 39, 19. Sept. 1980, S. 47. – Das Bild vom „Runden Tisch" geht wohl auf die Pastoralinstruktion „Communio et Progressio" Papst Pauls VI. von 1971 zurück, die „Magna Charta" der kirchlichen Medienethik, Medienerziehung und Medienpolitik. In Polen hat es 1989 Weltgeschichte des Verfassungsstaates gemacht. Umschrieben wird der Runde Tisch als Ort, wo die notwendige Kommunikation von den eingerichteten (demokratischen) Strukturen nicht mehr geleistet werden kann. Mit autobiographischen Zügen *H.-P. Schneider*, Verfassungszeit, 2012, Kapitel 9 und passim.

11 *W. Kägi*, Von der klassischen Dreiteilung zur heutigen Gewaltenteilung (1961), in: H. Rausch (Hrsg.), Zur heutigen Problematik der Gewaltenteilung, 1969, S. 286 ff.

die „Constitutio Europaea", ihre unverzichtbaren Klassikertexte. Das Bild des Gesellschaftsvertrags bzw. „Runden Tisches" gehört dazu und wird gerade für den europäischen Integrationsprozess unabdingbar, man denke etwa an den *Verfassungskonvent* oder die Erarbeitung der EU-Grundrechte-Charta im *Konventverfahren.*

127 d) Angesichts der nicht seltenen Verabsolutierung von Teilwahrheiten in Klassikertexten und des Kompromisscharakters der verfassungsstaatlichen Verfassungen und angesichts ihres Wandels ist je neu nach „alternativen" Klassikerpositionen bzw. ihrer Neu-Interpretation zu fragen, ehe eine konkrete Problemlösung versucht wird; Klassiker haben ihre Gegenklassiker, Erzählungen ganz unterschiedliche Erzählstränge!

128 e) Mit dieser Maßgabe sind Klassikertexte eine Bereicherung des Verfassungslebens und ein „Wachstumsbegriff" (*H. Kuhn*[12]) für die europäische Verfassung im Werden; sie tragen und modifizieren einzelne positivrechtliche Institute und ihre höchst zeitgebundenen Dogmatiken. Sie stiften ein Stück weit Kontingenz. Klassikertexte im Verfassungsleben ermöglichen dessen Rationalisierung, sofern etwaige Gefahren benannt werden.

129 f) Klassikertexte sind eine besonders bürgernahe Weise und Gestalt, in welcher der Bürger *„seine"* Verfassung kennenlernen, sich auf deren Erzählung einlassen kann. Ein Satz von *Montesquieu* oder *J. Locke*, aber auch von *F. Schiller* zur Gewaltenteilung bzw. Freiheit, oder von *G. E. Lessing* zur Toleranz[13], vermittelt dem Bürger seine Verfassung besser und gründet sie tiefer als jedes noch so bedeutende Fachlehrbuch. Klassikertexte machen Verfassungen zum kulturellen Erbe und Auftrag für uns alle, zum „lebendigen Besitz". Sie sind Teil unseres Kulturbildes und gespeichert im „kollektiven Gedächtnis" unseres Volkes, genauso im „kollektiven Gedächtnisraum" Europa. In der offenen Gesellschaft der Verfassungsinterpreten bestimmen wir letztlich alle – auch in der Generationenfolge –, wer Klassiker ist und wird. Das Bezugssubjekt des Klassischen sind wir. Insofern ist das Klassische auch ein *Referenzbegriff.*

---

12 *H. Kuhn*, Klassisch als historischer Begriff, in: W. Jaeger (Hrsg.), Das Problem des Klassischen und die Antike, 1931, S. 112.

13 Zum Toleranzproblem unter Hinweis auf *Lessing*, *Locke u.a.*: *F. Werner*, Recht und Toleranz, in: ders., Recht und Gericht in unserer Zeit, 1971, S. 420 ff., 422 f.; ebd., S. 430 auch der Hinweis, Inhalt und Fassung des Art. 2 GG seien aus solchem Geist (sc. der Toleranz) geboren. Er sei im Grunde eine klassische Wiedergabe der *Kant*schen Lehre von der Politik.

g) Klassikertexte, d.h. staats- und rechtspolitische sowie verfassungstheoretische Werke großer Dichter, sind eine Form der (erzählenden) Vermittlung von Erfahrung[14] und anthropologisch begründet, sie sind aber auch in der Zeitdimension offen. Die Klassikerqualität ist nicht exklusiv-retrospektiv, sie hat auch Zukunft. Es gibt keine geschlossene Gesellschaft der Klassiker im Verfassungsstaat respektive in der europäischen Verfassungsgemeinschaft. 130

2. Erste Begriffsklärung

Angesichts so vieler Klassiker, so vieler Klassik, stellt sich die Frage, was 131 wir denn eigentlich meinen, wenn wir von Klassikern oder Klassik reden. Die Antwort ist in zwei Stufen zu geben: Zuerst sollte versucht werden, anhand der zweifelsfreien Apostrophierung deskriptiv einige Merkmale des „Klassischen" zu erfassen; sodann sollte, mit diesen entwickelten Merkmalen, in Rechtstexten nach Klassikern und Klassischem geforscht werden: Aus den Zusammenhängen, in denen Klassiker erscheinen, aus der Art der Verwendung müsste dann ersichtlich werden, welches Leben die Klassiker im Verfassungsleben führen und vor allem, woher sie die Legitimation zu ihrer „Lebensführung" nehmen, bzw. welche Lebensführung ihnen eigentlich zukäme.

Beim Gebrauch des Klassikerbegriffs ist zwischen zwei unterschiedlichen 132 Verwendungsweisen zu differenzieren: „Klassiker" einmal als Wertbegriff – und deshalb auch ein Referenzbegriff –, zum anderen als Erfolgsbegriff[15]. Die Klassikereigenschaft meint im ersten Fall, dass bestimmten inhaltlichen Anforderungen Genüge getan ist. „Klassisch" wird zum Synonym für bestimmte überragende Qualitäten (in Intuition und Realisation). Auf der anderen Seite wird „klassisch" als beschreibender Begriff verwendet, der benennt, dass bestimmte Akteure weitgehende Anerkennung ge-

---

14 Zum erfahrungswissenschaftlichen Ansatz vgl. *P. Häberle*, Verfassungsinterpretation als öffentlicher Prozess, in: *ders.*, Verfassung als öffentlicher Prozess, 1. Aufl. 1978 (3. Aufl. 1998), S. 121 ff., 125 f., 139.

15 S. auch *T. W. Adorno*, Zum Klassizismus von Goethes Iphigenie, in: *ders.*, Noten zur Literatur, Gesammelte Schriften, Bd. XI, 1974, S. 495 ff., nach dem der Begriff des Klassischen „Authentizität des ästhetisch Verwirklichten" meint und insofern „mehr ausdrücken soll, als akkumulierten Erfolg". Adorno unterscheidet hier also einen inhaltlichen Begriff des Klassischen, klassisch als Ausdruck einer bestimmten Qualität, von einem formalen Begriff des *Erfolg-Habens*, S. 495.

funden haben und die Maßstäbe, die ihren Werken zugrunde liegen, von einer Gemeinschaft für verbindlich erachtet wurden. Beide Aspekte hängen zusammen. Allgemeiner Erfolg ist mitbegründet in der faktischen Gültigkeit bestimmter inhaltlicher Maßstäbe. Die Verwendung des Klassikerbegriffs lässt sich in vielen Fällen deswegen nicht eindeutig der wertenden oder der rein deskriptiven Verwendungsweise zuschlagen; der oszillierende Sprachgebrauch ist aber durch das Bewusstsein von den beiden extremen Punkten zu rationalisieren[16].

133 Insgesamt: der „Klassiker" oder das „Klassische" scheint gekennzeichnet durch Exemplarisches, Herausragendes, Weiterwirkendes, in gewissem Sinne Zeitloses. M.a.W.: Der Klassikerbegriff verlangt einen Kanon gesicherter Traditionen, die zumeist in (diese oder jene) Gegenwart hineinreichen. Dieses „*Hineinreichen in die Gegenwart*" gibt uns auch die nächsten Stichworte. Zum einen: Zwar reichen die Klassiker in die Gegenwart hinein, sie sind aber nicht Teil der Gegenwart wie noch lebende, noch schreibende Autoren: ihre Wirkung ist abgeschwächt, ihre Spuren sind zwar nicht gänzlich vermischt, aber von der Zeit in ihren klaren Konturen aufgelöst, sie stehen mehr für Problembenennungen als für Problemlösungen. Zum anderen: Schon These a) qualifizierte Vertreter ganz gegensätzlicher Positionen als „Klassiker"; das wurde mit dem Terminus „Gegenklassi-

---

16 *K. H. Halbach*, Zu Begriff und Wesen der Klassik, in: FS P. Kluckhohn und H. Schneider, 1948, S. 166 ff., kommt immer wieder zurück auf das Oszillieren des Begriffs zwischen Wertbegriff und historischem „Wesensbegriff"; der Klassikbegriff habe immer an beiden Eigenschaften teil, dabei (S. 169) sei von Anbeginn der Begriff des Werthaften mit angelegt gewesen. Er selbst vertritt eine vermittelnde, beide Momente aufnehmende Position (S. 172 f.). Beispielhaft das Zitat auf S. 178: Hier zeigt sich nun doch eine prä-stabilisierte Harmonie zwischen wertmäßiger Klassizität und griechischer „Klassik". *Halbachs* Erörterungen an verschiedenen Klassiken auf ganz verschiedenen Gebieten bieten Ansatzpunkte für eine kulturgeschichtliche und/oder wissenssoziologische Arbeit, s. insbesondere S. 184 ff. Klassische Epochen wachsen unter – im Einzelnen präzise herauszuarbeitenden – Bedingungen. *A. Silbermann* schreibt im Vorwort der von ihm herausgegebenen „Klassiker der Kunstsoziologie", 1979, S. 8 über „klassische Texte", dass es sich um historische Texte handele, welche eine relevante Basis für theoretische, praktische oder forschungstechnische Zwecke bieten, welche als faszinierend und auch als lohnend, für welche Zwecke des Forschers auch immer, anzusehen sind. – Klassiker sind in diesem Sprachgebrauch mithin Texte, respektive Autoren, die seit einiger Zeit als wichtig und nützlich sich erwiesen haben. S. auch *H. Sinzheimer*, Jüdische Klassiker der deutschen Rechtswissenschaft, 1953, S. 241: Klassiker als „kritische" Wissenschaftler ihrer Zeit, die aber ihrerseits „systemschöpferisch" gewesen seien.

ker" fortgeführt. Es gibt Klassiker und Gegenklassiker, nicht nur zwischen den nach dem „annus mirabilis" 1989 zwar relativierten, aber noch nicht vollständig beseitigten weltanschaulichen Blöcken – was die Ukraine-Krise 2014/2015 schmerzhaft bewusst macht –, sondern auch innerhalb der westlichen Demokratien, wie z.B. die Gegenüberstellung von GG, geprägt vom (gewaltenteilenden) Demokratieverständnis eines *Montesquieu,* und den west- und ostdeutschen Länderverfassungen, eher (auch) gestaltet von dem (direktdemokratischen) Demokratieverständnis eines *J.-J. Rousseau*, zeigt. Dieser pluralen Geltung der Klassiker im vertikalen Schnitt durch das politische Gemeinwesen entsprechen auch Geltungsänderungen in der Zeitachse: Viele Klassiker erlebten Perioden des Vergessenwerdens und dann wieder der Renaissance – man denke etwa an die prekäre Rezeption von *C. Schmitt* nach 9/11[17]. Als anderes Beispiel sei *A. de Tocqueville* genannt. Die Theorien dieses schon zu Lebzeiten weltberühmten, 1841 im Alter von 36 Jahren in die Académie Française aufgenommenen Klassikers der Freiheit in Gleichheit fanden immer weniger Beachtung, ehe durch *G. W. Pierson*, Tocqueville and Beaumont in America, 1938, eine bis heute andauernde weltweite Tocqueville-Renaissance eingeleitet wurde[18].

3. Die Begründung eines materiellen Klassikerbegriffs: „Verfassung" vor dem Hintergrund von Klassikertexten

Ein *materieller Klassikerbegriff* verlangt einen Kanon gesicherter Traditionen, einen allgemeinen Konsens über den Vorbildcharakter (vielleicht auch im Persönlichen), das Exemplarische, Herausragende, Weiterwirkende, die in gewissem Sinne zeitlose Wirkkraft der Erzählung. Für „Klassiker im Verfassungsleben" müsste ein spezifisch normativer Anspruch mit Bezug auf den Verfassungsstaat hinzukommen. Wo und wie, dank welcher Legitimation und in welchen Grenzen lässt die Bindung an Gesetz und Recht Raum für Klassikertexte? Können sie gar wie Rechtsquellen (vgl. 134

---

17 *F. Luisetti*, Carl Schmitt and Giorgio Agamben. From Biopolitics to Political Romanticism, Journal of Philosophy of Life 1 (2011), S. 49 ff.

18 *J. P. Mayer*, Tocqueville heute, und *T. Eschenburg*, Tocquevilles Wirkung in Deutschland, in: *A. de Tocqueville*, Über die Demokratie in Amerika, Werke und Briefe, Bd. I, 1959, S. XI ff. bzw. XVII ff.; *S. Landshut*, Einleitung, in: *A. de Tocqueville*, Auswahl aus Werken und Briefen, 2. Aufl. 1967, S. XIV f.

Art. 38 Abs. 1 lit. d IGH-Statut) wirken? Bedürfen sie der demokratischen Legitimation? Was legitimiert die Rezipienten, mit ihnen zu arbeiten?

135 Auf der Suche nach Klassikern im Verfassungsleben fallen uns wegen der nur bedingt „deutschen" Tradition des demokratischen Verfassungsstaates nur wenige deutsche Namen ein: im Blick auf das Grundgesetz etwa *H. Heller* („Sozialer Rechtsstaat") und *R. Smend* („Bundestreue"). Anderes gilt im Blick auf *Montesquieu* und *J.-J. Rousseau*, *J. Locke* und *T. Hobbes* im europäischen Raum. Der unvergessene Berliner Gerichtspräsident *F. Werner* sagte einmal mit Recht, der „Geist der Gesetze" sei keine verwaltungsrechtliche Lektüre, sondern ein „kulturhistorisches und politisches Werk und als solches in die Reihe der großen Schöpfungen der abendländischen Geistesgeschichte eingegangen"[19].

136 Blicken wir auf die USA, so erweisen sich dort Texte eines *A. Hamilton, Jay* und *J. Madison*[20] als wichtige Elemente des (rechts-)kulturellen Erbes, auch *Montesquieu*, in England *J. Locke*. Damit ist ein weiteres Stichwort gefallen: Offenbar geht es bei juristischen Klassikertexten nicht (nur) um rechtliche Geltung, sondern um deren narrative (Überzeugungs-)Kraft: Die Geltungsweise reicht in das Kulturelle hinein. *J. Locke* und *Montesquieu*[21] (oder auch *E. Burke, J. S. Mill* und *A. de Tocqueville*) sind unzweifelhaft Elemente des Typus „Verfassungsstaat" als Teil des kulturellen Erbes Europas. Freilich, sie stehen nicht allein. Sie haben ihre „Antipoden", die nicht minder „Klassikeranspruch" erheben: so etwa *T. Hobbes* und *J.-J. Rousseau*. Damit verschärft sich das Problem erneut: Klassiker haben ihre „Gegenklassiker". Sie durchleben Perioden des Vergessen-Werdens oder Veraltens (i.S. überholter Positionen!), aber auch der Renaissance

19 *F. Werner*, Zum 200jährigen Gedenken von Montesquieus „Geist der Gesetze" (1948), in: *ders.*, Recht und Gericht in unserer Zeit, 1971, S. 28 ff., 30. S. aber auch die Meinung *Werners* (ebd., S. 35), es sei verfehlt, „wollte man die Probleme des Verfassungs- und Verwaltungslebens unserer Tage mit einem 'Zurück zu Montesquieu' lösen". Weitere Belege für *Werners* Ringen um Klassiker finden sich z.B. in: *ders.*, Georg Büchners Drama 'Dantons Tod' und das Problem der Revolution" (1952), in: *ders.*, Recht und Gericht in unserer Zeit, 1971, S. 91 ff.

20 F. Ermacora (Hrsg.), Der Föderalist (Federalist Papers), 1958; vgl. dazu R. Lhotta (Hrsg.), Die Federalists, 2010; *B. Brunhöber*, Die Erfindung „demokratischer Repräsentation" in den Federalist Papers, 2010; s. auch *P. E. Quint*, The Federalist Papers and the Constitution of the United States, Kentucky Law Journal 77 (1988-89), S. 369 ff.

21 Vgl. *M. Imboden*, Montesquieu und die Lehre von der Gewaltenteilung, 1959, S. 2: „Als einer der Letzten steht *Montesquieu* in der großen Reihe der dem klassischen Ursprung verpflichtet gebliebenen Staatsdenker".

(ähnlich wie in der Kunst). Kurz: Im Umgang mit Klassikertexten ist offenbar Vorsicht am Platze[22]. Auch hier drohen Einseitigkeiten. Klassikertexte sind oft nur Hinweise auf Probleme, also Problem*benennung*, weniger schon Problem*lösung*. Sie variieren kulturspezifisch, sie haben ihre unterschiedliche Wirk- und Interpretationsgeschichte. Sie stehen nicht selten „gegeneinander": Man denke an das Demokratieverständnis des GG, das weniger *J.-J. Rousseau* als vielmehr *Montesquieu* zugehört, während das plebiszitäre Moment in Länderverfassungen stärker ausgebaut ist[23], zumal in den fünf neuen Bundesländern (besonders aber in der Schweizer „*halbdirekten* Demokratie").

Da in der Geschichte des Verfassungsstaates der neuzeitliche Staat zu- 137
nächst einmal etabliert werden musste, kommen aber auch Denker wie *J. Bodin*[24] und *T. Hobbes* ins Blickfeld. Ihre „Staatlichkeit" ist ein Stück unverzichtbarer – auch wissenschaftlicher[25] – „Vorgeschichte" des demokratischen gewaltenteiligen Verfassungsstaates. Historisch wie sachlich können sie schon deshalb Klassikerrang beanspruchen, auch wenn sich „rechtsstaatlich" bis heute die vordringliche Aufgabe stellte, individuelle Freiheit zu sichern (*J. Locke, Montesquieu*) bzw. den möglichen Gefahren

22 Vgl. *W. Muschg*, Die deutsche Klassik, tragisch gesehen (1952), in: H. O. Burger (Hrsg.), Begriffsbestimmung des Klassikers und der Klassik, 1972, S. 157 ff., 161: „Jede Klassik hat ihre Grenzen – sonst wäre sie keine".

23 Gegenklassiker sollten dabei nicht i.S. einer (antinomischen) Alternative verstanden werden: Kennzeichen klassischer Werke ist gerade ihre Unauslotbarkeit, ihre auch die Gegenposition reflektierende Tiefe, die oft gegenläufige, sich wandelnde Auslegung der Nachgeborenen erlaubt; Klassiker sind keine pietätvolle Harmonisierungsveranstaltung. So umstrittene Denker wie *Rousseau*, *Hobbes* oder *Hegel* haben ihre verschiedenen Linien, die im geistigen Epochenkampf gelegentlich nur verdeckt werden. Die Schwarz-Weiß-Zeichnung von *T. Hobbes* etwa bei *M. Kriele*, Einführung in die Staatslehre, 1975, S. 61 ff., 122 ff., 132 ff., scheint daher nicht immer „klassikergerecht" zu sein.

24 S. etwa *M. Imboden*, Johannes Bodinus und die Souveränitätslehre, 1963, S. 4 f.: Bodinus, der „neben dem Niederländer *Hugo Grotius* von allen klassisch gewordenen Staatsdenkern unseres Kulturkreises vielleicht am stärksten zur Erhellung der rechtlichen Struktur des Staates beitrug". Ganz i.S. der Kategorie von „Klassikern" ist der Band von M. Stolleis (Hrsg.), Staatsdenker in der Frühen Neuzeit, 1995, komponiert.

25 *H. Kuhn*, Klassisch als historischer Begriff, in: W. Jaeger (Hrsg.), Das Problem des Klassischen und die Antike, 1931, S. 150: „Wissenschaften brauchen, ebenso wie andere Berufsstände, ihre Helden und bewahren sehr wohl deren Namen. Glücklicherweise aber konnten die Wissenschaftler, anstatt diese Helden zu vergessen, ihre Arbeiten vergessen oder revidieren."

der Perversion demokratischer Selbstbestimmung zu wehren (*E. Burke*). *G. W. F. Hegel* und *K. Marx* schließlich erkannten in der Folge der industriellen Revolution die bürgerliche Gesellschaft als Fundament der Staatlichkeit wie der individuellen Existenz und bezogen sie dementsprechend in ihr politisches Denken ein: mit positiven und negativen Konsequenzen bis heute. Das Sozialstaatsprinzip ist weder ohne sie noch ohne die katholische Soziallehre zu denken. Auch die großen Staatsrechtslehrer der Weimarer Zeit haben das Gespräch mit den Klassikern ihres Fachs immer wieder gesucht, um zu ihrer Sicht der Probleme zu kommen[26]. Durch die Art der Auswahl unter den Klassikern, die sie selbst treffen, bestimmen sie letztlich ihr eigenes Werk mit[27].

4. Europäische Klassikertexte

138 Der bisher entwickelte Ansatz ist auf Europa zu übertragen. Europa als werdende Verfassungsgemeinschaft eigener Art hat längst seine „Klassiker". Es lebt sie, es entwickelt sich dank ihnen. Schon die erwähnten großen Namen sind über den nationalen Verfassungsstaat hinaus europäische Klassiker (etwa *Montesquieu* und *I. Kant*). Aber das sich vereinigende Europa hat auch zusätzlich „seine" originären Klassiker: etwa, wie eingangs benannt, einen *R. N. Coudenhoven-Calergi,* einen *W. Churchill* dank seiner Zürcher Rede (1946), einen *J. Monnet* oder einen *W. Hallstein*[28]. Al-

---

26 Vgl. z.B. *R. Smends* „Gespräch" mit Montesquieu: *R. Smend*, Verfassung und Verfassungsrecht (1928), in: Staatsrechtliche Abhandlungen, 4. Aufl. 2010, S. 206 ff., 216, und mit dem „Federalist": ebd., S. 195, 199. Daneben handelt es sich z.T. um Verdeutlichungstechniken, sozusagen um Personalmetaphern; direkt metaphorisch: *H. Quaritsch*, Das Schiff als Gleichnis, in: FS Stödter, 1997, S. 251 ff., insofern er das Schiff in der politischen Philosophie und Staatslehre vieler Jahrhunderte untersucht und damit ein klassisches Modell oder eine Metapher offenlegt. – Auch die Utopie ist seit ihrem Klassiker *Th. Morus* (1516) ein Begriff für ein bleibendes Grundraster und für eine Europäische Verfassungslehre unverzichtbar.

27 Charakteristisch etwa *C. Schmitt*s Klassiker *Sieyès*, vgl. *C. Schmitt*, Verfassungslehre, 1928, S. 77 ff., 92, 203, 237, 243 und zu *Montesquieu*: ebd., S. 38, 76, 126, 140, 184 f., 203, 218, 229, 296, 315, 324, 376. – Zu *Sieyès* auch: *T. Hafen*, Staat, Gesellschaft und Bürger im Denken von E. J. Sieyès, 1994. – Allgemein: *F. Heer*, Europäische Geistesgeschichte, 1953.

28 *J. Monnet*, Erinnerungen eines Europäers, 1978; *W. Hallstein*, Der unvollendete Bundesstaat – Europäische Erfahrungen und Erkenntnisse, 1969; *ders.*, Die Europäische Gemeinschaft, 5. Aufl., 1979; Th. Oppermann (Hrsg.), Europäische Re-

les, was zu den Klassikern im Verfassungsleben, auch zum Klassiker als Erfolgs- und Wert- respektive Referenzbegriff ausgeführt wurde, gilt auch für Europa im engeren Sinne der EU und im weiteren Sinne des Europarates. Die genannten sind gemeineuropäische Klassiker – jenseits der juristischen Vertragstechniken, auch „Ventotene“. Nimmt man die Gründungsväter der römischen Verträge wie *R. Schuman*[29], *A. de Gasperi* und *K. Adenauer* hinzu, so ergibt sich eine historische Versammlung von Köpfen, die Europa auf den Weg gebracht haben und bis heute bringen. Ihre persönlichen Lebensleistungen und etwaigen Schriften sind europäische Verfassungstexte im weiteren Sinne. Ihre Narrative finden in den „Bildern von Europa“ eigenen Widerklang.

II. Europabilder im „nationalen Europaverfassungsrecht“

1. Bilderphilosophie

Die europäische Verfassungslehre kann sich auf eine „Bilderphilosophie“ 139
einlassen. Staatsrechtslehre und nationale Verfassungslehre(n) arbeiten seit längerem (im Gefolge der Menschenbildjudikatur des BVerfG) mit der Kategorie des „Menschenbildes“[30] und sie ist ein Aspekt in einer Trias: zusammen mit dem „Staatsbild“ und dem „Weltbild“. Mensch, Verfassungsstaat, regionale Verantwortungsgemeinschaften und Welt bezeichnen Zusammengehörendes, auch und gerade für den Juristen. Er hat freilich al-

---

den, 1979. – Zu W. Hallstein: *M. Kilian*, Der Visionär, in: FS Th. Oppermann, 2001, S. 119 ff.; *ders.*, Walter Hallstein: Jurist und Europäer, JöR 53 (2005), S. 369 ff. S. auch die Worte von *R. Schuman* (1963): „Wir müssen das geeinte Europa nicht nur im Interesse der freien Völker errichten, sondern auch, um die Völker Osteuropas in diese Gemeinschaft aufnehmen zu können, wenn sie, von den Zwängen, unter denen sie leiden, befreit, um ihren Beitritt und unsere moralische Unterstützung nachsuchen werden. Wir schulden ihnen das Vorbild des einigen, brüderlichen Europa. Jeder Schritt, den wir auf diesem Wege zurücklegen, wird für sie eine neue Chance darstellen. Sie brauchen unsere Hilfe bei der ungeheuren Aufgabe der Umstellung, die sie zu bewerkstelligen haben. Unsere Pflicht ist es, bereit zu sein.“

29 *H. A. Lücker/J. Seitlinger*, R. Schuman und die Einigung Europas, 2000.

30 Dazu *P. Häberle*, Das Menschenbild im Verfassungsstaat, 1. Aufl. 1988 (4. Aufl. 2008); *ders.*, Die Wesensgehaltgarantie des Art. 19 Abs. 2 GG, 1. Aufl. 1962 (3. Aufl. 1983). Das Denken in Leitbildern findet sich dort schon auf S. 141, 148, 185, 235 und passim.

len Grund, bei diesem Thema sich weit zu den anderen Disziplinen hin zu öffnen. Denn sie konstituieren „die Welt“ – jedenfalls in der narrativen (Re-)Konstruktion durch den Menschen – mit, man denke an *H. Küngs* völkerverbindendes „Weltethos“, das Projekt und kulturelles Erbe zugleich sein will. Es sind gewiss andere Wissenschaften und die Künste, die längst vor der Verfassungslehre die „Welt“ oder menschlich genommen die „Menschheit“ zu ihrem Gegenstand gewählt haben.

140 So gibt es *J. G. Herders* großes Werk „Ideen zur Geschichte der Philosophie der Menschheit“ (1785), *I. Kants* „weltbürgerliche Absicht“ (1775/1795); so kennen wir *J. Burckhardts* „weltgeschichtliche Betrachtungen“ aus dem Nachlass (1905)[31]. Zuvor sprach *G. W. F. Hegel* von „Weltgeist“ und „Weltgericht“ (1821). Die Geschichtswissenschaft hat sich immer wieder an eine „Weltgeschichte“ gewagt. Ein *A. Heuß* wollte nur diejenigen Hochkulturen behandeln, die eine deutliche „Welthaftigkeit“ besaßen, also über längere Zeit prägenden Einfluss auf die Welt ausübten. Solche „Welthaftigkeit“ konnte man der chinesischen, der indischen, der arabisch-muslimischen und vor allem der europäischen Hochkultur zuschreiben. Sie ist es auch, die heute im Völker- und Verfassungsrecht, z.B. in Sachen Menschenrechte, Demokratie und soziale Marktwirtschaft unter wachsendem Widerstand der islamischen „Welt“ die Menschheit prägt. So mag man mit *H. Freyer* die Weltgeschichte des 20. Jahrhunderts als eine „Weltgeschichte Europas“ schreiben[32], doch ist es kein Zynismus, wenn man feststellt, dass die ersten als solche bezeichneten „Weltkriege“ von eben diesem Europa ausgingen. Gewiss wird man in den (bildenden) Künsten bei der Suche nach ihrem „Weltbild“ z.B. im Mittelalter und nach 1492 besonders fündig. Und *J. W. v. Goethe* hat seinen Beitrag vorweg geleistet in dem Vers: „Gottes ist der Orient, Gottes ist der Okzident, Nord- und südliches Gelände ruht im Frieden seiner Hände“.

141 Wie konstituiert sich aus der Perspektive der vergleichenden Verfassungslehre diese eine Welt? – die „Weltgesellschaft“ (*N. Luhmann*)? Übernimmt sie sich angesichts der Vielfalt der Kulturen und des „Zusammenstoßes der Zivilisationen“ (*S. P. Huntington*) eben deshalb wegen ihres hoch entwickelten Verfassungsrechts der Toleranz und dank des Völkerrechts der Koexistenz und Kooperation mit Elementen des – ihres – Weltbildes zu

---

31 Vgl. *J. Burckhardt*, Die Cultur der Renaissance in Italien, 1860, 4. Abschnitt: „Die Entdeckung der Welt und des Menschen“.

32 *H. Freyer*, Weltgeschichte Europas, 1. Aufl. 1954 (3. Aufl. 1969); *A. Heuß*, Zur Theorie der Weltgeschichte, 1968.

beschäftigen? Hier gebührt dem Projekt von *J. Habermas* ein Platz[33]: „Allein eine demokratische Staatsbürgerschaft, die sich nicht partikularistisch abschließt, kann im Übrigen den Weg bereiten für einen Weltbürgerstatus, der heute schon in weltweiten Kommunikationen Gestalt annimmt". Und: „Der weltbürgerliche Zustand ist kein bloßes Phantom mehr, auch wenn wir noch weit von ihm entfernt sind. Staatsbürgerschaft und Weltbürgerschaft bilden ein Kontinuum, das sich immerhin schon in Umrissen abzeichnet".[34]

In der deutschen Sprache kommt die „Welt" auch in jenem Begriff bzw. 142
Wort zum Ausdruck, das sich als „Umweltrecht", einschließlich des „Umweltvölkerrechts" rasant entwickelt. Mag Streit um das anthropozentrische oder physiozentrische „Weltbild" herrschen: die Umwelt ist ein Stück „Welt" und sie macht in der Summe die Welt insgesamt aus. Gerade der Ordnungs-, Schutz- und Gestaltungsauftrag im Blick auf die Umwelt fordert es, die Frage nach dem „Weltbild" des Verfassungsstaates zu stellen.

Die letzte, *dritte* Bezugsgröße, in deren Kraftfeld das Menschenbild im 143
Verfassungsstaat liegt, ist das *Volk*. So heißt es in Art. 20 Abs. 2 GG: „Alle Staatsgewalt geht vom Volke aus". Dieses Demokratie-Postulat ist mitkonstituierend für den Verfassungsstaat. Das Bild des „souveränen Volkes" wird heute gewiss durch naturrechtliche Ideen und kulturelle Traditionen modifiziert und normativ eingebunden. Textbeleg bildet etwa Art. 79 Abs. 3 GG, die Ewigkeitsklausel des GG[35]. Dennoch bleibt eine – schwer aufhebbare – Spannung zum Menschenbild. Sie lässt sich dank der Einsicht verringern, dass die Staatsform der Demokratie *Konsequenz* der Menschenwürde ist. Aus Art. 1 Abs. 1 GG folgt ein „Maßgabegrundrecht auf Demokratie"[36]. Anders gesagt: Zum Menschenbild im *Verfassungs-*

---

33 *J. Habermas*, Faktizität und Geltung, 1992, S. 659 f. Ebd., S. 138 ff.: „unterstellte Republik von Weltbürgern".

34 Dazu auch B. Ehrenzeller (Hrsg.), Vom Staatsbürger zum Weltbürger – ein republikanischer Diskurs in weltbürgerlicher Absicht, 2012.

35 Dazu vergleichend *P. Häberle*, Verfassungsrechtliche Ewigkeitsklauseln als verfassungsstaatliche Identitätsgarantien, in: FS Haug, 1986, S. 81 ff; *B. Even*, Die Bedeutung der Unantastbarkeitsgarantie des Art. 79 Abs. 3 GG für die Grundrechte, 1988; *K. Rode*, Verfassungsidentität und Ewigkeitsgarantie, 2012, mit zahlreichen weiteren Nachweisen aus der älteren und jüngeren Lit.

36 *P. Häberle*, Die Menschenwürde als Grundlage der staatlichen Gemeinschaft, in: HStR, Bd. II, 3. Aufl. 2004, § 22. Den wohl eindrucksvollsten neueren *philosophischen* Entwurf zur Menschenbild-Frage liefert *A. Baruzzi,* Europäisches „Menschenbild" und das Grundgesetz für die Bundesrepublik Deutschland, 1979. Hier

staat gehört, dass der Mensch als Staatsbürger wählen und abstimmen kann, also demokratische Mitwirkungsrechte hat. Umgekehrt ist das Volk von vornherein auf den Menschen als Inhaber von unveräußerlichen Grundrechten bezogen (vgl. Präambel Verf. Brandenburg von 1992: „Wir, die Bürgerinnen und Bürger....“). Nur mit dieser Maßgabe geht „alle Staatsgewalt vom Volke aus“. Diese menschenrechtliche „Relativierung“ bzw. Normativierung der Volkssouveränität impliziert einen grundsätzlichen Wandel im Bild unseres GG vom Menschen und in seinem Bild vom (deutschen) Volk.

144 Auf das Volk als Gemeinschaft verweisen aber auch Erziehungsziele wie Art. 26 Ziff. 1 Verf. Bremen von 1947: „Gemeinschaftsgesinnung“, Art. 131 Abs. 2 Verf. Bayern von 1946: „Verantwortungsfreudigkeit“. Hier wird der junge Mensch erzieherisch in die Pflicht genommen. Im Übrigen wird die Metapher „Bild“ auf weitere juristische Gegenstände angewandt. So ist etwa vom „Staatsbild“ die Rede[37], es gewinnt Züge aus der Sozialstaatsklausel und vom „Kulturstaat“ her[38], oder man ringt um das „Bild“ von Ehe und Familie gemäß Art. 6 GG[39]. Zu vermuten ist, dass wir als Juristen mit (Leit-)“Bildern“ operieren (dürfen), um die Fülle des Rechtsstoffs zu ordnen, mit „Metaphern“ übergeordnete „Grundsätze“ zu erarbeiten, die heuristischen Zwecken dienen, zugleich auch „Vorverständnisse“

---

ist (historisch) der Gottesbezug menschlicher Würde und Freiheit (bei *Pico della Mirandola)* aufgedeckt (S. 11), hier werden die heutigen Demokratie- und Wissenschaftstheorien in ihrem Bezug auf die Frage des Menschenbildes offengelegt (S. 95 ff.) und hier wird die vom GG dekretierte „Unantastbarkeit“ der Menschenwürde als Hinweis auf die Unmachbarkeit eines Menschenbildes gedeutet (S. 100 ff.); vgl. den treffenden Satz (S. 109): „Der Mensch sieht sich als das undefinierbare, freie, offene Wesen.“

37 Z.B. *B. Beutler,* Das Staatsbild in den Länderverfassungen nach 1945, 1973; *M. Imboden,* Staatsbild und Verwaltungsrechtsprechung, 1963. – Siehe auch *H.-J. Vogel,* Elisabeth Seibert und das Richterbild unserer Zeit, in: FS Simon, 1987, S. 71 ff. – In Problemnähe zum „Staatsbild“ wohl *C. Möllers*, Staat als Argument, 2000.

38 Dazu *U. Steiner/D. Grimm,* Kulturauftrag im staatlichen Gemeinwesen, VVDStRL 42 (1984), S. 7 ff. bzw. 46 ff.; *P. Häberle*, Vom Kulturstaat zum Kulturverfassungsrecht, in: ders. (Hrsg.), Kulturstaatlichkeit und Kulturverfassungsrecht, 1982, S. 1 ff.; *W. Maihofer*, Kulturelle Aufgaben des modernen Staates in: E. Benda/W. Maihofer/H.-J. Vogel (Hrsg.), Handbuch des Verfassungsrechts, 2. Aufl. 1994, § 25.

39 Vgl. *P. Häberle,* Verfassungsschutz der Familie, 1984; *A. v. Campenhausen/ H. Steiger,* Verfassungsgarantie und sozialer Wandel – Das Beispiel von Ehe und Familie, VVDStRL 45 (1987), S. 7 ff. bzw. 55 ff.

offenlegen und rationalisieren; systemtheoretisch gesprochen: es geht um Reduzierung von Komplexität, um Orientierung. Diese „Bilder" steuern das juristische Denken und Handeln als „Vorurteil" oder „Vor-Verständnis" (*J. Esser*), ex post als „Nachverständnis"[40]. Im juristischen Gebrauch sind alle Bilder dieser Art immer der Versuch, eine *Ganzheit* zu benennen, die hinter den „positiven", oft diffusen und fragmentarischen Regelungen, Begriffen, Grundsätzen etc. vielfach unbewusst steht[41]. „Bilder" haben eine finalistische Auslegungsaufgabe, wie sie dem Juristen in der „teleologischen" Methode[42] wohl vertraut ist. Sie wollen die Auslegung auf sich hin „leiten", und sie besitzen eine *konsens*stiftende Funktion. Sie dienen der Integrierung des Neuen in die alten Bilder, eine dem Juristen geläufige Aufgabe; sie ist lösbar dank der Offenheit vieler Bildelemente. Gefahren liegen in einer möglichen „Ideologieanfälligkeit".

Freilich: besonders der Jurist dürfte den Wandel der für ihn relevanten 145
„Bild-Elemente" meist erst *a posteriori* erkennen. Gerade in der Rechtsordnung schichten sich vermutlich am ehesten *verschiedene* Bilder (Fragmente) aus *verschiedenen* Epochen übereinander und ineinander – wegen der spezifischen Statik und Dynamik der Entwicklungsprozesse des Rechts (Stichwort „Ungleichzeitigkeit", Pluralität der im Recht ausge-

---

40 Dazu *P. Häberle*, Zeit und Verfassung (1974), in: ders., Verfassung als öffentlicher Prozess, 1. Aufl. 1978 (3. Aufl. 1998), S. 59 ff., 78 ff.

41 Nach *F. H. Tenbruck,* Die unbewältigten Sozialwissenschaften, 1985, S. 55 hebt ein *Weltbild* „aus der Wirklichkeit diejenigen Tatsachen und Ordnungen heraus", „die dem Menschen wichtig oder wissenswert sind, ihm also etwas bedeuten". Für *R. Zippelius,* Die Bedeutung kulturspezifischer Leitideen für die Staats- und Rechtsgestaltung, 1987, S. 8 meinen „Weltanschauung" und „Weltbild" Vorstellungen, „mit denen versucht wird, das denkende Subjekt, die erfahrbare Welt und ihren – die Erfahrung transzendierenden – letzten Grund in einen Gedankenzusammenhang zu bringen und als ein sinnvolles Ganzes darzustellen". Siehe auch *G. Ress*, Menschenbild und Staatsbild, in: GS Burmeister, 2005, S. 303 ff; weiterhin *U. Volkmann*, Leitbildorientierte Verfassungsanwendung, AöR 134 (2009), S. 157 ff.

42 K. Riesenhuber (Hrsg.), Europäische Methodenlehre, 2. Aufl. 2010; *G. Hager*, Rechtsmethoden in Europa, 2008.

formten Welt-, Menschen- und sonstigen Bilder)[43]. Auch das Europa-Bild macht hier keine Ausnahme.

2. Nationales Europaverfassungsrecht

a) Einführende Aspekte: Europa „im“ Verfassungsstaat

146 Angesichts der Inflation der Literatur über „Europa“ mag es sinnvoll sein, sich auf jene Art *Texte* zu besinnen, die ihren Gegenstand in hochkonzentrierter, formal „ansprechender“ und inhaltlich aussagekräftiger Weise redigieren müssen: die *Verfassungstexte*. Es ist zu vermuten, dass die (auch) programmatischen Funktionen vieler Verfassungstexte in Sachen Europa Texte hervorgebracht haben und künftig schaffen, die – in vergleichender Typologie untersucht – mehr als nur „Materialien“ für das Bild und Selbstverständnis von Europa liefern. Verfassungen von heute sind „ihre Zeit in Gedanken gefasst“, um das bekannte Wort von *G. W. F. Hegel* zu variieren. Sie bringen das einem politischen Gemeinwesen „Wichtige“ auf prägnante Worte und Begriffe, und so wie sich die Textstufenanalyse bei Themen wie Präambeln, Grundrechten, Ewigkeitsklauseln, Feiertagsgarantien als fruchtbar erwiesen hat[44], so könnten aus einem in Raum und Zeit ansetzenden Vergleich verfassungsrechtlicher Europa-Texte Erkenntnisse für die „Sache Europa“ zu gewinnen sein. Die Gemeinsamkeiten und Verschiedenheiten des – sich wandelnden – „Europa-Bildes“ sich anhand der

43 So war die Weimarer Verfassung von 1919 dem BGB von 1900 etwa in Sachen „Sozialbindung des Eigentums“ voraus (vgl. Art. 153 Abs. 3 WRV, auch Art. 14 Abs. 2 GG einerseits und § 903 BGB andererseits); dasselbe gilt für die Gleichstellung der unehelichen Kinder (Art. 121 WRV bzw. Art. 6 Abs. 5 GG). Umgekehrt können sich auch einmal gewandelte Menschenbildelemente im einfachen Recht früher durchsetzen als im Verfassungsrecht (z.B. im Umweltrecht). Die eingetragene Lebenspartnerschaft wird zum Testfall des „Bildes“ der Ehe nach Art. 6 Abs. 1 GG, dazu *S.-P. Hwang*, Besonderer Schutz der Ehe im Umbruch? Zugleich Anmerkungen zu den neueren Entscheidungen des Bundesverfassungsgerichts, KritV 2014, S. 133 ff.

44 Dazu mit Nachweisen *P. Häberle*, Rechtsvergleichung im Kraftfeld des Verfassungsstaates, 1992, S. 3 ff., 176 ff., 360 ff., 597 ff. und passim; *ders.*, Feiertagsgarantien als kulturelle Identitätselemente des Verfassungsstaates, 1987. – Beachtenswert sind die Europäischen Tage des kulturellen Erbes (Europarat). Vor allem die Feier des „Europatages“ am 9. Mai (Erklärung zum Schuman-Plan) kann zu einem europäischen „Gemeinschaftsgefühl“ einen unverzichtbaren Beitrag leisten.

nationalen Verfassungstexte zu vergegenwärtigen, dürfte aber auch im Blick auf die „werdende Verfassung Europa“ ertragreich sein. „Verfassungspolitik für Europa“ bietet ja zwei Aspekte: den nationalstaatlichen und den „europäischen“. Und jeder etwaige Verfassunggeber Europas tut gut daran, sich zu fragen, was die nationalen (in Bundesstaaten auch gliedstaatlichen) Verfassunggeber und Verfassungsänderer über Europa denken und wie sie für Europa gehandelt wissen wollen. In welchen Formen stellt sich also bislang Europa „*im*“ Verfassungsstaat, „Europa *im* Verfassungsrecht“ dar?

b) Elemente einer typologischen Bestandsaufnahme: die Sache Europa in Verfassungen und Verfassungsentwürfen europäischer Staaten

Die folgende Bestandsaufnahme sucht nach typischen „Fundstellen“ und 147
Erscheinungsformen der Europa-Idee.[45] Dabei werden die – überraschend aussagekräftigen – gliedstaatlichen Verfassungen vor allem im Osten Deutschlands einbezogen, die Nationen Osteuropas ebenso. Ausgewertet seien auch bloße Verfassungs*entwürfe* bzw. Vorstufen später erlassener bzw. modifizierter Verfassungen. Entwürfe liefern mehr als nur „Materialien“. Wegen ihres hohen Verdichtungsgrades und ihrer möglichen Wirkung im pluralistischen Prozess der Verfassunggebung gebührt ihnen nicht nur das Interesse des Verfassungshistorikers. Jede Verfassungslehre, die in Zeit und Raum vergleichend arbeitet, sollte das spezifische Interesse der Wissenschaft an Verfassungsentwürfen immer wieder unter Beweis stellen[46].

Aufgelistet werden im Folgenden nur die Texte mit *ausdrücklichen* Euro- 148
pa-Bezügen. Die Verfassungsartikel, die in der Sache einen (oft schon gelebten) Europa-Bezug in sich bergen, etwa die Normen zur Übertragung

---

45 *M. Haeussler*, The Popular Press and Ideas of Europe: The Daily Mirror, the Daily Express, and Britain's First Application to Join the EEC, 1961-63, Twentieth Century British History 25 (2014), S. 108 ff.; *G. Delanty*, Formations of European Modernity. A Historical and Political Sociology of Europe, 2013, S. 147 ff.: „The Enlightenment and European Modernity: The Rise of the Idea of Europe“.

46 Dazu im Einzelnen *P. Häberle*, Neuere Verfassungen und Verfassungsvorhaben in der Schweiz, insbesondere auf kantonaler Ebene, JöR 34 (1985), S. 303 ff., 331 f. und die Besprechung des Verfassungsentwurfs von *A. Kölz/J. P. Müller*, Entwurf für eine neue Bundesverfassung vom 16. Mai 1984, 2. überarbeitete Auflage vom 14. Juli 1990, AöR 117 (1992), S. 319 ff.

nationaler Hoheitsrechte auf zwischenstaatliche Organisationen nach dem Modell von Art. 11 S. 2 und 3 Verf. Italien[47], seien aber im Blick behalten.

aa) Eine Typologie von Europa-Klauseln

(1) Europabezüge in Präambeln und Grundlagen-Artikeln – Europa als Staatsziel

149 Schon das GG von 1949 wagte in seiner Präambel die große Formel: „gleichberechtigtes Glied in einem vereinten Europa“. Eine Europa-Klausel von inhaltlicher Kraft fand sich später in Art. 7 Abs. 5 Verf. Portugal von 1976/1989. Obwohl diese Klausel zwischenzeitlich entfallen ist, sei sie aufgrund ihres hohen Innovationspotenzials und ihres Zusammendenkens von europäischer und nationaler Identität in Erinnerung gerufen:

> *„Portugal setzt sich für eine Verstärkung der europäischen Identität und ein verstärktes gemeinsames Vorgehen der europäischen Staaten zugunsten des Friedens, des wirtschaftlichen Fortschritts und der Gerechtigkeit zwischen den Völkern ein.“*

150 Diese hohe, auf Grundwerte bezogene europäische „Identitäts- und Aktionsklausel“ zeigt, wie tief der Europagedanke bei der Neubegründung des Verfassungsstaates Portugal nach den Jahren der Diktatur wurzelt und sich heute fortentwickelt.

151 Später (1992) ist Art. 23 Abs. 1 bis 7 n.F. GG[48] ergangen. Er enthält in Abs. 1 S. 1 eine europäische Integrationsöffnungsklausel bzw. Entwick-

---

47 Vgl. Art. 28 Abs. 3 Verf. Griechenland, Art. 49 bis Verf. Luxemburg. Aus der Lit.: *W. Skouris*, Die rechtliche Bewältigung von EG-Beitritt und EG-Mitgliedschaft, in: FS Schambeck, 1994, S. 1027 ff.; *J. Iliopoulos-Strangas*, Nationales Verfassungsrecht mit Blick auf eine europäische Verfassung, in: FS Selmer, 2004, S. 123 ff.

48 Zum neuen Art. 23 GG: *U. Di Fabio*, Der neue Artikel 23 des Grundgesetzes, Der Staat 32 (1993), S. 191 ff.; *U. Everling*, Überlegungen zur Struktur der EU und zum neuen Europa-Artikel des GG, DVBl. 1993, S. 936 ff.; *C. D. Classen*, Maastricht und die Verfassung – Kritische Überlegungen zum neuen „Europa“-Artikel 23 GG, ZRP 1993, S. 57 ff.; *K.-P. Sommermann*, Staatziel „Europäische Union“, DÖV 1994, S. 596 ff.; *P. Badura*, Das Staatsziel Europäische Integration im GG, in: FS Schambeck, 1994, S. 887 ff.; *P. Lerche*, Zur Position der deutschen Länder nach dem neuen Europa-Artikel des Grundgesetzes, in: FS Schambeck, 1994, S. 753 ff.; *N. Görlitz*, EU-Verfassung und Art. 23 GG, ZG 2004, S. 240 ff.

lungsklausel („vereintes Europa“) mit juristischen Elementen des anzustrebenden Europa-Gebildes („demokratische, rechtsstaatliche, soziale und föderative Grundsätze“, „Subsidiarität“ und mit „vergleichbarem Grundrechtsschutz“), die zugleich mit Prinzipien der prozessualen (Verweis auf Art. 79 Abs. 2 GG) und inhaltlichen Struktur- bzw. Identitätssicherung (Verweis auf Art. 79 Abs. 3 GG) gekoppelt wird. Hinzu kommen gestaffelte Mitwirkungsrechte von Bundestag und Ländern bzw. Bundesrat (Abs. 2 bis 7).

Erinnert sei an den klassischen Passus aus Art. 24 Abs. 2 GG: „friedliche und dauerhafte Ordnung in Europa“ sowie an die neuen Europabezüge in Art. 16 n.F., Art. 16 a Abs. 2 und 5, Art. 28 Abs. 1 S. 3, Art. 45, Art. 50, Art. 52 Abs. 3 a und Art. 88 S. 2 GG. 152

Der Verfassungsentwurf des Kuratoriums für einen demokratisch verfassten Bund Deutscher Länder (Mai 1991) sagt in seinem neuen Art. 19 a Abs. 2, einem Staatszweck-Artikel: 153

> *„Der Bund hat zum Zweck, die Wohlfahrt seiner Glieder zu fördern, die Freiheiten und Rechte aller Bürgerinnen und Bürger zu wahren, an der Errichtung eines demokratischen europäischen Bundesstaates mitzuwirken und sich aktiv für ein friedliches Zusammenleben der Völker einzusetzen.“*

(2) Europabezüge in Regionalismus-Klauseln

Sie seien ein Merkposten i.S. des „Europas der Regionen“. Beispiele liefern die gliedstaatlichen Verfassungen, vor allem Ostdeutschlands (s. unten Ziff. 5), der Sache nach der neue Art. 24 Abs. 1 a GG („grenznachbarschaftliche Einrichtungen“)[49]. 154

(3) Europa als Erziehungsziel

Es ist, soweit ersichtlich, noch nicht direkt als solches formuliert, kommt aber mittelbar zur Wirkung dort, wo Europa ein „Staatsziel“ ist (wie in ostdeutschen Verfassungen) oder wo das Erziehungsziel „Teilnahme am kulturellen Leben fremder Völker“ (Art. 26 Ziff. 4 Verf. Bremen von 1947) auftritt. 155

49 *M. Kotzur*, Grenznachbarschaftliche Zusammenarbeit in Europa, 2004.

(4) Die Rezeption europäischer Grundrechte, z.B. der EMRK

156 Sie findet sich z.B. in der KV Jura (1977) und in ostdeutschen Texten (s. unten Ziff. 5) sowie in italienischen Regionalstatuten (z.B. Latium). Vorläufiges Stichwort ist das „Europa der Bürger" sowie „gemeineuropäisches Grundrechte-Recht".

(5) Europa-Bezüge in gliedstaatlichen Verfassungen

157 Spezielle Betrachtung verdient das „Europaprogramm" in gliedstaatlichen Verfassungen. Es mag überraschen, dass sie direkt auf Europa „durchgreifen", wo sie doch im Bundesstaatsrahmen stehen. Bei näherem Zusehen wollen sie diesen durch ihre Europabezüge wohl auch ein Stück weit(er) relativieren. Die folgende Bestandsaufnahme könnte typologisch gearbeitet sein wie die bisherige Übersicht, sie sei jedoch als Kontrast historisch und national strukturiert. Auf diese Weise lassen sich stärker der geschichtliche Wachstumsprozess der Europa-Idee und die wechselseitige Beeinflussung der Texte nachvollziehen. Hier eine Auswahl:

(a) Die deutschen Bundesländerverfassungen

158 Die frühen westdeutschen Länderverfassungen nach 1945 sind kaum ergiebig. Man kann „Europa" hier allenfalls durch Interpretation fruchtbar machen, etwa über die Formel „Deutschland als lebendiges Glied der Völkergemeinschaft" (Präambel Verf. Rheinland-Pfalz von 1947) oder Erziehung „im Geiste der Völkerversöhnung" (Art. 33 ebd.; ähnlich Art. 30 Verf. Saarland von 1947). In den 1990er Jahren erfasst der Europagedanke indes auch die westdeutschen Länderverfassunggeber. So heißt es im Grundlagen-Art. 1 Abs. 2 Verf. Niedersachsen von 1993:

> *„Das Land Niedersachsen ist ... Teil der europäischen Völkergemeinschaft."*

159 Das Saarland hat zuvor (1992) – nicht zuletzt aufgrund seiner geographischen Lage – eine punktuelle Verfassungsrevision gewagt, die einen kräftigen Textschub in Sachen Europaverfassungsrecht, vor allem beim konstitutionellen Regionalismus-Recht, bewirkt hat.

Art. 60 Abs. 2: 160

> *„Das Saarland fördert die europäische Einigung und tritt für die Beteiligung eigenständiger Regionen an der Willensbildung der Europäischen Gemeinschaften und des vereinten Europa ein. Es arbeitet mit anderen europäischen Regionen zusammen und fördert grenzüberschreitende Beziehungen zwischen benachbarten Gebietskörperschaften und Einrichtungen“.*

Das „Europa der Regionen“ hat damit verfassungstextlichen Ausdruck gefunden. Es blieb der *ost*deutschen Verfassungsbewegung, zunächst ihren *Entwürfen*, vorbehalten, hier Pionierdienste zu leisten[50]. Das beginnt mit der Präambel des Verfassungsentwurfs des zentralen Ostberliner „Runden Tisches“ (1990): 161

> *„... gewillt, als friedliche, gleichberechtigte Partner in der Gemeinschaft der Völker zu leben, am Einigungsprozess Europas beteiligt, in dessen Verlauf auch das deutsche Volk seine staatliche Einheit schaffen wird...“.*

Art. 41 und Art. 44 Abs. 2 sprechen von einer „gesamteuropäischen Friedensordnung“. Die Präambel eines Entwurfs einer Verfassung für das Land Brandenburg (Frühjahr 1990) sagt: 162

> *„... verpflichtet, ein für immer friedliches, dem europäischen und völkerverbindenden Gedanken dienendes, einiges Deutschland zu schaffen“.*

Im Gohrischen Entwurf für eine Verfassung des Landes Sachsen (1990) lautet Art. 12: 163

> *„Das Land strebt grenzüberschreitende regionale Zusammenarbeit im Sinne der europäischen Einigung an“.*

Dies ist ein frühes Beispiel eines europäischen Regionalismus-Artikels. Ein Verfassungsentwurf für das Land Thüringen formuliert ebenfalls schon in seiner Präambel von 1990 das Ziel, „dass das Land Thüringen als Bestandteil eines deutschen Bundesstaates in ein geeintes Europa hineinwächst“. 164

Konkreter europafreundlich wird ein zweiter Entwurf für Brandenburg (Herbst 1990). In der Präambel ist vom Willen die Rede, „die kulturelle, wirtschaftliche und politische Einheit Europas zu verwirklichen ...“ Wenn ein Verfassungsentwurf von 1991 in der Präambel von „einem sich einigenden Europa“ spricht, so ist dies in den Kanon der Erziehungsziele hin- 165

50 Allgemein dazu *P. Häberles* Kommentierung und Dokumentation in: JöR 39 (1990), S. 319 ff.; 40 (1991/1992), S. 291 ff.; 41 (1993), S. 69 ff.; 42 (1994), S. 149 ff.; 43 (1995), S. 419 ff.; 56 (2008), S. 279 ff.

überzunehmen, insofern dort im Rahmen von Art. 30 von „Friedfertigkeit im Zusammenleben der Kulturen und Völker" die Rede ist. Diese „Fernwirkung" des Staatszieles Europa auf die Erziehungsziele sei festgehalten.

166 Art. 12 des Gohrischen Entwurfs Sachsen (2. Fassung 1990) schlägt eine leichte Variante der Förderung regionaler Zusammenarbeit vor:

> *„Das Land strebt grenzüberschreitende regionale Zusammenarbeit, insbesondere im Sinne des Zusammenwachsens Europas, an."*

167 Der FDP-Entwurf Thüringen (1991) behält die Thüringer Konstante der Europa-Offenheit bei, wenn es schon in der Präambel heißt:

> *„In der Überzeugung, dass Deutschland nur als demokratisches Gemeinwesen eine Gegenwart und Zukunft in einem geeinten Europa haben kann".*

168 Auch der CDU-Entwurf Thüringen (1991) verschreibt sich in seiner Präambel einem „sich vereinigenden Europa".

169 Neuland betritt ein Verfassungsentwurf Brandenburgs (1991). Er bekennt sich im Grundsätze-Art. 2 zu den Menschenrechten und Grundfreiheiten der EMRK und der ESC (Abs. 3) und er normiert ebd. (Abs. 6):

> *„Das Land wirkt darauf hin, bei Regelungen des Bundes und der Europäischen Gemeinschaften, die Brandenburg berühren, beteiligt zu werden".*

170 Damit ist ein Gedanke von Art. 23 n.F. GG vorweggenommen! Ein späterer interfraktioneller Entwurf (Dezember 1991) wiederholt zwar die Formel vom sich einigenden Europa (Präambel), auch die Bezugnahme auf EMRK und ESC (Art. 2 Abs. 3), die EU-(damals EG-)Partizipationsklausel ist aber entfallen. Man sieht, wie experimentierend werkstatthaft sich die Verfassunggeber des Europa-Themas annehmen und wie vorsichtig sie sind, nicht zu konkret zu werden.

171 In Sachsen-Anhalts konstitutioneller Vorgeschichte berufen sich zwei Entwürfe aus dem Jahre 1991 schon in der Präambel auf die „europäische Völkergemeinschaft"[51]. Auffällig ist aber die neue Formel eines Verfassungsentwurfs der Fraktion NF/GR/DJ vom August 1991[52]:

---

51 Vgl. JöR 41 (1993), S. 219 ff., 220 bzw. 245.

52 Zit. nach JöR 41 (1993), S. 272 f. – Zum folgenden schon *P. Häberle*, Europaprogramme neuerer Verfassungen und Verfassungsentwürfe – der Ausbau von nationalem „Europaverfassungsrecht", in: FS Everling, 1995, Bd. I, S. 355 ff., 360 f. Von „kleiner Art. 23 GG" in den Landesverfassungen spricht *E. Röper*, Landesparlamente und europäische Union, JöR 49 (2001), S. 251 ff., 266.

„... auf dem mit partnerschaftlicher Stetigkeit verfolgten Wege zu einem geeinten Europa."

In Thüringen denkt sich ein Entwurf, ebenfalls der Linken (1991), in Sachen Europa sprachlich und inhaltlich neue Wendungen aus. In der Präambel heißt es: 172

„Möge diese demokratische Verfassung dazu beitragen, dass das Land Thüringen als gleichberechtigtes Glied eines Bundes deutscher Länder in ein politisch, sozial, kulturell und wirtschaftlich geeintes, zur Welt geöffnetes Europa hineinwächst."

Und Art. 5 Abs. 2 wagt sogar einen Auftrag zur EG-bezogenen Menschenrechtspolitik: „Das Land Thüringen wirkt in der föderativen Republik und in der europäischen Gemeinschaft für eine fortschreitende allgemeine Anerkennung dieses Grundsatzes" (sc. „Die Menschenrechte sind unteilbar"). 173

Die *in Kraft getretenen* Verfassungen Ostdeutschlands „korrigieren" solche Kühnheiten, aber sie bleiben doch einem gewissen Standard des Europrogramms treu. Die Verf. Brandenburg (1992) spricht in ihrer Präambel von Brandenburg als „lebendiges Glied der Bundesrepublik Deutschland in einem sich einigenden Europa" (Art. 2 Abs. 1 konkretisiert die Zusammenarbeit „insbesondere auf den polnischen Nachbarn" hin). Die Verf. Sachsen (1992) zieht in ihrem Regionalismus-Art. 12 eine Art Summe i.S. eines allgemeinen Europa-Artikels: 174

„Das Land strebt grenzüberschreitende regionale Zusammenarbeit an, die auf den Ausbau nachbarschaftlicher Beziehungen, auf das Zusammenwachsen Europas und auf eine friedliche Entwicklung in der Welt gerichtet ist."

Demgegenüber lässt die Verfassung von Sachsen-Anhalt (1992) den Europa-Gedanken z.T. wieder fallen. In der Präambel ist von der „Gemeinschaft aller Völker" die Rede. Doch definiert es sich in Art. 1 Abs. 1 als Land der Bundesrepublik und „Teil der europäischen Völkergemeinschaft". Thüringen hingegen bleibt sich treu. In seiner Verfassung (1993) bekennt es sich in der Präambel zu dem Ziel: „Trennendes in Europa und der Welt zu überwinden". 175

Ein Wort zu der „Nachzügler"-Verfassung Mecklenburg-Vorpommerns. Im Zwischenbericht seiner Verfassungskommission (1992) heißt es in der Präambel zum eigenen Selbstverständnis: „ein lebendiges und gleichberechtigtes Glied der Bundesrepublik Deutschland in der europäischen Völkergemeinschaft" – diese gleichzeitige Verortung im Bundesstaat und in Europa ist bemerkenswert! Die 1994 durch Volksabstimmung endgültig angenommene Verfassung bestätigt diese allgemeine Formel und sagt un- 176 ter dem Stichwort „Europäische Integration, grenzüberschreitende Zusammenarbeit“ in Art. 11 überdies speziell:

> *„Das Land Mecklenburg-Vorpommern wirkt im Rahmen seiner Zuständigkeit an dem Ziel mit, die europäische Integration zu verwirklichen und die grenzüberschreitende Zusammenarbeit, insbesondere im Ostseeraum, zu fördern.“*

177 Der neue Art. 3 a Verf. Bayern (1998) lautet:

> *„Bayern bekennt sich zu einem geeinten Europa, das demokratischen, rechtsstaatlichen, sozialen und föderativen Grundsätzen sowie dem Grundsatz der Subsidiarität verpflichtet ist, die Eigenständigkeit der Regionen wahrt und deren Mitwirkung an europäischen Entscheidungen sichert. Bayern arbeitet mit anderen europäischen Regionen zusammen.“*

178 Diese Klausel beweist einmal mehr den „Textverarbeitungsprozess“ mit rezipierenden und innovativen Elementen.

(b) Die Schweizer Kantonsverfassungen

179 Die Schweizer Kantonsverfassungen zeichnen sich in den Totalrevisionsbewegungen seit den 60er Jahren durch viele Neuerungen aus[53]. Zunächst hatten sie sich nur wenig in Sachen Europa engagiert. Beachtlich bleibt aber die Verfassung des neuen Kantons Jura (1977). Ihre Präambel verweist auf die Erklärung der Menschenrechte von 1789, von 1948 und auf die EMRK von 1950. Eine Kooperationsklausel bezieht sich auf die „Nachbarn“ (Art. 4 Abs. 2) und die ganze Welt:

> *„Elle (der Kanton Jura) est ouverte au monde et coopère avec les peuples soucieux de solidarité“.*

180 Besonders ergiebig ist die jüngste Kantonsverfassung Bern (1993). Unter der Überschrift „Internationale Zusammenarbeit und Hilfe“ steht in Art. 54 Abs. 1:

> *„Der Kanton beteiligt sich an der Zusammenarbeit der Regionen Europas“.*

181 Dieser auf die Regionen bezogene Kooperations-Artikel kann gar nicht überschätzt werden. Denn er bekennt sich im Grunde zur Idee des „Europas der Regionen“, die so viel Literatur und Textmaterial hervorgebracht

---

53 Vgl. *P. Häberle*, Neuere Verfassungen und Verfassungsvorhaben in der Schweiz, insbesondere auf kantonaler Ebene, JöR 34 (1985), S. 303 ff. Vergleiche die Fortführung in JöR 47 (1999), S. 149 ff.; 56 (2008), S. 279 ff.

hat[54]; die jüngeren Verfassungsentwürfe sprechen eher konventionell von Zusammenarbeit „mit dem benachbarten Ausland“ (Art. 1 Abs. 2 Entwurf Appenzell AR, Mai 1993 und KV Appenzell AR, April 1995). Die *Europäisierung der Bundesländer* in Europa hat sich mit und in Bern einen Klassikertext geschaffen. Die Bundesländer in Europa beginnen „europaunmittelbar“ zu werden. In dem Maße, wie sich Europa regionalisiert (oder eines Tages vielleicht föderalisiert), werden derartige Europatexte in gliedstaatlichen Verfassungen wohl häufiger – und konsequent. Umgekehrt verleiht das Europaprogramm der Gliedstaaten dem künftigen Gesamteuropa Schubkraft[55].

(6) Europa-Bezüge in osteuropäischen Verfassungen

Unter den osteuropäischen Verfassungstexten ragt Moldawien (März 182
1993) heraus. In seiner Präambel heißt es u.a.:

> *„Being aware of ... the creation of states with the Rule of Law in Europe and in the world ..., in conformity to the ... Helsinki final Act ...“*

Die Verfassung der Föderation Bosnien und Herzegowina vom März 183
1994[56] inkorporiert u.a. die EMRK sowie die Charta des Europarates in Sachen Minderheiten und die Europäische Charta für Regional- oder Minderheitensprachen von 1992. Sie „internalisiert“ so das Europaprogramm der europäischen Gremien in innerstaatliches Verfassungsrecht, wohl auch, um damit ein Stück der eigenen Identität zu finden. Mag dies zu weit gehen und den Verfassungstext überlasten: tendenziell ist diese Inkorporation von Europarecht (i.w.S.) ein beachtlicher Weg. Die etablierten

54 *P. Häberle*, Der Regionalismus als werdendes Strukturprinzip des Verfassungsstaates und als europarechtspolitische Maxime, AöR 118 (1993), S. 1 ff.; *J. E. Himmel*, Regionale Interessenvertretung in der EU. Eine Untersuchung unter Berücksichtigung von europäischem Recht und Regionalisierungstendenzen, 2012; *P. Jósika*, Ein Europa der Regionen. Was die Schweiz kann, kann auch Europa, 2014.

55 Die Länder machen sich auch deshalb ein „Bild“ von Europa, weil sie von ihm gewinnen *und* verlieren können. Aus der neuen Lit. etwa *W. Schwanengel*, Integrationsverantwortung im Bundesstaat, DÖV 2014, S. 93 ff. Zu Entwicklungen in Österreich: JöR 54 (2006), S. 367 ff. (mit Verf.-Texten). So finden sich in österreichischen Landesverfassungen zahlreiche vorbildlich gelungene Europaartikel.

56 Texte zit. nach H. Roggemann (Hrsg.), Die Verfassungen Mittel- und Osteuropas, 1999 bzw. W. Graf Vitzthum (Hrsg.), Europäischer Föderalismus, 2000, S. 133.

Verfassungsstaaten in Europa sollten freilich nur *Grundsätze* von Europaverfassungsrecht aufnehmen, keine (technischen) Details.

184 Im Ganzen überrascht die eher schmale Ausbeute, läge es doch nahe, dass die osteuropäischen Verfassunggeber ihre „Rückkehr nach Europa" textlich programmatisch beglaubigen. Freilich suchen sie ihre Identität wohl zuvörderst im (wiederentdeckten) *nationalen* Erbe. Die Verfassung der Tschechischen Republik (1992) integriert wenigstens ein Stück Europa schon in ihrer Präambel in den Worten:

> *„... entschlossen, ... die Tschechische Republik ... zu schützen und zu entfalten ... als freien und demokratischen Staat, der auf der Achtung der Menschenrechte und den Prinzipien der Bürgergesellschaft gegründet ist, als Bestandteil der Familie der Demokratien in Europa und der Welt ..."*[57]

185 Im Übrigen ist das Fehlen spezifischer Europa-Artikel in den meisten neuen Verfassungen Osteuropas noch heute auffällig (vgl. aber in nuce: Art. 90 Verf. Polen von 1997)[58].

(7) Sonstige Erscheinungsformen von Europa-Bezügen

186 Nachzutragen sind sehr heterogene Artikel, so Art. 168 Verf. Belgien (1994):

> *„Dès l'ouverture des négociations en vue de toute révision des traités instituants les Communautés européennes et des traités et actes qui les ont on modifiés ou complétés, les Chambres en sont informées. Elles ont connaissance du projet de traités avant sa signature."*

187 Sodann Art. 29 Abs. 4 Ziff. 3 Verf. Irland (1937/1999), der eine Bezugnahme auf die Römischen Verträge, die EEA, Maastricht und Amsterdam etc. vornimmt, sowie das österreichische B-VG[59]. Es befasst sich an mehreren

---

57 Aus der Lit. zur tschechischen Verfassung: *K. Vodička*, Unaufhebbare Grundprinzipien der tschechischen Verfassungsordnung, OER 1996, S. 225 ff.; *H. Slapnicka*, Die Verfassungsordnung der Tschechischen Republik, 1994, S. 28 ff; *M. Tomoszek*, Das Verfassungsrecht Tschechiens und der Slowakei – Eine Bilanz 20 Jahre nach dem Zerfall der Tschechoslowakei, OstEuR 2013, S. 239 ff.

58 Dazu aus der Lit.: *L. L. Garlitzki*, Der Verfassungsgerichtshof und die „europäische Klausel" in der polnischen Verfassung von 1997, in: FS Th. Oppermann, 2001, S. 285 ff.

59 Texte zit. nach Beck-Texte, Die Verfassungen der EU-Mitgliedstaaten, 6. Aufl. 2005, bzw. nach H. R. Klecatsky/S. Morscher (Hrsg.), B-VG, 9. Aufl. 1999.

Stellen mit Europa bzw. der EU. Eher technische, auf die EU und EG bezogene Europa-Artikel haben die Verfassungen Frankreichs (Verf. von 1958: Art. 88-1 bis 88-4), Finnland (Grundgesetz von 1999/2000: § 93 und §§ 96, 97), Österreich (B-VG von 1994: Art. 23 a bis f sowie Art. 73), Schweden (Verf. von 1975/95: Kap. 10 § 5) aufgenommen. Spezifischen „Europaidealismus" bringen vor allem die erwähnten deutschen Verfassungen und die Verfassung von Portugal von 1976/97 (vgl. Art. 7 Abs. 5 und 6) auf, Stichwort: „europäische Identität". Dieser reiche Begriff lebt auch in anderen Europa-Texten und in der Wissenschaft weiter[60].

Inkurs: „Quellen" der europabezogenen Verfassungstexte (in Deutschland)

Eher als Merkposten und nur in Stichworten seien Aspekte der „Vorgeschichte" der konstitutionellen Europaprogramme behandelt. Die Literatur über die Geschichte der europäischen Idee[61] ist Legion und hier nicht „nachzuschreiben". Wohl aber sollen einige prägnante Texte zitiert werden, die formal und inhaltlich den geschriebenen „Europa-Artikeln" in Verfassungen der europäischen Länder vorausgegangen sind oder doch in Wahlverwandtschaft zu diesen stehen. Erwähnt seien Beispiele aus (deutschen) Parteiprogrammen (a), aus Europa-Abkommen (b) sowie aus der (deutschen) Fachliteratur (c). 188

(a) Deutsche Parteiprogramme

Parteiprogramme buchstabieren auf ihre ganz eigene Weise und *für ihr spezifisches Publikum* – politische Akteure kommunizieren mit der Wählerschaft – *Integrationsnarrative* aus. Sie wirken nicht zuletzt deshalb als unentbehrliche „Materialien" und Stichwortgeber" für Verfassungsfragen. Das hat sich schon mehrfach belegen lassen[62]. Da die Parteien (in 189

---

60 Dazu Einleitung E. II.

61 *Th. Oppermann/C. D. Classen/M. Nettesheim*, Europarecht, 6. Aufl. 2014, § 1; siehe auch *O. Kimminich*, Europa als geistesgeschichtliche Erfahrung, Essener Gespräche 27 (1993), S. 6 ff.; *F. Niess*, Die europäische Idee – aus dem Geist des Widerstands, 2001.

62 Vgl. *P. Häberle*, Die Gemeinwohlproblematik in rechtswissenschaftlicher Sicht, Rechtstheorie 14 (1983), S. 257 ff.; *ders.*, Das Prinzip der Subsidiarität aus der Sicht der vergleichenden Verfassungslehre, AöR 119 (1994), S. 169 ff., 192 ff.

Deutschland) der Europaidee kräftig vorausschritten und bis heute sich ihr nachhaltig verschreiben – freilich gibt es auch andere Beispiele wie die europakritische „Alternative für Deutschland“[63] –, hier einige Belege zur entwicklungsgeschichtlichen Selbstvergewisserung[64]. Sie sei auf die beiden großen Volksparteien beschränkt, die den europäischen Integrationsprozess von Anfang an nicht nur mitgetragen, sondern ihm auch wesentliche Impulse vermittelt haben. Die *CDU* forderte, getragen vom Enthusiasmus und Integrations-Idealismus der Gründerjahre, in ihrem „Hamburger Manifest“ (1957) die „wirtschaftliche und politische Einigung der Völker Europas in Freiheit und Selbstbestimmung“. Ihr Berliner Programm (2. Fassung 1972) enthält einen eigenen Abschnitt „Europapolitik“ (Ziff. 11 bis 15) mit Sätzen, die nach Maastricht und Lissabon wie eine vergessene Utopie klingen:

> *„Unser Ziel ist die baldige Errichtung eines europäischen Bundesstaates mit einer freiheitlichen demokratischen Verfassung; er allein sichert die historisch gewachsene Identität der europäischen Nationen und gewährleistet gleichzeitig die politische Handlungseinheit Europas. Dieses Ziel kann nur in Etappen erreicht werden. Zwischenlösungen müssen darauf ausgerichtet sein. Grundlage und Kern dieser Entscheidung sind die Europäischen Gemeinschaften.“*

190 Die nach Maastricht und Lissabon verfestigte Lesart von Art. 79 Abs. 3 GG als eine Art Bestandsgarantie souveräner deutscher Staatlichkeit liegt solch vorwärtsdrängender Programmatik („er allein“!) noch gänzlich fern. Die „Mannheimer Erklärung“ der CDU (1975) denkt dann ein Europa der Bürgerbeteiligung voraus und formuliert in ihrem Abschnitt „Europapolitik“ u.a.:

> *„Unser Beitrag zur Einigung Europas liegt im materiellen wie im geistig-ideellen Bereich ... Ebenso wie für unsere eigene freiheitliche Ordnung ist auch für eine freiheitliche Ordnung des vereinten Europa die Mitwirkung der gesellschaftlichen Gruppen unerlässlich.“*

---

63 *O. Niedermayer*, Aufsteiger, Absteiger und ewig „Sonstige“: Klein- und Kleinstparteien bei der Bundestagswahl 2013, ZParl 2014, S. 73 ff.; *Ch. Nestler/ J. Rohgalf*, Eine deutsche Angst – Erfolgreiche Parteien rechts von der Union. Zur AfD und den gegenwärtigen Gelegenheitsstrukturen des Parteienwettbewerbs, ZfP 2014, S. 389 ff.

64 Zit. nach R. Kunz/H. Maier/T. Stammen (Hrsg.), Programme der Politischen Parteien in der Bundesrepublik Deutschland, Bd. I und II, 3. Aufl. 1979, Erg.-Bd., 1983.

Im „Grundsatzprogramm" der CDU (1978) heißt es vertiefend und für eine kulturwissenschaftlich angelegte Verfassungslehre ermutigend (in Ziff. 135): 191

> *„Europa ist mehr als ein geographischer Begriff. Die Grundwerte der Freiheit, Gerechtigkeit und Solidarität sind auf dem geistigen und politischen Boden Europas gewachsen. Die Gemeinsamkeiten der Überlieferung und der Zukunft sind größer als das, was die europäischen Völker heute noch voneinander trennt. – Es gilt, die europäische Kultur in der Vielfalt seiner Völker überzeugend zu verwirklichen..."*

Das klingt fast schon nach einer Blaupause für Lissabon. Auch in der Welt 192
nach Lissabon prägt Europa den Duktus der Partei- und Regierungsprogramme. So nimmt im gemeinsamen Regierungsprogramm der CDU/CSU 2013 bis 2017 Europa, nun allerdings vor ganz anderem historischen Krisenhintergrund, breiten Raum ein[65]. Die europäische Staatsschuldenkrise wird zum Stichwortgeber, das ökonomische Moment drängt einmal mehr in den Vordergrund:

> *„Unser Ziel bleibt: Europa gemeinsam mit unseren Partnern gestärkt aus der Krise herausführen. Deshalb werden wir uns gemeinsam mit unseren Partnern dafür einsetzen, dass die Europäische Union – ihre Mitgliedstaaten – ihre Kraft und ihre Anstrengungen bündelt und die nachhaltige Stärkung der wirtschaftlichen Leistungskraft in den Mittelpunkt ihres Handelns stellt. Nur so können wir auf Dauer unser Ziel erreichen: Wachstum und Beschäftigung zum Wohle der Bürgerinnen und Bürger Europas!"*

Zurück zu den Anfängen: Sehr früh tritt die CSU in Sachen Europa hervor. 193
In ihrem „Grundsatzprogramm 1946" heißt es (unter VI.):

> *„Im Rahmen der Völkerfamilie ist Europa eine übernationale Lebensgemeinschaft.*
>
> *Wir treten ein für die Schaffung einer europäischen Konföderation zur gemeinsamen Wahrung und Weiterführung der christlich-abendländischen Kultur!*
>
> *Wir erstreben die wirksame Befriedung Europas als Beitrag zum dauerhaften Frieden in der Welt.*
>
> *Kein Land Europas kann für sich allein bestehen.*

---

65 Abrufbar unter: http://www.cdu.de/sites/default/files/media/dokumente/regierungsprogramm-2013-2017-langfassung-20130911.pdf (zuletzt besucht am 23. Februar 2015).

> *Wir treten ein für die Schaffung einer europäischen Wirtschafts- und Währungsunion!"*

194 Im Grundsatzprogramm der CSU von 1968 finden sich – heute ebenfalls als utopisch verabschiedete – Sätze wie „Die Vereinigten Staaten Europas müssen geschaffen werden. Ein in föderalistischer Ordnung vereintes Europa, auf Freiheit, Recht und Selbständigkeit gegründet, steht auch osteuropäischen Ländern offen." Die kritische Frage sei erlaubt: War die Utopie nur solange willkommen, wie sie unerreichbar schien? Das Grundsatzprogramm der CSU von 1976 stellt eine weitere Etappe dar in den Worten: „Ein politisch geeintes, freies Europa muss die Idee des freiheitlichen, demokratischen und sozialen Verfassungsstaates auf einer neuen Ebene realisieren." Die CSU fordert daher den „Ausbau der Europäischen Gemeinschaft zu einem europäischen Bundesstaat. Auf dem Weg dorthin verlangt sie die Bildung eines europäischen Entscheidungszentrums, aus dem eine europäische Regierung entstehen soll; ... die Bildung einer Staatenkammer, in der die Nationen und Regionen Europas an der Gestaltung des Einigungswerkes mitwirken; den Ausbau des Europäischen Gerichtshofes zu einem Obersten Bundes- und Verfassungsgericht." Solche Sätze wären im gemeinsamen Regierungsprogramm 2013 bis 2017 undenkbar. Vielen gilt der europäische Bundesstaat heute eher als *negative* denn *positive* Utopie. Insoweit ist die *Meistererzählung* der europäischen Integration heute keineswegs mehr eine ungetrübte *Fortschrittserzählung*. Doch zurück ins Jahr 1976 und den seinerzeitigen Erzählstrategien:

195 So verlangt die CSU weiterhin: „Ein vereintes Europa muss eine europäische Verfassung erhalten, in der die freiheitlichen Grundrechte seiner Bürger festgesetzt sind." – Im Wahlprogramm der *CDU/CSU* von 1983 heißt es (unter 4.): „Der Bürger muss die Europäische Gemeinschaft in voller Freizügigkeit erleben können." Vor dem Hintergrund der seit 2000 intensiv geführten Verfassungsdebatte, nach dem Scheitern des Verfassungsvertrages (2005) und der *verfassungsqualitativen Verdichtung* des unionalen Primärrechts durch den Vertrag von Lissabon (2009) sollten diese Texte kritisch-reflektierend (auch den Parteien selbst) in Erinnerung gerufen werden.

196 Das gilt auch für die frühen Europa-Akzente, die die SPD setzte, freilich zunächst in anderer Einfärbung. In ihren „politischen Leitsätzen" vom Mai 1946 heißt es angesichts des Trümmerfeldes, das die Menschheitskatastrophe des Zweiten Weltkrieges hinterlassen hatte:

> *„Nicht Teile von Deutschland dürfen internationalisiert werden, sondern ganz Europa muss internationalisiert werden. – Die deutsche Sozialdemokratie er-*

strebt die Vereinigten Staaten von Europa, eine demokratische und sozialistische Föderation europäischer Staaten."

Für die SPD des Jahres 2014 sind „Vereinigte Staaten von Europa" keine programmatische Option mehr. Anderes gilt indes mit Blick auf eine sozial verträgliche ökonomische Prosperität. Schon im Aktionsprogramm der SPD von 1954 findet sich unter „Europapolitik" der Satz: „Ziel ihrer Europapolitik ist die Hebung des Lebensstandards der europäischen Völker". Im „Ökonomisch-politischen Orientierungsrahmen" von 1975 heißt es später (unter 2.1.4.): 197

„Die Notwendigkeit europäischer Lösungen besteht auch hinsichtlich der gerechten Gestaltung der inneren Gesellschaftsordnung im Sinne des demokratischen Sozialismus."

Im Wahlprogramm der SPD von 1980 findet sich zur Europäischen Einigung der Satz (unter II 6): 198

„Europa – das sind nicht nur die Staaten der Gemeinschaft, das sind auch die 21 Staaten, die sich im Europarat zusammengeschlossen und ein besonders wirksames System zum Schutz der Menschenrechte entwickelt haben. Wir wollen, dass auch die Europäische Gemeinschaft diesem System beitritt."

Die letztgenannte Hoffnung ist bis heute unerfüllt und mit dem neuerlichen Gutachten des EuGH zum EMRK-Beitritt der EU (18. Dezember 2014)[66] in noch weitere Ferne gerückt. Ein Sprung in die nähere Vergangenheit: Im Hamburger Programm der *SPD* von 2007 findet sich unter 3.2 der Anspruch: „Das soziale und demokratische Europa". Das Regierungsprogramm 2013 bis 2017[67] buchstabiert dieses soziale und demokratische Europa nun krisenerfahren aus: 199

„Die Wirtschaft liegt in einigen europäischen Ländern am Boden. Die Arbeitslosigkeit steigt besonders unter jungen Menschen teils bedrohlich. Die gesellschaftliche Spaltung nimmt weiter zu, das Vertrauen in die Demokratie nimmt ab. Bleiben wir auf dem aktuellen Kurs, steuern wir in Europa auf eine Demokratiekrise zu, die die politischen, wirtschaftlichen und sozialen Errungenschaften der europäischen Gesellschaften und des europäischen Einigungsprozesses ernsthaft bedroht. Wir brauchen deshalb in Europa eine Neubegründung der Sozialen Marktwirtschaft mit klaren Regeln für die Märkte."

66 EuGH, Gutachten 2/13, ECLI:EU:C:2014:2454.

67 http://www.spd.de/linkableblob/96686/data/20130415_regierungsprogramm_2013_2017.pdf (zuletzt besucht am 15. Februar 2015).

(b) Europa-Abkommen

200 Eine zweite denkbare und an *Integrationsnarrativen* reiche „Quelle" bilden die europarechtlichen Texte des Europarates und der EU-Institutionen. Hierher gehörte eine Auswahl mit Zitaten vor allem aus der EMRK und dem Europäischen Kulturabkommen, auch dem EU-Recht (respektive seinen Vorläufern). Je älter diese Texte bzw. je jünger die nationalen bzw. gliedstaatlichen Verfassungstexte sind, desto eher ist zu vermuten, dass diese durch jene beeinflusst worden sind, dass Narrativen sich wechselseitig befruchten, überlagern, auch relativieren. Jedenfalls bildet das geltende Europarecht im (EU-bezogenen) engeren und (Europarat-bezogenen) weiteren Sinne eine Art Textreservoir für die innerstaatlichen Verfassunggeber, die die jeweiligen Erzählfäden aufgreifen und weiterspinnen. Dabei mag es dann zu einem „schubweisen Stoffwechsel" zwischen den Textebenen kommen, so wie sich nachweisen lässt, dass in Sachen Regionalismus beide Ebenen immer stärker zusammenwachsen[68]. Als Merkposten diene hier nur eine kleine Auswahl: aus dem EGKS-Vertrag von 1951 (Präambel) der Hinweis auf den Beitrag, den ein „organisiertes und lebendiges Europa für die Zivilisation leisten kann", aus dem EWG-Vertrag von 1957 (Präambel): „die Hoffnung, durch diesen Zusammenschluss ihrer Wirtschaftskräfte Frieden und Freiheit zu wahren und zu festigen", aus der Kopenhagener Erklärung zur „europäischen Identität" von 1973 dieser Begriff (vgl. Art. 7 Abs. 5 Verf. Portugal von 1989, später entfallen), aus dem „Tindemans-Bericht" von 1974 das „Europa der Bürger" bzw. die „europäische Solidarität", aus der EEA von 1986 die „Überzeugung, dass der Europagedanke, die Ergebnisse in den Bereichen der wirtschaftlichen Integration und der politischen Zusammenarbeit wie auch die Notwendigkeit neuer Entwicklungen dem Wunsch der demokratischen Völker Europas entsprechen", aus der EU-Grundrechte-Charta von 2000 der Präambelpassus: „Die Völker Europas sind entschlossen, auf der Grundlage gemeinsamer Werte eine friedliche Zukunft zu teilen, indem sie sich zu einer immer engeren Union verbinden ..." Viele dieser Begriffe haben trotz ihrer Ambi-

68 Dazu *P. Häberle*, Der Regionalismus als werdendes Strukturprinzip des Verfassungsstaates und als europarechtspolitische Maxime, AöR 118 (1993), S. 1 ff. Zum „Europa der Regionen": *H.-W. Rengeling*, Europa der Regionen, in: FS Thieme, 1993, S. 445 ff.; *T. Stein*, Europäische Union: Gefahr oder Chance für den Föderalismus in Deutschland, Österreich und der Schweiz?, VVDStRL 53 (1994), S. 26 ff., 41 ff.

valenz und Offenheit – „Identität“, „Solidarität“[69] eine erstaunliche Textkarriere gemacht und Eingang ins heutige positive Unionsrecht gefunden.

(c) Große wissenschaftliche Literatur zum Europarecht

Sie kann zu einer weiteren „Quelle“ *inner*verfassungsrechtlichen Europaverfassungsrechts werden. Hierher gehört (aus Deutschland) etwa das Lebenswerk von *W. Hallstein* („Der unvollendete Bundesstaat“, 1969; Die Europäische Gemeinschaft, 5. Aufl. 1979; Europäische Reden, 1979) sowie von *H. Coing* (Von Bologna bis Brüssel – Europäische Gemeinsamkeiten in Vergangenheit, Gegenwart und Zukunft, 1989); hierzu gehört auch ebenso bahnbrechende Europarechtsliteratur, etwa das Werk von *H. P. Ipsen* (Europäisches Gemeinschaftsrecht, 1972; Europäisches Gemeinschaftsrecht in Einzelstudien, 1984), das Konzentrat des Pionierwerkes von *J. Schwarze* zum Europäischen Verwaltungsrecht (1982/1988/2005) sowie die Pionierschrift von *P.-C. Müller-Graff*, Privatrecht und Europäisches Gemeinschaftsrecht, 1. Aufl. 1987 (2. Aufl. 1991)[70]. 201

bb) Zwischenergebnis

Das *Zwischenergebnis* lautet: Die Verfassungen und Verfassungsentwürfe europäischer Staaten haben ihr Europaprogramm nach und nach intensiviert, angereichert und das Integrationsnarrativ produktiv aufgenommen. Allgemeine Europa-Artikel (z.B. Art. 23 Abs. 1 n.F. GG) finden sich neben europäischen Identitäts- und Aktionsklauseln (Art. 7 Abs. 5 Verf. Portugal); spezielle Aspekte der Europa-Idee (z.B. in Sachen Regionalismus) stehen neben Informations- oder Partizipationsrechten der innerstaatlichen Organe in Sachen Europaverträge (Art. 168 Verf. Belgien von 1994, Art. 23 Abs. 2-7 n.F. GG). In der Textstufenentwicklung dringt die Europaidee – in ihren *Erzählgehalten* ebenso wie in ihren *normativen Konkreti-* 202

---

69 Siehe dazu das Sonderheft: AVR 52 (2014), Bd. I: „Transnational Solidarity – An Interdisciplinary Approach“.

70 Seine Wirkungsgeschichte ist ablesbar etwa in: K. Langenbucher (Hrsg.), Europarechtliche Bezüge des Privatrechts, 2. Aufl. 2008; siehe auch *W. Doralt*, Strukturelle Schwächen in der Europäisierung des Privatrechts. Eine Prozessanalyse der jüngeren Entwicklungen, RabelsZ 75 (2011), S. 260 ff.

sierungen – in manche nationale Verfassungen, in Bundesstaaten aber auch in die gliedstaatlichen Verfassungen vor[71]. Letzteres verdient bundesstaatstheoretisch besondere Aufmerksamkeit. Die Dynamik und die Erscheinungsvielfalt von allgemeinen und speziellen Europa-Artikeln, sei es programmatisch bekenntnishaft, sei es rechtstechnisch-juristisch, gewinnen eine besondere Qualität. Manche Nationen scheinen ein Stück ihrer eigenen Identität auch von Europa her gewinnen und die Meistererzählung ihrer nationalen politischen Einheitswerdung um europäische Kapitel anreichern zu wollen. Dies dürfte nicht nur das alte Westeuropa in seiner Identität und seinen sozialen Konstruktionen verändern. Die „Positivität" der Europatexte, ihre juristische Geltungskraft ist dabei, wie gezeigt, sehr differenziert. Sie reicht von den Wirkungen, die eine Präambel mit Europabezügen entfalten kann, über Staatszieleklauseln bis zur strengen Geltung der (zu vielen!) Prinzipien in Art. 23 n.F. GG. Die Ergiebigkeit einiger neuer Schweizer kantonaler Verfassungstexte fällt umso mehr auf, als sich die Schweiz auf Bundesebene überraschend schwer tut, ihren Platz in Europa zu definieren[72].

203 Im Ganzen kann sich die nationale „konstitutionelle Programmatik" in Sachen Europa „sehen" lassen, so ausbaufähig und ausbauwürdig sie bleibt. Die einzelnen Länder haben ihre Verfassungen nicht mit bloßer Europa-Rhetorik „überschwemmt", sondern wohldosiert höchst differenzierte Elemente ihres Europa-Bildes verankert. In Zeiten gewisser Europa-Müdigkeit oder -Skepsis sollte dies wissenschaftlich und politisch zur Kenntnis

---

71 Dazu auch *M. Wendel*, Permeabilität im europäischen Verfassungsrecht. Verfassungsrechtliche Integrationsnormen auf Staats- und Unionsebene im Vergleich, 2011.

72 Vgl. dazu: *P.* Häberle, Werkstatt Schweiz: Verfassungspolitik im Blick auf das künftige Gesamteuropa, JöR 40 (1991/1992), S. 167 ff. Die *Wissenschaft* in der Schweiz steht dem Europagedanken denkbar aufgeschlossen gegenüber, z.B. *D. Thürer*, Der Verfassungsstaat als Glied einer europäischen Gemeinschaft, VVDStRL 50 (1991), S. 97 ff.; *R. J. Schweizer*, Die Schweizerischen Gerichte und das europäische Recht, ZSR 112 (1993) S. 577 ff.; *D. Schindler*, Europäische Union: Gefahr oder Chance für den Föderalismus in Deutschland, Österreich und der Schweiz?, VVDStRL 53 (1994), S. 70 ff.; – Aus politikwissenschaftlicher Sicht: *R. Langejürgen*, Die Eidgenossenschaft zwischen Rütli und EWR, 1993; s. auch die europafreundlichen Beiträge in: W. R. Schluep et al. (Hrsg.), Recht, Staat und Politik am Ende des zweiten Jahrtausends, 1993, S. 581 ff. – Viele Beiträge enthält der Band von B. Sitter-Liver (Hrsg.), Herausgeforderte Verfassung, 1999, insbesondere von *T. Fleiner, A. Epiney* und *R. J. Schweizer*, aber auch der Band von M. Meyer/G. Kohler (Hrsg.), Die Schweiz für Europa?, 1998.

genommen werden. Europa ist auch „im“ Verfassungsstaat, textlich beglaubigt, unterwegs: es wird zum – neuen – Verfassungsthema und konstitutionellen Narrativ.

c) Theoretische und praktische Folgerungen (eine Skizze)

aa) Normative Inhalte der Europa-Texte

Die innerstaatlichen verfassungsrechtlichen Europatexte zeichnen sich schon durch eine beachtliche Formen- und Themenvielfalt aus. Mögen manche Verfassunggeber bislang auf genuine Europa-bezogene Aussagen verzichtet haben: In dem Maße, wie Europa Gestalt gewinnt und der Europäisierungsprozess fortschreitet, werden Rückwirkungen auf die nationalen Verfassungen nicht ausbleiben. Eine theoretische Auswertung der allgemeinen und speziellen Europa-Artikel führt auf folgende Problemkreise bzw. Regelungsformen: 204

- Europa als Programm bzw. Staatsziel – bis hin zum Erziehungsziel (allgemeine Europa-Offenheit)
- Europa der Regionen, einschließlich des grenzüberschreitenden Regionalismus, der damit verknüpften Relativierung des Nationalstaates[73] i.S. europäischer Nachbarschaft, von Deutschland aus z.B. mit Frankreich oder Polen
- aggressive und defensive inhaltliche Zielvorgaben für die auch nach Lissabon noch weiter-werdende Verfassung Europas, verbunden mit einer (verstärkten) Absicherung des Eigenen; hier ist Deutschland am weitesten, vielleicht zu weit vorgedrungen (Art. 23 Abs. 1 n.F. GG)
- Europa der Bürger, d.h. Europa dank der Rezeption gemeinsamer Grundrechte, z.B. des EMRK-Katalogs, sowie dank europäischer „Staatsbürgerschafts-Klauseln“, einschließlich des Kommunalwahlrechts für EU-Ausländer (vgl. Art. 11 Abs. 3 Verf. Spanien, Art. 28 Abs. 1 S. 3 n.F. GG)
- Hineinwachsen Osteuropas nach Europa im engeren und im weiteren Sinne (Wandel des Europabegriffs)

---

73 In der „Gründerzeit“ der Europäischen Gemeinschaften sprach *W. Thieme*, Das Grundgesetz und die öffentliche Gewalt internationaler Staatengemeinschaften, VVDStRL 18 (1960), S. 50 ff., 55, von einer „partielle(n) Einschmelzung der Souveränität der Mitgliedstaaten durch die Errichtung der Gemeinschaft.“

- europäischer Verbund mit Auswirkungen auf etwaige föderale (und regionale) Neugliederungsvorhaben i.S. von Art. 29 GG oder Art. 132 Verf. Italien
- „Werkstatt Bundesstaat“: Wechselwirkungen zwischen Bund und Ländern in Sachen Europa- bzw. Verfassungspolitik (wechselseitige Struktursicherungen)
- allgemeine Ermächtigungen zur Übertragung von Hoheitsrechten – sie sollten ausdrücklich im Blick auf *Europa* bzw. Grenzregionen spezifiziert werden (vgl. Art. 24 Abs. 1 a und 2 GG).

205 Es fällt auf, dass sich keiner der nationalen Europa-Artikel zur territorialen Reichweite „Europas“ äußert. Der Europa-Begriff bleibt insofern offen, er darf vor allem nicht im Sinne *überkommener Geopolitik* verengt werden. Die geographischen Grenzen Europas waren und sind etwa im Blick auf Russland oder die Türkei, auch Israel, offen und flexibel. Daran ändern rechtsstaatliche Rückschläge in der Türkei ebenso wenig wie die Ukraine-Krise (2014/2015). Die innerstaatlichen Verfassunggeber sollten sich hier nicht festlegen. Entscheidender sind die Inhalte, die normativen Prinzipien und kulturellen Grundierungen, nach denen dieses Europa gestaltet werden soll. Sie „suchen“ sich dann ihre territorialen Gebiete und Grenzen, – wie man an der „Rückkehr“ etwa der Baltenländer oder Polens nach Europa sieht.

206 An *inhaltlichen Elementen* des sich einigenden bzw. „verfassenden“ Europas lassen sich folgende Prinzipien aus dem Verfassungsmaterial der innerstaatlichen Europa-Artikel erkennen:

- nationale bzw. europäische Identität i.V.m. „Europa-Offenheit“
- Gerechtigkeit
- Grundrechte
- sozialer Rechtsstaat
- Subsidiarität[74]
- (verstärkte) Zusammenarbeit auf Teilfeldern
- Regionalismus bzw. Föderalismus

---

74 Dazu *P. Häberle*, Das Prinzip der Subsidiarität aus der Sicht der vergleichenden Verfassungslehre, AöR 119 (1994), S. 169 ff.; *B. Gutknecht*, Das Subsidiaritätsprinzip als Grundsatz des Europarechts, in: FS Schambeck 1994, S. 921 ff.; *Ch. Calliess*, in: Ch. Calliess/M. Ruffert (Hrsg.), EUV/AEUV, 4. Aufl. 2011, Art. 2 EUV, Rn. 16 ff. mit ausführlichen weiteren Nachweisen. S. noch *R. Scholz*, in: T. Maunz/G. Dürig, GG, Art. 23 (Stand: 2014), Rn. 66 als Beispiel aus der deutschen Kommentar-Lit.

– Grenzüberschreitungen auf verschiedenen Ebenen (föderal, regional, kommunal)
– Informations- bzw. Partizipationsrechte in Bundes- oder Regionalstaaten.

Diese Regelungsformen und Inhalte finden sich in keiner nationalen (oder 207
gliedstaatlichen) Verfassung alle *zugleich*, kumulativ, vielmehr jeweils nur in einzelnen Ausprägungen. Die Wissenschaft darf sie aber „zusammenlesen", spiegeln sich in ihnen doch Bausteine für dieses verfassungsrechtliche Europa. Oft ist von „europäischer Einigung", vom „Zusammenwachsen Europas", von „europäischer Völkergemeinschaft" die Rede; doch kein Verfassungsstaat legt sich auf die *Intensität* dieser Integration, die „Finalität" oder eine konkrete Gestalt fest. Das ist auch gut so. Die nationalen Verfassunggeber übernähmen sich, wenn sie ein komplettes und starres Europa-Programm festschrieben. Sie bereichern sich indes, wenn sie Integrationsnarrative fortdenken respektive fortschreiben.

bb) Prinzipien der Verfassungsinterpretation für Europa-Artikel („nationales Europaverfassungsrecht")

Quantität und Qualität der – „wachsenden" – Europa-Artikel in verfas- 208
sungsstaatlichen Verfassungen legen es nahe, nach spezifischen Interpretationsmaximen zu fragen. Das – innerstaatliche – „Europaverfassungsrecht" hat seine „besonderen" Sachbereiche, seine propria, ähnlich wie etwa das „Kulturverfassungsrecht" oder das „Religionsverfassungsrecht". Dazu gehört, dass es über den nationalstaatlich introvertierten Verfassungsstaat hinausweist und eben dadurch die Familie der europäischen Verfassungsstaaten konstituiert: zum Typus des *gemeineuropäischen Verfassungsstaates*, der jedenfalls ein Stück weit auch nach einer *gemeineuropäischen Hermeneutik* verlangen mag.

(1) Das nationale Europaverfassungsrecht im Rahmen der „Einheit der Verfassung“

209 Die „Einheit der Verfassung“ bildet ein schon klassisches Prinzip der Verfassungsinterpretation[75]. Speziell im konstitutionellen Europarecht der verschiedenen Nationen Europas wirkt es sich in zweifacher Hinsicht aus: Die einzelnen Verfassungsnormen mit Europabezug sind untereinander „zusammen zu lesen“; im GG wird dies für das Europaelement in der Präambel, auch Art. 24 bis 26, jener als „Integrationshebel“ (*H. P. Ipsen*) verstanden, seit langem praktiziert[76]. Die einzelnen Europa-Artikel sind aber auch in „praktische Konkordanz“ (*K. Hesse*) mit dem Ganzen der Verfassung zu bringen. So wirken sich etwaige Aussagen über grenzüberschreitende regionale Zusammenarbeit auch im Kommunalverfassungsrecht aus. So wächst das „Staatsziel Europa“ auch in den Kanon der Erziehungsziele in den Schulen hinüber. Und so dürfte es weitere Felder geben, auf denen der Grundsatz *europafreundlicher Auslegung* innerstaatlichen Verfassungsrechts praktische Auswirkungen hat (etwa bei Art. 29 GG – Neugliederung des Bundesgebiets). Einheit der Verfassung und Europaoffenheit dieser Verfassung gehören zusammen[77]. Diese neuen Europa-Artikel des

75 Dazu *K. Hesse*, Grundzüge des Verfassungsrechtes der Bundesrepublik Deutschland, 20. Aufl. 1995 (Neudruck 1999), Rn. 71.

76 Aus der Lit. etwa *H. P. Ipsen*, Die Bundesrepublik Deutschland in den Europäischen Gemeinschaften, in: HStR, Bd. VII, 1. Aufl. 1992, S. 767 ff., 770; *Ch. Tomuschat*, Die staatsrechtliche Entscheidung für die internationale Offenheit, in: HStR, Bd. VII, 1. Aufl. 1992, S. 483 ff., 484 f.; *W. v. Simson/J. Schwarze*, Europäische Integration und GG, in: E. Benda/W. Maihofer/H.-J. Vogel (Hrsg.), Handbuch des Verfassungsrechts, 2. Aufl. 1994, S. 53 ff., 68 ff. – Auch das BVerfG sieht die Präambel und „Art. 24 bis 26 GG“ zusammen; vgl. BVerfGE 63, 343 (370); 75, 1 (17). Seine früh begründete Formel von der „*Völker*rechtsfreundlichkeit“ des GG (BVerfGE 6, 309 (362 f.); 31, 56 (75); 41, 88 (120); 111, 307 (312 ff.); 112, 1 (26)) wäre nicht zuletzt wegen der neuen Europa-Artikel durch das Prinzip der „*Europa(rechts)freundlichkeit*“ fortzuschreiben (so auch das Lissabon-Urteil, BVerfGE 123, 267). Siehe auch *M. Kotzur*, Deutschland und die internationalen Beziehungen – offene Staatlichkeit nach 60 Jahren Grundgesetz, JöR 59 (2011), S. 389 ff.

77 Die vielzitierte „Identität“ des nationalen Verfassungsstaates (z.B. *P. Lerche*, Europäische Staatlichkeit und die Identität des GG, in: FS Redeker, 1993, S. 131 ff.; *P. Kirchhof*, Der deutsche Staat im Prozess der europäischen Integration, in: HStR, Bd. VII, 1. Aufl. 1992, S. 855 ff., 882 ff.) ist von vornherein im Kontext der „europäischen Identität“ zu lesen! Das gilt auch für die „Verfassungsidentität“, *H.-G. Dederer*, Die Grenzen des Vorrangs des Unionsrechts – Zur Vereinheitlichung von Grundrechts-, Ultra-vires- und Identitäskontrolle, JZ 2014, S. 313 ff.

GG verstärken den bislang schon geltenden Verfassungsgrundsatz der „Bereitschaft zur europäischen Integration“[78]. „Europa(rechts)freundlichkeit“ wird ein – dem unionalen effet utile korrespondierendes – Auslegungsprinzip.[79]

(2) Europa-Artikel als „offene Verweisungen“

Wie gezeigt, verweisen die verschiedenen Beispiele für Europa-Artikel 210
bald auf das Ganze des europäischen Einigungsprozesses (wie die Präambel des GG: „gleichberechtigtes Glied in einem vereinten Europa“), teils auf einzelne Elemente dieses Europas wie etwa grenzüberschreitende bzw. benachbarte Regionen. Angesichts der Dynamik und des Fortgangs des europäischen Einigungsprozesses wird den innerstaatlichen Verfassungsrechtsbegriffen dadurch eine spezifische Offenheit vermittelt. Z.B. bestimmt der einzelne Verfassungsstaat nicht mehr allein, was „grenzüberschreitende Zusammenarbeit“ ist. Europa als Erziehungsziel beruht nicht mehr nur auf dem Europa-Verständnis des jeweiligen Nationalstaates. M.a.W.: Die Europa-Artikel der einzelstaatlichen Verfassungen zeichnen sich durch flexible Inhalte aus, der nationale Verfassungsstaat hat diesbezüglich sein Interpretationsmonopol verloren. Gewiss, Deutschland darf und soll „sein“ Europa-Bild als „eines“ z.B. in den staatlichen Schulen vermitteln, von vornherein aber eben nur mit „einer Stimme“ und unter Hinweis auf konkurrierende Europa-Verständnisse, die zu integrieren sind.

---

78 Früh *Th. Oppermann*, Europäische Integration und das deutsche GG, in: T. Berberich u.a. (Hrsg.), Neue Entwicklungen im öffentlichen Recht, 1979, S. 85 ff., 93: „Diese grundlegende Bekundung der Präambel (sc. für die europäische Integration) ist für die Einzelauslegung der weiteren europabezogenen Verfassungsbestimmungen von Bedeutung.“ Sie „setzt gewissermaßen den Ton für jene Interpretationen.“ Wieder einmal zeigt sich die „Potenz“ von Präambeln, auch in der Zeitachse (1949 bis 1992)!

79 *R. Graf Kerssenbrock*, Die Vereinigten Staaten von Europa. Die Lissabon-Entscheidung und die Notwendigkeit, Volkssouveränität neu zu verstehen, 2013, S. 72 ff.

(3) Die Europa-Artikel im Kontext „gemeineuropäischer Hermeneutik“

211 Die einzelnen Europa-Artikel bilden die Basis für eine Auslegung in „gemeineuropäischer Hermeneutik“[80]. Als Artikel spezifisch „verfassungstranszendenter“ Art können sie gar nicht mehr „aus sich“ verfassungsimmanent interpretiert werden. Die „Europa-Offenheit“ verlangt, dass potentiell alle Interpreten in Europa dieses Europa mitbestimmen können und sollen. „Europa“ gehört weder allgemein noch in der Erscheinungsform der nationalen Europaverfassungsrechte nur einer einzigen Nation bzw. einem einzigen Verfassungsstaat. Europa ist als Ganzes eine – werdende – offene Gesellschaft der Europa-Verfassunggeber und -interpreten: im Horizont der einen europäischen Rechtskultur[81]. So kann es sein, dass plötzlich der Auslegungsbeitrag eines „fremden“ nationalen Verfassungsgerichts wie der Corte Costituzionale in Rom ein Element des Auslegungshorizontes wird, den das deutsche BVerfG für einen Europa-Artikel des deutschen Verfassungsrechtes braucht. Gerade hier wirkt sich das Wort von der „Europäisierung der nationalen Staatsrechtslehren und Verfassungsgerichte“ aus[82]. Die innereuropäische Rechtsvergleichung wird zum selbstverständlichen Vehikel dieser Vorgänge.

cc) Der Ausbau von nationalem „Europaverfassungsrecht“

212 Wie gezeigt, entwickelt sich in manchen Ländern Europas innerstaatlich eine neue Textstufe: Einzelne Europa-Artikel beginnen so heranzuwachsen und sich auszudifferenzieren, dass die Umrisse eines spezifischen Europaverfassungsrechts sichtbar werden. Angesichts der Aufgaben, die heute auf der überstaatlichen, europäischen Ebene anstehen, sind die Ansätze zu einem innerstaatlichen Europaverfassungsrecht indes noch nicht ausrei-

---

80 Dazu schon *P. Häberle,* Diskussionsbeitrag, VVDStRL 53 (1994), S. 115 f.

81 Zum Problemfeld „Europa und Kultur“ *P. Häberle*, Europa in kulturverfassungsrechtlicher Perspektive, JöR 32 (1983), S. 9 ff., mit Stichworten wie „kulturelle Öffentlichkeit Europas“, „Gemeineuropäisches Grundrechts-Recht“, „Vielfalt und Einheit, Offenheit und Identität Europas als Kultur“, „Dezentralisierte Organisationsstrukturen“. Für die aktuelle Kommentar-Lit. etwa: *H.-J. Blanke*, in: Ch. Calliess/M. Ruffert (Hrsg.), EUV/AEUV, 4. Aufl. 2011, Art. 167 AEUV, Rn. 2 f.; *M. Kotzur*, in: R. Geiger/D.-E. Khan/M. Kotzur (Hrsg.), European Union Treaties, 2015, Art. 167 TFEU, Rn. 1 ff. und Bibliographie.

82 Dazu *P. Häberle*, Gemeineuropäisches Verfassungsrecht, EuGRZ 1991, S. 261 ff.

chend. Ihre Fortentwicklung dürfte umso wichtiger sein, als sich der europäische Gedanke seit „Nizza“ und stärker noch im Gefolge der aktuellen Szenarien um „Rettungsschirme“ etc. in einer Krise befindet. Das Europa der Zukunft ist stärker wieder von „innen“ und „unten“ her auszubauen, d.h. Europa muss für den Bürger von seiner *nationalen* Verfassung aus stärker erlebbar werden, nur so wird das viel zitierte „Europa der Bürger“, das „Europa der Regionen und Kommunen“ entstehen. Die Integrationsnarrative müssen aus der Mitte der nationalen Bürgergesellschaften kommen und dürfen nicht als Oktroi europäischer Eliten über die Köpfe der Bürgerinnen und Bürger hinweg erzählt werden. M.a.W.: Das Europaverfassungsrecht ist auf der *inner*staatlichen Ebene auszubauen in Gestalt all der Erscheinungsformen, die sich vereinzelt da und dort schon finden. Europa muss in einem doppelten Sinne zum *konstitutionellen Narrativ* und *Verfassungs*thema werden: innerverfassungsstaatlich, auch innerbundesstaatlich (wie tendenziell in einzelnen ostdeutschen Verfassungen) und überstaatlich i.S. einer „werdenden“ Verfassung der Europäischen Union. Nur dieses *zweigleisige* Vorgehen kann Europa voranbringen. Wenn, z.T. zu Recht, das Fehlen einer „europäischen Öffentlichkeit“ beobachtet, z.T. deren schrittweise Genese identifiziert wird, so wachsen hier den nationalen Verfassunggebern besondere Aufgaben zu: Sie müssen Europa national in ihren eigenen Regelungsbereichen thematisieren und „erfinderisch“ werden, etwa durch Ausdifferenzierung des Staatszieles Europa, durch Normierung des Erziehungszieles „Europa“, durch Bezugnahmen auf europäische Grundrechte (sei es der geschriebenen der EMRK, sei es der ungeschriebenen des EuGH als allgemeine Rechtsgrundsätze[83]), durch Verweis auf den europäischen Verbund, in dem Regionen und Kommunen stehen oder durch Klauseln zur europäischen Kulturförderung. Gefordert ist eine „Politik für Europaverfassungsrecht“. Vor allem die Präambeln und Grundlagen-Artikel sind der Rahmen, in den Europaprogramme wirksam und (jedenfalls relativ) bürgernah platziert werden können/sollen. Parallelen zwischen innerstaatlichen Europa-Artikeln und werdendem übernationalem Europarecht sind nicht etwa zu meiden, sondern sogar i.S. einer *Gleichgestimmtheit* beider Ebenen zu suchen.

---

83 Nachweise dazu bei *M. Kotzur*, in: R. Geiger/D.-E. Khan/M. Kotzur (Hrsg.), European Union Treaties, 2015, CFREU-Introduction, Rn. 1 ff. und Bibliographie.

213 Als „*Textreservoir*" bieten sich viele Normgruppen an:

- Textelemente der Satzung des Europarates von 1948 („Fortentwicklung der Menschenrechte und Grundfreiheiten")
- Präambelelemente aus der EMRK von 1950 („gemeinsames Erbe an geistigen Gütern") und der ESC von 1961 („wirtschaftlicher und sozialer Fortschritt")
- Textelemente aus dem Europäischen Kulturabkommen von 1954 (Förderung der „gemeinsamen Kultur", Schutz des „gemeinsamen kulturellen Erbes", der „europäischen Kultur")
- Textelemente aus der KSZE-Schlussakte von 1975 (Korb 3): Förderung des Interesses für das Kulturgut der anderen Teilnehmerstaaten, „eingedenk der Vorzüge und der Werte jeder Kultur"
- Präambelzitate aus dem Entwurf eines Vertrages zur Gründung der Europäischen Union (EP) von 1984: „Bestreben, das Werk der demokratischen Einigung Europas ... fortzusetzen"
- Präambelelemente aus der Erklärung der Grundrechte und Grundfreiheiten des EP (1989), wie: „dass Europa die Existenz einer Gemeinschaft des Rechts bekräftigt"
- Textelemente zum Fundament des „neuen Europa" i.S. der KSZE-Charta von Paris (1990): Schutz „ethnischer, kultureller, sprachlicher und religiöser Identität" nationaler Minderheiten (Volksgruppenschutz) sowie „Schutz der Umwelt" in gemeinsamer Verantwortung aller unserer Nationen in Europa
- Regionalismus-Texte (z.B. aus der „Gemeinschaftscharta der Regionalisierung" (1988), wie Art. 1)
- Textelemente aus dem Krakauer Symposium über das kulturelle Erbe der KSZE-Teilnehmerstaaten (1991): Regionalaspekte der Kultur als „Faktor der Völkerverständigung"
- Präambelelemente von „Maastricht" (1992) und „Amsterdam" (1997): „bürgernahes" Europa, Thessaloniki (2004): „kulturelles Erbe"
- Präambelelemente aus dem Entwurf eines Verfassungsberichts zur Europäischen Union (1993), Berichterstatter *F. Herman*: „zum Schutz der Umwelt auf internationaler Ebene"
- Präambelelemente aus der EU-Grundrechte-Charta (2000): „Verantwortlichkeiten und Pflichten gegenüber den Mitmenschen"
- Elemente aus der Europäischen Charta der kommunalen Selbstverwaltung (1985): „... dass das Bestehen kommunaler Gebietskörperschaften mit echten Zuständigkeiten eine zugleich wirkungsvolle und bürgernahe Verwaltung ermöglicht" und die „Stärkung der kommunalen

Selbstverwaltung in den verschiedenen europäischen Staaten einen wichtigen Beitrag zum Aufbau eines Europa darstellt, das sich auf die Grundsätze der Demokratie und der Dezentralisierung der Macht gründet“[84] – das könnte die wechselseitige Aufgeschlossenheit von Gemeinden und EU fördern.

Den hier vorgeschlagenen „Stoffwechsel“ zwischen europäisch überstaat- 214
lichem und innerstaatlichem „Europaverfassungsrecht“ nimmt im Grund für einen Einzelbereich der Entwurf eines Artikels für eine Europäische Verfassung von *J. Hofmann* vorweg[85]:

„(1) Den kommunalen und regionalen Gebietskörperschaften der Unionsstaaten wird das Recht auf Selbstverwaltung und Finanzautonomie im Rahmen der Gesetze und nach Maßgabe des Prinzips der Subsidiarität gewährleistet.

(2) Den Gebietskörperschaften steht bei allen sie betreffenden Entscheidungen der Union und der Unionsstaaten ein Informations- und Beratungsrecht zu. Dieses wird durch von den Gebietskörperschaften zu bildende Ausschüsse wahrgenommen.

(3) ...“

Aber auch sonst ist Ausschau zu halten, wo Bauteile für innerstaatliches 215
Europaverfassungsrecht zu entdecken sind[86]. Die nationalen Europa-Artikel könnten der verbreiteten Beobachtung Rechnung tragen, Europa stehe heute unter „Begründungs- respektive Legitimierungszwang“[87]. Europa

---

84 Zit. nach *F.-L. Knemeyer*, Die Europäische Charta der kommunalen Selbstverwaltung, 1989, S. 273.

85 Zit. nach *F.-L. Knemeyer*, Die Europäische Charta der kommunalen Selbstverwaltung, 1989, S. 283.

86 Vgl. etwa den frühen Entwurf einer europäischen Bundesverfassung von 1951 (zit. bei P. C. Mayer-Tasch, (Hrsg.), Die Verfassungen Europas, 2. Aufl. 1975, S. 832 ff.: „im Bewusstsein unserer Kulturgemeinschaft“). Ferner *M. Imboden*, Die Verfassung einer europäischen Gemeinschaft, Festgabe zum Schweizerischen Juristentag, 1963, S. 127 ff.: „Die europäischen Völker, getragen vom Wunsche, sich Freiheit und Frieden zu sichern, im Bewusstsein ihres großen Erbes ...“ – Art. X/6 eines Entwurfes der Europäischen Kommission bzgl. der politischen Union (Mai 1991): „Jeder Unionsbürger hat das Recht auf freie Entfaltung seiner Kultur. Er hat die Pflicht, die Entfaltung der Kultur des anderen zu achten“. – Präambel Verfassungsentwurf der Europäischen Union (Februar 1993): „... dass die Union die Identität der Mitgliedstaaten ... auf der Grundlage der Grundsätze der Solidarität, des wirtschaftlichen und sozialen Fortschritts, der Subsidiarität und der aktiven Beteiligung der regionalen und lokalen Gebietskörperschaften achtet“.

87 Der in jüngsten Krisenzeiten verbreitete Jargon der „Alternativlosigkeit“ politischer Optionen wirkt diesbezüglich mehr als kontraproduktiv.

gewönne von den Nationen her eine alt-neue Begründungsebene. Hinzukommen muss freilich die entsprechende *Praxis*. Hier ist Belgien vorbildlich, insofern es einen nationalen Parlaments-Ausschuss gibt, der sich je zur Hälfte aus nationalen und Europaabgeordneten zusammensetzt.

d) Ausblick: Verfassungspolitik in Sachen Europa

216 Die typisierten Verfassungstexte mit Europa-Bezügen stehen nicht für sich. Sie sind im gemeineuropäischen *Kontext* zu lesen bzw. auf *Gesamt*europa hin zu deuten. Nimmt man sie alle in der Vielfalt ihrer Formen und Inhalte zusammen, so zeigt sich, dass die Europa-Idee „unterwegs" ist und wie sehr sie den „gemeineuropäischen Verfassungsstaat" als solchen auch ausweislich seiner Verfassungstexte „schmückt". Die Europäisierung des Verfassungsstaates, die Europa-Offenheit der Nationalstaaten einschließlich ihrer etwaigen föderalen Gliedstaaten ist auch textlich schon weiter fortgeschritten als die oft noch introvertiert nationalstaatlich arbeitende Dogmatik und z.T. auch die Verfassungsrechtsprechung wahrhaben will[88].

217 Jede „gute Verfassungspolitik" hat heute mit zu bedenken, an welchen systematischen Stellen einer Verfassung sie das Thema Europa wie fixiert: als Staatsziel[89] (mit Folgerungen z.B. für die Umweltpolitik), als Erziehungsziel, im Blick auf die Grundrechte, als Präambelelement oder auf sonstige Weise. Das „Europa der Bürger" und das „Europa der Regionen" hat Gewinn davon, wenn Europa von unten her, d.h. von innen her, von den nationalen und gliedstaatlichen Verfassungstexten aus wächst und parallel

88 Vgl. die Kritik von *J. Schwarze*, Europapolitik unter deutschem Verfassungsrichtervorbehalt, NJ 1994, S. 1 ff., 3 an BVerfGE 89, 155: „Introvertierte Verfassungsinterpretation".

89 Von der Schaffung von Europa-Artikeln sollte man sich auch nicht deshalb abhalten lassen, weil Art. 23 Abs. 3-7 n.F. GG *konkret* Kritik verdient: Er ist „Verwaltungsrecht im Verfassungsrecht", sein eigenes schlechtes Ausführungsgesetz verstößt gegen Grundsätze guter Verfassungspolitik. Zur Kritik insofern etwa: *C. Starck*, Diskussionsbeitrag, VVDStRL 53 (1994), S. 127 f. und *P. Häberle*, Diskussionsbeitrag, VVDStRL 53 (1994) S. 147; *U. Everling*, Überlegungen zur Struktur der Europäischen Union und zum neuen Europa-Artikel des Grundgesetzes, DVBl. 1993, S. 936 ff., 945 f.; *J. Schwarze*, Das Staatsrecht in Europa, JZ 1993, S. 585 ff., 595; *R. Breuer*, Die Sackgasse des neuen Europaartikels (Art. 23 GG), NVwZ 1994, S. 417 ff. Aus der Kommentar-Lit.: *I. Pernice*, in: H. Dreier (Hrsg.), GG, Bd. II, 2. Aufl. 2006, Art. 23.

dazu von der überstaatlichen Ebene her. So mag man verfassungspolitisch z.B. an Europa-Texte im Kontext der kommunalen Selbstverwaltung denken – „Echo" auf die Europäische Charta der kommunalen Selbstverwaltung[90]; m.a.W.: „Verfassungspolitik für Europa" ist von der innerstaatlichen und der überstaatlichen Ebene her zu leisten. Gewiss, innerstaatlich muss der Verfassunggeber recht allgemein bleiben, er darf sein Europaprogramm nicht zu konkret formulieren, um die Gestaltungsfreiräume nicht nationalstaatlich einzuschnüren. Das Europabekenntnis aber sollte an den je notwendigen Stellen systematisch Stück für Stück und glaubhaft *konstitutionell* ausgesprochen werden. Differenzierte Europa-Artikel sollten zu einem normalen Themenbereich demokratischer Verfassunggeber in Europa werden. Zu wichtig ist das Europa-Thema heute. Anders gesagt: Der „gemeineuropäische Verfassungsstaat" wird zu einem solchen dank geschriebener (oder ungeschriebener) „verinnerlichter" Europa-Artikel. „Europa" wird zu seinem selbstverständlichen Thema – wie dies etwa Menschenwürde und Menschenrechte, Demokratie, sozialer Rechtsstaat und Gewaltenteilung in Jahrhunderten geworden sind[91].

Das Plädoyer für ein Mehr an allgemeinen und besonderen Europa-Artikeln in *nationalen* Verfassungen i.S. von „Europa im Verfassungsstaat" will die künftige Europapolitik nicht einengen, sondern bürgernäher, regional und national, mehr von unten her legitimieren und die Akzeptanz Europas erhöhen. Gerade weil derzeit eine Phase der „Renationalisierung" droht und die „Europäisierung" der Nationen ins Stocken geraten ist, kann so der Sache Europa mit neuer Kraft gedient werden. Ideal wären aufeinander abgestimmte Europa-Artikel der Verfassungsstaaten, die zum Europa im engeren (EU) Sinne, aber auch zum Europa im weiteren (Europarat) Sinne gehören. Dabei können die nationalstaatlichen Programme durchaus differieren: so bleibt Raum für fruchtbare Konkurrenz in Sachen Verfas- 218

90 Dazu *F.-L. Knemeyer*, Die Europäische Charta der kommunalen Selbstverwaltung, 1989, und die Buchanzeige von *P. Häberle*, AöR 116 (1991), S. 324 f.; F.-L. Knemeyer (Hrsg.), Europa der Regionen und Europa der Kommunen, 1994; s. aber auch *H. Heberlein*, Maastricht – ein Erfolg für die kommunale Selbstverwaltung?, DVBl. 1994, S. 1213 ff.; *ders.*, Die kommunale Selbstverwaltung im Vertrag von Lissabon – ein Mehrwert für die Kommunen?, BayVBl. 2014, S. 193 ff.

91 Vgl. auch *J. Schwarze*, Das Staatsrecht in Europa, JZ 1993, S. 585 ff., 594: „Öffnung des Staatsrechts auf Europa hin".

sungspolitik für Europa[92]. Entscheidend ist nur, dass die Verfassungsstaaten mehr Europaverfassungsrecht im gekennzeichneten Sinn wagen und damit das „Europa der Bürger“ (durch EMRK-Verweise) oder das „Europa der Regionen“ (durch europäische Regionalismus-Artikel) und das „Europa der Kommunen“ („Europa der Gemeinden“ i.S.v. *A. Gasser*) voranbringen. Für den Grundrechtsbereich könnte durchaus auf die EU-Grundrechte als „allgemeine Rechtsgrundsätze“ i.S.d. EuGH Bezug genommen werden (vgl. Art. 6 Abs. 2 EUV), auch wären Rezeptionen von „ordre public-Grundsätzen“ denkbar, die der EGMR zu entwickeln begonnen hat. Europa könnte so „von unten her“ neue Impulse erfahren und dem Bürger im Spiegel seiner eigenen Verfassung verständlich, zugänglich und erfahrbar gemacht werden.

219 Ein eigenes Thema ist die Frage, ob die *grundlegenden* Elemente der schon gewordenen oder noch werdenden „Verfassung Europas“ ausdrücklich in die nationalen Verfassungen übernommen werden sollen. Eine solche inhaltliche (textlich verbesserte) „Wiederholung“ ist u.E. dringend geboten, solange es keine einheitliche „Verfassungsurkunde“ der Europäischen Union gibt; und dies umso mehr als die bisherigen Teilverfassungen in Vielem redaktionell missglückt und denkbar bürgerfern gehalten sind. Auch dem Reformvertrag von Lissabon ist diesbezüglich kein Durchbruch gelungen.

3. Europa als geographischer und/oder kultureller und rechtskultureller – „ideeller“ – Begriff (inhaltliche Kennzeichnungen)

220 Vom Europabegriff war schon vielfach die Rede. Die Überlegungen seien an dieser Stelle konkretisierend fortgeführt. Die Prämisse ist dabei, dass es ein fixes Grundbuch für Europas Grenzen und Grenzänderungen nicht geben kann. Der Europabegriff ist vielmehr vom Juristischen her funktional zu denken aus der Tiefe der europäischen Rechtskultur zu begreifen[93].

221 Als Juristen haben wir zunächst von den Texten auszugehen. In der Präambel der EMRK (1950) ist von „europäischen Staaten“ die Rede, die „vom gleichen Geist beseelt sind“, in der ESC (1961) wird als Ziel des

---

92 Zu Fruchtbarkeit und Grenzen eines „Wettbewerb[s] von Rechtsordnungen“ die Beiträge von *A. Peters* und *Th. Giegerich*, Wettbewerb von Rechtsordnungen, VVDStRL 69 (2010), S. 7 ff. bzw. 57 ff.

93 G. Helleringer/K. Purnhagen (Hrsg.), Towards a European Legal Culture, 2014.

Europarates genannt, „eine engere Verbindung zwischen seinen Mitgliedern herzustellen, um die Ideale und Grundsätze, die ihr gemeinsames Erbe sind, zu wahren“ – die Türkei ist Mitglied des Europarates (!) –, das GG spricht in seiner Präambel vom deutschen Volk als „gleichberechtigtem Glied in einem vereinigten Europa“, in Art. 24 Abs. 2 GG von „friedlicher und dauerhafter Ordnung in Europa“, und dieses Europabekenntnis ist etwa in der Präambel der Verfassung Brandenburgs (1992) fast wörtlich wiederholt. Seit Jahrzehnten wird Europa verstärkt Gegenstand von Rechts-Texten. So heißt es in dem Dokument der Münchner Konferenz „Europa der Regionen“ vom Oktober 1989: „Europas Reichtum ist die Vielfalt seiner Völker und Volksgruppen, seiner Kulturen und Sprachen, Nationen, Geschichte und Traditionen, Länder, Regionen und autonomen Gemeinschaften, ... Subsidiarität und Föderalismus müssen die Architekturprinzipien Europas sein.“[94] In der Verfassung Sachsens (1992), und in der revidierten Verfassung des Saarlands (1992) wird die grenzüberscheitende regionale Zusammenarbeit in Europa auf Texte gebracht (vgl. Art. 12 bzw. Art. 60) – die „Euregio Basilensis“ und „Egrensis“ sind bekannt –, und der sonst so glanzvoll verunglückte Art. 23 GG sagt in seinem Abs. 1: „Zur Verwirklichung eines Vereinten Europa wirkt die Bundesrepublik Deutschland bei der Entwicklung der Europäischen Union mit ...“ Er bekräftigt die „Europa-Offenheit“ des GG.

In Osteuropa findet „Europa“ schrittweise Eingang in die neuen Verfas- 222
sungen. So spricht etwa die Verf. der Tschechischen Republik (1992) in ihrer Präambel von sich als „freiheitlicher und demokratischer Staat, gegründet auf der Achtung vor den Menschenrechten und den Grundsätzen der bürgerlichen Gesellschaft, als Teil der Familie der Demokratien Europas und der Welt, ... entschlossen, sich nach allen bewährten Prinzipien des Rechtsstaates zu richten“. Auffallend ist, wie sehr Europa im Kontext von Rechtsprinzipien beschworen wird, aber selbst nicht definiert, d.h. vorausgesetzt ist. Wir lernen aus all dem, dass Europa ein – in kleinräumigen, kommunikativen Gebieten – offener Begriff ist, in seinen Grenzen, vor allem nach Osten dynamisch. Er hat gewisse räumlich-geographische Elemente, aber vor allem kulturelle und als Teil von ihnen rechtskulturelle. Osteuropa[95] war bis zum „annus mirabilis“ (1989) gewiss Teil von Eu-

94 Einzelheiten in: *P. Häberle*, Aktuelle Probleme des deutschen Föderalismus, Die Verwaltung 1991, S. 169 ff., 170 f.

95 S. auch *H. Homann/C. Albrecht*, Die Wiederentdeckung Osteuropas, Herders Perspektiven und die Gegenwart, ZfP 1993, S. 79 ff.

ropa im geographischen Sinne, rechtskulturell aber durch den eisernen Vorhang und die DDR-Mauer geteilt, der Osten dem Rechtssystem des Marxismus-Leninismus unterworfen, der das Gegenmodell europäisch/atlantischer Rechtskultur bildete (man denke an die Ersetzung des „bürgerlichen Rechts“ durch das „sozialistische“, die Gewaltenkonzentration, die „sozialistische Gesetzlichkeit“, die „parteiliche Rechtsprechung“, kurz alle Elemente eines „Unrechtssystems“). Heute kehren die dortigen Länder, etwa die Baltenrepubliken, im Südosten Slowenien buchstäblich „nach Europa“ zurück, und mit diesem Bild ist die Rückkehr in die europäische Rechtskultur gemeint – manche kulturellen Ausformungen und Verbindungen hatten sich ja selbst unter dem totalitären System erhalten. Hier zeichnet sich ebenfalls die *Offenheit des Europabegriffs* ab: So leidet etwa die EU als solche an einem Europa*defizit*, solange ihr die Völker Osteuropas – bis hin zu Russland? – (*Ch. de Gaulle*: „Vom Atlantik bis zum Ural“), wie etwa die Ukraine (die jüngste Krise macht das umso schmerzlicher bewusst)[96] nur in „Europa-“, d.h. „Assoziationsverträgen“ verbunden sind. Vielleicht ist nach den einzelnen Lebensbereichen zu unterscheiden: Europa als *Wirtschafts*raum[97], Europa als *Kultur*raum und Europa als *Rechtskultur* und Ziel der *Politik*. Diese Kreise koinzidieren nur zum Teil. Europa ist ein komplexer Begriff, der nach seinen vielen *Schichtungen* aus Geographie und Raum, Völkern, Kulturgeschichte, Wirtschafts-, politischer und Rechtsgeschichte auszudifferenzieren ist, also nur interdisziplinär – kulturwissenschaftlich – erfasst werden kann. Das „Europa-Bild“ wandelt sich in der Zeit ebenso wie die europäischen „Meistererzählungen“[98] (z.B. von Mythos und Logos), das „Europa-Bewusstsein“ ebenso. Vieles bleibt unklar, doch hat uns das Ringen um den Europabegriff unversehens den Rechtsordnungen näher gebracht. Europa lebt offenbar wesentlich aus seiner spezifischen Art von Recht bzw. Rechtskultur.

---

96 *W. Schneider-Deters*, Die Ukraine: Machtvakuum zwischen Russland und der Europäischen Union, 2. Aufl. 2014.

97 Auch die heutige „EU“ war ursprünglich (1957) eine E*W*G.

98 *O. Rozenberg*, Frankreichs Suche nach einem europäischen Narrativ, Integration 4/2014, S. 309 ff.

a) Das Europaverständnis und Europabild, Europa als Kultur

Um die bisher gefundenen Ergebnisse zu bündeln: „Europa“, oft primär juristisch-technisch, oft nur historisch definiert, muss auf der Spur des hier entwickelten Ansatzes kulturell[99], weit, offen und nicht primär ökonomisch verstanden werden. Das „europäische Haus“ ist eine gute Metapher, wenn man sich die Fülle des griechischen „oikos“ vergegenwärtigt[100]. Das „Markt-Europa“ bezeichnet nur einen Teilaspekt. 223

Der Mensch ist das Maß aller Dinge, nicht die Wirtschaft und der Markt. 224 So wichtig sie sind, sie bleiben ein *Mittel* zum Zweck des kulturell vielfältigen Europa als Haus mit vielen Zimmern und „Erkern“, z.B. mit Blick nach Iberoamerika oder die USA und Kanada – sei es nun mit oder ohne TTIP und CETA. Das europäische kulturelle Erbe *und* die nationale Identität der Einzelstaaten sind gemeint[101]. Dabei gehört Osteuropa zu Europa, Russland ohne seine asiatischen Teile; wohl auch die Türkei, weil wir heute nicht mehr vom „christlichen Europa“ ausgehen dürfen, sondern um einen „verfassungsstaatlichen Euro-Islam“ ringen müssen, der sich seinerseits tolerant geriert. Europa ist kein Staat, aber es konstituiert sich „wachsend“ aus *Teil*verfassungen. Sie sind teils geschrieben (z.B. in Gestalt der EMRK von 1950 oder des Europäischen Kulturabkommens von 1954), teils ungeschrieben (etwa aus der Judikatur der beiden europäischen Verfassungsgerichte). Wir müssen uns in Europa von der Idee der „Vollverfassung“, die auf einen nationalen Staat bezogen ist, entschlossen verabschieden. Es gibt nur so viel Europa, wie diese *Teilverfassungen* gemeinsam und punktuell für sich allein konstituieren. Alle etatistischen Relikte sind in Frage zu stellen. Der Erweiterungsvorgang nach Osten entspricht einer

99 Zum folgenden *P. Häberle*, Europäische Rechtskultur, 1994, S. 13 ff. S. auch *P. Thiergen*, „Homo sum“ – „Europaeus sum“ – „Slavus sum“, Zeitschrift für Slavische Philologie, 1998, S. 50 ff. – *M. Fuhrmann*, Bildung, Europas kulturelle Identität, 2002; H.-J. Bücking/E. Jesse (Hrsg.), Deutsche Identität in Europa, 2008.

100 Dazu *M. Stolleis*, Europa – seine historischen Wurzeln und seine künftige Verfassung, 1997, S. 28.

101 Jeder Staat kann sein Selbstbildnis, seine nationale Identität an ganz unterschiedlichen kulturellen Erfahrungen festmachen. Die Unterscheidung zwischen „Nah-“ und „Fernerinnerung“ (*K.-H. Bohrer*) ist ein gelungener Versuch in Sachen nationale Identität in Deutschland. Sodann ein gemeinsamer Blick auf die Schweiz und Nordeuropa: Das Selbstbildnis der drei Nicht-EU-Länder Schweiz, Norwegen und Island lebt von einem eher defensiven Nationalgefühl.

flexiblen Sicht. Das Bild von „konföderalen Strukturen" (*K. Hänsch*) kann weiterhelfen, vielleicht auch das Wort vom „neuen Mittelalter", das supranationale und regionale Ebenen und Schichtungen bündelt (*Wallace*). Das Ganze ist ein Prozess i.S. der „Echternacher Springprozession", kein explosionsartiger Vorgang aus einer Stunde Null – wie herkömmliche nationalstaatliche, dezisionistische Lehren uns weismachen wollen.

b) Insbesondere: Europa als Kultur

225 Und auch diese Quintessens sei neuerlich in Erinnerung gerufen – als Erkenntnis und Bekenntnis, gewiss als leitmotivischer immer wiederkehrender „roter Faden" dieser europäischen Verfassungslehre: Vor allem aber ist Europa *Kultur*, das vom Menschen hier seit Jahrhunderten oft in „Renaissancen" Geschaffene, und dies oft als „Mischkultur" auch schon in den einzelnen Nationen. Man denke an Palermos „Capella Palatina" oder die türkischen Elemente in der Musik des göttlichen *W. A. Mozart*. Vielleicht darf man sogar von „europäischem Kulturpatriotismus" sprechen.

226 Europa ist ein von der Geographie als *Kulturwissenschaft* aus zu konzipierender Erdteil, eher ein geistiges dynamisches Reich, jedenfalls kein statischer „Standort". Europa als kultureller Begriff (*O. Kokoschka*), als „großer kosmopolitischer, geistiger Raum" (*M. Gräfin Dönhoff*) ist Ergebnis von Kultur- bzw. Verfassungsgeschichte; es ist intellektuelle und emotionale „Heimat", gewiss mit vielen Verbindungen nach Übersee: etwa dank Großbritannien auch nach Nordamerika, aber doch eigenständig. Als Rechts- bzw. Grundrechts- und Wertegemeinschaft umrissen, wurzelt Europa in seinem gemeinsamen „kulturellen Erbe" (Art. 167 AEUV), haben die Nationen „kulturelles Erbe von europäischer Bedeutung", ist Europa durch „nationale und regionale Vielfalt" und Gemeinsamkeit gekennzeichnet. „Gemeineuropäische Hermeneutik" kann hierauf aufbauen. Zu bedenken bleibt, dass Europa historisch im Ganzen wie in seinen Nationen eine „*Mischkultur*" ist: mit Elementen z.B. der altägyptischen oder arabischen Welt, die oft genug in „Renaissancen" aufgefrischt wurden. Der viel zitierte Klassikertext von *A. Renan* kann jedenfalls nicht das letzte Wort sein (Europa wurde „geboren aus dem griechischen Wunder", wurde „groß mit der griechisch-lateinischen Kultur", erlebte eine „Renaissance" und „ist christlich"). Dass die Schweiz als alteuropäisches Kernland zu diesem Europa gehört – EWR-Ablehnung bzw. EU-Beitrittsdebatte hin oder her –, braucht nicht betont zu werden; eher ist zu fragen, ob sich Europa nicht in

mancher Hinsicht „helvetisiert“ oder doch „helvetisieren“ sollte (z.B. in Sachen halbdirekte Demokratie, Sprachenfreiheit, Föderalismus bzw. als dessen „kleiner Bruder“: Regionalismus). *T. Mann* nennt die Schweiz „das kleine Europa“.

Im Kontext der Kultur ist auch der Ort von Europa als „Erziehungsziel“. 227
Der „Euregio-Lehrer“ der Oberrheinkonferenz (1998) markiert einen Anfang[102]. Dieser vorsichtige europäische Kulturoptimismus steht gegen alle Positionen der Euroskeptiker, der Markteuropäer und Staatlichkeitsdenker. Kongenial ist ihm der gedämpfte wissenschaftliche bzw. Menschenbild-Optimismus, der auch auf die schrittweise mögliche Erfüllung verfassungsstaatlicher Reformbedürfnisse setzt.

Der Ertrag dieses Abschnitts sei nochmals wie in einem Brennspiegel zu- 228
sammengefasst. In Europa geht es weniger um eine „postnationale Konstellation“ (*J. Habermas*)[103], denn um einen präföderalen Prozess, der vielleicht zu neuen juristischen Figuren führt, die wir heute noch nicht konstruieren können. Es bedarf den „Federalist Papers“ in den werdenden USA vergleichbarer kongenialer „European Papers“, die einerseits von der Einsicht geleitet sind, dass die europäische Kultur das „Ferment“ einer jeden Nationalkultur waren (*F. Stern*), andererseits gemeineuropäische Rechtskultur mit der nationalen flexibel verbinden. Homogenisierung und Differenzierungen müssen in ein subtiles Balance-Verhältnis kommen. Voraussetzung dafür ist ein „Kulturgespräch über Europa“.

B. Europäische Rechtskultur – „Gemeineuropäisches Verfassungsrecht“ – der „Europäische Jurist“

I. Die Europäische Rechtskultur – sechs Elemente

1. Die Geschichtlichkeit

Von der europäischen Rechtskultur war schon intensiv die Rede. Sie sei 229
im Folgenden nach ihren Bestandteilen und Grundierungen differenzierend erfasst. Das evolutive Moment macht dabei den Anfang. Die europäi-

---

102 Vgl. NZZ vom 11. Juni 1998, S. 15: Der „Euregio-Lehrer“ kommt.

103 Vgl. auch die problematische Formel vom „postnationalen Verfassungsbegriff“ bei *I. Pernice*, Europäisches und nationales Verfassungsrecht, VVDStRL 60 (2001), S. 148 ff., 155.

sche Rechtskultur ist in mehr als 2500 Jahren zu einer solchen *geworden*[104] und deshalb *beständiges Werden* eher denn in konkreten Abgrenzungen fassbares Sein. Die einzelnen Phasen und ihre Hervorbringungen überlagern sich wie Schichten und sind alle in ganz Europa mehr oder weniger präsent. Die philosophische Grundlegung im alten Griechenland wurde schon erwähnt, der bis heute wohl nicht wieder erreichte spezifische Juristenverstand der Römer ebenso. Hinzuzunehmen sind die Beiträge des Juden- und Christentums, unmittelbar sichtbar im *Dekalog*, die sich nicht nur im Strafrecht der europäischen Völker, bei allen nationalen Varianten und trotz fortschreitender Säkularisierung widerspiegeln. Antike, Mittelalter und Neuzeit haben ihre bleibenden, oft auch sich verändernden Beiträge zur europäischen Rechtskultur geleistet, Wachstumsringen ähnlich. Erinnert sei für das Privatrecht – neben der Rechtsgeschäftslehre bzw. Privatautonomie – an römische Glanzleistungen wie die „ungerechtfertigte Bereicherung“ (vgl. §§ 812 ff. BGB), für das Strafrecht an die allmähliche Abkehr vom alttestamentarischen Talionsprinzip (nicht nur Vergeltung, sondern auch Erziehung und Besserung als Strafzweck), vor allem an die Durchsetzung des Schuldprinzips im Sinne „persönlicher Vorwerfbarkeit“, heute unstreitig an die Stelle der Gottesurteile des germanischen Strafrechts getreten! Die Kontroverse zwischen „romanistischem“ und „germanistischem“ Eigentumsverständnis hat ganze Generationen beschäftigt. Die (nationale) Rechtsgeschichte, heute immer stärker in den europäischen Rahmen gestellt, bleibt unentbehrlich für jede Form der juristischen Selbstvergewisserung. Die großen Leistungen des kanonischen Rechts und die Ausstrahlung auf das weltliche (z.B. in Sachen Mehrheitsprinzip[105]) sei wenigstens erwähnt[106]. Ob Ostrom bzw. später „Byzanz“ klassische Elemente der europäischen Rechtskultur geschaffen hat, bleibe offen. Jedenfalls ist *Justinian* das „Corpus Juris Civilis“ zu verdanken.

---

104 Anschaulich: *T. Rathnow*, Gedächtnisraum Europa, FAZ vom 5. April 1993, S. 33.

105 *N. Magsaam*, Mehrheit entscheidet. Ausgestaltung und Anwendung des Majoritätsprinzips im Verfassungsrecht des Bundes und der Länder, 2014; bereits *P. Häberle*, Das Mehrheitsprinzip als Strukturelement der freiheitlich-demokratischen Grundordnung, JZ 1977, S. 241 ff.

106 Zur Ausstrahlung des kanonischen Rechts: *F. Wieacker*, Privatrechtsgeschichte der Neuzeit, 2. Aufl., 1967, S. 71 ff.; M: Schmoeckel/O. Condorelli/F. Roumy (Hrsg.), Der Einfluss der Kanonistik auf die europäische Rechtskultur, Bd. 1-3, 2012.

2. Die Wissenschaftlichkeit – juristische Dogmatik

Die Wissenschaftlichkeit – die juristische Dogmatik – bildet ein zweites Kennzeichen der europäischen Rechtskultur unserer Entwicklungsstufe. War sie in den großen Perioden Roms pragmatisch, aber in z.T. genialen Leistungen gewachsen, so wird vor allem im Zuge der Rezeption des römischen Rechts die Verwissenschaftlichung beschrieben[107]. In der Moderne hat sich diese Verwissenschaftlichung weiter verfeinert. Von *I. Kant* bis *M. Weber* und weit darüber hinaus ist eine durchlaufende Entwicklung befördert bzw. beobachtet worden. Recht wird im Vorgang der Setzung wie der Interpretation mit Rationalität in Zusammenhang gebracht. Beiträge im 20. Jahrhundert sind unter dem Stichwort eines *J. Esser* „Vorverständnis und Methodenwahl“ (1970), auch im Anschluss an *H.-G. Gadamers* „Wahrheit und Methode“ (1960, 4. Aufl. 1975) geleistet worden. Das 21. Jahrhundert mag den Rechtspluralismus und den „juridischen Kosmopolitismus“ hervorgebracht haben[108]. Die Rechtspolitik ist als Gesetzgebungslehre[109] Teil der Wissenschaft geworden, und Legionen von Literatur beschäftigen sich mit Fragen der „richtigen“ Methoden der Auslegung z.B. in der Verfassungsinterpretation[110]. Weitere Stichworte liefert die Diskussion über Grundwerte[111] – damals u.a. von *H. Kohl* geführt! Im Übrigen bildet es einen Ausdruck dieser Wissenschaftlichkeit des Rechts in Europa, dass es viele Teildisziplinen gibt. Die Spezialisierung – um nicht zu sagen *Fragmentierung* – ist freilich weit fortgeschritten, und mitunter ist das „geistige“ Band der *einen* Rechtswissenschaft kaum mehr präsent. Die 230

107 Dazu *F. Wieacker*, Privatrechtsgeschichte der Neuzeit, 2. Aufl. 1967, S. 131.

108 *H. J. Sandkühler*, Recht und Staat nach menschlichem Maß. Einführung in die Rechts- und Staatstheorie in menschenrechtlicher Perspektive, 2013, S. 52.

109 *P. Noll*, Gesetzgebungslehre, 1973; *G. Müller/F. Uhlmann*, Elemente einer Rechtsetzungslehre, 3. Aufl. 2013. Zur Gesetzgebung aus politikwissenschaftlicher Sicht: *K. v. Beyme*, Der Gesetzgeber. Der Bundestag als Entscheidungszentrum, 1997; *J. Isensee*, Volksgesetzgebung – Vitalisierung oder Störung der parlamentarischen Demokratie?, DVBl. 2001, S. 1161 ff. Zum Stichwort Rechtspolitik: *E. von Hippel*, Rechtspolitik, 1992; *W. Schmitt Glaeser*, Rechtspolitik unter dem Grundgesetz, AöR 107 (1982), S. 337 ff; *C. Engel,* Rationale Rechtspolitik, JZ 2005, S. 581 ff.

110 Dazu etwa *P. Schneider/H. Ehmke*, Prinzipien der Verfassungsinterpretation, VVDStRL 20 (1963), S. 1 ff.; *K. Hesse*, Grundzüge des Verfassungsrechts der Bundesrepublik Deutschland, 20. Aufl. 1995 (Neudruck 1999), Rn. 49 ff.

111 Dazu G. Gorschenek (Hrsg.), Grundwerte in Staat und Gesellschaft, 1. Aufl. 1977 (3. Aufl. 1978).

Rechtsphilosophie (als Frage nach dem „richtigen Recht") und heute u.E. die Verfassungslehre (als Lehre vom Typus Verfassungsstaat) sind diese „Rahmenwissenschaft".

231 Doch stehen wir hier in Deutschland (noch immer) erst am Anfang. Auf den „Schultern der Riesen" der Weimarer Klassiker im doppelten Sinne des Wortes (s.c. das Dreigestirn von *R. Smend, H. Heller, C. Schmitt*[112]) sehen wir nicht zuletzt dank der großen Leistungen des BVerfG weiter als diese, aber wir bleiben doch „Zwerge", auch wenn der bundesdeutschen Staatsrechtslehre Hand in Hand mit „Karlsruhe" (d.h. dem BVerfG) manche neuen juristischen Erfindungen geglückt sind, die auch in anderen Ländern Europas rezipiert werden (z.B. das Übermaßverbot bzw. der Grundsatz der Verhältnismäßigkeit, überhaupt die Verfeinerungen der Grundrechtsdogmatik[113]). Nur erwähnt sei die Auffächerung in viele juristische Teildisziplinen: vom klassischen Privatrecht mit vielen Nebengebieten über das Arbeits- und Wirtschaftsrecht, das Strafrecht, das Verwaltungs- und Verfassungs-, Völker- und Europarecht. Die Rechtsvergleichung[114], vom Privatrecht in großen Namen von *E. Rabel* über *M. Rheinstein* bis *K. Zweigert* pionierhaft begründet, erlebt derzeit auch im öffentlichen Recht großen Aufschwung[115]. Sie bildet übrigens in der *Raum*dimension das, was die Rechts*geschichte* in der *Zeit* bedeutet. Beides zusammen kann erst den kulturellen Mikro- und Makrokosmos des Rechts erfassen. Einem einzelnen Gelehrten freilich ist die Integration beider Dimensionen leider nicht mehr möglich. Eine Frucht der vergleichenden Rechtswissenschaft bildet die Lehre von den „*Rechtskreisen*"[116]. Unterschieden wird et-

---

112 *R. Smend*, Verfassung und Verfassungsrecht, 1928; *H. Heller*, Staatslehre, 1934; *C. Schmitt*, Verfassungslehre, 1928.

113 Dazu schon klassisch *G. Dürig*, in: Maunz/Dürig (Vorauflage), Art. 2 I, Rn. 60, 62 ff.; weiterhin *P. Lerche*, Übermaß und Verfassungsrecht, 1961; ferner *P. Häberle*, Die Wesensgehaltgarantie des Art. 19 Abs. 2 GG, 1. Aufl. 1962 (3. Aufl. 1983).

114 Jüngst *U. Kischel*, Rechtsvergleichung, 2015.

115 Früh dazu etwa *R. Bernhardt*, Eigenheiten und Ziele der Rechtsvergleichung im öffentlichen Recht, ZaöRV 24 (1964), S. 430 ff.; *J. M. Mössner*, Rechtsvergleichung und Verfassungsrechtsprechung, AöR 99 (1974), S. 193 ff.; *B. Wieser*, Vergleichendes Verfassungsrecht, 2005.

116 Vgl. *K. Zweigert/H. Kötz*, Einführung in die Rechtsvergleichung auf dem Gebiete des Privatrechts, Bd. I, 1971, S. 67 ff. (2. Aufl., 1984, S. 72 ff.); *M. Rheinstein*, Einführung in die Rechtsvergleichung, 2. Aufl. 1987, S. 15, 77 ff.; *L.-J. Constantinesco*, Rechtsvergleichung, Bd. III, 1983, S. 73 ff.; *R. Zimmermann*, Die Europäisierung des Privatrechts, 2006.

wa zwischen dem „romanischen" (z.B. Italien, Frankreich), dem „germanischen" (Deutschland) oder „nordischen" (Skandinavien), dem „angelsächsischen" (z.B. Großbritannien, USA) etc. Rechtskreis. Diese Rechtskreiselehre ist wiederum ein Werk der Wissenschaft und im Grunde „eurozentrisch". Heute und spätestens seit dem Jahre 1989 und seiner Weltstunde des Verfassungsstaates, muss sie neu konzipiert werden. Denn die Rezeption von Verfassungsrecht (z.B. vom deutschen GG hin zur Verfassung Griechenlands (1975), Portugals (1976) oder Spaniens (1978)), ist beachtlich und „mischt" die Rechtskreise auf neue Weise. Von Italiens Verfassung (1947) – sie war von der deutschen Weimars (1919) beeinflusst – gingen manche Rechtsideen ihrerseits in die beiden iberischen Länder (z.B. der Regionalismus), die neuen Schweizer Kantonsverfassungen (seit den 1960er Jahren) sind von der deutschen Rechtsprechung und Dogmatik nicht wenig beeinflusst[117], und die deutsche Staatsrechtslehre ist unter dem GG auch intensiven Einflüssen aus den USA ausgesetzt.

3. Die Unabhängigkeit der Rechtsprechung

Die Unabhängigkeit der Rechtsprechung in Bindung an Gesetz und Recht 232
(vgl. Art. 20 Abs. 3 GG) – eng mit der juristischen Dogmatik als einer Form der wissenschaftlichen Wahrheitssuche verknüpft – ist (samt der Verfassungsgarantie rechtlichen Gehörs und des Rechtsschutzes) ein drittes großes Merkmal europäischer Rechtskultur und Ausdruck durchgängiger Rechtsstaatlichkeit und der Gewaltenteilung. Die Verselbständigung der sog. „3. Gewalt" gegenüber dem Staat – auch und gerade im Verfassungsstaat, d.h. ihre bzw. des Rechts Verlässlichkeit, die schrittweise Herauslösung aus den Weisungsabhängigkeiten im absoluten bzw. konstitutionellen Staat; die Verwaltungsgerichtsbarkeit beginnt in Deutschland in Baden (1863) – die Gefährdungen selbst unter einem *Friedrich dem Großen* („Fall Müller Arnold"), der Verlust im NS-Staat und dann wieder in der DDR – all dies zeigt, wie mühsam und letztlich doch erfolgreich Rechtsprechung durch sachlich und persönlich unabhängige Richter war und ist

---

117 Dazu *P. Häberle*, Neuere Verfassungen und Verfassungsvorhaben in der Schweiz, insbesondere auf kantonaler Ebene, JöR 34 (1985), S. 303 ff.; *ders.*, Verfassung als öffentlicher Prozess, 1. Aufl. 1978 (3. Aufl. 1998), S. 182; *ders.*, Rechtsvergleichung im Kraftfeld des Verfassungsstaates, 1992, S. 1 ff.; *ders.*, Theorieelemente eines allgemeinen juristischen Rezeptionsmodells, JZ 1992, S. 1033 ff.

und welche kulturelle und politische Leistung sich dahinter verbirgt. Die Frage, ob es sich um „case law“ oder um „statute law“ handelt, ist eher sekundär, beides nähert sich heute stark an. Entscheidend bleibt, ob die Richter unabhängig sind. Erinnert sei indes an die menschlichen Grenzen dieser Unabhängigkeit: auch die Richter sind dem „Zeitgeist“ ausgesetzt[118]: im „Kaukasischen Kreidekreis“ von *B. Brecht* sind von einem Dichter die Grenzen des menschlichen Richtens auf einen Klassikertext gebracht worden. Der Richterkönig *Salomon* bleibt ein weiterer gültiger Ausdruck des Problems des Richteramtes[119]. Beschämt müssen wir indes beobachten, wie unverfroren die deutschen politischen Parteien heute die BVerfG- und EuGH-Richterstühle reklamieren – zum Glück sind ihre „Kandidaten“, einmal gewählt, immer unabhängig geworden bzw. geblieben!

4. Die weltanschaulich-konfessionelle Neutralität des Staates – Religionsfreiheit

233 Zu den Fundamenten der europäischen Rechtskultur gehört die Garantie der Religionsfreiheit bzw. die sog. weltanschaulich-konfessionelle Neutralität des Staates[120]. Sie erweist sich für unser Verständnis von „gerechtem Recht“ als zentral. Die Religionsfreiheit (nach *G. Jellinek* die Urfreiheit), die damit verknüpfte staatliche „Toleranz in Religionssachen“[121], das Prinzip der „Nichtidentifikation“ (*H. Krüger*) ist Gerechtigkeits*bedingung*. Erst dadurch konnte der „Verfassungsstaat“ zu einem solchen werden. Alle kulturelle Differenz, aller Pluralismus, alle kulturelle Freiheit hängen letztlich von diesem Ergebnis des Prozesses der *Säkularisierung* ab – wir können leicht die „Gegenprobe“ an Beispielen des islamischen Fundamentalismus oder der ideologisch gebundenen sog. „Rechtsprechung“ in totalitären Staaten aller Art machen. Europa jedenfalls hat seine Rechtskultur und Kultur überhaupt via Neutralität des Staates ins Offene wachsen las-

---

118 Dazu *K. Zweigert*, Zur inneren Unabhängigkeit des Richters, in: FS von Hippel, 1967, S. 711 ff. Allgemein *T. Würtenberger*, Zeitgeist und Recht, 2. Aufl. 1991.

119 Allgemein dazu *R. Smend*, Festvortrag 10 Jahre BVerfG, in: Das Bundesverfassungsgericht, 1963, S. 23 ff.

120 BVerfGE 27, 195 (201), später BVerfGE 102, 370 (387 f.); 105, 279 (294);123, 148 (178); zuletzt BVerfG NJW 2015, S. 1359 ff., 1363 f.

121 Zum Verhältnis von Toleranz und Religionsfreiheit *K. Kardinal Lehmann*, Toleranz und Religionsfreiheit. Geschichte und Gegenwart in Europa, 2015.

sen können. (Staatskirchenrechtliche Sonderformen wie die „hinkende Trennung“ zwischen Staat und Kirche nach dem GG sind damit vereinbar.)

5. Europäische Rechtskultur als Vielfalt und Einheit

Der Begriff „Europäische Rechtskultur“ suggeriert den Aspekt der Ein- 234
heit. Näher betrachtet, gehört ihm aber die *Vielfalt* von vornherein hinzu, so wie wir die europäische *kulturelle* Identität, ja selbst das „europäische Bürgerbewusstsein“ dialektisch ebenfalls aus Einheit *und* Vielfalt definieren. Die kulturelle Querschnittsklausel aus Art. 167 AEUV sagt:

> *„Die Union leistet einen Beitrag zur Entfaltung der Kulturen der Mitgliedstaaten unter Wahrung ihrer nationalen und regionalen Vielfalt sowie gleichzeitiger Hervorhebung des gemeinsamen kulturellen Erbes.“*

Das „gemeinsame kulturelle Erbe“ umschließt auch das rechtskulturelle 235
Erbe, die „nationale Vielfalt“[122], gewiss auch das je nationale Recht der europäischen Staaten. Obwohl hier formal nur die heute 28 EU-Länder gemeint sind, können beide Begriffe für alle Verfassungsstaaten Europas in Anspruch genommen werden. Dazu einige Stichworte: Für die europäische Rechtskultur ist bei allen gemeinsamen Wurzeln in Antike und Mittelalter die Entstehung des *Nationalstaates* und die damit verbundene eigene – durch das Gewaltmonopol garantierte – Rechtsordnung kennzeichnend. Unabhängig von den „Rechtsfamilien“ und „Rechtskreisen“ unterscheiden sich die einzelnen Staaten in Europa durch ihr spezifisch nationales Recht. Das gilt für die Kodifikationsidee der Naturrechtszeit, etwa das PrALR (1794) und den weit nach Deutschland ausstrahlenden Code Napoléon, es gilt für das BGB von 1900 und das ihm in Prägnanz, Sprachform und Volksnähe sogar überlegene Schweizer ZGB von *E. Huber* (1911). Das Ziel aller klassischen Nationalstaaten im 19. Jahrhundert war das eigene Recht, Ausdruck der eifersüchtig gehüteten Souveränität. Bei

122 Diese „nationale Vielfalt“ entfaltet sich jedoch nicht nur eindimensional auf der Ebene der Mitgliedstaaten der EU, sondern ist um eine zweite Dimension auf innerstaatlicher Ebene zu ergänzen. Zur Verknüpfung der beiden Dimensionen in Bezug auf die föderalistische Ausgestaltung Deutschlands vor dem Hintergrund des geplanten Freihandelsabkommens TTIP zwischen der EU und den USA *P. Wiater*, Föderalismus „hoch zwei“: Zur Rolle der deutschen Länder bei der Ausgestaltung der gemeinsamen Handelspolitik der EU, AöR 139 (2014), S. 497 ff.

aller Abhängigkeit der Menschenrechtskataloge von Frankreich 1789 bis Belgien 1831: die deutsche Paulskirche 1849 – zuvor der süddeutsche Konstitutionalismus – hatte ihre spezifischen Einfärbungen. Das überkommene „ius commune" war durch das nationale Recht zurückgedrängt worden[123]. Und heute gehören die Verfassungsstaaten Europas zwar alle dem *Typus* „Verfassungsstaat" an, sie variieren dessen Elemente indes vielfältig: z.B. in Sachen Föderalismus bzw. Regionalismus[124], Verfassungsgerichtsbarkeit, Grundrechtsverständnis oder politischer Kultur. In Frankreich sagt ein *Ch. de Gaulle* angesichts der drohenden Verhaftung von *J.-P. Sartre*: „Einen *Voltaire* verhaftet man nicht"! Welchem deutschen Politiker könnte man einen solchen Satz zuschreiben? Auch der Rechtsprechungs- und Wissenschaftsstil – typisches Kennzeichen einer Rechtskultur – ist eminent national geprägt. Erwähnt seien etwa die Knappheit der Urteile der französischen Gerichte und die habilitationsgleichen Leistungen des BVerfG[125]. Italien kennt im Gegensatz zum BVerfG in seiner Corte Costituzionale noch keine richterlichen Sondervoten – Spanien sieht sie bereits in Art. 164 Abs. 1 seiner neuen Verfassung von 1978 vor. Die deutsche Rechtswissenschaft wird oft wegen ihrer „Fußnotenseeligkeit" bespöttelt[126], gewiss auch wegen ihrer Gedankentiefe geschätzt; wir bewundern umgekehrt die vom common sense geprägte, allgemein verständliche juristische Literatur (und Judikatur) Großbritanniens (auch der USA). Kurz die *Pluralität* der nationalen Rechte ist ein Teil der *Identität* der europäischen Rechtskultur. Im unterschiedlichen Gesetzgebungsstil, in der jeweiligen Verwaltungskultur[127] könnten ähnliche Differenzierungen der

---

123 Dazu *H. Coing*, Europäische Grundlagen des modernen Privatrechts, 1986; *ders.*, Gesammelte Aufsätze 1947-1975, Bd. II, 1982; *ders.*, Die ursprüngliche Einheit der europäischen Rechtswissenschaft, 1968.

124 Vgl. *P. Häberle*, Der Regionalismus als werdendes Strukturprinzip des Verfassungsstaates und als europarechtspolitische Maxime, AöR 118 (1993), S. 1 ff.

125 Dazu mehr in *P. Häberle*, Kommentierte Verfassungsrechtsprechung, 1979, S. 55 ff.

126 Analysen bei *P. Häberle/A. Blankenagel*, Fußnoten als Instrument der Rechts-Wissenschaft, in: Rechtstheorie 19 (1988), S. 116 ff.; *A. Nußberger,* Wer zitiert wen?, JZ 2006, S. 763 ff.

127 Zu diesem Begriff etwa *W. Thieme*, Über Verwaltungskultur, Die Verwaltung 1987, S. 277 ff.; *P. Häberle*, Verfassungslehre als Kulturwissenschaft, 1. Aufl. 1982, S. 20, Anm. 25; 2. Aufl. 1998, S. 90, Anm. 136; siehe auch W. Kluth (Hrsg.), Verwaltungskultur, 2001; K. König/S. Kropp/S. Kuhlmann/Chr. Reichard/K.-P. Sommermann/J. Ziekow (Hrsg.) Grundmuster der Verwaltungskultur, 2014.

Nationen Europas beobachtet werden. Sie bilden zugleich ein Stück seines Reichtums, gerade auch in der Konkurrenz, z.B. beim Ringen um den Einfluss auf die Verfassunggeber in Osteuropa heute[128], vor allem aber auf der EU-Ebene und im Rahmen des EGMR in Straßburg. Damit rücken Elemente des *gemeinsamen* „rechtskulturellen Erbes“ ins Blickfeld: das *Europarecht* im engeren (EU-bezogenen) und im weiteren (den Europarat, die EMRK und die OSZE einschließenden) Sinne.

Hatte selbst der Nationalstaat nicht alle gemeinrechtlichen Wurzeln der 236
Rechtsordnungen der europäischen Völker kappen können: erst in neuerer Zeit blüht das Gemeinsame in Europas Rechtskultur kräftig auf. Die EMRK von 1950, das europäische Kulturabkommen von 1954 und die vielen späteren Konventionen des Europarates sind der eine Vorgang – besonders die Judikatur des EGMR in Straßburg, sein Begriff des „ordre public européen“, ziehen die Linien des gemeinsamen Rechts kräftig aus –, und das „Zusammenraufen“ bzw. „Konzert“ der einzelnen nationalen Richter im Plenum des EGMR illustrieren und personifizieren die *Vielfalt* und Einheit. Die nationalen Rechtskulturen in Europa besitzen ein gemeinsames Interpretations-Forum wie nie zuvor. Der andere Vereinheitlichungs- und Europäisierungsvorgang manifestiert sich in der EU. Die oft genannten Demokratiedefizite und die Bürgerferne „Brüssels“ sind gewiss zu beklagen, und der Perfektionismus und die Reglementierungswut der dortigen Bürokratie bilden ein Skandalon. Dennoch ist auf der Haben-Seite die Tätigkeit des EuGH in Luxemburg zu verbuchen: als „Integrationsmotor“ hat er prätorisch viel Rechtseinheit in Europa geschaffen. Erwähnt sei nur seine im schöpferischen Rechtsvergleich gewonnene Lehre von den Grundrechten als „allgemeinen Rechtsgrundsätzen“[129]. Das ist ein Stück materialer Allgemeinheit Europas als *einer* Rechtskultur. Dieses oft still, aber sehr effektiv wachsende europäische „Grundrechts-Recht“, das fast an den klassischen Prätor in Rom erinnert, bildet ein Basiselement der europäischen Rechtskultur unserer Tage. Kleine Völker wie Dänemark oder die Schweiz in Sachen EWR (1992) und Irland in Sachen „Nizza“ (2001) und „Lissabon“ (2008) erinnern uns aber auch daran, dass Europa aus der *Vielfalt* seiner Völker lebt und das „Europa der Bürger“ den Balance-Akt zwischen Vielfalt und Einheit der europäischen Rechtskultur suchen muss. Die „Europäisierung der nationalen Staatsrechtslehren“ und

---

128 Dazu *P. Häberles*, Verfassungsentwicklungen in Osteuropa, AöR 117 (1992), S. 169 ff.

129 Zum Ganzen noch Dritter Teil D.

Verfassungsgerichte[130], seit kurzem fast ein Schlagwort und von der Europäisierung der anderen Disziplinen wie des Sozialrechts oder des Strafrechts[131] begleitet, hat jetzt seine Dynamik und Dramatik gewonnen, die an ältere Perioden der europäischen Rechtsgeschichte denken lässt. Auch dank der Förderprogramme der EU: Der „*europäische Jurist*" beginnt im Studium und endet – vielleicht – als Professor!

6. Partikularität und Universalität der europäischen Rechtskultur

237 Dieser letzte Aspekt meint folgendes: Geographisch ist Europa ein Teil der Welt – neben Amerika, Afrika, Asien und Australien. Seine bisher skizzierte *eine*, aber doch *viel*fältige Rechtskultur steht der anderer Erdteile unterscheidbar gegenüber (trotz der Commonwealth-Länder). Ohne sich dem Vorwurf der „Eurozentrik" auszusetzen, darf aber auch von – sehr „europäischer" – „Universalität" gesprochen werden: Nicht wenige Elemente der europäischen Rechtskultur beanspruchen bzw. haben eine „universale" Dimension: so die Menschenrechte seit 1789, von der UN bekräftigt und z.B. in einigen Staaten Afrikas wiederholt (z.B. Art. 25 Banjul-Charta von 1982), so die Gerechtigkeitslehren, so das Demokratieprinzip (vgl. Art. 21 Ziff. 1 und 3 AEMR von 1948), vielleicht sogar die „Marktwirtschaft" (so der ehemalige ungarische Außenminister *G. Horn*)[132]. Obwohl heute die Produktions- und Rezeptionsgemeinschaft in Sachen Verfassungsstaat universal ist: zu den USA besteht ein besonderer bzw. vom *Recht* vermittelter Kulturzusammenhang. *T. Jefferson* hat sich bei seiner amerikanischen Unabhängigkeitserklärung 1776 von Denkern wie *J. Locke* und *Montesquieu* inspirieren lassen, die Virginia Bill of Rights von 1776 inspirierte ihrerseits die französische Erklärung von 1789, die englische comon law-Tradition prägte die späteren USA. Darum darf man heute insofern von einer atlantisch-europäischen Gemengelage in Sachen Rechtskultur sprechen. Die Verwandtschaft zwischen der Europäischen und der Amerikanischen Menschenrechtskonvention (1950 bzw. 1969) liegt auf der Hand. Doch dieses „special relationship" sollte selbstbeschei-

---

130 Dazu *P. Häberle*, Diskussionsbeitrag, VVDStRL 50 (1991), S. 156 ff.

131 Dazu *U. Sieber*, Europäisches Strafrecht, 2. Aufl. 2014; *R. Esser*, Europäisches und internationales Strafrecht, 2014.

132 Dazu *P. Häberle*, Die Entwicklungsstufe des heutigen Verfassungsstaates, in: Rechtstheorie 22 (1991), S. 431 ff.

den festgestellt werden. Bei aller Ausstrahlung der europäischen Rechtsideen nach Übersee, auch Asien, beharren die Völker in Afrika zu Recht auf ihrer eigenen Identität, auch in Lateinamerika[133]. Die vermeintliche oder wirkliche „Universalität“ mancher europäischer Rechtsprinzipien darf nicht zum Instrument der Einebnung der Kulturen anderer Völker werden. Schon bei Auslegungsformen der beiden Menschenrechtspakte der UN (1966) zeigen sich große Schwierigkeiten, etwa im Verständnis von Menschenwürde und Gleichheitssatz, von „Familie“ und „Bildung“. Von „Weltkultur“ und „Weltrecht“ sind wir – abgesehen von einigen Prinzipien der in der UN verkörperten Völkerrechtsgemeinschaft – weit entfernt, was nicht ausschließt, im Sinne *I. Kants* in „weltbürgerlicher Absicht“ zu denken und zu handeln. Selbst wenn es Übereinstimmungen und Analogien zwischen den nationalen und regionalen Rechtsgemeinschaften gibt, sind sie auch in je *nationaler* bzw. *eigener* kultureller Verantwortung gewachsen. Zur „Europäisierung der Erde“ hat die europäische Rechtskultur neben Technik und Naturwissenschaften gewiss einen großen folgenreichen Beitrag geleistet, und noch heute dauern Rezeptionsprozesse etwa zwischen Spanien und den neuen lateinamerikanischen Verfassungen, wie Kolumbien (1991), an. Doch tun wir gut daran, gerade als Juristen selbstkritisch zu sein – oder doch zu werden[134]. Vor allem der islamische Fundamentalismus in Zeiten von Al-Qaida und ISIS erinnert uns schmerzlich an die Grenzen der europäischen Rechtskultur in ihren universalen Intentionen. Der etwaige EU-Beitritt der Türkei wird zum Testfall.

II. Gemeineuropäisches Verfassungsrecht

1. Einleitende Aspekte

Dieser Abschnitt unternimmt, aufbauend auf der bislang entwickelten Idee 238
eines „ius commune“[135] eine Dreiteilung: Theorieelemente des „*Gemein-*

133 Vgl. Präambel und Art. 58 Verf. Guatemala von 1985 (zit. nach JöR 36 (1987), S. 555 ff.).

134 Die heutige Ausstrahlung des europäischen Verfassungsstaates in die Verfassunggebung in Osteuropa sei hier nicht erwähnt, weil es sich ja um das *eine* Europa handelt.

135 In Ergänzung zu den bisherigen Verweisen: *M. Bellomo*, Europäische Rechtseinheit. Grundlagen und System des Ius Commune, 2005.

europäischen", Theorieelemente des Gemeineuropäischen *Verfassungsrechts*[136] als „Verfassungsrecht" sowie Stichworte zu *praktischen Beispielsfeldern* einschließlich Defiziten und Reformzielen. Freilich: nach der Euphorie der „Weltstunde des Verfassungsstaates 1989" sind manche Zweifel und Skepsis stärker geworden. Nicht nur die Bürgerkriege in Syrien und der Ukraine stellen uns erneut vor die klassische Alternative bzw. Frage: *T. Hobbes* oder *J. Locke*? Ausgerechnet seit dem „annus mirabilis" 1989 hat sich die Reform*bedürftigkeit* vieler europäischer Verfassungsstaaten intensiviert (etwa in Italien), während ihre Reform*fähigkeit* (Stichwort: Parteienstaatlichkeit, Korruption, Umweltschutz, effektiver Minderheitenschutz, effektive Bekämpfung der Staatsverschuldung) nachlässt. Die Transformation osteuropäischer Staaten in freiheitliche Demokratien fällt schwerer als anfangs geglaubt[137], und die ebenfalls seit 1989 zunächst sich beschleunigende „Europäisierung Europas" und aller seiner Rechtsfelder ist bedroht von Vorgängen einer beunruhigenden „Renationalisierung" (in Deutschland zu denken etwa an die europakritische „Alternative für Deutschland", die prekäre PEGIDA-Bewegung, in Frankreich an die Erfolge des Front National; es sind indes solche Renationalisierungstendenzen, die freilich auch umgekehrt zeigen können, wie weit die Europäisierung bereits fortgeschritten ist)[138]. Umso wichtiger wird das Engagement der europäischen „scientific community" in Sachen europäischer Verfassungsstaat. Wissenschaftlicher Optimismus ist gefragt. Das Kleine, die Identitätsgewinnung vor Ort – in der Zeit des Wertewandels unverzichtbar – ist, grundrechtlich und demokratisch abgesichert, das Gegenge-

---

136 Soweit ersichtlich, 1983 erstmals vorgeschlagen von *P. Häberle*, Europa in kulturverfassungsrechtlicher Perspektive, JöR 32 (1983), S. 9 ff., 16 f.: „Gemeineuropäisches Grundrechte-Recht"; ebd., S. 25: „gemeineuropäisches Kulturverfassungsrecht", „gemeines Recht auf Europaebene" u.Ä.; *ders.* Gemeineuropäisches Verfassungsrecht, EuGRZ 1991, S. 261 ff., dort weitere Nachwiese. Vgl. schon *H. Steinberger*, Der Verfassungsstaat als Glied einer europäischen Gemeinschaft, VVDStRL 50 (1991), S. 9 ff., 11: Die Prinzipien des Verfassungsstaates sind auf dem Wege, „zum gesamteuropäischen Gemeingut zu werden". S. auch *D. Thürer*, ebd., S. 97 ff., 101: Der europäische Verfassungsstaat als „Teil eines umfassenden, kooperative und integrative Züge tragenden gesamteuropäischen Institutionen- und Ordnungsgefüges"; *ders.*, ebd., S. 106: „europäische Rechts- und Verfassungsgemeinschaft".

137 Zu Perspektiven einer kulturwissenschaftlichen Transformationsforschung: *P. Häberle*, Europäische Rechtskultur, 1994, S. 149 ff.

138 Erlaubt sei in diesem Kontext der Rekurs auf ein besonders umstrittenes Werk der schönen Literatur: *M. Houellebecq*, Unterwerfung, 2015.

wicht zur Globalisierung der Märkte und allseitiger Kommunikation in der „Weltgesellschaft“ ebenso wie in Europa. Die – multikulturelle – Schweiz bleibt diesbezüglich Vorbild – gerade beim Ringen um „Gemeineuropäisches Verfassungsrecht“. Die viel berufene „Verschweizerung Europas“ („Großschweiz Europa“) ist ins Positive zu wenden. In einer auch äußerlich geglückten „Europäisierung der Schweiz“ fände sie ihr Gegenstück.

Das Entwicklungsprojekt „Gemeineuropäisches Verfassungsrecht“ lässt 239
sich in der Weise und Verantwortung der *Wissenschaften*, und zwar im Sinne einer als Kulturwissenschaft betriebenen vergleichenden Verfassungslehre in „weltbürgerlicher Absicht“ – oder bescheidener: in europäischer Absicht, aber in „weltbürgerlicher Mitmenschlichkeit“[139] – voranbringen. Die Faszination, die von *geschriebenen* Verfassungen ausgeht – wohl eine kulturelle Analogie zu den drei monotheistischen Buchreligionen! –, müsste sich auch auf das schon begonnene Projekt „Gemeineuropäisches Verfassungsrecht“ übertragen lassen. Dass man hierbei als Deutscher in Vorverständnis und Methodenwahl in seiner nationalen Rechtskultur befangen bleibt, liegt auf der Hand. Solange man das „europäische Deutschland“ i.S. von *Th. Mann* vor Augen hat, mag sich dann doch der Horizont zum „Gemeineuropäischen“ weiten.

2. Theorieelemente des Gemeineuropäischen Verfassungsrechts in seiner „gemeineuropäischen“ Dimension

In *fünf* Schritten sei das spezifisch „Gemeineuropäische“ entlang der bis- 240
her aufgezeigten Linien erschlossen: der offene Europabegriff, gedeutet aus den kulturwissenschaftlich begriffenen Kategorien Zeit und Raum (a), das Gemeinrecht als rechtswissenschaftliche Kategorie und seine Prinzipienstruktur (b), allgemeine Inhalte: vom Reservoir Europas juristischer Klassikertexte und EU-Recht über nationales Europaverfassungsrecht bis zu „allgemeinen Rechtsgrundsätzen“ als Vehikel sowie parallelen Verfassungsfortbildungen (c), die Entwicklungswege und Verfahren der Rechtsgewinnung auf gemeineuropäischer Ebene (d) und die Akteure oder Subjekte der Gemeineuropäischen Entwicklung (e).

---

139 Programmatisch *P. Häberle*, Verfassungsvergleichung in europa- und weltbürgerlicher Absicht. Späte Schriften, 2009.

a) Der offene, kulturbezogene Europabegriff

241 Vergegenwärtigen wir uns in einem ersten Schritt auch in diesem Kontext den bereits umschriebenen Europabegriff: „Europa" ist in den Kategorien von Raum und Zeit kulturwissenschaftlich zu erfassen. D.h.: Europas Kennzeichen ist die Vielfalt und Einheit seiner Kultur, und als Teil von ihr seine *Rechts*kultur. *Zeitlich* kommen die frühen Kulturleistungen der griechischen und römischen Antike ins Bild („Europa" beginnt auch sprachlich in Griechenland!), und das meint – neben den Canones der Philosophie, Literatur und bildenden Kunst auch die Klassikertexte eines *Aristoteles* (z.B. zum Gleichheitssatz und zur Gerechtigkeit) sowie der römischen Juristen – die historische Dimension über Renaissance und Humanismus bzw. die Rezeptionen des römischen Rechts, sodann die *J. Locke, Montesquieu, I. Kant* u.a. zu verdankenden Strukturelemente des Verfassungsstaates, so sehr dieser sich zunächst national und noch nicht „europaoffen" konstituiert hat. Obwohl Europa Nationalgeschichte war bzw. wurde, das Übergreifende des Heiligen Römischen Reichs (deutscher Nation) blieb jedenfalls nach außen (in Abgrenzung etwa gegenüber dem Islam und der Türkei) immer ein Element seines Ganzen. Modern gesprochen: „Gemeineuropäisches" war immer eine bald stärkere, bald schwächere Dimension, die nur 1789 verblasste, aber im deutschen Idealismus eines *I. Kant* (Traktat zum ewigen Frieden, Weltbürgertum) oder bei *J. W. v. Goethe* (in der Form des „westöstlichen Diwan" bzw. „Gottes ist der Orient, Gottes ist der Okzident ...") lebendig blieb[140]. Andere Rechtskulturen mögen eigenständige Wege gehen: Wird es einmal einen „asiatischen Konstitutionalismus" geben? Wo werden Spurenelemente des „gemeinamerikanischen" greifbar, was gilt in und für Afrika?

242 Die Ausbildung Europas als Kultur und *Rechts*kultur auf der Zeitachse – also geschichtlich – ist sodann in der Kategorie des *Raumes* nachzuvollziehen: Das „europäische Haus" hat offene Grenzen, es lässt sich nicht in der Weise eines „Grundbuches" vermessen und festlegen. Die räumlichen Grenzen sind flexibel. Dürfen, sollen wir mit der Metapher von „Kern" und „Schalen" arbeiten, in den Kategorien von *Zentren* und *Peripherien* denken? Das europäische Kulturerbe hat sich jedenfalls auch räumlich

---

140 Aus der Lit.: *L. Gossman*, The idea of Europe, Common Knowledge 16 (2010), S. 198 ff.; H. Joas u.a. (Hrsg.), Die kulturellen Werte Europas, 2005; *R. Kagan*, Paradise and Power. America and Europe in the New World Order, 2003; J. A. Schlumberger/P. Segl (Hrsg.), Europa – aber was ist es?, 1994.

„objektiviert“, und vermutlich ist letztlich um eine an den Kommunen und Kleinstaaten schon praktizierte Verfassungstheorie des – kulturellen – Raumes, jetzt des europäischen Raumes zu ringen[141]. Die Idee des engeren und *weiteren* Raumes „Europa“ spiegelt sich im schon gewordenen bzw. noch werdenden „Gemeineuropäischen Verfassungsrecht“ bereits wider: die Unterscheidung von Europarecht im engeren (d.h. EU-bezogenen) und weiteren (d.h. Europarat-, auch OSZE-bezogenen) Sinne ist bekannt. Gibt es also doch mehrere Zonen unterschiedlich „dichten/verdichteten“ Europäischen Verfassungsrechts? Bestehen innere Balanceprobleme, etwa der Art, dass der 2007 geglückten „Osterweiterung“ der EU die von Frankreich seinerzeit betriebene Süderweiterung (Malta, Zypern) parallel laufen musste? Sicher ist, dass eine kulturwissenschaftlich arbeitende Verfassungstheorie des Raumes erforderlich wird, ohne dass damit eine Neuauflage des unseligen „Großraumdenkens“ gemeint ist: *M. Heidegger* hat ja zum Glück nur ein Buch „Sein und Zeit“, nicht auch „Raum und Zeit“ geschrieben! Europas Kultur und Rechtskultur ist eine vielfältig *gegliederte*, aber doch räumlich ausgreifende. Diese Balancen im Raum brauchen wir in Problembereichen wie dem „Europa der Regionen“, bei der „Subsidiarität“ und der „kulturellen Identität“ oder der „Verfassungsidentität“ der Mitgliedstaaten.

b) „Gemeinrecht“ als rechtswissenschaftliche Kategorie, die Prinzipienstruktur

„Gemeinrecht“[142] ist eine in den Rechtswissenschaften vielfach bewährte 243
Kategorie. Erinnert sei an das alte „ius commune“ vom 13. bis zum Ende des 18. Jahrhunderts, das charakteristischerweise von der *Zivil*rechtswissenschaft eines *H. Kötz* (1981) und von *H. Coing* wiederentdeckt wurde, im „gemeindeutschen Staatsrecht“, auch Verwaltungsrecht weitere Bei-

141 Dazu *P. Häberle*, Kulturpolitik in der Stadt, 1979, S. 38 ff.; *ders.*, Der Kleinstaat als Variante des Verfassungsstaates (1993), in: *ders.*, Rechtsvergleichung im Kraftfeld des Verfassungsstaates, 1992, S. 739 ff.; allgemein *ders.*, Verfassungslehre als Kulturwissenschaft, 1. Aufl. 1982 (2. Aufl. 1998).

142 *P. Häberle*, Gemeineuropäisches Verfassungsrecht, EuGRZ 1991, S. 261 ff., 268 ff. Ein Echo in Italien: *F. Cocozza*, Diritto comune delle libertà in Europa, 1994, S. 16 ff. Die Idee des „ius commune“ inspiriert auch das seit Band I (2007) von A. v. Bogdandy und P. M. Huber herausgegebene Handbuch „Ius Publicum Europaeum“.

spielsfälle kennt und von *J. Esser* schon 1956 zum „Gemeinrechtsdenken“ verallgemeinert wurde, das Absolutismus, Aufklärung und Nationalstaat in unseliger Allianz zerstört hatten. In den Bundesstaaten ist es als „gemeindeutsches“ oder „gemeineidgenössisches“ Verfassungsrecht (GV) bekannt[143]. Und das darf uns ermutigen, von „Gemeineuropäischem Verfassungsrecht“ zu sprechen, denn: obschon wir uns mit dem reservierten und distanzierten, retrospektiven (auch die Probleme verdeckenden) Begriff vom „Staatenverbund“ in Europa (BVerfGE 89, 155 „Maastricht“) nicht begnügen wollen, ist dieses Europa – ungeachtet aller präföderaler Strukturen – *noch* nicht zum Bundesstaat verfasst, in dem Gemeinrecht eine selbstverständliche Dimension bildet. Kurz: Die Kategorie „Gemeinrecht“ ist in hohem Maße geeignet, um von den Textgebern, der Wissenschaft und der Praxis vorangetriebene, auf Gemeinsames zielende Rechtsentwicklungen zu benennen und zu befördern, die grenzüberschreitend wirken, auf Grundsätzliches zielen, was letztlich auf einem gemeinsamen Wurzelboden der Rechtskultur und Kultur wächst. Das „ius commune“ wirkt so wie eine Matrix oder ein „Suchbild“[144] zur Neuvermessung der Welt des europäischen Rechts[145]. Es ist vor allem die *heuristische Funktion* des Gemeinrechtsdenkens, die in der Zeitachse für das europäische Verfassungsrecht im Wachsen und Werden nutzbar gemacht werden darf bzw. soll.

244 Damit ist bereits der zweite Schritt vorgezeichnet: die Prinzipen-Struktur des gemeineuropäischen Verfassungsrechts[146]. In *J. Essers* „Grundsatz und Norm“ (1956) exemplarisch vorgedacht, brauchen wir Verfassungsjuristen das *Denken in Prinzipien* und *vom Prinzipiellen her* nur noch „abzurufen“. Gemeint ist das wirklich Grundlegende, das zugleich Offene und Flexible. Es soll und will nicht starr unitarisieren, es soll „hinter“ und sub-

---

143 Dazu *P. Häberle*, Neuere Verfassungen und Verfassungsvorhaben in der Schweiz, insbesondere auf kantonaler Ebene, JöR 34 (1985), S. 303 ff., 340 ff.

144 *A. v. Arnauld*, Öffnung der öffentlich-rechtlichen Methode durch Internationalität und Interdisziplinarität: Erscheinungsformen, Chancen, Grenzen, VVDStRL 74 (2015), S. 39 ff., 40, bezeichnet die rechtswissenschaftliche Methode als solche als ein „Suchbild“ und bezieht sich dabei auf eine von *U. Volkmann* geprägte Metapher: *ders.*, Verfassungsrecht zwischen normativem Anspruch und politischer Wirklichkeit, VVDStRL 67 (2008), S. 57 ff., 88 f.: „Suchbild Verfassung“.

145 In sprachlicher Anspielung auf den im Jahre 2005 erschienenen Roman von *D. Kehlmann* mit dem Titel „Die Vermessung der Welt“.

146 *A. v. Bogdandy*, Grundprinzipien, in: ders./J. Bast (Hrsg.), Europäisches Verfassungsrecht, 2. Aufl. 2009, S. 13 ff.

sidiär neben dem positiven Recht „undogmatisch“ greifbar werden, sei es geschrieben oder ungeschrieben; es soll arbeitsteilig den Durchgriff zum Rechtsethischen erleichtern und den Durchblick auf das Rechtskulturelle eröffnen, aber auch ein Stück geschmeidige Integration leisten. Die Verabschiedung des fragwürdigen Bildes „Rechtsquelle“ ist eine Konsequenz, suggeriert diese doch die Meinung, fertig vorhanden sei das, was sich erst in komplexen Textschaffungs- und Interpretationsvorgängen vieler Beteiligter („Akteure“) *entwickelt* – ein vorgegebenes einziges „Subjekt“ volkssouveräner Verfassunggebung existiert auch innerstaatlich nicht mehr. Gemeineuropäisches Verfassungsrecht ist eher Ausdruck von *Wachstums*prozessen als von Setzungsvorgängen, so wichtige Impulse von Positivierungen ausgehen können. Es rührt nicht von einer normsetzenden Autorität her, sondern ist pluralistisch zu denken[147]. Ihm eignet eine spezifisch dynamisch-prozesshafte Natur bzw. Kultur. Kurz: „Gemeineuropäisches Verfassungsrecht“ gleicht keiner fest geprägten Münze, sondern eher dem Bild von der „geprägten Form, die lebend sich entwickelt“, i.S. von *J. W. v. Goethe* und *H. Heller*.

c) Inhalte (allgemein, schichtenspezifisch)

Die bisher eher hohe Abstraktionsebene im Ringen um Gemeineuropäisches Verfassungsrecht (GV) sei im nächsten Schritt ins Konkretere gewendet: aufzulisten sind die Erscheinungsformen des GV, freilich auch dies zunächst allgemein. 245

Der Blick gilt zunächst Europas Klassikertexten als „Vorform“ von und Reservoir für die Ausbildung von gemeineuropäischem Verfassungsrecht. Der zu Anfang des Ersten Teils (A. I.) erläuterte „Klassikerbegriff“ sei dabei gedanklich stets mitgeführt. Eine erste, vielleicht sogar höchste und tiefste Schicht von GV ist aus Europas Klassikertexten freizulegen. Gemeint sind „Klassiker“ nicht nur der Rechts- und Staatsphilosophie, sondern auch der „schönen“ Literatur, ja der Kunst ganz allgemein – es gibt ein „gemeinsames Haus“ der europäischen Musik und Literatur. So hat etwa die Streichung der Widmung von *L. v. Beethovens* „Eroica“ an Napoleon, als dieser sich 1804 zum Kaiser krönte, mehr für den „Transport“ der 246

147 *N. Walker*, The Idea of Constitutional Pluralism, Modern Law Review 65 (2002), S. 317 ff.

Ideen von 1789 beigetragen als so manches juristisches Traktat von uns. So transportierten manche Texte von *F. Schiller* zur Menschenwürde und Freiheit oder die beunruhigende Frage von *B. Brecht* („Alle Staatsgewalt geht vom Volk aus, aber wo geht sie hin?") mehr Elemente des Verfassungsstaates als so mancher „positive" Text. Klassikertexte erweisen sich als unverzichtbare kulturelle Basis für das unabgeschlossene Projekt des *gemeineuropäischen Verfassungsstaates* und sie können neben den positiven (nationalen) Verfassungstexten als „engere" durchaus als Verfassungstexte im weiteren Sinne bezeichnet werden[148]. *Montesquieu* oder *J.-J. Rousseau* „im GG" springen unmittelbar ins Auge, wer dieses GG oder andere Verfassungen in Europa nur genau lesen kann – die „Federalist Papers" (1787) leisten Vergleichbares für die USA, sie sind ebenfalls „Geburtsurkunde". Kurz: Immer wieder sich als schöpferisch bewährende Grundlagen für das GV liefern die Klassikertexte als (Rechts)Kultur, auch wenn sie oft national, historisch verschieden „gelesen" und ihre Narrative zu ganz unterschiedlichen neuen Narrativen weitergedeutet werden. Klassikertexte bilden höchst kreative *Erneuerungsfaktoren* jeder gemeineuropäischen Rechtsbildung und sie wirken nicht nur als Reflektionsrahmen, sondern als „Katalysatoren", teils allein, teils gemeinsam mit den folgenden Ausprägungen: Texte des unionalen Primärrechts, Europarats- bzw. OSZE-Texte (und ihre Umsetzung in die Praxis) sind ihrerseits eine „Vorform" von GV.

247 Bemerkenswert ist die unterschiedliche Geltungskraft und Positivität, auch die unterschiedliche Herkunft all dieser Texte. Gleichwohl formen sie ein Ensemble gemeineuropäischer Rechtskultur, das gesamthaft genommen dieses Europa in der Tiefe gründet und viel integrierende Kraft entfaltet. Die vielen Texte müssen nur „zusammen gelesen" werden, um ihren Reichtum erkennen zu lassen. An Stichworten seien Textelemente wie „Herrschaft des Gesetzes", „Wahrung des Rechts", „Menschenrechte", „demokratische Grundsätze", „europäisches kulturelles Erbe" zitiert. Die im Stabilitätspakt der heute 57 OSZE-Mitglieder (Juli 2015) bekräftigte „gute Nachbarschaft" ist ebenfalls ein Mosaikstein im Verfassungsbild Europas. Art. 8 Abs. 1 EUV, in jenem feierlichen Sprachduktus formuliert, der für Präambeln typisch ist, bestätigt diesen Befund nach Lissabon nachdrücklich: „Die Union entwickelt besondere Beziehungen zu den Ländern

148 Zum ganzen: *P. Häberle*, Klassikertexte im Verfassungsleben, 1981; *M. Kotzur*, Die Wirkungsweise von Klassikertexten im Völkerrecht, JöR 49 (2001), S. 329 ff.

in ihrer Nachbarschaft, um einen Raum des Wohlstands und der guten Nachbarschaft zu schaffen, der auf den Werten der Union aufbaut und sich durch enge, friedliche Beziehungen auf der Grundlage der Zusammenarbeit auszeichnet.“[149]

aa) Insbesondere: „Allgemeine Rechtsgrundsätze“

„Allgemeine Rechtsgrundsätze“ wirken als spezifische Bindemittel für 248
Vereinheitlichungsvorgänge in Rechtskulturen und begegnen uns in den unterschiedlichsten Zusammenhängen. Erinnert sei aus dem positiven Recht an § 7 Österreichisches ABGB (1811), an Art. 38 Abs. 1 lit. c IGH-Statut (1945), an Art. 7 Schweizer Seeschifffahrtsgesetz, aber auch an Art. 340 Abs. 2 AEUV und Art. 123 Abs. 2 GG. Die eigentliche „Karriere“ der allgemeinen Rechtsgrundsätze auf der europäischen Ebene ist der Prätorik des EuGH zu verdanken[150], der sie so ausgebaut hat, dass sie längst eine gemeineuropäische Kategorie bilden und sich wie selbstverständlich in Art. 6 Abs. 3 EUV wiederfinden[151]. Die allgemeinen Rechtsgrundsätze sind, näher besehen, teils geschrieben, teils ungeschrieben. Schon heute formen sie immanente Bestandteile der sich entwickelnden „Verfassung Europas“ und bilden einen sensiblen Verweis auf dessen – freilich noch zu entfaltende – *materiale Allgemeinheit*. Was rechtlich oft noch zu wenig verdichtet ist, wird über das Vehikel allgemeiner Rechtsgrundsätze zum Rechtsprinzip – und dies vor allem in der Methode „wertender“ Rechtsvergleichung[152]. Der Sache nach begegnen sie auch unter dem Begriff der „Standards“. Für das GV jedenfalls ist die – bewährte – Kategorie der Allgemeinen Rechtsgrundsätze unverzichtbar: sie sind letztlich rechtskultureller Art, in ihrer Prinzipienstruktur anpassungsfähig und sie schaffen den

---

149 *M. Kotzur*, Europäische Nachbarschaftspolitik, in: A. v. Arnauld (Hrsg.), Europäische Außenbeziehungen, Enzyklopädie Europarecht, Bd. X, 2014, § 7.

150 Mit zahlreichen weiteren Nachweisen *A. v. Arnauld*, Rechtsangleichung durch allgemeine Rechtsgrundsätze? – Europäisches Gemeinschaftsrecht und Völkerrecht im Vergleich, in: K. Riesenhuber/K. Takayama (Hrsg.), Grundlagen und Methoden der Rechtsangleichung, 2006, S. 247 ff.

151 Dazu *R. Geiger*, in: ders./D.-E. Khan/M. Kotzur (Hrsg.), European Union Treaties, 2015, Art. 6 TEU, Rn. 29 ff.

152 *S. Schumann*, Grenzenlose Freiheit für den EuGH? Zur legitimierenden und bindenden Kraft wertender Rechtsvergleichung, Journal für Rechtspolitik 18 (2010), S. 240 ff.

integrierenden Brückenschlag zwischen allen (oder doch vielen) nationalen Rechtsordnungen. Sie wirken als geschmeidiges „Medium" für die Integrierung in zukunftsorientierte übergreifende Zusammenhänge. Sie zeigen, dass es keinen numerus clausus für Rechtsquellen gibt.

bb) Insbesondere: Nationales „Europaverfassungsrecht"

249 Eine neue Vorform und z.T. schon direkte Erscheinungsform von GV bildet sich in der bereits umschriebenen Gestalt des „nationalen Europaverfassungsrechts" – einer neuen wissenschaftlichen Kategorie – heraus. Gemeint sind jene nationalen Verfassungstexte, die als allgemeine oder spezielle „Europa-Artikel" figurieren und die „Europaoffenheit" des Nationalstaates dokumentieren. Die vergleichende Textstufenanalyse vermag hier eine reichhaltige – ausbaufähige – Palette zu entdecken[153], auf das oben unter Punkt II. 2. entwickelte Tableau sei verwiesen, die Europabezüge in Präambeln und Grundlagen-Artikeln, etwa in dem um Perfektion ringenden, aber verunglückten Art. 23 GG und in Art. 1 Abs. 2 Verf. Niedersachsen („Teil der europäischen Völkergemeinschaft") seien nochmals hervorgehoben. Einige Gliedstaaten Österreichs kennen ebenfalls Europa-Artikel.

250 Die Vielfalt allgemeiner und spezieller Europa-Artikel hat ihren guten Sinn: vom Nationalen her, von „unten" und „innen" aus, vom Europa der *Bürger* her suchen sie Europa zu verfassen und seine Akzeptanz zu befördern. Sie bilden – „zusammengelesen" – eine Textbasis, in der im Kontext gemeineuropäischer Hermeneutik von nationalem (Europa)Verfassungs-

153 Dazu *P. Häberle*, Europaprogramme neuerer Verfassungen und Verfassungsentwürfe – der Ausbau von nationalem „Europaverfassungsrecht", in: FS Everling, Bd. I, 1995, S. 355 ff.; *U. Hufeld,* Staatliches Europaverfassungsrecht in Tschechien, JOR 2007, S. 263 ff. In *Griechenland* wurde lange um einen neuen Art. 28 Abs. 2 der Verfassung bzw. Europa-Artikel gerungen, in dem sich der heutige Diskussionsstand spiegelt: „Griechenland ist Mitglied der Europäischen Union und wirkt am Integrationsprozess auf der Grundlage der Anerkennung der nationalen Identität aller Mitgliedstaaten mit, deren Regierungssystem Demokratie und Rechtsstaat gewährleistet". Von diesem „*nationalen* Europaverfassungsrecht" ist das werdende „*konstitutionelle Europarecht*" zu unterscheiden, d.h. die Teilordnungen bzw. Teilverfassungen, die das Europa im engeren und weiten Sinne segmenthaft und vielfältig überziehen bzw. prägen, teils geschrieben, teils ungeschrieben. – Auch *Bayern* hat 1997 via Verfassungsänderung mit Art. 3 a einen eigenen Europa-Artikel geschaffen. Zum Ganzen: Erster Teil A. II. 2.

recht aus Gemeineuropäisches Verfassungsrecht möglich wird. Das nationale Europa-Verfassungsrecht liefert Bausteine dazu. Es „verankert“ buchstäblich Europa in den einzelnen Verfassungsstaaten, es bindet rück. Die Europäisierung des nationalen Verfassungsrechts führt in das GV hinüber. Klugerweise bleiben der Europa-Begriff und die Rechtskonstruktion von „Europa“ offen. Diese „innere“ Europäisierung des Verfassungsstaates kann aber gar nicht überschätzt werden. Sie schafft auch den Boden für die Entwicklung „allgemeiner Rechtsgrundsätze“ auf dem Weg zum GV. Durch die nationalen Europa-Artikel werden die einzelnen Verfassungsstaaten in Europa *konstitutionell* miteinander verknüpft, wird zugleich das „konstitutionelle Europarecht“ verstärkt.

cc) Insbesondere: Parallele Reformvorhaben der nationalen Verfassungsstaaten

Die Entwicklung von Gemeineuropäischem Verfassungsrecht kann sich in 251
Vorstufen auch dadurch und darin ausdrücken, dass die zum gemeineuropäischen Verfassungsstaat gehörenden oder hinzuwachsenden Länder sich in parallelen Reformvorhaben auf den Weg machen. So unterschiedlich die Reformbedürftigkeit und -fähigkeit der einzelnen Länder heute ist, so verschiedenartig die Entwicklungswege ihrer Verfassungen sind (formale Verfassungsänderung, bloße Minderheit in Verfassungsgerichten) – nicht selten zeichnen sich im Rahmen der allgemeinen Textstufenentwicklung parallele Entwicklungen wie in innerbundesstaatlichen Wellenbewegungen ab (z.B. wie in der Schweiz[154]). Hier einige Stichworte dieser fünften Schicht möglicher „Vorboten“ von GV: Neben der ständigen Verfeinerung der *Grundrechte* und ihres Schutzes[155] (z.B. durch den Ombudsmann, vgl. Art. 228 AEUV[156]) – er wanderte von Skandinavien über die beiden iberi-

---

154 Dazu die Nachweise in *P. Häberle*, Neuere Verfassungen und Verfassungsvorhaben in der Schweiz, insbesondere auf kantonaler Ebene, JöR 34 (1985), S. 303 ff., 354 ff.; fortgeführt in JöR 56 (2008), S. 279 ff.

155 Nachweise etwa bei *H. D. Jarass*, Funktionen und Dimensionen der Grundrechte, in: D. Merten/H.-J. Papier (Hrsg.), Handbuch der Grundrechte, Bd. II, 2006, § 38.

156 G. Kucsko-Stadlmayer (Hrsg.), Europäische Ombudsmann-Institutionen, 2008; *A. Peters*, The European Ombudsman and the European Constitution, CMLR 42 (2005), S. 697 ff.; weitere Nachweise bei *M. Kotzur*, in: R. Geiger/D.-E. Khan/M. Kotzur (Hrsg.), European Union Treaties, 2015, Art. 228 TFEU, Rn. 1 ff. und Bibliographie.

schen Länder bis zu den Reformstaaten in Osteuropa –, neben dem grundrechtlichen Datenschutz[157] – die jüngsten Entscheidungen des EuGH zu Google („Recht auf Vergessen") und Facebook wurden rasch als „historisch" apostrophiert[158] – und dem Schutz der privaten, kulturellen Identität des einzelnen, ist der *Minderheitenschutz* ein solches in die Sphäre des GV hineingewachsenes Thema. Die einzelnen nationalen Verfassungsstaaten bilden in seiner mühsamen Ausformung einen langen Geleitzug, mit Ungarn (1989) an der Spitze (Minderheiten als „staatsbildende Faktoren"), mit innovativen Beiträgen der ostdeutschen Länderverfassungen zugunsten der Sorben (Art. 25 Verf. Brandenburg von 1992), aber auch Schleswig-Holsteins (Art. 5 von 1990), mit dem unbegreiflichen Rückschritt in Form des Scheiterns einer vom Verf. schon 1991 in Rom vorgeschlagenen Minderheitenklausel im GG[159] (Art. 20 b der Gemeinsamen Verfassungskommission von 1993). Der Internationale Pakt über bürgerliche und politische Rechte von 1966 (Art. 27) markiert eine „Spitze", die im gemeineuropäischen Verbund noch allzu langsam nachvollzogen wird. Anstöße vermittelt die geplante europäische Volksgruppencharta. Der Europarat übte heilsamen Druck z.B. auf Lettland aus (Verhältnis zur russischen Minderheit), ebenso auf die Slowakei (ungarische Minderheit), und „Grundrechtspolitik" auf diesem Felde gehört gewiss zu den vornehmsten Aufgaben der Entwicklung von GV. (Auch der zwischen Ungarn und Kroatien geschlossene Vertrag über den Schutz von Minderheiten, wonach die Nachbarländer der jeweiligen nationalen Minderheit das Recht auf kulturelle Autonomie gemäß der Europaratsempfehlung 1201 zusichern, gehört hierher.) Das *Pluralismus*-Prinzip, vor allem im *Medien*verfassungsrecht (vgl. Art. 20 Verf. Spanien, Art. 39 Verf. Portugal), in Italien erst durch die Corte (1994) und den Gesetzgeber mühsam genug erarbeitet und in Osteu-

---

157 Ein aktuelles Beispiel gibt die Google-Entscheidung des EuGH, die Pflichten von Suchmaschinen hergeleitet hat, persönlichkeitsrechtsverletzende Einträge zu löschen (EuGH, Rs. C-131/12, *Google*, ECLI:EU:C:2014:317) – rasch als ein „Recht auf Vergessen" apostrophiert. Diese Entscheidung ist von den Medien intensiv rezipiert worden und hat binnen kürzester Zeit in Deutschland schon zu knapp 15.000 Anträgen bei Google geführt.

158 EuGH, Rs. C-131/12, *Google*, ECLI:EU:C:2014:317, bzw. Rs. C-362/14, *Schrems*, ECLI:EU:C:2015:650 ; dazu auch SZ vom 07. Okt. 2015, S. 1, 2 und 4.

159 *P. Häberle*, Aktuelle Probleme des deutschen Föderalismus, Die Verwaltung 1991, S. 169 ff., 206. Vgl. auch *U. Berlit*, Die Reform des Grundgesetzes nach der staatlichen Einigung Deutschlands, JöR 44 (1996), S. 17 ff., 69 ff.

ropa oft ausdrücklich verankert[160], bildet ebenfalls ein werdendes Prinzip des GV. Der weite Weg der Konstitutionalisierung der *politischen Parteien*, begonnen in Art. 49, 98 Verf. Italien (1947), fortgeführt in Art. 21 GG, übernommen in Art. 4 Verf. Frankreich von 1958, ist jetzt zum geschriebenen Text von Art. 224 AEUV gereift, so dass er auf dem besten Weg ist, Gemeineuropäisches Verfassungsrecht zu werden. Das *Kommunalwahlrecht* für Unionsbürger (Art. 20 AEUV), jetzt in Gestalt von nationalem Europaverfassungsrecht auch in den EU-Ländern nachlesbar (z.B. Art. 28 Abs. 1 S. 3 GG), ist ein weiterer Schritt, in dem sich gemeineuropäische Verfassungsentwicklungen geltend machen, zu welcher Bewegung auch eine Tendenz zur *doppelten* Staatsangehörigkeit hinzukommen mag. (Während die Schweiz vorne liegt, bleibt Deutschland eher am Ende des „Geleitzugs“. Spanien hat hier im Blick auf iberoamerikanische Länder in seinem Art. 11 Abs. 3 von 1978 Pionierleistungen vollbracht.)

Ähnliche Textstufenentwicklungen, die in einzelnen nationalen Verfas- 252
sungsstaaten ihren Ausgang nahmen und der Positivierung auf EU-Ebene „Textschübe“ gaben, so dass GV entsteht, beobachten wir beim Thema *Umweltschutz*. Früh von Art. 24 Verf. Griechenland 1975 auf Verfassungshöhe gebracht, hat dieses Thema in ganz Europa, besonders auch in gliedstaatlichen Verfassungen der Schweiz und Deutschlands Karriere gemacht, auch in Österreich (Art. 1 § 1 B-VG 1984: „umfassender Umweltschutz“) und sogar in der eher zurückhaltenden Verfassung der Niederlande von 1983 (Art. 21) Eingang gefunden (zuletzt Art. 20 a GG). Art. 191 und sein Schutzgut der „menschlichen Gesundheit“ (zweiter Spiegelstrich) ist hier nur eine Etappe auf dem Weg zu GV, das dann in die Länder ausstrahlt und zurückwirkt, die sich ungeschrieben um den Umweltschutz, etwa in der Rechtsprechung mühen müssen. Via „allgemeiner Rechtsgrundsatz“ mag er auch bei ihnen Geltung erlangen. Mosaiksteine des *sozialen Rechtsstaates* (Stichwort: „Europäische Sozialcharta“, „Sozialunion“), aber auch die *(soziale) Marktwirtschaft* (vgl. Art. 119 Abs. 1 AEUV: „offene Marktwirtschaft“), in manchen Ländern schon positives Verfassungsrecht (vgl. Art. 38 Verf. Spanien, Präambel Verf. Ungarn 1949 (1989)), sind ebenfalls auf dem Weg zum GV. Parallele nationale Reformvorhaben, die sich künftig zu Gemeineuropäischem verdichten könnten, sind schließ-

---

160 Dazu die Nachweise in: *P. Häberle*, Europäische Rechtskultur, 1994, S. 101 ff., 125 f. S. auch *M. Schellenberg*, Pluralismus: Zu einem medienrechtlichen Leitmotiv in Deutschland, Frankreich und Italien, AöR 119 (1994), S. 427 ff. – Allgemein: *F. Fechner*, Medienrecht, 16. Aufl. 2015.

lich Fragen der Parteienfinanzierung, der Entflechtung von Staat und Parteien, im Parlamentsrecht die Stärkung von Opposition und Minderheiten, der weitere (vor allem in Osteuropa favorisierte) Ausbau der Verfassungsgerichtsbarkeit – mit bedenklichen Rückschritten in Ungarn – und die Bewältigung der Technologie-Probleme (z.B. durch Ethikkommissionen, Gentechnik-Gesetze etc.). Hinzu kommen angesichts der drängenden Staatsschuldenkrise (nicht nur in Griechenland) sog. Schuldenbremsen[161].

d) Entwicklungswege, Verfahren der Rechtsgewinnung

253 Die Entwicklungswege und Verfahren zur Bildung von GV sind teils formeller, teils informeller Art[162]. Auf die Ausarbeitung von 1991 sei verwiesen[163]. Typologisch lassen sich zwei Wege erkennen, der *rechtspolitische* und der *interpretatorische*, wobei an die fließenden Übergänge zwischen beiden erinnert sei. Zu unterscheiden sind die beiden Ebenen, die nationale und die europäische, wobei es zu vielen „Osmosen" und „Gemengelagen" bei den Grundrechten kommt: Was sich im nationalen Verfassungsrecht vereinzelt vorbildet, kann Wirkungen im europäischen Rahmen zeitigen, umgekehrt können gemeineuropäische Verfassungsprinzipien in die nationale Ebene ausstrahlen (europäische Produktions- und Rezeptionsvorgänge). Die EMRK-Prinzipien in der Deutung des EGMR sind über ihre formale Geltung hinaus längst zu „Kernteilen" aller Verfassungsstaaten in Ost- und Westeuropa geworden, mancherorts sogar tragender Bestandteil der formellen und materiellen Verfassung (vgl. Art. 3 und Art. 112 Verf. Tschechien von 1992), in Deutschland erst noch interpretatorischer Topos in der Hand des BVerfG, in der Schweiz und vor allem in Österreich längst auf der Ebene des materiellen Verfassungsrechts. Die nationalen und übernationalen Textgeber, hier etwa EU, Europarat und OSZE, müssen den Rechtsbestand vergleichend sichten und sie können dann rechtspolitisch Fortbildungen leisten: zum „ius commune europae-

---

161 *Ch. Calliess* und *F. Schorkopf*, Finanzkrisen als Herausforderung der internationalen, europäischen und nationalen Rechtssetzung, VVDStRL 71 (2012), S. 113 ff., bzw. 183 ff.; *C. Mayer*, Greift die neue Schuldenbremse?, AöR 136 (2011), S. 266 ff.

162 Vgl. national: *H. Schulze-Fielitz*, Der informale Verfassungsstaat, 1984.

163 *P. Häberle*, Gemeineuropäisches Verfassungsrecht, EuGRZ 1991, S. 261 ff., 270 ff.

um“. Dass es oft „von unten her“, vom europäischen Zivil- und Verwaltungsrecht[164] her getragen, ja beflügelt wird, sei als Merkposten festgehalten.

Der interpretatorische Weg der Rechtsfindung, prätorisch und wissen- 254
schaftlich gebahnt, ist das andere Entwicklungsverfahren von GV. Der europäische Richter[165] im EuGH bzw. EGMR hat durch die „allgemeinen Rechtsgrundsätze“ bzw. den „ordre public européen“ längst „Kernelemente“ des GV geschaffen. Auf nationaler Ebene geschieht Ähnliches überall dort, wo die Richter rechtsvergleichend arbeiten. Besonders aber ist hier die „scientific community“, der „runde Tisch“ der Staatsrechtslehrer in Europa gefordert. Arbeitsteilig in der ganzen Breite der Palette der Literaturgattungen vom Lehrbuch bis zur Monographie[166] haben sie Vorarbeit und Zuarbeit zu leisten. Voraussetzung ist die Inthronisierung der Rechtsvergleichung als *fünfter* Auslegungsmethode, *nach* den vier von *F. C. v. Savigny* 1840 kanonisierten[167]; Voraussetzung ist eine „Gemeineuropäische Methodenlehre“, im Zivilrecht längst Postulat (*H. Coing, H. Kötz*) und z.T. schon Wirklichkeit; Voraussetzung ist auch europäische Bildung und in diesem Rahmen eine Europäisierung der *Juristenausbildung*. Die Rechtsvergleichung ist dabei als *Kultur*vergleichung zu betreiben, d.h. sie muss die kulturellen *Kontexte* und *Grundlagen* der zu interpretierenden Texte zugleich erarbeiten.

---

164 Pionierhaft: *J. Schwarze*, Europäisches Verwaltungsrecht, 1. Aufl. 1988 (2. Aufl. 2005); ders. (Hrsg.), Europäisches Verwaltungsrecht im Werden, 1982; für eine umfassende Darstellung siehe A. v. Bogdandy/P. M. Huber (Hrsg.), Handbuch Ius Publicum Europaeum, Bd. III: Verwaltungsrecht in Europa: Grundlagen, 2010; Bd. IV. Verwaltungsrecht in Europa: Wissenschaft, 2011; Bd. V: Verwaltungsrecht in Europa: Grundzüge, 2014.

165 Siehe auch *M. Kotzur*, Die europäische Gerichtsbarkeit, in: S. Leible/Ph. Terhechte (Hrsg.), Enzyklopädie Europarecht, Bd. III, 2014, § 5, Rn. 10.

166 Vgl. früh *G. de Vergottini*, Diritto Costituzionale Comparato, 1. Aufl. 1981 (9. Aufl. 2014); siehe auch *C. Grewe/H. Ruiz Fabri*, Droits constitutionnels européens, 1995.

167 Dazu der Vorschlag *P. Häberles*, Grundrechtsgeltung und Grundrechtsinterpretation im Verfassungsstaat, JZ 1989, S. 913 ff.

e) Akteure, die personale Seite

255 Schon prima facie legt der Begriff „Gemeineuropäisches Verfassungsrecht“ nahe, das Bild von der „offenen Gesellschaft“ der Verfassunggeber bzw. -interpreten jetzt auf der europäischen Ebene zu übernehmen. 1975 bzw. 1978 für den nationalen verfassungsstaatlichen Bereich ausgearbeitet[168], ist die *personale* Seite damit ein Thema der Erkenntnis des Prozesses der Verfassungsinterpretation geworden, sind die „Akteure“ bewusst geworden[169]. Das „Tableau“ der an Verfassungsinterpretation Beteiligten bedarf aber für unseren Zusammenhang einer Modifizierung. Da es noch kein „europäisches Volk“ als „Verfassunggeber“ gibt[170], da auf der EU-Ebene (zu Recht) allenthalben das Demokratiedefizit beklagt wird, da die „europäische Öffentlichkeit“ bislang eher *kulturell* als „politisch“ konstituiert ist, ist der Kreis der offenen Gesellschaft z.T. noch geschlossen, kommt es zu Partizipationsdefiziten, die durch andere Kräfte als sonst im „vollendeten“ Verfassungsstaat kompensiert werden müssen. Es ist die dritte Gewalt auf europäischer wie nationaler Ebene, die als „stille Gewalt“ am gemeineuropäischen Verfassungsrecht intensiv arbeitet (insoweit „Europa der Richter“)[171], und es ist die Wissenschaftlergemeinschaft, die hier „Vorratspolitik“ in Sachen GV vollbringen muss. M.a.W.: vieles am GV ist zu solchem via Richter- und Juristenrecht geworden – schließlich hat das GV ja auch im „common law“ seinen Wurzelgrund! –, die Wachstumsprozesse sind oft erst im Rückblick spektakulär. So muss so manches „soft law“ von KSZE-Erklärungen erst nach und nach GV werden; so ist der von nationalen und europäischen Verfassungsrichtern vollbrachte Ausbau der geschriebenen und ungeschriebenen Grundrechte sowie des „Rechtsstaates“ ein langfristiger, aber tiefreichender Vorgang. Was ein nationaler Verfassunggeber relativ rasch auf Texte und Begriffe bringt, muss auf der Europaebene „reifen“, kurz: der Entwicklungsvorgang, der Zeit-

---

168 *P. Häberle*, Die offene Gesellschaft der Verfassungsinterpreten, JZ 1975, S. 297 ff.; *ders.* Verfassungsinterpretation und Verfassunggebung, ZSR 1978, S. 1 ff., auch in: *ders.*, Verfassung als öffentlicher Prozess, 1. Aufl. 1978, S. 155 ff. (3. Aufl. 1998, S. 182 ff.).

169 Dazu *B.-O. Bryde*, Verfassungsentwicklung: Stabilität und Dynamik im Verfassungsrecht der Bundesrepublik Deutschland, 1981.

170 *A. Augustin*, Das Volk der europäischen Union, 2000; *A. v. Komorowski*, Demokratieprinzip und Europäische Union, 2010.

171 *A. Voßkuhle/M. Lange*, Die Rolle der nationalen Gerichte im Europarecht, in: S. Leible/Ph. Terhechte (Hrsg.), Enzyklopädie Europarecht, Bd. III, 2014, § 6.

faktor sind hier charakteristisch. Die Vorgänge „schubweisen Stoffwechsels“ zwischen Kasuistik, Dogmatik und Prinzipien (*J. Esser*) stehen im Vordergrund. Gerade dieser *länger*fristige „Positivierungs“-Vorgang zeigt, dass es sich um rechts*kulturelle* Vorgänge handelt. Das Europa der Rechtskultur und auch des GV ist *kein dezisionistischer Akt*, sondern ein komplexer, arbeitsteiliger, vielseitige Teilordnungen schaffender Vorgang, dessen Beteiligtenkreis sich europäisch öffnet: in Raum und Zeit. Vielleicht ist dieses stille „Wachsen“ gemeineuropäischen Verfassungsrechts – man hört fast den lauten *Savigny/Thibaut*-Streit (1815)! – erfolgversprechender als ein formalisierter Akt europäischer Verfassunggebung[172].

So wie es eine „Stunde“ nationaler Verfassunggebung gibt, sie wurde z.B. 256
in Spanien 1978 entschlossen genutzt und gelang auch in Südafrika (dank *N. Mandela*) 1996/97, so musste (mit Außenminister *J. Fischer* und vielen anderen Stimmen aus Wissenschaft und Politik) gefragt werden, ob und wann es zu einer „Stunde“ für Verfassunggebung in Europa kommt. Der Weg nach Lissabon ist der einer *schrittweisen* Inkraftsetzung von Teilverfassungen. Mit diesen Teilverfassungen unionalen wie nationalen Ursprungs rücken auch die europäischen *Nationen* als solche (neuerlich) ins Blickfeld. *J. G. Herders* „Stimmen der Völker“ vergleichbar, leisten sie bisher und inskünftig ihren spezifischen, gerade ihnen möglichen Beitrag zur gemeineuropäischen Verfassungsrechtskultur, der dann von den anderen Nationen nach und nach rezipiert und schöpferisch fortentwickelt und schließlich ein Mosaikstein im Ganzen wird. Erinnert sei an die Bundesstaatlichkeit der Schweiz seit 1848 mit Vorbildwirkung für Deutschland und Österreich, auch an ihre (bislang unerreichte) „halbdirekte Demokratie“; erinnert sei an den vom Deutschland Weimars (1919) textlich beeinflussten Regionalismus Italiens von 1947, der in manchem Papier blieb, aber kräftig nach Spanien ausstrahlte und gemeinsam mit Rechtsfiguren des deutschen Föderalismus seit 1978 dort effektiven Regionalismus geschaffen hat, der fast schon eine „Vorstufe“ zum Föderalismus darstellt. Erinnert sei an die verfeinerte deutsche Grundrechtsdogmatik, ein Werk von Wissenschaft und BVerfG, das allenthalben in Europa ausstrahlt, und erinnert sei an den europaweiten Erfolg des skandinavischen Ombudsmanns oder an die Verfassungsgerichtsbarkeit. Dieses „gemeineuropäische Hauskonzert“ mag Dissonanzen kennen, viele „unvollendete“ Sätze und Stücke haben, aber Konsonanzen sind ebenfalls unüberhörbar. So mag ei-

172 Dazu *P. Häberles* Diskussionsbeitrag, VVDStRL 53 (1994), S. 114 f.

nes Tages im Rückblick ein „*gemeineuropäisches Verfassungsbuch*" geschrieben werden, oder gar geschrieben worden sein, auch wenn die Beteiligten sich dessen gar nicht immer bewusst sind bzw. waren. Die „Federalist Papers" des sich vereinigenden Europas haben zwar keinen *J. Madison*, aber der Sache nach nicht wenige höchst wirksame „europäische Juristen"[173] und europäische Richter. Die „Akteure" in der EU, im Europaparlament und Europarat sowie in „Konventen" leisten nur Teilbeiträge zur gesamten Hand mit ihnen.

3. Theorieelemente des Gemeineuropäischen Verfassungsrechts als „Verfassungsrecht"

257 Nun gilt es zu begründen, warum und inwiefern das Gemeineuropäische Verfassungsrecht „*Verfassungs*recht" darstellt, warum und inwieweit es *Verfassungsqualität* beanspruchen kann.

a) Das Verfassungsverständnis (das „gemischte" und kulturelle)

258 Der im Einleitungsteil dieser Verfassungslehre skizzierte, vor allem in Deutschland geführte (Schulen-)Streit um das „richtige" Verfassungsverständnis soll gewiss nicht den anderen Europäischen Wissenschaftlergemeinschaften aufgedrängt werden – umso weniger als hier in Raum und Zeit national-kulturspezifische Unterschiede bestehen: Der für Deutschland so typische „Verfassungspatriotismus" (*D. Sternberger*), die geschrie-

173 Beispielhafte Leistungen aus der *Wissenschaft* etwa: aus *Frankreich*: *C. Grewe/H. Ruiz Fabri*, Droits constitutionnels europeens, 1995. – Aus *Deutschland*: *E. Schmidt-Aßmann*, Zur Europäisierung des allgemeinen Verwaltungsrechts, in: FS Lerche, 1993, S. 513 ff.; *E. Klein*, Der Einfluss des Europäischen Gemeinschaftsrechts auf das Verwaltungsrecht der Mitgliedstaaten, Der Staat 33 (1994), S. 37 ff.; *J. Schwarze*, Der Beitrag des Europarates zur Entwicklung von Rechtsschutz und Verfahrensgarantien im Verwaltungsrecht, EuGRZ 1993, S. 377 ff. – Beispielhaft aus dem *Zivilrecht* etwa *H. J. Sonnenberger*, Auf dem Weg zu einer europäischen Rechtsquellenordnung – das französische Verständnis rechtsvergleichend skizziert, in: FS Lerche, 1993, S. 545 ff.; *E. A. Kramer*, Vielfalt und Einheit der Wertungen im Europäischen Privatrecht, in: FS Koller, 1993, S. 729 ff.; *P. Hommelhoff*, „Europarechtliche Bezüge" im Zivilrecht, in: FS Helmrich, 1994, S. 329 ff. Pionierhaft *P. C. Müller-Graff*, Privatrecht und Europäisches Gemeinschaftsrecht, 1. Aufl. 1987 (2. Aufl. 1989).

bene Verfassung als der nationale Identifikationsrahmen, ja als „Kulturbuch“, besitzt wohl nirgends ein Gegenstück. Frankreich findet seine Identität in der „Nation“ und „Republik“, die Schweiz im ständig erneuerten Rütli-Schwur bzw. im Föderalismus und in der „Konkordanzdemokratie“, Spanien im Königtum *und* in seinen Autonomen Gebietskörperschaften etc. Dennoch hat die deutsche Polemik um das Verfassungsverständnis Erkenntnisse vermittelt, die man vorsichtig auf Europa hin modifizieren darf. Dabei hilft die maßvolle Schweizer Diskussion[174], programmatisch i.S. eines „gemischten Verfassungsverständnisses“ zusammenzufügen, was oft polemisch gegeneinander ausgespielt wird: in Gestalt eines Sowohl-Als-auch von materialen *und* prozessualen Momenten: Verfassung ist Rahmenordnung von Grundwerten, aber sie ist auch „öffentlicher Prozess“, Verfassung ist Schranke, Begrenzung von Macht, aber auch deren Konstituierung, sie ist Anregung *und* Schranke (*R. Smend*). Sie hat Symbolfunktion *und* ist rationale Rechtsordnung; ihre einzelnen Felder sprechen als „irrationale Konsensquellen“ teils mehr die „emotio“ des Bürgers an (Präambeln, Erziehungsziele, Nationalhymnen, Feiertagsgarantien und Gottesbezüge), teils richten sie sich präzise an die ratio, auch des Juristen. Sie ist „Verfassung des Pluralismus“ – treffend wirkt der Satz von *J.-F. Aubert*: „Le pluralisme vivifie la constitution“ und „La constitution fortifie le pluralisme“[175]. Vor allem aber ist sie *Kultur*.

Mit „bloß“ *juristischen* Umschreibungen, Texten, Einrichtungen und Verfahren ist es aber nicht getan. So allein lässt sich *Verfassungsqualität* in ihren Tiefenschichten und Nuancierungen noch nicht erfassen. *Verfassung* ist nicht nur rechtliche Ordnung für Juristen und von diesen nach alten und neuen Kunstregeln zu interpretieren – sie wirkt wesentlich auch als Leitfaden für Nichtjuristen: für den Bürger. Verfassung ist nicht nur juristischer Text oder normatives „Regelwerk“, sondern auch Ausdruck eines kulturel- 259

174 *J.-F. Aubert/K. Eichenberger*, La constitution – son contenu, son usage, 1991, S. 9 ff., 143 ff.; *P. Häberle*, Die Funktionenvielfalt von Verfassungstexten im Spiegel des „gemischten“ Verfassungsverständnisses, in: FS Schindler, 1989, S. 701 ff.; vgl. die Einteilungen bei *K. Eichenberger*, Sinn und Bedeutung einer Verfassung, 1991, S. 178 ff.: Ordnungs-, Machtkontroll-, Organisations-, Integrations- und Orientierungsfunktion der Verfassung. Freilich: Selbst bei den nationalen Verfassungen muss man sich vor übertriebenem Optimismus hüten: sie sind weder eine „politische“, noch eine juristische „Lebensversicherung“, so wichtig „Garantien“ bleiben.

175 *J.-F. Aubert/K. Eichenberger*, La constitution – son contenu, son usage, 1991, S. 58 f.

len Entwicklungszustandes, Mittel der kulturellen Selbstdarstellung des Volkes, Spiegel seines kulturellen Erbes und Fundament seiner Hoffnungen. *Lebende* Verfassungen als ein Werk aller Verfassungsinterpreten der offenen Gesellschaft sind der Form und der Sache nach weit mehr Ausdruck und Vermittlung von *Kultur*, Rahmen für kulturelle (Re)-Produktion und Rezeption und Speicher von überkommenen kulturellen „Informationen", Erfahrungen, Erlebnissen, Weisheiten. Entsprechend tiefer liegt ihre – kulturelle – Geltungsweise.

260 Diese kulturelle Sicht macht uns klar, dass Europa mehr ist bzw. sein muss, als das „Europa der Produzenten und Konsumenten" eines funktionierenden „Binnenmarktes". Der Markt ist *nicht* das Maß aller Dinge und kein Selbstzweck. Gelegentlich wird er ja – ähnlich der volonté générale – zum nicht irren könnenden übermenschlichen Wesen hypostasiert, in Wahrheit bedarf es der (gerechten) „visible hand des Rechts" (*E.-J. Mestmäcker*) und eben auch des GV, greifbar im Menschenwürdeschutz, in sozialen Mindeststandards, in ökologischen Rahmenbedingungen, Wettbewerbsordnungen, Treu und Glaubens-Regeln etc. Märkte können ebenso versagen wie die sie beeinflussenden Menschen und wie die Staaten: ihre viel zitierte „Blindheit" ist ebenso unerträglich wie ihre „Diktatur"[176]. Das Europa der vielen Rechtskulturen darf nicht vom Ökonomischen her instrumentalisiert werden. Uns scheint, dass dieser kulturwissenschaftliche Ansatz der letztlich auch das GV tragende ist. Was in ihm schon ausgebildet ist, verdient der Sache nach den hohen Begriff „Verfassung".

261 Bei diesem kulturwissenschaftlichen Ansatz geht es nicht um barocke kulturelle Auf- und Überladung des „positiven" Rechts, sondern um Freilegung seines kulturellen Wurzelgrundes. Vor allem ist der Mensch erst

---

176 Vorarbeiten zu dieser Sicht in *P. Häberle*, Soziale Marktwirtschaft als „Dritter Weg", ZRP 1993, S. 383 ff. Bei den sozialen Grundrechten ist zu differenzieren: Es entspricht der heutigen Entwicklungsstufe des Verfassungsstaates, „soziale Mindestrechte" als einklagbare auszugestalten (vgl. BVerwGE 1, 159 ff. (161)), während andere soziale Rechte nur die Kraft von Aufträgen an den Gesetzgeber oder den Rang von Interpretationstopoi bei richterlichen Abwägungen besitzen. Das Schweizer Bundesgericht hat ebenso wie das deutsche BVerfG das Existenzminimum als einklagbares Grundrecht anerkannt, vgl. Art. 12 BV von 2000). S. im Übrigen die Nachweise in *P. Häberle*, Die Kunst der kantonalen Verfassunggebung – das Beispiel einer Totalrevision in St. Gallen (1996), ZBl. 1997, S. 97 ff., 112 f. Weiterhin *P. Häberle*, Die „total" revidierte Bundesverfassung der Schweiz von 1999/2000, in: FS Maurer, 2001, S. 935 ff., fortgeschrieben in JöR 56 (2008), S. 279 ff.

dank kultureller Sozialisationsprozesse „mit Würde begabt“, so notwendig, aber fiktiv es ist, dass die Menschenrechtserklärungen ihm von Geburt an Würde zusprechen. Von diesem kulturanthropologischen Verständnis aus ist aber auch das verfassungsstaatliche Gemeinwesen allein aus der „vertikalen“ Sicht des Kulturellen zu erklären. So hat etwa die polnische Nation nicht dank des jeweils geltenden Rechts alle Teilungen und Vergewaltigungen überstanden, sondern dank kultureller Komponenten wie der Maiverfassung von 1791, dank der katholischen Kirche und dank *F. Chopin*! Nicht nur der einzelne, auch der Verfassungsstaat selbst lernt den „aufrechten Gang“ dank der *Kultur*.

b) Das Verhältnis von Staat und Verfassung, das „vierte“ Staatselement als „erstes“: die Kultur

Wie aber verhält es sich mit der Staatlichkeit? Europa ist (noch?) kein 262
Staat[177], laut BVerfG ist die EU ein sog. „Staatenverbund“. Der Staatsbezug der Verfassung ist eine gängige Lehre. Kann, soll von ihm abgegangen werden? Die Antwort lautet ja. Dies ist umso mehr möglich, als die klassische Staatselementenlehre von *G. Jellinek* umgebaut werden kann. Ist sie schon um die *Kultur* als „viertes“ Element zu erweitern[178], so wird sie u.E. auf der Ebene des Gemeineuropäischen Verfassungsrechts sozusagen zum „ersten“ Element: als weitentwickelte „Rechtskultur“. Die übrigen „Staatselemente“ sind teils vorhanden, teils rudimentär präsent, jedenfalls schließen sie nicht aus, von „Gemeineuropäischem Verfassungsrecht“ zu sprechen, man wagt ja auch den Begriff „Verfassung der Völkerrechtsge-

---

177 Aus der Lit. (pionierhaft): J. Schwarze/R. Bieber (Hrsg.), Eine Verfassung für Europa, 1984; *G. F. Schuppert*, Zur Staatswerdung Europas, in: H. Dreier/F. W. Graf/J. J. Hesse, Staatswissenschaften und Staatspraxis, 1994, S. 35 ff.

178 Dazu wohl erstmals *G. Dürig*, Der deutsche Staat im Jahre 1945 und seither, VVDStRL 13 (1955), S. 27 ff., 37 ff., 57; *P. Häberle*, Die europäische Verfassungsstaatlichkeit, KritV 1995, S. 298 ff. – So ist etwa die *Sprache* das eigentliche, unveräußerliche Vaterland (*Th. Mann*). Treffende Kritik an der traditionellen Staatselementen-Lehre findet sich bei *P. Saladin*, Wozu noch Staaten?, 1995, S. 16 ff. Im demokratischen Verfassungsstaat tritt an die Stelle der „Staats-Nation“ der *Bürger* als archimedischer Bezugspunkt: Schutz und Entfaltung *seiner* Menschenwürde ist das Ziel. Das ius soli ist dem wohl angemessener als das ius sanguinis.

meinschaft“[179]. Das GV ist als Kategorie, funktionell und inhaltlich die wohl „durchschlagendste“ Infragestellung der herkömmlichen Staatlichkeitsdoktrinen wie „Souveränität“[180], „Staatselemente“, „Staatsangehörigkeit“, „Impermeabilität“ etc. (Warum sollte man als Bürger einem Staat „angehören“?) Als Ausdruck der vielfältigen Integrationsoffenheit des Verfassungsstaates der heutigen Entwicklungsstufe wird sie *das* Signum eines grundlegend gewandelten Staatsverständnisses.

263 Beginnen wir beim „*Volk*“, so ist die Argumentation kompliziert. Es gibt viele Völker in Europa, aber kaum einen „*europäischen* Demos“[181]. Die Unionsbürgerschaft (Art. 20 AEUV) lenkt den Blick vielmehr auf den Bürger. Auch der eben zitierte „Demos“ verweist auf kein zum Mythos verklärtes homogenes Volk, sondern auf die Bürgerschaft in ihrer real greifbaren Vielfalt. Die Volks- meint letztlich „Bürgersouveränität“[182]. So konstituieren Europa nicht nur multiple „demoi“, wie sie *J. H. H. Weiler* hinter der europäischen Demokratie erkennt, sondern auch seine Bürgerinnen und Bürger. Sie sind der Nukleus der konstitutionellen Union. Das „Europa der *Bürger*“ kann deshalb (vorerst) auf seine Volksqualität verzichten. Neuere Verfassungen, die vom Mythos der Volkssouveränität abrücken und die Bürger als Menschen zum Zurechnungspunkt wählen, ermutigen. So übersetzt die Präambel der Verfassung Brandenburgs aus dem Jahre 1992 das klassische „We, the People“ in ein entschlossenes „Wir, die Bürgerinnen und Bürger“). Speziell Deutschland leidet bis heute an einem „antipluralistischen“, „vordemokratischen“ Volks-Verständnis (*B.-O. Bryde*) – darum bestehen auch Bedenken gegen Art. 116 GG, der die Staatsbürgerschaft an eine vorstaatliche Volkszugehörigkeit bindet, jedenfalls sollte er um Elemente des ius soli ergänzt werden. Versteht man die Menschenwürde als kulturanthropologische Prämisse einer Rechtsgemein-

179 Umfassend aufbereitet bei *Th. Kleinlein*, Konstitutionalisierung im Völkerrecht, 2012.

180 Für die kaum zu überblickende aktuelle Souveränitätsdebatte etwa *C. E. Pavel*, Divided Sovereignty. International Institutions and the Limits of State Authority, 2015.

181 Ein frühes Votum für einen „europäischen Bürgerstatus“ findet sich schon bei *E. Grabitz*, Europäisches Bürgerrecht zwischen Marktbürgerschaft und Staatsbürgerschaft, 1970; *A. Augustin*, Das Volk der Europäischen Union, 2000; *C. Schönberger*, Unionsbürger, 2006.

182 Sehr fortschrittlich formuliert in diesem Sinne etwa Art. 150 Verf. Portugal: „The Assembly of the Republic is the representative assembly of all Portuguese citizens.“

schaft und die Demokratie als „organisatorische Konsequenz“[183], so fällt die neue Sicht nicht schwer – zumal dann, wenn man „hinter“ der Volkssouveränität die freie Selbstbestimmung des einzelnen Menschen und das darin wurzelnde Konsensprinzip sieht[184]. Das Staatselement „*Gebiet*“ ist im europäischen Raum als Größe mit offenen Grenzen präsent, und das Element der „*Gewalt*“ ist in der EU, wenn auch nicht mit virtueller (im Verfassungsstaat ohnedies nicht mehr gültiger) „Allzuständigkeit“, sondern sektoral „fragmentarisch“ gegenwärtig und erlebbar (nicht zuletzt über die beiden Europäischen Gerichtshöfe, aber auch in vielen Rechtsetzungsakten unterschiedlichster Ranghöhe). Speziell die EMRK ist eine geschriebene „Teilverfassung“ Europas, die „allgemeinen Rechtsgrundsätze“ des EuGH kommen, wie bereits mehrfach skizziert, verstärkend hinzu[185]. Kurz: die *anspruchsvolle Qualitätszuschreibung* im GV „Verfassungsrecht“ darf beibehalten werden und mit ihr viele schon angedeutete Inhalte und Funktionen verfassungsstaatlicher Verfassungen.

c) Typische Inhalte des Gemeineuropäischen Verfassungsrechts

Was die „wesentlichen Elemente“ einer (entwicklungsoffenen) Verfassung 264
sind, lässt sich nicht abstrakt definieren, es wandelt sich in Raum und Zeit (allenfalls in Art. 16 Erklärung der Menschen- und Bürgerrechte von 1789 werden ewige „konstitutionelle Wahrheiten“ sichtbar: Erklärung der Rechte, Gewaltenteilung). Neue Inhalte wachsen hinzu, heute weltweit etwa das Umweltverfassungsrecht und in Europa das „nationale Europaverfassungsrecht“, andere Inhalte treten in den Hintergrund oder sterben ab, etwa die klassischen Elemente der Staatssouveränität. Auch entwickeln sich Unterschiede von Land zu Land. In den USA bleiben die wohlfahrtsstaatlichen Inhalte unterbelichtet, während der Sozialstaat in Europa nach dem 2. Weltkrieg kräftig an Terrain gewonnen hat. Ganz unterschiedlich behandelt ist derzeit noch die Frage, ob die „soziale Marktwirtschaft“ den Rang

---

183 So *P. Häberles* Vorschlag in: *ders.*, Die Menschenwürde als Grundlage der staatlichen Gemeinschaft, in: HStR, Bd. II, 3. Aufl. 2004, § 22.

184 Dazu schon *H. Steinberger*, Der Verfassungsstaat als Glied einer europäischen Gemeinschaft, VVDStRL 50 (1991), S. 9 (23); *ders.*, Diskussionsbeitrag, ebd., S. 162.

185 *J. Schwarze*, Zwischen Tradition und Zukunft: Die Rolle allgemeiner Rechtsgrundsätze im Recht der Europäischen Union, DVBl. 2011, S. 721 ff.

eines Prinzips auf Verfassungsstufe besitzt oder gewinnen soll. Die Schweiz braucht keine Ewigkeitsklauseln nach Art von Art. 79 Abs. 3 GG! – aber sie gewinnt ein unverzichtbares Verfassungselement aus der Referendumsdemokratie. Viele Stichworte mögen belegen, dass das GV seinem sprachlich-begrifflichen Anspruch genügt: Materielle Grundrechte in ihrem klassischen Kanon wie in der aktuellen „Fortschreibung", effektiver Rechtsschutz, insgesamt die „Rechtsstaatlichkeit"[186] (siehe Art. 2 EUV) sind ein besonders gefestigter Bestandteil des GV – so groß die nationalen Spielräume bleiben. Die klassische, d.h. auf die Organe bezogene Gewaltenteilung ist in der EU nicht strukturanalog ausgeprägt, sondern findet Gestalt im sog. „institutionellen Gleichgewicht". Die Staatsziele sind nicht „umfassend", sondern sektoral definiert: vom Grundrechtsschutz über Soziales (Art. 151 AEUV) bis hin zur Umwelt (vgl. Art. 191 ff. AEUV); doch sind sie ausreichend umschrieben und praktisch schon genügend wahrgenommen. Für die von modernen Verfassungen ebenfalls mit erfassten Felder des gesellschaftlichen Bereichs mag – neben den Parteien (Art. 10 Abs. 4 EUV) – *D. Tsatsos* gemeineuropäisch-parteienrechtliche Arbeiten sind eine Richtschnur[187] – die „offene" bzw. „soziale" Marktwirtschaft stehen. Kurz: Man darf von substantiellen Inhalten sprechen, die es erlauben, das hohe anspruchsvolle Wort „Verfassung" zu gebrauchen. Freilich sollte man sich aber vor einer schroffen Alternative

186 *J. Carter*, The Rule of Law and the State of Human Rights, Harvard Human Rights Law Journal, 4 (1991), S. 1 ff.; *A. Watts*, The International Rule of Law, German Yearbook of International Law 36 (1993), S. 15 ff.; *D. Thürer*, Internationales „Rule of Law" – innerstaatliche Demokratie, SZIER 5 (1995), S. 455 ff.; *I. Brownlie*, The Rule of Law in International Affairs. International Law at the Fiftieth Anniversary of the United Nations, 1998; *G. Hafner*, The Rule of Law and International Organizations, in: FS J. Delbrück, 2005, S. 307 ff.; *M. Wittinger*, Das Rechtsstaatsprinzip – vom nationalen Verfassungsprinzip zum Rechtsprinzip der europäischen und der internationalen Gemeinschaft?, JöR 57 (2009), S. 427 ff.; *S. Chesterman*, Rule of Law (Stand: 2012), in: MPEPIL (online verfügbar unter http://opil.ouplaw.com/home/EPIL).

187 Sehr früh *D. Tsatsos*, Zu einer gemeinsamen europäischen Parteienrechtskultur?, DÖV 1988, S. 1 ff.; ders. u.a. (Hrsg.), Parteienrecht im europäischen Vergleich, 1990; *ders.*, Europäische Politische Parteien, EuGRZ 1994, S. 45 ff. S. auch den sog. „Tsatsos-de Vigo-Bericht" über die konstitutionelle Stellung der Europäischen Politischen Parteien des EP: EuGRZ 1997, S. 78 ff.; *F. Shirvani*, Das Parteienrecht und der Strukturwandel im Parteiensystem, 2010; *J. Mittag/J. Steuwer*, Politische Parteien in der EU, 2010; schließlich *R. Geiger*, in: ders./D.-E. Khan/M. Kotzur (Hrsg.), European Union Treaties, 2015, Art. 10 TEU, Rn. 20 f.

„geschrieben“ oder „ungeschrieben“ hüten. Eine lebende, im Schöpfungsakt geschriebene Verfassung konstituiert sich immer auch aus ungeschriebenen Prinzipien. Im Verlauf ihres Wachstumsprozesses legen Praxis und Judikatur die Texte schöpferisch weitend aus. Gerade im Europa von heute kommen zu diesem Ensemble ständig europäische *Teil*verfassungstexte hinzu, das gilt auch und gerade für England mit seiner ungeschriebenen Verfassung.

d) Spezielle Funktionen des Gemeineuropäischen Verfassungsrechts

Spezielle Konturen gewinnt das GV bei der Frage nach seinen Funktionen. 265
Hier hat es eigene Züge, die ihm gerade im Unterschied zu nationalstaatlichen Verfassungen sein Gepräge geben.

aa) Die (integrierende) Reservefunktion – die Subsidiarität

Die (integrierende) Reservefunktion ist ein erstes Stichwort. Das GV hat 266
nur subsidiären Anspruch, in dieser Begrenzung aber wirkt es integrierend. Man mag dies aus der Positivierung der Subsidiarität herauslesen (vgl. Art. 5 Abs. 1, Abs. 3 EUV)[188] oder als Ausdruck des Respekts vor der „nationalen Identität“ (Art. 4 Abs. 2 S. 1 EUV) bzw. der „nationalen und regionalen Vielfalt“ bzw. „Kulturen der Mitgliedstaaten“ (Art. 167 AEUV) nehmen. Entscheidend bleibt, dass das GV keinen gegenüber dem geltenden nationalen Verfassungsrecht vorrangigen Anspruch erhebt. Ohnehin ist dem Denken in strikten Hierarchien, so eindeutige Zuordnungen es auch suggerieren mag, eine Absage zu erteilen. Es geht vielmehr darum, den Territorialstaat, der auf klassisch-hierarchische Steuerungsmodelle vertraute, „in einem Umfeld nicht-hierarchischer grenzüberschreitender Verflechtungen neu zu organisieren“[189] Zu diesen Verflechtungen aber

---

188 Aus der Lit.: *H. Lecheler*, Das Subsidiaritätsprinzip, 1993; *D. Merten* (Hrsg.), Die Subsidiarität Europas, 1993; *P. Häberle*, Das Prinzip der Subsidiarität aus der Sicht der vergleichenden Verfassungslehre, AöR 119 (1994), S. 169 ff. Umfassende Nachweise bei *Ch. Calliess*, in: ders./M. Ruffert (Hrsg.), EUV/AEUV, 4. Aufl. 2011, Art. 5 EUV, Rn. 20 ff.

189 *Ch. Calliess*, Auswärtige Gewalt, in: HStR, Bd. IV, 3. Aufl. 2006, § 83, Rn. 4; *ders.*, Subsidiaritäts- und Solidaritätsprinzip als rechtliches Regulativ der Globa-

rechnet das GV. Es ist *Rahmen* und Zugleich *Instrument* von *Verflechtungsprozessen* und dient dabei der – übrigens durchaus schöpferischen – „Lückenfüllung", sofern man den Begriff „Lücke" überhaupt tradiert. GV ist „Reserve" für die Auslegung von staatlichen Verfassungsprinzipien als solchen; es ist „Erkenntnisquelle", „Hilfsmittel" für die Rechtspolitik *wie* für den Richter und Wissenschaftler: national wie gemeineuropäisch. Man kann dabei von den Vorgängen um innerbundesstaatlich wirkendes „gemeindeutsches" oder „gemeinösterreichisches" Verfassungsrecht lernen[190].

267 Freilich vermag die dualistische trennungsrechtliche Rechtskreiselehre Völker- bzw. Europarecht einerseits, Landes- bzw. Staatsrecht andererseits, die inhaltlichen Wechselwirkungen nicht zu erklären. Das Operieren mit der punktualistischen „Geltungsanordnung" im Stile von *H. Kelsen* übersieht aber vor allem, dass der (selbe) *Mensch* letzter Zurechnungspunkt allen Rechts ist, auch des Völkerrechts[191]: vor allem im europäischen Verfassungsraum: „idem civis *et* europaeus".

bb) Die Einbindung des Nationalstaates

268 Die „Normativierung" und „Normalisierung", die konstitutionelle Einbindung aller Nationalstaaten ist eine zweite Funktion des GV. Sie geschieht nach innen hin (z.B. durch das Postulat des – 1789 noch fehlenden – Minderheitenschutzes, der Relativierung der Staatsangehörigkeit durch die Ermöglichung der doppelten), und sie geschieht durch die praktische Ausfüllung der „Europaoffenheit" durch Übertragung rechtsetzender, exekutiver und rechtsprechender Funktionen auf die europäischen Instanzen (allgemeine und spezielle Europa-Artikel), die das „konstitutionelle Europarecht" mit abstützen.

---

lisierung von Staat und Gesellschaft, Rechtstheorie 33 (2002), Beiheft 20, S. 371 ff.

190 Dazu für Österreich *B.-C. Funk*, Diskussionsbeitrag, VVDStRL 46 (1988), S. 174.

191 *M. Kotzur*, Das Völkerrecht von der Menschheit her denken. Einige Überlegungen zu den „global commons", in: A. Blankenagel (Hrsg.), Den Verfassungsstaat nachdenken. Eine Geburtstagsgabe, 2014, S. 43 ff.

cc) Die Erleichterung der europäischen Fortbildung der nationalen Verfassungen

Sie ist eine weitere Funktion des GV. Es wird nicht mehr in geschlossenen Räumen des Nationalen gedacht, sondern in offenen Horizonten. Europas „Werkstatt“ in Sachen Verfassungspolitik und Verfassungsinterpretation wird über den „Hebel“ des GV und seiner durch ihn eröffneten allseitigen Produktions- und Rezeptionsprozesse intensiviert. Vor allem werden sich die nationalen Verfassungsstaaten bewusst, dass das „Projekt Verfassungsstaat“ immer unterwegs ist und ein dauerndes Reformprojekt bleibt: dass sie im europäischen Kulturraum, ja darüber hinaus ständig zum Vergleich gezwungen sind. Das gilt für die drei staatlichen Gewalten, gerade auch für die mitgliedstaatlichen Parlamente und sollte für deren Selbstverständnis nicht ohne Konsequenzen bleiben. So fordert *Ch. Calliess* sie auf, sich „zunehmend auch als ein in den europäischen Staaten- und Verfassungsverbund integrierter Akteur (zu) verstehen, der die *wesentlichen Entscheidungen und Entwicklungen* auf europäischer Ebene konstruktiv und kritisch begleitet. Auch so verwirklicht sich *Integrationsverantwortung* (…).“[192] 269

dd) Gegensteuerung zur Idee eines „Kerneuropa“

Diese Funktion ist besonders aktuell. Sollte politisch das Bild vom „Kerneuropa“, der „variablen Geometrie“ oder den mehreren „Geschwindigkeiten“ an Terrain gewinnen, könnte manches via GV langfristig ausgeglichen werden. Die Gefahr der europäischen „Kernspaltung“ (statt gleicher Rechtsstandards für alle, bedingt durch Opt-In und Opt-Out-Optionen oder auch Mechanismen verstärkter Zusammenarbeit) ist zu groß. Das GV kann integrieren, was sich auseinander zu entwickeln droht und, auch wo in Teilbereichen Ausdifferenzierungen und Asymmetrien nicht ausbleiben, in zentralen Punkten sichern, was eine politische Gemeinschaft unter der 270

---

192 *Ch. Calliess*, in: ders./M. Ruffert (Hrsg.), EUV/AEUV, 4. Aufl. 2011, Art. 12 EUV, Rn. 69 (Hervorhebungen im Original). Siehe noch *K. Neunreither*, The European Parliament an National Parliaments: Conflict or Cooperation?, in: K. Auel/A. Benz (Hrsg.), The Journal of Legislative Studies 11 (2005), S. 466 ff.; zum Konzept der „Integrationsverantwortung“ *F. Schorkopf*, in: BK, Art. 23 GG (Stand: 2011), Rn. 129 ff.

Herrschaft des Rechts ausmacht: *Gleiches Recht für alle*! Politische Kraftakte in der einen oder anderen Richtung können abgemildert werden. An den „Rändern", etwa zur Türkei, zum Balkan, auch zu Russland hin, mag es – konzentrischen Kreisen gleich – Zonen schöpferischer Präsenz von GV geben, doch sind Ausgrenzungen vermieden und es ist potentiell präsent.

ee) Die wissenschaftliche Strukturierung der europäischen „Rechts-Kreise"

271 Die Kategorie des GV ermöglicht eine spezifisch *wissenschaftliche* Aufbereitung und Durchdringung des europäischen Rechts – vielleicht der klassischen Rezeption des römischen Rechts vergleichbar[193]. Die „Verwissenschaftlichung" des europäischen Rechts hat viele Vorteile für die Erkenntnis und Anwendung, aber auch für die pädagogische Vermittlung. Als „werdendes Verfassungsrecht" hat sie die Schritte vom bloßen Vertragsrecht zum Verfassungsrecht hinter sich und sie kann „Vorgaben" auf unterschiedlich abstraktem Niveau für alle Fortschreibungen des Rechts der EU leisten. Diese wissenschaftliche „Begleitung" ist für das Ensemble von geschriebenem und ungeschriebenem, oft wild wucherndem und auf vielerlei Ebenen entstehendem Europarecht i.e.S. und i.w.S. unverzichtbar.

ff) Vielfalt und Einheit – das multikulturelle Europa

272 Bei aller (nicht zuletzt „juristenrechtlichen") Entdeckerfreude über das „Gemeineuropäische Verfassungsrecht" sei auch an *Grenzen* erinnert, für die (seit 2000) schon das Motto der Europäischen Union steht: *in Vielfalt geeint*! *„Discordia concors"*, nicht *„e pluribus unum"*. Die nationale Verfassungshoheit und einzelstaatliche Individualität ist in einem aus seiner *kulturellen Vielfalt lebendem Europa* Bedingung des (unionalen) „Gemeinen", insoweit auch Grenze. Gemeineuropäisches Verfassungsrecht darf kein Instrument der uniformen Einebnung und mechanischen Gleichschaltung von nationalem Verfassungsrecht im Namen eines imaginären Einheitseuropas sein. Stärke und Kraft des GV sind auf den Reichtum, ja „Ei-

193 Dazu *F. Wieacker*, Privatrechtsgeschichte der Neuzeit, 2. Aufl. 1967, S. 131.

gensinn“, auch auf „Ungleichzeitigkeiten“ der nationalen „Eigenverfassungsrechte“ angewiesen. Was bundesstaatlich für das Verhältnis von gemeindeutschem oder gemeinschweizerischem Verfassungsrecht zum Verfassungsrecht der Länder bzw. Kantone gilt, gilt erst recht im Verhältnis von gemeineuropäischem und nationalem Verfassungsrecht[194]. Das heißt: Mit dem bereits mehrfach angesprochenen Grundsatz der *Subsidiarität* ist gerade hier ernst zu machen. Das GV ist kein Konkurrenzmodell zu mitgliedstaatlicher Verfasstheit. Die politischen Identitäten der Mitgliedstaaten – also das, was ihre Verfassungen zum Ausdruck bringen und was ihre Bürger aktivbürgerschaftlich leben[195] – wirken in gemeineuropäischem „Verbunden-Sein“ gemeinschaftsbildend, aus ihnen formt sich die Identität der Union.[196] Dass dabei gemeinsame und divergierende Identitätsmomente eine fruchtbare Dialektik entfalten, ist selbstverständlich. So kann die Bundesstaatlichkeit in Deutschland als Gegenmodell zum französischen Zentralstaat gelten[197], findet sich die Kooperation zwischen Staat und Kirche hier, ein strikter Laizismus dort. Manche Mitgliedstaaten sind vielsprachig geprägt, für andere ist die *eine* Sprache kultureller Integrati-

194 Dazu schon *P. Häberle*, Gemeineuropäisches Verfassungsrecht, EuGRZ 1991, S. 261 ff., 271 m.w.N.

195 Insofern prägt auch politikverdrossene Partizipationsverweigerung die politische Identität auf mitgliedstaatlicher und stärker noch auf Unionsebene.

196 *D. Th. Tsatsos*, Integrationsförderung durch Identitätswahrung – Zur europäischen Dimension der Verfassungsfunktion, in: FS M. Kriele, 1997, S. 1263 ff.; *G. Roellecke*, Schließt die Identität der europäischen Staaten einen europäischen Bundesstaat aus?, in: E. J. M. Kroker/B. Dechamps (Hrsg.), Das Menschenbild der freien Gesellschaft, 2000, S. 213 ff.; *R. Arnold*, Die Rolle der Mitgliedstaaten in der Europäischen Verfassungsordnung, EWS 2002, S. 261 ff.; *F. C. Mayer/J. Palmowski*, European Identities and the EU – The Ties that Bind the Peoples of Europe, JCMS 42 (2004), S. 573 ff.; ganz eindeutig *M. Pechstein*, in: R. Streinz (Hrsg.), EUV/EGV, 1. Aufl. 2003, Art. 6 EUV, Rn. 25: „Diese eigene Identität der Union speist sich aber notwendig aus den Identitäten der Unionsstaaten, eine andere Quelle hierfür existiert nicht“.

197 Mit Blick auf das Vereinigte Königreich fordert *M. Jachtenfuchs*, Die EG nach Maastricht – Das Subsidiaritätsprinzip und die Zukunft der Integration, EA 1992, S. 279 ff. eine Gegenüberstellung von deutschen und britischen Auffassungen zu bundesstaatlicher Verfassungsarchitektur; zum Föderalismusbegriff *K. Hesse*, Grundzüge des Verfassungsrechts der Bundesrepublik Deutschland, 20. Aufl. 1995 (Neudruck 1999), Rn. 219; sieh noch *M. Kotzur*, Föderalisierung, Regionalisierung und Kommunalisierung als Strukturprinzipien des europäischen Verfassungsraumes, JöR 50 (2002), S. 257 ff., 265 f. zur kulturellen Dimension des Föderalismus.

onsfaktor – durch die multikulturelle gesellschaftliche Wirklichkeit ihrerseits wiederum herausgefordert und Gegenstand innerstaatlicher Identitätsdebatten.[198] Insgesamt muss sich das Sowohl-Als-auch von je nationaler und gesamteuropäischer Identität, von nationaler und europäischer Kultur (d.h. auch *Rechts*kultur) hier praktisch auswirken. M.a.W.: Das GV muss genügend Spielräume lassen, es darf nicht zu „engmaschig" gestrickt sein. Vielfalt und Einheit, Pluralität und Homogenität sollten – der Bundesstaatlichkeit *ähnlich* – auch im „Europäischen Haus" erfahrbar sein. Dabei bringen im „Europa der Regionen" eben die Regionen, vor allem dann, wenn sie die nationalen Grenzen „nachbarschaftlich"[199] überschreiten, eine zusätzliche Differenziertheit ins Spiel. Nationale Vielfalt meint auch Vielfalt und Gleichwertigkeit der nationalen *Rechts*kulturen[200]! Die nationalen Rechtsordnungen sind als Elemente des europäischen Kulturerbes im „europäischen Bewusstsein" zu verlebendigen. Dies ist Teil der von *S. Veil* gestellten Aufgabe, „ein Bewusstsein der gemeinsamen europäischen Kultur" zu entwickeln[201]. Europa konstituiert sich aus einem dialektischen Wechselspiel von Einheit und Vielfalt in (rechts)kultureller Polyphonie. Die kulturelle Vielfalt ist ihre „dauerhafteste Ressource" (*H. Maier*). Nur so kann das Ziel der „immer engeren Union der Völker Europas" (Art. 1 Abs. 2 EUV) erfüllt, aber auch *begrenzt* werden.

---

198 *R. J. Schweizer* und *W. Kahl*, Sprache als Kultur- und Rechtsgut, VVDStRL 65 (2006), S. 346 ff. bzw. 386 ff.; *W. Kahl*, Das Grundrecht der Sprachenfreiheit, JuS 2007, S. 201 ff. Zu alldem auch *M. Kotzur*, Zur politischen Identität der europäischen Staaten, in: D. Tsatsos (Hrsg.), Die Unionsgrundordnung. Handbuch zur europäischen Verfassung, 2010, S. 165 ff.

199 Ausführliche Nachweise bei *M. Kotzur*, Grenznachbarschaftliche Zusammenarbeit in Europa, 2004.

200 Problemparallelen mag man in der berühmten Formel von *J. Heckel* finden, wonach „das für alle geltende Gesetz" (Art. 137 Abs. 3 WRV) jedes für die „Gesamtnation als politische, Kultur- und Rechtsgemeinschaft unentbehrliche Gesetz" sei (vgl. *ders.*, Das staatskirchenrechtliche Schrifttum der Jahre 1930 und 1931, VerwArch 37 (1932), S. 282 ff.). Umgekehrt wäre ein gemeineuropäischer Gesetzesbegriff aus der Gesamtschau der nationalen Rechtskulturen zu erarbeiten.

201 Zit. nach FAZ vom 8. März 1995, S. 39.

4. Praktische Beispielsfelder für Gemeineuropäisches Verfassungsrecht – Defizite und Reformziele

Bei GV handelt es sich um einen *offenen Bestand von Prinzipien*, der sich meist still wandelt und im Sinne eines „numerus apertus“ entwickelt. Vielleicht kann es im Entstehungsvorgang auch zunächst regional begrenztes („partikulares“) GV geben, das sich – dem *partikularen Völkergewohnheitsrecht* nicht unähnlich – erst allmählich „verallgemeinert“ (z.B. kann der romanische Sprach- und Rechtskreis in Gestalt des „Regionalismus-Rechts“ Prinzipien ausbilden, die im übrigen Europa erst nach und nach rezipiert werden). So darf auch die Idee eines *wertend gewonnenen* gemeineuropäischen „Mindeststandards“ gewagt werden, so dass Defizite und daraus folgende Reformziele als solche benannt werden können. Jedenfalls sollte das GV nicht nur vom status quo aus definiert werden, sondern auch *Entwicklungspotentiale* benennen. Dabei sind immer zwei Perspektiven zu wählen: Wo entwickelt sich aus den nationalen Verfassungsrechten GV und wo kristallisiert sich aus dem Europarecht als „werdendem Verfassungsrecht“ Gemeineuropäisches Verfassungsrecht. Beide ohnehin verschränkten Ebenen spielen zusammen. Es kommt zu Konvergenzen und Osmosen, bei den Grundrechten sogar zu einer besonders dichten „Gemengelage“. 273

a) Grundrechte, Rechtsstaatlichkeit, Rechtsschutz

Heute weist der „Europäische Verfassungsraum“ weltweit die größte Grundrechtsdichte auf. Grundrechte, Rechtsstaatlichkeit und Rechtsschutz bilden die Prinzipien des GV, die ebenso intensiv wie extensiv ausgebaut sind. „Herrschaft des Rechts“ bedeutet in und für Europa „Herrschaft der Grundrechte“[202]. Die aus multiplen Verflechtungen und dank vielfacher Rezeptionsprozesse erwachsene europäische Grundrechtsordnung ruht auf 274

202 *J. Limbach,* Die Kooperation der Gerichte in der künftigen europäischen Grundrechtsarchitektur – Ein Beitrag zur Neubestimmung des Verhältnisses von BVerfG, EuGH und EGMR, EuGRZ 2000, S. 417; siehe auch *D. Kugelmann*, Grundrechte in Europa, 1997.

dem Fundament der nationalen Verfassungen[203]. Diese kennen großenteils hoch differenzierte Grundrechtskataloge. Rechtlich zwar getrennt, inhaltlich wie prozedural aber in wechselseitiger Abhängigkeit auf die mitgliedstaatlichen Garantien bezogen, tritt daneben die dreifache Grundrechtsbindung der EU. Der EuGH hat die Gemeinschaftsgrundrechte als allgemeine Rechtsgrundsätze prätorisch entwickelt und konsequent immer weiter ausgebaut[204]. Art. 6 Abs. 3 EUV macht die EMRK[205] zur Rechtserkenntnisquelle für den Luxemburger Gerichtshof[206], auch wenn der geplante Beitritt der EU zur EMRK durch das Gutachten des EuGH vom 18. Dezember 2014[207] jedenfalls in seiner derzeit geplanten Form einen herben Rückschlag erfahren hat[208]. Mit dem Vertrag von Lissabon ist die EU-Grundrechte-Charta gem. Art 6 Abs. 1 EUV rechtsverbindlich und zum eigenständigen, gleichsam dritten Gründungsvertrag der Union geworden. Sie genießt, den Verträgen gleichrangig, primärrechtliche Qualität[209]. Die mitgliedstaatlichen Verfassungsräume wie den unionalen Verfassungsraum um- bzw. überwölbt schließlich vom regionalen Völkerrecht her die gerade genannte EMRK. Hinzu treten die vielfältigen universell-völkerrechtli-

---

203 *Ch. Degenhart*, Grundrechtsinhalte und Grundrechtswirkungen im deutschen und europäischen Recht, in: Teoria del diritto e dello stato (Rechts- und Staatslehre), 2003, N. 1-2, S. 162 ff.

204 *G. Tesauro*, The Role of the Court of Justice in the Protection of Fundamental Rights, in: FS G. C. Rodríguez Iglesias, 2003, S. 103 ff.; *A. Vitorino*, La Cour de justice et les droits fondamentaux depuis la proclamation de la Charte, in: ebd., S. 111 ff.; *G. Nicolaysen,* Die gemeinschaftsrechtliche Begründung von Grundrechten, EuR 2003, S. 719 ff.

205 Von der Lit. als „Kernstück der Europaratsleistung überhaupt" qualifiziert, so *E. Klein*, Von der Spaltung zur Einigung Europas, in: D. Merten/H.-J. Papier (Hrsg.), Handbuch der Grundrechte in Deutschland und Europa, Bd. II, 2006, § 5, Rn. 77.

206 *A. Rosas*, The Legal Sources of EU Fundamental Rights: A Systemic Overview, in: FS G. C. Rodríguez Iglesias, 2003, S. 87 ff.

207 EuGH, Gutachten 2/13, ECLI:EU:C:2014:2454.

208 Kritisch dazu *Ch. Tomuschat*, Der Streit um die Auslegungshoheit: Die Autonomie der EU als Heiliger Gral. Das EuGH-Gutachten gegen den Beitritt der EU zur EMRK, EuGRZ 2015, S. 133 ff; *M. Breuer*, „Wasch mir den Pelz, aber mach mich nicht nass!" Das zweite Gutachten des EuGH zum EMRK-Beitritt der Europäischen Union, EuR 2015, S. 330 ff.

209 Dazu *M. Kotzur*, Einführung zur Charta der Grundrechte, in: R. Geiger/D.-E. Khan/M. Kotzur (Hrsg.), EUV/AEUV, 5. Aufl. 2010, Anhang 1, Rn. 1 ff.

chen Menschenrechtsgarantien[210]. Nicht nur bezogen auf die multiplen Grundrechts-Verflechtungen kann die Frage: „Gibt es eine europäische Rechtsprechungs-Kultur?", mit *R. Badinter* bejaht werden[211]. Mit der strengen Gewaltenteilung, dem grundsätzlich öffentlichen und kontradiktorischen Verfahrensprinzip und der Gleichheit aller Bürger vor dem Gesetz zeichnet das Rechtswesen in Europa sich durch gemeinsame Wertvorstellungen, gemeinsame Verfahrensrichtlinien und gemeinsame ethische Grundsätze aus, bei allen Unterschieden in der Praxis von Land zu Land – auch in Osteuropa ist das Rechtsstaatsprinzip seit 1989 zu einem lebenden Verfassungsprinzip geworden[212]. Der dort so herausgestellte „Vorrang der Verfassung" hat ebenfalls gemeineuropäische Kraft; gleiches gilt seit dem Francovich-Urteil des EuGH[213] für die Staatshaftung.

Freilich öffnen sich Felder, in denen die nationalen Verfassungsrechte 275 noch an allgemeinen Prinzipien besser Maß nehmen sollten, so bei den *Medien*. Der aus vielen nationalen Verfassungen zu gewinnende Grundsatz des *pluralistischen* Medienverfassungsrechts (vgl. Art. 38 Abs. 6, Art. 39 Verf. Portugal, Art. 20 Abs. 3 Verf. Spanien, Art. 111 a Verf. Bayern, Art. 46 Verf. Bern) gehört zu den gemeinverfassungsrechtlich inspirierenden Prinzipien, die in Zeiten multimedialer Kommunikation und globaler Vernetzung durch das Internet kräftig auszubauen sind. Der rechtspolitische und interpretatorische Reformbedarf ist hier besonders groß. Gleiches gilt für den Minderheitenschutz (Stichwort: korporative Volksgruppenrechte), während im Bereich des Rechtsschutzes i.e.S. (d.h. durch unabhängige Gerichte) und zunehmend auch des Rechtsschutzes i.w.S. (z.B. Ombudsmann, Art. 228 AEUV, Europäische Grundrechte-Agentur[214]) sich das GV schon fast „perfekt" entwickelt. Das Grundrechte-Recht in Europa ist gemeineuropäisches Verfassungsrecht par excellence und in einem tiefen Sinne europäisches Bürgerrecht! Das „Filigran" des hier schon gewor-

---

210 *H. Maier*, Wie universal sind die Menschenrechte?, 1997; *L. Kühnhardt*, Die Universalität der Menschenrechte, 1987.

211 Zit. nach *J. Hanimann*, Rechtsprechung im Plural, FAZ vom 28. November 1992, S. 27.

212 S. auch *P. Häberle*, Verfassungsentwicklungen in Osteuropa – aus der Sicht der Rechtsphilosophie und der Verfassungslehre, AöR 117 (1992), S. 169 ff.

213 Dazu *K. Hailbronner*, JZ 1992, S. 284 ff.; *M. Zuleeg*, JZ 1994, S. 1 ff.; *R. Streinz*, Europarecht, 9. Aufl. 2012, S. 141 ff.

214 *A. v. Bogdandy/J. v. Bernstorff*, Die Europäische Agentur für Grundrechte in der europäischen Menschenrechtsarchitektur und ihre Fortentwicklung durch den Vertrag von Lissabon, EuR 2010, S. 141 ff.

denen GV konnte in der EU-Grundrechte-Charta z.T. eingefangen werden. Es sei nicht als deutscher Eigensinn bespöttelt, wenn auch an das Thema „Staatskirchenrecht" (besser „Religionsverfassungsrecht") und die Aufgabe der es vergleichend erschließenden Wissenschaft in Europa erinnert wird[215].

b) Europäische Verfassungsgerichtsbarkeit

276 Im engen Zusammenhang mit der europäischen Grundrechts- und Rechtsstaatsgemeinschaft steht die konstitutionelle Grundrechts- bzw. Verfassungsgerichtsbarkeit. Schon national reift sie immer mehr zu einem essentiellen Element der heutigen Entwicklungsstufe des Verfassungsstaates[216]. Nimmt man die „sektorale" Grundrechts- bzw. Verfassungsgerichtsbarkeit von EGMR und EuGH hinzu[217], so darf (unbeschadet der Fülle nationaler Varianten auch in Osteuropa, z.B. in Sachen Zugang) die These gewagt werden, dass die Institution der Verfassungsgerichtsbarkeit heute schon gemeineuropäischen Rang besitzt. Europas Verfassungsrechtskultur lebt nicht zuletzt dank dieses „Mediums" bzw. Gestaltungsfaktors. Art. 19 Abs. 1 UAbs. 2 EUV spricht insoweit eine eindeutige Sprache: „Die Mitgliedstaaten schaffen die erforderlichen Rechtsbehelfe, damit ein wirksa-

---

215 Dazu *A. Hollerbach*, Europa und das Staatskirchenrecht, ZevKR 35 (1990), S. 250 ff.; *G. Robbers*, Die Fortentwicklung des Europarechts und seine Auswirkungen auf die Beziehungen zwischen Staat und Kirche in der Bundesrepublik Deutschland, in: Essener Gespräche zum Thema Staat und Kirche, Bd. 27 (1993), S. 81 ff.; *R. Streinz*, Auswirkungen des Europarechts auf das deutsche Staatskirchenrecht, in: Essener Gespräche zum Thema Staat und Kirche, Bd. 31 (1997), S. 53 ff. S. noch Dritter Teil K.

216 Aus der Lit.: *C. Starck/A. Weber* (Hrsg.), Verfassungsgerichtsbarkeit in Westeuropa?, 1986. – Für *Italien*: *J. Luther*, Die italienische Verfassungsgerichtsbarkeit, 1990; *M. Dietrich*, Die italienische Verfassungsgerichtsbarkeit, 1995; *G. Zagrebelsky*, La giustizia costituzionale, 2. Aufl. 1988. – Für *Spanien*: *M. Garcia Pelayo*, Der Status des Verfassungsgerichts, in: *A. Lopez-Pina* (Hrsg.), Handbuch des spanischen Verfassungsrechts, 1993, S. 475 ff. – Für *Deutschland* und *Österreich*: P. Häberle (Hrsg.), Verfassungsgerichtsbarkeit, 1976; *ders.*, Verfassungsgerichtsbarkeit – Verfassungsprozessrecht, 2014. – Für die *Schweiz*: *J. P. Müller*, Die Verfassungsgerichtsbarkeit im Gefüge der Staatsfunktionen, VVDStRL 39 (1981), S. 52 ff.

217 Vgl. J. Schwarze (Hrsg.), Der Europäische Gerichtshof als Verfassungsgericht und als Rechtsschutzinstanz, 1983; *E. G. Mahrenholz*, Europäische Verfassungsgerichte, JöR 49 (2000), S. 15 ff. Zum Ganzen unter Dritter Teil H. II.

mer Rechtsschutz in den vom Unionsrecht erfassten Bereichen gewährleistet ist.“ Die Vorschrift ist *Verbundnorm* par excellence[218]. Sie fordert die Verantwortung der mitgliedstaatlichen Gerichte für den Rechtsschutz, gerade auch den Individualrechtsschutz in der Union ein. Sie impliziert damit die unionsrechtliche Kompetenz der je nationalen Richter[219] und macht die mitgliedstaatlichen Gerichte zu europäischen Gerichten[220]. Das ist eine der entscheidenden Verantwortungszuschreibungen des „Verfassungsgerichtsverbundes“[221]. Hatte schon das BVerfG in seiner Solange II-Entscheidung auf die „funktionelle Verschränkung der Gerichtsbarkeit der Europäischen Gemeinschaften mit der Gerichtsbarkeit der Mitgliedstaaten“[222] verwiesen, so trifft der Reformvertrag von Lissabon die explizite Entscheidung für dezentralen, kooperativ mitverantworteten und komplementär konzipierten gerichtlichen Rechtsschutz in der Union[223]. Die europäisch offene Gesellschaft der Verfassunggeber und -interpreten konstituiert sich ebenso aus dem dialektischen Wechselgespräch der nationalen und europäischen Verfassungsgerichte wie aus der europäischen Wissenschaftlergemeinschaft. Die regelmäßigen Treffen der Verfassungsrichter in Europa verleihen dem beredten Ausdruck. Auch die „FIDE“ sei erwähnt.

---

218 Zum Gedanken solcher „Verbund-“ oder Verbindungsnormen *A. v. Bogdandy/S. Schill*, Zur unionsrechtlichen Rolle nationalen Verfassungsrechts und zur Überwindung des absoluten Vorrangs, ZaöRV 70 (2010), S. 701 ff., 705.

219 Schon bei *M. Dauses*, Das Vorabentscheidungsverfahren nach Art. 177 EG-Vertrag, 2. Aufl. 1995, S. 44, findet sich die Wendung vom nationalen Richter als „ordentlicher Richter des Gemeinschaftsrechts“; darauf verweist z.B. *U. Everling*, Lissabon-Vertrag regelt Dauerstreit über Nichtigkeitsklage Privater, EuZW 2010, S. 572 ff., 573.

220 *I. Pernice*, Die Zukunft der Unionsgerichtsbarkeit. Zu den Bedingungen einer nachhaltigen Sicherung effektiven Rechtsschutzes im Europäischen Verfassungsverbund, EuR 2011, S. 151 ff., 154, unter Verweis auf *B. Vesterdorf*, The Community court system ten years from now and beyond: challenges and possibilities, European Law Review 28 (2003), S. 303 ff., 317, und *A. Haratsch*, Die kooperative Sicherung der Rechtsstaatlichkeit durch die mitgliedschaftlichen Gerichte und die Gemeinschaftsgerichte aus mitgliedstaatlicher Sicht, EuR 2008, Beiheft 2, S. 81 ff., 83.

221 *A. Voßkuhle*, Der europäische Verfassungsgerichtsverbund, NVwZ 2010, S. 1 ff.

222 BVerfGE 73, 339 (366).

223 *Ch. Calliess*, Die neue Europäischen Union nach dem Vertrag von Lissabon, 2010, S. 152 m.w.N.; *A. Hatje/A. Kind*, Der Vertrag von Lissabon – Endlich in guter Verfassung?, NJW 2008, S. 1761 ff., 1767.

277 Als Spezialproblem des Verfassungsprozessrechts[224], das freilich aus der europäischen Perspektive zu einem Grundsatzproblem wird, sei nur die Frage des *Sondervotums* und der hier bestehende Reformbedarf behandelt. Während es in Deutschland durch das einfache Gesetz (1970) möglich wurde (§ 30 Abs. 2 BVerfGG), hat sich die Textstufenentwicklung in Spanien (1978) zu einem ausdrücklichen Verfassungsartikel gesteigert (Art. 164 Abs. 1 S. 1). Italien ringt derzeit um das Sondervotum. Dort wird diskutiert, ob es via Geschäftsordnung der Corte oder gesetzlich eingerichtet werden soll[225].

278 Die Möglichkeit des Sondervotums, im EGMR bekanntlich oft praktiziert, ist u.E. aus einem spezifisch gemeineuropäischen Grund auszubauen. Es eröffnet eine zusätzliche europäische – wissenschaftlich-prätorische – Gesprächsebene, der Sondervotant wird verstärkt die Rechtsvergleichung (als „fünfte" Interpretationsmethode) einsetzen, da er unter besonderem Legitimationsdruck steht[226], experimentelle Verfassungsinterpretation leisten und neue Wege wagen; es kommt bei der Bildung von GV zu zusätzlichen „Ventilen". Kurz: Das verfassungsrichterliche Sondervotum ist u.E. ein Beispiel und Vehikel für das Zusammenwachsen Europas im Zeichen gemeineuropäischer Rechtskultur.

c) Demokratie-Probleme

279 Streifen wir kurz die Demokratie als Prinzip des GV, zumal hier die Defizite vom GV her wohl nur „angeregt", nicht aber selbst durchgesetzt werden können. Auf einer sehr hohen abstrakten Ebene ist die Demokratie gewiss schon ein „Prinzip" des GV. Bereits die EMRK spricht in der Präambel von „wahrhaft demokratisches politisches Regime" und ihre europäischen Menschenrechte stellt sie unter den Vorbehalt der in „einer demokratischen Gesellschaft" notwendigen Gemeinwohlaspekte (z.B. Art. 8

---

224 Fast sensationell erscheint das Urteil des türkischen Verfassungsgerichts vom 21. Oktober 1993, das über die Lückenfüllungskompetenz des Verfassungsgerichts und das Instrument des „allgemeinen Rechtsgrundsatzes" die einstweilige Anordnung im türkischen Verfassungsprozessrecht kreiert hat (dazu *Z. Gören*, Die einstweilige Anordnung in der Rechtsprechung des türkischen Verfassungsgerichts, EuGRZ 1994, S. 597 ff.).

225 *D. Tega*, La Corte costituzionale vista da vicino. Intervista di Diletta Tega a Gaetano Silvestri, Quaderni costituzionali, 2014, S. 757 ff.

226 Vgl. *P. Häberle*, Kommentierte Verfassungsrechtsprechung, 1979, S. 24 ff.

Abs. 2, Art. 9 Abs. 2, Art. 10 Abs. 2). Die EU bekennt sich schon in der Präambel des EUV zur Demokratie, qualifiziert sie in Art. 2 EUV als Wert und baut sie in Art. 10 Abs. 1 EUV zur repräsentativen Demokratie aus. Dass dennoch unionale Demokratiedefizite fortbestehen (Erfolgswertgleichheit der Stimmen, Rolle der Opposition, Mitgestaltungspotential der europäischen politischen Parteien etc.), ist unbestritten. Wer allerdings bei einer Mängelliste stehen bleibt, übersieht nicht nur die zahlreichen auf Unionsebene greifbaren demokratischen Legitimationsbausteine[227], sondern verkennt überdies die unionsrechtlich bedingte, ebenso aktivierend wie legitimationssichernd wirkende Ebenenverschränkung demokratischen Wettbewerbs. Zwei Beispiele: Einmal ist die Beschränkung des Wahlrechts auf die eigenen Staatsbürger angesichts des europäischen Integrationsprozesses relativiert[228]. Volk im Sinne von Art. 20 Abs. 2 S. 1 GG bleibt zwar weiterhin allein das deutsche Staatsvolk, auf dessen Legitimationsleistung sich alle Ausübung von Staatsgewalt, auch die mittelbare im Wege kommunaler Selbstverwaltung, zurückführen lassen muss[229]. Deshalb hatte das Bundesverfassungsgericht das Kommunalwahlrecht für Ausländer zunächst ausgeschlossen[230]. Die Einführung der Unionsbürgerschaft (jetzt Art. 20, 22 AEUV) bewirkte aber eine materielle Verfassungsänderung, die alsbald in Art. 28 Abs. 1 S. 3 GG ihren textlichen Niederschlag fand.

---

227 Diesen hat das BVerfG in seiner Entscheidung zum Vertrag von Lissabon (BVerfGE 123, 267) die notwendig differenzierte Anerkennung versagt; berechtigte Kritik bei *E. Pache*, Das Ende der europäischen Integration? Das Urteil des Bundesverfassungsgerichts zum Vertrag von Lissabon, zur Zukunft Europas und der Demokratie, EuGRZ 2009, S. 285 ff., 285, siehe auch *Th. Oppermann*, Den Musterknaben ins Bremserhäuschen! – Bundesverfassungsgericht und Lissabon-Vertrag, EuZW 2009, S. 473 ff.

228 Zum Ausländerwahlrecht: F. Sen (Hrsg.), Wahlrecht für Ausländer. Stand und Entwicklung in Europa, 1985; *G. Liegmann*, Kommunales Wahlrecht für Ausländer in den Bundesländern und Europa, 1990; für die Niederlande *B. Koolen*, Kommunalwahlrecht für Ausländer in den Niederlanden 1990-1998, ZAR 1999, S. 79 ff.; für die Schweiz *K. Plüss*, Der Ausschluss vom Wahlrecht als Demokratiedefizit, in: P. M. Schiess Rütimann (Hrsg.) Schweizerisches Ausländerrecht in Bewegung?, 2003, S. 133 ff.

229 *G. Liegmann*, Kommunalwahlrecht für Ausländer in den Bundesländern und Europa, 1990; *J. Isensee/E. Schmidt-Jortzig*, Das Ausländerwahlrecht vor dem BVerfG, 1993.

230 BVerfGE 83, 37 (50 ff.); 83, 60 (71 ff.).

280 Wenn der Reformvertrag von Lissabon die Subsidiaritätskontrolle stärkt, den mitgliedstaatlichen Parlamenten im Rahmen des „Frühwarnsystems“ eine „orange Karte“ zugestanden ist und etwa das deutsche Begleitgesetz die Mitwirkungs- und Kontrollmöglichkeiten nachhaltig ausweitet, findet ein umgekehrter Prozess statt. Die europäische Wettbewerbsarena erfährt mitgliedstaatliche Erweiterung und die mitgliedstaatlichen werden auf spezifische Weise zu *europäischen Parlamenten*. Und nicht vergessen sei, dass manche der Beitrittskandidaten die Perspektive einer Vollmitgliedschaft effektiv für innerstaatliche Demokratisierungsstrategien nutzen[231]. Schon die Satzung des Europarates (1949) hat diesbezüglich zwischen dem „gemeinsamen Erbe ihrer Völker“ und der persönlichen Freiheit sowie der Herrschaft des Rechts und der „wahren Demokratie“ einen Zusammenhang hergestellt (Präambel) und als „Ideal“ postuliert. Die Textstufenentwicklung seitdem, z.B. bis zur Charta von Paris der KSZE (1990) zur Demokratie als Staatsform, war weit, aber sie wurde geleistet. Vermutlich steht hier ein langatmiger Wachstumsprozess bevor, der aber besonders viele *Variationsspielräume* offen lassen muss (z.B. im Wahlrecht oder bei der Frage: nur repräsentative oder auch plebiszitäre Demokratieelemente). Und die regelmäßige Konferenz der Europaausschüsse der nationalen Parlamente und des Europaparlaments (COSAC – „Conférence des organes spécialisés dans des Affaires Communautaires“[232]) lassen hoffen. Das absolute Demokratie-Minimum ist in allen Ländern Europas selbst wohl erreicht, vor allem wird allerorts das Moment Demokratie als „Herrschaft auf Zeit“ eingelöst. Auf der transnationalen Ebene zeigen sich indes Demokratie- bzw. Parlamentarismus-Defizite – die sich auch als Öffentlichkeitsdefizite darstellen. Während in Europa die *kulturelle* Öffentlichkeit in Teilbereichen durchaus lebt (in Wissenschaft und Kunst sowie auf Feldern des GV!), tut sich Europa in Sachen *politische Öffentlichkeit*

---

231 *A. Magen/L. Morlino*, Hybrid Regimes, the Rule of Law, and External Influence on Domestic Change, in: dies. (Hrsg.), International Actors, Democratization and the Rule of Law. Anchoring Democracy, 2009, S. 1 ff., 4, 13; *E. Baracani*, EU Democratic Rule of Law Promotion, in: ebd., S. 53 ff., 53.

232 *Ch. Calliess*, in: ders./M. Ruffert (Hrsg.), EUV/AEUV, 4. Aufl. 2011, Art. 12 EUV, Rn. 54; *R. Geiger*, in: ders./D.-E. Khan/M. Kotzur (Hrsg.), EUV/AEUV, 5. Aufl. 2010, Art. 12 EUV, Rn. 9.; *A. Maurer*, in: Deutscher Bundestag, Ausschuss für die Angelegenheiten der Europäischen Union (Hrsg.), COSAC – Die Konferenz der Europaausschüsse im Wandel, 2003; *ders.*, COSAC, national parliaments, and their contribution to a strong European public: Paper presented at CIDEL Workshop, 2004.

schwer. Alle Überlegungen zu „Grundkonsens und Verfassung“[233] werden jedenfalls auch auf der europäischen Ebene relevant. Vor allem sollte mit der Figur des „*europäischen Gesellschaftsvertrags*“ gearbeitet werden, mindestens als „Probierstein der Vernunft“ i.S. *I. Kants*. Europa muss als Vertrag der Bürger gelebt und erlebt, nicht als Konstruktion der Funktionäre, Experten und Eliten mehr oder weniger resignativ hingenommen werden.

d) Strukturen vertikaler Gewaltenteilung: Föderalismus und (werdender) Regionalismus sowie die Kommunen

Ist die „horizontale“ Gewaltenteilung dank der Klassikertexte von *J. Locke* und *Montesquieu* bis hin zu den „Federalist Papers“ der USA und Art. 16 Erklärung der Menschen- und Bürgerrechte von 1789 eines der zentralen Prinzipien der nationalen Verfassungsstaaten, so verdient die „*vertikale*“ Gewaltenteilung als deren Fortentwicklung eine gesonderte Betrachtung sub specie „Gemeineuropäisches Verfassungsrecht“. Im Dienste der Verhinderung von Machtmissbrauch stehend, bildet sie im Kern schon jetzt ein Prinzip des GV, sei es in der Ausformung als Föderalismus, als Regionalismus oder als kommunale Selbstverwaltung. Die einzelnen Verfassungsstaaten in Europa sind bereits entweder Bundesstaaten wie die Schweiz, Österreich, Deutschland und Belgien (seit 1993) oder sie sind in unterschiedlicher Intensität in Regionen gegliedert (im Bild einer Skala vom noch recht zentralistischen Frankreich über Italien bis zu Spanien, einer „Vorform“ des Föderalismus). Bewertet man den Regionalismus als „kleinen“, aber eigenwüchsigen „Bruder“ des Föderalismus, so darf er durchaus als „werdendes Strukturprinzip und europarechtspolitische Maxime“ zugleich eingeordnet werden[234]. M.a.W.: Der „Europa-Bürger“ ist durch das Europa der Regionen bzw. Gliedstaaten abgesichert, und eben dies bildet ein Stück Gemeineuropäischen Verfassungsrechts. Viele kleine 281

233 Eindringlich zuletzt *J. P. Müller*, Demokratische Gerechtigkeit, 1993, S. 20 ff.

234 Vgl. den Beitrag *P. Häberles*, Der Regionalismus als werdendes Strukturprinzip des Verfassungsstaates und als europarechtspolitische Maxime, AöR 118 (1993), S. 1 ff.; s. auch F. Ossenbühl (Hrsg.), Föderalismus und Regionalismus in Europa, 1990; *H.-J. Blanke*, Föderalismus und Integrationsgewalt, 1991; *M. Morass*, Regionale Interessen auf dem Weg in die Europäische Union, 1994; *A. Weber*, Die Bedeutung der Regionen für die Verfassungsstruktur der Europäischen Union, in: J. Ipsen u.a. (Hrsg.), Verfassungsrecht im Wandel, 1995, S. 681 ff.

Mosaiksteine belegen dies: neben den grenzüberschreitenden Regionen, z.B. der „Arge Alp", der „Regio Basiliensis", der „Euregio Egrensis"[235], die zunehmende Zahl von nationalen Verfassungs-Artikeln, die sich für den europäischen Regionalismus aussprechen[236] (z.B. Art. 60 Abs. 2 Verf. Saarland, Art. 54 Abs. 1 Verf. Bern), mag der „Ausschuss der Regionen" (Art. 305 AEUV) noch schwach sein sowie die vielfältigen Strukturen und Aktivitäten auf der gesamteuropäischen Ebene (von der Gemeinschafts-Charta der Regionalisierung des EP von 1988 bis zu den Versammlungen der Regionen Europas). Zum GV gehört auch der allgemeine Rechtsgedanke, der sich fortschreitend in der „Bundestreue", „Gemeinschaftstreue", „Regionen-" und „Unionstreue" (Art. 4 Abs. 3 EUV) manifestiert[237].

282 Ähnlich, aber schon effektiver fortgeschritten ist die *kommunale Selbstverwaltung* ein Schlussstein im Gewölbe der vertikalen Gewaltenteilung als GV. Um hier mit der transnationalen Ebene zu beginnen: Bekannt sind die Pionierleistungen der Charta der kommunalen Selbstverwaltung (1985)[238]; vorausgegangen war der Klassikertext von *A. Gasser* („Ge-

---

235 Dazu etwa *B. Speiser*, Der grenzüberschreitende Regionalismus am Beispiel der oberrheinischen Kooperation, 1993; *B. Seelbinder*, Probleme und Perspektiven der grenzüberschreitenden Zusammenarbeit am Beispiel der EUREGIO EGRENSIS, in: R. Streinz (Hrsg.), 50 Jahre Europarat: Der Beitrag des Europarates zum Regionalismus, 2001, S. 39 ff.

236 Zum Ganzen *P. Häberle*, Europaprogramme neuerer Verfassungen und Verfassungsentwürfe – der Ausbau von nationalem „Europaverfassungsrecht", in: FS Everling, Bd. I, 1995, S. 355 ff. sowie der von *R. Streinz* hrsg. Bayreuther Sammelband „50 Jahre Europarat: Der Beitrag des Europarates zum Regionalismus", 2001; *G. Winkler*, Der Europarat und die Verfassungsautonomie seiner Mitgliedstaaten, 2005.

237 Zur Unionstreue *R. Geiger*, in: ders./D.-E. Khan/M. Kotzur (Hrsg.), EUV/AEUV, 5. Aufl. 2010, Art. 4 AEUV, Rn. 5 ff. m.w.N. Teilaspekte aus belgischer Sicht bei *A. Alen/P. Peeters/W. Pas*, „Bundestreue" im belgischen Verfassungsrecht, JöR 42 (1994), S. 439 ff. Weit ausgreifend *A. Hatje*, Loyalität als Rechtsprinzip der EU, 2001.

238 Dazu aus der Lit.: F.-L. Knemeyer (Hrsg.), Die europäische Charta der kommunalen Selbstverwaltung, 1989; ders. (Hrsg.), Europa der Regionen und Europa der Kommunen, 1994; *M. Zuleeg*, Die Stellung der Länder im europäischen Integrationsprozess, DVBl. 1992, S. 1329 ff.; *H.-E. Folz*, Kommunale Selbstverwaltung und Europäische Einigung, in: FS Hahn, 1997, S. 611 ff.; *K. Stern*, Europäische Union und kommunale Selbstverwaltung, in: FS Friauf, 1996, S. 75 ff. – Gerade die kommunale Selbstverwaltung ist Ausdruck des europäischen Demokratieprinzips.

meindefreiheit als Rettung Europas“, 1947). Mit dem Vertrag von Maastricht wuchs das kommunale Wahlrecht für EU-Bürger hinzu; der Vertrag von Lissabon erkennt die lokale Selbstverwaltung als ein mögliches strukturprägendes Element der nationalen Identität der Mitgliedstaaten[239]. Innerverfassungsstaatliche Stichworte lauten: „droit municipal“ in Frankreich und Belgien im 18. Jahrhundert, des Freiherrn vom Steins Preußische Städtereform von 1808, gipfelnd im großen Klassikertext der Paulskirchenverfassung – obgleich Entwurf! – (Art. XI § 184: „Jede Gemeinde hat als Grundrechte ihrer Verfassung ...“)[240]. Wohl alle Verfassungsstaaten (West)Europas haben eine ausgebaute kommunale Selbstverwaltung, Osteuropa ringt darum. So vollendet sich die europäische Bürgerfreiheit als Freiheit „vor Ort“, im „Kleinen“. Das „Europa der Bürger“, das Postulat der „Bürgernähe“ (vgl. Art. 1 Abs. 2 EUV) sind insoweit gemeineuropäisches Verfassungsrecht.

e) Verfahren für nationale Verfassungsreformen und dauernde „Europaoffenheit“ bzw. „-fähigkeit“ aller Verfassungsstaaten

Als letztes praktisches Beispielsfeld für Bestand und Entwicklung von GV 283
seien die Verfahren der Verfassungsreform behandelt[241]. Hier gibt es auf der nationalen Ebene eine Skala von der stärksten Fortschreibung der verfassungsstaatlichen Verfassung via Total- und Partialrevision über den Verfassungswandel durch Interpretation bis hin zum verfassungsrichterlichen Sondervotum als „feiner“ Interpretationsalternative – all dies sind Stufen der differenzierten Verarbeitung des *Zeitfaktors*. Die nationalen Verfassungsordnungen bieten hier viele Unterschiede im Prozessualen, aber auch in der Frage etwaiger materieller Grenzen (Stichwort: Ewig-

239 Zum Ganzen *H. Heberlein*, Die kommunale Selbstverwaltung im Vertrag von Lissabon – ein Mehrwert für die Kommunen?, BayVBl. 2004, S. 193 ff.

240 Aus der Lit.: *D. Thürer*, Bund und Gemeinden, 1986; *R. Hendler*, Selbstverwaltung als Ordnungsprinzip, 1984; *J. Oebbecke*, Selbstverwaltung angesichts von Europäisierung und Ökonomisierung, VVDStRL 62 (2003), S. 366 ff.; *P. Häberle*, Verfassungsstaatliche Textstufen in Sachen kommunaler Selbstverwaltung – eine Skizze, in: FS Siedentopf, 2008, S. 411 ff.

241 Für eine reiche rechtsvergleichende Bestandsaufnahme siehe *L. Michael*, in: BK, Art. 146 GG (Stand: 2013), Rn. 1 ff.

keitsklauseln[242]). Entscheidend ist nur, *dass* es bestimmte Verfahren gibt zur Fortschreibung der Verfassung „im Laufe der Zeit" – gemäß dem Verständnis von Verfassung als öffentlichem Prozess. „Verfassungsreform" ist insofern ein dem Typus Verfassungsstaat *immanentes* Prinzip. Jede Verfassungskultur muss dem Zeitfaktor Einlass bieten[243]. Einzuhalten sind auch die an die Verfassunggebung zu stellenden Mindestbedingungen, z.B. die Billigung der Verfassung durch das Volk i.S. des berühmten Klassikertextes aus dem Frankreich von 1792: „Qu'il ne peut y avoir de Constitution que celle qui est acceptée par le peuple". *J. A. Frowein* hat an ihn im Kontext der deutschen Einigung, freilich auch er ohne Erfolg, erinnert[244]. Das Vorhandensein eines Kanons von Verfahren der Verfassungsreform gehört u.E. zu dem Ensemble von Prinzipien des GV. Und doch besteht hier ein *Defizit*: Die europäischen Verfassungsprinzipien auf EU- und Europaratsebene entbehren noch der direkten demokratischen Legitimation. Das kann uns jedoch nicht davon abhalten, sie in die „Werkstatt" des GV zu integrieren. Zunächst reicht die indirekte Legitimation aus. Art. 48 Abs. 2 EUV gibt dem Europäischen Parlament bei Änderungen des Unionsvertrages im sog. ordentlichen Änderungsverfahren immerhin ein Anhörungsrecht. Auf längere Sicht ist aber eine Weiterentwicklung des Revisionsverfahrens der EU „im Geiste" der – öffentlichen – verfassungsstaatlichen Verfahren unverzichtbar.

284 Wie aber steht es um die „*Europafähigkeit*" bzw. „*-offenheit*" selbst? Sie bildet heute u.E. ein konstituierendes Element aller Verfassungsstaaten in Europa: sei es ausdrücklich geschrieben (etwa in Form von Art. 23 GG oder Art. 7 Abs. 5 Verf. Portugal), sei es ungeschrieben – wie derzeit noch in der Schweiz auf der Bundesebene, wo indes der praktische Verfassungsrang der EMRK einen wesentlichen Aspekt der Europaoffenheit geschaffen hat. Die Reformstaaten *Ost*europas wären gut beraten, ihre Europaoffenheit ausdrücklich in ihren Verfassungstexten zu dokumentieren, da hier die europäische Rechtskultur noch „nachwachsen" muss[245]. Auch ohne

242 Dazu *P. Häberle*, Rechtsvergleichung im Kraftfeld des Verfassungsstaates, 1992, S. 597 ff. – Aus der Schweizer Lit.: *J. P. Müller*, Materiale Schranken der Verfassungsrevision?, in: FS Haug, 1986, S. 195 ff.

243 Zum verfassungstheoretischen Hintergrund *P. Häberle*, Rechtsvergleichung im Kraftfeld des Verfassungsstaates, 1992, S. 627 ff.

244 *J. A. Frowein*, Diskussionsbeitrag, VVDStRL 49 (1990), S. 197.

245 Zu Polen *P. Häberle*, Verfassungspolitische Maximen für die Ausgestaltung der „Europafähigkeit" Polens, Die Verwaltung 1995, S. 249 ff.

geschriebenes nationales Europaverfassungsrecht sind alle Verfassungsstaaten in Europa „Objekt“ und „Subjekt“ der heutigen inneren und äußeren Europäisierungsvorgänge. „Europa“ ist dem Verfassungsstaat buchstäblich immanent (geworden). Mag es hier auch immer wieder Renationalisierungstendenzen geben: in der Essenz kann kein nationaler Verfassunggeber heute die europäische Dimension einer Nation mehr negieren. Insofern lässt sich mit *I. Pernice*[246] sagen, die Mitgliedstaaten der EU seien als Teil eines „Verfassungsverbunds“ nicht mehr die „Herren“ ihrer eigenen Verfassungen. Die nationale Identität ist heute *auch* europäisch definiert. M.a.W.: Europa gehört zu den „Realien“ aller nationalen Verfassunggebung in diesem Europa – und zugleich zu ihren „Idealen“. Die „überstaatliche Bedingtheit“ des modernen Verfassungsstaates (*W. von Simson*)[247], in Gestalt von Öffnungsklauseln nach Art von Art. 24 GG textstufenhaft greifbar, ist in Europa als spezifisch *europäisch* bedingte zu lesen.

5. Ausblick

a) Das offene Europa

Die wissenschaftliche Erarbeitung von Gemeineuropäischem Verfassungsrecht, im Falle des Gelingens auch ein Stück „Juristenrecht“ – und in der Juristenausbildung praktisch zu beginnen –, ist kein Versuch der Abschottung des nur in seiner Offenheit lebenden Europas von der übrigen Welt und sie meint keinen neuen „Eurozentrismus“. Im Gegenteil. Das Gemeineuropäische Verfassungsrecht baut Brücken zu anderen Regionen (zumal wenn Osteuropa integriert ist): etwa dank Spanien zu Südamerika und den sich dort entwickelnden Verfassungsstaaten und es kann aus der Familie der europäischen Verfassungsstaatlichkeit Modellelemente schaffen: etwa für ein „gemein (oder pan-) *amerikanisches* Verfassungsrecht, die AMRK ist ein Anfang, auch der Wirtschaftsraum USA, Kanada und Mexiko 285

246 *I. Pernice*, Der europäische Verfassungsverbund auf dem Weg der Konsolidierung, JöR 48 (2000), S. 205 ff.; kritisch *M. Jestaedt*, Der Europäische Verfassungsverbund, in: GS Blomeyer, 2004, S. 637 ff.

247 Allgemein dazu *W. von Simson/J. Schwarze*, Europäische Integration und Grundgesetz, 1992; *P. Häberle/J. Schwarze/W. Graf Vitzthum*, Die überstaatliche Bedingtheit des Staates, EuR 1993, Beiheft 1.

(NAFTA) oder der MERCOSUR; vielleicht wachsen eines Tages auch Elemente eines „gemein*asiatischen* Verfassungsrechts heran, etwa in Südostasien (ebenso dringlich wäre der Brückenschlag zur islamischen Rechtswelt)[248]. Nur ein in „weltbürgerlicher“ Absicht entworfenes Gemeineuropäisches Verfassungsrecht fügt sich als regionales Projekt dem Menschheitsaspekt der Charta der UN, ihrer allgemeinen Menschenrechtserklärung von 1945 bzw. 1948 und den Menschenrechtspakten von 1966 ein. Die Friedensaufgabe, im Europa der OSZE von heute dringender denn je, kann auch durch das Gemeineuropäische Verfassungsrecht ein Stück weiter in der als offen zu denkenden Zukunft erfüllt werden. Das Ziel, so zu einem *gemeineuropäischen Wertgewinn*[249] (siehe Art. 2 EUV) beizutragen, bedeutet keine Überschätzung der eben doch begrenzten Möglichkeiten des Verfassungsjuristen, aber es lebt wie all unsere Tätigkeit sowohl vom „Prinzip Hoffnung“ (*E. Bloch*) als auch vom „Prinzip Verantwortung“ (*H. Jonas*). Die gemeineuropäische Bürgergesellschaft ist ein Ideal, an dem wir uns zu bewähren haben: Warum sollte gemeineuropäisch-kulturell nicht gelingen, was in vielen Jahrhunderten in großen Stunden von 1689, 1776, 1787, 1789, 1848 und 1945 folgende je national geglückt ist: die (Weiter)Entwicklung des *Typus* „Verfassungsstaat“[250]?

286 Im Blick auf den „homo europaeus“ hat der polnische Schriftsteller *A. Szczypiorski* am Tag der deutschen Einheit 1994 in Bremen gesagt[251]: „Welche Erleichterung, Europa wird sein! ... Es gibt kein Europa ohne die Gotik von Krakau und Prag, ohne Dresdner Zwinger, ohne die Brücken von Budapest und ohne Leipzig, das früher Hauptstadt des europäischen Buches war.“ Daran und an solche Persönlichkeiten, die wie ein *R. Rolland*

248 Dazu m.w.N. *P. Häberle*, Der Fundamentalismus als Herausforderung des Verfassungsstaates: rechts- bzw. kulturwissenschaftlich betrachtet, in: FS. J. Esser, 1995, S. 49 ff., 68 ff.

249 *Ch. Mandry*, Europa als Wertegemeinschaft, 2009.

250 Alle nationale Rechtsgeschichtsschreibung muss sich dabei „europäisieren“. Aus der Lit. etwa: R. Schulze (Hrsg.), Europäische Rechts- und Verfassungsgeschichte, 1991; *H. Hattenhauer*, Europäische Rechtsgeschichte, 1992 (4. Aufl. 2004); *ders.*, Die Herrschaft des Rechts – Grundlagen des europäischen Rechtsbegriffs, Veröffentlichungen der Joachim Jungius-Gesellschaft der Wissenschaften Hamburg 77 (1994), S. 27 ff. – Wichtig wird aber, auch Gemeinsamkeiten und Unterschiede zwischen der europäischen und amerikanischen Rechtskultur zu erarbeiten, dazu etwa R. Zimmermann (Hrsg.), Amerikanische Rechtskultur und europäisches Privatrecht, 1995.

251 Zit. nach FAZ vom 4. Oktober 1994, S. 6.

oder *A. Schweitzer* das „Gewissen Europas“ sind und europäische Geisteshaltung praktizieren, müssen wir uns gerade in Zeiten einer neo-materialistischen Überhöhung des Ökonomischen und der globalen Finanzkrisen erinnern, um ein „Europa der Bürger“ zu konstituieren.

Einem Europäer der ersten Stunde, *J. Monnet*, wird die gegen Ende seines 287
Lebens gewonnene Einsicht zugeschrieben, er würde, hätte er sein Werk noch einmal zu tun, mit der *Kultur* beginnen. Nehmen wir dies als Aufruf, einen *kulturellen* und das heißt auch rechtskulturellen Begriff von Europa zu erarbeiten – das GV könnte ein Vehikel dafür sein, die in früheren Jahrhunderten geführte Europadebatte von *Novalis* (1799) bis *J. v. Görres* (1821), *G. v. Mazzini* (1829), *R. Borchardt* (1917) bis *E. R. Curtius* (1947) kraftvoll zu erneuern[252]. Das *ideelle* Europa, seine vertikale Dimension ist letztlich auch die inspirierende „Quelle“ für alles gemeineuropäische Verfassungsrecht[253].

b) Die innere Offenheit Europas: Abschied vom klassischen Rechtsquellenkanon, der Aufstieg der „Allgemeinen Rechtsgrundsätze“

Die vorliegend schon mehrfach behandelte Kategorie der „Allgemeinen 288
Rechtsgrundsätze“ ist nicht nur Ausdruck und Spiegelbild der „Europäisierung“ des Rechts, sie ist auch Vehikel dieser „Europäisierung“ selbst (dazu Einleitung V 4). Die Grundsätze treiben das Zusammenwachsen Europas voran und stellen sich als Verweis auf dessen materielle Allgemeinheit und Öffentlichkeit dar – im Unterschied zu den „besonderen“ Rechts-

252 Vgl. P. M. Lützeler (Hrsg.), Europa, Analysen der Romantiker, 1982; ders. (Hrsg.), Hoffnung Europa, Deutsche Essays von Novalis bis Enzensberger, 1994; *R. Borchardt*, Gedanken über den europäischen Begriff, 1917; *E. R. Curtius*, Europäische Literatur und lateinisches Mittelalter 1. Aufl. 1947, (11. Aufl. 1993); T. Pinheiro (Hrsg.), Iberische Europa-Konzepte, 2009. Weitere Lit. bei *M. Fuhrmann*, Alexander von Roes: ein Wegbereiter des Europagedankens?, 1994; Akademie der Wissenschaften und der Literatur Mainz (Hrsg.), Europa – Idee, Geschichte, Realität, 1997; W. Behringer (Hrsg.), Europa. Ein historisches Lesebuch, 1999.

253 Es bedarf immer wieder der „Vergegenwärtigung“ Europas, etwa in Gestalt wechselnder „Kulturhauptstädte“ (2016: San Sebastián und Breslau) oder gemeineuropäischer Feste (noch 1832 nahmen in Hambach neben den deutschen auch polnische und französische Studenten teil!).

kulturen der Mitgliedstaaten der EU bzw. des Europarates und der OSZE. Verfassungstheoretisch ist vor allem der *Gerechtigkeitsbezug* allgemeiner Rechtsgrundsätze zu erarbeiten; ebenso ihre durch die Offenheit der geschichtlichen Entwicklung beglaubigende *prozesshafte Bedeutung*. Der letztlich kulturwissenschaftlich zu erschließende Sinn allgemeiner Rechtsgrundsätze macht sie schon prima facie zu einem Eckstein der nationalverfassungsstaatlichen und europäischen Rechtskultur. Ihre Entwicklung obliegt nicht nur den (Verfassungs-)Gerichten, sie ist Sache aller der an der Rechtsfortbildung Beteiligten – vom Verfassunggeber bzw. (europäischen) Vertragspartner über den Gesetzgeber bis zur Verwaltung und allen Gerichten. Dass die „Menschenrechte und Grundfreiheiten“ in ganz Europa solche allgemeine Rechtsgrundsätze sind, kann angesichts der mittlerweile auch in Osteuropa heranwachsenden Standards gemeineuropäischen Grundrechte-Rechts nicht zweifelhaft sein (dazu Dritter Teil D.).

III. Der „europäische Jurist“

1. Vorbemerkung

289 Im Gesamtzusammenhang einer europäischen Verfassungslehre über einen ihrer *wesentlichen Akteure*, den „europäischen Juristen“, zu schreiben, heißt, ein Feiertagsthema und zugleich ein Alltagsthema zu behandeln. Der Blick muss sich nach ganz Europa hin weiten. In Spanien[254] z.B. laufen große Linien der europäischen Rechtskultur zusammen: greifbar in *F. Suarez* als Gründer der Schule von Salamanca, greifbar in Cádiz mit seiner ersten Verfassung Spaniens (1812), greifbar in den möglichen und z.T. schon wirklichen Brückenschlägen nach Nordafrika, greifbar in Gestalt des sog. „Barcelona-Prozesses“, der seit 2008 das Mittelmeer[255] wieder zu einem gemeinsamen Kulturraum machen will (die Union für das Mittelmeer hat seither freilich dramatische Rückschläge erfahren, man denke

254 Der „europäische Jurist“ war auch Gegenstand einer Tagung in Bayreuth (1999). Das Thema war vom Erstverfasser dem Präsidenten des Deutschen Juristentages *R. Böttcher* anvertraut worden (vgl. JöR 49 (2001), S. 1 ff.); jetzt *A. Voßkuhle*, Das Leitbild des „europäischen Juristen“ – Gedanken zur Juristenausbildung und zur Rechtskultur in Deutschland, Rechtswissenschaft 2010, S. 326 ff.

255 *C. Masala*, Die Euro-Mediterrane Partnerschaft, 2000. Ausführliche Nachweise bei *M. Kotzur*, Europäische Nachbarschaftspolitik, in: A. v. Arnauld (Hrsg.), Enzyklopädie Europarecht, Bd. X, 2014, § 7, Rn. 31 ff.

nur an die Bürgerkriege in Syrien und Libyen, die völlige Überforderung des Libanon durch aktuelle Flüchtlingsströme), welche Einheit seit dem 7. Jahrhundert wohl erst durch den Islam in Frage gestellt worden war, und zu dem Brücken zu bauen nirgends so gelingen kann wie von Spanien aus. So ist es wohl kein Zufall, dass im Oktober 2000 elf Staatsoberhäupter in Toledo *Karl V.* ehrten, darunter auch Botschafter mancher iberoamerikanischer Staaten, und dass vom Reich *Karls V.* als einer Art Vorstufe der fünf Jahrhunderte später verwirklichten Europäischen Union gesprochen wurde[256]. Wir sind auf dem Weg zur *res publica Europea*[257].

Die Feiertagsdimension des Themas „Der europäische Jurist“ wird jedoch 290
erst dann glaubwürdig, wenn *jeder* Jurist im Alltag national und europäisch arbeitet, d.h.: z.B. als nationaler Richter im Rahmen des Europarates sich auch als EMRK-Richter versteht bzw. im Rahmen der EU auch als „EU-Gemeinschaftsrichter“ entscheidet: und zwar in allen Instanzen und auf allen Ebenen der nationalen Rechtsordnungen. Entsprechendes gilt für die Aufgaben des Rechtsanwaltes, des Rechtsberaters und vor allem der Professoren und Studenten an juristischen Fakultäten. (Ob der „Bologna-Prozess“ eher fragwürdig ist, kann erst die Zukunft zeigen.)

2. Das „Europäische“ am europäischen Juristen

a) Das Europaverständnis – historisch und aktuell, Europa im engeren und weiteren Sinne, der kulturwissenschaftlich-komparatistische Ansatz

Der offene Europabegriff wurde bereits ausführlich entwickelt. Er hat ge- 291
wisse räumlich-geographische Elemente, aber vor allem kulturelle und als

---

256 Vgl. FAZ vom 6. Oktober 2000, S. 8.

257 Aus der italienischen Lit. zum Thema etwa: *F. Chabod*, Storia dell‘ idea d‘Europa, 1961 (3. Aufl. 1999); *L. Ferrajoli*, La cultura giuridica nell' Italia del Novecento, 1996. Aus der deutschen Lit.: R. Schulze (Hrsg.), Europäische Rechts- und Verfassungsgeschichte, 1991; R. Lhotta (Hrsg.), Deutsche und europäische Verfassungsgeschichte, Symposion f. H. Boldt, 1996; *H. Hattenhauer*, Europäische Rechtsgeschichte, 4. Aufl. 2004; *A. v. Bogdandy*, Konstitutionalisierung des europäischen öffentlichen Rechts in der europäischen Republik, JZ 2005, S. 529 ff.

Teil von ihnen rechtskulturelle. Osteuropa[258] war bis zum „annus mirabilis“ (1989) gewiss Teil von Europa im geographischen Sinne, rechtskulturell aber durch den „Eisernen Vorhang“ und die DDR-Mauer geteilt, der Osten dem Rechtssystem des Marxismus-Leninismus unterworfen, der das Gegenmodell europäisch/atlantischer Rechtskultur bildete. Heute sind die dortigen Länder mühevoll nach Europa zurückgekehrt und mit diesem Bild von der Rückkehr ist die *Rückkehr in die europäische Rechtskultur* gemeint – manche kulturellen Ausformungen und Verbindungen hatten sich ja selbst unter dem totalitären System erhalten. Gerade hier zeichnet sich die *Offenheit des Europabegriffs* ab: So litt etwa die EU als solche an einem Europa*defizit*, solange ihr die Völker Osteuropas keine konstitutionelle Schubkraft vermitteln konnten. Dass europäische Verfassungs- und Erweiterungsdebatte trotz der damit implizierten automatischen Überforderung Hand in Hand gehen, ist kein Zufall. Europa ist ein komplexer Begriff, der nach seinen vielen *Schichtungen* aus Geographie und Raum, Völkern, Kulturgeschichte, Wirtschafts-, politischer und Rechtsgeschichte auszudifferenzieren ist, also nur interdisziplinär – kulturwissenschaftlich – erfasst werden kann. Das „Europa-Bild“ wandelt sich in der Zeit (z.B. vom Mythos zum Logos), das „Europa-Bewusstsein“ ebenso. Europa lebt offenbar wesentlich aus seiner spezifischen Art von Recht bzw. Rechtskultur. Davon zeugen auch Aussagen in Rechtstexten und den ihnen zugrunde liegenden Narrativen.

b) Aussagen in Rechtstexten – übernational/gemeineuropäisch und das „nationale Europaverfassungsrecht“, das Textstufenparadigma

aa) Die übernational – gemeineuropäische Ebene

292 Da sich das Anforderungsprofil an den „europäischen Juristen“ aus Rechtstexten konturiert und er – gewiss nicht ausschließlich, aber doch zentral – mit Rechtstexten zu arbeiten hat, seien an dieser Stelle noch einmal vordem schon erarbeitetet Textbezüge hergestellt und im Sinne des Textstufenparadigmas aufeinander bezogen. Auf übernationaler/gemeineuropäischer und nationaler Ebene finden sich schon in den hochrangigen

258 S. auch *H. Homann/C. Albrecht*, Die Wiederentdeckung Osteuropas, Herders Perspektiven und die Gegenwart, ZfP 1993, S. 79 ff; *E. v. Trützschler*, Mittelosteuropa, 2005.

Rechtstexten relevante Aussagen zur Sache Europa und damit zum Befassungsgegenstand des europäischen Juristen. Sie sind um so ergiebiger, wenn sie in ihrer Entwicklung in der Zeitachse begriffen werden: das in den Verfassungswirklichkeiten werdende Europa reichert sich schrittweise um neue Europa-Aspekte an, sei es, dass diese der Wirklichkeit vorausgreifend als Entwürfe für die Zukunft gewagt werden, sei es, dass in ihnen auf Texte und Begriffe gebracht wird, was z.B. die beiden Verfassungsgerichte EuGH und EGMR nach und nach prätorisch geschaffen haben. Schönstes Beispiel ist wiederum Art. 6 Abs. 3 EUV, wonach die Union die Grundrechte achtet, wie sie sich (neben der EMRK) aus den „gemeinsamen Verfassungsüberlieferungen der Mitgliedstaaten ergeben“ – das ist eine Textrezeption der EuGH-Judikatur[259].

Die *Satzung des Europarates* (1949) sei als besonderer Appell an den 293
europäischen Juristen ins Gedächtnis gerufen. Schon die Präambel spricht sie/ihn affirmativ an: „in unerschütterlicher Verbundenheit mit den geistigen und sittlichen Werten, die das gemeinsame Erbe ihrer Völker sind und der persönlichen Freiheit, der politischen Freiheit und der Herrschaft des Rechts zugrunde liegen, auf denen jede wahre Demokratie beruht“; gesprochen wird von diesem „Ideal“ und von den europäischen Ländern, die von demselben „Geist“ beseelt sind. Eine ideale „Geist“-Klausel, die jede Instrumentalisierung Europas i.S. des heutigen Ökonomismus und Materialismus verbietet und den europäischen Juristen ein wenig auch zum *Idealisten* macht. Auch in Art. 1 ebd. ist fast platonisch von der Förderung der „Ideale und Grundsätze“ die Rede, „die ihr gemeinsames Erbe bilden“. Und für dieses Erbe ist der europäische Jurist in besondere Verantwortung genommen.

Die Textstufenentwicklung von der EMRK aus dem Jahre 1950 (europäi- 294
sche Staaten, die „vom gleichen Geist beseelt sind und ein gemeinsames Erbe an geistigen Gütern, politischen Überlieferungen, Achtung der Freiheit und Vorherrschaft des Gesetzes besitzen)“ über den EGKS-Vertrag aus dem Jahre 1951 („in der Überzeugung, dass der Beitrag, den ein orga-

259 Dazu etwa *T. Schilling*, Bestand und allgemeine Lehren der bürgerschützenden allgemeinen Rechtsgrundsätze des Gemeinschaftsrechts, EuGRZ 2000, S. 3 ff.; *W. Pauly*, Strukturfragen des unionsrechtlichen Grundrechtsschutzes, EuR 1998, S. 242 ff. – Ein spezielles Beispiel für vom EuGH prätorisch geschaffenes „europäisches Grundrechts-Recht“ ist der Anspruch auf Rechtsschutz innerhalb angemessener Frist als neues Prozessgrundrecht, dazu: *V. Schlette*, Der Anspruch auf Rechtsschutz innerhalb angemessener Frist, EuGRZ 1999, S. 369 ff.

nisiertes und lebendiges Europa für die Zivilisation leisten kann, zur Aufrechterhaltung friedlicher Beziehungen unerlässlich ist"), den EWG-Vertrag (1957), die Zwischenetappen von „Maastricht", „Amsterdam" und „Nizza" (1992/1997/2001) bis hin zum Vertrag von Lissabon (2009) wurde schon nachgezeichnet. Heute erinnert Art. 19 Abs. 1 EUV den europäischen Juristen – nicht nur in Gestalt des EuGH-Richters – an eine seiner vornehmsten Aufgaben: die „Wahrung des Rechts".

295 Die *Charta von Paris für ein neues Europa* (1990)[260] schafft neue Mosaiksteine im Gesamtbild eines ganz Europa gemeinsamen ius publicum. Die Rede ist von Demokratie, Wohlstand durch wirtschaftliche Freiheit und soziale Gerechtigkeit und gleiche Sicherheit für alle. Weitere Rechtsprinzipien sind eine Charakterisierung der Demokratie als „Verantwortlichkeit gegenüber der Wählerschaft, Bindung der staatlichen Gewalt an das Recht sowie eine unparteiische Rechtspflege". Der europäische Jurist hat sich – nicht nur als Politikerin/Politiker – großen Verantwortungspostulaten zu stellen: „Wir bekräftigen, dass die ethnische, kulturelle, sprachliche und religiöse Identität nationaler Minderheiten Schutz genießen muss". Buchstäblich als europäisches „Bindemittel" dürfen Worte wie „gemeinsames Bekenntnis zu demokratischen Werten bzw. unerschütterliches Festhalten an gemeinsamen Werten und an unserem gemeinsamen Erbe" gelten. Und der europäische Jurist hat sich das Toleranzpostulat anzueignen, vorgezeichnet etwa im *Krakauer Dokument über das kulturelle Erbe der KSZE-Teilnehmerstaaten* (1991)[261]: „Wertvorstellungen, Toleranz und Offenheit für einen Dialog mit anderen Kulturen". Der europäische Jurist bedarf interkultureller Kompetenzen und er muss diskursiv offen sein, um vorbehaltlos *den Anderen* und *dem Anderen* begegnen zu können.

bb) Das nationale Europaverfassungsrecht – eine kurze Vergegenwärtigung

296 Ein letzter Blick auf die Text-Materialien, die dem europäischen Juristen anvertraut sind, müsste dem schon mehrfach angesprochenen sog. *nationalen Europaverfassungsrecht* gelten, d.h. den Artikeln, die sich in den nationalen Verfassungen innerstaatlich mit der Sache Europa befassen.

---

260 Zit. nach EuGRZ 1990, S. 517 ff.
261 Zit. nach EuGRZ 1991, S. 250 ff.

Dazu sei auf die obigen Ausführungen verwiesen. Hier nur noch einige knappe Schlagworte zur neuerlichen Vergegenwärtigung. Die Stichworte lauten: Europabezüge finden sich in Präambeltexten und Grundlagenartikeln (z.B. Art. 7 Abs. 5 Verf. Portugal von 1976/89), ebenso in Regionalismus-Klauseln oder Erziehungszielen. Die Rezeption europäischer Grundrechte gehört in Theorie wie interpretatorischer Alltagspraxis zu den vornehmsten Aufgaben des Europäischen Juristen. Dass er im Grundrechte- wie sonstigen Kontext großes Anschauungsmaterial aus den Europa-Bezügen gliedstaatlicher Verfassungen gewinnen kann, beweist einmal mehr das kreative Potential des Föderalismus. Dank mancher Wechselwirkungen wird dieser zum europäischen Ideengeber par exzellence.

cc) Der europäische Jurist – ein Interpret von nationalem Europaverfassungsrecht

Quantität und Qualität der – „wachsenden“ – Europa-Artikel in verfassungsstaatlichen Verfassungen haben es in dieser Verfassungslehre nahe gelegt, nach spezifischen Interpretationsmaximen zu fragen. Das – innerstaatliche – „Europaverfassungsrecht“ hat seine „besonderen“ Sachbereiche, seine propria. Dazu gehört, dass es über den nationalstaatlich introvertierten Verfassungsstaat hinausweist und eben dadurch die Familie der „europäischen Verfassungsstaaten“ konstituiert: zum Typus des „gemeineuropäischen Verfassungsstaates“. In dieser Interpretation muss sich der Europäische Jurist beweisen, sei es, dass er nationales Europaverfassungsrecht im Rahmen der Einheit der Verfassung interpretiert oder Europa-Artikel als offene Verweisungen hin zum Überstaatlichen (z.B. „grenzüberschreitende Zusammenarbeit“) versteht. Die geforderte gemeineuropäische Hermeneutik bedarf zu ihrer Verwirklichung Interpreten, die mit mehr als nur einer europäischen Rechtsordnung vertraut sind und um ein kulturwissenschaftliches, originär europäisches „Vorverständnis“ ringen. 297

dd) Der Ausbau von nationalem „Europaverfassungsrecht“: eine Aufgabe für den Europäischen Juristen

Der Ausbau von nationalem „Europaverfassungsrecht“ ist in Gang und verpflichtet den europäischen Juristen. Wie gezeigt, entwickelt sich in manchen Ländern Europas innerstaatlich eine neue Textstufe: Einzelne 298

Europa-Artikel beginnen so heranzuwachsen und sich auszudifferenzieren, dass die Umrisse eines spezifischen Europaverfassungsrechts sichtbar werden. Angesichts der Aufgaben, die heute auf der überstaatlichen, europäischen Ebene anstehen, sind die Ansätze zu einem innerstaatlichen Europaverfassungsrecht indes noch nicht ausreichend. Ihre Fortentwicklung dürfte umso wichtiger sein, als der europäische Gedanke längst in eine Krise geraten scheint. Gerade für die jüngeren Generationen, die Europas Trümmerfeld nach 1945 längst nicht mehr aus eigener Anschauung kennen, denen *leidvolle Erfahrungen* und *leidenschaftliches Europawerben* der Gründerjahre allenfalls noch als historische Eckdaten präsent sind, bilden Frieden und Wohlstand eine Selbstverständlichkeit – allerdings nicht immer ebenso selbstverständlich dem geeinten Europa als Integrationserfolg zugerechnet[262] und vom „gemeineuropäischen Verfassungsrecht" her als Integrationsleistung gedacht.[263] Wenn sich im Jahre 2014 die Menschheit an den Ausbruch des Ersten Weltkriegs und damit an die „Urkatastrophe" des 20. Jahrhunderts[264] erinnert, wirkt solch eine integrationsspezifische Erinnerungsmüdigkeit nur umso prekärer[265]. Der europäische Jurist aber muss wieder offen werden für jene Strahlkraft Europas großer politischer (Einigungs-)Ideen, die in seinen konstitutionellen Texten ausgeformt sind und oft rezipiert wurden?[266] Gewiss, Europas „Einheit in Vielfalt" mag sich leichter zum Leitmotto ausbuchstabieren als dann

---

262 Ein „Faktum ohne besonderen Charme" sei Europa für viele, so resümieren *U. Sarcinelli/M. C. Herrmann*, Europa in der Wahrnehmung junger Menschen – Bedingungen und Konsequenzen für Politikvermittlung und politische Bildungsarbeit, Aus Politik und Zeitgeschichte 48 (B25-26/1998), S. 10 ff., S. 11 – im selben Jahr wie *J. Schwarzes* Nachdenken über das „schwierige Geschäft mit Europa" und vielleicht von derselben Zeitstimmung sensibilisiert. So war denn auch die folgende europäische Verfassungsdebatte von weitreichenden politischen Ambitionen und wissenschaftlichem Debattenreichtum, nur leider nicht von bürgerunmittelbarer Begeisterung getragen.

263 Jetzt *P. Häberle*, Der kooperative Verfassungsstaat – aus Kultur und als Kultur. Vorstudien zu einer universalen Verfassungslehre, 2013, S. 30 und passim.

264 *G. F. Kennan*, The Decline of Bismarck's European Order. Franco-Russian Relations, 1875-1890, 1979, S. 3.

265 *J. Bisky*, Fürchtet die Müdigkeit. Europas Krise ist nicht vorüber. Nun sollte endlich ein Gespräch über den Zweck der EU stattfinden, SZ vom 07. Januar 2014, S. 9.

266 Dazu rechnet etwa auch der von Frankreich ausgehenden Menschenrechtsuniversalismus, vgl. *L. Kühnhardt*, Die Universalität der Menschenrechte, 2. Aufl. 1991, S. 231 ff.

alltäglich leben respektive mit politischem Leben füllen lassen. Gewiss, visionäre[267] mögen realitätsbezogenen Europabildern gewichen sein. Gewiss, in einem Zeitalter globalisierungsbedingter Entgrenzungen – die zutiefst verunsichern – mag es leichter sein, Europa von seinen Grenzen als von seinen Chancen her zu denken[268]. Die Forderung aber bleibt: Europa muss für den Bürger von seiner *nationalen* Verfassung aus stärker erlebbar werden, nur so wird das viel zitierte „Europa der Bürger“ entstehen. M.a.W.: Das Europaverfassungsrecht ist auf der *inner*staatlichen Ebene auszubauen in Gestalt all der Erscheinungsformen, die sich vereinzelt da und dort schon finden. Europa muss in einem doppelten Sinne zum *Verfassungs*thema werden: innerverfassungsstaatlich und überstaatlich i.S. einer „werdenden“ Verfassung der Europäischen Union. Für diese *Übersetzungsleistung* trifft den europäischen Juristen die Verantwortung, für sie sollte er sich begeistern lassen.

ee) Verfassungspolitik in Sachen Europa – der Europäische Jurist als europäischer Verfassungspolitiker

Verfassungspolitik in Sachen Europa steht auf der Tagesordnung des 299
Europäischen Juristen. Die vorliegend typisierten Verfassungstexte mit Europa-Bezügen stehen nicht für sich. Sie sind im gemeineuropäischen *Kon*text zu lesen bzw. auf *Gesamt*europa hin zu deuten. Nimmt man sie alle in der Vielfalt ihrer Formen und Inhalte zusammen, so zeigt sich, dass die Europa-Idee „unterwegs“ ist und wie sehr sie den „gemeineuropäischen Verfassungsstaat“ als solchen auch ausweislich seiner Verfassungstexte „schmückt“. Jede „gute Verfassungspolitik“ hat heute mit zu bedenken, an welchen systematischen Stellen einer Verfassung sie das Thema Europa wie fixiert: als Staatsziel[269], als Erziehungsziel, im Blick auf die Grundrechte, als Präambelelement oder auf sonstige Weise. Das Plädoyer

267 So, besonders prominent, *W. Churchills* Neuordnungsideen unmittelbar nach dem Zweiten Weltkrieg, dazu *M. Seidel*, Der europäische Verfassungsprozess und Winston Churchills Züricher Vision der „Vereinigten Staaten von Europa“, EuZW 2008, S. 1 ff.

268 *J. Schwarze*, Das schwierige Geschäft mit Europa und seinem Recht (1998), in: *ders.*, Europarecht. Strukturen, Dimensionen und Wandlungen des Rechts der Europäischen Union. Ausgewählte Beiträge, 2012, S. 89 ff., 89.

269 Aus der Kommentar-Lit.: *I. Pernice*, in: H. Dreier (Hrsg.), GG, Bd. II, 2. Aufl. 2006, Art. 23; *R. Streinz*, in: M. Sachs (Hrsg.), GG, 6. Aufl. 2011, Art. 23.

für ein *Mehr* an allgemeinen und besonderen Europa-Artikeln in *nationalen* Verfassungen i.S. von „Europa im Verfassungsstaat" will die künftige Europapolitik nicht einengen, sondern bürgernäher, regional und national, mehr von unten her legitimieren und die Akzeptanz Europas erhöhen. Gerade weil derzeit eine Phase der „Renationalisierung" drohen könnte und die „Europäisierung" der Nationen ins Stocken geraten ist, kann so der Sache Europa mit neuer Kraft gedient werden. Hier findet der Europäische Jurist ein wichtiges Betätigungsfeld. Mehr noch. Er ist, wie schon gesagt, in die Verantwortung genommen, *Europa zu erklären* (und diese Aufgabe nicht einseitig und gerne verbunden mit der typischen Schelte den Medien zuzuweisen). Er kann Nationalismen zurückdrängen und in seinem jeweiligen Nationalstaat zum Mittler der „Europäischen Identität" werden. Dazu gehört auch, dass er den Bürgern Ängste vor Europa nimmt und für die „innere Europäisierung" des nationalen Verfassungsrechts werbend eintritt. Das kann ihm am besten in der kleinen, überschaubaren Einheit vor Ort gelingen: in Gemeinden und Regionen. Diese Impulse „von unten" wirken um so kräftiger, wenn sie in der europäischen Öffentlichkeit einen geeigneten Resonanzboden finden. Damit ist ein Weiteres gesagt: der europäische Bürger ist immer Unionsbürger; *verantwortungsbewusster citoyen* sollte er sein.

c) Die europäische Öffentlichkeit als „Resonanzboden" für den europäischen Juristen

300 Ein dritter Aspekt für Wirken und Werke des europäischen Juristen ist das Werden und z.T. schon Vorhandensein eben dieser europäischen Öffentlichkeit[270]. Sie lässt sich vor allem aus der Kunst und Kultur darstellen, sie stellt sich mehr als nur punktuell auch schon aus dem europäischen (Verfassungs-)Recht her: Die Öffentlichkeit des Europäischen Parlamentes[271], der Beratenden Versammlung des Europarates, des Wirkens der beiden europäischen Verfassungsgerichte EuGH und EGMR, der Berichte des Bürgerbeauftragten und des Rechnungshofes – all dies setzt europäische

270 Vgl. *P. Häberles* Berliner Schrift: Gibt es eine europäische Öffentlichkeit?, 2000.

271 Siehe etwa *L. Kißler*, Parlamentsöffentlichkeit: Transparenz und Artikulation, in: H.-P. Schneider/W. Zeh (Hrsg.), Parlamentsrecht und Parlamentspraxis, 1989, § 36; *S. Marschall*, Transnationale Repräsentation in Parlamentarischen Versammlungen, 2005, S. 71 f.

Öffentlichkeit teils voraus, teils schafft es sie. Vor allem die Wissenschaft hat in Europa eine Öffentlichkeitsfunktion, und hier steht wohl die Rechtswissenschaft an erster Stelle: Tagungen, das institutionalisierte Treffen der europäischen Verfassungsrichter, europäische Juristenvereinigungen aller Art, Diskurse vom Europarecht bis zum „Religionsverfassungsrecht“ bilden ein Stück europäischer Öffentlichkeit.

Gewiss, in eigentümlicher, fast hegelscher Dialektik, ist es vor allem die „*Skandalöffentlichkeit*“, die die Einheit und Vielfalt Europas erkennbar werden lässt: Denken wir an den Sturz der Santer-Kommission oder, fast schon vergessen, den Fall Bangemann, an Jean-Claude Juncker, den als frisch gewählten Kommissionspräsidenten ein Skandal aus Luxemburger Regierungsverantwortung fast eingeholt hätte, an Aufbau und Abriss der Mauer im tschechischen Aussig oder den BSE-Skandal, vielleicht auch an manch Skandalöses im Kontext der Staatsschuldenkrise. Wie dem auch sei: Die europäische Rechtswissenschaft wird zu einer solchen aber erst durch die europäische Öffentlichkeit, das europaweite Wirken einzelner Juristen, die öffentliche Diskussion über einzelne Entscheidungen des EuGH, jüngst zu Google[272], oder des EGMR, etwa zum Burkaverbot in Frankreich[273]. Öffentliches Echo einschließlich der wissenschaftlichen Kritik, der Austausch der Erasmus-Studenten, notfalls auch europäische Fußballmeisterschaften oder der Eurovision Song Contest helfen der unverzichtbaren europäischen Öffentlichkeit, eine solche zu werden: sensibel für das Gemeinsame und Unterschiedliche, für Stärken und Schwächen der einzelnen Länder. 301

3. Konturen der europäischen Rechtskultur[274]

Auch wenn der Leser eine „repetitio“ fürchten mag, im Abschnitt über den Europäischen Juristen darf eine knappe Skizze dessen, was seinen (Rechts-)Kulturraum und damit sein entscheidendes Betätigungsfeld ausmacht, nicht fehlen. 302

---

272 EuGH, Rs. C-131/12, *Google*, ECLI:EU:C:2014:317.

273 EGMR, Urteil Nr. 43835/11 vom 1. Juli 2014, NJW 2014, S. 2925 ff.

274 Erinnert sei an den Beginn einer historischen Buchreihe „Europa bauen“, z.B. *L. Benevolo*, Die Stadt in der europäischen Geschichte, 1993; *M. Mollat du Jourdin*, Europa und das Meer, 1993; *P. Häberle*, Die europäische Stadt – das Beispiel Bayreuth, BayVBl. 2005, S. 161 ff.

a) Sechs Merkmale

303 Die sechs prägenden Merkmale der europäischen Rechtskultur wurden bereits ausführlich dargestellt. Sie seien für den vorliegenden Kontext noch einmal schlagwortartig zusammengefasst. Zunächst die Geschichtlichkeit, die vom europäischen *Juristen entwicklungsgeschichtliche Selbstvergewisserung* verlangt. Die europäische Rechtskultur ist in mehr als 2000 Jahren zu einer solchen *geworden*[275], sodann die Wissenschaftlichkeit und die juristische Dogmatik, die der europäische Jurist mühsam erlernen muss. Die Unabhängigkeit der Rechtsprechung in Bindung an Gesetz und Recht samt rechtlichem Gehör (vgl. Art. 20 Abs. 3 bzw. Art. 103 Abs. 1 GG) – eng mit der juristischen Dogmatik als einer Form der wissenschaftlichen Wahrheitssuche verknüpft – sei als ein drittes großes Merkmal europäischer Rechtskultur und Ausdruck durchgängiger Rechtsstaatlichkeit und der Gewaltenteilung erwähnt. Sie formuliert entscheidende *Anforderungsprofile* an den europäischen Juristen, gerade wenn sie/er für die drei staatlichen Gewalten tätig wird.

304 Zu den Fundamenten der europäischen Rechtskultur gehört darüber hinaus die Garantie der Religionsfreiheit bzw. die sog. weltanschaulich-konfessionelle Neutralität des Staates (BVerfGE 27, 195 (201)). Sie erweist sich für unser Verständnis von „gerechtem Recht“ als zentral und wird für den europäischen Juristen zugleich zur *Gerechtigkeitsmaxime* und zum *Toleranzpostulat*. Die Religionsfreiheit (nach *G. Jellinek* die Urfreiheit), die damit verknüpfte staatliche „Toleranz in Religionssachen“, das Prinzip der „Nichtidentifikation“ (*H. Krüger*) ist Gerechtigkeitsbedingung. Ein Vorletztes: Der Begriff „Europäische Rechtskultur“ suggeriert den Aspekt der Einheit. Näher betrachtet, gehört ihm aber die Vielfalt von vornherein hinzu, so wie wir die europäische kulturelle Identität dialektisch ebenfalls aus Einheit und Vielfalt definieren. Dennoch hat die „Europäisierung der nationalen Staatsrechtslehren“ und Verfassungsgerichte[276] jetzt eine Dynamik und Dramatik gewonnen, die an ältere Perioden der europäischen Rechtsgeschichte denken lässt. Das „Erasmus-“ und „Tempus-Programm“ beglaubigt dies in all seinen Spielarten von der Universitätsseite her und konturiert das (zu) anspruchsvolle (Aus-)Bildungsprofil des kulturell neugierigen, für Fremdes offenen, immer auch mobilen europäischen Juristen.

---

275 Anschaulich: *T. Rathnow*, Gedächtnisraum Europa, FAZ vom 5. April 1993, S. 33.

276 Dazu *P. Häberle*, Diskussionsbeitrag, VVDStRL 50 (1991), S. 156 ff.

Das Sprachen-Problem sei nur als Merkposten erwähnt[277]. Eines steht dabei aber außer Zweifel: Europa selbst muss sich für rechtskulturelle Einflüsse aus anderen Ländern offenhalten und lernfähig bleiben: Auch diese Toleranz und Offenheit gehören zur Kultur des Menschen *in der einen Welt*.

Damit ist der abschließende Bogen zur Universalität und Partikularität der 305
europäischen Rechtskultur geschlagen. Dieser letzte Aspekt meint folgendes: Geographisch ist Europa ein Teil der Welt – neben Amerika, Afrika, Asien und Australien. Seine bisher skizzierte eine, aber doch vielfältige Rechtskultur steht der anderer Erdteile unterscheidbar gegenüber (trotz der Commonwealth-Länder). Ohne sich dem Vorwurf der „Eurozentrik“ auszusetzen, darf aber auch von – sehr „europäischer“ – „Universalität“ gesprochen werden: Nicht wenige Elemente der europäischen Rechtskultur beanspruchen bzw. haben eine „universale“ Dimension: so die Menschenrechte seit 1789, von der UN bekräftigt und z.B. in einigen Staaten Afrikas wiederholt (z.B. Art. 25 Banjul-Charta von 1982), so die Gerechtigkeitslehren, so das Demokratieprinzip (vgl. Art. 21 Ziff. 1 und 3 AEMR von 1948), heute vielleicht sogar die „Marktwirtschaft“[278]. Es ist das Wissen um all diese Partikularitäten und Universalitäten, das den europäischen Juristen kosmopolitisch fordert und doch immer auch regional rückbindet.

b) Grenzen als Brücken, die Mittlerrolle Spaniens nach Lateinamerika und Afrika hin

Bisher wurde die europäische Rechtskultur von ihren sechs Merkmalen 306
her positiv umschrieben. Jetzt gilt es, vom Negativen her die Grenzen zu kennzeichnen, die ihrerseits das Bewusstsein des europäischen Juristen prägen. Hier spielen wiederum räumlich-territoriale, aber auch historisch-kulturelle Aspekte eine Rolle. Bei allen Grenzziehungen ist freilich zu beachten, dass „Grenze“ bzw. „Nachbarschaft“ immer einen dialektisch miteinander verbundenen Doppelcharakter haben: Grenze scheidet, sie eröffnet aber auch die Möglichkeit zum schöpferischen Brückenbau im Be-

---

277 T. Bruha/H.-J. Seeler (Hrsg.), Die Europäische Union und ihre Sprachen, 1998; *D. Martiny*, Babylon in Brüssel?, ZEuP 1998, S. 227 ff.; W.C. Lohse (Hrsg.), Die deutsche Sprache in der EU, 2004.

278 Dazu *P. Häberle,* Die Entwicklungsstufe des heutigen Verfassungsstaates, Rechtstheorie 22 (1991), S. 431 ff.

wusstsein der eigenen Identität[279]. So kann zwar Lateinamerika nicht einfach dank Spanien zur europäischen Rechtskultur gerechnet werden: der andere Kontinent, die Kolonialgeschichte, die landsmannschaftlichen Verschiedenheiten. Dennoch schlägt Spanien nicht nur dank seiner Sprache eine einzigartige Brücke in viele lateinamerikanische Länder. In Sachen Verfassungsstaat finden viele Rezeptionsprozesse statt, und nicht wenige Jura-Studenten lernen im spanischen „Mutterland". Die Verf. Spaniens schafft schon positivrechtlich besondere Verbindungen nach Lateinamerika (vgl. Art. 11 Abs. 3), parallel Portugal für seine Übersee (vgl. Art. 7 Abs. 4 Verf. Portugal), und die Mittlerfunktion zwischen sich und lateinamerikanischen Ländern kann Spanien mit Stolz wahrnehmen – sie dient dabei mittelbar sogar der europäischen Rechtskultur, wobei jedes Denken in „Einbahnstraßen", weil zu eurozentrisch, abzulehnen ist. Es gibt durchaus genuine eigenwüchsige Verfassungsnormen etwa in Verf. Guatemala von 1985 (Präambel Art. 1. Abs. 57 bis 65 und Art. 72 (Menschenrechte als Erziehungsziele) oder (alte) Verf. Peru von 1979 (z.B. in der Präambel, „offene Gesellschaft", „Wirtschaft im Dienste jedes Menschen", nicht umgekehrt).

307 Sogar nach *Afrika* hin mögen sich rechtskulturelle Grenzen, vor allem in der Zukunft, als „Brücken" erweisen – sofern sich ein „verfassungsstaatlicher Islam"[280] entwickelt – hier bleibt in den Zeiten des „Islamischen Staates" brennende Sorge. Eine empirische Bestandsaufnahme Spanien/Lateinamerika wäre ein eigenes wissenschaftliches Programm: von Austausch von Rechtstexten, von Rechtsprechung und Literatur über eher personelle Verpflichtungen dank wechselseitiger Studienaufenthalte, Aus-

---

279 Zum Begriff der Grenze vgl. *W. Graf Vitzthum,* Staatsgebiet, in: HStR, Bd. II, 3. Aufl. 2004, § 18; *B. Wehner*, Nationalstaat, Sozialstaat, Effizienzstaat: Neue Staatsgrenzen für neue Staatstypen, 1992; aus der Raumperspektive der Geowissenschaften M. Gramm/J. Maier/I. Becker (Hrsg.), Staatsgrenzen und ihr Einfluss auf Raumstrukturen und Verhaltensmuster. Grenzen in Europa. Eine programmatische Gleichsetzung von Nachbarschaft und Partnerschaft findet sich bei *D. Bingen*, Deutsche und Polen auf dem Weg zu einer partnerschaftlichen Nachbarschaft, 1999. Zum Gedanken der Nachbarschaft *R. Vierhaus*, Die Deutschen und ihre Nachbarn, Marburger Universitätsreden, Bd. V, 1983, S. 3 ff., 3 f.; siehe auch die verschiedenen Nachbarschaftsbegriffe bei *B. Hamm*, Betrifft: Nachbarschaft, 1973, S. 13; *D.-E. Khan*, Die deutschen Staatsgrenzen, 2004.

280 Zu dieser Hoffnung: *P. Häberle*, Europäische Verfassungslehre in Einzelstudien, 1999, S. 212 ff., 224; u.a. die Kategorie des Nachbarn greift *B. Münzel*, Feinde, Nachbarn, Bündnispartner, 1994, auf, um christlich-muslimische Begegnungen im islamischen Spanien zu analysieren.

tauschprogramme etc. Bewunderung verdient, dass und wie spanische Rechtsgelehrte in der Franco-Zeit in Südamerika Zuflucht fanden (z.B. *G. Peces-Barba*), um dann später wieder nach hier zurückzukehren (Im „Gepäck“ hatten sie gewiss auch manche Rechtserfahrungen aus Übersee!).

c) Gefährdungen der europäischen Rechtskultur

Gefährdungen seien nicht verschwiegen. Auch sollte der europäische Ju- 308
rist der Faszinationskraft der Europaidee nicht kritiklos erliegen. Folgende Gefährdungen seien beim Namen genannt: zunächst die unselige, fast alle Lebensbereiche erfassende *Ökonomisierung* des Denkens und Handelns unserer Zeit. Ausgerechnet seit 1989 erleben wir einen Kapitalismus neuer Art, der als „entfesselter“ kaum zu zähmen ist und eine neue Art von Materialismus fast weltweit zur Herrschaft zu bringen scheint. Der Markt wird zum Maß aller Dinge, er ist aber nicht das Maß des Menschen! Von wissenschaftlicher Seite her kann dem nur durch die Besinnung auf das Kulturelle begegnet werden: „Verfassung als Kultur“[281] bildet ein Stichwort. Erforderlich wird die Erinnerung an die anthropologisch begründete „Bodenständigkeit“ des Menschen, die „Heimat vor Ort“; andernfalls fällt der Mensch buchstäblich ins Bodenlose. Diese Einsicht kann auch der Globalisierung entgegenwirken, die sich als globaler Markt, in Form des „Fusionswahns“ großer Industrien namhaft machen lässt.

Sodann sei als Gefahr für die europäische Rechtskultur die *Sprachenfrage* 309
genannt. Die Schweiz hat mit ihrer erfolgreichen Sprachenfreiheit ein Modell geschaffen, das auch für Europa im engeren Sinne der EU fruchtbar sein kann (vgl. jetzt Art. 18, Art. 70 nBV Schweiz von 2000). Im Spanien der Autonomen Gebietskörperschaften spielt die Sprachgesetzgebung eine wichtige Rolle[282]. Im Europa im engeren Sinne sei schließlich „Brüssel“ als Gefahr für die europäische Rechtskultur – als Vielfalt – genannt. Unsinnige Vereinheitlichungsbestrebungen von Brüssel aus, die Verletzung des Subsidiaritätsprinzips[283] etc. müssen als Stichworte genügen. Kultur und damit auch Rechtskultur meint immer auch Respekt vor dem – oft in

281 Dazu *P. Häberle*, Der kooperative Verfassungsstaat – aus Kultur und als Kultur. Vorstudien zu einer universalen Verfassungslehre, 2013.

282 Dazu *Th. Gergen*, Sprachgesetzgebung in Katalonien, 2000.

283 Aus der Kommentar-Lit.: *I. Pernice*, in: H. Dreier (Hrsg.), GG, Bd. II, 2. Aufl. 2006, Art. 23, Rn. 68 ff.

langen Zeiträumen – Gewachsenen, Gewordenen. Unitarische Einebnungen gefährden das Europa der Vielfalt. Gerade das „andere" kann Bereicherung sein, als Ansporn dienen, zu besseren Lösungen zu kommen. Die europäischen Rechtskultur – als Vielfalt und Einheit zugleich verstanden – muss auch zur Erkenntnis solcher Gefahren beitragen. Und die Rolle des Brüsseler Bürokraten bleibt für den europäischen Juristen eine ambivalente.

4. Grundlegende Herausforderungen für den „europäischen Juristen"

310 Im Folgenden seien stichwortartig fünf Problembereiche behandelt, in denen der „europäische Jurist" heute besonders gefordert ist: sei er Wissenschaftler, Richter oder Parlamentarier, teils in Europa im engeren Sinne der EU, teils im weiteren Sinne des Europarates und der OSZE. Die These ist, dass der Jurist auf all diesen Feldern als nur nationaler Jurist scheitern müsste.

a) Das Ringen um die Verfasstheit der Europäischen Union

311 Auch nach Lissabon hat sich die Kontroverse um die *konstitutionelle Qualität* des europäischen Primärrechts nicht erledigt, wenngleich die Diskurse um eine Verfassungsfähigkeit Europas an Aktualität verloren haben[284]. Europa lebt seit jeher aus einem Ensembles von *Teil*verfassungen unterschiedlicher Materien und Dichtegrade. Einer „konstitutionellen Neugrün-

---

284 Aus der Lit.: *D. Tsatsos*, Die Europäische Unionsgrundordnung, EuGRZ 1995, S. 287 ff.; *ders.*, Die europäische Unionsgrundordnung im Schatten der Effektivitätsdiskussion, EuGRZ 2000, S. 517 ff.; ders. (Hrsg.), Die Unionsgrundordnung, 2010; *W. Hertel*, Supranationalität als Verfassungsprinzip, 1999; *I. Pernice*, Der Europäische Verfassungsverbund auf dem Weg der Konsolidierung, JöR 48 (2000), S. 205 ff.; *M. Stolleis*, Europa – seine historischen Wurzeln und seine künftige Verfassung, 1997; *P. Häberle*, Europa als werdende Verfassungsgemeinschaft, DVBl. 2000, S. 840 ff.; J. Schwarze (Hrsg.), Die Entstehung einer europäischen Verfassungsordnung, 2000; *S. Oeter*, Europäische Integration als Konstitutionalisierungsprozess, ZaöRV 59 (1999), S. 901 ff.; M. Kloepfer/I. Pernice (Hrsg.), Entwicklungsperspektiven der europischen Verfassung im Lichte des Vertrags von Amsterdam, 1999; *R. Steinberg*, Grundgesetz und europäische Verfassung, ZRP 1999, S. 365 ff.

dung“ Europas i.S. von *J. Fischer* bedurfte es daher wohl nie, das Scheitern des Verfassungsvertrages nach dem doppelten Nein aus Frankreich und den Niederlanden hat aber deutlich gemacht, das trotz gelebter Verfasstheit die Verfassungssymbolik noch nachhaltig erschreckt. Das Verfassungsdenken aus seiner herkömmlichen Fixiertheit auf den Staat zu lösen, bleibt damit eine Zukunftsaufgabe für den europäischen Juristen. Zu verabschieden sind jedenfalls alle Arten „Herrenideologien“: nicht die Staaten, sondern die europäischen Völker und Bürger sind die letzten und ersten Zurechnungsgrößen einer Verfassung Europas. Die repräsentative Demokratie innerhalb der Europäischen Union ist ein Kooperations- und Verflechtungsmodell, das auf unionaler wie nationaler Ebene einen Nukleus teilt: *den citoyen*. Von dieser Prämisse ausgehend, hat der europäische Jurist kontinuierlich um den europäischen „contrat social“ zu ringen.

Er kann für die *Verfassungsdiskurse* dabei eines in Erinnerung rufen: Im 312
Europa im engeren und weiteren Sinne sind EU bzw. Europarat längst „mittelbarer Verfassunggeber“: Sie geben etwa den Beitrittskandidaten normative Direktiven vor, so in Sachen Menschenrechte, Demokratie, Rechtsstaat, Minderheitenschutz, soziale Marktwirtschaft, auch bezogen auf den sog. „aquis communautaire“. Im Übrigen kommen auch die EMRK und OSZE konstitutionellen Teilstrukturen gleich. Bei all diesen Fragen bedarf es des „europäischen Juristen“: der in mehr als nur einem nationalen Rechtsstoff bzw. einer Sprache geschult ist, aber auch die gemeineuropäischen Verfassungsprinzipien überblickt, europaweit rechtsvergleichend arbeitet, sei es, dass er die schöpferische Rechtsvergleichung als Wegweiser für die Rechtspolitik nutzt, sei es, dass er als nationaler Richter oder Wissenschaftler Rechtsvergleichung als u.E. „fünfte“ Auslegungsmethode praktiziert (1989) – zusammen mit den klassischen vier von *F.C. v. Savigny* (1840)[285]. Rechtsvergleichung ist die europäische Zukunftswissenschaft. Vor allem muss sich jede nationale Wissenschaftlergemeinschaft hüten, Europa primär oder gar allein von ihren eigenen Paradigmen her schreiben zu wollen!

---

285 Aus der Lit. zu Savigny: *R. Zimmermann*, Savignys Vermächtnis, Rechtsgeschichte, Rechtsvergleichung und die Begründung einer Europäischen Rechtswissenschaft, 1998.

b) Die Grundrechte-Charta der EU

313 Ohne auf Einzelheiten einzugehen[286]: die in Nizza verabschiedete, seit Lissabon verbindlich gewordene Grundrechte-Charta bildet eine neue Teilverfassung der EU mit primärrechtlicher Qualität, lässt den bereits hohen Stand der Europäisierung des (Grundrechte-)Rechts transparent werden, ist Ergebnis wertender Rechtsvergleichung auf der Basis von kulturellen Kompromissen und darin ein Stück gemeineuropäischer Identität, auch wenn man über Einzelheiten des seinerzeit von *R. Herzog* präsidierten sog. „Konvents" streiten mag (eingesetzt auf dem Gipfel von Tampere)[287]. Die Charta wendet sich an den europäischen Juristen und fordert ihn, weil sie eine bürgerintegrierende, symbolische, ja sogar pädagogische Funktion hat und weil sie, in ihrer abwehrrechtlichen Dimension (z.B. Art. 2, Art. 3, Art. 8, Art. 9-13), Macht – das heißt auch die Macht des europäischen Juristen! – begrenzen will. Die Charta setzt zudem neue (progressive) Impulse, die der europäische Jurist erst noch dogmatisch einfangen muss. Zu denken ist etwa an Kap. IV: „Solidarität", bes. Art. 32, Art. 33, Art. 34-38; zu denken ist an den bemerkenswerten Art. 25 (Recht älterer Menschen) sowie an Art. 41 mit seinem Recht auf eine gute Verwaltung. Ethisch gefordert bleibt der europäische Jurist beim Verbot des reproduktiven Klonens von Menschen.

314 Künftig wird es darum gehen, eine *gemeineuropäische Methodenlehre* und *Grundrechtsdogmatik* zu entwickeln (und diese Aufgabe nicht nur – oft verbunden mit einer mäkeligen Defizitanalyse – dem EuGH zu überantworten). Bei der Auslegung und Anwendung der Charta darf kein nationaler Mitgliedstaat nur „seine" Grundrechtstheorie(n) umzusetzen und durchzusetzen suchen. Der einstige Streit um die Präambel der Grundrechte-Charta (statt des Hinweises auf das „religiöse Erbe", jetzt das „geistig-religiöse und sittliche Erbe"[288]) verrät viel in Sachen Konsens und Dissens

---

286 Nachweise etwa bei *R. Scholz*, Nationale und europäische Grundrechte – unter besonderer Berücksichtigung der Europäischen Grundrechtecharta, in: D. Merten/H.-J. Papier (Hrsg.), Handbuch der Grundrechte in Deutschland und Europa, Bd. VI/2, 2009, § 170.

287 Dazu Arbeitsstruktur des Gremiums zur Ausarbeitung der EU-Charta (Tampere 1999), EuGRZ 1999, S. 615; auch die Schlussfolgerungen des Vorsitzes Europäischer Rat (Tampere), 15./16. Okt. 1999, NJW 2000, S. 1925.

288 Ausführliche Nachweise bei *H. Goerlich*, Der Gottesbezug in Verfassungen, in: ders./W. Huber/K. Lehmann (Hrsg.), Verfassung ohne Gottesbezug? Zu einer ak-

über die Identität Europas, die eben nicht in Bruttosozialprodukte und Außenhandelsbilanzen aufgeht.

Speziell in der EU suchen die Kirchen und anderen Religionsgemeinschaf- 315
ten[289] erst noch ihren rechtlichen und kulturellen Platz (Stichwort: „europäisches Religionsverfassungsrecht“). Fraglich ist auch, ob im Kontext der Religionsfreiheit (Art. 10) nicht die korporative Dimension mit Blick auf wenn nicht „Kirchen“, so doch alle Religionsgemeinschaften stärker hätte betont werden sollen (das Textstück „gemeinsam mit anderen“ in Abs. 1 S. 2 ist zu wenig). Hier dürfte das laizistische Frankreich gezögert haben; indes ist daran zu erinnern, dass es zu „Amsterdam“ einen auf die Kirchen bezogenen Zusatz gab[290]. Welche Rolle die korporative Dimension künftig spielen wird, hängt nicht zuletzt von der dogmatischen Kreativität des europäischen Juristen (und zwar im Wettbewerb der Rechtsordnungen[291] und Deutungsangebote) ab. Ein gewisser Fortschritt gegenüber Art. 10 EMRK ist insofern erreicht, als Art. 11 Abs. 2 der Charta sagt: „Die Freiheit der Medien und ihre Pluralität werden geachtet“[292]. Auch in Sachen „Kultur“ trifft den europäischen Juristen manche Gestaltungsaufgabe. Es sei dahingestellt, ob die Grundrechte-Charta zu wenig das Thema „Kultur“ aufgreift[293], nicht genug an Teilaspekte des „Bürgerrechts auf Kultur“ denkt (s. aber Art. 14 Abs. 1: Recht auf Bildung, Art. 13: Freiheit von Kunst und Wissenschaft, Art. 22: Vielfalt der Kulturen, Religionen und Sprachen). Diese Charta mit Leben zu erfüllen und dogmatisch auszugestalten bleibt in jedem Fall eine zentrale Aufgabe des europäischen Juris-

---

tuellen europäischen Kontroverse, 2004, S. 9 ff.; *N. K. Riedel*, Gott in der europäischen Verfassung?, EuR 2005, S. 676 ff.

289 Zur Religions- und Weltanschauungsfreiheit als Gemeinschaftsgrundrecht: *W. Bausback*, Religions- und Weltanschauungsfreiheit als Gemeinschaftsgrundrecht, EuR 2000, S. 261 ff. – Art. 22 EU-Grundrechte-Charta dürfte sich als Schutzraum für das deutsche „Staatskirchenrecht“ erweisen.

290 Dazu *P. Häberle*, Europäische Verfassungslehre in Einzelstudien, 1999, S. 219 ff., 231 f.

291 *A. Peters* und *Th. Giegerich*, Wettbewerb von Rechtsordnungen, VVDStRL 69 (2010), S. 7 ff. bzw. 57 ff.

292 Aus der Lit.: *M. Stock*, Medienfreiheit in der EU-Grundrechte-Charta: Art. 10 EMRK ergänzen und modernisieren, 2000; *ders.*, Eine Grundrechte-Charta für die Europäische Union: wie sollte die Medienfreiheit darin ausgestaltet werden?, ZUM 2000, S. 533 ff.; s. auch *J. Schwarze*, Medienfreiheit und Medienvielfalt im Europäischen Gemeinschaftsrecht, ZUM 2000, S. 779 ff.

293 Dazu die Kritik von *Hilmar Hoffmann*, Zu kurz, der Wurf, Keine europäische Charta ohne Kultur, FAZ vom 2. Nov. 2000, S. 54.

ten. Gleich welche Expertise sie/er sich auf differenzierten, mitunter fragmentierten Spezialgebieten aneignet: ohne *Grundrechtsexpertise* bliebe sie/er verloren. Der europäische Jurist ist immer auch Grundrechtsjurist und *gestaltender Akteur gemeineuropäischen Grundrechte-Rechts*.

c) Bewahrung und Bewährung nationaler Identitäten

316 Ein drittes Testfeld für den „europäischen Juristen" ist die Erarbeitung der „nationalen Identität" der Mitgliedsstaaten (Art. 6 Abs. 3 EUV) bzw. der Bedeutung des Subsidiaritätsprinzips (Art. 5 Abs. 1, Abs. 3 AEUV) sowie der Wahrung der „nationalen und regionalen Vielfalt" (Art. 167 Abs. 1 AEUV). Das meint auch die Bewahrung der nationalen Rechtskulturen – bei aller europäischen Rechtskultur. Es meint Grenzen für die Rechtsvereinheitlichung. Diese letztlich nur kulturwissenschaftlich erschließbaren Richtbegriffe, die auch eine Umschreibung des bereits greifbaren europäischen Gemeinwohls verlangen (vgl. nur die Werte und Ziele der Union, Art. 2 und 3 AEUV)[294], brauchen den „europäischen Juristen" im gekennzeichneten Sinne. In gemeineuropäischer Hermeneutik, aber auch in Respekt vor dem je national Gewachsenen (z.B. die Bedeutungsfülle des Begriffs laizistische „Republik" in Frankreich, die Rolle der Regionen Spaniens, des Parlaments und des Common Law in England) muss die offene Gesellschaft der Verfassungsinterpreten in Europa um diese Prinzipien ringen. Das oft zitierte „europäische Haus" behält viele nationale Wohnungen, der Begriff „postnational" oder „transnational" wird dem nicht gerecht. Aber es sind die verfassten Völker bzw. ihre Bürger, von denen das sich einende, aber vielgliedrig bleibende Europa zu denken ist. Die Präambel der EU-Grundrechte-Charta sagt in ihrem dritten Passus: „Die Union trägt zur Entwicklung dieser gemeinsamen Werte unter Achtung der Vielfalt der Kulturen und Traditionen der Völker Europas wie der nationalen Identität der Mitgliedsstaaten ... auf nationaler, regionaler und lokaler Ebene bei ..." Auch darin kommt zum Ausdruck, dass die EU kein bloßes (ökonomisches) Zweckbündnis von Nationalstaaten ist, sondern eine Grundrechts-, Rechts- und Wertegemeinschaft[295].

---

294 *P. Häberle*, Gibt es ein europäisches Gemeinwohl?, in: FS Steinberger, 2001, S. 1153 ff.

295 Zum „Beitrag des Rechts zur Entwicklung eines europäischen Wertsystems": *R. Bieber*, Solidarität und Loyalität durch Recht, 1997.

d) Die Verletzung fundamentaler Grundsätze durch einen Mitgliedstaat (Art. 7 EUV)

Die Idee der Wertegemeinschaft nimmt den europäischen Juristen aber gerade dort in (Handlungs-)Verantwortung, wo fundamentale Grundsätze der Union durch einen Mitgliedstaat verletzt werden. Bereits durch den Vertrag von Amsterdam wurde daher mit Art. 7 EUV ein Sanktionsmechanismus etabliert, der die Wahrnehmung dieser Verantwortung prozedural ermöglichen sollte[296]. In der Causa Österreich offenbarten sich indes eklatante Schwächen dieser Architektur, weil seinerzeit noch jedwede Vorfeldmaßnahmen in bloßen „Verdachtsfällen“ fehlten[297]. Deshalb umgingen jene 14 Mitgliedstaaten, die sich gegen die Aufnahme der FPÖ die damalige österreichische Regierungskoalition wendeten, den positivrechtlichen Sanktionsmechanismus des Art. 7 EUV und wählten – am europäischen Verfassungsrecht vorbei – einen vermeintlich je „bilateralen“, aber in Wahrheit kollektiven Boykottweg. Ein Verstoß gegen Geist und Buchstabe von Art. 7 EUV ließ sich nicht von der Hand weisen. Was besonders schwer wiegt: Es gab kein rechtsstaatliches faires Verfahren vorheriger Anhörung Österreichs; verletzt wurde das präföderale Loyalitätsgebot aus Art. 4 Abs. 3 EUV[298]. Mehr als entlarvend war die öffentliche Entgegennahme des Berichts der „Drei Weisen“ durch den damaligen französischen EU-Ratsvorsitzenden *J. Chirac* im Herbst 2000. Einen Vorteil hatte freilich dieses vertragsverletzende „Verfahren“: Erkennbar wurde eine europäische Skandalöffentlichkeit, das Bewusstsein für die in Art. 6 EUV normierten „europäischen Grundwerte“ sensibilisierte sich, wobei freilich anzumerken bleibt, dass auch die auf demokratischen Wahlen beruhende Regierungsbildung als Selbstbestimmung eines Volkes ein „Grundrecht der Demokratie“ ist[299]. In eigenartiger, fast *Hegel*scher Dialektik hat die „Causa Österreich“ ein Stück „europäisches Bewusstsein“ herausgebildet. Das Verfahren nach Art. 7 EUV wurde denn auch entsprechend modifi- 317

---

296 *R. Geiger*, in: ders./D.-E. Khan/M. Kotzur (Hrsg.), EUV/AEUV, 5. Aufl. 2010, Art. 7 EUV, Rn. 1.

297 Vgl. auch *F. Schorkopf*, Die Maßnahmen der XIV EU-Mitgliedstaaten gegen Österreich, 2002.

298 *M. Klamert*, The Principle of Loyalty in EU Law, 2014.

299 Aus der Lit.: *G. Winkler*, Europa quo vadis?, ZÖR 55 (2000), S. 231 ff.; *F. Schorkopf*, Verletzt Österreich die Homogenität in der EU?, DVBl. 2000, S. 1036 ff. sowie *P. Häberle*, Diskussionsbeitrag, VVDStRL 60 (2001), S. 404 f. Der Bericht der „Drei Weisen“ ist abgedruckt in EuGRZ 2000, S. 404 ff.

ziert und um strengere Verfahrensmechanismen ergänzt[300]. Die aktuelle „Causa Ungarn" stellt eine neuerliche Bewährungsprobe für die europäische Demokratie, die europäische Grundrechtsgemeinschaft und damit für den europäischen Juristen dar[301].

e) Der europäische Jurist: Ausbildung und Bildung

318 Ein letztes Wort gelte dem europäischen Juristen als Ausbildungs- und Bildungsproblem. Hier sind zunächst die nationalen Universitäten bzw. Wissenschaftlergemeinschaften gefordert. In überschaubaren Seminaren und Doktorandenkursen müssen sie gezielte Nachwuchspflege betreiben. Der amerikanische Komponist *L. Bernstein* sprach in Bezug auf die Ausbildung von Dirigenten sogar einmal von „Stammbäumen" – er benannte etwa *S. Kusevickiy* als seinen Lehrer. Man darf dies auf die nationale bzw. wiederentstehende Europäische Rechtswissenschaft übertragen. Es gibt einen „kulturellen Generationenvertrag" zwischen Lehrenden und Lernenden, Meistern und Schülern – in der Kunst wie in der Wissenschaft. Mögen „Schulen", besonders in der Staatsrechtswissenschaft nur erträglich sein, wenn sie mit glaubwürdiger, persönlicher Toleranz vor allem in der Lehre verknüpft sind: unverzichtbar bleibt das wissenschaftliche Vorbild. Erasmus- und ähnliche Programme bieten hier große Chancen (vielleicht sogar private Law Schools wie die Bucerius Law School in Hamburg oder ein Verbund europäischer Spitzenuniversitäten, Stichwort: „Campus Euro-

---

300 *R. Geiger*, in: ders./D.-E. Khan/M. Kotzur, European Union Treaties, 2015, Art. 7 TEU, Rn. 1 ff.

301 *A. v. Bogdandy/M. Kottmann/C. Antpöhler/J. Dickschen/S. Hentrei/M. Smrkolj*, Reverse Solange – Protecting the Essence of Fundamental Rights Against EU Member States, CMLR 49 (2012), S. 489 ff.; siehe auch *K. Serini*, Sanktionen der Europäischen Union bei Verstoß eines Mitgliedstaates gegen das Demokratie- oder Rechtsstaatsprinzip, 2009.

pa“[302]), aber auch bilaterale Partnerschaften[303], wie es z.B. im Dreiecksprojekt Saarbrücken/Lille/Warwick für ein europäisches Jurastudium besteht. Die seit 2001 durchgeführten „Europäischen Juristentage“ (2013 etwa in Barcelona) sind ein Hoffnungszeichen. Im Grunde ist den „europäischen Juristen“[304] eine Karriere im Geist des Schengener Abkommens zu wünschen, wie sie manche Künstler schon im 16. Jahrhundert hatten, etwa ein *J. Liss* (mit den Stationen Oldenburg/Antwerpen/Paris/Venedig/Rom/Verona)[305] oder *G. W. Leibniz* mit seinen „Brieffreundschaften für Europa“[306].

J. Ortega y Gasset schrieb schon 1929: „Machten wir heute eine Bilanz 319
unseres geistigen Besitzes ..., so würde sich herausstellen, dass das meiste davon nicht unserem jeweiligen Vaterland, sondern dem gemeinsamen europäischen Fundus entstammt. In uns allen überwiegt der Europäer bei weitem den Deutschen, Spanier, Franzosen.“ Macht man sich dies bewusst, so wird Europa eine „Seele“ gegeben, wie dies *J. Delors* verlangt hat. In der europäischen Öffentlichkeit findet diese Seele ihren Resonanzboden.

---

302 Dazu *M. Spiewak*, Campus Europa, Der Währungsunion folgt die Wissensgemeinschaft: Ein Verbund europäischer Spitzenuniversitäten soll den amerikanischen Eliteuniversitäten Paroli bieten, Die Zeit vom 29. Juni 2000, S. 31. Vgl. auch *H. Küster*, Ortskenntnis, Die europäische Elite braucht ein Navigationssystem, FAZ vom 26. April 2000, S. 53, mit der Forderung, die Europawissenschaften müssten sich auch mit *Platon* und *Vergil*, *Shakespeare, Molière, Goethe* und *Tolstoj* befassen, da Europas Stärke seine geographische und kulturelle Vielfalt sei. Zu diesem kulturwissenschaftlichen Ansatz: *P. Häberle*, Europäische Rechtskultur, 1994, S. 324 und passim.

303 Vgl. die Fragestellung von O. Beaud/ E. V. Heyen (Hrsg.), Eine deutsch-französische Rechtswissenschaft?, 1999. Bemerkenswert auch A. Mazzacane/ R. Schulze (Hrsg.), Die deutsche und die italienische Rechtskultur im „Zeitalter der Vergleichung“, 1995.

304 Zu juristischen Ausbildungszeitschriften in Europa gleichnamig der Beitrag *P. Häberles*, Juristische Ausbildungszeitschriften in Europa, ZEuP 2000, S. 263 ff. – Der Bologna-Prozess dient nicht dem Europäischen Juristen: dazu kritisch *P. Häberle*, JZ 2007, S. 183 f.; siehe auch G. Fischer u.a. (Hrsg.), Der Bologna-Prozess an den juristischen Fakultäten, 2006.

305 Dazu *R. Klessmann*, Johann Liss, 1999.

306 Vgl. *G. W. Leibniz*, Sämtliche Schriften und Briefe, Bd. XV, 1998.

C. *Europäische Öffentlichkeit*

I. Problemstellung

320 Die Frage nach der europäischen Öffentlichkeit wurde in dieser Verfassungslehre schon mehrfach gestellt, Elemente einer solchen Öffentlichkeit wurden immer wieder auch vorausgesetzt. Sie seien im Folgenden gebündelt und auf die Strukturelemente „europäischer Verfassungsstaatlichkeit“[307] hin bezogen: auf die Unionsbürgerschaft mit dem Kommunalwahlrecht für die Unionbürger vor Ort (Art. 20 ff. AEUV), auf das Petitionsrecht (Art. 227 AEUV, Art. 44 EU-Grundrechte-Charta), auf den Bürgerbeauftragten (Art. 228 AEUV, Art. 43 EU-Grundrechte-Charta). Europäische Verfassungsstaatlichkeit und mit ihr europäische Öffentlichkeit werden greifbar im zum echten Mitgesetzgeber erstarkten Europäischen Parlament ebenso wie in der in die Einzelstaaten der EU „durchschlagenden“ Judikatur der beiden europäischen „Verfassungsgerichte“, des EuGH in Luxemburg und des EGMR (für die EMRK) in Straßburg[308]. Schließlich sind die Mitgliedstaaten der EU einander nicht mehr „Ausland“. Sie bilden schon ein Stück *Inland* in grenzüberschreitender Öffentlichkeit und sind – jenseits aller Spannungen und Streitigkeiten im politischen Alltagsgeschäft – in einem tiefen Sinne „Freundesland“. Nicht nur „Schengen“ macht dies für den Europabürger erlebbar (und jede Relativierung von Schengen, etwa aufgrund grenzüberschreitender terroristischer Bedrohungen, schmerzt).

---

307 Dazu *P. Häberle*, Die europäische Verfassungsstaatlichkeit, KritV 1995, S. 298 ff. S. auch *M. Stolleis*, Das „europäische Haus“ und seine Verfassung, KritV 1995, S. 275 ff. – Überhaupt wird es erforderlich, sich die *älteren* Europakonzeptionen zu vergegenwärtigen; dazu etwa *K. Stüwe*, Europas Einigung als Idee – William Penn und das Projekt der Europäischen Union, Der Staat 38 (1999), S. 359 ff.

308 *G. C. Rodriguez Iglesias*, Der Gerichtshof der Europäischen Gemeinschaften als Verfassungsgericht, EuR 1992, S. 225 ff.; *K. W. Weidmann*, Der Europäische Gerichtshof für Menschenrechte auf dem Weg zu einem europäischen Verfassungsgerichtshof, 1985. S. noch unten Dritter Teil H. II.

II. Öffentlichkeit – verfassungsstaatliche Öffentlichkeit

1. Der Begriff der Öffentlichkeit

Öffentlichkeit ist der erste Begriff dieses Themas, der einer „Einkreisung" 321
bedarf. Wissenschaftlich haben ihn die beiden Staatsrechtslehrer *R. Smend* (1955) und *K. Hesse* (1958) sowie *J. Habermas* (1967) Schritt für Schritt erschlossen[309]. *P. Häberle* hat 1969 den – alteuropäischen – Zusammenhang von „Öffentlichkeit und Verfassung" gewagt[310] und dies später zur These von der „Verfassung als öffentlicher Prozess" (1978) erweitert. In Orientierung am positiven Verfassungsrecht sei zwischen *Parlaments-*, *Regierungs-* und *Verwaltungs*öffentlichkeit sowie *Gerichts*öffentlichkeit mit jeweiligen Ausnahmetatbeständen des Nichtöffentlichen unterschieden. Die gemäß der klassischen Gewaltenteilungslehre drei staatlichen Funktionen haben im Verfassungsstaat eine spezifische, freilich unterschiedliche Beziehung zum Öffentlichen. Dieser Verfassungsstaat – „res publica/res populi" im *Ciceronischen* Sinne – soll sich grundsätzlich öffentlich legitimieren, d.h. verantworten. Klassikertexte von *G. Heinemann* (Öffentlichkeit als „Sauerstoff der Demokratie") bis *M. Walser* (die öffentliche Meinung sei „Quellgebiet unserer Demokratie"[311]) begleiten dieses Postulat, wobei wir an den „anderen Schwaben" *G. W. F. Hegel* erinnern sollten, der sagte, in der öffentlichen Meinung sei „alles Wahre und Falsche zugleich". Dieses Öffentlichkeitsdenken setzt sich vom absolutistischen Arcanstaat ebenso ab wie von totalitären Staaten von rechts und links, die die Öffentlichkeit „verstaatlichen" bzw. manipulieren und gerade nicht *pluralistisch* verfassen. Für den deutschen Verfassungsstaat sei an Art. 42 Abs. 1 GG erinnert („Der Bundestag verhandelt öffentlich"), für

---

309 *R. Smend*, Das Problem des Öffentlichen und der Öffentlichkeit, in: GS W. Jellinek, 1955, S. 13 ff.; *K. Hesse*, Die verfassungsrechtliche Stellung der politischen Parteien im modernen Staat, VVDStRL 17 (1959), S. 11 ff., 42 ff.

310 *P. Häberle*, Öffentlichkeit und Verfassung, ZfP 1969, S. 273 ff. Aus der verfassungsrechtlichen Öffentlichkeitsliteratur: *W. Martens*, Öffentlichkeit als Rechtsbegriff, 1969; *P. Häberle*, Öffentliches Interesse als juristisches Problem, 1. Aufl. 1970 (2. Aufl. 2006); *A. Rinken*, Das Öffentliche als verfassungstheoretisches Problem, 1971; *M. Kloepfer*, Öffentliche Meinung, Massenmedien, in: HStR, Bd. III, 3. Aufl. 2005, § 42; C. Franzius/U. K. Preuß (Hrsg.), Europäische Öffentlichkeit, 2004; *C. v. Coelln*, Zur Medienöffentlichkeit der Dritten Gewalt, 2005.

311 So im Fernsehen aus Anlass seines 70. Geburtstags, ARD-Sendung vom 23. März 1997, 23 Uhr.

die EU an Art. 232 Abs. 2 AEUV[312]. Entwicklungsgeschichtlicher Vergegenwärtigung diene der Verweis auf die Paulskirchenverfassung von 1849 (§ 178 Abs. 1: „Das Gerichtsverfahren soll öffentlich und mündlich sein"). Die Verfassung Spanien von 1978 verdichtet textstufenhaft dogmatische Erkenntnisse in dem Grundsatz von der „Publizität der Normen" (Art. 9 Abs. 3), und das immer häufiger zu findende Umweltinformationsrecht (z.B. Art. 39 Abs. 7 Verf. Brandenburg von 1992) treibt ein Stück Öffentlichkeit in den Verwaltungsbereich vor, ebenso wie der „Ombudsmann" vieler europäischer Verfassungsstaaten Öffentlichkeit herstellt – von Skandinavien bis nach Südosteuropa, von Portugal bis Polen.

2. Verfassungstheoretische Strukturierung des Öffentlichkeitsbegriffs

322 Nach dieser Sichtung öffentlichkeitsbezogener Tatbestände, die um die gemeinwohlbezogenen ergänzt werden müssten[313], bedarf es der *verfassungstheoretischen Strukturierung*. Im Verfassungsstaat – und von ihm ist hier zunächst auszugehen, erst später lässt sich der „Verbund" in Europa im Blick auf die europäische Öffentlichkeit darstellen –, im Verfassungsstaat gibt es eine *„republikanische Bereichstrias"*. Danach ist zwischen dem im engeren Sinne staatlichen Bereich der verfassten Staatsorgane, also den drei Gewalten, zwischen dem gesellschaftlich-öffentlichen Bereich und dem privaten zu unterscheiden – bei allen Wechselwirkungen. Der gesellschaftlich-öffentliche Bereich wirkt „zwischen" Staat und Privat und präsentiert sich z.B. als Parteienöffentlichkeit (angedeutet in Art. 21 Abs. 1 S. 4 GG: öffentliche Rechenschaftslegungspflicht der Parteien), Verbands- und Kirchenöffentlichkeit und nicht zuletzt als Medienöffentlichkeit. Zum Teil sind diese Felder grundrechtlich abgesichert. Die französische Lehre kennt den schönen Begriff der „libertés publiques", auch

---

312 Der Parlamentsöffentlichkeit dienen sowohl die Veröffentlichung der Sitzungsniederschriften gem. Art. 232 Abs. 2 AEUV als auch die Erörterung des jährlichen Gesamtberichts der Kommission in öffentlicher Sitzung. Hier wird der entscheidende Zusammenhang von Öffentlichkeit und parlamentarischer Kontrolle hergestellt. Art. 232 Abs. 2 wie Art. 233 AEUV sind zwar keine allgemeinen, Art. 42 GG vergleichbaren Öffentlichkeitsnormen, doch stellt gerade das Publizitätsgebot aus Art. 232 Abs. 2 AEUV letztlich die Sitzungsöffentlichkeit von Anfang an sicher.

313 Dazu *P. Häberle*, Öffentliches Interesse als juristisches Problem, 1. Aufl. 1970 (2. Aufl. 2006), S. 32 ff.

Spaniens Verfassung spricht von „öffentlichen Freiheiten“ (Titel I, Kap. 2, Abschnitt 1). Wenn Art. 19 Verf. Italien jedem garantiert, die Glaubensfreiheit „privat oder öffentlich auszuüben“, oder Art. 23 Abs. 1 Verf. Spanien bestimmt: „Die Bürger haben das Recht, an den öffentlichen Angelegenheiten direkt oder durch Vertreter, die in periodischen allgemeinen Wahlen frei gewählt werden, teilzunehmen“ („status activus publicus“), so zeigt sich hier die ganze Dynamik des Öffentlichen von der Freiheit des Bürgers her – sein schöpferisches Tun und Handeln trägt letztlich den Verfassungsstaat. Ermutigend wirken die Konsequenzen, die der EGMR im Fall D. Matthews aus Art. 3 des 1. Zusatzprotokolls zur EMRK gezogen hat[314]. Das setzt aber auch die Garantie des dritten Bereichs voraus: des *Privaten* bzw. der *privaten Freiheit*. In vielen Grundrechten und in unterschiedlichen Textvarianten garantiert, sind die privaten Schutzzonen ein Stück negativer Freiheit gegen den Staat: vom „Ohne-Mich Standpunkt“ bis zur (gewaltfreien) Kritik und Opposition. Gleichwohl wird Privatheit *nicht nur* um ihrer selbst willen gesichert. Sie ist mittelbarer Schutz *pluralistischer Öffentlichkeit* – diese ist besonders dringlich im Medienbereich und wird durch die Pluralismus-Judikatur des BVerfG zu Fernsehen und Rundfunk (BVerfGE 12, 205; 74, 297; 90, 60; 91, 125; 119, 181 (216 ff.); zuletzt BVerfG NVwZ 2014, S. 867 ff.) mit den Stichworten „Binnenpluralismus“ und „Außenpluralismus“ unterstützt. Von den „Bastionen“ privater Freiheit aus können die Bürger z.B. via öffentliche Versammlungs- und Demonstrationsfreiheit umso produktivere Beiträge zum öffentlichen Diskurs im politischen Gemeinwesen leisten und ihre Gerechtigkeits- und Gemeinwohlvorstellungen artikulieren.

3. Öffentlichkeit als „Bereichs“- und als „Wert“-Begriff

Damit wird der Weg frei zu folgender Erkenntnis: Öffentlich ist zum einen 323
ein *Bereichs-Begriff*. Er deutet auf gesellschaftliche Felder der Wirtschaft, Wissenschaft, Kunst und auch Politik, die die ganze res publica in unterschiedliche Arbeits- und Funktionsgebiete aufgliedern. Beteiligte sind Parteien, Verbände, Gewerkschaften und Unternehmen, Kirchen, Medien, und sie agieren, grundrechtlich gesichert, im Interessenwettstreit. Auch der

314 EGMR, Urteil Nr. 24833/94 vom 18. Februar 1999, abgedruckt in EuGRZ 1999, S. 200 ff.; hierzu vgl. *G. Ress*, Das Europäische Parlament als Gesetzgeber. Der Blickpunkt der Europäischen Menschenrechtskonvention, ZEuS 1999, S. 219 ff.

„Markt“[315] ist ein solches gesellschaftlich-öffentliches Teilfeld – freilich nicht das Maß aller Dinge und schon gar nicht das Maß des Menschen! Im Verfassungsstaat steht das Öffentliche im Spannungsbogen der erwähnten „republikanischen Bereichstrias“ zwischen Staat und Privat, aber es ist mehr als bloßes „Zwischenglied“.

324 Zum anderen ist Öffentlichkeit ein *Wert-Begriff*: In ihm liegen Inhalte, die in der Gedankenkette „res publica“, „Republik“, „res“ bzw. „salus publica“, „öffentliche Freiheit“ auf den Begriff gebracht sind. Öffentliche Freiheitsausübung dient auch der Suche nach der salus publica, im Verfassungsstaat geschieht dies in pluralistischen Verfahren; „Republik“ meint mehr als bloß „Nichtmonarchie“ (*G. Jellinek*): Sie nimmt Bezug auf die Sinnfülle der Gemeinwohlverpflichtung allen staatlichen (oder im weiteren Sinne hoheitlichen) Handelns dank öffentlicher Freiheiten. Wenn man die öffentliche Meinung gerne als „vierte Gewalt“ apostrophiert, dann kommt darin richtig ihr hoher Rang zum Ausdruck. Doch ist sie keine „Gewalt“, sie bedarf vielmehr der vom Verfassungsstaat geschaffenen und in Geltung gehaltenen, durch sein Gewaltmonopol gesicherten Rahmenbedingungen, die Voraussetzung für pluralistische Demokratie sind. So ist das Öffentliche in der Tiefe mit den Grundwerten des Verfassungsstaates wie Menschenwürde als kulturanthropologischer Prämisse und Demokratie als organisatorischer Konsequenz verbunden, auch mit der ewigen Wahrheitssuche i.S. der Klassikertexte von *G. E. Lessing* bis *W. v. Humboldt* – die „Wahrheitskommissionen“ in San Salvador und im Südafrika *N. Mandelas*, in Guatemala, Liberia oder Kanada ermutigen in diesem Zusammenhang.[316]. Das Öffentliche ist Voraussetzung für die schwierige Annäherung an die Gerechtigkeit (etwa in den due process-Garantien) und die vorläufige Erarbeitung des Gemeinwohls (beispielhaft etwa die Vernehmlassungsverfahren der Schweiz). Nicht vergessen sei die Dimension des Verfassungsstaates als „Kulturstaat“. In Deutschland seit *J. G. Fichte*

---

315 Zum Versuch einer Verfassungstheorie des Marktes *P. Häberle*, Soziale Marktwirtschaft als „Dritter Weg“, ZRP 1993, S. 383 ff. Aus der italienischen Lit.: *L. Cassetti*, La cultura del mercato fra interpretazioni delle Costituzione e principi Comunitario, 1997.

316 Dazu *P. Häberle*, Wahrheitsprobleme im Verfassungsstaat, 1995, S. 20 f.; *F. Venter*, Die verfassungsmäßige Überprüfung der Rechtsgrundlagen von Südafrikas „Truth and Reconciliation Commission“, ZaöRV 57 (1997), S. 147 ff.

ein Begriff – die Grundlegung verdanken wir *Ciceros* „Kultur“[317] –, in Bundesstaaten wie der Schweiz und Deutschland als „Kulturföderalismus“ höchst lebendig, auf der Europaebene in der allgemeinen Kulturklausel des Art. 167 AEUV und in den speziellen Vorschriften der Art. 165 AEUV und Art. 166 AEUV „im Werden“[318], sind die vielfältigen Kulturaufgaben des Verfassungsstaates und die sie bedingenden kulturellen Freiheiten der Bürger als Inhalte des Öffentlichen einschlägig.

4. Defizite und Gefahren des Öffentlichkeitsdenkens

Das lenkt aber auch den Blick auf *Defizite und Gefahren*. Es gibt z.B. 325
„Scheinöffentlichkeit“, die mit dem werthaften Öffentlichen, jenem Stück unverzichtbarem Idealismus und „Öffentlichkeitsoptimismus“ des Verfassungsstaates nichts zu tun hat, gleichwohl aber garantiert ist und der man heute nur zu oft begegnet: man denke an die Scheinöffentlichkeit von gewissen Talk-Shows, in denen die bloße Summierung von Privat-Intimem als Quantität nicht zur Qualität des verfassungsstaatlich Öffentlichen umschlagen will. Man denke an Öffentlichkeitsdefizite, die durch Konzentrationsvorgänge des privaten Fernsehens drohen. Man denke insgesamt an alle „Marktvorgänge“, die zu reinen Machtprozessen degenerieren und das Inhaltlich-Öffentliche durch einen neuen Ökonomismus, ja postmarxistischen Materialismus ausgerechnet nach dem „annus mirabilis“ 1989 gefährden. Hier ist der Verfassungsstaat gefordert, z.B. in Sachen Medienerziehung, Quotenregelungen, pluralistische Strukturierung der Massenmedien und deren Begrenzung im Interesse gemeineuropäischer Kulturwerte wie Jugendschutz, Gewaltverbot etc.

---

317 Vgl. *J. Niedermann*, Kultur, Werden und Wandlungen des Begriffs und seiner Ersatzbegriffe von Cicero bis Herder, 1941; *A. Pizzorusso*, Il patrimonio costituzionale, 2002.

318 K. Odendahl (Hrsg.), Europäische (Bildungs-)Union?, 2011. S. dazu *H. Hablitzel*, Europäische Bildungsunion und Euro-Bildungsnorm?, BayVBl. 2014, S. 234 ff.

III. Europäische Öffentlichkeit – Entwicklungschancen, Wachstumsbedingungen, Defizite, Gefährdungen und Grenzen

1. Die Rolle der Öffentlichkeit in der europäischen Verfassungsgemeinschaft

326 Wie erkennbar, wurden die bisherigen Überlegungen auf dem Forum des demokratischen Verfassungsstaates als Typus entfaltet. Die Öffentlichkeit ist eines seiner Strukturelemente, sie ist mehr als bloßes „Medium" oder „Resonanzboden". Verfassung und Öffentlichkeit gehören – historisch und vergleichend belegbar – im Innersten zusammen, was freilich immer wieder gefährdet ist, bis heute. Von diesem relativ gesicherten Forum der verfassungsstaatlichen Öffentlichkeit aus wird es im nächsten Teil dringlich, nach der „*europäischen*" Öffentlichkeit zu fragen. Welches sind ihre Entwicklungschancen und -bedingungen, wo gibt es Gefährdungen, wo sehen wir Defizite und Grenzen (etwa angesichts der Weltöffentlichkeit bzw. der globalen Informationsgesellschaft)? In manchem können wir von der verfassungsstaatlichen Öffentlichkeit lernen, zumal Europa im engeren und weiteren Sinne ein unterschiedlich intensiver „Verbund" von *Verfassungs*staaten ist: eine „Verfassungsgemeinschaft" sui generis, die sich in „Verfassungsverträgen" weiterentwickelt und vom herkömmlichen, vor allem deutschen Staatlichkeitsdenken lösen sollte. Die nationalen Verfassungen, auch das GG, schrumpfen zu Teilverfassungen[319].

2. Texte zur europäischen Öffentlichkeit

327 EUV und AEUV halten ein reiches Reservoir an Texten zur europäischen Öffentlichkeit vor: Art. 10 Abs. 4 EUV („Politische Parteien auf europäischer Ebene tragen zur Herausbildung eines europäischen politischen Bewusstseins und zum Ausdruck des Willens der Bürgerinnen und Bürger der Union bei."), Art. 232 und 233 AEUV (Öffentlichkeit des europäischen Parlaments), Art. 252 Abs. 2 AEUV (Öffentliche Stellung der Schlussanträge des Generalanwalts), Art. 287 Abs. 4 AEUV (Veröffentlichung des Jahresberichts des Rechnungshofes). Öffentlichkeitsbezogen ist auch die Tätigkeit des Bürgerbeauftragten (Art. 228 AEUV) und die des

---

319 Dies ist eine These des Beitrags von *P. Häberle*, Das Grundgesetz als Teilverfassung im Kontext von EU/EGV, in: FS Schiedermair, 2001, S. 81 ff.

EuGH (Art. 19 EUV). Die Öffentlichkeit mitgedacht wird in Art. 1 Abs. 2 EUV („immer engeren Union der Völker Europas..., in der die Entscheidungen möglichst bürgernah getroffen werden")[320] und Art. 6 Abs. 3 EUV[321] sowie Art. 4 Abs. 2 EUV (Achtung vor der nationalen Identität)."Europäisches Bewusstsein", Bürgernähe, Demokratie, Grund- und Menschenrechte sind ohne die skizzierte verfassungsstaatliche Öffentlichkeit nicht zu denken.

Das Zwischenergebnis lautet: Dem normativen Anspruch von EUV und AEUV entsprechend, wird Öffentlichkeit in Europa teils ausdrücklich, 328
teils immanent garantiert bzw. vorausgesetzt. Auch die EMRK als Kernstück des Europaverfassungsrechts im weiteren Sinne ist ergiebig (vgl. die Präambel: mit den Bezugnahmen auf die Demokratie, das „gemeinsame Erbe an politischen Überlieferungen", aber auch Art. 6 Abs. 1: Anspruch auf öffentliches Gehör vor Gericht, öffentliche Verkündigung des Urteils, Art. 9: öffentliche Religionsausübung[322]). Im Europäischen Kulturabkommen von 1954[323], das viel Kulturverfassungsrecht im Europa von heute vorweggenommen hat[324], wird im Grunde eine europäische Öffentlichkeit

---

320 Aus der Lit. etwa: *H.-J. Blanke/M. Kuschnick*, Bürgernähe und Effizienz als Regulatoren des Widerstreits zwischen Erweiterung und Vertiefung der Europäischen Union, DÖV 1997, S. 45 ff.; *U. Becker*, EU-Erweiterung und differenzierte Integration, 1999; D. Tsatsos (Hrsg.), Verstärkte Zusammenarbeit, 1999. – *J. Ch. Wichard*, in: Ch. Calliess/M. Ruffert (Hrsg.), EUV/EGV, 1. Aufl. 1999, Art. 205 EGV, Rn. 10: Tagungen des Rates sind nicht öffentlich (vgl. auch Art. 4 Abs. 1 GO Rat), ihre Inhalte sind grundsätzlich geheim zu halten (Art. 5 Abs. 1 GO Rat); *ders.*, in: ebd., Art. 207 EGV, Rn. 11: Zugang der Öffentlichkeit zu den Ratsdokumenten; *B. Wegener*, in: ebd., Art. 255 EGV, Rn. 1 ff.: allgemein zum Öffentlichkeitsprinzip.

321 Art. 6 EUV ist eine – kulturwissenschaftlich zu begreifende – relativierte Neufassung der alten „Souveränität".

322 Zu Art. 6 EMRK: *W. Peukert*, in: J. A. Frowein/ders., EMRK, 3. Aufl. 2009, S. 140 ff.; *M. Ende*, Die Bedeutung des Art. 6 Abs. 1 EMRK für den gemeineuropäischen Grundrechtsschutz, KritV 1996, S. 371 ff. Allgemein: F. K. Kreuzer u.a. (Hrsg.), Europäischer Grundrechtsschutz, 1998; *K. Grupp/U. Stelkens*, Zur Berücksichtigung der Gewährleistungen der EMRK bei der Auslegung deutschen Rechts, DVBl. 2005, S. 133 ff.

323 Zit. nach F. Berber (Hrsg.), Völkerrecht, Dokumentensammlung, Bd. I, 1967, S. 1330 ff.

324 Dazu *P. Häberle*, Europa in kulturverfassungsrechtlicher Perspektive, JöR 32 (1983), S. 9 ff. Aus der verfassungsrechtlichen Grundsatz-Lit.: P. Häberle (Hrsg.), Kulturstaatlichkeit und Kulturverfassungsrecht, 1982; *W. Maihofer*, Kulturelle Aufgaben des modernen Staates, in: E. Benda/W. Maihofer/H.-J. Vogel (Hrsg.),

vorausgesetzt, insofern von „europäischer Kultur", ihrer Wahrung und Entwicklung die Rede ist (Präambel), und geschaffen, insofern die Bewegungsfreiheit und der Austausch von Personen und Kulturgütern (Art. 4) sowie die Erleichterung des Zugangs zum gemeinsamen kulturellen Erbe gefordert werden.

329 Bei all dem formen die bekannten Elemente der „europäischen Rechtskultur" die europäische Öffentlichkeit mit: dazu gehören die Geschichtlichkeit des von Rom herkommenden Rechts, die Wissenschaftlichkeit des Rechts (die Kunst der juristischen Dogmatik), die Unabhängigkeit der Rechtsprechung samt dem rechtlichen Gehör, insgesamt die Gewaltenteilung (bei allen nationalen Varianten), und die weltanschaulich-konfessionelle Neutralität mit der Religionsfreiheit als Menschenrecht[325], auf EU-Ebene durch den Fall „Prais" des EuGH (1977) seither wirkungsmächtig gesichert.

3. Die europäischen Öffentlichkeit im Spiegel der Wirklichkeit

330 Die Gretchenfrage lautet indes: Entspricht diese in den Texten gedachte europäische Öffentlichkeit einer *Wirklichkeit*, der Wirklichkeit in Europa? Oder bleibt sie rudimentär, höchst punktuell, „launisch" oder schattenhaft – so wie man bestreitet, dass es ein europäisches Volk oder eine europäische Demokratie gibt (*D. Grimm*)[326]? Auch in Gesamteuropa ist für diese

---

Handbuch des Verfassungsrechts, 2. Aufl. 1994, S. 1201 ff.; *U. Steiner/D. Grimm*, Kulturauftrag im staatlichen Gemeinwesen, VVDStRL 42 (1984), S. 7 ff. bzw. 46 ff.; *M.-E. Geis*, Kulturstaat und kulturelle Freiheit. Eine Untersuchung des Kulturstaatskonzepts von E. R. Huber, 1990; *P. Häberle*, Kulturverfassungsrecht im Bundesstaat, 1980; *ders*., Kulturhoheit im Bundesstaat – Entwicklungen und Perspektiven, in: 50 Jahre Herrenchiemseer Verfassungskonvent, 1999, S. 55 ff. – Aus der im engeren Sinne europarechtlichen Literatur: *G. Ress*, Die neue Kulturkompetenz der EG, DÖV 1992, S. 944 ff.; *I. Hochbaum*, Der Begriff der Kultur im Maastrichter und Amsterdamer Vertrag, BayVBl. 1997, S. 641 ff.; *S. Schmahl*, Die Kulturkompetenz der Europäischen Gemeinschaft, 1996; *G. Ress/J. Ukrow*, in: E. Grabitz/M. Hilf (Hrsg.), EUV/EGV, Art. 128 EGV (Stand: 1999); *T. v. Danwitz*, Die Kultur in der Verfassungsordnung der EU, NJW 2005, S. 529 ff.

325 Dazu näher *P. Häberle*, Europäische Rechtskultur, 1994, S. 21 ff.

326 Bemerkenswert früh: *A. von Brünneck*, Die öffentliche Meinung in der EG als Verfassungsproblem, EuR 1989, S. 249 ff. S. auch *G. Schink*, Auf dem Weg in eine europäische Gesellschaft?, in: A. von Bogdandy (Hrsg.), Die europäische Option, 1993, S. 269 ff. – Zum Demokratie-Problem: *W. Kluth*, Die demokrati-

Frage zum einen *bereichsspezifisch* und zum anderen *wertorientiert* vorzugehen. Die europäische Öffentlichkeit hat dabei teils schärfere, teils schwächere Konturen und Inhalte, und auch die Beteiligten sind vom Europäischen Parlament über die Parteien bis hin zu Wirtschaftsverbänden, den Kirchen und den in Wissenschaften und Künsten Schaffenden bzw. Nachschaffenden sowie den Medien höchst unterschiedlich in Sachen europäische Öffentlichkeit tätig. Im Zentrum aber steht die These, dass Europa nur vordergründig von der Wirtschaft „her kommt" und sich heute via „*Euro*" zu einer „immer engeren Union der Völker" entwickelt. Was Europa geworden ist und noch werden kann, ist primär seine *Kultur*, sein „kulturelles Erbe" und seine kulturelle Zukunft (gerade deshalb bleibt Griechenland so wichtig *in der* und *für die* Union), die sich aus der regionalen, kommunalen und nationalen Vielfalt speist. Und diese Kultur ist es, die auch aus der dauerhaften Öffentlichkeit – immer neu – entsteht. Die Wirtschaft, übrigens nur instrumental zu deuten, mag europäische Öffentlichkeit *mit*bewirken, etwa in Gestalt des Austausches von Informationen, Waren und Dienstleistungen (*Binnenmarktöffentlichkeit*), die Märkte mögen auch Kulturwerke hin und her bewegen, aber all das ist letztlich ephemer, hat keinen dauerhaften Bestand, weil Wirtschaftsgüter eben „verbraucht" werden, Kultur aber – als „zweite Schöpfung" nach der Natur als ersten – verinnerlicht wird und den Menschen erst human macht (i.S. von *A. Gehlens*: „Zurück zur Kultur"). An die Vielfalt der Sprachen, auch ihre „Barrieren", sei erinnert[327]. Der vom seinerzeitigen Bundeskanzler *G. Schröder* wenn nicht sogar vom Zaun gebrochene, so doch nicht verhinderte „Sprachenstreit" mit den Finnen (Sommer 1999) erinnert schmerzlich an ein Grundsatzproblem. Soll die EU wirklich nur eine einheitliche Amtssprache haben? Nein. Die Vielfalt von Sprachen, auch Amtssprachen, ist schon ein Element der in der „Verfassungsgemeinschaft im Werden" geschützten nationalen und europäischen Identität.

---

sche Legitimation der Europäischen Union, 1995; *S. Oeter*, Souveränität und Demokratie als Problem in der Verfassungsordnung der EU, ZaöRV 55 (1995), S. 659 ff.; J. Drexl u.a. (Hrsg.), Europäische Demokratie, 1999; *F. Brosius-Gersdorf*, Die doppelte Legitimation der Europäischen Union, EuR 1999, S. 133 ff. Jüngst etwa N. Abbas/A. Förster/E. Richter (Hrsg.), Supranationalität und Demokratie. Die Europäische Union in Zeiten der Krise, 2015.

327 R. Ahrens (Hrsg.), Europäische Sprachenpolitik, 2003; B. Ehrenzeller u.a. (Hrsg.), Präjudiz und Sprache, Tagungsband der P.-Häberle-Stiftung St. Gallen, 2008; *J. Kruse*, Das Barcelona-Prinzip: Die Dreisprachigkeit aller Europäer als sprachpolitisches Ziel der EU, 2012.

331 Auch die Europa*politik* hat Zuträgerfunktion. Sie kann unentbehrliche Rahmenbedingungen für die europäische Öffentlichkeit schaffen und sie hat hier viel geleistet. Aber selbst im Europäischen Verfassungsstaat, der eine Hervorbringung der Kultur par excellence ist, bleibt das Politische wenig dauerhaft – sofern es sich nicht zu allgemeinen Rechtsgrundsätzen als „kulturellen Kristallisationen", Elementen der Rechtskultur, verdichtet. So ist denn eine Hauptthese dieser Verfassungslehre, dass es wesentlich eine *kulturelle* Öffentlichkeit in Europa geben muss und geben *kann* – in wesentlichen Teilbereichen auch schon *gibt*. Ermutigen darf das Wort von *J. Monnet*: Wenn er heute noch einmal mit der europäischen Einigung zu beginnen hätte, würde er von der Kultur aus anfangen.

332 Aus der kulturellen Querschnittsklausel des Art. 167 AEUV lässt sich ein eigenständiger Kulturauftrag entwickeln[328]. Er wäre abzusichern durch die Idee der Menschenwürde, die trotz der unverzichtbaren Fiktion von der mit der Geburt vorhandenen „natürlichen" Freiheit darum weiß, dass alle Freiheit in einem tieferen Sinne *kulturelle* Freiheit ist, die ergänzend zu den Prozessen kultureller Sozialisation der rechtlichen Ausgestaltung bedarf, was z.B. im Medienbereich auf der Europaebene zu Rahmenregelungen im Interesse pluralistischer Öffentlichkeit zur Folge hat; dies umso mehr, als der Medienmarktmacht durch gewaltenteilende pluralistische Strukturen zu begegnen ist. Der bundesverfassungsrichterliche Gedanke der „Grundversorgung" ist für das Feld der Kultur ganz allgemein zu übertragen: Sie begründet Verantwortung des Verfassungsstaates. Einzubeziehen ist insbesondere die *Erziehung und Bildung* nach Art. 165 und 166 AEUV als spezieller Kulturauftrag der EU, ebenso die versteckte Kulturklausel in Art. 107 Abs. 3 lit. d AEUV (Beihilfen zur Förderung der Kultur und Erhaltung des kulturellen Erbes). All das schafft „*europäisches Bewusstsein*". Dabei mag man die Kultur nach Hochkultur, Volkskultur und Alternativkulturen unterscheiden und z.B. im Blick auf staatliche Feiertage auch von „verordneter Kultur" sprechen (*T. Fleiner*); möglich sind weitere Differenzierungen nach Universal- und Nationalkultur und nach den europäischen Kulturen. Einschlägig bleibt bei alldem das „offene" bzw. pluralistische Kulturkonzept, 1979 entwickelt[329].

---

328 Dazu *M. Kotzur*, Bildung und Kultur, Forschung, technologische Entwicklung und Raumfahrt, in: R. Schulze/M. Zuleeg/S. Kadelbach (Hrsg.), Europarecht. Handbuch für die deutsche Rechtspraxis, 3. Aufl. 2015, § 38.

329 Vgl. *P. Häberle*, Kulturpolitik in der Stadt – ein Verfassungsauftrag, 1979.

4. Öffentlichkeit aus Kultur – komplementär aus Wirtschaft und Politik

333 Die These, die europäische Öffentlichkeit konstituiere sich aus Kultur und nur *komplementär* aus Wirtschaft und Politik, im Übrigen aber aus dem (Verfassungs-)Recht und seinen allgemeinen „gemeineuropäischen" Prinzipien[330], sei zunächst aus der Tiefe der *Geschichte* belegt. Vereinfacht lässt sich sagen, Europa habe sich aus seiner Kulturgeschichte seit der griechischen und römischen Antike geformt und das römische Recht habe in vielen Rezeptionswellen Fundamente dessen geschaffen, was Europa heute „im Innersten zusammenhält". Das kann hier nicht vertieft werden. Dass es aber eine Geschichte der Europäischen „Öffentlichkeit" aus der Kultur gibt, sei in Stichworten angedeutet. Einschlägig werden die Beispiele europäischer Gelehrter wie *Th. v. Aquin* und *N. v. Cues*, später ein *G. W. Leibniz* (der in Russland um 1700 eine Akademie anregte und übrigens die Mathematik als europäische Wissenschaft mitbegründete, wie zuvor die Griechen und später ein *C. F. Gauß*) – sie haben europäische Öffentlichkeit mitgeschaffen, und für die drei Reformatoren *M. Luther*, *H. Zwingli* und *J. Calvin* lässt sich Gleiches sagen. Europäische Klassiker der Staats- und Rechtstheorie[331] sind zu solchen gerade auch durch die europäische Öffentlichkeit geworden bzw. sie haben diese mitbewirkt: *T. Hobbes*, *J. Locke*, *Montesquieu*, *J.-J. Rousseau*. In der (Rechts-) Wissenschaft gibt es als Teilfeld bis heute europäische Öffentlichkeit, wenn man als Beispiele Juristen der Weimarer Zeit wie *H. Heller*, *R. Smend*, *H. Kelsen*, auch *C. Schmitt*, aus Italien *C. Mortati*, aus dem Spanien von heute *R. Llorente* und *P. de Vega*, aus Griechenland *D. Tsatsos* hinzufügen darf. „Europäische Rechtswissenschaft" ist eine Erscheinungsform und heute immer wichtiger werdende Gestalt europäischer Öffentlichkeit. Im Klammerzusatz sei daran erinnert, dass dem mittelalterlichen Studenten der Doktortitel das „ius ubique docendi" gab: in ganz Europa.

---

330 Dazu *P. Häberles* Beiträge zu Europäischer Rechtskultur und Gemeineuropäischem Verfassungsrecht, vgl. *ders.*, Europäische Rechtskultur, 1994; *ders.*, Gemeineuropäisches Verfassungsrecht, EuGRZ 1991, S. 261 ff., s. auch die stark erweiterte Fassung *P. Häberle* in: R. Bieber/P. Widmer (Hrsg.), Der europäische Verfassungsraum, 1995, S. 361 ff.; siehe auch *M. Heintzen*, Gemeineuropäisches Verfassungsrecht in der Europäischen Union, EuR 1997, S. 1 ff.

331 Zum Klassiker-Begriff methodisch und inhaltlich die Studie von *P. Häberle*, Klassikertexte im Verfassungsleben, 1981, ausgebaut in: Verfassungslehre als Kulturwissenschaft, 2. Aufl. 1998, S. 481 ff. Dazu schon oben A. I.

334 Das rechtliche Zusammenwachsen Ost- und Westeuropas seit dem Fall der Berliner Mauer (1989) und der Zusammenbruch der marxistisch-leninistischen Systeme dürfte auch dadurch erleichtert worden sein bzw. werden, dass auf vielen Feldern der Kunst Europa eine Einheit geblieben war. Klassische Werke der Musik, Literatur, Malerei und bildenden Kunst, die „europäisches Erbe“ sind, galten und gelten auch in Osteuropa. Das dürfte die rein rechtlichen Transformationsprozesse beschleunigen bzw. in der Tiefe mittragen[332]. Auch das wachsende Bewusstsein dafür, dass die Länder um das Mittelmeer eine multikulturelle Vielfalt auf dem Wurzelboden einer gemeinsamen alten Kulturgeschichte sind, kann allen Rückschlägen zum Trotz (und das nicht nur in Syrien) die Genese europäischer Öffentlichkeit befruchten.

5. Europäische Öffentlichkeit aus der Kunst

335 Die *Kunst* ist der vielleicht „verlässlichste“ Teil, in dem sich europäische Öffentlichkeit manifestiert. Das lässt sich nicht nur an den „Goldenen Zeitaltern“ belegen, in denen fast jede europäische Nation ihr Bestes gab und die „Stimmen der Völker“ zu einem „europäischen Hauskonzert“ wurden – auch kargere Zeiten haben europäische Klassiker hervorgebracht. So wurde *J. Becker* (in der FAZ vom 15. März 1997, S. 1) als europäischer „Klassiker“ bezeichnet, und der kürzlich verstorbene Nobelpreisträger *G. Grass* ist ein solcher in auch Polen integrierender Weise seit der „Blechtrommel“. Die Antike, d.h. Athen und Rom seien vorweg erwähnt. Das „Goldene Zeitalter“ Spaniens, das Europa mitgeformt hat, war im 16. Jahrhundert; es folgten die Niederlande (präzise 1600 bis 1680)[333], dann Frankreichs „Großes Zeitalter“ (*Corneille*, *Racine*, *Molière*, die Erfindung des Balletts am Hofe Ludwigs XIV.) bis in Deutschland die Weimarer Klassik *J. W. v. Goethes* und *F. Schillers* und der Deutsche Idealismus zum europäischen Ereignis wurden – ein *J. J. Winckelmann* war ein-

332 Dazu *P. Häberle*, Perspektiven einer kulturwissenschaftlichen Transformationsforschung – Übergangs-, Transfer- und Rezeptionsprobleme auf dem Weg des (post)kommunistischen Osteuropa zum gemeineuropäischen Verfassungsstaat, in: FS Mahrenholz, 1994, S. 133 ff.

333 Dazu B. Wilczek (Hrsg.), Amsterdam 1585-1672, Morgenröte des bürgerlichen Kapitalismus, 1993. Man denke auch an das „europäische 17. Jahrhundert“ (von *Rembrandt* über *Velasquez*, *Bernini*, *Borromini* und *Pietro da Cortona*).

mal Leiter der Kulturaltertümer Roms (das Goldene Zeitalter der dänischen Malerei dauerte von 1818-1848); Hand in Hand all dies mit der (europäischen) Musik von *J. S. Bach* und *W. A. Mozart* bis zur europäischen völkerverbindenden Wirksamkeit von *F. Liszt* und *F. Chopin*. Die kultivierten Brieffreundschaften im Europa des 19. Jahrhundert gehören ebenso hierher wie die Gesellschaft des Adels oder *P. P. Rubens* im Kreise seiner Mantuaner Humanistenfreunde[334]. Italiens Leistungen für die europäische Öffentlichkeit als Kultur lassen sich gar nicht aufzählen: von der Welt *Assisis* (*Franz von Assisi* und seinem *Giotto di Bondone*) bis zur Renaissance in Florenz, zum Barock in Rom und der Entwicklung der Oper in Neapel (*C. Monteverdi*). Freilich lässt sich sagen, dass alle Völker in Europa als „europäisches Deutschland" (*Th. Mann*), als „europäisches Polen", als „europäisches Italien" ein Stück Öffentlichkeit über ihre jeweils großen Beiträge zur Kunst geschaffen haben. Jedenfalls sind die „Großen" bzw. „Goldenen Zeitalter" gewiss sowohl „kulturelles Erbe von europäischer Bedeutung" (Art. 167 Abs. 2 AEUV)[335] als auch ein Stück nationale Identität (Art. 4 Abs. 2 EUV). Und eben darin manifestiert sich europäische Öffentlichkeit. Europa lässt sich nicht auf den wirtschaftlichen Markt reduzieren! Es gibt einen gesicherten Kunst- und Wissenschaftsdialog in Europa.

Die Skeptiker werden fragen: und heute? Eine werthaft auf die gemeinsame Kultur bezogene *öffentliche Meinung* offenbarte sich schon, als vor Jahren Anschläge auf die Uffizien in Florenz und San Georgio in Velabro in Rom stattfanden. Auch gibt es einen (privaten) Buchpreis zur „Europäischen Verständigung", zahlreiche Musik-, Kunst- und Literaturwettbewerbe. Von unionaler Seite aus kennen wir Aktivitäten aus Brüssel in Sa- 336

334 Treffend *E. Straub*, Das Museum Europa, Beilage „Bilder und Zeiten" der FAZ vom 28. Dez. 1996.

335 Bemerkenswert *H. Mayer*, Kulturschöpfung, Kulturzerstörung, Beilage „Bilder und Zeiten" der FAZ vom 8. März 1997, der „unseren Begriff des kulturellen Erbes" für eine geschichtliche Spätgeburt hält und ihn als „Erfindung der bürgerlichen Aufklärung aus der Spätzeit des 18. Jahrhunderts" definiert. Vgl. *R. Kämmerlings*, Die Geburt des Kulturerbes aus dem Geist der Zerstörung. Während die Axt des Vandalismus wütet, wird in der Französischen Revolution der moderne Denkmalschutz erfunden, FAZ vom 5. April 2001, S. 58. Aus der juristischen Lit.: *A. Bleckmann*, Die Wahrung der „nationalen Identität" im Unionsvertrag, JZ 1997, S. 65 ff. Für die Kommunikationswissenschaften: *D. Lichtenstein*, Europäische Identitäten. Eine vergleichende Untersuchung der Medienöffentlichkeit ost- und westeuropäischer EU-Länder, 2014.

chen „Kultur", bekanntlich etwa im Bereich von Film und Fernsehen. *M. Mercouris* Idee von der wechselnden „Kulturhauptstadt Europas", ebenso die sog. „Europeade" ist ein entsprechender Beitrag, auch das „Europäische Jugendorchester". Solche Vergegenwärtigung der kulturellen Vielfalt und Einheit Europas ist ein Stück europäischer Öffentlichkeit. Das gilt auch für die Verleihung von europäischen Preisen. Ein Beispiel: So wurde im Jahre 1955 durch das Ministerkomitee des Europarates der sog. „Europapreis" ins Leben gerufen. Die Auszeichnung wird jährlich an eine oder mehrere Kommunen verliehen, die sich durch hervorragende Leistungen für die Verbreitung des europäischen Einigungsgedankens verdient gemacht haben. Zu den deutschen Preisträgern zählt etwa Altötting (2013). Die europäische „Preisöffentlichkeit" kennt freilich ihren großen Klassiker, den Karlspreis zu Aachen, aber auch den Europa-Filmpreis, zuletzt verliehen im Dezember 2014 in Riga. Zu denken ist auch an die Aktivitäten des 1994 gegründeten „Delphischen Rates". Im März 2010 hat das IDC erstmals auf der ITB in Berlin das Fest der Delphischen Spiele durchgeführt. Das Motto könnte für die europäische Öffentlichkeit in Sachen ratio und emotio programmatisch wirken: „Kunst und Kultur mit allen Sinnen erleben". Dass die Veranstaltung eine UNESCO-Initiative aufgreift („2010 – International Year for the Rapprochement of Cultures") verleiht ihr eine durchaus „weltkulturelle" Dimension.

337 In Zeiten, da ein „Return of Sacred"[336] die öffentlichen Debatten prägt, wird das religöse als konstituierendes Moment der europäischen Öffentlichkeit besonders erlebbar. Von besonderer Relevanz ist hier die Erhebung dreier heiliger Frauen zu „Mitpatronen Europas" durch *Papst Johannes Paul II.* (etwa *Katharina von Siena* und *E. Stein*) im Oktober 1999. Und der argentinische *Papst Franziskus* hat durch die authentischen Zeichen, die er setzt, die europäische Öffentlichkeit längst für sich eingenommen, teils aber auch provoziert. Seine expliziten Aussagen zum „Völkermord an den Armeniern" sind im April 2015 auch am deutschen Bundestag nicht spurlos vorübergegangen, die Reaktionen aus der Türkei fielen erwartbar harsch aus. Damit ist auch die Brücke gespannt zu den „Gegenöffentlichkeiten" von Protestbewegungen. Im Weltmaßstab wird sie pro-

---

336 *D. Bell*, The Return of the Sacred? The Argument on the Future of Religion, British Journal of Sociology 28 (1977), S. 419 ff.; *H. De Vries*, Philosophy and the Turn to Religion, 1999, S. 1 ff.; *P. L. Berger*, The Desecularization of the World: A Global Overview, in: ders. (Hrsg.), The Desecularization of the World: Resurgent Religion and World Politics, 1999, S. 2 ff.

minent greifbar etwa durch die Verleihung des sog. „Alternativen Nobelpreises". Bei der Eröffnung des EZB-Gebäudes in Frankfurt am Main (Frühjahr 2015) hat sie ihre prekär-gewaltbereite Seite gezeigt.

Von privater Seite aus kommt es immer wieder zu großen Ausstellungen, 338
die *Europa öffentlich* machen.[337] Prägend wirken private Akteure als Gelehrte und Künstler von europäischem Format und mit europäischer Aufbruchsfreude. Gelehrte und Humanisten (wie *Erasmus von Rotterdam*), auch Künstler reisten (und reisen heute mehr denn je); selbst *A. Dürer* reiste nach Venedig, später nach Antwerpen. Viele holländische und französische Meister fuhren nach Rom. Ein Dichter wie *W. Shakespeare* verlegte die Handlungen vieler Stücke, wenn nicht nach Athen oder Rom, so nach Italien, Sizilien, Frankreich, Spanien und Dänemark. Das „*auditoire universel*" war dieses Europa. Die Erfindung des Buchdrucks beförderte die europäische Öffentlichkeit. In der Musik ist auffallend, wie viele Komponisten sich mit Spanien befassten: von *W. A. Mozart* (Don Giovanni und Figaros Hochzeit) sowie *L. v. Beethoven* (Fidelio) über *M. I. Glinka* (Sommernacht in Madrid), *G. A. Rossini* (Barbier von Sevilla), *G. Verdi* (Don Carlos und Die Macht des Schicksals), *G. Bizet* (Carmen), *R. Wagner* (Parsifal), *H. Wolf* (Spanisches Liederbuch), *N. A. Rimsky-Korsakov* (Capriccio espagnol), *C. Debussy* (Iberia) und *M. Ravel* (Rhapsodie espagniole, Bolero u.a.). So gibt es ein „auditoire européen" in der Kunst und Kultur. Im Winter 1996/97 trug die zeitlich begrenzte „Versetzung" von Neapels Museum „Capodimonte" nach Bonn bilateral zur kulturellen Öffentlichkeit Europas bei[338], viele Wechsel- und Wanderausstellungen folgten. 1999 dokumentierte eine Ausstellung in Venedigs Palazzo Grassi, wie intensiv sich die Künstler der Renaissance über alle Grenzen hinweg austauschten. Gleiches gilt für den Barock[339]. Schon hier sei angemerkt, dass Europa, dank spezifischer Öffentlichkeiten „von unten nach oben" wachsen muss und kann: dank Europas als Erziehungsziel in den Schulen und dank Europas in den Wissenschaften, insbesondere Universitäten. Welche

337 Noch in lebendiger Erinnerung: Die Exposition „Grand Tour" in Rom (1997), die zeigt, wie seit dem 18. Jahrhundert jedes Land seine Reisenden bzw. „gebildeten Stände" nach Italien schickte: selbst England, klassisch Deutschland, nicht erst seit *J. W. v. Goethes* Italienischer Reise (1787/88).

338 In der *Musik* ist an zeitgenössische Komponisten wie *L. Nono* oder *H. W. Henze* zu denken.

339 *M. Warnke,* Begegnung zweier Welten, Die Zeit vom 23. Sept. 1999, S. 45, sowie *A. Lepik*, Triumph des Barock im Jagdschloß Stupinigio bei Turin, NZZ vom 10./11. Juli 1999, S. 65.

Europa- bzw. Verfassungstheorie wir uns letzten Endes leisten können, hängt von den Schulen und Hochschulen ab. Der Sender *„Arte"* hat das ganz eigene Verdienst, *das* Forum der medialen Kulturöffentlichkeit Europas zu sein[340].

339 Die Einordnung des „Eurovision Song Contest" bildet eine eigene Frage. Ist die Tatsache, dass der „gemeine Bürger Europas" Preisrichter sein darf, ein Beitrag zur „Demokratisierung Europas", was auf Kosten des kulturellen Niveaus gehen kann? Gäbe es überhaupt allgemeinverbindliche Kriterien eines solchen Niveaus, wer würde sie festlegen. Müssen wir im Zeitalter abundanter Kochsendungen gar von einer europäischen „Kochkultur" sprechen, die „Esskultur" ist nicht nur in Frankreich längst identitätsprägendes Moment. Weiter gedacht: Ist nicht sogar in den europäischen Fußballmeisterschaften und anderen Großereignissen des Sports ein Stück Europa als Kultur – im weiteren Sinne – zu sehen, dem sogar kräftige nationale Identitäten beigemischt sind? Die Feuilletons der großen Tageszeitungen Europas berichten weit intensiver über dessen kulturelle Ereignisse (auch den Sport) als ihre politischen Seiten über das, was z.B. in der Parlamentsöffentlichkeit in Straßburg geschieht. Die Medien versäumen oft, spezifisch europäische Themen gebührend zu transportieren, so wie die politischen Parteien zu wenig für solche Themen werben. Und auch die großen, tragischen Momente, aus denen europäische Öffentlichkeit entstehen kann, seine nicht verschwiegen. Kaum eine halbe Stunde nach dem barbarischen Terroranschlag in den Pariser Redaktionsräumen des Satiremagazins *Charlie Hebdo,* verschickte *J. Roncin*, künstlerischer Direktor und Musikjournalist bei einem Pariser Gratis-Magazin, über Twitter den Dreiwortsatz „Je suis Charlie"[341]. Noch am selben Abend war daraus über die sozialen Netze hinaus ein nicht nur europäisch, sondern international präsenter Slogan geworden. Die europäische Öffentlichkeit ist mit allen Licht- und Schattenseiten heute auch die Öffentlichkeit seiner sozialen

---

340 Aus der Lit.: *D. Schmid*, Der Europäische Fernsehkulturkanal ARTE, 1998; *N. Hellmuth*, ARTE – Europa auf Sendung. Verfassungsrechtliche Rahmenbedingungen für die Beteiligung von ARD und ZDF an supranationalen Gemeinschaftssendern am Beispiel des europäischen Kulturkanals ARTE, 2007; *J. Büchel*, Fernsehen für Europa. Transnationale mediale Öffentlichkeit als kulturpolitischer Auftrag der EU, 2013.

341 http://www.sueddeutsche.de/kultur/bedeutung-des-satzes-je-suis-charlie-wer-bin-ich-1.2302112 (zuletzt besucht im Mai 2015).

Netzwerke – in denen wiederum Kulturhaltiges und Kulturgefährdendes ein höchst ambivalente Melange bilden.

6. Verfassungsstaatliche Öffentlichkeit in Europa

Zur kulturellen Öffentlichkeit Europas als „bester" Öffentlichkeit gehört 340
die *Rechtsordnung des europäischen Verfassungsstaates* in all seinen nationalen Varianten. Längst hat sich eine „europäische Rechtswissenschaft" (wieder) etabliert, die im Wort „von Bologna bis Brüssel" (*H. Coing*) nur unzureichend zum Ausdruck kommt. Hier sind auch die europäischen Juristenvereinigungen und Programme wie „Erasmus", „Tempus" und „Sokrates" – jetzt konsolidiert unter dem Dach „Erasmus plus" – zu nennen. Die *Rechts- bzw. Juristenöffentlichkeit* Europas wird durch den EGMR in Straßburg, durch den EuGH in Luxemburg, aber auch durch nationale, mindestens verdeckt rechtsvergleichend arbeitende (Verfassungs-)Gerichte vorangetrieben, deren Repräsentanten sich untereinander auch persönlich zunehmend austauschen. Davon war schon die Rede, auch von regelmäßigen informellen oder semi-formellen Richtertreffen im europäischen „Verfassungsgerichtsverbund"[342]. Besonders die europäischen Universitäten sind Stätten für europäische Öffentlichkeit, hier spielt sich europäisches Geistesleben ab, gibt es europäische Geistesfreiheit. Von hier aus kann sich die Rechtsvergleichung als „fünfte" Auslegungsmethode etablieren[343] – bis hin zur Schaffung einer gemeineuropäischen Methodenlehre, die auch eine reformierte Juristenausbildung zu erreichen hätte. Mit bis heute ungebrochener Aktualität forderte *P. Bourdieu* – mit Blick auf *J. Habermas* –, schon vor mehr als einem Jahrzehnt, die „europäische Öffentlichkeit" durch und durch für den progressiven Diskurs zu öffnen[344].

342 *A. Voßkuhle*, Der europäische Verfassungsgerichtsverbund, NVwZ 2010, S. 1 ff.

343 Dazu *P. Häberle*, Grundrechtsgeltung und Grundrechtsinterpretation, JZ 1989, S. 913 ff.

344 *P. Bourdieu,* Vive le Streit! J. Habermas zum Geburtstag, SZ vom 18. Juni 1999, S. 17.

7. Europäische Öffentlichkeit im Spannungsfeld von Wirtschaft und Politik

341 Wie steht es aber um die europäische Öffentlichkeit in den zur Kultur komplementären Feldern der *Wirtschaft und Politik*? Hier finden sich durchaus nicht zu unterschätzende Gefahren, aber auch viele Defizite: Gefahren, weil der allgegenwärtige Vorrang des bloß Ökonomischen das Europa der Kultur gefährdet und die Globalisierung den kulturellen Wurzelboden dieses Europas hinwegspülen könnte: zu einem oberflächlichen Einerlei. Darum verdient das „Europa der Regionen“[345], jede einzelne „Europaregion“ als Rückgriff auf das vor Ort, in der „Heimat“ Erlebbare Unterstützung. *E. Reitz*‘ große Filmtrilogie „Heimat“ (1984, 1992 sowie 2004, abgeschlossen mit einem Epilog 2006) war denn auch ein neueres *europäisches* Ereignis, und er selbst hatte seinerzeit provoziert durch die These[346] von der Abschaffung der staatlichen Filmförderung: „Der Staat kann nicht mehr definieren, was Kulturförderung ist[347]. Er stiftet selbst keine Identität mehr, ist also nicht mehr Bestandteil von Kultur... Filmförderung ist keine kulturpolitische Angelegenheit mehr, sondern reine Standortpolitik“. Derselbe *Reitz* sagte aber auch, das europäische Kino habe es schon einmal gegeben: „*Fellini*, *de Sica* oder *Truffaut* waren große Europäer, weil sie ganz italienische oder französische Geschichten erzählt haben, aber mit einem europäischen Gestus. Sie waren Kinder des europäischen Geisteslebens und tragen die Kulturgeschichte Europas im Herzen“. In der Wirtschaft bedroht freilich die reine Lehre des Wettbewerbs die Sache Kultur, und dem europäischen Recht fallen hier Aufgaben der

---

345 Aus der Lit. nur: J. Bauer (Hrsg.), Europa der Regionen, 2. Aufl. 1992; *P. Häberle*, Der Regionalismus als werdendes Strukturprinzip des Verfassungsstaates und als europarechtspolitische Maxime, AöR 118 (1993), S. 1 ff.; F.-L. Knemeyer (Hrsg.), Europa der Regionen – Europa der Kommunen, 1994; *R. Theissen*, Der Ausschuss der Regionen, 1996; P. Pernthaler/S. Ortino (Hrsg.), Euregio Tirol, 1997; *P. Pernthaler*, Die Identität Tirols in Europa, 2007.

346 *E. Reitz*, Der Mythos für alle, Ein Zeit-Gespräch, Die Zeit Nr. 12 vom 14. März 1997, S. 65.

347 Aus der juristischen Lit. aber: *B. Geißler*, Staatliche Kunstförderung nach Grundgesetz und Recht der EG, 1995; *G. Ress*, Die Zulässigkeit von Kulturbeihilfen in der EU, in: GS Grabitz, 1995, S. 595 ff.; *H.-J. Blanke*, Europa auf dem Weg zu einer Bildungs- und Kulturgemeinschaft, 1994; *D. Staudenmayer*, Europäische Bildungspolitik – vor und nach Maastricht, BayVBl. 1995, S. 321 ff.; *M. Niedobitek*, Die kulturelle Dimension im Vertrag über die Europäische Union, EuR 1995, S. 349 ff.

Grenzziehung zu, u.E. dem europäischen Verfassungsstaat auch unverzichtbare Kulturbewahrungs- und -förderungsaufgaben – national wie im gemeineuropäischen Verbund. Das „Europäische Theater" sei wenigstens als Merkposten erwähnt.

Dabei bedarf vor allem das Verhältnis Kultur/Wirtschaft einer Klärung[348]. 342
So gibt es zwar einen „Kunstmarkt", doch ist nicht alle Kultur „marktfähig"[349]. So gibt es zunehmend „Kultursponsoring", es bleiben aber auch die unverzichtbar vom Verfassungsstaat zu erbringenden bzw. zu vermittelnden Kulturleistungen: als „Grundversorgung". Zu Recht meinte einst *J. Delors*, einen Binnenmarkt könne man nicht lieben. Zu Recht postuliert die „Erklärung von Paris" der Sozialistischen Internationale schon im November 1999: „Wir verwechseln nicht Markt und Demokratie". Es gebe Güter, die außerhalb der Regeln der Marktwirtschaft zu schützen seien: Erziehung, Gesundheit, Kultur und Umwelt[350].

Eine letzte Frage gelte der *Politik*: Schafft sie europäische Öffentlichkeit 343
oder setzt sie diese schon voraus? U.E. ist entgegen der Logik (begrenzt) beides der Fall. Die Politik sollte – wie es bereits die Präambel des Europäischen Kulturabkommens (1954) für die europäische Kultur fordert – die europäische Öffentlichkeit „bewahren" (was diese voraussetzt) und „ihre Entwicklung fördern" (bzw. einen Eigenbeitrag schaffen). Die europäische Verfassungsdebatte litt unter signifikanten Öffentlichkeitsdefiziten. Die Politik der Rettungsschirme findet nachhaltige öffentliche Resonanz, steht aber auch für die Grenzen der „Erklärbarkeit von Politik". Das kontinuierliche Ringen um ein soziales Europa wird von der europäischen Öffentlichkeit kritisch beäugt, um die „Sozialcharta" hatten die Parteien fruchtbar gestritten[351]. Das Erstarken der EU-Grundrechte-Charta, auf eine Weise auch eine „Grundwerte-Charta", vom soft law zum hard law rechnet zu den Erfolgen Europas politischer Öffentlichkeit. Hier mögen sich die Debatten um den Subsidiaritätsgrundsatz und das Nachhaltigkeitsdenken einreihen. In Mobilisierung der politischen Öffentlichkeit haben sich die Kirchen einen konstitutionellen Platz (seit dem Vertrag von Amster-

348 Dazu *P. Rieder*, Wettbewerb und Kultur, 1998.

349 Zum Streit „culture versus commerce" vor dem Hintergrund des Freihandelsabkommens TTIP zwischen der EU und den USA *P. Wiater*, Föderalismus „hoch zwei": Zur Rolle der deutschen Länder bei der Ausgestaltung der gemeinsamen Handelspolitik der EU, AöR 139 (2014), S. 497 ff., 503 ff.

350 Zit. nach FAZ vom 10. November 1999, S. 8.

351 Dazu *J. C. K. Ringler*, Die Europäische Sozialunion, 1997.

dam in einem eigenen religionsverfassungsrechtlichen Zusatzartikel) gesichert[352]. In der Kontroverse um den Beitritt Russlands zum Europarat war es die defiziente Menschenrechtswirklichkeit dort, die die europäische Öffentlichkeit spaltete. Seit der Annexion der Krim und der Ukraine-Krise haben sich die Parameter neuerlich verschoben, aber Europas politische Öffentlichkeit bleibt von rigider Ablehnung bis hin zum Verständnis für eine vermeintlich unverstandene Großmacht weiterhin gespalten. Auf dem Balkan mussten die Amerikaner im Dayton-Abkommen präkonstitutionelle Elemente wie Föderalisierung, Grundrechte, Minderheitenschutz, Verfassungsgerichtsbarkeit durchsetzen: Europas „Verfassungsöffentlichkeit" versagte damals.

344 *Einzelne* politische Themen haben die europäische Öffentlichkeit auch früher immer wieder beunruhigt: neben dem Freiheitskampf Griechenlands und Polens im 19. Jahrhundert etwa der türkische Völkermord an den Armeniern im Ersten Weltkrieg, den das Europäische Parlament schon 1987 als unbezweifelbares historisches Faktum bekräftigte. Der Deutsche Bundestag folgte (zögerlich) erst im April 2015, *Papst Franziskus* war bei einer Gedenkmesse mutig vorangegangen. Insofern gibt es eine Art „negativer Öffentlichkeit" in Europa. Von Europas „Skandalöffentlichkeit" war schon mehrfach die Rede und auch die weiterhin schwelende NSA-Affäre hat ihre europäische Dimension. Das sog. Spitzenkandidatenverfahren bei den Europawahlen 2014 konnte indes belebende Impulse vermitteln und fruchtbaren Streit über seine Primärrechtsqualität entfachen[353]. Erschreckend wirkt noch immer die These, der Krieg um den Kosovo könnte ein

352 Zum Problem: *A. Hollerbach*, Europa und das Staatskirchenrecht, ZevKR 35 (1990), S. 263 ff.; G. Robbers (Hrsg.), Staat und Kirche in der Europäischen Union, 1995; *F. M. Broglio/C. Mirabelli/F. Onida*, Religioni e Sistemi Giuridici, 1997; *P. Häberle*, Europäische Verfassungslehre in Einzelstudien, 1999, S. 219 ff.; *M. Heinig*, Zwischen Tradition und Transformation, Das deutsche Staatskirchenrecht auf der Schwelle zum Europäischen Religionsverfassungsrecht, Zeitschrift für Evangelisch Ethik, 1999, S. 294 ff.; *A. v. Ungern-Sternberg*, Religionsfreiheit in Europa, 2008; *K. Naumann*, Eine religiöse Referenz in einem Europäischen Verfassungsvertrag, 2008.

353 *A. Maurer*, Die Kreationsfunktion des Europäischen Parlaments im Spannungsfeld zwischen Politisierungsimpulsen und Systemerfordernissen, ZfP 2014, S. 301 ff.; *F. Decker*, Die Europäische Union auf dem Weg zur parlamentarischen Demokratie?, Parl. Beilage 2014, Nr. 38-39, S. 3 ff.

„europäischer Einigungskrieg“ gewesen sein[354]. Bewahrheitet hat sie sich so jedenfalls nicht.

IV. Zusammenfassung und Ausblick

Wie gezeigt, bleibt im andauernden Konstitutionalisierungsvorgang Europas (der freilich in den einzelnen Ländern je nach Verfassungsverständnis verschieden begriffen wird) theoretisch Öffentlichkeit unverzichtbar, derzeit ist sie aber nur in *Teil*bereichen vital: Die kulturelle Öffentlichkeit Europas ist ebenso vielgestaltig lebendig wie in der Tiefe verwurzelt. Sie wirkt als das wahre „Quellgebiet“ Europas bzw. als sein Wurzelboden. Man denke an die Bereichsfelder wie Religion, Wissenschaft und Kunst, aber auch Sport, wenn man diesen zur Kultur im weiteren Sinne rechnet; Fußballmeisterschaften flankieren – horribile dictu – das Europa der Kultur bzw. dessen Öffentlichkeit, mit freilich starken Rückfällen ins Nationale. Zum Teil schon kräftig ausgeformt ist die *„Verfassungsöffentlichkeit* Europas“, greifbar in einzelnen Institutionen und Verfahren des Europarechts im engeren und weiteren Sinne, auch im Verbands- und Parteileben gegenwärtig. Das Europa als – verfassungsfähige – *Rechtsgemeinschaft* ist so öffentlich wie Rechtsetzung, Rechtsfindung und -fortentwicklung öffentlich sind, die bekannten Demokratiedefizite freilich bleiben. Der Lebensbereich *Wirtschaft* ist ambivalent: Einerseits ermöglicht er dank der Marktfreiheiten viel erlebbare Öffentlichkeit. Europas Einigung wurde stark vom Ökonomischen her befördert; andererseits ist Europa eine durch das Ökonomische und die globale Weltwirtschaft bedrohte *Kulturgemeinschaft*. Materialistisches und ökonomisches Effizienzdenken verfehlt und gefährdet das Inhaltliche am Öffentlichkeitsbegriff: seinen Bezug auf das „gemeinsame Erbe an geistigen Gütern“, sein Bekenntnis, dass die europäischen Staaten vom „gleichen Geiste beseelt sind“ (so die Präambel der EMRK von 1950!), seinen Entschluss, die „Solidarität“ zwischen den Völkern „unter Achtung ihrer Geschichte, ihrer Kultur und ihrer Traditionen zu stärken“ (so Präambel des Maastricht-Vertrags von 1992). Europa lebt aus bestimmten inhaltlichen und prozessualen Grundwerten, die immer wieder – öffentlich – wiederholt, bestätigt und fortentwickelt werden müs- 345

354 Siehe die Zeit-Umfrage in der EU: „Der Krieg formt Europas Identität“, Die Zeit vom 2. Juni 1999, S. 10.

sen. Dazu gehört auch die Aufgabe, eine *innerlich* von vornherein „europäische“ Rechtsphilosophie bzw. Gesellschaftstheorie zu entwerfen[355]. So wäre *I. Kants* „weltbürgerliche Absicht“ zur „europabürgerlichen“ zu entwickeln; so müsste die Lehre vom Gesellschaftsvertrag auf die Europaebene weitergedacht werden (i.S. des Stichworts von *E.-J. Mestmäcker*: „europäischer Contrat Social“); so wäre das „Volk“ wie schon viele seiner Grundrechte auch „europäisch“ zu konstituieren und parallel zu den beiden europäischen Verfassungsgerichten in Straßburg und Luxemburg eine „europäische Verfassungsrechtswissenschaft“ zu beginnen[356]. Die wissenschaftliche und prätorische Weiterentwicklung sog. „allgemeiner Rechtsgrundsätze“ schafft ein Stück *materieller Allgemeinheit* in Europa, die der Sache nach *europäische Öffentlichkeit* ist.

346 Der kulturelle Sozialisierungsprozess des „*homo europaeus*“ gelingt nur in den erwähnten *vielen* Öffentlichkeiten. Die Frage, „Gibt es eine Europäische Öffentlichkeit?“[357] ist also nach wie vor *differenziert* zu beantworten, wobei an die oft fehlende Transparenz der Entscheidungen „aus Brüssel“ kritisch zu denken ist[358]. *Wie* diese bereichsspezifisch agierenden vielen Öffentlichkeiten (Öffentlichkeit im Plural) letztlich mit der einen Öffentlichkeit (im Singular) verknüpft sind, lässt sich verfassungs- bzw. europatheoretisch noch nicht sagen. Dass bei all dem der Europabegriff territori-

---

355 Ein innerverfassungsstaatlicher Ansatz speziell für das GG in dem Sammelband von W. Brugger (Hrsg.), Legitimation des Grundgesetzes aus der Sicht von Rechtsphilosophie und Gesellschaftstheorie, 1996.

356 In ihr figuriert der Beginn einer „Verfassungsgeschichte der EU“ nur als Teilaspekt, dazu *M. Zuleeg*, Ansätze zu einer Verfassungsgeschichte der EU, ZNR 1997, S. 270 ff. Im „europäischen Haus“ wären dann auch die einzelnen nationalen Wissenschaftlergemeinschaften und ihr „*Zusammenspiel*“ auf Prozesse der kulturellen Produktion und Rezeption hier darzustellen. Aus der jüngsten *italienischen* Lit. sind einschlägig z.B. *G. Zagrebelsky* (Hrsg.), Il federalismo e la democrazia europea, 1994; *A. Pace*, La Causa della Rigidità Costituzionale, 2. Aufl. 1996 (dazu die Besprechung von *P. M. Huber*, AöR 122 (1997), S. 478 ff.; *P. Ridola* (Hrsg.), La Costituzione europea tra cultura e mercato, 1997. – Im Blick auf *Weimar*: *F. Lanchester*, Momenti e Figure nel Diritto Costituzionale in Italia e in Germania, 1994. – Aus der *spanischen* Lit.: z.B. *M. L. Balaguer Callejón*, Interpretación de la Constitución y ordenamiento juridico, 1997; A.-E. Pérez Luno (Hrsg.), Derechos Humanos y Constitucionalismo ante el Tercíer Milenio, 1996.

357 Von *P. Häberle* erstmals gestellt in: *ders.*, Gibt es eine europäische Öffentlichkeit?, ThürVBl. 1998, S. 121 ff.

358 Aus der Lit.: *W. Kahl*, Das Transparenzdefizit im Rechtsetzungsprozess der EU, ZG 1996, S. 224 ff.; *C. Sobota*, Transparenz in den Rechtsetzungsverfahren der EU, 2001.

al-räumlich offen ist, sei neuerlich betont. Konkret: Die Schweiz[359] bleibt eine Herzkammer Europas, auch wenn sie sich rechtstechnisch der EU vorerst verschließt und sich gegenwärtig zu isolieren droht. Für das Europa der EU sei an die europäischen Städte erinnert: Polen gehört mit Warschau und Krakau und ihren *Stadtöffentlichkeiten* (auch „Städtebildern", wie das wiederaufgebaute Danzig) nicht minder zu Europa wie Budapest und Prag, Laibach und Zagreb. Dasselbe gilt für die drei Baltenrepubliken und ihre „Kulturlandschaften". U.E. gehört auch die Türkei, solange sie dem verfassungsstaatlichen „Laizismus" treu bleibt, der Sache nach zu Europa.

All dies ist kein Plädoyer für das Missverständnis der europäischen Öf- 347
fentlichkeit als defensiver „Festung" gegen andere Kontinente: Die Brückenfunktion der beiden iberischen Länder nach Lateinamerika hin ist bekannt und fördert das *offene* Europa. Dennoch muss „Europa" bei aller Offenheit territorial-räumlich *und* inhaltlich werthaft verortet bleiben bzw. bestimmt werden. Das gilt auch im Verhältnis zu den USA, so viel die konstitutionelle Öffentlichkeit Europas ihnen verdankt: von der Virginia Bill of Rights (1776) und der Entwicklung von Verfassungsgerichten (samt Sondervoten) über die Federalist Papers (1787) bis zu Einzelheiten des Parlamentsrechts. Im Übrigen leben diese Zeilen von dem Glauben, dass die Kunst und Religion allen anderen Schöpfungen *voraus*gehen, ihnen den „Stoff" geben[360] und dem Menschen seinen „aufrechten Gang" ermöglichen. Um mit *Goethe* zu sprechen: „Wer Wissenschaft und Kunst besitzt, hat auch Religion; wer diese beiden nicht besitzt, der habe Religion." Das gilt besonders heute für Europa und seine kulturelle Öffentlichkeit. Europa als Kulturgemeinschaft lebt und „wird". Nur sie kann an der „Teleologie" bzw. „Finalität" Europas in einem geschichtlich offenen Prozess weiterarbeiten.

Wir bedürfen heute nach mehr als 200 Jahren seit Beginn des Entste- 348
hungsprozesses von Hegels Schrift über die Reichsverfassung (1799) ei-

359 Aus der Lit. hier nur: B. Sitter-Liver (Hrsg.), Herausgeforderte Verfassung, Die Schweiz im globalen Kontext, 1999; *P. Häberle*, „Werkstatt Schweiz": Verfassungspolitik im Blick auf das künftige Gesamteuropa, JöR 40 (1991/92), S. 167 ff.; *J. P. Müller*, Grundrechte in der Schweiz, 4. Aufl. 2008.

360 Zu diesem Ansatz *P. Häberle*, Die Freiheit der Kunst im Verfassungsstaat, AöR 110 (1985), S. 577 ff., 590 ff.; *ders.*, Die Freiheit der Kunst in kulturwissenschaftlicher und rechtsvergleichender Sicht, in: P. Lerche u.a. (Hrsg.), Kunst und Recht im In- und Ausland, 1994, S. 37 ff.

nes zum Teil „umgekehrten Hegel“ zur Verfassung Europas. Nicht: „Deutschland ist kein Staat mehr“, sondern: „Deutschland hat nur noch 1 plus 27 Teilverfassungen, aber zugleich wächst Europa zu einem Ensemble von Teilverfassungen heran“[361].

D. Rationale und emotionale Konsensquellen in Europa: national/europäisch

I. National

349 Nach der Darstellung der Öffentlichkeit, in bzw. aus der Europa seine konstitutionellen Konturen gewinnt, gilt der Abschluss des ersten Teils einer weiteren „konstitutionellen Tiefenschicht“: den rationalen wie den emotionalen Konsensquellen als unabdingbaren Voraussetzungen jedes Verfassungsprozesses. Diese seien zunächst für den nationalen, dann für den europäischen Verfassungsraum entwickelt. Erfüllen die Verfassungstexte je unterschiedliche Funktionen im Dienste am Menschen, so liegt es nahe, dass sie in einer Verfassung der Freiheit und des Pluralismus diesen Menschen zwar nicht „total“ erfassen dürfen, indes in seinen für das politische Gemeinwesen wichtigen Aspekten „ansprechen“ wollen, so kontrastreich diese sein mögen[362]. Dieses Eingehen auf den Menschen geschieht, verfassungstextlich nachweisbar, vor allem auf zwei Feldern: auf dem der *ratio* und dem der *emotio*.

350 Dass der Verfassungsstaat auf den Menschen als „Vernunftwesen“ setzt, ist ein Gemeinplatz und in vielen seiner älteren und neueren Texte erkennbar: im Prinzip der Gewaltenteilung[363], im Verweis auf die gleichen Grundrechte anderer („Goldene Regel“ bzw. *I. Kants* „Kategorischer Im-

---

361 *G. W. F. Hegel*, Schriften und Entwürfe, 1799-1898, in: M. Baum und K. R. Meist (Hrsg.) Gesammelte Werke, Bd. V, 1998; hierzu: *H. Maier*, Zu Hegels Schrift über die Reichsverfassung (1963), in: *ders.*, Politische Wissenschaft in Deutschland, 1969, S. 52 ff.

362 Einzelheiten in *P. Häberle*, Das Menschenbild im Verfassungsstaat, 1. Aufl. 1988 (4. Aufl. 2008).

363 Vgl. Art. 16 französische Menschenrechtserklärung von 1789: „Eine jede Gesellschaft, in der weder die Gewährleistung der Rechte zugesichert noch die Trennung der Gewalten festgelegt ist, hat keine Verfassung“. – Dieser Mindestinhalt des Typus „verfassungsstaatliche Verfassung“ ist eine ungeschriebene „kulturelles Erbe-Klausel“.

perativ"), schon in der „Konstruktion" von „Verfassung" überhaupt, in der Organisation ihrer Verfahren, der „Fiktion" des Gesellschaftsvertrages (von *I. Kant* bis *J. Rawls*) und in der Schaffung und Garantie von Verfassungsrecht sowie Rechtsstaatlichkeit (vgl. Präambel Verf. Portugal: „Vorrang der Rechtsstaatlichkeit", Präambel Verf. Spanien: „Rechtsstaat zu festigen", Art. 2 Verf. Polen: „demokratischer Rechtsstaat, der die Grundsätze gesellschaftlicher Gerechtigkeit verwirklicht").

Die Seite der „emotio" ist verfassungstheoretisch bisher vernachlässigt 351
worden, jedenfalls wurde sie nicht präzise den klassischen und neueren Verfassungstexten „entlang" vergleichend erarbeitet. An die auch emotionale Struktur des Menschen „rührt" z.B. die Gruppe von Verfassungsnormen, die sich als Bekenntnis-, Symbol- und Grundwerte-Klauseln klassifizieren lassen[364]. Ihre spezifische Funktion ist es, die „conditio humana" vom Emotionalen her zu erfassen und damit die res publica von dieser Seite aus ein Stück weit zu verfassen. Ob in Präambeln (Verf. Frankreich von 1958: „gemeinsames Ideal von Freiheit, Gleichheit, Brüderlichkeit") oder Erziehungszielen („Aufgeschlossensein für alles Wahre, Gute und Schöne": Art. 131 Abs. 2 Verf. Bayern von 1946), ob in Feiertagsgarantien („seelische Erhebung": Art. 139 WRV/140 GG) oder in Sprachen-, Flaggen- oder sonstigen Symbol-Artikeln: die Verfassunggeber gestalten ihre Texte sprachlich und inhaltlich im Blick auf diese Funktion: den Menschen auch vom Irrationalen, die Vernunft „übersteigenden" Emotionalen her für das Wichtige (der Verfassung) anzusprechen, sie „einzustimmen", ja zu „gewinnen" (z.B. Präambel Verf. Brandenburg von 1992).

---

364 Beispiele: Art. 1 Abs. 2 GG (1949): „Das Deutsche Volk bekennt sich darum zu unverletzlichen und unveräußerlichen Menschenrechten als Grundlage jeder menschlichen Gemeinschaft"; Präambel Verf. Frankreich (1946): „Es (sc. das französische Volk) verkündet überdies als für unsere Zeit besonders notwendig die nachstehenden politischen, wirtschaftlichen und sozialen Grundsätze"; Art. 11 Verf. Portugal (1976/82), zit. nach JöR 32 (1983), S. 446 ff.: „1. Die Flagge des Landes ist diejenige der durch die Revolution vom 5.10.1910 errichteten Republik"; Art. 1 Verf. Japan (1946), zit. nach *R. Neumann*, Änderung und Wandlung der japanischen Verfassung, 1982: „Der Tenno ist das Symbol Japans und der Einheit des japanischen Volkes"; Art. 1 Abs. 1 Verf. Spanien (1978): „Freiheit, Gerechtigkeit, Gleichheit und Pluralismus als den obersten Werten seiner Rechtsordnung"; zusätzliche Beispiele im Beitrag *P. Häberles*, Artenreichtum und Vielschichtigkeit von Verfassungstexten, eine vergleichende Typologie, in: FS Häfelin, 1989, S. 225 ff. Zur Staatssymbolik: *J. Hartmann*, Staatszeremoniell, 3. Aufl. 2000, S. 21 ff.

352 Selbst in den „Im-Geiste“-Artikeln[365] und „kulturelles-Erbe“-Klauseln[366], überhaupt in den kulturverfassungsrechtlichen Texten schimmert diese Funktion durch. Die hier gemeinte Emotio steht nicht nur in einem – oft fruchtbaren – Spannungsverhältnis zur Rationalität des Verfassungsstaates. Sie kann diesen auf eine Weise sogar tiefer gründen: im *Bürger als Menschen*. Darum die an „Glaubens-Artikel“ gemahnenden Texte mancher Verfassungen und Menschenrechtserklärungen (vor allem in den Präambeln)[367]. Der demokratische Verfassungsstaat lebt auch aus dem Konsens im Irrationalen, nicht nur aus dem Diskurs, Dissens und Konsens im Rationalen. Seine Narrative verweben Mythos und Logos, vermischen Erkenntnisse und Bekenntnisse, wollen Bürgerinnen und Bürger auch in ihrer Gefühlswelt ansprechen, weil nur so Zugehörigkeit vermittelt werden kann.

II. Europäisch

353 Das für den nationalen Raum Gesagte gilt auch für den europäischen Verfassungsraum. Wesentlichste rationale Konsensquelle dürfte hier das von der EMRK ausgehende Bewusstsein einer „Grundrechtsgemeinschaft“ sein. Längst gibt es ein „europäisches Bewusstsein“. Der homo europaeus beginnt den „europäischen Rechtsstaat“, die europäische Umweltgemeinschaft, andere europäische Grundwerte (Solidarität, Nachhaltigkeit etc.) zu verinnerlichen.

---

365 Präambel Verfassung Hamburg (1952): „... Sie (sc. die Freie und Hansestadt Hamburg) will im Geiste des Friedens ... „; ebenda: „in diesem Geiste gibt sich ... Hamburg ... diese Verfassung.“; weitere Textbeispiele im Beitrag *P. Häberles*, Artenreichtum und Vielschichtigkeit von Verfassungstexten, eine vergleichende Typologie, in: FS Häfelin, 1989, S. 225 ff.

366 Art. 9 Abs. 2 Verf. Italien (1947): (Die Republik) „schützt die Landschaft und das historische und künstlerische Erbe der Nation“; ferner Art. 60 bis 62 Verf. Guatemala (1985), zit. nach JöR 36 (1987), S. 555 ff. – Art. 34 Abs. 2 Verf. Brandenburg (1992): „Das kulturelle Leben in seiner Vielfalt und die Vermittlung des kulturellen Erbes werden öffentlich gefördert“. – Art. 34 Abs. 2 S. 2 Verf. Georgien (1995): „The cultural heritage is protected by Law“. Ähnlich Art. 6 Verf. Äquatorial-Guinea (1991). – *K. Odendahl*, Kulturgüterschutz, 2005; *G. Ress*, Kulturgüterschutz und EMRK, in: FS Mußgnug, 2005, S. 499 ff.; G. Gornig (Hrsg.), Kulturgüterschutz – internationale und nationale Aspekte, 2007.

367 Dazu *P. Häberle*, Präambeln im Text und Kontext von Verfassungen, in: FS Broermann, 1982, S. 211 ff.

Indes sollten die *emotionalen* Konsensquellen nicht unterschätzt werden. Die Europaflagge, die europäische Kulturhauptstadt (eine Idee von *M. Mercoury*), andere Vorgänge, die das Emotionale des homo europaeus ansprechen, decken diese Seite des Menschen ab. *L. v. Beethovens bzw. F. Schillers* „Ode an die Freude" (1972) gehören ebenso hierher wie andere kulturelle Ausprägungen Europas. Der Kultursender „Arte" bedient beides: die ratio und die emotio der Europabürger. 354

Nationalhymnen sind „kulturelle Identitätselemente" des Verfassungsstaates (ebenso Feiertage). Ausschnitt aus dem erst 1998 zum Thema gemachten Zusammenhang von Verfassungslehre und Musik[368] gehören in den Kontext der Symbol-Artikel: Flagge, Wappen, Hauptstadt. Eine weltweite Bestandsaufnahme (z.B. Art. 11 Abs. 2 Verf. Portugal, Art. 2 Verf. Frankreich, Art. 28 Abs. 2 Verf. Polen) hätte typologisch ihre Erscheinungsformen (Text *und* Musik), ihre variablen Kontexte (Präambeln und „Geist- sowie Eidesklauseln", Grundwerte) zu suchen. Zu erarbeiten wäre die textliche und musikalische *Wirklichkeit* von Nationalhymnen (wann und wo, aus welchen Anlässen werden sie wie häufig gespielt bzw. gesungen, etwa vor (welchen) sportlichen Wettkämpfen, aus kulturellen Anlässen (wie 2006 bei einem Konzertbesuch des deutschen Bundespräsidenten) oder bei politischen Vorgängen (z.B. spontan bei der Öffnung der Mauer im Deutschen Bundestag, 1989). Eine Nation kann sich zuweilen *auch* aus Sport (und Musik) konstituieren (Fußballweltmeisterschaft 2006 in Deutschland!). Bemerkenswert ist, dass im April 2006 ein deutsch-afghanischer Komponist eine Nationalhymne für Afghanistan geschaffen hat. 355

Die nationalen Unterschiede in Textstufen sind zu erarbeiten: Die textlich/musikalisch aggressive „Marseillaise" von 1789, wohl nach Großbritannien das früheste Beispiel (vgl. auch Art. 2 Verf. Frankreich von 1946), die temperamentvollen Nationalhymnen in Afrika (z.B. Art. 4 Verf. Äquatorial-Guinea von 1991) und Lateinamerika (Art. 13 Verf. Nicaragua von 1987), auch die „geheime" in Italien (Nabucco). Constitutional law „as literature *and* music" ist Thema einer kulturwissenschaftlich komponierten europäischen Verfassungslehre[369]. Nationalhymnen dienen in offenen Gesellschaften der kulturellen Grundierung des Verfassungsstaates. Heute 356

368 *P. Häberle*, Verfassungslehre als Kulturwissenschaft, 2. Aufl. 1998, S. 512 ff.

369 Aus der Lit.: Reclam Nationalhymnen, 2006; *W. Biermann*, Das Lied der Deutschen, Die Welt vom 28. April 2006; *P. Häberle*, Nationalhymnen als kulturelle Identitätselemente des Verfassungsstaates, 2. Aufl. 2013. – Zu National*flaggen P. Häberles* Monographie, *ders.*, Nationalflaggen, 2008.

sind pazifistische Texte/Melodien angezeigt („soft music“ als „soft law“). Reizvoll ist die Frage, wie Texte und Musik zueinander finden, ob sie zueinander passen, wer sie schafft, legitimiert (Nationalversammlungen, Präsidenten etc.) und praktiziert. In manchen nationalen Verfassungstexten *fehlen* nationale Hymnen (z.B. in Art. 7 Verf. Italien und Art. 4 Verf. Spanien – Hymnenstreit in Katalonien 2003). Auch das Europa der kulturellen Vielfalt braucht die L. v. Beethoven/F. Schiller-Hymne. Und es muss sich seine rationalen wie emotionalen Konsensquellen stets erinnernd vergegenwärtigen[370].

370 *P. Häberle*, Erinnerungskultur im Verfassungsstaat, 2011.

Zweiter Teil: Verfassunggebung in Europa

Hatte der erste Teil dieser Verfassungslehre mit dem Europabegriff eine zentrale Prämisse des europäischen Konstitutionalisierungsprozesses, nämlich seinen *kulturellen Bezugspunkt* und sein *kulturbedingtes Werden* zu klären, so geht es dem zweiten Teil um die *Verfassungsgenese* in der europäischen Verfassungsgemeinschaft. Es gilt das, was heute im Vertragswerk von Lissabon an *Verfassungsqualität* greifbar ist, aus seinen *kulturellen Tiefenschichten* und vor allem aus seinen *unterschiedlichsten Textstufen* heraus *entwicklungsgeschichtlich* zu *rekonstruieren. Dekonstruktive* Momente mögen – ohne freilich einem genuin dekonstruktivistischen Ansatz zu folgen – dabei nicht ausbleiben. Das beginnt schon mit dem Begriff der Verfassunggebung selbst. Er impliziert das Wirksamwerden eines Trägers der verfassunggebenden Gewalt. Selbst dort, wo – wie etwa in Art. 20 Abs. 2 S. 1 GG – das Volk als Träger dieser verfassunggebenden Gewalt identifiziert wird, ist nicht an ein mythisch-präexistentes Volk gedacht, sondern an einen Demos, der erst im Prozess der Verfassunggebung zu einem solchen wird, weil es sich nun erstmals in demokratischen Verfahren artikulieren und materielle Gemeinwohlprinzipien formulieren kann.[1] Wo es, wie auf unionaler Ebene, an einem eindeutigen Träger der verfassunggebenden Gewalt, nämlich an einem staatsvolkanalogen europäischen Demos, fehlt, bedarf es erst recht der *beständig neuen Selbstkonstitution* des Legitimationsträgers. 357

Diesseits wie jenseits des Staates kommt demokratische Selbstbestimmung nicht mit der Verabschiedung eines irgendgearteten Verfassungsgesetzes und seiner textlichen Fixierung zum „Stillstand".[2] Das ist letztlich der Kerngedanke hinter der verfassunggebenden Gewalt: Sie ringt um den Legitimationsträger und garantiert mit dem *Fortbestehen* seiner Wirkungsmacht, dass der Prozess der Verfassunggebung niemals abgeschlossen sein, sondern „auf Grundlage der verfassungsgemäßen Institutionenbil- 358

1 Zu dieser Diskussion *M. Kotzur*, Demokratie als Wettbewerbsordnung, VVDStRL 69 (2010), S. 173 ff., 196 ff.

2 *H. Dreier*, Der freiheitliche Verfassungsstaat als riskante Ordnung, Rechtswissenschaft 2010, S. 11 ff., 17.

dung verstetigt werden" kann.[3] Diesen offenen Prozess der europäischen Verfassunggebung skizziert das Folgende mit dem Ziel, dabei auch nachzuzeichnen, wie die – im Werden begriffene und in diesem Werden immer auch gefährdete – europäische politische Gemeinschaft als *Rechtsgemeinschaft* (*W. Hallstein*) stetig aufs Neue zum „Wir" finden kann[4]. Das unionale Primärrecht nach Lissabon verstetigt mit seinen konstitutionellen Qualitätsansprüchen die politische Gemeinschaft – die in Vielfalt oder Vielheit geeinte Union – und fordert eine kontinuierlich *erneuerte* wie *erneuernde* Legitimation. Als europäisches Verfassungsrecht übernimmt das Primärrecht für die *res publica Europaea* eine „entwicklungsbegleitende und entwicklungsprägende Funktion"[5], muss deshalb einen gewissen Vorrang beanspruchen und dauerhafte Geltung wollen, ohne seine eigene entwicklungsoffene Erneuerungsbedürftigkeit in Abrede zu stellen.[6]

A. *Verfassungsverständnisse – klassische und neuere (national/europäisch) – das „gemischte Verfassungsverständnis"*

I. Klassische und neuere nationalstaatsbezogene – das „gemischte Verfassungsverständnis"

359 Selbstverständlicher Gegenstand einer Verfassungslehre ist die Verfassung selbst. Nach tradiertem Verständnis und historischer Genese im Kontext

---

3 *Ch. Möllers*, Verfassunggebende Gewalt – Verfassung – Konstitutionalisierung, in: A. v. Bogdandy/J. Bast (Hrsg.), Europäisches Verfassungsrecht, 2. Aufl. 2009, S. 227 ff., 231, unter Verweis auf *E.-W. Böckenförde*, Die verfassunggebende Gewalt des Volkes – Ein Grenzbegriff des Verfassungsrechts, in: *ders.*, Staat, Verfassung, Demokratie, 1991, S. 90 ff., 100.

4 *S. Benhabib*, Die philosophischen Grundlagen kosmopolitischer Normen, in: dies./R. Post (Hrsg.), Kosmopolitismus und Demokratie. Eine Debatte. Mit Bonnie Honig, Will Kymlicka und Jeremy Waldron, 2008, S. 19 ff., 39; *U. K. Preuß*, Der Begriff der Verfassung und ihre Beziehung zur Politik, in: *ders.*, Zum Begriff der Verfassung, 1994, S. 7 ff., 34 ff.

5 *P. Kirchhof*, Die Identität der Verfassung, in: HStR, Bd. II, 3. Auf. 2004, § 21, insbes. Rn. 10.

6 Während für die Gesetzgebung nur eine „vorläufige Gerechtigkeits- und Gemeinwohlvermutung" spricht (*P. Häberle*, Das Mehrheitsprinzip als Strukturelement der freiheitlich-demokratischen Grundordnung, in: *ders.*, Verfassung als öffentlicher Prozess, 3. Aufl. 1998, S. 565 ff.) will die Verfassung, wenn das Paradoxon erlaubt ist, *relative Dauerhaftigkeit.*

von Amerikanischer und Französischer Revolution (1776/1789) bezieht sich „Verfassung“ auf den *Staat*. Schon vorweg sei freilich daran erinnert, dass es i.S. von *R. Smend* und *A. Arndt* nur so viel „Staat“ gibt, wie die Verfassung konstituiert. In sehr deutscher Weise wird demgegenüber mitunter dem Staat „präkonstitutionelle Bedeutung“ beigelegt[7], was von einer von der Menschenwürde als kulturanthropologischer Prämisse des Verfassungsstaates ausgehenden Sicht fragwürdig erscheint. Abgesehen davon ist der Staatsbezug des Verfassungsbegriffs zu relativieren, wenn nicht zu eliminieren. Dazu ermutigt aus völkerrechtlicher Sicht, dass ein Klassiker wie *A. Verdross* früh (1926) das Wort von der „Verfassung der Völkerrechtsgemeinschaft“ gewagt hat und sich im europäischen Kontext vor und nach Lissabon zahlreiche Stimmen finden, die – mit oder ohne Anführungszeichen – von „Verfassung“ der EU sprechen[8]. Das hat seinen guten Grund: diesseits wie jenseits des Staates geht es um die Begründung und Begrenzung hoheitlicher Macht durch materielle wie prozedurale Rahmung. Auch die „internationale öffentliche Gewalt“[9] bedarf legitimatorischer Grundlegung und rationalisierender Bändigung.

Unter dieser von den Verfassungsfunktionen her denkenden Prämisse wird 360
im Folgenden ein „*gemischtes*“, viele dieser Funktionen zusammenbindendes respektive bündelndes Verfassungsverständnis entwickelt, das letztlich in ein gerade auch für Europa einschlägiges *kulturwissenschaftliches Verfassungsverständnis* einmündet. Im Einzelnen:

---

7 Z.B. *J. Isensee*, Staat und Verfassung, in: HStR, Bd. II, 3. Aufl. 2004, § 15, Rn. 46 ff., anders *P. Häberle*, ebd., § 22.

8 Vgl. *J. A. Frowein*, Die Verfassung der Europäischen Union aus der Sicht der Mitgliedstaaten, EuR 1995, S. 315 ff.; *T. Schilling*, Die Verfassung Europas, StWStP 1996, S. 387 ff.; *A. Weber*, Zur künftigen Verfassung der Europäischen Gemeinschaft, JZ 1993, S. 325 ff.; *G. C. R. Iglesias*, Zur „Verfassung“ der Europäischen Gemeinschaft, EuGRZ 1996, S. 125 ff.; *ders.*, Gedanken zum Entstehen einer europäischen Rechtsordnung, NJW 1999, S. 1 ff.; I. Pernice/E. Tanchev (Hrsg.), „Ceci n'est pas une Constitution“ – Constitutionalisation without a Constitution?, 7th International ECLN-Colloquium, Sofia 17.-19. April 2008, 2008; I. Pernice/J. M. Beneyto, Europe's constitutional challenges in the light of the recent case law. Lisbon and Beyond, 2011. – Bemerkenswert im Blick auf die UN: *B. Fassbender*, The United Nations Charter as Constitution of the International Community, Columbia Journal of Transnational Law 36 (1998), S. 529 ff.; zum Stand der völkerrechtlichen Debatte etwa *Th. Kleinlein*, Konstitutionalisierung im Völkerrecht. Konstruktion und Elemente einer idealistischen Völkerrechtslehre, 2012.

9 *M. Goldmann*, Internationale öffentliche Gewalt, 2015.

361 Der (nationalen) Verfassung geht es, wie gerade postuliert, um „Beschränkung und Rationalisierung der Macht und Gewährleistung eines freien politischen Lebens“[10]. Ehe an die Beschränkungsfunktion gedacht wird, ist indes, wie ebenfalls gerade angesprochen, die Konstituierung und Legitimierung von Macht in den Blick zu nehmen: Das politische Gemeinwesen muss organisiert werden – heute eben auch dort, wo sich politische Gemeinschaft jenseits der Staatlichkeit bildet; die von ihr/von ihm zu erfüllenden Funktionen sind auf bestimmte Kompetenzträger zu verteilen. Damit kommen zwei weitere Umschreibungsversuche ins Blickfeld, die ergänzend aussagekräftig sind: Verfassung ist „Anregung und Schranke“ (*R. Smend*) und sie ist „Norm und Aufgabe“ (*U. Scheuner*), auch „Wertordnung“ (auf unionaler Ebene in Art. 2 EUV explizit angelegt). Eine Spektralanalyse all dessen, was eine verfassungsstaatliche Verfassung leisten muss und in ihrer langen Entwicklungsphase erarbeitet hat, gelangt zu einem weiteren Aspekt: Verfassung ist auch „öffentlicher Prozess“. Diese von *P. Häberle* im Gespräch mit *J. Habermas* 1969 entwickelte Sicht[11] verweist auf die öffentlichen Kontroll- und Integrations-, auch Legitimationsvorgänge, die Verfassungen „anregen“, in Gang halten, aber auch voraussetzen. Hinzu kommen quasi-kontraktuelle Momente: „Verfassung“ als immer neues Sich-Vertragen und Sich-Ertragen aller Bürger. Fügten sich die bislang aufgelisteten Verfassungsverständnisse bzw. -funktionen zu einem *„gemischten Verständnis“*[12] und, wie später zu zeigen sein wird, auch zu einem für Europa brauchbaren Ganzen, so führen bereits die Erkenntnisse der z.B. in Präambeln, Sprachklauseln und Erziehungszielen gespeicherten Kulturgehalte und der in Symbolen wie Hymnen, Flaggen und Wappen, auch Feiertagen erlebbaren irrationalen Schichten eines Verfassungswerkes zu einem *kulturwissenschaftlichen* Verfassungsverständnis, wie in vorliegender Verfassungslehre längst ausgeformt.

362 Die Fruchtbarkeit dieses kulturwissenschaftlichen Ansatzes für die „Verfassungsgemeinschaft Europa“ mit ihrem Verfassungspluralismus[13] liegt auf der Hand. Ihre sie zusammenhaltende Rechtskultur bzw. die Elemente des „Gemeineuropäischen Verfassungsrechts“, die Bezugnahmen auf das kulturelle Erbe, die (kulturelle) Identität und Vielfalt in vielen geschriebe-

---

10 *H. Ehmke*, Grenzen der Verfassungsänderung, 1953, S. 101 ff.

11 *P. Häberle*, Öffentlichkeit und Verfassung (1969), in: *ders.*, Verfassung als öffentlicher Prozess, 1. Aufl. 1978 (3. Aufl. 1998), S. 225 ff.

12 Dazu *P. Häberle*, Verfassungslehre als Kulturwissenschaft, 2. Aufl. 1998, S. 342 ff.

13 *N. Walker*, Constitutional Pluralism, MLR 65 (2002), S. 317 ff.

nen Rechtstexten, das reiche Kulturverfassungsrecht in den Dokumenten von „Maastricht“ bis „Lissabon“ – all dies belegt, dass der Schlüssel zum konstitutionellen Europa von heute seine *Kultur* ist.

Dank dieses Ansatzes lassen sich die Begriffe „nationale“ bzw. „europäische Identität“ in ihrem wechselvollen Zusammenspiel und ihren eben gerade kulturellen Interdependenzen ermitteln[14]. Mögen auch rechtstechnische und ökonomische Elemente (z.B. die gemeinsame, auf ihre Weise Identität stiftende Währung des nicht zuletzt deshalb „zu rettenden“ Euro!) den Begriff „Identität“ mit prägen: In der Tiefe handelt es sich um einen kulturwissenschaftlichen Begriff, den es in „gemeineuropäischer Hermeneutik“ zu deuten und zu entfalten gilt. Ganz im Sinne der zentralen These von *Ch. Taylor* ist die Frage nach der Identität nämlich mit der Frage nach dem „guten“ und „richtigen“ und deshalb nach dem – individuell wie gemeinschaftsbezogen – gelingenden Leben verbunden.[15] So stehen politische Identitäten für den Gesamtentwurf dessen, was die richtige, die gelingende Lebensführung in der „res publica“ ausmacht, worin der täglich neue Prozess politischer Einheitsbildung seine Legitimität findet.[16] Gerade Verfassungen reflektieren diesen gesellschaftlichen Gesamtentwurf richtigen, gelingenden Lebens und leisten so auf ihre Weise (normative) Identitätszuschreibungen.[17] Sie sind, gehalten in der Sprache des Rechts, identi- 363

---

14 JöR 63 (2015) widmet diesem Problemkreis ein Schwerpunktthema mit Beiträgen von *Ch. Schönberger* (Identitäterä. Verfassungsidentität zwischen Widerstandsformel und Musealisierung des Grundgesetzes, S. 41 ff.), *O. Lepsius* (Souveränität und Identität als Frage des Institutionen-Settings, S. 63 ff.), *D. Rousseau* (Die Verfassungsidentität – Schutzschirm für die nationale Identität oder Teil des europäischen Sterns?, S. 91 ff.), *M. Goldhammer* (Die Achtung der nationalen Identität durch die Europäische Union. Theorie und Dogmatik des Art. 4 Abs. 2 EUV im Lichte erster Entscheidungen, S. 105 ff.) und *Ch. Walter/M. Vordermayer* (Verfassungsidentität als Instrument richterlicher Selbstbeschränkung in transnationalen Integrationsprozessen. Vergleichende Überlegungen anhand der Rechtsprechung von EuGH und EGMR, S. 129 ff.).

15 *Ch. Taylor*, Quellen des Selbst. Die Entstehung der neuzeitlichen Identität, 1994, S. 9, 15 und passim; dazu *H. Rosa*, Identität und kulturelle Praxis. Politische Philosophie nach Charles Taylor, 1998.

16 In diesem Sinne *A. v. Bogdandy*, Europäische und nationale Identität: Integration durch Verfassungsrecht, VVDStRL 62 (2003), S. 156 ff., 158.

17 Vgl. etwa *A. Bleckmann*, Die Wahrung der „nationalen Identität“ im Unionsvertrag, JZ 1997, S. 265 ff.; *E. Pache*, Europäische und nationale Identität: Integration durch Verfassungsrecht?, DVBl. 2002, S. 1154 ff.; *W. Graf Vitzthum*, Die Identität Europas, EuR 2002, S. 1 ff.; *S. Korioth* und *A. v. Bogdandy*, Europäische und nationale Identität: Integration durch Verfassungsrecht, VVDStRL 62 (2003),

tätsstiftende „Meistererzählungen“, die ihre Normadressaten für die zu konstituierende, sodann mit Leben zu erfüllende Grundordnung[18] gewinnen wollen. Deshalb kann weder die nationale Identität als Element der Vielfalt Europas nur „für sich“ interpretiert werden, noch lässt sich das „gemeinsame kulturelle Erbe“ ohne die Vielfalt der nationalen und regionalen Kulturen (auch Sprachen) ausdeuten. An diesem Interpretationsvorgang wechselseitig sich bestimmender Größen sind im Europa als Prozess, im „Europa der Bürger“ nicht nur die staatlichen und überstaatlichen Instanzen, sondern letztlich auch alle Bürger und Gruppen beteiligt. Die *offene Gesellschaft der Verfassungsinterpreten wird europäisch*! Der Bürger, der zum EuGH zieht oder eine Menschenrechtsbeschwerde am EGMR erhebt, leistet auf dem europäischen Forum ein Stück Verfassungsinterpretation in Sachen europäischer Grundrechtsgemeinschaft. Dabei sei nicht verkannt, dass kleinere Länder wie Luxemburg die europäische Identität seit langem stärker verinnerlicht haben als größere wie Frankreich. Uns Deutschen ist das „europäische Deutschland“ i.S. von *Thomas Mann* der Klassikertext i.S. deutscher bzw. europäischer Identität. Das Bündel all dieser Fragen geht weit über die Jurisprudenz als europäischer und nicht mehr nur „nationaler“ Wissenschaft hinaus: hin zur – pluralistischen – Kulturwissenschaft.

364 Diese Sicht hat Folgerungen für das *Staatsverständnis*. Nach klassischer Lehre bildet sich der Staat aus drei Elementen: Staatsgewalt, Staatsgebiet und Staatsvolk (*G. Jellinek*). Das von *G. Dürig* als viertes Element (1954) vorgeschlagene, die *Kultur*, fehlt[19]. Wenn nicht das erste, so ist die Kultur doch mindestens das „*vierte*“ Staatselement. Sie entfaltet die Bindekräfte eines politischen Gemeinwesens, sie gibt ihm eigene Konturen im Vergleich zu anderen Nationen, sie „erfüllt“ grundrechtliche Freiheit („Freiheit aus Kultur“). Im Verfassungsstaat ist die formale Staatselementelehre ins Inhaltliche umzudenken. Dabei helfen die Differenzierungen zwischen „Hochkultur“, „Volkskultur“ sowie „Alternativ-“ bzw. „Subkultur“ weiter,

---

S. 117 ff., bzw. 156 ff.; aus der europäischen Verfassungsdebatte etwa *R. Badinter*, Une Constitution européenne, 2002. Zum Verfassungsbegriff mit zahlreichen Nachweisen aus den seinerzeitigen Debatten *S. Haack*, Der Begriff der Verfassung, EuR 2004, S. 785 ff.

18 *D. Th. Tsatsos*, Die Europäische Unionsgrundordnung, EuGRZ 1995, S. 287 ff.

19 *G. Dürig*, Der deutsche Staat im Jahre 1945 und seither, VVDStRL 13 (1955), S. 27 ff., 37 ff. – Zu G. Jellinek umfassend: *J. Kersten*, Georg Jellinek und die klassische Staatslehre, 2000; A. Anter (Hrsg.), Die normative Kraft des Faktischen, Das Staatsverständnis G. Jellineks, 2004.

die zugleich das dem Verfassungsstaat eigene, offene, pluralistische Kulturkonzept zum Ausdruck bringen. So wichtig der staatliche Schutz für die Grundrechte, die Staatsaufgaben, den Gemeinwohlauftrag und die ihnen dienenden Staatsorgane bleibt: sie wirken auf der Grundlage der Verfassung als Kultur. Neuere, sich nach und nach einbürgernde Begriffe wie „Verfassungskultur“, „Grundrechtskultur“, sogar „Verwaltungskultur“ bringen das zum Ausdruck[20].

Bei diesem Ansatz wird es möglich, die (nicht nur) in Deutschland so gern 365
hypostasierte Staatlichkeit zu relativieren[21]. Wenn schon im Verfassungsstaat der heutigen Entwicklungsstufe die Verfassung im Zentrum steht und die von ihr konstituierte Staatlichkeit allein dienende, instrumentale Funktion besitzt (vgl. Art. 1 VE Herrenchiemsee von 1948: „Der Staat ist um des Menschen willen da“, nicht umgekehrt), dann darf bei der Frage nach dem Ob und Wie einer Verfassung Europas erst recht die hier fehlende klassische „Staatlichkeit“ nicht zum Grund für die Verneinung der *Verfassungs*qualität als solcher gemacht werden. Das gilt umso mehr, als konstituierte *Vor*formen von typischen Staats-Charakteristika, nämlich Unionsbürgerschaft, Gebietshoheit, Gewaltenteilung, Währungshoheit, Gemeinschaftsaufgaben sowie unabhängige Institutionen wie das Parlament, ein Verfassungsgericht und ein Rechnungshof längst eingerichtet sind[22].

Sehr grundsätzlich sind Begriffe der „Allgemeinen Staatslehre“, etwa das 366
viel berufene nationale „Staatsvolk“, ebenfalls zu „europäisieren“: Das

---

20 Schritt für Schritt entfaltet in den Arbeiten von *P. Häberle*: Kommentierte Verfassungsrechtsprechung, 1979, S. 88 ff.; Verfassungslehre als Kulturwissenschaft, 1. Aufl. 1982, S. 20, Anm. 25, 2. Aufl. 1998, S. 90, Anm. 136 („Verwaltungskultur“).

21 Dazu etwa *J. H. H. Weiler*, Der Staat „über alles“, Demos, Telos und die Maastricht-Entscheidung des BVerfG, JöR 44 (1996), S. 91 ff.

22 Zur Relativierung der klassischen Lehre von den Staatselementen siehe auch *D. Thürer*, Der Verfassungsstaat als Glied einer europäischen Gemeinschaft, VVDStRL 50 (1991), S. 97 ff., 122 („Tendenzen zur Erosion aller Elemente des klassischen Staatsbegriffs“); *ders.*, Recht der internationalen Gemeinschaft und Wandel der Staatlichkeit, in: ders./J.-F. Aubert/J. P. Müller (Hrsg.), Verfassungsrecht der Schweiz, 2001, S. 37 ff., 55 f. Die Formulierung von der „Erosion“ – wenngleich zurückhaltender – aufgreifend *T. Stein*, Europäische Union: Gefahr oder Chance für den Föderalismus in Deutschland, Österreich und der Schweiz?, VVDStRL 53 (1994), S. 26 ff., 30; später ebenso *A. v. Bogdandy*, Beobachtungen zur Wissenschaft vom Europarecht, Der Staat 40 (2001), S. 1 ff., 10 („Erosion von Staatlichkeit“); „Metamorphosen des Staates“ beschreibt *G. F. Schuppert*, Staat als Prozess. Eine staatstheoretische Skizze in sieben Aufzügen, 2010, S. 137 ff.

(nationale) Staatsvolk wird ergänzt um die EU-Mitbürger (Art. 20 AEUV), die das Kommunalwahlrecht haben (Art. 22 Abs. 1 AEUV, Art. 28 Abs. 1 S. 3 GG)[23] und das Europäische Parlament wählen. Die nationale Staatsgewalt muss sich ihren Wirkungsraum mit europäischen Instanzen teilen („Schengen" und unmittelbare Geltung des Europarechts i.e.S.). Die nationalen politischen Parteien stehen unversehens im Verbund mit den Parteien auf europäischer Ebene (Art. 10 Abs. 4 EUV, Art. 224 AEUV). Wir sind auf dem Weg zu einem *„europäischen Verfassungsvolk"*, repräsentiert vom Europäischen Parlament und aktiviert von den europäischen politischen Parteien und dem Petitionsrecht (Art. 24 AEUV).

367 Umgekehrt rücken europäische Organe – und das nicht nur semantisch, auch wenn die „semantic shifts" von großer Bedeutung sind und ihre eigene narrative Signifikanz haben[24] – in die Nähe von (Vor-)Formen herkömmlich staatlicher Begriffe: So nennt sich das Europäische Parlament zu Recht „Parlament": Es ist aus allgemeinen Wahlen in den europäischen Völkern hervorgegangen, setzt sich aus freien Abgeordneten zusammen und bildet ein Korrelat der nationalen Parlamente, insofern es zunehmend klassische Parlamentsfunktionen (Kreations-, Gesetzgebungs- und Kontrollrechte) gewinnt. Auch der Untersuchungs-Ausschuss (Art. 226 AEUV) oder der Rechnungshof (Art. 285 bis 287 AEUV) wurden „nach dem Bild" der alten und neuen nationalen Verfassungsstaaten entwickelt.

368 Schließlich und eigentlich zuerst ist die Lehre von der verfassunggebenden Gewalt des Volkes[25] und der Verfassungsänderung[26] zu „europäisieren". Zum einen von der Subjekt-Seite her: Der erwähnte Begriff von Europa als *mittelbarem Verfassunggeber* bringt zum Ausdruck, dass kein Land mehr in Europa beim Vorgang der Verfassunggebung (oder Verfas-

---

23 Aus der Lit.: *K. Barley*, Das Kommunalwahlrecht für Ausländer nach der Neuordnung des Art. 28 Abs. 1 S. 3 GG, 1999.

24 *G. F. Schuppert*, Staat als Prozess. Eine staatstheoretische Skizze in sieben Aufzügen, 2010, S. 115 ff.

25 Dazu *P. Häberle*, Verfassungslehre als Kulturwissenschaft, 2. Aufl. 1998, S. 238 ff.; *H.-P. Schneider*, Die verfassunggebende Gewalt, in: HStR, Bd. XII, 3. Aufl. 2014, § 255; *M. Kotzur*, Thematik des Verfassungsgesetzes, ebd., § 260, Rn. 5 ff.; siehe auch *G. Schmid*, Verfassunggebung in einer zusammenwachsenden Welt, in: FS Hangartner, 1998, S. 1043 ff.; *B. Beutler*, Vom Beruf Europas zur Verfassunggebung, in: R. Wahl (Hrsg.), Verfassungsänderung, Verfassungswandel, Verfassungsinterpretation, 2008, S. 91 ff. – Zum Ganzen noch Zweiter Teil D.

26 Aus der Lit.: *H. Dreier*, in: ders. (Hrsg.), GG, Bd. II, 2. Aufl. 2006, Art. 79 Abs. 1, Rn. 11; *P. Badura*, Staatsrecht, 6. Aufl. 2015, S. 693 ff.

sungsänderung) national „für sich“ steht; es empfängt Vorgaben oder gar „Auflagen“ von den europäisch integrierten anderen Ländern bzw. den europäischen Organen. Zum anderen von den Themen her: Weit über die sogenannten „Europa-Artikel“ (z.B. Art. 23 GG, Art. 60 Abs. 2 Verf. Saarland, Art. 3 a Verf. Bayern, Art. 23 a bis f B-VG Österreich) hinaus determiniert Europa die nationale Verfassunggebung bzw. -revision. Auch darum ist Europa eine „Verfassungsgemeinschaft“: als „*work in progress*“. Längst ist es an der Zeit, von einem „europäischen Gesellschaftsvertrag“[27] zu sprechen. Dieses Paradigma hat den Vorteil, den Vertragsgedanken nicht mehr den Staaten als solchen zuzurechnen, die im EU-Europa ohnehin nicht mehr „Herren der Verträge“ sind[28]. Überdies erlaubt es, das schon im klassischen Staats- bzw. Verfassungsverständnis angelegte Moment des „immer neuen Sich-Vertragens und Sich-Ertragens aller“ i.S. einer Zivilgesellschaft auf Europa anzuwenden.

Dass bei all dem das als „Verfassungsgemeinschaft“ konzipierte Europa aus der Balance von Elementen der „Verfassungshomogenität“ und „Verfassungspluralität“ lebt – gemäß seiner Kultur als Vielfalt und Einheit –, sei zum wiederholten Male angemerkt[29]. 369

Im Übrigen darf mit den Worten des deutschen GG (Art. 23 Abs. 1) gesprochen werden, insofern es ein Europa-Bild entwirft, das mit mehreren *Analogien* arbeitet: Entwicklung der EU, „die demokratischen, rechtsstaatlichen, sozialen und föderativen Grundsätzen und dem Grundsatz der Subsidiarität verpflichtet ist und einen dem GG im wesentlichen vergleichbaren Grundrechtsschutz gewährleistet“. Damit sind konstitutionelle Elemente der EU entworfen. Ihre Verfassungsgemeinschaft muss in den 370

---

27 Dazu *R. Bieber/A. Epiney/M. Haag*, Die Europäische Union, 11. Aufl. 2015, § 3, Rn. 20; *J. Saurer*, Der Einzelne im europäischen Verwaltungsrecht, 2014, S. 42 unter Rückgriff auf Ansätze von *I. Pernice* und *Ch. Möllers*.

28 Dazu *U. Everling*, Sind die Mitgliedstaaten der Europäischen Gemeinschaft noch Herren der Verträge?, in: FS Mosler, 1983, S. 173 ff.; *I. Pernice*, in: H. Dreier (Hrsg.), GG, Bd. II, 2. Aufl. 2006, Art. 23, Rn. 21. – Im demokratischen Europa kann es keine „Herren“ geben: Weder sind die Staaten „Herren der Verträge“, noch ihrer Verfassungen. Die auf der Würde des Menschen aufbauende „Bürgergemeinschaft Europas“ macht die Herrenideologie gegenstandslos (s. aber z.B. *J. C. Wichard*, Wer ist Herr im europäischen Haus?, EuR 1999, S. 170 ff.).

29 Vgl. früh: *H. P. Ipsen*, Über Verfassungshomogenität in den Europäischen Gemeinschaften, in: FS Dürig, 1990, S. 159 ff. Verwiesen sei auch auf die „präföderale“, Art. 28 Abs. 3 GG analoge, Homogenitätsklausel des Art. 7 Abs. 1 EUV, siehe *U. Kassner*, Die Unionsaufsicht. Ausmaß und Bedeutung des Überwachungsmechanismus' nach Artikel 7 des Vertragsüber die Europäische Union, 2003.

Grundprinzipien der Verfassungsüberlieferung des GG gegenüber analogiefähig sein. Mag darin ein gewisser „Grundgesetzfundamentalismus", auch eine Art „Grundgesetzintrovertiertheit" zum Ausdruck kommen – (Deutschland kann indes seine Verfassung nicht zum Maßstab der EU machen!): Für die europäische Verfassungslehre ist festzuhalten, dass hier tendenziell richtige Umrisse eines „Bildes" der EU als *Verfassungs*gemeinschaft skizziert sind.

371 Das Wort von der „postnationalen Konstellation" (*J. Habermas*) oder vom Projekt einer „transnationalen Verfassung"[30] sollte wohl *nicht* favorisiert werden. Die nationale, in den Verfassungsstaaten bewährte gemeinschaftsbildende Vielfalt Europas ist Teil seines kulturellen Erbes und seiner kulturellen Zukunft. So wie die drei kulturellen Grundfreiheiten, die des Glaubens, der Wissenschaft und der Kunst, letztlich die Innovationspotentiale des Verfassungsstaates bilden, so ist die Nation bei aller kultureller Offenheit gegenüber dem „Anderen" ein Pfeiler und Garant der Verfassungsgemeinschaft Europa[31]. Besonders die Menschenrechte und die in ihnen greifbare „Menschheit" sind ohne den Verfassungsstaat als „Garanten" nicht denkbar.

372 Im Übrigen: Schon die klassischen Römischen Verträge von 1957 wurden vom EuGH als „Verfassung" der Europäischen Gemeinschaften qualifiziert, ohne dass ein „Staat" vorlag oder auch nur am Horizont erkennbar war (s. auch BVerfGE 22, 293 (296): „gewissermaßen die Verfassung dieser Gemeinschaft")[32].

---

30 Vgl. die Bedenken von *P. Häberle*, Stellungnahme zum Projekt der Zukunftswerkstätte „Transnationale europäische Verfassung", Die Union. Vierteljahreszeitschrift für Integrationsfragen 1998, S. 125 ff. Vgl. aber auch *U. Beck*, Was ist Globalisierung?, 1997, S. 183 ff., der dem Konzept des Nationalstaates die Idee des „Transnationalstaates" gegenüberstellt.

31 *A. Milward*, The European rescue of the Nation State, 2. Aufl., 2000.

32 S. auch *S. Oeter*, Europäische Integration als Konstitutionalisierungsprozess, ZaöRV 59 (1999), S. 901 ff.; *J.-C. Piris*, Hat die EU eine Verfassung? Braucht sie eine?, EuR 2000, S. 311 ff.

II. Insbesondere: Verfassung als Kultur

1. „Verfassung“

a) Stichworte zur Entwicklungsgeschichte des Verfassungsstaates

Der Verfassungsstaat ist als *Typus* das – immer wieder offene – Ergebnis einer jahrhundertelangen Entwicklungsgeschichte in Zeit und Raum. 373

Um mit dem Heute zu beginnen: Verfassungsstaat meint das politische Gemeinwesen, das in der *Menschenwürde* i.S. *I. Kants* seine kulturanthropologische Prämisse hat und in der pluralistischen Demokratie eine organisatorische Konsequenz besitzt. Aus der Menschenwürde folgen einzelne Freiheits- und Gleichheitsrechte (auch das Wahlrecht); das Prinzip des „sozialen Rechtsstaates“ dirigiert die einzelnen Staatsziele bzw. Staatszwecke, die man ein wenig altmodisch auch mit „Gemeinwohl“ (salus publica) umschreiben mag. Konstituierend für den Typus Verfassungsstaat sind sodann die Gewaltenteilung, verstanden im engeren staatlichen Sinne eines *Montesquieu* (beruhend auf der schmerzlichen Erkenntnis, dass der Mensch dazu neigt, die Macht zu missbrauchen), aber auch in einem weiteren gesellschaftlichen Sinne (Balancen etwa zwischen den Tarifpartnern, oder, der Idee nach, zwischen dem öffentlich-rechtlichen und privaten Fernsehen). Die Art und Zahl der staatlichen Gewalten ist, je nach Raum und Zeit, offen, bedarf sogar der „Fortschreibung“: etwa um den effektiven Aufbau genuiner Verfassungsgerichtsbarkeit, um unabhängige Rechnungshöfe, um Ombudsmänner und -frauen nach skandinavischem Vorbild. Ein Stück Gewaltenteilung verdanken wir auch dem weltweit so erfolgreichen Föderalismus, verstanden als „vertikale“ Gewaltenteilung, und seinem „kleinen Bruder“, dem Regionalismus, der europaweit Zukunft hat: Denken wir nur an das effektive System Autonomer Gebietskörperschaften in Spanien, an den neuen Regionalismus in Großbritannien (Schottland, Wales und „Rat der Inseln“ unter Beteiligung Nordirlands und Irlands). Das „Europa der Regionen“[33] ist mit seinem freilich noch schwachen „Ausschuss der Regionen“ (Art. 300 AEUV) ein weiteres Beispiel. Italien müsste vielleicht noch stärker um einen „nuovo regionalis- 374

33 Pionierhaft F. Esterbauer (Hrsg.), Regionalismus, 1978; später J. Bauer (Hrsg.), Europa der Regionen, 2. Aufl. 1992; F.-L. Knemeyer (Hrsg.), Europa der Regionen – Europa der Kommunen, 1994; S. Weatherill/U. Bernitz (Hrsg.), The Role of Regions and Sub-National Actors in Europe, 2005

mo“ oder einen effektiven Regionalismus ringen, vital gesteuert und in der kulturellen Tiefe getragen von seinen einzigartigen Kulturlandschaften und Städtebildern!

375 Die *Demokratie* ist das organisatorische Grundprinzip des Verfassungsstaates der heutigen Entwicklungsstufe. Es hat mehrere Varianten: etwa der repräsentativen bzw. mittelbaren Demokratie einerseits, der direkten oder unmittelbaren Demokratie andererseits. Je nach der politischen Kultur eines Volkes mag es „Mischungen“ geben. Demokratie ist heute wohl die am wenigsten schlechte Staatsform, um an ein Bonmot von *Churchill* anzuknüpfen. Sie ist nur als „Herrschaft auf Zeit“ erträglich (System der regelmäßigen Wahlen auf Zeit). Diese Kontrollmechanismen durch *auf Zeit* anvertraute Herrschaft („trust“ i.S. der englischen Tradition) sind unverzichtbar.

376 Was aber sind die Gründe für die These, die Demokratie, verstanden als „Bürgerdemokratie“, als pluralistische, gewaltenteilige, rechtsstaatliche Demokratie (mit eingebauten Schutzmechanismen für die Opposition, für Minderheiten, für Privatheit) sei die am wenigsten schlechte Staatsform? Zum einen, weil sie die Konstitution der Freiheit und Gleichheit der Menschen ist; zum anderen, weil sie am ehesten den gesellschaftlichen Wandel verarbeiten kann: mittels grober und feiner Instrumente und Verfahren, um den Zeitfaktor einzubauen: von der Totalrevision einer Verfassung über Verfassungsänderungen bis zur Gesetzesnovelle und etwaigen Experimentiergesetzen oder so fein gestimmten Instrumenten wie dem verfassungsrichterlichen Sondervotum als Mittel der Einleitung von „Verfassungswandel“, klassisch in den USA entwickelt, heute aber auch in Deutschland, Spanien, Slowenien, Kroatien und am EGMR in Straßburg verankert. Alle totalitären Regime schaffen es gerade nicht, die Zeit zu verarbeiten, ganz abgesehen von ihrer Negation von Freiheit und Gleichheit der Bürger.

377 Nach dieser fragmentarischen Kennzeichnung einiger Verfassungsthemen jetzt vergleichend ein Blick in Zeit und Raum: Der Typus Verfassungsstaat der heutigen Entwicklungsstufe ist in Jahrhunderten entstanden. Viele Zeiten und Völker, Persönlichkeiten und Erfahrungen haben Beiträge geleistet. *Aristoteles* verdanken wir z.B. die Einsicht in den Zusammenhang von Gleichheit und Gerechtigkeit, zwei Jahrtausende später haben Südafrika und El Salvador, auch Guatemala, etwas ganz Neues entwickelt, die sog. „Wahrheitskommissionen“, um neben der Bestrafung oder Amnestie einen neuen verfassungsstaatlichen Weg zu finden, um Unrechtsregime der Ver-

gangenheit in eine bessere Zukunft zu führen[34], sodann sei an *J. Locke*, *Montesquieu*, *I. Kant* oder (aus unserer Zeit) *J. Rawls* und sein Konstrukt des „veil of ignorance“ (1971) oder an *H. Jonas'* „Prinzip Verantwortung“ erinnert (1979). Sie alle sind weitere Beispiele dafür, dass einzelne Denker zum Werden und zur Entwicklung des Verfassungsstaates konstitutive Beiträge geleistet haben. Man darf sie „Klassiker im Verfassungsleben“ nennen[35]. „Klassiker“ ist in dieser Sicht dabei ein *Wert*begriff *und* ein *Erfolgs*begriff: *Montesquieu* „im“ Grundgesetz bezeichnet einen Grundwert seines Denkens in unserer geschriebenen Verfassung: vom Verfassunggeber rezipiert, von unserer offenen Gesellschaft gelebt. „Erfolgsbegriffe“ sind solche Klassikertexte aber, insoweit und insofern sie eben fast täglich anerkannt, gelebt, respektiert, (in Schulen und Universitäten) reflektiert und auch fortgeschrieben und weiterentwickelt werden. So ist etwa die Schrift von *Montesquieu* zur Gewaltenteilung (1748) ein Text i.S. eines Verfassungstextes im *weiteren* Sinne, der in der Gegenwart und Zukunft des Verfassungsstaates ständig neue Fragen zu drohenden Machtkonstellationen stellt und Antworten gibt – fast einem Bibeltext gleich oder einem großen Dichterwort ähnlich. Texte des GG stehen in seinem *Kontext*. Heute kennen wir allen Rückschlägen zum Trotz eine weltweite Verantwortungsgemeinschaft in Sachen Verfassungsstaat. Texte, Theorien, Judikatur und Praxis werden ausgetauscht, kritisiert, fortentwickelt: wir können von einer „Produktions- und Rezeptionsgemeinschaft“ in Sachen Verfassungsstaat sprechen. So hat sich etwa Südafrika auch am deutschen Föderalismusmodell orientiert, die osteuropäischen Reformstaaten rezipieren französische, italienische oder deutsche Modelle. Historisch darf man sagen, dass wohl alle europäischen Staaten schöpferische Beiträge zum Typus Verfassungsstaat geleistet haben: Großbritannien die parlamentarische Demokratie, Frankreich die Menschenrechte (zusammen mit den USA: Virginia Bill of Rights von 1776), Italien den Regionalismus (1947), die Schweiz den Föderalismus (1848), Deutschland heute seine hochkultivierte Grundrechtspraxis und Aspekte der weitreichenden Verfassungsgerichtsbarkeit.

34 Dazu *P. Häberle*, Wahrheitsprobleme im Verfassungsstaat, 1995 (italienische Übersetzung mit einem Vorwort von *G. Zagrebelsky*, 2000).

35 Dazu *P. Häberle*, Klassikertexte im Verfassungsleben (1981), fortgeschrieben in: *ders.*, Verfassungslehre als Kulturwissenschaft, 2. Aufl. 1998, S. 481 ff.

b) Verfassungsverständnisse in deutscher Sicht

378 Im Folgenden sollen (nur) deutsche Stimmen zu Wort kommen: zur Frage nämlich, wie verfassungsstaatliche Verfassungen zu verstehen sind. „Vorverständnis und Methodenwahl" zu diesen Themen sind bei den einzelnen Richtungen und Schulen in Deutschland, besonders in Weimar, sehr vielgestaltig. Es gibt zahlreiche Theorien über das „richtige" Verständnis von geschriebenen Verfassungen, über ihre Funktionen und ihre Eigenart im Vergleich zu anderen Rechtsgebieten, etwa dem klassischen Zivilrecht oder auch dem Völkerrecht. Im Folgenden ist nur ein kursorischer Überblick möglich, überdies bleibt er auf Deutschland beschränkt. Das Bild wäre erst dann vollständig, wenn auch die spezifischen Leistungen z.B. der italienischen Staatsrechtslehre einbezogen würden, etwa *C. Mortatis* Doktrin von der materiellen Verfassung (1946)[36] oder *G. Zagrebelskys* Schrift über das „diritto mite" (1. Aufl. 1992) sowie *A. Paces* „La Causa della Rigidità Costituzionale" (2. Aufl. 1996)[37] oder *P. Ridolas* Arbeiten über den Pluralismus[38] und *A. D'Atenas* Veröffentlichungen über den Regionalismus bzw. das Subsidiaritätsprinzip[39]. Auch die US-amerikanischen Verfassungsdiskussionen müssten – ebenso wie solche in Frankreich[40] – einbezogen werden, ebenso die lebhaften Diskussionen in der Schweiz[41] oder in Portugal (*G. Canotilho)*[42]. Spaniens Verfassungslehre beginnt kräftig zu „blühen"[43]. Deutschland zeichnet sich durch ein besonders intensives Ringen darüber aus, was „Verfassung" sei, und die folgen-

---

36 Dazu F. Lanchester (Hrsg.), Costantino Mortati, Costituzionalista Calabrese, 1989.

37 *Ders.*, Starre und flexible Verfassungen, JöR 49 (2001), S. 89 ff.

38 *P. Ridola*, Democrazia pluralistica e libertà associative, 1987; *ders.*, Diritto comparato e diritto costituzionale europeo, 2010.

39 *A. D'Atena*, L'Italia verso il „federalismo", 2004.

40 Dazu *C. Grewe/H. Ruiz Fabri*, Droits constitutionnels européens, 1995.

41 Aus der Lit.: *K. Eichenberger/J.-F. Aubert*, La Constitution, son contenue, son usage, 1991; B. Sitter-Liver (Hrsg.), Herausgeforderte Verfassung, 1999; *P. Saladin*, Die Kunst der Verfassungserneuerung, 1998.

42 Vgl. *J. J. Gomes Canotilho*, Direito Constitucional, 7. Aufl. 2003 (Nachdruck 2015).

43 Vgl. nur F. Balaguer-Callejón/G. Cámara u.a. (Hrsg.), Derecho Constitucional, 1999; *P. Cruz Villalón*, La curiosidad del jurista persa, y otros estudios sobre la Constitucion, 1999. – Aus der iberoamerikanischen Verfassungswelt eindrucksvoll: G. Belaunde/F. Segado (Hrsg.), La Jurisdiccion Constitucional en Iberoamerica, 1997; *C. Landa Arroyo*, Tribunal Constitucional y Estado Democratico, 2. Aufl. 2003.

den Stichworte können vielleicht eine erste Orientierung vermitteln. Lag für *F. v. Lassalle* (1862) das Wesen der Verfassung in den „tatsächlichen Machtverhältnissen“, so schreibt *G. Jellinek* in seiner großen Allgemeinen Staatslehre (1900), die Verfassung sei nur ein „Gesetz mit erhöhter formeller Geltungskraft“. Schon hier sehen wir, wie die einzelnen Versuche, der Sache Verfassung näher zu kommen, oft nur *Teil*wahrheiten formulieren: Verfassung ist sicher *auch* ein Gesetz mit erhöhter formeller Geltungskraft, insofern sie nur mit qualifizierter Mehrheit in besonderen Verfahren der Verfassungsänderung abgeändert werden kann (z.B. Art. 79 Abs. 1 und Abs. 2 GG, Art. 138 Verf. Italien)[44], aber diese bloß formale Betrachtung reicht nicht aus: vom Gegenstand und ihren Funktionen her ist „Verfassung“ weit mehr.

„Auf den Schultern von Riesen“ – dieses Wort gilt besonders für das Verhältnis der deutschen Staatsrechtslehre im Grundgesetz unter dem 1949 bis heute zu „Weimar“. So wie die berühmten 20er Jahre in Berlin eine bis heute viel bewunderte „Blüte“ in Kunst und Wissenschaft hervorgebracht haben, so haben die Weimarer Staatsrechtslehrer in ihren Kontroversen Fragen gestellt und Antworten gegeben, die bis heute „klassisch“ sind und denen gegenüber wir Nachgeborenen allenfalls „Zwerge auf den Schultern“ von Riesen sind, was nicht ausschließt, dass wir, weil wir auf den Schultern stehen, gelegentlich sogar weiter sehen als diese Riesen! 379

Unter diesem Vorbehalt jetzt einige Positionen im „Weimarer Richtungsstreit“, der gerade in Italien genau verfolgt worden ist (z.B. durch *F. Lanchester*)[45]. Einflussreich wurde das Werk „Verfassung und Verfassungsrecht“ von *R. Smend* (1928); es ist als „Integrationslehre“ auch in Italien bekannt und hier sogar übersetzt. *Smend* begreift den Staat als Prozess immer neuer Integration, wobei etwa Fahnen, Flaggen, Hymnen eine Rolle spielen. Diese Sicht ist im Rückblick auch als Versuch zu sehen, der unglücklichen Polarisierung der politischen Kräfte in Weimar entgegenzuwirken. Ganz anders *C. Schmitt*. Seine Verfassungslehre (1928) bleibt zwar ein großer Wurf, doch hat *Schmitt* in anderen Schriften Stichworte 380

---

44 Zum Ganzen: *P. Häberle*, Verfassungslehre als Kulturwissenschaft, 2. Aufl. 1998, S. 267 ff.

45 *F. Lanchester*, Momenti e Figure nel Diritto Costituzionale in Italia e in Germania, 1994. – Aus der deutschen Lit.: *M. Friedrich*, Geschichte der deutschen Staatsrechtswissenschaft, 1997, S. 320 ff.; *M. Stolleis*, Geschichte des öffentlichen Rechts in Deutschland, Bd. III: 1914-1945, 1999, insbes. S. 153 ff.; *P. Unruh*, Weimarer Staatsrechtslehre und Grundgesetz, 2004.

gegeben, die dem Verfassungsstaat gerade nicht dienlich sind. Genannt sei die dezisionistische Lehre, wonach politische Entscheidungen „normativ aus dem Nichts“ kommen – dies lässt sich schon am rechtsvergleichenden Material widerlegen: man vergegenwärtige sich den Pluralismus der Ideen und Interessen, die etwa zur vorbildlichen Verfassung Spaniens von 1978 geführt haben. Zum anderen muss an das unselige Wort erinnert werden, wonach sich das Politische durch ein „Freund/Feind“-Denken definiere. In der Verfassung des Pluralismus, in der offenen Gesellschaft, gibt es grundsätzlich „Konkurrenten“, „Gegner“ und (fruchtbaren) Wettbewerb, aber nicht prinzipielle „Feinde“. Die – im Blick auf Europa heute freilich neu zu fassende – damals national ausgerichtete Integrationslehre erinnert an die unverzichtbaren Gemeinschaftsbildungen, an die Friedensfunktion der Verfassung, an den (modern gesprochen) „Grundkonsens“, der alle Bürger einschließt und z.B. erst das Funktionieren des Mehrheitsprinzips mit abgestuftem Minderheitenschutz ermöglicht. *H. Heller* erinnert (1934) an den Aspekt des „bewussten, planmäßig organisierten Zusammenwirkens“, doch denkt er in seiner bis heute Epoche machenden „Staatslehre“ gezielt an den Staat, nicht aber – wie heute geboten – an die Verfassung. Es gibt aber im Verfassungsstaat nur so viel Staat, wie die *Verfassung* konstituiert (*R. Smend/A. Arndt*).

381 Im Blick auf das deutsche Grundgesetz entwickelte sich ein weiteres „Verfassungsgespräch“ mit z.T. prominenter Besetzung. So hatte vorweg der Schweizer *W. Kägi* 1945 das Stichwort von der Verfassung „als rechtlicher Grundordnung des Staates“ gegeben. Damit hatte er eine Richtung angedeutet, die später kräftig ausgezogen wurde: Zitiert sei *H. Ehmke* (Verfassung als „Beschränkung und Rationalisierung der Macht und Gewährleistung eines freien politischen Lebensprozesses“)[46] und *K. Hesse* („Verfassung als rechtliche Grundordnung des Gemeinwesens“[47]). Letztlich ist ein *gemischtes Verfassungsverständnis* erforderlich, in das die verschiedenen Funktionen differenziert eingebracht werden. Verfassung ist z.B. bei den Staatszielen und der Gewaltenteilung „Anregung und Schranke“ (*R. Smend*), sie ist auch „Norm und Aufgabe“ (*U. Scheuner*), z.B. beim Rechtsstaatsprinzip und der Fixierung anderer Grundwerte. Sie hat ganz bestimmte Funktionen: Sie beschränkt und kontrolliert nicht nur Macht (etwa durch die dritte Gewalt), sie fundiert und legitimiert sie auch (durch

46 *H. Ehmke*, Grenzen der Verfassungsänderung, 1953.

47 *K. Hesse*, Grundzüge des Verfassungsrechts der Bundesrepublik Deutschland, 20. Aufl. 1995 (Neudruck 1999), Rn. 17.

Wahlen). Sie konstituiert Verfahren zur Konfliktaustragung (etwa im Parlament), sie organisiert Kompetenzen und Institutionen zur Festlegung und Konkretisierung von bestimmten Aufgaben (entlang den drei Staatsfunktionen). Sie etabliert den (welt-)offenen Staat als „kooperativen Verfassungsstaat“ (Art. 24 GG) sowie die „verfasste Gesellschaft“ z.B. bei der „Drittwirkung der Grundrechte“, beim Sozialstaat, und sie schafft Identifizierungsmöglichkeiten für Bürger und Gruppen bei der Verpflichtung auf Gesetz und Recht bzw. bei der Nationalhymne und den Staatsfarben (emotionale bzw. rationale Konsensquellen). Im Kulturverfassungsrecht (z.B. über die Erziehungsziele in den Schulen) gibt sie auch Werte vor, die die offene Gesellschaft kulturell grundieren (etwa Toleranz, Achtung der Würde der Mitmenschen, Wahrheitsliebe, demokratische Gesinnung, Umweltbewusstsein). In der Zeitachse gesehen ist Verfassung (auch) öffentlicher Prozess, so wie wir im Heute eine „republikanische Bereichstrias“ unterscheiden dürfen: den Bereich des Staatlich-Organisatorischen (der Staatsorgane, z.B. öffentliche Hearings), des Gesellschaftlich-Öffentlichen (etwa der Gewerkschaften, Kirchen, Medien) und den des Höchstpersönlich-Privaten (z.B. Gewissensfreiheit). Öffentlichkeit ist ein „Quellgebiet der Demokratie“ (*M. Walser*), auch wenn wir seit *Hegel* wissen, dass in der öffentlichen Meinung „alles Wahre und Falsche“ zugleich ist.

c) Verfassungsperspektiven in Europa – Elemente der europäischen Rechtskultur

Es sind bestimmte Rechtsprinzipien, Grundwerte und Kulturgehalte, die 382
Europa buchstäblich „gemacht“ haben bzw. auch heute und in Zukunft „machen“. Sie formen ein *Ensemble von Teilverfassungen*, zwar noch keine „Vollverfassung“ i.S. des klassischen Verfassungsstaates, weil Europa kein „Staat“ ist. Indes ist der Verfassungsbegriff, wie gezeigt, aus seinem traditionellen Staatsbezug zu lösen. Die deutsche Diskussion behilft sich mit dem Begriff von der EU als „Staatenverbund“ (seit BVerfGE 89, S. 155). Es geht aber um mehr: um eine „*werdende Verfassungsgemeinschaft eigener Art*“, womit der glückliche Begriff von *W. Hallstein* von der europäischen „Gemeinschaft“ gerettet bleibt. Inhaltlich und funktionell ist aber bei einer Gesamtbetrachtung schon so viel an konstitutionellen Elementen und Strukturen herangewachsen, dass, wie bereits ausführlich belegt, für die EU bzw. die 28 Mitgliedstaaten von einer Verfassungsgemeinschaft „sui generis“ gesprochen werden darf. Manches bleibt indes weiter

ausbaubedürftig: Elemente der Gewaltenteilung wird man im Ensemble der europäischen Teilverfassungen entdecken, ebenso präföderale bzw. regionalistische. Nimmt man die EMRK[48] für die EU hinzu, da sie praktisch große Ausstrahlungswirkung entfaltet, und berücksichtigt man auch die Ansätze zu einer Sozial- und Umweltunion, so ist das „konstitutionelle Gewebe" in der EU aber doch unmittelbar greifbar. Dabei wären die oben genannten einzelnen Funktionen einer „Verfassung" auf die verschiedenen Normenensembles der EU zu beziehen: etwa die Grundordnungsfunktion, die Funktion der Machtbegrenzung (z.B. die Kontrolle durch Parlament und EuGH), die Legitimationsfunktion (Wahlen durch die Europabürger) und die konsensbezogene, auch programmatische Integrationsfunktion. Gerade hier ist aber auch ein Neuansatz nötig: *R. Smends* Integrationslehre (1928), die klassisch auf den Nationalstaat fixiert war, kann nicht einfach auf „Europa" bezogen werden. Und die nationalen staatlichen Verfassungen können „Integration" nicht mehr so leisten wie bisher: bilden sie doch auf eine Weise nur noch *Teil*verfassungen, ihre Themen und Funktionen sind im europäischen Kontext „geschrumpft". Das „europäische Deutschland" i.S. von *Th. Mann* gewinnt ein Stück seiner Legitimation (auch seiner 16 Länder) gerade auch aus und über die EU. Das gilt analog für die anderen derzeit 27 EU-Länder.

383 Im Übrigen sei daran erinnert, dass das Europa im engeren und zum Teil auch im weiteren Sinne unabhängig von verfassungstextlichen Normierungen längst mindestens *sechs Elemente europäischer Rechtskultur* lebt, die seine Identität mitbegründen: Das Wissen um die *Geschichtlichkeit* seines in mehr als 2500 Jahren gewordenen Rechts mit der philosophischen Grundlegung im alten Griechenland, mit dem bis heute nicht erreichten spezifischen Juristenverstand der Römer (vor allem im Privatrecht); hinzuzudenken sind die Beiträge des Juden- und Christentums. Erinnert sei an *Cicero* bzw. seine Schrift „De oratore" zum fünffachen Nutzen der Historie: „Historia vero testis temporum, lux veritatis, vita memoriae, magistra vitae, nuntia vetustatis."[49]

48 Dazu aus der deutschen Lit.: J. Frowein/W. Peukert (Hrsg.), EMRK, 3. Aufl. 2009.
49 Zu den weiteren fünf Elementen: Erster Teil B. I.

2. Kultur

Der Kulturbegriff wurde in vorliegender Verfassungslehre schon mehrfach ausbuchstabiert und sei hier nur nochmals als knapper, für das Kontextverständnis aber unverzichtbarer Erinnerungsposten vergegenwärtigt. Der Typus Verfassungsstaat bzw. die an und in ihm arbeitende Wissenschaft muss mit dem sog. „offenen Kulturkonzept" arbeiten. So bietet sich die Unterscheidung in „*Hochkultur*" i.S. des „Wahren, Guten und Schönen" der antiken Tradition, des italienischen Humanismus und des deutschen Idealismus an. Die „*Volkskultur*", in den Entwicklungsländern als Kultur der indigenen Bevölkerung spezifisch bewahrt (vgl. Art. 66 Verf. Guatemala von 1985), ist eine zweite Kategorie. Der Verfassungsstaat achtet sie nicht gering und er tut gut daran: Demokratie lebt auch aus dieser Art von Kultur, man denke an den Föderalismus bzw. Regionalismus, der das Kleine, die Heimat vor Ort schützt. *Alternativ-* bzw. *Subkulturen* sind eine dritte Kategorie. Sie können sogar ein Nährboden für Hochkultur sein: Die Beatles sind heute klassisch geworden. „Gegenkulturen" etwa der frühen Arbeiterbewegung, der heutigen Arbeitslosen wären zu nennen. Die Öffnung des Begriffs „Kunst" im Rahmen der Freiheit der Kunst (Stichwort offener Kunstbegriff)[50] zeigt, dass gerade auch Alternativkultur ihre Chance haben muss – bis zur Grenze der Pornographie. In einer „Verfassung des Pluralismus" ist das offene, pluralistische Kulturkonzept nur konsequent. Der Jurist hat sich oft genug mit Definitionen „blamiert", nicht nur im Strafrecht, wenn er voreilig neuen Werken das Prädikat „Kunst" oder „Kultur" absprach. 384

Im Kulturverfassungsrecht finden die Kategorien von Kultur und Verfassung eine besonders enge Verknüpfung. Erinnert sei aus der Schweiz an den Verfassungsentwurf *Kölz/Müller* (1984) mit dem schönen Satz in Art. 40 Abs. 1: „Die Kultur trägt dazu bei, dem Menschen seine Beziehung zu Mitmensch, Umwelt und Geschichte bewusst zu machen"[51]. Auf dem Feld der Grundrechte dürfen Religions-, Kunst- und Wissenschaftsfreiheit als kulturelle Freiheiten gelten, in dem *Goethe*-Wort tiefgründig verknüpft: „Wer Wissenschaft und Kunst besitzt, hat Religion; wer diese beiden nicht besitzt, habe Religion". Die Trias von Religion, Wissenschaft 385

---

50 *P. Lerche*, Kunstfreiheit, in: FS Raue, 2006, S. 215 ff.

51 Zit. nach JöR 47 (1999), S. 333 ff. (Dokumentation der Schweizer Verfassungen und Verfassungsentwürfe). S. schon die ältere Dokumentation in: JöR 34 (1985), S. 424 ff.

und Kunst fundiert die offene Gesellschaft, lässt Ressourcen für die Entwicklung des Verfassungsstaates immer neu entstehen und macht die These von Verfassung als Kultur von der Seite des Menschen und Bürgers her einsichtig. Kultur aber ist nicht nur Topos der Verfassung, die Verfassung selbst ist nichts anderes als eine kulturelle Emanation.

3. Verfassung als Kultur

a) Ausgangsthesen

386 Nach dem Bisherigen erweist sich die These von der „Verfassung als Kultur“ konsequent. Nicht nach Verfassung *und* Kultur wird gefragt, vielmehr nach Verfassung *als* Kultur. Mit „bloß“ juristischen Umschreibungen, Texten, Einrichtungen und Verfahren ist es nicht getan. Verfassung ist nicht nur rechtliche Ordnung für Juristen und von diesen nach alten und neuen Kunstregeln zu interpretieren – sie wirkt wesentlich auch als Leitfaden für Nichtjuristen: für den Bürger. Verfassung ist nicht nur juristischer Text oder normatives Regel-Werk, sondern auch Ausdruck eines kulturellen Entwicklungszustandes, Mittel der kulturellen Selbstdarstellung eines Volkes, Spiegel seines kulturellen Erbes und Fundament neuer Hoffnungen. Lebende Verfassungen sind ein Werk aller Verfassungsinterpreten der offenen Gesellschaft, sind der Form und der Sache nach weit mehr Ausdruck und Vermittlung von Kultur, Rahmen für kulturelle (Re-)Produktion und Rezeption und Speicher von überkommenen „kulturellen“ Informationen, Erfahrungen, Erlebnissen, ja auch Weisheiten. Entsprechend tiefer liegt ihre – kulturelle – Geltungsweise. Sie ist am schönsten erfasst in dem von *H. Heller* aktivierten Bild *Goethes*, Verfassung sei „geprägte Form, die lebend sich entwickelt.“

387 Die entwicklungsgeschichtlichen Etappen des „Typus Verfassungsstaat“, das immer neue Facetten ins Spiel bringende Leben ihrer als Verfassungstexte im weiteren Sinne verstandenen Klassikertexte von *Aristoteles* bis *H. Jonas*, die oft wörtlich zu Verfassungstexten im engeren Sinne „geronnen“ sind (etwa *Montesquieus* Gewaltenteilung), aber auch ihre „Gegenklassiker“ provozieren, etwa *B. Brechts* Frage: „Alle Staatsgewalt geht vom Volke aus, aber wo geht sie hin?“, das Ringen um ein relativ „richtiges“ Verfassungsverständnis, schließlich die Freilegung von allgemeinem und speziellem Kulturverfassungsrecht, all diese Elemente zeigen in Verbindung mit der zugleich komparatistischen und kulturwissenschaftlichen

Öffnung der Verfassungslehre: Verfassung *ist* Kultur, mit vielen Schichten und Differenzierungen. In sie gehen kulturelle Erfahrungen der Völker ein, von ihrem Boden aus werden kulturelle Hoffnungen bis hin zu konkreten Utopien wie im Fall der deutschen Wiedervereinigung genährt. Das einzelne Verfassungsprinzip lebt aus den Tiefenschichten des kulturellen Kontextes, etwa das (unterschiedliche) Verständnis des Regionalismus oder des Föderalismus (als „Kulturföderalismus“ wie in Deutschland). Auch und gerade das sich konstitutionell in Form bringende Europa grundiert sich letztlich aus den sechs genannten – gewachsenen – Elementen seiner Rechtskultur.

b) Der Erkenntnisgewinn

Der Erkenntnisgewinn des Paradigmas „Verfassung als Kultur“ sei stichwortartig angedeutet: Die Verfassungsrechtslehre wird in den Kreis der anderen Kulturwissenschaften, etwa der Literatur- und Musikwissenschaften (zurück-)geführt. Wie diese arbeitet sie einerseits an und mit Texten (Verfassungslehre als „juristische Text- und Kulturwissenschaft“), es besteht durchaus eine Nähe zwischen geschriebenen Verfassungen und den drei Weltreligionen als „Buchreligionen“. So kommt sogar die Theologie ins Blickfeld, soweit sie hermeneutisch arbeitet (seit *Schleiermacher*); doch ist der Text oft nur ein Hinweis auf den kulturellen *Kon*text. Wie nahe sich Verfassungstext und Literatur bzw. Musik sind, lässt sich am besten an den Präambeln studieren. Sie sollen die Bürger in feiertäglicher Hochsprache auf das nachstehende Werk buchstäblich „einstimmen“: Prologen, Ouvertüren oder Präludien vergleichbar. In der Schweiz bediente man sich 1977 der Hilfe eines Dichters (*A. Muschg*), der „Runde Tisch“ in Ostberlin 1989 rief die Literatin *Christa Wolf* herbei, in Venezuelas neuer Verfassungspräambel wurde 1999 ein spanischer Großschriftsteller um einen Präambeltext gebeten. Auf die in vielen Verfassungen definierte „Nationalhymne“ sei verwiesen (etwa in Art. 28 Abs. 3 Verf. Polen von 1997, Art. 20 Abs. 4 Verf. Ukraine, Art. 6 Abs. 2 Verf. Slowenien, Art. 9 Abs. 4 Verf. Slowakei, Art. 11 Abs. 3 Verf. Kroatien). Nationalhymnen gehören zur Kategorie der „emotionalen Konsensquellen“ eines politischen Gemeinwesens[52]. 388

52 *P. Häberle*, Nationalhymnen als kulturelle Identitätselemente des Verfassungsstaates, 2. Aufl. 2013; zu einer Art „europäischen Gemeinsinns“ als emotionale Kon-

389 Das Verständnis von Verfassung als Kultur kann auch den Wandel der Bedeutung von Verfassungsnorm ohne *Text*änderung besser erklären. *R. Smends* Klassikertext aus den 50er Jahren lautet: „Wenn zwei Grundgesetze dasselbe sagen, meinen sie nicht dasselbe" – das gilt auch heute, trotz der weltweiten Produktions- und Rezeptionsprozesse, in denen sich der Typus Verfassungsstaat „in" seiner nationalen Beispielsvielfalt entwickelt. Überdies werden Begriffe wie „Grundrechtskultur", „Verfassungskultur", in Deutschland 1979 bzw. 1982 vorgeschlagen[53], erst im Gesamtrahmen dieses skizzierten kulturwissenschaftlichen Verfassungsverständnisses möglich.

390 Zwei weitere Erkenntnisgewinne seien zuletzt angemerkt:

391 Der *Verfassungsbegriff* wird in Deutschland klassisch auf den Staat bezogen, der seit *G. Jellinek* in Gestalt von dessen Dreielementelehre („Volk, Gebiet, Gewalt")[54] die Kultur vergessen hatte. Heute muss, soweit man am Verfassungsstaat arbeitet, die Kultur, wenn nicht als „erstes", so als viertes Staatselement inkorporiert werden[55]. Im Übrigen aber ist der Verfassungsbegriff von seiner Fixierung auf den Staat zu befreien. Die Völkerrechtswissenschaft bzw. *A. Verdross* haben das schon 1926 getan („Die Verfassung der Völkergemeinschaft"), und heute kann im Blick auf die herausgeforderten Verfassungsperspektiven Europas – das Drama um die griechische Staatsverschuldung, die Europa-Skepsis in Großbritannien – gerade nicht mehr mit dem Staatsbezug gearbeitet werden.

392 Der andere Erkenntnisgewinn dürfte in der Tatsache liegen, dass Verfassungslehre als Kulturwissenschaft besser als die Sozialwissenschaften die „vertikale", „ideelle", wenn man will „platonische" Dimension zum Ausdruck bringt. Die Menschenwürde ist die kulturanthropologische Prämisse – sie verschafft dem Bürger den „aufrechten Gang", in zahlreichen kulturellen Sozialisationsprozessen erarbeitet, daher spricht *Hegel* anschaulich

---

sensquelle *J.-P. Jacqué*, in: H. von der Groeben/J. Schwarze/A. Hatje (Hrsg.), Europäisches Unionsrecht, Bd. I, 7. Aufl. 2015, Art. 2 EUV, Rn. 15 f.

53 *P. Häberle*, Kommentierte Verfassungsrechtsprechung, 1979, S. 88 f., 90; *ders.*, Verfassungslehre als Kulturwissenschaft, 1. Aufl. 1982, S. 20 ff. (2. Aufl. 1998, S. 90 ff).

54 Zum Verfassungsbegriff auch: *K. Stern*, Das Staatsrecht der Bundesrepublik Deutschland, Bd. I, 2. Aufl. 1984, S. 19 ff.; *P. Unruh*, Der Verfassungsbegriff des GG, 2002.

55 Ein früher, nicht weiter verfolgter Vorschlag von *G. Dürig*, Der deutsche Staat im Jahre 1945 und seither, VVDStRL 13 (1955), S. 27 ff., 37 ff. Dazu noch *P. Häberle*, Verfassungslehre als Kulturwissenschaft, 2. Aufl. 1998, S. 622 f.

von Erziehung als „zweiter Geburt“ des Menschen, verlangt *A. Gehlen* ein „Zurück zur Kultur“, ist Kultur die „zweite Schöpfung“ –, die Demokratie ist die organisatorische Konsequenz der Menschenwürde, die wir i.S. *I. Kants* verstehen. Der normative Anspruchscharakter, den die Verfassungsprinzipien haben, ihre *auch* bestehende Grenzziehungsfunktion gegenüber (macht-)politischem Geschehen und wirtschaftlicher Übermacht, ihre „dirigierende Kraft“, etwa in Staatszielen greifbar, ihre oft unterbelichtet bleibenden Gerechtigkeitspostulate – all dies kann nur die das Normative ernst nehmende Kulturwissenschaft erfassen. Rechtswissenschaft ist eben gerade nicht „Sozialwissenschaft“, wie die 68er Revolution propagierte. Verfassung ist nicht identisch mit den „tatsächlichen Machtverhältnissen“ (so aber *F. von Lassalle*, 1862). Die Steuerungskraft und der Steuerungswillen, die „normative Kraft der Verfassung“ (*K. Hesse*) wirkt über Kultur: Leitbilder, Erziehungsziele, aber auch Rechtsschutz für den Bürger dank der Grundrechte und dank unabhängiger Gerichtsbarkeit.

c) Vorbehalte und Grenzen

Damit kommen aber auch einige Vorbehalte und manche Grenzen dieses 393
Ansatzes ins Blickfeld. Zu „erinnern“ ist an die spezifische Normativität der verfassungsstaatlichen Verfassung. Sie unterscheidet sich von der „Geltung“ von Thora, Bibeltexten und Koranversen, zumal es ja die offene Gesellschaft (*K. Popper*), die „Verfassung des Pluralismus“ ist, die den Verfassungsstaat ausweist. Zu erinnern ist auch an das spezifische „Handwerkszeug“ des Juristen, an seine nicht nur formalen Kunstregeln, mit denen er arbeitet, etwa eine Verfassung oder eine andere Norm auslegt: mit den seit *F. C. von Savigny* (1840) kanonisierten (schon im klassischen Rom z.B. bei *Celsus* im Ansatz praktizierten) *vier* Auslegungsmethoden (Wortlaut, Geschichte, Systematik, Telos), heute ergänzt um die rechtsvergleichende Methode als *„fünfte“*[56]. So offen das Zusammenspiel der vier

56 *P. Häberle*, Grundrechtsgeltung und Grundrechtsinterpretation im Verfassungsstaat, JZ 1989, S. 913 ff.; siehe auch *J. A. Frowein*, Kritische Bemerkungen zur Lage des deutschen Staatsrechts aus rechtsvergleichender Sicht, DÖV 1998, S. 806 ff.; für die europäische Dimension vgl. *H. Coing*, Europäisierung der Rechtswissenschaft, NJW 1990, S. 937 ff.; in globalen Kontexten *M. Tushnet*, The Inevitable Globalization of Constitutioal Law, Virginia Journal of International Law 49 (2009), S. 985 ff.; *R. Hirschl*, Comparative Matters. The Renaissance of Comparative Constitutional Law, 2014.

bzw. fünf Auslegungsmethoden im Einzelfall ist, so intensiv der Durchgriff auf Gerechtigkeitspostulate den Pluralismus der Auslegungsmethoden ergebnisorientiert steuern muss: diese Kunstregeln sind unverzichtbar. Der Jurist, auch und gerade der „europäische Jurist", gewinnt dadurch „Selbststand" gegenüber anderen Wissenschaften, auch im Rahmen der Kulturwissenschaften. Die relative Autonomie des juristischen Umgangs mit Rechtstexten und kulturellen Kontexten bleibt bestehen – bei allen hermeneutischen Analogien oder werkinterpretatorischen Betrachtungen (etwa dem Verständnis eines Bildes von *Rembrandt*), bei allen rezeptionstheoretischen Gemeinsamkeiten (etwa im Sinne der Konstanzer Schule von *H. R. Jaus* in Sachen Literatur). Auch der Jurist hat seine Vorverständnisse und Paradigmen (etwa den „Runden Tisch" als neuen Gesellschaftsvertrag), kennt ihren Wechsel und Wandel (in der Zeitprojektion etwa den „Generationenvertrag"), mitunter den „Sturz" von Paradigmen (z.B. die Abschaffung der Todesstrafe als „wiederherstellende" Vergeltung im Strafrecht); aber seine Paradigmen wirken im Medium „seiner" Wissenschaft, auch wenn sie Kulturwissenschaft ist.

III. Die Übertragung auf Europa: Lösungsvorschläge (Europäische Unionsgrundordnung, Staatenverbund, Verfassungsverbund), Darstellung und Kritik

394 Die deutsche Staatsrechtslehre hat – auch europaweit – die Bemühungen um eine Qualifizierung der Europäischen Union enorm bereichert. Stichworte sind „Europäische Unionsgrundordnung" (*D. Tsatsos*)[57] oder „Verfassungsverbund" (*I. Pernice*)[58]. Auch die anglizistische Wortprägung vom „multilevel constitutionalism" (*I. Pernice*)[59] ist anregend, indes sind

---

57 *D. Tsatsos*, Die Europäische Unionsgrundordnung, EuGRZ 1995, S. 287 ff.; *ders.*, Die Europäische Unionsgrundordnung im Schatten der Effektivitätsdiskussion, EuGRZ 2000, S. 517 ff.

58 *I. Pernice*, Der europäische Verfassungsverbund auf dem Wege der Konsolidierung, JöR 48 (2000), S. 205 ff.; *ders.*, Nationales und Europäisches Verfassungsrecht, VVDStRL 50 (2001), S. 148 ff., 163 ff.

59 Dazu auch *F. C. Mayer*, Kompetenzüberschreitung und Letztentscheidung. Das Maastrichturteil des BVerfG und die Letztentscheidung über ultra vires-Akte in Mehrebenensystemen, 2000. Die „rechtliche Struktur der Welt als ein Mehr-Ebenen-System" qualifiziert *R. Wahl*, Der Einzelne in der Welt jenseits des Staates, Der Staat 40 (2001), S. 45 ff., 45. Ebd., S. 46, Fn. 6 mit zahlreichen Nachweisen

ihr Vorbehalte gegen das Ebenen-Denken entgegen zu stellen. Die Verbund- oder Verflechtungsmetapher hat ebenfalls ihr ganz eigenes, wenn nicht *Erklärungs-*, so doch wenigstens *Veranschaulichungspotential.* So wie überkommene Ansätze, das Verhältnis von Rechtsordnungen hierarchisch zu bestimmen, der schrittweisen Genese des konstitutionellen Europa nach innen nicht mehr gerecht werden,[60] lebt dieses konstitutionelle Europa nach außen in politischen Räumen, die von wechselseitigen Verflechtungen, Verschränkungen, Überlagerungen, kurz einem komplexen *Verwobensein* von Interessen, wichtiger vielleicht noch, von *überkomplexen Abhängigkeiten* in der Handlungs- und Gestaltungsmacht, geprägt sind. Dem Verbundbegriff geht es nun primär darum, die teils schon sehr spezifischen, teils noch recht unspezifischen Funktionsweisen komplexer Mehrebenenverflechtungen – die freilich nicht hierarchisch missdeutet werden dürfen – zu umschreiben, ohne schon vorab die genauen Mechanismen des Zusammenspiels festzulegen.[61] Der Verbund ist dabei *dynamische Ordnungsidee*, die stärker auf ein immer neues Sich-Verbinden als auf statisches Verbundensein verweist. Dieses Sich-Verbinden lebt von (teils diffusen) Rezeptionsvorgängen und Wechselbezüglichkeiten, die im Einzelnen kaum analytisch herauspräpariert und detailgenau nachvollzogen werden können.[62] Aus den mitgliedstaatlichen, dort ihrerseits unter Umständen in multiplen Rezeptionsprozessen gewachsenen Grundsätzen und Prinzipien entstehen ihre unionalen Pendants durch neuerliche Rezeption. Schon während dieser Folge-Rezeptionsprozesse der nächsten Stufe wird das Rezipierte seinerseits vom Rezipienten, in erster Linie dem EuGH, angereichert, modifiziert, relativiert, produktiv fortgeschrieben.

---

zur Entwicklungsgeschichte des zunächst in der politikwissenschaftlichen Diskussion (*B. Kohler-Koch, M. Jachtenfuchs*) geprägten, später von der Europarechtswissenschaft (*F. C. Mayer, M. Morlok, I. Pernice*) übernommenen Begriffs „Mehr-Ebenen“- bzw. „Multi-Level“-System; inspirierend *M. Knauff*, Der Regelungsverbund: Recht und Soft Law im Mehrebenensystem, 2010. Kritik am „missverständlichen Begriff“ „Mehrebenensystem“ jetzt auch bei *P. Badura*, Staatsrecht, 6. Aufl. 2015, S. 18 – Aus parallelem Grund haben die Verfasser auch Zweifel an dem Wort vom „supranationalen Föderalismus“ u.Ä. (z.B. *A. v. Bogdandy*).

60 *A. v. Bogdandy/S. Schill*, Zur unionsrechtlichen Rolle nationalen Verfassungsrechts und zur Überwindung des absoluten Vorrangs, ZaöRV 70 (2010), S. 701 ff., 703.

61 *A. Voßkuhle*, Der europäische Verfassungsgerichtsverbund, NVwZ 2010, S. 1 ff., 3.

62 *K. Zweigert*, Der Einfluss des Europäischen Gemeinschaftsrechts auf die Rechtsordnungen der Mitgliedstaaten, RabelsZ 28 (1964), S. 601 ff.; *P. Häberle*, Theorieelemente eines allgemeinen juristischen Rezeptionsmodells, JZ 1992, S. 1033 ff.

Das Unionsrecht entfaltet dann als solches wiederum Rückwirkungen auf die mitgliedstaatlichen Rechtsordnungen, Re-Rezeptionen finden statt, gerade weil die Gerichte der Mitgliedstaaten ihrerseits gehalten sind, das sich dem Unionsrecht öffnende nationale Recht „europarechtskonform" auszulegen. Zugleich ist die Unionrechtsordnung aber auch *Reflexionsraum* und *Rezeptionsmittlerin* für Austauschprozesse der Mitgliedstaaten untereinander. Sie eröffnet so mittelbar Einbruchstellen fremden Rechtsdenkens in nationale Rechtsordnungen.

395 Das aber veranschaulicht besonders deutlich und auf das – auch nach Lissabon und ungeachtet aller aktuellen Krisenszenarien weiterhin wirkungsmächtige – Gemeinschaftsideal hin orientiert der Begriff der kulturwissenschaftlich grundierten „Verfassungsgemeinschaft" bzw. das Bild von „Ensembles geschriebener und ungeschriebener Teilverfassungen". Die Idee des *multi-level-constitutionalism* bedient sich eines – jedenfalls potentiell missverständlichen – Sprachbildes: eines Mehrebenensystems teils sich überlagernder, teils miteinander verzahnter Stufen von verfassenden Ordnungsstrukturen. Doch gerade in dieser Metaphorik, mag sie auch die Öffnung des nationalen hin zum europäischen Verfassungsraum verdeutlichen, liegt eine gewisse Gefahr. Sie impliziert ein hierarchisches Verhältnis, eine gewisse Über- und Unterordnung, und ginge, so gedeutet, fehl. Wenn schon im Bundesstaat nicht der Bund als „oben" und die Länder „unten" eingeordnet werden können, sondern Gesamtstaat und Gliedstaaten einander auf gleicher Augenhöhe begegnen, so muss das erst recht für die präföderale EU gelten. Alles Denken in Hierarchien ist hier bei der Verfassungsfrage von vornherein zu vermeiden. Das sucht die Terminologie von *gleichrangigen* „Teilverfassungen" zu leisten. Damit sei gar nicht geleugnet, dass die aus dem Bundesstaat bekannten Grundsätze „Bundesrecht bricht Landesrecht" oder die Bundestreue auf der EU-Ebene ein Analogon finden mögen, letztere in Gestalt der „Unionstreue". Doch dienen diese Prinzipien der Konfliktvermeidung, zum Teil der wechselseitigen Rücksichtnahme *gleichberechtigter* Partner, und nicht als Vorwand für ein Denken in – in übertragenem Sinne – „schiefen" Ebenen.

B. Das konstitutionelle Europa von heute: eine werdende „Verfassungsgemeinschaft" eigener Art mit Gemeinschaftsvölkern, das konstitutionelle Mosaik

Vorbemerkung

Die anspruchsvolle Aufgabe, die „Verfassung Europas" einzuordnen, ist 396 unter einem wichtigen Vorbehalt zu sehen: Die jeweilige „nationale Brille" aller Akteure aus den 28 Mitgliedstaaten der EU, die über die Verfassungsfrage nachdenken, bleibt unvermeidlich und müsste doch eine europäische sein. Von Deutschland aus jedenfalls gilt, dass die Einführung in die konstitutionellen Grundsatzfragen Europas das Denken in den Kategorien eines „europäischen Deutschland" (*Th. Mann)* verlangt. Jeder Unionsstaat muss sich die ihn ergreifende „innere Europäisierung" seines nationalen Verfassungsrechts vor Augen halten, wenn von der „Verfassung Europas" die Rede ist[63]. Zugleich sollte jede nationale Wissenschaftlergemeinschaft ihre spezifischen Stärken in das „europäische Hauskonzert" einbringen: Italien und Spanien etwa ihren Regionalismus, Deutschland seine ausgefeilte Grundrechtsdogmatik, Frankreich sein Menschenrechtspathos und Großbritannien seine parlamentarische Praxis. Die skandinavischen Länder zeichnen sich u.a. durch ihre Erfindung des Ombudsmannes aus, die Beneluxstaaten können auf die integrierende Kraft ihrer traditionsreichen Monarchien als emotionale Konsensquellen verweisen.

Die Verfassungswerte des sich einigenden Europa lassen sich besonders 397 gut durch Italien und Griechenland bzw. ihre schöpferische Vermittlung der Antike grundieren. Die Vielfalt und Einheit der europäischen Kultur einschließlich der Rechtskultur und einschließlich der Prägekraft, die sich seit 1100 mit Bologna verbindet, ist es, die die offene Gesellschaft der Verfassungsinterpreten im Europa von heute so grundiert, dass sie ihre Identität behaupten kann – auch gegenüber der „Globalisierung", Ökonomisierung und Nivellierung unserer Tage. M.a.W.: Eine europäische Verfassungslehre „als Kulturwissenschaft" kann ihre Inspirationen vor allem aus Italien holen: seien es dessen Wissenschaften und Künste, seien es dessen Städtebilder und Kulturlandschaften. Das gemeineuropäische Verfassungsrecht ist – wie das „gemeineuropäische Privatrecht" – vor allem

63 Allgemein zur Anwendung des Europarechts im innerstaatlichen Bereich *T. Öhlinger*, Gemeinschaftsrecht und staatliches Recht, 2006.

eine Frucht Italiens, und es ist kein Zufall, dass die Gründungsverträge der EWG 1957 in Rom unterzeichnet worden sind.

398 Das hier vorgelegte Kapitel bedürfte also der Ergänzung durch 27 weitere nationale Beiträge zum gleichen – europäischen – Thema aus anderen Federn. Es bleibt insofern fragmentarisch. Es ringt aber dank des auf Europa bezogenen kulturwissenschaftlichen Ansatzes um eine das Nationale ergänzende, vielleicht vertiefende, aber zugleich dieses bewahrende Sicht (Stichwort: komparatistische und kulturwissenschaftliche Öffnung).

I. Die geltende Verfassung Europas – ein Ensemble von geschriebenen und ungeschriebenen Teilverfassungen

1. Die Frage

399 Was die Charakteristika Europas als „werdender Verfassungsgemeinschaft" ausmacht, wurde soeben erörtert. Die Frage nach den verfassenden Elementen sei im Folgenden noch einmal zugespitzt mit Blick auf die unterschiedlichen konstitutionellen Dichtegrade in Europa im engeren und weiteren Sinne, mit Blick auf die „Bindemittel", die Europa in seinem Innersten zusammenhalten. Der Dichtegrad der verfassenden Strukturen ist unterschiedlich: besonders eng innerhalb der EU, weitmaschiger in der OSZE. Die 1983/91 vorgeschlagene Figur des „Gemeineuropäischen Verfassungsrechts" mit allen seinen Rechtsgrundsätzen, z.T. prätorisch in der Judikatur des EuGH entwickelt, textlich in der EMRK formuliert, ist „constitutional European law in public action", ein konstitutionelles „Bindemittel", das europaweit wirkt und im Wege wertender Rechtsvergleichung gewonnen wird. Es gibt der Antwort – respektive möglichen Antworten – auf die Frage nach den verfassenden Elementen und damit der Verfassungsqualität des Unionsrechts einen Rahmen vor.

2. Eine Antwort

400 Klassisch ist die *Machtbeschränkungsfunktion* allen Verfassungsdenkens. Sie kann sich u.a. auf Art. 7 EUV (Verletzung fundamentaler Grundsätze durch einen Mitgliedstaat) berufen, eine Art präföderaler Homogenitäts- und Gewährleistungsklausel; alle, als Abwehrrechte i.S. des status negativus wirkenden Grundrechte (Charta-Rechte ebenso wie allgemeine

Rechtsgrundsätze) und Grundfreiheiten, vom EuGH zu Individualrechten mit Abwehrcharakter ausgestaltet, in der EU kommen hinzu, z.B. Art. 49 AEUV: Niederlassungsfreiheit, erweitert verstanden im Lichte des *Centros*-Urteils des EuGH; sodann die Begrenzung im Zeit-Raum, d.h. die Parlaments- und sonstigen Wahlen als ein Stück demokratischer „Herrschaft auf Zeit". Das Subsidiaritätsprinzip (Art. 5 Abs. 3 EUV), überhaupt alle „Zuständigkeitsverteilungsregelungen", aber auch der EuGH, der Rechnungshof und der Bürgerbeauftragte dienen der Machtbegrenzung in typisch konstitutioneller Weise. Nicht vergessen sei, dass Verfassungen ihrem Telos nach *Macht konstituieren und legitimieren* wollen: indem sie vom Volk bzw. den Völkern und ihren Bürgern hergeleitete Macht definieren und *auf Zeit* anvertrauen („trust"). Die Organe der Union, vom Parlament (innovativ die *Matthews*-Entscheidung des EGMR[64]) bis zur Europäischen Investitionsbank, sind unter diesem Aspekt zu sehen – auch ihre einzeln ausgewiesenen „Politiken" (Dritter Teil des AEUV: „Die internen Politiken und Maßnahmen der Union", Art. 26 bis 197 AEUV). Die die Bürger und Völker „ansprechende" *Integrationsfunktion* ist – bei allem Pluralismus – eine weitere klassische Verfassungsfunktion. Sie kommt vor allem in den Präambeln zum Ausdruck (in den Präambeln von EUV und AEUV genauso wie in der Präambel zur Grundrechte-Charta), ist aber auch in bzw. hinter Verfassungszielen freizulegen (Art. 3 EUV zu den weit ausdifferenzierten Zielen der Union) und sie verbirgt sich hinter spezifisch demokratischen Grundrechten wie dem unionsbürgerlichen Wahlrecht (Art. 22 AEUV) und dem Petitionsrecht (Art. 24 AEUV). Diese Funktion führt zu den *Identifikationschancen* hinüber, die ein Verfassungstext seinen Adressaten geben will: das sich einigende Europa (vgl. Art. 1 und 2 EUV), Bekräftigung dessen, was den Mitgliedstaaten und Völkern gemeinsam ist (Art. 2 und Art. 6 EUV (Menschenrechte, Demokratie, Rechtsstaatlichkeit etc.) und was sie sondert („nationale Identität", Art. 4 Abs. 2 EUV). Diese *Bekräftigung von Grundwerten* (siehe wiederum Art. 2 EUV) ist, wie viele neuere Verfassungen der Reformstaaten in Osteuropa zeigen, eine typische Verfassungsfunktion, die bis in emotionale (symbolische), auch erzieherische Bezirke und anthropologische Tiefenschichten reicht. All diese Funktionen bilden ein beziehungsreiches Ganzes, das in den verschiedenen Artikelgruppen, unterschiedlich dosiert, wirkt und die EU zu einer eindrucksvollen „Verfassungsgemeinschaft",

---

64 EuGRZ 1999, S. 200 ff.

gestützt auf die Verfassungsqualität ihres Primärrechts, hat reifen lassen[65]. Und all diese Funktionen sollen letztlich das Vertrauen der Bürger in dieses Europa stärken. – Wir bedürfen mehr als 200 Jahre nach *Hegel*s Schrift über die Reichsverfassung (1799) eines zum Teil „umgekehrten Hegel" zur Verfassung Europas. Nicht: „Deutschland ist kein Staat mehr", sondern: „Deutschland hat nur noch 1 plus 27 Teilverfassungen, aber zugleich wächst Europa zu einem Ensemble von Teilverfassungen heran".

3. Das Europa der (Rechts-)Kultur

401 Der Konstitutionalisierungsvorgang Europas ist dabei, wie aufgezeigt, nur aus der Vielfalt seiner *Kultur* zu begreifen[66]. Die einzelnen Menschenrechte, in der EU-Grundrechte-Charta und der EMRK als komplementären Grundrechtsverfassungen verbrieft und um die ungeschriebenen Grundrechte als allgemeine Rechtsgrundsätze ergänzt[67], sind schon „prima facie" kulturelle Freiheiten, etwa die Gedanken-, Gewissens- und Religionsfreiheit (vgl. etwa Art. 9 EMRK). Auch das 1. Zusatzprotokoll zur EMRK von 1952 (dort Art. 2) bereichert die kulturelle Freiheit durch das heute vieldiskutierte und in Art. 14 Grundrechte-Charta produktiv fortgeschrieben „Recht auf Bildung".[68] Greift man unter die „Textdecke" solcher Klauseln tiefer, so wird das Europa der Kultur und Rechtskultur erkennbar. Manche juristische Dogmatik, manches Filigran wissenschaftlicher Differenzierungskunst gründet sich letztlich auf die Einheit und Vielfalt der europäischen Kultur. Darum ist es auch die europäische Verfassungs-

65 Zum Stichwort „Internationales Verfassungsrecht" vgl. allgemein die Beiträge von *R. Uerpmann*, Internationales Verfassungsrecht, JZ 2001, S. 565 ff. sowie von *U. Haltern*, Internationales Verfassungsrecht, AöR 128 (2003), S. 512 ff. Das „International Journal of Constitutional Law", das sich immer wieder auch dem „international constitutional law" verschreibt, liegt mittlerweile in seinem Bd. 13 (2015) vor.

66 Siehe auch *J. Basedow*, Rechtskultur – Zwischen nationalem Mythos und europäischem Ideal, ZEuP 1996, S. 379 ff.; C. Varga (Hrsg.), Comparative Legal Cultures, 1992; *R. Zimmermann*, Römisches Recht und europäische Kultur, JZ 2006, S. 1 ff.

67 *R. Jaeger*, Menschenrechtsschutz im Herzen Europas, 2005; *M. W. Janis/R. S. Kay/A. W. Bradley*, European Human Rights Law. Text and Materials, 3. Aufl. 2008. Dem „Europäische(n) Menschenrechtsschutz" gilt C. Grabenwarter (Hrsg.), Enzyklopädie Europarecht, Bd. II, 2014.

68 *R. Poscher/J. Rux/Th. Langer*, Das Recht auf Bildung. Völkerrechtliche Grundlagen und innerstaatliche Umsetzung, 2009.

lehre als Kulturwissenschaft, die darstellen kann, was Europa ausmacht[69], in der Tiefe verfasst und wie es Identität begründet. Die Wirtschaft ist als Wohlstandsvehikel gewiss unersetzbar, aber sie ist wie der „Markt" nur *instrumental* zu verstehen: im Dienst und Kontext der europäischen Kultur in ihrer Vielfalt und Einheit. Das Europa-Bild lässt sich eben nicht auf Marktwirtschaft mit freiem Wettbewerb reduzieren. Bei jeder Konkretisierung der Beitrittskriterien für andere Länder muss sich die (rechts)kulturelle Identität dieses Europa bewähren können (siehe Art. 49 EUV). Die EU-Grundrechte-Charta ist fast idealer Ausdruck des Europas der Rechtskultur.

II. Elemente der Europäischen Rechtskultur – aus der Tiefe der Geschichte und der Weite und Dichte des – offenen – europäischen Raumes

Den „Gedächtnis- und Kulturraum Europa" im Blick auf seine Rechtskul- 402
tur zu skizzieren, wurde bereits im Ersten Teil unternommen. Zur kontextspezifischen Vergegenwärtigung: die Geschichtlichkeit, die Unabhängigkeit der Rechtsprechung bzw. der Rechtsstaat, die Religionsfreiheit bzw. die weltanschaulich-konfessionelle Neutralität des Staates, schließlich die Europäische Rechtskultur als Vielfalt und Einheit, und die Partikularität und Universalität der europäischen Rechtskultur: Europa ist nicht nur „global player" oder „actor", sondern ist ein Teil der *einen* Welt. Mit offenen Grenzen, aber in seiner kulturellen Identität abgrenzbar: *eine*, aber *in sich* vielfältige Rechtskultur. Das islamische Recht, andere religiös geprägte Rechtsordnungen, die Entwicklungsländer, die asiatischen Staaten, all dies sind andere Rechtswelten. Mag man über „gemeinislamisches Verfassungsrecht" sprechen oder von Japan aus nach Möglichkeiten „allgemeiner Rechtsgrundsätze" für vergleichbare asiatische Rechtskulturen fragen: die Differenz zu Europa bleibt. Global gesehen, lebt Europa kulturell und damit auch rechtskulturell etwas Partikulares. Doch lebt es auch in und aus universalen Inhalten und Dimensionen: die Menschenrechte seit 1789, in UN-Dokumenten bekräftigt und auch in Afrika wiederholt, das Leitbild der pluralistischen Demokratie und vor allem der Rechtsstaat, z.T.

69 Siehe dazu auch *V. Götz*, Ein Raum der Freiheit, der Sicherheit und des Rechts, in: FS D. Rauschning, 2001, S. 185 ff.; P. C. Müller-Graff (Hrsg.), Der Raum der Freiheit, der Sicherheit und des Rechts, 2005.

auch die soziale Marktwirtschaft, lassen an eine Verfassungslehre im Sinne von *I. Kants* „weltbürgerlicher Absicht“ denken. Es gibt die „Welt des Verfassungsstaates“[70]. Zu den USA besteht ein besonders vom Recht vermittelter Kulturzusammenhang und immer weiter erneuerter Rezeptions- und Produktionsprozess (Virginia Bill of Rights von 1776, die Common Law tradition[71], die Rechtsphilosophie der Federalist Papers von 1787 etc.). Auch nach Lateinamerika bestehen dank Spanien und Portugal vielfältige wechselseitige Einflüsse. Europa darf sich nicht als „Festung“ verstehen, es muss offen bleiben und sich seiner eigenen Rechtskultur sicher wissen. Es kann auf seine Beiträge zu einer Rechtskultur im Weltmaßstab verweisen, dies aber nur als „Angebot“. Die Balance zwischen solcher *Partikularität* und *Universalität* ist immer neu zu finden. Die „europäischen Juristen“ haben ihren bescheidenen Anteil dabei zu leisten: u.a. via „europäischer Öffentlichkeit“.

III. Europäische Öffentlichkeit – primär aus Kultur, komplementär zunehmend auch aus der Politik

403 Thematisiert bzw. kontextualisiert sei im vorliegenden Zusammenhang auch das im Ersten Teil in abstracto entwickelte Konzept einer europäischen Öffentlichkeit. Was im Verfassungsstaat vorgeformt wurde und dort auf relativ gesichertem Boden steht, muss europäisch weitergedacht werden. Zugleich wird diese europäische Öffentlichkeit von der Weltöffentlichkeit bzw. der globalen Informationsgesellschaft einerseits, den Öffentlichkeiten anderer Verfassungsstaaten (so der USA) bzw. ihrer Märkte (Marktöffentlichkeit) andererseits herausgefordert. Im europäischen Primärrecht ist sie, wie bereits gezeigt, vielfach angelegt bzw. vorausgesetzt. Gleiches gilt für das Recht des Europarates. Freilich bleibt die Wirklichkeit, wie so oft, gegenüber den Verfassungstexten defizitär. Aber nicht vergessen sei: „Europa“ kommt nur vordergründig von der Wirtschaft her: Was Europa geworden ist und noch werden kann, ist primär seine *Kultur*,

70 Dazu der gleichnamige Tagungsband M. Morlok (Hrsg.), Welt des Verfassungsstaates, 2001, mit einleitenden Bemerkungen von *K. Hesse*, S. 11 ff.

71 Siehe aber auch die römisch-rechtliche Tradition, dazu *R. Zimmermann*, Roman law, contemporary law, European law, 2001; *ders.*, Römische Recht und europäische Kultur, JZ 2007, S. 1 ff.; *G. Hamza*, Entstehung und Entwicklung der modernen Privatrechtsordnungen und die römischrechtliche Tradition, 2009.

sein „kulturelles Erbe“ und seine kulturelle Zukunft, die sich aus der regionalen, kommunalen und nationalen Vielfalt speisen[72]. In Europa gibt es schon eine *kulturelle* Öffentlichkeit, und dieses Europa muss sich aus ihr weiter konstituieren und entfalten.

Zur kulturellen Öffentlichkeit Europas als „bester“ Öffentlichkeit gehören 404
auch die *Rechtsordnungen* des europäischen Verfassungsstaates in all seinen nationalen Varianten[73]. Längst hat sich eine „europäische Rechtswissenschaft“ (wieder) etabliert, was in dem Wort „Von Bologna bis Brüssel“ (*H. Coing*) ebenso zum Ausdruck kommt wie in der *Juristenöffentlichkeit* europäischer Richtertreffen, in der wachsenden Praxis der Rechtsvergleichung und EU-Programmen für allgemeine und berufliche Bildung, Jugend und Sport („Erasmus+“). Ein Europäischer Juristentag, eine Europäische Staatsrechtslehrertagung sind konsequent, ebenso eine „europäische Juristenfakultät“ (das Dreiecksprojekt zwischen Saarbrücken, Lille und Warwick gibt ein Vorbild, auch Frankfurt/O. im Blick auf Polen). Der heute favorisierte Vorrang des bloß „Ökonomischen“ gefährdet dieses Europa der Kultur(geschichte). Gerade die Krisenjahre, die mit dem Ausbruch der globalen Finanzkrise (2008) beginnen und in der griechischen Staatsschuldenkrise kulminieren, rufen mit ihrem destruktiven Potential ein glückliches Wort von *R. Prodi* bzw. *J. Delors* in Erinnerung: Europa brauche wieder eine „Seele“. Im Konstitutionalisierungsvorgang Europas bleibt Öffentlichkeit insgesamt unverzichtbar. Sie ist derzeit nur in Teilbereichen verwirklicht. Die *kulturelle* Öffentlichkeit Europas aber ist ebenso vielgestaltig wie lebendig und in der Tiefe verwurzelt. Zum Teil schon kräftig ausgeformt, wird die Verfassungsöffentlichkeit Europas greifbar in einzelnen Institutionen und Verfahren des Europa*rechts* im engeren und weiteren Sinne. Das Europa als *Rechtsgemeinschaft* ist so öffentlich wie Rechtsetzung, Rechtsfindung und -fortentwicklung öffentlich sind.

---

72 Wenn Brüssel den (spanischen) Jakobsweg als „Erste Kulturstraße Europas“ ausgezeichnet hat, verweist das auf ein kulturelles Verständnis dieses Europas, jenseits von politischer Strategie und Marktwirtschaft; siehe noch *C. F. Germelmann*, Kulturelles Erbe als Menschenrecht?, DÖV 2015, S. 853 ff.

73 Und umgekehrt prägt das Europäische Recht kraft und dank seiner spezifischen Öffentlichkeit die nationalen Rechtsordnungen, siehe früh *M. Nettesheim*, Auslegung und Fortbildung des nationalen Rechts im Lichte des Gemeinschaftsrechts, AöR 119 (1994), S. 261 ff.

IV. Zukunftsperspektiven der Europäischen Verfassung

1. Die Vorfrage

405 Weder das Scheitern des Verfassungsvertrages noch der Reformvertrag von Lissabon haben die Verfassungsfrage obsolet werden lassen. Ins Blickfeld rückt vielmehr – bei allen Fort- und Rückschritten – die Entwicklungsoffenheit des europäischen Konstitutionalisierungsprozesses. Die „Finalität" der Integration bleibt auch in konstitutioneller Hinsicht offen.[74] Sie wird auch nicht durch die Formel von Art. 1 Abs. 2 EUV restriktiver gefasst, wonach dieser Vertrag eine „neue Stufe bei der Verwirklichung einer immer engeren Union der Völker Europas" darstellt (vgl. schon Präambel Maastricht-Vertrag von 1992: „... entschlossen, den ... Prozess der europäischen Integration auf eine neue Stufe zu heben"). Dieses Stufendenken deutet auf einen dynamischen Prozess, der keine vorab festgelegte Endstufe, kein Endziel und keine letzte Etappe kennt. Die Verfassungsgeschichte Europas bleibt offen, die Völker und Bürger sollen sie als offene erfahren können. Gerade einer Kultur kann man keine letzten Ziele vorgeben. Das lehrt die Geschichte Europas als offener Prozess. In ihm bleiben die Völker und Bürger Europas handelnde Subjekte, zumal das Prinzip der Subsidiarität als „Bremse" gegen „oben" wirken kann und soll. Die „ever closer Union" ist als gerade auch Union der Bürgerinnen und Bürger beständiges Werden, nicht statisches Sein.[75]

2. Das Verfassungskonzept

406 Das Gesagte hat Konsequenzen für die Zukunftsperspektiven der Europäischen Verfassung. Um den Erlass einer „Vollverfassung" geht es dabei nicht.[76]. Im europäischen Verfassungsverbund respektive in der europä-

---

74 *C. D. Classen*, Zur offenen Finalität der europäischen Integration, in: A. Hatje/P.-Ch. Müller-Graff (Hrsg.), Enzyklopädie Europarecht, Bd. I, 2014, § 37; aus mitgliedstaatlicher Verfassungsperspektive *P. Kirchhof*, Der deutsche Staat im Prozess der europäischen Integration, in: HStR, Bd. X, 3. Aufl. 2012, § 214.

75 *I. Canor*, The Role of the Preamble to the Treaty in the European Court of Justice's Jurisprudence – „... an ever closer union among the peoples of Europe", in: FS Europainstitut Saarbrücken 2011, S. 87 ff.

76 Aus der Entwicklungsgeschichte *J. H. H. Weiler*, The Constitution of Europe, 1999; *ders.*, Ein christliches Europa, 2004.

ischen Verfassungsgemeinschaft erfüllen nationale Verfassungen und europäische Verfassung komplementäre Funktionen, was auch das Verfassungskonzept bestimmt. Der Verfassungsverbund verlangt nicht notwendig nach einer vereinheitlichten Textgrundlage, nach einem Gesamtwerk „aus einem Guss". Der Verfassungsverbund ist vielmehr rechtspluralistisch offen zu denken, er lebt von diesem „offenen Verbunddenken", das überdies auch künftige Erweiterungsperspektiven *mitzubedenken* hat – etwa im Blick auf Staaten wie Serbien, Mazedonien oder die Türkei[77]. In Sachen „Vollverfassung" blieben indes viele Fragen offen: Auf welchen Wegen, in welchen Verfahren sollte eine solche europäische Vollverfassung, beginnend mit einer Präambel und zwei oder drei Hauptteilen zu den Grundrechten, den Grundwerten und organisatorisch-kompetenziellen Themen und endend mit Schluss- und (vor allem neue Mitgliedstaaten betreffend) Übergangsvorschriften, geschaffen werden: kraft des pouvoir constituant der Unionsvölker, die – analog zum Staatsvolk – „ein" (multiethnisches) Unionsvolk würden? Die einen (fiktiven) europäischen „contrat social" schlössen? Die in einen europäischen Bundesstaat strebten? Dies erscheint weder wünschenswert noch realistisch.

3. Schrittweises Vorgehen

Realistischer ist vielmehr ein anderer, teils schon erfolgreich beschrittener 407
Weg: Im Sinne von *K. Poppers* „Stückwerktechnik" wird das erwähnte schon gebildete Ensemble von geschriebenen und ungeschriebenen Teilverfassungen ergänzt um neue Teile. Die EU-Grundrechte-Charta gibt ein Beispiel par excellence. Sie ist mit dem Vertrag von Lissabon zu Primärrecht erstarkt und trägt gewiss auch Elemente einer Grundwerte-Charta in sich. Bei künftigen Fortschreibungen müssten neben dem Europäischen Parlament[78] auch die nationalen und regionalen Parlamente und Pluralgruppen sowie die Bürgerbewegungen noch stärker als bisher einbezogen werden. Positive Impulse vermittelte schon der Gipfel von Tampere (1999). Mit Recht forderte er für die Grundrechte-Charta, „sonstige Gre-

77 *K. Schmalenbach*, Assoziierung und Erweiterung, in: A. Hatje/P.-Ch. Müller-Graff (Hrsg.), Enzyklopädie Europarecht, Bd. X, 2014, § 6.

78 *C. Neuhold*, Das Europäische Parlament im Rechtsetzungsprozess der Europäischen Union, 2001.

mien, gesellschaftliche Gruppen oder Sachverständige anzuhören“ (Papier zur Arbeitsstruktur A. VI.).

408 Später ging es in Nizza auch kaum darum, einen ganz „neuen“ Grundrechtskatalog zu schaffen. Vielmehr sollte nur „à jour“ gebracht werden, was ohnehin schon teils geschrieben, teils ungeschrieben galt. Es ging um Bereinigung, Systematisierung, Präzisierung des Vorhandenen, um Transparenz der Verfassungs- bzw. Grundrechts*wirklichkeit*. Das, was der EuGH längst im Verbund mit anderen Verfassungsgerichten in Sachen Grundrechte entwickelt hatte, sollte im Interesse der Rechtssicherheit auf Texte und Begriffe gebracht werden – die bürgernah und völkernah sind. Dem Bedürfnis, dass den Unionsbürgerinnen und -bürgern die EU in „ihren ureigenen Dingen“ via Grundrechtskatalog vertrauter gemacht und näher gebracht wird[79], trägt nach Lissabon die EU-Grundrechte-Charta jedenfalls idealiter Rechnung. Gerade der Rechtsschutzsuchende und Rechtsschutzbedürftige kann Europa besser „erfahren“, mag „den Moloch Brüssel“ weniger fürchten, wenn er seine Rechte in einem verständlichen „Buch“ nachzulesen vermag. Die EU-Grundrechte-Charta schreibt das primär an wirtschaftlichen Freiheiten orientierte Textbild der alten EWG, später EG, korrigierend fort und nimmt die EU als rechtsstaatlich radizierte politische Gemeinschaft ernst. Deutlicher noch als manch mitgliedstaatlicher Grundrechte-Katalog vergegenwärtigt die EU-Grundrechte-Charta die „Multifunktionalität“ der Grundrechte, etwa ihre personale und objektivrechtliche, ihre soziale und demokratische Dimension. Einer „Nachführung“ i.S. der Schweizer Demokratie nicht unähnlich fasst sie den *grundrechtlichen Acquis* der Union zusammen und ergänzt ihn um punktuelle Fortschreibungen.

4. Erweiterung und Vertiefung

409 Die Gretchenfrage freilich bleibt: Wie kann die Erweiterung der EU und ihre *gleichzeitige* „Vertiefung“ konstitutionell gelingen? Gerade im Gefolge der Griechenland-Krise erfahren Modelle wie der „feste, magnetischen Kern“, seinerzeit vorgelegt von *Schäuble/Lamers*, oder die „offene Avant-

---

79 J. Meyer (Hrsg.), Charta der Grundrechte der Europäischen Union, 4. Aufl. 2014; *H. D. Jarass*, Charta der Grundrechte der Europäischen Union, 2. Aufl. 2013; Zur EU-Grundrechtecharta aus italienischer Sicht: *A. Manzella* (u.a.), Riscrivere i diritti in Europa, 2001.

garde“ i.S. von *J. Delors* eine Renaissance – bis hin zu der im Sommer 2015 von Präsident *F. Hollande* vorgelegten Forderung nach einer gemeinsamen Wirtschaftsregierung für die Eurozone. Immer nachhaltiger wird auch der Respekt vor dem Subsidiaritätsprinzip gefordert. *Vor* jeder weiteren Aufgabenübertragung sollte überdacht werden, ob diese wirklich erforderlich ist oder die Kompetenz besser bei den Mitgliedstaaten und Regionen verbleiben können.

V. Der „europäische Jurist“: Leitbilder, Ausbildungs- und Bildungsforen

1. Das Leitbild

Hier ist spezifisch der „europäische Jurist“[80] gefordert. Deshalb auch in 410
diesem Kontext eine knappe Reflexion: Der „europäische Jurist“ trägt maßgeblich mit an der *Integrationsverantwortung* für Europas Verfassungszukunft. Europa kann sich zu einer „dichter“ werdenden Verfassungsgemeinschaft nur dann weiterentwickeln, wenn es neben den europäisch denkenden und handelnden Politikern – und den Europa-Bürgern – zudem auf das gestalterisch-kritische Potential des europäischen Juristen zurückgreift. In der europäischen Rechtsgeschichte gab es ihn bereits im Mittelalter, ausgehend von Bologna. Welches Leitbild zeichnet ihn aus? Zunächst hat er das Dictum *Goethes* umzusetzen: Wer keine fremden Sprachen kennt, kennt nicht die eigene. Der europäische Jurist muss vergleichen können (also auch das Ungleiche erkennen), er muss mit dem umzugehen wissen, was in der vergleichenden Verfassungsrechtswissenschaft spätestens seit dem „annus mirabilis“ 1989/1990 als „the unprecedented revival of comparative constitutional studies“ apostrophiert wird.[81] Auf eine konkrete Forderung heruntergebrochen: europäische Juristinnen und Juristen sollten über die eigene hinaus zusätzlich mindestens eine andere nationale Rechtsordnung in Europa in den Grundzügen kennen, sprachlich wie wissenschaftlich. Sie sollten die erwähnten Prinzipien des „gemeineuropäischen Verfassungsrechts“ bzw. die „allgemeinen Grundsätze des Gemeinschaftsrechts“ über die EMRK-Freiheiten hinaus beherrschen. Die wichtigsten Merkmale des Typus Verfassungsstaat sollten ih-

80 *P. Häberle*, Der europäische Jurist, JöR 50 (2002), S. 123 ff.
81 *R. Hirschl*, Comparative Matters. The Renaissance of Comparative Constitutional Law, 2014.

nen ebenso vertraut sein wie die Anfangsgründe einer gemeineuropäischen Methodenlehre und die Grundlinien der europäischen Kulturgeschichte. Dazu bedarf es freilich adäquater Ausbildungsmodelle.

2. Reformen

411 Die herkömmliche nationale Juristenbildung und -ausbildung genügt nicht mehr: neue Foren müssen geschaffen bzw. ausgebaut werden: Europäische Graduiertenkollegs, weitere Europäische Rechtsakademien (wie heute etwa in Bozen und Trier), „europäische Juristenfakultäten", neue juristische Ausbildungszeitschriften, die die europäische Dimension stärker pflegen (wie in Italien: „Studium iuris"), weitere Forschungsstellen für Europäisches Verfassungsrecht (wie z.B. in Berlin, Frankfurt/M. und Bayreuth), Europäische Juristentage, Europäische Staatsrechtslehrertagungen sogar über die verdienstvolle F.I.D.E., SIPE und das „consorcio europeo di ricerca sui rapporti tra Stati e confessioni religiose" hinaus.[82] Gerade der europäische Jurist sollte sich immer aufs Neue bewusst machen, dass er letztlich den „Völkern Europas" und den Europabürgern in Theorie und Praxis zu *dienen* hat.

C. Konsequenzen: Relativierung der nationalen Verfassungen zu Teilverfassungen

Vorbemerkung

412 Verfassungstheoretische Konsequenz aus dem hier skizzierten Verbundrespektive Gemeinschaftsdenken ist die Relativierung der mitgliedstaatlichen Verfassungen zu komplementären Teilverfassungen. Stellenwert und Rang der nationalen Verfassungen haben sich nicht erst mit dem Vertrag von Lissabon und dem Inkrafttreten der EU-Grundrechte-Charta (2009) deutlich relativiert. Konkret: Im Kontext der präföderalen EU sind die Verfassungen der Mitgliedstaaten in Anspruch und Wirklichkeit qualitativ und quantitativ „geschrumpft", sie haben Funktionseinbußen erfahren.

---

82 Beachte die F.I.D.E., d.h. den Dachverband der nationalen Gesellschaften für Europarecht, dazu etwa der Tagungsbericht von *R. von Borries/F. C. Mayer/S. Wernicke*, DVBl. 2000, S. 1509 ff. zur Helsinki Konferenz 2000. Zur Tagung der SIPE in Budapest 2009 siehe *H. Küpper*, JZ 2009, S. 1109 ff.

Diese sind schon prima facie für jeden greifbar, z.B. im heute wieder gefährdeten Wegfall der Grenzkontrollen gemäß dem Schengener Abkommen; der Nationalstaat ist hier speziell in Gestalt seiner klassischen Elemente „Staatsgewalt" und „Staatsgebiet" (Staatsgrenze) buchstäblich „nicht mehr zu sehen": das europäische EU-Ausland ist zu einem Stück „Inland" geworden. M.a.W.: Die Nationen sind heute nicht mehr „Herr" ihrer eigenen Verfassungen. Die verfassunggebende Gewalt des Volkes ist eine andere, bescheidenere geworden – und sie ist auch staatenübergreifenden zu denken.[83]

Der Begriff „*Teil*verfassung" gewinnt seine Konturen aus einem Vergleich mit der Vollverfassung, als welche in Bundesstaaten auch die gliedstaatlichen Verfassungen gelten (vgl. BVerfGE 36, 342: Verfassungsautonomie der Länder). So intensiv der Wandel der Themen und Funktionen der Vollverfassungen im Laufe der Zeit war und ist, lange konnte man auch von den derzeit 28 EU-Mitgliedstaaten sagen, sie hätten „Vollverfassungen", d.h. sie normierten alle wesentlichen, wichtigen Elemente des Verfassungsstaates der heutigen Entwicklungsstufe allein: Menschenwürde und Grundrechte, die politischen Volksrechte als Ausdruck der Demokratie mit ihren beiden Varianten der unmittelbaren und mittelbaren Demokratie[84], Staatsaufgaben, dirigiert vom sozialen Rechtsstaat, Kulturstaat, in jüngerer Zeit auch vom „Umweltstaat", sie organisierten mindestens drei auf ihr Staatsgebiet bezogene Gewalten arbeitsteilig[85], strukturierten das Ganze als Einheitsstaat oder (zunehmend) als Regional- oder Bundesstaat. Weitere Themen kommen hinzu, etwa die sozialen und kulturellen Grundrechte, die Ausdifferenzierung der Erziehungsziele, der Minderheitenschutz, die Ombudsmänner (z.B. Kinderschutzbeauftragte, Bürgerbeauftragte), der Ausbau der Verfassungsgerichtsbarkeit und die Formulierung von Europa-Artikeln. 413

Gewiss, in der (jüngeren) Entwicklungsgeschichte der Verfassungsstaaten gab es immer Beispiele dafür, dass ein politisches Gemeinwesen sich be- 414

83 *M. Padberg*, Constituent Power beyond the State: An Emerging Debate in International Political Theory, Millenium: Journal of International Studies 42 (2013), S. 224 ff.

84 Aus Schweizer Sicht: A. Epiney/K. Siegwart (Hrsg.), Direkte Demokratie und Europäische Union, 1999; *P. M. Huber*, Demokratie ohne Volk oder Demokratie der Völker?, in: J. Drexl u.a. (Hrsg.), Europäische Demokratie, 1999, S. 29 ff.; *W. Kluth*, Die demokratische Legitimation der Europäischen Union, 1995. Erinnert sei auch an L. P. Feld u.a (Hrsg.), Jahrbuch für direkte Demokratie 2009, 2010.

85 J. Isensee (Hrsg.), Gewaltenteilung heute, 2000.

tont bescheiden verstand und nicht sogleich eine „Vollverfassung" schaffen wollte. Man denke an die „Kleine Verfassung" Polens (1992)[86] oder an manche Übergangsverfassungen werdender ostdeutscher Länder im Vorfeld der Wiedervereinigung: z.B. „Vorläufiges Statut für das Land Mecklenburg-Vorpommern" (1990)[87]. Auch Südafrika hatte sich zunächst mit einer Vorläufigen bzw. Übergangsverfassung begnügt (1993)[88]. Zudem gab es Verfassungen wie die *Bismarcks* (1871), die der Sache nach als bloße „Organisationsstatute" nicht alle wesentlichen Themen abdeckten (z.B. die Grundrechte ausklammerten). Und das deutsche Grundgesetz, das in der Stunde seines Werdens auf das anspruchsvolle Prädikat einer Vollverfassung gänzlich verzichtete, kennt seine ganz eigene Geschichte.[89] Dennoch konnte bislang den Themen, den Funktionen und Organisationsstrukturen nach von einer auf den Typus Verfassungsstaat bezogenen Voll-Verfassung als Normalfall gesprochen werden. These vorliegender Problemskizze ist indes, dass eine nationale „ganze" Verfassung wie das GG im Kontext Europas längst auf dem Wege ist, wesentliche konstitutionelle Felder „abzugeben", wenn man will zu „verlieren": an die „werdende" Verfassung Europas, mit der sie in einer spannungsreichen *osmotischen Verfassungsgemeinschaft* steht. Von ihr erhält sie vielleicht auch manche Themen und Funktionen gewandelt zurück; indes bleibt sie, verglichen mit der Zeit der klassischen Nationalstaaten in Europa, reduziert, relativiert, überlagert – auch wenn sich dies nicht durchweg an den Texten ablesen lässt, sondern erst in einer Gesamtbilanz der Rechts*wirklichkeit* greifbar wird. Völkerrechtlich wird parallel zu dieser Idee der „compensatory constitutionalism" diskutiert.[90]

---

86 Zit. nach JöR 43 (1995), S. 247 ff.

87 Zit. nach JöR 40 (1991/92), S. 396 ff.

88 Dazu *J. Lücke*, Die Entstehung der neuen südafrikanischen Verfassung und deren „Bill of Rights", JöR 47 (1999), S. 467 ff.; *T. M. Grupp*, Südafrikas neue Verfassung, 1998; *E. D. Schmid*, Die Grundrechtsjudikatur des Verfassungsgerichts der Republik Südafrika, 2000.

89 Dazu *R. Mußgnug*, Zustandekommen des Grundgesetzes und Entstehen der Bundesrepublik Deutschland, in: HStR, Bd. I, 3. Aufl. 2003, § 8.

90 *A. Peters*, Compensatory Constitutionalism: The Function and Potential of Fundamental International Norms and Structures, Leiden Journal of International Law 19 (2006), S. 579 ff.; J. Klabbers/A. Peters/G. Ulfstein (Hrsg.),The Constitutionalization of International Law, 2009.

Schon das Entstehen von „Gemeineuropäischem Verfassungsrecht“[91] oder auch „Europäischem Verfassungsrecht“ hätte hellhörig machen müssen. Was sich in Europa konstituiert, geht nicht ohne Verluste oder Metamorphosen des „zurück“-bleibenden nationalen Verfassungsrechts vonstatten. Was oft eher formal etatistisch als „Souveränitätsverlust“ umschrieben wird, ist materiell vom Verfassungsgedanken her etwas Anderes, Neues. Wenn vom Zivilrecht aus eine „europäische Rechtsquellenordnung“ ins Auge gefasst wird[92], so zeigt sich einmal mehr, wie die nationalen Rechtsräume relativiert werden. Vor allem das Entstehen einer „europäischen Rechtswissenschaft“ im Ganzen reduziert das nationalstaatliche Zaun-Denken. Im Ganzen: Statt wie bisher nur oder doch primär danach zu fragen, ob und wie „Europa“ eine „Verfassung“ habe, wird es Zeit im Perspektivenwechsel *auch* zu fragen, was dieser Entwicklungsvorgang für die *nationalen* Verfassungen bedeutet. 415

I. Der „stille“ Weg von der Vollverfassung zur überlagerten Teilverfassung – eine Bestandsaufnahme der Geländeverluste

1. Elemente einer Bestandsaufnahme

Eine Bestandsaufnahme hätte im Einzelnen nachzuweisen, wie intensiv und extensiv die ursprünglich national geprägte Verfassungswirklichkeit eines Staates „europäisiert“ wird und von „Brüssel“, „Straßburg“ oder „Luxemburg“ her überlagert ist. Hier sind indes nur Stichworte möglich. Dabei sei vorläufig noch mit der klassischen Dreielementelehre *G. Jelli-* 416

---

91 *P. Häberle*, Gemeineuropäisches Verfassungsrecht, EuGRZ 1991, S. 261 ff.; *M. Heinzen*, Gemeineuropäisches Verfassungsrecht in der EU, EuR 1997, S. 1 ff.; P.-C. Müller-Graff/E. Riedel (Hrsg.), Gemeinsames Verfassungsrecht in der Europäischen Union, 1998. S. schon Erster Teil B. II.

92 Aus der älteren Lit.: *H. J. Sonnenberger*, Auf dem Weg zu einer europäischen Rechtsquellenordnung, in: FS Lerche, 1993, S. 545 ff.; s. auch D. Martiny/N. Witzleb (Hrsg.), Auf dem Wege zu einem Europäischen Zivilgesetzbuch, 1999; *S. Schmid*, Legitimitätsbedingungen eines Europäischen Zivilgesetzbuches, JZ 2001, S. 674 ff.; P.-C. Müller-Graff (Hrsg.), Gemeinsames Privatrecht in der Europäischen Union, 1999; s. auch *D. Triantafyllou*, Europäische Privatrechtsgestaltung im Bereich der Beihilfenaufsicht, DÖV 1999, S. 51 ff.; *C.-W. Canaris*, Verfassungs- und europarechtliche Aspekte der Vertragsfreiheit in der Privatrechtsgesellschaft, in: FS Lerche, 1993, S. 873 ff.; *C. Tomuschat/H. Kötz/B. von Maydell,* Europäische Integration und nationale Rechtskulturen, 1995.

neks gearbeitet, die ihrerseits längst durch die Verfassung, das Recht bzw. die Kultur als „viertes" oder gar „erstes" Staatselement fortzuschreiben ist[93]. Die Frage, welche Politikfelder nach und nach inwieweit „nach Brüssel" abwandern, welche Staatsfunktionen von übernationalen europäischen Instanzen wie dem EuGH übernommen werden und welche staatlichen Organisationsstrukturen und Rechtsfiguren „in Europa" Konkurrenz finden bzw. hier überlagert werden (etwa die Unionsbürgerschaft, der Bürgerbeauftragte, die Gerichtsbarkeit, der europäische Rechnungshof), lässt sich hier nur ausschnitthaft beantworten, um wenigstens die Tendenzen sichtbar zu machen. Dabei richtet sich der Blick primär auf das Europarecht im engeren Sinne, doch soll auch das Europarecht im weiteren Sinne des Europarates, wo möglich, ins Bild kommen[94]. Der Europäisierungsprozess durchlief und durchläuft noch bestimmte Phasen, die unser Thema Stück für Stück aktueller machen. Die Entwicklung beginnt mit dem Europarat (1949) bzw. mit der die Mitgliedsländer tiefgreifend prägenden EMRK (1950), sie setzt sich fort in dem mit den Römischen Verträgen (1957) beginnenden Vergemeinschaftungsprozess der 6, später der 15 EG-Länder, sie tritt in eine neue Phase mit „Maastricht" (1992) und „Amsterdam" (1999), dann „Nizza" (2001) und schließlich „Lissabon" (2009). Nach dieser historischen Periodisierung, mündend in das gegenwärtige Europa der 28, wird ein Blick auf die die nationale Verfassung relativierenden bzw. überlagernden Inhalte, Funktionen und Organisationsstrukturen notwendig.

2. Themen der Europäisierung bzw. Vergemeinschaftung

417 An den *Themen* Grundrechte, Staatsziele bzw. „Politiken" einerseits, den staatlichen Organisationsstrukturen i.S. der Gewaltenteilung andererseits, sei im Folgenden angedeutet, wie intensiv und extensiv die Europäisierung bzw. Vergemeinschaftung so fortschreitet, dass die nationale Verfassung des Verfassungsstaates „Wesentliches" verliert oder allenfalls im Verbund mit Europa gewandelt zurückerhält. Dabei beweist die Tatsache, dass

93 Dazu *P. Häberle*, Europäische Verfassungsstaatlichkeit, KritV 1995, S. 298 ff. sowie Einleitung D.

94 Allgemein zur „Rolle des Rechts im Rahmen der Europäischen Integration" gleichnamig *T. M. J. Möllers*, 1999.

heute wohl alle nationalen Rechtsgebiete europäisiert werden[95] – vom Privatrecht über das Gesellschaftsrecht, das Strafrecht („europäisches Strafrecht"), das Arbeits- und Sozialrecht, das Verwaltungsrecht auch in seinen Teilgebieten wie Umweltrecht oder Medienrecht –, gleich vorweg, dass die sie strukturierenden Rechtsprinzipien sich von ihrem „Herrn", der Nation, im Zeichen Europas „emanzipieren" (die Nationen sind nicht mehr die vielzitierten „Herren der Verträge"). Da aber die Basisnormen der Teilrechtsgebiete letztlich in der nationalen Verfassung ihren „Grund" haben (etwa Eigentum und Vertragsfreiheit[96], Grundwerte des Strafrechts wie der Satz: in dubio pro reo, Prinzipien des allgemeinen Verwaltungsrechts wie Vertrauensschutz), umgreifen diese Wandlungen letztlich auch die nationale Verfassung, d.h.: der nationale Gesetzgeber muss sich „Vorgaben" von Europa her unterwerfen. Er verliert seine klassische umfassende Gesetzgebungshoheit. Im Kontext der Euro-Rettungsmaßnahmen hat sich das Bundesverfassungsgericht allerdings zum engagierten Wahrer der Budgethoheit gemacht.[97]

Beginnen wir mit den *Grundrechten*. Die nationalen Grundrechtskataloge 418
werden in Texten, Theorien und Judikatur zunehmend von den beiden

95 Vgl. etwa *L. Bekemans*, Globalisation vs. Europeanisation: a human-centric interaction, 2013, *K.-P. Sommermann*, Gemeineuropäische Verwaltungskultur als Gelingensbedingung europäischer Integration?, DÖV 2015, S. 449 ff.; früher schon F. K. Kreuzer u.a. (Hrsg.), Die Europäisierung der mitgliedstaatlichen Rechtsordnungen, 1997.

96 Aus dem grundgesetzlichen Kontext: *M. Bäuerle*, Vertragsfreiheit und Grundgesetz, 2001.

97 BVerfGE 125, 385 (Antrag auf Erlass einer einstweiligen Anordnung mit dem Ziel, dass der Bundesrepublik Deutschland untersagt wird, zur Stabilisierung des Europäischen Währungsraums Finanzhilfen an die Hellenische Republik zu gewähren, abgelehnt); 126, 158 (Einstweilige Anordnung zur Verhinderung des „Euro-Rettungsschirms"); 129, 124 (EFS-Verfassungsbeschwerde gegen Maßnahmen zur Griechenland-Hilfe und zum Euro-Rettungsschirm); 129, 284 (Zur Rechtmäßigkeit des 9-er Sondergremiums zur Kontrolle des Euro-Rettungsschirms); 130, 318 (Organstreit, Beteiligungsrechte des Bundestags/EFSF); 131, 152 (Parlamentarische Informationsrechte in der Euro-Rettung); 132, 195 (ESM – Einstweilige Anordnung zur Verhinderung der Ratifikation vom ESM-Vertrag und Fiskalpakt); 134, 366 (Vereinbarkeit des Ankaufs von Staatsanleihen durch EZB mit EU-Recht, EuGH Vorlagebeschluss); 135, 317 (Entscheidung, dass die Gesetze zur Änderung von Art. 136 des Vertrags über die Arbeitsweise der Europäischen Union (AEUV), zum Vertrag zur Einrichtung des Europäischen Stabilitätsmechanismus (ESMV) und zum Vertrag über Stabilität, Koordinierung und Steuerung in der Wirtschafts- und Währungsunion (SKSV) mit dem Grundgesetz vereinbar sind).

europäischen Verfassungsgerichten in Luxemburg und Straßburg her mitbestimmt.[98] Gewiss, die nationale Rechtsprechung etwa aus Karlsruhe und die wissenschaftliche Literatur Deutschlands strahlt auch über die „Staatsgrenzen“ hinweg auf die europäischen Instanzen aus, so wie etwa der französische Conseil d'Etat seinerseits das europäische Verwaltungsrecht beeinflusst. Dennoch sehen sich die nationalen Gerichte zunehmend veranlasst, sich die Entscheidungen etwa des EGMR „rechtsvergleichend“ anzueignen: das Tribunal Constitucional in Madrid arbeitet hier wegweisend.
419 Selbst das deutsche BVerfG berücksichtigt die EMRK als Interpretationshilfe (z.B. BVerfGE 74, 358 (376); vgl. auch BVerfGE 74, 102 (122); 75, 1 (23); 82, 106 (114); 83, 119 (128); 111, 307 (317)), während Österreich und die Schweiz bereits den Texten der EMRK Verfassungsrang beilegen. Damit sind aber die nationalen Grundrechtskataloge von Europa her angereichert, z.T. auch relativiert oder gar überlagert. Im Europa im engeren Sinne der EU wirkt die Judikatur des EuGH weit über die klassischen Marktfreiheiten hinaus auf andere Grundrechtsthemen ein, etwa die Religionsfreiheit oder den Gleichheitssatz[99]. Das Verbot einer „Diskriminierung aus Gründen der Staatsangehörigkeit“ (Art. 18 AEUV) ist nicht nur eine Konkretisierung des Gleichheitsgrundrechts (vgl. Art. 20 und 21, auch Art. 22-26 EU-Grundrechte-Charta), sondern auch eine Relativierung des klassischen Staatselements Staatsangehörigkeit. Ein Einzelgrundrecht wie die Petitionsfreiheit wird spezifisch „europäisiert“ (Art. 24 Abs. 2 AEUV). Für die Marktfreiheiten (Art. 26 ff. AEUV) gilt dasselbe besonders weitreichend und tiefdringend.

---

98 D. Ehlers (Hrsg.), Grundrechte in der Europäischen Union, 4. Aufl. 2014; *F. Fabbrini*, Fundamental Rights in Europe. Challanges and Transformations in Comparative Perspective, 2014; *R. Winkler*, Die Grundrechte in der Europäischen Union, 2006. Zum Ganzen Dritter Teil D.

99 Dazu schon klassisch der Fall *Prais*, vgl. dazu *I. Pernice*, Religionsrechtliche Aspekte im europäischen Gemeinschaftsrecht, JZ 1977, S. 777 ff. Speziell zum Gleichheitssatz: D.-E. Khan/S. Henrich, in: R. Geiger/D.-E. Khan/M. Kotzur (Hrsg.), TEU/TFEU, 2015, Art. 18 TFEU, Rn. 1 ff. und Literaturübersicht; *A. Sattler*, Allgemeiner Gleichheitssatz und spezielle Gleichheitssätze in der Rechtsprechung des Europäischen Gerichtshofes, in: FS Rauschning, 2001, S. 251 ff.

Thematisch sind die *Staatsziele*[100], wenn auch in unterschiedlicher Intensität, ihrerseits von „Europa" her mit determiniert. So lässt sich der „soziale Rechtsstaat" nicht mehr nur national „lesen" (vgl. auch Art. 2 EUV: „Rechtsstaatlichkeit", Präambel EMRK: „Vorherrschaft des Gesetzes"), nicht wenige „Politiken" der EU haben einen „europäischen Sozialstaat" im Sinne, so rudimentär die europäische Sozialunion (vgl. Art. 151 AEUV) trotz Sozialcharta[101] ist. Damit wandert ein Teil der ursprünglich nur nationalen Sozialstaatlichkeit in die Kompetenz der EU-Instanzen. Dies gilt verstärkt für den Umweltschutz[102]. Art. 20 a GG ist fast „zu spät" gekommen. Er wird weitgehend durch europäische Vorgaben in Sachen Umweltschutz determiniert, d.h. durch Art. 191 bis 193 AEUV[103]. 420

Die Kultur ist ebenfalls zur Teilkompetenz der EU geworden. Das zeigt sich in Art. 167 Abs. 1 AEUV, in den Stichworten von dessen Abs. 1: „Beitrag zur Entfaltung der Kulturen der Mitgliedstaaten", „gleichzeitige Hervorhebung des gemeinsamen Erbes" sowie in den ergänzenden Tätigkeiten nach Abs. 2 ebd. Das Kulturthema muss sich aber auch den Europäisierungen auf dem Felde des Religionsverfassungsrechts (herkömmlich: „Staatskirchenrecht") stellen[104]. 421

Das große „Verlust-Thema" des nationalen Verfassungsrechts und der sie umsetzenden „Politiken" ist aber die Wirtschaft. Ihre Vergemeinschaftung war ja eine „raison d'être" der Römischen Verträge von 1957 (Art. 1 und 2 EWGV), und das Riesengebiet des europäischen Wirtschaftsverfassungsrechts ist gerade heute angesichts der Globalisierung ein wesentlicher 422

100 Aus der Lit.: *K.-P. Sommermann*, Staatsziele und Staatszielbestimmungen, 1997; *B. Raschauer*, Staatsaufgaben, in: FS Brauneder, 2008, S. 527 ff. Dazu Dritter Teil F.

101 *H. Sagmeister*, Die Grundsatznormen in der Europäischen Sozialcharta. Zugleich ein Beitrag zum subjektiven-öffentlichen Recht im Gemeinschaftsrecht, 2010; *X. Neubeck*, Die Europäische Sozialcharta und deren Protokolle. Einfluss und Bedeutung der sozialrechtlichen Bestimmungen der Europäischen Sozialcharta auf das deutsche Recht und auf das Recht der Europäischen Union, 2002; *H. F. Zacher*, Wird es einen europäischen Sozialstaat geben?, EuR 2002, S. 147 ff.

102 Aus der Lit.: *K. Meßerschmidt*, Europäisches Umweltrecht, 2011; *W. Kahl*, Umweltprinzip und Gemeinschaftsrecht, 1993. Dazu Dritter Teil M.

103 Vgl. *H. Schulze-Fielitz*, in: H. Dreier (Hrsg.), GG, Bd. II, 2. Aufl. 2006, Art. 20 a, Rn. 15.

104 Dazu der Pionieraufsatz von *A. Hollerbach*, Europa und das Staatskirchenrecht, ZevKR 35 (1990), S. 250 ff.; *P. Häberle*, Europäische Verfassungslehre in Einzelstudien, 1999. S. noch Dritter Teil L.

Grund für die fortschreitende Einigung Europas[105]. Nicht zuletzt der „Euro" zeigt, dass ein Element der klassischen Staatlichkeit, die Währungshoheit (vgl. Art. 88 GG), zu großen Teilen irreversibel (Grexit!) an eine überstaatliche Instanz wie die EZB übergegangen ist: Die nationale Verfassung hat ein klassisches Thema an Europa „verloren". Der Nationalstaat ist auch hier konstitutionell nicht mehr „Herr" im eigenen Land. Der Kontext Europa hat den Text der nationalen Verfassung z.T. entleert. Die GASP (Art. 24 ff. EUV) liefert ein weiteres Stichwort; sie bleibt aber auch nach Lissabon intergouvernemental strukturiert.

3. Staatsorgane und Staatsfunktionen im Zeichen Europas

423 *Staatsorgane* und ihnen zugeteilte *Staatsfunktionen* bilden ein weiteres Feld, auf dem die nationalen Strukturen und Prinzipien im Zeichen Europas teils überlagert und relativiert, teils ganz beseitigt werden. M.a.W.: ein Stück Staatsgewalt, die erste, wandert ab. Formell ermächtigen hierzu Art. 23 GG[106] und seine Parallelnormen in den meisten anderen Mitgliedstaaten der EU.

424 Beginnen wir mit der vom Parlament zu erfüllenden *Gesetzgebungsaufgabe*[107]. Immer mehr Gesetzgebungsaufgaben werden vom Unionsgesetzgeber wahrgenommen. Die nationalen Parlamente verlieren herkömmliche Kompetenzen und geben sie „nach außen" oder „oben" ab, führten solche verräumlichenden Begriffe bzw. Bilder gerade in Europa nicht von vorn-

---

105 Nach Einschätzung von *J. Delors* beruhten schon 1988 fast 80 % aller Regelungen im Bereich des Wirtschaftsrechts und nahezu 50 % aller deutschen Gesetze auf Vorgaben des Europäischen Gemeinschaftsrechts (zit. nach *F. Brosius-Gersdorf*, Die doppelte Legitimationsbasis der EU, EuR 1999, S. 133 ff., 133, Anm. 1). – *P. Badura*, Wirtschaftsverfassung und Wirtschaftsverwaltung, 4. Aufl. 2011; H. Sodan (Hrsg.), Öffentliches, Privates und Europäisches Wirtschaftsrecht, 14. Aufl. 2013.

106 Dazu ausführlich: *F. C. Mayer*, Regelungen des Artikels 23 GG, in: M. Morlok/U. Schliesky/D. Wiefelspütz (Hrsg.), Parlamentsrecht. Handbuch, 2016, § 43. Zu den Mitwirkungs- und Kontrollrechten des Bundestages *P. Sensburg*, Europafähigkeit der Parlamente, in: ebd., § 44.

107 In diesem Kontext von Interesse: *Ch. Raiser*, Kompromisse im Europäischen Parlament. Eine kultursoziologische Untersuchung von Einigungsprozessen in einer supranationalen Institution, 2014; *C. Neuhold*, Das Europäische Parlament im Rechtsetzungsprozess der Europäischen Union, 2001.

herein in die Irre. Erwähnt sei in diesem Kontext auch die weitreichende Harmonisierungskompetenz aus Art. 114 AEUV.[108]

Auf dem Felde der *Verwaltung* bleibt den nationalen Instanzen quantitativ noch sehr viel, doch wird Europa mittelbar zur prägenden Instanz, weil sich das je nationale Verwaltungsrecht der 28 Mitgliedstaaten der EU fortschreitend und nachhaltig europäisiert[109]. Darüber hinaus reichen die Bestimmungen über den Raum der Freiheit, der Sicherheit und des Rechts (Art. 67 AEUV) materiell in Verwaltungsfunktionen: Es kommt zu spezifischen Kooperationsformen[110], insbesondere über das Instrument der Richtlinien. 425

Ein Blick auf die dritte Gewalt, die *Rechtsprechung*: Sie kam hier schon via Grundrechte und allgemeine Rechtsgrundsätze des Verwaltungsrechts ins Bild, sei aber eigens beim Namen genannt: Die europäische Gerichtsbarkeit, insbesondere die Unionsgerichtsbarkeit, ergänzt nicht nur die nationale Gerichtsbarkeit, sie durchdringt sie vielfältig, auch und gerade die Verfassungsgerichtsbarkeit[111]. Die alleinige Gerichtshoheit war aber ein klassisches Merkmal des überkommenen Nationalstaates, dem auch hier sein Monopol abhandenkommt. Bemerkenswert ist die Formel des BVerfG in BVerfGE 94, 49 (73), ein aus Art. 1 und 16 a GG abgeleitetes 426

---

108 Dazu D.-E. Khan/D. Eisenhut, in: R. Geiger/D.-E. Khan/M. Kotzur (Hrsg.), European Union Treaties, 2015, Art. 114 TFEU, Rn. 1 ff. und Literaturübersicht.

109 Ein plastisches Sprachbild findet sich schon bei *M. Zuleeg*, Deutsches und europäisches Verwaltungsrecht – wechselseitige Einwirkungen, VVDStRL 53 (1994), S. 154 ff., 155: „Das europäische Gemeinschaftsrecht umspült wie ein weites Meer das in vielen Stürmen bewährte Schiff mit dem Namen ‚Deutsches Verwaltungsrecht'"; *M. Brenner*, Der Gestaltungsauftrag der Verwaltung in der Europäischen Union, 1996, S. 1 ff., 87 ff., 123; *S. Kadelbach*, Allgemeines Verwaltungsrecht unter europäischem Einfluss, 1999, S. 2 ff.; E. Schmidt-Aßmann u.a. (Hrsg.), Der europäische Verwaltungsverbund, 2005; *W. Weiß*, Der Europäische Verwaltungsverbund, 2010; *Th. Siegel*, Europäisierung des öffentlichen Rechts. Rahmenbedingungen und Schnittstellen zwischen dem Europarecht und dem nationalen (Verwaltungs-)Recht, 2012.

110 Früh und charakteristisch auch *W. Hoffmann-Riem*, Telekommunikationsrecht als europäisiertes Verwaltungsrecht, in: E. Schmidt-Aßmann/W. Hoffmann-Riem (Hrsg.), Strukturen des Europäischen Verwaltungsrechts, 1999, S. 191 ff.; *O. Dörr*, Europäischer Verwaltungsrechtsschutz, 2006.

111 *A. Voßkuhle/M. Lange*, Die Rolle der nationalen Gerichte im Europarecht, in: A. Hatje/P.-Ch. Müller-Graff (Hrsg.), Enzyklopädie Europarecht, Bd. V, 2014, § 6; *M. Kotzur*, Die europäische Gerichtsbarkeit, in: ebd., § 5; *I. Pernice*, Die Zukunft der Unionsgerichtsbarkeit, EuR 2011, S. 151 ff.; J. Schwarze (Hrsg.), Verfassungsrecht und Verfassungsgerichtsbarkeit im Zeichen Europas, 1998.

Schutzbegehren könne „nicht mehr ausschließlich national interpretiert werden". Es zeigen sich die Horizonte sowohl einer „gemeineuropäischen Hermeneutik" als auch eines europäischen „Verfassungsgerichtsverbunds".[112]

427 Die Kompetenz der *Verfassunggebung* bleibt, wenn auch reduziert, bei den Nationalstaaten. Sie haben „Verfassungsautonomie". In dem Maße, wie sich das werdende Europa teils geschrieben, teils ungeschrieben ein Ensemble von Teilverfassungen zuschreibt, wird die Kompetenz der Verfassunggeber der Einzelstaaten schmäler, mindestens „präföderal". In Europa im weiteren Sinne des Europarates fällt längst auf, dass Europa zum Teil „mittelbarer Verfassunggeber" ist. So stark wirken die Vorgaben, die etwa in Sachen Minderheitenschutz für Minderheiten- und Regionalsprachen (z.B. in Lettland), in Sachen Demokratie und Menschenrechte (z.B. für Kroatien) gemacht werden. Formal behalten die Nationalstaaten ihre verfassunggebende Gewalt, inhaltlich sind sie jedoch nicht mehr „frei" bzw. „ungebunden souverän". In dem Maße, wie sich im EU-Europa das Ensemble der bisher gewachsenen Teilverfassungen mit klassischen und neueren Themen der nationalstaatlichen Verfassung „auffüllt", nehmen – kommunizierenden Röhren gleich – die Kompetenzen der 28 nationalen Verfassunggeber ab. Wieder einmal zeigt sich, wie fragwürdig alle Theorien vom „normativ aus dem Nichts" entscheidenden Verfassunggeber sind. Alle dezisionistischen Ideologien des „soziologischen Positivismus" eines *C. Schmitt* und seiner Nachfolger sind spätestens im konstitutionellen Europa widerlegt. Auch die verfassunggebende Gewalt ist hier überstaatlich bedingt.[113] Das deutsche Grundgesetz begreift diese Bedingtheit sogar als konstitutionelle Identitätszuschreibung. Es (an)erkennt – bei allen Grenzen – im Völkerrecht eine „Legitimationsordnung moderner Staatlichkeit" und damit auch eine Einhegung des eben nicht mehr (bzw. niemals) ungebundenen *pouvoir constituant*.[114] Nicht nur Begriff und Aufgaben, auch die

---

112 *A. Voßkuhle*, Die Verwaltungsgerichte im Europäischen Gerichtsverbund, SächsVBl. 2013, S. 77 ff.; *ders.*, Der europäische Verfassungsgerichtsverbund, NVwZ 2010, S. 1 ff.; *R. Barents*, The Court of Justice after the Treaty of Lisbon, CMLR 47 (2010), S. 709 ff., 714.

113 *W. v. Simson*, Die Bedingtheit der Menschenrechte, in: FS C. Aubin, 1979, S. 217 f.; ausführlich P. Häberle/J. Schwarze/W. Graf Vitzthum (Hrsg.), Die überstaatliche Bedingtheit des Staates: zu Grundpositionen Werner von Simsons auf den Gebieten der Staats- und Verfassungslehre, des Völker- und des Europarechts, 1993.

114 *D. Thürer*, Kosmopolitisches Staatsrecht, 2005, S. 427 f.

instrumental auf den Menschen hin zu denkenden Legitimationsgrundlagen des Staates sind angesichts der tatsächlichen und rechtlichen Verflechtungen des Globalisierungszeitalters nur unter Einschluss der völkerrechtlichen Perspektive treffend zu verstehen.[115] Die nationale Verfassung sieht sich denn auch ein Stück weit durch internationale Maßstabsnormen durchdrungen.[116] Die Öffnung ist ihr *Lebensthema*. Ohne die europäische Integration wäre (zunächst nur teil-)souveräne Staatlichkeit der Bundesrepublik Deutschland nach 1945 nicht denkbar gewesen. So erklärt sich die Integrationsemphase der Verfassungspräambel, so erklären sich die Öffnungsklauseln aus Art. 23 und Art. 24 GG, so erfährt die Völkerrechtsfreundlichkeit[117] des Grundgesetzes zusätzliches Gewicht. Das deutsche Grundgesetzt erweist sich damit als gut vorbereitet, den Territorialstaat, der auf klassisch-hierarchische Steuerungsmodelle vertraute, „in einem Umfeld nicht-hierarchischer grenzüberschreitender Verflechtungen neu zu organisieren" und die verfassunggebende Gewalt als sein Gründungsnarrativ neu zu denken.[118]

4. Die Relativierung der Staatselemente

Neu zu denken ist auch die Lehre von den Staatselementen, wie sie vor- 428
mals im Raster der alten Allgemeinen Staatslehre behandelt wurden. Das gilt zuvörderst für die *Staatselemente* Staatsvolk und Staatsgebiet. Europa hat gewiss noch kein einheitliches Staatsvolk, doch lebt es aus einer pluralen Vielfalt von „Völkern" (vgl. Art. 1 Abs. 2 EUV: „immer engeren Union der Völker Europas"). Es hat auch ein eigenes juristisches Band des Einzelnen zur EU geschaffen: die Unionsbürgerschaft (Art. 9 EUV, Art. 20 ff. AEUV)[119]. Sie knüpft zwar an die „Staatsangehörigkeit" an, deutet aber in nuce auf etwas Eigenes. Das europäische Bürgerrecht ist eine Vorstufe zum europäischen Verfassungsvolk. Ein klassisches Thema

---

115 *K.-P. Sommermann*, Offene Staatlichkeit: Deutschland, in: A. v. Bogdandy/ P. Cruz Villalón/P. M. Huber (Hrsg.), Handbuch Ius Publicum Europaeum, Bd. II, 2008, § 14.

116 *Ch. Calliess*, Auswärtige Gewalt, in: HStR, Bd. IV, 3. Aufl. 2006, § 83, Rn. 6.

117 Von „Völkerrechtsfreundlichkeit" spricht schon BVerfGE 6, 309 (362 f.).

118 *Ch. Calliess*, Auswärtige Gewalt, in: HStR, Bd. IV, 3. Aufl. 2006, § 83, Rn. 4; *ders.*, Subsidiaritäts- und Solidaritätsprinzip als rechtliches Regulativ der Globalisierung von Staat und Gesellschaft, Rechtstheorie 2002, Beiheft 20, S. 371 ff.

119 Dazu unten Dritter Teil E.

der Nationalstaaten mutiert zu einem europäischen Begriff. Wenn die EU sich im Übrigen als auf der Demokratie beruhend definiert (Art. 10 Abs. 1 EUV: „Die Arbeitsweise der Union beruht auf der repräsentativen Demokratie."), so wird hier nach dem Vorbild der nationalen Verfassungen ein altes Thema zum neuen im europäischen Kontext.

5. Insbesondere: Die Relativierung des Staatsgebietes

429 Das Staatsgebiet ist wohl dasjenige Staatselement, das sich besonders stark relativiert hat. Das Stichwort lautet, wie schon mehrfach zitiert, „Schengen".[120] Die Mitgliedstaaten haben ihre klassische Gebietshoheit verloren. Sie bringen dies heute nur noch nicht konsequent in ihren Verfassungen textlich zum Ausdruck. Klauseln zum Staatsgebiet (z.B. Art. 5 Verf. Portugal, Art. 2 Verf. Irland, Art. 2, Art. 3 und Art. 4 Verf. Österreich) bleiben formal bestehen, werden aber z.T. inhaltslos. Auf der anderen Seite fällt auf, dass die EU zwar keine entsprechenden Unionsgebietsklauseln im engeren Sinne kennt, wohl aber den räumlichen Geltungsbereich der Verträge in Art. 52 EUV definiert und in Art. 355 AEUV ergänzende Regeln (etwa zu den überseeischen Gebieten) vorhält.[121] Im Übrigen ist Weniges an der europäischen Einigung so integrierend und gemeinschaftsbildend erlebbar wie das freie Passieren der bisherigen Binnen- bzw. Staatsgrenzen von Sizilien bis Hamburg, von Andalusien bis Bayern: So wird „Euro(-pa-)land" als einziges „Freundesland" erfahrbar. (Sein Recht ist nicht mehr „fremd".) Das Begriffspaar Inland/Ausland verliert in großen Bereichen seine herkömmlich nationale Aussagekraft und dichotomische Dialektik. Die Unionalisierung der Einwanderungs- und Asylpolitik (Art. 67 Abs. 2 und ff. AEUV)[122] bildet ein weiteres Beispiel für ein

---

120 Übereinkommen betreffend den schrittweisen Abbau der Kontrollen an den gemeinsamen Grenzen (Schengen I), ABl. 2000 L 239/13; Schengener Durchführungsübereinkommen (Schengen II bzw. SDÜ), ABl. 2000 L 239/19; allgemein *P.-Ch. Müller-Graff*, Der Raum der Freiheit, der Sicherheit und des Rechts in der Lissabonner Reform, EuR 2009, Beiheft 1, S. 105 ff.

121 Zum Spannungsverhältnis von Integration und Gebietshoheit *F. Becker*, Gebiets- und Personalhoheit des Staates, in: HStR, Bd. XI, 3. Aufl. 2013, § 230, Rn. 70 ff.

122 *K. Hailbronner*, Asyl- und Ausländerrecht, 3. Aufl. 2014; *H. Dörig*, Auf dem Weg in ein Gemeinsames Europäisches Asylsystem, NVwZ 2014, S. 106 ff.; *R. Geiger*, Vom Grundrecht auf Asyl zur Gemeinsamen Europäischen Asylsystem, AL 2014, S. 165 ff.

klassisches Politikfeld, das „nach Europa“ wandert, auch wenn die Lebenswirklichkeit aktuell schwelender Flüchtlingskrisen der europäischen Asylpolitik ein mehr als schlechtes Zeugnis ausstellt und Re-Nationalisierungstendenzen Schengen in Frage zu stellen suchen. Schließlich doch noch ein ermutigender ergänzender Hinweis: Die Schweiz hat als Nicht-EU-Land 2005 „Schengen“ übernommen.

6. Die Bereicherung der nationalen Verfassung durch die europäische Dimension

Was steht dieser *Verlustliste* an Themen bzw. Strukturen, Funktionen und Organisationen von der nationalen Verfassung zur europäischen Teilverfassung gegenüber? Nimmt jene von dieser bestimmte Felder? 430

Vom Prozess der Europäisierung her kommen als „neue“ Themen etwa die Europa-Artikel und ihre oft sehr konkreten Vorgaben für den weiteren Einigungsprozess (vgl. Art. 23 Abs. 1 n.F. GG, auch Art. 3 a Verf. Bayern). Europäische Anreicherungen stellen auch die Verfassungsnormen zur grenzüberschreitenden Zusammenarbeit dar (z.B. Art. 60 Abs. 2 Verf. Saarland; Art. 24 Abs. 1 a GG; Art. 11 Verf. Mecklenburg-Vorpommern („Ostseeraum“)). „Europa“ wird zum innerverfassungsstaatlichen Thema. Dies ist ein *Gewinnvorgang*. Doch vermag er den beschriebenen Verlust an Themen nicht vollständig zu kompensieren, er öffnet ja gerade den Weg zu neuen Vergemeinschaftungsthemen und -formen und zu einer Relativierung der nationalen Verfassung. Gewinn ist schließlich die Verschränkung von nationaler und europäischer Öffentlichkeit im ganzen „Europa“, kaum je so präsent wie in der Dramatik um das dritte Rettungspaket für Griechenland und in der europaöffentlichen Debatte um das griechische Referendum im Juli 2015. 431

II. Verfassungstheoretische Folgerungen auf dem Hintergrund einer europäischen Verfassungslehre

Auf der Folie der Bestandsaufnahme seien im Folgenden verfassungs- bzw. europatheoretische Konsequenzen gezogen. Der Entwurf einer europäischen Verfassungslehre kann ohne die Relativierung der nationalstaatlichen Verfassungen zu *Teil*verfassungen nicht gedeihen. Beides gehört zusammen, das nationale und das europäische Verfassungsbild. Ohne 432 das sich verfassende Europa kann nicht mehr über die nationale Verfassung diskutiert und geschrieben werden. Umgekehrt ist Europa der Form bzw. der Sache nach ein integrierender Bestandteil der nationalen Verfassungen geworden. Im Einzelnen:

433 1. Es bedarf eines Umbaus der, wenn nicht eines *Abschieds von der Allgemeinen Staatslehre*. Mit ihren Kategorien lässt sich der europäische Verfassungsprozess nicht einfangen. Für Begriffe wie „nationale Identität" (vgl. Art. 4 Abs. 2 EUV) oder „europäische Identität"[123], „gemeinsame Werte" (Art. 2 EUV) hat sie nicht die angemessenen – kulturwissenschaftlichen – Methoden. Selbst die insofern ergiebigste Staats- bzw. Verfassungslehre, die von *H. Heller* (1934), ist noch auf den Staat und seine Nation konzentriert, nicht rechtsvergleichend in Raum und Zeit gearbeitet. Erst recht gilt dies für die anderen Weimarer Klassiker. Die europäische Verfassungslehre strukturiert die nach wie vor bestehende, wenn auch begrenzte „Verfassungsautonomie" der Mitgliedstaaten *und* zugleich die „Europäische Verfassung" der EU, und sie vermag auch die weniger dichten konstitutionellen Strukturen des Europarechts im weiteren Sinne des Europarates bzw. der OSZE einzufangen. Aspekte des „alten" Verfassungsdenkens lassen sich für das neue fruchtbar machen (etwa Verfassung als „Anregung und Schranke", als „Norm und Aufgabe", als „öffentlicher Prozess").

434 2. Die EU-Verfassungstexte reichern aber die *europäische Verfassungslehre* mit Prinzipien und Begriffen an, die die Allgemeine Staatslehre in Verbindung mit den Texten der nationalstaatlichen Verfassungen oft ausgeblendet oder einfach „vergessen" hat. Gemeint sind Begriffe wie „nationale und regionale Vielfalt" (Art. 167 Abs. 1 AEUV, Art. 22 EU-Grundrechte-Charta), „Geschichte der europäischen Völker" (Art. 167 Abs. 2 AEUV), „europäisches Bewusstsein"[124]. Sie normieren respektive konturieren damit Aspekte des „vierten" bzw. „ersten" Staatselements „Kultur". Entwicklungsländerverfassungen kennen ähnliche Klauseln (vgl. Art. 22 alte Verf. Peru 1979; Art. 58 bis 62 Verf. Guatemala von 1985; Art. 10

---

123 Siehe auch *T.-M. Kleiner/N. Bückner*, Kulturelle Grundlagen der EU-Unterstützung. Der Einfluss von Wertzuschreibungen auf supranationales politisches Vertrauen, PVS 2014, S. 295 ff.

124 Schon *D. Tsatsos*, Europäische politische Parteien?, EuGRZ 1994, S. 45 ff.; zu Ansatz und Werk von *Tsatos* später *P. Schiffauer*, Verfassung und Politik der Europäischen Union im Werk von Dimitris Th. Tsatsos, EuGRZ 2008, S. 452 ff.

Verf. Benin von 1990)[125]. Die europarechtlichen Texte sollten der nationalstaatlichen Staats- bzw. Verfassungslehre Anlass sein, ihre Kapitel „umzuschreiben" und neu zu durchdenken. Das wäre dann ein spezifischer Beitrag des werdenden konstitutionellen Europa zum Verfassungsstaat der heutigen Entwicklungsstufe in dieser Region.

3. Auf dieses Doppelfeld von nationaler, aber schon in sich „europäisierter" Verfassung und überstaatlicher, aber von den Nationen als solchen mitgetragener Europäischer Verfassung hin ist die *verfassunggebende Gewalt des Volkes bzw. (gleichzeitig) der europäischen Völker* zu denken. Sie ist eine andere als die klassische Verfassunggebung. Sie ist begrenzter, nicht mehr i.S. herkömmlicher Doktrin souverän, sondern von vornherein auf ein Ensemble von Teilverfassungen bezogen. Europäische Verfassunggebung, die ihrerseits begrenzt ist, dirigiert die nationale Verfassunggebung mit, umgekehrt nimmt sie Impulse aus dem Erfahrungsreichtum und Schatzhaus der „alten" nationalen Verfassungen allenthalben auf. Das zeigt sich auch formal, z.B. in der Verwendung von Präambeln, Grundrechtskatalogen, dem Gewaltenteilungsschema bis hin zu Ausführungsvorschriften. So wie der Staat das „Monopol legitimer physischer Gewalt" verloren hat und die herkömmlichen Staatselemente in die Kultur als Grundlagen eingebunden sind, so haben alle staatlichen Funktionen Kompetenzverluste erlitten: von der Gesetzgebung über die Exekutive bis zur Rechtsprechung. Gewinner ist die europäische Verfassung: wie gezeigt, den Inhalten, Funktionen und Organisationsstrukturen nach. 435

4. Die *Relativierung des nationalen Verfassungsdenkens* ist aufs Ganze gesehen eine Bereicherung. Sie bringt einerseits neue oder doch gewandelte Themen hervor, etwa die „Solidarität" (vgl. Art. 2 EUV, Art. 3 Abs. 3 EUV), die in ihren interpersonalen und staatenverbindenden Strukturen (Stichwort „Transferunion") erst noch zu ergründen ist[126], andererseits arbeitet sie oft in Analogie zu den alten Verfassungen (vgl. Art. 7 EUV, er ist eine Art europäischer Homogenitätsklausel). 436

5. Die auch textlich beglaubigte Öffnung für den Kulturaspekt, die in mannigfachen Formen geschieht (vor allem Art. 167 AEUV), etabliert unverzichtbar den *kulturwissenschaftlichen Ansatz*. Die europäische Verfas- 437

125 Zit. nach JöR 36 (1987), S. 641 ff. bzw. S. 555 ff. sowie H. Baumann/M. Ebert (Hrsg.), Die Verfassungen der frankophonen und lusophonen Staaten des subsaharischen Afrikas, 1997, S. 111 ff.

126 Dazu das Sonderheft AVR 52 (2014), Heft 1: Transnational Solidarity – an Interdsiciplinary Approach.

sungslehre in Gestalt eines Hauses mit „doppeltem Flügel“ ist im Ganzen und Einzelnen aus der bislang rechtsvergleichend entfalteten Verfassungslehre als Kulturwissenschaft[127] zu entwickeln. Die europäische Öffentlichkeit aus Kunst und Kultur, zunehmend auch aus der Politik, bildet ihr Medium.

438 6. Die – begrenzte – Verfassungsautonomie der 28 Mitgliedstaaten wird zu einer solchen durch die gezeigten Geländeverluste. Sie erzielt aber auch *Geländegewinne*: Durch die Mitwirkung auf höherer Ebene bringt sich das Nationale im übernationalen Zusammenhang ein, man denke an die gemeinsamen Politiken, aber auch an die Ensembles der allgemeinen Rechtsgrundsätze (vgl. Art. 6 Abs. 3 EUV, bes. die Menschenrechte), die sich aus dem Nationalen anreichern. Das gemeineuropäische Verfassungsrecht ist zumal ein Bereich, in dem dann Teile des Nationalen spezifisch „aufgehoben“ bleiben.

III. Ausblick

439 Die Frage nach der „Zukunft der Verfassung“ (*D. Grimm*) ist in Europa spezifisch zu beantworten. Erosionsvorgängen stehen Metamorphosen in Sachen „Verfassungsgemeinschaft Europa“ gegenüber. Elemente ihrer nationalen Herkunft bleiben erhalten. Aber die Zukunft liegt gerade darin, dass neben den vielen nationalen Verfassungen eine darüber hinausgreifende europäische Verfassung gewachsen ist. „Nach der Souveränität“ (*K. Hesse*) gewinnt, wenngleich durch Krisen immer neu herausgefordert, der Verfassungsgedanke in Europa neue Kraft. Die Wissenschaft kann als europäische Verfassungslehre einen bescheidenen Beitrag zu diesen komplexen Vorgängen leisten, wenn auch, wie meist, erst im Nachhinein.

D. Die werdende europäische Verfassung – Wege, Verfahren und Inhalte

440 Wurde im letzten Abschnitt über die möglichen und für Europa zu wählenden bzw. spezifischen relevanten Verfassungskonzeptionen nachge-

127 *P. Häberle*, Verfassungslehre als Kulturwissenschaft, 2. Aufl. 1998; *ders.*, Der kooperative Verfassungsstaat – aus Kultur und als Kultur. Vorstudien zu einer universalen Verfassungslehre, 2013.

dacht und der Theorierahmen für das konstitutionelle Europa von heute reflektiert (Stichwort: „Verfassungsgemeinschaft“, „Ensemble von Teilverfassungen“, „Verfassungsverbund“), so wird es nun Zeit, konkreter über den *Fortgang* der Verfassungsentwicklung Europas in der Zukunft zu sprechen. „Verfassungsentwicklung“ umfasst dabei beides: den Vorgang der Verfassung*gebung* sowie die Verfassungs*interpretation*. Beides ist zu unterscheiden, nicht zu trennen. Der EuGH hat immer wieder ein Stück materieller Verfassunggebung bzw. Verfassungsänderung geleistet, seinerzeit etwa erkennbar an der Umsetzung der Luxemburger Judikatur zu „Frauen in der Bundeswehr“ in Form einer innerdeutschen GG-Änderung (2001)[128]. Umgekehrt kann formale Verfassunggebung inhaltlich auch „nur“ Verfassungsinterpretation sein: „Nachführung“ im Schweizer Sinne, nicht substantielle Neuschöpfung. Dennoch sei im Folgenden unterschieden: Begonnen sei mit der Verfassunggebung im national/verfassungsstaatlichen Sinne, ihre Wege und Verfahren seien sodann auf das Europa der EU übertragen. Erst dann ist der Weg frei, die Wege, Verfahren und Methoden, auch Inhalte („Prinzipien“) der europäischen Verfassungsinterpretation zu skizzieren.

I. Der klassische – pluralistische – Prozess der Verfassunggebung im nationalen Raum

1. Die Fragestellung

Der demokratische Verfassungsstaat von heute versteht sich und lebt von 441
der verfassunggebenden Gewalt des Volkes her.[129] Sie ist teils in den Verfassungstexten ausdrücklich als solche ausgewiesen – sie wurde in der Verfassungsgeschichte des Typus „Verfassungsstaat“ bald *revolutionär*, bald *evolutionär* (vor allem gegen die verfassunggebende Gewalt der Monarchen) durchgesetzt –, teils wurde sie „ungeschrieben“ von Wissenschaft und Praxis entwickelt, auf Begriffe gebracht, verfeinert und ganz oder teilweise in Verfassungstexte umgesetzt. Wie kaum sonst ergibt sich das für den Typus Verfassungsstaat „in Sachen Verfassunggebung“ Cha-

128 Dazu *R. Streinz*, Frauen an die Front, DVBl. 2000, S. 185 ff.; *R. Scholz*, Frauen an die Waffe kraft Europarechts?, DÖV 2000, S. 417 ff.

129 Ausführlich zum „Schöpfungs-Mythos von der unregelbaren verfassungsgebenden Gewalt“ *L. Michael*, in: BK, GG, Art. 146 (Stand: 2013), Rn. 269 ff. m.w.N.

rakteristische aus einem Ensemble und „Kräfteparallelogramm“ von politischen Ideen, wissenschaftlichen Doktrinen, geschriebenen Verfassungstexten und ungeschriebener Praxis. So groß die Unterschiede von Land zu Land je nach der nationalen Verfassungsgeschichte auch in der Gegenwart sind: Heute hat sich ein Konzentrat von „Lehren“ und von Praxis zur verfassunggebenden Gewalt des Volkes entwickelt, das bei allen „Variationen“ einen Grundtypus erkennen lässt.[130] Er ist vorrangig aus den sich in der Geschichte wandelnden und von Nation zu Nation je nach Kulturzustand verschiedenen Verfassungstexten zu erarbeiten – doch bedarf es dabei der Berücksichtigung der (Verfassungs-)Geschichte der „politischen Lehrmeinungen“ (ohne dass diese alle im Einzelnen dargestellt werden könnten); denn sie haben zu bestimmten Verfassungstexten geführt und diese fortentwickelt, wie umgekehrt diese Verfassungstexte als „Material“ und Herausforderung für die weitere Theoriebildung gewirkt haben bzw. wirken sollten. Speziell im Deutschland des 19. Jahrhunderts kam es überdies zu Formen des „Paktierens“ zwischen den die Verfassunggebung beeinflussenden „Subjekten“ (Monarch und Stände bzw. Volk), an die die – heute wieder aktuellen – Gedanken von der „Verfassung als Vertrag“ erinnern[131].

2. Der Problemkatalog: fünf Fragenkreise als Kontinuum im Wandel der Verfassungstexte

442 Im Einzelnen ergeben sich die folgenden fünf, anhand der im historischen und aktuellen Vergleich erarbeiteten Verfassungstexte typologisch aufgeschlüsselten Problemkreise, die einerseits das im Verfassungsstaat Typische in Sachen „verfassunggebende Gewalt des Volkes“, andererseits aber auch die große Bandbreite denkbarer verfassungspolitischer Problemlösungen erkennen lassen:

---

130 Vgl. *P. Häberle*, Die verfassunggebende Gewalt des Volkes im Verfassungsstaat – eine vergleichende Textstufenanalyse, AöR 112 (1987), S. 54 ff.

131 Dazu schon *P. Saladin*, Verfassungsreform und Verfassungsverständnis, AöR 104 (1979), S. 345 ff.; *P. Häberle*, Kommentierte Verfassungsrechtsprechung, 1979, S. 438 ff. Siehe auch *P. Badura*, Die Verfassung im Ganzen der Rechtsordnung und die Verfassungskonkretisierung durch Gesetz, in: HStR, Bd. XII, 3. Aufl. 2014, § 265, Rn. 1.

a) An welchen „Stellen“ bzw. in welchen Abschnitten behandeln die einzelnen Verfassungswerke textlich-systematisch das Problem der verfassunggebenden Gewalt des Volkes? „Schon“ in der Präambel (vgl. das GG), in Grundsatz- oder erst bzw. auch in Schlussbestimmungen (so in Art. 146 GG und Art. 115 Verf. Brandenburg) oder überhaupt nicht (wird sie also „systemimmanent“ vorausgesetzt und „praktiziert“ – in Orientierung an der seit 1789 entwickelten Lehre (*Sieyès*), die in immer neuen Textvarianten um einen Grundtypus kreist)? 443

b) Wer ist in welchen Verfahren als „Subjekt“ in die Prozesse der Verfassunggebung eingeschaltet? In diesem Pluralismus wirken heute Parteien, Verbände, Kirchen, einzelne Persönlichkeiten (wie besonders prägend *N. Mandela* in Südafrika), die Wissenschaft (im Spanien und Portugal der 70er Jahre, in der Türkei der 80er Jahre [auch] das Militär) mit[132]. In Brandenburg (1992) haben sich die „Bürgerinnen und Bürger des Landes“, also nicht das Volk „diese Verfassung“ gegeben (Präambel), s. auch Präambel Verf. Mecklenburg-Vorpommern (1993). 444

Verfassungsgeschichtlich kämpften – im Spiegel der Verfassungs-Texte ablesbar – in Deutschland Fürst und Stände bzw. Volksvertretungen darum, „Subjekt“ der Verfassunggebung zu sein. Oktroyierte Verfassungen (wie die preußische von 1848) waren Ausdruck der verfassunggebenden Gewalt des Monarchen, paktierte (wie die revidierte preußische von 1850) bildeten einen Vertrag bzw. Kompromiss zwischen Fürst und Ständen bzw. dem sie repräsentierenden Volk. Erst spät, d.h. seit 1918 rückte in Deutschland das Volk in die alleinige „Subjektstellung“ in Sachen verfassunggebende Gewalt ein[133]. 445

c) Wird die verfassunggebende Gewalt des Volkes schon textlich auf bestimmte Verfahren festgelegt oder nicht? Gibt es ausdrücklich-textlich bestimmte Verfahrensvarianten? Zum Beispiel: Wahlen zur verfassunggebenden Versammlung mit anschließendem Plebiszit bzw. ohne ein solches. Oder sind diese vom Typus Verfassungsstaat immanent gefordert? Denkbar ist auch das Fehlen jeder direkt demokratischen ex ante Legitimation 446

132 Zur Rolle der Streitkräfte vgl. Präambel Verf. Portugal (1976/82) und Präambel Verf. Türkei (1982).

133 *K. Stern*, Das Staatsrecht der Bundesrepublik Deutschland, Bd. I, 2. Aufl. 1984, S. 147, trifft die Feststellung, die Lehre vom pouvoir constituant sei der wichtigste Anwendungsfall der Idee der Volkssouveränität, sie sei im demokratischen Verfassungsstaat selbstverständlich, „aber der Weg dorthin war ein dornenreicher“.

des Verfassunggebers (so für das GG von 1949). Die Schweiz ist in der „Prozessualisierung" der Verfassunggebung insofern besonders weit vorgestoßen, als sie einen festen Kanon von geschriebenen Verfahrensregeln zur „Totalrevision" entwickelt hat, die heute zur „Substanz" dieses Verfassungsstaates gehören dürften: auf Bundesebene ebenso wie kantonal (zu denken ist etwa an Art. 129 Verf. Bern von 1993 und Art. 83 bis 90 Verfassungsentwurf Tessin von 1995, Art. 101 KV Neuenburg von 2001, Art. 132 bis 134 KV Zürich von 2004).

447 d) Ist die verfassunggebende Gewalt des Volkes textlich in einen „Kontext" bestimmter – normativierender – Inhalte (wie Menschenwürde, Gerechtigkeit, historische Vorgänge) eingebettet (z.B. meist in Präambeln oder durch „Bekenntnisartikel"), die damit die Konturen des Typus Verfassungsstaat umreißen, oder erscheint sie als ungebundene, freie, „normativ aus dem Nichts" entscheidende „Gewalt"?

448 e) Damit zusammenhängend: Gibt es geschriebene oder ungeschriebene („selbstgegebene" oder kulturell aufgegebene) Grenzen der verfassunggebenden Gewalt des Volkes: abgelesen aus den Verfassungstexten (besonders in Präambeln), Verfassungsgerichtsentscheidungen (BVerfGE 1, 14 (61 f.): 1. Neugliederungsurteil!) bzw. entwickelt von der Wissenschaft, die sich ihrerseits an den Texten bzw. einem Konzentrat des Typus Verfassungsstaat in Sachen Verfassunggebung orientiert?

3. Antworten

449 Eine im Lichte der Textstufenentwicklung arbeitende und aus Geschichte und Gegenwart Regelungsalternativen „anbietende" Theorie kann das Problem der verfassunggebenden Gewalt des Volkes wirklichkeitsnäher lösen als so manche Ideologie. Der Typus demokratischer Verfassungsstaat vermag so ein Stück weit über die je konkrete Verfassung eines individuellen Volkes hinauszudenken und Handlungsalternativen bereitzuhalten, er vermag die offene Fortentwicklungen der je konkreten Verfassung ebenso wie eine Transnationalisierung des Verfassungsdenkens zu erlauben. Dass es dabei letztlich auch zu einer Entwicklung des Typus „Verfassungsstaat" selbst kommen kann, ist nicht auszuschließen – man denke nur an die Grundwertekataloge, in die sich der Verfassungsstaat bzw. der Verfassunggeber seit 1945 zunehmend einbindet: sie sind eine neue Textstufe und ein Gewinn für den Verfassungsstaat, ebenso wie die schweizerischen Verfahrensinstrumente unter dem Stichwort „Totalrevision" und die öster-

reichische „Gesamtrevision" bzw. das „Modell Spanien". Sobald eine konkrete verfassungsstaatliche Verfassung Wirklichkeit geworden ist und sich damit auf den „Gleisen" des Typus „Verfassungsstaat" (weiter)entwickelt, kann es nur noch evolutionäre Verfassunggebung geben – eben weil die kulturwissenschaftlich arbeitende Verfassungslehre Inhalte und Verfahren auch jenseits der positiven Texte bereit hält, die den Weg zu einer neuen konkreten *Beispielverfassung* erlauben. Sobald es zu (Kultur-)Revolutionen kommt, die ein Schritt weg vom und gegen den Verfassungsstaat sind (im Zeichen totalitären Staatsdenkens von links oder rechts), versagt die Verfassungslehre. Der „große Sprung" zurück (besser: vorwärts) zum Typus „Verfassungsstaat" kann dann nur durch die oben entwickelte Argumentation geleistet werden: ausnahmsweise Verzicht auf vorgängige Wahlen zu einer Nationalversammlung, aber Unverzichtbarkeit eines späteren Plebiszits oder Wahlen: weil der neue Zustand „näher" am Typus Verfassungsstaat ist als der frühere (Beispiele: Deutschlands GG von 1949 und die Türkische Verfassung von 1982)[134].

Die These von der alleinigen „Subjektstellung" des Volkes in den materi- 450
ell vorgeprägten und normativ vorstrukturierten Verfahren seiner verfassunggebenden Gewalt wird durch die Ersetzung der traditionellen „Willenseinheit des Volkes" durch den heutigen Pluralismus des Volkes[135] nicht widerlegt. Der im Verfassungsstaat typische Anspruch des Volkes, alleiniges Subjekt bzw. „Träger" der verfassunggebenden Gewalt zu sein, macht die Einsicht nicht unrichtig, dass das Volk eine pluralistische Größe ist. Im modernen Verfassungsstaat arbeitet eine Vielheit pluralistischer „Faktoren" bzw. „Beteiligter" an dem Grund-Konsens, auf dem letztlich die Verfassung „gebaut" wird. Man mag von einem *Pluralismus „der" Verfassunggeber* sprechen (multiple constituents)[136], von einem Kompromiss und Vertrag(en) aller mit allen: in diesen Vorgängen und Beteiligten „ist" bzw. wirkt heute „das Volk". Die Renaissance des Gedankens der paktierten Verfassung trifft also den Pluralismus der Inhalte und der an Verfassunggebung Beteiligten besser als die *Ideologie* vom (unbeschränkten) *Willen „des" Verfassunggebers*, der „sich" die Verfassung „gibt". Sie

134 In Anlehnung an BVerfGE 4, 157 (169 f.): „näher beim Grundgesetz".

135 Dazu *K. Hesse*, Grundzüge des Verfassungsrechts der Bundesrepublik Deutschland, 20. Aufl. 1995 (Neudruck 1999), Rn. 5 ff., 135.

136 So mit Blick auf die irische Verfassung *S. Tierney*, Constitutional Referendums: The Theory and Practice of Republican Deliberation, 2012, S. 148, Anm. 66: „Notably the constituency itself is a wide one, embracing multiple constituents."

ist jedenfalls kein „Rückschritt" in die Zeit des deutschen Dualismus Fürst/Stände und kein „stände-staatlicher" Irrweg, so sehr viele Verfassungstexte noch von der Ideologie „*des*" Verfassunggebers geprägt sein mögen.

451 Als Konsequenz des bisher Gesagten ergeben sich aber auch Antworten auf die Frage nach etwaigen geschriebenen und ungeschriebenen, vom Typus Verfassungsstaat bzw. kulturell vorgegebenen Grenzen der verfassunggebenden Gewalt des Volkes. Sie folgen daraus, dass sich „Verfassunggebung" auf die Konstituierung eines konkreten Beispiels für den abstrakteren Typus „Verfassungsstaat" beziehen muss: andernfalls wären Wort und Begriff „Verfassunggebung" irreführend und nichtssagend, ein bloßer Formalakt. Aus bis heute überzeugenden Gründen formuliert und normiert Art. 16 der französischen Menschen- und Bürgerrechte-Erklärung von 1789 (die in die Verfassung von 1791 integriert wurde und über die Präambel der Verfassung von 1958 auch heute noch in Frankreich gilt): „Eine jede Gesellschaft, in der weder die Gewährleistung der Rechte zugesichert noch die Trennung der Gewalten festgelegt ist, hat keine Verfassung". Dies ist ein geltender Verfassungsrechtssatz im heutigen Frankreich und kulturgeschichtlich gesehen zugleich ein kultureller, durchaus sendungsbewusster „Klassikertext" des Typus Verfassungsstaat. Völker, deren verfassunggebende Gewalt eine verfassungsstaatliche Verfassung einrichten konnte, haben sich damit – immanent – mindestens für diesen typusmitbestimmenden Basissatz von 1789 entschieden.

4. Die zwei Ebenen: Verfassunggebung im Typus Verfassungsstaat – Verfassunggebung eines konkreten Volkes im Kontext seiner kulturellen Individualität und Identität

452 Stets ist auf zwei – voneinander zu unterscheidenden (in der geschichtlichen Entwicklung sich aber wechselseitig beeinflussenden) – Ebenen zu arbeiten: auf der abstrakteren des Typus Verfassungsstaat und auf der konkreteren eines konkret verfassten und sich individuell verfassenden Volkes. So ist das Bundesstaatsprinzip (noch?) nicht immanenter Bestandteil jedes typusgerechten Vorgangs der „Verfassunggebung des Volkes": Es gibt große bzw. traditionsreiche Verfassungsstaaten wie England oder Frankreich, die keine Bundesstaaten sind, allenfalls „Vorformen" entwickeln (Regionen!). Wohl aber finden sich individuelle Verfassungsstaaten wie die USA oder die Schweiz, in denen das Bundesstaatsprinzip ein

Strukturelement jeder Art von Verfassunggebung bzw. Totalrevision des Volkes bildet, seitdem dieses Volk konstituiert ist: Was juristisch (wie in der Schweiz) als „Grenze" der Totalrevision bzw. Verfassunggebung erscheint, ist in der Sache freilich mehr: lebendiger, ohne Kulturrevolution und Kulturverlust nicht hinterschreitbarer Ausdruck der konkreten „Verfassung als Kulturzustand". Und die Nation bzw. das Volk befindet sich in diesem sich weiterentwickelnden Kulturzustand nicht im Natur- bzw. Ausnahmezustand i.S. der Lehren von *Sieyès* bis *C. Schmitt*[137]. Entsprechendes gilt für die Alternative „parlamentarische Monarchie" (Spanien) oder „Republik" (Frankreich, das deutsche GG) insofern, als beide Verfassungsstaaten ihrer heutigen kulturellen bzw. verfassungsstaatlichen Entwicklungsstufe gemäß nur *konstitutionelle* Monarchien bzw. Republiken sein können. Und auch auf europäischer Ebene verschmelzen das konstitutionelle und das republikanische Moment auf spezifische Weise zur konstitutionell radizierten „res publica Europaea".[138]

5. Die Normativierung und Konstitutionalisierung der verfassunggebenden Gewalt des Volkes

Theorie und Praxis der hier verfochtenen Normativierung und Konstitutionalisierung der verfassunggebenden Gewalt des Volkes[139] können auch nicht mit dem Argument widerlegt werden, es handele sich dabei nur um eine „Selbstverpflichtung" (auf dem Hintergrund „grundsätzlich unbeschränkter Gewalt") des jeweiligen konkreten Verfassunggebers, nicht um die Normalität und Normativität eines typusimmanenten Verfassungsprinzips des Verfassungsstaates. Nur formal und äußerlich betrachtet ver- 453

137 Vgl. *C. Schmitt*, Verfassungslehre, 1928, S. 79: „Die verfassunggebende Gewalt ist immer Naturzustand, wenn sie in dieser unveräußerlichen Eigenschaft auftritt".

138 *A. v. Bogdandy*, Konstitutionalisierung des europäischen öffentlichen Rechts in der europäischen Republik, JZ 2005, S. 529 ff.; umfassend *K. Nowrot*, Das Republikprinzip in der Rechtsordnungengemeinschaft: Methodische Annäherungen an die Normalität eines Verfassungsprinzips, 2014.

139 *M. Kriele*, Einführung in die Staatslehre, 1975, S. 226, schreibt schon damals die Volkssouveränität und die verfassunggebende Gewalt des Volkes letztlich eliminierend: „Die Volkssouveränität tritt nur am Anfang oder am Ende des Verfassungsstaates auf, bei seiner Konstituierung und bei seiner Abschaffung", „Die demokratische Souveränität ruht, solange der Verfassungsstaat besteht".

pflichtet „sich" der Verfassunggeber bzw. das (pluralistische) Volk „selbst": in der Sache und kulturgeschichtlich gesehen votiert es für Inhalte und Verfahren, die weit „objektiver" gegeben und aufgegeben sind als ein *ungeschichtlicher* Dezisionismus wahrnehmen will[140]. Die Eingebundenheit in einen bestimmten Entwicklungszustand einer Kultur schafft „Realien" und „Ideelles", denen die Theorie der bloß subjektiven „Selbstbindung" und voluntaristischen „Selbstbeschränkung" nicht gerecht werden kann. Die intensive „Verinnerlichung" bestimmter Grundwerte wie „Menschenrechte", „Friede" etc., die sich an textlichen Präambelelementen wie „Absicht", „Bewusstsein", „von dem Willen beseelt" zeigt, schlägt ins Objektive, in kulturelle Determinanten um.

6. Verfassungspolitische Erwägungen

454 Die bisherigen theoretischen Überlegungen und in sie integrierten vergleichenden Analysen der Verfassungstexte sowie der Praxis der verfassunggebenden Gewalt des Volkes blieben halbherzig, wenn sie nicht in verfassungspolitische Konsequenzen mündeten und den Raum jenseits des Staates von Anfang an mit einbezögen. Denn Verfassungslehre schließt die Dimension der Verfassungspolitik in einem „letzten Schritt" nicht aus, sondern ein. Die Wissenschaft kann und soll künftigen Verfassunggebern praktische Handreichungen bieten bei der Ausgestaltung ihrer Texte, wo möglich auch im Sinne von Alternativen, wie sie in den Totalrevisionsvorhaben der Schweiz als „Varianten" üblich geworden sind[141].

455 Auf diesem Hintergrund sei Folgendes empfohlen:

456 a) Die nationalen (bundesstaatlichen, auch gliedstaatlichen bzw. kantonalen) Verfassunggeber sollten sowohl in den Präambeln ihrer Verfassungen als auch in den Schlussartikeln auf die verfassunggebende Kompetenz des

---

140 S. auch *K. Stern*, Staatsrecht der Bundesrepublik Deutschland, Bd. I, 2. Aufl. 1984, S. 149: „Ein Grundbestand dieser Vorstellungen (sc. der europäisch-atlantischen Verfassunggebung) besitzt rational und historisch begründbare Objektivität: Menschenrechte, freiheitliche demokratische Grundordnung, Gewaltenteilung, Rechtsstaatlichkeit".

141 Vgl. die „Varianten" im Totalrevisionsentwurf für eine Bundesverfassung (1977) und für eine Kantonsverfassung wie Solothurn (1985) und Glarus (1977), abgedruckt in JöR 34 (1985), S. 536 ff. bzw. 497 ff. und 480 ff.

Volkes als solche eingehen[142]: Sie „umrahmen" so gleichsam ihr Verfassungstextwerk. Dabei ist der jeweils historisch-kulturelle Vorgang der Verfassunggebung i.S. des Postulats der Verfassungstextwahrheit und -klarheit so zu beschreiben wie er sich tatsächlich ereignet hat – dies selbst dann, wenn sich – nach dem Ideal des Verfassungsstaates – eigentlich „inkompetente Instanzen" wie „Streitkräfte" und „Besatzungsmächte" in den Vorgang der Verfassunggebung gedrängt und ein Stück der allein beim Volk liegenden Kompetenz angeeignet haben (wie in Portugal 1976 oder in der Türkei 1982 bzw. in Westdeutschland nach 1945).

b) Die verfassunggebende Gewalt des Volkes sollte dem Typus „Verfassungsstaat" konform von zwei Seiten verfassungstextlich angereichert werden: von der inhaltlichen Grundwerteseite aus einerseits (Beispiele liefern die Verfassungen deutscher Länder nach 1945, aber auch die Verfassungen von Portugal und Spanien von 1976 bzw. 1978), d.h. über „Bekenntnis-" bzw. „Bewusstseins-Artikel" bzw. -Elemente in Präambeln, von der prozessualen Seite andererseits (Beispiele geben die Schweizer, österreichischen und spanischen „Totalrevisions-" bzw. „Gesamtrevisions-"Regelungen). 457

c) Empfehlenswert sind eigene Abschnitte über die Totalrevision bzw. Gesamtrevision der Verfassung (möglichst im prozessualen „Dreitakt": Einleitung durch das Volk, Abstimmung in den Parlamenten und Verabschiedung durch das Volk; das Volk muss mindestens in Form von Wahlen oder durch ein Plebiszit „danach" das letzte Wort haben). Sie können redaktionell gemeinsam mit der Totalrevision bzw. Verfassungs-Änderung unter dem „Dach" eines und desselben Verfassungsabschnitts platziert sein (Beispiele gibt es in der Schweiz auf Bundes- und Kantonsebene). Damit ist „Totalrevision" auch textlich als möglicher und durchaus normaler Vorgang (der Verfassunggebung) neben der bloßen Teilrevision bzw. „Verfassungsänderung" ausgewiesen. Auch auf diese Weise kommt zum Ausdruck, dass die verfassunggebende Gewalt des Volkes im Typus Verfas- 458

142 So heißt es in der Präambel der Verf. Frankreich von 1946: „... le peuple français proclame à nouveau ... Il réaffirme solennellement les droits et les libertés", am Schluss in Art. 106: „La présente Constitution, délibérée et adoptée par l'Assemblée nationale constituante, approuvée par le peuple français ..." (zit. nach J. Godechot (Hrsg.), Les Constitutions de la France depuis 1789, 1979, S. 389, 410).

sungsstaat der heutigen Entwicklungsstufe tendenziell normalisiert, normativiert und konstitutionalisiert worden ist[143].

459 d) Der Begriff „Verfassunggebung“ bzw. verfassunggebende Gewalt bzw. Kompetenz des Volkes braucht weder in den Verfassungstexten noch in der Theorie gestrichen bzw. verabschiedet zu werden – zu *suggestiv* ist die Wirkung der ihn kulturell bis heute tragenden Klassikertexte seit 1776/1778 bzw. 1789/1791/1792. Doch müsste sich die Erkenntnis durchsetzen, dass „Verfassunggebung des Volkes“ und „Totalrevision“ bzw. „Gesamtrevision“ durch das Volk im Typus „Verfassungsstaat“ miteinander identisch sind. Verfassungen, die in Präambeln und/oder Schlussartikeln von „Verfassunggebung“ sprechen, sollten terminologisch konsequent bleiben und auch in einem etwaigen Abschnitt über die „Gesamtrevision“ diese dem Wortlaut nach als „Verfassunggebung“ ausweisen. Zur Verdeutlichung der im Verfassungsstaat typischen Annäherung zwischen Verfassungsänderung (Teilrevision) und Verfassunggebung (Totalrevision) empfiehlt es sich, beide Arten von „Verfassungsreform“ auch systematisch gemeinsam unter einem „Dach“ bzw. Abschnitt zu vereinigen. *L. Michael* macht dafür einen terminologischen Vorschlag: „Verfassungsablösung“.[144]

460 e) Verfassunggebung ist ein pluralistischer Vorgang, in dem es um die Normierung des „politisch Wichtigen“ geht. Gerade im Feld der Verfassunggebung reicht der herkömmlich juristische Ansatz nicht aus. Denn hier liegt ja noch kein „geltender“ positiver Text vor. Allein der tiefere und breite kulturwissenschaftliche Ansatz kann bestimmte Bewegungen, ihre „Promotoren“ und Akteure thematisieren und auf den Begriff bringen. Die neueren Prozesse der Verfassunggebung in Portugal (1976), Griechenland (1975) und Spanien (1978), auch in Kanada (1981), sowie die Schweizer Diskussion um die „Totalrevision“ der Bundesverfassung (Entwurf 1977, 1995/2000 „nachgeführt“) lassen sich nicht allein wirtschaftlich und politisch, d.h. ohne Beachtung der kulturellen Hintergründe beschreiben und erklären. Für die großen Verfassungsbewegungen in den Transformations-

---

143 Vgl. auch Art. 196 Verf. Costa Rica von 1949 (zit. nach JöR 35 (1986), S. 481 ff., 508): „Eine allgemeine Änderung dieser Verfassung kann nur durch eine zu diesem Zweck einberufene verfassunggebende Versammlung durchgeführt werden“; Art. 115 Verfassung Brandenburg von 1992 – zur „verfassunggebenden Versammlung“ – mit genauen Verfahrensvorschriften! *L. Michael*, in: BK, GG, Art. 146 (Stand: 2013), Rn. 314 ff. schlägt „rechtsstaatliche Traditionen und Volkssouveränität als rationale Alternative zum Schöpfungs-Mythos“ ungebundener verfassungsgebender Gewalt vor.

144 Ebd. Rn. 192 ff.: „Verfassungsablösende Gewalt“.

gesellschaften Osteuropas nach 1989/1990, aber auch in Süd- und Lateinamerika gilt das erst recht.

Vor der textlichen Ausgestaltung liegen in Fülle unterschiedliche Bau-Elemente für die neue Verfassung „auf dem Platz". Sachlich ringen Klassikertexte, Partei- und Verbandsprogramme, Erkenntnisse der Wissenschaft, Bruchstücke alter Verfassungstexte, auch Lebensleistungen einzelner Persönlichkeiten (z.B. *N. Mandela*) miteinander. Politische Hoffnungen und Erfahrungen gehen ebenso in die Prozesse der Verfassunggebung ein wie Elemente auswärtiger Verfassungsstaaten als Beispiel des Typus Verfassungsstaat. So wirken sich die deutschen Leitbilder von Bundesstaatlichkeit und Verfassungsgerichtsbarkeit, auch das Verhältnis von Staat und Kirche und der Grundrechtskatalog heute zunehmend in neuen Verfassungen Europas aus. Kulturelle Rezeptionsprozesse etwa der Wesensgehaltgarantie des Art. 19 Abs. 2 GG lassen sich nicht nur im Blick auf die Schweizer Totalrevision, sondern sogar bis in das südliche Afrika (früher bis nach Bophuthatswana, jetzt Südafrika) verfolgen. Bis all dies zu einem positiven Verfassungstext „gerinnt", gibt es viel Kampf, viel Parteinahme und Interessenwahrung, kurz: „Verfassungskämpfe". 461

Es lohnt insbesondere ein Blick auf die Normierung des „politisch Wichtigen": 462

Erste Funktion von Verfassunggebern ist es, das ihnen in der Zeitdimension, d.h. aus Vergangenheit, Gegenwart und Zukunft „politisch Wichtige" formalisiert in die Verfassungstexte umzusetzen (Grundordnungscharakter der Verfassung). Das in historischer Erfahrung Bewährte ist mit dem „Geist der Zeit", insbesondere mit der Wirklichkeit, so zu verbinden, dass auch Hoffnungen für die Zukunft, Möglichkeiten, sie zu gestalten, und Maßstäbe (Ziele) hierfür verfassungstextlich zum Ausdruck kommen. Spezifikum ist dabei das Moment der Dauer, und es legitimiert, einen Rechtsgedanken, eine Institution oder ein Verfahren auf Verfassungsstufe zu normieren. Mit anderen Worten: Dem Verfassunggeber muss ein Thema als dauerhaft genug erscheinen, um es zum Gegenstand einer textlichen Regelung in der neuen Verfassung zu machen. Nicht alles in der jeweiligen gesellschaftlichen und staatlichen Entwicklung ist es wert, das Prädikat einer Verfassungs-Entwicklung zu erhalten; nicht jeder politische Umbruch mag die Bürgerinnen und Bürger zu neuen, gar revolutionären 463

Grundentscheidungen provozieren[145] und das Prädikat eines „constitutional moment" verdienen.[146] Es ist insgesamt die Verbindung von Tradition (entwicklungsgeschichtlicher Selbstvergewisserung) und Offenheit für die Zukunft, von Stabilität und Dynamik, Abbildung des Vorhandenen mit entwurfhafter Steuerung des Zukünftigen, von Rezeption und Produktion, die die Verfassung entwicklungsoffen und lebendig hält.

464 Was der Verfassunggeber für „politisch wichtig" erachtet und in sein Textwerk aufnimmt, variiert in Raum und Zeit, von Land zu Land. Doch stellt sich die Frage, welche Kriterien ihm die beratende Verfassungslehre zur Verfügung stellt, um das politisch Wichtige thematisch zu beschreiben und rechtstechnisch optimal umzusetzen. Solche Kriterien sind aus einem empirischen Überblick über die wichtigsten verfassungsstaatlichen Verfassungen der heutigen Zeit zu gewinnen (realtypischer Ist-Bestand), ergänzt um die „idealen" Anforderungen, die bisher de facto noch nicht zum typischen Inhalt gehören, aber verdienten, von möglichst vielen Verfassungen berücksichtigt zu werden (idealtypische Sollforderung). Orientierungspunkt ist dabei die „gute" verfassungsstaatliche Verfassung. Verfassungspolitik und Verfassungslehre haben hier einander zuzuarbeiten, so unvermeidlich dezisionistische Elemente in der Entscheidung über das „politisch Wichtige" sind.

II. Künftige Wege und Verfahren europäischer Verfassunggebung: Stückwerktechnik

465 Blickt man auf die Verfassungsentwicklung der EU, auf ihre konstitutionelle Genese, von heute aus zurück, so ist ihr *Stückwerkcharakter* offenkundig: völkerrechtliche Verträge (1957), die eine autonome Verfassungsgemeinschaft entstehen ließen[147], die durch formelles sog. Sekundärrecht

---

145 *B. Ackerman*, Revolution on a Human Scale, Yale Law Journal 108 (1999), S. 2279 ff.

146 *B. Ackerman*, We the People. Foundations, 1991, S. 59; s. weiterhin *ders.*, Transformative Appointments, Harvard Law Review 101 (1988), S. 1164 ff.; *ders.*, Higher Lawmaking, in: Sanford Levinson (Hrsg.), Responding to Imperfection. The Theory and Practice of Constitutional Amendment, 1995, S. 63 ff.; *ders.*, The Broken Engine of Progressive Politics, American Prospect 9 (1998), S. 34 ff.

147 EuGH, Rs. 6/64, *Costa/ENEL*, Slg. 1964,1253 (1269): „Zum Unterschied von gewöhnlichen internationalen Verträgen hat der EWG- Vertrag eine eigene Rechtsordnung geschaffen, die bei seinem Inkrafttreten in die Rechtsordnung der Mit-

konkretisiert und fortentwickelt wurden; darüber hinaus vor allem die vitale Praxis der Verfassungsorgane der EU, die teils als „Aktionsprogramme" (z.B. im Umwelt- und Bildungsbereich), teils gesetzgeberisch, teils durch punktuelle Vorgänge materieller Verfassunggebung aus Luxemburg seitens des EuGH gekennzeichnet ist. Ein signifikantes Beispiel: Österreich hat seine EU-Europäisierung im Moment des Beitritts zur EU als *Verfassungs*vorgang qualifiziert (Stichwort: die „zweite" Verfassung[148], „Gesamtänderung der BV") und damit den autonomen konstitutionellen Charakter des Unionsrechts implizit untermauert.[149] Maastricht, Amsterdam, Nizza und Lissabon sind zum einen Fortschreibung i.S. der Textstufenentwicklung, sie brachten auf Punkt, Text und Begriff, was sich z.T. diffus entwickelt hatte; andererseits sind sie Entwurf für die Zukunft, was etwa aus der Präambel zum EUV schon begrifflich deutlich wird: „entschlossen, den *Prozess* der Schaffung einer *immer engeren* Union der Völker Europas (…) *weiterzuführen*."[150] Sie sind teils Rezeption der Judikatur des EuGH und des Verweises auf die EMRK und ESC, also formale Konstitutionalisierung, teils Innovation etwa durch die kleine präföderale Homogenitätsklausel in Art. 7 EUV[151]. Rechtsphilosophisch kann diese Entwick-

---

gliedstaaten aufgenommen worden und von ihren Gerichten anzuwenden ist. … Diese Aufnahme der Bestimmungen des Gemeinschaftsrechts in das Recht der einzelnen Mitgliedstaaten und, allgemeiner, Wortlaut und Geist des Vertrages haben zur Folge, daß es den Staaten unmöglich ist, gegen eine von ihnen auf der Grundlage der Gegenseitigkeit angenommene Rechtsordnung, nachträglich einseitige Maßnahmen ins Feld zu führen. Solche Maßnahmen stehen der Anwendbarkeit der Gemeinschaftsrechtsordnung daher nicht entgegen. … Aus alle dem folgt, dass dem von Vertrag geschaffenen, somit aus einer autonomen Rechtsquelle fliesendem Recht wegen dieser seiner Eigenständigkeit keine wie immer gearteten innerstaatlichen Rechtsvorschriften vorgehen können, wenn ihm nicht sein Charakter als Gemeinschaftsrecht aberkannt und wenn nicht die Regelungsgrundlage der Gemeinschaft selbst in Frage gestellt werden soll."

148 *P. Pernthaler*, Die neue Doppelverfassung Österreichs, in: FS Winkler, 1997, S. 773 ff.

149 Früh findet sich die Formulierung vom „Verfassungskern" etwa bei *P. Pernthaler*, Der Verfassungskern, 1998; mit zahlreichen weiteren Nachweisen *F. C. Meyer/ M. Wendel*, Die verfassungsrechtlichen Grundlagen des Europarechts, in: A. Hatje/P.-Ch. Müller-Graff (Hrsg.), Enzyklopädie Europarecht, Bd. I, 2014, S. 163 ff.

150 Hervorhebungen durch die Verf.

151 Dazu aus der Lit.: *F. Schorkopf*, Homogenität in der Europäischen Union. Ausgestaltung und Gewährleistung durch Art. 6 Abs. 1 und Art. 7 EUV, 2000; *F. Hanschmann*, Der Begriff der Homogenität in der Verfassungslehre und Europarechtswissenschaft. Zur These von der Notwendigkeit homogener Kollektive

lung mit Hilfe des Bildes von der „Stückwerktechnik“ von *Popper* gekennzeichnet werden. Wie ist angesichts dieser Prämisse weiter zu verfahren?

466 1. Das Theoriemuster der klassischen nationalverfassungsbezogenen Verfassunggebung ist durchaus auch im EU-Europa dienlich.

467 2. Diese „Europäisierung“ eines klassischen Verfassungsstaatsbegriffs ist derzeit bzw. im Folgenden auf das Europa im engeren Sinne der EU zu beschränken, obwohl diese Verfassungsgestaltung, etwa die Inkraftsetzung der EMRK[152], auch im weiteren Europa zu beobachten ist. Was hier völkerrechtlich durch Ratifikationsprozesse beginnt, ist der Sache nach ein Stück europäische Verfassunggebung; für ihre Mitgliedstaaten ist die Durchsetzung der EMRK seitens des EGMR ein Stück mittelbarer Verfassunggebung. Das erklärt zugleich manch wachsenden Widerstand gegen die Straßburger Judikate unter Berufung auf die eigene Souveränität und Verfassungsidentität, jüngst in Russland (2015) und zunehmend auch in Großbritannien.

468 3. Zu unterscheiden ist zwischen den inhaltlichen Themen einer im EU-Europa sich vollziehenden Verfassunggebung als Stückwerktechnik, und dem personalen Beteiligtenkreis, entsprechend dem Konzept von der „offenen Gesellschaft der Verfassungsinterpreten“ (bzw. Verfassunggeber). Der in den Politikwissenschaften gebräuchliche Begriff „multiple actorship“ erweist sich auch für den juristischen Kontext als aussagekräftig.[153]

469 4. Das EU-Europa, hier als Verfassungsgemeinschaft definiert und im Ganzen inhaltlich nach wie vor nur *Teil*verfassung, im Ensemble aller 28 nationalen Teilverfassungen der Mitgliedstaaten verstanden, sollte (und kann!) in absehbarer Zeit nicht zu einer dem klassischen Nationalstaat vergleichbaren Vollverfassung entwickelt werden. Die sog. Bundesstaatslösung ist in der europäischen Öffentlichkeit wohl noch nicht das adäquate Modell für die künftige Gestalt des EU-Europas. Eine „ganze“ Verfassung ist nicht anzustreben, sie widerspräche dem heutigen Vielfaltskonzept der

---

unter besonderer Berücksichtigung der Homogenitätskriterien „Geschichte“ und „Sprache“, 2008.

152 *Ch. Walter*, Die Europäische Menschenrechtskonvention als Konstitutionalisierungsprozess, ZaöRV 59 (1999), S. 961 ff.

153 *A. Wiener*, Towards Global Citizenship Practice, in: X. Guillaume/J. Huysmans (Hrsg.), Citizenship and Security. The constitution of political being, 2013, S. 75 ff., 85.

europäischen Völker. Einstweilen muss es beim Stückwerk, muss *W. Hallsteins* europäischer Bundesstaat auch weiterhin „unvollendet“ bleiben.[154]
5. Teilreformen bei schrittweiser Öffnung des Beteiligtenkreises („Träger- 470
pluralismus“) sind die zukunftsangemessenen Wege. M.a.W.: das bei der EU-Grundrechte-Charta erprobte „Konventsmodell“ muss stärker demokratisiert bzw. geöffnet werden (stärkere Einbeziehung von Vertretern der nationalen Parlamente, des EU-Ausschusses der Regionen).[155] Vor allem die europäische Bürgergesellschaft, die europäische Öffentlichkeit müssen formell und informell intensiver mit den künftigen Teilverfassungen befasst werden, damit sie sich wahrhaft „verfasst“ fühlen können. Es könnte indes der (heute sehr fernliegende) Tag kommen, an dem das Konventsmodell – pluralisiert und demokratisiert – umschlägt zur klassischen Verfassunggebung im EU-Europa: die Summe der EU-Völker würde zum Verfassunggeber. Die vom intensivierten Konventsmodell ausgelöste Einigungsdynamik könnte das Ende der Regierungskonferenzen, das Ende auch der *Vertrags*reformen bringen und den Beginn klassischer Verfassunggebung auf EU-Ebene bedeuten. Nach Lissabon erscheint das als ein sehr langer Weg. Und auch dieser schlösse nicht aus, die europäische Verfassung *theoretisch* auch dann als Vertrag zu verstehen, wie dies in dieser europäischen Verfassungslehre theoretisch allgemein unternommen wurde („Verfassung als Vertrag“). Nur wären eben die Regierungen nicht mehr als solche federführend beteiligt. Beim Grundrechte-Konvent[156] waren die nationalen Parlamente unterrepräsentiert, zu großes Gewicht hatten überdies – ein Relikt des Intergouvernementalismus – die Beauftragten der Staats- und Regierungschefs. Bei künftigen Konventsmodellen wären entsprechende Korrekturen angebracht.

---

154 *W. Hallstein*, Der unvollendete Bundesstaat, 1969.

155 Dazu auch *J. Bauer*, Mit der Konventsmethode zur Europäischen Verfassung? Der Zukunftskonvent und seine Methoden im Vergleich zu Konventsverfahren aus Vergangenheit und Gegenwart, 2011; *O. Mross*, Bürgerbeteiligung am Rechtsetzungsprozess in der Europäischen Union. Ein Beitrag zur Stärkung der demokratischen Legitimation?, 2010.

156 Aus der Lit.: *M. Hilf*, Die Charta der Grundrechte der EU, Beilage zur NJW 2000, S. 5 ff.

III. Zur Konkretisierung: Europäische Grundrechte-Charta und Europäische Grundwerte-Charta

1. Die EU-Grundrechte-Charta

471 Die *EU-Grundrechte-Charta* (2000) wird inhaltlich in vielen einschlägigen Abschnitten dieser europäischen Verfassungslehre je nach der Systematik analysiert und positiv kommentiert: im Kontext des gemeineuropäischen Grundrechte-Rechts ebenso wie bei den sozial- und kulturverfassungsrechtlichen Fragen. An dieser Stelle sei nur gesagt, dass sie der Sache nach oft, der Form nach punktuell zugleich der Beginn einer „Grundwerte-Charta" ist (vgl. Stichwort: „Solidarität", „Vielfalt der Kulturen"). In dem Maße, wie Grund*rechte* per se Grund*werte* ausweislich ihrer objektivrechtlichen und Schutzpflichten-Dimensionen sind[157], hat die europäische Verfassungsentwicklung in Sachen Grundwerte schon begonnen.

2. Eine europäische Grundwerte-Charta

472 Eine *europäische Grundwerte-Charta*, etwa von deutschen Parteipolitikern immer wieder angemahnt – im Schuldenstreit mit den Gläubigern forderte auch der griechische Ministerpräsident *A. Tsipras* vehement eine Rückbesinnung auf die gemeinsamen europäischen Werte –, sei im Folgenden in ihren Möglichkeiten und Grenzen etwas näher beleuchtet. Sie könnte auf Art. 2 EUV zurückgreifen und diesen konkretisierend fortschreiben. Vor allem sollte sie auf west- und osteuropäische Verfassungsmaterialien aufbauen. Es sind besonders die nationalen Verfassungspräambeln, die hier als „Steinbruch" in Frage kommen. Im Übrigen sollten innovative Begriffe wie „Humanismus" (Bulgarien) rezipiert werden. All dies darf nicht zu „dicht" geschehen, die Charta muss präambelähnlich, „suggestiv", bürgerverständlich sein, zugleich aber auch den politisch Verant-

---

157 Zu den Grundrechten (auch) als „Elementen objektiver Ordnung": *K. Hesse*, Grundzüge des Verfassungsrecht der Bundesrepublik Deutschland, 20. Aufl. 1995 (Neudruck 1999), Rn. 303 ff.; zu den vom BVerfG entwickelten „Schutzpflichten" *ders.*, ebd., Rn. 350, sowie *L. Jaeckel*, Schutzpflichten im deutschen und europäischen Recht, 2001; *P. Szczekalla*, Die sogenannten grundrechtlichen Schutzpflichten im deutschen und europäischen Recht, 2002; *C. Stachel*, Schutzpflichten der Mitgliedstaaten für die Grundfreiheiten des EG-Vertrags unter besonderer Berücksichtigung des Grundrechtsschutzes in der Gemeinschaft, 2006.

wortlichen in den Mitgliedstaaten der EU, den jungen Beitrittskandidaten und den alten EU-Ländern noch genügend Spielraum lassen.

Im Einzelnen: 473

Begonnen sei mit Themen aus Osteuropa, die sich als „Materialien" für 474 eine Grundwerte-Charta eignen, sodann seien einige Beispiele aus den „alten" westeuropäischen Ländern ausgewählt, schließlich sollen die EU- oder Europarats- bzw. OSZE-Texte auf grundwertehaltige Aussagen hin „abgeklopft" werden. Dieses Vorgehen von Ost nach West, für diese europäische Verfassungslehre in vielen Problemfeldern charakteristisch, sei auch hier fast „demonstrativ" befolgt: als kleiner Beitrag zu einem sich auf das *ganze* „europäische Haus" beziehenden Europaverständnis. Die polnische Verfassung von 1997 bietet die beste Alternativ-Klausel in Sachen Gottesbezug an („wie auch diejenigen, die diesen Glauben nicht teilen"). Das müsste auch dem laizistischen Frankreich vermittelbar sein, das sich mit dem religiösen Bezug in der Präambel der EU-Grundrechte-Charta (2000) so schwer tat und einen weitergehenden Gottesbezug im Lissaboner Reformwerk nicht akzeptiert hatte. Weitere grundwerteartige polnische Stichworte sind: „Achtung der angeborenen Würde des Menschen", „Achtung von Freiheit und Gerechtigkeit", „Recht auf Freiheit und Pflicht zur Solidarität mit anderen", „in allgemein-menschlichen Werten wurzelnde Kultur"[158]. Bei der Suche nach einem gemeinsamen Grundwerte-Standard in Ost- und Westeuropa könnte sodann Präambel Tschechien (1992) hilfreich sein, etwa in den Worten von der „Bürgergesellschaft" und den „bewährten Prinzipien des Rechtsstaates". Um die Baltenstaaten zu Wort kommen zu lassen: Präambel Verf. Estland (1992) gelingt die schöne Formulierung vom „gemeinsamen Nutzen künftiger Generationen"; Präambel Verf. Litauen (1992) die idealistische Wendung von der „offenen, gerechten, harmonischen, bürgerlichen Gesellschaft"; Bulgarien sollte mit seiner Verfassungspräambel von 1991 gehört werden: „allgemein menschliche Werte: Freiheit, Frieden, Humanismus, Gleichheit, Gerechtigkeit und Toleranz".

Die Suche nach westeuropäischem Verfassungsmaterial mag zuerst an Ita- 475 lien (1947) denken: ein wenig ironisch im Blick auf Art. 1 („auf die Arbeit gegründete Republik"), eine Klausel, die Respekt verdient, wenn man sich die aus Fiat-Kreisen Turins in den 1990er Jahren allen Ernstes vorgeschla-

158 Zu diesem Stichwort siehe auch *D. Martiny*, Rechtskultur – Berührungspunkte zwischen Rechtssoziologie und Rechtsvergleichung, in: FS Blankenburg, 1998, S. 421 ff.

gene Neufassung vergegenwärtigt: „auf den *Markt* gegründete Republik"! Verf. Spanien (1978) macht es der auf vergleichender Basis arbeitenden Suche nach Grundwerten leicht, denn ihr Art. 1 Abs. 1 sagt ausdrücklich: „Spanien konstituiert sich als demokratischer und sozialer Rechtsstaat und bekennt sich zu Freiheit, Gerechtigkeit, Gleichheit und politischem Pluralismus als den obersten Werten seiner Rechtsordnung"[159]. Die *Europäisierung* dieses (nationalen) Grundwerte-Artikels fällt leicht. Nur der punktuelle Bezug auf das Staatliche („Rechtsstaat") müsste umgangen werden. Schließlich könnte die Präambel des Grundgesetzes eine Fundgrube sein: vor allem im Blick auf die geglückte Klausel von 1949: „als Glied in einem vereinten Europa dem Frieden der Welt zu dienen". Das Ziel der „europäischen Einigung" müsste eine Grundwerte-Klausel vorrangig zieren. Als Beitrag aus der Schweiz böte sich der unvergleichliche Passus der nBV (2000) an: „dass die Stärke des Volkes sich misst am Wohl der Schwachen" (*A. Muschg*).

476 Der Suchvorgang in den nationalen Verfassungen sei hier abgebrochen. Wichtig ist der Hinweis, dass es sich um *gemein*europäische Grundwerte handeln sollte, alle „Stimmen der europäischen Völker" müssten auf ihre Weise zu Gehör bzw. zu Wort kommen: auch wenn es sich um ein Stück künftigen *EU*-Verfassungsrechts handelt.

477 Zuletzt ein Blick auf die Werkstatt des geltenden EU-Teilverfassungsrechts. Art. 2 EUV gründet die Union auf grundlegende Werte[160]. Werthaltig ist bereits die Präambel zum EUV, selbst die Präambel zum technischeren AEUV ist werthaltig grundiert. Das „gemeinsame kulturelle Erbe" (Art. 167 AEUV), die „Achtung der nationalen Identität" (Art. 4 Abs. 2 EUV), die „Entfaltung der Kulturen der Mitgliedstaaten" (wiederum Art. 167 AEUV) wären ebenso wichtig wie das Wort von der „offenen Marktwirtschaft" (Art. 120 AEUV). Aber auch die EU-Grundrechte-Charta selbst ist als „versteckte" Grundwerte-Charta in nuce ergiebig. Textpassagen der Präambel wie „gemeinsame Werte", „geistig-religiöses und sittliches Erbe", „Werte der Würde des Menschen, der Freiheit, der Gleichheit und Solidarität" sind ebenso Grundwerte wie „Achtung der Vielfalt der Kulturen und Traditionen der Völker Europas" sowie der „nationalen

159 Siehe auch *M.-A. Ochoa-Brun*, Spanien und Europa: Kulturgeschichtliche Betrachtungen, in: FS Schambeck, 1994, S. 959 ff.; *F. Balaguer*, Der Beitrag Spaniens zur europäischen Rechtskultur, JöR 52 (2004), S. 11 ff.

160 *Ch. Mandry*, Europa als Wertegemeinschaft. Eine theologisch-ethische Studie zum politischen Selbstverständnis der Europäischen Union, 2009.

Identität der Mitgliedstaaten". Gleiches gilt für die Betonung von „Pflichten ... gegenüber den Mitmenschen ... und den künftigen Generationen". Die Ausdifferenzierung der „Solidarität" im Kapitel IV (Art. 27 ff.) lässt viele Einzelelemente der europäischen Grundwerte erkennen.

Ein letzter Blick auf Dokumente des Europas im weiteren Sinne: Hier lie- 478
fern die bereits analysierten Präambeln manche Stichworte, z.B. „Kultur und Freiheit" sowie „Kultur und kulturelles Erbe", aber auch der Stabilitätspakt für das Europa der damals 52 OSZE-Staaten vom 20. März 1995 als Beitrag zur Europäisierung des Balkans gäbe eine Hilfestellung[161]. Die Rede war (1995) von „Zone gutnachbarlicher Beziehungen", „sozialer Gerechtigkeit", vom Aufbau eines „geeinten und solidarischen, für Dialog und Zusammenarbeit offenen Europas", von „Identität der Nationen und gemeinsamen freiheitlich-demokratischen Werten". Die Rede war von „regionalen runden Tischen sowie der Förderung von grenzüberschreitender Zusammenarbeit". Der Stabilitätspakt für den Balkan (Juni 1999), etwa in Sachen „nationaler Minderheiten", „civil society", „multi-ethnical diversity", ist ebenfalls bis heute ergiebig[162].

Als *Verfahren* für eine europäische Grundwerte-Charta käme das intensi- 479
vierte und extensivierte Konventsmodell der EU-Grundrechte-Charta in Frage. Wichtiger als die formalen Wege der Verfassunggebung ist aber das Engagement der „Europäischen Öffentlichkeiten", aller ihrer Foren und Medien: Wenn schon nicht die EU-Grundrechte-Charta, dann müsste jedenfalls die Grundwerte-Charta in einem „Bürger-Gespräch" entwickelt werden: z.B. via Internet (was freilich nicht so weit geht wie die Idee einer

161 Zit. nach U. Fastenrath (Hrsg.), KSZE/OSZE-Dokumente, seit 1992.

162 Weitere einschlägige OSZE-Stichworte finden sich in der „Europäischen Sicherheitscharta" vom November 1999 (zur „menschlichen Dimension", zum „Hohen Kommissar für nationale Minderheiten", zur „Rechtsstaatlichkeit"); nicht minder ergiebig sind das ältere „Budapester Dokument" von 1994 (auch zum „kulturellen Erbe") sowie das Dokument des KSZE-Rates des Stockholmer Treffens von 1992 (Die KSZE als „Wertegemeinschaft"). Auch die Parlamentarische Versammlung der KSZE sei als Institution erwähnt: Alle Dokumente zit. nach U. Fastenrath (Hrsg.), KSZE/OSZE-Dokumente, seit 1992. – Zum „Stabilitätspakt für Südosteuropa" aus der Lit. gleichnamig: *M. J. Calic*, Aus Politik und Zeitgeschichte 51 (B 13-14/2001), S. 9 ff.

„liquid democracy“[163])! – und im Blick auf das „Europa der kulturellen Vaterländer“ (*M. Frisch*).

IV. Zur kritischen Evaluierung: eine entwicklungsgeschichtliche Vergegenwärtigung europäischer Verfassungsentwürfe im Vorfeld des gescheiterten Verfassungsvertrages

480 Im Folgenden sei Europas Verfassungszukunft noch einmal aus einer entwicklungsgeschichtlichen Rückbesinnung (re-)konstruiert. Textliche Grundlage hierfür bilden EU-Verfassungsentwürfe.[164] Sie bilden auch

---

163 Siehe etwa *M. Hernani*, Liquid Democracy – Zwischen repräsentativer und direkter Demokratie, in: Sociology in Switzerland: Democracy in Politics and Social Life (Online Publikationen Zürich), 2011; *F. Vogelmann*, Der Traum der Transparenz. Neue alte Betriebssysteme, in: Ch. Bieber/C. Leggewie (Hrsg.), Unter Piraten. Erkundungen in einer neuen politischen Arena, 2012, S. 101 ff.; *ders.*, Flüssige Betriebssysteme. Liquid democracy als demokratische Machttechnologie, Aus Politik und Zeitgeschichte 62 (48/2012), S. 40 ff.

164 *W. Loth*, Entwürfe einer europäischen Verfassung – eine historische Bilanz, 2002; aus der Lit. nach Nizza vgl. *Th. Oppermann*, Vom Nizza-Vertrag 2001 zum Europäischen Verfassungskonvent 2002/2003, DVBl. 2003, S. 1 ff.; *J. Schwarze*, Europäische Verfassungsperspektiven nach Nizza, NJW 2002, S. 993 ff.; *F.-J. Lindner*, Der Konvent zur Zukunft Europas – Ein Überblick über die aktuelle europäische Reformagenda, BayVBl. 2002, S. 513 ff.; *R. Wägenbaur*, Zur Zukunft der Europäischen Union: Was bringt die Erklärung von Laeken?, ZRP 2002, S. 94 f.; *N. K. Riedel*, Der Konvent zur Zukunft Europas, ZRP 2002, S. 241 ff.; *W. Hummer*, Vom Grundrechte-Konvent zum Zukunfts-Konvent – Semantische und andere Ungereimtheiten bei der Beschickung des Konvents zur Zukunft Europas, ZParl 2002, S. 323 ff.; *I. Pernice*, Welche Verfassung braucht Europa?, WHI Paper 3/02, http://www.whi-berlin.de/pernice-thesen.htm. Auf die folgenden Entwürfe sei verwiesen: Vorschläge der CDU und CSU für einen europäischen Verfassungsvertrag vom 26. November 2001, http://www.cdu.de/europapolitik.pdf; Beschluss der SPD zur Europapolitik, November 2001, Beschluss E 1 – Verantwortung für Europa – Deutschland in Europa, http://www.spd-parteitag.de/servlet/PB/Menu/1002021/index.html; A Constitution for a Strong Europe, Document adopted by the European Peoples' Party Congress of 18 October 2002, Estoril (Portugal), http://www.whi-berlin.de; Priorities for Europe: The Party of European Socialists in the Convention on the Future of Europe, http://www.whi-berlin-de; ebenfalls unter http://www.whi-berlin.de finden sich: Constitutional Treaty of the European Union and Related Documents by *A. Dashwood, M. Dougan, Ch. Hillion, A. Johnston, E. Spaventa*; Entwurf einer Verfassung der Europäischen Union von *E. O. Paciotti*, Mitglied des Konvents; Ein Verfassungsmodell für eine Föderale Europäische Union von *A. Duff*, Mit-

nach dem Scheitern des Verfassungsvertrages und im Lichte von Lissabon ein fortlebendes und fortwirkendes Stück europäischer Öffentlichkeit. Das eben zitierte Internet schafft dabei ein neues Forum für „Öffentlichkeit und Verfassung" sowie „Identität aus Verfassung" und lässt entwicklungsgeschichtlich vermeintlich Überholtes nicht in Vergessenheit geraden.[165] Verfassungsentwürfe bleiben auch dann von nicht nur wissenschaftlicher Relevanz, wenn sie im Ganzen im Entwurfsstadium verharren; die buchstäblich „potentielle" Relevanz von *Entwurfs*verfassungs*texten* haben wir nicht zuletzt dank mancher sog. Privatentwürfe vor allem in der Schweiz (*Kölz/Müller*, 1. Aufl. 1984, 3. Aufl. 1995) gelernt. Im Folgenden seien stichwortartig Gemeinsamkeiten und Unterschiede der EU-Verfassungsentwürfe zur Sprache gebracht – als *Erinnerungsraum* und *Sinnspeicher* für Künftiges. Genau das ist auch der Grund, warum diese Vergegenwärtigung in vorliegender Verfassungslehre nicht einem systematisch auf den ersten Blick näherliegenden eigenständigen Kapitel zur europäischen Verfassungsgeschichte vorbehalten wurde. Der hier unternommene Blick auf das Vergangene ist kein Blick auf etwas „Abgeschlossenes", sondern etwas „Fortwirkendes".

1. Gemeinsamkeiten der Entwürfe

1) Fast alle Entwürfe bedienten sich der „Kunstform" der Präambel, oft sogar besonders umfangreich und dicht. Dies ist kein Zufall: Ein so tiefgreifender Konstituierungsversuch wie die Schaffung einer europäischen (Teil-)Verfassung bedurfte und bedarf der spezifisch legitimierenden und integrierenden Kraft der Präambel, die dank ihrer bürgernahen, auch feierlichen Sprache, ihres Konzentratcharakters und ihrer den Zeithorizont 481

---

glied des Konvents; Eine Europäische Verfassung von *R. Badinter*, stellvertretendes Mitglied des Konvents; Verfassung der Europäischen Union – Diskussionspapier von *E. Brok*, Mitglied des Konvents; Entwurf: Verfassung der Europäischen Union von *J. Leinen*, Mitglied des EP. – Ein Teil der Texte ist zitiert in JöR 53 (2005) S. 517 ff.

165 Zur Identitätsdebatte *A. Bleckmann*, Die Wahrung der „nationalen Identität" im Unionsvertrag, JZ 1997, S. 265 ff.; *E. Pache*, Europäische und nationale Identität: Integration durch Verfassungsrecht?, DVBl. 2002, S. 1154 ff.; *S. Korioth* und *A. v. Bogdandy*, Europäische und nationale Identität: Integration durch Verfassungsrecht?, VVDStRL 62 (2003), S. 117 ff. bzw. 156 ff.; *W. Graf Vitzthum*, Die Identität Europas, EuR 2002, S. 1 ff.

(Vergangenheit, Gegenwart und Zukunft) umgreifenden Eigenschaft, seit langem in nationalen Verfassungen bewährt, jede europäische Verfassung eröffnen sollte.

482 2) Alle Verfassungsentwürfe nahmen selbstbewusst in Anspruch „Vollverfassungen" zu sein, d.h. alle zur Zeit ihrer Genese für die EU „wichtigen" Themen in Textform umzugießen[166]. Was „im Kleinen" die Verfassungen von föderalen Gliedstaaten bzw. Kantonen darstellen, sind sozusagen „im Großen" die europäischen Entwürfe. Dabei mag es je nach Herkunftsnation nationale „Einfärbungen" geben, etwa aus Großbritannien, Spanien oder Italien, auch Deutschland. Der Begriff „Verfassungsvertrag"[167] war nicht der einzige Vorschlag. Auch Engländer sprachen von „Constitution" – seinerzeit ohne das *relativierend* gemeinte Vertragsmoment. Eine solche Progressivität hätte im heutigen Großbritannien indes keinerlei politische Konjunktur. Von bleibender Kraft ist aber etwas anderes: Die aus den USA stammende Konventsidee hatte sich rasch „europäisiert"[168].

483 3) Alle Entwürfe nahmen mehr oder weniger erkennbar Bezug auf die EU-Grundrechte-Charta, die ihrerseits aus schöpferischem Vergleich erarbeitete Rezeption ist; in einem ganz prägenden Teil sollte die Europäische Verfassung Grundrechtsverfassung werden. Diese Verfassungsziel ist mit dem Vertrag von Lissabon erreicht, wenngleich nicht in einem einheitlichen Verfassungsdokument. Die EU-Grundrechte-Charta bleibt selbständiger Vertrag, lässt sich als dritter Gründungsvertrag deuten und hat primärrechtliche Qualität.

---

166 Vgl. *S. Oeter*, Ansichten zur Gemeinschaftsverfassung, in: M. Hilf/Th. Bruha (Hrsg.), Perspektiven für Europa, Verfassung und Binnenmarkt, EuR 2002, Beiheft 3, S. 43 ff.

167 Siehe aber *J. Schwarze*, Europäische Verfassungsperspektiven nach Nizza, NJW 2002, S. 993 ff., 996 m.w.N.; W. Hummer/W. Obwexer (Hrsg.), Der Vertrag über eine Verfassung für Europa, 2007.

168 Die Konventsidee wurde oben bereits behandelt. Hier sei an Beiträge aus der Literatur der frühen Diskussionsphasen erinnert: *F.-J. Lindner*, Der Konvent zur Zukunft Europas – Ein Überblick über die aktuelle europäische Reformagenda, BayVBl. 2002, S. 513 ff., 514; *R. Wägenbaur*, Zur Zukunft der EU: Was bringt die Erklärung von Laeken?, ZRP 2002, S. 94 f.; *N. K. Riedel*, Der Konvent zur Zukunft Europas. Die Erklärung von Laeken zur Zukunft der Europäischen Union, ZRP 2002, S. 241 ff.; *D. Tsatsos*, Der Europäische Konvent, in: FS Fleiner, 2003, S. 749 ff.

4) An durchgängig gemeinsamen Normenensembles seien eigens erwähnt: die in allen Entwürfen erfolgte Normierung der Unionstreue[169] – heute in Art. 4 Abs. 2 als „loyale Zusammenarbeit" ausbuchstabiert –, wechselseitig bezogen auf Union wie Mitgliedstaaten, die Verankerung des Grundsatzes der Verhältnismäßigkeit und – oft im Verein mit ihm – des Prinzips der Subsidiarität, Pluralismus-Klauseln vor allem auf die Gebiete der Kulturen, der Religionen und Ethnien bezogen, schließlich optimale Anforderungen an Bürgernähe und Transparenz[170]. Mögen sich kleine Abweichungen in der Formulierung zeigen: In der Substanz bestand bei diesen Themen unter allen Entwürfen eine erstaunliche Übereinstimmung. Dass sie aus vielen Teilen Europas und aus vielen (auch akademischen) Gremien bzw. von Einzelpersonen kommen, ist bemerkenswert und zeigt, dass auch im *Entwurfs*stadium schon ein *gemeineuropäisches Verfassungsrecht* herangewachsen ist bzw. bekräftigt wurde. Dass vieles aus den Entwürfen nach Lissabon realisiert wurde, spricht für die Wirkkraft des *gemeineuropäischen Verfassungsgedankens* auch dort, wo jede Staatsanalogie (Flagge, Hymne) Ängste provoziert. Kontroversen blieben und bleiben bis heute: Erinnert sei etwa an das Problem flexibler Kompetenzen und ihrer Kontrolle, z.B. durch nationale Parlamente, den EuGH oder gar ein eigenständiges Kompetenzgericht.[171] 484

169 Dazu *R. Geiger*, in: ders./D.-E. Khan/M. Kotzur (Hrsg.), EUV/AEUV, 5. Aufl. 2010, Art. 4 AEUV Rn. 5 ff. m.w.N.; *P. Unruh*, Die Unionstreue, EuR 2002, S. 41 ff., ebenfalls m.w.N.

170 Zum Stichwort „Transparenz" aus der seinerzeitigen Debatte vgl. *Ch. Heitsch*, Die Transparenz der Entscheidungsprozesse als Element demokratischer Legitimation der Europäischen Union, EuR 2001, S. 809 ff.

171 In vielem bleibt auch die damalige Diskussion in der Lit. aktuell: *I. Pernice*, Kompetenzabgrenzung im europäischen Verfassungsverbund, JZ 2000, S. 866 ff.; *A. v. Bogdandy*, Die vertikale Kompetenzordnung in der EU, EuGRZ 2001, S. 441 ff.; *F. C. Mayer*, Die drei Dimensionen der europäischen Kompetenzdebatte, ZaöRV 2001, S. 577 ff.; *U. Everling*, Quis custodiet custodes ipsos, EuZW 2002, S. 357 ff. (in Bezugnahme auf *U. Goll/M. Kenntner*, Brauchen wir ein europäisches Kompetenzgericht?, ebd., S. 101 ff.); U. Leonardy (Hrsg.), Europäische Kompetenzabgrenzung als deutsches Verfassungspostulat, 2002; *B. Herchenhan*, Die Kompetenzabgrenzung zwischen der EU und ihren Mitgliedstaaten, BayVBl. 2003, S. 649 ff. Zur EU-Kompetenzordnung aus jüngerer Zeit *V. Schäfer*, Die Flexibilitätsklausel im europäischen Integrationsprozess. Artikel 352 AEUV (ex-Art 308 EGV) als Instrument der weichen Konstitutionalisierung, 2013.

2. Insbesondere: der Strukturplan des Giscard-Entwurfs (Konventspräsidium, Oktober 2002)

485 Ein Wort zum sog. „*Vorentwurf*“ des Konventspräsidiums (Oktober 2002). Er bleibt auch ex post exzellentes Dokument einer konsequent integrationsfreundlichen, vom Bürger her denkenden Verfassungspolitik für Europa, bemühte sich um ein hohes Maß an Transparenz, arbeitete fast in cartesianischer Systematik und bildet(e) insofern eine Pioniertat, als er eine Art konstitutionelles Gerüst, einen Strukturplan für das einzuarbeitende Dickicht aus mehr als 400 schon vorhandenen „alten“ Artikeln des europäischen Vertragsrechts und etwaigen neuen Normen lieferte. Schon die Einordung des Entwurfs in das bisherige Instrumentarium (nationaler) Verfassungspolitik war seinerzeit schwierig und bleibt es bis heute. Man könnte von „Rahmenwerk“ sprechen, auch von „konstitutionellem Baugerüst“, „Skelett“ oder vielleicht „Matrix“. Der Vorentwurf ähnelte in manchem der aus der „Werkstatt Schweiz“ bekannten sog. „Nachführung“ (Systematisierung, sprachliche Überarbeitung etc.) des Bestehenden, auch „Fortschreibung“, er arbeitete mit der Alternativen-Technik (z.B. in seinem Art. 6 in Sachen Grundrechte-Charta), er bediente sich auf vielen Feldern der Rezeptionstechnik (z.B. bei der Subsidiarität und bei vielen einzelnen Politikfeldern), er schuf aber auch produktiv Neues bzw. wollte den Rahmen hierfür abstecken (z.B. in seinem Art. 19 – Kongress der Völker Europas[172] – und in seinem Art. 38 – Finanzierung aus Eigenmitteln der Union – für den Nachbetrachtenden mit den Erfahrungen der globalen Finanz- und schwelenden Staatsschuldenkrise seit 2008 ein Thema von besonderer Brisanz). Der *Giscard*-Entwurf bleibt insgesamt ein noch immer lesenswertes und höchst respektables „Werkstück“ europäischer Verfassungspolitik, ja -kunst, er leistet *weiterwirkend* konstitutionelle Europa-Architektur.

486 Im Einzelnen nur dieses: Das Fehlen einer Skizzierung der Präambel war bemerkenswert, aber auch *Mozart* schrieb die Ouvertüre zu seinem „Don Giovanni“ erst nach Vollendung dieser Meisteroper! Im Übrigen fällt auf: Das „Inhaltsverzeichnis“ („A.“) und die „Kurzbeschreibung des Textes“ („B.“) waren nicht deckungsgleich. Insbesondere erstaunte das Defizit in Sachen Kultur. Im Inhaltsverzeichnis waren im 2. Teil unter A5. IV. und V.

172 Dazu *P. Becker/O. Leiße*, Die Zukunft Europas. Der Konvent zur Zukunft der Europäischen Union, 2005, S. 111 f.

Kultur bzw. allgemeine Bildung, berufliche Bildung, Jugend unter den Bereichen aufgeführt, „in denen die Union beschließen kann, eine unterstützende Maßnahme durchzuführen", man suchte aber in Art. 3 bei den sog. „Zielen der Union" vergeblich einen expliziten Kultur-Passus, ein Spiegelstrich nannte allein die „Förderung des technischen und des wissenschaftlichen Fortschritts". Der heutige Art. 3 Abs. 3 EUV nimmt indes für die Union in Anspruch: „Sie wahrt den Reichtum ihrer kulturellen und sprachlichen Vielfalt und sorgt für den Schutz und die Entwicklung des kulturellen Erbes Europas." Im Positiven gar nicht überschätzt werden kann auch im Nachhinein Titel II, d.h. „Unionsbürgerschaft und Grundrechte". Das Wort von der „doppelten Staatsbürgerschaft" war eine z.T. geglückte, freilich auch provokante Prägung. Sie stellte nämlich den Bürger in den *gleichrangigen* Bezug zur Union und seinem eigenen Staat. Art. 20 AEUV denkt indes Art. 17 EGV fort: „Unionsbürger ist, wer die Staatsangehörigkeit eines Mitgliedstaats besitzt". Nach wie vor knüpft die Unionsbürgerschaft an die mitgliedstaatliche Staatsbürgerschaft an und baut auf ihr auf. Art. 5 Abs. 2 verdiente wegen seiner konzentrierten Zusammenfassung der mit der Unionsbürgerschaft verknüpften Rechte Beifall. Die Pluralismus-Klausel in Art. 1 lieferte reichen Diskussionsstoff und wirkt bis heute identitätsprägend für das in Vielfalt geeinte Europa. Innovativ war auch die Idee der „partizipatorischen Demokratie" (Art. 34), anders die Charta von Paris (1991) mit ihrer Festlegung auf die repräsentative Demokratie. Art. 10 EUV legt in seinem Abs. 1 die Arbeitsweise der Union zwar auf die repräsentative Demokratie fest, er wird in Art. 11 EUV aber um die partizipative Demokratie ergänzt – eine konsequente Fortschreibung von Art. 34 der Entwurfsfassung.

Abschließend seien drei in Artikelform gegossene Prinzipien in Erinnerung gerufen. Zum Ersten der ausdrückliche Werte-Charakter von Verfassungsordnungen (vgl. nur Art. 1 und Art. 2: „Werte der Union" etwa Menschenwürde, Grundrechte, Demokratie, Rechtsstaat, Toleranz, s. auch Art. 3: Wahrung der gemeinsamen Werte, ferner Art. 45). Das Wertebekenntnis greift heute Art. 2 EUV dezidiert auf. Zum Zweiten ist die übergreifende Pflicht zur loyalen Zusammenarbeit der Mitgliedstaaten gegenüber der Union (Art. 8 Abs. 5), aber auch in den Beziehungen der Institutionen untereinander (Art. 14 letzter Spiegelstrich) zu erwähnen: ein wei- 487 terer Sieg von *Smends* „Bundestreue“[173] und nach Lissabon in der loyalen Zusammenarbeit von ungebrochener Wirkkraft: Neben der Fortschreibung von Subsidiarität und Verhältnismäßigkeit (Art. 7 und 8 Abs. 3) sei die ausdrückliche Austritts-Klausel (Art. 46) erwähnt. Vom Verfassungsvertrags-Gedanken war/ist sie wohl damals wie heute konsequent. Heute findet sie in Art. 50 EUV Niederschlag[174] und musste – bislang – zum Glück noch nicht aktiviert werden. Als Vehikel zum Grexit wurde sie aber ebenso diskutiert wie Großbritannien derzeit mit der Austrittsidee auf prekäre, wenn nicht fatale Weise liebäugelt.

488 *Im Ganzen*: Das Dokument schafft bis heute ein Stück europäischer Öffentlichkeit, wie es deren Diskussionsforen schon voraussetzen – Verfassung durch Öffentlichkeit sowie Öffentlichkeit durch Verfassung[175]. Der Europa-Diskurs muss sich der Interdisziplinarität öffnen und dabei seiner konstitutionellen „travaux préparatoires“ stets aufs Neue erinnern.

3. Charakteristische Unterschiede der Verfassungsentwürfe

a) Der Entwurf Badinter (September 2002)

489 Sprachlich von hoher Eleganz und Präzision, inhaltlich von bemerkenswerter Gedankentiefe und großem Problembewusstsein geprägt, sei der Entwurf *Badinter* an erster Stelle behandelt (Eingang im Konvent am 30. September 2002)[176]. Sowohl der Begleitbericht als auch der Verfassungstext selbst bestechen in vielerlei Hinsicht, sie lesen sich bis heute sehr „französisch“, doch zugleich europa-, ja weltoffen:

---

173 Neben den bisher zitierten Arbeiten sei noch verwiesen auf *J. Woelk*, Konfliktregelung und Kooperation im italienischen und deutschen Verfassungsrecht, 1999; *H. Bauer*, Die Bundestreue, 1992; *P. Unruh*, Die Unionstreue, EuR 2002, S. 41 ff. Aus der Grundsatz-Lit.: *B. Fassbender,* Der offene Bundesstaat, 2007.

174 Dazu *W. Meng*, in: H. von der Groeben/J. Schwarze/A. Hatje (Hrsg.), Europäisches Unionsrecht, Bd. I, 7. Aufl. 2015, Art. 50 EUV mit reichen Literaturnachweisen.

175 Weitere Merkposten sind: Art. 37: konstruktive Enthaltung; Art. 39: Haushaltsdisziplin; Art. 3: europäisches Gemeinwohl?; Art. 14: Verwaltung (offen, effizient, unaufwendig). Art. 42: „Nachbarstaat“ (räumlich, kulturell?). Waren die USA, Kanada als „Nachbarstaaten“ gedacht? Mit welcher Konsequenz für die kontroversen TTIP-Debatten?

176 Zu *R. Badinter* die Biographie von *P. Cassia*, 2009.

aa) *Das Verfassungs- bzw. Staatsverständnis* wurde in seltener Klarheit offengelegt. Nur ein Franzose (oder ein Vertreter des kulturwissenschaftlichen Ansatzes[177]) kann gleich eingangs sagen: Jede Verfassung sei „un instrument politique, une architecture juridique, un moment historique et une oeuvre littéraire". Nur er kann die Eingangssätze der französischen Verfassung 1791 (von *Mirabeau*) mit *Mozarts* Ouvertüre zu Don Giovanni vergleichen. *Badinter* sprach zu Recht von „art du constitutionnalisme". Sein wertbezogenes Verfassungsverständnis kam schon in der Präambel zum Ausdruck: „Traité qui donne à l'Union européenne une constitution fondée sur nos valeurs communes", also keine typisch deutsche Berührungsangst mit „Werten"! *Badinter* problematisierte auch das Staatsverständnis, wenn er *J. Delors'* Formel von der Union als „Fédérations d'Etats-Nations" beipflichtete, aber zugab, dass dies dem Staatsverständnis der Belgier oder der Briten nicht gerecht werde. „Französisch" i.S. der klassischen Tradition geriet auch Art. 1, die Europäische Union konstituiere sich aus der „communauté des Etats souverains". Im Begleitbericht hieß es unmissverständlich: „Die Union ist sicher kein Bundesstaat. Sie bleibt eine Föderation souveräner Staaten"[178]. Nachgebessert wurde dies durch den Satz, die Union würde ggf. eine „féderation d' Etats et de régions", eine solche Anerkennung „transnationaler europäischer Regionen" (etwa in den Pyrenäen oder am Oberrhein) wäre aber eine neue Konzeption Europas. Halten wir fest, dass *Badinter* den Verfassungscharakter seines EU-Konzepts durchweg bejahte und damit der europäischen Verfassungsdebatte bis heute nachhaltige Impulse gibt. 490

bb) Die *Präambel*, von großer sprachlicher Dichte, war in hohem Maße werthaltig und prinzipienorientiert, zugleich in der Zeitachse konzipiert („héritiers d'une longue et douloureuse Histoire"). Neben dem Bekenntnis zu Frieden – selbst angesichts der Ukraine-Krise heute viel zu selbstverständlich als schlichte Gegebenheit angenommen –, Demokratie und Menschenrechten fand sich auch „l'éducation et la culture", neben dem wirtschaftlichen und sozialen Fortschritt auch der „Umweltschutz und die Solidarität". (Der Begriff „Prinzipien" kehrte in Art. 79 Abs. 1 S. 1 sowie Art. 2 Abs. 1 wieder.) 491

177 Vom Erstverfasser seit 1982 entwickelt: Verfassungslehre als Kulturwissenschaft, 1. Aufl. 1982 (2. Aufl. 1998).

178 In diesem Sinne hatte sich auch *J.-F. Lindner* eingelassen: Der Konvent zur Zukunft Europas – Ein Überblick über die aktuelle Europäische Reformagenda, BayVBl. 2002, S. 513 ff.

492 cc) *Weltoffenheit* und stolzer Weltbezug sind weitere Charakteristika in *Badinters* Verfassungsentwurf und *Verfassungsdenken (!)* (vgl. Art. 9 Abs. 2: Einsatz für die Menschenrechte in der Welt). Und recht französisch und selbstsicher klang: Die Union „contribue au rayonnement de la culture europèene dans le monde“ (s. auch Art. 13: „équilibres naturels de la planète“).

493 dd) Die *Kultur* spielte eine herausragende Rolle, etwa in Art. 11 („patrimoine culturel européen“, „diversité culturelle des Etats membres et des régions“).

494 ee) Der Entwurf rang ferner um kraftvolle und präzise *Legaldefinitionen*, etwa bei der Kompetenzverteilung (Art. 17 bis 20) oder bei der Umschreibung der „Akte der EU“, etwa den konstitutionellen Normen, den Organbestimmungen, den gesetzgeberischen Akten etc.

495 ff) Eine Besonderheit war der wohl neue „Rat der nationalen Parlamente“ (Art. 53) – vier Parlamentarier aus jedem Mitgliedstaat.

496 gg) Der knappe *Parteien-Artikel* 48 lautete: „Die Parteien auf der europäischen Ebene tragen zur Integration und Demokratisierung der EU bei“. Das Demokratiedefizit wurde im Begleitbericht – vorbildlich – beim Namen genannt, der Begriff „Zivilgesellschaft“[179] tauchte sehr bewusst auf.

497 hh) An mehreren Textstellen fand sich der Begriff *„intérêt général de l'Union*“, was füglich mit europäischem Gemeinwohl übersetzt werden darf[180] (z.B. Art. 69 Abs. 5, Art. 40 Abs. 1, Art. 15 Abs. 2, Art. 14 Abs. 5). Dieser kursorische Durchgang in Stichwortform konnte nur überschlägig vorgehen, indes vielleicht doch die sehr eigene Handschrift von *Badinter* erkennen lassen.

179 Dazu etwa *B. Kohler-Koch/Ch. Quittkat*, De-mystification of participatory democracy. EU-governance and civil society, 2013; U. Liebert (Hrsg.), Democratizing the EU from below? Citizenship, Civil Society, and the Public Sphere, 2013; *J. Gebhardt*, Der bürgerschaftliche Begriff des Politischen, Ursprünge und Metamorphosen, in: FS A. Riklin, 2000, S. 139 ff.

180 Dazu aus der Lit.: *P. Häberle*, Gibt es ein europäisches Gemeinwohl?, in: FS Steinberger, 2002, S. 1153 ff.

b) Der erste Entwurf von E. Brok (1./8. Oktober 2002)

Dieser umfangreiche Entwurf verdient eine eigene Würdigung. Formal 498
wie inhaltlich sofort als „deutscher" Text erkennbar (umfangreich, viele Details, vielsagend), gelangen ihm manche Innovationen[181].

aa) Die sehr lange *Präambel* brachte teils Bekanntes in Anlehnung an die 499
EU-Grundrechte-Charta, teils prägnant Neues: Das gilt vor allem für den schönen Satz: „Determined to place the individual at the heart of the activities of the European Union", sodann: „more transparent and more comprehensible for the citizens of the Union".

bb) Die weitgehende *Rezeption der EU-Grundrechte-Charta*, nicht in der 500
Form des generellen Verweises wie im Entwurf *Badinter*, sondern in allen Details (z.B. Art. 22 Abs. 2: „cultural, religious and linguistic diversity" oder der grundrechtliche Wesensgehaltschutz in Art. 52 Abs. 1) sei erwähnt.

cc) Eigene Konturen gewann der *Brok*-Entwurf in seinem zweiten Teil 501
über die „*Prinzipien* der Union" (Art. 55-75). Zitiert seien Wendungen wie „as openly and as closely to the citizens as possible" (Art. 55 Abs. 1), die genaue Unions-Loyalität (Art. 58), von der Seite der Union her der Respekt vor der nationalen Identität der Mitgliedstaaten, die Fixierung allgemeiner Aufgaben und Ziele der Union in einem Katalog (Art. 60), die Benennung von Erziehung und Kultur als Komplementär-Kompetenz der Union (Art. 69 Abs. 2), die mehrfache Normierung der Grundsätze von Subsidiarität und Proportionalität (Art. 70).

dd) Eigene Bewertung verdient das umfassende *Begründungsgebot* in 502
Art. 74: „obligation to state reasons". Dieser Begründungszwang ist verfassungstextlich wohl selten so klar festgeschrieben worden.

ee) In den Allgemeinen und Schlussbestimmungen fällt auf, dass die EU 503
aus der unglücklichen „Causa Österreich" – jedenfalls in *Broks* Lesart – doch etwas gelernt hat. Art. 175 sah bei der Verletzung fundamentaler Prinzipien durch einen Mitgliedstaat vor, dass der Rat diesen vorher *anhören* muss. Diese Anhörungspflicht greift heute Art. 7 Abs. 1 EUV auf.[182]

---

181 Vgl. auch *E. Brok*, Die Ergebnisse von Nizza. Eine Sichtweise aus dem Europäischen Parlament, Integration 24 (2001), S. 86 ff.; *P. Schiffauer*, Verstärkte Zusammenarbeit, in: D. Th. Tsatsos (Hrsg.), Die Unionsgrundordnung, 2010, S. 533 ff.

182 *Ph. Voet van Vormizeele*, in: H. von der Groeben/J. Schwarze/A. Hatje (Hrsg.), Europäisches Unionsrecht, Bd. I, 7. Aufl. 2015, Art. 7 EUV, Rn. 8.

c) Das Verfassungsprojekt von D. L. Garrido et. al. (Sept./Okt. 2002)

504 Fast wie im Konzert der „Stimmen der Völker“ i.S. von *Herder* sei im Folgenden der Beitrag spanischer Konventsmitglieder im Nachklang von mehr als einem Jahrzehnt nochmals zu Gehör gebracht. Dabei handelt es sich nicht um einen in Artikeln gegliederten Verfassungsentwurf, sondern eher um ein wissenschaftliches Dokument, eine Art Seminar-Papier, aus dem etwaige Artikel noch hätten „geschöpft“ werden müssen[183]. Das hat(te) Vor- und Nachteile: Liegen „fertige“ Artikel vor, kann dies ihrer Übernahme in den endgültigen Verfassungstext dienlich sein, doch gehen manche *Kontexte* verloren. Umgekehrt kann ein nur wissenschaftlicher Beitrag differenzierter vorgehen, er liefert mehr Materialien, aus dem Texte gegossen werden können, indes verlangen seine Stichworte und Prinzipien noch mühevolle Umsetzungsarbeit in Richtung auf redaktionell glückende Texte. Da indes andere Beiträge schon viel alternatives, ausformuliertes Textmaterial lieferten, war der spanische Beitrag aller Ehre wert und besonders zu begrüßen. Dies umso mehr, als er überaus inhaltsreich war und viele eigene, z.T. auch neue Wege ging. Im Einzelnen:

505 aa) In der *Einleitung* war von den „neuen Missionen Europas“ die Rede – ein Sendungsbewusstsein, das angesichts der Krisenszenarien des Jahres 2015 von Griechenland bis zur Ukraine aufhorchen lässt. Gesprochen wurde von den weltweiten multikulturellen und multiethnischen Migrationsbewegungen – ein neuerliches Aufhorchen angesichts der aktuellen Flüchtlingsdebatten mit ihren nationalistischen Radikalisierungserscheinungen nicht nur in Ungarn und der umgekehrten Forderung nach einer glaubwürdigen „Willkommenskultur“ –, von der wirtschaftlichen Krise der Länder Lateinamerikas[184] und von den daraus erwachsenden besonderen Aufgaben der EU als supranationales Integrationsmodell. Zukunftsorientierte Stichworte waren z.B.: der erhoffte „Zivildialog“ zwischen Institutionen und der „Zivilgesellschaft“, die Solidarität ohne Grenzen zwischen den Generationen und Ländern, die Nachhaltigkeit, der Raum kultureller Vielfalt und Toleranz, der Kampf gegen Rassismus und Diskriminierung (und wiederum drängt sich die brennende Aktualität zum Europa des Jahres 2015 auf). Die Rede war von der „humanistischen Kultur Europas“

183 Insoweit findet die Poppersche Stückwerktechnik ein Pendant in der praktischen Verfassunggebung, siehe auch Th. Bruha (Hrsg.), Welche Verfassung für Europa?, 2001.

184 Zu ihnen hat Spanien gerade heute eine wichtige Brückenfunktion.

und von seinem „Sozialmodell", das sich heute mehr denn je bewähren muss. Damit sind Themen genannt, denen sich Europa nach wie vor politisch und philosophisch gegenüber sieht und die weit und hoch zugleich ausgreifen.

bb) Die *Europa-Bürgerschaft* („Ciudadania Europea") war als erster Ab- 506
schnitt formuliert[185]. Damit wird ein cantus firmus erkennbar, der das ganze Papier durchzieht: das Denken vom Europabürger her. Er ist der Nukleus des Integrationsprojekts. Vom Staat wurde zunächst nicht gesprochen, auch nicht von den Nationalstaaten. Die Rede war vielmehr vom gemeinsamen öffentlichen Raum als Bezugsrahmen für den Europabürger, sodann vom „allgemeinen Interesse", zwei Größen, die den europäischen Bürgern ein gemeinsames Projekt umschreiben und ihnen Europa nahebringen sollten. Der Konvent sollte eine europäische Verfassung ausarbeiten, die dem Referendum der europäischen Völker unterliegen müsse. Die damit evozierte Erinnerung an die Betätigung der verfassunggebenden Gewalt mag kein Zufall gewesen sein. Wiederholt wurde auf das „gemeinsame" oder „allgemeine Interesse" als Topos verwiesen.

cc) Wiederum vom Bürger her gedacht war der zweite Abschnitt: „*Was* 507
die europäischen Bürger von Europa fordern". Es ging auch um Erwartungen an die Constitutio Europaea. Genannt wurden: Europa als relevante Globalmacht, eine Menschenrechtspolitik, die auch außerhalb der Gemeinschaft verfolgt wird, das Sozialmodell Europa, in Sachen Umwelt die Nachhaltigkeit mit ausdrücklichem Verweis auf das Kyoto-Protokoll. Die Grundfreiheiten und die Sicherheit wurden als miteinander vereinbare, sich gegenseitig verstärkende Werte qualifiziert, eine gemeinsame Einwanderungs- und Asylpolitik waren als Ziel postuliert.

dd) Im Abschnitt *Europa als demokratische Macht* wurde das Demokra- 508
tie-Defizit beim Namen genannt, wurden demokratische Glaubwürdigkeit, Transparenz und Bürgerlegitimation gefordert[186]. Auch sollte ein Statut

185 Zur Unionsbürgerschaft bereits *E. Grabitz*, Europäisches Bürgerrecht zwischen Marktbürgerschaft und Staatsbürgerschaft, 1970, S. 103 ff.; später *A. Augustin*, Das Volk der Europäischen Union, 2000, S. 38 ff.; jüngst W. Schroeder/ W. Obwexer (Hrsg.), 20 Jahre Unionsbürgerschaft: Konzept, Inhalt und Weiterentwicklung des grundlegenden Status der Unionsbürger, 2015.

186 Auch zur Überwindung des Demokratiedefizits gab es von Anfang reichhaltige Diskussionen, viele Legitimationsmodelle standen zur Debatte: Bundespräsident *J. Rau*, Plädoyer für eine Europäische Verfassung. Rede vor dem Europäischen Parlament am 4. April 2001, http://www.bundespraesident.de/dokumente/Rede/ix_35628.htm; dazu auch *J. Schwarze*, Europäische Verfassungsperspektiven nach

für die europäischen Parteien die Beziehungen zwischen den Institutionen der EU und der öffentlichen Meinung Europas regeln – selten wurde in einem Text so klar und explizit die „europäische Öffentlichkeit" als politische Öffentlichkeit angesprochen[187]. Die Rede war sodann vom Defizit in Sachen europäisches Gemeinwohl und europäische Identität bzw. der erforderlichen Bürgerpartizipation in der EU. Ausgesprochen wurde die Vokabel von der „Föderation der Staaten".

509 ee) Die Errichtung einer *Staatenkammer* sollte eine bikamerale Struktur schaffen, gesprochen wurde sogar von doppelter föderaler Legitimität: dank der Wähler als europäische Bürger *und* als Staatsbürger. Die duale Legitimationsgrundlage der EU ist ein bis heute gängiger Topos.[188]

510 ff) Die *Regionen und Kommunen* in der EU wurden besonders herausgestellt und zwar mit einem sonst nicht so gehörten Akzent („La realidad regional", „Participacion de las instituciones regionales y locales"). Nicht zufällig figurierte hier auch die Subsidiarität. Die lokale Autonomie wurde sogar als „Teil der politischen Tradition Europas" bezeichnet – der Weg zu den „Kommunen als europäischer Verfassungsform" war nicht mehr weit, der Kommunalismus gewann und gewinnt zum Teil noch immer Terrain. Konsequent wurde eine Stärkung des Regionalismus verlangt[189].

511 gg) Der letzte Abschnitt gilt der *europäischen Verfassung*. Als Grundkonsens wurde hier vertragstheoretisch gedacht der „Sozialvertrag der Völker" bezeichnet, war von der „Föderation der Staaten und der europäischen Völker" die Rede. Zum klassischen Inhalt einer Verfassung wurden Prinzipien und Ziele der Union, die Grundrechte, die Kompetenzen der Union, Organe und europäische Rechtsquellen etc. gerechnet.

Nizza, NJW 2002, S. 993 ff., 997. Die Idee, der Rat könne eine „Staatenkammer" werden, fand sich bereits in der viel zitierten Berliner Humboldt-Rede des damaligen Bundesaußenministers *J. Fischer* vom 12. Mai 2000, abgedruckt unter dem Titel: Vom Staatenbund zur Föderation – Gedanken über die Finalität der europäischen Integration, Integration 23 (2000), S. 149 ff., 154. Für spätere Legitimationsdiskurse sei etwa verwiesen auf die fruchtbaren Bestandsaufnahmen von *E. Peuker*, Bürokratie und Demokratie in Europa. Legitimität im Europäischen Verwaltungsverbund, 2011.

187 *P. Häberle*, Gibt es eine europäische Öffentlichkeit?, in: FS Hangartner, 1998, S. 1007 ff.

188 Höchst instruktiv: *J. v. Achenbach*, Demokratische Gesetzgebung in der Europäischen Union. Theorie und Praxis der dualen Legitimationsstruktur europäischer Hoheitsgewalt, 2014.

189 *M. Kotzur*, Föderalisierung, Regionalisierung und Kommunalisierung als Strukturprinzipien des europäischen Verfassungsraums, JöR 50 (2002), S. 257 ff.

Im Ganzen: mehr als ein phantasievolles Diskussionspapier, das oft Themen des wissenschaftlichen Diskurses aufgreift und das auch heute mit Gewinn wiedergelesen werden kann – vielleicht gerade im Kontext gegenwärtiger Renationalisierungstendenzen, einer erschreckenden Europamüdigkeit und -skepsis, gar einer *gewissen europäischen Verfassungsvergessenheit*. 512

d) Der Verfassungsentwurf A. Dashwood (14. Oktober 2002)

Dieser aus England stammende Entwurf verstand sich explizit als „Verfassungsvertrag", er wies auch sonst in manchem sehr englische Züge auf. In der derzeit in Großbritannien geführten Diskussion über einen Verbleib in der Europäischen Union[190] kann er ein Doppeltes leisten: daran erinnern, welchen bewussten Beitrag Großbritannien zu einem konstitutionellen Europa leisten kann, und dazu ermutigen, welche Chancen ein konstitutionelles Europa für Großbritannien eröffnet. 513

aa) Der Entwurf begann mit einer „*Proklamation*" und lehnte die klassische Eröffnung durch eine Präambel, schwer begreiflich, ausdrücklich ab. Denn sprachlich-formal und inhaltlich-funktional enthielt die Proklamation alle Kennzeichen einer Präambel: der hohe Ton, die sprachliche Bündigkeit, die Verwendung höchst wertbezogener Prinzipien und Begriffe, wie „common interests", „general well-being of humankind", „rule of law" etc. 514

bb) Besonders auffällig war, was auch heute hellhörig macht: die Betonung der „*Souveränität* der Mitgliedstaaten", auch wenn sie sich verbinden: „combining their sovereignties" (Proklamation, s. auch Art. 1 Abs. 2 „constitutional order of sovereign States"). Wie anders wirkt das Wort von der „Souveränitätsteilung" (*J. Fischer*). Die „parliamentary sovereignty" prägte stark. 515

cc) Positive Erwähnung verdient Art. 2, der mit „*basic values of the Union*" überschrieben war und „principles" benannte (z.B. Freiheit, Demokratie, rule of law), „which are common to the Member States". 516

dd) Ebenfalls positive Erwähnung verdient die sprachliche Umschreibung des *Kultur*aspektes. Schon in der Proklamation war unter Ziff. 5 die Rede von „cultural and linguistic tradition that enriches European civilisation", 517

---

190 *Ph. Thomas*, Britische Regierung rüstet sich für den Ernstfall, VW 2015, S. 38 f.

und in den Komplementärzuständigkeiten der Union fand sich auch die Kultur (Art. 10).

518 ee) Schließlich sei der geglückte Art. 7 zu den organisatorischen Prinzipien der Verfassungsordnung gerühmt, er bündelte prägnant: „conferred powers“, „Subsidiarität“, „Verhältnismäßigkeit“ und als letztes „principle“ die „loyal cooperation“.

e) Der Verfassungsentwurf E. O. Paciotti (Fondatione Basso) (10. Oktober 2002)

519 Die italienische Stimme[191] leistete einen konstitutionellen Beitrag auf höchstem Niveau. Auch dieser veritable Verfassungsentwurf behält nach Lissabon großen Wert.

520 aa) Bereits die *Präambel* ist ein Meisterwerk. In feierlicher, hoher Sprache wurden die Grundwerte und Ziele des verfassten Europas postuliert. Hier nur Ausschnitte: „sviluppo di tipo federale“, „valori communi“, „diversità della loro storia, della loro cultura, della loro lingua“, „modello sociale europeo“, „l' identità dell' Europa“.

521 bb) Im Vergleich einzigartig und vorbildlich war die *Offenlegung der Rezeptionsvorgänge*. Der Verfassungsentwurf gab in fast jedem Artikel Aufschluss darüber, woran er anknüpft: an Maastricht/Amsterdam, an die EU-Grundrechte-Charta, an einzelne Entwürfe etwa von *Spinelli*, *Leinen*, *de Vigo* oder *Herman*. Damit gewann der Entwurf Züge der schon mehrfach erwähnten Schweizer „Nachführung“, er verleugnete den vorhandenen Verfassungsbestand nicht, brachte ihn vielmehr auf transparente Begriffe und systematisch gute Zusammenhänge. Er ist so für die Wissenschaft auch weiterhin eine höchst dankbare – *methodensensible* – Arbeitsgrundlage.

522 cc) Neue Wege zu beschreiten suchte der Entwurf in Art. 55 Abs. 1. Denn danach konstituiert sich die EU aus den Mitgliedstaaten *und* ihren Bürgern. Das duale Legitimationsmodell ist bürgerdemokratisch-pluralistisch ausdifferenziert. Darauf folgte der inhaltsreiche Satz: „Ogni potere dell' Unione emana da questi ultimi“. Nicht von den Mitgliedstaaten bzw. vom

191 Aus der damaligen italienischen Lit.: S. Panunzio/E. Sciso (Hrsg.) Le Riforma istituzionali e la participazione dell' Italia all Unione Europea, 2002. Siehe aber auch *M. Selmayr*, Die Arbeit des Konvents und der Verfassungsentwurf von Frascati, Europablätter 2002, S. 256 ff.

Volk, sondern von den *Bürgern* geht alle Unionsgewalt aus! Dieser Bruch mit einer klassischen Tradition und diese rigorose Anknüpfung an den *Bürger* kann gar nicht überschätzt werden. Die innovative Botschaft ist eindeutig: Die Union soll sich als „Bürgergemeinschaft" verstehen. Die verfassunggebende Gewalt müsste von den Bürgern her konzipiert werden (wie in einigen ostdeutschen Länderverfassungen, z.B. Präambel Verf. Brandenburg von 1992). Diese neue Textstufe, von der Wissenschaft z.T. schon gefordert[192], einmal in der Welt, ist wichtiger als manche Lehrbuch-Weisheit.

dd) Das *Identitätsdenken* wurde erweitert, wenn es in Art. 55 Abs. 1 hieß: 523
„L' Unione rispetta l' identità storica, culturale e linguistica degli Stati membri e la loro struttura costituzionale". Die jeweils nationale Verfassungsstruktur war somit bewusst in die Nähe der kulturellen Identität gerückt.

ee) Mitunter wurde ausdrücklich von „gemeinsamen Werten" gesprochen 524
(vgl. Art. 57 lit. c). Die Loyalitäts- bzw. Solidaritäts-Klausel nahm die Gestalt einer „im Geiste-Klausel" an (Art. 58 Abs. 2): „spirito di lealta e di solidiarieta reciproca".

ff) Die *Kultur*, schon in der Präambel platziert, kehrte als Gegenstand 525
komplementärer Kompetenz der Union wieder (Art. 64 Abs. 3 lit. c).

gg) Schließlich fand sich das aus anderen Entwürfen bekannte Prinzipien- 526
Denken auch hier: Art. 115 Abs. 1 sprach von den „Prinzipien der Verfassung", so wie auch fast alle Entwürfe ohne weiteres von „Verfassung" sprachen! (s. auch Art. 116). An diese *nicht nur semantische Selbstverständlichkeit* in der Aufbruchsstimmung nach der Jahrtausendwende, die durch die dramatischen Ereignisse um 9/11 gewiss getrübt, aber nicht grundsätzlich relativiert wurde, sei gerade in (Verfassungs-)Krisenzeiten *ebenso selbstverständlich* gemahnt.

Einmal mehr zeigt sich, auf welch hohem Niveau Italien am europäischen 527
Haus gerade wissenschaftlich kontinuierlich mitarbeitet. Italien hatte in „Ventotene" (1943) mit *A. Spinelli* bereits eine frühe Vision von Europa. Diese gilt es für gegenwärtige und künftige Generationen junger Europäerinnen und Europäer weiterzutragen.

---

192 *P. Häberle*, Die Menschenwürde als Grundlage der staatlichen Gemeinschaft, in: HStR, Bd. II, 3. Aufl. 2004, § 22; *D. Hömig*, Die Menschenwürdegarantie in der Bundesrepublik Deutschland, EuGRZ 2008, S. 633 ff.

f) Der „grüne“ Verfassungsentwurf von Seifert u.a. (September 2002)

528 Der sich selbst als „First green draft for a European Constitution“ bezeichnende Entwurf verdient als farbiges Kontrastprogramm Aufmerksamkeit. Denn ihm gelangen einige neue Stichworte bzw. Texte, die in das Schatzhaus der Vorgeschichte einer Europäischen Verfassung keineswegs aus musealen Gründen aufgenommen werden sollten.

529 aa) Die *Präambel* begann mit der glücklichen Wendung: „We the Citizens of Europe“. Damit wurde die klassische Formel der US-Bundesverfassung nicht nur europäisiert, sondern das einstige „We the people“ fortgeschrieben zum Bürger hin.[193] Er ist die Ausgangsbasis des Denkens über Verfassunggebung, Verfassung und Staat. Auch weitere Textstellen der – höchst konzentrierten – Präambel verdienen unvermindert Beachtung und haben sich gewiss nicht im Laufe der Zeit überholt: vor allem die glückliche Wendung von „different identities and traditions on local, regional, national and European level“, die Rezeption des *Popperschen* Begriffes der „open society“, das Bekenntnis zu universalen Werten wie der Menschenwürde, zu Toleranz, Solidarität und zur Umwelt, „in der wir leben“.

530 bb) Der Katalog zu den „*Principles*“, „Objectives“ und „Citizens of the Union“ war nicht weniger komprimiert. In § 1 Abs. 1 fand sich der bemerkenswerte Satz: „The Union shall always act with the interests of its Citizens in mind“. Auch der folgende Passus war höchst gelungen: „The Union shall respect the different cultures, languages and traditions that exist in the Member States and their regions“. Dieser gleichrangige Verweis auf die *Regionen* bleibt vorbildlich. In § 2 fand sich der beachtliche Gedanke vom „common minimum of social and environmental standards“. Wir erinnern uns des Klassikertextes der „Grünen“: „Wir haben die Erde von unseren Kindern nur geliehen“: der Treuhandgedanke, der mindestens bis auf *K. Marx*, letztlich die Bibel zurückgeht. Er ist auch im Konzept der „common ownership“ der Erde angelegt.[194]

531 cc) Im *Kompetenzparagraph* 6 IV blieb die *Kultur* allein der Verantwortung der Mitgliedstaaten zugewiesen.

532 dd) Eine eigene Norm (§ 8) galt den Grundsätzen „Openness and transparency“ mit dem guten Zusatz „in order to allow public scrutiny in its deci-

---

193 Siehe auch *M. Kotzur*, „We, the Citizens of Europe“: European Union Citizenship, in: M. S. Greve/M. Zöller (Hrsg.), Citizenship in America and Europe. Beyond the Nation State?, 2009, S. 71 ff.

194 Dazu *M. Risse*, On Global Justice, 2012.

sion-making procedures". Manches davon findet sich in Art. 15 AEUV wieder, der gegenüber seiner Vorgängernorm aus Art. 225 EGV stark erweitert und konstitutionell angereichert erscheint.[195]

ee) Die „*direkte Demokratie*" in § 9 regelte die Referendumsdemokratie, 533 auch in Bezug auf Änderungen dieser Verfassung. In Art. 11 EUV, gerade auch seinem Abs. 4 findet sie aktuellen Wiederklang.[196]

ff) Der *Parteien-Artikel* § 10 brachte manchen wissenschaftlichen Diskus- 534 sionsbeitrag zum Thema auf den ebenso prägnanten wie optimistischen Satz: „Political parties at European level contribute to the development of the European public space and to European democracy"[197]. Damit haben langjährige Bemühungen um die „europäische Öffentlichkeit" textlichen Ausdruck gewonnen. Art. 10 Abs. 4 EUV verschriftlich ihn heute primärrechtlich-konstitutionell: „Politische Parteien auf europäischer Ebene tragen zur Herausbildung eines europäischen politischen Bewusstseins und zum Ausdruck des Willens der Bürgerinnen und Bürger der Union bei."

195 Verweise dazu bei *M. Kotzur*, in: R. Geiger/D.-E. Khan/M. Kotzur (Hrsg.), EUV/AEUV, 5. Aufl. 2010, Art. 15 AEUV, Rn. 1.

196 *R. Bieber*, in: H. von der Groeben/J. Schwarze/A. Hatje (Hrsg.), Europäisches Unionsrecht, Bd. I, 7. Aufl. 2015, Art. 11 EUV, Rn. 14 ff.; zu den Legitimationsdebatten aus den Früh- und Vorphasen des Ringens um eine europäische Verfassung *P. M. Huber*, Die Rolle des Demokratieprinzips im europäischen Integrationsprozess, Staatswissenschaften und Staatspraxis 3 (1992), S. 349 ff.; *I. Pernice*, Maastricht, Staat und Demokratie, Die Verwaltung 1993, S. 449 ff.; *D. Murswiek*, Maastricht und der pouvoir constituant, Der Staat 32 (1993), S. 191 ff.; *H. H. Rupp*, Europäische Verfassung und Demokratische Legitimation, AöR 120 (1995), S. 269 ff.; *A. Augustin*, Das Volk der EU, 2000, S. 246 ff.; *G. Lübbe-Wolff*, Europäisches und nationales Verfassungsrecht, VVDStRL 60 (2001), S. 247 ff.; *A. Peters*, Elemente einer Theorie der Verfassung Europas, 2001, S. 95 ff.; *K.-P. Sommermann*, Verfassungsperspektiven für die Demokratie in der erweiterten Europäischen Union: Gefahr der Entdemokratisierung oder Fortentwicklung im Rahmen europäischer Supranationalität?, DÖV 2003, S. 1009 ff. Nach dem Scheitern des Verfassungsvertrages dann *G. Jochum/N. P. Petersson/W. M. Schröder/K. Ullrich*, Legitimationsgrundlagen einer europäischen Verfassung: Von der Volkssouveränität zur Völkersouveränität, 2007.

197 Ebenso früh wie grundlegend: *D. T. Tsatsos*, Verfassung – Parteien – Europa, 1999.

g) Verfassungsentwurf von F. Dehousse und W. Coussens (17. September 2002)

535 Unter einer Reihe weiterer Entwürfe[198] verdient das Textwerk von *Dehousse/Coussens* eine besondere Beurteilung, sowohl wegen der geglückten Rechtssprache als auch wegen der Inhalte.

536 aa) Die dicht gearbeitete *Präambel* brachte den schon gemeineuropäischen Kanon von Demokratie und Menschenrechten, von nachhaltigem, wirtschaftlichem und sozialem Fortschritt, Freiheit, Gerechtigkeit und Frieden auf gute Texte. Auch ist das europäische Gemeinwohl angedeutet („common interests in the world"), wird der Respekt vor den „diversen Kulturen Europas" bekräftigt und die Verfassung als solche bezeichnet.

537 bb) Der Abschnitt *„Founding values"* (Grundwerte), in diesem Kontext eine Innovation, befasste sich in Art. 1 mit der „demokratischen Natur" der Union, in der das klassische Prinzipienbündel wie Freiheit, Demokratie, rule of law ebenso figurierte, wie der Fall einer Verletzung dieser Prinzipien samt den Konsequenzen umschrieben war und der Respekt vor den „national identities of its Member States and the diverse cultures of Europe" formuliert wurde. Hoch griff Art. 2 mit den Zielen der Union unter dem Stichwort „European model of society".

538 cc) Eine wohl neue Variante war die Unterscheidung zwischen *„Internal missions of the European Union*" (Art. 25 und Art. 26) und den *„External missions* „(Art. 27 und Art. 28). Hier fällt die Formel von den „common values, fundamental interests, interdependence and integrity of the Union" auf. Der auch in den übrigen organisatorischen Bestimmungen gut durchgegliederte Entwurf konnte den Diskurs etwa zur Werteradizierung auch der europäischen Außenpolitik bereichern.

h) Der Verfassungsentwurf von J. Leinen (23. Oktober 2002)

539 Einen der besten Entwürfe hat das Mitglied des Europäischen Parlamentes *J. Leinen* vorgelegt. Sprachlich-redaktionell wie thematisch-inhaltlich ge-

198 Vgl. etwa den Entwurf von *A. Duff*, A model Constitution for a Federal Union of Europe, vom 3. September 2002, der mit seinen 19 Artikeln sehr knapp war, dem jedoch eine konzentrierte Präambel gelang (z.B. „diverse cultures of Europe"); in Art. 4 (Governance) war das Ziel der Offenheit und Solidarität ebenso normiert wie der Respekt vor den „nationalen Identitäten der Mitgliedstaaten".

hört er weiterhin zu den herausragenden Dokumenten des Reformprozesses.

aa) Schon die *Präambel* trägt vorbildliche Züge, auch und gerade weil sie 540
sich an Passagen des schon vorhandenen europäischen Präambel-Materials anschließt. Einige Innovationen seien herausgestellt, so die Sätze: Die EU „stellt den Menschen in den Mittelpunkt ihres Handelns. Sie begründet die Unionsbürgerschaft als Ausdruck einer gemeinsamen politischen und rechtlichen Identität." Sodann: Die EU „trägt zur Erhaltung und Entwicklung dieser gemeinsamen Werte unter Achtung der Vielfalt der Kulturen und Traditionen Europas sowie ihrer Mitgliedstaaten und Regionen bei." Der Zusatz „und Regionen" war in dieser Textform neu! Die nur kulturwissenschaftlich auslotbaren „Identitätsgehalte" dehnen sich heute ohnehin auf die Regionen Europas aus! Nicht minder vorbildlich war der Schlusssatz der inhaltsreichen Präambel: „Die Bürgerinnen und Bürger der Union geben sich folgende Verfassung". Ein Federstrich des Textgebers löscht die klassische Volkssouveränitätsideologie aus, auch wenn der Reformvertrag von Lissabon einen weniger progressiven Weg beschritten hat.

bb) Während im Grundrechtsteil das Meiste nur rezipiert wurde, beschritt 541
der Entwurf bei den *Grundlagen* der EU neue Wege. Fixierte sein Art. 54 die bekannten Ziele der Union (z.B. „Raum der ökologischen Nachhaltigkeit", „faire Partnerschaft mit den Staaten und Völkern der Welt") und beschäftigte sich Art. 55 mit den „emotionalen Konsensquellen" wie Europaflagge und Europahymne (*Beethovens* „Ode an die Freude"), so gelang Art. 57 in Sachen Mitgliedschaft in der Union etwas Besonderes: In Abs. 1 hieß es: „Jeder international anerkannte Staat, der die Prinzipien, Ziele und Werte der EU teilt". Auch in Abs. 3 war von „Werten und Prinzipien" die Rede. Das sind zutreffende, in der (vor allem deutschen) Wissenschaft oft noch umstrittene, auf Verfassungen aber anwendbare Begriffe. Verfassungen enthalten ein Ensemble von Prinzipien, Werten, Gemeinwohlinteressen, Verfahren und Institutionen. Diese „gemischte" Sicht sollte sich endlich durchsetzen. Sie hat in *Leinens* Entwurf einen guten Bezugstext[199].

---

199 Zum Gemeinwohltopos W. Brugger/S. Kirste/M. Anderheiden (Hrsg.), Gemeinwohl in Deutschland, Europa und der Welt, 2002; *P. Häberle*, Öffentliches Interesse als juristisches Problem, 2. Aufl. 2006; M. Anderheiden, Gemeinwohl in Republik und Union, 2006; S. Puntscher Riekmann/A. Somek/D. Wydra (Hrsg.), Is there a European Common Good?, 2013.

542 cc) Das klar konzipierte *Kompetenzkapitel* (Art. 61 ff.) ging insofern einen neuen Weg, als ein guter Oberbegriff für die innerstaatlichen Ebenen der Mitgliedstaaten gefunden war. Art. 61 Abs. 3 lautete: „Kompetenzen, die keiner dieser drei Kategorien zugeordnet sind, verbleiben bei den Mitgliedstaaten oder den konstitutionellen Einheiten unterhalb der Staatsebene". Damit war ein neuer *Dachbegriff* für Länder, Kantone sowie Regionen, Kommunen gefunden. Als „ergänzende Kompetenz" der EU figurierte in Art. 66 die Kultur.

543 dd) Weitere Positiva fanden sich im *organisatorischen Bereich*: Art. 70 über die Handlungsinstrumente und – unter dem bemerkenswerten Stichwort: „Gewaltenteilung" in Art. 77 – die Zweiteilung der Legislative in eine „Bürgerkammer" und eine „Staatenkammer" (Senat). Art. 78 wählte statt dem klassischen Prinzip „Öffentlichkeit" übrigens die „Transparenz". Schon wegen der spezifischen Inhalte von Öffentlichkeit (Bezug auf die res publica, die salus publica, die öffentliche Freiheit) sollte die Öffentlichkeit nicht aus dem Vokabular von Verfassungen gestrichen werden.[200] Art. 15 AEUV postuliert in der deutschen Sprachfassung heute u.a. einen „Grundsatz der Offenheit". Im Englischen heißt es demgegenüber: „shall conduct their work" – gemeint sind alle Unionsorgane etc. – as openly as possible".[201]

544 ee) Die vielleicht größte Auffälligkeit im Vergleich mit den anderen Entwürfen fand sich in Art. 80 und Art. 94. Art. 80 regelte die *„direkte Demokratie*", d.h. die Möglichkeit zu Volksbegehren und Volksentscheid. Art. 94 verlangte ein Verfassungsreferendum in den Worten des Abs. 1: „Diese Verfassung tritt in Kraft, wenn in einem europäischen Referendum die Mehrheit der Unionsbürger und die Mehrheit der Mitgliedstaaten zustimmen." Schule gemacht hat dieser Text bekanntlich nicht, vielmehr ist der Verfassungsvertrag an nationalen Referenden gescheitert.

545 ff) Die mehrfache Verwendung der *Gemeinwohlbindung* sei zuletzt hervorgehoben: Die Mitglieder des Rechnungshofes (Art. 86 Abs. 6), des Wirtschafts- und Sozialausschusses (Art. 90 Abs. 3) und die des Ausschus-

---

200 Siehe *P. Häberle*, Öffentliches Interesse revisited, in: G. Winter (Hrsg.), Das Öffentliche heute, 2002, S. 157 ff.; *ders.*, Gibt es eine europäische Öffentlichkeit? – Kunst, Kultur und Recht in Europa am Beispiel Liechtenstein, 2003; *H. Schulze-Fielitz*, Öffentlichkeit, in: W. Heun u.a. (Hrsg.), Evangelisches Staatslexikon, Neuausgabe 2006, Sp. 1656 ff.

201 *M. Kotzur*, in: R. Geiger/D.-E. Khan/M. Kotzur (Hrsg.), European Union Treaties, 2015, Art. 15 TFEU, Rn. 2.

ses der Regionen (Art. 91 Abs. 3) waren alle auf das Gemeinwohl hin verpflichtet. Diese Texte liefern auch einen Beleg für die in Deutschland zu beobachtende Renaissance des Gemeinwohlbegriffs, der längst auch auf der europäischen Ebene Inhalte und Funktionen hat[202].

i) Der Europäische Verfassungsvertrag der CDU/CSU vom 26. November 2001 und der EVP-Verfassungsentwurf vom Oktober 2002

Hier sollen zwei Dokumente zu Wort kommen, die sich geistig nahe stehen. Der unter der Leitung von *W. Schäuble* und *R. Bocklet* erarbeitete „Verfassungsvertrag" hatte zunächst das Verdienst, ein sehr früh vorgelegtes Dokument zu sein. Er ist nicht in Artikel-Form redigiert, sondern ein Bericht. In ihm fanden sich teils beifallswürdige Aussagen, teils fragwürdige Thesen. Unter Ziff. 1 lit. f war u.a. gesagt, grundsätzlich alles, was „zu den gewachsenen Traditionen in Zivilisation und Kultur und der sogenannten Zivilgesellschaft" gehöre, solle den Mitgliedstaaten vorbehalten bleiben (z.B. „Bildung, Kultur, Sport"). Unter Ziff. 2 hieß es aber auch zutreffend: „Die Mitgliedstaaten haben Teilbereiche der klassischen staatlichen Aufgaben an Europa abgegeben". Während das Begründungserfordernis für die besondere Vergemeinschaftung von Zuständigkeiten Beifall verdiente (Ziff. 3 a), auch die „Querschnittsklauseln" (ebd. lit. h) und das Prinzip der Unionstreue (Ziff. 1) mit Recht auch zu Gunsten der Mitgliedstaaten wirken sollten, verdienen andere Teile des Dokuments harsche Kritik. So wenn nach Ziff. 5 lit. h die Mitgliedstaaten immer noch als „Herren der Verträge" tituliert wurden. Das Europa der Bürger verträgt schwerlich eine derartige „Herrenideologie". In einer Demokratie sind Staaten auf keinem Felde „Herren". Die europäische Bürgerdemokratie sollte auch terminologisch ernst genommen werden. 546

Im EVP-Entwurf vom Oktober 2002 fanden sich ebenfalls Licht und Schatten. Zu den positiv zu beurteilenden Stichworten gehören die Benen- 547

202 Wiederum *P. Häberle*, Gibt es ein europäisches Gemeinwohl?, in: FS Steinberger, 2002, S. 1153 ff. Zum Gemeinwohl schon: *ders.*, Öffentliches Interesse als juristisches Problem, 1. Aufl. 1970 (2. Aufl. 2006); weiterhin H. Münkler/ K. Fischer (Hrsg.), Gemeinwohl und Gemeinsinn im Recht, 2001/02; vorher schon *R. Uerpmann*, Das öffentliche Interesse, 1999; spezifisch europäisch konzipiert *Ch. Calliess*, Gemeinwohl in der EU, in: W. Brugger u.a. (Hrsg.), Gemeinwohl in Deutschland, Europa und der Welt, 2002, S. 173 ff.

nung der „Solidarität“, das Wort von „federal European Union“, „European Constitution“, die Forderung nach einem „more democratic and transparent Europe“. Wie im *Schäuble-Bocklet*-Papier war die Rede von den „grown traditions of civilizations and culture“, wobei Erziehung, Kultur und Sport als bleibende Verantwortungsbereiche der Mitgliedstaaten erwähnt wurden. Für Deutschland spielte die Kulturhoheit als das vielberufene Hausgut der Länder gewiss eine entscheidende Rolle. An späterer Stelle wurde die EU treffend als „community of values“ bezeichnet. Doch hieß es auch in eher negative Abgrenzung als positiver Zuwendung: „The European Union is neither a federation in the classical sense nor a state. “ Immerhin folgte wenig später der gelungene Satz: „The citizens and their ability to democratic control are at the centre of our ideas for reforming the European institutions“. Und – konsequent –: „EU citizens have a right to a transparent process of legislation and decision making“.

j) Der sog. Berliner Entwurf vom November 2002

548 Zwei SPD-Bundestagsabgeordnete (*G. Gloser* und *M. Roth*) haben im November 2002 einen von ihnen so apostrophierten Berliner Entwurf für die „Verfassung“ der EU vorgelegt. Er wollte den „sozialdemokratischen Anspruch an eine europäische Verfassung“ herausstellen: „Solidarität, europäische Grundrechte mit wirklichem Verfassungsgehalt und individuelle Klagemöglichkeiten, Sozialunion und Binnenmarkt als untrennbar miteinander verbundene Elemente des europäischen Gesellschaftsmodells“. War schon diese Offenlegung des Vorverständnisses vorbildlich, so zeigt sich auch bei einer Einzelanalyse der knappen, präzisen 54 Artikel, dass der Entwurf hohen Respekt verdient. Im Einzelnen:

549 aa) Die Offenlegung der Rezeptionsvorgänge und Inspirationsquellen: Einmal mehr bestätigt sich die Richtigkeit des Textstufenparadigmas. Der neue Verfassungstextentwurf berief sich auf ältere Texte bzw. auf die EuGH-Rechtsprechung, und zwar ausdrücklich. Die bisherigen Verträge, beim neuen konstruktiven Misstrauensvotum sogar eine nationale Verfassung wie das GG (Art. 67) und die Judikatur wurden im eigenen Anmerkungsapparat zitiert, mitunter mit dem Zusatz: „modifiziert“. Auch systematische Wanderungsvorgänge wurden als solche kenntlich gemacht: so bei Art. 22 i.V.m. Fn. 45: Aufgaben der Europäischen Kommission: die Wahrung des allgemeinen Wohls der EU „als Ganzes“. Damit war die gemeinwohlbezogene Amtspflicht der Kommissare im bisherigen Recht zum

Gemeinwohlauftrag für die ganze Institution geworden – deutlicher hätte das schon mehrfach konstatierte Vordringen des Begriffs „europäisches Gemeinwohl" nicht werden können!

bb) Die Präambel: Die Präambel, eine typische „Im Geiste-Klausel", inspirierte sich an anderen „vorgefundenen" Präambeln, vor allem an der EU-Grundrechte-Charta. Freilich wagte auch sie keine Bezugsnahmen auf das „religiöse Erbe", sondern nur auf das „geistige und sittliche Erbe". Im Übrigen war die Präambel von großer inhaltlicher Dichte und sprachlicher Ausdruckskraft. Vieles aus den vorliegenden Texten fand sich wieder. Es sei nicht im Einzelnen wiederholt („gemeinsame Werte", „Vielfalt der Kulturen" und „Traditionen der Völker Europas" und plastisch die Trias der drei Ebenen national, regional und lokal – leider nicht in umgekehrter Reihenfolge!). 550

cc) Die Grundrechte: Sie wurden in toto aus der EU-Grundrechte-Charta rezipiert, freilich mit einer allgemeinen redaktionellen und inhaltlichen Nuancierung: Sie sind als „allgemeine Rechtsgrundsätze" qualifiziert (Art. 2). Heute setzt Art. 6 EUV diesen Weg auf seine Weise fort. 551

dd) Die Unionstreue: Sie wurde in Art. 3 besonders komprimiert in Textform umgesetzt: „Die Mitgliedstaaten und die Europäische Union erleichtern sich gegenseitig die Erfüllung ihrer Verpflichtungen aus dieser Verfassung". Damit war eine neue Textstufe geglückt („gegenseitig"). Dieses Gegenseitigkeitsdenken sollte im kooperativen Miteinander immer stärkere Präsenz gewinnen und die destruktive Dichotomie zwischen „Wir" und „die in Brüssel" überwinden helfen. 552

ee) Weitere Charakteristika: Hier nur noch einige weitere Stichworte zu „Geist und Buchstaben" des Berliner Entwurfs. Neben dem schon erwähnten konstruktiven Misstrauensvotum gegenüber der Kommission in Anlehnung an das deutsche GG (Art. 67) und neben der öffentlichen Ratssitzung im Rahmen des Gesetzgebungsverfahrens (Art. 20) sowie einer Einbindung der nationalen Parlamente (Art. 11 Abs. 3, Art. 8 Abs. 5) sei die „Gleichrangigkeit der Staaten" in Art. 21 genannt (Mehrheitsentscheidungen im Rat als Regel sowie das Prinzip der doppelten Mehrheit), die ausdrückliche Kennzeichnung des EuGH als „Verfassungsgericht" (Art. 26), die Postulierung des „sozialen Dialogs" im Zielekatalog (Art. 33 Abs. 1), die Formulierung des Grundsatzes einer sozialen, offenen und wettbewerbsfähigen Marktwirtschaft, „wodurch ein effizienter Einsatz der Ressourcen gefördert wird" (Art. 41), das Bekenntnis zu „gemeinsamen Werten" (etwa in Art. 44 Abs. 1), bei den Politikbereichen der EU die Nennung der „Bildung, Jugend, Kultur und Medien" (Art. 46 Abs. 1), die In- 553 stitutionalisierung eines Konvents für Änderungen dieser Verfassung (Art. 51 Abs. 19), das faire Verfahren bei einer „schwerwiegenden und anhaltenden Verletzung von Grundsätzen der EU durch einen Mitgliedstaat" (Art. 53 Abs. 1).

554 *Im Ganzen*: Der Berliner Entwurf war und bleibt ein Wurf: redaktionell wie inhaltlich.

k) Der EPP-Entwurf vom 10. November 2002 („Frascati")

555 Der Artikel-Entwurf seitens der europäischen Volksparteien spiegelte ebenfalls in denkbar glücklicher Weise die Textstufen- und Konsolidierungsvorgänge, die allseitigen Produktions- und Rezeptionsprozesse in Sachen Verfassung der EU wider. Zu Recht sprach die Einleitung selbst von einem „work in progress" – daran hat sich auch nach Lissabon nichts geändert und Europas Finalität bleibt weiterhin offen. Zu Recht wurde offengelegt, dass ältere offizielle und akademische Dokumente aufgenommen wurden und in die Struktur des bereits vorgestellten *Giscard*-Entwurfs eingepasst worden sind. Im Einzelnen:

556 aa) Ein offener Diskurs: Der über die Veröffentlichung von Entwürfen, Texten und Dokumenten allseitig geführte „herrschaftsfreie Diskurs" wird in dem Dokument allenthalben greifbar. In seinem ebenso reichen wie ehrlichen Fußnotenwerk von nicht weniger als 283 Anmerkungen bekannte sich der Entwurf für eine „Verfassung" der EU ausdrücklich zu seinen Rezeptionsvorgängen und Inspirationsquellen. Im Besonderen seien genannt: Der *Giscard*-Entwurf (in toto rezipiert), die EU-Grundrechte-Charta, die Erklärung von Laeken, EPP-Entwürfe, ein Entwurf der „Grünen" (in Bezug auf ein Präambelelement, vgl. Fn. 14) und – fast sensationell in Art. 57 Abs. 1 i.V.m. Fn. 49 – ein Passus der Verfassungspräambel Polens (von 1996):

> „Union values: those who believe in God as the source of truth … as well as those who do not share such a belief but respect these universal values arising from other sources".

557 Damit gelangte ein Gottesbezug in die „europäische Verfassung", wenigstens als Alternative ein guter Kompromiss, der eine endgültige Rezeption im Konvent (und darüber hinaus) durchaus verdient hätte. Im Übrigen fanden sich weitere Rezeptionen: für die Unionstreue als wechselseitige Verpflichtung in Art. 62 Abs. 3 i.V.m. Fn. 68 Bezugnahmen auf den EuGH. Besonders häufig wurde ein Bericht von *A. Lamassoure* rezipiert, sodann

auch „Nizza“, die Konventsgruppe Subsidiarität (zu Art. 92 Abs. 2), immer wieder erklärtermaßen der Strukturplan des Präsidiums unter *Giscard*, der damit die Diskussion erkennbar vorgeformt hatte. Ist somit der Ausarbeitungsprozess in Sachen europäische Verfassung überaus transparent geworden, so seien im Folgenden nur noch einige Stichworte skizziert, um Geist und Buchstaben des sehr geglückten Entwurfs in seinem *Fortwirkungsanspruch* zu kennzeichnen.

bb) Einige Charakteristika: Genannt seien: Art. 61 zum Stichwort „sym- 558
bols of Union identity“ (wie Flaggen, Hymne, Unionstag), die Anreicherung des Art. 88 zum Regionalismus um das Textelement: „due regard to the diversity of the cultures and traditions of the people of Europe as well as the national identies of the Member States and the organization of their public authorities at national, regional and local levels“ – ein geglückter Textfortschritt im Vergleich mit dem vorherigen Material, das Bekenntnis zur „partizipatorischen Demokratie“ in Art. 102 in markanten Sätzen von *A. Lincolns* „Gettyburg Address“: „government of the people, by the people and for the people“ – die Rezeption eines Klassikertextes aus den USA[203] – und schließlich die glückliche Überschrift vor Art. 101 „The democratic life of the Union“ eingelöst in dem Satz (Art. 102 Abs. 2): „The Union's institutions shall ensure a high level of openness, permitting citizens organizations of all kinds to a playful in the Union's democratic life“; in Art. 104 wird das Öffentlichkeitsprinzip konstituiert („openness“).

Zuletzt sei der Präambel Tribut gezollt. Sie war recht umfangreich gefasst, 559
gleichwohl dicht in den Inhalten und bürgernah, zugleich feierlich in der Sprache. Sie lebte teils von Rezeptionen, teils von Innovationen. Das schöne Wort von der Platzierung des Individuums „at the heart of the activities of the European Union“ berührt bis in unsere Tage, die „kulturelle Vielfalt“ jeweils auf den drei Ebenen des staatlichen, regionalen und lokalen bzw. ihrer hier angesiedelten „public authorities“ beeindruckt ebenso zukunftsgewandt; eher neu war die Wendung von der „multipolaren Welt“, kompromisshaft die Verbindung von offener Marktwirtschaft und Solidarität sowie Respekt vor der Umwelt („social market economy“).

Im Ganzen: erneut ein Entwurf, der den Beteiligten Ehre macht und auf 560
der Zeitachse ein neues Stadium des Textprogrammes der EU-Verfassung markiert.

203 Angemerkt sei, dass dieser Klassikertext bereits in manch völkerrechtlichem Dokument modifizierten Einzug gefunden hat, etwa in die Präambel der UN-Charta.

l) Das Manifest der Lambsdorff-Kommission (November 2002)

561 Das „Manifest“ der Föderalismus-Kommission der F. Naumann-Stiftung unter der Leitung von *O. Graf Lambsdorff* (zit. nach FAZ vom 14. Nov. 2002, S. 16) verdient ein eigenes Wort. Es zeigt(e), wie manch andere Entwürfe, Licht und Schatten. Zu den weiterhin *positiv* zu bewertenden Elementen gehört Folgendes: die Benennung des „Demokratiedefizits“, die aber nicht zu einem legislativen Initiativrecht des Europäischen Parlaments führen sollte (Formen direkter Demokratie wurden gleich gar nicht erwähnt). Für den Rat wurde immerhin gefordert, der „legislative Teil“ bedürfe „öffentlicher Transparenz“. Positiv war auch die Klage über die „Bürgerferne“ der seinerzeitigen EU zu beurteilen (der längst noch nicht abgeholfen ist, im Gegenteil). Sie war ein Grund für das Manifest, besonders großes Gewicht auf die wirksame Ausgestaltung des Subsidiaritätsprinzips zu legen. Dies wurde getragen von der Erkenntnis, die Subsidiarität beginne schon beim Einzelnen, auch von dem Wunsch, Europa „schlank“ zu machen. Vorgeschlagen wurde ein „justitiables Kompetenzzuteilungskriterium“, sodann ein Klagerecht der nationalen gesetzgebenden Körperschaften gegen Verstöße gegen das Subsidiaritätsprinzip; die geplante Vermehrung der Möglichkeiten zum „Opting Out“ gehört hierher, sie gefährden aber damals wie heute eine rechtsstaatliche Grundprämisse der Integration in eine *Rechtsgemeinschaft*: Gleiches Recht für alle! Die Reformziele „Freiheit, Vielfalt, Bürgernähe, Wettbewerb und Wohlstand“ verdienen ebenfalls Zustimmung. Doch ist der Verabsolutierung des „Wettbewerbsföderalismus“ nach wie vor zu widersprechen. Schließlich ist die aus dem Schrifttum rezipierte „vertikale“ Gewaltenteilung als solche zu begrüßen, ebenso der Versuch, eine schärfere Abgrenzung der Kompetenzen vorzunehmen (durch Instrumente wie parallele Gesetzgebung oder die Streichung von Kompetenzen).

562 *Kritik* verdient(e) das Manifest in folgender Hinsicht: die fast alleinige Fixierung auf Markt und Wettbewerb bzw. das Ökonomische. Zwar wurde eingangs gesagt, der Prozess der europäischen Einigung habe auch „politische und kulturelle Vielfalt“ ermöglicht. Im Übrigen kam das Wort Kultur aber nicht mehr vor (der Teilbereich Bildungspolitik nur negativ, insofern sie allein den Mitgliedstaaten zugeordnet werden sollte). Der Begriff „Wettbewerbsföderalismus“ wurde verwendet, obwohl man sich mit dem schiefen Wort vom „Staatenverbund“ behilft und das von Vertrag zu Vertrag gewachsene Gebilde nicht durch eine „Verfassung“ reformiert werden sollte, sondern durch einen „neuen Verfassungsvertrag“ (immerhin ist von

„konstitutionellen Regeln und Institutionen" die Rede). Zwar wurde auf die EU-Grundrechte-Charta Bezug genommen, doch kam das Kulturverfassungsrecht nicht in den Blick (kulturelle Vielfalt, einzelne kulturelle Freiheiten etc.). Kannte das Manifest einen „supranationalen Wettbewerbsföderalismus" ohne Staats- und Verfassungsbezug, bleibt die Frage. Zuletzt sei die These „Keine eigene Europasteuer" unter die Lupe genommen. Hier gilt wohl nicht nur der Satz „No taxation without representation", sondern auch die Umkehrung: „No representation without taxation". Das Europa der Bürger könnte gerade durch eine vorsichtige eigene Steuer Transparenz, Verständlichkeit, ja Legitimität gewinnen, so sehr hier disziplinierte Instrumente wirksam bleiben müssten (Subsidiarität, ausgeglichener Haushalt etc.).

Im Ganzen zum Lambsdorff-Manifest: in vielem im guten Sinne eine „liberale Handschrift", um den hohen Preis der Verschärfung von Markt und Wettbewerb bzw. eines Ökonomismus. Die Wirtschaft ist aber nicht das Maß des Menschen, sie hat nur instrumentale Bedeutung, sie steht im Dienst der Würde des Einzelnen, des status culturalis. 563

Eine Zwischensumme: Die ausführliche Analyse vieler Entwürfe und Dokumente will keinem „Warenlager" gleichen, aus dem ohne die *Kontexte* Einzelstücke beliebig herausgebrochen werden können und sollen. Wohl aber kann deutlich werden, dass ein fruchtbarer Ideenwettstreit von Texten und Stichworten in Sachen Europäische Verfassung bis in die Gegenwart wirkt und sein Innnovationspotential auch für das weitere konstitutionelle Werden der EU behält. Wieviel konstitutionelle Qualität im Lissabonner Vertragswerk steckt, ist eine Sache; diese Qualität textlich immer neu zu (re-)konstruieren, eine andere. Hier bleibt insbesondere die europäische Verfassungslehre gefordert. 564

m) Zwei „Privatentwürfe" von Staatsrechtslehrern: R. Scholz bzw. J. Schwarze/J. F. Flauss (2004)

Es ist bemerkenswert, dass im Gegensatz zur Verfassungsdiskussion im Rahmen der deutschen Einigung 1989/90 im Jahre 2004 *private* Verfassungsentwürfe seitens prominenter deutscher Staatsrechtslehrer erarbeitet worden sind. Damit wurde an eine große Schweizer Tradition angeknüpft, etwa die Arbeit von *K. Eichenberger* für den Aargau (1980), *R. Rhinows* 565 für Basel-Land (1984)[204] bzw. an den Entwurf *Kölz/Müller* für die Bundesebene (1. Aufl. 1984, 3. Aufl. 1995). Es darf auch heute noch spekuliert werden, warum Kraft, Engagement und Phantasie für ein erneuertes GG bei der *deutschen* Einigung fehlten, sie sich aber für die *europäische* Einigung nach allen Regeln von Handwerk und Kunst der Verfassunggebung einstellten. War es im Wiedervereinigungsfall der heute doch ebenfalls vorhandene Zeitdruck oder schlicht parteipolitisches Kalkül des „einfachen“ Beitrittes der Noch-DDR zum Grundgesetz? Die wenig ergiebigen Arbeiten der sog. Gemeinsamen Verfassungskommission (1991/93) zählen kaum, eher schon manch guter Rat westdeutscher Staatsrechtslehrer im Rahmen der neuen ostdeutschen Länderverfassungen[205]. Wie dem auch sei: dass *R. Scholz* und in deutsch-französischer Gemeinschaftsarbeit *J. Schwarze* zwei ausgefeilte Verfassungsentwürfe vorlegt haben, gibt bleibenden Anlass zu Freude, auch wenn im Folgenden einzelne Kritikpunkte nicht verschwiegen seien. Diese Verfassungstexte, einmal in der Welt, mögen rein politisch mehr oder weniger erfolgreich gewesen sein, wissenschaftlich bleiben sie über Zeiten hinweg ein bzw. zwei große Dokumente von dauerndem Wert. Im Einzelnen:

566 aa) Der Verfassungsentwurf von R. Scholz, publiziert Anfang Dezember 2002 (in: Zeitschrift für Gesetzgebung, 17. Jahrgang, Sonderheft): Schon die Präambel des Entwurfs von *R. Scholz* entsprach in Form, Struktur, Diktion und Inhalt dem klassischen Kanon dieser Text-, Wissenschafts- und Literaturgattung. Eigens hervorgehoben sei die zunächst überraschende, in Art. 7 wiederholte bekenntnishafte Bestätigung der sozialen Grundrechte gemäß der Europäischen Sozialcharta des Europarates von 1961. Diese wurde damit neu zu einem Element europäischer Verfassunggebung und aus ihrem „Dämmerschlaf“ als bloßes „soft law“[206] in den Himmelsglanz von gemeineuropäischem Präambelrecht gehoben. Zu rühmen bleibt auch ein weiteres Textereignis in der Präambel: das Wort von einer „auch unionsrechtlichen Verfassungsunion“. Hier sind Anleihen an den Begriff „Unionsgrundordnung“ von *D. Tsatsos*, vielleicht auch an den der sog.

---

204 Dazu die Dokumentation und Kommentierung des Erstverfassers in JöR 34 (1985), S. 303 ff., 40 (1991/92), S. 167 ff., 47 (1999), S. 149 ff.; fortgeführt in JöR 56 (2008), S. 385 ff.

205 Dazu die Dokumentation und Kommentierung in JöR 39 (1990), S. 319 ff., 40 (1991/92), S. 291 ff., 41 (1993), S. 69 ff., 42 (1994), S. 149 ff., 43 (1995), S. 355 ff.

206 Dazu schon die Kontroverse in VVDStRL 30 (1972), S. 152 f., 187.

„Verfassungsgemeinschaft"[207] nicht ganz fernliegend. In den anschließenden Verfassungstexten pendelte der Entwurf *Scholz* zwischen eher konventionellem Gedankengut und Innovationen. So blieb Art. 2 Abs. 1 zurück, wenn er nur sagte, die Union beruhe „auf ihren Mitgliedstaaten". Das Konstituierungspotenzial von den europäischen Bürgern her wurde weder hier noch in den späteren einschlägigen Artikeln angedeutet bzw. ausgeschöpft – anders manche der bisher analysierten Entwürfe. Indes rezipierte der schon erwähnte Art. 7 nicht nur den Begriff des „sozialen Dialogs" aus fremden Texten (Abs. 1), sondern es gelang ihm auch das wohl neue Wort von der „Vielfalt der einzelstaatlichen Gepflogenheiten" (Abs. 2), bezogen auf die verschiedenen arbeits- und wirtschaftspolitischen Traditionen. Eine glückliche Vokabel war auch die „Weiterentwicklung des unionsmäßigen Besitzstandes" in Art. 3 Abs. 3 im Kontext der Ziele der Union. Die kluge verfassungspolitische Verwendung der Technik von Textalternativen (in Sachen Subsidiaritätsprinzip: Art. 66) sei ebenso positiv erwähnt wie die Aufnahme von sog. „Annexkompetenzen" in Art. 64, eine dogmatische bzw. prätorische Figur aus dem deutschen Verfassungsrecht. Diszipliniert durch das Subsidiaritätsprinzip (Art. 71 verwies auf Art. 66), war in Art. 71 u.a. das Tätigkeitsfeld der Union auch auf die „Entfaltung des Kulturlebens in den Mitgliedstaaten" erstreckt, eine zwar schüchterne, aber sehr begrüßenswerte „kleine" Kulturklausel. Beifall verdient auch der entschlossene Artikel zur „grenzüberschreitenden Zusammenarbeit" (Art. 99), die Wortschöpfung von der „Verbesserung der Arbeitsumwelt" (Art. 215) und die erneute Nennung des „Dialogs zwischen den Sozialpartnern" (Art. 216). Gemeineuropäisches in der EU wurde auch sichtbar in der Begründungspflicht für praktisch alle Rechtsakte der EU-Organe (Art. 282) sowie im Recht auf Zugang zu Dokumenten (Art. 284). Was die unionsbezogene Gemeinwohlklausel angeht, so fand sie sich auch im Entwurf *Scholz*, etwa für die Mitglieder der Kommission bzw. des Rechnungshofes (Art. 319 Abs. 4 bzw. 354 Abs. 4), auch des Ausschusses der Regionen (Art. 361 Abs. 3), doch blieb der Gemeinwohlauftrag stark personenbezogen, wie herkömmlich, und wurde nicht auf die betreffenden *Organe* als solche bezogen, was, wie erwähnt, eine neue gute Textstufe hätte werden bzw. eine weitere Textreife hätte darstellen können. Eher rätselhaft erschien Art. 384: „Dieser Vertrag läßt die Eigentumsord-

207 *D. Tsatsos*, Die europäische Unionsgrundordnung, EuGRZ 1995, S. 287 ff.; *P. Häberle*, Europa als werdende Verfassungsgemeinschaft, DVBl. 2000, S. 840 ff.

nung in den verschiedenen Mitgliedstaaten unberührt". Denn die Rezeption der einschlägigen Artikel der EU-Grundrechte-Charta konnte auf Dauer gar nicht ohne Ausstrahlungswirkung auf die verbleibenden *Teil*verfassungen der Mitgliedstaaten bzw. ihrer Eigentumsordnungen bleiben; übrigens wird sich auch eine umgekehrte Wechselwirkung in der Zeitachse entwickeln.

567 *Im Ganzen*: nicht nur ein Verfassungsentwurf, sondern ein „Wurf": handwerklich-formal wie inhaltlich. Die sehr deutsche „Handschrift" war allenthalben erkennbar; das darf und soll aber auch sein, sofern bewusst bleibt, dass man *letztlich* das europäische Verfassungsrecht nicht primär oder gar ausschließlich vom deutschen Verfassungsrecht her denken und schreiben darf.

568 bb) Der sog. „Freiburger Entwurf" für einen europäischen Verfassungsvertrag vom 12. November 2002 (Federführung J. Schwarze, unter Beteiligung von J. F. Flauss u.a.)[208]: Ein Novum in der europäischen Verfassungs- bzw. Wissenschaftsgeschichte dürfte der von einer deutsch-französischen Arbeitsgruppe vorgelegte Entwurf gewesen sein. Selbst die Schweiz hat hierfür bislang kein Vorbild geliefert. Dass sich Staatsrechtslehre und zwei nationale Rechtskulturen „privat" zusammenfinden, ist wohl ohne Beispiel. Zwar haben in der Schweiz welsche, d.h. französischsprachige Staatsrechtslehrer (vor allem *J.-F. Aubert*) bei einem kantonalen Verfassungsentwurf (konkret des Kantons Tessin (1997)[209]) mitgearbeitet, doch gibt es wohl keinen von einem deutschsprachigen und französischsprachigen Team erarbeiteten (privaten) Verfassungsentwurf. Was innerschweizerisch auf der innerbundesstaatlichen Ebene nicht geschah, glückte nun auf der deutsch-französischen nationalen Ebene: im Zeichen Europas. Solche Wissenschaftskooperation, die in einen ausgefeilten Text mündet, hat wohl nicht einmal in den Prozessen der nationalen Verfassunggebung in Osteuropa ein Vorbild. Denn dort waren es stets nur (mit)beratende Tätigkeiten, die in den offiziellen Verfassunggebungsprozess vor Ort eingebunden waren. Die binationale Wissenschaftskooperation, die in einem gemeinsam entworfenen Verfassungstext gipfelt, stellt ja besondere Anforderungen an das wechselseitige Einfühlungsvermögen beider Reprä-

---

208 S. auch *J. Schwarze*, Votum, in: G. Kreis (Hrsg.), Der Beitrag der Wissenschaften zur künftigen Verfassung der EU, 2003, S. 30 ff.

209 Beginnend Mitte der 80er Jahre: M. Borghi (Hrsg.), Costituzione Tícinese, Progetto di Revisione Totale, 1986. Siehe auch die neue KV Zürich (2004) sowie KV Basel Stadt (2005).

sentanten ihrer unterschiedlichen Rechts- bzw. Wissenschaftskulturen, und dass dies gerade zwischen einem Franzosen und dessen an der Tradition von *R. Descartes* bis *Mirabeau* geschulten, am französischen Textpathos gereiften und stets im Kontext der Antipoden *Montesquieu* und *J.-J. Rousseau* stehenden Frankreich einerseits, deutscher ausladender Wissenschaftstradition andererseits gelingen konnte, ist schon als solches ein Glücksfall. Denn die Unterschiede der Denkschulen bestehen nicht nur in Sachen „intergouvernemental“ oder „integrationistisch“.

Mit höchsten Erwartungen versenkt man sich also in den „*Schwarze/* 569
Flauss“-Text und darf stichwortartig Folgendes würdigen:

(1) Der nach dem Modell einer „*Zweiteilung*“ gefertigte Entwurf verstand 570
sich als (Grundlagen)Vertrag für eine europäische Verfassung (Vorwort). Vorgelegt wurden 120 ausgefeilte Artikel sowie prägnante Anmerkungen, während auf den zweiten Vertrag über die Unionspolitiken als Ergänzung nur pauschal verwiesen wurde.

(2) Im Anmerkungsteil wurden die vielfältigen Rezeptionsquellen der 120 571
Texte vorbildlich offengelegt. Dies entspricht der rezeptionstypologischen Theorie, die zwischen der Rezeption von Texten, Theorien sowie der Praxis der Gerichte und sonstiger Staatspraxis unterscheidet und „Rezeptionsmittler“ ebenso benennen will, wie sie kombinierte Erscheinungsformen wie „Überkreuzrezeptionen“ kennt[210]. Viele Rezeptionsvorgänge, auch unterbliebene bzw. „abweichende“ Lösungen werden oft ausdrücklich transparent gemacht, bald sind sie ohne weiteres erkennbar bzw. spürbar, wobei oft eine gemeinsame deutsch-französische Handschrift glückte. So fand sich z.B. ein Verweis auf den seinerzeitigen Art. 2 EG (Art. 7) oder allgemeiner auf das vormalige Vertragsrecht (Art. 12; s. auch Art. 45 in Bezug auf die politischen Parteien). So fand sich ein Verweis auf die Judikatur des EuGH (Art. 1 Abs. 2) oder das deutsche BVerfG (Art. 23 in Bezug auf die Rechtsprechung zu Art. 72 Abs. 2 GG). So wurde bald übereinstimmend „Nizza“ (Art. 64, Art. 108 bis 111, verstärkte Zusammenarbeit), bald abweichend von „Nizza“ getextet (Art. 59 in Bezug auf die Ernennung der

---

210 Dazu *P. Häberle*, Neuere Verfassungen und Verfassungsvorhaben in der Schweiz, insbesondere auf kantonaler Ebene, JöR 34 (1985), S. 303 (354 ff.); sodann *ders.*, Theorieelemente eines juristischen Rezeptionsmodells, JZ 1992, S. 1033 ff., und später durchgängig in *ders.*, Verfassungslehre als Kulturwissenschaft, 2. Aufl. 1998.

Kommission)[211]. So enthielt Art. 63 die an Art. 19 Abs. 4 GG angelehnte (effektive) Rechtsschutzgarantie, kombiniert mit einem Hinweis auf den EuGH. So fand sich sogar die Anknüpfung an Unionspraxis beim Untersuchungsausschuss nach Art. 49 (interinstitutionelle Vereinbarung von 1995). Die aber wohl spektakulärste Erscheinungsform einer Rezeption von Praxis bzw. ihrer Umsetzung in einen Verfassungs*text* dürfte sich (wie übrigens auch in Art. 69 des Verfassungsentwurfs *Scholz*!) bei der Aussetzung von mitgliedschaftlichen Rechten nach Art. 13 finden. Denn hier ist „Text und Fleisch" geworden, was im positiven Sinne in der „Causa Österreich" geschah: die Berufung unabhängiger Persönlichkeiten zur Erstellung eines Berichts über die Lage in dem Mitgliedstaat, der eine „schwerwiegende Verletzung" von in Art. 2 Abs. 1 genannten Grundsätzen begangen haben soll. Was hier pragmatisch über die Berufung durch den Präsidenten des EGMR *L. Wildhaber* in Bezug auf die sog. „Drei Weisen" geschah, wird jetzt in Textform gebracht – ein Fall normierender Kraft der Praxis. Freilich wurde auch die *vorherige* Anhörung des „betroffenen Mitgliedstaates" verlangt – nach Lissabon europäische Verfassungswirklichkeit. Damit widerfährt dem kleinen Österreich nachträglich Genugtuung, war doch 2001 eindeutig Europäisches Verfassungsrecht verletzt worden (rechtsstaatliches Anhörungsgebot und präföderale Bundes- bzw. Unionstreue aller Beteiligten[212]).

572 (3) Zu den *schöpferischen Neuerungen* gehörte inhaltlich u.a. der zu einer kulturellen Erbesklausel gereifte Artikel zur Sprachenvielfalt (Art. 11 Abs. 2: „Die Union erkennt die Sprachenvielfalt als Teil des kulturellen Erbes der Union an") sowie die Formulierung eines Stücks Religionsverfassungsrechts im Kontext der zu schützenden „nationalen Identität" (Art. 24 Abs. 1 lit. e: „Die Rolle der Kirchen und der religiösen Gemeinschaften", ausgestattet mit einer neuartigen Kerngehaltsklausel in Abs. 2,

---

211 So gehörte die Reformdiskussion um die Kommission überhaupt zu den wichtigsten Themen der Verfassungsdebatte. Wie der damalige Bundesaußenminister *J. Fischer* in seiner Berliner Humboldt-Rede und der damalige belgische Premierminister *G. Verhofstadt* vermittelte auch der damalige französische Premierminister *L. Jospin* der Reformdiskussion mit Blick auf die Kommission entscheidende Anstöße von politischer Seite.

212 Zu dieser Kontroverse *P. Häberle*, Diskussionsbeitrag, VVDStRL 60 (2001), S. 404 f. und aus der späteren Lit.: C. P. Wieland (Hrsg.), Österreich in Europa, 2001; *W. Hummer/A. Pelinka*, Österreich unter „EU-Quarantäne", 2002; *H. Schäffer*, Europa – Raum des Rechts und Wertegemeinschaft, Der Fall Österreich, in: FS Kassimatis, 2004, S. 827 ff.

die sich hier von den Grundrechten in Deutschland – Art. 19 Abs. 2 GG und Art. 36 Abs. 4 nBV Schweiz (2000) – her neue Felder erschließt). „Neu" war auch die Anreicherung des Raums der Freiheit, der Sicherheit und des Rechts um die Klausel gegen „Rassismus und Fremdenfeindlichkeit" (Art. 39), heute *aktueller denn je* und zwingende Wertgrundlage des europäischen Einigungsprojekts. Zustimmung verdient auch die in dem Anmerkungsteil geforderte Präambel, die durch das Bekenntnis Europas zu seinen „geistig-religiösen Wurzeln und Traditionen" besonderen Stellenwert haben sollte – dies ist in der deutschen Tradition gedacht, nicht in der trennungsrechtlichen Frankreichs. Es hatte sich bekanntlich in der EU-Grundrechte-Charta von Nizza einer Bezugnahme auf das auch Religiöse verweigert.

(4) Damit ist ein weiteres Stichwort gefallen, das bei einer umfassenden 573
Bewertung des Entwurfs eine Rolle spielen sollte. Wo ist formal und materiell jeweils die *deutsche bzw. französische „Handschrift"* erkennbar? Es scheint, dass vieles gemeinsam geglückt ist, doch war bereits bei der Verteilung der Zuständigkeiten der Union (Art. 15 ff.) das deutsche Schema erkennbar (ebenso bei der Unionstreue: Art. 2 Abs. 3), während in der schon wörtlich scharfen Betonung der „mitgliedstaatlichen Souveränität" (Art. 24) als solcher sich eine französische Traditionslinie spiegelte. Ein Stück „*Kelsen* und Frankreich" zeigte sich im Wort der „hierarchischen Stufung, Normenhierarchie" (Art. 80 Abs. 1). Deutlich war Art. 84 Abs. 1 S. 2 – Verordnungen – nach dem Vorbild von Art. 80 Abs. 1 S. 2 GG konzipiert (aber etwas anderes gemeint). Der Begriff „Daseinsvorsorge" (Art. 24 Abs. 1 lit. b) stammt von *K. Jaspers* bzw. *E. Forsthoff*[213]. Sie war dank des Entwurfs zum europäischen Text geronnen. Gemeinsam gedacht und getextet war auch die Formel von Art. 1 Abs. 2 S. 3: „Die Union stellt den Unionsbürger in den Mittelpunkt ihres Handelns". Positiv bleibt zudem Art. 41 Abs. 1 zu bewerten, weil er den Unionsbürger ernst nimmt („Das Europäische Parlament besteht aus Vertretern der Bürger der Union"). Die präzise Textredigierung dürfte ebenfalls in der französischen

213 *M. Bullinger*, Französischer service public und deutsche Daseinsvorsorge, JZ 2003, S. 597 ff.; *S. Broß*, Daseinsvorsorge – Wettbewerb – Gemeinschaftsrecht, JZ 2003, S. 874 ff.; *M. Möstl*, Renaissance und Rekonstruktion des Daseinsvorsorgebegriffs unter dem Europarecht, in: FS Badura, 2004, S. 951 ff.; *W. Rüfner*, Daseinsvorsorge in Deutschland vor den Anforderungen der Europäischen Union, in: FS Frotscher, 2007. Jüngst *M. Königshofen*, Daseinsvorsorge in Zeiten demographischen Umbruchs, 2015.

Tradition liegen. Eher problematisch war die noch allzu pauschale Verwendung des Begriffs der „Souveränität der Mitgliedstaaten" in Art. 107 (beschränkte Zuständigkeit des Gerichtshofes, die ja funktionellrechtlich richtig ist – bei der Außen- und Sicherheitspolitik –, sich aber auch ohne den Begriff „Souveränität" hätte umschreiben lassen[214]). Auch die Anmerkungen zu Art. 18 verwendeten noch den Begriff „Souveränität" (s. auch Art. 24).

574 Ob *Montesquieu* sich am „Geist der Verfassung" aus französisch-deutscher Hand gefreut hätte? Vieles spricht bis heute dafür!

n) Der überarbeitete Verfassungsentwurf von E. Brok vom 5. Dezember 2002

575 aa) Wenn ein Konventsmitglied wie *E. Brok* innerhalb von nur zwei Monaten einen zweiten Entwurf vorlegt, so ist schon dies bemerkenswert. Sind ihm dabei aber auch substantielle Verbesserungen gelungen, so verdient dies besondere Hervorhebung – auch in der Retrospektive. Vor allem lässt sich nachweisen, dass der neue Entwurf Ergebnis eines intensiven und extensiven „Gesprächs" mit Vorgängertexten aller Seiten war, fast könnte man von einem „imaginären Runden Tisch" sprechen, der sich mit einem Male dank Internetvorgängen oder anderer Medien, gewiss auch persönlicher Kontakte im Plenum bzw. den Arbeitsgruppen des Konvents konstituieren konnte.

576 bb) Die *Offenlegung der Rezeptionsquellen*, von Vorgängerpapieren schon praktiziert, wurde im Zweitentwurf *Brok* meisterlich gehandhabt. Damit wurde jene „Transparenz" und „Bürgernähe" geschaffen, die alle Zukunftsentwürfe für die Union und ihr Verfassungsrecht durchgängig verlangen: „Transparenz durch offengelegte Rezeption" und „Integration durch (z.T. schöpferische) Rezeptionen" könnten Stichworte sein. Die Textstufenvorgänge wurden jedenfalls bei *Brok* öffentlich in einer selten bekannten Intensität. Die Wissenschaft kann diesen Vorgang durch Systematisierungs- und Strukturierungsvorgänge nachvollziehen. Der Konsoli-

214 Dem traditionellen Souveränitätskonzept verhaftet bleibt etwa auch *Ch. Hillgruber*, Souveränität – Verteidigung eines Rechtsbegriffs, JZ 2002, S. 1072 ff. Siehe aber auch *U. Schliesky*, Souveränität und Legitimität von Herrschaftsgewalt, 2004; *J. Kokott*, Souveräne Gleichheit und Demokratie im Völkerrecht, ZaöRV 64 (2004), S. 517 ff.

dierungs-, ja Verdichtungsvorgang bzw. die Klärung der Herkunft der Textbausteine ist bis heute erkennbar. Dabei bekannte sich der Zweitentwurf *Brok* vorweg zu zwei Referenztechniken: fett und unterstrichen waren die zahlreichen Übernahmen von bzw. Bezugnahmen auf Texte und Strukturen des Entwurfs des Konventspräsidiums, des *Giscard*-Entwurfs[215]. In Fußnotenform war überdies der Ursprung der Artikel des *Brok*-Textes im sog. „acquis communautaire" (auf Deutsch wohl am besten als unionsverfassungsrechtlicher Besitzstand übersetzt) und der Tätigkeiten der Arbeitsgruppen des Konvents angegeben; hinzu kamen Rezeptionen von Werkstücken einer Resolution des Europäischen Parlaments bzw. des *A. Lamassoure*-Berichts über die Kompetenzverteilung[216], des Dokuments der Europäischen Volksparteien (Estoril-Kongress), des *Frascati*-Entwurfs und zahlreicher Kommentare, die von Konventsmitgliedern und „academics" abgegeben worden sind.

cc) Hier nur eine schmale Auswahl aus der Vielzahl der Rezeptions- bzw. 577
Rechtsquellen: Der konventspräsidiale *Giscard*-Entwurf strahlte u.a. aus auf die Präambel, auf die seinerzeit von Nizza her übernommenen EU-Grundrechte, die bei *Brok* damals neue Übernahme der Unionsbürgerschaft (Art. 51), die Unionsloyalität (Art. 62), die Außenkompetenzen der Union (Art. 70), die Flexibilitätsklausel (Art. 71), das Initiativmonopol der Kommission (Art. 77), auf das „demokratische Leben" (Art. 101, 102). In Sachen Ombudsmann (Art. 107) wurde eine vom *Giscard*-Entwurf nicht erwähnte Figur aus dem bisherigen Recht übernommen (ebenso in Sachen europäische Investitionsbank: Art. 86). Auf weitere Rezeptionen vom *Giscard*-Entwurf her sei verwiesen (etwa Art. 116, 117, 118). Als besonders lebendige „Rezeptionsquelle" wirkte, wie schon gezeigt und wie für viele andere Entwürfe belegbar, die EU-Grundrechte-Charta (etwa in Sachen Präambel, Grundrechte und Unionsbürgerschaft, Art. 1 ff.), was einmal mehr die normierende Kraft von sog. „soft law" beweist. Der Vertrag von Nizza fungierte als (zweiter) Ideenlieferant und Textgeber, z.B. bezogen auf Art. 79, 80, 81, 88 Abs. 1 und 3 sowie in Textbauteilen auf Art. 98, 99 und 100. Beispiele der Bezugnahmen auf und Übernahme von Arbeiten

215 Ausdrücklich *gegen* den *Giscard*-Text stellte sich *Brok* in Sachen Austrittsregelung, die er nicht treffen mochte (vgl. Anm. 1 zu Titel X vor Art. 17). Mit Art. 50 EUV kam es anders.

216 Aus der Lit. der Zeit *C. Jennert*, Die zukünftige Kompetenzabgrenzung zwischen der EU und den Mitgliedstaaten, NVwZ 2003, S. 936 ff.; *I. Pernice*, Eine neue Kompetenzordnung für die EU, in: FS Tsatsos, 2003, S. 477 ff., 490 f.

des Europäischen Parlaments (hier des sog. *Lamassoure*-Entwurfs), bildeten eine dritte Kategorie von Referenztexten, die wirkmächtig auf den Zweitentwurf *Brok* war: vor allem beim Kompetenz- und Aktions-Teil. Erwähnt seien Elemente der Art. 64, 65, 67 und 68, sodann beim Kapitel über den Gesetzgebungsprozess der Union (Art. 94 Abs. 3). Urteile eines europäischen Verfassungsgerichts (des EuGH) wirkten z.B. auf die Präambel (vorletzter Absatz) und Art. 63 Abs. 2, Art. 70 Abs. 2. *Die EU-Sozialcharta* von 1996 (nicht jene des Europarates von 1961) war Vorbild für Art. 23 Abs. 1, Art. 62 Abs. 3, Gleichheit von Mann und Frau).

578 dd) Arbeitsgruppen des Konvents und ihr „work in progress" schlugen sich in Text und Kontext der „Subsidiarität" (Art. 69) nieder (s. auch Art. 96 Abs. 6), auch in Sachen Gerichtsbarkeit (Art. 81 lit. d); die Arbeitsgruppe „Economic Governance" wirkte z.B. in Art. 60. Auch das Dokument der Europäischen Volksparteien beeinflusste z.B. Art. 78 Abs. 3, „*Frascati*" etwa Titel II vor Art. 64. Im Übrigen seien die vielen Textstellen, die sich dem bisherigen unions(-verfassungs-)rechtlichen Besitzstand verdanken, nicht eigens erwähnt, wohl aber einige Bezugnahmen auf sonstige „Inspirationsquellen", etwa Protokolle (z.B. Art. 61 Abs. 6).

579 ee) *Inhaltlich* sei schließlich auf die Rezeption der Textpassage „to place the individual at the heart of the activities of the European Union" verwiesen (Präambel), überdies auf die Einarbeitung der Unionsbürgerschaft gemäß der EU-Grundrechte-Charta (s. auch Anmerkung 3 zu Art. 62 Abs. 2) und die Artikel zum demokratischen Leben in der Union als neue Anreicherung und Bereicherung (Art. 101 bis 107).

580 ff) *Im Ganzen*: Der Zweitentwurf *E. Brok* bestach durch seine große *Lernfähigkeit* und systematisch geschulte Integrationskraft in Bezug auf vorfindliche Texte anderer. Dass er von einem Konventsmitglied stammte, verlieh ihm eine Art demokratischer Legitimation, die Entwürfe seitens einzelner Wissenschaftler so nicht besitzen, was keine Abwertung der Wissenschaft sein will, aber doch eine Grenze andeutet und Mahnung zur Bescheidenheit aller Wissenschaft als „ewiger Wahrheitssuche" sein muss: Sie kann „kompromisslos" arbeiten, europäische Verfassungspolitik muss indes damals wie heute pragmatische Kompromisse suchen.[217]

---

217 Der sog. Grundriss einer europäischen Verfassung von MEP *J. Voggenhuber* vom Dezember 2002 verdiente mehr als eine Fußnote. Da er jedoch nicht in Artikelform abgefasst war, nur Stichworte: Es handelte sich im guten Sinne um einen „grünen" Verfassungsentwurf. Die Präambel verwendete die überzeugende Formel: „Wir, die Bürgerinnen und Bürger Europas". Interessant war die Distanzie-

o) Der sog. Prodi-Entwurf vom 4. Dezember 2002

aa) Die aus dem Schoß der Kommission erwachsene sog. „Durchführbarkeitsstudie“, (auch als „Beitrag zum Vorentwurf einer Verfassung der Europäischen Union, Arbeitspapier“ bezeichnet), markierte wiederum eine neue Etappe im evolutiven Textstufen-Prozess einer europäischen Verfassungsgenese. Sie brachte eine beachtliche Systematisierungsleistung: ein formal und inhaltlich auf dem damals „letzten“ Entwicklungsstand beruhendes Dokument und sie macht noch heute dem, der sie anregte, *R. Prodi*, Ehre. Die Studie folgte im Wesentlichen „der vom Präsidium des Konvents konzipierten Struktur“ – nach eigenem Bekunden, aber auch in kritischer Würdigung war dies zutreffend. Damit kam es praktisch zu einem europäischen Verfassungsgespräch zwischen zwei Verfassungsorganen: dem damaligen Konvent bzw. seinem Präsidium unter *V. Giscard* und der Kommission. Ziele, wie die „Vereinfachung“, wurden erreicht, die zusammenfassende Konkretisierungsleistung war nicht gering: die Gliederung in die drei Teile „Grundsätze“, „Grundrechte“, „Politiken“ bzw. die Verabschiedung der „Säulenstruktur“, die kritische Überprüfung der Ausnahmeregelungen für einige Mitgliedstaaten. Unbeschadet des Postulats von der „gleichbleibenden Rechtslage“ bestand genügend Spielraum für innovative „politikbezogene Bestimmungen des Konvents“. 581

bb) Nicht zuletzt dank des Dokuments des *Prodi*-Entwurfs wurde fast ein *Tableau der offenen Gesellschaft der Verfassunggeber* in Europa erkennbar. Dazu rechneten die folgenden Akteure: 582

---

rung von einem „europäischen Bundesstaat“, ebenso die Erwähnung der Möglichkeit der EU, Steuern zu erheben. Gelegentlich gab sich der Entwurf (erstaunlich) naiv: „Es gilt die Gemeinschaftsmethode“. Für den EuGH wurde ein „Annahmeverfahren“ empfohlen. Als Aufgabe war die „Wahrung der Medienvielfalt“ postuliert. Geglückt war die Formel vom „republikanischen System von checks and balances“. Empfohlen wurden „direkt demokratische Instrumente auf europäischer Ebene“ (Volksbegehren zur Gesetzgebung, Volksvertretung). Die Rede war von „Grundelementen“ europäischer Identität. Rezipiert wurde das Wort vom „sozialen Dialog“. Zentral war die soziale und ökologische Marktwirtschaft als Grundwert der EU. Der deutsche Begriff der „öffentlichen Daseinsvorsorge“ ist auch rezipiert, neben dem eben Zitierten noch *M. Ronellenfitsch*, Daseinsvorsorge als Rechtsbegriff, in: W. Blümel (Hrsg.), Ernst Forsthoff, 2003, S. 53 ff.; *J. A. Kämmerer*, Daseinsvorsorge als Gemeinschaftsziel oder: Europas „soziales Gewissen“, NVwZ 2002, S. 1041 ff.; S. Magiera/K.-P. Sommermann (Hrsg.), Daseinsvorsorge und Infrastrukturgewährleistung, 2009.

- den Konvent und seine Arbeitsgruppen (z.B. zur „Subsidiarität“ oder „good Governance“)
- einzelne, besonders wirkungsmächtige Mitglieder des Europäischen Parlaments, die wie *J. Leinen* und *E. Brok* individuell als Textgeber hervorgetreten sind
- einzelne politische Parteien bzw. Parteigruppierungen wie die Europäischen Volksparteien
- akademische Kreise, die im Auftrag der Kommission tätig wurden (wie das Europäische Hochschulinstitut in Florenz, 2000), die vielberufene „epistemic community“[218]
- das Präsidium des Konvents (*Giscard*-Entwurf, 2002)
- die Europäische Kommission (*Prodi*-Papier, 2002)
- Staatsrechtslehrer, die autonom, ohne Auftrag tätig wurden (*Dashwood* oder *Schwarze/Flauss,* 2002).

583 Die offene Gesellschaft der Verfassunggeber für Europa wäre damit fast „komplett“, nimmt man andere informell Beteiligte wie NGOs oder Internet-Engagierte hinzu. Die aktuell und virtuell entstandene und noch entstehende europäische Öffentlichkeit in Sachen Verfassung kann wegen ihrer Teilobjektivierungen in greifbaren Texten kaum überschätzt werden.

584 cc) Im Einzelnen sei stichwortartig zum *Prodi*-Entwurf noch Folgendes herausgestellt:

- die vorbehaltlose Kennzeichnung als „Verfassung“ (vgl. Präambel sowie Art. 1, Art. 4 Abs. 1: „Verfassungsziele“ und öfter als Übereinkommen (s. auch Zusammenfassung I: „rein konstitutionelle Inhalte“)
- die Nutzung der Kunstform der Präambel in all ihren Möglichkeiten (allgemeine Präambel)
- die Offenlegung von Rezeptionsquellen (z.B. in Bezug auf die Präambel oder eine Rede von *Giscard*: Art. 2 Abs. 3 Fußnote 1, im Ganzen vielleicht zu selten)
- das Wagnis des Wortes vom „europäischen Gesellschaftsmodell“ (Präambel, Art. 9 Abs. 1), womit die sehr deutsche Dichotomie von „Staat und Gesellschaft“ zu Recht beiseite geschoben wird
- das in diesen Kontext gehörende Wort vom „sozialen Dialog“ (sowie zum „wirtschaftlich-sozialen Zusammenhalt“, III Politiken bei V)

---

218 Prägend für die Diskussion *E. Adler/P. M. Haas*, Conclusion: epistemic communities, world order, and the creation of a reflective research program, International Organization 46 (1992), S. 367 ff.

- die Betonung der Generationenperspektive (Präambel: „eine intakte Umwelt, ein intaktes kulturelles Erbe sowie bessere Lebens- und Arbeitsbedingungen zu hinterlassen")
- (eher kritisch) die Selbstüberschätzung als „Weltmacht" (Präambel, Art. 9 Abs. 4)
- positiv der überlegte Einsatz von „Im Geiste-Klauseln" (z.B. Art. 1 Abs. 1: im Geiste der Solidarität die gleichen Werte, Art. 99 ebenso)
- das glückliche *Giscard*-Wort vom „föderalen Modus" (Art. 1 Abs. 3), was den herkömmlichen Souveränitätsideologien gegenüber ein Fortschritt in Richtung auf das föderale Europa war
- das Ziel der „Dezentralisierung" (Art. 10 Abs. 2)
- die Totalrezeption der EU-Grundrechte-Charta in Art. 7
- die mehrfachen Texte in Sachen Europäisches Kulturverfassungsrecht, z.B. „das kulturelle Erbe" (Präambel), Art. 9, sodann Art. 25 Abs. 1, III Politiken 49: „europäischer Forschungsraum sowie die Bildung"
- das Bekenntnis zu „gemeinsamen Werten" (Art. 26 Abs. 1 lit. b, Art. 1 Abs. 1 „gleiche Werte")
- das Umweltverfassungsrecht (Präambel, Art. 9 Abs. 1, 15, 20, 25 Abs. 1 lit. f., Art. 26 Abs. 1 lit. d)
- das Bekenntnis zur offenen Marktwirtschaft mit freiem Wettbewerb (Art. 14)
- die Konzeption eines „europäischen Gemeinwohls" (z.B. Art. 26 Abs. 1 lit. a: „grundlegende Interessen", Zusatzakte Art. 43: „allgemeines Wohl der Union", Art. 80, s. auch Art. 68 a.E.)
- die vortreffliche Legaldefinition der Subsidiarität (Art. 30)
- die Schaffung eines „Europäischen Rates" (Art. 42)
- die Verpflichtung zu wechselseitiger Solidarität und Loyalität (Art. 4 Abs. 1, Art. 5 Abs. 1, Art. 6)
- die Ergänzung des Rechtsprechungsauftrags des EuGH um die Wahrung der „Verteilung der Zuständigkeiten" (Art. 53)
- die „Einteilung der Rechtsakte" (Art. 72)
- der Begründungszwang (Art. 75)
- die Rezeption des Prinzips der Transparenz (Art. 10 Abs. 2, Art. 82)
- die Normierung der „Anhörung der Fachkreise" (Art. 88)
- die Lektionen, die aus der „Causa Österreich" zu lernen waren (Art. 104)
- die Ausschöpfung der Potentiale bei der speziellen Präambel zum Grundrechtsteil samt Bezugnahmen auf „das geistig-religiöse und sittliche Erbe"

- die Ausrichtung auf die Person
- die drei Ebenen nationaler Identität – national, regional, lokal
- die Rezeption der ESC von 1961
- ein Menschenbild, das „Verantwortlichkeiten und Pflichten gegenüber den Mitmenschen“ kennt (s. auch Art. 1 Abs. 1: „geistig-religiöse und sittliche Werte“)
- die Konkretisierung des europäischen Gesellschaftsmodells von einzelnen Politikfeldern her, u.a. Umwelt, Gesundheit und Kultur (Art. III)
- als ergänzende Tätigkeiten pluralistische Kulturaktivitäten (Art. III Ziff. 18 Abs. 1 mit einer gegen Konzentrationstendenzen wirkenden Medienvielfaltsklausel: „Pluralismus in den Medien“)
- die Rezeption des alten Parteien-Artikels (Art. 85)
- die Differenzierungen im Verfahren der Verfassungsänderung, je nachdem ob es um die Teile Grundsätze und Grundrechte geht oder um „Politiken“ und „Zusatzakten“ (vgl. VI der Einführung, Art. 42 Abs. 3, 44, 101, Zusatzakten Titel II)
- neue Wege zur Wahrung des Subsidiaritäts- und Verhältnismäßigkeitsprinzips (Art. 63: Einsichtsrecht der nationalen Parlamente, s. auch Art. 32 Abs. 1 S. 2, Art. 65 Abs. 2)
- die zukunftsweisende Institutionalisierung des Datenschutzes (Art. 89)[219]
- die Rezeption der bereits bewährten Rechtsfigur der „allgemeinen Rechtsgrundsätze“ (Art. 97 Abs. 2)
- Begrenzung der Regelungen mit „variabler Geometrie“ (Euro, Verteidigungspolitik, „Schengen“), da sie im Übermaß desintegrierend wirken können[220]
- Die Möglichkeit des Austritts aus der Union (Art. 103).

585 *Im Ganzen*: viel mehr als eine „Zwischensumme“, eine in Geist und Buchstaben, Texten und Kontexten europäische Verfassung. Was aber bleibt von all den hier analysierten, so nie in Kraft getretenen und durch Lissabon (vermeintlich) überholten Texten? Für den Positivisten mag Lissabon jener Federstrich des Vertragsgesetzgebers gewesen sein, der alles Vorangegangene zur Makulatur macht. Wer Verfassungswerdung aber als dynamisch fortlaufenden Prozess versteht und aus ihren Kontexten heraus begreift, interessiert sich für die fortlebende Wirkkraft der in Entwurfsfas-

219 Vgl. dazu die viel diskutierte EuGH-Entscheidung zum „Recht auf Vergessen“: EuGH, Rs. C-131/12, *Google*, ECLI:EU:C:2014:317.

220 Zu Schengen S. Breitenmoser u.a. (Hrsg.), Schengen in der Praxis, 2009.

sungen verschriftlichen Ideen und nähert sich, von diesen Interessen geleitet, der Frage nach dem gegenwärtigen Verfassungszustand der Europäischen Union.

V. Hat die Europäische Union nach Lissabon eine Verfassung?

Mit dem Vertrag von Lissabon ist, wie bereits mehrfach gezeigt, die Verfassungsfrage nicht obsolet, sondern neuerlich virulent geworden und kontinuierlich aktuell geblieben. Auch wenn Lissabon auf vieles von dem verzichtet, was die eben vorgestellten Entwürfe an *Zuschreibungen europäischer Verfassungsidentität* leisten wollten (und hätten leisten können), so findet im Vertragswerk von Lissabon das, was Europa bisher schon an *Verfassungsqualität* erreicht hat, eine Fortschreibung auf neuer Textstufe.[221] Diese Verfassungsqualität darf indes nicht bloße Behauptung bleiben, sondern muss sich in ihrem Wachsen und Werden (empirisch) nachvollziehen lassen – inhaltlich wie prozedural. 586

1. Die „alte" EWG bzw. EU/EG – Verfahren und juristische Qualifizierung

Diese nachvollziehende Sichtung hat mit der „alten" Europäischen Gemeinschaft zu beginnen. Das meint die Verträge von Rom (1957), über die Einheitliche Europäische Akte (1986), ein vielleicht früher konstitutioneller Moment, dann Maastricht/Amsterdam (1992/97) bis Nizza (2000/2001). Schon hier findet sich manche Textstufe, die Spurenelemente europäischer Verfassungsqualität enthält. Was diese „Stückwerk-Verfassung" juristisch ist, darüber besteht bis heute, wie schon mehrfach dargelegt, kein Konsens, obwohl der EuGH recht früh, später ständig von „Verfassung" gesprochen hat (van Gend en Loos, 1963; Costa/ENEL, 1964). Formal gesehen hat nie ein Verfahren der „Verfassunggebung" im klassisch-nationalen Sinne stattgefunden. Es kam nur zu immer neuen Vertragsänderungen auf der Basis vorausgegangener intergouvernementaler Konsense, auch wenn das geschaffene Europarecht eine autonome Rechts- 587

221 Durch politikfeldbezogene Einzelbeiträge anschaulich dokumentiert bei C. Franzius/F. C. Mayer/J. Neyer (Hrsg.), Strukturfragen der Europäischen Union. Recht und Politik in der Europäischen Union, Bd. I, 2010.

ordnung geworden war. Zuweilen wurden einzelne Entwicklungsstufen in einzelnen Mitgliedstaaten vom Volk approbiert – so der Maastricht-Vertrag etwa in Frankreich und Dänemark, der Nizza-Vertrag in Irland, so z.B. der Beitritt von Polen und der Slowakei. Freilich sind auch große Judikate einzelner nationaler Verfassungsgerichte hinzuzunehmen, sogar das umstrittene Maastricht-Urteil des deutschen BVerfG (BVerfGE 89, 155) oder die einschlägigen Urteile der Gerichtshöfe in Madrid oder Paris. Materiell betrachtet wurde damit ein Stück punktueller Verfassunggebung bzw. -interpretation von den Mitgliedstaaten her geleistet. Im Ganzen aber blieb das Volk als Bürgergemeinschaft auf der europäischen Ebene „ausgeschlossen", auch wenn die inhaltlichen Themen immer mehr zu typischen Verfassungsthemen reiften: von dem alten Wirtschaftsverfassungsrecht der klassischen EWG (Rom 1957) bis zum Sozial- und Kulturverfassungsrecht der EU/EG von Maastricht/Amsterdam (1992/97): erinnert sei an die fünf wirtschaftlichen Grundfreiheiten, aber auch an viel prätorisches Grundrechte-Recht aus Luxemburg: von der Gleichberechtigung bis zur Religionsfreiheit, von der Eigentumsgarantie bis zum effektiven Rechtsschutz und zur Staatshaftung. Das sich entwickelnde „Gemeineuropäische Verfassungsrecht", ein Begriff der Jahre 1983/1991, legte immer mehr die These nahe, es gebe bereits eine europäische „Teilverfassung", Europa sei eine „Verfassungsgemeinschaft". Dies waren jedoch Theorievorschläge, die sich nicht der Zustimmung der sog. „herrschenden Meinung" erfreuten, sofern es eine solche überhaupt gab. Diese zersplitterte sich in viele Begriffsbildungsversuche: „Staatenverbund" (BVerfG), „europäische Unionsgrundordnung" (*D. Tsatsos*), „Mehrebenensystem", „Souveränitätsteilung" u.a.m. Umschreibungen leisteten darüber hinaus (Leit-)Bilder wie „Politikverflechtung"[222], „Mehrebenenverflechtung"[223],

222 *F. W. Scharpf/B. Reissert/F. Schnabel*, Politikverflechtung. Theorie und Empirie des kooperativen Föderalismus in der Bundesrepublik, 1976; später *F. W. Scharpf*, Die Politikverflechtungs-Falle: Europäische Integration und deutscher Föderalismus im Vergleich, in: Politische Vierteljahresschrift 26 (1985), S. 323 ff.

223 *A. Peters*, Elemente einer Theorie der Verfassung Europas, 2001, S. 188; ihr folgend *J. Schwind*, Zukunftsgestaltende Elemente im deutschen und europäischen Staats- und Verfassungsrecht, 2008, S. 75.

„Sympolitie“[224] oder „Synarchie“[225]. Auf demokratische Legitimationsprobleme verwies die „Mehrebenen-Demokratie“[226].

Über die EU/EG als „Rechtsgemeinschaft“, als „Grundrechtsgemeinschaft“ war man sich mit *W. Hallstein*[227] einig, nachdem der etwas technische Begriff vom „supranationalen Zweckverband“ des großen Europarechtlers *H. P. Ipsen* in den Hintergrund trat. Indes: Es blieb verfahrensmäßig beim reinen (völkerrechtlichen) Vertragsweg, das Volk kam auf der EU/EG-Ebene realiter nicht vor, mochten sich auch noch so viele heranwachsende konstitutionelle Gehalte inhaltlich geradezu aufdrängen. Das viel zitierte demokratische Legitimationsdefizit konnte auch nicht durch die direkten Europawahlen (1979) und das schrittweise neue Kompetenzen hinzugewinnende Europäische Parlament kompensiert werden. Der Kontrast zwischen der nicht vorhandenen Verfassunggebung im formalen, verfahrensmäßigen Sinne und der sich intensivierenden und expandierenden Verfassung im materiellen Sinne blieb groß und drohte umso größer zu werden, je mehr Elemente und Dimensionen materieller Verfassung auf EU/EG-Ebene heranwuchsen. Man denke an die „allgemeinen Rechtsgrundsätze“, an alle Erscheinungsformen von „Gemeineuropäischem Verfassungsrecht“, vor allem an den „Rechtsstaat“. Dabei gewannen die Nationen auf Gemeinschaftsebene in Verbundform Themen wieder, die sie auf nationaler Ebene verloren: Ihre eigenen Verfassungen „schrumpften“ zwar, die Gemeinschaftsverfassung aber wuchs (unmerklich, von manchen unbemerkt, von anderen bewusst ignoriert, von wieder anderen bewusst bestritten).[228] Konnte es, kann es bei diesem Europa der Regierungen, der Gerichtshöfe, der „Brüsseler Bürokratie“ und dem Bürger als bloßem, 588

224 *D. Th. Tsatsos*, The European Sympolity: New Democratic Discourses, 2008.

225 *D. N. Chryssochoou*, Europe as a Synarchy: A Study in Organized Co-Sovereignty, JöR 57 (2007), S. 407 ff.

226 *U. Di Fabio*, Das Recht offener Staaten. Grundlinien einer Staats- und Rechtstheorie, 1998, S. 139 ff.

227 *W. Hallstein*, Die Europäische Gemeinschaft, 5. Aufl. 1979, S. 53; *ders.*, Der unvollendete Bundesstaat, 1969, S. 33 ff

228 In der Literatur hat bis heute die These Gewicht, einen die Verfassungen von Union und Mitgliedstaaten integrierenden Verfassungsverbund könne es schon deshalb nicht geben, weil Union und Mitgliedstaaten auf verschiedenartiger Legitimität beruhten. Allenthalben könne von einer „Verklammerung“ gesprochen werden, so etwa *P. Badura*, Die Verfassung im Ganzen der Rechtsordnung und die Verfassungskonkretisierung durch Gesetz, in: HStR, Bd. XII, 3. Aufl. 2014, § 265, Rn. 17.

nicht mitbestimmenden „Grundrechtsträger" bleiben, um die Frage zuzuspitzen? In welcher Form, in welchen Verfahren sollte die werdende Verfassung auf EU-Ebene gebracht bzw. entwickelt, wie sollte Erweiterung und Vertiefung koordiniert werden?

2. Die Zeit der großen Verfassungsdiskurse: Die „neue" EU/EG – Verfahren und juristische Qualifizierung, das Konventsmodell

589 Die Zeit der großen Verfassungsdiskurse nach 2000 weckte die Hoffnung auf eine „neue" politisch verfasste Europäische Union. Was machte das „Neue" primär aus? Es war das „Konventsmodell", das in seinen Verfahren der Fortentwicklung des Unionsrechts einen großen *qualitativen* Sprung bedeutete. In dem Dokument von Laeken (2001)[229] beschlossen, nach dem Vorbild der werdenden USA konzipiert (Verfassungskonvent von Philadelphia, 1787), hatte sich in Gestalt des Verfahrens zur Ausarbeitung der EU-Grundrechte-Charta von Nizza (1999/2000) sozusagen als „Generalprobe" ein eigener, in Europa neuer Weg der Verfassunggebung entwickelt, der im EU-Verfassungskonvent unter seinem Präsidenten *Giscard* bzw. im Abschlusstext von Thessaloniki (Juni 2003) gipfelte. Der evolutive Prozess in Sachen europäische Verfassung hatte dank der beiden Konvente[230] – schon in ihrer Semantik anspruchsvolle Vorhaben – ein neues transparentes Stadium erreicht. Hatte der EU-Grundrechtskonvent 62 Mitglieder (15 persönliche Beauftragte der Staats- und Regierungschefs, 16 Mitglieder des Europäischen Parlaments, 30 Mitglieder der nationalen Parlamente und 1 Mitglied der Kommission), so setzte sich der neue Konvent (2002/2003) aus 105 Mitgliedern, nicht „pluralistischer" (wenngleich sein Teilnehmerkreis breiter ist) zusammen. Dieser „Europäische Konvent" umfasste neben dem Präsidenten seine beiden Vizepräsidenten, 15 Vertreter der Staats- und Regierungschefs, 30 Mitglieder der nationalen Parlamente, 16 Mitglieder des Europäischen Parlaments, 2 Vertreter der Kommission. Neben den Beteiligten der Beitrittsländer gab es Beobachter, 3 Vertreter des Wirtschafts- und Sozialausschusses, 3 Vertreter europäischer Sozialpartner sowie 6 Vertreter des Ausschusses der Re-

229 Dazu seinerzeit *R. Wägenbaur*, Zur Zukunft der EU: Was bringt die Erklärung von Laeken?, ZRP 2002, S. 94 f.

230 Dokumentiert auch bei K. Kaiser (Hrsg.), Der Vertrag von Lissabon vor dem Bundesverfassungsgericht. Dokumentation des Verfahrens, 2013.

gionen. Man mag einwenden, auch dieser Konvent sei nicht „repräsentativ“ gewesen. Gleichwohl verändert das praktizierte Konventsmodell die Verfassunggebung der EU positiv. Gewiss, es blieben Defizite. Auffällig war, dass in den Verfahren des Konvents nicht nationale und europäische Wissenschaftler *als solche* beteiligt wurden, auch nicht als „Sachverständige“. In der offenen Gesellschaft der Verfassunggeber ist die Wissenschaft nur eine, aber eben doch eine Stimme, besser eher eine beratende, zumal die intellektuelle Unabhängigkeit im Schlepptau von politischen Parteien immer gefährdet ist. *J. H. H. Weilers* Idee eines „Constitutional Council for the Community“ bleibt deshalb bis heute diskutabel.

Das große Monitum war freilich auch in Zeiten stärkerer europäischer 590
Verfassungseuphorie die erforderliche Beteiligung durch das *Volk*. Ein europaweites Referendum hätte legitimationsstiftend wirken können. Die gemeineuropäische Verfassungskultur verlangt nach Wort und Tat der sich in ihren Bürgern findenden bzw. darstellenden Völker.

3. Jenseits formeller Verfasstheit: Konstitutionelle Gehalte auf EU-Ebene, der Verfassungsentwurf des Konvents vom Juni/Juli 2003

a) Der Konvent konnte bei seiner Arbeit auf vorfindliche konstitutionelle 591
Gehalte im bestehenden Recht der Union zurückgreifen. Dazu rechnet zuvörderst die EU-Grundrechte-Charta, ihrerseits wiederum im Zusammenklang mit der EMRK.[231] Schon vor ihrem Inkrafttreten wurde sie in der fachjuristischen Literatur als „geltendes Kodifikationswerk“ ohne weiteres mitbehandelt. Und es war kein Zufall, dass sich alle amtlichen und privaten EU-Verfassungsentwürfe, wie oben gezeigt, auf sie beziehen, meist in Gestalt der en bloc-Rezeption. In der Charta finden sich sowohl die wichtigsten klassischen Grundrechte wie auch neue Themenfelder, es finden sich auch alle wichtigen Grundrechtsdimensionen bzw. -funktionen: von der abwehrrechtlichen über die objektiv-institutionellen bis zur schutz- und leistungsrechtlichen sowie prozessualen. Gewiss, vorherrschend ist der Geist der produktiven Rezeption: viele Rechtsquellen sind verarbeitet, die EMRK und die alte EU/EG ebenso wie die nationalen Grundrechtskataloge, Entscheidungen nationaler Verfassungsgerichte ebenso wie solche der beiden europäischen Verfassungsgerichte, samt Stimmen der Literatur.

---

231 Dazu jüngst *D. Thym*, Vereinigt die Grundrechte!, JZ 2015, S. 53 ff.

Die *Pluralität* der Rezeptions- und Bezugsquellen macht die EU-Grundrechte-Charta indes nicht zu einem bloß „epigonalen" Werk. Innovativ ist sie schon in der Einschmelzung vieler Textstufen aus vielen Nationen und Kodifikationen. Innovativ ist sie in der Systematisierung des fast unüberschaubaren nationalen und europäischen Grundrechtsmaterials, innovativ ist sie auch bei einigen Themen wie im Titel IV „Solidarität" und in Art. 41 („Recht auf eine gute Verwaltung"). Es handelt sich um einen guten Verfassungskompromiss auf einem klassischen, stark beackerten Feld des Verfassungsstaates, das jetzt „europäisiert" ist und viele nationale Grundrechtsgemeinschaften so zusammenführt, dass niemand die Identität seiner Rechtskultur genommen wird und jeder sich wiedererkennt, gleichzeitig aber auch via Grundrechte ein Herzstück des Europäischen Verfassungsrechts entstanden bzw. fest- und fortgeschrieben ist. Gerade Grundrechtskataloge können dank bürgernaher, prägnanter Sprache, aber auch Genauigkeit und Allgemeinheit bürgerintegrierende Kraft entfalten; sie sind *„Integrationsverfassungsrecht"* par excellence.

592 b) Auch der im Juni/Juli 2003 vorgelegte Verfassungsentwurf des Konvents arbeitete intensiv mit vorfindlicher Verfassungsqualität. So etwa derjenigen, die die Unionsbürgerschaft bereits gestiftet hatte. So heißt es in der Präambel: „im Namen der Bürgerinnen und Bürger". Dank der relativ pluralistischen Zusammensetzung des EU-Verfassungskonvents sind Beiträge vieler nationaler Rechtskulturen erkennbar, nicht etwa nur die deutsche, angelsächsische oder französische „Handschrift". Die unionale Verfassungsqualität speist sich also zu einem Gutteil auch aus dem *konstitutionellen Erbe* ihrer Mitgliedstaaten.

593 Im Einzelnen: Die Präambel war ein Meisterstück dieser Literaturgattung, formal-sprachlich (feierlich) wie inhaltlich. Zum einen wurde die Geschichte des europäischen Kontinents in großen Strichen bzw. Worten nachgezeichnet („Werte entwickelt haben, die den Humanismus begründen: Gleichheit der Menschen, Freiheit, Geltung der Vernunft"); auch wird das „Erbe" als lebendiges beschworen, zum anderen wird die Zukunft in den Blick genommen („voranschreiten", „offen für Kultur, Wissen und sozialen Fortschritt", „immer enger vereint"). Die Präambel, der sogar ein klassisches Motto von *Thukydides* zur Demokratie vorangestellt war (freilich nur zur Mehrheit, der neuzeitliche Minderheitenschutz fehlte), stellte sich mit Grundprinzipien und -werten auch als Konzentrat der folgenden Artikel dar (Stichwort: Verfassung in der Verfassung): „zentrale Stellung des Menschen", „Demokratie und Transparenz", „Frieden, Gerechtigkeit und Solidarität in der Welt", „nationale Identität" der Völker Europas,

„Wahrung der Rechte des Einzelnen", „Verantwortung gegenüber den künftigen Generationen und der Erde". An Idealismus und Pathos ist diese Präambel kaum zu übertreffen. Ihr *Narrativ* ist das in Wertgehalten bereits vorfindlicher Verfassungsqualität.

Eigens erwähnt sei daher der dichte Werte-Artikel 2, der fast beschwörend 594
auf Werte wie „Menschenwürde, Freiheit, Demokratie, Gleichheit, Rechtsstaatlichkeit und die Wahrung der Menschenrechte" verweist, überdies alle Mitgliedstaaten durch „Pluralismus, Toleranz, Gerechtigkeit, Solidarität und Nichtdiskriminierung" ausgezeichnet sieht – die „Kultur" fehlt hier leider. In Art. 2 EUV lebt dieses verfassungsqualitative Wertebekenntnis fort. Art. 3 formulierte Verfassungsziele wie Frieden und Wohlergehen der Völker der Union, Umweltschutz, soziale Gerechtigkeit und Solidarität zwischen den Generationen, auch die „Weiterentwicklung des Völkerrechts", er wollte aber auch den „Reichtum der kulturellen und sprachlichen Vielfalt" der Union gewahrt wissen, ebenso die Sorge um die „Entwicklung des kulturellen Erbes Europas". Auch diese „verfassungsqualitativen Momente" (*D. Th. Tsatsos*) wirken heute über Art. 3 EUV ihrerseits *verfassungsqualitativ* für die Union nach Lissabon.

Nach der Präambel und der Grundwerte- bzw. Verfassungsziele-Klausel 595
boten sich systematisch die Grundrechte als nächstes großes Thema an. Sie fanden sich nicht nur in der en bloc rezipierten EU-Grundrechte-Charta (Art. 7 Abs. 1), sondern auch an anderen Stellen: Art. 7 Abs. 2 verwies auf das bis heute uneingelöste und seit Dezember 2014 in noch weitere Ferne gerückte Ziel des Beitritts zur EMRK und bediente sich der bekannten Technik der Bezugnahme auf die „gemeinsamen Verfassungsüberlieferungen der Mitgliedstaaten" bzw. die „allgemeinen Grundsätze des Unionsrechts". Überdies wurden die bewährten fünf wirtschaftlichen Grundfreiheiten der EU und die Nichtdiskriminierung (Art. 4) bekräftigt, auch das Petitionsrecht (Art. 8) sowie der Datenschutz (Art. 50), ferner der „Raum der Freiheit, der Sicherheit und des Rechts" (Art. 41): hier herrschten Rezeptionen vor.

Die Demokratie als weiteres typisches Verfassungsthema war in Titel IV 596
normiert. Aus älteren Entwürfen wurde das Wort vom „demokratischen Leben der Union" übernommen (s. auch Art. 45 Abs. 3). Vorgeordnet erschien der „Grundsatz der repräsentativen Demokratie" (Art. 44), nachgeordnet der der sog. „partizipativen Demokratie" (Art. 46). Hier war immerhin vom offenen, transparenten und regelmäßigen „Dialog" mit den repräsentativen Verbänden und der Zivilgesellschaft die Rede: Art. 46 Abs. 2; Abs. 4 ebd. erlaubte sogar – innovativ – Bürgerinitiativen – mit

nachhaltiger Ausstrahlungskraft auf Lissabon (!); Art. 45 Abs. 3 verlangte „bürgernahe Entscheidungen". In Sachen gelebte Demokratie blieb der Text freilich hinter den Postulaten mancher älterer Entwürfe zurück: die Elemente unmittelbarer Demokratie waren zurückgebildet bzw. unterentwickelt, allerdings war die Betonung von Transparenz und Offenheit (Art. 49), des „Dialogs" (Art. 47, 51 Abs. 3) auffallend, ein Versuch wohl, den Vorwurf des „Demokratiedefizits" zu entkräften und der damals schon *spürbaren* wenn nicht *greifbaren* Verfassungsskepsis entgegenzuwirken. Auf die grundsätzliche Stärkung der Kompetenzen des Parlaments (Art. 19) sei nur verwiesen, die bald schon klassische Solidaritätsklausel in Art. 42 („Geist der Solidarität"), auch des Prinzips der „loyalen Zusammenarbeit" (Art. 5 Abs. 2) erinnerte an präföderales Gedankengut, ebenso der die „Causa Österreichs" verarbeitende Art. 58 (*vorherige* Anhörung beim Vorwurf der schwerwiegenden Verletzung der Werte). Nicht bundesstaatstypisch war die Möglichkeit des freiwilligen Austritts aus der Union (Art. 59), heute in Art. 50 EUV realisiert. Der Gerichtshof (Art. 28) blieb nach Rang und Kompetenzen ein „europäisches Verfassungsgericht". Von den anderen Verfassungsorganen sei nur wegen der – europäischen – Gemeinwohlklausel die Kommission erwähnt (Art. 25 Abs. 1: Förderung der „allgemeinen europäischen Interessen"), ebenso der beratende Ausschuss der Regionen sowie der Wirtschafts- und Sozialausschuss (Art. 31 Abs. 4: „zum allgemeinen Wohl der Union"). Nimmt man die eingehenden z.T. neuen Zuständigkeitsverteilungsregelungen mit den Direktiven der Subsidiarität und Verhältnismäßigkeit hinzu (Art. 9, Art. 11 bis 17) und ergänzt man sie um die detaillierten Kataloge zu den Politiken der Union (Teil III), so bestätigt sich die These von einer weit ausgreifenden Verfassung. Auch lassen sich die oben erörterten Verfassungskonzepte von der Schutzfunktion und Garantie bis zur wertgebundenen Anregungs- und Orientierungsfunktion, von der Schrankenaufgabe bis zum Norm- und Anregungscharakter bzw. zur öffentlichen Prozessqualität je nach Artikelgruppe nachweisen. Der „endgültige" Konventstext der EU legte es nahe, wie bei den nationalen Verfassungen von einem „gemischten" Verfassungsverständnis auszugehen. Der Schutz der „nationalen Identität" kraft nationalen Verfassungsrechts (vgl. Art. 5 Abs. 1, Präambel) blieb bestehen, aber als „andere" Teilverfassung kam das europäische EU-Verfassungsrecht hinzu, mit einer eigenen Identität. „Verfassungskultur" wurde besonders in der wertehaltigen Präambel sowie Art. 1 bis 3 greifbar. Geist-, kulturelles Erbe-Klauseln und Werte-Artikel sprachen eine beredte Sprache. Konzipiert und ausgeformt ist eine europäische „Verfassung des Pluralismus": kongenial dem europäischen Menschenbild Rechnung tragend. Der Entwurf war auch eine Grundwerte-Charta und speist sich insoweit ebenfalls aus vorfindlicher Verfassungsqualität.

c) Eine Bilanz zum Konventsentwurf kann auch deshalb positiv ausfallen, 597
weil er aus der ex ante-Perspektive viele verfassungsqualitative Momente für die „neue" Union bündelte und aus der ex-post Perspektive der Union nach Lissabon viele verfassungsqualitative Momente *weitervermittelte*. Der Konventsentwurf war zugleich Durchgangsstadium und „Nachführung" im Schweizerischen Sinne, d.h. eine sprachliche und systematische Verbesserung, eine Einarbeitung der aus der Praxis von Gerichtsurteilen und Wissenschaft erwachsenden europäischen Verfassungswirklichkeit und ergänzt um manche Innovationen. Dieses „Nachgeführte" wirkt im heutigen Unionsverfassungsrecht fort. Wie die Absage an die Idee vom „avantgardistischen Kerneuropa" i.S. der sog. Europainitiative von *J. Habermas* und *J. Derrida* (2003) zu beurteilen ist, mag angesichts des gegenwärtigen griechischen Schuldenstreits als Frage in neuer Formulierung und dramatischer Zuspitzung wieder auftreten. Ein Europa von zwei und mehr „Geschwindigkeiten", gar von einer europäischen Achse, bringt aber nicht nur den kleineren Ländern Nachteile, sondern gefährdet auch ein zentrales Anliegen einer Rechtsgemeinschaft: Gleiches Recht für alle! Im Übrigen war der Schlachtruf „Monnet oder Metternich" (*E. Brok*) immer schief. Es ging doch immer schon um ein ausgewogenes Verhältnis zwischen der „Gemeinschaftsmethode" („Integrationisten") und intergouvernementalem Handeln; Felder für diese sollten als Ausdruck „geteilter Souveränität" bestehen bleiben. Wohl aber ist bis heute zu fragen, ob für alle Zukunft *Regierungs*konferenzen in Fragen der Änderung des EU-Verfassungsrechts praktisch das erste und letzte Wort haben sollen (vgl. Art. IV 6). Weitere Kritikpunkte waren: das Defizit an direktdemokratischen Elementen. Eine Direktwahl des Kommissionspräsidenten schien damals in Weiter ferne, ist aber durch das „Spitzenkandidatenverfahren" bei der Europawahl 2014 in mittelbare Nähe gerückt. Dass Europas Symbole, das Sternenbanner und die Beethovenhymne, auch der 9. Mai als Europatag konstituiert werden sollten, wäre ein großer Gewinn gewesen. Es geht für eine verfasste politische Gemeinschaft immer auch darum, Verfassungsqualität sichtbar, hörbar und erlebbar zu machen. Dass der Vertrag von Lissabon aus falscher Furcht vor vermeintlicher Staatsnähe das Verständnis für die ideellen Integrationsfaktoren nicht aufgegriffen hat, gehört zu seinen großen Defiziten. Dabei hatte der Konventsentwurf Verfasstheit längst aus ihrem Staatsbezug gelöst und viele Errungenschaften des Kon-

stitutionalismus ganz selbstverständlich auf die EU-Ebene übertragen. Den quasi-föderalen Charakter der EU hätte der Konventsentwurf deutlicher machen können. Es geht um eine eigenwüchsige Vorform eines Bundesstaates, was nur wegen der Animositäten gewisser EU-Staaten bis heute offen nicht beim Namen genannt werden darf.

598 Weitere Kritikpunkte waren die zu schwache Betonung der kommunalen Selbstverwaltung (vgl. z.B. Art. 5 Abs. 1), die bekanntlich eine traditionsreiche Verfassungsform Europas ist (von Italiens Stadtrepubliken bis zu den Hansestädten). Auch hätte eine effektive und sensible Minderheitenpolitik deutlicher gefordert werden sollen (Art. 21 Abs. 1 EU-Grundrechte-Charta reicht nicht aus). Eine – seinerzeit u.a. von Deutschland verhinderte – Unionalisierung der Einwanderungspolitik hätte heute noch geringere Verwirklichungschancen. Eine Außen- und Sicherheitspolitik nach dem Mehrheitsprinzip steht nach wie vor nicht zur Debatte. Das Prinzip der „begrenzten Einzelermächtigung" wurde indes zu Recht festgeschrieben und prägt den heutigen Art. 5 Abs. 1 EUV: „Für die Abgrenzung der Zuständigkeiten der Union gilt der Grundsatz der begrenzten Einzelermächtigung". Im Übrigen ist daran zu erinnern, dass sich der Text als im Namen bzw. Dienst bzw. Willen der Bürger und der Mitgliedstaaten stehend sieht (Art. 1 Abs. 1). Auf die Pluspunkte wie die Stärkung des Europäischen Parlamentes bei der Wahl der Kommission und beim Gesetzgebungs- und Haushaltsrecht (auf Kosten des Rates) sei erinnert. Das Austrittsrecht für die Mitgliedstaaten ist heute problematischer denn je, weil es innenpolitisch instrumentalisiert werden kann (Stichwort: Großbritannien). Richtig war das Festhalten am Ratifikationserfordernis bei Verfassungsvertragsänderungen. Weitere Pluspunkte: die Reduzierung und Neuordnung der Handlungsformen, die Trias der Kompetenzen in ausschließliche, geteilte und ergänzende Zuständigkeiten (auch wenn die Gefahr der Ausweitung der Kompetenzen der EU besteht und manches wenig transparent ist), positiv war die Einschaltung der nationalen Parlamente in die Subsidiaritätsprüfung wie überhaupt die nationalen Parlamente jetzt in die „Architektur Europas" einbezogen sind. Und dass die neue Nomenklatur der Gesetzgebungsakte den Lissabonner Vertragsprozess nicht überlebt hat, kann eher als eine Verleugnung denn als Bekräftigung bereits vorhandener Verfassungsqualität gelten. Auch wenn nicht (mehr) als „europäisches Gesetz" bezeichnet, hat die Verordnung eben diese Wirkung, stellt denselben legitimatorischen Anspruch und verdiente auch deshalb diesen Namen. „Konstitutionelle Neugründung" Europas i.S. von *J. Fischer* hätte wohl auch ein Erfolg des Verfassungsvertrages nicht gebracht. Mit einigen

Abstrichen ist dem Vertrag von Lissabon aber genau jene konstitutionelle Fortschreibung, jene „Nachführung“, jene pragmatische Verfassungsreform gelungen, die der Verfassungsvertrag im Sinn hatte. Die „Finalität“ Europas bleibt weiterhin offen. Sie zu erkunden ist Sache aller Bürgerinnen und Bürger Europas, langer künftiger Entwicklungsprozesse, bei denen die Regierungen keine „Herren“ sind, sondern Diener: an der res publica Europea.

4. Verfassungsqualitative Momente europäischer Verfasstheit: Die gescheiterte Brüsseler EU-Verfassung vom Juni/Oktober 2004

Die Brüsseler EU-Gipfel-Verfassung vom Juni 2004[232] ist auf ihre Weise 599
wiederum Kondensat und Konzentrat der bislang vorgestellten Entwürfe. Und auch hier gilt: Ihr Scheitern macht sie nicht etwa zur Makulatur, sie bleibt kontextrelevantes Textreservoir für Europas künftige Verfassungsentwicklung. Verfassunggebung aus der Hand von Konventen, Konstituanten und auch Staats- und Regierungschefs, die fast 500 Millionen Bürger repräsentieren, musste Kompromisscharakter haben. Was die Wissenschaft als „reine“ Theorie entwerfen kann und buchstäblich „kompromisslos“ verfechten darf, können die an der prozessualen Verfassunggebung Beteiligten nur im Geben und Nehmen, im harten kräftemessenden, schweißtreibenden Aushandeln praktisch zustande bringen. „Grüne“ und „Runde

232 *K. H. Fischer*, Der Europäische Verfassungsvertrag. Text und Kommentar, 2005. Aus den damaligen Grundsatzdiskursen sei insbesondere Verwiesen auf: *D. Thym*, Ungleichzeitigkeit und europäisches Verfassungsrecht, 2004; *F. Müller/ R. Christensen*, Juristische Methodik, Bd. II: Europarecht, 2004; *M. Kotzur*, Grenznachbarschaftliche Zusammenarbeit in Europa, 2004; *A. v. Bogdandy*, Zur Übertragbarkeit staatsrechtlicher Figuren auf die EU, in: FS Badura, 2004, S. 1033 ff.; *U. Schliesky*, Souveränität und Legitimität von Herrschaftsgewalt: Die Weiterentwicklung von Begriffen der Staatslehre und des Staatsrechts im europäischen Mehrebenensystem, 2004; Ch. Calliess/H. Isak (Hrsg.), Der Konventsentwurf für eine EU-Verfassung im Kontext der Erweiterung, 2004; *K. Beckmann/J. Dieringer/U. Hufeld*, Eine Verfassung für Europa, 2004; R. Herzog/S. Hobe (Hrsg.), Die EU auf dem Weg zum verfassten Staatenverbund, 2004; *N. Petersen*, Europäische Verfassung und europäische Legitimität, ZaöRV 64 (2004), S. 429 ff.; W. Weidenfeld (Hrsg.), Die europäische Verfassung in der Analyse, 2005; sowie viele Beiträge in: A. Blankenagel u.a. (Hrsg.), Verfassung im Diskurs der Welt, 2004, und in: F. Balaguer (Hrsg.), Derecho Constitutional y Cultura, 2004.

Tische", wissenschaftliche Seminare sind etwas anderes als streitbare Auseinandersetzungen unter politischen Parteien. Ergebnis des Kompromisses war ein Verfassungstext, der nach eigenem Selbstverständnis „Verfassung" sein wollte. Der Text sprach selbst mehrfach davon (z.B. Art. I-28 Abs. 3 b[233]), inhaltlich und formal besaß er alle Züge einer „Vollverfassung". So ist es auch kein Zufall, dass viele Themen und Rechte, Figuren, Begriffe und Textformen vom nationalstaatlichen Verfassungsdenken herkommen bzw. in ihnen Vorbilder haben (z.B. Art. III-5 a)[234]. Neben der Präambel seien der Grundrechtekatalog, die Demokratie- und Rechtsstaatselemente, sodann Ansätze zu Gewaltenteilung[235] bzw. Gewaltengliederung und nicht zuletzt Figuren wie „kulturelles Erbe-Klausel"[236] und „Im-Geiste-Texte" genannt (z.B. Art. I-15 Abs. 2), aber auch Elemente des Umwelt- und Wirtschaftsverfassungsrechts (z.B. Art. III-129 bzw. 70). Im Übrigen sei an die (erwähnten) Verfassungs*elemente* ebenso erinnert wie an die Verfassungs*funktionen* (etwa Organisation, Begrenzung, Legitimation, Identifikation).

600 a) Die Positiva des Entwurfs vom Juni/Oktober 2004: In Art. IV wurde die Konventsmethode[237] als ein Stück Parlamentarisierung mit der ihr be-

---

233 Der Begriff „Verfassung" fand sich auch in Art. I-4, 5 Abs. 1, Art. I-9 Abs. 2, 11 Abs. 1, 22 Abs. 3, 28 Abs. 3 c, 32 Abs. 1, 33 Abs. 3, Art. I-48, Art. I-58 Abs. 3, 59 Abs. 3, Art. III 69-Abs. 1 und 2, Art. III-72 Abs. 1, 107. Freilich fiel auf, dass die „Allgemeinen und Schlussbestimmungen" wohl wegen der damals anstehenden Ratifizierungsverfahren fast durchweg vom „Vertrag über die Verfassung" sprechen (Art. IV-2 bis 10). Dies war entweder ein „Formelkompromiss", eine Nachlässigkeit oder Ausdruck der Nähe zum Völkerrecht.

234 Zu diesen *Schlüsselbegriffen* gehört auch die „Solidarität". Sie findet sich z.B. in Verfassung Spanien (1978): Art. 2 und wanderte von dort nach hier. Im EU-Entwurf tauchte sie in mehreren Kontexten auf: im Grundwerteartikel I-2, als Solidarität zwischen den Generationen (Art. I-3 Abs. 3), s. auch Präambel Charta der Grundrechte Abs. 6: gegenseitige Solidarität der Mitgliedstaaten, Art. I-15 Abs. 2, als „Geist der Solidaritäts-Klausel" in Art. I-42 Abs. 1, als eigener Titel IV in der EU-Grundrechte-Charta; s. auch Art. III-195 Abs. 2.

235 Bislang dem „institutionellen Gleichgewicht", früh: *W. Hummer*, Das institutionelle Gleichgewicht als Strukturdeterminante der EG, in: FS Verdross, 1979, S. 129 ff.

236 Das „kulturelle Erbe" fand sich z.B. in: Art. III-181 Abs. 1. Von „kultureller und sprachlicher Vielfalt" ist die Rede in Art. III-217 Abs. 4.

237 Zum Konventsmodell in der US-Verfassungsgeschichte: *T. Herbst*, Legitimation durch Verfassunggebung, 2003, S. 41 ff., 51 ff.; ferner *T. Oppermann*, „Konventsmethode" als Instrument europäischer Verfassungsgebung, in: FS Herzog, 2009, S. 313 ff.

kannten Eigendynamik, auch Einigungsdynamik institutionalisiert, obwohl die Regierungen letztlich (formal) noch die „Herren der Verfahren" bleiben sollten. Die vormalige Praxis des Konvents der EU-Grundrechte-Charta und des *Giscard*-Konvents gewannen ein Stück normierende Kraft, insofern sie auf einen ausdrücklichen Verfassungstext gebracht wurden und nicht mehr „praeter constitutionem" verliefen. Die nach wie vor „offene Finalität" der EU – ein glücklicher Schlüsselbegriff – bewies sich auch und gerade in den Möglichkeiten des Art. IV-7 Abs. 2. Eher stichwortartig sei zu den *Inhalten* Folgendes aufgelistet:

aa) Die *Präambel* verdient als konstituierende „Kunst-" und Wissen- 601
schaftsform viel Zustimmung. Man denke an geglückte Neuerungen wie die Einbeziehung der „Schwächsten und Ärmsten", die an Schweizer Vorläufer erinnernde „Verantwortung gegenüber den künftigen Generationen und der Erde", die Zusammenbindung von „Demokratie, Transparenz und öffentlichem Leben"[238]. Man darf der Präambel bescheinigen, dass sie zu den wirklich bürgernahen, „verständlichen", „transparenten" Teilen des Textes gehört. Ihre normative Ausstrahlung auf die „ganze" Verfassung sollte nicht unterschätzt werden, etwa auf den Grundwerte- und Grundrechtsteil, auch bei Freiheitsbeschränkungen. Sie ist ein „Textereignis" (s. aus dem späteren Text noch Art. III-5 a: „Tiere als fühlende Wesen": ein pathetisches, aber gutes Wort). Ob man freilich *Thukydides* zum „Vater" der Europäischen Verfassung stilisieren darf, war schon damals fraglich. Noch fragwürdiger war das Selbstlob in der „Dankbarkeitsklausel" (Abs. 6), sie ist wohl ohne Beispiel und zeugt von großer Eitelkeit derer, die sie sich ausgedacht haben.

bb) *Der Grundwerte- bzw. Grundziele-Artikel* formulierte ein vortreffli- 602
ches Konzentrat der konstitutionellen Substanz des bislang Erreichten[239] (die in Deutschland beliebte Polemik gegen „Werte" schien ad acta gelegt[240], wobei freilich das Bürgerbewusstsein für die europäischen Grundwerte auch nach der Verbürgung im heutigen Art. 2 EUV wachsen muss

---

238 *J. Bröhmer*, Transparenz als Verfassungsprinzip. Grundsatz und Europäische Union, 2004; *F. Riemann*, Die Transparenz der EU, 2004. Vorbehalte gegen die „Karriere" des Begriffs „Transparenz": *P. Häberle*, Diskussionsbeitrag, VVDStRL 63 (2004), S. 445 f. – *N. Marsch*, Das Recht auf Zugang zu EU-Dokumenten, DÖV 2005, S. 639 ff.

239 *F. Reimer*, Ziele und Zuständigkeiten, EuR 2003, S. 992 ff.

240 Der Entwurf sprach von „Werten" in: Art. I-1, Art. I-2, 3 Abs. 1, Art. I-18 Abs. 1, Art. I-40 Abs. 5, Art. I-56 Abs. 1. S. auch Art. III-193 Abs. 1 und 2.

und von Texten nur „angeregt" werden kann). Die Benennung der Rechte der Angehörigen von Minderheiten (Art. I-2 S. 1), Gleichheit von Mann und Frau und (nach spanischem Vorbild) des Pluralismus sei ebenso positiv bewertet wie die Formel von der „wettbewerbsfähigen sozialen Marktwirtschaft" (Art. I-3 Abs. 3) und die mehrfache Bezugnahme auf den Schutz der Rechte des Kindes (ebd. Abs. 3 und 4). Aus den Werten von Art. I-5 sei herausgegriffen, dass von „grundlegender politischer und verfassungsrechtlicher Struktur" einschließlich der regionalen und kommunalen Selbstverwaltung die Rede war (Abs. 1), was zur „nationalen Identität" gerechnet wurde: eine deutliche Aufwertung der regionalen und kommunalen Selbstverwaltung im Europa der EU[241] (s. auch den Ausschuss der Regionen nach Art. I-31 Abs. 2 sowie Art. III-129 Abs. 3 d, Art. III-181 Abs. 5 a, Art. III-270 Abs. 3 – Klagerecht). Erwähnt sei das vorbildliche „Recht auf eine gute Verwaltung" (Art. II-41)[242], welches den Standard des GG überschreitet.

603 cc) *Der Grundrechtsteil* sei hier nicht im Einzelnen gewürdigt[243]. Er verdiente das Lob, das die wortgleiche EU-Grundrechte-Charta, unter der Präsidentschaft von *R. Herzog* erarbeitet, allseits gefunden hat, weil sie in wertender, aber schöpferischer Rechtsvergleichung, in kluger Mischung von Innovation und Tradition vorgeht. Erinnert sei an Altes (Wesensgehaltgarantie in Art. II-52 Abs. 1) und (etwa für das geschriebene GG) Neues (Art. II-49: Verhältnismäßigkeit im Strafrecht). Der Grund*rechte*katalog ist auch ein Grund*werte*katalog (z.B. Art. II-37 Umweltverfassungsrecht), wie sich umgekehrt Grundrechte in anderen Verfassungsnormen finden (Art. III-2: Gleichstellung von Mann und Frau). Die Teilhabe-Dogmatik

---

241 Die Wiederkehr als „Klassiker" gelang *A. Gasser*: *A. Gasser/U. Mentz*, Gemeindefreiheit in Europa, 3. Aufl. 2004. – S. auch *M.-O. Pahl*, Regionen mit Gesetzgebungskompetenzen in der EU, 2004; *O. Tauras*, Der Ausschuss der Regionen, institutionalisierte Mitwirkung in der EU, 1997; *H.-J. Blanke*, Der Ausschuss der Regionen, 2002.

242 *M. Bullinger*, Das Recht auf eine gute Verwaltung, in: FS Brohm 2002, S. 25 ff.; *M. Zuleeg*, Der rechtliche Zusammenhalt der EU, 2004, S. 151; *H. Goerlich*, Good Governance, DÖV 2006, S. 313 ff.; *K. Pfeffer*, Das Recht auf eine gute Verwaltung, 2006; *K.-D. Classen*, Gute Verwaltung, 2008.

243 Vgl. etwa *M. Ruffert*, Schlüsselfragen der Europäischen Verfassung der Zukunft, EuR 2004, S. 165 ff., 169 ff.; *S. Broß*, Grundrechte und Grundwerte in Europa, JZ 2003, S. 429 ff.; *F. C. Mayer*, La Charte européenne des droits fondamentaux et la Constitution européenne, RTDE 39 (2003), S. 175 ff.; *W. Frenz*, Grundfreiheiten und Grundrechte, EuR 2002, S. 603 ff.

(Regensburger Staatsrechtslehrertagung 1971)[244] dürfte ebenso neu zu diskutieren sein wie die Lehre von den Grundpflichten[245].

dd) Die schrittweise deutliche *Aufwertung des Europäischen Parlaments*[246] mit vielen Arbeits- und Kontrollaufgaben und wachsenden Repräsentationsleistungen sei nicht vergessen. Sie zeigte sich in Anhörungsrechten (z.B. Art. I-40 Abs. 8, Art. III-68 Abs. 2), in sonstigen Kompetenzen (z.B. Unterrichtungsgebote, Art. III-161)[247]: „Outputlegitimation". Das besonders heftige Ringen um Mehrheits- und Minderheitsregeln, um „Sperrminoritäten" (z.B. Art. I-43) war zwar in einen äußerst komplizierten Verfassungstext geronnen. Doch verdienten die komplexen (z.B. in Art. I-24) Kompromissregeln zur „doppelten Mehrheit" („qualifizierte Mehrheit") im Ganzen Zustimmung. Sie berücksichtigten die unterschiedliche demographische Lage der Mitgliedstaaten mit dem Schutz der „Kleinen", die nun einmal gottlob zur „Identität Europas" gehören. Im Ganzen ging es um einen fairen Ausgleich – eine Balance – zwischen großen und kleinen Ländern nach der missglückten Stimmengewichtung durch den Vertrag von Nizza. Die „Sperrminorität" musste mindestens 4 Staaten umfassen (Art. I-24 Abs. 1), damit nicht wenige größere Mitglieder blockieren können (s. noch Art. I-43 Abs. 3). Zu erinnern ist aber auch daran, dass die „Politiken" seit den Gründungsjahren der Union aktive Gestaltungsaufgaben sind und effizient sein sollten. 604

244 VVDStRL 30 (1972), S. 3 ff., 43 ff.

245 Dazu die Konstanzer Tagung: VVDStRL 41 (1983), S. 3 ff.; die sehr deutsche „Asymmetriethese" ist wegen der „Verantwortlichkeiten und Pflichten" (Präambel Abs. 6) zu revidieren.

246 *F. Baach*, Parlamentarische Mitwirkung in Angelegenheiten der EU, 2008; *C. Mellein*, Subsidiaritätskontrolle durch nationale Parlamente, 2007.

247 Vgl. die *Staffelung* von der schwachen „*Unterrichtung*" (Art. I-57 Abs. 2, III-107, 161) über die „*Anhörung*" (Art. I-40 Abs. 8, Art. III-68 a.a.E., Art. III-76 Abs. 13 a.E., Art. III-58 a.E., Art. III-78 Abs. 2, Art. III-68 a.E.) und „*Aufforderung*" (Art. III-234 S. 2) bis zur *Zustimmung* (Art. I-26 Abs. 2, Art. I-58 Abs. 2). S. auch das Gebot der *Berücksichtigung*: die Kommission als Hüterin der Verfassung bzw. des Gemeinwohls muss bei der Benennung der Kommissare das Ergebnis der Europawahlen berücksichtigen (Art. I-26 Abs. 1). Die Kommission ihrerseits muss sich dem „*Zustimmungsvotum*" des EP stellen (Art. I-26 Abs. 2). – Auf die Unterscheidung zwischen dem „ordentlichen Gesetzgebungsverfahren" (Art. I-33 Abs. 1 – Gleichstufigkeit von Parlament und Rat) und dem „besonderen" (Abs. 2 ebd.) sei verwiesen. Das Gesetzesinitiativrecht blieb bei der Kommission konzentriert (Art. I-25 Abs. 2), Ausnahmen z.B. in Art. III-232 Abs. 2 S. 2. Die originäre Verordnungsermächtigung in der Verfassung (z.B. Art. III-14 Abs. 3) und die delegierten Verordnungen waren und bleiben eine EU-Eigenart.

605 ee) Positiv zu bewerten sind ferner folgende Innovationen. Der vorbildliche neue *Nachbarschaftsartikel* I-56: „Gute Nachbarschaftspolitik" wurde Europapolitik und leistete Brückenbau. Er findet sich heute, systematisch besonders bemerkenswert, im Grundlagenteil des EUV (Art. 8).[248] Die Öffnung der nationalen Verfassung für grenzüberschreitende Kooperation hat hier ihre Parallelen. Der Begriff „Nachbar" bedarf jedoch noch der Umschreibung (räumlich, kulturell, historisch, zeitlich)[249] Über Europa hinaus sollte die Idee der „Weltnachbarschaft" (*H.-D. Genscher*) Karriere machen. Europa kann viel zu einer völkerrechtlichen Rechtskultur beitragen (z.B. in Sachen Rechtsstaat[250]). Zu begrüßen sind ferner

– die Erwähnung der Kirchen und anderer Religions- und Weltanschauungsgesellschaften (Art. I-51), mit einem bemerkenswerten Bekenntnis zu regelmäßigem offenen „Dialog" (Abs. 3 ebd.) – ein neues Element im „europäischen Religionsverfassungsrecht"
– die Erwähnung der sog. (europäischen) „*Zivilgesellschaft*" (Art. I-46 Abs. 2, I-49 Abs. 1[251]), die freilich auch nach Lissabon der wissenschaftlichen Umschreibung bedarf (etwa mit Blick auf mögliche demokratische Partizipationselemente, bürgerschaftliches Engagement, die Rezeption der US-amerikanischen „civil society", vielleicht soll die „Bürgergesellschaft" die Macht der Parteien und Medien relativieren[252]); das Initiativrecht für Bürger (Art. I-46 Abs. 4)

---

248 *M. Kotzur*, Europäische Nachbarschaftspolitik in: A. Hatje/P.-Ch. Müller-Graff (Hrsg.), Enzyklopädie Europarecht, Bd. X, 2014, § 7.

249 Ansätze bei *M. Kotzur*, Grenznachbarschaftliche Zusammenarbeit in Europa, 2004, S. 240 ff. – Zu „Außenbeziehungen der EU nach dem Vertrag über eine Verfassung für Europa" gleichnamig *A. Metz*, 2007; *K. Böttger*, Die Entstehung und Entwicklung der Europäischen Nachbarschaftspolitik, 2010; R. Ahmann u.a. (Hrsg.), Rechtliche und politische Koordinierung der Außenbeziehungen der Europäischen Gemeinschaften 1951-1992, 2010.

250 Dazu *M. Kotzur*, Kooperativer Grundrechtsschutz in der Völkergemeinschaft, EuGRZ 2008, S. 673 ff; *ders.*, Der Rechtsstaat im Völkerrecht, in: FS E. Klein, 2013, S. 797 ff.

251 Von „Zivilgesellschaft" ist die Rede in: Art. I-32 Abs. 3, Art. I-47 Abs. 2, Art. I-50 Abs. 1.

252 *H. Goerlich*, „Gemeinschaft" aus der Sicht der Staatsrechtslehre, in: T. Litt-Jahrbuch 2003, S. 67 ff. Schon klassisch: *H. Ehmke*, „Staat" und „Gesellschaft" als verfassungstheoretisches Problem, in: FS Smend, 1962, S. 23 ff.

- die Institutionalisierung der neuen Verwaltungszusammenarbeit (Art. III-185) und des gemeinsamen Katastrophenschutzes (Art. III-184)[253]
- das Ziel der Erleichterung des „Zugangs zum Recht" (Art. III-158 Abs. 4), eine neue Textstufe (eine verwandte Textstufe ist Art. 23 Abs. 1 Verf. Slowenien von 1991: „Recht auf Gerichtsschutz", s. auch Art. 42 Verf. Georgien von 1995 – das Verwaltungsverfahren dürfte mit umfasst gewesen sein, auch in Bezug auf das „Recht auf eigene Sprache" (vgl. 2. Kap. § 17 Grundgesetz Finnland von 2000, s. auch Art. 4 Abs. 7 Verf. Niederösterreich)
- das Gebot der Begründung *aller* (!) Rechtsakte (Art. III-37 Abs. 2), für Gesetze war dies neu[254]
- die Absicherung des Prinzips der (bürgernahen) Subsidiarität von der Verfahrensseite her (Art. I-9 Abs. 3 und Art. III-160, Stichwort „Frühwarnsystem")[255] – Kompetenzaufteilung ist immer auch Machtverteilung, die nationalen Parlamente wurden in der Architektur des europäischen Verfassungsraums gestärkt, die neue Kompetenzordnung war ein Stück transparenter und bürgernäher, der Grundsatz der begrenzten Einzelermächtigung bleibt (Art. I-9 Abs. 2)
- die verstärkte Zusammenarbeit (Art. I-43 Abs. 1, Art. III-322 bis 329) und ihre durch den Irak-Dissens geprägte komplizierte Regelung sowie die Flexibilitätsklausel (Art. I-17)[256]; der Übergang von der klassischen „Kohärenz" (Auflockerungen waren z.B. schon der Euro, Schengen und das Sozialabkommen von Maastricht) zur positiven Differenzierung war eingeleitet, Flexibilität wurde zum Element des anhaltenden Integrationsprozesses

---

253 *M. Kotzur*, European Union Law on Disaster Preparedness and Response, GYIL 55 (2012), S. 253 ff.

254 Zum vormaligen Art. 253 EGV: *M. Zuleeg*, Der rechtliche Zusammenhalt der EU, 2004, S. 83 f. Allgemein: *U. Kischel*, Die Begründung, 2002; *J. Lücke*, Begründungszwang und Verfassung, 1987.

255 S. auch das Protokoll über die Anwendung der Grundsätze der Subsidiarität und der Verhältnismäßigkeit. Aus der Lit.: *P. Molsberger*, Das Subsidiaritätsprinzip im Prozess europäischer Konstitutionalisierung, 2009.

256 Aus den seinerzeitigen Diskursen: *N. Arndt*, Engere Zusammenarbeit und Flexibilität im Vertrag von Amsterdam, in: R. Scholz (Hrsg.), Europa als Union des Rechts, 1999, S. 179 ff.; *R. Hofmann*, Wie viel Flexibilität für welches Europa?, EuR 1999, S. 713 ff.; *U. Diedrichs*, Flexible Formen der Zusammenarbeit in der EU, ZSE 2004, S. 239 ff.; *T. Bender*, Die verstärkte Zusammenarbeit nach Nizza, ZaöRV 61 (2001), S. 729 ff.; *R. Stettner*, in: GS Blumenwitz, 2008, S. 779 ff.

- die Innen- und Rechtspolitik (Kap. IV Art. III-158 Abs. 1 ff.), hier wurde um eine beim Binnenmarkt erfolgreiche Verknüpfung von Mehrheitsentscheidungen der Regierungen mit der Gleichberechtigung des gesetzgebenden Parlaments auf weiten Feldern gerungen; auf „Eurojust" (Zusammenarbeit zwischen den Ermittlungs- und Strafverfolgungsbehörden) sei ebenso verwiesen wie auf den „Europäischen Staatsanwalt" und den europäischen Haftbefehl[257]
- der Schutz des geistigen Eigentums (Art. III-68 Abs. 1)[258]
- die Institutionalisierung der „humanitären Hilfe" (Art. III-223) – vgl. schon Art. 54 Abs. 2 Verf. Bern (1993): „humanitäre Hilfe für notleidende Menschen und Völker".

606 b) Von den Positiva zu den Monita: Auch „Fehler", Mängel, Auslassungen oder Ungereimtheiten seien als solche gekennzeichnet. Die Kritik kann heute nur selten Textalternativen vorschlagen, wie dies einer guten Tradition schweizerischer Privatentwürfe und offizieller Textvarianten auf kantonaler und Bundesebene entspräche. Auch sei erneut an die begrenzten Möglichkeiten der Verfassungsrechtswissenschaft bzw. der hier geforderten Europawissenschaften („im Plural") erinnert. Zudem liegen mit dem Vertrag von Lissabon Textalternativen vor, die positives Recht geworden sind. Einige Kritikpunkte verdienen aufgrund ihrer Relevanz auch für die künftige Verfassungsentwicklung Europas Hervorhebung:

607 aa) Die Referendumsfrage war auch in diesem letzten Entwurf – wenigstens aus Sicht der klassischen Lehre von der Verfassunggebung – nicht zufriedenstellend gelöst. In Deutschland hätte ein solches Referendum sogar eine GG-Änderung erfordert (z.B. beim Europa-Artikel 23). Für Referendumslösungen spricht auch in Zukunft die europäische Bürgerdemokratie (die Postulierung der „partizipativen Demokratie" in Art. I-46 des Entwurfs blieb allzu platonisch, s. aber die Möglichkeit von Bürgerinitiativen nach Abs. 4 ebd., Paralleles gilt für den heutigen Art. 11 EUV). Aktuelle Entwicklungen in Referendumsfragen stimmen indes eher skeptisch. Im Ganzen ist noch viel Öffentlichkeitsarbeit zu Gunsten der verfassten Union nötig. Die Forderung, im „EU-Machtdreieck" müssten sich Parlament, Kommission und Ministerrat als „Anwälte der Verfassung" begrei-

---

257 Etwa *T. Schaper*, Eine Untersuchung am Beispiel des Rahmenbeschlusses über den Europäischen Haftbefehl, 2009.

258 Vgl. D. Behrens (Hrsg.), Stand und Perspektiven des Schutzes geistigen Eigentums in Europa, 2004; *K. Kaiser*, Geistiges Eigentum und Gemeinschaftsrecht, 2004.

fen (*J. Leinen*), behält ihre Relevanz; ebenso die von *I. Mendéz de Vigo* für das EU-Parlament geforderte „aufklärerische, pädagogische Rolle". Es braucht Zeit, bis die Verfassungstexte zur Verfassungs*wirklichkeit* werden. Das gilt auch für die Texte nach dem Lissabonner Reformvertrag.

bb) Im langen Streit um die „doppelte Mehrheit" im Rat musste man sich 608 das Ziel vor Augen halten, dass die sogenannten „Kleinen" geschützt bleiben sollten. Die neue Regelung für Abstimmungen im Rat (55 % der Staaten und 65 % der Bevölkerung) war unter dieser Prämisse einleuchtend. Das Ziel der Preisstabilität wurde zu Recht festgeschrieben (Art. I-29 Abs. 2). Hier gerät das Verfassungsrecht freilich an Grenzen.[259] Die „Lissabon Agenda" (2000) („wettbewerbsfähigste und dynamischste wissensbasierte Wirtschaft der Welt") war allzu vollmundig und ist – nicht überraschend – an der Realität – jedenfalls ein Stück weit – zerbrochen.

cc) Eine kritische Frage bleibt, ob jeder Mitgliedstaat „für immer" *einen* 609 Kommissar hat. Das verlangt gewiss die „nationale Identität", aber angesichts von Struktur- und Aufgabenprofil gibt es faktische Grenzen effizienten Arbeitens. Das gilt schon für die Union der 28, das gilt erst recht, sollte es zu künftigen Erweiterungen kommen. Die Beförderung und Bereicherung der nationalen Verfassungsentwicklung in den potentiellen Beitrittskandidaten durch die EU bildet ein eigenes wissenschaftliches Thema (auch die Bereicherung der „Alten", z.B. Deutschlands in Sachen „Recht auf eine gute Verwaltung"). Im Ganzen wird die EU immer stärker zum Akteur vieler nationaler Verfassungspolitiken. Deutschland sollte die deutschen Richterkandidaten für EuGH und EGMR normativ regeln (Auswahlgremien aus Mitgliedern von Bundestag und Bundesrat).

dd) Hätte man nicht auch an eigene EU-Steuern denken sollen, so unpo- 610 pulär dies wäre? Der klassische Satz: „No taxation without representation" müsste, wie schon ausgeführt, umgekehrt werden: „No representation without taxation".

---

259 Zu den wirtschaftsverfassungsrechtlichen Aspekten des Verfassungsentwurfs aus der damaligen Lit. *J. Schwarze*, Das wirtschaftsverfassungsrechtliche Konzept des Verfassungsentwurfs des Europäischen Konvents – zugleich eine Untersuchung der Grundprobleme des europäischen Wirtschaftsrechts, EuZW 2004, S. 135 ff. S. auch *J. Wieland*, Die Finanzordnung der EU nach der Osterweiterung, JZ 2004, S. 774 ff.; *C. Trüe*, EU-Kompetenzen für Energierecht, Gesundheitsschutz und Umweltschutz nach dem Verfassungsentwurf, JZ 2004, S. 772 ff.; *E. Thiel*, Die Wirtschaftsordnungspolitik im Europäischen Verfassungsentwurf, Integration 26 (2003), S. 510 ff.

611 ee) Hätte es nicht – über den „Europatag“ am 9. Mai hinaus, siehe Art. I-6 a Abs. 5 – eines noch stärker grundierten Feiertags bedurft? Neben der Europaflagge und der *Beethoven*-Hymne hätte der neue Feiertag wie jede Nationalhymne als „emotionale Konsensquelle“ Europa als Verfassungsgemeinschaft lebendig machen können. Der Reformvertrag von Lissabon hat in Sachen Symbolik und emotionaler Konsensquellen noch deutlich „abgerüstet“. Für diesen emotionalen Konsens, für die Stiftung von Identität und für effektive Integration schafft die Sprachenvielfalt in der EU ohnehin ganz eigene Probleme.[260] An die auch kulturell bedingten Grenzen der Erweiterungsfähigkeit der EU gilt es bei aller kulturellen Offenheit zu erinnern.

612 ff) Von Bürgernähe des Verfassungstextes konnte leider kaum die Rede sein, auch wenn das bisherige Geflecht der Texte in manchem bereinigt war. Die Aussage des irischen Ratspräsidenten *B. Ahern*, nun gebe es endlich einen Verfassungstext, mit dem sich der Bürger „auf der Straße“ identifizieren könne (FAZ vom 21. Juni 2004, S. 11), hat sich als allzu kühn erwiesen. Der Brüsseler Entwurf wurde insgesamt intensiv diskutiert und auch heftig kritisiert. Gerade dadurch entstand aber zugleich ein neues Stück europäischer Öffentlichkeit, das weit über das Scheitern des Verfassungsvertrages hinauswirkt. Der Entwurf war gewiss kein Dokument einer großen „Stunde“ der Verfassunggebung in Europa, indes war er ein guter Kompromiss. Das haben zahlreiche Fortschreibungen durch den Vertrag von Lissabon im Nachhinein bestätigt.

613 c) Zuletzt ein Blick auf die wichtige Frage, was der Brüsseler Entwurf an europäischer Identität stiften konnte. Nationale und europäische Identität(en) bilden für das „in Vielfalt geeinte“ Europa ein fruchtbares Spannungsfeld. *A. de Gasperis* „Unser Vaterland Europa“ (1954) bleibt ein suggestives Stichwort. Der Brüsseler Verfassungsentwurf hat viele Ansätze zur Konturierung dieses Spannungsfelds vorgehalten. Sie finden sich vor allem in der Präambel. Die Rückbindung an die „nationale Identität der Völker Europas“ ist gleichermaßen charakteristisch. Weitere Elemente des Inhalts der „europäischen Identität“ fanden und finden sich vornehmlich in der EU-Grundrechte-Charta, in den Grundwerte-Artikeln (Art. I-1

---

260 Früh H. Haarmann (Hrsg.), Europäische Identität und Sprachenvielfalt, 1995; sodann *C. und K. Luttermann*, Ein Sprachenrecht für die EU, JZ 2004, S. 1002 ff.; *M. A. Kürten*, Die Bedeutung der deutschen Sprache im Recht der EU, 2004; *F. C. Mayer*, Europäisches Sprachenverfassungsrecht, Der Staat 44 (2005), S. 368 ff.; *I. Schübel-Pfister*, Sprache und Gemeinschaftsrecht, 2005.

bis 3), im Kultur-Artikel (Art. III-181) oder auch an eher versteckter Stelle (z.B. Art. III-185, Verwaltungszusammenarbeit). Hinter oder vor diesen Texten stehen Erfahrungen, auch leidvolle wie die Kriege, weshalb die EU nach ihrem Selbstverständnis u.a. eine Friedensgemeinschaft sein will (vgl. Präambel sowie Art. I-39 und 40). Identitätselemente verbergen sich bis heute auch im „europäischen Gemeinwohl" (z.B. Art. I-30 Abs. 3), so offen es ist. Für das Europa im weiteren Sinne des Europarats ist die EMRK ein konstitutives Element seiner kulturellen Identität, kurz: die „europäische Freiheit".

Beispiele für die *nationale Identität*, auf die der Vertragsentwurf verweist, 614
finden sich in Italien etwa mit Blick auf den Gefangenenchor in Verdis „Nabucco" als geheimer Nationalhymne oder in Gestalt bitterer Erfahrungen wie „Tschernobyl" in der Ukraine (vgl. Art. 16 Verf. Ukraine von 1996). Feier- und Gedenktage wie in Südafrika der „Soweto-Tag" oder in Frankreich der „14. Juli" sind weitere Beispiele. Für die Schweiz bleibt *F. Schillers* „Tell" kulturell prägend. In Deutschland darf die „Weimarer Klassik" im doppelten Sinne des Wortes (Goethe/Schiller und die WRV von 1919) einen hohen Stellenwert im kulturellen Gedächtnis der Nation beanspruchen. In Spanien hat die Monarchie seit ihrer Bewährung im Jahre 1981 dauerhafte Symbolik gewonnen (zuvor das „Goldene Zeitalter"). Jüngste Krisen haben daran (noch) nichts ändern können.

Abgrenzungen zu anderen nationalen und überregionalen „Identitäten" 615
sind unvermeidlich, auch wenn stets um Brücken gerungen werden muss: so etwa hinsichtlich der „Afrikanischen Einheit" als Identitätsbegriff oder (begrenzt) im Verhältnis zu den USA. Abgrenzungen sind Wege zur Selbstfindung, nicht Ausschluss von Verbindungen; ein grenzenloses Wachstum der EU nach Süden über Malta hinaus und nach Osten bis zu Asien hin (Russland/Ural) kann es nicht geben. Die „europäische Identität" erinnert auch an die kulturellen (auch geschichtlichen und geographischen) Grenzen des Wachstums bzw. der Ausdehnung Europas bzw. der EU als Europa im engeren Sinne. *B. Geremeks* Wort: „Wir haben Europa. Nun brauchen wir Europäer", sollte Ansporn und Mahnung sein.

5. Juristische und politische Konsequenzen des doppelten Neins von Frankreich und den Niederlanden zur EU-Verfassung

Das Scheitern des Verfassungsvertrages war für Europa eine krisenhafter 616
und zugleich doch wiederum „konstitutioneller" Moment. Aus der Retro-

spektive: Nach dem ein „Erdbeben", ja einen „Schock" auslösenden und die EU wohl doch in eine (Identitäts-)Krise stürzenden „Nein" Frankreichs zur EU-Verfassung (29. Mai 2005: 54,87%) und dem Nein der Niederlande (1. Juni 2005: 61,6 %) hatte sich Europa eine Zeit des Innehaltens und Nachdenkens verordnet.[261] Damit galt der zu Recht vielgescholtene Vertrag von Nizza (2000) „bis auf weiteres" weiter, mit all seinen Mängeln wie den komplizierten Mehrheitsregelungen, der textlichen Unübersichtlichkeit, der unbefriedigenden Finanzregelung in Sachen Agrarsubventionen zugunsten Frankreichs und des „Britenrabatts". Die Nizza-EU war (angesichts der Osterweiterung und Globalisierung) schwerfällig und ihre damals 25 Mitglieder kaum mehr entscheidungsfähig. Aber erinnert sei dabei auch an den bereits konstitutionellen Charakter des fortgeltenden Rechts. Es war reich an „verfassungsqualitativen" Momenten im Sinne von *D. Th. Tsatsos*. Dazu rechnen unter anderem:

- eine verfassungsspezifische Normenhierarchie
- die damaligen Gemeinschaftsgrundrechte
- die Werte- und Zielekataloge
- das damalige Gemeinschaftsorganisationsrecht: insbesondere die Kompetenzverteilungsmechanismen und die Verfahren der Rechtssetzung/ Rechtserzeugung
- die rechtsstaatliche und demokratische Herrschaftslegitimation
- der EuGH als „Verfassungsgericht"
- das Primärrecht mit seinen *Verfassungsfunktionen* der Herrschaftsbegründung und Herrschaftsbegrenzung.

617 Gerade vor diesem Hintergrund konnte der Verfassungsentwurf trotz seines Scheiterns eine spezifische „*Vorwirkung*" entfalten. Die Kategorie der Vorwirkung wurde 1974 von *M. Kloepfer* und *P. Häberle*[262] gleichzeitig und unabhängig voneinander beobachtet sowie theoretisch eingeordnet. Die Vorwirkung der weiterhin „soft law" bleibenden EU-Grundrechte-Charta war am deutlichsten greifbar. Es blieb aber die Frage, welche Prinzipien in welchen Grenzen vorwirken dürfen; denn es musste Grenzen aus dem Demokratie- und Rechtsstaatsprinzip geben. Die Vorwirkung der EU-

---

261 Siehe *J. G. Geerlings*, Der Europäische Verfassungsprozess nach den gescheiterten Referenden in Frankreich und den Niederlanden, DVBl. 2006, S. 129 ff.

262 *M. Kloepfer*, Die Vorwirkung von Gesetzen, 1974; *P. Häberle*, Zeit und Verfassung, ZfP 1974, S. 111 ff. S. auch *P. Häberles* Rezension von J. Meyer (Hrsg.), Kommentar zur Charta der Grundrechte der EU, 2003, JZ 2005, S. 456 f.; im unionalen Kontext *V. I. Gronen*, Die „Vorwirkung" von EG-Richtlinien, 2006.

Grundrechte-Charta ließ sich auch demokratietheoretisch am leichtesten begründen, da sie „bürgerfreundlich" war. Ganz allgemein gesprochen darf jede Form der „Vorwirkung" die Voraussetzungen der Inkraftsetzung von Verfassungen bzw. Verträgen und Gesetzen nicht grundsätzlich beiseiteschieben.

Diskutiert wurde seinerzeit auch eine „Nachholung der Abstimmungen", 618
so etwa ein zweites Referendum in Frankreich und den Niederlanden. Dafür gab es durchaus schon Vorbilder, so war es etwa seinerzeit in Dänemark in Bezug auf den Vertrag von Maastricht und in Irland in Bezug auf den Vertrag von Nizza geschehen. Ein ironischer Zusatz zu solchen Ideen durfte und darf nach wie vor freilich nicht ausbleiben: Man lässt das Volk so lange abstimmen („nachsitzen"), bis es das aus Sicht der politischen Eliten und Parteien Richtige wählt (man erinnere sich des Klassikerzitats von *B. Brecht*: „Wäre es da nicht einfacher, die Regierung löste das Volk auf und wählte ein anderes? „)[263]. Letztlich scheuten die Mitgliedstaaten ein zweites Referendum, sei es aus Furcht vor neuerlichem Scheitern oder aus Respekt vor den Bürgerinnen und Bürgern, die – wenn man die Metapher überhaupt gebrauchen will – die „Herren der Verträge" sind. Klar war aber auch, dass das doppelte Nein keineswegs primär aus einem antieuropäischen Ressentiment, sondern zu einem Gutteil auch aus innenpolitischer Unzufriedenheit und dem Gefühl herrührte, bei der Verfassungsdebatte nicht von Anfang an hinreichend *mitgenommen* worden zu sein. Folgende Gründe für das Scheitern der Referenden seien in ihrem komplexen Zusammenspiel und wohl wissend, dass alle monokausalen Begründungsversuche zu kurz greifen, nochmals in Erinnerung gerufen. Dass sie bis heute als Kritikpunkte am Integrationsprojekt nach Lissabon fortwirken, sei schon durch die Tempuswahl – das Präsens – verdeutlicht:

- Instrumentalisierung des Referendums zur Kritik an der nationalen Regierungspolitik (insbesondere Krise des Sozialstaates, Arbeitslosigkeit)
- Globalisierungsängste, Konkurrenz auf dem Arbeitsmarkt durch EU-Osterweiterung, Sorge vor einer Überforderung und Handlungsunfähigkeit der Gemeinschaft durch künftige Erweiterungsprozesse, vor allem den Beitritt der Türkei
- insbesondere in Frankreich mit seiner großen Tradition einer klaren Verfassungssprache seit 1789: Verfassungsentwurf erscheint als ein überkomplex formulierter, schwer verständlicher, bürgerferner Text

263 Vgl. *B. Brecht*, Die Lösung, in: Die Welt vom 9. Dezember 1959.

und allzu „fauler" politischer Kompromiss, der das Prädikat „Verfassung" nicht verdient

- der Begriff „Verfassung" weckt Ängste, obwohl er das positiv-integrative Moment unterstreichen will; die Bürger fürchten, durch eine europäische Verfassung den vertrauten Raum „ihres" Nationalstaates „endgültig" zu verlieren; der auf Dauer angelegte Geltungsanspruch einer Verfassung weckt auch Ängste, wenn der Verfassungstext eher als macht- und interessenpolitisch angeleiteter Kompromiss als ein zukunftsfähiges Regelungsoptimum erscheint
- die Verfassung kommt zu spät: Obwohl die Verfassung die Rechtsstellung des Europäischen Bürgers stärkt und eine deutliche Verbesserung gegenüber dem jetzigen Zustand schafft, wird sie abgelehnt; die europäischen Bürger wollen den Politikern einen „Denkzettel" dafür erteilen, dass der bisherige Integrationsprozess rein intergouvernemental über ihre Köpfe hinweg erfolgte
- eine populistisch-demagogische Kritik an der Verfassung aus einer „unheiligen" Allianz von extrem Rechten und extrem Linken weckt Ressentiments, die in Zeiten der Krise und Renationalisierung auf nur allzu fruchtbaren Boden fallen
- Bürger erwarten mehr als nur „einen Tropfen sozialen Öls" in der Verfassung
- Bürger fürchten, dass die gemeinsame Außen- und Sicherheitspolitik einen zu starken Akzent auf die militärische Kooperation setzen könnte.

619 Viele wollten schlicht einem – jedenfalls so wahrgenommenen – Elitenprojekt nicht ex post den Segen unmittelbar-demokratischer Legitimation erteilen. Was blieb, war eine *gemeineuropäische Verunsicherung*. So verfügte der damalige deutsche Bundespräsidenten *H. Köhler* nach der Verfassungsklage des Bundesabgeordneten *P. Gauweiler* ein „Halt" in Bezug auf das deutsche Ratifizierungsgesetz, was eigene, auch staatsrechtliche Fragen stellte. Der Schatten des „doppelten Neins" sollte jedoch nicht vergessen machen, dass der Verfassungsvertrag in teils eindrucksvollen Referenden große Zustimmung gefunden hatte: so zuerst (schon im Februar 2005) in Spanien mit mehr als überzeugenden 76,7 %[264] (aber auch in Griechenland – daran sei gerade angesichts der aktuellen griechischen

---

264 Nicht ohne Stolz berichtete die spanische Presse auch über das anschließende breite „Ja" im Parlament, z.B. Granada Hoy vom 29. April 2005, S. 29.

Staatsschuldenkrise nachdrücklich erinnert –, Ungarn, Litauen, Slowenien, der Slowakei und Italien). Ohne Referendum fand der Vertrag Zustimmung in Österreich. Im Juni 2005 kam ein Ja aus Lettland, im selben Monat ein weiteres Ja aus Zypern, im Mai 2006 ein Ja des Parlaments von Estland. Auf dem EU-Gipfel vom 17./18. Juni 2005 hatten freilich einige Länder, darunter Großbritannien[265], die geplanten Referenden auf unbestimmte Zeit verschoben. Belgien und Malta wollten ihr geplantes Ratifizierungsverfahren in ihren Parlamenten fortsetzen, Belgiens Parlament ratifizierte im Februar 2006, Maltas Parlament war im Juli 2005 vorausgegangen. 56,5% der Luxemburger billigten am 10. Juli 2005 die EU-Verfassung und gaben damit zur rechten Zeit ein „positives Signal" zur „Wiederbelebung" des Verfassungsentwurfs. Somit hatten bis zum Sommer 2006 fünfzehn EU-Mitglieder zugestimmt (teils direktdemokratisch, teils parlamentarisch).

Das hätte konkreten Nachverhandlungen durchaus eine Chance eröffnet. 620
Überarbeitungsbedürftig erschienen insbesondere die Normen zum europäischen Außenminister oder zum Übergang vom Einstimmigkeitsprinzip zum Mehrheitsprinzip bzw. zur doppelten Mehrheit. Bei all dem blieben sowohl die Politiker in Europa als auch die nationalen Wissenschaftlergemeinschaften gefordert, sich viele *selbstkritische Fragen* zu stellen (Stichwort „Phase des Nachdenkens"): Wurden die Bürger über die EU-Texte genügend informiert (immerhin hatte das Referendum in Frankreich das Interesse vieler Bürger für den Text geweckt, die niederländische Regierung hatte ihre Informationskampagne indes sehr spät begonnen). Viele Franzosen bzw. Niederländer haben wohl auch deshalb mit Nein gestimmt, weil sie den überladenen, barocken Text mit der prägnanten Menschenrechtserklärung von 1789 bzw. mit dem bündigen Verfassungstext der Niederlande von 1983 verglichen haben.[266] So konnte die Verfassungskrise ein durchaus heilsames *europäisches Bewusstsein* schaffen, die

---

265 *T. Blair* hatte seinem Volk ein Verfassungsreferendum versprochen, das rein juristisch nicht erforderlich war. Das von der Regierung Cameron für 2017 geplante Referendum stellt die Zustimmungs-Frage indes aus einer ganz anderen Perspektive.

266 Aus der damaligen Tagespresse: *M. Zeeman*, Die Europarhetorik der Regierung war uns Holländern einfach zu billig, FAZ vom 3. Juni 2005, S. 36. S. noch die Dokumentation in FAZ vom 31. Mai 2005, S. 35: Europäische Reaktionen auf das französische Nein zum Vertrag.

europäische Bürgergesellschaft auch von Seiten der politischen Eliten her ernst zu nehmen.

621 Es sei auch daran erinnert, dass in einem römischen Zusatzprotokoll zum EU-Verfassungsvertrag (Dezember 2004) vorgesehen war, dass die Staats- und Regierungschefs über die Lage beraten, falls nach Ablauf der zweijährigen Frist im November 2006 „vier Fünftel der Mitglieder" den genannten Vertrag ratifiziert hätten, aber bei einem Mitglied oder mehreren Mitgliedern „Schwierigkeiten bei der Ratifizierung aufgetreten" seien. Ausgerechnet von politischer Seite (*J. Leinen*) [267] wurde auf Art. 18 des Wiener Übereinkommens von 1969 über das Recht der Verträge verwiesen. Danach sind Staaten, die einen völkerrechtlichen Vertrag unter dem Vorbehalt der Ratifizierung unterzeichnet haben, verpflichtet, „sich aller Handlungen zu enthalten, die Ziel und Zweck eines Vertrages vereiteln würden". Im engen eigenständigen Staaten- oder „Verfassungsverbund" der EU – so man trotz ihrer Autonomie respektive ihres Charakters als „self contained regime" völkerrechtliche Regelungen (analog) auf sie anwenden will – ließe sich diese Pflicht wohl sogar noch intensiver deuten – etwa im Sinne einer Vorwirkung der Unionstreue.

622 Was bleibt, ist eine doppelte Quintessenz *F. Hölderlins*: „Wo Gefahr ist, wächst das Rettende auch" konnte ebenso wegweisend sein wie die Erinnerung daran, dass die europäische Einigung in ihrer Geschichte immer wieder einmal fundamentale Krisen zu bewältigen hatte und diese zu „konstitutionellen Momenten" umformen konnte. Und in Abwandlung von *O. Mayer* durfte man sagen: Europäisches Verfassungsrecht vergeht, Europäische Verfassungslehre *besteht* und *ist fortzuschreiben*.

6. Auf dem Weg nach Lissabon: Die deutsche EU-Ratspräsidentschaft (1. Januar 2007 bis 30. Juni 2007)

623 Dieser Fortschreibung hatte sich auf ihre (politische) Weise die deutsche Ratspräsidentschaft im ersten Halbjahr 2007 angenommen. Die kleine Zeiteinheit einer EU-Ratspräsidentschaft (6 Monate) in einer Europä-

---

267 Und wiederum beschreibt die „zeitgenössische" Tagespresse anschaulich die Diskursdynamik – bis hin zu Leserbriefen von Rechtswissenschaftlern, FAZ vom 1. Juni 2005, S. 2. Anders *C. Hillgruber*, Leserbrief, FAZ vom 9. Juni 2005, S. 38. Dagegen *P. Szczekalla*, Leserbrief, FAZ vom 8. Juli 2005, S. 9: „Der Verfassungsvertrag lebt".

ischen Verfassungslehre darzustellen, muss sich rechtfertigen. Der relativ „lange Atem" einer von der Wissenschaft begleiteten Verfassungsentwicklung wie in der EU und der relativ „kurze Atem" der für das Handeln der EU Verantwortlichen konnten auf dem Weg nach Lissabon durchaus gelingend zusammenwirken. Schon im Vorfeld hatten sich viele Erwartungen gerade an die deutsche Ratspräsidentschaft gerichtet. Bereits vor deren Beginn am 1. Januar 2007 hatte die deutsche Bundesregierung ein Papier vorgelegt, das im Folgenden aus der Retrospektive rekonstruiert sei, gerade weil es in der europäischen Öffentlichkeit so viel Widerhall fand und für das spätere Lissabonner Reformwerk wegweisend wirkte. Die Ausgangslage war indes schwierig. Die deutsche Bundeskanzlerin *A. Merkel* hatte sich von Anfang an für eine kontinuierliche Fortschreibung des Verfassungsgedankens jedenfalls der Sache nach stark gemacht. Das galt keineswegs für die Regierungen aller Mitgliedstaaten. Eigens genannt seien die (fragwürdige) Haltung der polnischen Regierung und die ablehnende Haltung der Tschechen. Bemerkenswert war das Treffen jener dann schon 18 Mitgliedstaaten, die den Verfassungsvertrag bereits ratifiziert hatten (in Madrid, Januar 2007). Sie ergänzten sich um zwei, die noch nicht ratifiziert hatten (nämlich Portugal und Irland), und wurden so zu einer Gruppe der 20. Vernehmlich wurden primär den Verfassungsgedanken fortdenkende Äußerungen aus der Mitte des EU-Parlaments oder Stimmen einzelner Persönlichkeiten. Schließlich setzte die Aktion von „Europatagen" in deutschen Schulen Anfang Januar 2007[268], unter Teilnahme der Bundeskanzlerin, ein deutliches Signal.

Es ging darum, die Substanz des gescheiterten Verfassungsvertrages zu 624
retten. Freilich war es schwer, die „Substanz" eines Normenkomplexes zu definieren, wie sich nicht nur bis heute an den Kontroversen um den „Wesensgehalt" der Grundrechte zeigt. Diese müssen fortgeführt werden, denn viele neue Verfassungen weltweit bedienen sich erneut einer Art. 19 Abs. 2 GG ähnlichen Wesensgehaltklausel[269]. Leichter ist es, die Ziele zu benennen, die mit der Wiederaufnahme der Verfassungsdiskussion verbunden waren, etwa größere Bürgernähe, leichtere „Lesbarkeit", weniger Bürokratie und Agenturwesen („agencyfication")[270] etc. Immer wieder wur-

268 Dokumentiert in FAZ vom 23. Januar 2007, S. 4.

269 *P. Häberle*, Die Wesensgehaltgarantie des Art. 19 Abs. 2 Grundgesetz, 3. Aufl. 1983, S. 257 ff.

270 *J. F. Lindner*, Was ist und wozu braucht man die EU-Grundrechteagentur?, BayVBl. 2008, S. 129 ff.; *M. Brenner*, Die Agenturen im Recht der EU, in: FS

de gesagt, das erneut gewachsene Europa (2007 um Bulgarien und Rumänien erweitert[271]) könne in seiner Handlungsfähigkeit durch eine neue Verfassung wieder hergestellt werden. Fast durchweg wurde die EU-Grundrechte-Charta als wesentlicher, unverzichtbarer Bestandteil eines neu auszuhandelnden oder wieder belebten Verfassungsvertrages qualifiziert. Mitunter wurde eine Akzentuierung der „sozialen Gerechtigkeit" gerade von Seiten der deutschen SPD verlangt, obwohl doch gerade die eben zitierte EU-Grundrechte-Charta keinerlei Defizit an sozialer Gerechtigkeit hat. Man muss sie nur genau lesen. Im Übrigen war oft die Rede davon, dass bestimmte Politikfelder stärker herausgestellt werden sollen, z.B. Klimaschutz, Zuwanderungspolitik, Sozialpolitik[272] – die Themen haben heute ungebrochene Aktualität und sind längst nicht gelöst, können konstitutionell auch gar nicht gelöst, sondern nur eingefangen und intergenerationell gedacht werden.

625 Auch wissenschaftlich wurde in der Phase zwischen dem gescheiterten Verfassungsvertrag und dem Vertrag von Lissabon der europäische Verfassungsdiskurs immer neu befeuert, kritisch begleitet, wiederholt auch in Frage gestellt. So war deutschen wissenschaftlichen Zeitschriften manches Lob in Sachen *europäischer Verfassungsöffentlichkeit* zu spenden: Viele Blätter, z.B. die JZ, die EuGRZ und das AöR sowie „Der Staat" und EuR beschäftigten sich intensiv mit den anstehenden Verfassungsfragen, und auch die Festschriften- und Kommentarliteratur arbeitete kräftig nach[273]. Das Gleiche gilt auch für andere nationale Wissenschaftlergemeinschaften

Rengeling, 2008, S. 193 ff.; *C. Görisch*, Demokratische Verwaltung durch Unionsagenturen, 2009.

271 Aus der Lit.: *U. Hufeld*, Der staatliche Souveränitätsvorbehalt in der EU: Polen als Paradigma, in: E. Bos u.a. (Hrsg.), Die Genese einer Union der 27, 2008; *M. Decheva*, Europäisierung des bulgarischen Verfassungsrechts infolge des EU-Beitritts, 2010.

272 Einschlägig wurde der „Vertrag von Prüm" (Mai 2005) mit Regelungen zur Bekämpfung des Terrorismus, des organisierten Verbrechens und der illegalen Einwanderung (siehe FAZ vom 16. Januar 2007, S. 4).

273 Vgl. etwa die Beiträge in: FS Wildhaber, 2007; FS R. Schmidt, 2006; FS P. Krause, 2006; FS Tomuschat, 2006; FS Scholz, 2007; FS Merten, 2007; FS Isensee, 2007; FS Rengeling, 2008; Kolloquium Hilf, 2009, um nur die Schweiz und Deutschland in den Blick zu nehmen. Die wohl am stärksten Europa gewidmete Festschrift war in dieser Phase H.-J. Derra (Hrsg.), FS J. Meyer, 2006. – Eindrucksvoll auch der Sammelband von *T. Oppermann*: C. D. Classen/M. Nettesheim/W. Graf Vitzthum (Hrsg.), Ius Europaeum, 2006; oder *T. Oppermann*, Von der Gründungsgemeinschaft zur Mega-Union, DVBl. 2007, S. 329 ff.

wie die spanische, die intensiv am europäischen Verfassungsthema weiterdachte[274]. Als besonders europaengagiert durfte das „europäische Italien" gelten[275]. Dies zeigte sich etwa in dem Kongress zu Ehren von 50 Jahren Römische Verträge am 26. Januar 2007 in Rom[276] sowie in dem großen Respekt, den Bundeskanzlerin *A. Merkel* in der italienischen Presse, Öffentlichkeit und bei der damaligen Prodi-Regierung genoss[277].

a) Erste Reformschritte wurden greifbar. Verwiesen sei für die erste Phase 626
auf die Unterrichtung durch die Bundesregierung (Deutsches Präsidentschaftsprogramm 1. Januar bis 30. Juni 2007, BT-Drucks. 16/3680 vom 30. November 2006). Das deutsche Präsidentschaftsprogramm stand unter dem Motto „Europa gelingt gemeinsam". Schon in seiner Einleitung war von der Stärkung des Klimaschutzes die Rede. Im Einzelnen bleiben folgende Stichworte für die konstitutionelle Agenda aufschlussreich: die Fortführung des Verfassungsprozesses, die Zukunftsfähigkeit des europäischen Wirtschafts- und Sozialmodells, der Raum der Freiheit, der Sicherheit und des Rechts sowie der Ausbau des europäischen Sicherheits- und Stabilitätsraumes. Sodann verpflichtete sich die deutsche Ratspräsidentschaft auf ein „ausgewogenes Paket von Maßnahmen zur Förderung von Wettbewerbsfähigkeit, Wachstum und Arbeitsplätzen sowie von sozialem Zusammenhalt und gesunder Umwelt". Im Indikativ Präsens hieß es – ganz ungetrübt von der Erfahrung des Scheiterns: „Der Entwurf eines europäischen Verfassungsvertrags sieht die notwendigen inneren Reformen vor, um die Zukunftsfähigkeit der größer gewordenen Europäischen Union zu gewährleisten". Weitere Aussagen waren: „eine handlungsfähige Gemeinschaft – die EU weiterentwickeln", „der Entwurf für einen europäischen Verfassungsvertrag sieht wichtige Fortschritte für ein wertorientiertes und sozial gerechtes Europa vor, für mehr Bürgerrechte, für eine Ver-

---

274 Eine nicht unmaßgebliche Vorreiterrolle übernahm die Zeitschrift von F. Balaguer (Hrsg.), Revista de Derecho Constitucional Europeo.

275 Vgl. z.B. den Verfassungstext des damaligen italienischen Innenministers *G. Amato* mit insgesamt 71 Artikeln, der „klar, verständlich und lesbar" sei (entworfen von dem von ihm gegründeten „Aktionskomittee für die europäische Demokratie"), FAZ vom 05. Juni 2007, S. 7 (Zur Erinnerung: Der Entwurf des EU-Vertrags von 2004 umfasste 448 Artikel).

276 M. P. Maduro u.a. (Hrsg.), The Past and Future of EU Law, 2010.

277 Vgl. etwa aus der Tagespresse La Repubblica vom 20. März 2007, S. 24; L'Unità vom 20. März 2007, S. 11.

stärkung der Zusammenarbeit in den Bereichen Justiz und Inneres“[278]. Der Entwurf, so weiter, „macht die Europäische Union demokratischer, handlungsfähiger, effizienter und transparenter“.

627 Angesichts des „ins Stocken geratenen Ratifizierungsprozesses des Verfassungsvertrags“ sah sich, dieser Akzent verdient besondere Beachtung, die deutsche Präsidentschaft beauftragt, in der ersten Jahreshälfte 2007 mit den EU-Mitgliedstaaten *ausführliche* Konsultationen zu führen (Regierungskonferenz) und anschließend dem Europäischen Rat einen Bericht vorzulegen. Das dialogisch-kommunikative, auch diskursive Moment in der Verfassungswerdung Europas spielte auch hier wieder eine zentrale Rolle. Als weitere, heute teils eingelöste, teils uneingelöste und mitunter auch kaum einzulösende Stichworte seien vermerkt: „bessere Rechtsetzung“, „Stärkung der europäischen Bildungszusammenarbeit“, „integrierte Meerespolitik“, „moderne Kultur- und Medienpolitik“ (hier fand sich der wichtige Satz: „Kultur- und Medienpolitik fördern die kulturelle Identität Europas und unterstreichen die europäische Vielfalt.“) Als weitere Ziele waren genannt: „leistungsfähige und bürgerorientierte Verwaltung“, „Weiterentwicklung des europäischen Sozialmodells“, „Stärkung der Städte und Regionen sowie des ländlichen Raumes“ und die „Sicherung der natürlichen Lebensgrundlagen Europas“.

628 Zum Ziel der Stärkung der Bürgerrechte wurde vom deutschen Vorsitz in Aussicht gestellt, dass er sich für die „Vorhersehbarkeit und Transparenz staatlichen Handelns“ einsetzen wolle, beispielsweise durch Vereinbarung von Mindeststandards in Strafverfahren. Zuletzt sei auf das Ziel der „Stärkung nachhaltiger Entwicklung“ verwiesen.

629 Auch an Wortmeldungen von Politikern und Intellektuellen fehlte es in den entscheidenden Phasen des Jahres 2007 nicht: *J. Delors/P. N. Rasmussen*, „Für ein neues soziales Europa“ (FAZ vom 16. November 2006, S. 10); zuvor Kommissionspräsident *J. M. Barroso*, „Die Grenze der EU ist ihre Aufnahmefähigkeit“ (FAZ vom 11. Oktober 2006, S. 5); *H. G. Pöttering* gab sich zuversichtlich über die EU-Verfassung, er wollte „möglichst viel vom Verfassungsvertrag in die rechtliche und politische Wirklichkeit überführen“ und ließ sogar die Bereitschaft zu einem Ver-

---

278 *I. Pernice*, Das Verhältnis europäischer zu nationalen Gerichten im europäischen Verfassungsverbund, 2007; *A. Voßkuhle/M. Lange*, Die Rolle der nationalen Gerichte im Europarecht, in: A. Hatje/P.-Ch. Müller-Graff (Hrsg.), Enzyklopädie Europarecht, Bd. V, 2014, § 6; *M. Kotzur*, Die europäische Gerichtsbarkeit, in: ebd., § 5.

zicht auf den Begriff Verfassung erkennen, sofern die „Substanz" des Verfassungsvertrags erhalten bliebe (FAZ vom 25. November 2006, S. 6); *F. W. Steinmeier* hatte sich früh für die „Wiederbelebung des europäischen Verfassungsprozesses" ausgesprochen (FAZ vom 5. September 2006, S. 5); *J.-C. Juncker* erklärte es zur Aufgabe, „der europäischen Idee generell neue Begeisterung zuzuleiten", er hielt es sogar für möglich, dass am Ende die weitere Integration Europas nur einen „Kern von Mitgliedstaaten" erfassen werde (FAZ, ebd.). Der Intellektuelle *A. Grosser* beklagte den Verlust der europäischen Idee (FR vom 24. Februar 2007, S. 2), ein bis heute oft wiederholter *cantus firmus* im Integrationsprozess. *J. Solana* ließ sich mit dem Motto vernehmen: „Unsere Werte verteidigen" (Rheinischer Merkur Nr. 20/2007, S. 3). Die Europakritik des Alt-Bundespräsidenten *R. Herzog* evozierte kritische Reaktionen.[279]

Besondere Erwähnung verdient die Straßburger Programmrede von 630
A. Merkel (zit. nach FAZ vom 18. Januar 2007, S. 2): „Manche denken, der Versuch, das Wesen Europas bestimmen zu wollen, bringe wenig. Ich sehe das völlig anders. Wir müssen Europas Seele finden. Ist die Vielfalt diese Seele? Ganz zweifellos ist richtig, wenn gesagt wird, dass Europa von seiner Vielfalt lebt. Aber wahr ist auch, die Vielfalt als solche kann nicht das gleichsam universelle europäische Prinzip sein, das uns hilft zu verstehen, was Europa im Innersten zusammenhält, was also seine Seele ausmacht." Diese „Seelen-Rede", in ihrem Duktus mit dem späteren „Scheitert der Euro, dann scheitert Europa" zu kontextualisieren, fand in ganz Europa ein großes Echo, zumal bei Nationen wie Italien und Frankreich, nicht zuletzt wegen der Bezugnahme auf die Toleranz nach *G. E. Lessings* Ringparabel. Bemerkenswert war auch der Satz „Für mich, die ich mich als Christin zu den christlichen Grundlagen Europas ausdrücklich bekenne, ist die schönste Stelle des Stückes ein Wunsch des Sultans an Nathan. Über alle trennenden Glaubensgrenzen hinweg bittet der Moslem den Juden: 'Sei mein Freund'." Einmal mehr zeigte sich die Wirkung von Klassikertexten im Verfassungsleben.

b) Einen Markstein in der weiteren Verfassungsvertragsdebatte setzte die 631
Berliner Erklärung vom 25. März 2007 (Auszüge in FAZ vom 24. März 2007, S. 2). Erstaunlich war schon der Beginn mit den Worten „Wir Bürgerinnen und Bürger der Europäischen Union sind zu unserem Glück vereint". Als gemeinsame Ideale waren ausgewiesen die Unantastbarkeit der

279 Kritisch dazu auch *W. Weidenfeld*, Welt am Sonntag vom 28. Januar 2007, S. 12.

Würde des Menschen, seine unveräußerlichen Rechte und die Gleichberechtigung von Mann und Frau. Fast präambelhaft klangen die weiteren Passagen dieser Erklärung: „Wir streben nach Frieden und Freiheit, nach Demokratie und Rechtsstaatlichkeit, nach gegenseitigem Respekt und Verantwortung, nach Wohlstand und Sicherheit, nach Toleranz und Teilhabe, Gerechtigkeit und Solidarität." In anderen Sätzen war vom fairen Ausgleich der Interessen zwischen den Mitgliedstaaten die Rede. Auch fand sich der fast bekenntnishafte Satz: „Die offenen Grenzen und die lebendige Vielfalt der Sprachen, Kulturen und Regionen bereichern uns." Ansprechend war die „vertikale" Gewaltenteilung in Europa, die in dem Satz zum Ausdruck kam, „die Europäische Union, die Mitgliedstaaten und ihre Regionen und Kommunen teilen sich die Aufgaben".

632 Aus den weiteren Textpassagen seien Begriffe und Bilder wie „europäisches Gesellschaftsideal", „Wohl aller Bürgerinnen und Bürger", „europäisches Modell" zitiert. In der Berliner Erklärung fanden sich überdies das Bekenntnis zum Klimaschutz und die Mahnung, die europäische Einigung als „Glück für künftige Generationen" zu schützen. Zuletzt hieß es geschichtsbewusst: „Fünfzig Jahre nach der Unterzeichnung der Europäischen Verträge sind wir heute in dem Ziel geeint, die Europäische Union bis zu den Wahlen zum Europäischen Parlament 2009 auf eine erneuerte gemeinsame Grundlage zu stellen. „ Aus der *Rede* von Bundeskanzlerin *A. Merkel* beim Festakt zur Feier des fünfzigsten Jahrestages der Unterzeichnung der Europäischen Verträge am 25. März 2007 verdient folgender Passus auch aus der Retrospektive besondere Aufmerksamkeit: „In einer solchen Welt geht es darum, immer wieder aufs Neue zu fragen, was Europa auch in unserem Jahrhundert zusammenhält, was seine Identität ausmacht. Für mich ist die Antwort klar: Europas Selbstverständnis beruht auf gemeinsamen, auf grundlegenden Werten – das hält Europa zusammen." – In der griechischen Schuldenkrise des Jahres 2015 war es der griechische Ministerpräsident *A. Tsipras*, der in teils polemischer Auseinandersetzung mit *A. Merkel* eine Rückkehr Europas zu seinen Werten einforderte.

633 Bemerkenswert war vor allem der Satz: „Wer gehofft hat, dass sich Europa der Notwendigkeit bewusst ist, seine innere Verfasstheit zu stärken, dem wird unsere Berliner Erklärung den Weg weisen." Das Wort von der „inneren Verfasstheit" gehört in den wichtigen Kontext zur schon klassischen Metapher vom „gemeinsamen Haus Europa". Das Presseecho war

ungemein intensiv und positiv.[280] Freilich wurde auch vermerkt, dass der Begriff der Verfassung in der Berliner Erklärung ausgespart worden sei – für den Lissabonner Reformvertrag schon vorausschauend *pragmatisch*. Auch das Europäische Parlament stimmte der Berliner Erklärung zu.

Eine wichtige Mahnung im Verfassungsdiskurs war die These des großen 634
Europäers *V. Havel*: „Die größte Gefahr für Europa ist Europa selbst" (SZ vom 28./29. April 2007, S. 8). Der ehemalige tschechische Staatspräsident verlangte, eine neue Verfassung für die EU müsse so einfach und klar sein, dass die Kinder sie in der Schule auswendig lernen könnten. Der frühere Präsident des europäischen Parlaments *J. Borell* empfahl zur Rettung der institutionellen Reformen im EU-Verfassungsvertrag den Namen „Verfassung" in den Begriff „Grundgesetz" oder „Grundlagenvertrag" zu ändern und überdies die EU-Grundrechte-Charta – Teil II des gegenwärtigen Textes – notfalls zu opfern (FAZ vom 12. Januar 2007, S. 4). Dieses Opfer wurde glücklicher Weise nicht gebracht. *N. Sarkozy* hatte schon im Vorfeld seiner Präsidentenwahl wissen lassen, dass er kein neues Referendum in Frankreich anstrebe. Bemerkenswert war auch die von der niederländischen Regierung vertretene Forderung, künftig durch ein Drittel der Parlamente der Mitgliedstaaten Gesetzesvorhaben der EU wegen Verstoßes gegen das Subsidiaritätsprinzip[281] scheitern zu lassen.[282] Eine Kritik aus Schweden war besonders ernst zu nehmen (FAZ vom 06. Februar 2007, S. 21): „Geheimsache Verfassung". Zur Wiederbelebung des geplanten Projekts einer EU-Verfassung solle eine „echte Bürgerdebatte" stattfinden, lautete die berechtigte Forderung, die im weiteren Verlauf des Reformprozesses nur zum Teil eingelöst werden konnte.

Institutionell auffällig war, dass schon im Februar 2007 ein Programm für 635
eine EU-"Triopräsidentschaft" beschlossen wurde: von Deutschland, Portugal und Slowenien (FAZ vom 08. Februar 2007, S. 4). Diese drei Staaten

280 Z.B. FAZ vom 26. März 2007, S. 1; SZ vom 27. März 2007; Rheinischer Merkur vom 22. März 2007, S. 7: „Berliner Erklärung – kurz, bündig, unkontrovers – das sind Merkels Vorgaben". Freilich mäkelte die NZZ: „Die EU macht sich Mut für die Zukunft – Verabschiedung der 'Berliner Erklärung' nicht ohne Störgeräusche; Spielverderber aus Warschau und Prag", NZZ vom 26. März 2007, S. 1. Kritisches auch in FAZ vom 26. März 2007, S. 3: „Differenzen nach dem Dessert". – *T. Oppermann*, Die Berliner Erklärung vom 25. März 2007, in: FS Rengeling, 2008, S. 609 ff.

281 Zur „Subsidiaritätskontrolle durch nationale Parlamente" gleichnamig *C. Mellein*, 2007.

282 FAZ vom 10. Mai 2007, S. 5.

folgten einander in der EU-Ratspräsidentschaft nach und arbeiteten gemeinsam an dem Reformprojekt. Dazu hatte die deutsche Ratspräsidentschaft den übrigen Mitgliedstaaten einen Katalog von zwölf Fragen vorgelegt (Ende April/Anfang Mai 2007)[283]. Erfragt wurden Zustimmung oder Ablehnung unter anderem zu folgenden Vorschlägen:

- Rückkehr zu einem Änderungsvertrag
- Beibehaltung von Teil I. VVE nebst Änderungsvertrag
- terminologische Änderungen ohne materielle Abstriche für die Bezeichnung des Vertragswerkes, die Rechtsakte und den Europäischen Außenminister
- Streichung des Artikels zum Vorrang des Unionsrechts
- Austausch des Volltextes der EU-Grundrechte-Charta durch einen Verweis auf den Charta-Text
- Beibehaltung der institutionellen Bestimmungen des VVE als ausgewogenes Kompromisspaket
- Änderungen und Ergänzungen betreffend neue Herausforderungen im Bereich Energie und Klima oder illegale Einwanderung
- Betonung der Kopenhagener Kriterien im Artikel betreffend den Beitritt zur EU
- Thematisierung der sozialen Dimension der EU in geeigneter Form
- Opt-in- bzw. Opt-out-Möglichkeiten zu den im VVE neu enthaltenen Politiken

636 c) Die Stimmgewichtung blieb eines der großen Streitthemen. In den letzten Junitagen 2007 spitze sich die diesbezügliche Kontroverse im Rat zwischen Polen einerseits und den übrigen Mitgliedstaaten andererseits dramatisch zu.[284] Polen verlangte zunächst: „Nizza oder Tod!" Nach „Nizza" erhielt es im Ministerrat 27 Stimmen, nur zwei weniger als Deutschland, dessen Bevölkerung mehr als doppelt so groß ist. Damit war Polen im Jahre 2000 zusammen mit Spanien (ebenfalls 27 Stimmen) der Sprung in die Gruppe der großen und einflussreichen Mitgliedstaaten, zu denen neben Deutschland sonst noch Großbritannien, Frankreich und Italien (29 Stimmen) gehörten, gelungen. Der kleinste Mitgliedstaat Malta kam nach der Nizza-Arithmetik auf drei Stimmen. Mittlere Staaten wie die Niederlande auf dreizehn. Deutschlands vielberufenes Gewicht als größter Mitgliedstaat spiegelte sich nur im Europäischen Parlament (99 Abgeordnete, mehr

283 Zit. nach *F. C. Mayer*, Wege aus der Verfassungskrise, JZ 2007, S. 593 ff., 600.
284 Vgl. SZ vom 12. Juni 2007, S. 1: „Polen will Reform der EU blockieren".

als jedes andere Land). Schon auf den ersten Blick erschien das Festhalten Polens am Abstimmungsmodus von Nizza unangemessen, wurde hier doch das Verhältnis der Bevölkerungszahlen stark verzerrt abgebildet. Polen brachte daraufhin die sog. „Quadratwurzel“[285] ins Spiel, die später zu „degressiver Proportionalität“ abgemildert wurde. Auch sie sollte den Einfluss großer Länder begrenzen.[286]

Unmittelbar vor dem Brüsseler Gipfel am 21./22. Juni 2007 überraschte 637
Großbritannien mit einer Reihe von Abänderungsvorschlägen. Nach Auffassung von Premierminister *T. Blair*[287] sollte statt der Verfassung nur ein Ergänzungsvertrag avisiert werden. Darüber habe die britische Bevölkerung nicht abzustimmen. Aus britischer Sicht sei Voraussetzung, dass der neue Vertrag weder das britische Rechtssystem noch die britische Rechtsprechung beeinflussen könne und dass er weder die außenpolitische Souveränität noch das Steuer- oder Sozialsystem in seiner Selbstbestimmung einschränken könne. Damit war die Rechtsverbindlichkeit der EU-Grundrechte-Charta ebenso in Frage gestellt wie die Idee des Europäischen Außenministers. Die Konflikte setzen sich bis in die Gegenwart fort.

Bei all dem hatte sich leider schon der Konsens insbesondere der europä- 638
ischen Außenminister herausgebildet, den Begriff der „Verfassung“ aus dem Sprachgebrauch zu tilgen und auf staatliche Symbole wie die europäische Hymne oder die europäische Flagge zu verzichten.[288] An der Rechtsverbindlichkeit der EU-Grundrechte-Charta wurde jedoch festgehalten.[289] Die deutsche Ratspräsidentschaft berief sich indessen weiterhin auf die These von der Beibehaltung der „Substanz“ des Verfassungsver-

---

285 Zur „höheren Mathematik“ der Quadratwurzel-Theorie, vgl. SZ vom 15. Juni 2007, S. 5: „Das Kreuz mit der Quadratwurzel“; Die Zeit 26/2007, S. 2: „Das Gesetz der Quadratwurzel“.

286 Vgl. FAZ vom 20. Juni 2007, S. 6.

287 FAZ vom 19. Juni 2007, S. 3.

288 FAZ vom 19. Juni 2007, S. 2. An die Bedeutung der Trias von Flagge, Hymne und Feiertagen als Symbole von Verfassungsgemeinschaften sei erinnert, s. dazu *P. Häberle*, Nationalhymnen als kulturelle Identitätselemente des Verfassungsstaates, 2007; *ders.*, Feiertagsgarantien als kulturelle Identitätselemente des Verfassungsstaates, 1987, fortgeschrieben in *ders.*, Der Sonntag als Verfassungsprinzip, 2. Aufl. 2006, S. 107 ff., zuletzt *ders.*, Nationalflaggen, 2008.

289 Aus der wissenschaftlichen Literatur: *S. Röder*, Der Gesetzesvorbehalt der Charta der Grundrechte der Union im Lichte einer europäischen Wesentlichkeitstheorie, 2007.

trags. Freilich schwenkte auch *A. Merkel* auf die allgemeine Linie der Verabschiedung eines bloßen „Änderungsvertrages“ ein[290].

639 d) Die deutsche Ratspräsidentschaft kulminierte im Brüsseler Gipfel Ende Juni 2007. Angesichts des von Polen angedrohten Vetos („polnischer Krisengipfel“), u.a. mit dem absurden Argument, die Kriegstoten des 2. Weltkrieges seien bei dem Abstimmungsmodus im Rat mit zu gewichten, angesichts der Einwände Großbritanniens, weniger wegen eines eigenen Wunsches Frankreichs schien der Gipfel offenbar mehrfach kurz vor dem Scheitern zu stehen[291]. Das Medieninteresse in allen Mitgliedstaaten der EU war groß, so dass einmal mehr die These, es entstehe *europäische Öffentlichkeit* auch aus *Politik* (nicht nur aus der *Kunst*), berechtigt war. Der außenstehende, aber „teilnehmende“ Beobachter weiß naturgemäß nichts von der inneren Dramatik des Gipfels, den sog. „Beichtstuhlgesprächen“ der Ratspräsidentin mit fast jedem Staats- bzw. Regierungschef und er kennt auch nicht die „Gipfelkunst“ der Moderatorin *A. Merkel* im Einzelnen. Indes seien im Folgenden die Licht- und Schattenseiten des schließlich erreichten Kompromisses dargestellt, der Materialien zum „Mandatsentwurf“ für die nächste Regierungskonferenz in Portugal im Herbst 2007 erarbeiten wollte und sollte („Eckpunkte“, „Feinschliff“).

640 aa) Zu den Positiva: Der Weg zu einem neuen, kürzeren und nur aus zwei Teilen bestehenden EU-Vertrag mit den Grundrechte-Charta als eigenständigem dritten Gründungsvertrag war frei geworden. Der neue EU-Ratspräsident sollte zweieinhalb Jahre amtieren und die politischen Geschäfte in Abstimmung mit den EU-Staats- und Regierungschefs führen. Die Macht der nationalen Parlamente sollte zunehmen: Wenn ein Drittel von ihnen der Meinung sei, ein Gesetzesplan der EU-Kommission verstoße gegen die Entscheidungsbefugnisse der Mitgliedstaaten, müsse die Kommission den Vorschlag überdenken, ändern oder fallen lassen. Ändere sie ihn nicht, müsse sie das ausführlich begründen (die Steigerung der Kontrollrechte der nationalen Parlamente gegenüber der EU-Kommission ging vor allem auf das Drängen der Niederländer zurück[292]). Vor allem sollten die Bürgerinnen und Bürger künftig mehr Mitspracherechte erhalten: Wenn eine

290 Vgl. P.-C. Müller-Graff (Hrsg.), Deutschlands Rolle in der Europäischen Union, 2. Aufl. 2009.

291 Vgl. FAZ vom 22. Juni 2007, S. 1: „Drohungen zum Gipfelauftakt. Keine Annäherung vor dem Treffen der 27 EU-Staaten. Irritationen über Kaczynski“.

292 Vgl. FAS vom 24. Juni 2007, S. 3. – Zur „Evolution des Rats der EU“: gleichnamig *J. Lempp*, 2009.

Million EU-Bürger per Unterschrift ein Gesetz verlangen, müsse die EU-Kommission tätig werden. Die Idee der Einführung direkt-demokratischer Elemente lebte also fort, freilich war das Ziel des Gipfeltreffens von Laeken (2001), Europa transparenter, demokratischer, effizienter und damit bürgernäher zu gestalten, kaum erreicht.

bb) Demgegenüber waren freilich auch *negative Ergebnisse* bzw. Abstri- 641
che vom VVE 2004 zu vermerken, z.T. handelte es sich um sehr schmerzliche. Zu beginnen ist leider mit *Polen*, das sich bis zur letzten Minute unnachgiebig zeigte, auf der ihm (zu) günstigen Gewichtung der Ratsstimmen nach dem Abstimmungsmodus von *Nizza* beharren wollte und die neue *„doppelte Mehrheit"* verwarf (Schlachtruf: „Nizza oder Tod", auch „Quadratwurzel oder Tod"). Erörtert wurden Zwischenlösungen wie die *Joannina*-Formel[293] oder ein verstärkter Minderheitenschutz. Ergebnis war, dass die *„doppelte Mehrheit"* erst im Jahr 2017 voll eingeführt werden solle. Sie ist jedenfalls gerechter, weil die Einwohnerzahl bei den Stimmrechten eines Landes stärker berücksichtigt wird als nach *„Nizza"*. Es sollte eine Übergangsvorschrift bis 2014 gelten (die Technik der Übergangsvorschriften ist an sich ein im EU-Verfassungsrecht bzw. EG-Recht oft praktiziertes Instrument). Die deutsche Ratspräsidentin konnte ein gewisses Entgegenkommen von Polen offenbar nur damit erreichen, dass sie am Abend des 22. Juni 2007 androhte, alle übrigen Mitgliedstaaten würden ohne Polen einen Konsens anstreben.[294] Es kam im Ganzen zu einer fast 36stündigen Marathonsitzung.[295]

Großbritannien bzw. *T. Blair* erhandelte sich das Zugeständnis, dass die 642
im Übrigen rechtsverbindlich bleibende *EU-Grundrechte-Charta* für dieses Land *nicht* gelten solle, um das britische Sozialsystem nicht zu gefährden und keine Bindungswirkung für die britische Judikatur zu erreichen (Stichwort: Ausstiegsmöglichkeit). Außerdem behielt es sich vor, wie auch andere Staaten bei Justiz und Polizei aus den EU-Regeln auszusteigen („Opt-out"). Großbritannien setzte auch die Streichung des Begriffs

293 Diese 1994 von den EU-Außenministern in Griechenland vereinbarte Regel sah vor, dass es nicht zu einer Mehrheitsentscheidung im Ministerrat kommen solle, wenn die Gegner fast über die für eine Blockade nötige Stimmenzahl verfügen, eine Sperrminorität aber formell nicht erreichen.

294 Vgl. Corriere della sera vom 23. Juni 2007, S. 1: A. Merkel: „Procediamo senza i polacchi".

295 Aus der Presse: FR vom 23. Juni 2007, S. 2: „Hartes Feilschen im Basar Europa".

„Europäischer Außenminister" durch bzw. die Verwendung des bisherigen Namens „Hoher Beauftragter für die europäische Außen- und Sicherheitspolitik". In der Sache ging es nach wie vor um einen „Quasi-Außenminister". Er sollte zugleich Vize-Chef der EU-Kommission sein und die Sitzungen der EU-Außenminister leiten, Initiativrecht haben und an der Spitze des neuen Europäischen Auswärtigen Dienstes stehen.

643 Eher überraschend kam der „Erfolg" von *N. Sarkozy* aus *Frankreich*. Er erreichte, dass unter den Zielen und Grundsätzen des Vertragsentwurfs die Klausel *„freier, unverfälschter Wettbewerb"* gestrichen wurde.[296] Dem konnten die übrigen Mitglieder gewiss auch deshalb leicht zustimmen, weil sich an mehreren Stellen des VVE von 2004 nach wie vor das Prinzip des offenen, freien Wettbewerbs fand.[297] Zu Recht monierten die 18 Mitglieder, die den Vertrag schon ratifiziert hatten, an ihrer Spitze Spanien, dass vom Entwurf 2004 die „Substanz" erhalten bleiben müsse und nicht so viele Ausnahmen, Abweichungen und Veränderungen vorgenommen werden sollten.

644 Weit schwerer wog indes der Verzicht auf das Wort *„Verfassung"*[298]; die Redewendung von einem neuen „Grundlagenvertrag" bzw. „Reformvertrag" blieb defizitär. Vielleicht schien dies notwendig gewesen zu sein, um nationalen Sensibilitäten in einigen Ländern Rechnung zu tragen (Ängste vor „Brüssel", Angst Großbritanniens und der Niederlande vor einem europäischen „Superstaat"). „Verfassung" klingt fälschlicherweise (auch) nach „Staat", und die EU sollte eben kein Staat sein bzw. werden. „Verfassung" hat große Symbolkraft, was die Gegner unfreiwillig mittelbar bestätigen. Ein vielleicht überspitztes, der Tendenz nach dennoch zutreffendes Urteil des damaligen Luxemburger Ministerpräsidenten *J.-C. Juncker* lau-

---

296 Vgl. SZ vom 23./24. Juni 2007, S. 23; FAZ vom 23. Juni 2007, S. 9.

297 Vgl. FAZ vom 25. Juni 2007, S. 11: „Neues Bekenntnis zum freien Wettbewerb, EU-Staaten beschließen Protokollerklärungen zu Wettbewerbsrecht und Daseinsvorsorge".

298 Man braucht nicht das schöne Bonmot von *V. Giscard d'Estaing* festzuhalten („Die Lyrik einer Verfassung ist in gewisser Weise die Kalligrafie der Geschichte", Der Spiegel, 25/2007, S. 26), um zu erkennen, dass die Verfassungsgemeinschaft der EU dieses Wort verdient, zumal „Verfassung" seit langem ein Bestandteil der Europäischen Rechtskultur ist (*H. Dippel*, Warum Verfassung? Der Gedanke der Verfassung in der Europäischen Rechtskultur, in: H. Timmermann (Hrsg.), Eine Verfassung für die EU, 2001, S. 13 ff.); *U. Hufeld/A. Epiney*, Europäisches Verfassungsrecht, 2. Aufl. 2010.

tete: „Die Verfassung war ein einfach verständlicher Vertrag; jetzt haben wir einen vereinfachten Vertrag, der sehr kompliziert ist".[299]

Schwer wog auch die *Streichung der Symbol-Artikel* zur Europa-Hymne 645 und Europa-Flagge und wirkt bis heute nach (leider sollte auch die Devise „in Vielfalt geeint" gestrichen werden).[300] Die gemeinschaftsstiftende Symbolkraft von Flaggen und die in den Flaggen verbildlichten Gründungsnarrative einer politischen Gemeinschaft wurden verkannt. National ist dies durch viele eigene Flaggen-Artikel belegt (vgl. etwa Art. 3 Verf. Malta von 1964, Art. 15 Abs. 1 Verf. Litauen von 1992, Art. 12 Verf. Italien von 1947). Sie sind charakterisiert durch die beiden Elemente der Bildsprache von *Flaggen*, nämlich die Farben und die Zeichen (z.B. Sterne, Kreuze, Quadrate, Halbkreise oder Punkte, Dreiecke oder Tierbilder wie der Adler). Dies geschieht in den Verfassungstexten oft sehr präzise (z.B. Art. 9 Abs. 2 Verf. Slowakische Republik von 1992). Nationalflaggen sind wie die Hymnen „kulturelle Identitätselemente des Verfassungsstaates". Sie können aus dem Alltag und den Feiertagen gar nicht weggedacht werden. Ihr Gebrauch bei Sportveranstaltungen und im „staatlichen Protokoll" ist überall offenkundig. Nimmt man die durch *J. W. v. Goethes* Farbenlehre „bewiesene" psychologische Kraft der spezifischen Farben hinzu, so ist schwer zu begreifen, warum sich Europa von seiner schönen Flagge verabschiedet hat. Die UN, ein Staatenbund, haben ebenfalls ihre eigene Flagge (und Hymne). Man darf hoffen, dass die normierende Kraft der bisherigen Flaggenpraxis die Europaflagge auch in Zukunft als ein Stück materielles europäisches Verfassungsrecht behalten bzw. bewirken wird. Das kritisch Gesagte gilt weiterhin auch für die nach Lissabon beibehaltene Streichung der durch den VVE 2004 formal eingeführten, längst aber bei großen und kleinen Anlässen gespielten Europa-Hymne *L. v. Beethovens*. Sie wird hoffentlich wie bisher erklingen und im Nachhinein die formale Streichung als lächerlich erscheinen lassen. Dies gilt schon wegen der universalen Wirkkraft dieser „ewigen Musik".

e) Ab Anfang 2007 war die Union nach einer zweieinhalb Jahre währen- 646 den, selbstverordneten „Reflexionsphase" – negativ formuliert: Stillstand – wieder handlungsfähig geworden. Die Verfassungskrise konnte für Europas Verfassungszukunft nutzbar gemacht werden. Ein Blick auf die Beurteilungen in der – fast möchte man schon sagen „zeitgenössischen" – Pres-

299 Welt am Sonntag vom 24. Juni 2007, S. 4.

300 Aus der Lit.: *R. Bieber*, Le droit et les symboles de l'Europe, Mélanges J. P. Jacqué, 2010, S. 103 ff.

se als Resonanzraum der europäischen Öffentlichkeit erweist sich aus der Retrospektive besonders lohnend. Was verpuffte rasch, was blieb tagesaktuelle Polemik, was vorausschauende Deutung? Was verrät die Presseschau über die damalige europäische Gefühlslage, was mag auch für die heutige Gefühlslage gelten? Die Pressestimmen waren jedenfalls äußerst vielfältig. Ein besonders provokativer Angriff aus Warschau, in Gestalt einer Karikatur der deutschen Bundeskanzlerin, dargestellt als barbusige Stiefmutter Europas mit dem Stichwort von „imperialen Reflexen" Deutschlands. Wie sich die Bilder mit denen der Griechenland-Krise gleichen, wie kurz hier wie dort ihre Halbwertszeit sein mag. Aus Übersee sei auf eine differenzierte Stimme verwiesen: „A different road map for Europe. This is a more à la carte Europe. It is the end of the road for integrationists" (International Herald Tribune vom 25. Juni 2007, S. 1, 3). Die Financial Times vom 25. Juni 2007, S. 1, 3 erkannte im Vertragsentwurf die Überwindung jahrelangen Stillstands und erklärt die Verweigerungshaltung *T. Blairs* mit dessen Versuch, ein notwendiges Referendum in Großbritannien zu umgehen[301]. Ganz anders sein heutiger Nachfolger *D. Cameron*, der (aus taktischen Gründen?) das Referendum sucht. Die spanische Medienöffentlichkeit reagierte verhalten positiv. El Pais vom 24. Juni 2007 dokumentierte das Gipfelgeschehen auf nicht weniger als acht Seiten ausführlich unter dem Leitartikel „La Unión Europea recupera el pulso con el nuevo Tratado". „Europa quält sich zum Fortschritt" textete die Welt am Sonntag vom 24. Juni 2007, S. 1; der Leitartikler *N. Ferguson* beobachtet einen „verhängnisvollen Wunsch nach nationaler Identität" (ebd. S. 13). Die aktuellen Renationalisierungstendenzen in Europa (die zerstrittene deutsche AfD steht nur für eine unter vielen europaweiten Strömungen) scheinen ihn auf beklemmende Weise zu bestätigen. Besonders suggestiv wirkte die Titelseite der FAS vom 24. Juni 2007 mit einer überdimensionierten Quadratwurzel in Schwarz und dem Text „Europa sucht neue Wurzeln". Die SZ vom 23./24. Juni 2007, S. 2 sprach unter dem Übertitel „Polen gegen den Rest Europas": „Der stete Blick zurück im Zorn". Am 25. Juni 2007, S. 1 titelte sie: „Ernüchterung über neuen EU-Vertrag … Italiens Premierminister Prodi befürchtet Zerfall Europas". Die Furcht wirkt bis heute, teils unter gleichbleibenden, teils unter geänderten Vorzeichen fort. An die wissenschaftliche Himmelsleiter zu den

301 S. auch The Sunday Telegraph vom 24. Juni 2007, S. 1: „Referendum demand over Blair 'sell-out'".

„Vätern Europas", wie den Verfassern des Manifestes von Ventontene im Italien von 1943 (*A. Spinelli* war daran beteiligt), haben die Presseberichte nicht erinnert. Und das aus gutem Grund. Der Schwenk vom Verfassungsvertrag zum Reformvertrag war nicht himmelsstürmend gewagt, sondern pragmatisch geerdet. Die Wissenschaft aber darf Himmelsleitern immer wieder neu aufrichten und idealistisch zu erklimmen suchen. Inspirationsquellen wie Klassikertexte der Musik und Literatur stehen ihr zu Gebote.

7. Der Vertrag von Lissabon (2007/2009) – konstitutionelle Fort- und Rückschritte

Der Vertrag von Lissabon (13.12.2007) war der Erfolg der Reformprozes- 647
se des Jahres 2007. Er wollte – formal den klassischen völkerrechtlichen Mechanismen folgend – ein „Reformvertrag" durch „Vertragsänderung" sein. Er war aber von Anfang an mehr, nämlich eine *konstitutionelle „Nachführung"* im Sinne des Schweizer Sprachgebrauchs und zum Teil auch eine konstitutionelle „Fortschreibung". Auch ohne Beibehaltung der Verfassungssemantik markiert Lissabon eine weitere, und zwar *verfassungsqualitativ gewichtige* Etappe im Konstitutionalisierungsprozess Europas: mit Rück- und gewissen Fortschritten. Es war Ungarn vorbehalten, als erster Mitgliedstaat den Vertrag von Lissabon schon im Dezember 2007 anzunehmen. Polen hatte schon im Vorfeld manche Hürde aufgebaut. Die Volksabstimmung in Irland – so positiv ihr plebiszitärer Impetus zu sehen ist – bereitete von Anfang an Sorgen. So viele Gründe es gegeben haben mag, im Vertrag von Lissabon Neues und Altes festzuschreiben: Unverkennbar blieb, dass sich die Verantwortlichen vor den europäischen Völkern als Ganzes und als Einzelne „fürchteten". Man wollte eine Volksabstimmung wo auch immer möglich vermeiden. Der alte Vorschlag, am selben Tag in *ganz* Europa eine neue EU-Verfassung den Völkern vorzulegen, blieb ohnehin immer schon Utopie.

648 a) Im Folgenden eine Bewertung aus der Retrospektive.[302] Die Reihenfolge der nachstehenden Bewertungskategorien zeigt schon, dass bezogen auf den mutigeren, größeren Wurf einer europäischen Verfassung oder eines europäischen Verfassungsvertrages die Negativa überwiegen. Dabei sei indes zugestanden, dass praktisches politisches Handeln nach anderen Maßstäben (des nur „Möglichen") vorgehen, vor allem Kompromisse schließen muss, die den „reinen" Wissenschaftler schmerzen (von ihm aber gerade im Dienste der Wahrheits- und Gerechtigkeitssuche zu meiden sind).

649 b) Der Verzicht auf das Wort „*Verfassung*", das im Verfassungsvertrag von 2004 an vielen Stellen vorkam, und das angeblich oder tatsächlich manche Europabürger „verschreckt" hat, weil es psychologisch mit dem Begriff „Staat" verknüpft wurde (den es auf EU-Ebene nicht geben darf: ein „Tabu", ebenso wie die Idee des „föderalistischen Europa"), bleibt ein großer, vielleicht der größte *Rückschritt*. Unterschätzt (und wohl auch zu wenig erklärt) wurde die einheitsstiftende kulturelle Kraft des *multifunktionalen* Begriffs „Verfassung", besonders seine Bedeutung als Symbol der europäischen (Unions-)Bürgergemeinschaft. Dennoch brauchen die nationalstaatlichen und europäischen Wissenschaftlergemeinschaften sich den *Gegenstand* ihrer Europäischen Verfassungslehre nicht nehmen zu lassen. Kein Vertragsgeber kann über ihre wissenschaftlichen Erkenntnisse „verfügen"! Materiell betrachtet sind EUV, AEUV und EU-Grundrechte-Charta in vielen Teilen eine „Verfassung", genauer eine „*Teil*verfassung", und materiell betrachtet lebt und erlebt die Verfassungsgemeinschaft EU ihre Wirklichkeit als – gewiss krisengeschüttelte – *Verfassungswirklichkeit*. Das zeigt sich nicht nur an den trotz ihrer verbalen Streichung weiter-

302 Erinnert sei dabei auch an die Fülle von Literatur, die Lissabon europaweit hervorbrachte. Eine Stunde europäischer Verfassungswerdung ist immer auch eine Stunde – mitunter, indes selten auch Sternstunde – der europäischen Verfassungsrechtswissenschaft und Verfassungslehre: *K. H. Fischer*, Der Vertrag von Lissabon, 2007; *H. M. Heinig*, Europäisches Verfassungsrecht ohne Verfassung(sordung), JZ 2007, S. 905 ff.; *P. Schiffauer*, Zum Verfassungszustand der EU nach der Unterzeichnung des Vertrages von Lissabon, EuGRZ 2008, S. 1 ff.; *T. Oppermann*, Die EU nach Lissabon, DVBl. 2008, S. 473 ff.; *R. Streinz u.a.*, Der Vertrag von Lissabon zur Reform der EU, 3. Aufl. 2010; *A. Hatje/A. Kindt*, Der Vertrag von Lissabon – Europa endlich in guter Verfassung?, NJW 2008, S. 1761 ff.; *F. C. Mayer*,

lebenden Symbolen (Europatag, Europahymne und Europaflagge[303]), sondern auch an vielen „verfassungsqualitativen" Elementen, die sich in EUV und AEUV finden. Die Verfassungsqualität einer EU-Grundrechte-Charta spricht und steht ohnehin für sich selbst.

Die Streichung der Symbol-Artikel (Hymne, Feiertag, Motto) bleibt letztlich wirkungslos. Überall und immer wieder wird in allen Bereichen Europas die Europaflagge gehisst: von den Kommunen über die Länder bzw. Regionen bis hin zu den Mitgliedstaaten und zu amtlichen Anlässen der EU selbst. Sogar im unabhängig gewordenen Kosovo wehte die Europaflagge, obwohl das Land noch gar nicht Mitglied der EU ist. Zur Stunde der Unabhängigkeitserklärung am 17.2.2008 wurde dort auch *Beethovens* Ode an die Freude als „Europamusik" gespielt. Die Wirklichkeit ist also klüger als der Textgeber. Das ebenfalls leichtfertig gestrichene Motto „In Vielfalt geeint" bleibt realiter eine Leitmaxime allen Handelns in Europa 650

Die Rückkehr der Europäischen Verfassung?, ZaöRV 67 (2007), S. 1141 ff.; *K. Chryssogonos*, Der europäische Verfassungsvertrag: Renaissance der oktroyierten Verfassung?, in: FS H.-P. Schneider, 2008, S. 449 ff.; I. Pernice (Hrsg.), Der Vertrag von Lissabon: Reform der EU ohne Verfassung?, 2008; Ch. Calliess (Hrsg.), Verfassungswandel im europäischen Staaten- und Verfassungsverbund, 2007; *ders.*, Die EU nach dem Vertrag von Lissabon, 2008; *J. Bergmann*, Bericht aus Europa, DÖV 2008, S. 305 ff.; *K. Stern*, Die EU-Verfassung am Scheideweg, in: FS Isensee, 2007, S. 721 ff.; I. Pernice/M. Angelov (Hrsg.), Auf dem Weg zum Vertrag von Lissabon, 2008; W. Weidenfeld (Hrsg.), Lissabon in der Analyse, 2008; *H.-J. Rabe*, Zur Metamorphose des Europäischen Verfassungsvertrags, NJW 2007, S. 3153 ff.; K. Langenbucher (Hrsg.), Europarechtliche Bezüge des Privatrechts, 2. Aufl. 2008; *A. Weber*, Der Raum der Freiheit der Sicherheit und des Rechts im Vertrag von Lissabon, BayVBl. 2008, S. 485 ff.; *R. Brosius-Linke*, Innerstaatliches Demokratiedefizit als Stolperstein für den Vertrag von Lissabon?, DÖV 2008, S. 997 ff.; *C. Franzius*, Grundrechte als Verfassungsgefährdung? – Der Vertrag von Lissabon aus deutscher Perspektive, DÖV 2008, 933 ff.; *A. Weber*, Vom Verfassungsvertrag zum Vertrag von Lissabon, EuZW 2008, S. 7 ff.; *A. Puttler*, Mehr europapolitischen Einfluss der deutschen Länder?, in: FS Schnapp, 2008, S. 253 ff.; *M. Schröder*, Neuerungen im Rechtsschutz in der EU durch den Vertrag von Lissabon, DÖV 2009, S. 61 ff.; *C. Nowak*, Europarecht nach Lissabon, 2010; C. Vedder u.a. (Hrsg.), Europäisches Unionsrecht, 2010; *F. Mayer*, Der Vertrag von Lissabon im Überblick, JuS 2010, S. 189 ff.; *M. Möstl*, Vertrag von Lissabon, 2010.

303 Dazu die Trias der Monographien von *P. Häberle*: Feiertagsgarantien als kulturelle Identitätselemente des Verfassungsstaates, 1987; Nationalhymnen als kulturelle Identitätselemente des Verfassungsstaates, 1. Aufl. 2007 (2. Aufl. 2013); Nationalflaggen, 2008. – Zur Kultur im Sinne von Titel XIII AEUV: *M. Kotzur*, in: R. Geiger/D.-E. Khan/M. Kotzur (Hrsg.), EUV/AEUV, 5. Aufl. 2010, S. 599-611.

und auch der übriggebliebenen Texte (vgl. die Vielfalt der Kultur, so Art. 3 Abs. 3, UAbs. 4 EUV, Art. 165 Abs. 1, Art. 167 Abs. 1 und 4 AEUV; auch die „nationale Identität" bleibt gesichert, so in Art. 4 Abs. 2 EUV).

651 Die *Zerlegung* des alten „Verfassungsvertrages" von 2004 (als seinerzeitiger Versuch einer einheitlichen Kodifikation) in zwei Teile und die große Zahl von Artikeln haben eine neue – und alte – „*Unübersichtlichkeit*" geschaffen/beibehalten/intensiviert, die alles andere als „bürgernah" ist. Die viel berufene Bürgernähe und Transparenz (Präambel, Art. 1 Abs. 2, Art. 10 Abs. 3 EUV, Art. 17 Abs. 3 AEUV) wird nicht erreicht. EUV und AEUV sind ein bürgerfernes „Dickicht". Nimmt man die zum Teil wichtigen Protokolle und Anhänge hinzu (Art. 51 EUV), so ergibt sich ein Konvolut, mit dem sich der Europabürger schwerlich identifizieren kann: Es ist, auch für den geschulten Verfassungsjuristen, kaum „lesbar". Die textliche Fixierung auf die *repräsentative Demokratie* in Art. 10 Abs. 1 EUV ist ebenfalls nicht unproblematisch. Zum einen erschwert sie langfristig den etwaigen Beitritt der Schweiz mit ihrer „halbdirekten Demokratie", zum anderen macht sie die häufigen Bezugnahmen auf den „Dialog" (Art. 11 Abs. 2 EUV, Art. 17 Abs. 1 AEUV) sowie die „Zivilgesellschaft" (Art. 11 Abs. 2 EUV, Art. 15 Abs. 1, Art. 300 Abs. 2, Art. 302 Abs. 2 AEUV) nicht recht glaubwürdig. Daran ändert auch die eingebaute Bürgerinitiative (Art. 11 Abs. 4 EUV) nichts. Gleiches gilt für das Teilnahmerecht der Bürger (Art. 10 Abs. 3 EUV) sowie das Petitionsrecht jedes Unionsbürgers (Art. 20 Abs. 2 lit. d, Art. 227 AEUV): Elemente der sogenannten „partizipativen Demokratie". Speziell die Hürde der Bürgerinitiative ist hoch, ihre Wirkung bleibt schwach (Adressat ist nur die Kommission). Das Ganze gleicht einem „Trostpflaster".

652 Die *kumulative Integrierung* von *zwei Grundrechtsdokumenten*, nämlich der – mustergültigen – EU-Grundrechte-Charta von 2000 (Art. 6 Abs. 1 EUV) sowie durch Beitritt zur EMRK (Art. 6 Abs. 2 EUV), ist tendenziell zu begrüßen. Doch zeigen sich in der Praxis gewichtige Probleme, wie die Grundrechtsgarantien im Ganzen und Einzelnen „konkordant" auszulegen sind. Ob der EuGH mit seinem Gutachten vom Dezember 2014 dem EMRK-Beitritt der Union auch deshalb eine vorläufige, aber gewiss lange wirkende Absage erteilt hat, steht auf einem anderen Blatt. Hier wartet viel Arbeit auf die Grundrechtswissenschaft[304] und die Gerichte aller Stu-

304 Einige Probleme wurden bereits zeitnah auf der Rostocker Staatsrechtslehrertagung zum Thema „Bundesstaat zwischen Konflikt und Kooperation" diskutiert, vgl. VVDStRL 66 (2007), insbes. S. 361 ff., 392 ff., 423 ff.

fen. Verunsichernd wirkt auch die Bezugnahme auf die sogenannten „Erläuterungen" in Art. 6 Abs. 1, UAbs. 3 EUV. Solche antizipierenden Interpretationen durch den Konventsgeber sind nicht hilfreich.[305] Die Kommentierung von Verfassungstexten ist Aufgabe *aller* Interpreten, der Textgeber selbst sollte sich keine Sonderrolle zuschreiben. Die „Erinnerung" an die sozialen Grundrecht der ESC (1961) und die Gemeinschaftscharta der sozialen Grundrechte der Arbeitnehmer (1989) in der Präambel EUV verdient Zustimmung, so schwierig ihre Harmonisierung mit den klassischen Grundrechtsgarantien bleibt.

Fragwürdig sind überdies die vielen *Ausnahmemöglichkeiten*. Bei aller 653
Liebe zu Italien: Es stimmte dem Reformvertrag leider erst zu, nachdem ihm ein zusätzlicher Sitz im Europaparlament versprochen wurde. Es erhält dort künftig 73 Sitze, wie Großbritannien. Auch konnten/können sich Polen und Großbritannien laut Protokoll von der EU-Grundrechte-Charta freizeichnen, wenn man es spitz formuliert: punktuell aus der EU „austreten" [306] (die neu formulierte Austrittsklausel in Art. 50 EUV ist freilich ein Gewinn: sie kann als Druckmittel gegen integrationsunwillige Mitgliedstaaten wirken; sie kann allerdings auch als Drohkulisse von Seiten der Mitgliedstaaten aufgebaut werden, siehe aktuell Großbritannien). Insgesamt haben nicht wenige Normen im AEUV keinen *Verfassungs*charakter und gehören eigentlich in *unter*konstitutionelle Texte (z.B. Art. 136-138, Art. 293, Art. 294 AEUV). Man hätte durch ihre Herabstufung eine Verschlankung des ganzen Vertrags erreichen können. Die einheitliche Primärrechtsstufe ohne implizite Hierarchisierung war aber ein wohl unumgänglicher Kompromiss. Er offenbart eine gewisse „Schizophrenie": man bestreitet den Verfassungsrang der Verträge bzw. die konstitutionelle Qualität des Reformvertrags von Lissabon, will sich aber gleichwohl der Sache nach des „Vorrangs der Verfassung" bzw. des „Primärrechts" der Union bedienen.

c) Aber auch auf der Haben-Seite lässt sich mancher Gewinn verbuchen. 654
Die Bekräftigung der z.T. neu formulierten *Werte* und *Ziele* der Union („Werte": Art. 2, Art. 3 Abs. 1, Art. 7 Abs. 1, Art. 8 Abs. 1, Art. 13 Abs. 1

---

305 Die „Aktualisierten Erläuterungen" wurden abgedruckt in EuGRZ 2008, S. 92 ff. Für die englischsprachige Fassung („Explanations Relating to the Charter of Fundamental Rights") sei verwiesen auf R. Geiger/D.-E. Khan/M. Kotzur (Hrsg.), European Union Treaties, 2015, S. 1071 ff.

306 *V. Mehde*, Gespaltener Grundrechtsschutz in der EU? Zur Bedeutung der Sonderregelung für Polen und das Vereinigte Königreich, EuGRZ 2008, S. 269 ff.

EUV; Art. 21 Abs. 2 lit. a, Art. 42 Abs. 5 EUV; „Ziele": Art. 3 Abs. 1, Art. 20 Abs. 1, UAbs. 2, Art. 22 Abs. 1 EUV) ist positiv. Es handelt sich dabei unzweifelhaft um *konstitutionelle Elemente* (z.B. die „Werte" der Menschenwürde, Freiheit, Demokratie, Gleichheit, Rechtsstaatlichkeit, Menschenrechte, Minderheitenrechte, Pluralismus, Toleranz, Gerechtigkeit, Solidarität, Gleichstellung von Männern und Frauen). Auch ist erneut festzustellen, dass die EU die z.T. typisch deutschen Berührungsängste zum Begriff der „Werte" (z.B. Art. 2 und 3 EUV) nicht teilt. Zu den neuen „Zielen" (Art. 3 EUV) gehören die besonderen Rechtsgrundlagen für die Bereiche Energie (Art. 194 AEUV), menschliche Gesundheit (Art. 168 AEUV), Katastrophenschutz (Art. 196 AEUV), Schutz des Rechts des geistigen Eigentums (Art. 118 AEUV), die Ziele in Sachen Klimawandel im Rahmen des Umweltschutzes (Art. 191 AEUV) und die Verwaltungszusammenarbeit (Art. 197 AEUV). Diese dem bisherigen Rechtszustand gegenüber z.T. neuen oder doch verdeutlichenden Unionsziele sind auch eine Positivierung des *Gemeinwohl*auftrags. Es gibt also ein EU-Gemeinwohl[307], wie sich aus in den Verpflichtungsklauseln für die Kommission (Art. 17 Abs. 1 S. 1 EUV: „allgemeine Interessen der Union") und für den Wirtschafts- und Sozialausschuss (Art. 300 Abs. 4 AEUV) zeigt. Die Festlegung der *Rechtsverbindlichkeit der EU-Grundrechte-Charta* von 2000 (Art. 6 Abs. 1 EUV) ist ebenfalls ein Stück Konstitutionalisierung der EU, trotz der erwähnten Ausnahmeklauseln. Die EU versteht sich einmal mehr als „*konstitutionelle Grundrechtsgemeinschaft*": in diesem Falle, mit diesem Text, ist sie „bürgernah"!

655 Manche *institutionelle Regelungen* sind ebenso geglückt wie konstitutionell von Gewicht: die seit 2014 geltende Regel der „doppelten Mehrheit" im Rat (Art. 16 Abs. 4 EUV), freilich mit der „Sperrminorität" nach UAbs. 2 ebd., sodann das Amt des auf zweieinhalb Jahre gewählten Präsidenten des Europäischen Rates und des Hohen Vertreters für die Außen- und Sicherheitspolitik (leider nicht „Außenminister"); schließlich die Schaffung der einheitlichen Rechtspersönlichkeit der Union (Art. 47 EUV). Der *Demokratisierungs- (genauer Parlamentarisierungs-)Prozess* ist verstärkt belebt worden: so in Gestalt der Ausdehnung der Zuständigkeiten des zum Mitgesetzgeber werdenden Europäischen Parlaments im Gesetzgebungsverfahren (Art. 16 Abs. 1 EUV) und der neuen Kontroll-

---

307 Dazu erstmals *P. Häberle*, Gibt es ein europäisches Gemeinwohl?, in: FS Steinberger, 2002, S. 1153 ff. sowie *ders.*, Öffentliches Interesse als juristisches Problem, 2. Aufl. 2006.

rechte der *nationalen* Parlamente in Sachen Subsidiarität (Art. 5 Abs. 3, UAbs. 2, S. 2 EUV, Art. 12 lit. b EUV samt Protokoll, Art. 69 AEUV), die letztlich auch den „margin of appreciation" stützt[308], ebenso wie die „nationalen Identitäten". Der Verfassungsbegriff der *Solidarität* wird bekräftigt und zwar in den unterschiedlichsten Kontexten (z.B. Art. 3 Abs. 3, UAbs. 3 EUV, Art. 67, Art. 80 AEUV, Stichwort: EU als Solidargemeinschaft, sogar in Gestalt einer „Geist-Klausel" (Art. 122 AEUV)). Eine Erscheinungsform dürfte, neben der „loyalen Zusammenarbeit" (Art. 4 Abs. 3, Art. 13 Abs. 2 EUV), der Begriff des „sozialen Dialogs" sein, der sich z.B. in Art. 151 Abs. 1, Art. 152 Abs. 1 AEUV findet (s. auch Art. 11 Abs. 2 EUV: „regelmäßiger Dialog").

Die Verwendung des Begriffs „*Zivilgesellschaft*" ist eine geglückte Text- 656
stufe zum „konstitutionellen" Selbstverständnis der EU. Sie findet sich zuvor in der einen oder anderen osteuropäischen Reformverfassung[309] und sie ist häufig auch in der Alltagssprache anzutreffen. Die „Zivilgesellschaft" könnte inskünftig von der EU-Ebene her Impulse für die Wissenschaft vom Verfassungsstaat als *Typus* auslösen: „Bürgergesellschaft", „Bürgerdemokratie" sind Parallelbegriffe. Die Idee des „Unionsbürgers" gehört in denselben Kontext (positiv ist die Regelung der Unionsbürgerschaft: Präambel, Art. 9 EUV und Art. 20 bis 25 AEUV, ebenso der Bürgerbeauftragte (Art. 228 AEUV)). Die Klausel zur *verstärkten Zusammenarbeit* (Art. 20 EUV, Art. 326 bis 334 AEUV) eröffnet die Möglichkeit einer Intensivierung des Integrationsprozesses. Wird sie überdehnt, wächst aber auch die Gefahr einer für eine Rechtsgemeinschaft prekären Differenz: Ungleiches statt Gleiches Recht für alle! Die Klausel zur guten

---

308 Dazu vor allem die Urteile des EGMR: „Handyside", „Sunday Times", „Kokkinakis"; aus der Lit.: *F. Ermacora*, Richtungsweisendes Handyside-Urteil?, EuGRZ 1977, S. 363 ff.; *M. O'Boyle*, The Margin of Appreciation and Derogation under Art. 15: Ritual Incantation or Principle?, Human Rights Law Journal 19 (1998), S. 23 ff.; *A. Rupp-Swienty*, Die Doktrin von der margin of appreciation in der Rechtsprechung des Europäischen Gerichtshofes für Menschenrechte, 1999; *Y. Winisdoerffer*, Margin of Appreciation and Article 1 of Protocol No. 1, Human Rights Law Journal 19 (1998), S. 18 ff.; *H. C. Yourow*, The Margin of Appreciation Doctrine in the Dynamics of the Strasbourg Jurisprudence and the Construction of Europe, ZEuS 1 (1998), S. 233 ff. Monographisch und ins Rechtsethnologische ausgreifend behandelt auch bei *P. Wiater*, Kulturpluralismus als Herausforderung für Rechtstheorie und Rechtspraxis. Eine völkerrechtsdogmatische und ethnologische Auseinandersetzung mit der Rechtsprechung des EGMR, 2009.

309 Dazu aus der Lit.: *P. Häberle*, Bürgerschaft durch Bildung als europäische Aufgabe, in: FS H.-P. Schneider, 2008, S. 460 ff.

Nachbarschaftspolitik (Art. 8 EUV) verdient ebenfalls Beifall. Der „Raum des Wohlstands und der guten Nachbarschaft" ist ein Gewinn: eine geglückte Textstufe.

657 Die Ausgestaltung des *Vertragsänderungsverfahrens* (Art. 48 EUV) ist insofern bemerkenswert, als hier der (vorbereitende) *Konvent* als Institution festgeschrieben ist (Abs. 3) – Stichwort: „Konventsmethode". Konvente sind, wie die politische Praxis in Geschichte und Gegenwart lehrt, Foren für die Schaffung von *Verfassungen* (seit Philadelphia in den werdenden USA). Damit wird in nuce an relativ verborgener Stelle der Idee der „Verfassung" im Vertrag von Lissabon doch noch ein Tribut gezollt. Das „vereinfachte" Verfahren der Änderung der Verträge muss sich erst noch bewähren (Art. 33 Abs. 6 EUV). Zu den weiteren Positiva rechnen die Regeln über die *Zuständigkeiten der Union* (Art. 2 bis 6 AEUV: ausschließliche, geteilte, unterstützende). Sie erweisen sich als „präföderal". Genannt seien ferner die Bekräftigung des Prinzips der begrenzten Einzelermächtigung (Art. 5 EUV, Art. 7 AEUV), die Regeln, die ein Stück konstitutioneller Normenhierarchie implantieren, nämlich die Unterscheidung zwischen Gesetzgebungsakten, die vom Unionsgesetzgeber, im Regelfall von Parlament und Rat gemeinsam, geschlossen werden (Art. 14, 16 EUV, 293 AEUV), und sogenannten delegierten Rechtsakten (Ermächtigung der Kommission durch einen Gesetzgebungsakt: Art. 290 AEUV). Die Betonung der „*Nachhaltigkeit*" (Art. 21 Abs. 2 lit. d und f., Art. 3 Abs. 3 und 5 EUV) ist ebenso zu begrüßen wie die Verantwortung für das „Wohlergehen der *Tiere* als fühlende Wesen" (Art. 13 AEUV) sowie das Postulat des „*wirksamen Rechtsschutzes*" (Art. 19 Abs. 1, UAbs. 2 EUV)[310]. Der „europäische Raum der Forschung" (Art. 179 AEUV) sowie die *Bildungsziele* in Art. 165 AEUV (s. auch Präambel ebd.: „umfassender Zugang zur Bildung") und die *religionsverfassungsrechtliche* Garantie in Art. 17 AEUV stoßen z.T. in neue Textstufen vor (Beitrag zum „offenen, transparenten und regelmäßigen Dialog"). Die Achtung der *regionalen und lokalen*

---

310 Aus der Lit.: *J. Kokott u.a.*, Aktuelle Fragen des effektiven Rechtsschutzes durch die Gemeinschaftsgerichte, EuGRZ 2008, S. 10 ff. S. auch die Beiträge der Münsteraner Tagung „Effektivität des Rechtsschutzes vor den Europäischen Gerichten – Anspruch, Wirklichkeit, Reformbedarf", EuGRZ 2008, S. 341 ff.; *C.-D. Munding*, Das Grundrecht auf effektiven Rechtsschutz im Rechtssystem der Europäischen Union. Überlegungen zur Rechtsnatur und Quellenhermeneutik der unionalen Rechtsschutzgarantie sowie zur Wirksamkeit des Systems primären Individualrechtsschutzes gegen normative EG-Rechtsakte, 2010.

Selbstverwaltung (Art. 4 Abs. 2 EUV) im Kontext der „nationalen Identität" der Mitgliedstaaten sei ebenfalls positiv erwähnt. Der *Wettbewerb* (Art. 3 Abs. 3 EUV), der „redliche Wettbewerb" (Präambel, Art. 119, Art. 120 AEUV: „offene Marktwirtschaft mit freiem Wettbewerb"; Art. 101 AEUV: keine „Verfälschung" des Wettbewerbs) ist trotz *N. Sarkozy* ein Unionsziel geblieben. Schließlich seien die *Verwaltungszusammenarbeit* (Art. 197 AEUV) sowie die „*gemeinsame Einwanderungspolitik*" (Art. 79 AEUV) bzw. „Eurojust" (Art. 81, Art. 85 AEUV) sowie „Europol" (Art. 87, Art. 88 AEUV) positiv vermerkt, ebenso die Betonung der „*Entwicklungszusammenarbeit*" (Art. 208 bis 211 AEUV) und der „*humanitären Hilfe*" (Art. 214 AEUV).

d) Der Vertrag von Lissabon konnte die EU jedenfalls handlungsfähiger 658
machen. Er lässt sie aber auch nach wie vor als „Experimentierfeld" und „Dauerbaustelle" erscheinen. Er ist ein z.T. gelungener Zwischenschritt im offenen Integrations- und Konstitutionalisierungsprozess der EU. Er mindert nicht, sondern steigert noch die Kompetenz einer „Europäischen Verfassungslehre", die freilich letztlich aus der Sicht aller 28 Mitgliedstaaten bzw. ihrer nationalen Wissenschaftlergemeinschaften geschrieben werden muss. Die Präambel des EUV beschwört zu Recht das „kulturelle, religiöse und humanistische Erbe Europas", aus dem sich die „unverletzlichen und unveräußerlichen Rechte des Menschen sowie Freiheit, Demokratie, Gleichheit und Rechtsstaatlichkeit als universelle Werte entwickelt haben". Dieser Text ist ein großes Reservoir für neue Impulse für die Zukunft, auch wenn es zu einem (alternativen) Gottesbezug (wie in Polen) nicht gekommen ist. Das Wort von der „neuen Stufe" des Integrationsprozesses (Präambel EUV) bleibt ebenso aktuell, wie die „Finalität" Europas *offen* sein muss. Das Postulat der Bürgernähe (Präambel EUV etc.) ist bei manchen Fortschritten und gewichtigen Rückschritten weiterhin Utopie, doch wohl hoffentlich eine konkrete. Der Auftrag zur „Weiterentwicklung des Völkerrechts" (Art. 3 Abs. 5 EUV) muss ernst genommen werden: in dem Maße, wie dieses konstitutionelles Menschheitsrecht wird. Kühn ist das hohe Ziel der „Weltordnungspolitik" (Art. 21 Abs. 2 lit. h EUV). Die EU kann sich in der globalisierten Welt von heute nur als bescheidener „Akteur" zu Wort melden.[311] Schon seit mehr als 60 Jahren ringt sie um

311 Zu den Akteuren der Entwicklung von Völkerrecht *P. Häberle* Nationales Verfassungsrecht, regionale „Staatenverbünde" und das Völkerrecht als universales Menschheitsrecht: Konvergenzen und Divergenzen, in: FS Zuleeg, 2005, S. 80 ff.: Nationales Verfassungsrecht, regionale „Staatenverbünde" und das Völ-

ihre Verfassung als „geprägte Form, die lebend sich entwickelt" (i.S. von *J. W. v. Goethe* und *H. Heller*). Der Vertrag von Lissabon ist ein *konstitutioneller Wachstumsring* trotz seiner Defizite. Wie weit das Wachstum gedeiht, hängt auch von der europäischen Öffentlichkeit ab, nicht zuletzt indes von den „europäischen Juristen". Dabei ist die „Identität Europas" (Präambel EUV) wohl ein „Suchbild" wie die nationalstaatliche Verfassung[312].

8. Der Vertrag von Lissabon auf dem Prüfstand

659 Der Vertrag von Lissabon war aber kein unbestrittenes und immer auch gefährdetes Einigungswerk. Groß waren der Schock und die Ratlosigkeit über die nur von wenigen erwartete oder erhoffte Ablehnung des Vertrags von Lissabon durch das irische Volk in einem ersten Referendum (2008). Eine kleine Presseschau erinnert daran: „Iren stürzen die Europäische Union in Krise, Referendum endet im Desaster: Nein zum Vertrag von Lissabon – Die anderen Staaten wollen weitermachen" (Die Welt vom 14. Juni 2008, S. 1, mit dem Kommentar: „EU ist keine Herzenssache"); „Irland lehnt den EU-Reformvertrag ab, Ländliche Wahlkreise ausschlaggebend, die Ratifikation scheiterte mit 53,4 Prozent Nein-Stimmen bei einer Wahlbeteiligung von 53 Prozent" (NZZ vom 14./15. Juni 2008, S. 1); „NÌL! Knapp 1,5 Millionen Iren haben den EU-Reformvertrag scheitern lassen, Die überfällige Reform der Union ist blockiert – ein Debakel für Europa, Schwarzer Freitag für Europa" (FR vom 14./15. Juni 2008, S. 1, 11); „Iren sagen nein zum Vertrag von Lissabon, Enttäuschung in Brüssel, Unklarheit über Fortgang des Ratifikationsverfahrens, EU-Reform gefährdet" (FAZ vom 14. Juni 2008, S. 1, ein Kommentator sprach ebenda von einer „Stunde der Geiselnehmer", zumal Brüssel keinen „Plan B" vorbereitet hatte); „EU-Krise, Irlands 'Nein' schockt Europa" („Bild", vom 14. Juni 2008, S. 1); „Entsetzen in den Hauptstädten der EU, Iren stürzen Europa in die Krise, Bürger lehnen den Vertrag von Lissabon ab, Merkel und Sar-

---

kerrecht als universales Menschheitsrecht: „Wer entwickelt das Völkerrecht?"; weiterhin *M. Kotzur*, Das Völkerrecht von der Menschheit her denken. Einige Überlegungen zu den „global commons", in: A. Blankenagel (Hrsg.), Den Verfassungsstaat nachdenken. Eine Geburtstagsgabe, 2014, S. 43 ff.

312 Dazu *U. Volkmann*, Verfassungsrecht zwischen normativem Anspruch und politischer Wirklichkeit, VVDStRL 67 (2008), S. 57 ff., 88 f.

kozy wollen Reformkurs trotzdem fortsetzen" (SZ vom 14./15. Juni 2008, S. 1); „Irlanda hunde a la UE en su peor crisis" (El País vom 14. Juni 2008, S. 1).

Wenige Tage später fanden sich folgende Titelschlagworte: „Brüssel wünscht sich zweite Volksabstimmung, EU hofft auf Einlenken der Iren, Alle anderen 26 Mitgliedstaaten sollen den Lissabon-Vertrag ratifizieren, um den Druck auf Dublin zu erhöhen" (SZ vom 16. Juni 2008, S. 1); „Le désamour européen, Les gouvernements européens tentent d'éviter que le non irlandais ne tue le traité de Lisbonne" (Le Monde vom 17. Juni 2008, S. 2, 8); „Die EU durcheinander, Wieder eine Denkpause? Noch ein Referendum? Oder eine 'Unterbrechung'?" (FAZ vom 17. Juni 2008, S. 1); „Euro presses ahead despite vote by Irish, Rejection of EU political integration fails to spill over into currency markets, Irish seek time to plot their next EU move" (International Herald Tribune vom 17. Juni 2008, S. 1, 3). Der irische Ministerpräsident *B. Cowen* äußerte selbstbewusst: „Wir lassen uns nicht drängen" (FAZ vom 22. Juli 2008, S. 2). 660

a) Mehrere Optionen zur Lösung der europäischen Verfassungskrise ohne formelle Verfassung wurden diskutiert. Die ersten Skeptiker erklärten den Vertrag von Lissabon schlicht für „tot" und fanden sich schon bald im Irrtum. Optimisten plädierten demgegenüber für eine Fortsetzung der Ratifizierungsverfahren, zumal es keinen „Plan B" gab[313], notfalls unter Inkaufnahme eines „Kerneuropas" ohne Irland – eine gewagt-desintegrierende Lösung, die eine prekäre Alternative war und bleibt, wenn man gegenwärtig an Griechenland oder Großbritannien denkt. Überdies warben *J. Delors* und *J. Fischer* für ein „Europa der zwei Geschwindigkeiten".[314] Dies lehnte die deutsche Bundeskanzlerin als „nicht zielführend" ab.[315] Weiterhin kristallisierte sich die feste Entschlossenheit heraus, nach einer erneuten Reflexionsphase eine zweite Abstimmung in Irland zu wagen, nachdem man mit diesem Land Zugeständnisse, etwa in Form von Protokollen, 661

313 „Die hoffnungslose Suche nach Plan B, Nach der Ablehnung des EU-Vertrags bleibt Irland fast nur das dänische Modell: noch mal abstimmen über einen abgespeckten Entwurf", SZ vom 18. Juni 2008, S. 7.

314 FAZ vom 24. Juni 2008, S. 5. Abzulehnen ist die These von *J. Delors*, kleine und neue Mitgliedstaaten dürften den „Gründervätern" nicht das Tempo der Einigung diktieren. Angesichts des zu hohen Tempos der Aufnahme neuer Mitglieder mag diese Kritik eines großen Europäers verständlich sein, indes hätten die EU-Reformen schon früher verwirklicht werden sollen.

315 FAZ vom 20. Juni 2008, S. 2.

ausgehandelt hatte.[316] Zudem hoffte die EU auf ein Einlenken der Iren, indem alle anderen 26 Mitgliedstaaten den Lissabon-Vertrag ratifizieren sollten, um den „Druck auf Dublin zu erhöhen".[317] Dagegen verwahrte sich der irische Premier *B. Cowen* mit dem Satz: „Mein Land braucht jetzt die Gewissheit, dass die Union uns respektiert".[318] Eine Replik aus Deutschland und Frankreich kam prompt: „Ohne Lissabon-Vertrag keine Erweiterung."[319]

662 b) Wie schon bei dem doppelten Nein Frankreichs und der Niederlande 2005 rückte sogleich nach dem negativen Ausgang des Referendums die Frage nach den nationalen Gründen hierfür in den Mittelpunkt. Hier einige Stimmen: Verwiesen wurde darauf, dass die meisten Iren den Vertrag von Lissabon im Ganzen und Einzelnen gar nicht kannten[320]; auch wurde vermutet, dass sie der damals amtierenden nationalen Regierung einen „Denkzettel" verpassen wollten (wie seinerzeit in Frankreich und den Niederlanden). Im Übrigen kamen immer wieder die alten (Vor-)Urteile gegen „Brüssel" zum Tragen. Auch erinnerte man sich, dass schon vor Jahren die Iren einen Europa-Vertrag im ersten Anlauf abgelehnt und später in einem zweiten Referendum „korrigiert" hatten („Nizza"). Überdies waren aus ganz Europa die Europa-Gegner vor dem Referendum zu Protesten gegen den Vertrag von Lissabon nach Irland gekommen[321] – ein Forum europäischer Öffentlichkeit ganz eigener Art, aber ein Forum, das es ernst zu nehmen galt (und gilt).

663 Erstaunlich und mehr als eine bloße *„deutsche Fußnote"* war die Meinung von *J. Habermas* (SZ vom 17. Juni 2008, S. 7: „Ein Lob den Iren"; SZ vom 24. Juni 2008, S. 13: „Verständnis für die Iren" – „Eine Wiederholung des Referendums? Das ist der Zynismus der Macher"); weiterhin ein Leserbrief von *J. Güntzel* (FAZ vom 24. Juni 2008, S. 7, mit dem schlichten Satz „Ein durchaus erlaubtes Nein der Iren"). Weitere Leserbriefe mit

---

316 Sehr kritisch dazu SZ vom 23. Dezember 2008, S. 7: „Die irische Erpressung, Als Gegenleistung für ein neues EU-Referendum setzt Dublin einen Sitz für jedes Land in der Kommission durch – und schwächt so die Reform".

317 SZ vom 16. Juni 2008, S. 1.

318 Bonner General-Anzeiger vom 21./22. Juni 2008, S. 3.

319 Bonner General-Anzeiger vom 21./22. Juni 2008, S. 3.

320 Vgl. FAZ vom 25. Juni 2008, S. 6: „Keiner schätzt die EU wie die Iren", 22 Prozent der im Eurobarometer Befragten begründeten ihr Nein mit mangelnder Kenntnis des Vertrags. – Erstaunlich sodann die Meldung: „Die Iren würden jetzt mit Ja stimmen", FAZ vom 18. November 2008, S. 5.

321 FAZ vom 12. Juni 2008, S. 3.

„viel Zustimmung zum Nein der Iren" fanden sich im Bonner General-Anzeiger (2. Juni 2008, S. 16). Im Straßburger Europaparlament nutzten vor allem die wenigen EU-Gegner unter den Abgeordneten die Reformkrise für eigenen Protest.[322] Bezeichnenderweise ließ der damalige polnische Staatspräsident aus Warschau verlauten, Polen ratifiziere den EU-Vertrag vorerst nicht.[323] Auf charmante Weise brachte der seinerzeitige französische Außenminister *B. Kouchner* sein Verständnis für die Bevölkerung Irlands zum Ausdruck: „Wir sind alle Iren" (Welt am Sonntag vom 22. Juni 2008, S. 2). Als berechtigte Mahnung durfte man das Zitat von *J.-C. Juncker* registrieren: „Ich bin ein Spezialist für kleine Länder. Sie mögen es nicht, wenn man ihnen Lektionen erteilt" (Welt am Sonntag vom 22. Juni 2008, S. 2). War dies insbesondere an französische Europapolitiker gerichtet? Derselbe – damals luxemburgische Premierminister – *Juncker* schrieb freilich auch: „Auch Iren können sich irren" (Rheinischer Merkur, Nr. 25, 2008, S. 3).

c) Immer deutlicher kristallisierte sich der Wille der verantwortlichen Eu- 664
ropapolitiker heraus, eine *Wiederholung* des irischen Referendums auf der Basis inhaltlicher Zugeständnisse an die Iren zu wagen. Vor allem war die Beibehaltung *eines* irischen Kommissars *auf Dauer* ein dringender Wunsch der irischen Regierung. Diskutiert wurde auch, dass in Form von Protokollen ausdrücklich die irische Neutralität und das in Irland geltende strikte Abtreibungsverbot festgeschrieben werden sollten. Das irische Parlament bzw. sein zuständiger Ausschuss[324], auch der irische Europaminister[325], empfahlen eine neue Abstimmung über den EU-Vertrag. Auch Repräsentanten der EU strebten seit Dezember 2008 ein zweites Referendum in Irland an.[326]

d) Deutschland lieferte ebenso einen Sonderfall. Wie schon beim Vertrag 665
von Maastricht und bei der Einführung des Euro wollten sich die Europaskeptiker vor dem Bundesverfassungsgericht Gehör verschaffen, nachdem im Frühjahr 2008 Bundestag und Bundesrat mit großer Mehrheit dem Vertrag von Lissabon zugestimmt hatten. So legten der damalige MdB *P. Gauweiler* Verfassungsbeschwerde sowie die „Linksfraktion" im Deutschen Bundestag Organklage ein. Hinzu kamen Verfassungsbeschwerden

---

322 Vgl. FAZ vom 19. Juni 2008, S. 3: „Mahnwache der grünen Männer".
323 FAZ vom 2. Juli 2008, S. 1: „Gegenstandslos seit dem Nein der Iren".
324 FAZ vom 27. November 2008, S. 9.
325 FAZ vom 26. August 2008, S. 1.
326 FAZ vom 12. Dezember 2008, S. 2.

von *F. L. Graf von Stauffenberg* sowie den Professoren *D. Spethmann*, *J. Starbatty* und *M. Kerber*[327]. Der damalige Bundespräsident *H. Köhler* wurde vom BVerfG gebeten, auch das ein bemerkenswerter Vorgang, während des schwebenden Verfahrens das deutsche Ratifizierungsverfahren vorläufig nicht abzuschließen. Heute liegt das Lissabon-Votum aus Karlsruhe längst vor und wurde um zahlreiche Voten zur Euro-Rettung – teils initiiert von denselben Akteuren als besonders gestaltungswilligen Repräsentanten der offenen Gesellschaft der Verfassungsinterpreten – ergänzt. Für eine historische Rekonstruktion der Verfassunggebung oder Verfassungswerdung in Europa sei aber noch einmal die „ex ante"-Perspektive eingenommen und an die *Kritikpunkte der Kläger*, einer merkwürdigen Koalition von rechts und links, erinnert.

666 aa) Bemerkenswert war schon die Ausgangsthese: Der Vertrag von Lissabon sei ein Verstoß gegen die souveräne deutsche Staatlichkeit und gegen das Demokratiegebot.[328] Der Prozessvertreter *P. Gauweilers*, *D. Murswiek*, machte auch geltend, die Ausweitung der Zuständigkeit der EU und die Möglichkeit, verbleibende Kompetenzlücken entweder durch eine expansive Rechtsprechung des EuGH oder durch die Anwendung der „Flexibilitätsklausel" zu füllen, führten dazu, dass die EU sich selbst Kompetenzen schaffen könne.[329] Dem war indes schon der Machtgewinn des Europäischen Parlaments entgegenzuhalten; von einer „Kompetenz-Kompetenz" Brüssels kann auch nach Lissabon nicht die Rede sein. Mit der Erweiterung der Kompetenzen für innere Sicherheit und Strafverfolgung dringe die EU, so ein weiteres klägerisches Argument, in verfassungswidriger Weise in Kerngebiete der Staatlichkeit vor. Damit werde die EU zu einem eigenen Staat, die Kompetenzen des Bundestages würden durch die Übertragung von Hoheitsrechten auf die EU ausgehöhlt (zit. nach FAZ vom 17. Januar 2009, S. 4). Das BVerfG jedenfalls war im Spannungsfeld von nationalem und unionalem „ordre public" gefordert, sich sowohl als

327 Vgl. FAZ vom 4. Februar 2009, S. 4. Die Schriftsätze der Antragsteller finden sich abgedruckt bei K. Kaiser (Hrsg.), Der Vertrag von Lissabon vor dem Bundesverfassungsgericht. Dokumentation des Verfahrens, 2013, S. 1 ff.

328 *S. Unger*, Das Verfassungsprinzip der Demokratie, 2008.

329 Das entsprechende Rechtsgutachten von *D. Murswiek* ist abgedruckt bei K. Kaiser (Hrsg.), Der Vertrag von Lissabon vor dem Bundesverfassungsgericht. Dokumentation des Verfahrens, 2013, S. 159 ff.

nationales Verfassungsgericht als auch als „*Europäisches Verfassungsgericht*" zu bewahrheiten.[330]

Die mündliche Verhandlung war von Berichterstatter *U. Di Fabio* fast lehrbuchartig strukturiert und stellte eine europäische Verfassungswerkstatt ganz eigener Art da.[331] Die erste Frage (im Rahmen der Begründetheit) galt der „demokratischen Teilhabe", dem „Schutz der verfassunggebenden Gewalt" und der „souveränen Staatlichkeit als Integrationsgrenze" – unter Hinweis auf Art. 38, 20, 23 Abs. 1, 79 Abs. 3 und 146 GG. Die Fortschreibung des Maastricht-Urteils mit der neuerlichen Renaissance einer gewissen Staatlichkeitsideologie lag bereits strukturell nahe. Die zweite Frage beschäftigte sich mit der von den Antragsstellern bzw. Beschwerdeführern gerügten Kompetenzverlagerung zu Lasten des Bundestages: „Entstaatlichung". Hier sollte es um eine qualitative wie quantitative Betrachtung der Verlagerung von Kompetenzen auf Organe der EU gehen. Drittens wollten sich die BVerfG-Richter mit der „Demokratisierung" der EU befassen. Stichworte waren hier „Umfang der übertragenen Hoheitsrechte und der Verselbständigung europäischer Entscheidungsverfahren", „Besonderheiten supranationaler Organisation und Entscheidungsverfahren", „Konkretisierung des Demokratiegebots auf europäischer Ebene". Viertens sollte die „Verfügungsbefugnis über das Primärrecht" verhandelt werden. Stichworte waren u.a. die „völkerrechtliche Natur der Verträge", das „vereinfachte Änderungsverfahren", „Passerelleklauseln" (vgl. Art. 48 Abs. 7 EUV), „Flexibilitätsklauseln", „Vorrang des Unionsrechts". Fünftens wollte sich der Zweite Senat einzelnen Politikfeldern widmen, z.B. der Zusammenarbeit in Strafsachen, internationalen Übereinkünften sowie der gemeinsamen Handelspolitik. Der sechste Punkt befasste sich mit der gemeinsamen Verteidigungspolitik. Stichworte waren die EU als „System gegenseitiger kollektiver Sicherheit (Art. 24 Abs. 2 GG)" – angesichts des Syrien-Einsatzes der deutschen Bundeswehr (Dez. 2015) aktueller denn je – sowie „die Geltung des wehrverfassungsrechtli- 667

330 In positiver, unionsfreundlicher Lesart kann der vom BVerfG in eben seiner Lissabon-Entscheidung geprägte Begriff der „Integrationsverantwortung" genau für jenes „Sich-Bewahrheiten" stehen: BVerfGE 123, 267 (351 ff.); *A. Voßkuhle*, Die Integrationsverantwortung des Bundesverfassungsgerichts, Die Verwaltung 2010, Beiheft 10, S. 229 ff. Für eine ausführliche Dokumentation des Verfahrens K. Kaiser (Hrsg.), Der Vertrag von Lissabon vor dem Bundesverfassungsgericht. Dokumentation des Verfahrens, 2013.

331 Die exakte Verhandlungsgliederung findet sich ebenda S. 1161 ff.

chen Parlamentsvorbehalts". Zuletzt figurierte das Sozialstaatsprinzip als siebter Punkt: die „Verpflichtung der Union auf soziale Grundsätze" sowie die „Beschränkung mitgliedstaatlicher Handlungsfähigkeit". Es ging um nicht weniger, als mit der „Brüderlichkeit" als drittem Element des Mottos der Französischen Revolution von 1789 dogmatisch ernst zu machen und die vielen sozialstaatlichen Elemente in der EU-Grundrechte-Charta von 2000 (z.B. den Titel IV. „Solidarität") zu verarbeiten (s. auch Präambel ebd.: „Verantwortung und […] Pflichten sowohl gegenüber den Mitmenschen als auch gegenüber der menschlichen Gemeinschaft und den künftigen Generationen").

668 bb) Zur mündlichen Verhandlung am 10. und 11. Februar 2009[332]: Der Vorsitzende *A. Voßkuhle* setzte einen glücklichen Ton mit der sogar vom Fernsehen übertragenen Bemerkung, das Grundgesetz sei durch eine *visionäre Europafreundlichkeit* gekennzeichnet. Er fügte später hinzu, es gehe nicht um das Ob, sondern um das Wie der europäischen Integration. Von Seiten der Beschwerdeführer und Antragsteller kam das Argument[333], beim Lissabon-Vertrag handle es sich um eine „gigantische Camouflage" (*D. Murswiek*). Dazu trage auch die sprachliche Unverständlichkeit bei. *P. Gauweiler* argumentierte, Begriffe, die an europäische Staatlichkeit erinnerten, würden im Text sorgsam vermieden, „nur damit die Franzosen und die Niederländer nicht darüber zu grübeln beginnen, warum sie diesmal nicht abstimmen dürfen". *D. Murswiek* sprach sogar von der Kommission als „autokratischem Prinzipal" und von einem „notorischen Demokratiedefizit". *M. Kerber*, *Stauffenbergs* Prozessvertreter, verstieg sich zu dem Bild von einer europäischen „Hydra". Überdies rügte er, die EU-Kommission werde von einer „Hüterin der Verträge" zu einer „Herrin der Verträge". Er sprach von einer „zentralistischen, rechtszersetzenden Dynamik". *O. Lafontaine* begründete für die SED-Nachfolgepartei „Die Linke" deren Antrag wie folgt: „Ein Parlament, das kein Initiativrecht hat, kann die demokratische Legitimation nicht herstellen." Zudem übersteigerte sich seine Kritik zu der These von der Festlegung auf eine „marktradikale Wirtschaftsordnung", auch enthalte der Lissabon-Vertrag ein „Programm zur militärischen Aufrüstung".

---

332 Das umfängliche Tonband-Wortlaut Protokoll ist abgedruckt bei K. Kaiser (Hrsg.), Der Vertrag von Lissabon vor dem Bundesverfassungsgericht. Dokumentation des Verfahrens, 2013, S. 1165 ff.

333 Ebd.

Von Seiten der Bundesregierung sowie des Bundestags bzw. deren Prozessbevollmächtigten wurde vorgetragen[334]: Bundesinnenminister *W. Schäuble* betonte in Bezug auf das Demokratiedefizit die gewachsene Macht des Europaparlaments, es sei „kein Parlament zweiter Klasse". Gerade durch den Lissabon-Vertrag werde es zum „vollwertigen Mitgesetzgeber neben dem Rat". Sein Plädoyer gipfelte in dem schönen Satz: „Der Lissabon-Vertrag ist gut für den Bundestag und für die Menschen in Europa." Auch betonte er, die Souveränität Deutschlands sei nicht bedroht. Die „arbeitsteilige Ausübung staatlicher Souveränität", wie sie im Vertrag festgelegt sei, sehe bereits das Grundgesetz vor. Laut *F.-W. Steinmeier*, auch damals Außenminister, festige der Lissabon-Vertrag die demokratischen Grundlagen der Union. Er warnte vor einem „Rückzug ins nationale Schneckenhaus". Der Vertrag stärke durch die künftig rechtsverbindliche Grundrechte-Charta die Grundrechte erheblich und erleichtere die Zusammenarbeit auf dem Feld der Innen- und Justizpolitik. Der Bielefelder Rechtsprofessor *F. C. Mayer* hob hervor, der Lissabon-Vertrag habe gerade im Strafrecht eine „Notbremse" eingebaut. Bei Einspruch eines Mitgliedsstaates werde das europäische Rechtsetzungsverfahren beendet. 669

Von der Richterbank kamen wichtige Rückfragen. *U. Di Fabio* (Berichterstatter) adressierte an Bundesinnenminister *W. Schäuble* die Doppelfrage: „Muss man nicht fragen: Ist die Kompetenz, die jemand gewinnt, ein Gewinn für die Freiheit? Ist der Gedanke des Immer-Mehr in der Tendenz nicht freiheitsgefährdend?" Andere Richter wie *H. Landau*, *R. Mellinghoff* und *S. Broß* legten überdies in ihren Fragen an die Prozessbeteiligten dar, wie ausgreifend die EU schon ihre bisherigen Kompetenzen ausgelegt habe. Ein Schwerpunkt des Rechtsgesprächs lag in dem Problem der Überführung der sog. Dritten Säule (Justiz, polizeiliche Zusammenarbeit und Strafverfolgung) in die Gesetzgebungskompetenz der EU. *H. Landau* ergänzte, mit europäischen Strafgesetzen werde in die nationale Wertordnung eingegriffen.[335] 670

Am zweiten Verhandlungstag hielt *D. Murswiek* das am Vortrag ergangene Judikat des EuGH zur Vorratsspeicherung von Telefon- und Handyverbindungen beispielhaft für einen „eklatanten Missbrauch einer Kompetenzgrundlage". Wegen dieses Kurses des EuGH gebe es mittlerweile keine relevanten Politikbereiche, in denen die EU keine Kompetenzen habe, der 671

334 Ebd. dokumentiert sind die schriftlichen Stellungnahmen der Bundesregierung (S. 603 ff.), des Bundestages (S. 787 ff.) und des Bundesrates (S. 1139 ff.).

335 Für Details sei wiederum verwiesen auf ebd., S. 1165 ff.

Bundestag entwickle sich zum „Untergesetzgeber“. *Murswiek* votierte für die Errichtung eines Kompetenzgerichts. Seiner Ansicht nach sei sogar der Einfluss des BVerfG gefährdet. Durch die EU-Reform werde die Stellung des EuGH in solchem Maß gestärkt, dass dem BVerfG keine Vetomöglichkeit mehr verbleibe. Immer wieder war davon die Rede, wie viel von der souveränen Staatlichkeit überhaupt noch übrigbleibe („Entstaatlichung“) und wie viele Kompetenzen sich noch abschneiden ließen. Der Abgeordnete *A. Schäfer* (SPD) wandte sich gegen die Behauptung einer flächendeckenden Zuständigkeit der EU. Dem Bundestag verblieben genügend zentrale Kompetenzen. Der Grünen-Abgeordnete *J. Montag* sprach von einer „Verbesserung unserer Situation“. Dass Vieles hier vom Selbstbewusstsein der Bundestagsabgeordneten abhänge, war Konsens. Der christlich-demokratische Europaabgeordnete *E. Brok* warnte, bei einem Scheitern des Vertrags von Lissabon werde es mindestens zehn Jahre lang keinen neuen Vertrag geben. Das war ein berechtigter politischer Hinweis auf die *Folgenverantwortung*, die das BVerfG als nationales *und* europäisches Verfassungsgericht hat: *Folgenverantwortung* als *Integrationsverantwortung*!

672 Von der Richterbank äußerte der Berichterstatter *U. Di Fabio* den zutreffenden Gedanken, dass der Bundestag zwar Kompetenzen abgegeben habe, dafür aber in den anderen Mitgliedstaaten mitwirken könne („Gestaltungsgewinn“). Schon vor Jahrzehnten hat *W. v. Simson* in seinen Arbeiten über die staatliche Souveränität auf diesen Vorgang hingewiesen. Häufig handle es sich zudem bei den Interventionen der EU um solche, mit denen man „ganz gut leben“ könne. *Di Fabio* erwog sogar, per Volksentscheid einen europäischen Bundesstaat auszurufen, was gewiss den Blick auf Art. 146 GG richten sollte. Er erinnerte auch an das oft bemühte Bild der „Legitimationsketten“ von jedem öffentlichen Akt zum Volk. Die Richterin *L. Osterloh* empfand die Forderung eines Klägers nach Rückkehr zum Einstimmigkeitsprinzip im Rat der EU als „sehr rigoros“. *G. Lübbe-Wolff* fragte, ob der schwindende Einfluss der deutschen Organe nicht durch mangelnde Wahrnehmung der Partizipationsmöglichkeiten selbstverschuldet sei: „Müssen wir nicht eher unser eigenes Verhalten ändern statt den Lissabon-Vertrag in Frage zu stellen?“ Auch deutete sie an, die schon bisher geltende Kontrolle des BVerfG bei Kompetenzüberschreitungen der EU sei zu bekräftigen.

673 cc) Diese Erinnerung an die mündliche Verhandlung in einem längst abgeschlossenen Verfahren, dessen Ergebnis ganze Bibliotheken an streitbar-

kommentierender Literatur hervorgebracht hat[336], will mehr sein als Vergegenwärtigung von Vergangenem. Es geht zum einen darum, zu zeigen, wie die gerichtliche Auseinandersetzung in einem großen Grundsatzstreit auf ganz diskursive Weise die *Narrativen* und *Gegennarrativen* des europäischen Integrationsprozesses *dramatisiert*, Meisterzählungen zuspitzt, zu deren Negation provoziert, den Duktus neuer Meistererzählungen – so den der ihrerseits ganz unterschiedlich deutbaren *Integrationsverantwortung* – vorgibt. Es geht zum anderen um den Nachweis, welche Rolle eine solche Verhandlung für die Genese einer *europäischen Öffentlichkeit* spielt. Diese Öffentlichkeit vermutete rasch, dass mit einer nichtkontroversen Entscheidung aus Karlsruhe nicht zu rechnen war. Zu stark wirkte die fragende Kritik der Richter an einer möglichen „Entstaatlichung“ Deutschlands durch eine Kompetenzverlagerung auf Kosten des Bundestags, der mangelhaften Demokratisierung einer immer mächtiger werdenden EU sowie der Spruchpraxis des EuGH.

Es ist aber gerade die Dialektik der Kontroversen, ohne die eine pluralisti- 674
sche politische Öffentlichkeit nicht leben kann und denen sie zu einem Gutteil ihre Genese verdankt. Die europäischen Verfassungsreichte mit ihren Lissabon-Entscheidungen bildeten gerade deshalb ein Forum europäischer Öffentlichkeit par excellence. So war das Urteil des tschechischen Verfassungsgerichts vom 26. November 2008 eine große Ermutigung für die EU.[337] Es weist im Urteil eine Klage gegen den Vertrag von Lissabon zurück und hält diesen für mit der Verfassung Tschechiens vereinbar. Ein Kernsatz der Entscheidung lautet: „Die Integration kann dazu beitragen, die Einzelstaaten in ihrer Souveränität zu stärken und ihnen Sicherheit geben, nicht zuletzt aus geopolitischer und wirtschaftlicher Perspektive.“ Überdies betonten die Richter, dass ein Austritt aus der Union nach wie vor möglich sei, sollte es tatsächlich zu den in der tschechischen, politischen Öffentlichkeit vorausgesagten Fehlentwicklungen in Europa kommen.[338] Mit dem Vertrag von Lissabon vor den europäischen Verfassungsgerichten realisierte sich ein Stück europäisches „constitutional law in pu-

336 Für eine ausführliche Bibliographie ebd., S. 1597 ff.

337 Pl.US. 19/08, in englischer Sprache abrufbar unter http://angl.concourt.cz/angl_verze/cases.php; *T. Lindner*, Richter der Integration – Eine rechtsvergleichende Studie über die verfassungsrechtlichen Positionen ausgewählter Mitgliedstaaten zur Europäischen Integration, 2016 i.E.

338 *H. Gerhing/T. Delinic*, Konrad-Adenauer-Stiftung – Länderbericht vom 26. November 2008.

blic action", das für alle bisherigen Integrationserfolge unverzichtbar war und auch für die künftigen Integrationserfolge unverzichtbar bleibt. So sehr sich an dieser Stelle eine Analyse des Lissabon-Urteils aus Karlsruhe anbietet, sei sie in andere Kontexte integriert und der „Prüfstand für den Vertrag von Lissabon" aus der *Dynamik des politischen Prozesses* heraus – zu dem auch verfassungsgerichtliche Verfahren rechnen – konturiert.

675 e) Diese Dynamik des politischen Prozesses fand im zweiten Votum der Iren vom Oktober 2009 neuerliche Zuspitzung. In vielfältiger Hinsicht wollte man den Iren (ohne formelle Vertragsänderung) ein „Ja" hier leichter machen. In einem irischen Anhang zum EU-Vertrag wurde ein bei der Aufnahmeerklärung Kroatiens als 28. Mitglied anzuhängendes[339] Zusatzprotokoll geplant, das irische Souveränitätsvorbehalte berücksichtigte.[340] So sollte ausdrücklich Irlands Neutralität respektiert werden; auch sollte jedes Land, d.h. auch Irland, einen Sitz in der EU-Kommission behalten. Die irische Regierung hoffte auf einen Meinungsumschwung zugunsten des Lissabon-Vertrags mit der „Krise als bestem Argument."[341] Ohne Rücksicht auf die Kautelen des Lissabon-Vertrags hatten die EU-Gegner im Vorfeld des ersten Referendums die europäische Verteidigungsagentur zum Vorboten einer gemeinsamen Armee gemacht, die Grundrechte-Charta zum Einfallstor für ein Recht auf Abtreibung hochstilisiert, den Übergang zu Mehrheitsentscheidungen als Vorstufe einer Steuerharmonisierung ausgegeben und die Verkleinerung der EU-Kommission zum Verlust sämtlichen irischen Einflusses „verklärt"[342]. Nach einer Umfrage von Mitte Juli 2009 waren damals 54 % der Iren *für* den Lissabon-Vertrag.[343] Irlands Premier *B. Cowen* ließ sich mit der Aussage vernehmen: „Die Iren sind sehr europafreundlich"[344]. *J.-C. Juncker* fürchtete indes, die öffentliche Meinung sei nicht zukunftseifrig genug, um europäische Antworten für die nächsten Generationen zu formulieren. Er wagte sogar den Satz:

---

339 FAZ vom 17. Juni 2009, S. 7.

340 FAZ vom 14. Mai 2009, S. 5. Die Presse schrieb zu Recht, *B. Cowen* habe „mit Geduld die Zusatz-Zusagen der EU für sein Land ergattert" (FAZ vom 5. Oktober 2009, S. 12).

341 FAZ vom 17. Juli 2009, S. 10.

342 Vgl. FAZ vom 17. Juli 2009, S. 10. – Der irische Anführer der europäischen Bewegung Libertas, *D. Ganley*, war bislang ein Gegner der EU. In einem Interview ließ er sich vernehmen: „Ich möchte jetzt Mister Europa werden", FAZ vom 15. Mai 2009, S. 4.

343 FAZ, ebd.

344 Handelsblatt vom 27. Juli 2009, S. 2.

„Wenn noch einige andere Staaten der Integration überdrüssig sind, müssen sich die Integrationswilligen allein auf den Weg machen".

In ganz Europa wurde schließlich das *Ja im zweiten Referendum* der Iren 676 mit großer Erleichterung aufgenommen (Mehrheit von 67,1 Prozent der Stimmen[345]). In der Presse wurde mit Recht gesagt, das Ja der Iren zum Vertrag von Lissabon sei der „Schlussstein im Gewölbe der europäischen Reform"[346]. Irland setzte damit eine glückliche Dynamik eigener Art in Gang: Die Tschechische Republik geriet unter zusätzlichen Druck.[347] Das Ja der Iren wurde im Vorfeld der Abstimmung am 2. Oktober 2009 als „entscheidender Schritt zur wirtschaftlichen Gesundung" propagiert.[348] Bemerkenswert war, dass der deutsche Bundespräsident *H. Köhler* schon unmittelbar nach dem Lissabon-Urteil die vom BVerfG geforderten, vom Bundestag verabschiedeten Begleitgesetze ausfertigte und die Ratifizierungsurkunde Deutschlands für den Lissabon-Vertrag bei der italienischen Regierung in Rom als „Hüterin der EU-Verträge" hinterlegt hatte.[349] Damit sollte auch ein wichtiges Signal für das bevorstehende Referendum in Irland gegeben werden. Die Zweite Kammer des Zweiten Senats des BVerfG hatte zuvor eine erneute Verfassungsbeschwerde des früheren Thyssen-Vorstandsvorsitzenden *D. Spethmann* gegen das Gesetzespaket nicht zur Entscheidung angenommen.[350] Zu den positiven Folgen des irischen Ja gehört auch die (nach der politischen Durchsetzung der in einem Protokoll vorgesehenen Vorbehalte) schließlich geleistete Unterschrift von Polens damaligem Präsident *L. Kaczynski* unter den EU-Reformvertrag, wobei er freilich zugleich die Aufnahme der Ukraine und Georgiens verlangt hatte.[351]

f) Schließlich machte auch Tschechiens Präsident *V. Klaus* den Weg für 677 den Lissabon-Vertrag frei (nachdem ihm die EU eine Frist gesetzt hatte[352]), sodass dieser am 1. Dezember 2009 in Kraft treten konnte. In der Tagespresse hieß es zu Recht: „Es geht ein Aufatmen durch Europa:

345 SZ vom 5. Oktober 2009, S. 8; FAZ vom 5. Oktober 2009, S. 8: „Jubel über das Ja in Irland".

346 SZ vom 5. Oktober 2009, S. 4.

347 Vgl. FAZ vom 5. Oktober 2009, S. 1: „Nach dem Ja der Iren Druck auf Prag und Warschau".

348 So der irische Premierminister *B. Cowen*, Die Welt vom 2. Oktober 2009, S. 6.

349 FAZ vom 24. September 2009, S. 5.

350 FAZ vom 24. September 2009, S. 5.

351 SZ vom 12. Oktober 2009, S. 7. und vom 3. September 2010, S. 5.

352 SZ vom 6. Oktober 2009, S. 2.

Tschechiens monatelang widerspenstiger Präsident Vaclav Klaus hat den EU-Reformvertrag von Lissabon ratifiziert."[353] *V. Klaus* selbst hatte vorher heftige Angriffe gegen das tschechische Verfassungsgericht gerichtet, das kurz zuvor erneut entschieden hatte, der Vertrag von Lissabon stehe nicht im Widerspruch zur tschechischen Verfassung; alle Befürchtungen, der EU-Reformvertrag könne die Souveränität Tschechiens über Gebühr einschränken, seien unsinnig.[354] In ganz Europa herrschte viel Freude über das Ende der „Isolation" und „Blockade" der Tschechischen Republik.[355] Freilich ist – ähnlich wie im Vorfeld des zweiten Ja der Iren – das Aufgeben des Widerstands von *Klaus* „erkauft" worden (Gleiches gilt für die Ausnahmen zugunsten von Großbritannien und Polen). Er hatte zuletzt – dank eines Kompromissvorschlags der schwedischen Ratspräsidentschaft[356] – Ausnahmeregelungen in Sachen Diskriminierungsverbote bzw. Charta der Grundfreiheiten durchgesetzt (Stichwort: Beneš-Dekrete, Sudetendeutsche).[357] Zu Recht sprach die Tagespresse von einem „schlechten Verlierer in Prag"[358], als *Klaus* politisch noch einmal Nachbesserungen (in Protokollform) verlangte, ehe er als letzter der damals 27 EU-Staatschefs den Lissabon-Vertrag unterzeichnete.

9. Das Inkrafttreten des Lissabon-Vertrags (Dezember 2009)

678 Am 1. Dezember 2009 trat der in seiner eben skizzierten Vorgeschichte so umstrittene Lissabon-Vertrag schließlich in Kraft. Erneut widmete sich ihm die Tagespresse mit großem Aufwand, um die EU-Bürger durch suggestive Schlagworte zu informieren. Besonders geglückt ist dies der FAZ vom 1. Dezember 2009, S. 7 f. Konzentriert wird vermittelt, was jetzt nach Konventen, Regierungskonferenzen, Referenden und einer unfreiwilligen Denkpause gilt. Unter der Devise „Europa legt sein neues Rüstzeug an"

---

353 Zit. nach Die Welt vom 4. November 2009, S. 5.

354 Die Welt vom 4. Nov. 2009, S. 5; zum 2. Urteil Brünns: *I. Ley*, JZ 2010, S. 165 ff.; *M. Hofmann*, EuGRZ 2010, S. 153 ff. Auch das Begleitgesetz wurde gebilligt, FAZ vom 7. Okt. 2009, S. 6.

355 Z.B. FAZ vom 31. Oktober 2009, S. 6: „Erleichterung in Prag"; Financial Times Deutschland vom 4. November 2009, S. 12: „Niederlage im Nebensatz".

356 FAZ vom 24. Oktober 2009, S. 1.

357 Financial Times Deutschland vom 4. November 2009, S. 12. S. auch SZ vom 10./11. Oktober 2009, S. 10; vgl. auch FAZ vom 24. Oktober 2009, S. 6.

358 SZ vom 12. Oktober 2009, S. 4. S. auch SZ vom 15. Oktober 2009, S. 3.

finden sich treffliche Stichworte zu Äußerem und Sicherheit: „Mit Doppelhut, Diplomaten und viel Geld“; zu Innerem und Justiz: „Das Veto geht, die Ausnahmen bleiben“; zum Binnenmarkt: „Vollendung erhofft dank neuer Klarheit“; zum Rat der Europäischen Union: „Einfacher mit doppelter Mehrheit“; zur Europäischen Kommission: „Ungeschrumpft und präsidialer“; zum Europäischen Parlament: „Mitentscheidung ist die Regel“. Von den Positiva sei erneut daran erinnert, dass mit der Subsidiarität ernst gemacht wird: Die Parlamente in den Mitgliedstaaten erhalten ein Einspruchsrecht gegen die europäische Gesetzgebung. Wenn ein Drittel der nationalen Parlamente der Meinung ist, dass ein Vorschlag der Kommission nicht dem Grundsatz der Subsidiarität entspricht, dann muss ihn die Kommission noch einmal überprüfen. Positiv ist auch die neue Bürgerinitiative zu beurteilen: eine Million Bürger aus verschiedenen Mitgliedstaaten können die Kommission auffordern, ein Gesetz vorzuschlagen. Ebenfalls positiv zu bewerten ist das neue Austrittsrecht (ein Drohmittel für beide Seiten?), die Schaffung der einheitlichen Rechtspersönlichkeit der EU, die Auflösung der überkommenen Säulenarchitektur sowie das Erfordernis von öffentlichen Beratungen des Ministerrates. Überaus negativ bleibt es, dass sich vier Staaten in einem Zusatzprotokoll weitgehend von Bindungen der EU-Grundrechte-Charta (die freilich nur für das Unionsrecht gilt, aber mittelfristig wohl ausstrahlen kann) befreit haben: Großbritannien, Polen, Irland und die Tschechische Republik. Gleiches Grundrechte-Recht für alle wäre in einer Rechtsgemeinschaft, die sich nachdrücklich als *Grundrechtsgemeinschaft* versteht, ein besonders relevantes konstitutionelles Bindemittel. „Herrschaft des Rechts“ bedeutet in und für Europa nämlich immer „Herrschaft der Grundrechte“[359].

Dass es nach Lissabon Europa zwar leichter fällt, in der Welt „mit einer 679
Stimme“ zu sprechen, sei nicht vergessen. Dass ihm solches indes immer noch schwer fällt, hat nicht nur die Ukraine-Krise neuerlich unter Beweis gestellt. Und viele weitere Probleme blieben: so sah sich ausgerechnet das sich so oft „europafromm“ gebende und auch viel für Europa leistende Deutschland im Dezember 2009 einem Defizitverfahren seitens der EU gegenüber. Gleiches galt für Belgien, Italien, die Slowakei, Slowenien und die Tschechische Republik – von Griechenland bis heute ganz zu schwei-

---

359 *J. Limbach,* Die Kooperation der Gerichte in der künftigen europäischen Grundrechtsarchitektur – Ein Beitrag zur Neubestimmung des Verhältnisses von BVerfG, EuGH und EGMR, EuGRZ 2000, S. 417; siehe auch *D. Kugelmann*, Grundrechte in Europa, 1997.

gen.[360] Die Frage nach den Chancen und Grenzen der Erweiterung – etwa bezogen auf die Türkei – konnte der Vertrag von Lissabon ebenso wenig klären wie dem europäischen Währungsraum eine für Krisenzeiten hinreichend gewappnete Verfassungsarchitektur geben. Und doch gilt stärker als je zuvor ein Wort *J.-C. Junckers*, die Währungsunion sei „Friedenspolitik mit anderen Mitteln".[361] Dennoch ist mit vielen Stimmen aus der Literatur zu überlegen, ob ein Ringen um eine Insolvenzordnung für EU-Staaten sinnvoll ist.[362] Das Thema „Sicherheit in der Europäischen Union" bleibt mit unverminderter wenn nicht gestiegener Relevanz auf der Tagesordnung.[363] Migrationsfragen werden immer drängender.

680 Ein tiefer Einschnitt in das Selbstverständnis der EU war und bleibt, um den Faden der Staateninsolvenz wieder aufzunehmen, das Ausgreifen der globalen Finanz- und späteren Staatsschuldenkrise (die nie eine Währungskrise war, freilich zu einer solchen werden könnte) auf andere Länder wie Portugal und Spanien, auch Italien, am drängendsten Griechenland. Dass Märkte anscheinend die politischen Akteure vor sich hertreiben, dass sich die Politik in eine Rhetorik der Alternativlosigkeit flüchtet, erschüttert die um demokratische Legitimität ringende Union. Neue Schlagwörter mit einem pejorativen Unterton überlagen mitunter das, was an konstitutioneller Qualität gewonnen wurde. So ist von „Euro-Nationalismus", „Euroföderalismus" und „Transferunion" sowie „Inflationsunion" die Rede.[364] Der Plan der EU-Kommission, die Euro-Mitgliedsländer zu verpflichten, ihre nationalen Haushaltspläne vor der Verabschiedung Brüssel vorzulegen, wirft Fragen auf. Die Haushaltsautonomie als vielzitiertes Königsrecht des Parlaments könnte dadurch gefährdet sein.[365] Bei all dem

---

360 Die EU sollte indes nie vergessen, dass Europa in Griechenland begonnen hat.

361 FAZ vom 20. März 2010, S. 5. Siehe auch Bundeskanzlerin *A. Merkel*: „Scheitert der Euro, dann scheitert mehr", SZ vom 15./16. Mai 2010.

362 *J. Langen*, Völker- und europarechtliche Fragen des Staatsbankrotts. Zur Entwicklung eines Staateninsolvenzrechts, 2014; G. E. Kodek (Hrsg.), Staateninsolvenz, 2. Aufl. 2012; *K. v. Lewinski*, Öffentlichrechtliche Insolvenz und Staatsbankrott. Rechtliche Bewältigung finanzieller Krisen der öffentlichen Hand, 2011.

363 Dazu A. Hatje/M. Nettesheim (Hrsg.), Sicherheit in der EU, EuR 2009, Beiheft 3.

364 Vgl. SZ vom 4. Mai 2010, S. 4; FAZ vom 12. Mai 2010, S. 10; FAZ vom 7. Mai 2010, S. 13. Die Professorengruppe, die gegen den Euro-Rettungsschirm klagte, warnte vor der „Transferunion", *J. Starbatty* sprach sogar von „Notstandsgesetzen" und einem „Putsch", FAZ vom 8. Juli 2010, S. 13.

365 Zum Problem *P.-C. Müller-Graff*, Einander ausgeliefert, FAZ vom 20. Mai 2010, S. 8.

ist daran zu erinnern, dass der Euro ein ökonomisches Bindemittel der EU ist, das ihrem kulturellen Zusammenhalt dient. Vor allem sind die Bürger immer wieder darüber zu informieren, welche segensreiche, insbesondere befriedende, Kraft der Euro bzw. die Währungsunion bislang entfaltet hat.[366] Zu erinnern ist an die frühe Forderung von Bundeskanzler *H. Kohl* nach einer Politischen Union als Rahmen der Währungsunion.[367]

Der Vertrag von Lissabon eröffnet(e) bei allen Defiziten eine Phase der 681
Konsolidierung und der *konstitutionellen Verdichtung* der Union. Dabei müssen die Mechanismen der verstärkten Zusammenarbeit (Stichwort: „differenzierte Integration"), das interinstitutionelle Zusammenspiel zwischen der Kommission und dem deutlich selbstbewusster auftretenden EU-Parlament sowie dem Rat der EU neu ausbalanciert werden.[368] Die außenpolitische Handlungsfähigkeit gilt es zu verbessern, die politischen Gestaltungsspielräume, die den einzelnen EU-Ländern dort vorbehalten bleiben, „wo sprachliche oder kulturelle Eigenheiten betroffen sind", gilt es deutlich zu unterstreichen.[369] Die „Finalität" sollte freilich weiterhin offen bleiben[370] – trotz des Lissabon-Urteils des BVerfG. Der bedeutende österreichische Politiker *E. Busek* schrieb zu Recht: „Europa ist ein Prozess, der noch lange nicht abgeschlossen ist."[371] *S. Veil* und *H.-G. Pöttering* forderten wörtlich: „Das kulturelle Europa, wozu ausdrücklich die Bewahrung der verschiedenen Identitäten gehört, muss ein Kernanliegen europäischer Politik werden. Wir müssen Europa eine Seele geben."[372] Und *J.*-

---

366 In diesem Sinne SZ vom 30. April/1./2. Mai 2010, S. 4: „Den Euro retten, Europa retten".

367 Dazu *H. A. Winkler*, Europa an der Krisenkreuzung, FAZ vom 13. August 2010, S. 34 sowie *K.-D. Frankenberger*, Die Rechte des Souveräns, Die Weiterentwicklung der EU wäre logisch – aber wäre sie auch durchzusetzen?, FAZ vom 26. August 2010, S. 8.

368 *A. Wonka*, Die Europäische Kommission, Supranationale Bürokratie oder Agent der Mitgliedstaaten?, 2008.

369 So zu Recht *S. Leutheusser-Schnarrenberger*, FAZ vom 2. Juni 2010, S. 8.

370 Dazu *R. Streinz*, Die Finalität der Europäischen Union und der Vertrag von Lissabon, Politische Studien 2009, Themenheft 1, S. 52 ff. Aus der Lit. U. Fastenrath/ C. Nowak (Hrsg.), Der Lissabonner Reformvertrag, Änderungsimpulse in einzelnen Rechts- und Politikbereichen, 2009; B. Knoll/H. Pitlik (Hrsg.), Entwicklung und Perspektiven der Europäischen Union, 2009; *G. K. Kampfer*, Die EU auf dem Weg zu einem Bundesstaat, 2010; *L. Kühnhardt*, Europa: Innere Verfassung und Wende zur Welt, 2010.

371 FAZ vom 5./6. Januar 2008, S. C3

372 „Gemeinsame Verantwortung", FAZ vom 15. September 2010, S. 10.

C. Juncker fügt dem hinzu: „Wir brauchen eine europäische Bürgerkunde."[373] Vom „Europa der Bürger", das als Wissen pädagogisch in allen Schulen vermittelt werden muss, hängt dessen Zukunft ab. Europas Schule ist die Schule!

10. Und nochmals die Ausgangsfrage: Hat Europa nach Lissabon eine Verfassung?

682 Was lässt sich aus der hier vorgenommenen selbstvergewissernden Rückschau gewinnen? Ein Ensemble aus Rechten, Kompetenzen, Prinzipien, Werten, Gemeinwohlinteressen, aus neuen und alten Klassikertexten sowie wissenschaftlichen Erkenntnissen, aus Texten von Verfassungsentwürfen und Judikatur der europäischen Verfassungsgerichte, kurz: ein *konstitutionelles Mosaik*, aus dem sich auch nach Lissabon der Geist der europäischen Verfassungsordnung speist. Was folgt weiterhin aus der hier aufbereiteten Entwicklungsgeschichte, was folgt aus – den gewiss nur selektiven – textlichen Rekonstruktionen für die eingangs gestellte Verfassungsfrage? Kann bei allen konstatierten Krisenbefunden Europa (je) in guter Verfassung sein? Wer einen dezisionistischen Verfassungsbegriff vertritt, würde die Frage erst gar nicht stellen. Wer Verfassung als statische Finalitätsbeschreibung verkennt, ebenso wenig. Wer die verfassunggebende Gewalt auf einen staatsvolkanalogen Träger reduziert und nicht deren prozesshaftes „immer neu zu einer solchen Werden" betont, bleibt angesichts der europäische *Demoi*kratie (*J. H. H. Weiler*) ratlos. Wer aber experimentelles Verfassungsdenken wagt, findet zu einem optimistischen Ja.

683 Die Verfassung will vom Grundlegenden her *kontrolliertes Experiment* sein; sie muss es sein, weil sie das beständige Werden einer politischen Gemeinschaft, das täglich neue Experiment politischer Gemeinschaftsbildung normativ nicht nur auffangen, sondern durch die Instrumente des

---

373 Rheinischer Merkur 27/2009, S. 26. Eindrucksvoll von ihm: „Der moderne Patriotismus ist dreidimensional: regional, national und europäisch." Eher skeptisch: *H. H. Klein*, Noch keine Schicksalsgemeinschaft, Europa muss sich entscheiden. Erst wenn seine Idee die Menschen ergreift, kann es mehr sein als ein Konstrukt politischer Vernunft, FAZ vom 12. Februar 2009, S. 10. Bemerkenswert: *P. Kirchhof*, Vereinigte Staaten von Europa wird es nicht geben, FAZ vom 1. Juli 2009, S. 11. *J. Habermas* klagte über die „neue deutsche Indifferenz" gegenüber der europäischen Idee, Die Zeit Nr. 21 vom 20. Mai 2010, S. 43.

Rechts gerade ermöglichen soll. *O. W. Holmes*[374] ist für diese dynamisierende Deutung des immer neuen „Sich-Verfassens“ ebenso klassischer Zeuge wie *E. Renan*[375] In *K. Poppers* Idee von „trial and error“ findet sie Widerklang, in *P. Häberles* Lehre von der Verfassung als „öffentlichem Prozess“ verfassungstheoretische Fortschreibung.[376] Das vielleicht schönste Bild für den dynamischen Wandel der Verfassung, der als Wachstumsprozess nur bei beständiger Verwurzelung im Grundlegenden gelingen kann, hat die kanadische Verfassungsrechtsprechung respektive Verfassungsrechtswissenschaft geprägt: die Verfassung sei „a living tree“.[377] Der Vertrag von Lissabon mag im Vergleich zu seinem gescheiterten Vorläufer, dem Verfassungsvertrag, den Baum beschnitten haben, aber er hält ihn am Leben, weil er Grundprinzipien menschenrechtlicher, demokratischer und rechtsstaatlicher Natur wirksam werden lässt.

VI. Transzendente Bezüge europäischer Verfasstheit: Die theologische Dimension der Verfassunggebung

Der Schritt von den verfassungsqualitativen Momenten zu den transzendenten Bezügen der sich verfassenden Union und zur theologischen Dimension europäischer Verfassunggebung liegt näher, als es auf den ersten Blick scheinen mag. Aus welchem – auch religiösem Erbe – eine politische Gemeinschaft schöpft und in welche – auch transzendenten – Verantwortungszusammenhänge sie sich stellt, ist ein prägendes Moment für ihre *Verfassungsidentität*. Die Kontroverse um Gottesbezüge findet sich in vie- 684

374 *Abrams v. United States* (250 U.S. 616 (1919)): „That, at any rate, is the theory of our Constitution. It is an experiment, as all life is an experiment.“

375 *E. Renan,* Was ist eine Nation?, 1882 (Neudruck 1996), S. 34 f: „Das Dasein einer Nation ist – erlauben Sie mir dieses Bild – ein Plebiszit Tag für Tag, wie das Dasein des einzelnen eine dauernde Behauptung des Lebens ist.“ Darauf Bezug nehmend *R. Smend*, Verfassung und Verfassungsrecht (1928), in: *ders.*, Staatsrechtliche Abhandlungen, 3. Aufl. 1994, S. 119 ff., 136.

376 *P. Häberle*, Verfassung als öffentlicher Prozess, 1. Aufl. 1978 (3. Aufl. 1998).

377 Supreme Court of Canada, *Reference Same-Sex marriage*, 2004 SCC 79: „The frozen concepts reasoning runs contrary to one of the most fundamental principles of Canadian constitutional interpretation: that our Constitution is a living tree which, by way of progressive interpretation, accommodates and addresses the realities of modern life.“ Dazu *V. C. Jackson*, Constitutions as „Living Trees“? Comparative Constitutional Law and Interpretative Metaphors, Fordham Law Review 75 (2006), S. 921 ff.

len Verfassungsordnungen und steht für die spezifische Dialektik *religiöser* Standortbestimmung des *säkularen* Verfassungsstaates.[378] Die neue Schweizer Bundesverfassung von 2000 wagte, Kritiker werden sagen fast „naiv", eine invocatio dei, während mehrere der fünf neuen deutschen Bundesländerverfassungen (1991/93) auf Gottesbezüge verzichten. Polens Verfassungspräambel von 1997 hat einen vorbildlichen Kompromiss gefunden, der alternativ entweder auf Gott oder andere Instanzen bzw. universale Werte Bezug nimmt. Die Verfassung Südafrikas (1997) wiederholt den alleinigen Gottesbezug, andere neue Verfassungen kennen ihn ebenfalls (Ruanda 2003). Eine auf die drei monotheistischen Weltreligionen bezogene Gottesklausel verträgt sich durchaus mit der „Verfassung des Pluralismus" bzw. dem Toleranzgebot des Typus Verfassungsstaat. Da sich Europas Identität aus der kulturellen Vielfalt seiner Länder speist, wäre für die europäische Verfassung in Rücksicht auf das laizistische Trennungsmodell Frankreichs wohl die *polnische* Lösung zu favorisieren gewesen. Es kam bekanntlich anders, was nicht gegen das Modell spricht. Im Übrigen ist daran zu erinnern, dass selbst Verfassunggebung in eine theologische Dimension verweist. (Stichwort Gottesbezüge, das antike: „omne jus a Jove", heute: „In Verantwortung vor Gott" (nominatio dei) und den Menschen bzw. vor universalen Instanzen). Man hätte hier die *Habermas*sche Frankfurter Buchpreisrede einzubringen. Da es aber einen europäischen *Lykurgos* nicht gibt und wir uns auch nicht mit *Empedokles* in den Ätna stürzen wollen, müssen wir uns auf diese Weise menschlich bemühen.

VII. Zusammenfassende Thesen zum Geist der Verfassung Europas

685 Bei all dem geht es um Europa, das seine *Identität* aus der eigenen Kultur *und* aus *vielen* Teilkulturen gewinnt: kulturelles Erbe und kulturelle Offenheit, Kulturen der Minderheiten und Mehrheiten, schichtenspezifische Kulturen, Hoch-, Alltags- und Subkulturen auf allen Ebenen, vom Bürger über Kommunen und Regionen bis zur nationalen und supranationalen

378 Dazu *H. Goerlich*, Die zugewandte Säkularität der Europäischen Union und die religionsrechtliche Vielfalt ihrer Mitgliedstaaten (2013), in: L. Jaeckel/M. Kotzur/R. Zimmermann (Hrsg.), Zur zugewandten Säkularität – Beiträge auf dem Weg dahin. Ausgewählte Schriften, 2014, S. 273 ff. Zuvor schon *P. Häberle*, „Gott" im Verfassungsstaat?, in: FS Zeidler, Bd. I, 1987, S. 3 ff.

Ebene. Auch die Subsidiarität gehört hierher. Als Teilbereiche seien das Europa der Kulturfelder *Religion, Bildung, Erziehung, Wissenschaft und Kunst, auch Sport* genannt, die im heutigen europäischen Primärrecht ihren konstitutionellen Platz haben. Übergreifender Gedanke ist die Vielfalt, die Pluralität und Offenheit der Kulturbereiche, in eigenen Klauseln fassbar. Das 1979 entwickelte „offene Kulturkonzept“[379] bildet den Hintergrund. Momente der unverzichtbaren Abgrenzung seien nicht verschwiegen: man denke an das weiterhin schwelende Problemfeld EU/Türkei. Tagespolitisch gibt es schon Stichworte wie Europa als Kultur- und Hochschulraum, Europa als Bildungskanon. Erinnert sei aber auch an das Stichwort: „Menschenrechte als Erziehungsziele“, Toleranz, ja sogar „Europa als Erziehungsziel“. Europäischer Verfassungsbaustein ist auch das „Europäische Religionsverfassungsrecht“, die Verbürgung der korporativ-institutionellen Dimension der Kirchen und Religionsgemeinschaften (einschließlich des Islam, der gewiss zu Europa gehört). Einen weiteren Mosaikstein in diesem gedanklichen Bauplan Europas muss das „Wir- Bewusstsein“ bilden. Aus ihm lebt Europas integrativer Geist, nur von ihm aus kann das *Werben* um *„Zugehören-Wollen“* gelingen.

1) Europa als *Rechtskultur in Einheit und Vielfalt*: Abgedeckt ist die Ein- 686
heit durch die viel zitierten „allgemeinen Rechtsgrundsätze“, insbesondere die Grundrechte und die gemeinsamen Werte von (gewaltenteilender) Demokratie und Rechtsstaat, das europäische Gemeinwohl. Die Europäisierung, das „gemeineuropäische Verfassungsrecht“ gehört hierher. Zur *Vielfalt* gehören die unterschiedlichen nationalen Rechtskulturen im Plural: in allen drei Rechtsgebieten, Zivilrecht, Strafrecht sowie Öffentliches Recht, übergreifend die Eigenheiten der nationalen Verfassungskulturen (als Teil der „nationalen Identität“). Es geht auch hier um eine „Verfassung des Pluralismus“.[380]

2) Europa konstituiert sich buchstäblich aus seiner *pluralen Öffentlich-* 687
keit, nicht nur aus Kunst und Kultur, sondern zunehmend auch aus der *Politik*. In dieses Problemfeld gehören die politischen Parteien auf Europaebene mit besonderen Aufgaben, ferner die Verbände, Kirchen, NGOs, aber auch die Wissenschaft, insbesondere die vergleichende Verfassungslehre. Einzelne Verfassungsdokumente nehmen schon auf den öffentlichen Raum, die öffentliche Meinung Europas Bezug. Öffentlichkeitspostulate

379 *P. Häberle*, Kulturpolitik in der Stadt – ein Verfassungsauftrag, 1979.

380 *C. Landfried*, Das politische Europa. Differenz als Potential der Europäischen Union, 3. Aufl. 2015; *A. Pizzorusso*, Il patrimonio costituzionale europeo, 2002.

an das Europäische Parlament, den Rat oder den Rechnungshof, auch die Europäischen Verfassungsgerichte kommen hinzu. Der Begriff „Transparenz“ mag hilfreich sein. Das „öffentliche Wohl“ Europas sollte als Verweis auf die „res publica Europea“ verstanden werden. Ihr sind die Organe wie die Amtsträger verpflichtet.

688 3) Europa erbaut sich als pluraler „Verfassungsraum“ aus einem Konzept, das die nationalen Verfassungen zu „*Teil*verfassungen“ macht, und die EU (Europa im engeren Sinne) als „*Verfassungsgemeinschaft*“ erweist. Begriffe wie die EU als Grundrechtsgemeinschaft, die „Unionsgrundordnung“ (*D. Tsatsos*), Wirtschaftsraum, Raum der Freiheit, der Sicherheit und des Rechts umschreiben nur Teilaspekte. Die Wissenschaft und das geltende Europarecht haben hier schon viel geleistet. Das Wort von den Kommunen als „Verfassungsform Europas“ gehört hierher. Die „Ebenen“ von Bürgern über die Kommunen und Regionen bis zu den Staaten müssen samt den sie „repräsentierenden“ Institutionen bzw. Organen greifbar und transparent sein.

689 4) Die Methode, um das „Haus Europa“, wohl eine „ewige“ Werkstatt mit offener Finalität, zu erfassen, ist die *kulturwissenschaftliche*, mit Stichworten wie Verfassungslehre als Kulturwissenschaft, Relevanz der kulturellen Kontexte, „Verfassungskultur“, Freiheit und Identität aus Kultur, Kultur als Inhalt und Prozess. Alle Grundrechte sind in einem tieferen Sinne kulturelle Freiheiten, Freiheiten jenseits des „status naturalis“. Der kulturwissenschaftliche Ansatz will die anderen bewährten Konzepte nicht ersetzen, er möchte sie ergänzen, z.T. auch grundieren. Die Tiefendimension der Präambeln, das (monotheistische) Gottesproblem, die Sprachen-Artikel und Hymnen, aber auch viele Grundrechte und Minderheitenschutzklauseln lassen sich nur in diesem Ansatz erschließen. Identitätsklauseln sowie kulturelles bzw. geistiges Erbe-Klauseln u.Ä. sind nur in diesem „Geiste“ zu entwerfen und in Textformen umzugießen. Und: Sind die vielen EU-Erweiterungen nicht durch die alte Idee vom „Kern-Europa“ („konzentrische Kreise“) zu balancieren? Gibt es nicht doch eine geographische Selbstbegrenzung Europas? Soll die EU nicht nur auf den Balkan, sondern auch auf die Anrainerstaaten am Mittelmeer in Nordafrika blicken (Stichwort: Überforderung der EU)? Es gibt freilich auch (kulturelle und geographische) Grenzen der Integrationskraft durch die Verfassung.

690 5) Vor allem geht es um einen *Abschied vom sog. „Europarecht“* als eigener Wissenschaftsdisziplin, die in *H. P. Ipsen* 1972 ihren ersten Klassiker gefunden hatte. Sie geht in allen ihren Elementen und Fragmenten auf im „Europäischen Verwaltungsrecht“ (*J. Schwarze*, 1988) und im „Europä-

ischen Verfassungsrecht". Beide Teildisziplinen werden gesteuert vom Theorierahmen der Europäischen Verfassungslehre, die auch ihren Weg zwischen dem Wort vom „Verwaltungsrecht als konkretisiertem Verfassungsrecht" und der Eigenständigkeit des Verwaltungsrechts als Teilgebiet mit Propria zu suchen hat. Diese neuen Gebiete kompensieren das Schrumpfen der nationalstaatlichen Verfassungen in der EU zu *Teil*verfassungen und die Wachstumsprozesse der EU zur „Verfassungsgemeinschaft". Hier hat die Diskussion um das Selbstverständnis Europas anzusetzen.

6) Verfassunggebung reicht – und dies selbst in der säkularisierten oder postsäkularisierten Gesellschaft – einerseits in eine theologische, transzendentale Dimension (Stichwort Gottesbezüge, das antike: „omne jus a Jove", heute: „In Verantwortung vor Gott", z.B. KV Schaffhausen (2000), und den Menschen bzw. vor universalen Instanzen). Verfassunggebung, die sich nicht in einmaliger Dezision erschöpft, verweist überdies schon auf die spätere Interpretation, auf das spätere Leben des Gegebenen und damit auf die offene Gesellschaft der Verfassungsinterpreten. 691

E. Europäische Verfassungsinterpretation – die offene Gesellschaft der europäischen Verfassungsinterpreten und das Desiderat einer europäischen Methodenlehre

Vorbemerkung

Verfassunggebung und das Fortwirken der verfassunggebenden unter der verfassten Gewalt sind als einheitlicher Prozess *demokratischer Selbstfindung* und *kontinuierlicher Neukonstituierung* zu begreifen. Deshalb wohnt der Verfassungsinterpretation immer auch ein Moment der *Verfassungsstiftung* inne – im nationalen Verfassungsstaat ebenso wie in der europäischen Verfassungsgemeinschaft. Verfassungsinterpretation[381] ist herkömmlich auf einen konkreten nationalen Verfassungsstaat bezogen. Dank der beiden europäischen Verfassungsgerichte EGMR und EuGH ist es aber auch hier 692

381 Aus der neueren Lit. *G. Roellecke*, Das Paradox der Verfassungsauslegung, 2012; *A. Gamper*, Regeln der Verfassungsinterpretation, 2012; schon ins europäische gewendet G. Lienbacher (Hrsg.), Verfassungsinterpretation in Europa. Gedächtnissymposion für Heinz Schäffer, 2011; vergleichend in seinem Vorgehen J. Goldsworthy (Hrsg.), Interpreting Constitutions. A Comparative Study, 2007.

längst zu einer sich intensivierenden Europäisierung gekommen[382], evident in Gestalt der Grundrechte als allgemeiner Rechtsgrundsätze oder in der immer weitergreifenden Europäisierung nationaler Begriffe und Prinzipien, etwa des Übermaßverbots[383]. Europäisiert werden aber nicht nur die Methoden der Verfassungsinterpretation, sondern auch deren Voraussetzung, das Vorverständnis. Die Formel „understanding preceeds interpretation", von *J. Esser* in seiner Schrift über Vorverständnis und Methodenwahl in der Rechtsfindung (1970) klassisch entwickelt, von *J. M. Broekman* in seiner „Philosophy of European Union Law"[384] rezipiert, hat eine immanente europäische Dimension. Denn all die kulturellen und politischen Traditionen und Erfahrungen, letztlich der gesamte Sozialisierungsprozess, der die europäischen Verfassungsinterpreten prägt, ist seinerseits „gemeineuropäisches kulturelles Erbe". Die Frage ist daher auch, ob und wie sich der am Typus des nationalen Verfassungsstaates erarbeitete Theorierahmen der „offenen Gesellschaft der Verfassungsinterpreten" auch auf das Europa im engeren und sogar weiteren Sinne übertragen lässt. Zunächst eine konkretisierte Vergegenwärtigung der offenen Gesellschaft der Verfassungsinterpreten im nationalen Raum.

---

382 In seiner „Philosophy of European Union Law" untersucht *J. M. Broekman* unter dem Stichwort „Choice of Legal Basis" (S. 18 ff.) die Rolle der beiden Gerichte bei der Herausbildung gemeineuropäischer Interpretationsansätze. Sein Rückgriff auf *J. Essers* klassische Schrift zu „Vorverständnis und Methodenwahl", 1970, ist dabei kein Zufall: das Vorverständnis der europäischen Verfassungsgerichte speist sich aus gemeineuropäischen Rechtstraditionen und ist bereits europäisiert.

383 Schon in der älteren Lit. wird das plastisch greifbar: *A. Emmerich-Fritsche*, Der Grundsatz der Verhältnismäßigkeit als Direktive und Schranke der EG-Rechtsetzung, 2000; *W. Penski/B. R. Elsner*, Eigentumsgewährleistung und Berufsfreiheit als Gemeinschaftsgrundrechte in der Rechtsprechung des EuGH, DÖV 2001, S. 265 ff., 272 ff.; ebd., S. 274 auch zum Wesensgehaltschutz. Allgemein: *J. Anweiler*, Die Auslegungsmethoden des Gerichtshofs der Europäischen Gemeinschaften, 1997; *J. Ukrow*, Richterliche Rechtsfortbildung durch den EuGH, 1995; *C. Buck*, Über die Auslegungsmethoden des Gerichtshofs der Europäischen Gemeinschaft, 1998; *K.-D. Borchardt*, Richterrecht durch den Gerichtshof der Europäischen Gemeinschaften, in: GS Grabitz, 1995, S. 29 ff.; *W. Dänzer-Vanotti*, Der Europäische Gerichtshof zwischen Rechtsprechung und Rechtssetzung, in: FS Everling, Bd. I, 1995, S. 205 ff. Klassisch: *R. Lecourt*, L'Europe des Juges, 1976. Zum EuGH: *P. Pernthaler*, Die Herrschaft der Richter im Recht ohne Staat, Ursprung und Legitimation der rechtsgestaltenden Funktionen des EuGH, Juristische Blätter 2000, S. 691 ff.

384 1999, S. 72.

I. Methoden und Prinzipien der Verfassungsinterpretation – national

1. Einleitende Aspekte

Das Folgende will keine systematische Behandlung des riesigen Themas sein, das in Deutschland in einer Fülle von Literatur, etwa Handbuch-Artikeln[385], Lehrbüchern[386], Monographien[387], Staatsrechtslehrerreferaten[388] oder Aufsätzen[389] tagaus tagein behandelt und vom deutschen BVerfG oft 693

---

385 Z.B. *Ch. Starck,* Maximen der Verfassungsauslegung, in: HStR, Bd. XII, 3. Aufl. 2014, § 271; *F. Ossenbühl*, Grundsätze der Grundrechtsinterpretation, in: HGR, Bd. I, 2004, § 15.

386 Schon klassisch *K. Hesse*, Grundzüge des Verfassungsrechts der Bundesrepublik Deutschland, 20. Aufl. 1995 (Neudruck 1999), Rn. 49 ff.; vgl. auch *P. Badura*, Staatsrecht, 6. Aufl. 2015, S. 24 f.; *E. Stein/G. Frank*, Staatsrecht, 21. Aufl. 2010, S. 35 ff.

387 Z.B. *G. Roellecke*, Das Paradox der Verfassungsauslegung, 2012; *A. Gamper*, Regeln der Verfassungsinterpretation, 2012; aus dem älteren, aber weiterhin beachtlichen Schrifttum: *O. Depenheuer*, Der Wortlaut als Grenze. Thesen zu einem Topos der Verfassungsinterpretation, 1988; *E. Forsthoff*, Zur Problematik der Verfassungsauslegung, 1961; *B.-O. Bryde*, Verfassungsentwicklung, 1982; *G. Schuppert*, Funktionell-rechtliche Grenzen der Verfassungsinterpretation, 1980; problemfeldspezifisch unter die Lupe genommen: *W. Brugger*, Rundfunkfreiheit und Verfassungsinterpretation, 1991.

388 *H. Ch. Röhl* und *A. v. Arnauld*, Öffnung der öffentlich-rechtlichen Methode durch Internationalität und Interdisziplinarität: Erscheinungsformen, Chancen, Grenzen, VVDStRL 74 (2015), S. 7 ff. bzw. 39 ff.; *P. Schneider* und *H. Ehmke*, Prinzipien der Verfassungsinterpretation, VVDStRL 20 (1963), S. 1 ff. bzw. 53 ff.

389 Aus jüngerer Zeit *M. Hailbronner*, We the Experts. Die geschlossene Gesellschaft der Verfassungsinterpreten, Der Staat 53 (2014), S. 425 ff.; *P. Kroot Tupay*, Verfassungsinterpretation für Europa – Das Ende des estnischen Verfassungsrechts?, OstEUR 2013, S. 28 ff.; *E. Gricenko*, Grenzen verfassungsrechtlicher Normschöpfung. Ein Vergleich zwischen der US-amerikanischen, deutschen und russischen Verfassungsgerichtsbarkeit, OstEUR 2012, S. 3 ff.; *U. Volkmann*, Zur heutigen Situation der Verfassungstheorie, Der Staat 51 (2012), S. 601 ff.; aus der älteren, mitunter sehr wirkungsmächtigen Lit. z.B. *E.-W. Böckenförde*, Die Methoden der Verfassungsinterpretation, NJW 1976, S. 2089 ff.; *U. Häfelin*, Die verfassungskonforme Auslegung und ihre Grenzen, in: FS H. Huber, 1981, S. 241 ff.; *H.-J. Koch*, Die Begründung von Grundrechtsinterpretationen, EuGRZ 1986, S. 345 ff.; *W. Brugger*, Konkretisierung des Rechts und Auslegung der Gesetze, AöR 119 (1994), S. 1 ff.

pionierhaft am einzelnen Fall praktiziert wird[390]. Es geht vielmehr darum, in der Art eines Problemkataloges Fragen zu formulieren, die sich aus deutscher, aber auch aus rechtsvergleichender Sicht stellen, wenn eine nationale und eine – werdende – europäische Verfassung ausgelegt werden. Auch die Gliederungsstichworte sind durchaus „topisch" gemeint. So gibt es keine zwingende Rangfolge der einzelnen Teile dieses Abschnitts. Denkbar wäre z.B., vorweg die vier bzw. fünf Auslegungsmethoden zu behandeln und erst dann ihren „Gegenstand", die Verfassung, zu erörtern. Im Grunde gehören das hier entwickelte Verständnis und die Auslegungsmethoden bzw. -prinzipien von vornherein zusammen – sich wechselseitig bestimmend. Der „Verfassung des Pluralismus" entspricht eine „offene" Verfassungsinterpretation, die offene Gesellschaft der Verfassungsinterpreten ist Konsequenz der „Bürgerdemokratie".

2. Der Verfassungsbezug der Methoden und Prinzipien, insbesondere das „gemischte", kulturwissenschaftliche Verfassungsverständnis

a) Verfassungstheorien

694 Verfassungstheorien[391] befassen sich mit der Frage, mit welchem „Vor-Verständnis" wir an die Auslegung einer geschriebenen Verfassung herangehen sollen. In Deutschland leben wir – freilich durch Internationalisierung und interdisziplinäre Öffnung herausgefordert[392] – bis heute vom Grundlagen-Streit der Weimarer „Riesen", auf deren „Schultern wir als Zwerge" stehen, indes mitunter nur deshalb ein Stück weitersehen. Alle Auslegung wird von einem Vorverständnis gesteuert, dieses prägt auch die „Methodenwahl" (*J. Esser*)[393]. Das Vorverständnis muss *offengelegt*, möglichst rationalisiert werden. Der Wissenschaftler kann seine Theorien „rein", ohne Kompromisse vertreten, ein Verfassungsgericht als im Anta-

390 Dazu *P. Häberle*, Kommentierte Verfassungsrechtsprechung, 1979; *H. Schulze-Fielitz*, Das Bundesverfassungsgericht in der Krise des Zeitgeistes, AöR 122 (1997), S. 1 ff.

391 O. Depenheuer/R. Grawert (Hrsg.), Verfassungstheorie, 2010.

392 *H. Ch. Röhl* und *A. v. Arnauld*, Öffnung der öffentlich-rechtlichen Methode durch Internationalität und Interdisziplinarität: Erscheinungsformen, Chancen, Grenzen, VVDStRL 74 (2015), S. 7 ff. bzw. 39 ff.

393 *J. Esser*, Vorverständnis und Methodenwahl in der Rechtsfindung, 1970; *ders.*, Grundsatz und Norm in der richterlichen Fortbildung des Privatrechts, 1956.

gonismus bzw. Pluralismus der Ideen und Interessen vermittelnde, auf ihre Weise diskursive Instanz sollte sich in kompromisshafter „pragmatischer Integration von Theorieelementen“ üben. Dieses sei vorweg gesagt, um den hohen Stellenwert von (alternativen) Verfassungstheorien anzudeuten. In Deutschland ist er im europäischen Vergleich wohl besonders hoch, was nicht unbescheiden sein will.

Für die Praxis, auch des BVerfG, höchst einflussreich geworden sind Teile 695 der Lehre von *R. Smend.* Seine Idee der „Bundestreue“ (1916) hat sich ebenso durchgesetzt (vgl. nur BVerfGE 12, 205 (255); 81, 330 (337 f.); 92, 203 (230 f.)) wie der Gedanke der Grundrechte als einheitliches Wertesystem (1928). Ein wirkungsmächtiges Theorieangebot von *R. Smend* ist schon aus dem Jahre 1928 das Konzept der Verfassung als „Anregung und Schranke“[394]. Er hatte seinerzeit Schlagzeilen gemacht durch seine Integrationslehre. Der Staat *ist* nur in immer neuer Integration – der innerlich europäische Verfassungsstaat unserer Tage hat hier freilich neue Fragen zu stellen und neue Antworten zu suchen![395] –, *C. Schmitt* hat in seiner Verfassungslehre von 1928 wichtige Erkenntnisse erarbeitet[396], vor allem in dogmatischer Hinsicht, etwa in Gestalt der Lehre von den Instituts- und institutionellen Garantien wie Eigentum, Erbrecht, Berufsbeamtentum und ihrem auch gegen den Gesetzgeber geschützten Wesensgehalt[397] (vgl. später Art. 19 Abs. 2 GG, auch Art. 79 Abs. 3 GG); er hat indes auch Positionen bezogen[398], die, ganz abgesehen von seiner zeitweiligen Verstrickung mit dem Nationalsozialismus, für eine „europäische Verfassungslehre“ untauglich sind. So ist seine Lehre von der verfassunggebenden Gewalt, die „normativ aus dem Nichts“ entscheidet (Dezisionismus) fragwürdig, sie wird schon durch einen Blick auf das pluralistische Zustandekom-

394 *R. Smend*, Staatsrechtliche Abhandlungen, 3. Aufl. 1994 (4. Aufl. 2010), S. 187 ff., 195.

395 Aus politikwissenschaftlicher Sicht etwa *A. Grimmel*, Europäische Integration im Kontext des Rechts, 2013, mit Stichworten wie „Die Rolle des Rechts in der rationalistischen Integrationstheorie“ (1. Teil, 2.1.) oder „Integration und Recht als Gegenstand poststrukturalistischer Theoriekonzeptionen“ (1. Teil, 2.4.).

396 *C. Schmitt*, Verfassungslehre, 1928, S. 105 f., 177 f.

397 Dazu *P. Häberle*, Die Wesensgehaltgarantie des Art. 19 Abs. 2 GG, 1. Aufl. 1962 (3. Aufl. 1983).

398 Aus der (kritischen) Lit.: *W. v. Simson*, Carl Schmitt und der Staat unserer Tage, AöR 114 (1989), S. 185 ff.; *H. Hofmann*, Legitimität gegen Legalität. Der Weg der politischen Philosophie Carl Schmitts, 5. Aufl. 2010; hoch umstritten bleibt *G. Agamben*, Ausnahmezustand – Homo Sacer II.1, 2004.

men von verfassungsstaatlichen Verfassungen wie in Griechenland (1975) oder Portugal (1976) widerlegt; vor allem auch durch die europarechtlichen „Vorgaben". Jeder nationale Verfassunggeber in Europa ist heute praktisch an die Vorgaben der EMRK gebunden. Verfassunggebung und gelebte Verfassung gehören nicht zwei getrennten Welten an, erstere wirkt vielmehr in letzterer fort.

696 Ein Wort zu *H. Heller*, dem Dritten im „Dreigestirn" der Weimarer Zeit[399]. Er hat nicht nur das Wort vom „sozialen Rechtsstaat" geprägt, sondern, wie in dieser Verfassungslehre bereits zitiert, auch ein Wort *Goethes* schöpferisch im juristischen Kontext verwendet: Verfassung als „geprägte Form, die lebend sich entwickelt"[400]. Damit ist auch ein *interpretationstheoretisches Angebot* gemacht. Überdies korrigierte *Heller* manche Übertreibungen der Integrationslehre von *R. Smend* und bleibt wegweisend auch für die europäische Integration durch sein Verständnis der Staatslehre als Kulturwissenschaft[401]. – Ein weiteres Wort zu *H. Kelsen*, von *H. Heller* als „Testamentsvollstrecker des Positivismus" kritisiert („Jeder Staat ein Rechtsstaat"). Er ist demgegenüber nur bei der Lehre vom „Stufenbau der Rechtsordnung"[402] in der Variante des „Vorrangs der Verfassung" hilfreich; freilich verdanken wir ihm Wesentliches in Sachen Verfassungsgerichtsbarkeit[403].

697 Im Kontext der GG-Praxis, d.h. *nach* 1949, wurden weitere Verfassungstheorien entwickelt, die im ersten Teil vorliegender Verfassungslehre bereits genauer entfaltet wurden: Verfassung als „Norm und Aufgabe" (*U. Scheuner*), Verfassung als grundlegender „Strukturplan für die Rechts-

399 Aus der Lit.: *M. Friedrich*, Geschichte der deutschen Staatsrechtswissenschaft, 1997, S. 370 ff.; *W. Pauly*, Grundrechtslaboratorium Weimar, 2004. – Einige neue Horizonte werden sichtbar in H. Schulze-Fielitz (Hrsg.), Staatsrechtslehre als Wissenschaft, Die Verwaltung 2007, Beiheft 7; *ders.*, Staatsrechtslehre als Mikrokosmos, 2013; sowie in M. Jestaedt/O. Lepsius (Hrsg.), Rechtswissenschaftstheorie, 2008; weiterführend P. Häberle/M. Kilian/H. Wolff (Hrsg.), Staatsrechtslehrer des 20. Jahrhunderts. Deutschland – Österreich – Schweiz, 2015.

400 *H. Heller*, Staatslehre, 6. Aufl. 1983, S. 258.

401 *Ders.*, Staatslehre, 1934, S. 32 ff.

402 Vgl. in diesem Kontext *S. Griller*, Der Stufenbau der österreichischen Rechtsordnung nach dem EU-Beitritt, Journal für Rechtspolitik, 2000, S. 273 ff. Siehe auch *A.-J. Korb*, Kelsens Kritiker. Ein Beitrag zur Geschichte der Rechts- und Staatstheorie (1911-1934), 2010.

403 *H. Kelsen*, Wesen und Entwicklung der Staatsgerichtsbarkeit, VVDStRL 5 (1929), S. 30 ff. Weitere klassische Lit. ist wieder abgedruckt in: P. Häberle (Hrsg.), Verfassungsgerichtsbarkeit, 1976.

gestalt eines Gemeinwesens" (*A. Hollerbach,* 1968), von der Schweiz aus Verfassung als „rechtliche Grundordnung des Staates" (*W. Kägi*, 1945) und ein betont geschichtliches Verfassungsverständnis (*R. Bäumlin*, 1961). *H. Ehmke* verdanken wir das Verständnis der Verfassung als „Beschränkung und Rationalisierung der Macht und Gestaltung eines freien politischen Lebensprozesses" (1953)[404]. Neben staatlicher Macht muss dabei auch *gesellschaftliche* Macht beschränkt werden. In ihrem herrschaftsbegründenden wie -begrenzenden Sinne ist Verfassung vor allem *öffentlicher Prozess* (1969)[405]. Deshalb bedarf es eines *„gemischten Verfassungsverständnisses*", wobei je nach Etappe der Verfassungsentwicklung und je nach Nation der eine oder andere Aspekt im Vordergrund stehen mag.

Übergreifend aber gilt: Verfassungen reflektieren nicht nur die Kultur, in 698
der sie Wirksamkeit entfalten, sondern sind selbst ein Stück *Kultur*[406]: Um das im ersten Teil Erarbeitete pointiert zu wiederholen: Verfassung ist nicht nur juristischer Text oder normatives Regelwerk, sondern Ausdruck eines kulturellen Entwicklungszustandes, Mittel der kulturellen Selbstdarstellung des Volkes, Spiegel seines kulturellen Erbes und Fundament seiner Hoffnungen. Dieses *kulturwissenschaftliche* Verfassungsverständnis kann Elemente der Arbeiten von *R. Smend* und *H. Heller*, *W. Kägi*, *R. Bäumlin* und *U. Scheuner*, auch *H. Ehmke* sowie *K. Hesse* beweglich einbauen, je nach Zeit und Raum, diesen beiden zusammengehörenden Dimensionen, in die eine europäische Verfassungslehre ausgreifen muss: als *horizontale Rechtsvergleichung in der Zeit* (Verfassungsgeschichte) und als *vertikale Rechtsvergleichung im Raum* (zeitgenössische Komparatistik). Bei all dem will die „Philosophie des offenen Geistes" (*K. Popper*), sein „process of trial and error" (vgl. auch BVerfGE 5, 85 (135)) erkenntnisleitend sein.

---

404 *H. Ehmke*, Grenzen der Verfassungsänderung, 1953, S. 103 ff.

405 Vgl. *P. Häberle*, Verfassung als öffentlicher Prozess, 1. Aufl. 1978 (3. Aufl. 1998), bes. S. 121 ff., 265 ff.

406 *P. Häberle*, Verfassungslehre als Kulturwissenschaft, 1. Aufl. 1982, S. 19 (2. Aufl. 1998, S. 28 ff., 405, 591 und passim); programmatisch und ins Universale ausgreifend fortgeschrieben in *ders.*, Der kooperative Verfassungsstaat – aus Kultur und als Kultur, Vorstudien zu einer universalen Verfassungslehre, 2013.

3. Die klassischen vier Auslegungsmethoden und die neue „fünfte" (rechtsvergleichende) – der Pluralismus der Auslegungsmethoden, die Offenheit ihres Zusammenspiels

699 Das hat Konsequenzen für die *Auslegungslehre* respektive *Interpretationstheorie*. Mit *F. C. v. Savignys* (1840), freilich ohne das „Genie" der römischen Juristen nicht zu denkendem Kanon der Auslegungsmethoden haben die Juristen ein nur vermeintlich „sicheres Handwerkszeug". Nach Savigny gehen sie vom *Wortlaut* aus (grammatische Auslegung), kehren zur *Geschichte* zurück (historische Auslegung, mit Varianten der subjektiv historischen und objektiv historischen Interpretation) und erforschen den *systematischen* Stellenwert der Norm im Ganzen (fragen neuerdings nach dem „Kontext"). Später wurde der Kanon um die Frage nach dem *Telos*, dem Sinn und Zweck der Norm ergänzt[407]. Offen blieb und bleibt bis heute die „Organisation" des Zusammenspiels der vier „Auslegungselemente" oder -methoden[408]. Der Kanon der Auslegungsmethoden ist ein „flexibles Argumentationsgerüst"[409], das sich meist als Prinzipienstruktur[410], seltener

---

407 Die Lit. zur Methodenlehre ist unüberschaubar: vgl. nur *H.-M. Pawlowski*, Methodenlehre für Juristen, 3. Aufl. 1999; *E. Kramer*, Juristische Methodenlehre, 3. Aufl. 2014; *K. Larenz/C.-W. Canaris*, Methodenlehre der Rechtswissenschaft, 4. Aufl. 2010; *F. Müller*/R. Christensen, Juristische Methodik, Bd. I: Grundlagen, Öffentliches Recht, 10. Aufl. 2009; *dies*, Juristische Methodik, Bd. II: Europarecht, 2. Aufl. 2007; *F. Bydlinski*, Juristische Methodenlehre und Rechtsbegriff, 2. Aufl. 1991 (Nachdruck 2011). Jüngst *F. Reimer*, Juristische Methodenlehre, 2015.

408 Bereits *Savigny* (System des heutigen römischen Rechts, Bd. I, 1840, S. 212) fasste seine Methoden im Gegensatz zu *Thibaut* (Theorie der logischen Auslegung des Römischen Rechts, 2. Aufl. 1806) nicht in ein festes Rangverhältnis. Zu den verfassungsrechtlichen Implikationen des Rangfolgenstreits vgl. *G. Hassold*, Strukturen der Gesetzesauslegung, in: FS Larenz, Bd. II, 1983, S. 211 ff., 217, 238; *A. Gern*, Die Rangfolge der Auslegungsmethoden von Rechtsnormen, VerwArch 80 (1989), S. 415 ff., 431; aus rechtsvergleichender Sicht: *F.-R. Grabau*, Über die Normen der Gesetzes- und Vertragsinterpretation, 1993, S. 162 ff.; zum Ganzen: *C.-W. Canaris*, Das Rangverhältnis der „klassischen" Auslegungskriterien, demonstriert an Standardproblemen aus dem Zivilrecht, in: FS D. Medicus, 1999, S. 25 ff.

409 *W. Brugger*, Konkretisierung des Rechts und Auslegung der Gesetze, AöR 119 (1994), S. 1 ff., 31.

410 *L. Michael*, Der allgemeine Gleichheitssatz als Methodennorm komparativer Systeme – Methodenrechtliche Analyse und Fortentwicklung der Theorie der „beweglichen Systeme", 1997, S. 205-209 m.w.N.; zustimmend *C.-W. Canaris*, Das

als Regelsystem[411] beschreiben lässt. Wann prävaliert die historische Auslegung, etwa bei jungen Gesetzen bzw. Verfassungen? Wie weit trägt der Wortlaut der Norm, ist er eine „Grenze“ der Auslegung? Wohl nein.[412] Ist letztlich die Frage nach Sinn und Zweck das entscheidende Auslegungsinstrument? Aus der Not der Ungewissheit des Zusammenspiels der vier Auslegungsmethoden darf man eine Tugend machen: Im Einzelfall kann der Richter von seinem „Judiz“ her, genauer vom durch Erfahrung geschulten Gerechtigkeitsmaßstab aus begründen, wie und warum die eine über die andere Auslegungsmethode siegt bzw. mehrere in ihrem Zusammenspiel ein Ergebnis „tragen“. Der *Pluralismus* und die *Offenheit* der vier Auslegungsmethoden wird so zur Garantie der Gerechtigkeitsgewinnung *in der Zeit*, unter Berücksichtigung von Wandel und Entwicklung, unter Einschluss von Internationalität und Interdisziplinarität.

Freilich zeigt sich schon im Zivilrecht und im Strafrecht, dass die Anwen- 700
dung der vier klassischen Auslegungsmethoden von den *Propria*, den jeweiligen Sach- und Rechtsbereichen und ihren speziellen Gerechtigkeitsprinzipien abhängt. So prägt der Satz „nulla poena sine lege“ als Ausdruck des heute gemeineuropäischen Verfassungsrechts das Strafrecht inhaltlich: keine Analogie zum Nachteil des Beschuldigten, während sich etwa das Privatrecht durch die Technik der Analogiebildung bereichert und fortentwickelt. Schon hier zeigt sich der *Zusammenhang* zwischen Gegenstand und Auslegungsmethoden im Recht, ein Konnex, der vor allem für das Verfassungsrecht charakteristisch ist.

Ehe dem genauer nachgegangen wird, sei die These von der Rechtsver- 701
gleichung als „fünfter“ Auslegungsmethode[413] entwickelt, wobei man, dem kulturwissenschaftlichen Ansatz dieses Entwurfs gemäß, anmerken darf, dass auch andere Wissenschaften und Künste auffallend ähnlich wie der Jurist arbeiten: bei der Theologie und ihrem Umgang mit Texten ist dies bekannt[414]; es ist kein Zufall, dass wir *Schleiermacher* die „Herme-

---

Rangverhältnis der „klassischen“ Auslegungskriterien, in: FS D. Medicus, 1999, S. 25, 59.

411 Beispiele für Regel- und Prinzipienstrukturen belegt *C.-W. Canaris*, ebd., S. 25 ff.

412 Anders *K. Hesse*, Grundzüge des Verfassungsrechts der Bundesrepublik Deutschland, 20. Aufl. 1995 (Neudruck 1999), Rn. 77 ff.

413 *P. Häberle*, Verfassungslehre als Kulturwissenschaft, 2. Aufl. 1998, S. 164 ff., 463 f. und passim.

414 Dazu auch *R. Hirschl*, Comparative Matters. The Renaissance of Comparative Constitutional Law, 2014, S. 77 ff.: „Early Engagement with the Constitutive Laws of Others: Lessons from Pre-Modern Religion Law“.

neutik" verdanken, d.h. die Lehre vom Verständnis eines gesprochenen oder geschriebenen Textes. Aber auch die Musik (Stichwort: historische Aufführungspraxis auf historischen Instrumenten) oder die Kunstwissenschaft (Interpretation von Bildern eines *Rembrandt* oder *Rubens*) arbeitet am Text und Kontext[415], mit Aspekten des Geschichtlichen oder Werkimmanenten bis hin zur Einbeziehung der Wirkungsgeschichte eines Kunstwerkes. Einmal mehr zeigt sich, dass der Umgang von uns Juristen mit Texten nur ein Anwendungsfall des Umgangs mit (anderen) Hervorbringungen des Geistes bzw. des Menschen ist: also des Verständnisses von „Kultur".

4. Insbesondere: Kulturelle Verfassungsvergleichung – Verfassungsvergleichung als „fünfte" Auslegungsmethode

702 Verfassungsvergleichung erweist sich als für kulturwissenschaftliches Denken besonders geeignet: auf der Ebene der europäischen Rechtsvergleichung sowie auf der Ebene „innerer" Verfassungsvergleichung in Bundesstaaten wie Deutschland, Österreich und der Schweiz zwischen den Verfassungen der Gliedstaaten untereinander und zwischen ihnen und dem Bundesverfassungsrecht (dem die Gliedverfassungen als „andere" Ebene von vornherein zuzurechnen sind). Gleiches gilt für die „Regionalstaaten" wie Spanien mit seinen Autonomen Gebietskörperschaften. Funktionell kann Verfassungsvergleichung dabei auf allen drei Ebenen der Verfassungsentwicklung (Verfassungsinterpretation, Verfassungsänderung, Verfassunggebung) und in deren Rahmen fruchtbar gemacht werden.[416]

703 Vorgänge, Inhalte und Verfahren kultureller Produktion und Rezeption lassen sich innerhalb der Bundesstaaten (respektive der Regionen) belegen, aber auch zwischen den Bundesstaaten untereinander, oder zwischen dem Föderalismus und seinem „kleineren Bruder", dem Regionalismus: So hat die deutsche Bundesstaatswissenschaft gerade auf einem kulturverfassungsrechtlichen Gebiet (Stichwort: „Kulturförderungsgesetze" Öster-

---

415 *A. Vosskuhle/Th. Wischmeyer*, Der Jurist im Kontext. Peter Häberle zum 80. Geburtstag, JöR 63 (2015), S. 401 ff.

416 S. auch *V. Jackson*, Methodological Challenges in Comparative Constitutional Law, Penn State International Law Review 28 (2010), S. 319 ff.; *M. Tushnet*, The Possibilities of Comparative Constitutional Law, Yale Law Journal 108 (1999), S. 1225 ff.

reichs) rechtspolitische Impulse aus Österreich aufgegriffen, die Schweiz lehnt sich in ihren Arbeiten zur Totalrevision der Bundesverfassung auch an Werke der deutschen Staatsrechtslehre an (1977 und 1995, 2000). Auch das Gegenteil, das Verweigern von Rezeptionen, die Differenz lässt sich oft kulturell erklären, weil die *Unterschiede* zwischen den Rechtssystemen und ihrer kulturellen Ambiance zu verschieden sind und „Importe" nur bedingt empfohlen werden können[417] (Vergleichen des Ungleichen).

Nicht nur auf dem Felde der Verfassungs- und Rechtspolitik, auch bei der 704
„bloßen" Interpretation von geltendem (Verfassungs-)Recht erweist sich kulturwissenschaftliche Rechtsvergleichung als hilfreich. Nur sie vermag etwa zu erklären, warum gleichlautende Texte im Laufe der Zeit oder von Anfang an einer unterschiedlichen Interpretation zugänglich und bedürftig sind. Der Gleichheitssatz etwa wird in der Rechtskultur einer Schweiz immer auch andere Ergebnisse zeitigen als in der Bundesrepublik Deutschland[418]. Ebenso können gleiche Institutionen in unterschiedlichen Nationen ganz unterschiedliche Aufgaben haben[419].

So kann das kulturwissenschaftliche Denken in der (Verfassungs-)Rechts- 705
vergleichung teils Unterschiede erklären und rechtfertigen[420], teils zu Gemeinsamkeiten führen. Zugleich erweisen sich so die konkreten Verfassungen (z.B. der 28 EU-Mitgliedstaaten) als *kulturbedingte Variationen* des Grundtypus demokratischer Verfassungsstaat westlicher Prägung. Es ist dabei durchaus kein Privileg gerade der europäischen Verfassungslehre, für den kulturwissenschaftlichen Ansatz besonders geeignet zu sein. Die (europäische) Zivilrechtslehre kann nicht minder fruchtbar kulturwissenschaftliche Fragen aufgreifen und sie hat dabei, vor allem auf dem Felde

---

417 Zur Grundrechtsvergleichung als Kulturvergleichung bereits *P. Häberle*, Die Wesensgehaltgarantie des Art. 19 Abs. 2 GG, 3. Aufl. 1983, S. 407 ff.; siehe auch *D. Law/W.-Ch. Chang*, The Limits of Global Judicial Dialogue, Washington University Law Review 86 (2011), S. 523 ff.

418 Zu dieser „kulturspezifischen Varianz" vgl. *P. Häberle*, Diskussionsbemerkungen, in: C. Link (Hrsg.), Der Gleichheitssatz im modernen Verfassungsstaat, 1982, S. 83 ff., 104 f.

419 Grundlegend *A. Gehlen*, Urmensch und Spätkultur, 1. Aufl. 1956 (6. Aufl. 2004), S. 96.

420 Ist z.B. im Mitbestimmungsurteil des BVerfG (BVerfGE 50, 290 ff.) nicht ein prinzipiell kooperatives Verhältnis von Arbeitnehmern (bzw. Betriebsrat und/oder Gewerkschaften) und Arbeitgebern eine vorrechtliche Grundbedingung, die ihrerseits Ausdruck einer spezifisch deutschen politischen (Arbeiter-)Kultur und -tradition ist?

der Rechtsvergleichung, Tradition[421]. Auch im Strafrecht, das immer stärker seine nationalstaatlichen Grenzen sprengt und zu europäischem respektive internationalem Strafrecht erstarkt, lassen sich kulturelle Hintergründe erarbeiten.[422] Indes scheint die Verfassungslehre in besonderem Maße fähig und bedürftig, um die Dimension der Kulturwissenschaften bereichert zu werden, zielt sie doch auf das übergreifende Ganze einer

---

421 Die Rechtsvergleichung als Wissenschaft hat den kulturwissenschaftlich zu erschließenden Hintergrund des Rechts seit langem im Auge, ohne dass sie ihn jedoch genügend tief ausgeleuchtet und strukturiert hätte. Fast ein Klassikerzitat ist schon das Wort von *J. Kohler*, das Recht sei eine Kulturerscheinung, vgl. etwa *E. Rabel*, Aufgabe und Notwendigkeit der Rechtsvergleichung (1924), in: *ders.*, Gesammelte Aufsätze, Bd. III, 1967, S. 4. Zum „Recht als Ganzem", als Kulturerscheinung: *H. Coing*, Aufgaben der Rechtsvergleichung in unserer Zeit, JuS 1981, S. 601 ff., 603. – Auch der Stil-Begriff der Rechtsvergleichung (z.B. *M. Rheinstein*, Gesammelte Schriften, Bd. I, 1979, S. 74; *K. Zweigert/H. Kötz*, Einführung in die Rechtsvergleichung, Bd. I, 1. Aufl. 1971, S. 73 (3. Aufl. 1996, S. 62 ff.)) deutet auf kulturwissenschaftliches Denken. Vgl. *B. Großfeld*, Kernfragen der Rechtsvergleichung, 1996, S. 10 f.: „Kultur und Ordnung"; *F. C. Mayer*, Die Bedeutung von Rechts- und Verfassungsvergleichung im europäischen Verfassungsverbund, in: Ch. Calliess (Hrsg.), Verfassungswandel im europäischen Staaten- und Verfassungsverbund, 2007, S. 167 ff.

422 Die Strafrechtswissenschaft betont seit langem die Einbettung ihres Gegenstandes in die Kultur. Seit Beginn des 20. Jahrhunderts (*Graf Dohna*, Die Rechtswidrigkeit als allgemein gültiges Merkmal im Tatbestand strafbarer Handlungen, 1905) bezieht sich die Lehre von der materiellen Rechtswidrigkeit im Gegensatz zur rein positivistisch-formellen Sicht auf „den ganzen Kulturzusammenhang" des Rechts, „den gesamten Zusammenhang der Kultur, aus der das Recht erwächst und auf die es regelnd sich bezieht", als „Grundlage" der Gesetze (*E. Mezger*, Strafrecht, 3. Aufl. 1949, S. 203 f.). Anstoß war u.a. *M. E. Mayer*, Rechtsnormen und Kulturnormen, 1903. Die Beachtung des Spezifischen der jeweiligen Kultur wird ebenso gefordert in der Strafrechtsvergleichung bzw. der vergleichenden Kriminologie: *E. Mezger/A. Schönke/H.-H. Jescheck*, Das ausländische Strafrecht der Gegenwart, 1955, S. 7; *G. Kaiser/T. Vogler*, Strafrecht, Strafrechtsvergleichung, 1975, S. 79 ff., 87 ff., 88: „interkultureller Vergleich"; *G. Kaiser*, in: *H.-H. Jescheck*, Deutsche strafrechtliche Landesreferate zum X. Internationalen Kongreß für Rechtsvergleichung, 1978, S. 129 ff., 135 f.: „Rechtsnormen in einem gegebenen kulturellen Zusammenhang", „Besonderheiten ... und kulturelle Gemeinsamkeiten". ist von der „Verteidigung gemeinsamer Kulturinteressen im Wege des Strafrechts" die Rede. S. auch *G. Werle/F. Jessberger*, Principles of International Criminal Law, 3. Aufl., Oxford 2014; *F. Jessberger*, Transnationales Strafrecht, Internationales Strafrecht, Transnationale Strafrechtsgeltung – eine Orientierung, in: G.-P. Calliess (Hrsg.), Transnationales Recht, 2014, S. 527 ff.

Rechtsordnung[423] und auf das Übergreifende Ganze, das eine Verfassungsgemeinschaft, auch wenn sie *in Vielheit geeint* ist, grundiert.

Als „Argument" zur „Eingemeindung" der Rechtsvergleichung in den Auslegungskanon des Typus Verfassungsstaat, zumal seiner Grundrechte, sind Hinweise auf das Schrifttum dienlich. Bekanntlich besitzt die Privatrechtswissenschaft in Sachen Rechtsvergleichung einen großen, nicht nur zeitlichen Vorsprung: in den Handwerks- wie in den Kunstregeln[424]. Zur Vergegenwärtigung dieses „Vorsprungs" hier einige Stichworte, die zugleich helfen können, die Rechtsvergleichung entschlossen in den Interpretationskanon des Verfassungsstaates aufzunehmen: als längst fälliger Schritt von *F. C. v. Savigny* her zu dem in seine nationalen, regionalen und universalen Grund- und Menschenrechtstexte eingebetteten (und diese zugleich hervorbringenden) Typus Verfassungsstaat. (An-)Leitender Klassikertext sei, sozusagen vor die „Klammer" aller engeren fachspezifischen Überlegungen gezogen, die schöne Wendung von *G. Radbruch*[425], Rechtsvergleichung sei „Zu-Ende-Denken eines weltüberall Gedachten", dem *K. Zweigert*[426] als Herausgeber einen Hinweis auf seinen heute wohl ebenfalls klassischen Aufsatz „Rechtsvergleichung als universale Interpretationsmethode" hinzufügte. Der Verfassungsstaat ist auf dem Weg, als Typus bzw. in seinen Elementen „weltüberall gedacht" zu sein bzw. zu werden, vor allem im Grundrechtsbereich. Was liegt also näher, als bei der Auslegung der textlich ohnedies nie „vollständigen" (meist fragmentarischen) Grundrechtsgarantien auf die Entwicklung der Grundrechtsideen in ande- 706

---

423 *P. Häberle*, Grundrechtsgeltung und Grundrechtsinterpretation im Verfassungsstaat, JZ 1989, S. 913 ff.; dazu auch *H.-M. Pawlowski*, Methodenlehre für Juristen, 3. Aufl. 1999, S. 122.

424 Dazu *M. Morlok*, Rechtsvergleichung auf dem Gebiet der politischen Parteien, in: D. Th. Tsatsos u.a. (Hrsg.), Parteienrecht im europäischen Vergleich, 1990, S. 695 ff., 707 ff. m.w.N.– S. im Übrigen *H. Roggemann*, Von der innerdeutschen Rechtsvergleichung zur innerdeutschen Rechtsangleichung, JZ 1990, S. 363 ff., der u.a. die Idee des Erstverf. von der Rechtsvergleichung als „fünfter Auslegungsmethode" aufgreift (ebd., S. 367).

425 *G. Radbruch/K. Zweigert*, Einführung in die Rechtswissenschaft, 13. Aufl. 1980, S. 284.

426 Rechtsvergleichung als universale Interpretationsmethode, RabelsZ 15 (1949/50), S. 5 ff. Die vorbildhaften Werke europäischer Verfassungsvergleichung kommen aus Italien bzw. Frankreich: *G. de Vergottini*, Diritto Costituzionale Comparato, 8. Aufl. 2013, und *C. Grewe/H. Ruiz Fabri*, Droits constitutionnels européens, 1995, sowie Spanien: *M. Garcia-Pelayo*, Derecho constitucional comparado, 7. Aufl. 1961 (Neudruck 1993).

ren Beispielsländern des Verfassungsstaates und in internationalen (universellen oder regional-völkerrechtlichen) Menschenrechtsverträgen[427] zu schauen – seien diese nun schon zu Texten geronnen oder noch in Gestalt von Verfassungsjudikatur oder bloßer „Grundrechtspolitik" präsent? Der (z.B. gemeineuropäische, aber auch universelle) Grundrechtsvergleich ist für den Verfassungsinterpreten so ein „Transportmittel" seiner eigenen Auslegung, wobei das Vergleichen seinerseits andere Auslegungsmittel wie die historische, Wortlaut- und systematische Interpretation, selbst die teleologische, je nach Problemlage, mit integrieren kann.

707 Ein Blick auf die *Schweizer* Privatrechts- bzw. Methodenlehre ist förderlich. Sie nimmt Art. 1 Abs. 2 ZGB zu Hilfe:

> „Kann dem Gesetz keine Vorschrift entnommen werden, so soll der Richter nach Gewohnheitsrecht, und, wo auch ein solches fehlt, nach der Regel entscheiden, die er als Gesetzgeber aufstellen würde. Er folgt dabei bewährter Lehre und Überlieferung".

708 Dieser Text „inspirierte" einen *A. Meier-Hayoz* zu der schon klassischen Folgerung (seinerzeit im Berner Kommentar zum schweizerischen Zivilrecht, Art. 1, Rn. 368) bzw. dem als Zwischenstation auf dem hier verfolgten Weg einzuordnenden Satz: „Da der Bundesgesetzgeber die komparative Methode anwendet, muss auch der Richter, welcher bei der Lückenfüllung ja nach Art. 1 Abs. 2 ZGB wie der Gesetzgeber voranzugehen hat, bei der Gesetzesergänzung die Rechtsvergleichung pflegen".[428]

709 Als ähnlichen zu Rechtsvergleichung „anregenden" positivrechtlichen Privatrechtstext darf man, *E. A. Kramer* folgend[429], § 7 des österreichischen ABGB werten, der als letztes Mittel zur Lückenfüllung die „natürlichen Rechtsgrundsätze" nennt. Mag das „gemeindeutschsprachige" Privatrecht sich an positiven Texten gleichsam als „Trägerrakete" zum Wagnis des rechtsvergleichenden Flugs orientieren müssen und zurecht zur Vorsicht mahnen[430]: Das Verfassungsrecht kann seinerseits den Gedanken von

---

427 Relevant in diesem Kontext wird *J. Vasel*, Regionaler Menschenrechtsschutz als Emanzipationsprozess. Grundlagen, Strukturen und Eigenarten des europäischen und interamerikanischen Menschenrechtsschutzsystems, 2015.

428 S. auch *B. Großfeld*, Macht und Ohnmacht der Rechtsvergleichung, 1984, S. 34.

429 *E. A. Kramer*, Topik und Rechtsvergleichung, RabelsZ 33 (1969), S. 1 ff., 7.

430 Vgl. etwa *B. Großfeld*, Macht und Ohnmacht der Rechtsvergleichung, 1984, S. 35 f.

Art. 1 ZGB für sich aufgreifen[431]. Es darf, anknüpfend an die neueren Verfassungs- und EU-Texte, die europäische Gerichtspraxis zu „allgemeinen Rechtsgrundsätzen“ und methodologischen Äußerungen im Schrifttum, die Grundrechtsgehalte vergleichend erarbeiten und sie als zwar „ausländische“, aber dem Typus Verfassungsstaat immanente „Rechtsgedanken“ bewerten[432]. Die Rechtsvergleichung wird so in Sachen Grundrechte zu einer „normalen“, „natürlichen“ Auslegungsmethode; ihre „Universalität“ entspricht der Universalität des Verfassungsstaates. Positivrechtlicher Abstützungen nach Art von Art. 10 Abs. 2 Verf. Spanien, Art. 16 Abs. 2 Verf. Portugal, Art. 340 Abs. 2 AEUV bzw. Art. 1 Abs. 2 ZGB, § 7 ABGB bedarf es nicht mehr, so hilfreich sie als Wegweiser bleiben. Zu erinnern ist auch an Art. 139 der Verfassung von Äquatorial Guinea[433] („numerus apertus“ der Rechtsquellen).

Eine „Relativierung“, genauer Präzisierung, ist freilich notwendig: Im 710
Rahmen der als juristische Text- und Kulturwissenschaft betriebenen Verfassungslehre sind bei allem Vergleichen die *kulturellen Kontexte* immer mitzubedenken. Die kulturell fassbare Individualität des einzelnen Verfassungsstaates darf nicht über das „Medium“ bzw. Vehikel der Verfassungs- bzw. Grundrechtsvergleichung interpretatorisch eingeebnet werden. Vielfalt drohte sonst zur Uniformität zu verarmen. Äußere Textähnlichkeiten dürfen nicht über Unterschiede, die sich aus dem kulturellen Kontext der Beispielsverfassungen ergeben, hinwegtäuschen. Auch müssen die via Rechtsvergleichung rezipierten (Grundrechts-)Gehalte in den „eigenen“ Kontext des aufnehmenden Verfassungsstaates umgedacht werden. Dies ist ein aktiver (Rezeptions-)Vorgang – so wie der herkömmliche Interpretationsprozess höchst produktiv ist[434]. Insgesamt ist die schon mehrfach

431 *P. Häberle*, Neuere Verfassungen und Verfassungsvorhaben in der Schweiz, JöR 34 (1985), S. 303 ff., 350 f.

432 In Anlehnung an die Wendung von *E. A. Kramer*, Topik und Rechtsvergleichung, RabelsZ 33 (1969), S. 1 ff., 7: „rechtsvergleichend gewonnener Topoikatalog ausländischer Rechtsgedanken“; *ders.*, Sentenzen zu Gesetz, Richter und Methode, in: FS Walter, 2005, S. 87 ff.

433 Vgl. hierzu *P. Häberle*, Rechtsquellenprobleme im Spiegel neuerer Verfassungen – ein Textstufenvergleich, ARSP 1995, Beiheft 62, S. 127 ff., 132 f.

434 Die Gefahren und Schwierigkeiten aus der „Kanonisierung“ der Vergleichung als „fünfter“ Auslegungsmethode seien nicht verkannt: Das Vergleichen darf nicht zu Beliebigkeiten des Interpreten führen, er muss die kulturelle Nähe beachten, auch die systematischen Zusammenhänge, in denen die Texte stehen. Dennoch sollte das Tor zur Welt der Rechtsvergleichung in der beschriebenen Weise geöffnet

zitierte Erkenntnis *Goethes* wegleitend: Wer keine fremden Sprachen kennt, kenne nicht die eigene. Hier und heute: Wer keine fremden Verfassungen bzw. Rechtsordnungen kennt, kennt auch nicht seine eigene, geschweige denn die europäische Verfassungsgemeinschaft in ihren multiplen konstitutionellen Verflechtungen!

711 Zuletzt eine Präzisierung: Wenn hier von der Rechtsvergleichung als „fünfter" Auslegungsmethode gesprochen wird, so nur aus Gründen der damit möglichen Bezugnahme auf die vier klassischen Methoden. Damit ist nicht etwa eine Rangfolge angedeutet. Es gibt sie ja schon unter den klassischen Methoden nicht. Im Einzelfall kann es durchaus sein, dass die Rechtsvergleichung etwa in Verbindung mit der teleologischen Auslegung ganz im Vordergrund steht. Auch ist denkbar, dass die Rechtsvergleichung *ein* Aspekt bei *allen* anderen Auslegungsmethoden ist: Z.B. könnte die Entstehungsgeschichte in einem rechtskulturell benachbarten Land (vor allem in Europa oder im lateinamerikanischen Rechtskreis) ein zulässiges Argument sein. M.a.W.: Rechtsvergleichende Arbeit kann – muss – auf der Ebene des textlichen Wortlautes, der Geschichte, der Systematik oder des Telos geleistet werden. Insofern hat die rechtsvergleichende Dimension „Annexcharakter". Um der (auch pädagogischen) Durchschlagskraft willen sei aber an der Nummerierung als „fünfter" Methode festgehalten.

5. Inhaltliche Direktiven für das Zusammenspiel der vier bzw. fünf Auslegungsmethoden und ihre Unverzichtbarkeit für die Verfassungsinterpretation

a) Gerechtigkeit und Gemeinwohl

712 Die vier klassischen Auslegungsmethoden sind zwar über Jahrhunderte in anderen Rechtsgebieten als denen des heutigen Verfassungsrechts entwickelt worden, sie leisten aber seit der Entwicklung des Verfassungsstaates insbesondere mit ausgebauter Verfassungsgerichtsbarkeit auch hier ihren Dienst. Vor allem das Privatrecht erweist sich einmal mehr als „älte-

---

werden. Disziplinierende „Anwendungsregeln" werden sich im Laufe der Zeit im typischen Verfahren ebenso herausbilden können wie sonst. Siehe auch *R. Ch. Van Oyen*, Peter Häberle, die Wiener-Weimarer Staatsklassik und die offene Gesellschaft der europäischen Verfassungs-Kultur. Zum 80. Geburtstag, Recht und Politik 2014, S. 99 ff.

re" und in manchem „weisere" Schwester des Öffentlichen Rechts. Freilich hat die Weimarer Zeit und hier vor allem *R. Smend* erarbeitet, dass „Verfassung" nicht einfach bzw. technisch wie ein Gesetz auszulegen ist. M.a.W.: Die andere Sache, der besondere, wenn man will „große" Gegenstand „verfassungsstaatliche Verfassung" fordert hier eine angemessene „besondere" Anwendung der Auslegungsmethoden. Der ganze Anspruch einer verfassungsstaatlichen Verfassung bzw. die vielerlei Arten ihres Verständnisses wirken sich auch auf die Methodenwahl aus. Gerade weil nicht feststeht, *welche* der vier bzw. fünf Auslegungsmethoden *wie* zusammenspielen, bedarf es hinreichender Direktiven, auf die vor allem der Verfassungsrichter, ihm vorarbeitend aber auch die Wissenschaft, zurückgreifen können. Solche konstitutionellen Direktiven sind zum Teil älter als der Verfassungsstaat, von ihm bzw. in ihm heute aber mitgedacht, etwa die (soziale) Gerechtigkeit, wie sie sich schon in vielen Verfassungstexten ausdrücklich findet[435]. Ebenso das Gemeinwohl[436] bzw. die Lehre von den Staatszwecken und Staatszielen[437].

Diese Begriffe sind vor allem auf dem Forum der Rechtsphilosophie erar- 713
beitet worden und insofern wird ein intensiveres Gespräch zwischen ihr und der Verfassungslehre erforderlich. So wie der erfahrene Zivilrechtler sein durch Auslegung gewonnenes Ergebnis an der Gerechtigkeitsidee kontrolliert, so arbeitet auch der Verfassungsrichter ausdrücklich oder der Sache nach bei seiner Auslegung mit der Vergegenwärtigung von Gerechtigkeitsprinzipien. Nachweisbar fließen Gemeinwohlaspekte in die richterliche Praxis ein („Gemeinwohljudikatur").

Sind Gerechtigkeit und Gemeinwohl allgemeine Leitbegriffe, die potenti- 714
ell stets und aktuell oft die Verfassungsauslegung mitsteuern, so gibt es

---

435 Dazu die Nachweise in *P. Häberle,* Verfassungslehre als Kulturwissenschaft, 2. Aufl. 1998, S. 1044 ff.

436 Dazu *P. Häberle*, Öffentliches Interesse als juristisches Problem, 1. Aufl. 1970 (2. Aufl. 2006); *R. Uerpmann-Wittzack*, Das öffentliche Interesse, 1999; europäisch ausgerichtet *Ch. Calliess*, Gemeinwohl in der EU, in: W. Brugger u.a. (Hrsg.), Gemeinwohl in Deutschland, Europa und der Welt, 2002, S. 173 ff.

437 Dazu *U. Scheuner*, Staatszielbestimmungen, in: *ders.*, Staatstheorie und Staatsrecht, 1978, S. 223 ff.; *W. Hebeisen*, Staatszweck, Staatsziele, Staatsaufgaben, 1996; *K.-P. Sommermann*, Staatsziele und Staatszielbestimmungen, 1997; ders. (Hrsg.), Gremienwesen und staatliche Gemeinwohlverantwortung, 2001; *P. Häberle,* Verfassungsstaatliche Staatsaufgabenlehre, AöR 111 (1986), S. 595 ff.; *J. Isensee*, Gemeinwohl im Verfassungsstaat, in: HStR, Bd. IV, 3. Aufl. 2006, § 71; *ders.*, Staatsaufgaben, in: ebd., § 73.

Felder der geschriebenen Verfassung, die erst mit Hilfe allgemeiner oder besonderer Theorien, zum Teil auch sog. Klassikertexte „verstanden" werden können. Zwei *Beispiele* seien herausgegriffen: die Grundrechte und der Föderalismus.

b) Grundrechtsideen und Föderalismuskonzepte als Beispielsfelder

715 Die Grundrechtsdogmatik und -judikatur wird heute über Deutschland hinaus von der Statuslehre eines *G. Jellinek* geprägt. Mit seinem „status negativus", „passivus", „positivus" und „activus" hat er Klassikertexte geschaffen, die Fundamente aller neueren Grundrechtstheorien sind. Viele Auslegungsfragen in Sachen Grundrechte werden durch diese Schlüsselbegriffe angeleitet, wobei es nicht nur um formale Einteilungen geht. Unter dem GG wird seit Jahrzehnten über *G. Jellinek* hinaus überaus lebhaft um die „richtige", „beste", bescheidener gesagt „relativ richtige" Grundrechtstheorie gestritten. Sie soll die einzelnen Fragen der Grundrechtsinterpretation mit steuern[438].

716 So wurde 1971 ein „status activus processualis" vorgeschlagen bzw. eine leistungsstaatliche Grundrechtstheorie entwickelt[439]; so hat das BVerfG die Schutzpflichttheorie entwickelt (seit BVerfGE 39, 1); so wird längst eine „gemeineuropäische Grundrechtstheorie" gefordert. Diese Theorien wollen auf das Zusammenspiel der Auslegungsmethoden als Forum oder Horizont inhaltlich Einfluss nehmen und sie sind letztlich unentbehrlich.

---

438 Die Lit. ist unüberschaubar, grundlegend bleibt *K. Hesse*, Grundzüge des Verfassungsrechts der Bundesrepublik Deutschland, 20. Aufl. 1995 (Neudruck 1999); Siehe auch *K. Stern*, Das Staatsrecht der Bundesrepublik Deutschland, Bd. III/2, 1994; *P. Häberle*, Die Wesensgehaltgarantie des Art. 19 Abs. 2 GG, 1. Aufl. 1962 (3. Aufl. 1983); als „Einteilung" i.S. des „Kästchendenkens" wirksam: *E.-W. Böckenförde*, Grundrechtstheorie und Grundrechtsinterpretation, NJW 1974, S. 1529 ff.; (als Studienbücher) gute Sekundär-Lit.: *B. Pieroth/B. Schlink/Th. Kingreen/R. Poscher*, Grundrechte, 30. Aufl. 2014; *M. Morlok/L. Michael*, Grundrechte, 4. Aufl. 2014; aus der Handbuch-Lit. sei auf HStR, Bd. IX, 3. Aufl. 2011 verwiesen, etwa mit Beiträgen zum angloamerikanischen Einfluss auf die deutsche Grundrechtslehre (*W. Brugger*, § 186), zur abwehrrechtlichen und zur Schutzpflichtendimension der Grundrechte (*J. Isensee*, § 191), zur teilhaberechtlichen Dimension (*D. Murswiek*, § 192), zu Schutzbereich, Grundrechtsausgestaltung und Grundrechtseingriff (*Ch. Hillgruber*, § 200) oder zum Spannungsfeld von Grundpflichten und Grundrechten (*H. Hofmann*, § 195).

439 *P. Häberle*, Grundrechte im Leistungsstaat, VVDStRL 30 (1972), S. 43 ff., 86 ff.

Ein Verfassungsgericht tut freilich gut daran, nicht stets „einer“ Theorie als der „allein richtigen“ zu folgen, sondern um eine pragmatische Integration von Theorieelementen zu ringen: das entspricht dem Geist der „Verfassung des Pluralismus“. Das auf Ausgleich und Kompromiss gerichtete Verfassungsverständnis legt der Verfassungsrechtsvergleichung solches nahe.

Ein anderes Beispiel sei der *Föderalismus*. Auch hier wird seit langem um 717
die „richtige“ Theorie gestritten, die dann Einzelfragen der Auslegung „meistern“ soll. Die in Raum und Zeit vergleichend betrachtete Entwicklung vieler Bundesstaaten kann mehrere Modelle benennen: den klassischen „separative federalism“, den „kooperativen Föderalismus“ wie er in Deutschland in Art. 91 a und b GG Gestalt geworden war, den „unitarischen Bundesstaat“ (*K. Hesse*), im Kontext der deutschen Einigung den „fiduziarischen Föderalismus“ (intensivierte Solidaritätspflichten von Bund und westdeutschen Ländern *auf Zeit* gegenüber den neuen Bundesländern). Vor allem von der Politik her wird stärker der marktähnliche Wettbewerbsföderalismus propagiert[440]. Vor allem bei offenen Auslegungsfragen bedarf es des Rückgriffs auf Aspekte der einen oder anderen Föderalismustheorie, die in Deutschland bekanntlich *R. Smend* schon 1916, heute europaweit wirksam, mit seinem Begriff der „Bundestreue“ befruchtet hat. In der Unionstreue findet sie ihr Gegenbild.

U.E. ist keine Theorie absolut richtig. Es liegt vielmehr ein „gemischtes 718
Bundesstaatsverständnis“ nahe. Die Akzente wechseln im Laufe der Zeit: bald ist das Kompetitive, bald das Solidarische stärker zu betonen.

---

440 Aus der allgemeinen Lit. *K. Hesse*, Grundzüge des Verfassungsrechts der Bundesrepublik Deutschland, 20. Aufl. 1995 (Neudruck 1999), Rn. 216 ff.; *J. Isensee*, Der Föderalismus und der Verfassungsstaat der Gegenwart, AöR 115 (1990), S. 248 ff.; *P. Häberle*, Aktuelle Probleme des deutschen Föderalismus, Die Verwaltung 1991, S. 169 ff.; *S. Korioth*, Der Finanzausgleich zwischen Bund und Ländern, 1997; *H. P. Bull*, Finanzausgleich im „Wettbewerbsstaat“, DÖV 1999, S. 269 ff. Aus der neueren Handbuch-Lit. sei auf HStR, Bd. VI, 3. Aufl. 2008 verwiesen, das den Bundesstaat in Theorie und Verfassungspraxis umfassend beleuchtet. Desgleichen tut I. Härtel (Hrsg.), Handbuch Föderalismus – Föderalismus als demokratische Rechtsordnung und Rechtskultur in Deutschland, Europa und der Welt, Bd. I: Grundlagen des Föderalismus und der deutsche Bundesstaat, 2012.

6. Prinzipien der Verfassungsinterpretation und ihrer Grenzen

719 Als letzter Problembereich im „al fresco“ gemalten Bild einer verfassungsstaatlichen Verfassung und ihrer interpretatorischen Ausgestaltung seien die „Prinzipien der Verfassungsinterpretation“ angedeutet. Sie unterscheiden sich von den „Methoden“ als interpretatorischen Zugangs*wegen* zu den Inhalten der Verfassung dadurch, dass sie selbst *Inhalte* darstellen, wenn auch mitunter mit formellen Seiten. Ihr Zusammenhang mit den „Methoden“ bleibt, gleichwohl sind sie von diesen zu unterscheiden. Im Ganzen zeigt sich indes schon hier, wie stark Inhalte, Methoden und Prinzipien beim „Geschäft“ der Verfassungsauslegung zusammenspielen.

a) „Prinzipien der Verfassungsinterpretation“

720 Diese sind, erstmals in Deutschland auf einer Staatsrechtslehrertagung 1961 entwickelt[441], fast zu einem Kanon geworden[442]:

- Das Prinzip der *Einheit der Verfassung*; gemeint ist eine ganzheitliche Sicht der einzelnen Verfassungsprinzipien (aus der Judikatur des BVerfG, z.B. BVerfGE 1, 14 (32); 49, 24 (56)): so ist das GG z.B. Rechtsstaat *und* Sozialstaat, so sind Grundrechts- und Kompetenznormen zusammen zu sehen.
- Das Prinzip *„praktischer Konkordanz“* (*K. Hesse*) oder des nach beiden Seiten „schonendsten Ausgleichs“ (*P. Lerche*); das GG muss im Konfliktfall z.B. zwischen Grundrechten und der Funktionsfähigkeit von Sonderstatusverhältnissen (wie der Bundeswehr, der Strafhaft oder dem Berufsbeamtentum) *beiden* Verfassungswerten optimale Geltung verschaffen, *beiden* Gütern müssen Grenzen gezogen werden (s. auch BVerfGE 112, 118 (140): „schonendster Ausgleich“).
- Das Prinzip der *verfassungskonformen Auslegung*; danach ist ein Gesetz nicht für nichtig zu erklären, wenn es im Einklang mit dem GG ausgelegt werden kann (BVerfGE 2, 266 (282), ständige Rechtsprechung, vgl. nur BVerfGE 90, 263 (274 f.); 93, 37 (81); 110, 226 (267);

---

441 Referate von *P. Schneider* und *H. Ehmke*, Prinzipien der Verfassungsinterpretation, VVDStRL 20 (1962), S. 1 ff. bzw. 53 ff.

442 Dazu *K. Hesse*, Grundzüge des Verfassungsrechts der Bundesrepublik Deutschland, 20. Aufl. 1995 (Neudruck 1999), Rn. 49 ff.; R. Dreier/F. Schwegmann (Hrsg.), Probleme der Verfassungsinterpretation, 1976.

112, 154 (182 f.)); 118, 212 (234); 119, 247 (274); 122, 39 (61 f.); 124, 25 (39).[443]

- Darüber hinaus ist jetzt auch der Gedanke der *Europa- bzw. Völkerrechtsfreundlichkeit* als Prinzip der Verfassungsinterpretation zu „kanonisieren“; hierher gehört das Postulat der *menschenrechtsfreundlichen* Auslegung des GG[444].
- Schließlich ist die *Verfassungsvergleichung*, insonderheit auf dem Felde der Grundrechte, ein Prinzip der Verfassungsinterpretation bzw. die *„fünfte“* Auslegungsmethode, wie schon erwähnt; zwei Verfassungen in Südafrika kommen dem schon sehr nahe[445]. Als spezieller Anwendungsfall ist das Prinzip „gemeineuropäischer“ oder vielleicht auch „gemeiniberoamerikanischer Hermeneutik“ zu nennen.

b) Prinzipien zu den Grenzen der Verfassungsinterpretation

Sie seien zuletzt behandelt. Benannt sind sie zum einen als Maßstab 721
„funktioneller Richtigkeit“[446]. Es geht besonders um die Grenzen im Verhältnis zum Gesetzgeber sowie im Verhältnis zu den übrigen Gerichtsbarkeiten, das BVerfG spricht leider von sog. „Fachgerichten“ (z.B. BVerfGE 94, 1; 104, 65 (73)), was Gefahr läuft, die anderen Gerichte ungebührlich abzuwerten, auch sie sind in einem tiefen Sinne Verfassungsgerichte, weil an die Verfassung gebunden und sogar an ihrer interpretatorischen Weiterentwicklung beteiligt. Und sie sind, weil sie das Unionsrecht anzuwenden

---

443 Kritisch *U. Lembke*, Einheit aus Unkenntnis? Zur Unzulässigkeit der verfassungskonformen Gesetzesauslegung als Methode der Normkompatibilisierung durch Interpretation, 2009.

444 Dazu aus der Lit.: *K.-P. Sommermann*, Völkerrechtlich garantierte Menschenrechte als Maßstab der Verfassungskonkretisierung, AöR 114 (1989), S. 391 ff.; eine menschenrechtsfreundliche Auslegung des Asylgrundrechts erprobt *M. Minecka*, Das schwere Erbe von Guantánamo. Eine Untersuchung der rechtlichen Rahmenbedingungen zur Aufnahme von Guantánamo-Häftlingen in Deutschland, DÖV 2010, S. 646 ff.

445 Nachweise im Einzelnen in *P. Häberle,* Verfassungslehre als Kulturwissenschaft, 2. Aufl. 1998, S. 1052 f. Zum „Gemeinamerikanischen Verfassungsrecht“ *P. Häberle*, Mexiko – Konturen eines Gemeinamerikanischen Verfassungsrechts – ein jus commune Americanum, JöR 52 (2004), S. 581 ff.

446 Dazu *K. Hesse*, Grundzüge des Verfassungsrechts der Bundesrepublik Deutschland, 20. Aufl. 1995 (Neudruck 1999), Rn. 73. Begrifflich fragwürdig: *R. Alleweldt*, BVerfG und Fachgerichtsbarkeit, 2006.

und seine Auslegung – etwa im Wege der Vorabentscheidung – beeinflussend zu steuern haben, sogar *europäische Verfassungsgerichte*.

722 Zum anderen gibt es Grenzen der Verfassungsgerichtsbarkeit in Gestalt der sog. *gesetzeskonformen* Auslegung der Verfassung[447]. Wenn das BVerfG ein Gesetz am Maßstab der Verfassung überprüft, dann legt es auch das Gesetz aus. Es kommt zu einer *Wechselwirkung* zwischen Verfassungs- und Gesetzesinterpretation. Sie misst sich an der Einheit der Verfassung. Im Übrigen ist daran zu erinnern, dass der einfache Gesetzgeber viel zur Konkretisierung der Verfassung „von unten her" leistet, ohne dass dieses hierarchische Bild wörtlich genommen werden darf. Alle Verfassungsorgane und Rechtsprechungskörper leisten *Teil*beiträge zur Verfassungskonkretisierung, vor allem in der Zeitachse als *Verfassungsentwicklung* zu sehen[448]. So wirkt z.B. das sich wandelnde Privatrecht mittelfristig auf das Bild zurück, das sich die Verfassung vom „Privatrecht" macht – unbeschadet allen „Vorrangs der Verfassung". Hier hat das Stichwort von den „Propria", den spezifischen Strukturen der Teilrechtsgebiete wie des Privatrechts, seinen Platz.

723 *Insbesondere* zu bedenken sind der Vorrang der Verfassung und die Grenzen des Verfassungsrechts dank der eigenständigen Strukturen der anderen Rechtsgebiete. Der „Vorrang der Verfassung"[449], die Lehre von der Verfassung als höchster Rechtsordnung (vgl. Art. 8 Abs. 2 Verf. Ukraine: „The Constitution has the highest legal force"), abgesehen vielleicht von Vorgaben des Naturrechts (in Deutschland aktuell unmittelbar nach 1945), könnten dazu verleiten, die spezifischen Grenzen des Verfassungsrechts zu vergessen. Sie ergeben sich zunächst einmal *inner*verfassungsstaatlich aus der Koexistenz mit anderen Rechtsgebieten wie dem Zivil- und Strafrecht. Gerade der Verfassungsrichter sollte daran immer wieder denken. In Deutschland wird das Problem sichtbar in der Frage der Grenzen zwischen BVerfG und den sog. „Fachgerichten". Das BVerfG soll darum Entscheidungen nur nach der Seite der Verletzung „spezifischen Verfassungsrechts" hin überprüfen (vgl. BVerfGE 45, 63 (74); 79, 365 (367)). Auch

447 Dazu *K. Hesse*, Grundzüge des Verfassungsrechts der Bundesrepublik Deutschland, 20. Aufl. 1995 (Neudruck 1999), Rn. 79 ff. – siehe auch BVerfGE 115, 51.

448 Vgl. *B.-O. Bryde*, Verfassungsentwicklung, 1982.

449 Aus der Lit.: *R. Wahl*, Der Vorrang der Verfassung, Der Staat 20 (1981), S. 485 ff.; *M. Ruffert*, Vorrang der Verfassung und Eigenständigkeit des Privatrechts, 2001. Siehe in diesem Kontext schließlich *W. Heun*, Verfassung und Verfassungsgerichtsbarkeit im Vergleich, 2014.

wird gerne von „funktionellrechtlichen Grenzen der Verfassungsinterpretation“ gesprochen[450].

Das *Zivilrecht* und das *Strafrecht* haben eigenwüchsige Strukturen und Konturen. Sie sind zwar verfassungsgebunden, in den Grenzen des GG aber autonom. Diese Propria haben sich im Privatrecht seit den großen Leistungen der römischen Rechtskultur entwickelt. Das Verfassungsrecht sollte sie nicht von oben oder außen her einebnen wollen. Die Juristenkunst des Privatrechts ist alt, das Verfassungsrecht relativ jung und neu. Rechtswahrheiten und Rechtsweisheiten, wie sie in der Lehre von der „condictio“ und z.B. ihrem Satz „in pari turpitudine melior est causa possidentis“ (§ 817 BGB) zum Ausdruck kommen, bestehen fort, nicht im Sinne von „Verfassungsrecht vergeht, Zivilrecht besteht“, um ein von *O. Mayer* für das Verwaltungsrecht geprägtes Wort abzuwandeln. Wohl aber hat der europäische Verfassungsjurist allen Grund, die „feinen Gewebe“ zivilrechtlicher Juristenkunst zu respektieren. Gewiss, die Privatautonomie[451] ist auch ein Prinzip des Verfassungsrechts, ihre kunstvolle Balance der verschiedenen Interessen aber ist tunlichst zu bewahren – dies freilich in Grenzen. So ist etwa dem BVerfG-Judikat in Sachen Bürgschaft beizupflichten (E 89, 214). Auch greift die „Drittwirkung der Grundrechte“ notwendig in Privatrechtsstrukturen ein (seit BVerfGE 7, 198 (208 f.) – Lüth-Urteil). 724

Ein Wort zum *Strafrecht*. Es ist besonders stark vom Rechtsstaatsprinzip der Verfassung her „dirigiert“. Das deutsche BVerfG hat auch hier viel geleistet, etwa in Sachen Schuld[452] (vgl. BVerfGE 20, 323; 91, 1 (31 f.); 95, 96 (140)) und „faires Verfahren“ (BVerfGE 46, 202; 52, 131; 89, 120 (129)). Wo der GG-Text explizit keine Aussagen trifft, etwa zugunsten der Unschuldsvermutung, kann (gemeineuropäisch) mit Hilfe der EMRK 725

---

450 Aus der Lit.: *K. Hesse*, Grundzüge des Verfassungsrechts der Bundesrepublik Deutschland, 20. Aufl. 1995 (Neudruck 1999), Rn. 73, 82 ff., 568 f.; *F. Schuppert*, Funktionell-rechtliche Grenzen der Verfassungsinterpretation, 1980; vgl. noch *J. Isensee*, Verfassungsrecht als „politisches Recht“, in: HStR, Bd. XII, 3. Aufl. 2014, § 268, Rn. 76 ff.

451 Dazu *K. Hesse*, Verfassungsrecht und Privatrecht, 1988; *P. Lerche*, Grundrechtseinwirkungen im Privatrecht, Einheit der Rechtsordnung und materielle Verfassung, in: FS Odersky, 1996, S. 215 ff. Allgemein: *C.-W. Canaris*, Grundrechte und Privatrecht, 1999.

452 Dazu: *H. A. Wolff*, Der Grundsatz „nulla poena sine culpa“ als Verfassungsrechtssatz, AöR 124 (1999), S. 55 ff.; vgl. etwa BVerfGE 109, 133 (171 ff.); 110, 1 (13 f.).

(Art. 6 Abs. 2) gearbeitet werden (vgl. BVerfGE 74, 358 (370); 82, 106 (114)) oder aber man beruft sich gleich auf das Rechtsstaatsprinzip (BVerfGE 82; 106 (114 f.)). Im Übrigen aber bleibt das einfache Strafrecht der Anwendung durch die ordentlichen Strafgerichte überlassen.

II. Die verfassungsbezogene Grundthese: die offene Gesellschaft der Verfassungsinterpreten

1. Die bisherige Fragestellung der Theorie der Verfassungsinterpretation

726 Die Theorie der Verfassungsinterpretation stellt sich bisher im Wesentlichen zwei Fragen:
- die Frage nach den Aufgaben und Zielen der Verfassungsinterpretation
- die Frage nach den Methoden (Verfahren) der Verfassungsinterpretation (Auslegungsregeln).

727 Vernachlässigt ist das Problem, in welchem systematischen Zusammenhang dazu die (neue) dritte Frage nach den *Beteiligten* der Verfassungsinterpretation steht, eine Frage, zu der die Praxis provoziert: Eine Bestandsaufnahme ergibt nämlich einen sehr weiten, pluralistischen, oft diffusen Beteiligungskreis; dies ist Grund genug für die Theorie, die Beteiligtenfrage explizit und zentral zu thematisieren, insbesondere in wissenschafts- und demokratietheoretischer Hinsicht. Die Theorie der Verfassungsinterpretation war zu sehr auf die „geschlossene Gesellschaft" juristischer Verfassungsinterpreten fixiert, und sie verengte ihren Blickwinkel noch dadurch, dass sie primär auf die verfassungsrichterliche Interpretation und das formalisierte Verfahren schaute.[453]

728 Wenn eine Theorie der Verfassungsinterpretation das Thema „Verfassung und Verfassungswirklichkeit" ernst nehmen will – man denke hier an die Forderung nach Einbeziehung der Sozialwissenschaften, an die schon bekannten funktionellrechtlichen Theorien[454] sowie an die neueren Metho-

---

453 Zur Rolle des BVerfG als „Letztinterpret der Verfassung" *Ch. Kreuter-Kirchhof*, Verfassungsgerichtsbarkeit im Dienste der Verfassung, in: HStR, Bd. XII, 3. Aufl. 2014, § 272, Rn. 44 ff.

454 Dazu *H. Ehmke*, Prinzipien der Verfassungsinterpretation, VVDStRL 20 (1962), S. 53 ff., 73 f.; *K. Hesse*, Grundzüge des Verfassungsrechts der Bundesrepublik Deutschland, 20. Aufl. 1995 (Neudruck 1999), Rn. 82 ff.; *H. Eidenmüller*,

den der öffentlichkeits- und gemeinwohlbezogenen Auslegung –, dann muss entschiedener als bisher gefragt werden, wer als beteiligter *Akteur* „Verfassungswirklichkeit" gestaltet.[455]

2. Neue Fragestellung und These

In diesem Sinne stellt sich jetzt die Beteiligtenfrage, d.h. die Frage nach 729
den an der Verfassungsinterpretation Beteiligten unter dem Stichwort: von der geschlossenen Gesellschaft der Verfassungsinterpreten zur Verfassungsinterpretation *durch* und *für* die offene Gesellschaft!

These ist: In die Prozesse der Verfassungsinterpretation sind potentiell alle 730
Staatsorgane, alle öffentlichen Potenzen, alle Bürger und Gruppen eingeschaltet, sind die Akteure von Staat und Zivilgesellschaft in ihrem interpretativen Gestalten-Wollen und Gestalten-Können eingebunden. Es gibt keinen numerus clausus der Verfassungsinterpreten! Verfassungsinterpretation ist bewusstseinsmäßig, weniger realiter, bislang viel zu sehr Sache einer „geschlossenen Gesellschaft": der „zunftmäßigen" juristischen Verfassungsinterpreten und der am Verfassungsprozess formell Beteiligten. Sie ist in Wirklichkeit weit mehr Sache einer offenen Gesellschaft, d.h. aller – insoweit materiell beteiligten – öffentlichen Potenzen, weil Verfassungsinterpretation diese offene Gesellschaft immer von Neuem mitkonstituiert und von ihr konstituiert wird. Ihre Kriterien sind so offen, wie die Gesellschaft pluralistisch ist.[456]

Rechtswissenschaft als Realwissenschaft, JZ 1999; P. Cane/H. Kritzer (Hrsg.), The Oxford Handbook of Empircal Legal Research, 2010.

455 Ein vergleichbarer „empirical turn" ist in den Völkerrechtswissenschaften zu beobachten, siehe *G. Shaffer*, The Empirical Turn in International Legal Scholarship, AJIL 106 (2012), S. 1 ff.; *J. H. H. Weiler*, Quantitative Empirical International Legal Scholarship, EJIL 25 (2014), S. 6 f.

456 Die Pluralisierung des Rechts intensiviert diese Öffnung noch, siehe etwa *P. Zumbansen*, Transnational Legal Pluralism, in: Transnational Legal Theorie 1 (2010), S. 141 ff.; J. Klabbers/T. Piiparinen (Hrsg.), Normative Pluralism and International Law, 2013.

3. Erläuterung der These, Interpretationsbegriff

731 Einer Erläuterung bedarf der hier zugrunde gelegte Interpretationsbegriff, der sich auf die Formel bringen lässt: Wer die Norm „lebt", interpretiert sie auch (mit). Jede Aktualisierung der Verfassung (durch jeden) ist mindestens ein Stück antizipierter Verfassungsinterpretation. Herkömmlicherweise wird mit „Interpretation" nur eine Tätigkeit bezeichnet, die bewusst und intentional auf das Verstehen und Auslegen einer Norm (eines Textes) gerichtet ist. Die Verwendung eines so umgrenzten Interpretationsbegriffs ist auch sinnvoll: Die Frage nach der Methode zum Beispiel lässt sich nur dort stellen, wo bewusst interpretiert wird. Für eine realistische Untersuchung des Zustandekommens von Verfassungsinterpretation kann aber ein weiterer Begriff von Interpretation erforderlich sein: Bürger und Gruppen, Staatsorgane und Öffentlichkeit sind „interpretatorische Produktivkräfte" – Verfassungsinterpreten im weiteren Sinne. Zumindest als „Vorinterpreten" sind sie tätig; die Verantwortung verbleibt bei der „letztlich" interpretierenden Verfassungsgerichtsbarkeit (vorbehaltlich der normierenden Kraft von Minderheitsvoten). Wenn man will, handelt es sich um eine Demokratisierung der Verfassungsinterpretation, wie überhaupt die Interpretationstheorie demokratietheoretisch abgesichert werden muss und umgekehrt. Es gibt keine Interpretation der Verfassung ohne die erwähnten Aktivbürger und öffentlichen Potenzen.

732 Jeder, der in und mit dem von der Norm geregelten Sachverhalt lebt, ist indirekt und ggf. auch direkt Norminterpret. Der Adressat der Normen ist am Interpretationsvorgang stärker beteiligt als gemeinhin angenommen wird. Da nicht nur die juristischen Verfassungsinterpreten die Normen leben, sind sie auch nicht die alleinigen, ja nicht einmal die Primärinterpreten.

4. Die offene Gesellschaft der Verfassungsinterpreten

733 Diese Relevanz des Selbstverständnisses[457] und des entsprechenden Wirkens von Einzelnen und Gruppen, aber auch von Staatsorganen ist eine herausragende und fruchtbare Form der Verbindung von Verfassungsinterpretation im weiteren und engeren Sinne. Das Selbstverständnis wird zu

457 *M. Morlok*, Selbstverständnis als Rechtskriterium, 1993.

einem „grundrechtlichen Sachelement“[458]. Auch die realiter mitinterpretierende Rolle der Sachverständigen in Gesetzgebungs- und Gerichtsverfahren gehört hierher. Dieses Zusammenspiel von Interpreten im weiteren und engeren Sinne findet nicht nur dort statt, wo es schon institutionalisiert ist wie bei den Arbeitsrichtern von Arbeitgeber- und Arbeitnehmerseite in den staatlichen Arbeitsgerichten. „Sachkundige“ und „Interessenten“ aus der pluralistischen Gesellschaft werden zu Interpreten staatlichen Rechts. Dieses erweist sich nicht nur im Entstehungsvorgang, sondern auch in der weiteren Entwicklung als pluralistisch: Wissenschafts-, Demokratie- und (Verfassungs-)Interpretationstheorie führen hier zu einer spezifischen Vermittlung von Staat und Gesellschaft!

a) Systematisches Tableau

Der Versuch einer systematisierenden Zusammenstellung der an Verfassungsinterpretation Beteiligten/der Akteure ergibt das folgende, vorläufige Tableau: 734

aa) Die staatlichen Funktionen: 735

(1) in letztverbindlicher Entscheidung: das Bundesverfassungsgericht (freilich durch das eigene Minderheitsvotum „relativiert“ und eben dadurch „offen“)

(2) vom GG zu verbindlicher, aber überprüfbarer Entscheidung aufgerufen: die Rechtsprechung, die Legislative, (je nach Sachbereich in unterschiedlichem Maße:) die Exekutive, besonders bei der (Vor-)Formulierung öffentlicher Interessen

bb) Die – nicht notwendigerweise staatlichen – Verfahrensbeteiligten an den Entscheidungen zu aa) (1) und (2), d.h.: 736

(1) Antragsteller und Antragsgegner, Beschwerdeführer (z.B. Verfassungsbeschwerde), Kläger und Beklagter, die ihr Vorbringen begründen und das Gericht zur Stellungnahme (zum „Rechtsgespräch“) zwingen

(2) sonstige Verfahrensbeteiligte, Äußerungs- und Beitrittsberechtigte nach dem BVerfGG (z.B. §§ 77, 85 Abs. 2, 94 Abs. 1 bis 4 bzw. 65, 82 Abs. 2, 83 Abs. 2, 88, 94 Abs. 5), vom BVerfG „Zugezogene“ (z.B. § 82 Abs. 4 BVerfGG)

458 Zum Begriff Selbstverständnis bzw. „Eigenverständnis“ s. BVerfGE 83, 341 (356).

(3) Gutachter
(4) Sachverständige und Interessenvertreter in Hearings, Sachverständige im Gericht, Verbände, politische Parteien (Fraktionen) – sie wirken speziell auch über den „langen Arm" der Richterwahl ein
(5) Lobbyisten, „Deputationen"
(6) Beteiligte in partizipatorisch ausgestalteten Verwaltungsverfahren

737 cc) Die demokratische – pluralistische – Öffentlichkeit, der politische Prozess als „großer Anreger": Medien (Presse, Rundfunk, Fernsehen) – die nicht im engeren Sinne verfahrensbeteiligt sind, professioneller Journalismus einerseits, Lesererwartungen, Leserbriefe andererseits, Bürgerinitiativen, Verbände, politische Parteien außerhalb ihrer organisatorischen Beteiligung, Kirchen, Theater, Verlage, Volkshochschulen, Pädagogen, Elternvereine

738 dd) (In noch zu klärender Weise einzuordnen) die Verfassungsrechtslehre; sie hat eine Sonderstellung, weil sie die Beteiligung der anderen Kräfte thematisiert, selbst aber auch auf verschiedenen Ebenen beteiligt ist. Beobachtung und Teilnahme gehen Hand in Hand, ebenso praktische Partizipation und theoretische Reflexion auf einer Metaebene.

b) Erläuterung des systematischen Tableaus

739 Aus dieser Übersicht wird deutlich: Verfassungsinterpretation ist weder theoretisch noch praktisch ein „exklusiver" staatlicher Vorgang. Zugang zu ihm haben potentiell alle Kräfte des politischen Gemeinwesens. Der Bürger, der eine Verfassungsbeschwerde erhebt, ist ebenso Verfassungsinterpret wie die politische Partei, die Organklage einreicht[459] oder gegen die ein Parteiverbotsverfahren eingeleitet wird. Das jüngste NPD-Verbotsverfahren vor dem BVerfG spricht diesbezüglich Bände. Bislang herrscht eine zu starke Verengung des Prozesses der Verfassungsinterpretation auf die Staatsorgane oder unmittelbar Verfahrensbeteiligten vor, eine Fixierung auf das „*Amt*" der Verfassungsinterpretation, auf das funktionellrechtliche Zusammenspiel der staatlichen Funktionen, so wichtig dieses ist. Verfassungsinterpretation ist aber ein „Geschäft", das potentiell jeden und alle angeht. Die genannten Gruppen, Einzelnen usw. können als „mit-

459 Im Sinne von BVerfGE 4, 27 (30); 20, 56 (113 f.); 73, 40 (65 ff.), st. Rspr., BVerfGE 113, 113; 118, 244.

telbare“ oder langfristig wirkende Verfassungsinterpreten bezeichnet werden. Gestaltung der Wirklichkeit der Verfassung wird auch zu einem Stück Interpretation der „zugehörigen“ Verfassungsnormen.

Der vielberufene „politische Prozess“, der meist sub specie Freiheit für ihn gegenüber der Verfassungsinterpretation zitiert wird, ist de constitutione lata und de facto viel stärker ein Stück Verfassungsinterpretation, als gemeinhin angenommen wird („Politik als Verfassungsinterpretation“). Er ist von der Verfassung nicht ausgegrenzt, sondern einer ihrer wesentlichsten Lebens- und Funktionsbereiche, ein Herzstück im wahren Sinne des Wortes: einer Pumpe vergleichbar. Hier kommt es zu Bewegungen, zu Innovationen, zu Änderungen, aber auch zu „Bekräftigungen“, die mehr als nur „objektives Material“ für (spätere) Verfassungsinterpretation bilden; sie sind ein Stück Interpretation der Verfassung, weil in ihrem Rahmen öffentliche Wirklichkeit geschaffen und oft unmerklich verändert wird. Die Gestaltungsfreiheit, die der Gesetzgeber „als“ Verfassungsinterpret hat, unterscheidet sich zwar qualitativ von dem Spielraum, den der Verfassungsrichter bei der Interpretation hat, weil der Spielraum jeweils auf technisch ganz verschiedene Weise begrenzt wird. Das bedeutet aber nicht, dass auch quantitativ ein erheblicher Unterschied bestehen muss. 740

Der politische Prozess ist kein verfassungsfreier Raum; er formuliert Gesichtspunkte vor, er setzt Entwicklungen in Gang, die auch dort verfassungsrelevant sind, wo der verfassungsrichterliche Interpret später sagt, es sei Sache des Gesetzgebers, im Rahmen der verfassungskonformen Alternativen so oder anders zu entscheiden[460]. 741

---

460 Zur Argumentationsfigur der „Alternative“ im Interpretationsvorgang: *J. Esser*, Vorverständnis, 1970, S. 65 f., 132, 151 (unter Hinweis auf *K. Popper*); allgemeiner BVerfGE 24, 300 (348): Zur Funktion der politischen Parteien gehört, dass sie „politische Alternativen für alle einer staatlichen Gestaltung zugänglichen Lebensbereiche anbieten“; s. auch den Sonderfall zur „Alternative“: richterliche Interpretation/Gesetzesentwurf (Pflicht zum Abwarten?), BVerfGE 34, 269 (291 f.); siehe in diesem Zusammenhang auch *Ch. Möllers*, Die Möglichkeit der Normen – Über eine Praxis jenseits von Moralität und Kausalität, 2015.

c) Bewertung der Bestandsaufnahme

aa) Mögliche Einwände, Kritik

742 Ein Einwand könnte lauten: Verfassungsinterpretation wird in eine Vielzahl von verschiedenen Interpretationen und Interpreten „aufgelöst", je nachdem, welche Funktion agiert. Gerade eine Verfassungstheorie, die die Herstellung politischer Einheit als Aufgabe sieht und den Grundsatz der Einheit der Verfassung betont, muss sich dieser Kritik stellen, allerdings nicht dort, wo sie „nur" eine realistische Bestandsaufnahme versucht. Auf die Einwände ist im Rahmen einer differenzierten Bewertung einzugehen, die zunächst nach der Legitimation der verschiedenen Verfassungsinterpreten zu fragen hat.

743 Die Legitimationsfrage stellt sich für alle nicht „formell", „offiziell", „kompetenzmäßig" zu Verfassungsinterpreten „bestellten" Kräfte. Formelle Kompetenz durch die Verfassung haben ja nur die Organe (Ämter), die an die Verfassung „gebunden" sind und sie in einem vorgeschriebenen Verfahren „vollziehen" sollen – Legitimation durch (Verfassungs-)Verfahren[461] –, d.h. die Staatsorgane (Art. 20 Abs. 2, 3 GG – Bindung an verfassungsmäßige Ordnung, an Gesetz und Recht). Aber auch die Abgeordneten (Art. 38 Abs. 1 GG) sind an die Verfassung gebunden, soweit sie nicht Verfassungsänderungen anstreben. Gebunden an die Verfassung sind auch politische Parteien, Gruppen, Bürger, wenn auch in unterschiedlichem Maße und unterschiedlich „direkt", meist nur auf dem Umweg über die – sanktionierende – Staatsgewalt. Hier scheint einem geringeren Maß an Bindung zunächst auch ein geringeres Maß an Legitimation zu entsprechen.

bb) Legitimation aus Gesichtspunkten der Rechts-, Norm- und Interpretationstheorie

744 Das Korrespondenzverhältnis von Bindung (an die Verfassung) und Legitimation (zur Verfassungsinterpretation) verliert aber an Aussagekraft, je mehr man neuere Erkenntnisse der Interpretationstheorie berücksichtigt:

461 Sowohl der Legitimations- als auch der Verfahrensbegriff müssen in einem materialeren Sinne als bei *N. Luhmann*, Legitimation durch Verfahren, 1969, verstanden werden.

Interpretation ist ein offener Prozess, keine passive Unterwerfung, kein Befehlsempfang[462]. Sie kennt alternative Möglichkeiten. Bindung wird zur Freiheit in dem Maße, wie das neuere Interpretationsverständnis die Subsumtionsideologie widerlegt hat.

Die hier vorgenommene Erweiterung des Kreises der Interpreten ist nur 745 die Konsequenz der allseits befürworteten Einbeziehung der Wirklichkeit in den Interpretationsvorgang. Denn die Interpreten im weiteren Sinne konstituieren ein Stück dieser pluralistischen Wirklichkeit. Sobald man erkennt, dass die Norm nicht das simpel, fertig Vorgegebene ist, stellt sich die Frage nach den an ihrer „Entwicklung“ funktional und personal Beteiligten, den Aktivkräften des „law in public action“ (*Personalisierung* und *Pluralisierung* der Verfassungsinterpretation!).

Die richterliche Bindung nur an das Gesetz und die persönliche und sach- 746 liche Unabhängigkeit der Richter können nicht darüber hinwegtäuschen, dass der Richter in der Öffentlichkeit und Wirklichkeit der Verfassung interpretiert. Es wäre falsch, die Beeinflussungen, Erwartungen, sozialen „Zwänge“, denen Richter ausgesetzt sind, nur unter dem Aspekt der Gefährdung ihrer Unabhängigkeit zu sehen. Diese Beeinflussungen enthalten auch ein Stück Legitimation und verhindern eine Beliebigkeit richterlicher Auslegung. Die Garantie der richterlichen Unabhängigkeit ist nur erträglich, weil andere Staatsfunktionen und die pluralistische Öffentlichkeit Material „zum“ Gesetz liefern.

cc) Legitimation aus verfassungstheoretischen Überlegungen

Die grundsätzliche verfassungstheoretische Legitimation der mehr oder 747 weniger starken Beteiligung aller pluralistischen Kräfte am „Geschäft“ der Verfassungsinterpretation liegt in der Tatsache, dass diese Kräfte ein Stück Öffentlichkeit und Wirklichkeit der Verfassung selbst sind – nicht als „hingenommene Tatsache“, als factum brutum, sondern im Rahmen der Ver-

462 Dazu vor allem die von *J. Esser* angeführte Interpretationsdiskussion, Vorverständnis und Methodenwahl, 1970, zuvor schon *ders.*, Grundsatz und Norm, 1956; *H. Ehmke*, Prinzipien der Verfassungsinterpretation, VVDStRL 20 (1962), S. 53 ff. Siehe dazu auch die ganz unterschiedlichen Ansätze bei *Ch. Hillgruber* und *U. Volkmann*, Verfassungsrecht zwischen normativem Anspruch und politischer Wirklichkeit, VVDStRL 67 (2008), S. 7 ff. bzw. 57 ff.; ferner *M. Albers* und *Ch. Schönberger*, Höchstrichterliche Rechtsfindung und Auslegung gerichtlicher Entscheidungen, VVDStRL 71 (2012), S. 257 ff. bzw. 296 ff.

fassung: Die mindestens mittelbare Einbeziehung der res publica in die Verfassungsinterpretation insgesamt ist Ausdruck und Konsequenz des hier vertretenen weiten, offenen, in das Spannungsfeld des *Möglichen*, *Wirklichen* und *Notwendigen* gestellten Verfassungsverständnisses. Eine Verfassung, die nicht nur den Staat im engeren Sinne, sondern auch die Öffentlichkeit strukturiert und die Gesellschaft verfasst, die die Bereiche des Privaten unmittelbar einbezieht, kann dies nicht nur passiv tun, die gesellschaftlichen und privaten Kräfte als *Objekte* behandeln. Sie muss diese auch aktiv einbeziehen: als *Subjekte*.

748 Von der verfassten Wirklichkeit und Öffentlichkeit aus gedacht, in der das „Volk" vielfältig (Bürgerinnen und Bürger), im Ausgangspunkt diffus, im Endpunkt aber „konzertiert" wirkt, haben alle tatsächlich relevanten Kräfte theoretische Relevanz für Verfassungsinterpretation. Praxis wird hier zur Legitimierung der Theorie, nicht nur umgekehrt. Da diese Kräfte ein Stück konstitutioneller Wirklichkeit und Öffentlichkeit begründen, haben sie auch teil an der Interpretation der Wirklichkeit und Öffentlichkeit der Verfassung! Selbst dann, wenn sie ausgeschlossen werden: wie die vom BVerfG zu verbietenden und dann etwa verbotenen politischen Parteien. Neuerlich sei auf das auch im Jahre 2015 noch schwebende NPD-Verbotsverfahren verwiesen.

749 Gerade diese zwingen zur Reflexion über den Verfassungsinhalt und beeinflussen durch ihre Existenz die Entwicklung des Selbstverständnisses des freiheitlich-demokratischen Gemeinwesens. Verfassungsinterpretation auf die „zunftmäßigen", funktionellrechtlich ausgewiesenen staatlichen Interpreten zu beschränken, hieße Verarmung oder Selbsttäuschung. Zumal ein stärker experimentelles Verständnis der Verfassungsrechtswissenschaft als Norm- und Wirklichkeitswissenschaft kann auf die Phantasie und Schöpferkraft der „nicht-zünftigen" Interpreten im Prozess der Verfassungsinterpretation nicht verzichten.

750 Verfassung ist in diesem Sinne Spiegel der Öffentlichkeit und Wirklichkeit. Sie ist aber nicht nur Spiegel, sie ist auch Lichtquelle, wenn dieser etwas bildhafte Vergleich erlaubt ist. Sie hat Steuerungsfunktion.

751 Eine spezielle Frage betrifft die Legitimation der (europäischen) Verfassungsrechtswissenschaft. Sie hat eine *Katalysatorfunktion* und wirkt, weil sie – öffentlich – Verfassungsinterpretation methodisch reflektiert und zugleich die Ausbildung der „amtsmäßigen" Interpreten gestaltet, in alle Bereiche der Interpretation in besonderem Maße hinein. Wie lässt sich eine etwaige besondere Legitimation begründen? Für das deutsche Grundgesetz auf dem Weg über Art. 5 Abs. 3 GG selbst, für das Unionsverfas-

sungsrecht zudem auf dem Weg über Art. 13 EU-Grundrechte-Charta. Verfassung als Gegenstand ist (auch) Sache der Wissenschaft. Der Bereich Wissenschaft muss über Art. 5 Abs. 3 GG/Art. 13 EU-Grundrechte-Charta als eigenständiger, integrierender Bestandteil des politischen Gemeinwesens angesehen werden.

dd) Insbesondere: Demokratietheoretische Überlegungen als Legitimation

Im demokratischen Verfassungsstaat, aber auch in der auf ihr demokrati- 753
sches Legitimationsniveau bedachten Europäischen Union ist die Legitimationsfrage noch einmal speziell unter demokratischen (demokratietheoretischen) Gesichtspunkten zu stellen. Eine im herkömmlichen Sinne verstandene demokratische Legitimation zu Verfassungsinterpretation hat die Verfassungsrechtswissenschaft, haben die ihr „zuliefernden" sog. Wirklichkeitswissenschaften, haben Bürger und Gruppen nicht. Aber Demokratie entfaltet sich eben nicht nur über den formalisierten, kanalisierten, im engeren Sinne verfassten Delegations- und Verantwortungszusammenhang vom Volk zu den Staatsorganen (Legitimation durch Wahlen) hin bis zum letztlich „kompetenten" Verfassungsinterpreten, dem BVerfG. Sie entfaltet sich in einem offenen Gemeinwesen auch in den „feineren" mediatisierten Formen des pluralistischen öffentlichen Prozesses täglicher Politik und Praxis, insbesondere in der Grundrechtsverwirklichung, oft angesprochen in der „demokratischen Seite" der Grundrechte: durch die Kontroversen über die Alternativen, die Möglichkeiten und Notwendigkeiten der Wirklichkeit und auch das wissenschaftliche „Konzert" über Verfassungsfragen, in dem es kaum „Pausen" und „Fermaten" und keine Dirigenten gibt und geben darf.

„Volk" (gedacht als Bürgerinnen und Bürger in ihrer pluralistischen Viel- 754
falt) ist eben nicht nur einheitliche, (nur) am Wahltag „emanierende" Größe, die als solche demokratische Legitimation vermittelt. Volk ist als pluralistische Größe für die Interpretationen im Verfassungsprozess nicht minder präsent, aktivierend und legitimierend: „als" politische Partei, als wissenschaftliche Meinung, als Interessengruppe, als Bürger; dessen sachliche Kompetenz zu Verfassungsinterpretation ist ein staatsbürgerliches Recht i.S. des Art. 33 Abs. 1 GG! So gesehen sind die Grundrechte, ebenso die Unionsgrundrechte ein Stück demokratischer Legitimationsbasis für die nicht nur in ihren Ergebnissen, sondern auch in ihrem Beteiligtenkreis

offene Verfassungsinterpretation[463]. In der freiheitlichen Demokratie ist der Bürger Verfassungsinterpret! Umso wichtiger werden die Vorkehrungen zur Garantie realer Freiheit: leistungsstaatliche Grundrechtspolitik, Freiheit der Meinungsbildung, Konstitutionalisierung der Gesellschaft z.B. durch gewaltenteilende Strukturierung des öffentlichen, insbesondere wirtschaftlichen Bereichs.

755 Das ist keine „Entthronung“ des Volkes – es ist dies allenfalls von einem *Rousseau*schen Volkssouveränitätsverständnis aus, in dem das Volk absolut und gottgleich gesetzt wird. Volk als *verfasste Größe* wirkt „allseitig“, universal, auf vielen Ebenen, aus vielen Anlässen und in vielen Formen, nicht zuletzt über tägliche Grundrechtsverwirklichung. Man vergesse nicht: Volk ist vor allem ein Zusammenschluss von Bürgern. Demokratie ist „Herrschaft der Bürger“, nicht des Volkes im *Rousseau*schen Sinne. Es gibt kein Zurück zu *J.-J. Rousseau*. Die *Bürgerdemokratie* ist realistischer als die Volks-Demokratie – in der europäischen *Demoi*kratie (*J. H. H. Weiler*) gibt es zum legitimatorischen Denken von den Unionsbürgerinnen und Unionsbürgern ohnehin keine sinnvolle *demokratische* respektive *demokratietheoretische* Alternative.

III. Die Übertragung auf Europa: die offene Gesellschaft der Verfassungsinterpreten in Europa

756 Damit öffnet sich die „offen Gesellschaft der Verfassungsinterpreten“ in den europäischen Raum. Das Bild von dieser „offenen Gesellschaft“ (1975) lebt vor allem von der provokativen Frage nach den an Verfassungsinterpretation realiter *Beteiligten* und idealiter *zu Beteiligenden*. Die herkömmlichen, freilich in ihrem Zusammenspiel offenen Methoden, bisher vier, durch die Integrierung der Rechtsvergleichung als „fünfter“ Methode um das entscheidende komparatistische Moment erweitert, bleiben unangefochten. Man darf im Europa des EuGH[464] und des EGMR auf die Verstärkung des dynamischen, evolutiven, rechtsvergleichenden Ausle-

---

463 Zur offenen Verfassungsinterpretation: *P. Häberle*, Zeit und Verfassung, ZfP 21 (1974), S. 111, 121 ff.; *W. Höfling*, Offene Grundrechtsinterpretation, 1987. Siehe auch *E. Widera*, Außerrechtliche Argumente bei der Grundrechtsinterpretation, 2007.

464 Aus der europarechtlichen Lit. zur Auslegung des Unionsrechts: *Th. Oppermann/ C. D. Classen/M. Nettesheim*, Europarecht, 6. Aufl. 2014, S. 140 ff.

gungselements hinweisen und als dessen schönstes Ergebnis die Schaffung der „allgemeinen Rechtsgrundsätze“ hervorheben.

Schließlich sei das *materielle* Prinzip europäischer Verfassungsinterpreta- 757
tion, die *Europaoffenheit* (auch Menschenrechtsfreundlichkeit) erwähnt. Es gesellt sich zu den übrigen Prinzipien der Verfassungsinterpretation i.S. des klassischen Kanons[465]. Es bedarf jedoch der Zügelung (Balance) durch das Subsidiaritätsprinzip und die Achtung der nationalen Identität. Auch sei daran erinnert, dass die nationalen Verfassungsgerichte, die in der Anwendung von EMRK und dem europäischen Verfassungsrecht der EU immer auch „europäische Verfassungsgerichte“ sind (denn sie sind an dieses Recht gebunden), ihrerseits viel Rechtsvergleichung betreiben, auch wenn sie dies oft nur in der geheimen Beratung tun und nicht im Kontext ihrer publizierten Entscheidungen erkennen lassen. Im Folgenden sei das ursprünglich nationalstaatsbezogen gedachte *Tableau* der an Verfassungsinterpretation Beteiligten auf Europa übertragen. Es geht hier wieder um die *Europäisierung* eines ursprünglich nur national entworfenen Prinzips oder Paradigmas.

Die an europäischer Verfassungsinterpretation Beteiligten sind: 758

Eher formal: 759

- die beiden europäischen Verfassungsgerichte, das EuG, die nationalen Verfassungsgerichte der EU-Mitgliedstaaten mit den sich öffnenden und wegen der Beitrittsbedingungen europäisierenden weiteren europäischen Staaten, sowie die nationalen (Verfassungs-)Gerichte der 47 Europarats- bzw. EMRK-Mitgliedsländer, sodann alle Gerichte dieses engeren bzw. weiteren europäischen Raumes; wo wie in Straßburg am EGMR (leider nicht am EuGH) Sondervoten möglich sind, seien diese als potentielle Motoren der Verfassungsinterpretation einbezogen
- die europäischen Gesetzgeber in Straßburg bzw. Brüssel (Das spezifische Zusammenwirken von Rat, Kommission und Europäischem Parlament mag dabei dem Prozess „legislativer Verfassungsinterpretation“ eine kommunikative Dynamik verleihen, die so im innerstaatlichen Bereich nicht greifbar ist. Wenn im Kontext der EU eher von einem „institutionellen Gleichgewicht“ denn einem strikten System der Gewaltenteilung gesprochen werden kann, so bleibt das auch auf den Prozess

465 Dazu *H. Ehmke*, Prinzipien der Verfassungsinterpretation, VVDStRL 20 (1962), S. 53 ff. und *K. Hesse*, Grundzüge des Verfassungsrechts der Bundesrepublik Deutschland, 20. Aufl 1995 (Neudruck 1999), Rn. 49 ff.

der Verfassungsinterpretation und auf die Vielfalt der an ihr Beteiligten nicht ohne Auswirkung.)

- die europäischen und nationalen Exekutiven, einschließlich des Ausschusses der Regionen (Art. 305 bis 307 AEUV)
- der Bürgerbeauftragte nach Art. 228 AEUV.

760 Eher materiell:

- die Bürger, Verbände und Gruppen (auch die NGOs) und mittelbar die „europäische Öffentlichkeit": die Bürger insofern sie z.B. Menschenrechtsbeschwerde beim EGMR einlegen (Art. 34 EMRK) oder zum EuGH ziehen (sei es über Art. 263 Abs. 4 AEUV oder vermittelt durch die mitgliedstaatlichen Gerichte via Vorabentscheidung, Art. 267 AEUV), die Gruppen analog, überdies durch ihre „Vorinterpretation", die sie dank ihres Einflusses in der europäischen Öffentlichkeit ausüben; das gilt auch für die politischen Parteien (vgl. Art. 10 Abs. 4 EUV: „europäisches Bewusstsein", ein Begriff, den auch die europäische Methodenlehre erfassen muss); – sodann die „europäische Öffentlichkeit" in allen ihren oft diffusen Formen, Medien und Pluralgruppen bis hin zu den Kirchen, Religions- und Weltanschauungsgemeinschaften.

761 Dieses Tableau sei hier nur stichwortartig umrissen. Der nächste Schritt gilt der „Europäisierung der Rechtsquellen" bzw. dem Desiderat einer europäischen Methodenlehre.

IV. Europäisierung der Rechtsquellen und das Desiderat einer europäischen Methodenlehre

1. Die Europäisierung der Rechtsquellen

762 Zu den Themen, die Gegenstand zunehmender „Europäisierung" sind, gehören, wie gezeigt, die Grundrechte, das Rechtsstaatsprinzip, das Umweltverfassungsrecht etc. Bislang zu wenig bewusst ist die latente und offene „Europäisierung der Rechtsquellen" – welcher Vorgang mit dem Heranwachsen einer europäischen Methodenlehre parallel geht. Die „Rechtsquellen", ein Begriff, der an anderer Stelle in Frage gestellt wird[466], sei

466 *P. Häberle*, Pluralismus der Rechtsquellen in Europa – nach Maastricht, JöR 47 (1995), S. 79 ff.; *ders.*, Rechtsquellenprobleme im Spiegel neuerer Verfassungen, ARSP 1995, Beiheft 62, S. 127 ff. – Aus der übrigen Lit.: *R. Stettner*, Europäi-

hier als nach wie vor gängiger Begriff verwendet (auch wenn das Bild „Quelle“ fehl geht), bilden das klassische Souveränitätspotential des nationalen Verfassungsstaates. Im Europa von heute gibt es jedoch viele Vorgänge, die das „etatistische Rechtsquellenmonopol“ pluralisierend in Frage stellen. Neben dem Völkerrecht und seinen den staatlichen „Souveränitätspanzer“ durchbrechenden Grundsätzen, sind es im EU-Europa vor allem die das nationale Recht überlagernden „Allgemeinen Rechtsgrundsätze“, besonders die vom EuGH entwickelten Grundrechte. Im EU-Teilverfassungsrecht positiviert, strahlen sie in ihrer normativen Kraft gewiss auch darüber hinaus aus. Sie stellen ein Stück *materialer Allgemeinheit* (und Öffentlichkeit) Europas dar und sind zusammen mit dem gemeineuropäischen Verfassungsrecht ein Normenensemble, das es rechtfertigt, von „Europäisierung der Rechtsquellen“ zu sprechen. Nimmt man das „europäische Verwaltungsrecht“ (*J. Schwarze*) und seine Wirkungskraft in den EU-Mitgliedstaaten hinzu, so zeigt sich, wie das nationale Rechtsquellenmonopol aufgebrochen ist. Vor allem die EMRK, die in Österreich und der Schweiz mit *Verfassungsrang* gilt, ist ein Beispiel für „innere Europäisierung“ der Rechtsquellen (auch ihre „Pluralisierung“).

Das richterliche Innovationspotential der „Allgemeinen Rechtsgrundsätze“[467] in Europa ist ebenso groß wie die in manchen europäischen Verfassungsstaaten „verinnerlichten“ intensivierten Menschenrechte (Stichwort: Menschenrechtsfreundlichkeit des nationalen Verfassungsrechts: z.B. Art. 10 Abs. 2 Verf. Spanien). Die sich an internationale Standards anlehnende Interpretation der nationalen Grundrechte kommt auch Europa als offener Grundrechtsgemeinschaft zugute. 763

Der Modell-Artikel § 10 Verf. Estland sowie Art. 39 Verf. Georgien lassen sich auf die europäische, sicher aber auf die EU-Ebene übertragen. Aus 764

---

sches Gemeinschaftsrecht als Quelle der Rechtsfindung deutscher Gerichte 1974-1984, AöR 111 (1986), S. 395 ff.; *A. Bleckmann*, Verfassungsrang der Europäischen Menschenrechtskonvention?, EuGRZ 1994, S. 149 ff.

467 *S. Jacoby*, Allgemeine Rechtsgrundsätze, 1997; *J. Steyns*, Grenzen der Vertragsänderung. Allgemeine Rechtsgrundsätze des Gemeinschaftsrechts und ihre Bedeutung für die Existenz eines unabänderlichen Kerngehalts im europäischen Primärrecht, 2006. Zu Art. 340 Abs. 2 AEUV aus der Kommentar-Lit. *I. Augsberg*, in: H. von der Groeben/J. Schwarze/A. Hatje (Hrsg.), Europäisches Unionsrecht, Bd. IV, 7. Aufl. 2015, Art. 340 AEUV, Rn. 14; *M. Ruffert*, in: Ch. Calliess/M. Ruffert (Hrsg.), EUV/AEUV, 4. Aufl. 2011, Art. 340 AEUV, Rn. 5 ff.; *M. Kotzur*, in: R. Geiger/D.-E. Khan/M. Kotzur (Hrsg.), EUV/AEUV, 5. Aufl. 2010, Art. 340 AEUV, Rn. 5 ff.

der Menschenwürde fließen inskünftig weitere Grundrechte im europäischen Verfassungsraum.[468] Die hier vorgeschlagene *Europäisierung der nationalen Grundrechtsentwicklungsklauseln* könnte in der Zukunft zum Vehikel vieler neuer Grundrechtsthemen und -dimensionen werden.

765 Wenn manche osteuropäischen Verfassungen einen eigenen Abschnitt zu den (nationalen) Rechtsquellen vorsehen (so Art. 87 bis 94 Verf. Polen), so ist dies eher kritisch zu beurteilen. Es könnte den Eindruck eines „numerus clausus“ der Rechtsquellen erwecken. In Europa aber deutet alles auf einen *rechtspluralistischen numerus apertus* der Rechtsquellen – ungeschriebene wie geschriebene.[469] Theoretisch bedeutet dies eine Relativierung von Staatsgebiet und Staatshoheit (vgl. oben Erster Teil).

2. Das Desiderat einer europäischen Methodenlehre

766 Das Desiderat einer *europäischen Methodenlehre* ist die „andere Seite“ des beschriebenen Europäisierungsvorgangs; auch die Methodenlehre ist ein Beispielsfall für Europäisierungsvorgänge. Doch sind erst die Anfänge zu erkennen. Während im Privatrecht früh und nie ganz vergessen gemeineuropäisch gearbeitet wurde, bot sich im Öffentlichen Recht (wegen der Nationalstaatsideologie) lange ein anderes Bild. Zwar gelten die vier klassischen Auslegungsmethoden *Savignys* bzw. des Römischen Rechts auch für die Auslegung des europäischen Verfassungs- und Verwaltungsrechts. Doch führt erst die Kanonisierung der rechtsvergleichenden Methode als „fünfter“ konsequent zu einer europäischen Methodenlehre.[470] Die herme-

468 *A. Berlth,* Die Menschenwürde im Unionsrecht, 2012; *K. Schwarzburg*, Die Menschenwürde im Recht der Europäischen Union, 2012; *Ph. Wallau*, Die Menschenwürde in der Grundrechtsordnung der Europäischen Union, 2010.

469 *J. Vanderlinden*, Le pluralisme juridique: essai de synthèse, in: J. Gillissen (Hrsg.), Le Pluralisme Juridique, 1971, S. 19 ff.; *ders.*, Return to legal pluralism: twenty years later, Journal of Legal Pluralism 28 (1989), S. 149 ff.; *S. E. Merry*, Legal Pluralism and Transnational Culture, in: R. Wilson (Hrsg.), Human Rights, Culture and Context – Anthropological Perspectives, 1993, S. 29 ff.; *A. Griffiths*, Legal Pluralism, in: R. Banakar/M. Travers (Hrsg.), An Introduction to Law and Social Theory, 2002, S. 289 ff.; *P. Zumbansen*, Transnational Legal Pluralism, Transnational Legal Theorie 1 (2010), S. 141 ff.

470 Im Sinne einer aufbrechenden Internationalisierung und Europäisierung der Methodenlehre *H. Ch. Röhl* und *A. v. Arnauld*, Öffnung der öffentlich-rechtlichen Methode durch Internationalität und Interdisziplinarität: Erscheinungsformen, Chancen, Grenzen, VVDStRL 74 (2015), S. 7 ff. bzw. 39 ff.

neutischen Probleme von „Vorverständnis und Methodenwahl", „Grundsatz und Norm" (*J. Esser*) wären für das Europa im engeren Sinne der EU und im weiteren Sinne des Europarates erst noch zu entfalten (Arbeit an einem gemeineuropäischen Vorverständnis!) – ein großes Arbeitsfeld.[471] Doch sei hier wenigstens festgehalten, dass die unterschiedliche Praxis in der Gewichtung der vier bzw. fünf Auslegungsmethoden in den einzelnen europäischen Staaten bzw. ihren Richter- und Wissenschaftlergemeinschaften ihrerseits verglichen werden müsste, um gemeinsame Standards zu entwickeln. Auch hier hätte die „Europaoffenheit" als Prinzip der Verfassungsinterpretation ihr Gewicht, auch hier müssen nationale Eigenheiten wie die große Gewichtung von Wortlaut und Geschichte in der Schweiz wegen ihrer Referendumsdemokratie berücksichtigt werden. Sie dürfen nicht „von Europa her" eingeebnet werden. Die Gewaltenteilung, als funktionellrechtliche Arbeitsteilung zwischen Verfassung(-gesetz-)geber und Richter, wird nicht überall gleich zu verstehen sein. Das unterschiedliche nationale Vorverständnis, Teil der „nationalen Identität", muss bei aller „europäischen Identität" seinen Platz behalten[472]. Die Kriterien für die Erkenntnis des *Un*gleichen in Europa sollten bei allen gemeineuropäischen Standards rational überprüfbar werden bzw. bleiben. Ansätze zu einer europäischen Methodenlehre zeigen sich in der Rechtsprechung der europäischen Verfassungsgerichte zu den Grundrechten. So hat der EuGH, angehalten durch die „Solange-I"-Entscheidung des BVerfG[473], den Grundrechtsschutz auf europäischer Ebene verbessert und dabei auf die allgemeinen Rechtsgrundsätze zurückgegriffen. Es wäre denkbar, dass die europarechtliche Argumentationsfigur des „effet utile"[474] der Methodenlehre ihrerseits Impulse gibt und Element einer europäischen Methodenlehre wird, das seinerseits auf die nationalen Methodenlehren und die Grundsätze der teleologischen Auslegung zurückstrahlt. Insbesondere könnte der „effet utile" im Rahmen der nationalen Europa-Artikel (z.B. Art. 23 GG) zum verfassungsrechtlichen Argumentationstopos werden.[475]

---

471 Dazu *A. Hatje/P. Mankowski*, Nationale Unionsrechte – Sprachgrenzen, Traditionsgrenzen, Systemgrenzen, Denkgrenzen, EuR 2014, S. 155 ff.

472 Dazu *F. C. v. Savigny*, System des heutigen römischen Rechts, Bd. I, 1840, S. 212.

473 BVerfGE 37, 271. – S. *A. Haratsch*, Die *Solange*-Rechtsprechung des EGMR, ZaöRV 66 (2006), S. 927 ff.

474 EuGH, Rs. 9/70, *Grad/Finanzamt Traunstein*, Slg. 1970, 825 (838 f.).

475 *L. Michael,* Die Wiedervereinigung und die europäische Integration als Argumentationstopoi in der Rechtsprechung des Bundesverfassungsgerichts,

Auch die Chancen und Grenzen des Richterrechts[476] wären ein eigenes Thema für gemeineuropäische Standards. Diese Stichwörter müssen genügen, doch ein Horizont ist wohl erkennbar. Eine eigene Frage wäre, inwiefern das „europäische Gemeinwohl“, die „europäische Öffentlichkeit“ (dazu Dritter Teil E. bzw. Erster Teil C.), auch das Auslegungsergebnis „beeindrucken“ dürfen (Auslegung vom Ergebnis her). Jedenfalls können sie das offene Zusammenwirken der Auslegungsmethoden mitsteuern, nicht zuletzt über das „Vorverständnis“.[477]

767 Als *abschließende* – sit venia verbo – *Prämisse* einer solchen Methodenlehre sei ein schlichter Befund zitiert, den *A. Hatje* und *P. Mankowski* in ihren Überlegungen zu Sprachgrenzen, Traditionsgrenzen, Systemgrenzen und Denkgrenzen im unionalen Rechtsdiskurs ebenfalls an den Schluss gestellt haben: „Das Unionsrecht hat im Grundsatz den Anspruch, ein in allen Mitgliedstaaten einheitliches Recht zu sein. Die Wirklichkeit sieht anders aus. Sprachgrenzen, Traditionsgrenzen, Systemgrenzen und Denkgrenzen haben 'nationale Unionsrechte' entstehen lassen. Die Rechtsanwender können nicht aus ihrer national geprägten Haut. Gedanklich beziehen sie sich auf ihr gewohntes nationales Recht, dessen Strukturen, dessen Institute und dessen Arbeitsweisen zurück. Unionsrecht ist deshalb nicht einheitlich. Diese Divergenz ist aber kein Schaden, sondern ihrerseits systemimmanent. Das Unionsrecht besteht neben den nationalen Rechtsordnungen und steht im Wechsel mit diesen. Es maßt sich nicht an, die nationalen Rechtskulturen, ihre Traditionen und ihre Herangehensweisen aufzuheben. Im Gegenteil sind Verschiedenheit der Rechtskulturen und Rechtswissenschaften Folge und Voraussetzung eines funktionierenden Unionsrechts.“[478] Auf dieser Grundlage lässt sich eine *gemeineuropäische Methodenlehre*, die nicht mehr sein will, als sie sein kann, die aber sehr wohl mehr kann, als sich dem Sein schlicht deskriptiv zu nähern, kritisch fortdenken.

AöR 124 (1999), S. 583 ff., 618. Allgemein *K. J. Grigoleit*, BVerfG und deutsche Frage, 2004; *T. M. J. Möllers*, Die Rolle des Rechts im Rahmen der europäischen Integration, 1999; *A. Adrian*, Grundprobleme einer juristischen (gemeinschaftsrechtlichen) Methodenlehre, 2009.

476 Hierzu *F. Bydlinski*, Hauptpositionen des Richterrechts, JZ 1985, S. 149 ff.; *E. Chiariello*, Der Richter als Verfassungsgeber?, 2009.

477 Eine europäische Methodenlehre ist im Entstehen: *G. Hager*, Rechtsmethoden in Europa, 2009; K. Riesenhuber (Hrsg.), Europäische Methodenlehre, 2. Aufl. 2010.

478 Ebd., S. 169

Dritter Teil: Wesentliche Verfassungsthemen und Textformen des sich konstituierenden Europa

Vorbemerkung

Die Thematik jeder normativen Setzung, sei es im innerstaatlichen oder im staatenübergreifenden Bereich, wird von ihrem *Gegenstand* bestimmt und ist von ihren *Funktionen* her zu erschließen. Das gilt zuvörderst für die Verfassung, mit deren Begriff eine zentrale Kategorie des modernen politischen Denkens[1] auch in den europarechtlichen Diskurszusammenhang eingeführt wurde. Das konstitutionelle Programm einer Verfassung ebenso wie einer sich aus komplementären Teilverfassungen konstituierenden Verfassungsgemeinschaft bedarf funktionsadäquater normativer Realisierung.[2] Nur dann kann konstitutionelle Qualität sich entfalten, kann „Verfassung" Geltung beanspruchen und Akzeptanz finden. Nur wenn ihre Spielregeln überzeugen, darf sie darauf hoffen, dass sich im pluralistischen Gemeinwesen die jeweilige Minderheit der jeweiligen Mehrheit beugt, dass Zugehörigkeit zum Gemeinwesen vermittelt werden kann, dass die Institutionen dieses Gemeinwesens tragfähig gelingen und dass die Verfahren zu einer immer neuen Bildung von „Einheit in Vielfalt" genutzt werden. Nur dann und nur so sprechen die Werte einer Verfassung die Bürgerinnen und Bürger an, nur dann und nur so erwachsen ihre Ziele zu *gelebten Zukunftsoptionen* für das politische Miteinander. 768

Im Folgenden lassen sich allein Schwerpunkte zu den unionalen Verfassungsthemen und ihrer Funktionsadäquanz bilden. Ein vollständiges Panorama muss Desiderat bleiben und könnte ohnehin nur als arbeitsteiliges Forschungsprojekt gemeinsam mit vielen anderen Disziplinen und Forschungszugriffen gelingen. Die „werdende Verfassungsgemeinschaft Europa" sei nach ihren wesentlichen Themen und Textformen (Artikelgruppen) strukturiert behandelt. Dabei ist der Typus „Verfassungsstaat" mehr als nur Lehr- und Lernmaterial. Europa nimmt an vielen seiner nach und 769

---

1 *M. Morlok*, Verfassung, in: W. Heun u.a. (Hrsg.), Evangelisches Staatslexikon, Neuausgabe 2006, Sp. 2556; vgl. auch *K. Hesse*, Grundzüge des Verfassungsrechts der Bundesrepublik Deutschland, 20. Aufl. 1995 (Neudruck 1999), Rn. 1.

2 *D. Grimm*, Ursprung und Wandel der Verfassung, in: HStR, Bd. I, 3. Aufl. 2003, § 1, Rn. 26 ff.

nach so gewordenen Ausprägungen „Maß“: von den Präambeln bis zu den Schlussbestimmungen, von der Menschenwürdegarantie bis zur Einrichtung von Verfassungsgerichten, von der horizontalen Gewaltenteilung bis zur vertikalen (Regionalismus bzw. Föderalismus). Insofern kann von einer *verfassungsstaatlichen Analogie* gesprochen werden, obgleich strukturelle Divergenzen bleiben und es keinen europäischen Staat auf EU-Ebene gibt. Der Konstitutionalisierungsprozess Europas orientiert sich denn auch nicht, blind für solche Divergenzen, an der bloßen Semantik einer Verfassung. Er will ihr erprobtes und vertrautes *Fortschrittsnarrativ* nicht schlicht *de-kontextualisiert* ins Europäische übersetzen. Im Gegenteil, der europäische Konstitutionalisierungsprozess *orientiert sich* kontextbewusst und *schöpferisch* an Bauelementen, an Erfahrungen und Hoffnungen, Inhalten und Verfahren der Entwicklungsgeschichte des Verfassungsstaates. Doch geht er darin nicht auf. Europa ist nicht nur eine *quantitative Summe* von 28 (EU) bzw. 57 (OSZE) nationalen Verfassungsstaaten. Das konstitutionelle Europa schafft einen *originären „konstitutionellen Mehrwert“*, bringt eigenständig Neues hervor, trotz aller Gemengelagen nationaler und europäischer *Teil*verfassungen und wechselseitiger Rezeptionen und Produktionen. Freilich ist hier, wie gesagt, nur eine Auswahl möglich. Wichtige Themen und Artikelgruppen, die es im nationalen Verfassungsstaat wie im europäischen Verfassungsrecht gibt, könnten nicht einmal berührt werden, etwa die Übergangs- und Schlussbestimmungen als eigenständige Kategorie[3]. Auch geht es eher um die größeren Linien als um eine dogmatische Durchdringung der letzten Details; sie muss von Monographien, Kommentaren und Lehrbüchern sowie Sammel- und Tagungsbänden zum Europäischen Verfassungsrecht geleistet werden[4]. Wohl aber sei, dem höheren Abstraktionsgrad der Verfassungslehre gemäß, soweit wie möglich immer auch die verfassungs*politische* Dimension einbezogen: sie ist umso wichtiger, als Europa nach wie vor „unterwegs“ ist[5] – mehr vielleicht, als jede nationalstaatliche Verfassung für sich genommen. Zu einem Gutteil ist Europas *offene Finalität* auch sein *konstitutionelles Leitmotiv* so wie

3 Dazu *P. Häberle,* Verfassungslehre als Kulturwissenschaft, 2. Aufl. 1998, S. 1048 ff.

4 Dazu bereits die Literaturverweise in der Vorbemerkung zur Arbeit mit diesem Buch.

5 Das Stichwort lautete: „dynamische Integration“, siehe z.B. *M. Bugenberg*, Dynamische Integration, Art. 308 und die Forderung nach dem Kompetenzkatalog, EuR 2000, S. 879 ff.

die „Einheit in Vielfalt“ oder „Vielheit“ sein *konstitutioneller Leitspruch* bleibt.

A. Präambeln – Vorspruch und Versprechen

I. National/verfassungsstaatlich

1. Die Präambel als Grundlegung und Bekenntnis

Die Trias der drei Präambeln aus EUV, AEUV und EU-Grundrechte-Charta erzählt teils erkenntnisorientiert, teils bekenntnishaft die europäische Integrationsgeschichte in ihrem Kern. Sie spricht von Hoffnungen, wagt Versprechen, fordert Verantwortung ein. Vor allem verweisen die Präambeltexte – im Zusammenspiel mit Art. 2 und 3 EUV – auf die Werte und Ziele der Union, die ihrerseits den archimedischen Punkt europäischer Verfassungsidentität bilden[6]. Wie in einem Brennspiegel führen sie zusammen, was die Europäische Verfassung sein will, welche Kriterien sie unmittelbar an die maßgeblichen Identifikationsprozesse der europäischen Bürgerinnen und Bürger mit ihrer Verfassung anlegt und wie sie – mittelbar identitätsbildend – die Dynamik politischer Einheitsbildung in Europa zu steuern trachtet[7]. Um zu ergründen, was die (normativen) Gehalte dieser Präambeltrias als *Vorspruch* und *Versprechen* ausmacht und wie sich – Präambeltexte aus dem Europa im weiteren Sinne einbeziehend – eine europaverfassungsrechtliche Präambeltheorie formulieren lässt, lohnt zunächst ein Rekurs auf das Beispielsmaterial und Theoriegerüst der nationalen Verfassungslehre. 770

---

6 Früh qualifizierte der EuGH die Ziele des EWGV als „vertragsprägende Norm“, vgl. EuGH, Rs. 167/73, *Kommission/Frankreich*, Slg. 1974, 359 (369 f.); siehe zu alldem *M. Kotzur*, Vorspruch und Versprechen. Der Europäische Integrationsprozess nach Lissabon im Lichte der Präambeltexte des EUV, des AEUV und der EU-Grundrechtecharta, in: Mitglieder der Juristenfakultät (Hrsg.), Festschrift der Juristenfakultät zum 600jährigen Bestehen der Universität Leipzig, 2009, S. 511 ff.

7 Zur „Identität durch Verfassungsrecht“ einschließlich der Differenzierung in unmittelbare und mittelbare Verfassungsidentität *A. v. Bogdandy*, Europäische und nationale Identität: Integration durch Verfassungsrecht, VVDStRL 62 (2003), S. 156 ff., 170 ff.; die staatliche Identität als ein Produkt der Rechtsordnung wertet *Ch. Möllers*, Staat als Argument, 2000, S. 151 ff.;

771 Für den Inhalt von Präambeln sind dabei charakteristisch die Formulierung von Werthaltungen, („hohen“) Idealen[8], Überzeugungen, der Motivationslage, kurz des Selbstverständnisses der Verfassunggeber. Dieses Bekenntnishafte, der „Glaube“ (so ausdrücklich z.B. die Europäische Menschenrechtskonvention), tritt neben, gelegentlich an die Stelle von „Erkenntnissen“. Mitunter finden sich euphorische, fast hymnische Züge, die den Charakter einer Einstimmung vermitteln und überhaupt „Glanz“ ausstrahlen. Wo auf diese Weise „letzte“ und „erste“ Dinge verhandelt werden, stellt sich naturgemäß sehr rasch ein Hauch von Pathos ein.

772 Die hohe Wertintensität von Präambeln zeigt sich auch darin, dass sie gerne auf (ontologische) Vorgegebenheiten wie Gott oder Christus verweisen (z.B. Australien 1900, Indonesien 1945, Argentinien 1853) bzw. sie anrufen (z.B. Irland). Die – fast heilige – Selbstverpflichtung ihm gegenüber, gelegentliche Beschwörungen bzw. Anrufungen[9] sind wiederkehrende formale und inhaltliche Elemente und Momente. Präambeln erweisen sich also in Teilen als „Glaubenssätze“ eines politischen Gemeinwesens, und zwar nicht nur bei Bezugnahmen auf Gott und die Verantwortung vor ihm und den Menschen, sondern auch bei anderen Bekenntnisklauseln, die ausdrücklich ihren „tiefen Glauben an diese Grundfreiheiten“ bekräftigen (so Präambel Europäische Menschenrechtskonvention von 1950), bekenntnisnahe Willensbekundungen objektivieren[10] oder subjektive Wünsche und Hoffnungen (z.B. Verfassung Berlin 1950: „In dem Wunsche, die Hauptstadt eines neuen geeinten Deutschlands zu bleiben“ – heute Realität, vgl. Art. 22 Abs. 1 n.F. GG) bzw. Überzeugungen und Willensbekundungen normativieren.

---

8 Verf. Japan von 1947, Verf. Frankreich von 1958. – Ausführlich zum Präambelthema: *P. Häberle*, Präambeln im Text und Kontext von Verfassungen, in: FS Broermann, 1982, S. 311 ff.; *ders.*, Verfassungslehre als Kulturwissenschaft, 2. Aufl. 1998, S. 920 ff.; europarechtlich weitgeführt ist der Ansatz bei *A.-Ch. Kulow*, Inhalte und Funktionen der Präambel des EG-Vertrages, 1997; für das Völkerrecht vgl. *M. Kotzur*, Theorieelemente des internationalen Menschenrechtsschutzes. Das Beispiel der Präambel des IPbürgR, 2001, S. 59 ff.

9 Selten ist die Bezugnahme auf das Richteramt Gottes wie in Präambel Verf. Württemberg-Hohenzollern 1947, zit. nach B. Dennewitz (Hrsg.), Die Verfassungen der modernen Staaten, Bd. II, 1948. Zum Ganzen *P. Häberle*, Verfassungslehre als Kulturwissenschaft, 2. Aufl. 1998, S. 920 ff.

10 Wie Vorspruch Verf. Rheinland-Pfalz (1947): „Von dem Willen beseelt, die Freiheit und Würde des Menschen zu sichern“; s. auch Präambel EMRK von 1950: „... als Regierungen europäischer Staaten, die vom gleichen Geiste beseelt sind“.

Das Bekenntnishafte, mitunter Fiktive führt für den nationalen Verfassungsstaat in die Tiefenschichten eines verfassten und auch nach der Verfassunggebung immer neu sich verfassenden Volkes. *R. Smend* hat sie in seiner Lehre von der Integration auf seine Weise behandelt[11]. Der demokratische Verfassungsstaat kann auf diese mehr gefühlsmäßigen Bindungen seiner Bürger an ihn, auf die Schaffung von Identifikationsmöglichkeiten für den Bürger und auf seine eigene Bindung an und Verantwortung vor höheren Instanzen und Zusammenhängen nicht verzichten. Eine politische *Integrations-* und *Verantwortungsgemeinschaft* wie die EU kann es ebenso wenig. 773

Präambeln verweisen jedenfalls auf vorpositive Basis- und/oder Glaubenswahrheiten eines politischen Gemeinwesens; in manchem umschreiben sie ein Stück der „religion civile". Vermutlich enthalten auch Verfassungen ohne ausdrückliche Präambeln solche „Glaubenswahrheiten", die ihren Rechtssätzen vorausgehen, denn jede positive Rechtsordnung reicht in solche tieferen Schichten. Präambeln suchen diese zu rationalisieren und zur Sprache zu bringen – teils in säkularisierter Form, teils in „noch-theologischer" Gestalt. Dieses Grundlegende im Selbstverständnis (in der Identität) eines politischen Gemeinwesens, das Konzentrat, ist das alle Bürger Verpflichtende – fast wie ein „Glaubensbekenntnis", das in den Präambeln sozusagen „vor die Klammer gezogen" und oft vertragsähnlich (im Sinne der Verfassung als Vertrag) formuliert ist. Das *Narrativ* von der *politischen Einheitsbildung* schöpft bewusst aus diesen vorpositiven Gründen und bezieht daraus ein Stück weit legitimatorische Kraft. 774

Die kulturwissenschaftliche Einordnung von nationalen Verfassungspräambeln rückt diese insgesamt in die Nähe von Hymnen, musikalischen Ouvertüren und Präludien oder Prologen zu Werken der Dichtkunst. Bemerkenswert bleibt die zunehmende Entfaltung der bindenden, d.h. normativen Kraft von Präambeln, die einige neuere Verfassungen sogar ausdrücklich anordnen, indem sie sie zum Bestandteil der Verfassungen erklären (z.B. letzter Absatz Präambel Verf. Tschad von 1996). Offen ist aber auch eine so wichtige Frage, wie die, wer für Präambeländerungen zuständig ist: nur der verfassung*gebende* oder auch der verfassungs*ändernde* Gesetzgeber? 775

11 *R. Smend*, Verfassung und Verfassungsrecht (1928), in: *ders.*, Staatsrechtliche Abhandlungen, 4. Aufl. 2010, S. 119 ff., 160 ff., 215 ff., zur Präambel etwa S. 216 f.

2. Die Brückenfunktion in der Zeit

776 Regelmäßige Bauelemente von Präambeln sind Ausformungen der Zeitdimension: einmal in der Abkehr von einer bestimmten Vergangenheit oder in der Wiederanknüpfung oder „Erinnerung“ (z.B. Präambel Verfassung Irland) an bestimmte Überlieferungen und Perioden (Geschichtsbezug z.B. Verfassung Türkei (1961): „während ihrer ganzen Geschichte“; Verfassung Bayern (1946): „mehr als tausendjährige Geschichte“; Verfassung Bremen (1947): „jahrhundertealte Freie Hansestadt Bremen“); sie wollen die Vergangenheit negativ (polemisch) oder positiv (emphatisch) beschwören[12] bzw. verarbeiten. Präambeln können sich ferner auf die Gegenwart beziehen. Sie können schließlich Gegenwart und Zukunft als solche in den Blick nehmen[13] oder gerade die Zukunft „gewinnen“ wollen[14].

777 Soweit Präambeln „Geschichte(n)“ erzählen und Bekenntnisse zu ihr/ihnen ablegen, möchten sie dem menschlichen Bedürfnis nach historischer Vergegenwärtigung, entwicklungsgeschichtlicher Selbstvergewisserung und Identität Rechnung tragen, nicht im Sinne wissenschaftlicher Aufbereitung für ein Fachpublikum als vielmehr im Sinne einer Geschichte, „die sich dem Laien verpflichtet fühlt“. Hier kann es zwischen *Be*kenntnissen und *Er*kenntnissen in Präambeln zu Konflikten kommen: So hält etwa die Präambel des Grundgesetzes einer historisch-kritischen Überprüfung in manchen Partien nicht stand[15].

778 Soweit Präambeln sich der Zukunft zuwenden – so wie etwa die künftigen Generationen in der bayerischen Verfassung (1946) im Gesichts- und Verantwortungskreis des Verfassunggebers stehen – oder Wünsche und Hoffnungen ausdrücken, enthalten sie einen *konkret-utopischen* Überschuss:

---

12 Vgl. Verf. Bayern von 1946: „Trümmerfeld“, bzw. Verf. Baden von 1947: „Treuhänder der alten badischen Überlieferung“; s. auch Präambel EMRK von 1950: „gemeinsames Erbe an geistigen Gütern und Überlieferungen. Achtung der Freiheit und Vorherrschaft des Gesetzes“. S. auch Verf. Sachsen von 1992: „gestützt auf Traditionen der sächsischen Verfassungsgeschichte ... eingedenk eigener Schuld an seiner Vergangenheit“.

13 So Verf. Nordrhein-Westfalen von 1950: „... die Not der Gegenwart in gemeinsamer Arbeit zu überwinden“. Zuletzt Verf. Thüringen von 1993: „Trennendes in Europa und der Welt zu überwinden“; Verf. Mecklenburg-Vorpommern von 1993: „den wirtschaftlichen Fortschritt aller zu fördern“.

14 Z.B. Verf. Rheinland-Pfalz (1947): „ein neues demokratisches Deutschland als lebendiges Glied der Völkergemeinschaft zu formen“.

15 Dazu *D. Murswiek*, Die verfassunggebende Gewalt nach dem Grundgesetz für die Bundesrepublik Deutschland, 1978, S. 80 ff.

Insofern steckt in der Präambel ein (Zukunfts-)Entwurf. Er trägt ein Stück jener fruchtbaren Spannung zwischen Wunsch und Wirklichkeit in die Verfassung (und Politik), wie sie auch in anderen Partien eines Verfassungstextes, z.B. bei Verfassungsaufträgen, nachweisbar ist. Oft muss ein Volk Geduld haben im Blick auf die Wünsche und Hoffnungen der Präambel. Ein geglücktes Beispiel liefert die Präambel des GG (1949) in Sachen Wiedervereinigung (1990); es ist zugleich Beleg für die Erfolgsgeschichte des deutschen Grundgesetzes.

3. Insbesondere Gottesbezüge in Präambeltexten

Soweit textlich vorhanden, repräsentieren Verfassungspräambeln (oder 779
sonstige Verfassungsklauseln) mit Gottesbezügen keineswegs eine „überwundene", anachronistische, „atypische" Entwicklungsstufe, sondern eine mögliche kulturelle Variante des Verfassungsstaates. Sie sind Ausdruck von „Religionsverfassungsrecht" und damit eines Bildes vom Menschen (vgl. etwa BVerfGE 115, 118 (158 f.)), das diesen – und auch das Volk (!) – historisch wie aktuell in höheren Verantwortungszusammenhängen sieht: Staat und Recht werden als begrenzte, ethisch fundierte Ordnungen bekräftigt, was ohnedies für den Typus Verfassungsstaat charakteristisch ist. So gesehen besteht ein innerer Zusammenhang zwischen den gottesbezüglichen (oder/und schöpfungsbezüglichen) Verantwortungsklauseln und der Menschenwürde, aber auch dem verfassungsstaatlichen Toleranzprinzip, wie überhaupt die Gottestexte in die als Einheit verstandene Verfassung zu integrieren sind[16]. Die epochale Entwicklung zum säkularisierten Verfassungsstaat wird damit nicht rückgängig gemacht, denn das Verfassungsrecht des Verfassungsstaates zwingt niemanden zum „Gottesdienst" via Gottes-Texte. Doch ist der Mensch als *homo religiosus* kulturell ernst genommen bis hin zur Garantie seiner Freiheit, sich a-religiös oder gar antireligiös zu verhalten[17]. Es ist dieser kulturelle Hintergrund, der Gottestexte im Verfassungsstaat historisch und aktuell rechtfertigt, freilich auch begrenzt. Dabei sei gerade in unseren Tagen an die – mitunter höchst kon-

---

16 Dazu allgemein (d.h. ohne Zitierung der Gottestexte): *K. Hesse*, Grundzüge des Verfassungsrechts der Bundesrepublik Deutschland, 20. Aufl. 1995 (Neudruck 1999), Rn. 71.

17 Die Frage, ob Europa eine religiöse oder „nur" ethische Identität hat, sei dabei ausdrücklich mitbedacht.

fliktträchtige[18] – Vehemenz erinnert, mit der sich das Religiöse als Sinnalternative zu Ökonomisierung, Überindividualisierung und (nicht zuletzt globalisierungsbedingter) Entwurzelung des Einzelnen neues Gehör verschafft[19].

II. Europarechtliche Präambeln als hohe Schicht der „constitutio Europae“

1. Problem

780 Im Folgenden geht es darum, in behutsamer Analogie zum national-verfassungsstaatlichen Präambelrecht das bereits vorliegende europäische Präambelrecht „de constitutione lata“ aufzubereiten. Dabei können die auf der nationalen Verfassungsebene bewährten sinnvollen Kategorien zur Aufschlüsselung des umfangreichen Materials von der EMRK über die Römischen Verträge, die OSZE bis zu EUV, AEUV und EU-Grundrechte-Charta verwendet werden. Zugleich sei aber auch gefragt, ob sich nicht bereits die Umrisse einer spezifisch europarechtlichen Präambeltheorie erarbeiten lassen[20]. Mit Absicht wird das Präambelmaterial im Europarecht i.e.S. der EU einerseits, im Europarecht i.w.S. (Europarat, OSZE) andererseits gemeinsam dargestellt, sind sie doch in Inhalten und Formen besonders konkordant, ja *osmotisch*. Insbesondere in der EMRK und der EU-Grundrechte-Charta findet ein *zentrales Fortschrittsnarrativ* des europäischen Integrationsprozesses zwar keinen *Gleich-*, aber doch in diesem Sinne *osmotischen Zusammenklang*.

---

18 *U. Sacksofsky* bzw. *Ch. Möllers*, Religiöse Freiheit als Gefahr, VVDStRL 68 (2009), S. 7 ff. bzw. 42 ff.

19 Siehe etwa *D. Pollack*, Die Wiederkehr des Religiösen, in: Herder Korrespondenz spezial: Renaissance der Religion, 2006, S. 6 ff.; *F. Graf*, Die Wiederkehr der Götter, 2007 (beide zitiert bei *U. Sacksofsky*, Religiöse Freiheit als Gefahr, VVDStRL 68 (2009), S. 7 ff., 9).

20 Von der Teleologie des europäischen Einigungsprozesses her sind „Präambeltheorie“ und „Integrationstheorie“ dabei stets zusammenzudenken. Einen Überblick über den Theoriebestand in Sachen Integration geben W. Loth/W. Wessels (Hrsg.), Theorien europäischer Integration, 2001. Verwiesen sei auch auf ein vielzitiertes Wort des einstiegen spanischen Ministerpräsidenten *F. Gonzáles*, die „Kraft des Wir“. Präambeltexte können ihr sinnfälligen Ausdruck verleihen.

2. Bestandsaufnahme (Auswahl)

Vergegenwärtigt man sich das europäische Präambelrecht von den frühen 781 Anfängen der europäischen Einigung bis heute, so kann eine wissenschaftliche Aufbereitung unter folgenden vier Kriterien gelingen: die Frage nach dem Sprachcharakter (a), die Verarbeitung der Zeit – Geschichte, Zukunft (b), die inhaltliche Grundlegung i.S. von konstitutionellen Leitbegriffen (c), die kulturwissenschaftlich erschließbare Grundierung der Präambeln durch Begriffe wie „kulturelles Erbe", „Geist" etc. (d). Die textlichen „Kostproben" bleiben naturgemäß fragmentarisch, zu groß ist das Beispielsmaterial; nur das Typische kann erarbeitet werden.

a) Die bürgernahe Feiertagssprache

Im nationalverfassungsstaatlichen Bereich zeichnen sich Präambeln 782 sprachlich durch ihre hohe, festliche, gehobene Sprache aus. Unterscheidet man sprachtheoretisch zwischen Hochsprache, Alltagssprache und (juristischer) Fachsprache, so zeigt sich schon prima facie, wie bewusst hoch- bzw. feiertagssprachlich das europäische Präambelrecht gearbeitet ist[21]. Manches mag an die Diplomatensprache erinnern: in der Essenz aber haben sich alle nach und nach am europäischen Einigungsprozess beteiligten (immer zahlreicher werdenden) Nationen bzw. Regierungen um einen besonderen Sprachcharakter bemüht. Hier einiges *Beispielmaterial*: Die EMRK (1950) lässt den hohen Sprachgestus in all ihren Präambelteilen erkennen. Man vergegenwärtige sich nur den Passus „unter erneuter Bekräftigung ihres tiefen Glaubens an diese Grundfreiheiten ..." Die Satzung des Europarates (1949) hatte im Vorspruch den Grundton angeschlagen in den Worten: „„... unerschütterliche Verbundenheit mit den geistigen und sittlichen Werten, die das gemeinsame Erbe ihrer Völker sind".

Bleibt man auf der Spur von Präambeldokumenten des Europas i.w.S. des 783 Europarates, so fällt der Vorspruch des Europäischen Kulturabkommens (1954) ins Auge. Gleich eingangs werden die „Ideale und Grundsätze" beschworen, die ihr (sc. der Mitglieder des Europarates) „gemeinsames Erbe" bilden. Der hohe Sprachduktus der EMRK kehrt auch in der Präambel

21 *P. Häberle*, Präambeln im Text und Kontext von Verfassungen, in: FS Broermann, S. 211 ff.; für das Völkerrecht früh *P. You*, Le préambule des traités internationaux, 1941, S. 11: „degré de solennité".

des ESC (1961) wieder (z.B. „Ideale und Grundsätze, die ihr gemeinsames Erbe sind“, „Weiterentwicklung der Menschenrechte“). Mehr als ein Merkposten muss die KSZE-Schlussakte von Helsinki (1975) sein: Sie versuchte sich an einem Brückenschlag zwischen Ost und West, lang vor dem Fall von Eisernem Vorhang und Mauer, und arbeitet in allen „drei Körben“ mit präambelähnlichen Vorsprüchen, deren Einzelanalyse lohnt, auch wenn der gesamte Text der nachfolgenden Artikel recht allgemein programmatisch und seinerseits präambelähnlich gehalten ist. Im Vorspruch zu „Korb 1“ heißt es u.a. „Eingedenk ihrer gemeinsamen Geschichte und der Erkenntnis, dass die vorhandenen, gemeinsamen Elemente ihrer Traditionen und Werte bei der Entwicklung ihrer Beziehungen dienlich sein können“, – also auch hier der Zeitfaktor als Zukunftsziel! Am Ende ist gar von „Förderung der Grundrechte“ die Rede. Aus dem Vorspruch zu „Korb 3“ seien die feierlichen Worte zitiert: „Bewusstsein, ... dass eine Steigerung des Austausches auf dem Gebiet der Kultur und Bildung ... Kontakte zwischen den Menschen ... beitragen ...“

784 Im Folgenden sei der Blick auf Präambelelemente des *Europa im engeren Sinne* gerichtet. Der EGKS-Vertrag (1951) befleißigte sich des in der Präambelkunst bekannten feierlichen Tonfalls, z.B. in dem Eingangspassus: „In der Überzeugung, dass der Beitrag, den ein organisiertes und lebendiges Europa für die Zivilisation leisten kann“. Im EWG-Vertrag (1957) war der „feste Wille bekräftigt, die Grundlagen für einen immer engeren Zusammenschluss der europäischen Völker zu schaffen“. Der getragene Ton ist auch in dem folgenden Passus beinhaltet: „Entschlossen, durch gemeinsames Handeln den wirtschaftlichen und sozialen Fortschritt ihrer Länder zu sichern, indem sie Europa trennende Schranken beseitigen“ – damit klingt ein ganzheitliches Europabild[22] an, das sich von vornherein nicht auf die damaligen EWG-Mitgliedstaaten beschränkte. Die Präambeln der EU bzw. EG-Verträge von Maastricht (1992) bzw. Amsterdam (1997) ziehen die feiertagssprachlichen Charaktere weiter aus, wobei die Bekenntnisformeln wie „eingedenk“, „in dem Wunsch“, „in dem festen Willen“ wiederkehren und der hohe Sprachduktus im Einzelnen und Ganzen erhalten bleibt (vgl. nur: „in dem Wunsch, die Solidarität zwischen ihren Völkern unter Achtung ihrer Geschichte, ihrer Kultur und Tradition zu stärken“).

22 Zum Stichwort Europabild siehe auch R. Hierzinger/J. Pollak (Hrsg.), Europäische Leitbilder, in: FS H. Schneider, 2001.

In den meisten Teilen bleibt die Präambel des EUV – von notwendigen Modifikationen redaktioneller Art abgesehen – unverändert und steht damit auch in ihrem hohen sprachlichen Pathos für die Kontinuität des politischen Integrationsprogramms seit Maastricht[23]. Die europäische Verfassungsgenese ist denn auch weniger *Revolution* als *Evolution*[24]. Eine wesentliche Neuerung verdient vor dem Hintergrund solcher Evolutionsdynamik daher umso größerer Aufmerksamkeit. Die Präambel erhält einen neuen zweiten, mit dem ersten der Präambel des gescheiterten Verfassungsvertragsentwurfes *identischen* Erwägungsgrund – ein Ausdruck sehr bewusster konstitutioneller Kontinuität in sehr bewusst feierlichem Sprachduktus: „Schöpfend aus dem kulturellen, religiösen und humanistischen Erbe Europas, aus dem sich die unverletzlichen und unveräußerlichen Rechte des Menschen sowie Freiheit, Demokratie, Gleichheit und Rechtsstaatlichkeit als universelle Werte entwickelt haben." So wie die Präambel des EUV von einer „neuen Stufe" im europäischen Integrationsprozess spricht, hebt die Präambel des AEUV nicht minder feierlich an, mit dem „festen Willen, die Grundlagen für einen immer engeren Zusammenschluss der europäischen Völker zu schaffen"[25]. *Dynamik* ist ihr Programm. Die „ever closer Union" der englischen Textfassung erinnert an das berühmte „to form a more perfect Union" der werdenden USA, von *A. Hamilton* bezeichnet als ein „act of choice and reflection"[26]. Auch dieser Allusion ist hohes sprachliches Pathos eigen. Der feierliche Sprachgestus kennzeichnet schließlich auch die Präambel der EU-Grundrechte-Charta (2000), und zwar durchgängig: vom Eingangspassus: „Die Völker Europas sind entschlossen, auf der Grundlage gemeinsamer Werte eine friedliche Zukunft zu teilen" bis zur Schlusspassage: „Die Ausübung dieser Rechte ist mit Verantwortlichkeiten und mit Pflichten ... verbunden"[27]. 785

---

23 *J. Schwind*, The Preamble of the Treaty Establishing a Constitution for Europe, GYIL 46 (2003), S. 353 ff.

24 *S. Kadelbach*, in: H. von der Groeben/J. Schwarze/A. Hatje (Hrsg.), Europäisches Unionsrecht, Bd. I, 7. Aufl. 2015, Präambel EUV, Rn. 1 ff.; *H.-J. Rabe*, Zur Metamorphose des Europäischen Verfassungsvertrages, NJW 2007, S. 3153 ff.; *A. Weber*, Vom Verfassungsvertrag zum Vertrag von Lissabon, EuZW 2008, S. 7 ff.

25 *J. Ph. Terhechte*, in: H. von der Groeben/J. Schwarze/A. Hatje (Hrsg.), Europäisches Unionsrecht, Bd. I, 7. Aufl. 2015, Präambel AEUV, Rn. 1 ff.

26 *A. N. Holcombe*, Our More Perfect Union. From Eighteenth-Century Principles to Twentieth-Century Praxis, 1967, S. 4 ff.

27 *S. Augsberg*, in: H. von der Groeben/J. Schwarze/A. Hatje (Hrsg.), Europäisches Unionsrecht, Bd. I, 7. Aufl. 2015, Präambel Grundrechtecharta, Rn. 1 ff. Allg. zum

b) Die Zeitachse (Verarbeitung von Geschichte und Entwurf von Zukunft)

786 Die Zeitdimension ist in älteren und neueren innerstaatlichen Verfassungspräambeln mit Händen greifbar[28]. So sagt die Verf. Bayern (1946) „Angesichts des Trümmerfeldes, zu dem eine Staats- und Gesellschaftsordnung ohne Gott ...“; so heißt es in der Präambel der Verf. Sachsen (1992): „leidvolle Erfahrungen in der sozialistischen und kommunistischen Gewaltherrschaft“. Auch im europäischen Präambelrecht lässt sich die „Zeit“ als „Blick zurück und voraus“ erkennen. Die EMRK malt zwar nicht wie die bayerische und sächsische Verfassung vorweg distanzierend ein Bild vom vergangenen Unrechtssystem, doch klingt „der Blick zurück“ etwa in der Passage „wahrhaft demokratisches politisches System“ an. Der Zukunftshorizont wird sichtbar in dem Wort von der „Entwicklung der Menschenrechte und Grundfreiheiten“, auch dort, wo von „ersten Schritten auf dem Wege zu einer kollektiven Garantie gewisser... Rechte“ gesprochen wird. Schon im Vorspruch der Satzung des Europarates (1949) war von „fortschreitender Verwirklichung dieses Ideals“ die Rede. Nach dem Vorspruch des Europäischen Kulturabkommens (1954) ist vom Ziel die Rede, „die europäische Kultur zu wahren und ihre Entwicklung zu fördern“. Die Präambel des EGKS (1951) leistet greifbar ein Stück Vergangenheitsbewältigung *und* Zukunftsorientierung in einem: „Errichtung einer wirtschaftlichen Gemeinschaft ... unter Völkern, die lange Zeit durch blutige Auseinandersetzungen entzweit waren, und die institutionellen Grundlagen zu schaffen, die einem nunmehr allen gemeinsamen Schicksal die Richtung weisen können“[29]. Im EWG-Vertrag (1957) ist die Zukunft in den Blick genommen, insofern von „wirtschaftlichen und sozialen Fortschritt ihrer Länder“ die Rede ist und ein Appell an die anderen Völker Europas for-

---

Thema Menschenrechtsschutz, Grundrechte und Grundpflichten in Europa siehe auch *H. C. Krüger/J. Polakiewicz,* Vorschläge für ein kohärentes System des Menschenrechtsschutzes in Europa. Europäische Menschenrechtskonvention und EU-Grundrechte-Charta, EuGRZ 2001, S. 92 ff.; D. Ehlers (Hrsg.), Europäische Grundrechte und Grundfreiheiten, 4. Aufl. 2014.

28 Zahlreiche Nachweise bei *P. Häberle*, Verfassungslehre als Kulturwissenschaft, 2. Aufl. 1998, S. 929.

29 Im Kontext der Vergangenheitsbewältigung ist aber auch zu bedenken: Präambeltexte widerspiegeln nicht immer die historische Wahrheit. Im Gegenteil: Bisweilen sind sie auch Ausdruck der (kollektiven) „*Lebenslügen*“ einer Nation (z.B. bis 1989 in Sachen deutscher Wiedervereinigung).

muliert wird, „die sich zu den gleichen hohen Zielen bekennen, sich diesen Bestrebungen anzuschließen".

Eine neue Dynamik und deutlichere Hervorhebung des Prozesscharakters 787
und damit der Zukunftsorientierung der EU wird in der Präambel von „Maastricht" bzw. „Amsterdam" erkennbar: „entschlossen, den mit der Gründung der Europäischen Gemeinschaften eingeleiteten Prozess der europäischen Integration auf eine neue Stufe zu heben" (Präambel EUV) bzw. „in dem festen Willen, die Grundlagen für einen immer engeren Zusammenschluss der europäischen Völker zu schaffen" (Präambel des damaligen EGV). Der „Blick zurück" findet sich in dem Passus (Präambel des damaligen EUV): „eingedenk der historischen Bedeutung der Überwindung der Teilung des europäischen Kontinents", wobei im Grunde wiederum das *ganze* Europa angesprochen ist! Die EU-Grundrechte-Charta (2000) ist ebenfalls im Blick auf Vergangenheit bzw. Gegenwart und Zukunft gearbeitet: so wird ausdrücklich die „friedliche Zukunft" beschworen. Zugleich ist vom „geistig-religiösen und sittlichen Erbe" die Rede. Immer wieder wird die Spannung zwischen diesen zeitlichen Polen offenkundig, so in den Worten: „Erhaltung und Entwicklung dieser gemeinsamen Werte unter Achtung der Vielfalt der Kulturen und Traditionen", „Weiterentwicklung der Gesellschaft, des sozialen Fortschritts „gemeinsame Verfassungstraditionen", „Pflichten ... gegenüber den künftigen Generationen"[30]. Zukunftsgewandt und von einem fortdauernden Aufbruchselan getragen formuliert die heutige Präambel des EUV: „entschlossen, den Prozess der Schaffung einer immer engeren Union der Völker Europas, in der die Entscheidungen entsprechend dem Subsidiaritätsprinzip möglichst bürgernah getroffen werden, weiterzuführen … „Sie verweist explizit" auf weitere Schritte, die getan werden müssen, um die europäische Integration voranzutreiben …"[31] Und im Wort von der Bürgernähe klingt eine ganz entscheidende unionale Zukunftsoption an: Die Europäische Union beruht nicht auf einem vorrechtlichen Substrat, sondern der Einigungskraft ihres Rechts und dem Einigungswillen ihrer Bürgerin-

30 *S. Augsberg*, in: H. von der Groeben/J. Schwarze/A. Hatje (Hrsg.), Europäisches Unionsrecht, Bd. I, 7. Aufl. 2015, Präambel Grundrechtecharta, Rn. 1 ff. und Literaturhinweise.

31 *S. Kadelbach*, in: H. von der Groeben/J. Schwarze/A. Hatje (Hrsg.), Europäisches Unionsrecht, Bd. I, 7. Aufl. 2015, Präambel EUV, Rn. 1 ff.

nen und Bürger. Dieser Rolle des europäischen „citoyen"[32] ist sich der Reformvertrag von Lissabon nicht minder bewusst als es der gescheiterte Verfassungsvertrag war.

788 In der Präambel des AEUV spielt, seiner Funktionslogik entsprechend, die wirtschaftliche Zukunft Europas eine entscheidende Rolle. So geht es ihr um eine zukunftsgewandte Balance zwischen Marktorientierung und freiem Wettbewerb einerseits, europäischer „Sozialstaatlichkeit" andererseits. Der Markt wird instrumental verstanden, er dient, ganz zukunftsdynamisch (und dabei vielleicht allzu optimistisch) ausbuchstabiert, „stetiger Besserung der Lebens- und Beschäftigungsbedingungen". Dazu bedarf es eines „ausgewogenen Handelsverkehrs" und „redlichen Wettbewerbs". Gerade in Zeiten der fortwirkenden globalen Finanzkrise gewinnt die etwas altmodisch klingende Wendung von der „Redlichkeit" brennende Aktualität. Einheitliche Lebensverhältnisse sind eine Zukunftsperspektive, wenn der „Abstand zwischen einzelnen Gebieten" und der „Rückstand weniger begünstigter Gebiete" verringert werden soll. Dieses Solidaritätsangebot gilt auch für die überseeischen Gebiete. Die Integrationslogik bleibt bei alldem immer auch eine wirtschaftlich motivierte[33]. Durch den Zusammenschluss ihrer Wirtschaftskräfte will die Union Frieden und Freiheit wahren, *dabei* und *dafür* „umfassenden Zugang zur Bildung" und „ständige Weiterbildung" ermöglichen. Das ist ihr pädagogisches *Zukunftsprogramm*.

c) Die inhaltliche Grundlegung in Gestalt konstitutioneller Leitbegriffe

789 Die nationalverfassungsstaatlichen Präambeln pflegen in großer Tradition konzentriert das an Inhalten festzulegen, was die nachfolgenden Verfassungs-Artikel im Einzelnen ausführen (selbst wenn sich nicht „Allgemeine Bestimmungen" anschließen). Sie formulieren sozusagen eine „Essenz" der Verfassung vor, sie stimmen auf das Nachstehende ein. Das lässt sich an vielen älteren und neueren Verfassungspräambeln belegen[34]. Auch das europäische Präambelrecht folgt diesem „Muster", freilich mit der einen

---

32 *M. Kotzur*, Grenznachbarschaftliche Zusammenarbeit in Europa, 2004, S. 283 ff. m.w.N.

33 Zu alldem auch *J. Ph. Terhechte*, in: H. von der Groeben/J. Schwarze/A. Hatje (Hrsg.), Europäisches Unionsrecht, Bd. I, 7. Aufl. 2015, Präambel AEUV, Rn. 5 ff.

34 Dazu *P. Häberle*, Verfassungslehre als Kulturwissenschaft, 2. Aufl. 1998, S. 920 ff.

oder anderen Besonderheit. Die EMRK leistet auch hier europarechtlich und europatheoretisch Pionierhaftes, sie war und ist eine Teilverfassung des Europas i.w.S. So ist vom „tiefen Glauben an diese Grundfreiheiten" die Rede, auch von „Gerechtigkeit", von „wahrhaft demokratischem politischen Regime", ebenso von „Achtung der Freiheit und Vorherrschaft des Gesetzes". Was an Einzelrechten später näher ausformuliert ist, hat in diesen Worten einen „Ursprung". Auch das „Erbe an geistigen Gütern" ist in den einzelnen späteren Artikeln, selbst in den Einschränkungsmöglichkeiten wie „Schutz der Moral, der Rechte und Freiheiten anderer" (vgl. Art. 8 Abs. 2, Art. 10 Abs. 2, Art. 11 Abs. 2) greifbar. Vorausgegangen war der Vorspruch zur Satzung des Europarates (1949) in Prinzipien wie „persönliche und politische Freiheit", „Herrschaft des Rechts", „wahre Demokratie". Im Vorspruch des Europäischen Kulturabkommens (1954) wird die „gemeinsame europäische Kultur" beschworen, die dann in den einzelnen Artikeln im Blick auf das „Studium der Sprachen, der Geschichte und der Zivilisation" ausdifferenziert ist.

Ergiebig wird ein Blick auf Präambeln des Europarechts *i.e.S.* der EU. Der 790 Gründungsvertrag (1957) normiert die Entschlossenheit, „durch diesen Zusammenschluss ihrer Wirtschaftskraft Frieden und Freiheit zu wahren und zu festigen" – die einzelnen wirtschaftlichen Freiheiten werden dann später ausgeformt. „Maastricht" und „Amsterdam" lassen fast alle Prinzipien schon in ihrer Präambel anklingen, die später das Netzwerk der sehr dicht gestrickten Artikelgruppen prägen: so das Bekenntnis zu den „Grundsätzen der Freiheit, der Demokratie und der Achtung der Menschenrechte und Grundfreiheiten und der Rechtsstaatlichkeit" (Präambel des damaligen EUV) – ein klarer Verweis auf die EMRK-Traditionen, sodann die Betonung der „Solidarität zwischen ihren Völkern, zur Achtung ihrer Geschichte, ihrer Kultur und ihrer Traditionen" (wiederum Präambel des damaligen EUV), aber auch Umweltschutz, Bürgernähe, Subsidiarität, Raum der Freiheit, der Sicherheit und des Rechts – Themen, die in den anschließenden Artikeln konkretisiert sind. Die Präambel des damaligen EGV nannte u.a. den „sozialen Fortschritt" und die Wahrung von „Frieden und Freiheit".

Bemerkenswert ist, wie die Präambel des heutigen EUV „die unverletzli- 791 chen und unveräußerlichen Rechte des Menschen sowie Freiheit, Demokratie, Gleichheit und Rechtsstaatlichkeit" als „universelle Werte" zur Quintessenz der *Constitutio Europaea* macht. Hier verschmelzen Wertorientierung und normative Verbindlichkeit, *rechtlich* und *ethisch-moralisch* Gesolltes. Werte umschreiben individuelle oder gesamtgesellschaftliche

Grundeinstellungen, die besonderen Richtigkeitsanspruch erheben, Kontinuität betonen und die Legitimationsgrundlage für wiederum individuelles oder kollektives Handeln schaffen wollen – damit kommt das normative Moment ins Spiel[35]. Wenngleich stets subjektiv, sind Werte doch intersubjektiv vermittelbar und Kommunikationsgrundlage für das tägliche neue „Sich-Einig-Werden" in einer politischen Gemeinschaft. Sie prägen deren „Meistererzählung", weil sie umschreiben, was jeder politischen Ordnungs- wie Einheitsbildung *vor*- und damit *auf*gegeben ist. Sie erfüllen auf diese Weise selbst eine *normative* Orientierungs- und Ordnungsfunktion[36]. Die unveräußerlichen Rechte des Menschen, in den demokratischen Revolutionen des ausgehenden 18. Jahrhunderts politisch erstritten, sind auch für Europa das *zentrale Integrationsparadigma.* Freiheit und Gleichheit finden in ihnen zusammen. Der nach Lissabon neu gefasste Art. 6 EUV verankert die dreifache Menschenrechtsbindung der Union positiv-rechtlich: die Bindung an die vom „soft law" zum „hard law" erstarkte EU-Grundrechte-Charta in seinem Abs. 1, die Bindung an die EMRK, die von einer Rechtserkenntnis- zu einer Rechtsquelle werden soll, in Abs. 2, die durch die EuGH-Rechtsprechung entwickelte Bindung an die Menschenrechte und Grundfreiheiten, wie sie sich aus den gemeinsamen Verfassungsüberlieferungen der Mitgliedstaaten ergeben, in Abs. 3. In den Grund- und Menschenrechten finden Freiheit und Gleichheit zusammen. In der Demokratie findet sie die ihnen angemessene Form der Herrschaftsorganisation. Der Rechtsstaat verweist seinerseits zurück auf ein Geburtsparadigma der Union: *Rechtsgemeinschaft*! (Wenn zur Jahreswende 2015/2016 mit Blick auf Polen der sog. Rechtsstaatsmechanismus zur Anwendung kommen soll, gibt das umso größeren Anlass zu brennender Sorge.) Die Union wird zugleich unter die Herrschaft des Rechts, die „rule of law" gestellt. Das Recht wirkt als Formprinzip des Raumes, in dem Freiheit und Sicherheit Realität werden können. Diese Rechtsidee transformiert Art. 3 Abs. 2 EUV vom in Präambel und Art. 2 EUV benannten Gemeinschaftswert zum Unionsziel.

---

35 Ähnlich *Ch. Calliess*, Europa als Wertegemeinschaft – Integration und Identität durch europäisches Verfassungsrecht?, JZ 2004, S. 1033 ff., 1034 unter Verweis auf Arbeiten von *U. Di Fabio*.

36 *U. Di Fabio*, Grundrechte als Wertordnung, JZ 2004, S. 1 ff., 3.

In Vielem ist auch die Präambel zum AEUV konstitutionelles Substrat[37]. 792
Sie weist, das ist bereits angeklungen, die Union als eine Wirtschafts- und Solidargemeinschaft aus, deren Erfolg im Wesentlichen von Wissen und Bildung abhängt. Im Zusammenklang mit Art. 3 EUV misst der AEUV der ökonomischen Komponente bei den Unionszielen großes Gewicht, allerdings kein Primat vor den anderen Vertragszielen bei. Schon das Ziel, die Werte zu fördern (Art. 3 Abs. 1 EUV), verweist auf den Wert der Freiheit und damit auch auf die *Wirtschaftsfreiheit*. Das Wohlergehen der Völker (ebenfalls Art. 3 Abs. 1 EUV) setzt leistungsfähige Volkswirtschaften voraus und fordert zugleich Gemeinwohlverträglichkeit des Wirtschaftens. Damit wird die soziale Marktwirtschaft für Europa zu einem Zukunftsmodell. Art. 3 Abs. 3 EUV spricht ausdrücklich von einer „in hohem Maße wettbewerbsfähigen sozialen Marktwirtschaft“[38]. Es ist eben dieser dritte Absatz des neugefassten „Zielartikels“, der die wirtschaftliche Zielperspektive der Union *neu kontextualisiert*. Nicht die Ökonomie, die nachhaltige Entwicklung Europas, wird zum verklammernden Oberbegriff, der ökonomische, ökologische und soziale Ziele einander zuordnet[39]. Der wirtschaftliche und technische Fortschritt bleibt in das Nachhaltigkeitsprinzip eingebunden. Der letzte Passus von Art. 3 Abs. 3 EUV stellt wirtschaftlichen, sozialen und territorialen *Zusammenhalt* nebeneinander. Ein Raumbezug wird greifbar und das kooperativ-grenzüberschreitende Moment ist implizit betont, denn wirtschaftlicher Zusammenhalt erfordert wirtschaftliche Zusammenarbeit. Darüber hinaus ist der Begriff „Zusammenhalt“, der seit dem Maastrichter Vertrag den weit schwächeren Terminus „Beziehungen“ ersetzt, als Votum für den Übergang von rein völkerrechtlich geprägtem Austausch zu einem verfassten, föderalen Strukturen folgenden Gemeinwesen zu verstehen[40]. Die Idee des Zusammenhalts kul-

---

37 Zu den Defiziten, etwa fehlenden stärkeren Bezügen auf das unionale Verfassungsprinzip der Nichtdiskriminierung, siehe *J. Ph. Terhechte*, in: H. von der Groeben/J. Schwarze/A. Hatje (Hrsg.), Europäisches Unionsrecht, Bd. I, 7. Aufl. 2015, Präambel AEUV, Rn. 14.

38 *M. Kotzur*, Die Soziale Marktwirtschaft nach dem Reformvertrag, in: I. Pernice (Hrsg.), Der Vertrag von Lissabon: Reform der EU ohne Verfassung, 2008, S. 197 ff.

39 *W. Kahl*, Einleitung: Nachhaltigkeit als Verbundbegriff, in: ders. (Hrsg.), Nachhaltigkeit als Verbundbegriff, 2008.

40 *A. v. Bogdandy*, Grundprinzipien, in: ders./J. Bast (Hrsg.), Europäisches Verfassungsrecht, 2. Aufl., 2009, S. 13 ff., 50 ff.

miniert schließlich im Solidaritätskonzept[41]. Die Solidarität hat aber nicht nur für die Wirtschaftsunion Bedeutung. Im Gewand der Unionsstreue[42] kehrt die Solidarität als Baustein der Rechtsgemeinschaft wieder, in der EU-Grundrechte-Charta korrelieren Solidarität, Leistungsstaatlichkeit und gesellschaftliche Eigenverantwortung.

793 Eben diese EU-Grundrechte-Charta nimmt sich in der Form wie auch thematisch als „Quintessenz" der Entwicklungsstufen des europäischen Präambelrechts aus: Fast alle europäischen Grundwerte und Interessen sind auf den Punkt bzw. Begriff gebracht, teils allgemein, etwa als gemeinsame Werte, gemeinsame Verfassungstraditionen, teils spezieller: Werte der Würde des Menschen, der Freiheit, der Gleichheit und der Solidarität, als Grundsätze der Demokratie und des Rechtsstaates. Dabei kommt auch Neues in den Blick: „nachhaltige Entwicklung", vor allem die Betonung der „Verantwortlichkeiten und Pflichten sowohl gegenüber den Mitmenschen als auch gegenüber der menschlichen Gemeinschaft und den künftigen Generationen" (Die „Generationengerechtigkeit" ist ein Stichwort auch in Europa!). Bald ist auf das Europa der Union Bezug genommen, bald das Europa des Europarates (Verweis auf EMRK und ESC) „angedacht". Zuvor hatte schon das Präambelrecht des Dokuments des Kopenhagener Treffens der Konferenz über die menschenrechtliche Dimension der KSZE (1990)[43] geglückte Stichworte geliefert: erkennen an, dass pluralistische Demokratie und Rechtsstaatlichkeit wesentlich sind für die „Gewährleistung der Achtung aller Menschenrechte und Grundfreiheiten ... "; Bekenntnis zu den „Idealen der Demokratie und des politischen Pluralismus".

d) Die kulturwissenschaftliche Grundierung

794 Schon an den nationalen Beispielen lässt sich nachweisen, dass und wie Präambeln Begriffe verwenden, die letztlich einer kulturwissenschaftli-

---

41 Siehe bereits *B. Losch/W. Ch. Radau*, Die soziale Verfassungsaufgabe der Europäischen Union, NVwZ 2003, S. 1440 ff., 1442, auch unter Verweis (in Fn. 21) auf die Stellungnahmen des UN-Ausschusses für wirtschaftliche, soziale und kulturelle Rechte, GRC Dokument Contrib. 182; *M. Kotzur/K. Schmalenbach*, Solidarity Among Nations, AVR 52 (2014), S. 68 ff.

42 Früh *M. Lück*, Die Gemeinschaftstreue als allgemeines Rechtsprinzip im Recht der Europäischen Gemeinschaften, 1992.

43 Zit. nach EuGRZ 1990, S. 239 ff.

chen Erarbeitung bedürfen: so wenn von Grundwerten, von Identität, von geistigem und kulturellem Erbe oder „Geist" die Rede ist. Europa, das weniger eine ökonomische denn eine geistige Größe ist und hieraus seine Identität gewinnen sollte, muss sich aus und in der Kultur verfassen. Gerade weil das juristische positivrechtliche Regelwerk oft nur recht technisch sein kann, müssen die europäischen Präambelbegriffe auf die kulturellen Gründe und Hintergründe Bezug nehmen: Dementsprechend bedarf es kulturwissenschaftlicher Arbeitsmethoden, um die Inhalte dieser Begriffe zu erschließen.

Die Präambel der EMRK ist hier besonders ergiebig, was nicht überrascht, 795
denn 1950 konnte noch nicht an jenes dichte rechtliche Regelwerk angeknüpft werden, wie es heute besteht: die Rede ist von „Regierungen europäischer Staaten, die vom gleichen Geist beseelt" (!) sind und ein „gemeinsames Erbe an geistigen Gütern, politischen Überlieferungen" haben und eine „gemeinsamen Auffassung der Menschenrechte" besitzen. Solche Geist- und kulturelles Erbe-Klauseln, gemeineuropäisch gedacht, sind eine Stufe tiefer oder höher als alle positivrechtlichen Begriffe angesiedelt. Das *J. Delors* zugeschriebene Wort, Europa müsse wieder eine „Seele" haben, findet hier einen frühen positivrechtlichen Ausdruck. Vorausgegangen war der Vorspruch zu der Satzung des Europarates (1949) mit der Betonung der „Verbundenheit mit den geistigen und sittlichen Werten, die das gemeinsame Erbe ihrer Völker sind". Auch ist die Rede von „fortschreitender Verwirklichung dieses Ideals". Im Vorspruch des Europäischen Kulturabkommens (1954), des „Grundgesetzes des Europas der Kultur" finden sich wie an einer Perlenkette die Prinzipien aufgereiht, die sich der kulturwissenschaftlich fassbaren Begründung Europas darstellen: „Ideale und Grundsätze, die ihr gemeinsames Erbe bilden", „Wahrung und Förderung der gemeinsamen europäischen Kultur". Die Präambel der ESC (1961) wiederholt die Ideal-, Grundsätze- bzw. Erbes-Klausel, fügt aber als Ziel die Förderung des wirtschaftlichen und sozialen Fortschritts hinzu, überhaupt die „sozialen Rechte" und das Leitziel der Förderung des „sozialen Wohls". Die Präambeln der Verträge von Maastricht und Amsterdam (1992/97) schließlich reichen, sogleich erkennbar, in kulturelle Tiefenschichten, insofern von „Identität und Unabhängigkeit Europas" die Rede ist (Präambel EUV) und von der Entschlossenheit, „durch umfassen-

den Zugang zur Bildung und durch ständige Weiterbildung auf einen möglichst hohen Wissensstand ihrer Völker hinzuwirken“[44].

796 Die EU-Grundrechte-Charta (2000) hat sich schon nach den bisherigen hier verwendeten Präambelkriterien (Feiertagssprache, Zeitschiene, inhaltliche Grundierung) als besonders geglückt, konzentriert und reichhaltig erwiesen. Sie führt, wie gezeigt, das Europa i.e.S. und i.w.S. formal und inhaltlich zusammen bzw. bereitet das weitere Zusammenwachsen intensiv vor. Überdenkt man ihre Textensembles, zeigt sich auch hier eine Reihe von europäischen Verfassungsprinzipien, deren Sinnfülle mit den Arbeitsmethoden der Kulturwissenschaften zu erschließen ist: Schon auf den ersten Blick gilt dies für Begriffe wie „geistig-religiöses und sittliches Erbe“, „gemeinsame Werte unter Achtung der Vielfalt der Kulturen und Traditionen der Völker Europas“ (nicht etwa der EU!), sowie der „nationalen Identität“ der Mitgliedstaaten[45], schließlich „gemeinsame Verfassungstraditionen“. Auch der (selbst gegenüber der EMRK) so neue Begriff der „Verantwortlichkeiten und Pflichten sowohl gegenüber den Mitmenschen als auch gegenüber der menschlichen Gemeinschaft und den künftigen Generationen“ ist aus kulturellen Kontexten zu erarbeiten.

797 Von der EU-Grundrechte-Charta aus sei ein vergegenwärtigender Blick zurück auf die Zeit der Ost/West-Spaltung in Europa geworfen: auf die KSZE-Schlussakte von Helsinki (1975). Wie gezeigt, finden sich im dortigen Präambelrecht *in nuce* Formulierungen, die textliche Bausteine für späteres gemeineuropäisches Präambelrecht geworden sind: so in den Worten „gemeinsame Geschichte und in der Erkenntnis, dass die vorhandenen gemeinsamen Elemente ihrer Tradition und Werte bei der Entwicklung ihrer Beziehungen dienlich sein können“, in dem Passus „Förderung der Grundrechte“ sowie in der Passage „Steigerung des Austausches auf dem Gebiet der Kultur und Bildung“.

798 An solches Präambeldenken konnte dann auch das Dokument des Krakauer Symposions über das kulturelle Erbe der KSZE-Teilnehmerstaaten (1991)[46] anknüpfen. Im Vorspruch heißt es u.a.:

> „Die Teilnehmerstaaten ... unterstreichen den Beitrag, den die Kultur zur Überwindung der Trennungen in der Vergangenheit und zur verstärkten Zu-

---

44 K. Odendahl (Hrsg.), Europäische (Bildungs-)Union, 2011.

45 Das Opernwerk von *G. Verdi* ist ein Teil der kulturellen bzw. nationalen Identität Italiens, was nicht nur im Verdi-Jahr 2001 bewusst wurde. Italiens Nationalhymne ist dagegen relativ blass.

46 Zit. nach EuGRZ 1991, S. 250 ff.

> sammenarbeit ... geleistet hat; sie bringen ihre tief empfundene Überzeugung zum Ausdruck, dass sie gemeinsame, durch die Geschichte geprägte Wertvorstellungen teilen, die u.a. auf der Achtung der Person sowie der Anerkennung der Bedeutung geistiger und kultureller Werte, der Verpflichtung zur Rechtsstaatlichkeit, Toleranz und Offenheit für einen Dialog mit anderen Kulturen beruhen."

Zu diesen Wertvorstellungen gehört sicher trotz der Säkularisation das christliche Element[47]. Auch andere Begriffe verweisen auf den kulturwissenschaftlichen Ansatz: „Bewahrung und Schutz ihres kulturellen Erbes", „kultureller Dialog untereinander", „kulturelle Vielfalt", „Regionalaspekte der Kultur". 799

Auch die Präambel des heutigen EUV knüpft zunächst an das „kulturelle", „ religiöse" und „humanistische Erbe" Europas und damit an seine kulturelle Seele an. Zum kulturellen Erbe Europas gehört, daran mag diese Trias erinnern, nicht nur das Christentum, sondern auch das Judentum und in vielerlei Hinsicht der Islam. Zu Europas kulturellem Erbe gehört die religiöse Toleranz, in den Religionskriegen blutig errungen. Nicht nur multikulturelle und multi-ethnische, sondern auch multi-religiöse Gesellschaften formulieren ihre je eigenen Herausforderungen an die Europäische „Verfasstheit"[48]. Kann dann (welcher?) Gott in der „Verfassung des Pluralismus" seinen Platz haben?[49] Die Präambel des AEUV ist, jedenfalls in ihren expliziten Formulierungen, kulturarm. Was sie indes skizziert, ist eine *europäische Wirtschaftskultur*, die Ökonomie instrumental in den Dienst des Menschen stellt mit Aspekten wie Solidarität und Nachhaltigkeit kontextualisiert. Die Präambel des WTO-Vertrages geht, daran sei aus einem weltwirtschaftlichen Zusammenhang erinnert, übrigens ganz ähnlich vor. 800

3. Umrisse einer europaverfassungsrechtlichen Präambeltheorie

Das bereits heute riesige Präambelmaterial, das hier bewusst sowohl hinsichtlich des Europarechts im engeren als auch im weiteren Sinne aufbe- 801

---

47 Aus der seinerzeitigen Presse: *H. Maier*, Europa ohne Christentum – was wäre anders?, FAZ vom 17. Mai 2001.

48 Th. Fleiner (Hrsg.), Die multikulturelle und multi-ethische Gesellschaft, 1995.

49 *P. Häberle*, „Gott" im Verfassungsstaat, in: FS W. Zeidler, 1987, S. 3 ff.; *N. K. Riedel*, Gott in der europäischen Verfassung?, EuR 2005, S. 676 ff.; *J. Geerlings*, Der Fortgang des europäischen Verfassungsprozesses, Recht und Politik 2006, S. 23 ff.

reitet worden ist, lässt erkennen, dass die am nationalen Verfassungsrecht entwickelten Kategorien sich auch auf die europäische Ebene übertragen lassen (vor allem die Sprache, die Zeitdimension und die geistige Fundierung). Jede politische Gemeinschaft bedarf ihres Narrativs, erst ein „underlying epic" gibt einem konstitutionellen Text im tieferen Sinne *Bedeutung*[50]. Gleichwohl und gerade deshalb ist Spezifisches, zum Teil Neues erkennbar, das es verdient, in einer „europäischen Verfassungslehre" als solches kenntlich gemacht zu werden. Dazu einige Stichworte.

802 a) Beobachten lassen sich eindrucksvolle Wachstums- und Verdichtungsprozesse, viele Rezeptionen aus nationalen Verfassungen oder älteren europäischen Vertragswerken. Konstante Formeln, die immer wiederkehren (z.B. Erbes-Klauseln), aber auch innovative Prinzipien, die weit in die Zukunft greifen wollen (z.B. „Solidarität").

803 b) Europa wächst gerade im Medium der dargestellten Präambeln intensiv zusammen. Das Europa im engeren und im weiteren Sinne begegnet sich spezifisch auf der Ebene des Präambelrechts. Die dortigen Formeln, Bekenntnis-, Erkenntnis- und Geist-Klauseln etc. sind auf Grund ihrer Allgemeinheit auch besonders geeignet, die Integration, mitunter formelhaft, zu propagieren, wo das positive Europaverfassungsrecht[51] noch „nachhinkt" bzw. langsamer ist. Die normative Kraft dieses europäischen Präambelrechts mag zwar (de facto) geringer sein als die (mittlerweile sich durchsetzende) Bindungswirkung des national verfassungsstaatlichen Präambelrechts, z.B. des GG von 1949 oder der Verfassung Frankreichs von 1958. Darum auch ihre Kulturhaltigkeit. Dennoch liegt im europäischen Präambelrecht ein Reservoir an Topoi vor, die einerseits die nationalen und die beiden europäischen Verfassungsgerichte EuGH und EGMR „anregen" können, andererseits appelativ die europäische Verfassungspolitik zu inspirieren vermögen (*konstitutionelle Europaprogrammatik*). Zudem sei, wenn und soweit es sich um Präambeln zu völkerrechtlichen Verträge han-

---

50 *R. M. Cover*, The Supreme Court 1982 Term. Foreword: Nomos and Narrative, Harvard Law Review 97 (1983/84), S. 4 ff.; *A. G. Amsterdam/J. Bruner*, Minding the Law, 2000; *S. D. Fraade*, Nomos and Narrative Before Nomos and Narrative, Yale Journal of Law and the Humanities 17 (2005), S. 81 ff.

51 Pionierhaft wirkte – erst recht im Rückblick – der Band von J. Schwarze/J. van Aerssen/R. Bieber (Hrsg.), Eine Verfassung für Europa, 1986.

delt, auf Art. 31 Abs. 2 WVK und die dort angeordnete normative Bindungskraft auch der Präambeln verwiesen[52].

c) Die umsichtige Fortschreibung des Präambelrechts auf der europäischen Ebene, so etwa in der EU-Grundrechte-Charta unternommen[53], gehört zum besonderen Verantwortungsbereich aller am europäischen Einigungswerk Beteiligten: vom berufsmäßigen Europapolitiker über den Europarichter bis zum Europabürger, der sich auf Präambeltexte beruft[54]. Es ist typisch, dass gerade um Passagen der EU-Grundrechte-Charta besonders hart gerungen wurde (in Sachen „religiöses Erbe"). Diese Charta stellt neben der Präambel zum EUV[55] eine der derzeit höchsten Verdichtungsstufen im gemeineuropäischen Präambelrecht dar. 804

d) So offenkundig sich gerade bei den Präambeln zeigen ließ, dass sie zu den klassischen Begriffen der national konzipierten Verfassungslehre gehören, die dem Prozess der „Europäisierung" unterliegen: Es bleibt die Aufgabe, die besonderen Chancen des europäischen Präambelrechts als eigener Kategorie zu erkennen und zu nutzen. Dazu gehört die Einsicht, dass die Präambeln im europäischen Verfassungsrecht eine spezifische Aufgabe haben: sie sind eine *hochrangige Teilverfassung*, bilden die Rahmenordnung für *alle* Völker Europas, strahlen in die nationalen Verfassungen ebenso aus wie in das nachgeordnete „positive" Europarecht. Wenn es einen „europäischen Verfassungspatriotismus" gibt, so kommt er besonders in den dargestellten Präambeln zum Ausdruck. In einem tiefen Sinne sind sie *das* „europäische Kulturverfassungsrecht" „par excellence". 805

e) Den Verfassungspolitikern Europas ist der sorgsame Umgang mit den Formen und Inhalten dieser Präambeln bzw. ihrer Teile besonders ans Herz zu legen. Der Europa-Bürger kann und muss gerade via Präambeln „angesprochen" werden. Ihm dürfte auch die spezifisch im Präambelrecht zum Ausdruck kommende europäische Kontinuität und Identität verständlich sein. Gerade weil die Präambeln so wichtig und „einsichtig" sind, ge- 806

52 *O. Dörr*, in: ders./K. Schmalenbach (Hrsg.), Vienna Convention on the Law of Treaties. A Commentary, 2012, Art. 31, Rn. 62 ff.

53 Dazu unten K. II. 3. a.

54 Stichwort ist auch die Transparenz der Präambeltexte, die manches „Transparenzdefizit" zu relativieren vermag. Zum Thema noch den Beitrag von *W. Schroeder*, Demokratie, Transparenz und die Regierungskonferenz – Überlegungen zur Legitimität der Europäischen Union, KritV 1998, S. 423 ff.

55 Zu deren entwicklungsgeschichtlichen Standortbestimmungen siehe auch *R. Geiger*, in: ders./D.-E. Khan/M. Kotzur (Hrsg.), TEU/TFEU, 2015, Preamble TEU, Rn. 3 ff.

rade deshalb dürfen sie weder zu barock-überladen noch zu dürftig-karg sein. Im Übrigen fällt auf, dass der Begriff „Europa“, „Völker Europas“[56] nirgends definiert ist, er wird nur von den inneren Grundwerten her umschrieben, von den Bekenntnissen, Rechtsprinzipien, ja Glaubenssätzen her, von ihrer Geschichte und Zukunft aus. Die Präambeln sind Vorspruch und Versprechen des konstitutionellen Europa und deshalb letztlich Sache des bzw. der Verfassunggeber(s) in Europa.

807 f) Das ganze Europa, das Gemeineuropäische hat im Präambelrecht seine vornehmste Ausprägung. Das Geben und Nehmen zwischen den Themen der nationalen Verfassungsstaaten und den Teilverfassungen Europas wird immer wieder greifbar (vgl. z.B. die Osmosen in Sachen „nachhaltige Entwicklung“).

B. Menschenwürde als „kulturanthropologische Prämisse“ auch Europas

I. Die Menschenwürde im Verfassungsstaat

1. Die Menschenwürde und das Person-Sein des Menschen

808 In Sachen Menschwürde hat die Omega-Entscheidung des EuGH ein Stück weit europäische Rechtsprechungsgeschichte geschrieben[57]. Die Unionsrechtsordnung ziele „unbestreitbar auf die Gewährleistung der Achtung der Menschenwürde als eines allgemeinen Rechtsgrundsatzes ab“. Das Anliegen, sie zu schützen, sei unzweifelhaft mit dem Unionsrecht vereinbar, auch wenn in Deutschland dem Grundsatz der Achtung der Menschenwürde „die besondere Stellung eines selbständigen Grundrechts“ zukomme[58]. Die Qualifikation der Menschenwürde als allgemeiner Rechtsgrundsatz durch den EuGH bestätigt einmal mehr den in dieser Verfassungslehre verfolgten Ansatz, die europäische Verfassungsgemeinschaft als in den mitgliedstaatlichen Verfassungsordnungen radiziert zu denken. Sie unternimmt das diesmal von den ersten und letzten Gründen respektive von der *anthropologischen Prämisse* aller Verfassungsstaatlichkeit her: der Menschenwürde. Wie *J. Schwartländer* es formuliert hat, sind

56 Dabei hat das klassische „We the People“ der US-Bundesverfassung sogar modifizierten Einzug in die Präambel der UN-Charta gehalten!

57 EuGH, Rs. C-36/02, *Omega Spielhallen*, Slg. 2004, I-9609.

58 Ebd., Rn. 34.

Menschenrechte die universelle Antwort auf die nicht minder universelle Erfahrung strukturellen Unrechts[59]. Die Erkenntnis und Verarbeitung solchen Unrechts, der „Übergang vom stummen Erleiden zum artikulierten Protest“ ist Produkt der Aufklärung, in der sich das Individuum aus seiner selbstverschuldeten Unmündigkeit befreit[60]. Allen Rationalitätszweifeln der Postmoderne zum Trotz, ist die basale Erkenntnis in die „Unumgänglichkeit einer menschenrechtlichen Rahmenordnung“[61] möglich – als lernende Reaktion auf erlittenes, als wissende Prävention gegen immer neu drohendes Unrecht – und zwar gegen *das existentielle Unrecht* überhaupt: die Bedrohung der Menschenwürde.

Trotz der großen Rechtsprechungstradition des Bundesverfassungsgerichts[62] ist keine für ausreichend gehaltene, „handliche“ Formulierung für das, was Menschenwürde sein soll, erkennbar. „Zwischen den Zeilen“ der verschiedenen Menschenwürdeklauseln der Verfassungen lässt sich spüren, dass die Klauseln jeweils auf eine kulturspezifische Vorstellung von Menschenwürde bezogen sind. Dies wirft die Frage nach der Kulturabhängigkeit (vor allem auch Religionsabhängigkeit) von Menschenwürdevorstellungen auf[63]. Verstößt z.B. die Stellung der Frau im Islam gegen einen in der ganzen Welt („universal“) geltenden, nicht aufgebbaren Inhalt von Menschenwürde? Oder gilt etwa der berühmte Satz: „The mores can make 809

59 Etwa J. Schwartländer (Hrsg.), Menschenrechte. Aspekte ihrer Begründung und Verwirklichung, 1978.

60 *H. Bielefeldt*, Von der Aufklärung zur Allgemeinen Erklärung der Menschenrechte, in: F.-J. Hutter/C. Kimmle (Hrsg.), Das uneingelöste Versprechen. 60 Jahre Allgemeine Erklärung der Menschenrechte, 2008, S. 27 ff., 29.

61 Ebd., S. 41.

62 Nachweise in *P. Häberle*, Die Menschenwürde als Grundlage der staatlichen Gemeinschaft, in: HStR, Bd. II, 3. Aufl. 2004, § 22; ebenso bei *H. Dreier*, in: ders. (Hrsg.), GG, Bd. I, 3. Aufl. 2013, Art. 1, Rn. 52 ff.; *M. Herdegen*, in: T. Maunz/ G. Dürig (Hrsg.), GG, Art. 1 (Stand: 2014), Rn. 34 ff.; aus der kaum mehr zu überblickenden verfassungsgerichtlichen Rechtsprechung etwa BVerfGE 89, 28 (35); 93, 266 zum Schutz der persönlichen Ehre. S. auch BVerfGE 94, 12 (34); 95, 96 (130); 97, 391 (399 f.); 102, 347 (367); 102, 370 (389), 109, 279 (310 ff.); 113, 154 (164 f.); 113, 384 (391 f.); 115, 118 (151 ff.); 118, 168 (207); 119, 1 (23); 122, 248 (271); 124, 43 (69). – Aus der Schweiz: *P. Mastronardi*, Menschenwürde als materielle „Grundnorm“, in: D. Thürer/J.-F. Aubert/J. P. Müller (Hrsg.), Verfassungsrecht der Schweiz, 2001, § 14.

63 Vgl. BVerfGE 12, 1 (4): „heutige Kulturvölker“, „Boden gewisser übereinstimmender sittlicher Grundanschauungen im Laufe der geschichtlichen Entwicklung“; vgl. auch BVerfGE 24, 236 (246).

anything right" (*W. G. Sumner*). Gibt es einen kulturkreisunabhängigen „*Kern*" der Menschenwürde?

810 Diese Frage kann nur grundrechtsspezifisch beantwortet werden[64]. Auszugehen ist von der These, dass die Gesamtheit der personal bezogenen Rechtsverbürgungen einerseits und Pflichten andererseits es dem Menschen ermöglichen soll, Person[65] zu werden, zu sein und zu bleiben. In dieser rechtlichen lebensbereichsspezifischen Absicherung des *Person-Seins*, der Identität, nimmt die Menschenwürde ihren zentralen Platz ein: Wie der Mensch zur Person wird, gibt auch Hinweise auf das, was „Menschenwürde" ist. Zwei Fragen sind zu unterscheiden: wie sich menschliche Identität in einer Gesellschaft bildet, und inwieweit man von einem *interkulturell* gültigen (und damit „universalen") Identitätskonzept ausgehen kann.

2. Verfassungstheoretische Konsequenzen des Menschenwürdedenkens

811 Betrachtet man die psychologischen und sozialwissenschaftlichen Identitätskonzepte, so zeigt sich eine sachliche (nicht: terminologische) Gemeinsamkeit: Identitätswerdung scheint sich zu vollziehen in einer in einen bestimmten „*Rahmen*" eingebetteten Freiheit: Dieser Rahmen ist zum Teil auch der rechtliche „Überbau" der Gesellschaft. In ihm vermittelt der Grundsatz der Menschenwürde dem Individuum bestimmte normative „Personenvorstellungen", die durch die Kultur geprägt werden, in der sie entstanden sind[66].

---

64 S. bereits BVerfGE 12, 45 (50 f.); später BVerfGE 54, 341 (357).

65 So schon *J. M. Wintrich*, Zur Problematik der Grundrechte, 1957, S. 6: Würde kommt dem Menschen zu, weil er „wesensmäßig" Person „ist". Aus der Lit.: *J. Isensee*, Menschenwürde. Die säkulare Gesellschaft auf der Suche nach dem Absoluten, AöR 131 (2006), S. 173 ff.; *H.-G. Dederer*, Die Garantie der Menschenwürde (Art. 1 Abs. 1 GG), JöR 57 (2009), S. 89 ff.; *R. Poscher*, Menschenwürde und Kernbereichsschutz, JZ 2009, S. 269 ff.; *C. D. Classen*, Die Menschenwürde ist – und bleibt – unantastbar, DÖV 2009, S. 689 ff.

66 S. schon *R. Zippelius*, in: BK, GG, Art. 4 (Stand: 1966), Rn. 4: „Der zweite Hauptbegriff der in unserer Kulturgemeinschaft (!) lebendigen Vorstellungen über die Menschenwürde ist die sittliche Autonomie".

a) Der Mensch als Subjekt

Menschenwürde ist dennoch nicht nur kulturspezifisch inhaltlich analysierbar. Schon beim Blick auf *interkulturell* gültige Identitätskonzepte zeigt sich, dass bestimmte grundlegende Komponenten menschlicher Persönlichkeit in allen Kulturen berücksichtigt werden müssen: Sie sind damit auch Inhalt eines nicht kulturspezifisch reduzierbaren Menschenwürdekonzeptes. 812

Jenseits dessen ist der Orientierungsrahmen, vor dessen Hintergrund sich in freier, aber orientierter Entfaltung der Mensch zur Person findet, durchaus nicht statisch. Gesicherte, d.h. sozial akzeptierte Entfaltungs- und Kommunikationsmöglichkeiten – z.B. in der Form von gefestigten Rollen, im Beruf etwa „Berufsbilder“ – werden ein Teil des (nicht nur rechtlichen) Orientierungsrahmens; die Kulturspezifik von Menschenwürdevorstellungen wird damit zu einer Kulturspezifik in der Zeit, der Orientierungsrahmen durch die wachsende Zahl seiner Orientierungsmöglichkeiten immer flexibler und differenzierter[67]. Eine Rückkehr zu überkommen-starren Vorstellungen wird schwer, ja unmöglich gemacht. 813

Mit anderen Worten: Die *Dürig*sche *Objekt*formel wird zur *Subjekt*formel; der Verfassungsstaat verwirklicht Menschenwürde, indem er die Bürger zum Subjekt ihres Handelns macht[68]. Menschenwürde ist in diesem Sinne die gewachsene und wachsende Biographie des Verhältnisses Staat-Bürger[69] (und, mit dem Schwinden der Trennung von Staat und Gesellschaft, des Verhältnisses Staat/Gesellschaft-Bürger). Hier liegt die (partielle) Berechtigung, wenn z.T. die Menschenwürde als gelungene Selbstdarstellung individuell konstituierter Persönlichkeit und damit als eigene Leistung des einzelnen Menschen hervorgehoben wird[70], die z.B. als Recht auf „infor- 814

67 Daher ist es auch funktional „richtig“, ein allgemeines „Auffang-Grundrecht“ wie Art. 2 Abs. 1 GG zu normieren, das in Verbindung mit Art. 1 Abs. 1 GG in die Zukunft wirken kann.

68 Deutlich BVerfGE 9, 89 (95); 38, 105 (114 f.); 87, 209 (228); s. auch BVerfGE 89, 28 (35); 109, 279 (311 ff.). Grundlegend *G. Dürig*, Der Grundrechtssatz von der Menschenwürde (1956), in: *ders.*, Gesammelte Schriften, 1984, S. 127 ff. Das gilt für das gesamte Leben, von der Geburt bis zum Tod: siehe z.B. *F. Hufen*, In dubio pro dignitate, NJW 2001, S. 849 ff.

69 Auch Art. 79 Abs. 3 GG betrifft nicht so sehr abstrakte philosophisch-ethische Würdekonzepte als vielmehr eben die gewachsene Biographie des Verhältnisses Staat/(Gesellschaft)-Bürger.

70 Vgl. etwa *N. Luhmann*, Grundrechte als Institution, 1. Aufl. 1965 (5. Aufl. 2009).

mationelle Selbstbestimmung" praktisch sinnfällig ist[71]. Das Konzept der Identitätswahrnehmung und -findung wird hier wegen der Offenheit jenes Orientierungsrahmens für Menschenwürde in einem weiten Sinne verstanden, der die sozialen und rechtlichen Möglichkeitsbedingungen einbezieht[72].

b) Menschenwürde im Du-Bezug und im Generationenverbund

815 Die sozialwissenschaftlichen Identitätskonzepte belegen zudem die weitere juristische Erkenntnis: In der Menschenwürde ist der Du-Bezug von vornherein mitgedacht. Die Anerkennung der „gleichen Menschenwürde des Anderen"[73] bildet die dogmatische Brücke zur Du-bezüglichen Einbettung der Menschenwürde „des Einen", wie dies die Menschenbildjudikatur des Bundesverfassungsgerichts[74] oder der Katalog der Grundrechte besonders in Art. 6 und 140, 9 und 21 oder 28 Abs. 2 GG konkretisieren[75]. Der Bezug zum „Anderen", „Nächsten", dem „Du" und „Bruder" (im Sinne der Brüderlichkeit von 1789), heute auch der „Schwester", ist integraler Bestandteil des Grundrechtssatzes von der Menschenwürde.

71 Vgl. BVerfGE 65, 1 (41 ff.); 120, 274 (311 f.); *P. Badura*, Staatsrecht, 6. Aufl. 2015, S. 146 ff.

72 Vgl. *M. Herdegen*, in: T. Maunz/G. Dürig (Hrsg.), GG, Art. 1 (Stand: 2014), Rn. 28: „Offenheit der Verfassung für völlig unterschiedliche Lebensperspektiven".

73 Vgl. zu den Gleichheitsrechten: *P. Kirchhof*, Allgemeiner Gleichheitssatz, in: HStR, Bd. VIII, 3. Aufl. 2010, § 181; *M. Sachs*, Besondere Gleichheitsgarantien, in: ebd., § 182; *ders.*, Auswirkungen des allgemeinen Gleichheitssatzes auf die Teilrechtsordnungen, in: ebd., § 183; siehe auch *K. Hesse*, Der Gleichheitssatz in der neuen Rechtsprechung des Bundesverfassungsgerichts, in: FS Lerche, 1993, S. 121 ff.

74 Dazu *P. Häberle*, Das Menschenbild im Verfassungsstaat, 1. Aufl. 1988 (4. Aufl. 2008), S. 47 ff. Aus der weiteren Lit.: *J. M. Bergmann*, Das Menschenbild der Europäischen Menschenrechtskonvention, 1995; Nachweise auch bei *M. Herdegen*, in: T. Maunz/G. Dürig (Hrsg.), GG, Art. 1 (Stand: 2014), Rn. 28; aus der Rechtsprechung BVerfGE 115, 118 (158 f.).

75 Zum „status corporativus": *P. Häberle*, Die Wesensgehaltgarantie des Art. 19 Abs. 2 GG, 3. Aufl. 1983, S. 376 ff. Ein anderer Aspekt bei *H.-G. Dederer*, Korporative Staatsgewalt, 2004.

Kurz: Der Mensch ist Mitmensch und zugleich Glied der „Generationen- 816
kette". Der Generationenvertrag ist eine immer wieder zu erbringende kulturelle Leistung!

c) Menschenwürde im kulturellen Wandel

Der Verfassungssatz der Menschenwürde bringt ein Mindestmaß an Ent- 817
wicklungsfähigkeit und damit auch Wandelbarkeit der scheinbar „absoluten" Menschenwürde mit sich. So rücken Gefahren im Umweltbereich erst in neuerer Zeit (zu spät) ins allgemeine Bewusstsein, wird manche gesellschaftliche Randgruppe (z.B. die der Transsexuellen) erst heute wahrgenommen: Die Menschenwürdeklauseln stehen im Kontext der Verfassungskultur. Dieser weist über das Juristische der Verfassung hinaus: auf das Kulturelle, d.h. auf Klassikertexte ebenso wie auf konkrete Utopien (z.B. der Umweltschützer), auf Erfahrungen eines Volkes (z.B. mit Tyrannen) ebenso wie auf Hoffnungen (bis 1990 die Einheit Deutschlands, heute die Europas).

3. Insbesondere: Der Zusammenhang von Menschenwürde und Demokratie

a) Das „klassische" Trennungsdenken und seine Kritik

Der Zusammenhang von Menschenwürde und Demokratie sei an dieser 818
Stelle mit deutlichem Akzent auf dem Menschenwürdedenken bereits entwickelt. Grundlage des Verfassungsstaates ist eine doppelte: Volkssouveränität und Menschenwürde. Geistesgeschichtlich wurden Volkssouveränität und Menschenwürde bislang meist getrennt gedacht und „organisiert". Volkssouveränität war das politisch-polemische Gegenstück gegen die monarchische Fürstensouveränität[76]. Ihr klassisches Verständnis in der Tradition von *J.-J. Rousseaus* „Alle Staatsgewalt geht vom Volk aus" prägt die geschriebenen Verfassungstexte und die Wissenschaftstradition

---

76 Zur Souveränität *S. de Matos*, Zum normativen Begriff der Volkssouveränität: Rechtsphilosophische und verfassungstheoretische Versuche der Legitimierung des politischen Handelns, 2015; *S. Peonidis*, Democracy as Popular Sovereignty, 2013.

bis heute. Seine Durchschlagskraft ist so stark, dass Korrekturen eher peripher, grundsätzliche Infragestellungen kaum und substantielle Verfassungstextvarianten selten wahrgenommen werden. Noch in *D. Sternbergers* Satz: „Nicht alle Staatsgewalt geht vom Volke aus" liegt eine ungewollte Verbeugung vor der – bekämpften – „Position" *J.-J. Rousseaus*. Im Postulat der gewaltenteilenden oder rechtsstaatlichen Demokratie[77] liegt ebenso eine Korrektur „absoluter" Volkssouveränitätslehren wie im Hinweis auf das pluralistische Aufgespaltensein des Volkswillens[78]. Dennoch bleibt es Aufgabe, Volkssouveränität von ihrem historisch-polemischen Ursprung abzulösen und mit Menschenwürde im Zusammenhang zu sehen. Diesem Weg ist das Bundesverfassungsgericht in seinem Lissabon-Urteil konsequent gefolgt und hat – in der Urteilsbegründung fast en passant – eine enge Rückbindung der Demokratie an die Menschenwürde eingefordert[79].

b) Wandlungen der Verfassungstexte

819 Ein Vergleich der Texte verfassungsstaatlicher Verfassungen zeigt in älteren Verfassungen das Volk als primäres Element der Drei-Elemente-Lehre allgemeiner Staatslehren, gelegentlich wird der Bürger zum „Objekt" der Staatsgewalt degradiert, textlich zum einen in der Tradition der Volkssouveränitätsdoktrin, d.h. als Passus „Alle Staatsgewalt geht vom Volk aus"; zum anderen fällt die nationalstaatliche Kodifikationsgestalt auf: Das Volk wird als (gegen ethnische Minderheiten) einheitliches, „nationales" postuliert: im Sinn von „deutschem Volk" u.Ä.

---

77 *R. Bäumlin*, Die rechtsstaatliche Demokratie, 1954.

78 Vgl. *K. Hesse*, Grundzüge des Verfassungsrechts der Bundesrepublik Deutschland, 20. Aufl. 1995 (Neudruck 1999), Rn. 6 ff., 140 ff.

79 BVerfGE 123, 267; dazu *K. F. Gärditz/Ch. Hillgruber*, Volkssouveränität und Demokratie ernst genommen: zum Lissabon-Urteil des BVerfG, JZ 2009, S. 872 ff.; *P. Häberle*, Das retrospektive Lissabon-Urteil als versteinernde Maastricht-II-Entscheidung, JöR 58 (2010), S. 317 ff.

Fast unbemerkt gehen einige neuere Verfassungstexte einen anderen Weg[80]. Entweder modifizieren sie die Volkssouveränitätsklausel[81] oder sie bauen ihren Grundrechtsteil so deutlich von der Menschenwürdegarantie her auf, dass dieses auf das Verständnis der überlieferten Volkssouveränitätsklausel nicht ohne Auswirkung bleiben kann – so in Art. 1 GG, der den Art. 20 Abs. 2 „korrigiert". Wenn nach dem Verfassungs-Entwurf von Herrenchiemsee von 1948 (Art. 1 Abs. 1) „der Staat um des Menschen willen da" ist (und nicht umgekehrt), dann mag alle Staatsgewalt vom Volk „ausgehen", aber dieser Satz hat seinerseits schon seine „primäre Prämisse" in der Menschenwürde! Sie ist der „archimedische Bezugspunkt" aller – auch im Verfassungsstaat notwendigen – Herrschaftsableitungen und -zusammenhänge bzw. „Legitimationsketten". „Herrschaft des Volkes" (durch das Volk und für das Volk) wird erst in einem zweiten Denkschritt gedacht. Der Menschenwürdeschutz (auch in seiner Ausstrahlung auf Einzelgrundrechte!) ist als Rechtsgrundsatz „Staat" und „Volk" vorgegeben und auch allen Herrschaftsableitungen und Legitimationszusammenhängen vom Volk zu den Staatsorganen[82]. 820

Eine Parallelität von Menschenwürde und Volkssouveränität wird schon deutlich in Art. 1 und 2 Verf. Griechenland (1975). Art. 1 Abs. 2 lautet: „Grundlage der Staatsform ist die Volkssouveränität", Abs. 3: „Alle Gewalt geht vom Volk aus, besteht für das Volk ..." etc. Wenn dann Art. 2 Abs. 1 die „Grundverpflichtung" des Staates zu Achtung und Schutz der Menschenwürde normiert, so sind Volkssouveränität und Menschenwürdekonzept von vornherein verklammert. Noch besser formuliert aber Art. 1 Verf. Portugal (1976/1997) diesen Zusammenhang[83]. 821

80 Punktuell wird der Zusammenhang von Volk und Menschenrechten angedeutet z.B. in § 130 Paulskirchenverfassung (1849); s. auch Art. 1 S. 2 B-VG Österreich (1920): „Ihr Recht geht vom Volk aus". Die Überschrift des Grundrechtsabschnitts der Verf. Japan (1946) formuliert: „Die Rechte und Pflichten des Volkes" (zit. nach *R. Neumann*, Änderung und Wandlung der japanischen Verfassung, 1982, S. 187).

81 Vgl. Art. 1 Abs. 2 Burgenland (1981): „Burgenland gründet auf der Freiheit und Würde des Menschen." – D. Kreijen (Hrsg.), State, Sovereignty, and International Governance, 2002 (Neudruck 2004).

82 Vgl. dazu BVerfGE 93, 37 (67 f.) sowie BVerfGE 123, 267.

83 „Portugal ist eine souveräne Republik, die sich auf die Grundsätze der Menschenwürde und des Volkswillens gründet und deren Ziel die Errichtung einer freien, gerechten und solidarischen Gesellschaft ist."

822 Das „Verfassungsrecht" in Europa bzw. Verfassungsrecht von Europa ist auf seinen *zwei*, sich eng verknüpfenden Ebenen zu sehen: Die einzelnen *nationalen* Verfassungsstaaten, ihre Gemeinsamkeiten und Unterschiede sind die eine Ebene, auf der sich Verfassungsprinzipien ausmachen lassen: Sie verfassen Europa sozusagen von „unten her", wenn dieses räumliche Bild nicht schon deshalb falsch wäre, weil alle Hierarchie-Konzepte falsch sind und der *Bürger* bzw. die Menschenwürde innerverfassungsstaatlich wie europäisch die kulturanthropologische *Prämisse* ist. Von ihr geht alles Konstitutionelle aus; auf sie geht auch die Demokratie zurück.

II. Die Auslegung im Kontext der europäischen Verfassungslehre: der „homo europaeus"

1. Die Idee des „homo europaeus"

823 Der kulturelle Sozialisierungsprozess des „homo europaeus"[84] gelingt nur von seiner Würde her[85] und in den bereits ausführlich thematisierten *vielen* Öffentlichkeiten. Hier findet der „homo europaeus" ein „gemeinsame(s) Erbe an geistigen Gütern" und „politischen Überlieferungen" (vgl. Präambel EMRK von 1950), das ihm die Freiheit zum „homo politicus" gibt. Hier kann er erleben, was das „gemeinsame kulturelle Erbe Europas" ausmacht, was die „gegenseitige Bereicherung der Kulturen" der europäischen Völker bedeutet, wie Kulturaustausch für das gegenseitige Verständnis und für die Aussöhnung der Völker Sorge tragen kann (vgl. Präambel des deutsch-polnischen Nachbarschaftsvertrages von 1991). Hier geht es um Verantwortung und Solidarität, um Selbstfindung als bourgeois oder citoyen, um vielfache Spannungen zwischen Altruismen und Egoismen, zwischen Mitgestaltung und Selbstverwirklichung. Im Blick auf diesen „homo europaeus" hat vor mehr als zwei Jahrzehnten, in der Aufbruchseuphorie von Mauerfall und EU-Osterweiterung, der polnische Schriftsteller *A. Szczypiorski* am Tag der deutschen Einheit (3. Oktober 1994) in Bremen gesagt: „Welche Erleichterung, Europa wird sein! ... Es

---

84 S. dazu auch *M. Brenner*, Rahmenbedingungen des Menschenbildes im Gemeinschaftsrecht, in: FS Leisner, 1999, S. 19 ff.; *P. Wallau*, Die Menschenwürde in der Grundrechtsordnung der EU, 2010

85 *R. Streinz*, in: ders. (Hrsg.), EUV/AEUV, 2. Aufl. 2012, Art. 1 Grundrechtecharta, Rn. 1 ff.

gibt kein Europa ohne die Gotik von Krakau und Prag, ohne den Dresdner Zwinger, ohne die Brücken von Budapest und ohne Leipzig, das früher die Hauptstadt des europäischen Buches war.“[86] Europa *kann aber nur sein* auf dem Fundament derer, die es bauen: seiner Bürgerinnen und Bürger als *würdebegabter Individuen*. Es geht beim „homo europaeus“ zuvörderst also, und weit über Art. 1 der EU-Grundrechte-Charta hinaus, um die europäischen Dimensionen der Menschenwürde[87].

2. Die europäische Dimension der Menschenwürde im Spiegel von Texten und Judikatur

Auch im Kontext Europas bleibt die Menschenwürde als verbindender und verbindlicher Text dieselbe. Gewiss, die einzelnen nationalen Wissenschaftlergemeinschaften und Gerichte werden mit unterschiedlichem Fallmaterial variantenreich arbeiten (müssen). Doch geben die neueren Verfassungstexte in den nationalen Verfassungen West- und Osteuropas und die Texte und Dokumente des Europaverfassungsrechts im engeren und weiteren Sinne allen Anlass, um diesen europäischen Grundwert gemeineuropäisch zu ringen. Hier einige Beispiele, zunächst aus westeuropäischen Verfassungen: 824

Menschenwürdeklauseln finden sich hochrangig platziert vor allem in der jüngeren Wachstumsstufe verfassungsstaatlicher Verfassungen[88]. Die Ver- 825

86 Zit. nach FAZ vom 4. Okt. 1994, S. 6.

87 *A. Berlth,* Die Menschenwürde im Unionsrecht, 2012; *K. Schwarzburg*, Die Menschenwürde im Recht der Europäischen Union, 2012; *K. Korinek,* Der Schutz der Menschenwürde im Verfassungsrecht und im internationalen Recht, in: GS Mayer-Maly, 2011, S. 257 ff; *M. Schwarz,* Die Menschenwürde als Ende der europäischen Wertegemeinschaft?, Der Staat 50 (2011), S. 533 ff; *Ph. Wallau,* Die Menschenwürde in der Grundrechtsordnung der Europäischen Union, 2010. Weitere Literaturnachweise auch bei *S. Augsberg*, in: H. von der Groeben/J. Schwarze/A. Hatje (Hrsg.), Europäisches Unionsrecht, Bd. I, 7. Aufl. 2015, Art. 1 Grundrechtecharta, Literaturhinweise.

88 S. aber schon Präambel Verf. Irland (1937): „... auf dass die Würde und Freiheit des Individuums gewährleistet ... werde“, zit. nach P. C. Mayer-Tasch (Hrsg.), Die Verfassungen Europas, 2. Aufl., 1975; Kap. 1 § 2 Abs. 1 Verf. Schweden (1974/76), zit. nach JöR 26 (1977). – Die Verfassungen von Portugal, Türkei und Griechenland sind zit. nach ihrem Abdruck in JöR 32 (1983), die Spaniens nach JöR 29 (1980). – Die osteuropäischen Verfassungen sind zit. nach der fünfteiligen Dokumentation von JöR 43 (1995) bis JöR 46 (1998), S. 123 ff. Vgl. im übrigen

fassung des neuen verfassungsstaatlichen Portugal (1976/92 respektive 97) stellt sie in Art. 1 ganz nach vorn:

> „Portugal ist eine souveräne Republik, die sich auf die Achtung der Menschenwürde und des Volkswillens gründet ..."

826 Im Grundrechtskatalog taucht die Menschenwürde der Sache nach überdies beim Gleichheitsprinzip auf (Art. 13 Abs. 1: „Alle Bürger haben dieselbe gesellschaftliche Achtung und sind vor dem Gesetz gleich") und prägt bis in neue Einzelfreiheiten hinein den grundrechtlichen Schutzbereich (vgl. Art. 26 Abs. 2, Art. 66 Abs. 1).

827 Einer Menschenwürdenorm praktisch inhaltsgleich ist es, wenn Art. 27 Abs. 2 Verf. Italien (1947/93) bestimmt:

> „Die Strafen dürfen nicht in einer gegen die Menschlichkeit verstoßenden Behandlung bestehen und müssen die Umerziehung des Verurteilten anstreben."

828 Das zeigt schon ein Vergleich mit Art. 14 Abs. 4 Verf. Türkei (1961/73):

> „Auf eine mit der Menschenwürde unvereinbare Strafe darf nicht erkannt werden"; ähnlich Art. 17 Abs. 3 Verf. Türkei (1982).

829 Die Verfassung Griechenlands (1975/86) enthält eine dem Grundgesetz ähnliche Menschenwürdegarantie gleich eingangs in Art. 2 Abs. 1:

> „Grundverpflichtung des Staates ist es, die Würde des Menschen zu achten und zu schützen."

830 Die neue Verfassung Spaniens (1978/92) normiert die „Menschenwürde" in der Präambel sowie im Eingangsartikel zum 1. Titel „Die Grundrechte und Grundpflichten". In der Präambel heißt es:

> „Die spanische Nation ... verkündet in Ausübung ihrer Souveränität ihren Willen: ... den Fortschritt von Wirtschaft und Kultur zu fördern, um würdige Lebensverhältnisse für alle zu sichern ..."

831 Art. 10 Abs. 1 lautet:

> „Die Würde des Menschen, die unverletzlichen Menschenrechte, die freie Entfaltung der Persönlichkeit, die Achtung des Gesetzes und der Rechte anderer sind die Grundlagen der politischen Ordnung und des sozialen Friedens."

832 Damit zeigt sich einmal mehr der Zusammenhang zwischen Präambeln und Grundrechten, aber auch die objektive Dimension der Menschenwür-

---

H. Baumann/M. Ebert (Hrsg.), Die Verfassungen der frankophonen und lusophonen Staaten des subsaharischen Afrikas, 1997.

de und ihre „Grundlagenfunktion" für das politische Gemeinwesen wie für die Menschen- und Einzelgrundrechte[89].

In der Schweiz schließlich figuriert die Menschenwürde in den jüngeren Verfassungen und Verfassungsvorhaben sowohl auf kantonaler als auch 833
auf Bundesebene[90]. Die Textverarbeitungen des Prinzips „Menschenwürde" in der *„Werkstatt Schweiz"* sind besonders ergiebig. Sie bestätigen das Textstufenparadigma, insofern in die Texte oft der (damals) neueste Stand in Literatur und Judikatur des Typus Verfassungsstaat eingeht. Während die klassische Menschenwürdeklausel schon textlich gemeinschweizerisches Verfassungsrecht geworden ist (vgl. z.B. Art. 9 Verf. Bern von 1993 und Art. 4 Verf. Appenzell AR von 1995), wagt die nBV Schweiz von 2000 neben dem bekannten Menschenwürde-Schutz (Art. 7) *innovative* Texte und Kontexte. Art. 12 setzt neue Rechtsprechung und Literatur in den Satz um: „Wer in Not gerät und nicht in der Lage ist, für sich zu sor-

89 Die Verfassungen der neuen Bundesländer haben einen fruchtbaren Textschub in neue Problembereiche der Menschenwürde geleistet. So schafft Art. 7 Abs. 2 Verf. Brandenburg von 1992 den kommunikationsethischen Satz: „Jeder schuldet jedem die Anerkennung seiner Würde" – eine Art „Drittwirkung", die im Kontext des Menschenwürdeschutzes als „Grundlage jeder solidarischen Gemeinschaft" steht (Abs. 1 S. 2 ebd.). Literatur und Rechtsprechung sind verarbeitet in dem Recht auf Achtung der „Würde im Sterben" (Art. 8 Abs. 1 S. 1 ebd.); vgl. auch Art. 1 Abs. 1 S. 2 Verf. Thüringen von 1993. Soziale bzw. kulturelle Grundrechte, Staatsziele bzw. Staatsaufgaben und die Menschenwürde verbindet Art. 7 Abs. 1 Verf. Sachsen von 1992 in einer ausgereiften Textstufe: „Das Land erkennt das Recht eines jeden Menschen auf ein menschenwürdiges Dasein, insbesondere auf Arbeit, auf angemessenen Wohnraum, auf angemessenen Lebensunterhalt, auf soziale Sicherung und Bildung als Staatsziel an". Art. 14 Abs. 2 ebd. normiert den Satz: „Die Unantastbarkeit der Würde des Menschen ist Quelle aller Grundrechte", worin wiederum Literatur zu einem Verfassungstext geronnen ist. Art. 7 Abs. 2 Verf. Mecklenburg-Vorpommern von 1993 erschließt sich die neue Textstufe: „Forschung unterliegt gesetzlichen Beschränkungen, wenn sie die Menschenwürde zu verletzen ... droht". – Siehe noch Art. 7 Abs. 2, 4 Verf. Vorarlberg von 1999.

90 Texte zit. nach JöR 34 (1985). Z.B. § 5 Basel-Landschaft von 1984, Abs. 1: „Die Würde des Menschen ist unantastbar." Abs. 2: „Sie zu achten ist Verpflichtung aller, sie zu schützen ist vornehmste Aufgabe staatlicher Gewalt." S. auch Art. 7 KV Jura von 1977, § 9 Aargau von 1980, Art. 10 Uri von 1985 und Art. 6 Verfassung Solothurn von 1986. Ferner Art. 3 Verfassungsentwurf Glarus von 1977: „Persönlichkeit, Würde und Freiheit des Menschen sind unantastbar." – Art. 8 Bundesverfassungsentwurf von 1977: „Die Würde des Menschen ist unantastbar." – Verfassungsentwurf Kölz/Müller (1. Aufl. 1984, 3. Aufl. 1995) Art. 4 Abs. 1: „Die Würde jedes Menschen ist zu achten und zu schützen." – Weitere Texte in JöR 47 (1999), S. 171 ff., sowie in JöR 48 (2000), S. 281 ff.

gen, hat Anspruch auf Hilfe und Betreuung und auf die Mittel, die für ein menschenwürdiges Dasein unerlässlich sind". Art. 119 zur Fortpflanzungsmedizin und Gentechnologie im Humanbereich verlangt vom Bund Vorschriften über den Umgang mit menschlichem Keim- und Erbgut: „Er (sc. der Bund) sorgt dabei für den Schutz der Menschenwürde ..." Wenn Art. 120 nBV (Gentechnologie im Außerhumanbereich) vom Bund verlangt, dass er dabei „der Würde der Kreatur" Rechnung trage, so ist dies eine Provokation für die deutsche Menschenwürde-Literatur, die dem *Menschen* die „Würde" vorbehält.

834 Unter den neuen Verfassungen der *osteuropäischen Reformstaaten* verdient die von Polen (1997) besondere Aufmerksamkeit. Sie geht textlich und kontextlich neue Wege. In der Präambel wird eine Variante der klassischen Gemeinwohlklausel mit der Menschenwürde verknüpft: „Alle, die diese Verfassung zum Wohl der Dritten Republik anwenden werden, fordern wir auf, dabei die dem Menschen angeborene Würde, sein Recht auf Freiheit und seine Pflicht zur Solidarität mit anderen Menschen zu beachten ..." In Art. 30 findet sich die Metapher von der Menschenwürde als „Quelle der Freiheiten und der Rechte des Menschen und des Staatsbürgers". Eher bekannte Wege gehen die übrigen Verfassungen in Osteuropa (vgl. etwa Art. 21 Verf. Russland von 1993 mit z.T. neuen Beispielen; ähnlich schon Art. 21 Verf. Litauen von 1992). Manche neue Verfassungen fügen der Menschenwürdeklausel an anderer Stelle den Schutz der „physischen Integrität" hinzu (vgl. Art. 1 Abs. 3 bzw. Art. 22 Verf. Rumänien von 1991). Verf. Estland von 1993 platziert die Menschenwürde innovativ in der Grundrechtsentwicklungsklausel des Art. 10 („„... other rights ..., which ... are compatible with human dignity ...")

835 Zum Europa im *engeren Sinne* der EU: Hier hat der EuGH unter den „Gemeinschaftsgrundrechten"[91] die Menschenwürde geschützt[92], die *Omega*-Entscheidung wurde bereits einleitend vorgestellt. Die in Art. 6 Abs. 3 EUV rezipierten „Menschenrechte" umfassen auch die Menschenwürde. Sollte daran je ein Zweifel bestanden haben, so beseitigt ihn die ausdrückliche Garantie der „Würde des Menschen" in Art. 1 EU-Grundrechte-Charta (2000), dem als „Erläuterung" beigefügt ist, dass keines der Grund-

---

91 *T. Kingreen*, Die Gemeinschaftsgrundrechte, JuS 2000, S. 857 ff.; *H.-W. Rengeling/P. Szczekalla*, Grundrechte in der EU, 2004; *R. Winkler*, Die Grundrechte der EU, 2006. Konsequent: *N. Reich*, Zur Notwendigkeit einer europäischen Grundrechtsbeschwerde, ZRP 2000, 375 ff.

92 Aus der Lit.: *R. Streinz*, Europarecht, 9. Aufl. 2012, S. 282.

rechte der Charta dazu verwendet werden darf, „die Würde eines anderen Menschen zu verletzen, und dass die Würde des Menschen zum Wesensgehalt der in dieser Charta festgelegten Rechte gehört. Sie darf daher auch bei Einschränkungen eines Rechtes nicht angetastet werden". Diese deutlich vom Geist eines *G. Dürig* inspirierte Erläuterung[93] macht die Menschenwürdegarantie zu einem gegen Staat wie Privat gerichteten Basistext des Verfassungsrechts der EU. So heißt es in der jüngsten Kommentarliteratur: „Mit der gesonderten, prominent zu Beginn der Einzelgewährleistungen platzierten Normierung der Menschenwürde steht die Grundrechtscharta in klarer Parallelität und Kontinuität sowohl zu nationalstaatlichen Entwicklungen wie insbesondere auch zu international- und spezifisch europarechtlichen Entwicklungen. Ausdrücklich erwähnt das Präsidium des Europäischen Konvents neben der Präambel der Allgemeinen Erklärung der Menschenrechte der Vereinten Nationen aus dem Jahre 1948 die einschlägige Rechtsprechung des EuGH, die das Grundrecht auf Menschenwürde als Teil des Unionsrechts einordnete. Die Nichtnennung der EMRK erklärt sich daraus, dass diese keine gesonderte Menschenwürdegarantie enthält.... Textlich lehnt sich die unionsintern vorbildlose explizite Regelung der Menschenwürdegarantie erkennbar an Art. 1 GG an; inhaltlich stellt sie sich dar als Reaktion sowohl auf die Geschichte massiver Verletzungen der Menschenwürde, namentlich in totalitären Systemen, als auch auf Gefährdungen durch aktuelle biowissenschaftliche Entwicklungen. Angesichts der Positionierung am Beginn der Grundrechtsbestimmungen und der Hervorhebung schon in Abs. 2 der Präambel (und in Art. 2 EUV) liegt es nahe, die Menschenwürde als *Fundament, wichtigste Wertentscheidung und Leitmotiv (auch) der Unionsgrundrechte* einzuordnen."[94]

Zuletzt ein Blick auf Texte und Dokumente des Europarechts im *weiteren* 836
Sinne. Auch eine bloße Auswahl ist ergiebig. So erklärt Ziff. 5 des Dokuments des Kopenhagener Treffens der Konferenz über die menschliche Dimension der KSZE (1990)[95], dass bestimmte Rechte „wesentlich für den umfassenden Ausdruck der dem Menschen innewohnenden Würde" sind (es folgen u.a. das Recht auf freie Wahlen, auf Gleichheit etc.). In der

93 Dazu *G. Dürig*, Der Grundsatz der Menschenwürde (1956), in: *ders.*, Gesammelte Schriften, 1984, S. 127 ff.

94 *S. Augsberg*, in: H. von der Groeben/J. Schwarze/A. Hatje (Hrsg.), Europäisches Unionsrecht, Bd. I, 7. Aufl. 2015, Art. 1 Grundrechtecharta, Rn. 1 f. (Hervorhebung im Original).

95 Zit. nach EuGRZ 1990, S. 239 ff.

Charta von Paris für ein neues Europa (1990)[96] heißt es: „Wir wollen eine die Würde des Menschen achtende und schützende Wirtschaftstätigkeit fördern". Wenn Art. 3 EMRK die Menschenwürde nur vom Verletzungsvorgang her umschreibt (Verbot der Folter oder der unmenschlichen Strafe), so kommt darin zwar die „Offenheit ihrer Erscheinungsform" zum Ausdruck[97], doch muss auch an einer positiven Umschreibung dieses gemeineuropäischen Grundrechts gearbeitet werden (etwa i.S. von „Recht auf Rechte", *C. Enders*)[98]. Die Menschenwürde ist das Signum des „homo europaeus" und kulturanthropologische Basis allen Rechts in Gesamteuropa.

C. Demokratie als organisatorische Konsequenz der Menschenwürde (national und europäisch)

I. Vorbemerkung

837 Der auch vom Bundesverfassungsgericht in seinem Lissabon-Urteil gesehene, bereits einleitend angedeutete Zusammenhang von Demokratie und Menschenwürde sei im Folgenden noch detaillierter ausbuchstabiert und zugleich zu einem Kapitel über die demokratische Legitimation der Europäischen Union fortgeschrieben. Die Demokratie gehört zum Kernbestand jeder modernen Verfassungslehre – sei diese nun auf gemeineuropäisch/atlantischem Hintergrund, sei sie, wie ebenfalls schon denkbar, auf der lateinamerikanischen Folie entwickelt. Auch Afrika wäre in den Blick zu nehmen[99], Asien mag folgen. Gedanklich ein Stück alteuropäischer Philosophie, hat die Demokratie eine lange Entwicklungsgeschichte hinter sich, die im Wechselspiel von Klassikertexten und neuen politischen Herausforderungen, die sich oft in neuen Verfassungstexten auskristallisieren,

---

96 Zit. nach EuGRZ 1990, S. 517 ff.

97 Dazu *J. P. Müller/M. Schefer*, Grundrechte in der Schweiz, 4. Aufl. 2008, S. 5; zur Spruchpraxis des EGMR zu Art. 3: *J. A. Frowein*, in: ders./W. Peukert (Hrsg.), EMRK, 3. Aufl. 2009, Art. 3, Rn. 3 ff.

98 Aus der Lit.: *P. Häberle*, Die Menschenwürde als Grundlage der staatlichen Gemeinschaft, in: HStR, Bd. II, 3. Aufl. 2004, § 22; *ders.*, Menschenwürde und pluralistische Demokratie – ihr innerer Zusammenhang, in: FS Ress, 2005, S. 1163 ff.; *C. Enders*, Die Menschenwürde in der Verfassungsordnung, 1997, S. 504 ff.

99 V. Piergigli/I. Taddia (Hrsg.), International Conference of African Constitutions, 2000.

greifbar wird. Der nationale Typus Verfassungsstaat von heute definiert sich wesentlich von der „pluralistischen Demokratie“ her (dazu etwa die neuen Verfassungstexte in Osteuropa und Afrika, z.B. Art. 8 Verf. Mazedonien (1991): „politischer Pluralismus und freie, unmittelbare und demokratische Wahlen“; Präambel Verf. Benin (1990): „Rechtsstaat der pluralistischen Demokratie“; Art. 1 Abs. 1 Verf. Spanien: „politischer Pluralismus“). Die Frage ist, ob und wie das Prinzip „Demokratie“ auch den europäischen Verfassungsraum prägt[100]. Während für die EU immer wieder von einem „Demokratiedefizit“ gesprochen wird (von „Rechtsstaatdefizit“ ist zu Recht seltener die Rede! – umso mehr schmerzen aktuelle Entwicklungen etwa in Ungarn oder Polen), wird zu fragen sein, wie es um die Demokratie in Europa i.w.S. steht[101]. Gibt es auch hier Texte und Defizite oder ist das Ideal der Demokratie im ganzen Europa nur differenziert zu formulieren? Sicher ist jedenfalls, dass auch im Folgenden der Versuch einer europäischen Verfassungslehre immer von vornherein auch das Europa i.w.S. von Europarat und OSZE in den Blick zu nehmen hat. Das „Europäische Verfassungsrecht“ lässt sich ebenso wenig wie das gemeineuropäische Verfassungsrecht auf die EU verkürzen – auch wenn die „Zunft“ der Europarechtler (in Deutschland m.E.) viel zu wenig das *ganze* Europa auch beim Verständnis der Verfassungsprinzipien der EU in den Blick nimmt.

Im Folgenden sei im ersten Schritt das nationalverfassungsstaatliche De- 838
mokratieprinzip behandelt. Sodann folge der Versuch einer Annäherung an das Demokratieprinzip im EU-Raum, schließlich sei Demokratie als gemeineuropäisches Ideal im ganzen Europa skizziert. Der konstitutionelle EU- und gesamteuropäische Raum beginne mit einer Textstufenanalyse, die sich auch hier im Prozess des Nehmens und Gebens zwischen Judikatur, Literatur und Rechtstexten als ergiebig erweist. Zuletzt werden einige Probleme skizziert: etwa die Frage nach dem „Volk“ oder den „Völkern“ Europas im engeren und weiteren Sinne (Stichwort für die EU: Volk im Singular oder Plural – kosmopolitische Demokratie: ein von der Menschenwürde her gedacht per se notwendig nie nationalstaatlich gebundenes Legitimationssubjekt findet im europäischen Volk seine regionale Konkretisierung – oder europäische „*Demoi*“kratie: die mitgliedstaatli-

100 Zur „Nichtübertragbarkeit“ rein innerstaatlicher Demokratievorstellungen auf die europäische Verfassungsgemeinschaft *G. Lübbe-Wolff*, Europäisches und nationales Verfassungsrecht, VVDStRL 60 (2001), S. 246 ff., 248.

101 *L. Siedentop*, Democracy in Europe, 2000.

chen Staatsvölker bleiben in ihrem pluralen Zusammenspiel die entscheidenden Legitimationssubjekte?)[102].

II. Die national-verfassungsstaatliche Ebene

1. Demokratie als Inbegriff einer guten Staatsordnung – Demokratievarianten

839 Im Verfassungsstaat ist die gewaltenteilige Demokratie das organisatorische Grundprinzip. Es folgt auf der heutigen Entwicklungsstufe des Verfassungsstaates direkt aus der Menschenwürdegarantie. Sie ist seine kulturanthropologische *Prämisse*. Die Demokratie ist die organisatorische *Konsequenz*[103]. Diese *innere* Verbindung von Demokratie und Menschenwürde bzw. den aus ihr fließenden Menschenrechten ist nicht selbstverständlich. In Deutschland wird gerne zwischen der „unpolitischen" Menschenwürdegarantie und der politischen Demokratie unterschieden. In Wahrheit wird der Mensch *als Bürger* im Kern getroffen, wenn er keine Möglichkeit hat, seine Wahl- und Abstimmungsrechte praktisch auszuüben oder Meinungs- und Demonstrationsfreiheit auch zu politischen Zwecken effektiv zu nutzen („Bürgerdemokratie", „Zivilgesellschaft").

---

102 *A. Augustin*, Das Volk der europäischen Union, 2000; für den „*demoi*"kratischen Ansatz etwa *F. Cheneval*, The Government of the Peoples. On the Idea and Principles of Multilateral Democracy, 2011; *ders./F. Schimmelfennig*, The Case for Demoicracy in the European Union, Journal of Common Market Studies 51 (2013), S. 334 ff.; *ders./S. Lavenex/F. Schimmelfennig*, Demoi-cracy in the European Union. Principles, Institutions, Policies, Journal of European Public Policy 22 (2015), S. 1 ff.; für den kosmopolitischen Ansatz etwa *J.-M. Ferry*, European Integration and the Cosmopolitan Way, in: M. Telò (Hrsg.), The European Union and Global Governance, 2009, S. 929 ff.; *J. E. Fossum/A. J. Menéndez*, Cosmopolitan Constitutionalism. Pie-in-the sky or Path to the Future, in: FS R. Schmalz-Bruns, 2014, S. 323 ff.; siehe zum Diskussionsstand auch noch *C. Franzius*, Das „Wir der Anderen" in Europa. Wer ist das demokratische Subjekt in der Europäischen Union?, in: ders./T. Stein (Hrsg.), Recht und Politik. Zum Staatsverständnis von Ulrich K. Preuß, 2015, S. 171 ff.

103 Dazu *P. Häberle*, Verfassungslehre als Kulturwissenschaft, 2. Aufl. 1998, S. 623 f. m.w.N.

„Demokratie" gilt heute fast weltweit als Inbegriff einer „guten" Staatsordnung[104]. Dabei wird gerne vergessen, dass es näherer Kennzeichnung bedarf: „gewaltenteilende", „wertgebundene", „freiheitliche", „pluralistische" Demokratie[105]. Damit ist eine Absage erteilt an alle Formen „totalitärer" Demokratie, etwa der sog. „Volksdemokratie" sozialistischer Regime wie im Osten Deutschlands bis 1989. Zugleich kommt darin zum Ausdruck, dass es viele Demokratievarianten der einzelnen Nationen gibt, die vor dem Forum des Verfassungsstaates als *Typus* gleichermaßen Bestand haben. Auch wandelt sich das Demokratieverständnis im Laufe der (Verfassungs-)Geschichte bzw. in Raum und Zeit. Die verfassungsstaatliche Demokratie ist ständig reformbedürftig: z.B. durch Verbesserung des Minderheitenschutzes, durch Stärkung der Oppositionsrechte in der parlamentarischen Demokratie, durch Verhinderung des Umschlagens übergroßer wirtschaftlicher Macht in politische Macht, oder durch Begrenzung der staatlichen Parteienfinanzierung sowie den Ausbau der Kontrollkompetenzen der Verfassungsgerichtsbarkeit. 840

Solche Demokratievarianten spiegeln sich in der Unterscheidung zwischen Präsidial- und parlamentarischer Demokratie (wie in den USA und Frankreich einerseits bzw. Großbritannien und Deutschland andererseits) oder in der Differenz zwischen repräsentativer (indirekter) und unmittelbarer Demokratie (Volksbegehren, Volksentscheid, Volksinitiative) bzw. ihren Mischformen. So hat das deutsche Grundgesetz von 1949 in bewusster Abkehr von Formen unmittelbarer („plebiszitärer") Demokratie der WRV sich grundsätzlich für die repräsentative Demokratie entschieden. Nicht einmal an der Verabschiedung des GG war das deutsche Volk via Volksentscheid beteiligt, auch nicht im Rahmen der Wiedervereinigung im Jahre 1990. Diese „Aussperrung des Volkes" steht in merkwürdigem Kontrast zu den Elementen unmittelbarer Demokratie in vielen deutschen Landesverfassungen nach 1945 (etwa Verf. Hessen von 1946: Art. 124); sie ist auch schwer begreiflich angesichts des siegreichen Mottos der friedlichen Oktober-Revolution von 1989 in der untergehenden „DDR": „*Wir* sind das 841

104 Und darüber hinaus der Herrschaftsorganisation insgesamt: siehe etwa *J. Bohman*, Democracy Across Borders. From Dêmos to Dêmoi, 2007; *Th. Christiano*, Democratic Legitimacy and International Institutions, in: S. Besson/J. Tasioulas (Hrsg.): The Philosophy of International Law, 2010, S. 119 ff.

105 *K. Hesse*, Grundzüge des Verfassungsrechts der Bundesrepublik Deutschland, 20. Aufl. 1995 (Neudruck 1999), Rn. 127 ff.

Volk"[106]. Konsequenterweise haben denn auch alle Verfassungen der neuen Bundesländer Elemente unmittelbarer Demokratie eingebaut (z.B. Art. 76- 78 Verf. Brandenburg von 1992, Art. 71-73 Verf. Sachsen von 1992). Die Schweiz kann sich auf kantonaler und Bundesebene rühmen eine „halbdirekte" Demokratie zu praktizieren, die zugleich manche negative Erscheinungsformen der „Parteiendemokratie" in Zaum hält. Auch andere Verfassungsstaaten wie die USA kennen (z.B. in Kalifornien) geglückte *Mischformen* beider schon klassischer Demokratievarianten.

842 *Klassikertexte* zur Demokratie gibt es viele: „Durchschlagend" ist der Satz von *J.-J. Rousseau* geworden: „Alle Staatsgewalt geht vom Volk aus" – er findet sich in vielen älteren und neueren Verfassungen (z.B. Art. 20 Abs. 2 GG von 1949; Kap. 1 § 1 Abs. 1 Verf. Schweden von 1975; Art. 3 Abs. 1 Verf. Frankreich von 1958; Art. 1 bis 3 Verf. Portugal von 1976; Art. 6 Abs. 1 Verf. Ruanda von 1991/96). Ironisch fragt der Dichter *B. Brecht* weiter: „Aber wo geht sie hin?", was einer Aufforderung vor allem an die Juristen gleichkommt, immer wieder nach den Gefahrenzonen demokratisch begründeter Macht zu fragen. Auch kann die These von *D. Sternberger*: „Nicht alle Staatsgewalt geht vom Volk aus" an die Grenzen der Demokratie erinnern. Das verfassungsstaatliche Menschenbild legt uns den Satz nahe: Der Mensch lebt nicht von Demokratie allein. Schließlich ist immer wieder ein Stück des Denkens von *Montesquieu*, d.h. sein skeptisches, aber wohl „realistisches" Menschenbild, das ihn zur Gewaltenteilung führte, in die jeweilige positivrechtliche Ausgestaltung der „Demokratie" in einem konkreten Verfassungsstaat einzuspeisen. M.a.W.: Die „reine" Volkssouveränität ist im Verfassungsstaat von heute von der *rechtlich gebundenen* Kompetenz des Volkes abgelöst worden.

2. Texte, Judikatur, Theorien zum Thema Demokratie

843 Im Folgenden sei zunächst die Vielzahl möglicher konkretisierender Aussagen in Verfassungstexten zur Demokratie an Beispielen illustriert, sodann seien Elemente der freiheitlichen, oft auch „bürgerlich" genannten

---

106 Das Wort von der mittelbaren Demokratie als eigentlicher entpuppt sich gerade vor diesem Hintergrund zu stark dem deutschen „Jargon der Eigentlichkeit" (*T. W. Adorno*) verhaftet. So aber *E.-W. Böckenförde*, Mittelbare/repräsentative Demokratie als eigentliche Form der Demokratie, in: FS K. Eichenberger, 1982, S. 301 ff.

Demokratie dargestellt, wie sie von der Wissenschaft und Rechtsprechung vieler Nationen entwickelt worden sind. Viele von ihnen klingen an, wenn heute fast weltweit die Idee des „idealen Staates" unter den Stichworten „Menschenrechte und Demokratie" beschworen wird. Um den Rechtsstaat zum Dreiklang ergänzt und in bewusster Anspielung an das Theologische mag man sogar von einer „constitutional trinity" sprechen.

Folgende ältere und neuere *Verfassungen*, aber auch Menschenrechtstexte 844
(z.B. die EMRK) ringen schon textlich um Demokratie bzw. lassen sich als „Demokratieartikel" bezeichnen:

- Staatsform-Klauseln (z.B. Art. 1 B-VG Österreich von 1920; Art. 2 Verf. Angola von 1992; Art. 2 Abs. 2, Art. 2 Abs. 5 Verf. Salzburg von 1999)
- im Kontext der Grundrechte (z.B. Art. 21 Verf. Brandenburg von 1992; Art. 6 Verf. Republik São Tomé von 1990)
- Parteienartikel (z.B. Art. 21 GG, Art. 4 Verf. Frankreich von 1958)
- Erziehungsziele (z.B. Art. 131 Abs. 3 Verf. Bayern von 1946)
- Oppositions-Artikel[107], Selbstauflösungsrecht des Parlaments (Art. 58 Litauen von 1992)
- andere Formen (z.B. Kap.1 § 2 Abs. 3 Verf. Schweden von 1975; Art. 14 Verf. Äquatorial Guinea von 1991).

107 Vgl. Art. 23 a Abs. 1 Verf. Hamburg von 1952 bzw. 1972: „Die Opposition ist ein wesentlicher Bestandteil der politischen Demokratie". Vorarbeit für diesen „Oppositions-Artikel" haben (auch hier) viele geleistet, vor allem Verfassungsrechtsprechung (vgl. BVerfGE 2, 1 (13): „Recht auf verfassungsmäßige Bildung und Ausübung einer Opposition"; 5, 85 (199): „Kritik der oppositionellen Minderheit") und Staatsrechtslehre (aus der Lit.: *H.-P. Schneider*, Die parlamentarische Opposition im Verfassungsrecht der Bundesrepublik Deutschland, Bd. I, 1974; *S. Haberland*, Die verfassungsrechtliche Stellung der Opposition nach dem Grundgesetz, 1995). Die wohl früheste Konstitutionalisierung der Opposition auf Textebene findet sich (für die Parteien) in Verf. Baden von 1947: Art. 120 Abs. 3 S. 1: „Stehen sie (sc. die politischen Parteien) in Opposition zur Regierung, so obliegt es ihnen, die Tätigkeit der Regierung und der an der Regierung beteiligten Parteien zu verfolgen und nötigenfalls Kritik zu üben". Im Verfassungsstaat als Typus bzw. in der Bundesrepublik Deutschland ist die Opposition gewiss Teil des materiellen Verfassungsrechts, unabhängig von der formellen Verfassungsurkunde. Doch ist sie dies wohl erst dank eines Zusammenwirkens vieler geworden: von einer „vorpreschenden" gliedstaatlichen Verfassung (Baden) über Rechtsprechung und Lehre bis zum „nachziehenden" gliedstaatlichen verfassungsändernden Gesetzgeber (Hamburg: Art. 23 a). Vgl. zuletzt Art. 26 Verf. Mecklenburg-Vorpommern von 1993; Art. 16 a Verf. Bayern von 1998.

845 Aus deutscher Sicht seien auch einige prägnante Umschreibungen aus der Judikatur des BVerfG erlaubt. Im Parteiverbotsverfahren gegen die SRP arbeitete das BVerfG (BVerfGE 2, 1) die Grundsätze des Mehrheitsprinzips, der Volkssouveränität und des Mehrparteien- und Oppositionsprinzips als Elemente der freiheitlich demokratischen Grundordnung i.S.d. Parteien-Art. 21 Abs. 2 GG und damit als „oberste Grundwerte des freiheitlichen demokratischen Verfassungsstaates“ (BVerfGE 2, 1 (12)) heraus. Zu ihrer Verwirklichung bedarf es auch demokratischer Grundsätze für die innere Ordnung der Parteien (BVerfGE 2, 1 (14)). Im KPD-Urteil erklärt das BVerfG einen Grundkonsens aller politischen Parteien über diese Grundsätze zu einer Voraussetzung des grundgesetzlichen „Typus der Demokratie“ (BVerfGE 5, 85 (141)).

846 Hinsichtlich der Ausgestaltung des Wahlverfahrens (Art. 38 Abs. 3 GG) gesteht das BVerfG dem Gesetzgeber einen weiten, im Einzelnen aber umstrittenen Gestaltungsspielraum zu (BVerfGE 95, 335 (349 einerseits, 367 ff. andererseits)). Das Wahlrecht, etwa die 5%-Klausel unterliegt keinen starren Maßstäben, sondern ist stets auf die konkreten politischen Verhältnisse anzupassen (BVerfGE 6, 84 (89 ff.) einerseits und BVerfGE 82, 322 (337 ff.) andererseits). BVerfGE 111, 382 dient dem Schutz kleinerer Parteien.

847 Mit der Verfassungsrechtsdogmatik lassen sich zu den „Grundzügen“ der demokratischen Ordnung des Verfassungsstaates folgende Elemente rechnen[108]:

a) Das Pluralismuskonzept

848 *Pluralismus* meint Vielfalt von Interessen und Ideen. Sie ist im Verfassungsstaat eine „Gegebenheit“, d.h. er findet sie vor, seine Verfassungsgeschichte hat sie mit hervorgebracht, aber sie stellt ihm auch *Aufgaben*, z.B. zum Erfolg von „Pluralismusgesetzen“ (wie Pressefusions- und Kartellgesetzen) oder in Sorge für pluralistische Strukturen in den Massenmedien wie Rundfunk und Fernsehen („Binnen-“ bzw. „Außenpluralismus“, vgl. BVerfGE 57, 295 (325 f.)). Die Philosophie des Pluralismus ist das Kon-

108 Zum folgenden für das deutsche GG: *K. Hesse*, Grundzüge des Verfassungsrechts der Bundesrepublik Deutschland, 20. Aufl. 1995 (Neudruck 1999), Rn. 140 ff.; s. auch *P. Badura*, Staatsrecht, 6. Aufl. 2015, S. 339 ff.; siehe BVerfGE 102, 370 (392, 397 f.); 119, 331 (366).

zept der „offenen Gesellschaft" (die Philosophie des „offenen Geistes"), im Gegensatz zur geschlossenen, das *K. Popper* in Kritik an *G. W. F. Hegel, K. Marx* und *Platon* entworfen hat[109]. Kongenial nehmen auch einige neue Verfassungen diesen Gedanken auf (z.B. Präambel alte Verf. Peru von 1979), und derselbe Gedanke findet sich nach 1989 in Gestalt von Antistaatsideologieklauseln in osteuropäischen Verfassungen wie der Ukraine (Art. 15 Abs. 1 und 2) oder Russland (Art. 13). Eine Ausdrucksform von Pluralismus ist auch die *Toleranz* als *Verfassungsprinzip* und das Erziehungsziel der Toleranz (z.B. Art. 131 Verf. Bayern von 1946). Gewiss, es gibt Grenzen für den verfassungsstaatlichen Pluralismus (sie liegen in seinen unverzichtbaren Grundwerten), im Grundsatz aber bildet er das Lebenselixier für ihn. Aus dem Kräfteparallelogramm vieler Ideen und Interessen entwickelt der Verfassungsstaat seine eigenen Kräfte. Konsequenz ist eine *„pluralistische Gemeinwohltheorie"*, so wie die Anerkennung der Interessengruppen und Verbände, Religionen, Kirchen und politischen Parteien. Die Pluralismusidee erinnert daran, dass der Verfassungsstaat kein „über" den Bürgern schwebender „Herrschaftsverband" ist, sondern sich aus seinen Bürgern und Gruppen immer wieder neu konstituiert und in ihrem Dienst steht. Die geschriebene und ungeschriebene Verfassung ist dabei „Rahmenordnung" mit, wie gezeigt, „anregenden" und begrenzenden Aspekten. Vielfalt von Ideen und Interessen statt „verordneter" Einheit macht den Verfassungsstaat, wie sich im „annus mirabilis" 1989 wieder einmal gezeigt hat, allen Formen totalitärer Herrschaft gegenüber überlegen. Pluralismus ist Ausdruck und Bedingung individueller wie kollektiver Freiheit des Bürgers bzw. Menschen.

b) Das Mehrheitsprinzip

Das *Mehrheitsprinzip*[110] steht in einem Spannungsverhältnis zum *Schutz* 849
von Minderheiten. Das Mehrheitsprinzip gehört heute ebenso wie das Öf-

---

109 *K. Popper*, Die offene Gesellschaft und ihre Feinde, 8. Aufl. 2003.

110 *N. Magsaam*, Mehrheit entscheidet. Ausgestaltung und Anwendung des Majoritätsprinzips im Verfassungsrecht des Bundes und der Länder, 2014; zur „sozialen Logik" von Mehrheitsentscheidungen *M. Morlok*, Informalisierung und Entparlamentarisierung politischer Entscheidungen als Gefährdungen der Verfassung, VVDStRL 62 (2003), S. 37 ff., 67.

fentlichkeitsprinzip zum aquis démocratique[111] in Europa und stellt weit mehr als eine bloße Entscheidungsfindungstechnik dar. Es geht ihm um die *Rationalisierung* von Entscheidungsfindungsprozessen: Die gefundenen Entscheidungsergebnisse werden auch für die unterliegende Minderheit akzeptabel, weil sie darauf hoffen darf, die Mehrheit von Morgen zu werden[112]. Eine solchermaßen implizierte Rationalität ist indes keine substantielle. Auch (oder gerade) die Mehrheit mag irren, darf keinen höheren Wahrheitsanspruch erheben als die Minderheit. Dass Mehrheit entscheidet, formt eine unverzichtbare „Friedensregel" im Ringen zwischen Machtbehauptung und Machtwechsel[113]. Sie wird umso notwendiger, weil die Rechtssetzung des Parlaments immer nur eine „vorläufige Gerechtigkeits- und Gemeinwohlvermutung" für sich beanspruchen kann[114].

850 Gerade deshalb ist die rechte Balance von Mehrheitsentscheidung und Schutz der (parlamentarischen) Minderheiten so entscheidend. Manche Verfassungen sehen ausdrücklich das Mehrheitsprinzip vor (z.B. Art. 121 GG), sie regeln zugleich vielfältige Formen des Minderheitenschutzes (z.B. in Gestalt von Antragsrechten der parlamentarischen Opposition zur Einsetzung eines Untersuchungsausschusses (Art. 44 GG) oder beim Zugang zum BVerfG (Art. 93 Abs. 1 Nr. 2 GG)). Die scharfe Waffe des Mehrheitsprinzips ist überhaupt nur deshalb „erträglich", weil es (gestaffelten) Minderheitenschutz gibt (vor allem über den „Vorrang der Verfassung" bzw. den Schutz der Grundrechte). Die innere Rechtfertigung der Demokratie als „Herrschaft der Mehrheit"[115] ist, wie oben bereits angeklungen, schwer: sie ist zu leisten dank der Idee der Freiheit und Gleichheit und der Notwendigkeit, zu einer funktionsfähigen Entscheidung zu

---

111 So *K.-P. Sommermann*, Demokratiekonzepte im Vergleich, in: H. Bauer/P. M. Huber/K.-P. Sommermann, Demokratie in Europa, 2005, S. 191 ff., 197; siehe auch *W. Heun*, Das Mehrheitsprinzip in der Demokratie, 1983.

112 *K. Hesse*, Grundzüge des Verfassungsrechts der Bundesrepublik Deutschland, 20. Aufl. 1995 (Neudruck 1999), Rn. 143.

113 *G. Lehmbruch*, Parteienwettbewerb im Bundesstaat, 3. Aufl. 2000, S. 16.

114 *P. Häberle*, Das Mehrheitsprinzip als Strukturelement der freiheitlich-demokratischen Grundordnung (1977), in: *ders.*, Verfassung als öffentlicher Prozess, 3. Aufl. 1998, S. 565 ff. Eine Neigung der Demokratie, „vorrangig die Bedürfnisse des Augenblicks" zu befriedigen, hatte klassisch schon *A. de Tocqueville*, Über die Demokratie in Amerika, 1976, S. 258, beklagt.

115 Dazu *U. Scheuner*, Das Mehrheitsprinzip in der Demokratie, 1973; *P. Häberle*, Das Mehrheitsprinzip als Strukturelement der freiheitlich-demokratischen Grundordnung (1977), in: *ders.*, Verfassung als öffentlicher Prozess, 3. Aufl. 1998, S. 565 ff.; *P. Badura*, Staatsrecht, 6. Aufl. 2015, S. 343 f.

kommen. Das Mehrheitsprinzip hat auch immer wieder seine „(Gegen-)Klassiker" gefunden, z.B. im Satz von *F. Schiller*: „... nicht Stimmenmehrheit ist des Rechtes Probe ...", *Demetrius*). Im Verfassungsstaat von heute fällt die kluge Abstufung der Mehrheiten auf: z.B. 2/3 Mehrheit oder noch größere Mehrheit für Verfassungsänderungen, 1/4 Mehrheit für Untersuchungsausschüsse etc. So sehr die Kunst des alltäglichen politischen Prozesses darin liegt, in der Öffentlichkeit des Parlaments Mehrheiten zu finden und zu gestalten, so klar ist immer wieder an *verfassungsstaatliche Grenzen* des Mehrheitsprinzips zu erinnern. Sie finden sich z.B. in Gestalt von „Ewigkeitsklauseln" als verfassungsstaatliche Identitätsgarantien[116]. Im Übrigen muss die *Möglichkeit* unterschiedlicher und sich verändernder Mehrheitsverhältnisse bestehen, so dass die bei einer Entscheidung Unterliegenden die *reale gleiche Chance* haben, in einem späteren Fall die Mehrheit zu gewinnen[117]. Das Wechselspiel von Mehrheit und Minderheit setzt einen *Grundkonsens* voraus, der es auch dem ad hoc unterliegenden Teil ermöglicht, das Mehrheitsvotum anzuerkennen. Die Möglichkeit des Sondervotums in manchen Verfassungsgerichten (USA, Deutschland, Spanien) ist die subtilste Form des Minderheitenschutzes, hinter der zugleich ein Stück „Öffentlichkeit der Verfassung" sichtbar wird: Das Sondervotum von heute kann zum Mehrheitsvotum von morgen werden (so fast schon klassisch in den Fällen von BVerfGE 32, 129 (141 ff.) – *Österreicherfälle*, bzw. BVerfGE 53, 257 (289 ff.) – *Versorgungsausgleich bei 'Altehen'*).

c) Grenzen der Demokratie

Im Verfassungsstaat ist immer wieder an die *Grenzen der Demokratie* zu 851
erinnern. Bei aller Unverzichtbarkeit der Bereitschaft des Bürgers, sich „aktivbürgerlich" zu betätigen: Legitim ist auch der Standpunkt des unpolitischen Bürgers i.S. des „Ohne mich", des Bürgers, der z.B. nicht zur Wahl geht (darum ist die Wahlpflicht mancher Länder fragwürdig). Verfassungsrechtlich wird „unpolitisches Verhalten" mehrfach abgesichert:

116 Dazu *P. Häberle*, Verfassungslehre als Kulturwissenschaft, 2. Aufl. 1998, S. 267 ff.; *K.-E. Hain*, in: H. v. Mangoldt/F. Klein/C. Starck (Hrsg.), GG, Bd. II, 6. Aufl. 2010, Art. 79.

117 So *K. Hesse*, Grundzüge des Verfassungsrechts der Bundesrepublik Deutschland, 20. Aufl. 1995 (Neudruck 1999), Rn. 143. Zum Mehrheitsprinzip BVerfGE 112, 118 (140 f.).

durch den grundrechtlichen status negativus der Bürger und Gruppen, durch den Privatheitsschutz, der das demokratische Prinzip Öffentlichkeit dialektisch begrenzt, und durch die simple Einsicht in die Natur des Menschen, der eben nicht von Demokratie allein lebt und auch „in Ruhe gelassen" werden will. Demokratie ist auch im Verfassungsstaat nicht die alleinige Lebensform des Menschen.

852 An *Negativbeispielen* lässt sich die Notwendigkeit von Grenzen der Demokratie illustrieren: Das Schlagwort der 68er Bewegung von der „Demokratisierung" aller Lebensbereiche, auch der Wirtschaft, hat zu totalitären Erscheinungsformen geführt; z.B. wurde in Deutschland in Forschung und Lehre eine „Mitbestimmung" des nichtwissenschaftlichen Personals propagiert (dagegen aber die Grenzziehung des BVerfG in BVerfGE 35, 79). Auch die unverzichtbare Autonomie der Kunst (bis hin zur „Anarchie" vieler Künstler) geht verloren, wenn ihre Lebensbereiche „demokratisiert" bzw. „veröffentlicht" werden. Die demokratische Stimmabgabe ist in totalitären Staaten praktisch nicht mehr geheim. 99-prozentige Wahlbeteiligung bzw. Abstimmungen wecken Zweifel an der Freiheitlichkeit eines politischen Regimes. Im Übrigen ziehen einige Verfassungsstaaten auch positivrechtlich Grenzen der Demokratie, insofern sie etwa das Verbot verfassungswidriger politischer Parteien institutionalisieren (Art. 21 Abs. 2 GG) und mit dem Begriff der „wertgebundenen", „abwehrbereiten" Demokratie an vorstaatliche, auch das politisch agierende Volk bindende Grundwerte (wie die Menschenrechte) erinnern.

853 Ganz andere Grenzen der Demokratie deuten sich indes in den Stichworten von der „Post Democracy"[118] oder, enger gefasst, dem „Post-Parlamentarismus"[119] an. Beide Epitheta führen unterschiedliche Argumentationsstränge zum Funktionsverlust der Parlamente, bedingt durch Internationalisierung und Europäisierung einerseits, durch Privatisierung und Informalisierung andererseits[120], zusammen. So befürchtet der britische Po-

---

118 *C. Crouch*, Postdemokratie, 2008.

119 *S. S. Andersen/T. Burns*, The European Union and the Erosion of Parliamentary Democracy: A study of post-Parliamentary Governance, in: S. S. Andersen/K. A. Eliassen (Hrsg.), The European Union: How democratic is it? 1996, S. 227 ff.

120 *H. Schulze-Fielitz*, Der informale Verfassungsstaat, 1984; *M. Herdegen* und *M. Morlok*, Informalisierung und Entparlamentarisierung politischer Entscheidungen als Gefährdungen der Verfassung, VVDStRL 62 (2003), S. 7 ff. bzw. 37 ff.; dazu auch der Begleitaufsatz von *M. Ruffert*, Entformalisierung und Entparlamentarisierung politischer Entscheidungen als Gefährdungen der Verfas-

litologe *C. Crouch* „nach-demokratische" Zeiten, in denen demokratische Institutionen zwar noch formal intakt, aufgrund gravierender Funktionseinbußen und Machtverlagerung auf die Exekutiven, mitunter sogar private Akteure, indes nur noch mehr oder weniger leere Hülsen sind[121]. Vielgestaltige Problembefunde lassen sich anführen[122]: Mitgliederverluste bei den politischen Parteien, die ihre Substanz als „Volksparteien" schwächen[123]; mangelnde Rückbindung einer als elitär empfundenen Politikerklasse an die Bürgerinnen und Bürger; allgemeine Politikverdrossenheit oder gar Apathie weiter Teile der Bevölkerung; intransparente, bürgerferne politische Entscheidungsprozesse in den Arkanzentren der Macht, verbunden mit einer entsprechenden medialen Inszenierung; eine Politik der „vollendeten Tatsachen" respektive der „Alternativlosigkeit"[124].

Die Europäisierung mag ihren Teil dazu beitragen, dass das Vertrauen der 854
Bürgerinnen und Bürger in die Abgeordneten auf nationaler wie unionaler Ebene schwindet[125]. Das gilt umso mehr, wenn der Integrationsprozess als „alternativlos" behauptet und nicht als die „bessere Alternative" für Frieden in Freiheit, Wohlstand in Sicherheit erklärt wird. Die so skizzierten Phänomene sind aber weder vollständig neu noch exklusiv durch Entstaatlichungsprozesse bedingt. Das „postdemokratische" Präfix „post-" suggeriert ein ideales „ante", das es so nie gab[126]. Weil die Identität von Regie-

---

sung?, DVBl. 2002, S. 1145 ff.; *Th. Puhl*, Entparlamentarisierung und Auslagerung staatlicher Entscheidungsverantwortung, in: HStR, Bd. III, 3. Aufl. 2005, § 48.

121 *C. Crouch*, Postdemokratie, 2008; dazu etwa *H. Pünder*, Wahlrecht und Parlamentsrecht als Gelingensbedingungen repräsentativer Demokratie, VVDStRL 72 (2013), S. 191 ff., 193; *M.-Ch. Kajewski*, Wahrheit und Demokratie: eine Zeitdiagnose der Postdemokratie, 2014.

122 *P. Cancik*, Wahlrecht und Parlamentsrecht als Gelingensbedingungen repräsentativer Demokratie, VVDStRL 72 (2013), S. 268 ff., 270 ff. bündelt sie unter der bewusst provokativ formulierten Frage: „Das bedrohte Parlament?".

123 *E. Wiesendahl*, Keine Lust mehr auf Parteien, Aus Politik und Zeitgeschichte 51 (B 10/2001), S. 7 ff.; *ders.*, Die Volksparteien in der Krise, in: J. Wieland (Hrsg.), Entscheidungen des Parlaments in eigener Sache, 2011, S. 121 ff.

124 Ebd.

125 Statistische Nachweise dazu bei *H. Pünder*, Wahlrecht und Parlamentsrecht als Gelingensbedingungen repräsentativer Demokratie, VVDStRL 72 (2013), S. 191 ff., 194.

126 *M. Möstl*, Elemente direkter Demokratie als Entwicklungsperspektive, VVDStRL 72 (2013), S. 355 ff., 374 qualifiziert das Wort „Postdemokratie" als suggestiv, ja destruktiv.

renden und Regierten[127] bloße Utopie ist und stets war, weil es deshalb notwendig der Repräsentation – idealiter ergänzt um direktdemokratische Elemente nach Schweizer Modell – bedarf, weil Repräsentation zugleich immer Entfremdungsrisiken zwischen Repräsentierten und Repräsentanten unterliegt, heute mehr denn je die Heterogenität einer sich immer weiter pluralisierenden Gesellschaft widerspiegeln muss, waren und sind die Gelingensbedingungen der (repräsentativen) Demokratie komplexer als es die – in vielen Punkten ohne Zweifel scharfsichtige – postdemokratische Kritik glauben macht. Es geht um die strukturadäquate Pluralisierung von Legitimationsinstrumenten, um Partizipationsmöglichkeiten in polyarchischen Ordnungsstrukturen[128], vor allem aber um Responsivität der politischen Führung, die auf Seiten der Repräsentierten die Bereitschaft zur Teilhabe an Entscheidungsprozessen stärkt und die Akzeptanz von Entscheidungsergebnissen fördert[129]. Das aber ist gerade eine der Kernfragen demokratischer Legitimation.

3. Demokratietheoretische Überlegungen als Legitimation

855 Im demokratischen Verfassungsstaat ist die Legitimationsfrage noch einmal speziell unter demokratischen (demokratietheoretischen) Gesichtspunkten zu stellen[130]. Eine im herkömmlichen Sinne verstandene demokratische Legitimation zu Verfassungsinterpretation hat die Verfassungsrechtswissenschaft, haben die ihr „zuliefernden" sog. Wirklichkeitswissenschaften, haben Bürger und Gruppen nicht. Aber Demokratie entfaltet sich eben nicht nur über den formalisierten, kanalisierten, im engeren Sinne verfassten Delegations- und Verantwortungszusammenhang vom Volk zu

---

127 *C. Schmitt*, Verfassungslehre, 1928, S. 234: „Demokratie … ist die Identität von Herrschenden und Beherrschten, Regierenden und Regierten". Zur Kritik an identitärdemokratischen Konzepten etwa *K. Hesse*, Grundzüge des Verfassungsrechts der Bundesrepublik Deutschland, 20. Aufl. 1999, Rn. 130; *Ch. Möllers*, Demokratie – Zumutungen und Versprechen, 2. Aufl. 2009, S. 29 f.

128 *R. A. Dahl*, On Democracy, 1998, S. 93 ff.; *P. Nolte*, Von der repräsentativen zur multiplen Demokratie, Aus Politik und Zeitgeschichte 61 (1-2/2011), S. 5 ff.

129 *H. Pünder*, Wahlrecht und Parlamentsrecht als Gelingensbedingungen repräsentativer Demokratie, VVDStRL 72 (2013), S. 191 ff., 197 ff.

130 Nichts anderes gilt für Europa, vgl. *G. F. Schuppert*, Überlegungen zur demokratischen Legitimation des europäischen Regierungssystems, in: FS Rauschning, 2001, S. 201 ff.

den Staatsorganen hin (Legitimation durch Wahlen)[131] bis zum letztlich „kompetenten" Verfassungsinterpreten, dem BVerfG. Sie entfaltet sich in einem offenen Gemeinwesen auch in den „feineren" mediatisierten Formen des pluralistischen öffentlichen Prozesses täglicher Politik und Praxis, insbesondere in der Grundrechtsverwirklichung, oft angesprochen in der „demokratischen Seite" der Grundrechte: durch die Kontroversen über die Alternativen, die Möglichkeiten und Notwendigkeiten der Wirklichkeit und auch das wissenschaftliche „Konzert" über Verfassungsfragen, in dem es kaum „Pausen" und „Fermaten" und keine Dirigenten gibt und geben darf.

„Volk" ist eben nicht nur einheitliche, (nur) am Wahltag „emanierende" 856
Größe, die als solche demokratische Legitimation vermittelt[132]. Volk ist als pluralistische Größe für die Interpretationen im Verfassungsprozess nicht minder präsent und legitimierend: „als" politische Partei[133], als wissenschaftliche Meinung, als Interessengruppe, als Bürger; dessen sachliche Kompetenz zu Verfassungsinterpretation ist ein staatsbürgerliches Recht i.S. des Art. 33 Abs. 1 GG! So gesehen sind die Grundrechte ein Stück demokratischer Legitimationsbasis für die nicht nur in ihren Ergebnissen, sondern auch in ihrem Beteiligtenkreis offene Verfassungsinterpretation. In der freiheitlichen Demokratie ist der Bürger Verfassungsinterpret! Umso wichtiger werden die Vorkehrungen zur Garantie realer Freiheit: leistungsstaatliche Grundrechtspolitik[134], Freiheit der Meinungsbildung, Konstitutionalisierung der Gesellschaft z.B. durch gewaltenteilende Strukturierung des öffentlichen, insbesondere wirtschaftlichen Bereichs.

---

131 Vgl. auch BVerfGE 33, 125 (158) – *Facharztentscheidung*, weiterhin BVerfGE 93, 37 (67 f.). Siehe darüber hinaus auch BVerfGE 102, 370 (397) und BVerfGE 107, 59; 112, 118 (134); 118, 277 (353); 119, 331 (366).

132 Zum Zusammenhang zwischen Demokratie und richterlicher Unabhängigkeit vgl. insbesondere *K. Eichenberger*, Die richterliche Unabhängigkeit als staatsrechtliches Problem, 1960, S. 103 ff.

133 Insofern besteht eine Übereinstimmung mit *G. Leibholz*' Parteienstaatslehre (*ders.*, Strukturprobleme der modernen Demokratie, 3. Aufl. 1967 (Neuausgabe 1974), S. 78 ff.): Das Volk wird nur in bestimmten Organisationsformen artikulations- und handlungsfähig. Das berechtigt aber nicht zur Identifikation von Volk und (Volks-)Parteien; das pluralistische Gemeinwesen ist viel stärker ausdifferenziert. – Zu *G. Leibholz*: *P. Unruh*, Erinnerungen an G. Leibholz (1901-1982), AöR 126 (2001), S. 60 ff., 74 ff.

134 Dazu das Koreferat *P. Häberles*, Grundrechte im Leistungsstaat, VVDStRL 30 (1972), S. 43 ff., 69 ff.

857 Das ist keine „Entthronung“ des Volkes. Volk als *verfasste Größe* wirkt „allseitig“, universal, auf vielen Ebenen, aus vielen Anlässen und in vielen Formen, nicht zuletzt über tägliche Grundrechtsverwirklichung. Man vergesse nicht: Volk ist vor allem ein Zusammenschluss von Bürgern. Demokratie ist „Herrschaft der Bürger“, nicht des Volkes im *Rousseau*schen Sinne. Die *Bürgerdemokratie* ist realistischer als die Volks-Demokratie.

858 Bürgerdemokratie liegt nahe von einem Denken, das die Demokratie von den Grundrechten her sieht, nicht von Vorstellungen, in denen das Volk als Souverän eigentlich nur den Platz des Monarchen eingenommen hat. Diese Sicht ist eine Konsequenz der Relativierung des – allzu leicht missverstandenen – Volksbegriffs vom Bürger her! Grundrechtliche Freiheit (Pluralismus), nicht „das Volk“ wird zum Bezugspunkt für demokratische Verfassung. Diese capitis diminutio des *kryptomonarchischen Volksbegriffsdenkens* steht im Zeichen der Bürgerfreiheit und des Pluralismus.

859 Es gibt viele Formen von in diesem Sinne weit verstandener demokratischer Legitimation, macht man sich nur von dem linearen und „eruptiven“ Denkstil traditioneller Demokratievorstellungen frei. Es kommt zu einem Stück Bürgerdemokratie durch die interpretatorische Entwicklung der Verfassungsnorm hindurch[135]. Möglichkeit und Wirklichkeit freier Diskussion von einzelnen und Gruppen „über“ und „unter“ den Verfassungsrechtsnormen und ihr pluralistisches Wirken „in“ ihnen vermittelt sich dem Interpretationsvorgang vielfältig. (Dass dieser freie Prozess realiter auch von innen her immer wieder bedroht ist und dass selbst unsere freiheitlich-demokratische Grundordnung in Wirklichkeit gegenüber dem Idealtypus Defizite aufweist, sei ausdrücklich vermerkt.) Demokratietheorie und Interpretationstheorie werden zur Konsequenz von Wissenschaftstheorie. Die Gesellschaft ist in dem Maße frei und offen, wie sich der Kreis der Verfassungsinterpreten im weiteren Sinne öffnet.

860 „Nicht alle Staatsgewalt geht vom Volk aus“ – sagte schon *D. Sternberger*, und *B. Brecht* variierte die bekannte klassische Formel: „Aber wo geht sie

135 *K. Poppers* Demokratiekonzeption und ihr sie rechtfertigender Zusammenhang (!) mit seiner Wissenschafts- und Erkenntnistheorie kann hier nicht im Einzelnen nachgezeichnet werden (Belegstellen zur Demokratie in: *ders.*, Die offene Gesellschaft und ihre Feinde, Bd. I, 1957, S. 25, 156 ff., 170 ff.; Bd. II, 1958, S. 157, 159 ff., 186 f., 197 ff., 293 f.). Genügen muss der Hinweis, dass *Poppers* Wissenschaftskonzept demokratietheoretisch ergiebig ist, das im Text vertretene pluralistische und gewaltenteilige, konstitutionelle, bürgerfreiheitliche Demokratiekonzept sich auf *Popper* auch insofern berufen kann, als er seine Demokratietheorie ohne, ja gegen „klassische“ Volkssouveränitätsdogmen entfaltet.

hin?" Wir sollten heute dieses Fragespiel abbrechen und den Satz wagen, dass die im Verfassungsstaat verfasste Staatsgewalt auf die Bürger zurückkehrt, von ihnen ausgeht. „Träger" der verfassunggebenden Gewalt ist nicht „das Volk" in einem fiktiven oder realen Naturzustand; sie ist nicht unverfasst, entscheidet nicht „normativ aus dem Nichts" i.S. des soziologischen Positivismus eines *C. Schmitt*[136]. Subjekte sind die kulturell einander verbundenen Bürger, die Bürgergemeinschaft. Die menschen- bzw. bürgerrechtliche Verortung der sog. verfassunggebenden Gewalt baut auch die Brücke zum Demokratieprinzip. Demokratie ist die organisatorische *Konsequenz* der Menschenwürde, nicht mehr, aber auch nicht weniger. Dabei bilden die unmittelbare und mittelbare Demokratie gleichberechtigte Varianten, die am besten als „Mischform" zu kombinieren sind. Das Wort von der „mittelbaren Demokratie" als „eigentlicher"[137] entpuppt sich als sehr deutscher „Jargon der Eigentlichkeit" (*T. W. Adorno*). Von diesem Demokratieverständnis aus sind dann auch Fragen zum Demokratiedefizit in der EU zu stellen, ist nach europäischer Öffentlichkeit zu fragen, ist das europäische Parteienrecht (Art. 10 Abs. 4 EUV)[138] zu bauen. Die Menschenwürde wird dabei mit der handlichen Objektformel eines *G. Dürig* bzw. des BVerfG konzipiert und ins Kulturelle intensiviert[139]. Die Menschenbild-Problematik, „gedämpft optimistisch" gewagt, mit jenem Schuss von Skeptizismus versehen, der sich bei *Montesquieu* findet („Der

136 Dazu *P. Häberle*, Die verfassunggebende Gewalt des Volkes im Verfassungsstaat – eine vergleichende Textstufenanalyse, AöR 112 (1987), S. 54 ff.; auch in: *ders.*, Rechtsvergleichung im Kraftfeld des Verfassungsstaates, 1992, S. 135 ff.

137 *E.-W. Böckenförde*, Mittelbare/repräsentative Demokratie als eigentliche Form der Demokratie, in: FS Eichenberger, 1982, S. 301 ff.

138 D. Tsatsos/D. Schefold/H.-P. Schneider (Hrsg.), Parteienrecht im europäischen Vergleich, 1990; *S. Zotti,* Politische Parteien auf europäischer Ebene: Grundzüge der politischen und rechtlichen Entwicklung des europäischen Parteiensystems, 2010. Zahleiche weitere Nachweise aus der neuesten Lit. finden sich bei *M. Haag*, in: H. von der Groeben/J. Schwarze/A. Hatje (Hrsg.), Europäisches Unionsrecht, Bd. I, 7. Aufl. 2015, Art. 10 EUV, Rn. 19 ff. und in der Literaturübersicht.

139 Dazu *P. Häberle*, Die Menschenwürde als Grundlage der staatlichen Gemeinschaft, in: HStR, Bd. II, 3. Aufl. 2004, § 22. Dass sich mit der Menschenwürde auch ein (demokratisches) Versprechen verbindet ist bereits angedeutet bei *H. Hofmann*, Die versprochene Menschenwürde, AöR 118 (1993), S. 353 ff.

Mensch neigt von Natur aus dazu, Macht zu missbrauchen")[140], sei erwähnt: Alle Formen der Gewaltenteilung im engeren (staatlichen) und weiteren (gesellschaftlichen Sinne) haben hier ihre Wurzel. Das Motto „Zurück zur Natur" (*J.-J. Rousseau*) ist durch *A. Gehlens* „Zurück zur Kultur" zu ersetzen. Erziehung als Bildung ist die andere Seite aller grundrechtlichen Freiheit, auch und gerade in der „Verfassung des Pluralismus".

861 Hier und jetzt sei die Aussage gewagt, dass der weitgehende Schutz ethnischer, kultureller, religiöser etc. Minderheiten zur heutigen „Wachstumsstufe" des Typus Verfassungsstaat gehört und sich auch in gereifter Textstufenentwicklung niederschlagen müsste. Der Europarat wacht für die osteuropäischen Reformländer zu recht darüber, wie intensiv ihr Minderheitenschutz ist. Minderheitenschutz ist ein „werdendes" Strukturelement der Verfassungsstaatlichkeit, zumal in Europa. Die Verfassungslehre muss alles tun, um ihn zu fördern. Die schönste Textstufe hat *Ungarn* (1949/89) geschaffen mit dem Wort von den Minderheiten als „staatsbildenden Faktoren". Verfassungstheoretisch stellt sich der Minderheitenschutz als *eine* Form innerer Differenzierung des Verfassungsstaates dar, als Relativierung und normative „Zähmung" des Nationalen. Von „Verfassung des Pluralismus" kann auf der heutigen Entwicklungsstufe des Verfassungsstaates nur gesprochen werden, wenn ausreichender Schutz für Minderheiten besteht. Das beginnt bei Erziehungszielen wie „Toleranz", Respekt vor der „Würde des anderen", und endet bei „Ombudsmännern" für Minderheiten bzw. formalisierten korporativen Minderheitenschutz-Klauseln[141]. Stichwort wird die „offene Republik" (so das Diktum von *D. Oberndörfer*).

---

140 Dazu *P. Häberles* Studie: Das Menschenbild im Verfassungsstaat, 4. Aufl. 2008; siehe auch *M. Brenner*, Rahmenbedingungen des Menschenbildes im Gemeinschaftsrecht, in: FS Leisner, 1999, S. 19 ff.

141 Aus der Lit.: Fribourger Föderalismus-Institut (Hrsg.), Die multikulturelle und multiethnische Gesellschaft, 1995; *C. Langenfeld*, Integration und kulturelle Identität zugewanderter Minderheiten, 2001.

III. Der konstitutionelle EU-Raum

1. Das Demokratieprinzip im Spiegel einer Textstufenanalyse

Direkte oder indirekte Aussagen zum Demokratieprinzip der EU finden 862
sich in ihrer Verfassungsgeschichte schon früh. Ein Blick in die Römischen Verträge ergibt: Hatte der alte EWG-Vertrag von 1957 noch nicht ausdrücklich das Demokratieprinzip verankert, wohl aber in Gestalt der „Versammlung" (Art. 137), bestehend aus „Vertretern der Völker der in der Gemeinschaft zusammengeschlossenen Staaten" und seit 1979 in Form der Direktwahl der Europaabgeordneten klassisches demokratisches Element eingebaut bzw. organisiert, so brachten zunächst „Maastricht" bzw. „Amsterdam" einen mächtigen *Demokratisierungsschub* in vielen Textformen[142]. Das beginnt in der Präambel zum damaligen EUV in Gestalt der bekannten Bekenntnis- bzw. Wunschformeln („In Bestätigung des Bekenntnisses zu den Grundsätzen der Freiheit, der Demokratie ... In dem Wunsch, Demokratie und Effizienz in der Arbeit der Organe weiter zu stärken ..." Weiter die Forderung, dass „Entscheidungen entsprechend dem Subsidiaritätsprinzip möglichst bürgernah getroffen werden"). Die Präambel zum heutigen EUV ist, wie bereits gezeigt, nicht minder demokratiehaltig. Insgesamt stellt der Vertrag von Lissabon einen „normtextlichen Quantensprung" für die demokratische Legitimation der Europäischen Union dar[143]. An konstitutionell prominenter Stelle und in „ dogmatisch transparenter Stufung"[144] findet sich in Art. 9 bis 11 EUV eine Art demokratischer Trias: Art. 9 EUV formuliert den allgemeinen Grundsatz demokratischer Gleichheit, Art. 10 EUV verfasst die Grundsätze repräsentativer Demokratie und dualer demokratischer Legitimation, während Art. 11 EUV das repräsentative Modell durch partizipative Strukturen jedenfalls ein Stück weit relativiert[145]. Art. 10 EUV mag in diesem Dreiklang eine Art Zentralnorm des unionalen Demokratieprinzips sein. Sein Abs. 1 legt, wie eben gesagt, die Arbeitsweise der Union auf das Prinzip der repräsen-

---

142 In diesem Kontext siehe noch allgemein *D. Murswiek*, Maastricht und der Pouvoir Constituant, Der Staat 32 (1993), S. 161 ff.; später *A. Verhoeven,* The European Union: Search of a Democratic and Constitutional Theory, 2002.

143 *W. Kluth*, Demokratie, in: R. Schulze/M. Zuleeg/S. Kadelbach (Hrsg.), Europarecht. Handbuch für die deutsche Rechtspraxis, 3. Aufl. 2015, § 5, Rn. 4.

144 Ebd.

145 *R. Geiger*, in: ders./D.-E. Khan/M. Kotzur (Hrsg.), EUV/AEUV, 5. Aufl. 2010, Art. 11 EUV, Rn. 1.

tativen Demokratie fest. Eine ganz konkrete Definition des unionalen Demokratiemodells ist darin aber nicht enthalten. Textliches Bezugssubjekt demokratischer Herrschaft in der Union sind weder ein *Unionsvolk* (im Sinne des oben vorgestellten kosmopolitischen Ansatzes) *noch die mitgliedstaatlichen Staatsvölker*, sondern gemäß Art. 10 Abs. 2 UAbs. 1 EUV die *Bürgerinnen und Bürger* der Union[146]. Wörtlich heißt es: „Die Bürgerinnen und Bürger sind auf Unionsebene unmittelbar im Europäischen Parlament vertreten." Hierin deutet sich das erwähnte duale Legitimationsmodell mit Europäischem Parlament und Rat als zentralen Legitimationsträgern an, was Art. 10 Abs. 2 UAbs. 2 EUV bestätigt: „Die Mitgliedstaaten werden im Europäischen Rat von ihrem jeweiligen Staats- oder Regierungschef und im Rat von ihrer jeweiligen Regierung vertreten, die ihrerseits in demokratischer Weise gegenüber ihrem nationalen Parlament oder gegenüber ihren Bürgerinnen und Bürgern Rechenschaft ablegen müssen."

863 Die „Bürgerinnen und Bürger sind dabei", eher *„demoi"*kratisch denn kosmopolitisch als Angehörige verschiedener *polities* begriffen, nämlich einerseits als Staatsbürgerinnen und Staatsbürger, andererseits als Unionsbürgerinnen und Unionsbürger.[147] Es ist gerade die spezifische Verschränkung mitgliedstaatlicher und unionaler Rechtsordnungen, die zur Sicherung eines *hinreichenden demokratischen Legitimationsniveaus* auf unionaler Ebene demokratische Strukturen aller Gubernativfunktionen verlangt und einen demokratischen „Legitimationsverbund"[148] schafft. Diesem Erfordernis tragen etwa Art. 2 und Art. 10 EUV Rechnung[149].

864 Der unionale „status activus" bürgerschaftlicher Teilhabe ist in Art. 10 Abs. 3 EUV mit verfassungsqualitativem Anspruch positiviert und – ganz im Sinne klassischen gemeineuropäischen Gemeinwohl- und Öffentlichkeitsdenkens – mit den Aspekten der Offenheit und Bürgernähe kontext-

146 *M. Haag*, in: H. von der Groeben/J. Schwarze/A. Hatje (Hrsg.), Europäisches Unionsrecht, Bd. I, 7. Aufl. 2015, Art. 10 EUV, Rn. 6; siehe auch *S. Bredt*, Prospects and Limits of Democratic Governance in the EU, ELJ 17 (2011), S. 35 ff.

147 *W. Kluth*, Demokratie, in: R. Schulze/M. Zuleeg/S. Kadelbach (Hrsg.), Europarecht. Handbuch für die deutsche Rechtspraxis, 3. Aufl. 2015, § 5, Rn. 13 ff. zu den „Wirkungsebenen"; *M. Haag*, in: H. von der Groeben/J. Schwarze/A. Hatje (Hrsg.), Europäisches Unionsrecht, Bd. I, 7. Aufl. 2015, Art. 10 EUV, Rn. 6.

148 Diese sehr geglückte Formulierung findet sich bei *P. M. Huber*, in: R. Streinz (Hrsg.), EUV/AEUV, 2. Aufl. 2012, Art. 10 EUV, Rn. 25.

149 *M. Haag*, in: H. von der Groeben/J. Schwarze/A. Hatje (Hrsg.), Europäisches Unionsrecht, Bd. I, 7. Aufl. 2015, Art. 10 EUV, Rn. 6.

ualisiert[150]: „Alle Bürgerinnen und Bürger haben das Recht, am demokratischen Leben der Union teilzunehmen. Die Entscheidungen werden so offen und bürgernah wie möglich getroffen." In der Massendemokratie ist bürgerschaftliche Partizipation ohne parteipolitische Vermittlung indes nicht denkbar. Art. 10 Abs. 4 EUV verfasst daher die Grundnorm des europäischen Parteienrechts: „Politische Parteien auf europäischer Ebene tragen zur Herausbildung eines europäischen politischen Bewusstseins und zum Ausdruck des Willens der Bürgerinnen und Bürger der Union bei."[151] Mit Art. 10 Abs. 4 EUV ist eine vorbildliche Umsetzung älterer und neuerer nationalstaatsbezogener Parteien-Artikel (z.B. Art. 21 GG, Art. 4 Verf. Frankreich von 1958)[152] für den EU-Verfassungsraum gelungen. Die Norm ist ein in einem Text geronnenes Stück europäischer Verfassungslehre par excellence. Die Textelemente wie „Herausbildung eines europäischen politischen Bewusstseins" und „Ausdruck des Willens der Bürgerinnen und Bürger der Union" deuten Themen an, die die Verfassungsidentität der EU komplementär zu den mitgliedstaatlichen Verfassungsidentitäten ausmacht: etwa Grundwerte, europäische Öffentlichkeit, Bürgerdemokratie.

Im AEUV wird das Demokratieprinzip nicht als „große" Formel vorweg 865
postuliert, sondern – es geht ja um die Arbeitsweisen der Union – in vielen einzelnen Verfahren und Institutionen konkretisiert. An erster Stelle sei

---

150 *P. M. Huber*, in: R. Streinz (Hrsg.), EUV/AEUV, 2. Aufl. 2012, Art. 10 EUV, Rn. 42.

151 Aus der Lit. der schon klassische *Tsatsos/de Vigo*-Bericht, EuGRZ 1998, S. 72 ff.; s. auch *D. Th. Tsatsos*, Europäische politische Parteien? – Erste Überlegungen zur Auslegung des Parteienartikels des Maastricht-Vertrages, EuGRZ 1994, S. 45 ff.; *ders.*, Parteienrecht im Wandel, EuGRZ 1992, S. 133 ff.; ders./G. Deinzer (Hrsg.), Europäische politische Parteien, 1998; *V. Neßler*, Deutsche und europäische Parteien, EuGRZ 1998, S. 191 ff.; *S. Armbrecht*, Politische Parteien im europäischen Verfassungsverbund, 2008; *F. Shirvani*, Das Parteienrecht und der Strukturwandel im Parteiensystem: Staats- und europarechtliche Untersuchungen zu den strukturellen Veränderungen im bundesdeutschen und europäischen Parteiensystem, 2010; vorher schon *ders.*, Neuere Entwicklungen im europäischen Parteienfinanzierungsrecht, EuZW 2008, S. 364 ff.

152 Vgl. im Übrigen Art. 11 Abs. 1 Verf. Bulgarien von 1991: „Das politische Leben in der Republik Bulgarien gründet sich auf dem Prinzip des politischen Pluralismus". Art. 3 Verf. Kroatien von 1990: „demokratisches Mehrparteiensystem". Art. 5 Verf. Tschechien von 1992: „Das politische System ist auf der freien und freiwilligen Gründung und dem freien Wettbewerb der politischen Parteien ... aufgebaut."

das Wahlrecht jedes Unionsbürgers erwähnt (Art. 22 AEUV), flankiert vom demokratischen Grundrecht des Petitionsrechtes (Art. 24, Art. 227 AEUV), sodann das Verfassungsorgan des Europäischen Parlamentes, das das klassische Parlament der Nationalstaaten zum bislang unerreichten Vorbild hat, aber auf dem Wege ist, sich ihm immer mehr anzunähern. Das zeigt sich am Mehrheitsprinzip (Art. 231 AEUV) ebenso wie am Untersuchungsrecht (Art. 226 AEUV) sowie am Öffentlichkeitsprinzip (Art. 233 AEUV). Eigens erwähnt sei das parlamentarische Hilfsorgan Bürgerbeauftragter (Art. 228 AEUV). Eigens erwähnt sei aber auch das Selbstverständnis des Parlaments, das immer selbstbewusster als legitimatorisches Gravitationszentrum der Union agiert und von seinem derzeitigen Präsidenten *M. Schulz* darin nach Kräften – und vor allem öffentlichkeitswirksam – unterstütz wird. So fügen sich die einzelnen Mosaiksteine klassischer Umsetzung des Demokratieprinzips auch im Kontext des AEUV zum eben zitierten „Legitimationsverbund" zusammen. Akzentuiert seien überdies die bemerkenswerten Begründungs- und Veröffentlichungspflichten in Art. 296 bzw. 297 AEUV sowie die Einschaltung des Parlamentes in das Haushaltsrecht, ein klassisches „Königsrecht" des Parlaments (Art. 314 AEUV). Wenn Art. 15 Abs. 1 AEUV den Grundsatz der Offenheit konstitutionalisiert (auch Abs. 2: Öffentliche Sitzungen des Europäischen Parlaments) und Abs. 3 sogar ein weitreichendes Unions-Bürgerrecht auf Zugang zu Dokumenten schafft, so setzt sich damit das europäische Verfassungsrecht an die Spitze einer auch in Nationalstaaten sichtbaren Entwicklung (vgl. nur Art. 6 Verf. Mecklenburg-Vorpommern von 1993). Solche Bürgerrechte sind wesentliche Bauelemente der Demokratisierung der EU.

866 Die EU-Grundrechte-Charta führt die Textstufenentwicklung in Sachen Demokratie fort, teils rezeptiv, teils produktiv. Schon in der Präambel ist von den „Völkern Europas" die Rede, ebenso von den „Grundsätzen der Demokratie und des Rechtsstaates". In Art. 12 Abs. 2 ist ein Teil des Textensembles von Art. 10 Abs. 4 EUV übernommen („Politische Parteien tragen auf der Ebene der Union dazu bei, den politischen Willen der Unionsbürgerinnen und Unionsbürger zum Ausdruck zu bringen"). Direkter als solche erkennbaren „Demokratie-Normen" enthält Kapitel V „Bürgerrechte": die Garantie des aktiven und passiven Wahlrechts zum Europäischen Parlament (Art. 39), des Kommunalwahlrechts für EU-Bürger (Art. 40) ganz im Sinn des Bildes, die Kommunen dienten „dem Aufbau der Demokratie" von unten nach oben (vgl. Art. 11 Abs. 4 Verf. Bayern), aber auch des Petitionsrechtes (Art. 44) sowie der Einrichtung des Bürgerbeauftrag-

ten (Art. 43)[153]. Ein demokratieförderliches Element steckt, ganz abgesehen von für jede Demokratie unentbehrlichen Grundrechten wie der Meinungs- und Versammlungsfreiheit (Art. 11, 12), in Art. 20 (Gleichheit). Wenn Art. 21 Abs. 1 das Diskriminierungsverbot auch auf „nationale Minderheiten" bezieht, so verbirgt sich darin ein Demokratieelement (i.S. Ungarns: Minderheiten als „staatsbildende Faktoren") – im Europa i.w.S. und in vielen nationalen Verfassungen ist es noch klarer ausgeformt.

2. Grundsatzprobleme in Sachen Europäische Demokratie (Auswahl)

Nur zwei Fragen seien hier herausgegriffen: Wer ist in der EU das Volk? 867
(*W. v. Simson*). Worin besteht das viel zitierte „Demokratiedefizit" und wie könnte es schrittweise behoben werden?

a) Der Volksbegriff, die „Völker Europas"

Eine Kernfrage jeder hier auf die EU bezogenen europäischen Verfas- 868
sungslehre ist es, den Begriff „Volk"[154], „Völker Europas" u.Ä. im Sinne der oben skizzierten kosmopolitischen Demokratie respektive der europäischen „*Demoi*"kratie zu definieren. Schon die Texte geben Hinweise: die Rede ist von der „Solidarität zwischen ihren Völkern unter Achtung ihrer Geschichte" (Präambel EUV), vom „wirtschaftlichen und sozialen Fortschritt ihrer Völker" (ebd.), Art. 1 Abs. 2 spricht von einer „immer engeren Union der Völker Europas". Diese Völker-Klausel legt es nahe, von einem naturalistischen Volksbegriff abzugehen und von vornherein ein *kulturelles*, d.h. im Europa der EU durch kulturelle Vielfalt gekennzeich-

153 Dazu bereits die Entschließung des Europäischen Parlamentes vom 17. Nov. 1993: Demokratie, Transparenz und Subsidiarität/Statut des Bürgerbeauftragten, EuGRZ 1993, S. 602 ff.; *J. M. Meese*, Das Petitionsrecht beim Europäischen Parlament und das Beschwerderecht beim Bürgerbeauftragten der Europäischen Union, 2000; *M. Klatt*, in: H. von der Groeben/J. Schwarze/A. Hatje (Hrsg.), Europäisches Unionsrecht, Bd. I, 7. Aufl. 2015, Art. 43 Grundrechtecharta, Rn. 1 ff. und Literaturübersicht.

154 Aus der Lit.: *A. Augustin*, Das Volk der Europäischen Union, Zu Inhalt und Kritik eines normativen Begriffs, 2000; H. Bauer/P. M. Huber/K.-P. Sommermann (Hrsg.), Demokratie in Europa, 2005; *A. Tiedtke*, Demokratie in der Europäischen Union, 2005.

netes Verständnis vom Volk zu suchen (Argument aus Art. 10 Abs. 4 EUV: „europäisches Bewusstsein“). Die Völker Europas bzw. der EU sind aber nur die eine Seite des *Legitimationszusammenhangs*, in dem jedes Verfassungsorgan stehen muss. Der primäre ergibt sich aus dem Denken vom *Bürger* her. So wie innerstaatlich sind erst recht im EU-Europa der Bürger seine Menschenwürde und Freiheit der Ausgangspunkt – als kulturanthropologische Prämisse. An vielen Stellen denken schon die Verfassungstexte der EU vom Bürger her, auf den Bürger hin: Europa ist insoweit auf dem Weg zu einer *„Bürgerdemokratie“*, fern vom alten volks-demokratischen Denken mancher Staatslehren. Auch hier helfen die Texte weiter, die europäische Verfassungslehre muss sie nur im richtigen Kontext begreifen. Schon die Präambel des EUV bekennt sich zu den Menschenrechten und Grundfreiheiten (vgl. auch Art. 6 EUV), möchte Entwicklungen „möglichst bürgernah“ getroffen wissen, Art. 3 EUV spricht einerseits vom „Wohlergehen der Völker“ der Union (Abs. 1), will andererseits ihren „Bürgerinnen und Bürgern einen Raum der Freiheit, der Sicherheit und des Rechts“ eröffnen (Abs. 2). Und auch das Subsidiaritätsprinzip aus Art. 5 EUV gehört in diesen Kontext.

869 Nicht minder ergiebig ist der AEUV, besonders in Form der Schaffung der Unionsbürgerschaft (Art. 20 AEUV), deren „Fortentwicklung“ sogar institutionalisiert ist (Art. 25 AEUV). Das Wahlrecht (Art. 22 AEUV), aber auch ein Ensemble anderer demokratischer Grundrechte (Art. 24, Art. 227, Art. 228 AEUV) lassen eine Tendenz erkennen, den *Bürger* im Kontext der nationalen Identitäten (vgl. Art. 4 Abs. 2 EUV) ins Zentrum zu rücken. Nimmt man die vielen geschriebenen Grundrechte hinzu (etwa Art. 18: Diskriminierungsverbot), ebenso die wirtschaftlichen Freiheiten (z.B. in Art. 28 ff., Art. 45 ff., Art. 49 ff., Art. 56 ff., Art. 63 ff. AEUV), auch die ungeschriebenen, vom EuGH über die allgemeinen Rechtsgrundsätze entwickelten[155], etwa Gleichberechtigung, Religionsfreiheit, sodann die seit Lissabon verbindliche EU-Grundrechte-Charta, so ergibt sich, dass das Wort von der „Bürgerdemokratie“, jedenfalls in Europa im engeren Sinne der EU, seine Berechtigung hat. Teils ungeschrieben, teils geschrieben, ist die Menschenwürde der *Basissatz* und *Grundwert* der europäischen Verfassungslehre, auch ihrer in vielem noch ausbaufähigen und -bedürftigen Demokratie. Das nationalstaatlich 1987 entwickelte „Maßgabegrundrecht

155 Dazu aus der Lit.: *T. Oppermann/C. D. Classen/M. Nettesheim*, Europarecht, 6. Aufl. 2014, § 17, Rn. 1 ff.

auf Demokratie" gilt auch im EU-Europa. Das Lissabon-Urteil des BVerfG (BVerfGE 123, 267) argumentiert jetzt, wie bereits mehrfach gezeigt, analog.

b) Demokratiedefizite, verfassungspolitische Überlegungen

In Bezug auf die EU ist das Demokratiedefizit schon ein geflügeltes 870
Wort[156]. Auch der Reformvertrag von Lissabon konnte das Problem nicht final beheben, vielleicht sind sogar jeder Spielart von Demokratie ihre Defizite identitätsprägend immanent. Jedenfalls stellt sich hier die Vorfrage, von welchem Demokratieverständnis man idealtypisch ausgeht, um zu einem „Defizit-Urteil" zu kommen. Es kann nur im Wege umfassender Rechtsvergleichung gewonnen werden. Bei aller Vielfalt der nationalen Demokratie-Modelle (vgl. die grundsätzlich nur repräsentative Demokratie des deutschen GG und demgegenüber die fast ideale „Referendumsdemokratie" in der Schweiz), kann doch gesagt werden, dass das Hauptdefizit in noch immer fehlenden Kompetenzen des Europäischen Parlaments und im bisherigen Ausschluss der Bürger von der schrittweisen Verfassunggebung liegen. Auch mag man über Art. 11 Abs. 4 EUV hinaus mittelfristig Elemente der direkten Demokratie anmahnen, sei es als bloße „Ergänzung" der repräsentativen, sei es als gleichberechtigtes Pendant zu dieser. Je intensiver eine europäischen Öffentlichkeit heranwächst (dazu Erster Teil C), desto mehr könnte auf Teilgebieten die eine oder andere Variante der unmittelbaren Demokratie gewagt werden (vom konsultativen Referendum und der Volksinitiative bis zum Bürgerbegehren und -entscheid wie in Art. 11 Abs. 4 AEUV erprobt). „Bürgernähe" sollte jeden-

156 *R. Bellamy/S. Kröger,* Domesticating the Democratic Deficit? The Role of National Parliaments and Parties in the EU's System of Governance, Parliamentary Affairs 67 (2014), S. 437 ff.; ausführliche Nachweise zum jüngsten Diskussionsstand bei *W. Kluth*, Demokratie, in: R. Schulze/M. Zuleeg/S. Kadelbach (Hrsg.), Europarecht. Handbuch für die deutsche Rechtspraxis, 3. Aufl. 2015, § 5; aus der älteren Lit.: *A. Bleckmann*, Das europäische Demokratieprinzip, JZ 2001, S. 53 ff., 57; *D. Th. Tsatsos*, Die Europäische Unionsgrundordnung im Schatten der Effektivitätsdiskussion, JöR 49 (2001), S. 63 ff., 69 ff.; J. Drexl u.a. (Hrsg.), Europäische Demokratie, 1999; *D. Thürer*, Demokratie in Europa. Staatsrechtliche und europarechtliche Aspekte, in: FS Everling, Bd. II, 1995, S. 1561 ff.; *M. Kaufmann*, Europäische Integration und Demokratieprinzip, 1997; *D. Kugelmann*, Die streitbare Demokratie nach der EMRK, EuGRZ 2003, S. 533 ff.

falls auch hier ernst genommen werden[157]. Warum soll der EU-Bürger in seinem status politicus auf den einmaligen Wahlakt zum Europäischen Parlament beschränkt bleiben, warum sollte ihm auf Dauer eine Abstimmungsmöglichkeit vorenthalten bleiben? „Wir sind das Volk“ (gleich: „We the people“) besitzt auch eine europäische Dimension. Freilich: eine *europäische Bürgerdemokratie* ist erst in Anfängen zu erkennen. Desillusionierend wirken die Europamüdigkeit bei den Wahlen zum Europäischen Parlament und die Tatsache, dass häufig nationale Themen die europäischen überlagern; das Spitzenkandidatenverfahren bei den jüngsten Europawahlen (2014) konnte immerhin innovative Akzente setzen[158].

IV. Demokratie als Ideal im Europa(recht) i.w.S.

1. Textstufenentwicklungen

871 Schon früheste Texte des Europarates sind ergiebig, etwa die Satzung des Europarates und besonders die EMRK, nicht nur in ihren Schrankenvorbehalten. Im Einzelnen: Die große legitimatorische Kraft, die das Demokratieprinzip nach 1945 in Westeuropa gerade nach dem Sieg über die NS-Diktatur gewann, kommt nicht ohne Pathos schon im Vorspruch der Satzung des Europarates (1949) zum Ausdruck: „in unerschütterlicher Verbundenheit mit den geistigen und sittlichen Werten, die das gemeinsame Erbe ihrer Völker sind und der persönlichen Freiheit, der politischen Freiheit und der Herrschaft des Rechtes zu Grunde liegen, auf denen jede wahrhafte Demokratie beruht“.

872 Wohl keine europäische Verfassungslehre könnte die rechtsstaatliche Demokratie bündiger und zugleich facettenreicher zusammenfassen! Dieses Gründungsdokument für das sich Schritt für Schritt auch räumlich ausdeh-

---

157 Siehe auch *Th. Würtenberger*, Auf dem Weg zu lokaler und regionaler Autonomie in Europa, in: FS H. Maurer, 2001, S. 1053 ff., 1056. Zum Stichwort „Weltbürgerrecht“ allgemein siehe auch *E.-U. Petersmann*, Europäisches und weltweites Integrations-, Verfassungs- und Weltbürgerrecht, in: FS Oppermann, 2001, S. 367 ff.; zur „Bürgernähe“ in Art. 1 EUV siehe *R. Geiger*, in: ders./D.-E. Khan/M. Kotzur (Hrsg.), EUV/AEUV, 5. Aufl. 2010, Art. 1 EUV, Rn. 12.

158 M. Kaeding/N. Switek (Hrsg.): Die Europawahl 2014. Spitzenkandidaten, Protestparteien, Nichtwähler, 2015; *O. Niedermayer*, Immer noch eine „nationale Nebenwahl“? Die Wahl zum Europäischen Parlament vom 25. Mai 2014, Zeitschrift für Parlamentsfragen 45 (2014), S. 523 ff.

nende und rechtlich durch Konventionen und Judikatur des EGMR verfeinernde Europa im weiteren Sinne hat den Rang eines Klassikertextes: juristisch, kulturell, politisch, wissenschaftlich. Dass demgegenüber die Kompetenzen der „Beratenden Versammlung“ des Europarates[159] eher schwach ausgebildet sind (Kap. V), auch wenn hier Vorformen des Typus „Parlament“ erkennbar bleiben (vgl. die Wahlen nach Art. 25, die Mehrheitsregeln nach Art. 29 und Art. 30) oder die Öffentlichkeit der Sitzungen (Art. 35), wiegt demgegenüber gering. Entscheidend ist, dass das Postulat der „*wahren Demokratie*“ nach vielen Seiten hin textlich fixiert ist.

In der EMRK (1950) ist die Präambel in gleichem Geist formuliert 873
(„wahrhaft demokratisches politisches System“). Konkretisiert wird sie in den folgenden Artikeln von zwei Seiten her. Einerseits werden Grundrechte, die von schlechthin konstituierender Bedeutung für jede Demokratie sind, garantiert (z.B. die Meinungs- und Versammlungsfreiheit nach Art. 10 und Art. 11), andererseits ist die „demokratische Gesellschaft“ der Maßstab für die zulässigen Einschränkungen der Freiheiten (z.B. Art. 8 Abs. 2, Art. 9 Abs. 2, Art. 10 Abs. 2 EMRK). Die Rechtsprechung und Literatur haben diesen Maßstab seit Jahrzehnten konkretisiert[160]. Anders formuliert: Die Demokratie steht nicht nur auf der Seite der grundrechtlichen Freiheiten, sie legitimiert auch deren Einschränkbarkeit. Das spezifisch *demokratische* Verständnis von Grundrechten (Stichwort: Grundrechte als „funktionelle Grundlage der Demokratie“[161]) gewichtet alle Abwägungsvorgänge im Schutzbereich *und* in den Schrankenvorbehalten mit.

Ein weiteres Demokratiedokument findet sich in Art. 3 des 1. Zusatzproto- 874
kolls zur EMRK (1952): „Verpflichtung, in angemessenen Zeitabständen freie und geheime Wahlen unter Bedingungen abzuhalten, welche die freie Äußerung der Meinung des Volkes bei der Wahl der gesetzgebenden Körperschaften gewährleisten“. Im Folgenden sei nur noch eine Auswahl von Rechtstexten stichwortartig präsentiert, die im Ganzen und Einzelnen zeigen, wie intensiv die Spezialisierung und Konkretisierung des Demokratieprinzips im Europäischen Raum textstufenhaft verlaufen ist.

---

159 Aus der Lit.: *R. Streinz*, Einführung: 50 Jahre Europarat, in: ders. (Hrsg.), 50 Jahre Europarat, 2000, S. 17 ff., 24.

160 Dazu z.B. *J. A. Frowein*, in: ders./W. Peukert (Hrsg.), EMRK, 3. Aufl. 2009, Art. 10, Rn. 30.

161 *P. Häberle*, Die Wesensgehaltgarantie des Art. 19 Abs. 2 GG, 3. Aufl. 1983, S. 17 ff., 336 ff.

875 Hatte noch die KSZE-Schlussakte von Helsinki (1975) bemerkenswerterweise das Demokratieprinzip gerade nicht direkt genannt (verständlich angesichts der „Einbindung" des totalitären Ostblocks), so werden die Dokumente nach 1989 schlagartig ähnlich ergiebig wie die Texte nach 1945. Vor allem formen sie die meisten der Einzelelemente aus, die das Demokratieprinzip charakterisieren. Sie machen es zu einem *konstitutionellen Prinzip Europas*, zu einem Basiswert seiner Architektur[162]. In dem Dokument des Kopenhagener Treffens der Konferenz über die menschliche Dimension der KSZE (Juni 1990)[163] heißt es in der Präambel, es werde anerkannt, „dass pluralistische Demokratie und Rechtsstaatlichkeit wesentlich sind für die Gewährleistung der Menschenrechte". Die Rede ist von Bekenntnis zu den „Idealen der Demokratie und des politischen Pluralismus, von „freien Wahlen". In den folgenden Artikeln wird bekräftigt, dass die Demokratie ein wesentlicher Bestandteil des Rechtsstaates ist (Nr. I 3), wird erklärt, „dass der durch regelmäßige und unverfälschte Wahlen frei und gerecht zum Ausdruck gebrachte Wille des Volkes die Grundlage für die Autorität und Rechtmäßigkeit jeder Regierung" bildet (Nr. I 6). In der „Charta von Paris für ein neues Europa" vom November 1990[164] wird fast „fundamentalistisch" verkündet: „Wir verpflichten uns, die Demokratie als die einzige Regierungsform unserer Nationen aufzubauen". Es folgen Hinweise auf Menschenrechte und Grundfreiheiten sowie der lehrbuchartige Satz: „Die Demokratie, ihrem Wesen nach repräsentativ und pluralistisch, erfordert Verantwortlichkeit gegenüber der Wählerschaft, Bindung der staatlichen Gewalt an das Recht sowie eine unparteiische Rechtspflege". Die absolute Festlegung auf die repräsentative Demokratie erscheint freilich problematisch. Sie kehrt in europäischen Rechtsstaaten so kaum wieder und wird schon durch einen Vergleich der nationalen Demokratievarianten europäischer Staaten, die auch Elemente der direkten Demokratie kennen (vor allem in der Schweiz und Bayern), widerlegt – hat aber, wie gezeigt, in Art. 10 Abs. 1 EUV Niederschlag gefunden. Eine Reihe weite-

---

162 Aus der Lit.: *J. Habermas*, Zur Verfassung Europas, 2011; *S. Bredt,* Prospects and Limits of Democratic Governance in the EU, ELJ 17 (2011), S. 35 ff.; *J. H. H. Weiler,* The Constitution of Europe, 2005; *G. Lübbe-Wolff*, Europäisches und nationales Verfassungsrecht, VVDStRL 60 (2001), S. 246 ff.; *M. Jachtenfuchs*, Die Zukunft der Demokratie in der Europäischen Union, in: M. Kaase/ G. Schmid (Hrsg.), Eine lernende Demokratie, WZB-Jahrbuch, 1999, S. 263 ff.

163 Zit. nach EuGRZ 1990, S. 239 ff.

164 Zit. nach EuGRZ 1990, S. 517 ff.

rer „Gebote", die sich auch auf den Schutz nationaler Minderheiten beziehen, sollen laut Charta von Paris „Fundament" sein, auf dem wir „das neue Europa aufbauen wollen". Auch in den nachstehenden Texten ist immer wieder von der „Entwicklung" der Demokratie u.Ä. die Rede („Zur Wahrung und Förderung von Demokratie, Frieden und Einheit in Europa bekennen wir uns feierlich ... zu den zehn Prinzipien-Punkten der Schlussakte von Helsinki"). Auch wird vom „gemeinsamen Bekenntnis zu demokratischen Werten" gesprochen.

Nimmt man die Abkommen des Europarates zum Schutz von Minderheitssprachen (1995)[165] hinzu, auch andere Konventionen, etwa die Charta der Kommunalen Selbstverwaltung (1985)[166], so zeigt sich, wie intensiv das „große" Europa auf vielen Feldern um das Demokratieprinzip ringt und es mit Entschiedenheit gemeineuropäisch durchzusetzen gewillt ist[167]. 876

2. Verfassungspolitische Fragen

Derzeit dürfte es im Europarat und OSZE-Raum weniger auf weitere „Textstufen" ankommen als vielmehr auf *reale* Durchsetzung des Demokratieprinzips (und des Rechtsstaates) im Ganzen und einzelnen. Dabei wird viel von einem effektiven Kontrollsystem abhängen. Eine *gemeineu-* 877

---

165 Zit. nach R. Streinz (Hrsg.), 50 Jahre Europarat, S. 134 ff. – Vgl. den Präambel-Passus im Rahmenabkommen: „In der Erwägung, dass eine pluralistische und wahrhafte demokratische Gesellschaft nicht nur die ethnische, kulturelle, sprachliche und religiöse Identität... einer nationalen Minderheit achten, ... sollte ..." In der europäischen Charta der Regional- und Minderheitensprachen (1992), zit. nach R. Streinz (Hrsg.), 50 Jahre Europarat, S. 148 ff., sagt die Präambel u.a.: „wichtiger Beitrag zum Aufbau eines Europas ..., das auf den Grundsätzen der Demokratie und der kulturellen Vielfalt ... beruht."

166 Abgedruckt bei R. Streinz (Hrsg.), 50 Jahre Europarat, S. 107 ff. Vgl. Präambel: „... Schutz der kommunalen Selbstverwaltung als wichtiger Beitrag zum Aufbau eines Europa, das sich auf die Grundsätze der Demokratie und der Dezentralisierung der Macht gründet" sowie „Kommunale Gebietskörperschaften als eine der wesentlichen Grundlagen jeder demokratischen Staatsform", „demokratische Leitsätze, die allen Mitgliedern des Europarates gemeinsam sind". – Aus der Lit.: F.-L. Knemeyer (Hrsg.), Die europäische Charta der kommunalen Selbstverwaltung, 1989.

167 S. auch die Beitrittsbedingungen des Europarates von 1993 (zit. nach R. Streinz (Hrsg.), 50 Jahre Europarat, S. 21), die die „Übereinstimmung mit den grundlegenden Prinzipien der Demokratie, des Rechtsstaates und der Achtung der Menschenrechte verlangen".

ropäische Realität von Demokratie ist in nicht weniger Hinsicht erst in der Zukunft zu erwarten. Das ist nicht den „schönen Texten" anzulasten. Einmal in der Welt, können sie mittelfristig dann doch normative Kraft in ganz Europa entfalten. Die europäische Verfassungslehre muss bereit sein, Demokratiedefizite beim Namen zu nennen und auch für ganz Osteuropa alle einzelnen Demokratieelemente bereit zu halten, sozusagen zur Auswahl und „auf Vorrat". Dies ist nicht nur Sache der EU, sondern auch und gerade der Wissenschaft, die sich für das ganze Europa mit verantwortlich fühlt. „Demokratische Homogenität", ungeachtet aller nationalen Pluralität, bleibt ein Stichwort.

Inkurs: Die Repräsentation auf EU- Ebene

1. „Repräsentation"

a) Einleitende Aspekte

878 Das Thema „Repräsentation" hat Bibliotheken von Primär- und Sekundärliteratur hervorgebracht. Sie können hier nicht einmal bruchstückhaft aufbereitet werden. Indes seien einige Klassikertexte dargestellt, gegebenenfalls auch im Lichte der Sekundärliteratur[168]. Dies ist insoweit wichtiger, weil sich zeigen wird, dass diese Klassiker auch so manchen positivrechtlichen Verfassungstext geprägt haben, so wie sich für manche Normen der deutschen Verfassung sagen lässt, sie seien „*Rousseau* im GG" (vgl. Art. 20 Abs. 2 S. 1 GG) oder „*Montesquieu* im GG" (vgl. Art. 1 Abs. 3 GG). Klassikertexte werden hier als Wert- und Erfolgsbegriff verstanden: *Wert*begriffe sind sie, insofern sie ein politisches Gemeinwesen inhaltlich prägen, den Verfassungsstaat der offenen Gesellschaft[169]; *Erfolgs*begriffe, insofern sie sich in einer res publica tatsächlich durchgesetzt haben, sei es

---

168 Herausragend *H. Hofmann*, Repräsentation: Studien zur Wort- und Begriffsgeschichte von der Antike bis ins 19. Jahrhundert, 4. Aufl. 2003; *A. Vauchez*, Démocratise l'Europae, 2014; s. noch: *R. Steinberg*, Die Repräsentation des Volkes. Menschenbild und demokratisches Regierungssystem, 2013. – Speziell: *P. Pernthaler*, Probleme der Repräsentation in der EU, in: FS H.-P. Schneider, 2008, S. 475 ff.

169 Zu diesem Ansatz *P. Häberle*, Klassikertexte im Verfassungsleben, 1981; fortgeführt in: *ders.*, Verfassungslehre als Kulturwissenschaft, 2. Aufl. 1998, S. 481 ff.

schon positivrechtlich, sei es in der politischen Philosophie, in der Judikatur oder in der juristischen Dogmatik.

b) Klassikertexte in Sachen Repräsentation: Verfassungstexte im weiteren und engeren Sinne

Im Folgenden sei eine Auswahl präsentiert, sei es von (wissenschaftlichen) Autoren, sei es von Verfassungstexten. Das Raum und Zeit übergreifende *Wechselgespräch* zwischen ihnen in Westeuropa und Angloamerika soll durch prägnante Direktzitate verdeutlicht werden – gemäß der These, Texte großer Autoren wirkten oft als Verfassungstexte im weiteren Sinne. Die Originalität und Rezeptionskraft sei dabei ein Auswahlkriterium[170]. 879

Ein frühes Klassikerzitat findet sich im Lehrbuch von *E. de Vattel* (1758): „Der repräsentative Charakter des Souveräns beruht darauf, dass er seine Nation repräsentiert; dadurch vereinigt der Monarch in seiner Person die ganze Majestät, die der Nation als einer einheitlichen Körperschaft zukommt"[171]. *W. Blackstone* formulierte (1765)[172]: „And every member, though chosen by one particular district, when elected and returned, serves for the whole realm. For the end of his coming thither is not particular, but general". Damit war der „Konnex Repräsentation und freies Mandat" (*K. Stern*) hergestellt und der Weg zur Nationalversammlung der französischen Revolution als „Repräsentation der ganzen Nation" (*E. J. Sieyès*) eröffnet. Der Abgeordnete, Repräsentant des ganzen Volkes, hatte ein freies Mandat, in Abkehr vom gebundenen Mandat der alten Ständeversammlung. 880

Diese Klassikertexte von einzelnen Denkern gerannen zu positiven Texten geschriebener Verfassungen. So lautet Titel III Art. 2 französische Revolutionsverfassung von 1791: „La Constitution française est représentative: Les représentants sont le Corps législatif et le roi"[173]. Art. 21 der Verf. von 1793 lautet: „La population est la seule base de la représentation nationale". Zuvor hatten die Federalist Papers der werdenden USA (1787) die re- 881

170 So *P. Häberle*, Verfassungslehre als Kulturwissenschaft, 2. Aufl. 1998, S. 484 f.

171 *E. de Vattel*, Droit des Gens, Bd. I, 1758 (Reproduktion 1916), S. 42.

172 *W. Blackstone*, Commentaries on the laws of England, zit. nach *K. Stern*, Das Staatsrecht der Bundesrepublik Deutschland, Bd. I, 2. Aufl. 1984, S. 963.

173 Zit. nach J. Godechot (Hrsg.), Les constitutions de la France depuis 1789, 1995.

publikanische Staatsform als „representative democracy" begriffen[174]. 1861 erschienen in Großbritannien *J. S. Mills* „Considerations on Representative Government". Schließlich und erstlich sei an den frühen Satz der amerikanischen Kolonien erinnert (1776): „No taxation without representation".

882 Ein Blick auf die Weimarer Klassiker (und ihre „Nachfolger"): *C. Schmitt* formuliert[175]: „Repräsentieren heißt, ein unsichtbares Sein durch ein öffentlich anwesendes Sein sichtbar machen und vergegenwärtigen". Mit Recht hat *H. Krüger* dieses Verständnis als „ontologisch" charakterisiert[176], im Gegensatz zu Auffassungen, die in der Repräsentation nicht mehr als einen „technischen Kunstgriff" vor allem in der Demokratie sehen. Hier steht *H. Kelsen* als Klassikertext zur Verfügung[177]. Sein Ansatz ist umso wichtiger, als *Schmitt* das Normative und Normale überspringt durch den Satz: „Repräsentation ist kein normativer Vorgang, kein Verfahren und keine Prozedur, sondern etwas *Existentielles*". Solche Texte sind typisch für ein zuspitzendes Aut-Aut-Denken, das durch brillante Polemik und Rhetorik dem demokratischen Verfassungsstaat nicht wirklich zu dienen vermag, zumal *Schmitt* die Repräsentation geradezu als das Nichtdemokratische an der Demokratie definiert, die er durch Identität von Regierenden und Regierten bestimmt sieht[178]. *H. Kelsen* betont demgegenüber den Kompromisscharakter der Demokratie. Im historischen Rückblick spricht er der parlamentarischen Repräsentation das Verdienst des politischen Ausgleichs und der Mäßigung der Demokratie zu. Das Parlament sei nicht nur ein Produkt notwendiger Arbeitsteilung, sondern schaffe die für die soziale Integration notwendige Möglichkeit, die bestehenden Differenzen „nicht auf blutig revolutionären Wegen zu überwinden, sondern friedlich und allmählich auszugleichen"[179].

---

174 Dazu m.w.N. *H. Dreier*, in: ders. (Hrsg.), GG, Bd. II, 2. Aufl. 2006, Art. 20, Rn. 11.

175 *C. Schmitt*, Verfassungslehre, 1928, S. 209.

176 *H. Krüger*, Allgemeine Staatslehre, 2. Aufl. 1966, S. 235.

177 *H. Kelsen*, Vom Wesen und Wert der Demokratie, 2. Aufl. 1929, S. 27 ff., jetzt in *ders.*, Verteidigung der Demokratie, 2006, S. 1 ff.

178 *C. Schmitt*, Verfassungslehre, 1928, S. 204 f., 218, 315.

179 *H. Kelsen*, Allgemeine Staatslehre, 1925, S. 361. Zu dieser pragmatischen Sicht *H. Hofmann/H. Dreier*, Repräsentation, Mehrheitsprinzip und Minderheitenschutz, in: H.-P. Schneider/W. Zeh (Hrsg.), Parlamentsrecht und Parlamentspraxis, 1989 (Neudruck 2011), S. 165 ff., 170 f.; *H.-P. Schneider*, Das Parlaments-

Nach *G. Leibholz*[180] ist Repräsentation einer „spezifisch-ideellen Wertsphäre verhaftet", so dass nur „transzendente Ordnungsmächte und Ideen, Gemeinschaften wie z.B. die Kirche, das Volk, die Nation, der Staat, die durch bestimmte ideelle Werte zusammengehalten werden", nicht aber wirtschaftliche oder soziale Interessen repräsentiert werden können. *H. Krüger* schließlich[181] konzipiert die Repräsentation als „Weg zur Richtigkeit von Sein und Handeln des Staates" durch „Selbstvergütung" der politischen Gruppen, deren Repräsentation das „bessere Ich" des Staatsvolkes verkörpern. Zuletzt deutet *U. Scheuner*[182] die Repräsentation durch Stichworte wie „Das repräsentative Prinzip kann nur dort gedeihen, wo der Grundsatz der Mäßigung der politischen Macht gilt" oder „Die Repräsentation ist eine Ordnung der Delegation vom Volk her, nicht der unmittelbaren Entscheidung durch das Volk; Repräsentation ist Vergegenwärtigung einer Person, Gruppe oder Idee durch eine Person (Personeinheit) durch ein Symbol". 883

Schon hier sei angemerkt, dass im nationalen Verfassungsstaat ebenso wie auf europäischer Ebene von allen im Repräsentationsbegriff angesiedelten Staatlichkeitsideologien Abschied zu nehmen ist. Es bleibt zwar eine ideelle Ebene bzw. „vertikale" Dimension, die in Stichworten wie Grundkonsens, Gewaltenteilung, Darstellung, Vergegenwärtigung von Einheit in der Vielfalt reicht, doch muss auch vom US-amerikanischen Pragmatismus gelernt werden: Es ist die Vielfalt der Interessenwahrnehmung, ja der Pluralismus eines Gemeinwesens insgesamt einzubauen, vor allem die *Normalität* normativ vorgeschriebener offener (öffentlicher) Prozesse, in denen es um das Gemeinwohl geht[183]. Der immer auch gemeinwohlbezogene Vorgang der Repräsentation betrifft damit eine doppelte Frage: wie kommt das zu repräsentierende kollektive Subjekt zum Ausdruck und wie 884

---

recht im Spannungsfeld von Mehrheitsentscheidungen und Minderheitenschutz, in: FS 50 Jahre BVerfG, 2001, S. 627 ff.

180 *G. Leibholz*, Das Wesen der Repräsentation und der Gestaltwandel der Demokratie im 20. Jahrhundert, 1. Aufl. 1929 (3. Aufl. 1966).

181 *H. Krüger*, Allgemeine Staatslehre, 2. Aufl. 1966, S. 234 ff.

182 *U. Scheuner*, Das repräsentative Prinzip in der modernen Demokratie, in: FS H. Huber, 1961, S. 222 ff.

183 In diesem Kontext siehe auch K.-P. Sommermann (Hrsg.), Gremienwesen und staatliche Gemeinwohlverantwortung, 2001.

entsteht durch einen Prozess der Ermächtigung politische Autorität[184]. *E. Fraenkel* versucht sich ihr mit seiner berühmten Definition des Repräsentationsbegriffs aus dem Jahre 1958 zu stellen: „Repräsentation ist die rechtlich autorisierte Ausübung von Herrschaftsfunktionen durch verfassungsmäßig bestellte, im Namen des Volkes, jedoch ohne dessen bindenden Auftrag handelnde Organe eines Staates oder sonstigen Trägers öffentlicher Gewalt, die ihre Autorität mittelbar oder unmittelbar vom Volk ableiten und mit dem Anspruch legitimieren, dem Gesamtinteresse des Volkes zu dienen und dergestalt dessen wahren Willen zu vollziehen."[185] Repräsentation in diesem zweifach anspruchsvollen Sinne (Vergegenwärtigung des kollektiven Legitimationssubjekts Volk, Autorisierung von politischer Herrschaft) will unzweifelhaft mehr sein als ein bloßer „technischer Kunstgriff" zu politischem Ausgleich und zur Mäßigung[186]. Sie steht aber gewiss auch im Interesse der Begründung und Begrenzung hoheitlicher Macht[187] und verlangt nüchternen Pragmatismus, nicht verunklarende Überhöhung. Das ist auf europäischer Ebene, wo es an jedem „mythischen" Volk fehlt, fast schon eine Selbstverständlichkeit.

c) Die positivrechtliche Rolle des Begriffs „Repräsentation" im deutschen Grundgesetz

885 aa) Im Folgenden wären Ausschnitte dessen zu präsentieren, was in der *Vielzahl* der *deutschen Literaturgattungen* vom grundlegenden Aufsatz in Zeitschriften und Festschriften über das Lehrbuch bis zur Kommentarliteratur und in der Judikatur des BVerfG zu Wort und Sache der „Repräsentation" im GG erarbeitet worden ist. Indes kann nur ein Blick auf die Lehrbuch- und Kommentarliteratur sowie die Judikatur des BVerfG geworfen werden. Vermerkt sei indes, dass parallele Arbeiten von den anderen nationalen Wissenschaftlergemeinschaften der an der EU beteiligten Länder

184 *G. Duso*, Repräsentative Demokratie: Entstehung, Logik und Aporien ihrer Grundbegriffe, in: K. Schmitt (Hrsg.), Herausforderungen der repräsentativen Demokratie, 2003, S. 11 ff., 27.

185 Jetzt in *E. Fraenkel*, Deutschland und die westlichen Demokratien, 2. Aufl. 1991, S. 153; dazu *S. Marschall*, Parlamentarismus. Eine Einführung, 2005, S. 49.

186 *H. Kelsen*, Vom Wesen und Wert der Demokratie, 2. Aufl. 1929 (Nachdruck 1963).

187 *U. Scheuner*, Das repräsentative Prinzip in der modernen Demokratie, in: FS H. Huber, 1961, S. 222 ff.

geleistet werden müssten, damit keine *verdeckte „Germanisierung“* des Problems der Repräsentation in der EU erfolgt. Vielleicht kann die nächste Forschergeneration diese Herkules-Arbeit für Europa im Ganzen leisten. Dabei werden die erwähnten Klassiker als Teil des gemeineuropäischen Erbes erkenntnisleitend bleiben.

Als „Repräsentant“ der *Lehrbuchliteratur* sei das Werk von *K. Stern* be- 886
fragt[188]. Es arbeitet mit der Repräsentation zentral: etwa im Blick auf den Bundestag („Vergegenwärtigung, Präsent-Sein des zwar existenten, aber nicht gegenwärtigen und zum Handeln formierten Volkes“, „Anerkennung des Volkes als überindividuell-ideelle Einheit und Verpflichtung der Repräsentanten, das ganze Volk und nicht Sonderinteressen zu repräsentieren“). Nicht nur der Bundestag, auch der Bundespräsident[189] wird so zum „Repräsentativorgan“. Andere Autoren qualifizieren die repräsentative Demokratie nicht als „technische Notlösung“ anstelle der unmittelbaren Demokratie. Für sie ist vielmehr Repräsentation „die organisatorische Verwirklichung der Volkssouveränität in einem verfassungsrechtlich geordneten Staat“[190]. Auch wird von einem „Konnex Repräsentation und freies Mandat“ (der Abgeordneten) gesprochen[191]. In der *Kommentarliteratur* finden sich ähnliche Formeln[192]. Es fällt auf, dass die erklärte Über-Setzung der klassischen Repräsentationselemente der politischen Philosophie bzw. Allgemeinen Staatslehre in das konkrete Grundgesetz kaum geleistet wird. Auch wird bislang nicht „europaoffen“ im Blick auf das im Kontext der EU *relativierte* Grundgesetz gearbeitet: etwa in der Hinsicht, dass heu-

188 *K. Stern*, Das Staatsrecht der Bundesrepublik Deutschland, Bd. II, 1980, S. 37 ff.

189 Ebd., S. 218.

190 *P. Badura*, Staatsrecht, 6. Aufl. 2015, S. 346.

191 So *K. Stern*, Das Staatsrecht der Bundesrepublik Deutschland, Bd. I, 2. Aufl. 1984, S. 963.

192 Vgl. *S. Magiera*, in: M. Sachs (Hrsg.), GG, 7. Aufl. 2014, Art. 38, Rn. 6: Repräsentation bedeutet, „dass der Bundestag das Volk vergegenwärtigt“. Repräsentation als „Gegenbegriff zur Identität“; Repräsentation unter dem GG als „Ausdruck des Prinzips der mittelbaren ('repräsentativen') Demokratie“. Ebd., Rn. 26: „Die Legitimation des Bundestages zur Repräsentation des Volkes folgt aus seiner Wahl durch das Volk, die eine umfassende Berücksichtigung aller im Volk vorhandenen Interessen sichern soll.“ – *M. Morlok*, in: H. Dreier (Hrsg.), GG, Bd. II, 2. Aufl. 2006, Art. 38, Rn. 31: Repräsentation des Volkes beinhaltet zum einen das Handeln für das Volk und zum anderen die Verantwortlichkeit gegenüber dem Volk (wobei das Prinzip der parlamentarischen Öffentlichkeit hinzugenommen wird (ebd., Rn. 32)). Siehe zu alldem auch noch *M. Kotzur*, in: BK, GG, Vorbemerkungen zu Art. 38 ff. (Stand: 2015), Rn. 41 ff.

te die nationalen Parlamente wegen der EU-Verfassungsorgane und der Pluralität der EU-Völker nicht mehr national für sich repräsentativ sind, sondern nur noch *teil*repräsentativ arbeiten können. Im EU-Europa konkurrieren jetzt viele Völker und Parteien im verfassungsstaatlich-relevanten Sinne. Dennoch kann resümiert werden, dass die (deutsche) Literatur ohne Aspekte des Repräsentationsgedankens am GG wohl nicht kommentierend arbeiten könnte, auch nicht das BVerfG.

887 bb) Diese knappe Auslese muss genügen. Doch sei zuletzt die *Judikatur des BVerfG* zum Thema „Repräsentation" vergegenwärtigt. Dies ist umso wichtiger, als das BVerfG gewiss kein „reines" Repräsentationskonzept praktizieren kann, indes andererseits gemäß seiner Aufgabe „pragmatischer Integration von Theorieelementen" viele (mitunter gegensätzliche) Aspekte des jahrhundertealten Diskurses über Repräsentation miteinander verbinden kann. Da das GG im Wesentlichen so gilt, „wie das BVerfG es auslegt", muss seine Judikatur als auf eine Weise für „Deutschland repräsentativ" befragt werden. Überdies ist im Auge zu behalten, ob das nicht nur im europäischen Ausland viel bewunderte deutsche BVerfG in Sachen Repräsentation Stichworte liefert, die auch auf die EU-Ebene transportiert werden können.

888 Im Einzelnen: In zwei Entscheidungen aus den 1980/1990er Jahren verdichtet das BVerfG seine älteren Aussagen. So heißt es in BVerfGE 80, 188 (217) aus dem Jahre 1989: „Der deutsche Bundestag ist unmittelbares Repräsentationsorgan des Volkes. Er besteht aus den als Vertretern des ganzen Volkes gewählten Abgeordneten. Der durch Art. 38 Abs. 1 GG gewährleistete repräsentative verfassungsrechtliche Status der Abgeordneten (vgl. BVerfGE 4, 144 (149)) ist Grundlage für die repräsentative Stellung des Bundestages, der als 'besonderes Organ' (Art. 20 Abs. 2 GG) die vom Volk ausgehende Staatsgewalt ausübt" (vgl. BVerfGE 44, 308 (316); 56, 396 (405)). In einer Entscheidung aus dem Jahre 1997 heißt es (BVerfGE 96, 264 (278)): „Der durch Art. 38 Abs. 1 S. 2 GG gewährleistete repräsentative Status der Abgeordneten des Deutschen Bundestages umfasst das Recht auf gleiche Teilhabe am Prozess der parlamentarischen Willensbildung" (vgl. BVerfGE 84, 304 (321 f.)). In anderen Judikaten ist davon die Rede (BVerfGE 84, 304 (321)), dass die „Repräsentation des Volkes vom Parlament als Ganzem, d.h. in der Gesamtheit seiner Mitglieder als Repräsentanten, bewirkt wird". Schon sehr früh sagt das BVerfG (BVerfGE 1, 209 (241)): „Das Parlament repräsentiert das Staatsvolk als politische Einheit". Später führt das BVerfG aus (BVerfGE 6, 84 (92)), die Wahl habe aber „nicht nur das Ziel, den politischen Willen der Wähler als

einzelner zur Geltung zu bringen, also eine Volksrepräsentation zu schaffen, die ein Spiegelbild der im Volk vorhandenen politischen Meinungen darstellt". Auch ist gelegentlich vom „parlamentarischen Repräsentationssystem" die Rede (BVerfGE 12, 139 (142). Gesprochen wird vom Verfassungsgrundsatz der „repräsentativen Demokratie" (BVerfGE 44, 309 (315); s. auch BVerfGE 62, 41 (43); 80, 188 (21)). Sogar im Blick auf die Wissenschaftsfreiheit der Hochschullehrer (Art. 5 Abs. 3 S. 1 GG) wird vom „Repräsentationsprinzip der Gruppenuniversität" gesprochen. Andernorts ist vom Bundestag als der „nationalen Repräsentativkörperschaft" die Rede (BVerfGE 89, 155 (183)). In BVerfGE 44, 308 (316) heißt es: „Wird das Volk bei parlamentarischen Entscheidungen nur durch das Parlament als Ganzes, d.h. durch die Gesamtheit seiner Mitglieder, angemessen repräsentiert ..." (s. auch BVerfGE 56, 396 (405); 118, 277 (324 f.: „repräsentativer Status des Abgeordneten")).

Es fällt auf, dass diese Judikatur einschließlich ihrer Zitatketten die Stichworte interpretatorisch bzw. richterrechtlich verarbeitet, die sich aus den schon erwähnten Klassikertexten ergeben. 889

2. Ein eigener Ansatz zur „Europäisierung" der Repräsentationsidee

Der eigene Ansatz sei in einem *Doppelschritt* unternommen. Zunächst wird das Text- und Rechtsprechungsmaterial gesichtet, das auf EU-Ebene die Fruchtbarkeit des Repräsentationsgedankens belegen könnte[193]. Solches Anknüpfen an geschriebene oder „ungeschriebene" (richterrechtliche) Texte ist in einer sich als Text- und Kulturwissenschaft verstehenden Jurisprudenz unverzichtbar. Oft lässt sich schon aus den Texten ein theoretischer Ur- oder Hintergrund freilegen. Sodann werden die Theorieelemente der spezifisch europäisch gefassten Idee von „Repräsentation" entworfen. Beides gehört zusammen, lässt sich aber nur getrennt denken und darstellen. 890

193 *C. Franzius*, Recht und Politik in der transnationalen Konstellation, 2014, S. 209 belegt anhand zahlreicher Literaturnachwesie, dass die Repräsentationsidee auch jenseits des Staates in jüngeren Diskursen eine große Rolle spielt.

a) Anhaltspunkte für „Repräsentation“ auf EU-Ebene

891 Die folgende Auswahl bleibt fragmentarisch. Sie kann aber vielleicht doch schon erkennen lassen, wie fruchtbar es ist, mit Hilfe des Schlüsselbegriffs der „Repräsentation“ auch im Europarecht im engeren Sinne zu arbeiten und dessen „Materialien“ in seinem Licht zu sehen[194]. Dabei sei mit dem eher theoretischen Gemeinwohl- und Öffentlichkeitsbegriff begonnen, um dann über die Zwischenglieder der „realistischen“ politischen Parteien und gesellschaftlichen Verbände zum Institutionell-Organisatorischen zu gelangen: zu den europäischen Verfassungsorganen wie dem Europäischen Parlament, dem Rechnungshof, dem Bürgerbeauftragten und dem EuGH.

aa) Das Gemeinwohl („öffentliches Interesse“) – Konnexbegriff zur Repräsentation

892 (1) Beginnen wir mit dem geschriebenen Verfassungsrecht der EU. Dabei wird sich zeigen, dass es – wie immer theoretisch konzipiert – ohne den alteuropäischen Topos „Gemeinwohl“ oder seine Korrelat- bzw. Ersatzbegriffe wie Aufgaben, Ziele, Kompetenzen, nicht auskommt. Vielleicht ist das Gemeinwohl sogar ein verbindender *Brückenbegriff* zwischen den einzelnen *Nationalwohlaspekten* und dem *„gemeinen Wohl Europas“* – im Element des „Allgemeinen“ mag ein Stück der materialen Allgemeinheit Europas als Wertegemeinschaft anklingen.

893 Gemeinwohl bzw. öffentliche Interessen als rechtliches Element zum Zwecke *positiver Aufgaben-Umschreibung bzw. Kompetenzbestimmung* ist eine aus dem nationalstaatlichen Stoff herauspräparierte Rechtsfigur[195]. Ihrer bedienen sich auch die EU-Texte: der Sache nach zunächst in den großen Unions-Zielen in Art. 3 EUV (dessen Abs. 1 etwa spricht vom „Wohlergehen ihrer Völker“; in Abs. 3 ist eine Fülle von Gemeinwohlzielen genannt: die nachhaltige Entwicklung, die Preisstabilität, die Vollbeschäftigung und der soziale Fortschritt ebenso wie die Gleichstellung oder der Reichtum der kulturellen und sprachlichen Vielfalt). Nicht minder gemeinwohlhaltig sind auch die Werte der Union, siehe Art. 2 EUV. Art. 191

---

194 Siehe in diesem Kontext auch N. Abbas/A. Förster/E. Richter (Hrsg.), Supranationalität und Demokratie. Die Europäische Union in Zeiten der Krise, 2015.

195 Dazu *P. Häberle*, Öffentliches Interesse als juristisches Problem, 2. Aufl. 2006, S. 39 ff. und passim.

AEUV buchstabiert zahlreiche Gemeinwohlziele des Umweltschutzes aus. Art. 14 AEUV denkt gemeinwohlbewusst an „Dienste von allgemeinem wirtschaftlichen Interesse innerhalb der gemeinsamen Werte der Union". Die „gemeinsame Verkehrspolitik" (Art. 90 AEUV) gehört ebenfalls hierher. Europäischem Gemeinwohldenken am nächsten kommen aber Art. 107 Abs. 3 lit. b AEUV, wonach Beihilfen zur Förderung wichtiger Vorhaben von „gemeinsamem europäischem Interesse" (ausnahmsweise) zulässig sind, bzw. Art. 107 Abs. 3 lit. d AEUV, wonach Beihilfen zur Förderung der Kultur und der Erhaltung des kulturellen Erbes (ausnahmsweise) zulässig sind, „soweit sie die Handels- und Wettbewerbsbedingungen in der Union nicht in einem Maß beeinträchtigen, das dem gemeinsamen Interesse zuwiderläuft". Das europäische Gemeinwohl i.S. der EU ist in diesem Tatbestand besonders eindeutig fixiert, überdies in der Form eines Ausnahme-Gemeinwohltatbestands präsent. Auch das Förderungsziel in Art. 174 Abs. 1 AEUV („harmonische Entwicklung der Union als Ganzes") verweist auf einen Teilaspekt des auf die EU bezogenen europäischen Gemeinwohls. Gleiches gilt für das in Art. 206 AEUV normierte „gemeinsame Interesse zur harmonischen Entwicklung des Welthandels" und das Gemeinwohlgut „Funktionieren des Binnenmarkts" (Art. 108 Abs. 1 AEUV) sowie die Förderung des „technischen und wirtschaftlichen Fortschritts" (Art. 101 Abs. 3 AEUV).

Das Gemeinwohl als *kompetenzbegründender Titel in Eil- und Notfällen*, 894
ebenfalls aus dem innerstaatlichen Recht bekannt[196], findet sich auch im europäischen Verfassungsrecht. Art. 28 Abs. 4 EUV ermöglicht den Mitgliedstaaten „bei zwingender Notwendigkeit aufgrund der Entwicklung der Lage" und „unter Berücksichtigung der allgemeinen Ziele der gemeinsamen Aktion die erforderlichen Sofortmaßnahmen" zu ergreifen. Der Ausnahmetatbestand des Art. 36 AEUV lässt das *nationale* Gemeinwohl aufgrund der „öffentlichen Sittlichkeit", des „nationalen Kulturgutes" etc. durchschlagen – wir sehen hier den Versuch der Lösung eines Konflikts zwischen den Grundsatzinteressen der EU und Teilaspekten des nationalen Gemeinwohls. Ähnlich denkt Art. 52 Abs. 1 AEUV („Zulässigkeit von Sonderregelungen für Ausländer aus Gründen der öffentlichen Ordnung"). „Notwendigkeitsdenken" i.S. der Trias von Möglichkeits-, Wirklichkeits- und Notwendigkeitsdenken[197] kommt auch in Art. 30 Abs. 2 EUV, Art. 66,

196 Ebd., S. 126 ff.

197 Dazu *P. Häberle*, Verfassungslehre als Kulturwissenschaft, 2. Aufl. 1998, S. 546 ff., 573 ff.

Art. 144 Abs. 1 AEUV („unbedingt erforderlich") zum Ausdruck (s. auch Art. 12 AEUV: „Erfordernisse des Verbraucherschutzes"), Art. 11 AEUV („Erfordernisse des Umweltschutzes") sowie Art. 352 AEUV (erforderliches Tätigwerden der Union, „um im Rahmen der in den Verträgen festgelegten Politikbereiche … eines der Ziele der Verträge zu verwirklichen").

895 Der Vorgang der intensiven *Anreicherung*, ja Überfrachtung von Tatbeständen mit Gemeinwohlzielen ist ebenfalls nachweisbar. Dies zeigt sich in der Buntheit des Zielekatalogs in Art. 3 EUV, ebenso in Art. 166 AEUV (allgemeine und berufliche Bildung, Jugend und Sport) sowie in Art. 168 AEUV (Gesundheitswesen).

896 Die Verquickung mit *privaten Interessen* ist ein gängiges Stilmittel innerstaatlichen Gemeinwohlrechts[198]. Es dokumentiert sich auf EU-Ebene analog etwa in Art. 169 Abs. 1 – „Verbraucherschutz" –, insofern es hier heißt: „Zur Förderung der Interessen der Verbraucher und zur Gewährleistung eines hohen Verbraucherschutzniveaus leistet die Union einen Beitrag zum Schutz der Gesundheit, der Sicherheit ... der Verbraucher".

897 Anklänge an den klassischen *prozessualen Gemeinwohltatbestand*[199] finden sich etwa in Art. 347 AEUV (die Mitgliedstaaten „setzen sich miteinander ins Benehmen" bei Beeinträchtigungen des Binnenmarktes durch „innerstaatliche Störungen der öffentlichen Ordnung"). Auch die präföderale Homogenitätsklausel aus Art. 7 EUV sowie Art. 354 AEUV kommt dem Gedanken nahe, das europäische Gemeinwohl von der Verfahrensseite her, recht kompliziert, zu sichern.

898 Den *Konfliktfall* zwischen nationalen Egoismen und dem auf die EU bezogenen Gemeinwohl löst zugunsten von diesen und rechtstechnisch neu Art. 24 Abs. 3 UAbs. 2 S. 2 EUV („Sie (sc. die Mitgliedstaaten) enthalten sich jeder Handlung, die den Interessen der Union zuwiderläuft"; andererseits schreibt Art. 72 AEUV ein Reservat für einen Teilaspekt des nationalen Gemeinwohls vor bzw. fest („Zuständigkeit der Mitgliedstaaten für die Aufrechterhaltung der öffentlichen Ordnung und den Schutz der inneren Sicherheit")).

899 Die Wirkung des (nationalen) Gemeinwohls als Titel zur *Grundrechtsbeschränkung*[200] findet sich z.B. im Kontext der Marktfreiheit „Freizügig-

---

198 Vgl. die Nachweise in: *P. Häberle*, Öffentliches Interesse als juristisches Problem, 2. Aufl. 2006, S. 60 ff.

199 Vgl. ebd., S. 87 ff.

200 In diesem Kontext siehe auch *H.-J. Cremer*, Europäische Hoheitsgewalt und deutsche Grundrechte, Der Staat 34 (1995), S. 268 ff.

keit" (Art. 45 Abs. 3 AEUV: Vorbehalt der „aus Gründen der öffentlichen Ordnung" gerechtfertigten Beschränkungen; s. auch Art. 52 Abs. 1 AEUV in Bezug auf das Niederlassungsrecht sowie strukturanalog in Art. 65 Abs. 1 lit. b AEUV für den freien Kapital- und Zahlungsverkehr).

Die seinerzeit nationalstaatsbezogene Entdeckung, dass auch sog. *fiskalische* Interessen öffentliche sein können[201], bestätigt Art. 325 AEUV (Bekämpfung von Delikten gegen die „finanziellen Interessen der Union"). Dem ist auch die *Gemeinwohlverpflichtung* der Mitglieder des Europäischen Rechnungshofes nahe: Art. 286 AEUV. Im Übrigen finden wir Gemeinwohlklauseln i.V. mit Unabhängigkeitsgarantien für die Mitglieder der Kommission (Art. 245 Abs. 2 AEUV), des Ausschusses der Regionen und des Wirtschafts- und Sozialausschusses (Art. 300 Abs. 4 AEUV: „Die Mitglieder des Wirtschafts- und Sozialausschusses und des Ausschusses der Regionen sind an keine Weisungen gebunden. Sie üben ihre Tätigkeit in voller Unabhängigkeit zum allgemeinen Wohl der Union aus"). 900

(2) Jetzt ein Blick auf die *Judikatur des EuGH*. Hier finden sich durchaus so viele Verwendungsweisen des Gemeinwohls und seiner Parallelbegriffe, dass von EU-bezogener „Gemeinwohljudikatur" gesprochen werden darf. Schon in einem Leitsatz (Nr. 6) ist im Bananen-Urteil vom 5. Okt. 1994[202] zentral davon die Rede, dass die VO „dem Gemeinwohl dienenden Zwecken entspricht" (im Blick auf die freie Berufsausübung). Das Gemeinwohl erscheint unabhängig von Texten als *prätorischer* Topos (wohl in Anlehnung an die Judikatur des BVerfG seit BVerfGE 7, 377). Im Champagner-Urteil vom 13. Dez. 1994[203] werden die Beschränkungen von Eigentums- und Berufsausübungsfreiheit von „tatsächlich dem Gemeinwohl dienenden Zielen der Gemeinschaft" her legitimiert. Ähnlich wird in späteren Entscheidungen argumentiert[204]. Es geht also um den Typus Gemeinwohl als Rechtfertigung für die Beschränkung von (europäischen) Grundfreiheiten[205]. Weitere Problembereiche sind die Abwägung von Individualinteressen und Unionsinteressen beim vorläufigen Rechts- 901

201 Dazu *P. Häberle*, „Fiskalische" Interessen als öffentliche Interessen i.S. des § 80 Abs. 2 Nr. 4 VwGO?, DVBl. 1967, S. 220 ff.; *ders.*, Öffentliches Interesse als juristisches Problem, 2. Aufl. 2006, S. 512 ff.

202 Zit. nach NJW 1995, S. 945 ff.

203 Zit. nach EuZW 1995, S. 109 ff.

204 Vgl. EuZW 1996, S. 595 ff., 597, sowie EuZW 1997, S. 693 ff., 695; vgl. auch EuGRZ 1995, S. 247 ff., 249.

205 Dazu auch *R. Uerpmann*, Das öffentliche Interesse. Seine Bedeutung als Tatbestandsmerkmal und als dogmatischer Begriff, 1999, S. 251 ff.

schutz[206], bei der Rücknahme unionsrechtswidriger Subventionsbescheide[207]. Dabei wird öfter von Zielen, die „im allgemeinen Interesse liegen", oder von „Erwägungen des Gemeinwohls" gesprochen[208], und zwar im Kontext der Mitgliedstaaten und ihrer Interessen. Die Abwägung zwischen Unionsinteressen und jenen führt notwendig zu einem „europäischen Interesse"[209]. So erlaubt, ja fordert das Konzept vom „Europäischen Verfassungsrecht"[210], je nach der funktionellrechtlichen Arbeitsteilung zwischen Rat, Parlament, Kommission und EuGH als Ergebnis allseitiger Abwägungsprozesse ein „europäisches" Gemeinwohl im Kraftfeld europäischer Öffentlichkeit zu postulieren. Der kompetenzielle, spezifisch verfassungsrechtliche Ansatz aus dem Jahre 1970 kann auf das Europa der verfassten EU übertragen werden. Die Gemeinwohljudikatur des EuGH ermutigt dazu, so punktuell sie arbeiten muss.

902 (3) *Zwischenbilanz*: Fast alle der aus dem nationalen (deutschen) Recht bekannten Gemeinwohlfiguren kehren im Verfassungsrecht der EU wieder. Der alteuropäische Gemeinwohlgedanke erweist sich einmal mehr als unverzichtbar, um Problemfelder des positiven Rechts zu bezeichnen und zu lösen. Es zeigte sich, dass es ein eigenständiges europäisches Gemeinwohl gibt, das da und dort greifbar mit dem ebenfalls anerkannten nationalen Wohl der 28 Mitgliedstaaten in Konflikt gerät und letztlich „konkordant" zu lösen ist. Es sind vor allem viele einzelne – pluralistische – Gemeinwohlaspekte, die im europäischen Verfassungsrecht segmentartig umschrieben werden. Diese textliche und rechtsprechungsbezogene „Miniaturanalyse" darf weder über- noch unterschätzt werden. Das gemeinwohltypologisch aufgeschlüsselte Material ist später mit den größeren Linien einer spezifisch europäisch ansetzenden Gemeinwohltheorie zusammenzu-

---

206 Ebd., S. 245 ff.

207 Ebd., S. 248 ff.

208 Ebd., S. 251.

209 So *R. Uerpmann*, Das öffentliche Interesse. Seine Bedeutung als Tatbestandsmerkmal und als dogmatischer Begriff, 1999, S. 263, der sich freilich trotz seines ebenfalls kompetenzrechtlichen Ansatzes noch schwer tut, verfassungs- bzw. europarechtstheoretisch ein „europäisches Gemeinwohl" anzuerkennen (vgl. ebd. S. 266 f.). Ein Teilaspekt bei *M. Pechstein*, Die Mitgliedstaaten der EG als „Sachverwalter des gemeinsamen Interesses" – Gesetzgebungsnotstand im EG-Recht, 1987. Von der ökonomischen Seite her liefert *J. Adolf*, Kohäsionspolitik und Gemeinwohlorientierung der Europäischen Gemeinschaft, 1999, einige Stichworte.

210 Dazu *P. Häberle*, Europa als werdende Verfassungsgemeinschaft, DVBl. 2000, S. 840 ff.

führen[211]. Dabei wird auch zu klären sein, ob und wie sich das nationalstaatliche Gemeinwohl „europäisiert“ und ob sich das europäische Gemeinwohl mit den 28 einzelstaatlichen Gemeinwohlaspekten verbindet, wobei es kaum auf bloße quantitative Summierungsaspekte ankommen dürfte. Z.B. kann es notwendig werden, das „europäische Gemeinwohl“ als Grundrechtsbeschränkung nicht nur in EU-Grundrechtsbereichen, sondern auch im *nationalen* Freiheits-Bereich wirken zu lassen (Ausstrahlungswirkung).

bb) Öffentlichkeit – „europäische Öffentlichkeit“ als Element der Repräsentationsidee

„Repräsentation“ ist ohne das in dieser Verfassungslehre bereits explizierte „Prinzip Öffentlichkeit“ nicht zu denken. 903 Das ist national seit langem durchbuchstabiert worden: durch viele Klassikertexte. Öffentlichkeit ermöglicht erst „Verantwortung“ und „Vergegenwärtigung“ i.S. der Repräsentation. Wie ausgeführt, sind im europäischen Primärrecht längst wesentliche Gehalte europäischer Öffentlichkeit formuliert. Gleiches gilt für die EMRK als Kernstück des Europarechts im weiteren Sinne (vgl. die Präambel: mit den Bezugnahmen auf die Demokratie, das „gemeinsame Erbe an politischen Überlieferungen“, aber auch Art. 6 Abs. 1: Anspruch auf öffentliches Gehör vor Gericht, öffentliche Verkündigung des Urteils und Art. 9: öffentliche Religionsausübung[212]). Im Europäischen Kulturab-

---

211 Die Methodik muss auch hier wieder eine rechtsvergleichende sein, siehe z.B. *B. Großfeld*, Kernfragen der Rechtsvergleichung, 1996. Allgemein zur Rechtsvergleichung im Staats- und Verwaltungsrecht auch schon *K.-P. Sommermann*, Die Bedeutung der Rechtsvergleichung für die Fortentwicklung des Verwaltungsrechts in Europa, Speyerer Vorträge 52 (1999).

212 Zu Art. 6 EMRK: *W. Peukert*, in: J. A. Frowein/ders. (Hrsg.), EMRK, 3. Aufl. 2009, S. 215 ff.; *M. Ende*, Die Bedeutung des Art. 6 Abs. 1 EMRK für den gemeineuropäischen Grundrechtsschutz, KritV 1996, S. 371 ff.; *J. Callewaert*, Die Europäische Menschenrechtskonvention und die Verfahrensgarantien. Probleme der Anwendung des Art. 6 EMRK, EuGRZ 1996, S. 366 ff. Allgemein: F. K. Kreuzer u.a. (Hrsg.), Europäischer Grundrechtsschutz, 1998; *S. Storr*, Zur Bonität des Grundrechtsschutzes in der Europäischen Union, Der Staat 36 (1997), S. 547 ff.; F. S. M. Heselhaus/C. Nowak (Hrsg.), Handbuch der Europäischen Grundrechte, 2006. – Zu „Europa als kulturelle Idee“: S. Kadelbach (Hrsg.), Europa als kulturelle Idee, 2010.

kommen von 1954[213], das viel Kulturverfassungsrecht im Europa von heute vorweggenommen hat[214], wird im Grunde eine europäische Öffentlichkeit vorausgesetzt, insofern von „europäischer Kultur“, ihrer Wahrung und Entwicklung die Rede ist (Präambel), und geschaffen, insofern die Bewegungsfreiheit und der Austausch von Personen und Kulturgütern (Art. 4) sowie die Erleichterung des Zugangs zum gemeinsamen kulturellen Erbe gefordert wird. Europa präsentiert sich als „Kulturraum“. Bei all dem formen die Elemente der „europäischen Rechtskultur“ die europäische Öffentlichkeit mit: dazu gehören, wie in dieser Verfassungslehre gezeigt, die Geschichtlichkeit des von Rom herkommenden Rechts, die Wissenschaftlichkeit des Rechts (die Kunst der juristischen Dogmatik), die Unabhängigkeit der Rechtsprechung samt dem rechtlichen Gehör, insgesamt die Gewaltenteilung (bei allen nationalen Varianten), und die weltanschaulich-konfessionelle Neutralität mit der Religionsfreiheit als Menschenrecht[215].

cc) Politische Parteien auf EU-Ebene: im Koordinatensystem der (Teil-)Repräsentation

904 Wohl alle neueren Repräsentationsideen standen und stehen vor der Frage, wie sie die politischen Parteien einordnen und grundsätzlich positiv bewerten. In Deutschland unterscheiden sich die verschiedenen Theorieansätze gerade dadurch, dass sie das Parteiwesen unterschiedlich qualifizieren: man denke etwa an die Parteienstaatslehre von *G. Leibholz* (Stichwort: Parteien als Verstärker und „Sprachrohr“ des Volkswillens, vermeintliche Erledigung des Problems der demokratischen Repräsentation durch diese besondere parteienstaatliche Form unmittelbarer Demokratie)[216], aber auch an das Parteienverständnis von *K. Hesse*, der ihnen den Status der Freiheit, Gleichheit und Öffentlichkeit zugeschrieben hat[217].

---

213 Zit. nach F. Berber (Hrsg.), Völkerrecht, Dokumentensammlung, Bd. I, 1967, S. 1330 ff.

214 Dazu *P. Häberle*, Europa in kulturverfassungsrechtlicher Perspektive, JöR 32 (1983), S. 9 ff.

215 Dazu näher *P. Häberle*, Europäische Rechtskultur, 1994, S. 21 ff.

216 *H.-R. Lipphardt*, Die Gleichheit der politischen Parteien vor der öffentlichen Gewalt, 1975, S. 530 ff.

217 *K. Hesse*, Die verfassungsrechtliche Stellung der politischen Parteien im modernen Staat, VVDStRL 17 (1959), S. 11 ff.

Mit Recht hat man gesagt[218], das Gelingen der demokratischen Repräsentationsprozesse hänge heute in hohem Maße davon ab, dass die politischen Parteien ihrer „besonderen" Repräsentationsfunktion gerecht würden. Das war *national* konzipiert. Art. 10 Abs. 4 EUV greift, wie bereits ausführlich gezeigt, diese Konzeption auf. Die Konstitutionalisierung politischer Parteien auf EU-Ebene ist gewiss eines der wichtigsten Instrumente, um „Repräsentation" eben hier wirklich werden zu lassen. Art. 10 Abs. 4 EUV bringt indes auch zum Ausdruck, dass die Parteien kein Monopol bei der politischen Willensbildung beanspruchen können, sondern an diesem Prozess nur als ein – freilich als ein besonders wirkungsmächtiger und schützenswerter – Akteur unter vielen beteiligt sind[219]. M.a.W.: Europäische politische Parteien sind als *Intermediäre* in das unionale Repräsentationssystem eingebunden. Ihre herausgehobene Stellung im EUV entspricht den nationalen Parteienartikeln, wie sie, mühsam genug, in vielen neueren Verfassungen integriert sind (vgl. Art. 21 GG sowie eher formal Art. 4 Verf. Frankreich von 1958, Art. 23 a Verf. Finnland von 1919/1995). Nimmt man das freie Mandat der Europa-Abgeordneten hinzu, so entsteht ein Gesamtbild repräsentativer Ansprüche, auf das sich die europäische Wirklichkeit in vielem freilich erst noch hinbewegen muss. Ein schwacher Trost bleibt es, dass auch in den nationalen Verfassungsstaaten die Wirklichkeit oft hinter den idealen Ansprüchen der Repräsentationsidee zurückbleibt. Die Pluralität der europäischen Völker und ihrer Bürger verlangt sogar besonders viel von der Integrationsleistung der politischen Parteien von Sizilien bis Nordirland, von Madeira bis Helsinki. Anders gesagt: Art. 10 Abs. 4 EUV macht noch viele begriffliche „Anstrengungen" in Sachen Europäisierung der Repräsentationsidee und dementsprechender Formung der europäischen Wirklichkeit notwendig. Die reife Textstufe in Art. 6 S. 1 Verf. Spanien von 1978 („Ausdruck des politischen Pluralismus") kann dabei helfen.

Auch die neuen *osteuropäischen* Verfassungen liefern Textelemente i.S. 905
der Repräsentationstheorie, was einmal mehr den nahezu weltweiten *Pro-*

218 *H. Hofmann/H. Dreier*, Repräsentation, Mehrheitsprinzip und Minderheitenschutz, in: H.-P. Schneider/W. Zeh (Hrsg.), Parlamentsrecht und Parlamentspraxis in der Bundesrepublik Deutschland, 1989, S. 165 ff., 174 f.

219 *I. Budge/H. Keman/M. D. McDonald/P. Pennings*, Organizing Democratic Choice. Party Representation over Time, 2010.

duktions- und *Rezeptions*prozess von Texten[220], Judikatur und Wissenschaft belegt. So schickt Verf. Bulgarien von 1991 in ihrem Parteien-Artikel den Satz vorweg: „Das politische Leben in der Republik Bulgarien gründet sich auf dem Prinzip des politischen Pluralismus“. Ähnlich geht Verf. Rumänien von 1991 vor („Der Pluralismus ist eine Bedingung und eine Gewähr der verfassungsmäßigen Demokratie“). Häufig kommt ein Textelement vor, das einer realistischen Sicht von „Repräsentation“ heute nicht gerecht wird: gesprochen wird von den Parteien im Dienst des Ausdrucks des Volkswillens, als ob der Volkswille „fertig“ vorhanden wäre! Indes hat schon *E. Kaufmann* 1931[221] von der wesensmäßigen Unformiertheit und Formungsbedürftigkeit des pluralistisch aufgespaltenen Volkswillens gesprochen, womit die Pluralismusidee die klassische Volkssouveränitätsidee korrigiert. Dem tragen manche neuere Textstufen zum Teil Rechnung. So spricht Art. 8 Abs. 2 Verf. Rumänien vom Beitrag der politischen Parteien „zur Herausbildung (!) und zum Ausdruck des politischen Willens der Bürger“, § 3 Abs. 2 Verf. Ungarn von 1949/1997 spricht von Mitwirkung „bei der Bildung und Kundmachung des Volkswillens“, Art. 36 Verf. Ukraine von 1996 von der Förderung der „Herausbildung und Bekundung des politischen Willens der Bürger“. Das „demokratische Mehrparteiensystem“ (Art. 3 Verf. Kroatien von 1990), der „freie Wettbewerb der politischen Parteien“ (Art. 5 Verf. Tschechien von 1992) sind weitere werdende Verfassungstexte, die Stichworte der modernen Repräsentationsidee aufgreifen.

dd) „Europäische Verfassungsorgane“ im Kraftfeld von Repräsentation und Teilrepräsentation

906 Im Folgenden seien Europäische Verfassungsorgane der EU daraufhin untersucht, ob und wie sie der Repräsentationsidee im ganzen Raum geben oder einzelne ihrer Elemente buchstäblich „darstellen“ (z.B. via „Öffentlichkeit“ bzw. Gemeinwohlverpflichtung). Das kann freilich nur stichwortartig geschehen. Begonnen sei mit dem *Europäischen Parlament* als dem Forum der unmittelbar von den europäischen Völkern her legitimierten parlamentarischen Repräsentation. Das Bundesverfassungsgericht hat in

---

220 Texte zit. nach H. Roggemann (Hrsg.), Die Verfassungen Mittel- und Osteuropas, 1999.

221 *E. Kaufmann*, Zur Problematik des Volkswillens, 1931, S. 9 f.

seinem Lissabon-Urteil bekanntlich einen mehr als skeptischen Ton angeschlagen: „Gemessen an verfassungsstaatlichen Erfordernissen fehlt es der Europäischen Union auch nach Inkrafttreten des Vertrags von Lissabon an einem durch gleiche Wahl aller Unionsbürger zustande gekommenen politischen Entscheidungsorgan mit der Fähigkeit zur einheitlichen Repräsentation des Volkswillens."[222] Indes: Art. 14 EUV, Art, 223 ff. AEUV sind jedenfalls tendenziell vom Leitbild des klassischen (nationalen) Parlaments her gedacht: so wenn Art. 14 Abs. 2 S. 1 EUV sagt: „Das Europäische Parlament setzt sich aus Vertretern der Unionsbürgerinnen und Unionsbürger zusammen." Ebenso, wenn Art. 14 Abs. 1 EUV die Gesetzgebungs-, die Haushalts-, die Kontroll-, die Beratungs- und die Bestellungsfunktion des Europäischen Parlaments bündelt. Aber auch Normen wie Art. 17 Abs. 7 und 8 EUV, Art. 313 und Art. 314 AEUV (Haushaltsverfahren) oder Art. 319 AEUV („Entlastung der Kommission") gehören in diesen Kontext. Im Übrigen haben die Europaabgeordneten ein „repräsentatives Mandat" – parallel den Abgeordneten der nationalen Parlamente. Sie „vertreten" nicht ihren Wahlkreis bzw. ihre Nation, sondern, einmal gewählt, alle Bürgerinnen und Bürger der Union und mittelbar auch alle Völker der EU-Mitgliedstaaten.

Zuletzt ein Blick auf andere EU-Verfassungsorgane[223]: In Bezug auf die 907
Kommission ist es zwar nicht durchgängig das Prinzip Öffentlichkeit, das die Brücke zur „Repräsentation" herstellt (vgl. immerhin Art. 249 Abs. 2 AEUV: Veröffentlichung des Gesamtberichts), wohl aber die Verpflichtung auf das Wohl der Gemeinschaft, das, gekoppelt mit der Garantie der Unabhängigkeit, in Art. 245 AEUV anklingt – die Figur des „repräsentativen Amtes" liegt nahe.

Der *Rechnungshof* ist ähnlich gestaltet (vgl. Art. 286 Abs. 1 und Abs. 4 908
AEUV sowie Art. 287 Abs. 4 AEUV: Veröffentlichung eines Jahresberichts). Auch der *Wirtschafts- und Sozialausschuss* und der *Ausschuss der Regionen* wiederholt kontextualisierend, wie bereits gezeigt, Unabhängigkeit der Akteure und Gemeinwohlkonkretisierung. Auch hier stellt das EU-Verfassungsrecht einzelne seiner Institutionen in die alteuropäische

---

222 BVerfGE 123, 267 (372).

223 *R. Bieber*, Institutionen, in: R. Schulze/M. Zuleeg/S. Kadelbach (Hrsg.), Europarecht. Handbuch für die Deutsche Rechtspraxis, 3. Aul. 2015, § 1, Rn. 22 ff. zum Europäischen Parlament, ab Rn. 42 ff. zu den übrigen Institutionen.

Repräsentationsidee[224]. Es ist vor allem die Gemeinwohlverpflichtung, die ein Stück Vielfalt im Interesse europäischer Einheit vermittelt. Die Mitglieder der beiden beratenden Einrichtungen der Union, *Ausschuss der Regionen* sowie *Wirtschafts- und Sozialausschuss* (Art. 300 ff. AEUV) sind in ihrem Status freilich nicht mit dem repräsentativen Mandat der Abgeordneten unmittelbar vergleichbar, aber die Gemeinwohlbindung bleibt (Art. 300 Abs. 4 AEUV). Sie mögen daher als teil-repräsentativ bezeichnet werden, was ein Stück weit auch für die politischen Parteien gilt. Das Verbändewesen in Europa[225] mag hier ein begrenztes Forum begrenzter Kompetenzen und fragmentierter Interessen haben, das den faktischen „organisierten Interessen" näher steht als gemeineuropäischen Werten, so sehr diese ihrerseits ständiger Aktualisierung bedürfen.

b) Theorieelemente des „europäisierten" Repräsentationsbegriffs

909 Schon die Analyse der positivrechtlichen Texte ließ sich nicht ohne „Vorverständnisse" i.S. *H. G. Gadamers* bzw. *J. Essers* betreiben. Im Folgenden seien sie jedoch im Zusammenhang skizziert.

910 Die Repräsentationsidee lässt sich im europäischen Kontext u.E. nur in einer Synthese der sog. „idealistischen" und „realistischen" Konzepte[226] fruchtbar machen. Europa, das sich in seinem – offenen – Eignungspro-

---

224 Auch *C. Möllers*, Expressive versus repräsentative Demokratie, in: R. Kreide (Hrsg.), Transnationale Verrechtlichung, 2008, S. 160 ff., spricht sich dafür aus, die Idee der Repräsentation auch jenseits des Nationalstaats fruchtbar zu machen (insbes. S. 161 ff.).

225 Ch. H. Schuster (Hrsg.), Lobbying in der Praxis. Strategien und Instrumente für Verbände, 2015; W. Reutter (Hrsg.), Verbände und Interessengruppen in den Ländern der Europäischen Union, 2. Aufl. 2012; *J. Teuber*, Interessenverbände und Internationalisierung. Dachverbände, Automobilindustrie und Einzelhandel in der Europäischen Union, 2009; schon in den 1980er Jahren hatte die rechtswissenschaftliche Literatur die Rolle des Verbandswesens auf europäischer Ebene entdeckt, siehe K. M. Meessen (Hrsg.), Verbände und europäische Integration, 1980; *Th. Würtenberger*, Die Verbändeproblematik aus europarechtlicher und integrationstheoretischer Sicht, 1980, S. 29 ff.

226 Zu ihnen: *H. Hofmann/H. Dreier*, Repräsentation, Mehrheitsprinzip und Minderheitenschutz, in: H.-P. Schneider/W. Zeh (Hrsg.), Parlamentsrecht und Parlamentspraxis in der Bundesrepublik Deutschland, 1989, S. 165 ff., 167 ff.; siehe auch *C. Möllers*, Expressive versus repräsentative Demokratie, in: R. Kreide (Hrsg.), Transnationale Verrechtlichung, 2008, S. 160 ff.

zess von einer bestimmten Idee, von hohen Idealen schon ausweislich seiner konstitutionellen Texte leiten lässt und sich immer „unterwegs" weiß, dabei aber einen relativ ideellen „Untergrund" braucht und lebt – Freiheit und Demokratie, Rechtsstaat und Menschenrechte, vgl. Art. 2 und Art. 6 EUV, sowie gemeineuropäisches Erbe („gemeinsame Verfassungsüberlieferungen" nach Art. 6 Abs. 3 EUV), Identität und Unabhängigkeit (vgl. Präambel EUV), Behauptung ihrer Identität (vgl. die Werte aus Art. 2 EUV, sieh Art. 4 Abs. 2 EUV mit Blick auf die mitgliedstaatliche Identität), „geistig-religiöses und sittliches Erbe" gemäß Präambel EU-Grundrechte-Charta von 2000, „gemeinsames kulturelles Erbe" i.S. von Art. 167 Abs. 1 AEUV[227] – dieses Europa bedarf der Repräsentation als Weg zur Werteverwirklichung i.S. von *G. Leibholz*, in einem gewissen Grade sogar der Selbstvergütung i.S. von *H. Krüger*. Mag der Weimarer „Repräsentations-Idealismus" von „Einheitssehnsüchten" motiviert sein (so *H. Hofmann/H. Dreier*), ein Stück dieses Ansatzes ist gerade für das sich einen wollende Europa von heute unentbehrlich. Gewiss, die Einheitsidee, die vom Nationalstaat Deutschlands der 20er Jahre nicht einfach auf Europa transponiert werden kann, da dieses Europa „weltoffen" (vgl. Art. 3 Abs. 5 EUV, der ein diesbezüglich außerordentlich anspruchsvolles Programm formuliert) ist[228],"europaoffen" (d.h. erweiterungsoffen vgl. Art. 49 EUV!) und zugleich durch die Vielfalt der Kulturen bzw. Völker begründet wird, diese Einheitsidee ist für Europa neu zu denken und „relativ" zu sehen. Gleichwohl bedarf dieses Europa der EU eines „Utopiequantums", eines ideellen „Überschusses", dessen Horizonte nur das ideologische Wertekonzept der (End-)Weimarer Zeit vermitteln kann, freilich ohne dessen Schwächen und antiparlamentarische Stoßrichtung zu übernehmen. Nimmt man die übrigen in der Textstufenanalyse freigelegten Kontexte von ideell gedachtem „europäischem Gemeinwohl", einer primär von der Kultur her konzipierten „europäischen Öffentlichkeit" hinzu, auch den von den Parteien geforderten Beitrag zur Ausbildung eines „europäischen Bewusstseins", so erscheint die Verwendung der „vertikalen" Dimension des Repräsentationsbegriffs im Europa von heute sogar unverzichtbar. Europäische Einheitsbildung kann, ja muss sich der Ideen-

227 Dazu auch *H. G. Fischer*, in: C. O. Lenz/K. D. Borchardt (Hrsg.), EU-Verträge, 6. Aufl. 2013, Art. 167 AEUV, Rn. 5.

228 *A. v. Arnauld*, Das System der Europäischen Außenbeziehungen, in: A. Hatje/P.-Ch. Müller-Graff (Hrsg.), Enzyklopädie Europarecht, Bd. X, 2014, § 1, Rn. 1 ff., pointiert überschrieben mit: „Die Europäische Union und die Anderen".

werkstatt der Begriffsgeschichte des Wortes „Repräsentation“ bedienen. Europa „*wird*“, über die EU hinaus, durch Prozesse der Werteverwirklichung – Werte von der Kultur bis zum Umweltschutz, von der Menschenrechtsverwirklichung[229] bis zur Bildung.

911 Diese ideelle, wenn man will „vertikale“ Dimension ist indes nur die eine Seite von „Repräsentation“ im europäischen Kontext. Die andere ist ebenfalls fruchtbar zu machen: das Verständnis von Repräsentation als „Herrschaftstechnik, Arbeitsteilung oder Interessenvermittlung“[230]. Es bedarf im Europa der EU auch und gerade einer „realistischen Bodenhaftung“. Sie wird schon nahegelegt durch die Fundierung der EU von der „nationalen Identität“ der Mitgliedstaaten her (Art. 4 Abs. 2 EUV), vor allem aber ermutigt das „Verfassungslabor“ der werdenden USA dazu, auch diese *realistische* Sicht zu integrieren. Denn in den Federalist Papers (1787/88) wurde erstmals das Konzept repräsentativ-demokratischer Herrschaft in einem großen Flächenstaat entwickelt. Die „representative democracy“ (*A. Hamilton*) qualifiziert die unterschiedlichen Meinungen nicht als „Störfaktor des Repräsentationsvorgangs“, sondern als dessen Grundlage. „Kommunikative Erweiterung“, Abschleifung der Besonderheiten der einzelnen Standpunkte sind weitere Stichworte aus der Sekundärliteratur[231]. Nimmt man *H. Kelsens* positive Deutung der parlamentarischen Repräsentation unter dem Aspekt des Kompromisscharakters der Demokratie, des politischen Ausgleichs und der Mäßigung hinzu, so zeigt sich, wie eine Verfassungstheorie der ebenfalls großflächigen EU von heute sich dieser Theorieelemente bedienen kann. Die Pluralität der Einzelwillen bildet sich nicht nur aus den partikularen Interessen der einzelnen Europabürger, sie formt sich auch aus der von der EU ernst genommenen und geachteten „nationalen Identität“ der Mitgliedstaaten (vgl. nochmals Art. 4 Abs. 2 EUV). Interessenwahrnehmung seitens der Bürger bzw. der repräsentie-

---

229 Die Rechtsprechung des EGMR tut dazu das ihrige, exemplarisch herausgegriffen sei für die neueste Judikatur zur Meinungsfreiheit F. Laue, Aktuelle Rechtsprechung des Europäischen Gerichtshofs für Menschenrechte zur Meinungsfreiheit des Art. 10 EMRK, AfP 2015, S. 110 ff.

230 Dazu *H. Hofmann/H. Dreier*, Repräsentation, Mehrheitsprinzip und Minderheitenschutz, in: H.-P. Schneider/W. Zeh (Hrsg.), Parlamentsrecht und Parlamentspraxis in der Bundesrepublik Deutschland, 1989, S. 165 ff., 169 ff.

231 Dazu *H. Hofmann/H. Dreier*, Repräsentation, Mehrheitsprinzip und Minderheitenschutz, in: H.-P. Schneider/W. Zeh (Hrsg.), Parlamentsrecht und Parlamentspraxis in der Bundesrepublik Deutschland, 1989, S. 165 ff., 170.

renden nationalen Parlamente[232] bzw. seitens der EU-Verfassungsorgane wie des Europäischen Parlaments gehören zusammen: In europäischer Öffentlichkeit filtern sich Aspekte des europäischen Gemeinwohls heraus, und der jetzt europäisch verstandene Begriff der „Repräsentation" gewinnt im hier entworfenen *ideell-realistischen* Ansatz Konturen. Repräsentation behält einen auch nationalstaatlichen Aspekt, aber sie erweitert und vertieft sich (und zwar nicht nur räumlich-quantitativ) im Blick auf das Europa im engeren Sinne der EU. *Beides* ist zu denken: der gemeineuropäische Wertekanon und die Arbeitsteilung und Interessenvermittlung in den Verfassungsorganen der EU. Die Einheitsbildung ist hier immer eine relative. Der „Wille der Bürgerinnen und Bürger der Union" (Art. 10 Abs. 4 EUV), der Völker Europas (vgl. Präambel EUV) *und* die national bleibenden Mitgliedsländer der EU formen komplementäre Bezugspunkte europäischen Repräsentationsdenkens. Dieses kann auf die vermittelnde Tätigkeit der europäischen Öffentlichkeit ebenso wenig verzichten wie auf die Metapher *E. Fraenkels* vom „Kräfteparallelogramm", aus dem sich ex post das – jetzt europäische – Gemeinwohl bildet. Das Feld der „Vorformung des politischen Willens" i.S. *U. Scheuners* (vgl. auch BVerfGE 8, 104 (113, 115); 20, 56 (98)) ist jetzt EU-weit zu konzipieren: in Gestalt des Prozesses der öffentlichen Meinungsbildung, vor allem dank des *status politicus* aller Bürger bei ihren demokratischen Mitwirkungs- und Kommunikationsrechten[233] (bis hin zum Petitionsrecht nach Art. 24 AEUV, Art. 227 AEUV; Art. 44 EU-Grundrechte-Charta[234]), bei der Interessenverfolgung durch – europäische – Verbände und dank der europäisch agierenden politischen Parteien.

3. Ausblick

Abschließend sei angemerkt, dass der Repräsentationsgedanke mindestens 912
längerfristig auch im Europa im *weiteren* Sinne eine Chance hat. Bekannt-

232 *P. M. Kaczynski*, Paper Tigers or Sleeping Beauties? National Parliaments in the Post-Lisbon European Political System, CEPS Special Report, 2011.

233 Zum Stichwort Kommunikationsrechte siehe schon *W. Peukert*, Die Kommunikationsrechte im Lichte der Rechtsprechung der Organe der EMRK, in: FS Mahrenholz, 1994, S. 637 ff.

234 Jüngst *O. Mader*, Petitionsgrundrecht light – Wie viel Schutz braucht des Parlament vor dem Bürger?, EuZW 2015, S. 41 f. zur Entscheidung des EuGH vom 09.12.2014, Rs. C-261/13, EuGH EuZW 2015, S. 59 f.

lich ist dieses größere Europa in seinen normativen Strukturen weit weniger „dicht“ gewebt als die EU. Der Europarat bzw. die OSZE bilden trotz ihrer z.T. erstaunlichen Basistexte, vor allem etwa der EMRK, noch keine „Gemeinschaft“, keine „Einheit“, die es erlaubte, die Repräsentationsidee in ihrer gemischten, d.h. ideell/realistischen Gestalt, auch hier anzuwenden. Dennoch sind auch im Europarecht im weiteren Sinne Vorformen oder Teilfelder erkennbar, die sich der Repräsentationsidee bzw. ihren Theorieelementen öffnen könnten. Die Parlamentarische Versammlung des Europarates ist wegen der schwachen Verbindlichkeit ihrer Tätigkeit nur begrenzt „repräsentativ“ – immerhin werden aber neue Beitrittskandidaten aufgenommen, werden fast wie in einem informellen mittelbaren Akt der Verfassunggebung normative Vorgaben als Hürden für den Beitritt aufgestellt (z.B. Minderheitenschutz, Abschaffung der Todesstrafe); indes ist der EGMR in Straßburg einer „repräsentativen“ Sicht wohl durchaus zugänglich. Einheits- und Vielfaltsrepräsentation i.S. von *D. Grimm* ist erkennbar – alle 47 Mitglieder sind durch je *einen* Richter vertreten, das richterliche Sondervotum hebt das Besondere auf dem Forum des Allgemeinen auf, der EGMR arbeitet mit dem Gemeinwohlbegriff[235], er lässt bei der Anwendung der EMRK-Prinzipien den einzelnen Nationen Wertungsspielräume. Die Pluralität des europäischen Grundkonsenses und das Europa der lockeren Staatenvielfalt, der Aspekt bloßer Teilrepräsentation steht im Vordergrund. Dennoch: In dem Maße, wie sich teilkonstitutionelle Strukturen auch im Europa i.w.S. herausbilden, vor allem über die EMRK, die in Ländern wie der Schweiz und Österreich innerstaatlich sogar auf *Verfassungs*stufe gilt, in dem Maße wird das Erkenntnispotential, das im Begriff der Repräsentation dank einer Geschichte von vielen Jahrhunderten „gestaut“ ist[236], auch im „großen Europa“ fruchtbar. Die nationalen und gemeineuropäischen Gelehrtengemeinschaften sind gefordert, „Repräsentation“ vom *alteuropäischen* über den nationalen Begriffshorizont zum *gemeineuropäischen* Prinzip *guten Zusammenlebens* fortzudenken – und das auf einem Kontinent, der sich ideell-kulturell als Zukunftsentwurf versteht und zugleich die kulturanthropologischen Realien des

---

235 *P. Häberle*, Öffentliches Interesse revisited, in: G. Winter (Hrsg.), Das Öffentliche heute, 2002, S. 157 ff.; *ders.*, Gemeinwohl und Gemeinsinn im internationalen, verfassungsstaatlichen und europarechtlichen Kontext, in: H. Münkler/ K. Fischer (Hrsg.), Gemeinwohl und Gemeinsinn im Recht, Bd. III, 2002, S. 99 ff.

236 Dazu *H. Hofmann*, Repräsentation, 4. Aufl. 2003.

„vor Ort", in einer überschaubaren „Heimat" verankerten Menschen ernst nimmt.

D. Das „Europa der Bürger": Gemeineuropäisches Grundrechte-Recht

Vorbemerkung: Ein Forschungsprogramm in Europa (Möglichkeiten und Grenzen)

Zu den zentralen Themen einer europäischen Verfassungslehre gehören 913
die Grundrechte. Schlagwortartig im Begriff „Europa der Bürger" präsent, sind die Grundrechte als Ausdruck der Menschenwürde und der sich aus dieser ergebenden Demokratie wesentliche Strukturprinzipien des sich verfassenden Europa. Gängig ist die Konzeption von Europa als „Grundrechtsgemeinschaft", hier meist auf die EU bezogen[237]. Aber auch das Europa im weiteren Sinne von Europarat und OSZE kann dank der EMRK und mancher Texte und Verfahren der OSZE als Grundrechtsgemeinschaft gelten[238]. So wie weltweit die „Menschenrechte", freilich oft allzu undif-

---

237 Mit der Idee der Grundrechtsgemeinschaft arbeiten etwa *M. Hentschel-Bednorz*, Derzeitige Rolle und zukünftige Perspektive des EuGH im Mehrebenensystem des Grundrechtsschutzes in Europa, 2012; *J. M. Schilling*, Deutscher Grundrechtsschutz zwischen staatlicher Souveränität und menschenrechtlicher Europäisierung. Zum Verhältnis zwischen Bundesverfassungsgericht und Europäischem Gerichtshof für Menschenrechte, 2010; aus der umfänglichen, begriffsprägenden (auch älteren) Lit.: *G. Hirsch*, Die Europäische Union als Grundrechtsgemeinschaft, in: FS Mélanges Schockweiler, 1999, S. 177 ff. S. auch *A. v. Bogdandy*, Grundrechtsgemeinschaft als Integrationsziel?, JZ 2001, S. 157 ff. – Die legislative bzw. interpretative Herbeiführung der Europarechtskonformität der nationalen (z.B. innerdeutschen) Grundrechte wird immer mehr zur Aufgabe. Paradigmatisch *J. Lücke*, Zur Europarechtskonformität der Deutschen-Grundrechte, EuR 2001, S. 112 ff.; *M. Zuleeg*, Zum Verhältnis nationaler und europäischer Grundrechte, EuGRZ 2000, S. 511 ff.; *G. Minichmayr*, Der Beitritt der Europäischen Gemeinschaft zur Konvention zum Schutze der Menschenrechte und Grundfreiheiten, 1999; s. auch *R. Streinz*, Konvergenz der Grundfreiheiten, in: FS Rudolf, 2001, S. 199 ff.; *J. Kühling*, Die Kommunikationsfreiheit als europäisches Gemeinschaftsgrundrecht, 1999; *D. Schindler*, Die Kollision von Grundfreiheiten und Gemeinschaftsgrundrechten, 2001; ferner *C. O. Lenz*, Der europäische Grundrechtsstandard in der Rechtsprechung des Europäischen Gerichtshofes, EuGRZ 1993, S. 585 ff.; *H. C. Krüger/J. Polakiewicz*, Vorschläge für ein kohärentes System des Menschenrechtsschutzes in Europa, EuGRZ 2000, S. 92 ff.

238 Speziell zum Europarat: *K.-P. Sommermann*, Der Schutz der Menschenrechte im Rahmen des Europarates, 1990.

ferenziert, das „Zeichen" sind, unter dem sich (Verfassungs-)Staaten sammeln und legitimieren (dank der beiden Menschenrechtspakte der UN von 1966 auch positivrechtlich abgesichert), so sucht Europa als regionale Verantwortungsgemeinschaft sich selbst vor allem im Bild und Menschenbild der Grundrechte. „Grundrechtspolitik", eine 1971 entfaltete Kategorie[239], wird zum – europäischen – „Gemeinplatz", die europäische Öffentlichkeit lebt aus und mit ihr, und wenn es ein Vehikel gibt, das Europa in all seiner Vielfalt zusammenbindet, dann sind es die Grundrechte.

914 Bei allem Respekt vor der Afrikanischen Banjul Charta von 1981 und der Amerikanischen Menschenrechtserklärung von 1969: im Folgenden kann nicht einmal angedeutet werden, ob und wie es universale Grundrechtsprinzipien auch in Afrika und Amerika gibt und wie sie mit gemeineuropäischem Grundrechterecht übereinstimmen[240]. Der folgende Versuch ist in mehrfacher Hinsicht weit bescheidener und recht begrenzt. Er ringt nur um eine Europa (freilich im Ganzen) betreffende *Problemauswahl* in Sachen Grundrechte. Dabei darf es inspirierend wirken, dass Europas Konstitutionalisierungsprozess schon prima facie in Sachen Grundrechte am weitesten fortgeschritten erscheint – ausweislich von Verfassungstexten, wissenschaftlichen Grundrechtstheorien und tiefer wie breiter Grundrechtsjudikatur der vielen nationalen und der beiden europäischen Verfassungsgerichte EGMR und EuGH. Damit sind bereits die Materialien genannt, aus denen die Horizonte einer allgemeinen Grundrechtslehre für Europa zu erarbeiten wären: Im Gegensatz zu anderen Themen dieser europäischen Verfassungslehre (z.B. bei der Demokratie und der Gewaltenteilung) geht der folgende Versuch nicht in einem Zweischritt vor: erst die engere nationale Ebene, dann die weitere europäische behandelnd. Vielmehr sei es gewagt, beide Ebenen oder Felder *von vornherein* zusammenzusehen. Angesichts der bereits erreichten hohen Dichte der europäischen Grundrechtsgarantien ist dies möglich, was nicht ausschließt, dass auch hier das *Verfahren der Analogiebildung* praktiziert wird: vom Nationalen zum Europäischen. Freilich ist beim Grundrechtsthema, wie kaum sonst, auch das umgekehrte Analogieverfahren geboten: Rezeptionsprozesse verlaufen gerade hier besonders intensiv von der europäischen Ebene zu den nationalen Grundrechtsgemeinschaften hin. Die Produktions-

---

239 *P. Häberle*, Grundrechte im Leistungsstaat, VVDStRL 30 (1972), S. 43 ff., 75.

240 Den Begriff „gemeineuropäisches Grundrechte-Recht" hat *P. Häberle* erstmals 1983 vorgeschlagen: *ders.*, Europa in kulturverfassungsrechtlicher Perspektive, JöR 32 (1983), S. 9 ff., 16 f., 26.

und Rezeptionsgemeinschaft, die Lehr- und Lerngemeinschaft in Sachen Grundrechte ist in Europa sozusagen „zweiseitig", Osmoseprozesse gehen hin und her: von Europa zum nationalen Verfassungsstaat und umgekehrt. Das wird sich in der Materialverarbeitung im Einzelnen zeigen lassen.

Der folgende Theorieversuch wäre erst dann „komplett", wenn er gleich- 915
mäßig aus *allen* europäischen Nationen bzw. ihren Grundrechtsgemeinschaften gearbeitet wäre. Eine derartige Beherrschung des riesigen Stoffes ist aber monographisch nicht möglich. Selbstbescheiden sei von Deutschland und z.T. der Schweiz und ihrer weit gediehenen Grundrechtswissenschaft aus gedacht. Nur punktuell kann es gelingen, in das allgemeine Theorieraster von vornherein auch die anderen Nationen und überdies die gesamte europäische Ebene einzubeziehen. Tendenziell wären alle „Grundrechtswerkstätten" in Europa auszuwerten, und dies hätte gleichartig im Lichte der schon genannten Trias der Verfassungs*texte*, der Grundrechts*theorien* und der Grundrechts*judikatur* zu geschehen. Osteuropas Verfassungstexte seien aber *gleichzeitig* mit den westeuropäischen ausgewertet, zumal sich auch hier das Textstufenparadigma als hilfreich erweist. Ein Erkenntnisinstrument ist dabei das Konzept der Rechtsvergleichung bzw. Grundrechtsvergleichung als „fünfte" Auslegungsmethode, das so manchen schöpferischen Prozess in Sachen Grundrechte voranbringt – vorbildlich praktiziert durch die „wertende", „evolutive" Grundrechtsvergleichung des EuGH[241]. Überdies sei mit der folgenden Auswahl von 10

---

241 In jüngerer Zeit monographisch untersucht von *M. Bleckmann*, Nationale Grundrechte im Anwendungsbereich des Rechts der Europäischen Union. Die Kooperation des Grundrechtsschutzes in der Europäischen Union unter Berücksichtigung der besonderen Ausprägungen des nationalen Grundrechtsschutzes, 2011; *N. Grosche*, Rechtsfortbildung im Unionsrecht. Eine Untersuchung zum Phänomen richterlicher Rechtsfortbildung durch den Gerichtshof der Europäischen Union, 2011; *A. Stricker*, Die Bedeutung der Europäischen Menschenrechtskonvention und der gemeinsamen Verfassungsüberlieferungen für den Grundrechtsschutz der Europäischen Union, 2010; aus der umfänglichen älteren und neueren Lit.: *A. Bleckmann*, Die wertende Rechtsvergleichung bei der Entwicklung europäischer Grundrechte, in: FS Börner, 1992, S. 29 ff. – S. auch *R. Streinz*, Konvergenz der Grundfreiheiten, in: FS Rudolf, 2001, S. 199 ff.; *M. Nettesheim*, Grundrechtliche Prüfdichte durch den EuGH, EuZW 1995, S. 106 ff.; *H. Schneider*, Zum Funktionswandel der Grundfreiheiten des EGV und zu seinen Auswirkungen auf das nationale Recht, NJW 1996, S. 512 ff.; zur „europafreundlichen Verfassungsauslegung": *D. Tsatsos*, Integrationsförderung und Identitätswahrung, in: FS Kriele, 1997, S. 1263 ff., 1272 ff.; *P. Szczekalla*, Freiheit im Europäischen Verfassungsverbund, DVBl. 2005, S. 286 ff.

Problemkreisen *typologisch* gearbeitet, jeweils seien möglichst charakteristische Prototypen aus dem konstitutionellen Textarsenal der sie begleitenden, mitunter auch hervorbringenden Wissenschaft (mit alten und neuen Klassikertexten seit *G. Jellinek*) und der oft prätorischen Rechtsprechung ausgewählt – all dies im Bewusstsein, dass selbst und gerade auch bei den Grundrechten zum gleichen Problemkreis viele nationale Varianten *möglich* und *wirklich* sind. Das vielzitierte „Europa der Vielfalt" gibt es auch in Sachen Grundrechte, trotz aller gemeineuropäischen Grundrechtsgehalte. Die Erkenntnis der stupenden nationalen Beispielsvielfalt von 56 Ländern (der Zahl der OSZE-Mitglieder) oder doch 47 Nationen (der heutigen Zahl der Europaratsmitglieder) sollte bewusst machen, wie rudimentär jede Bestandsaufnahme und Theorie der „europäischen Grundrechte" bleibt.

916 Für die Theoriebildung anleitend wirkt in besonderer Weise die *EU-Grundrechte-Charta.* Denn hier wurde in kreativer Rechtsvergleichung ein Teil des europäischen Grundrechtsbestandes gesichtet und – mühsam genug – auf einen gemeinsamen Nenner gebracht. So ist charakteristisch, dass bei den einzelnen Artikeln „beruhigend" oft auf schon vorhandene Regelungen etwa der EMRK verwiesen oder auf die Judikatur der beiden europäischen Verfassungsgerichte Bezug genommen wurde. Mag die damalige Leistung von Altbundespräsident *R. Herzog* als Vorsitzender des „*Konvents*" auch darin bestanden haben, einen guten Kompromiss eher pragmatisch durchgesetzt zu haben, sein erfolgreicher Weg darf als eine Form grundrechtlicher Mindestbestandssicherung in Europa (nicht nur in der EU) angesehen werden. Eine gemeineuropäische Grundrechtswissenschaft, die an „Vorgaben der Politik" nicht gebunden ist, vermag hingegen noch freier vorzugehen. Eine Etappe auf diesem von vielen Grundrechtswissenschaftlern „arbeitsteilig" zu beschreitenden Weg kann vielleicht die folgende problemorientierte Behandlung sein. Sie versteht sich wegen ihres das *gesamte* Europa umgreifenden Ansatzes nicht lediglich als „europarechtlich", also rein EU-bezogen. Aus der Perspektive einer „europäischen" Verfassungslehre greift dies zu kurz.

I. Statuslehren auf der Spur der Klassikertexte von G. Jellinek

917 Eine erste Strukturierung des vielseitigen Grundrechtsmaterials in Europa ist nach wie vor der Statuslehre von *G. Jellinek* zu verdanken (1905). Mag sie auch in manchem zu revidieren sein, z.B. indem die Menschenwürde

und der „status activus politicus“ (vgl. Art. 21 Abs. 1 Verf. Brandenburg von 1992: „Recht auf politische Mitgestaltung“; Art. 28 Abs. 1 Verf. Georgien von 1995: Teilnahme jedes Bürgers an Volksbefragungen) zum *Ausgangspunkt* gewählt wird und nicht der „status passivus“[242], ist sie auch fortzuentwickeln, etwa i.S. des „status activus processualis“[243] bzw. des Ombudsmanns (z.B. Art. 208 bis 212 Verf. Polen von 1997): *G. Jellinek* bleibt ein lebendiger Klassikertext für die Judikatur und Literatur in ganz Europa. Freilich sind die verschiedenen Status flexibel miteinander und nicht statisch nebeneinander zu sehen. Der „status negativus“ der Meinungsfreiheit (z.B. Art. 24 Verf. Georgien) ist auch um der öffentlichen Meinungsbildung in der Demokratie und ihrer „Ergebnisse“ willen garantiert. Der „status positivus“ des Anspruchs auf das wirtschaftliche Existenzminimum bzw. Sozialfürsorge (vgl. jetzt Art. 12 nBV Schweiz von 2000, Art. 28 Abs. 2 Verf. Estland von 1992) ist auch um der Demokratie willen entwickelt worden (früh BVerwGE 1, 159 (161 ff.)).

Ein Vergleich der Grundrechte auf der europäischen Ebene und auf der der 918
nationalen Verfassungsstaaten zeigt, wie hilfreich die *Jellinek*sche Statuslehre bis heute bleibt[244]. So ist Art. 5 EMRK (Recht auf Freiheit und Sicherheit) klassisches Abwehrrecht. Gleiches gilt für Art. 8 EMRK (Privat- und Familienleben, Wohnung und Briefverkehr). Aber Art. 6 EMRK (Anspruch auf Gehör in angemessener Frist vor einem Gericht), vom EGMR sogar gegen das BVerfG durchgesetzt (!), verbindet leistungsrechtliche Statuselemente mit abwehrrechtlichen. Die Garantien der EU-Grundrechte-Charta lassen sich ebenfalls mit der Statuslehre erarbeiten. Ein Beispielsfall für den status negativus ist Art. 3 (Recht auf Unversehrtheit), aber schon Art. 1 (Menschenwürdeschutz) verweist auf die sich aus der objektivrechtlichen Seite der Grundrechte ergebende Schutzpflichten-Kategorie, die über *Jellinek* hinausführt und vom BVerfG entwickelt worden ist (zuerst BVerfGE 39, 1 (42 ff.), sodann BVerfGE 88, 203 (251 ff.); 102, 347 (393); 109, 190 (247))[245]. Am Beispiel *Jellinek* zeigt sich aber auch,

---

242 Dazu schon *P. Häberle*, Die Wesensgehaltgarantie des Art. 19 Abs. 2 GG, 1. Aufl. 1962 (3. Aufl. 1983), S. 18.

243 Dazu *P. Häberle*, Grundrechte im Leistungsstaat, VVDStRL 30 (1972), S. 43 ff., 86 ff., 121 ff.

244 S. auch *K. Hesse*, Grundzüge des Verfassungsrechts der Bundesrepublik Deutschland, 20. Aufl. 1995 (Neudruck 1999), Rn. 280 ff: „Die Grundrechte als statusbegründende Rechte.“

245 Aus der Lit.: *K. Hesse*, Grundzüge des Verfassungsrechts der Bundesrepublik Deutschland, 20. Aufl. 1995 (Neudruck 1999), Rn. 349 ff.; *W. Berka*, Die Grund-

dass sich Rezeptionsprozesse nicht nur auf Texte und Judikatur beziehen, sondern auch auf wissenschaftliche Paradigmen (hier die Statuslehre).

II. Weitere „Einteilungen" auf dem nationalverfassungsstaatlichen und gemeineuropäischen Prüfstand

919 So wichtig die fortentwickelte Statuslehre bleibt, den in Deutschland so beliebten „Einteilungen" der Grundrechte[246] ist eine Absage zu erteilen. Denn sie zerstören Zusammenhänge, die in einem multidimensionalen Grundrechtsverständnis konstitutiv sind. Was spätscholastische Einteilungsideologie und Begriffsspielerei i.S. des „Kästchendenkens" auseinanderlegt, kann weder dem Verfassunggeber noch den Verfassungsgerichten eine Hilfe sein. Alle Einteilungen sind „relativ". Sie widersprechen dem Telos aller Grundrechte, Einzelne und Gruppen flexibel im Blick auf alte und neue Gefahren zu schützen. Die Unterscheidung zwischen bürgerlichen und politischen Rechten sowie sozialen, wirtschaftlichen und kulturellen Rechten macht demgegenüber relativ Sinn und sie lässt sich auch am neueren Grundrechtsmaterial in Europa allenthalben belegen (z.B. Verf. Polen von 1997: Art. 38 ff. bzw. Art. 64 ff.; Verf. Portugal von 1976: Art. 24 ff. bzw. Art. 63 ff., Art. 73 ff.)[247]. Aber die Gegenüberstellung von „demokratischen", „sozialstaatlichen", „liberalen" Grundrechtstheorien[248] gefährdet den Mikrokosmos der Grundrechtsdimensionen. M.a.W., auch das soziale Grundrecht auf das Existenzminimum hat eine eminent demo-

---

rechte, 1999, S. 105 ff. (aus der Judikatur des EGMR). Für die Schweiz J. P. Müller/M. Schefer, Grundrechte in der Schweiz, 4. Aufl. 2008.

246 Aus der Lit. in guter Übersicht: *K. Stern*, Das Staatsrecht der Bundesrepublik Deutschland, Bd. III/1, 1988, S. 388 ff.

247 Aus der Lit. speziell zu den kulturellen Grundrechten: *G. Britz*, Kulturelle Rechte und Verfassung, 2000.

248 So aber bei *E.-W. Böckenförde*, Grundrechtstheorien und Grundrechtsinterpretation, NJW 1974, S. 1529 ff. – *J. F. Lindner*, Theorie der Grundrechtsdogmatik, 2005. Hilfreich ist auch D. Merten/H.-J. Papier (Hrsg.), Handbuch der Grundrechte in Deutschland und Europa, Bd. VI/1, 3. Aufl. 2010 zu den Europäischen Grundrechten; weiterhin A. Haratsch/P.Schiffauer (Hrsg.), Grundrechtsschutz in der Europäischen Union, 2007; *M. Kotzur*, Die Grundfreiheiten als Basis des Binnenmarktes und Verfassungsbausteine für das konstitutionelle Europa, in: D. Th. Tsatsos (Hrsg.), Die Unionsgrundordnung, 2010, S. 469 ff.; *L. Michael/ M. Morlok*, Grundrechte, 4. Aufl. 2014; *F. Hufen*, Staatsrecht II, Grundrechte, 4. Aufl. 2014.

kratische Seite (nicht zufällig wurde sie gerade in der demokratischen Schweiz textlich festgeschrieben, vgl. Art. 12 nBV Schweiz von 2000). Aus *allen* Grundrechten können differenzierte *Schutzpflichten* entspringen, was die liberale mit der sozialen Grundrechtssicherung verbindet. Der „Doppelcharakter“ der Grundrechte (subjektiv-individuell und objektivrechtlich[249]) ist Stärkung, nicht Schwächung des „status negativus“. Die vom BVerfG geschaffene Schutzpflichtendimension, in vielen neuen Verfassungstexten nachweisbar (z.B. § 22 Grundgesetz Finnland von 2000), folgt aus der objektivrechtlichen Sicht und wird auch vom EuGH anerkannt. Grundrechtsschutz durch „Organisation und Verfahren“, längst auch vom BVerfG sanktioniert (z.B. BVerfGE 53, 30 (65 bzw. 72 ff.)), ist eine neue Dimension, die das materielle Grundrecht vom Prozessualen her stärkt und allenthalben in „neuen“ Grundrechtsrechten erkennbar wird. Der anregenden Theorie von *R. Alexy*, Grundrechte als „Prinzipien“ zu deuten[250], ist entgegenzuhalten, dass damit die soziale Vielgestaltigkeit, das individuelle Profil und die Mehrdimensionalität der Grundrechte verloren zu gehen droht. Sie verblassen zu abwägungsfähigen und -bedürftigen Prinzipien. Das sind sie auch, aber nicht allein. Sie schützen individuelle und soziale Lebenssachverhalte, mehrschichtige Kommunikationsvorgänge, erfüllen eine eminent „soziale Funktion“. Am Beispiel der Schutzpflichtenjudikatur des BVerfG und ihrer Ausstrahlung nach Europa zeigt

249 1962 entwickelt: *P. Häberle*, Die Wesensgehaltgarantie des Art. 19 Abs. 2 GG, 1962, S. 70 ff.

250 *R. Alexy*, Theorie der Grundrechte, 1. Aufl. 1985 (3. Aufl. 1996); *M. Borowski*, Grundrechte als Prinzipien, 2. Aufl. 2007.

sich, wie Richterrecht von anderen Gerichten (hier etwa dem EGMR)[251] rezipiert wird und die gemeineuropäische Erfolgskarriere beginnen kann.

III. Drittwirkung von Grundrechten: Textmodelle in der „Werkstatt Schweiz“

920 Auf diesem Feld sind über Deutschland hinaus *G. Dürig* (1956) Pionierleistungen gelungen, die der EuGH zwar noch nicht explizit für die Unionsgrundrechte, wohl aber für die Grundfreiheiten in ihrer „grundrechtlichen“ Wirkungsweise übernommen hat[252]. Von der deutschen Dogmatik

---

251 Aus der Lit.: *A. Bleckmann*, Die Entwicklung staatlicher Schutzpflichten aus der EMRK, in: FS Bernhardt, 1995, S. 309 ff.; *C. D. Classen*, Die Ableitung von Schutzpflichten des Gesetzgebers aus Freiheitsrechten, JöR 36 (1987), S. 29 ff.; *J. Dietlein*, Die Lehre von den grundrechtlichen Schutzpflichten, 2. Aufl. 2005; *L. Jaeckel*, Schutzpflichten im deutschen und europäischen Recht, 2001. Allgemein: *C. D. Classen*, Auf dem Weg zu einer einheitlichen Dogmatik der EG-Grundfreiheiten?, EWS 1995, S. 97 ff.; *U. Kischel*, Zur Dogmatik des Gleichheitssatzes in der EU, EuGRZ 1997, S. 1 ff.; *E. Pache*, Der Grundsatz des fairen gerichtlichen Verfahrens auf europäischer Ebene, EuGRZ 2000, S. 601 ff.; *V. Schlette*, Der Anspruch auf Rechtsschutz innerhalb angemessener Frist – Ein neues Prozessgrundrecht auf EG-Ebene, EuGRZ 1999, S. 369 ff.; *F. Schoch*, Europäisierung des Staatshaftungsrechts, in: FS Maurer, 2001, S. 759 ff.; *H. D. Jarass*, Grundstrukturen der Niederlassungsfreiheit in der EG, in: FS Lerche, 1993, S. 443 ff.; *T. Kingreen*, Die Struktur der Grundfreiheiten des Europäischen Gemeinschaftsrechts, 1999; *J. Kokott*, Der Grundrechtsschutz im europäischen Gemeinschaftsrecht, AöR 121 (1996), S. 599 ff.; *S. Storr*, Zur Bonität des Grundrechtsschutzes in der EU, Der Staat 36 (1997), S. 547 ff.; *M. Zuleeg*, Zum Verhältnis nationaler und europäischer Grundrechte. Funktionen einer EU-Charta der Grundrechte, EuGRZ 2000, S. 511 ff.; *J. Kühling*, Grundrechte, in: A. v. Bogdandy/J. Bast (Hrsg.), Europäisches Verfassungsrecht, 2. Aufl. 2009, S. 675 ff.; *M. Bühler*, Einschränkungen von Grundrechten nach der Europäischen Grundrechtecharta, 2005; *J. Gebauer*, Die Grundfreiheiten des EG-Vertrags als Gemeinschaftsgrundrechte, 2004; *M. Nettesheim*, Subjektive Rechte im Unionsrecht, AöR 132 (2007), S. 333 ff. Zu jüngeren Entwicklungen im Völkerrecht *S. Stahl*, Schutzpflichten im Völkerrecht – Ansätze einer Dogmatik. Ein Beitrag zu Grund, Inhalt und Grenzen der völkerrechtlichen Schutzpflichtendogmatik im Bereich konventionell geschützter Menschenrechte, 2012.

252 Dazu *G. Dürig*, Grundrechte- und Zivilrechtsprechung, in: FS Nawiasky, 1956, S. 157 ff. und BVerfGE 7, 198, st. Rspr.– Zur Dogmatik der Grundfreiheiten: *P.-Ch. Müller-Graff*, Die horizontale Direktwirkung der Grundfreiheiten, EuR 2014, S. 3 ff.; *M. Ludwigs/S. Weidermann*, Drittwirkung der Europäischen Grundfreiheiten – Von der Divergenz zur Konvergenz?, Jura 2014, S. 152 ff.; *M. Kloepfer/*

immer wieder kritisiert, kann das Problem der „mittelbaren“, über Generalklauseln laufende Geltung von Grundrechten auch für Private als solche nicht in Frage gestellt werden[253]. Es dürfte sogar gemeineuropäischen Rang haben, auch wenn „verspätete“ Verfassungsstaaten in Osteuropa wohl erst im Laufe der Zeit dank ihrer Verfassungsgerichtsbarkeit hier schöpferisch tätig werden können. Eine Reihe von Schweizer Verfassungen sucht sich dem Problem schon textlich zu stellen. Sie haben Modellcharakter. § 7 Abs. 2 Verf. Aargau (1980) bestimmt früh: „Soweit sie (sc. die Grundrechte) ihrem Wesen nach dazu geeignet sind, verpflichten sie Privatpersonen untereinander“ (ebenso Art. 20 Abs. 3 KV Solothurn (1986)). Dies steigert § 14 Abs. 1 Verf. Basel-Landschaft (1984) zu dem Satz: „Die Grundrechte müssen in der ganzen Rechtsordnung zur Geltung kommen“ (ähnlich Art. 22 Abs. 1 KV Appenzell AR (1995), wortgleich Art. 27 Abs. 1 KV Bern (1993)). Art. 35 Abs. 1 nBV (2000) wiederholt den großen Anspruch: „Die Grundrechte müssen in der ganzen Rechtsordnung zur Geltung kommen“; ebenso Art. 21 KV Schaffhausen (2002). Die Drittwirkung ist hier aber zudem speziell geregelt (Abs. 3 ebd.: „Die Behörden sorgen dafür, dass die Grundrechte, soweit sie sich dazu eignen, auch unter Privaten wirksam werden.“) Der Text der KV Thurgau (1987) spricht sogar selbst von „Drittwirkung“: „Die Grundrechte gelten sinngemäß auch unter Privaten“. Sind textlich und rechtsprechungsrechtlich bislang auch nur einige nationale Verfassungsstaaten in Sachen Drittwirkung „auf dem Stand“: um ein gemeineuropäisches *Problem* dürfte es sich schon heute handeln[254]. Wissenschaft und Judikatur in den nationalen Ein-

---

H. Greve, Zur Drittwirkung der Warenverkehrsfreiheit – Die horizontale Wirkung der Warenverkehrsfreiheit am Beispiel der technischen Regelsetzung, DVBl. 2013, S. 1148 ff.; zur berühmten *Angonese*-Entscheidung seinerzeit *L. O. Michaelis*, Unmittelbare Drittwirkung der Grundfreiheiten – Zum Fall Angonese, NJW 2001, S. 1841 f., und sehr früh bereits *E. Steindorff*, Drittwirkung der Grundfreiheiten im europäischen Gemeinschaftsrecht, in: FS Lerche, 1993, S. 575 ff.

253 Beste Darstellung nach wie vor bei *K. Hesse*, Grundzüge des Verfassungsrechts der Bundesrepublik Deutschland, 20. Aufl. 1995 (Neudruck 1999), Rn. 350 ff. Für Österreich: *W. Berka*, Lehrbuch Grundrechte, 2000, S. 45 ff. Siehe auch BVerfGE 115, 51 (66 ff.).

254 Und zwar mit großer Ausstrahlungswirkung auf die Privatrechtsordnungen einerseits (*S. Perner*, Grundfreiheiten, Grundrechte-Charta und Privatrecht, 2012), aufgrund problemfeldspezifischer Konkretisierungsnotwendigkeiten andererseits (*U. Schliesky*, Schutzpflichten und Drittwirkung im Internet. Das Grundgesetz im digitalen Zeitalter, 2014).

zelstaaten müssen „nachziehen“; sie können sich dabei der deutschen Judikatur[255] und der Schweizer Texte parallel bedienen.

IV. Grundrechtsverwirklichungsgarantien

921 Zu den Grundrechtsfragen, die eine europäische Verfassungslehre stellen muss, gehören die sog. Grundrechtsverwirklichungsgarantien[256]. Sie könnten auf dem Weg sein, ein Prinzip gemeineuropäischen Grundrechte-Rechts zu werden. Nimmt man das Anliegen der leistungsstaatlichen Grundrechtstheorie hinzu, wonach Grundrechte optimal verwirklicht werden sollen[257], und sieht man auch manche soziale Grundrechte wie das Recht auf Bildung (z.B. Art. 29 Verf. Brandenburg von 1992, Art. 52 Verf. Albanien von 1998), auch explizit in Art. 14 Abs. 1 EU-Grundrechte-Charta positiviert, auf das soziale Existenzminimum (z.B. Art. 12 nBV Schweiz von 2000), zugleich ein Beleg der Karriere vom ungeschriebenen zum geschriebenen Grundrecht, in diesem Kontext, so spricht vieles für die Bejahung der Eingangsfrage. Bereits eine vergleichende Analyse der einschlägigen Verfassungstexte in Europa offenbart eine erstaunliche *Textstufenentwicklung*. Genügen können ältere und neuere Beispiele aus dem „alten“ Westeuropa und dem neuen Osteuropa. Erste Textspuren finden sich in Art. 3 S. 2 Verf. Italien von 1997: „Es ist Aufgabe der Republik, die Hindernisse wirtschaftlicher und gesellschaftlicher Art zu beseitigen, die die Freiheit und Gleichheit der Bürger tatsächlich einschränken ...“, sodann verfeinert in Art. 9 Abs. 2 Verf. Spanien von 1978. In der Schweiz ist eine neue Textstufe entstanden, insofern hier die Grundrechte in der „ganzen Rechtsordnung zur Geltung kommen sollen“ (Art. 35 Abs. 1 nBV Schweiz, zuvor § 14 Abs. 1 KV Basel-Landschaft von 1984; Art. 27 Abs. 1 KV Bern von 1993; ähnlich Art. 22 Abs. 1 KV Appenzell AR von1995, Art. 20 Abs. 1 KV Schaffhausen von 2002). In Osteuropa fällt die Textfassung von Art. 14 Verf. Montenegro von 1992 auf: „Freiheiten

---

255 Aus der deutschen Kommentar-Lit. etwa *H. Dreier*, in: ders. (Hrsg.), GG, Bd. I, 3. Aufl. 2013, Vorbemerkungen, Rn. 96 ff.

256 Aus der Lit.: *P. Häberle*, Verfassungslehre als Kulturwissenschaft, 2. Aufl. 1998, S. 392 f., 400, 735; *R. Wiederkehr*, Die Kerngehaltsgarantie am Beispiel kantonaler Grundrechte, 2000, S. 200 ff.

257 Dazu *P. Häberles* Regensburger Staatsrechtslehrerkoreferat, Grundrechte im Leistungsstaat, VVDStRL 30 (1972), S. 43 ff.

und Rechte werden auf der Grundlage der Verfassung verwirklicht“. Das Ziel solcher Texte ist, dass Grundrechte, sozial gesehen, nicht leer laufen sollen, dass sie tatsächlich in Anspruch genommen werden sollen: im Zeichen der Verfassung des Pluralismus. Deshalb fasst – nicht unumstritten – die EU-Grundrechte-Charta unter dem programmatischen Titel IV: „Solidarität“ zahlreiche innovative soziale Grundrechte zusammen, bis hin zum Verbraucherschutz (Art. 38); sogar der Umweltschutz (Art. 37) wird, genauso wie der Gesundheitsschutz (Art. 35), in diesem Kontext grundrechtsspezifisch konkretisiert.

V. Grundrechtsentwicklungsgarantien: das Vorbild Estland

Verfassungsvergleichend betrachtet, gehen sie wohl auf die USA zurück 922
(Amendment von 1791 Nr. 9[258]). Sie finden sich später auch in Lateinamerika (vgl. Art. 4 alte Verf. Peru von 1979; Art. 44 Verf. Guatemala von 1985)[259] – auch eine europäische Verfassungslehre darf sich Rat in Übersee holen, ohne die Klassikertexte der USA könnte sie nicht geschrieben werden – und in Europa besonders prägnant in § 10 Verf. Estland von 1992[260]:

> „Die im vorliegenden Hauptstück aufgezählten Rechte, Freiheiten und Pflichten schließen keine anderen Rechte, Freiheiten und Pflichten aus, welche sich aus dem Sinn der Verfassung ergeben oder damit im Einklang stehen, und dem Grundsatz der Menschenwürde sowie dem sozialen und demokratischen Rechtsstaat entsprechen“.

Diese Klausel, die alle drei Staatsgewalten zu Adressaten hat, könnte für 923
die Zukunft Vorbild im gesamteuropäischen Raum sein und zwar erklärtermaßen auch textlich. Denn damit wird der offene Entwicklungscharakter verfassungsstaatlicher Grundrechtsgarantien auf einen exemplarischen

258 Abgedruckt in: *W. Brugger*, Einführung in das öffentliche Recht der USA, 2. Aufl. 2001, S. 273. – Aufschlussreich: *T. Schilling*, Internationaler Menschenrechtsschutz, 2. Aufl. 2010.

259 Art. 4 (alte) Verf. Peru lautet: „Die Aufzählung der in diesem Kapitel anerkannten Rechte schließt nicht andere ..., die vergleichbarer Natur sind oder aus der Würde des Menschen, dem Prinzip der Volkssouveränität, dem sozialen und demokratischen Rechtsstaat und der republikanischen Regierungsform folgen, aus.“ Zit. nach JöR 36 (1987), S. 641 ff. bzw. 555 ff.

260 Zur Vorgeschichte *P. Häberle*, Verfassungsentwürfe und Verfassungen ehemals sozialistischer Staaten, JöR 43 (1995), S. 105 ff., 117 ff.

Text gebracht[261]. Viele Grundrechte, die in der Schweiz etwa als „ungeschrieben" vom Bundesgericht nach und nach auf den Weg gebracht worden sind (z.B. die Wissenschaftsfreiheit), erfahren so eine innere Rechtfertigung. Vor allem die Rückbindung an die Menschenwürde und den sozialen und demokratischen Rechtsstaat ist inspirierend. Manche richterlichen Grundrechtserweiterungen oder -intensivierungen, die das BVerfG vorgenommen hat (z.B. in Sachen Grundrecht auf „informationelle Selbstbestimmung": BVerfGE 65, 1 (43 f.); 115, 320 (347 ff.); 118, 168 (184 f.) oder Demonstration: BVerfGE 69, 315 (345, 347 ff.)), finden so ihren theoretischen Rahmen. Im Verfassungsstaat gibt es keinen numerus clausus in Sachen Grundrechte! Mindestens diese Aussage könnte auch im gesamteuropäischen Raum an Bedeutung gewinnen. EuGH und EGMR belegen dies auf Schritt und Tritt in Gestalt ihrer schöpferischen Grundrechtsentfaltung, z.B. in Form der Grundrechte als „Allgemeine Rechtsgrundsätze" (dazu unten XI.) § 10 Verf. Estland positiviert nur, was Verfassungsgerichte und Grundrechtswissenschaft ohnedies in Europa immer wieder leisten. Die Bezugnahme auf den „Sinn der Verfassung" ist ein Meisterstück der nationalen Verfassunggebung – und dies in Osteuropa! Ein dortiger Reformtext könnte mittelfristig zum Vorreiter einer gemeineuropäischen Entwicklung werden, was dann ein ermutigendes Beispiel für einen Rezeptionsprozess von Ost nach West darstellte. Da der Schutz der Menschenwürde auch in osteuropäischen Verfassungen durchgängig normiert ist (z.B. Präambel Verf. Albanien von 1998, Präambel Verf. Bulgarien von 1991, Präambel Verf. Republik Moldau von 1994, Präambel Verf. Tschechien von 1992), könnte gerade sie zum Reservoir neuer Grundrechte werden. Dafür steht gewiss auch Art. 1 der EU-Grundrechte-Charta[262]. Wegweisend sollte überdies Art. 39 Verf. Georgien von 1995 sein:

> „Die Verfassung von Georgien verweigert nicht die allgemein anerkannten Rechte, Freiheiten und Garantien der Menschen und Bürger, die hier nicht

261 Bemerkenswert auch Art. 22 Abs. 1 Verf. Ukraine von 1996: „Die in der vorliegenden Verfassung verankerten Rechte und Freiheiten des Menschen und des Bürgers sind damit nicht erschöpft". – S. auch Art. 55 Abs. 1 Verf. Russische Föderation von 1993: „Die Aufzählung der Grundrechte ... darf nicht ausgelegt werden als Ablehnung oder Schmälerung anderer allgemein anerkannter Rechte und Freiheiten des Menschen und Bürgers" – eine besondere Form der Öffnung einer nationalstaatlichen Verfassung für den regionalen und internationalen Menschenrechtsschutz! Dass die politische Praxis in Russland dem derzeit gewiss nicht entspricht, steht auf einem anderen Blatt.

262 *K. Schwarzburg*, Die Menschenwürde im Recht der Europäischen Union, 2012.

aufgeführt wurden, aber selbstverständlich aus den Prinzipien der Verfassung ableitbar sind.“

Damit ist nationalstaatlich sanktioniert, was etwa der EuGH mit seiner offenen Grundrechtsinterpretation leistet[263]. 924

VI. Minderheitenschutz – gemeineuropäische Defizite

Der Minderheitenschutz ist gewiss ein gemeineuropäisches Grundrechts*problem*, doch ist ein gemeineuropäischer Grundrechts*standard* bis heute noch nicht gefunden, obwohl ein großes Bedürfnis hierfür bestünde[264]. (Auch dort, wo Texte vorhanden sind, zeigen sich viele Vollzugsdefizite.) Die Schwierigkeiten offenbarten sich spektakulär an der Europäischen Charta der Regional- und Minderheitensprachen (1992) des Europarates[265], vor allem wegen Frankreich. Sie zeigen sich aber auch bei einem Vergleich der vielen unterschiedlichen nationalen Minderheitenschutzgarantien im „europäischen Haus“. Um mit dem nahezu „idealen“ Beispiel zu beginnen: Ungarn wagte – das sei gerade angesichts der prekären Gegenwart nicht vergessen[266] – schon 1989 die eindrucksvolle Formel von den Minderheiten als „staatsbildende Faktoren“ (§ 68 Abs. 1); demgegenüber ist eine Minderheitenschutzklausel im GG vor Jahren gescheitert![267] Die EU-Grundrechte-Charta begibt sich indes auf dieses Terrain in Art. 21 und 22. 925

Im Folgenden seien einige Textbelege aus geltenden nationalen Verfassungen vorgeführt, wobei an die in der Schweiz geleistete Arbeit in Sachen „Sprachenfreiheit“ positiv erinnert sei (vgl. Art. 18, Art. 70 nBV von 926

263 Dazu die Überlegungen bei *Th. Oppermann/C. D. Classen/M. Nettesheim*, Europarecht, 6. Aufl. 2014, § 17.

264 Verwiesen sei in diesem Kontext auf den Sammelband von G. Manssen/B. Banaszak (Hrsg.), Minderheitenschutz in Mittel- und Osteuropa, 2001; speziell mit dem polnischen Recht befasst sich der Beitrag von *B. Banaszak*, Minderheitenschutz im polnischen Recht, ebd., S. 209 ff.

265 Abgedruckt bei R. Streinz (Hrsg.), 50 Jahre Europarat, 2000, S. 148 ff.

266 A. v. Bogdandy/P. Sonnevend (Hrsg.), Constitutional Crisis in the European Constitutional Area. Theory, Law and Politics in Hungary and Romania, 2015.

267 Vgl. aber *P. Häberles* frühe Forderung in: *ders.*, Die Kontroverse um die Reform des deutschen Grundgesetzes, ZfP 1992, S. 233 ff., 235.

2000[268]). Je glaubwürdiger es zu einem „Europa der Regionen“[269] von Kalabrien und Sizilien bis Schottland kommt, desto dringlicher wird es für alle nationalen Verfassungen, sich des Minderheitenschutzes anzunehmen.

927 Die ostdeutschen Bundesländer haben hier z.T. vorbildlich Neuland betreten (Art. 5 Verf. Sachsen von 1992 besonders für die Sorben; Art. 25 Verf. Brandenburg von 1992 ebenfalls für die Sorben); Art. 37 Abs. 1 Verf. Sachsen-Anhalt von 1992 lautet:

> „Die kulturelle Eigenständigkeit und die politische Mitwirkung ethnischer Minderheiten stehen unter dem Schutz des Landes und der Kommunen“. (Ähnlich schon Art. 5 Abs. 2 Verf. Schleswig-Holstein von 1990.)

928 In Osteuropa[270] ergibt sich folgendes Bild: Verf. Makedonien von 1991 denkt an die „Nationalitäten“ schon in der Präambel (s. auch Art. 48 ebd.); Albanien (1998) behandelt den Minderheitenschutz bereits im Rahmen der „Grundlegenden Prinzipien“. Art. 3 spricht vom „Einvernehmen der Alba-

---

268 Vorbildlich ist auch Art. 4 Abs. 1 Verf. Bern von 1993: „Den Bedürfnissen von sprachlichen, kulturellen und regionalen Minderheiten ist Rechnung zu tragen“. – Aus der Schweizer Lit.: *J. P. Müller/M. Schefer*, Grundrechte in der Schweiz, 4. Aufl. 2008.

269 *J. E. Himmel*, Regionale Interessenvertretung in der EU. Eine Untersuchung unter Berücksichtigung von europäischem Recht und Regionalisierungstendenzen, 2012; *V. Kurz*, Die Stellung der deutschen Länder und der spanischen autonomen Gemeinschaften im Gesamtstaat, 2010; früher schon U. Bullmann (Hrsg.), Die Politik der dritten Ebene: Regionen im Europa der Union, 1994; *F. Esterbauer/ P. Pernthaler*, Europäischer Regionalismus am Wendepunkt, 1991; G. Bossong (Hrsg.), Westeuropäische Regionen und ihre Identität: Beiträge aus interdisziplinärer Sicht, 1994; *M. Schulz*, Regionalismus und die Gestaltung Europas: Die konstitutionelle Bedeutung der Region im europäischen Drama zwischen Integration und Desintegration, 1993.

270 Aus der jüngeren und älteren Lit.: *N. Bernsdorff*, Die Europäische Grundrechte-Charta nach fünf Jahren Rechtsverbindlichkeit. Werkstattbericht und Bestandsaufnahme, Recht und Politik, 2014, S. 163 ff.; *R. Bayko*, Die Rolle der Nichtregierungsorganisationen (NGOs) im internationalen Minderheitenschutz, 2011; *G. Brunner*, Nationalitätenprobleme und Minderheitenkonflikte in Osteuropa, 1996; *J. Marko*, Autonomie und Integration – Rechtsinstitute des Nationalitätenrechts im funktionalen Vergleich, 1995; zur „Politik des Minderheitenschutzes“: *W. Kälin*, Grundrechte im Kulturkonflikt, 2000, S. 58 ff.; ebd., S. 83 ff. auch zum „Multikulturalismus“; *S. Breitenmoser/D. Richter*, Die Verwirklichung der KSZE-Grundsätze zum Schutze nationaler Minderheiten durch Organleihe bei der EMRK, EuGRZ 1991, S. 141 ff.; *E. Kussbach*, Das ungarische Minderheitengesetz 1993, in: FS Schambeck, 1994, S. 729 ff.; s. noch *W. Rudolf*, Über Minderheitenschutz in Europa, in: FS Leisner, 1999, S. 185 ff.; *ders.*, Der Entwurf eines

ner mit den Minderheiten als Grundlage dieses Staates“ (vgl. auch die Identitätsschutzklausel in Art. 20 Abs. 2). Art. 54 Abs. 1 Verf. Bulgarien von 1991 bettet (andere) ethnische Zugehörigkeiten in die „Freiheit der Kultur“ ein (ähnlich Art. 38 Verf. Georgien von 1995). Art. 15 Verf. Kroatien von 1990 gewährt „den Angehörigen aller nationalen Minderheiten“ Gleichberechtigung. Art. 67 bis 76 Verf. Montenegro von 1992 enthält den ausführlichsten Minderheitenrechts-Katalog. Er könnte als Modell über Osteuropa hinaus Vorbild sein, so prägnant sind Schutz der Identität, Sprache und Schrift, Schulbildung, Symbole, Unterrichtsprogramme, die Vertretung im Staat, die Kontakte über die nationalen Staatsgrenzen hinaus geregelt. Auch ist ein „Rat zum Schutz der Rechte“ beim Präsidenten der Republik etabliert. Allenfalls Verf. Slowenien von 1991 kann sich mit dieser vorbildlichen Textstufe vergleichen (Art. 5, Art. 61, Art. 62, Art. 64 und Art. 65), auch Art. 34 Verf. Slowakei von 1992 sowie Art. 24 und Art. 25 Tschechische Grundrechte-Charta. Diese Pionierartikel sollten in ihren Einzelheiten in den Theorierahmen der Minderheiten als „staatstragende Faktoren“ gestellt werden: Osteuropa wäre auf dem Weg, eine neue Stufe von Verfassungstexten in ganz Europa einzuleiten (vordringlich in Makedonien im Blick auf das Albanische als zweite Amtssprache).

Das Europäische Rahmenübereinkommen zum Schutz nationaler Minder- 929
heiten von 1985[271] vermittelt seitens des Europarates komplementär treffliche Vorgaben (vgl. nur Art. 1: Schutz nationaler Minderheiten als „Bestandteil des internationalen Schutzes der Menschenrechte“; Art. 2: „Geist der Verständigung und Toleranz“, Art. 5: wesentliche Bestandteile ihrer Identität: Religion, Sprache, Traditionen, kulturelles Erbe). Auch die erwähnte Charta der Regional- und Minderheitensprachen liefert gemeineuropäisch qualifizierte Stichworte in allen einschlägigen Problemkreisen (z.B. Art. 7: Anerkennung der Regional- oder Minderheitensprache als „Ausdruck des kulturellen Reichtums“; s. auch die Vorkehrungen zum „grenzüberschreitenden Austausch“ in Art. 14 sowie die Berichtspflichten nach Art. 15). Mit einigem Optimismus, den das „Projekt Europa“ stets

---

Minderheitenprotokoll zur EMRK, EuGRZ 1993, S. 148 ff.; *H. Klebes*, Rahmenübereinkommen des Europarats zum Schutz nationaler Minderheiten, EuGRZ 1995, S. 262 ff.; *M. Weckerling*, Der Durchführungsmechanismus des Rahmenübereinkommens des Europarates zum Schutz nationaler Minderheiten, EuGRZ 1997, S. 605 ff.

271 Zit. nach R. Streinz (Hrsg.), 50 Jahre Europarat, 2000, S. 134 ff.

verlangt, könnte man für die Zukunft ein *gemeineuropäisches Minderheitenrecht* mit individuellen und kollektiven Garantiegehalten erhoffen.

VII. Schrankenregelungen – gemeineuropäische Gemeinsamkeiten

930 Alle Grundrechte sind in unterschiedlicher Intensität ausgestaltungsbedürftig und alle sind, differenziert nach ihrem tatbestandlichen Profil, begrenzungsbedürftig: schon im Blick auf die gleichen Grundrechte anderer, aber auch aus (anderen) Gemeinwohlgründen, die z.T. als „ordre public" jedenfalls aus dem ganzen Kontext der Verfassung legitimiert sind. Das *Problem* „Begrenzung von Grundrechten" ist gemeineuropäischer Natur; die Frage ist aber, ob sich schon heute gemeineuropäische *Standards* erkennen lassen. Einschränkend bereits vorweg: Anders als die EMRK formuliert die EU-Grundrechte-Charta in Art. 52 eine einheitliche Schrankenregelung für alle Grundrechte. Die EMRK aber gibt für das Europa i.w.S. entscheidende Direktiven wie die Wendung in Art. 8 Abs. 2, die sich auf die „demokratische Gesellschaft" bezieht und Schutzgüter wie „nationale Sicherheit", „öffentliche Ruhe und Ordnung", „Schutz der Gesundheit und der Moral" betrifft. Adjektive wie „notwendig" (ebd.) oder „unentbehrlich" (Art. 9 Abs. 2) verweisen auf das Prinzip der Verhältnismäßigkeit, und ihm kann gewiss schon heute gemeineuropäische Qualität zuerkannt werden[272] (auch als direktes oder indirektes Element des Wesensgehaltschutzes, dazu unten Ziff. 9). Gemeineuropäisch sind auch die Grenzen gedacht, die die EU-Grundrechte-Charta für das Europa der EU, letztlich aber auch darüber hinausweisend gezogen hat. Denn in der Präambel ist von „Verantwortlichkeiten und Pflichten sowohl gegenüber den Mitmenschen als auch gegenüber der menschlichen Gemeinschaft und den künftigen Generationen" die Rede. Diese – immanente – Grundrechtsgrenze, sozusagen vor die Klammer gezogen, macht die Vielzahl der sonst üblichen speziellen Gesetzesvorbehalte überflüssig (bei dem Eigentumsrecht nach Art. 17 Abs. 1 ist in S. 3 ein Gemeinwohlvorbehalt für die Nutzung

272 Aus der Lit. zum Grundsatz der Verhältnismäßigkeit in der Rechtsprechung des EuGH: *J. Iliopoulos-Strangas*, Die allgemeinen Rechtsgrundsätze in der Praxis der Straßburger Organe am Beispiel des Verhältnismäßigkeitsprinzips, RabelsZ 63 (1999), S. 414 ff.; *R. Streinz*, Europarecht, 9. Aufl. 2012, S. 64; bzw. des EGMR: J. A. Frowein, in: ders./W. Peukert (Hrsg.), 3. Aufl. 2009, Vorbemerkungen zu Art. 8-11 EMRK, Rn. 12 ff.

vorgesehen). Erst Art. 52 Abs. 1 zieht dann konkrete allgemeine Schranken (Gesetzmäßigkeit, Wesensgehaltschutz, Verhältnismäßigkeit und „wenn sie notwendig sind und den in der Union anerkannten dem Gemeinwohl dienenden Zielsetzungen oder den Erfordernissen des Schutzes der Rechte und Freiheiten anderer tatsächlich entsprechen.“) Vieles spricht dafür, dass damit trotz der erwähnten Abweichung zur EMRK eine „gemeineuropäische Schranke“ geglückt ist, die von allen nationalen Verfassungsstaaten im europäischen Raum anerkannt werden könnte. M.a.W.: Die EU-Grundrechte-Charta ist nicht nur in den einzelnen Grundrechtsabständen, sondern auch in Sachen Grundrechtsgrenzen ein gemeineuropäischer *Textschub*, die als *Teil*verfassung im ganzen „europäischen Haus“ gewertet werden darf[273].

Nach dieser übergreifend ganzheitlichen Sicht zuletzt ein Blick auf einige 931 Prototypen von Schrankenregelungen in einzelnen nationalen Verfassungsstaaten, wobei sich die zwei Modelle der Spezialregelung bzw. der Generalklausel abzeichnen. Um dem hier vertretenen *entwicklungsgeschichtlichen* Verständnis von Verfassungen und Grundrechten zu folgen, seien manche Beispiele aus den geltenden Verfassungen möglichst in historischer Reihenfolge zitiert. Verf. Italien (1947) arbeitet mit speziellen Schranken. Das deutsche GG (1949) hat sich ebenfalls für differenzierte spezielle Gesetzesvorbehalte entschieden. Verf. Griechenland (1975) arbeitet mit speziellen Gesetzesvorbehalten, je nach Einzelgrundrecht. Auch die Verf. der Niederlande (1983) bzw. das finnische Grundgesetz (2000) wenden die Technik *spezieller* Schranken an. Zuvor folgten Portugal (1976) und Spanien (1978) ebenfalls dem Modell spezieller Grundrechtsschranken. (Art. 53 Verf. Spanien zieht die „Schrankenschranke“ des Wesensgehaltsschutzes.)

Die „Werkstatt Schweiz“ bietet ein vielseitiges Bild. Die wohl beste Pro- 932 blemverarbeitung leistet zuletzt Art. 23 Abs. 2 KV Appenzell AR (1995), insofern sie als allgemeine Schranke die Trias gesetzliche Grundlagen der Einschränkung, überwiegendes öffentliches Interesse und Verhältnismäßigkeit verlangt. Überdies ist (in Abs. 4) eine Kerngehaltsgarantie normiert. Vorarbeit hat § 15 KV Basel-Landschaft (1984) geleistet. Das Schema dieser Trias plus Kerngehaltsgarantie findet sich bei manchen Variationen immer wieder (so in Art. 28 KV Bern von 1993 und auch in Art. 36

273 *J. A. Frowein*, Entschädigung für Verletzungen von Grundrechten, in: FS Partsch, 1989, S. 317 ff. (mit Blick auf die EMRK).

nBV von 2000). Es dürfte sich um gemeinschweizerisches[274] Schrankenrecht handeln, das dank der europäischen Grundrechtswissenschaft und -textpraxis auf ganz Europa übergreifen sollte.

933 Die Reformstaaten Osteuropas wählen folgende Problemlösungen: Manche entscheiden sich für das Modell der *allgemeinen* Schrankenregelung mit den Stichworten Gesetzesgrundlage, „öffentliches Interesse", Rechte anderer und Verhältnismäßigkeit (so Art. 17 Abs. 1 Verf. Albanien, auch § 11 Verf. Estland mit der Bezugnahme auf das „in einer demokratischen Gesellschaft" Notwendige – eine Ausstrahlung der EMRK-Technik – sowie Art. 116 Verf. Lettland, ebenfalls deutlich unter dem Eindruck der EMRK-Schrankentechnik). Andere wählen die Technik der *Spezial*schranken in Gesetzesvorbehalten (z.B. Art. 22 und 24 Verf. Georgien und Art. 29 Abs. 2, Art. 31, Art. 35 Verf. Ukraine). Einige Verfassungen kombinieren beide Techniken (z.B. Art. 16 bzw. Art. 32, Art. 34 Verf. Kroatien; Art. 15 bzw. Art. 36, Art. 37 Slowenien; Art. 31 Abs. 3 bzw. Art. 48 Abs. 2 Verf. Polen). Verf. Slowakische Republik zeichnet sich durch die Nennung schrankenloser Grundrechte und absoluter Verbotstatbestände aus (Art. 54 Abs. 4, z.B. Recht auf Leben, Verbot der Folter).

934 Dieser Textvergleich bedürfte der Ergänzung um eine Bestandsaufnahme dessen, was Judikatur und Literatur in all diesen Ländern *praktisch* mit diesen Normen machen. Eine solche Darstellung ist aber nur noch von internationalen Großprojekten zu leisten, nicht im Rahmen einer monographisch angelegten europäischen Verfassungslehre. Soweit es sich um sehr neue Verfassungstexte vor allem in Osteuropa handelt, stehen die Texte teils aber noch für sich, ohne den ausführlichen Kontext der erst in den nächsten Jahren/Jahrzehnten allmählich heranwachsender Literatur und Judikatur. Der Textvergleich ist hier bis auf weiteres besonders aussagekräftig.

VIII. Wesensgehaltsgarantien und ihr Kontext: das Übermaßverbot

935 Wesensgehaltsklauseln sind, geschrieben oder richterlich „ungeschrieben" entwickelt, auf dem Weg, zu einem typischen Element des „gemeineuropäischen Grundrechte-Rechts" zu werden. Ihre Karriere beginnt in

274 Zum „gemeinschweizerischen Verfassungsrecht" vgl. *P. Häberle*, Neuere Verfassungen und Verfassungsvorhaben in der Schweiz, insbesondere auf kantonaler Ebene, JöR 34 (1985), S. 303 ff., 340 ff.

Deutschland mit Art. 19 Abs. 2 GG (1949) und sie hat in der EU-Grundrechte-Charta erneut Gestalt angenommen (Art. 52 Abs. 1: „... und den wesentlichen Gehalt dieser Rechte und Freiheiten achten. Unter Wahrung des Grundsatzes der Verhältnismäßigkeit ...“). Zwischen diesen Texten spannt sich eine fast beispiellose Erfolgsgeschichte, die hier nur in Stichworten wiedergegeben sei. So arbeitet Art. 53 Abs. 1 S. 2 Verf. Spanien (1978) mit dem Wesensgehaltsschutz. So erklärt § 15 Abs. 1 S. 2 KV Basel-Landschaft (1984) den „Kern“ der Grundrechte für unantastbar, was in der Schweiz[275] viel Gefolgschaft findet (vgl. Art. 14 Abs. 4 KV Uri von 1984; § 21 Abs. 1 S. 2 KV Solothurn von 1986; Art. 28 Abs. 4 KV Bern von 1993; zuletzt Art. 36 Abs. 4 nBV von 2000). Auch in Osteuropa finden sich Rezeptionsprozesse in Bezug auf die „deutsche“ Wesensgehaltgarantie, wörtlich in § 8 Abs. 2 Verf. Ungarn, in Art. 31 Abs. 3 S. 2 Verf. Polen (1997): „Solche Beschränkungen dürfen das Wesen der Freiheit und der Rechte nicht verletzen“ (ebenso Art. 17 Abs. 2 Verf. Albanien von 1998, zuvor ähnlich § 11 S. 2 Verf. Estland von 1992; Art. 49 Abs. 2 Verf. Rumänien von 1991; Art. 13 Abs. 4 Verf. Slowakische Republik von 1992: „muss auf ihr Wesen und ihren Sinn geachtet werden“). Ungeschrieben gilt die Wesensgehaltsklausel in Österreich[276], dank der Rechtsprechung des EuGH auch in der EU[277].

Zwei Hauptprobleme stellen sich: zum einen die Frage, ob die „absolute“ 936
oder die „relative“ Wesensgehaltgarantie die richtige sei bzw. eine vermit-

---

275 Aus der Lit. umfassend: *R. Wiederkehr*, Die Kerngehaltsgarantie am Beispiel kantonaler Grundrechte, 2000, S. 242 ff. und passim.

276 Nachweise bei *P. Häberle*, Die Wesensgehaltgarantie des Art. 19 Abs. 2 GG, 3. Aufl. 1983, S. 264 ff., sowie *W. Berka*, Lehrbuch Grundrechte, 2000, S. 59; ebd., S. 59 ff. auch zum Prinzip der Verhältnismäßigkeit. S. auch *M. Stelzer*, Das Wesensgehaltsargument und der Grundsatz der Verhältnismäßigkeit, 1991. Allgemein zum österreichischen Verfassungsrecht noch: *P. Pernthaler*, Die neue Doppelverfassung Österreichs, in: FS Winkler, 1997, S. 773 ff.; besonders die Beiträge in FS Pernthaler, 2005.

277 Aus der Lit.: *P. Häberle*, Die Wesensgehaltgarantie des Art. 19 Abs. 2 GG, 3. Aufl. 1983, S. 266 ff., sowie *T. Oppermann/C. D. Classen/M. Nettesheim*, Europarecht, 6. Aufl. 2014, § 17, Rn. 10. – Allgemein s. auch *U. Everling*, Der Beitrag des EuGH zur europäischen Grundrechtsgemeinschaft, in: K. Stern (Hrsg.), 40 Jahre GG, 1990, S. 167 ff.; *J. Kokott*, Der Grundrechtsschutz im Gemeinschaftsrecht, AöR 121 (1996), S. 599 ff.; *P. Selmer*, Die Gewährleistung der unabdingbaren Grundrechtsstandards durch den EuGH, 1998; *H.-W. Rengeling*, Grundrechtsschutz in der Europäischen Gemeinschaft, 1993; *E. Klein*, Wesensgehalt von Menschenrechten, in: FS Delbrück, 2005, S. 385 ff.

telnde Lösung anzustreben ist[278], so dass auch das Übermaßverbot zum Tragen kommt; zum anderen haben sich manche textliche Wesensgehaltsklauseln durch die Beispieltechnik verfeinert. Manche Verfassunggeber stellen Kerngehaltsschutz und das Prinzip der Verhältnismäßigkeit nebeneinander (so vor allem in der Schweiz: Art. 36 Abs. 4 und 3 nBV), manche differenzieren den Kerngehalt durch die Nennung von Beispielen (vgl. Art. 28 Abs. 4 S. 2 KV Bern). Beides ist eine geglückte Textstufenentwicklung, die den Theorienstreit pragmatisch entschärft. Da auch der EGMR mit der Wesensgehaltsidee arbeitet[279], dürfen die Wesensgehaltsklauseln bzw. die sich hinter ihnen verbergenden Probleme, das Übermaßverbot eingeschlossen, mindestens als „werdende" gemeineuropäische materielle Schutzgarantie in Sachen Grundrechte angesehen werden. Dass sie von nicht wenigen nationalen Verfassunggebern in Europa seit Jahrzehnten immer wieder „getextet" werden, begleitend von nationalen und europäischen Verfassungsgerichten, illustriert, wie intensiv viele am grundrechtlichen Wesensgehaltsschutz beteiligt sind: Ausdruck der offenen Gesellschaft der Verfassunggeber und Verfassungsinterpreten im gesamten europäischen Verfassungsraum.

IX. Grundpflichten: gemeineuropäische Defizite?

937 Trotz des Missbrauchs der „Grundpflichten" in totalitären Staaten ist diese „asymmetrische Konnexgarantie" zu den Grundrechten im Normenbestand innerhalb des „europäischen Hauses" nie ganz verloren gegangen. So schwer sich die deutsche Dogmatik trotz klassischer philosophischer

---

278 So *P. Häberle*, Die Wesensgehaltgarantie des Art. 19 Abs. 2 GG, 3. Aufl. 1983, S. 58 ff., 326 ff.; s. auch *K. Hesse*, Grundzüge des Verfassungsrechts der Bundesrepublik Deutschland, 20. Aufl. 1995 (Neudruck 1999), Rn. 333 f. Aus der Kommentar-Lit.: *H. Dreier*, in: ders. (Hrsg.), GG, Bd. I, 3. Aufl. 2013, Art. 19 Abs. 2, Rn. 15 ff. Darüber hinaus auch BVerfGE 109, 279 (310 f.).

279 Dazu *J. v. Bernstorff*, Kerngehaltsschutz durch den UN-Menschenrechtsausschuss und den EGMR – vom Wert kategorialer Argumentationsformen, Der Staat 50 (2011), S. 165 ff.; *J. Badenhop*, Normtheoretische Grundlagen der Europäischen Menschenrechtskonvention, 2010, S. 296 ff.; *B. Schneiders*, Die Grundrechte der EU und die EMRK. Das Verhältnis zwischen ungeschriebenen Grundrechten, Grundrechtecharta und europäischer Menschenrechtskonvention, 2010, S. 206 f.; früh *K. W. Weidmann*, Der Europäische Gerichtshof für Menschenrechte auf dem Weg zu einem europäischen Verfassungsgerichtshof, 1985, S. 98.

„Vorgaben“ mit dieser Kategorie tut[280]: nationale Verfassungstexte und etwas schwächer Texte auf der europäischen Ebene kümmern sich um den Gedanken der Grundpflichten immer wieder, freilich in großer Variationsbreite und in unterschiedlichen Redaktionstechniken.

In Deutschland sind es vor allem die westdeutschen Bundesländer, die in ihren Verfassungen nach 1945 „Grundpflichten“ wagen, allen voran Bayern (1946): Art. 117, Art. 122, Art. 127, während das GG sich eines Pflichtenkanons enthält. Die EMRK spricht z.B. in Art. 10 Abs. 2 von „Pflichten und Verantwortung“. In den beiden iberischen Ländern ergibt sich folgendes Bild: Portugal benennt den 1. Teil seiner Verfassung „Grundrechte und Grundpflichten“, wobei es jedoch nur wenige Grundpflichten gibt (z.B. Art. 64 Abs. 1 in Sachen Gesundheitsschutz). Verf. Spanien geht redaktionell ähnlich vor, nennt aber mehr einzelne Pflichten (etwa die Verteidigungs- und Steuerpflicht nach Art. 30 und Art. 31; s. auch die Umwelterhaltungspflicht in Art. 45 Abs. 2). 938

Auch der Schweiz ist der Pflichtgedanke ausweislich neuerer Texte nicht fremd. § 20 KV Basel-Landschaft (1984) verweist auf die „persönlichen“ Pflichten zur Erfüllung der Rechtsordnung. Art. 21 KV Glarus (1988) zählt zu den „Bürgerpflichten“ auch die Beteiligung an der Landesgemeinde. Art. 26 Abs. 1 Appenzell AR (1995) normiert sehr allgemein: „Jede Person trägt Verantwortung für sich selbst sowie Mitverantwortung für die Gemeinschaft und die Erhaltung unserer Lebensgrundlagen für künftige Generationen“; ähnlich schon Art. 8 KV Bern (1993). Art. 6 nBV Schweiz (2000) verlangt „individuelle und gesellschaftliche Verantwortung“, was dann in Art. 59 zur Militär- bzw. Ersatzdienstpflicht konkretisiert wird. 939

Für Osteuropa seien Beispiele aus neueren nationalen Verfassungen erwähnt: etwa der ausführliche Pflichtenkatalog in Art. 82 bis 86 Verf. Polen (wie „Treue zur Republik“, „Sorge um das gemeinsame Gut“, Pflicht, das Recht der Republik Polen einzuhalten, Steuer-, Verteidigungs- und Umweltpflicht), die Einhaltung der Verfassung und der Gesetze (z.B. Art. 58 Verf. Bulgarien, Art. 44 Verf. Georgien), Steuerpflicht (z.B. Art. 67 Verf. Ukraine, § 70 I. Verf. Ungarn), Umweltschutz (z.B. Art. 69 Abs. 3 Verf. Kroatien, Art. 43 Abs. 2 Verf. Makedonien) und Landesverteidigung (z.B. 940

280 Vgl. die Referate von *V. Götz* und *H. Hofmann*, Grundpflichten als verfassungsrechtliche Dimension, VVDStRL 41 (1983), S. 7 ff. bzw. 42 ff.; *O. Luchterhandt*, Grundpflichten als Verfassungsproblem in Deutschland, 1988; *T. I. Schmidt*, Grundpflichten, 1999.

Art. 166 Albanien; Art. 52 Verf. Rumänien). Dies sind die osteuropäischen Hauptthemen in Sachen (Grund)Pflichten.

941 Zuletzt klingt ihr Gedanke, zusammen mit der sozialen Dimension der Grundrechte, in der EU-Grundrechte-Charta an (Präambel und Kap. IV) – korrekterweise müsste stets die zeitliche Reihenfolge gewählt werden: denn alle Textgeber haben wechselseitig über Zeiten und Räume hinweg (freilich nicht immer erklärtermaßen) all ihre Texte im Auge.

X. Rechtsschutzfragen

942 Der (grundrechtliche) Rechtsschutz gehört zu den Essentialia des gemeineuropäischen Grundrechte-Rechts und ist als solcher auch in Art. 47 der EU-Grundrechte-Charta akzentuiert.[281] Dabei sei zwischen Rechtsschutz im *engeren* Sinne von Gerichtsschutz einerseits, dem Rechtsschutz im *weiteren* Sinne[282] anderer Schutzmechanismen (z.B. Ombudsmänner, Bürgerbeauftragte) andererseits unterschieden. Nur stichwortartig seien Beispiele bzw. Normenensembles genannt – auch hier im Ineinander von nationalen und europäischen Rechtsschutzgarantien (etwa der EMRK und der EU[283]). Schon vorweg lässt sich sagen, dass in Sachen Rechtsschutz die europäische Grundrechtsgemeinschaft als Teil der Verfassungsgemeinschaft besonders dicht gewebt bzw. effektiv ist[284]. Europa erfährt sich vor allem vom Grundrechtsschutz her, wobei die nationalen Verfassungsstaaten wie die europäischen Verfassungsgerichte bzw. sonstigen Instanzen

281 *S. Lemke*, in: H. von der Groeben/J. Schwarze/A. Hatje (Hrsg.), Europäisches Unionsrecht, Bd. I, 7. Aufl. 2015, Art. 47 Grundrechtecharta, Rn. 1 ff.

282 Zu dieser Unterscheidung: *P. Häberle*, Grundrechte im Leistungsstaat, VVDStRL 30 (1972), S. 43 ff., 121 ff.

283 *E. Schmidt-Assmann*, Europäische Rechtsschutzgarantien, in: FS Bernhardt, 1995, S. 1283 ff.; *O. Dörr*, Der Europäisierte Rechtsschutzauftrag deutscher Gerichte, 2003.

284 In diesem Kontext vgl. auch zum allgemeinen Problem des Rechtsschutzes vor Unionsgerichten *M. Kotzur*, Neuerungen auf dem Gebiet des Rechtsschutzes durch den Vertrag von Lissabon, EuR 2012, Beiheft 1, S. 7 ff.; *E. Drews*, Entstehen und Entwicklung des Rechtsschutzes vor den Gerichten der Europäischen Gemeinschaften, 2000; *K. Gaede*, Fairness als Teilhabe – Das Recht auf konkrete und wirksame Teilhabe durch Verteidigung gemäß Art. 6 EMRK. Ein Beitrag zur Dogmatik des fairen Verfahrens in europäischen Strafverfahren und zur wirksamkeitsverpflichteten Konventionsauslegung unter besonderer Berücksichtigung des Rechts auf Verteidigerbeistand, 2007.

ständig voneinander lernen[285]. Gerade in Osteuropa besteht seit 1989 ein besonders lebhafter Wunsch nach optimalem Rechtsschutz, in Polen zum Jahreswechsel 2015/2016 schmerzlich konterkariert; aber auch die klassischen westeuropäischen Verfassungsstaaten verfeinern ihre Rechtsschutzinstrumente ständig, prima facie ablesbar an neuen Texten.

Begonnen sei mit dem Verweis auf den einfachen Rechtsschutz i.S. des 943
Art. 19 Abs. 4 GG[286], auch dem spezifisch verfassungsgerichtlichen Rechtsschutz (via Verfassungsbeschwerde, wie sie in Deutschland und Spanien auch nach der „neuen" EMRK als Teilverfassung gilt). Die ungarische Popularklage (Art. 32 a Abs. 3 Verf. Ungarn) ans Verfassungsgericht ist analog der bayerischen (Art. 98) eine Ausnahme, wie überhaupt derzeit nur der einfache Rechtsschutz, nicht aber der individuelle Zugang zum Verfassungsgericht[287] Elemente gemeineuropäischen Grundrechte-Rechts enthält.

Art. 26 Abs. 1 KV Bern (1993) garantiert jeder Person ein „unantastbares 944
Recht auf unabhängige, unparteiische und vom Gesetz vorgegebene Richterinnen und Richter". Die folgenden Absätze gewähren das Anhörungs-, Akteneinsichtsrecht, auch das Recht auf begründeten Entscheid und auf unentgeltlichen Rechtsschutz für Minderbemittelte. Schon § 22 n Abs. 2 KV Aargau gelingt das Postulat: „Unbeholfene dürfen in den Verfahren nicht benachteiligt werden".

In einer Reihe neuerer Verfassungen hat sich ein ganzes Bündel von Kon- 945
nexinstituten zur Sicherung eines „effektiven Rechtsschutzes" (BVerfG

---

285 Es ist kein Zufall, wenn *J. Limbach,* Das Bundesverfassungsgericht, 2. Aufl. 2010, dem Grundrechtsschutz in Europa einen eigenen Abschnitt widmet; hilfreich: *U. Müßig*, Recht und Justizhoheit, 2. Aufl. 2009.

286 Aus der dt. Lit.: *H. Schulze-Fielitz*, in: H. Dreier (Hrsg.), GG, Bd. I, 3. Aufl. 2013, Art. 19 IV; *L. Allkemper*, Der Rechtsschutz des einzelnen nach dem EG-Vertrag, 1995; *T. v. Danwitz*, Die Garantie effektiven Rechtsschutzes im Recht der Europäischen Gemeinschaft, NJW 1993, S. 1108 ff. – siehe auch BVerfGE 110, 77 (85); 113, 348 (384); 115, 205; 118, 168 (207).

287 Allg. siehe noch *S. Leible/J. Ph. Terhechte*, Die Rechtsschutz- und Verfahrensidee im Unionsrecht, in: A. Hatje/P.-Ch. Müller-Graff (Hrsg.), Enzyklopädie Europarecht, Bd. III, 2014, § 1; *C. Franzius*, Rolle des Verfassungsrahmens, in: ebd., § 4; *A. Voßkuhle/M. Lange*, Die Rolle der nationalen Gerichte im Europarecht, in: ebd., § 6; J. Schwarze (Hrsg.), Verfassungsrecht und Verfassungsgerichtsbarkeit im Zeichen Europas, 1998, sowie K. F. Kreuzer u.a. (Hrsg.), Europäischer Grundrechtsschutz, 1998; schließlich *M. Ruffert*, Die Mitgliedstaaten der Europäischen Gemeinschaft als Verpflichtete der Gemeinschaftsgrundrechte, EuGRZ 1995, S. 518 ff.

und EuGH) herausgebildet. Das geschah gewiss auch unter dem Eindruck jüngerer Entwicklungen in der westeuropäischen Judikatur. So normiert die nBV Schweiz (2000) im Rahmen detaillierter Allgemeiner Verfahrensgarantien, die von der EMRK als „law in action" mitgeprägt sind, in Art. 29 Abs. 3 für jede Person, die nicht über die erforderlichen Mittel verfügt, einen „Anspruch auf unentgeltliche Rechtspflege, wenn ihr Rechtsbegehren nicht aussichtslos erscheint" – Parallelen finden sich in manchen Kantonsverfassungen, z.B. Art. 70 Abs. 2 Verf. Appenzell AR (1993). Auch gibt Art. 32 Abs. 3 nBV jeder verurteilten Person das Recht, das Urteil von einem höheren Gericht überprüfen zu lassen. Ähnlich arbeitet § 21 Grundgesetz Finnland (2000), insofern auch von „anderen Garantien für ein rechtmäßiges Verfahren und gute Verwaltung" gesprochen wird. Ein Konnexinstitut zur Vorbereitung bzw. Effektivierung des Rechtsschutzes ist auch Art. 32 Verf. Belgien (1994/99): „Jeder hat das Recht, jegliches Verwaltungsdokument einzusehen".

946 Ein Blick auf Osteuropa: Im Kontext von habeas corpus-Garantien (Art. 27 bis 34 Verf. von 1998) steuert Albanien die Klausel bei (Art. 28 Abs. 1): jeder, dem die Freiheit entzogen werde, habe das „Recht, unverzüglich in einer Sprache, die er versteht, über die Gründe ... unterrichtet zu werden" (ähnlich schon § 20 bis 24 Verf. Estland von 1992, wobei auch § 25 bemerkenswert ist: verfassungsrechtliches Recht jeder Person „auf Ersetzung des von ihm von beliebiger Seite zugefügten rechtswidrigen moralischen und materiellen Schadens"). Art. 42 Abs. 7 Verf. Georgien (1995) postuliert: „Gesetzeswidrig erlangte Rechtstitel besitzen keine Rechtskraft." Auch hier wird ein im Westen entwickelter Grundsatz in Osteuropa auf Verfassungshöhe gehoben. Ähnliches gilt für Art. 31 Abs. 3 Verf. Litauen (1992): „Es ist verboten, jemanden zu Zeugenaussagen gegen sich, seine Familienmitglieder oder seine nahen Verwandten zu zwingen". Eine besondere Textstufe schafft Art. 23 Abs. 2 Verf. Republik Moldau (1994): Garantie des Rechts eines jeden Menschen, „seine Rechte und Pflichten zu kennen."

947 Manche osteuropäischen Verfassungen behandeln die Rolle des rechtlichen Beistands bzw. der (freien) Rechtsanwaltschaft (z.B. Art. 134 Verf. Bulgarien von 1991, Art. 137 Verf. Slowenien von 1991). Verf. Republik Montenegro (1992) gelingt hier die wohl reifste Textstufe in den Worten (Art. 18 Abs. 1 und 2): „Jeder hat das Recht auf rechtlichen Beistand. Den rechtlichen Beistand leisten die Rechtsanwaltschaft als ein selbständiger und unabhängiger Dienst ..." Verf. Polen (1997) kodifiziert westeuropäisches Gemeinrecht in den Worten von Art. 41 Abs. 4: „Jeder, dem die

Freiheit entzogen wurde, muss in einer humanitären Weise behandelt werden“. Eine präzise Fortentwicklung der Staatshaftung gelingt Art. 48 Verf. Rumänien (1991) bis hin zu Konsequenzen für die Nichtbescheidung eines Antrages! Art. 46 Abs. 3 Verf. Russische Föderation (1993) baut in vorbildlicher Weise schon die Öffnung im Blick auf den EGMR oder eine ähnliche supranationale Instanz ein: „Jeder ist berechtigt, ... zwischenstaatliche Organe zum Schutz der Rechte und Freiheiten des Menschen anzurufen“[288].

Wie wichtig den osteuropäischen Reformstaaten der Rechtsschutz ist[289], 948 dokumentiert auf eigene Weise Verf. Slowakei (1992), ähnlich Art. 36 bis 40 Tschechische Grundrechte-Charta (1992). Sie widmet dem „Recht auf gerichtlichen und anderen Rechtsschutz“ einen eigenen Abschnitt (Art. 46-50) mit vielen Elementen des gemeineuropäischen Rechtsschutzes (vom Schadensersatzanspruch bis zum Recht auf einen Dolmetscher, vom Recht auf Rechtsbeistand bis zum Aussageverweigerungsrecht). Schon heute lässt sich sagen, dass Osteuropa reiches textliches Verfassungsmaterial beiträgt zum „Recht auf Grundrechtsschutz“ (vgl. Art. 23 Verf. Slowenien von 1991), flankiert von einem reichen Bündel von Konnexrechten, was insgesamt das gemeineuropäische Grundrechterecht von der Verfahrensseite her absichert[290].

Zuletzt folge ein Blick auf den Rechtsschutz im *weiteren* Sinne, der eine 949 neue Entwicklungsstufe des Verfassungsstaates charakterisiert und viele Textvarianten im heutigen Europa hervorbringt. In Osteuropa finden sich die „Volksanwälte“ (z.B. Art. 159 Verf. Slowenien, Art. 43 Verf. Georgien, Art. 61 bis 63 Verf. Albanien, Art. 55 bis 57 Verf. Rumänien), Beauftragte für Bürgerrechte (Art. 208 bis 210 Verf. Polen). In Westeuropa werden Regelungen in Portugal (Art. 23 Verf. von 1976), Spanien (Art. 54 Verf. von

288 S. auch *A. Nußberger*, Die Grundrechte in der Rechtsprechung des russischen Verfassungsgerichts, EuGRZ 1998, S. 105 ff.; *dies.*, Rechts- und Verfassungskultur in der Russischen Föderation, JöR 54 (2006), S. 35 ff.

289 Zur Verfassungsgerichtsbarkeit vergleichend der Beitrag *P. Häberles*, Das Bundesverfassungsgericht als Muster einer selbständigen Verfassungsgerichtsbarkeit, in: FS 50 Jahre BVerfG, 2001, Bd. I, S. 311 ff. – Grundlagenlit.: *A. Voßkuhle*, Der Verfassungsgerichtsverbund, NVwZ 2010, S. 1 ff.; *G. Brunner*, Grundrechtsschutz durch Verfassungsgerichtsbarkeit in Osteuropa, in: FS Stern, 1997, S. 1041 ff.; J. A. Frowein/T. Marauhn (Hrsg.), Grundfragen der Verfassungsgerichtsbarkeit in Mittel- und Osteuropa, 1998.

290 Vgl. auch *F. Matscher*, Der verfahrensrechtliche ordre public im Spannungsfeld von EMRK und Gemeinschaftsrecht, IPRax 2001, S. 428 ff.

1978) sowie Schweden (Kap. 12, § 6 Verf. von 1974) und Finnland (§§ 38, 109-113 Grundgesetz von 2000), auch Österreich (Volksanwälte: Art. 148 a-j B-VG) einschlägig. In den Verfassungen der neuen deutschen Bundesländer sind ebenfalls manche Textformen nachweisbar: Datenschutzbeauftragte (z.B. jetzt auch in Bayern: Art. 33 a Verf. von 1946); auf Art. 45 b GG (Wehrbeauftragter) sei verwiesen. Ein letzter Blick gelte der europäischen Ebene der EU. Hier wurde der „Bürgerbeauftragte" geschaffen (Art. 228 AEUV)[291], die EU-Grundrechte-Charta (Art. 43) zog nach[292].

950 Im Ganzen sind auch bei diesem Textensemble die Beispiele auf der nationalen Ebene in vielen europäischen Ländern und auf der supranationalen „europarechtlichen" Ebene zusammen zu sehen. Hier herrscht ein lebhafter *Austausch*[293]. Der Rechtsschutz im engeren und weiteren Sinne steht dabei nicht in Konkurrenz, sondern in einem Ergänzungsverhältnis zueinander. Dabei ist an die „Ungleichzeitigkeit" zu erinnern. Es sollte jedem europäischen Verfassungsstaat zugestanden bleiben, allein auf den *Gerichts*schutz zu setzen, also den gemeineuropäischen Trend gerade nicht mitzumachen: das kann zu seiner „nationalen Identität" gehören. Die Schweiz etwa hält sich aus einleuchtenden Gründen fast ausschließlich an den bewährten Rechtsschutz im engeren Sinne[294], zumal er auf eine Weise durch die Referendumsdemokratie zusätzlich abgesichert erscheint. Osteuropa und die neuen Bundesländer suchen darüber hinaus auch neue, ergänzende Institutionen, verständlich angesichts des Traumas des Totalitarismus.

---

291 Aus der Lit.: *O. Mader*, Bürgerinitiative, Petitionsrecht, Beschwerde zum Bürgerbeauftragten, EuR 2013, S. 348 ff.; *A. Guckelberger*, Der europäische Bürgerbeauftragte und die Petition zum Europäischen Parlament, 2004; *K. Heede*, European Ombudsman: Redress and Control at Union Level, 2000; *R. Strempel*, Ombudsmann für Europa, DÖV 1996, S. 241 ff.

292 *M. Klatt*, in: H. von der Groeben/J. Schwarze/A. Hatje (Hrsg.), Europäisches Unionsrecht, Bd. I, 7. Aufl. 2015, Art. 43 Grundrechtecharta, Rn. 3.

293 In diesem Zusammenhang vgl. auch noch *R. Bernhardt*, Die Europäische Menschenrechtskonvention und die deutsche Rechtsordnung, EuGRZ 1996, S. 339 ff.

294 Aus der dortigen Lit.: *W. Kälin*, Das Verfahren der staatsrechtlichen Beschwerde, 2. Aufl. 1994; *A. Kley-Struller*, Der richterliche Rechtsschutz gegen die öffentliche Verwaltung, 1995.

Inkurs: Effektiver Individualrechtsschutz durch den EuGH

Vor diesen Rechtsschutzhorizonten stellt sich für das Europarecht im engeren Sinne aber doch noch die Frage nach dem *Wie* effektiven Individualrechtsschutzes vor dem Gerichtshof der Europäischen Union. Diesbezüglich brachte der Vertrag von Lissabon durchaus maßgebliche Änderungen bei der Nichtigkeitsklage (Art. 263 AEUV) mit sich – jedenfalls potentiell. Sie betreffen für den hier relevanten Fall Art. 263 Abs. 4 AEUV[295]. Jede natürliche oder juristische Person soll sich gegen an sie gerichtete oder sie unmittelbar und individuell betreffende Handlungen wehren können. Wehren können soll sie sich aber auch gegen „Rechtsakte mit Verordnungscharakter, die sie unmittelbar betreffen und die keine Durchführungsmaßnahmen nach sich ziehen“[296]. Mit dem Terminus „Handlungen“ ist eine formneutrale Formulierung gefunden und die frühere Beschränkung auf „Entscheidungen“ aufgegeben. Ob das allerdings zu einer entscheidenden Erweiterung der Klagebefugnis führt, bleibt zweifelhaft[297]. Die individuelle Betroffenheit bestimmte der Gerichtshof vor Lissabon nach der sog. *Plaumann*-Formel. Der Kläger musste „wegen bestimmter persönlicher Eigenschaften oder besonderer, ihn aus dem Kreis aller übrigen Personen heraushebender Umstände berührt und daher in ähnlicher Weise individualisiert“ sein wie ein Adressat[298]. Die Fallgruppen, die der EuGH herausgebildet hat, sind hinlänglich bekannt[299]. Aus ihnen folgt unmissverständlich die Logik der *Plaumann*-Formel: „wie der Adressat einer Entscheidung“ betroffen zu sein[300]. Einer weiteren Auslegung der individuellen Betroffenheit, wie sie Generalanwalt *F. G. Jacobs* in der Rs. *Jégo-Quéré* ange- 951

295 Zur Entwicklungsgeschichte *A. K. Mangold*, Gemeinschaftsrecht und deutsches Recht. Die Europäisierung der deutschen Rechtsordnung in historisch-empirischer Sicht, 2011, S. 137.

296 *H. A. Petzold*, Individualrechtsschutz an der Schnittstelle zwischen nationalem und Gemeinschaftsrecht, 2008, S. 19 ff.; *Ch. Calliess*, Die neue Europäischen Union nach dem Vertrag von Lissabon, 2010, S. 153; *U. Everling*, Lissabon-Vertrag regelt Dauerstreit über Nichtigkeitsklage Privater, EuZW 2010, S. 572 ff.

297 *W. Cremer*, Zum Rechtsschutz des Einzelnen gegen abgeleitetes Unionsrecht nach dem Vertrag von Lissabon, DÖV 2010, S. 58 ff., 60.

298 EuGH, Rs. 25/62, *Plaumann*, Slg. 1963, 213 (216).

299 Nachweise zur Typologie etwa bei *W. Cremer*, Nichtigkeitsklagen Einzelner gegen Rechtsakte der Gemeinschaft: Klagegegenstand und Klagebefugnis nach Art. 173 EGV, EWS 1999, S. 48 ff., 52 f.

300 *M. Kottmann*, Plaumanns Ende: Ein Vorschlag zu Art. 263 Abs. 4 AEUV, ZaöRV (70) 2010, S. 547 ff., 550.

stoßen und wie sie das EuG aufgegriffen hatte, erteilte der EuGH seinerzeit eine eindeutige Absage[301]. Er tat das unter Berufung auf das Prinzip der beschränkten Einzelermächtigung auch dort, wo ein nationales Rechtsschutzinstrument fehlt.

952 Heute könnte der Gerichtshof den geänderten Wortlaut als Reformansatz verstehen und sich von der Entscheidungsadressatensituation lösen[302]. Der Vertragstext fordert nur eine Individualisierung des Klägers, nicht mehr und nicht weniger. Er lässt offen, ob eine solche Individualisierung durch „entscheidungs- oder rechtsnormähnliche" Situationen[303] bedingt wird. Luxemburg hätte damit die Möglichkeit, den zentralen Individualrechtsschutz, etwa angesichts der *gesteigerten Grundrechtsrelevanz*, zu stärken. Probleme aber bereiten vor allem die „Rechtsakte mit Verordnungscharakter". Sie verlangen keine individuelle, sondern nur eine unmittelbare Betroffenheit; weitere Durchführungsmaßnahmen dürfen nicht von Nöten sein. Damit scheint die *Plaumann*-Restriktion verabschiedet. Was jedoch sind Rechtsakte mit Verordnungscharakter? Alle Verordnungen? Oder nur solche Rechtsakte, die unabhängig von der Handlungsform keinen Gesetzescharakter haben, also Verordnungen, Richtlinien und Beschlüsse, die nicht in einem Rechtssetzungsverfahren verabschiedet wurden (untergesetzliche Rechtsakte?)[304]. Lissabon lässt jedenfalls Raum für ein umfassendes System des Rechtsschutzes gegen Normativakte, das sich weniger an deren hierarchisch bestimmter Normqualität als vielmehr am Kriterium der Unmittelbarkeit orientiert[305]. Schon die *Inuit*-Entscheidung des EuG weist indes einen anderen Weg, gewiss aus pragmatischen und prozessökonomischen Gründen, aber auch, um den Mitgliedstaaten in kritischen Zeiten nicht mehr Luxemburger Kontrolle zuzumuten, als diese mitzugehen bereit sind[306]. Der EuGH ist in seinem Urteil vom 3. Oktober 2013

---

301 EuG, Rs. T-177/01, *Jégo Quéré*, Slg. 2002, II-2365; EuGH, Rs. C-50/00 P, *Unión de Pequeños Agricultores*, Slg. 2002, I-6677 (I-6734 ff.).

302 *M. Kottmann*, Plaumanns Ende: Ein Vorschlag zu Art. 263 Abs. 4 AEUV, ZaöRV 70 (2010), S. 547 ff., 558.

303 Ebd.

304 *Ch. Calliess*, Die neue Europäischen Union nach dem Vertrag von Lissabon, 2010, S. 154 ff. m.w.N.

305 *M. Kottmann*, Plaumanns Ende: Ein Vorschlag zu Art. 263 Abs. 4 AEUV, ZaöRV (70) 2010, S. 547 ff., 560.

306 *H. A. Petzold*, Was sind „Rechtsakte mit Verordnungscharakter" (Art. 263 Abs. 4 AEUV)? – Zur Entscheidung des EuG in der Rechtssache Inuit, EuR 2012, S. 443 ff.

(Rs. C-583/11, ECLI:EU:C:2013:625 – *Inuit*) dem EuG gefolgt und hat expressis verbis judiziert, dass die Individualklagemöglichkeit auch nach Lissabon keine Gesetzgebungsakte umfasst[307]. Die von Generalanwalt *F. G. Jacobs* beklagte Rechtsschutzlücke bleibt; die Rechtsschutzmöglichkeit für den in seinen Grundrechten betroffenen Einzelnen ist gleichsam *mitgliedstaatlich mediatisiert*. Der Betroffene kann gegen den auf dem maßgeblichen Unionsrechtsakt beruhenden mitgliedstaatlichen Rechtsakt vor den mitgliedstaatlichen Gerichten vorgehen, denen dann wieder das Vorabentscheidungsverfahren zum EuGH (Art. 267 AEUV) offen steht.

Auch für eine Grundrechtsbeschwerde konnte sich der Reformvertrag 953 nicht entscheiden. Grund für die Skepsis ist vor allem die Gefahr einer vollständigen Überlastung des Gerichtshofs, der ein freies Annahmeverfahren nach Vorbild des US-Supreme Court nur bedingt Abhilfe schüfe. Gerade aber weil ein eigenes Individualbeschwerdeverfahren fehlt, trifft den EuGH nach Lissabon im Rahmen aller ihm eröffneten prozeduralen Möglichkeiten eine besondere Grundrechtsschutzverantwortung. Auch ohne *europäische Grundrechtsbeschwerde* wird er mehr denn je, gestützt auf EU-Grundrechte-Charta, EMRK und allgemeine Rechtsgrundsätze[308], zu einem europäischen *Grundrechte-Gericht*[309]. Und wo zentrale Rechtsschutzverfahren fehlen, gilt es – die Mediatisierungsvariante wurde gerade angesprochen –, dezentrale Verfahren zu aktivieren: z. B. im Rahmen des Vorabentscheidung[310]. Seine Verantwortung als Grundrechte-Gericht sollte der EuGH bei alldem sehr ernst nehmen.

---

307 Zum Thema *J. Schwarze*, Rechtsschutz Privater gegen „Rechtsakte mit Verordnungscharakter“ gemäß Art. 263 Abs. 4 Var. 3 AEUV, in: FS D. Willoweit, 2011, S. 190 ff.; *ders.*, Der Rechtsschutz Privater vor dem Europäischen Gerichtshof: Grundlagen, Entwicklungen und Perspektiven des Individualrechtsschutzes im Gemeinschaftsrecht, DVBl. 2002, S. 1297 ff.

308 Auch nach dem Reformvertrag von Lissabon macht Art. 6 Abs. 3 EUV die Grundrechte, „wie sie sich aus den gemeinsamen Verfassungsüberlieferungen der Mitgliedstaaten ergeben“, als „allgemeine Rechtsgrundsätze“ zu „Teilen des Unionsrechts“, siehe dazu *R. Geiger*, in: ders./D.-E. Khan/M. Kotzur (Hrsg.), EUV/AEUV, 5. Aufl. 2010, Art. 6 EUV, Rn. 23 ff.

309 *W. Schroeder*, Neues zur Grundrechtskontrolle in der Europäischen Union, EuZW 2011, S. 462 ff.

310 *P. Thomy*, Individualrechtsschutz durch das Vorabentscheidungsverfahren, 2009, S. 138 ff.

XI. Ausblick

954 Der hier skizzierte, mit Rechtsschutzfragen abschließende „Allgemeine" Teil eines Problemkataloges für gemeineuropäische Grundrechtslehren ist mehr als fragmentarisch. So fehlt neben der immer häufiger werdenden internationalen Menschenrechtskonformität[311] (z.B. Art. 10 Abs. 2 Verf. Spanien, Art. 16 Abs. 2 Verf. Portugal, Art. 20 Verf. Rumänien) ein Hinweis auf Nachfolgenormen zu Art. 19 Abs. 3 GG (vgl. z.B. Art. 45 Verf. Georgien) bzw. seiner Problematik[312] oder die Frage der Grundrechtsgeltung in Sonderstatusverhältnissen[313]. Vor allem aber wäre im Folgenden eine Gesamtübersicht der *speziellen* Grundrechtsgarantien im gesamteuropäischen Vergleich notwendig. Dabei könnte sich zeigen, ob und wie neue Themen bzw. spezielle Grundrechte hinzugekommen sind: ganz im Zeichen der 1971 geforderten „grundrechtssichernden Geltungsfortbildung" – Beispiele sind Datenschutz (z.B. Art. 35 Verf. Albanien), Freiheit der Kultur (z.B. Art. 54 Verf. Bulgarien), Schutzgrundrechte der Alten und Kinder (vgl. Art. 24 und 25 EU-Grundrechte-Charta, aber auch Art. 38 Verf. Sachsen-Anhalt, Art. 72 Verf. Polen), Schutzgrundrechte zugunsten Behinderter (Art. 26 EU-Grundrechte-Charta, Art. 7 Verf. Sachsen, Art. 46 Verf. Rumänien), „das Recht, seine Rechte zu kennen" (Art. 90 Verf. Lettland; Art. 23 Abs. 2 Verf. Republik Moldau), Rechte auf eine „gute Verwaltung" (Art. 41 EU-Grundrechte-Charta[314]) und Recht auf Zugang zu Dokumenten (Art. 42 ebd.), Auskunftsrecht auf Umweltdaten (Art. 39 Abs. 7 S. 3 Verf. Brandenburg). Im Umweltschutz sind ebenfalls markante Fortbildungen zu erkennen. Immerhin dürfte sich gezeigt haben, dass „Grundrechtspolitik" und -dogmatik, auch -judikatur in ganz Europa bereits heute auf

---

311 Aus der Lit.: *K.-P. Sommermann*, Völkerrechtlich garantierte Menschenrechte als Maßstab der Verfassungsauslegung, AöR 114 (1989) S. 391 ff.

312 Aus der deutschen Lit.: *M. Kotzur*, Der Begriff der inländischen juristischen Personen nach Art. 19 Abs. 3 GG im Kontext der EU, DÖV 2001, S. 192 ff.

313 Vorbildlich geriet § 8 Abs. 2 KV Aargau: „Für Personen, die in einem besonderen Abhängigkeitsverhältnis zum Staat stehen, dürfen die Grundrechte zusätzlich nur soweit eingeschränkt werden, als es das besondere öffentliche Interesse erfordert, das diesem Verhältnis zu Grunde liegt" (ebenso § 15 Abs. 3 KV Basel-Landschaft). Aus der Lit.: *K. Hesse*, Grundzüge des Verfassungsrechts der Bundesrepublik Deutschland, 20. Aufl. 1995 (Neudruck 1999), Rn. 321 ff.; *W. Berka*, Die Grundrechte, 1999, S. 180 ff.

314 *K.-D. Classen*, Gute Verwaltung im Recht der EU, 2008; *J. Wakefield*, The Right to Good Administration, 2007.

einer stattlichen Reihe von *gemeineuropäischen Standards* aufbauen kann (Verhältnismäßigkeit, Wesensgehaltschutz, Schrankenvorbehalte zugunsten bestimmter Gemeinwohlgüter, Rechtsschutz i.e.S. und z.T. i.w.S.). Die nationale Beispielsvielfalt bleibt groß und sie sollte auch von einer europäischen Verfassungslehre nicht eingeebnet werden – Rechtsvergleichung hat auch das *Un*gleiche zu Tage zu fördern und insoweit Selbstbegrenzung zu üben. Auch auf diesem Problemfeld ist der vorliegende Abschnitt nur ein Anfang europaweiter Grundrechts- bzw. Verfassungswissenschaft. Rechtsvergleichung hat aber in Sachen „Grundrechtspolitik“ einen (begrenzten) Gestaltungsauftrag, den sie sich nur klar machen sollte. Ermutigend wirkt dabei die vom EuGH und der Literatur vorangetriebene Lehre von den Allgemeinen Rechtsgrundsätzen, gerade insoweit sie die Grundrechte betreffen (vgl. jetzt Art. 6 Abs. 3 EUV)[315], denn hier wurde eine „Erfindung“ des EuGH auf eine konstitutionelle Textstufe gebracht. Art. 6 Abs. 3 EUV rezipiert nur, was Verfassungsrichterrecht aus Luxemburg ist und er stellt es in den Kontext weiterer Texte, etwa der EMRK und der „gemeinsamen Verfassungsüberlieferungen der Mitgliedstaaten“.

Im Übrigen bewährt sich in vielen Zusammenhängen die schöpferische 955 Kraft des Einsatzes der Rechtsvergleichung als „fünfter“ Auslegungsmethode, wobei auch hier die Trias von Texten, Judikatur und Literatur einschlägig wird. Da die aus Osteuropa stammenden Richter am EGMR und (dank der Osterweiterung der EU) auch am EuGH nicht zuletzt ihr eigenes Verfassungsmaterial vor Augen haben, wenn sie als Mitglieder der beiden europäischen Verfassungsgerichte judizieren, ist es unverzichtbar, dieses Verfassungsmaterial aufzubereiten, so bruchstückhaft dies bleiben mag.

Bei aller unentbehrlichen Grundrechtsdogmatik i.S. von „juristischem 956 Handwerkszeug“ sollte aber auch der große Rahmen, der Horizont nicht aus dem Blick geraten: Alle Dogmatik *dient* dem „Europa der Bürger“, denen im Ensemble vieler *Teil*verfassungen ein gemeineuropäischer Grundrechtestatus zuwächst: vorangetrieben durch EMRK und EGMR, fundiert in den „alten“ Grundrechtsgemeinschaften der westlichen Verfassungsstaaten und vorstrukturiert nun auch in den nach Osteuropa national wie über Europarat und OSZE übergreifenden gemeineuropäischen Standards. Das Europa der Bürger meint das *ganze* Europa, im Kontext von „Europäischer Demokratie“ und „Europäischem Rechtsstaat“, welche

315 Dazu aus der Lit. m.w.N.: *T. Oppermann/C. D. Classen/M. Nettesheim*, Europarecht, 6. Aufl. 2014, § 9, Rn. 31 ff., § 17, Rn. 3.

Prinzipien in der Menschenwürde des homo europaeus ihre kulturanthropologische Basis haben[316]. Auch und gerade der „europäische Jurist" steht im *Dienste* des „Europas der Bürger". Die EU, in Brüssel gelegentlich zu technisch (miss)verstanden und praktiziert, oft auf den Markt reduziert, kann im Verbund mit der durch die EMRK begründeten europäischen *Grundrechts*gemeinschaft in vielem Vorbild und „Vorhut" einer nach Osten verbundenen *gesamteuropäischen Bürgergesellschaft* sein – bis hin zu den theoretischen Konsequenzen der offenen Gesellschaft der Verfassunggeber und Verfassungsinterpreten in Europa. Die in Osteuropa dank der EMRK heranwachsenden gemeineuropäischen Grundrechtsstrukturen haben auf der nationalen Ebene schon ihre doch textlich hochrangigen Entsprechungen: in allen osteuropäischen Länder stehen die Grundrechte „vorn" bzw. „oben", wenn solche räumlichen Bilder hier einmal erlaubt seien. Und es sind die Grundrechte zugleich als *Grundwerte* in den Präambeln, die Osteuropa verfassungs- bzw. europatheoretisch nach Westen hin „anschlussfähig" machen: allgemeine menschliche Werte wie „Freiheit, Frieden, Humanismus, Gleichheit, Gerechtigkeit und Toleranz" (Präambel Verf. Bulgarien), „offene, gerechte, harmonische, bürgerliche Gesellschaft" (Präambel Verf. Litauen), „Grundsätze der Bürgergesellschaft" (Präambel Verf. Tschechien), „Bürgerrechte" (Präambel Verf. Polen). Diese Stichworte finden im Grundwerte-Kanon der EU (Art. 2 EUV) wichtigen Widerklang.

E. Das „Europa der Bürger": die Unionsbürgerschaft – die „verbleibende" Staatsbürgerschaft: zwei europäische Konnexinstitute

1. Einleitende Aspekte

957 Die Aufbereitung des gemeineuropäischen Grundrechte-Rechts hat die Frage der Unionsbürgerschaft für das Europa im engeren Sinne der EU und der für das ganze Europa relevanten nationalen „Staatsangehörigkeit" noch beiseite gelassen; dies obwohl eine klassische „Einteilung" der Grundrechte zwischen den „Menschen-" und „Bürgerrechten" unterscheidet und obgleich es auch hier Relativierungen gibt (vgl. Art. 11 Abs. 3

316 Siehe auch *H. Hofmann*, Menschenwürde und Naturverständnis in europäischer Perspektive, Der Staat 37 (1998), S. 349 ff.; *C. Enders*, Die Menschenwürde in der Verfassungsordnung, 1997.

Verf. Spanien)[317]. Im Folgenden sei in aller gebotenen Kürze in einem ersten Schritt die EU-rechtliche „Unionsbürgerschaft" in die Verfassungsgemeinschaft der EU eingeordnet, ehe ein Blick auf die verbleibende und die „nationale Identität" mitbegründende sog. Staatsangehörigkeit geworfen sei. Sie wird freilich dem Verfassungsstaat bzw. seiner Bürgergesellschaft schon prima facie nicht mehr gerecht, da der Bürger nicht einem Staat „gehört", wie es einem postabsolutistischen Staatsverständnis entsprochen hat[318]. Daher sollte treffender von Staatsbürgerschaft die Rede sein. Der englische Sprachraum kann mit seiner Unterscheidung zwischen „nationality" und „citizenship" semantisch unbefangener umgehen. Beide Begriffe suggerieren Zugehörigkeit zur politischen Gemeinschaft, ohne in irgend gearteter Weise an den Staat anzuknüpfen. Dass dank der EMRK die Staatsangehörigkeit in all ihren Mitgliedstaaten ebenfalls tiefgreifend modifiziert bzw. relativiert ist, wird oft übersehen. Gleichwohl gelte das Folgende dem Europa im engeren Sinne der EU.

---

317 Auch einige Verfassungen in Osteuropa dehnen die Bürgerrechte schon textlich im Grundsatz auf Ausländer aus, z.B. Art. 22 Abs. 2 Verf. Bulgarien; Art. 19 Abs. 1 Verf. Republik Moldau; Art. 13 Verf. Slowenien; Art. 26 Abs. 2 Verf. Ukraine.

318 Dazu *P. Häberle*, Verfassungslehre als Kulturwissenschaft, 2. Aufl. 1998, S. 624 ff. und passim; zum Staatsangehörigkeitsbegriff aus völkerrechtlicher Sicht *A. Verdross/B. Simma,* Universelles Völkerrecht, 3. Aufl. 1984 (Nachdruck 2010), S. 787. Dass auf EU-Ebene von Unionsbürgerschaft, nicht von EU-Angehörigkeit gesprochen wird (vgl. *Th. Oppermann*, Sinn und Grenzen einer EG-Angehörigkeit, in: FS K. Doehring, 1989, S. 713 ff.), gehört zu den grundlegend-gemeineuropäischen Akzentverschiebungen vom passiv-erleidenden „Angehörigen" zum aktiv-gestaltenden „Bürger"; *H. Bauer*, Zur Aufnahme einer Unionsbürgerklausel in das Grundgesetz, in: FS Maurer, 2001, S. 13 ff.; *P. M. Huber*, Die gleiche Freiheit der Unionsbürger, ZaöRV 68 (2008), S. 307 ff. Die Akzentverschiebung mag freilich auch dem englischen Sprachgebrauch geschuldet sein, der die Figur einer „EU Nationality" schlicht nicht zulässt.

2. „Unionsbürgerschaft" – eine werdende EU-Teilverfassung

958 Die Unionsbürgerschaft[319] (Art. 20 ff. AEUV) kann in ihrer europa- bzw. verfassungstheoretischen Bedeutung kaum überschätzt werden[320]. Denn sie ist der positivrechtliche Ansatzpunkt für eine oben bereits in nuce skizzierte europaverfassungsrechtliche Statuslehre, die allerdings erst noch entwickelt werden muss. Das macht Art. 25 AEUV („Fortentwicklung der Unionsbürgerschaft") sogar zum Verfassungsauftrag, den auch die Wissenschaft in Begleitung und bisweilen Vorbereitung der relevanten politischen Prozesse sehr ernst nehmen sollte. Während der Grundrechtsstatus der EU-Bürger, wie der obige Abschnitt über das Gemeineuropäische Grundrechte-Recht gezeigt hat, von großer Dichte und Differenziertheit ist bzw. auch in der Praxis durchgehalten wird, muss das konstitutionelle Unionsbürgerschaftsrecht (zumal theoretisch) erst noch „wachsen", was

---

319 Umfängliche Literaturnachweise bei *M. Haag*, in: H. von der Groeben/J. Schwarze/A. Hatje (Hrsg.), Europäisches Unionsrecht, Bd. I, 7. Aufl. 2015, Art. 19 AEUV, Literaturübersicht; s. auch *M. Kotzur*, „We, the Citizens of Europe": European Union Citizenship, in: M. S. Greve/M. Zöller (Hrsg.), Citizenship in America and Europe. Beyond the Nation State?, 2009, S. 71 ff.; *ders.*, A European Glance on the Notion of Citizenship, City University of Hong Kong Law Review 1 (2009), S. 91 ff.

320 Aus der Lit.: *E. Grabitz*, Europäisches Bürgerrecht zwischen Marktbürgerschaft und Staatsbürgerschaft, 1970; *N. Kotalakidis*, Von der nationalen Staatsangehörigkeit zur Unionsbürgerschaft, 2000; *R. Bieber*, Der Verfassungsstaat im Gefüge europäischer und insbesondere supranationaler Ordnungsstrukturen, in: D. Thürer/J.-F. Aubert/J. P. Müller (Hrsg.), Verfassungsrecht der Schweiz, 2001, § 6; *A. Augustin*, Das Volk der EU, 2000, S. 38 ff.; *M. Degen*, Die Unionsbürgerschaft nach dem Vertrag über die EU, DÖV 1993, S. 749 ff.; *A. Randelzhofer*, Marktbürgerschaft – Unionsbürgerschaft – Staatsbürgerschaft, in: GS Grabitz, 1995, S. 581 ff.; R. Hrbek (Hrsg.), Bürger und Europa, 1994; *Th. Oppermann*, Vom Marktbürger zum EG-Bürger?, in: Lüneburger Symposion für H. P. Ipsen, 1988, S. 88 ff.; *S. Magiera*, Die EG auf dem Weg zu einem Europa der Bürger, DÖV 1987, S. 221 ff. Eine spezifisch sozialrechtliche Sichtweise findet sich bei *K. D. Borchardt*, Der sozialrechtliche Gehalt der Unionsbürgerschaft, NJW 2000, S. 2057 ff.; die rechtsphilosophischen Implikationen der Unionsbürgerschaft zu ergründen sucht *J. M. Broekman*, A Philosophy of European Union Law, 1999, S. 294 ff.; *S. Magiera*, Der Rechtsstatus der Unionsbürger, in: FS Delbrück, 2005, S. 429 ff.; *A. Domaradzka*, Unionsbürger im Übergang, 2006. Aus der Kommentar-Lit.: *W. Kluth*, in: Ch. Calliess/M. Ruffert (Hrsg.), EUV/AEUV, 4. Aufl. 2011, Art. 20 AEUV, Rn. 3 ff.; *M. Haag*, in: H. von der Groeben/J. Schwarze/A. Hatje (Hrsg.), Europäisches Unionsrecht, Bd. I, 7. Aufl. 2015, Art. 19 AEUV, Rn. 1 ff. mit zahlreichen weiteren Nachweisen.

mit einer Relativierung des klassischen Staatselements „Staatsvolk" Hand in Hand geht[321]. Einige Stichworte sollen genügen, doch sei zum Ausdruck gebracht, dass gerade die Unionsbürgerschaft ein zentraler Baustein jeder „europäischen Verfassungslehre" zu sein hat.

Folgende Thesen wollen den hohen theoretischen Stellenwert der Unions- 959
bürgerschaft andeuten:

- Die Unionsbürgerschaft kreiert einen spezifisch EU-rechtlichen Grundstatus des EU-Bürgers, der zum „*Nucleus*" vieler Teilrechte dieses Bürgers wird[322].
- Dank der Unionsbürgerschaft ist der EU-Bürger vom „Marktbürger" (*H. P. Ipsen/E. Grabitz*) endlich zum politischen Europa-Bürger und damit europäischen citoyen geworden[323]. Die einseitige Fixierung auf Markt und Ökonomie ist korrigiert; die EU sieht den Einzelnen in seinem kulturanthropologischen Reichtum, nicht mehr in der Eindimensionalität des „homo oeconomicus".
- Der Begriff „Unionsbürger" macht die EU als Verfassungsgemeinschaft greifbar und erlebbar und er lässt potentiell die Bürger als Beteiligte am europäischen Konstitutionalisierungsprozess erscheinen.
- Der Begriff Unionsbürgerschaft schiebt den Staatsbegriff beiseite, indem er ihn nicht verwendet.
- Unionsbürgerschaft ist ein Verweis auf die Identität[324] der Europäischen Union, die der Sache nach auch nach Lissabon eine „europäische Gemeinschaft" bleibt (vgl. Präambel EUV: „Identität Europas") und die sich als Grundrechte-, Grundwerte-, ja Solidargemeinschaft mit einem bestimmten (vielfältigen) kulturellen Erbe (vgl. Art. 167 AEUV) versteht.

---

321 In diesem Sinne auch *D. Thürer*, Der Verfassungsstaat als Glied einer europäischen Gemeinschaft, VVDStRL 50 (1991), S. 97 ff., 124. Allg. krit. *K. Hailbronner*, Die Unionsbürgerschaft und das Ende rationaler Jurisprudenz durch den EuGH?, NJW 2004, S. 2185 ff.; *C. Schönberger*, Unionsbürger: Europas föderales Bürgerrecht in vergleichender Sicht, 2005; *R. Höfler*, Die Unionsbürgerfreiheit, 2009.

322 Zur solidarischen Dimension jüngst *A. Farahat*, Solidarität und Inklusion, DÖV 2016, S. 45 ff.

323 Tendenziell ähnlich *Th. Oppermann/C. D. Classen/M. Nettesheim*, Europarecht, 6. Aufl. 2014, § 16, Rn. 4.

324 Vgl. *P. Häberle*, Verfassungslehre als Kulturwissenschaft, 2. Aufl. 1998, S. 624 ff.; zu strukturellen Identitätsdefiziten der Union *J. M. Broekman*, A Philosophy of European Union Law, 1999, S. 295.

- Unionsbürgerschaft ist vor allem ein Verweis auf die europäische „*Bürger*gesellschaft“[325] und ihren „Contrat social“ in der Gegenwart und Zukunft (kultureller Generationenvertrag).
- Sie macht den Menschen als „Bürger“ (nicht „Bourgeois“) zum Ausgangspunkt aller unionsrechtlichen Regelungen und erleichtert es, die „europäischen Völker“ (vgl. Präambel AEUV) in der Summe ihrer Bürger als Subjekt der Verfassungsgemeinschaft zu sehen. Damit ist in der Unionsbürgerschaft auch die *duale Legitimationsgrundlage* der Union angelegt[326].
- Schließlich kann die klassische Statuslehre von *G. Jellinek* – heute verfassungstheoretisch revidiert – viele Folgerechte seit Maastricht so klassifizieren, dass eine europäische Verfassungslehre unter Geltung des Vertrages von Lissabon damit zu arbeiten vermag.

960 Hierzu im Einzelnen: Die Unionsbürgerschaft ist das *grundlegende* und *statusbegründende Rechtsverhältnis* zwischen den Europabürgern und der Union mit wechselseitigen Rechten und Pflichten. Es hat generalklauselartige Auffangfunktion für schon geltende Teilrechte und Reservefunktion bzw. Katalysatorfunktion für künftig zu schaffende neue (Grund-)Rechte. Zu Recht wird vom „europäischen Status“ (*Th. Oppermann*) gesprochen: *Status ohne Staat*! – das ist eine treffende Formel für die EU als Verfassungsgemeinschaft! Dank der ordnenden Kraft der grundrechtlichen Statuslehre dürfen folgende Kategorien unterschieden werden:

961 An erster Stelle fungiert der sich aus der Menschenwürde ergebende europäische *status activus politicus:* Wahlrecht zum Europäischen Parlament nach Art. 22 Abs. 2 AEUV, Kommunalwahlrecht gemäß Art. 22 Abs. 1 AEUV[327] sowie Petitionsrecht und das Zugangsrecht zum EU-Bürgerbeauftragten (Art. 24, 227, 228 AEUV); anschaulich und konsequent stärkt die EU-Grundrechte-Charta diesen ersten Status im Kap. „Bürgerrechte“ (Art. 39 ff.) und sie ergänzt ihn in Art. 41 um aktivbürgerliche Elemente wie das „Recht auf eine gute Verwaltung“ sowie das „Recht auf Zugang zu Dokumenten“ (Art. 42), womit leistungsrechtliche Aspekte des „status

---

325 Der Terminus findet sich bereits bei *E. Denninger*, Menschenrechte und Staatsaufgaben – ein „europäisches“ Thema, JZ 1996, S. 585 ff., 586.

326 Zur Ableitung einer europäischen Öffentlichkeit aus der Unionsbürgerschaft Ch. Calliess/M. Hartmann, Zur Demokratie in Europa: Unionsbürgerschaft und europäische Öffentlichkeit, 2014.

327 Siehe dazu *M. Zuleeg*, Kommunalwahlrecht für Unionsbürger, in: FS Schefold, 2001, S. 117 ff.

activus processualis“[328] ins Spiel kommen; im Parteienartikel aus Art. 10 Abs. 4 EUV stecken ebenfalls Elemente des status activus politicus („politischer Willen der Bürger“), so wie auch auf der nationalen Ebene die Freiheit der politischen Parteien, z.B. nach Art. 21 GG, geschützt ist; weitere Beispiele aus nationalen Verfassungstexten sind: Art. 11 Abs. 3 Verf. Bulgarien: „politischer Wille des Bürgers“, ebenso Art. 8 Abs. 2 Verf. Rumänien; ein aktivbürgerliches Element in sich trägt besonders klar: Art. 26 Abs. 2 Verf. Georgien; Art. 43 Abs. 1 Verf. Kroatien; Art. 36 Verf. Ukraine.

Der *status negativus europaeus* ist im europäischen Verfassungsrecht be- 962
sonders reich ausgestaltet: die sog. „wirtschaftlichen Freiheiten“ (die Grundfreiheiten des Binnenmarktes, Art. 26 ff. AEUV), aber auch die allgemeine Freizügigkeit (Art. 21 AEUV) gehören ebenso hierher wie die vom EuGH zunächst prätorisch entwickelten Garantien der Religions- und Meinungsfreiheit, Wohnungsfreiheit und Privatsphäre[329]; vgl. im übrigen Kap. II der EU-Grundrechte-Charta, etwa Versammlungs-, Kunst- und Wissenschaftsfreiheit, auch die Berufsfreiheit, die unternehmerische Freiheit und das Eigentumsrecht; in den „Justiziellen Rechten“ des Kap. VI der EU-Grundrechte-Charta sind mehrere Statusebenen miteinander verknüpft: der status negativus z.B. in Art. 49 (Gesetzmäßigkeit, Verhältnismäßigkeit), auch in Art. 50 (ne bis in idem), sodann der status positivus (Art. 47: Recht auf einen wirksamen Rechtsbehelf).

Der aus dem „Doppelcharakter“ der Grundrechte bzw. ihrer objektiven 963
Seite fließende *schutzrechtliche Status* bildet eine weitere Kategorie, greifbar in Art. 23 AEUV (diplomatischer und konsularischer Schutz) sowie im Kontext der EU-Grundrechte-Charta die Schutzrechte zugunsten des Kindes, älterer Menschen und von Menschen mit Behinderungen (Art. 24-26). Auch die Schutzklauseln zugunsten von Familien und Berufsleben sowie der Gesundheit (Art. 33 bzw. Art. 34) gehören hierher, wie überhaupt das mit „Solidarität“[330] überschriebene Kap. IV soziale bzw. leistungsrechtliche Dimensionen der Grundrechte garantiert. In ihnen steckt der Impetus

---

328 Im Sinne *P. Häberles* Theorie über die „Grundrechte im Leistungsstaat“ von 1971: *ders.*, Grundrechte im Leistungsstaat, VVDStRL 30 (1972), S. 43 ff., 86 ff.

329 Dazu aus der Lit.: *Th. Oppermann/C. D. Classen/M. Nettesheim*, Europarecht, 6. Aufl. 2014, § 17, Rn. 1 ff.; *R. Streinz*, Europarecht, 9. Aufl. 2012, Rn. 763. – *F. Wollenschläger*, Grundfreiheit ohne Markt, 2007.

330 Auf die Studie von *U. Volkmann*, Solidarität – Programm und Prinzip der Verfassung, 1998, sei in diesem Kontext verwiesen.

„sozialer Gerechtigkeit" (vom Staat her gedacht: des „sozialen Rechtsstaates").

964 Der *status positivus* (Ansprüche auf Leistungen) ist mit dem erwähnten schutzrechtlichen Status vielfach verschränkt. „Rein", d.h. als soziales Teilhaberecht, klingt er in Art. 34 (soziale Sicherheit und soziale Unterstützung) an. Hier zeigt sich auch, wie intensiv viele europäische Gemeinwohlziele bzw. Verfassungsaufgaben aus den Grundrechten „erwachsen". Nur eine offene flexible Grundrechtstheorie kann dem gerecht werden. Ein Stück *status corporativus*[331] in der Gestalt von Schutzklauseln steckt in Art. 28 EU-Grundrechte-Charta (Recht auf Kollektivverhandlungen im Arbeitsrecht) sowie in Art. 22 (Vielfalt der Kulturen, Religionen und Sprachen).

965 Im Ganzen: Das EU-rechtliche Grundrechtsmaterial kann mit Hilfe der revidierten Statuslehre aufgeschlüsselt werden, ohne dass die Zusammenhänge der Mehrdimensionalität der Grundrechte zerrissen werden dürften. All diese Dimensionen haben in der „Unionsbürgerschaft" jetzt ihren *archimedischen Punkt*. Der europäische bürgerschaftliche Status – Ausdruck des europäischen Menschenbildes[332] – ist ein ganzheitlich zu erschließender, die Verfassungsgemeinschaft der EU unterfangender Status. Dass er dank der Verknüpfungen mit der und der Analogien zur EMRK über die EU implizit hinausweist und vom Europa im weiteren Sinne auch Ausstrahlungen auf die Unionsbürgerschaft zurückkommen, zeigt einmal mehr: Die „Unionsbürgerschaft" bildet ein Glanzstück einer europäischen Verfassungslehre und sie wirkt zugleich als Korrektur an der alten „Staatsangehörigkeit" klassischer „Allgemeiner Staatslehren", ohne dass das Problem – neu verstanden – aufzugeben wäre. Damit wird der Blick frei für die Frage der sog. nationalen „Staatsangehörigkeit" (besser: Staatsbürgerschaft) in Europa.

331 Dazu *P. Häberle*, Verfassungslehre als Kulturwissenschaft, 2. Aufl. 1998, S. 669 ff. und passim.

332 S. auch *P. Häberle*, Das Menschenbild im Verfassungsstaat, 4. Aufl. 2008 m.w.N.

3. Die verbleibende Staatsbürgerschaft als Thema einer europäischen Verfassungslehre

a) Einleitung: Problem

Schon der deutsche Begriff „Staatsangehörigkeit" ist, wie bereits einleitend akzentuiert, eine Provokation: Suggeriert er doch die Meinung, der Bürger „gehöre" dem Staat an oder er gehöre gar dem Staat. Das Umgekehrte ist richtig: Wenn nach der berühmten Formel des Verfassungsentwurfs von Herrenchiemsee (1948) der Staat um des Menschen willen da ist, „nicht umgekehrt", dann wirkt der deutsche Begriff „Staatsangehörigkeit" schief, wenn nicht falsch. Sodann: Im politischen Gemeinwesen gibt es nur so viel Staat, wie die *Verfassung* konstituiert (die Lehre von *R. Smend* und *A. Arndt*); darum darf bei der Grundlagenfrage nach der *Verbindung* konkreter Bürger mit ihrer „res publica" nicht primär vom „Staat" die Rede sein. Gewiss ist das Staatsverständnis in den europäischen Nationen verschieden: in Frankreich steht die „Bürgernation", aber auch die „grande nation" mit ihrem Pariser Zentralismus im Vordergrund, nationale Einheit und demokratische Staatlichkeit sind eins. Wir bewundern aber auch die Kunst der Franzosen, ihren Nationalfeiertag, den 14. Juli, so zu feiern, dass er als „plébiscite de jour" für „tous les jours" wirkt. Großbritannien ist durch die parlamentarische Demokratie und (noch) durch das Symbol der Einheit, die Monarchie, geprägt, im Übrigen insuläre „Handelsnation" mit in die Welt ausgreifenden Common-Wealth-Bürgern. Italien tut sich auf eine Weise wegen oder mit seinem „römischen Zentralismus" schwer und sucht die innere (vertikale) Gewaltenteilung durch Fortentwicklung seines Regionalismus, der in Spanien so fruchtbar weiter entfaltet wurde. Das heutige „neue Russland" unter Präsident *W. Putin* verfolgt eine prekäre, von Großmachtsehnsüchten getriebene Staatsidee. Deutschland schließlich lebt von und aus seiner föderalen Vielfalt; dem geglückten „Kulturföderalismus" steht freilich das schmerzende Wort vom „DM-Nationalismus" (*J. Habermas*) gegenüber, der zum Teil (hoffentlich) durch den „Verfassungspatriotismus" (*D. Sternberger*), den Glauben an das Grundgesetz, balanciert wird. Das Selbst- und Staatsverständnis Deutschlands ist durch die Debatte um die Themen „Einwanderungsland?", Flüchtlingspolitik und „Willkommenskultur" angesichts der Flüchtlingswelle des Jahres 2015 gefordert und herausgefordert. Nachdem es längst ein Kommunalwahlrecht für EU-Ausländer gibt (Art. 28 Abs. 1 S. 3 GG) – in Wahrheit sind sich die EU-Länder *einander* nicht 966 mehr „Ausland"! –, erhöht sich die Dringlichkeit, das Thema „Staatsangehörigkeit" von den Grundlagen aus zu durchdenken. Gewagt sei dies von einer vergleichend betriebenen Verfassungslehre in bzw. von europaweltbürgerlicher Absicht aus, so skizzenhaft dies in diesem Abschnitt bleiben muss[333].

b) Rechtsvergleichende Aspekte: Modelle, Entwicklungstrends in anderen Verfassungsstaaten Europas (Elemente einer Bestandsaufnahme)

967 Ein so tiefgreifendes Problem wie die „Sache Staatsangehörigkeit" (besser: „*Staatsbürgerschaft*") kann schon allein wegen Europa nur vergleichend behandelt werden. Der Typus Verfassungsstaat, in Jahrhunderten aus Klassikertexten, positiven Rechtstexten, Wissenschaft und Judikatur zu dem geworden, was er ist, konstituiert sich besonders heute aus einem weltweiten Vergleichsmaterial. Er steht in intensiven Produktions- und Rezeptionsprozessen, und das einzelne Land kann, auch wenn es eigensinnig ist und sein will, gar nicht mehr „an und für sich" gedacht werden. Gerade in Sachen Staatsbürgerschaft bleibt jeder einzelne Verfassungsstaat in einem Problemverbund (auch „Grundrechtsverbund") mit anderen Ländern. Auch ist zu vermuten, dass sich gemeinsame Kulturtraditionen wie die iberoamerikanische Zusammengehörigkeit bzw. Völkerfamilie oder die afrikanische Einheit (beschworen z.B. in Präambel Verf. Mali von 1992 und Präambel Verf. Niger von 1992) sehr praktisch auswirken. I.S. der andernorts befolgten Textstufenanalyse[334], die die Verfassungstexte mindestens so ernst nimmt wie die zugehörige wissenschaftliche Literatur, seien hier Normensembles *typologisch* untersucht und *problemorientiert* behandelt. Das Beispielsmaterial muss allerdings begrenzt gehalten werden. Folgende Fragen schlüsseln es auf:

968 aa) An welcher systematischen Stelle der Verfassungen und in welchen Kontexten ist die „Staatsangehörigkeit" geregelt: etwa im Grundrechtsteil, im Grundlagenteil, im Kontext typischer Staatlichkeits-Artikel wie Staatsgebiet, Staatssprache, Flaggen, Hymnen, Wappen (ist doch die Staatsange-

---

333 Vgl. die Vorarbeiten des Erstverf.: *P. Häberle*, Rechtsvergleichung im Kraftfeld des Verfassungsstaates, 1992; *ders.*, Europäische Rechtskultur, 1994; *ders.*, Verfassung als öffentlicher Prozess, 3. Aufl. 1998.

334 Dazu insbesondere *P. Häberle*, Rechtsvergleichung im Kraftfeld des Verfassungsstaates, 1992, S. 3 ff., 361 ff. und passim.

hörigkeit das personale Element in der *G. Jellinek*schen „Trias“ Staatsgewalt, Staatsgebiet, Staatsvolk)?

bb) Welche sind die *inhaltlichen* Direktiven etwa in Sachen ius soli oder ius sanguinis, doppelte Staatsangehörigkeit, Einbürgerung, Annäherung oder gar Gleichstellung von Inländern und Ausländern[335], (absolutes oder relatives) Entziehungsverbot der Staatsangehörigkeit? Wie ist der klassische Dualismus zwischen Menschenrechten und „staatsbürgerlichen Rechten“ aufgelockert? Finden sich Differenzierungen nach „Staatsangehörigkeit“ und „Volkszugehörigkeit“ wie im GG? Gehen etwa Entwicklungsländer und Kleinstaaten als eigenständige Varianten des Verfassungsstaates, auch ehemalige Kolonien als typische Einwanderungsländer anders vor als die „alten“ Verfassungsstaaten? 969

cc) Zeichnen sich *Entwicklungstrends* ab, etwa zugunsten der doppelten Staatsangehörigkeit oder der Zuschreibung der (Möglichkeit der) Staatsbürgerschaft zu den Menschenrechten? 970

Im Einzelnen: 971

zu aa) Manche Verfassungen behandeln die Staatsangehörigkeit *systematisch* schon im Grundrechtsteil (so Art. 9 und Art. 10 Verf. Luxemburg von 1868/1996, Art. 8 und Art. 9 Verf. Belgien von 1994, Art. 4 Abs. 3 Verf. Griechenland von 1975/86, Art. 22 Verf. Italien von 1947/92, Art. 15 Verf. Mongolei von 1992); andere befassen sich mit der Staatsangehörigkeit im Rahmen der „Allgemeinen Bestimmungen“ (so § 4 Verf. Finnland von 1919/1995, mit Festlegung auf das ius sanguinis[336], Kap. 2 § 7 Verf. Schweden von 1975/1980, Art. 11 Verf. Spanien von 1978/92, Art. 12 Verf. Tschechien von 1992, Art. 4 Verf. Ukraine von 1996). Andere rücken die Staatsangehörigkeit in den Kontext der typischen Staatlichkeits-Normen wie Staatsflagge, Nationalsprache etc. (so Art. 9 Verf. Irland von 1937/92, zugleich mit einer Grundpflicht der „Treue gegenüber der Nation und Loyalität gegenüber dem Staat“, sowie Art. 6 Verf. Österreich von 1920/1994, s. auch Art. 12 Verf. Tschechien, Art. 2 Verf. Korea von 972

335 Zum Thema siehe auch die weitgehenden Forderungen von *T. Bellinghausen*, Civitas Europaea: Unterschiede und Gemeinsamkeiten des Status von Unionsbürgern und Drittstaatsangehörigen in der Europäischen Union. Das Desiderat unionsrechtlicher Bürgerrechte für Drittstaatsangehörige, 2012; *M. Zuleeg*, Ausländer in Deutschland (BVerfGE 83, 37 ff.), KritV 2000, S. 419 ff.

336 „Klassikertext“ dürfte hierfür der relativ lange Titel II, Art. 2 Französische Revolutionsverfassung von 1791 sein: „Sont citoyens français: – Ceux qui sont nés en France d'un père français; ...“ (zit. nach J. Godechot (Hrsg.), Les Constitutions de la France depuis 1789, 1979).

1987[337]). Vereinzelt finden sich *Mischsysteme* (so Art. 4 Verf. Portugal von 1976/1992 – Grundlagenteil, bzw. Art. 14, Art. 15, Art. 26 – Grundrechtsteil). Die Verf. Südafrika (1996/97) behandelt in ihrem Grundlagen-Teil nacheinander „Supremacy of Constitution", „Citizenship" und „National anthem" (Kap. 1 Ziff. 2 bis 4) – ein offenkundiges Vorrücken des Verfassungsgedankens.

973 zu bb) *Inhaltliche* Aussagen finden sich z.B. dadurch, dass sich eine Verfassung auf das ius sanguinis festlegt (so Finnland) oder das Territorialitätsprinzip mit dem Personalitätsprinzip verbindet (so Art. 144 Verf. Guatemala von 1985, um die außereuropäische Welt im Blickfeld zu behalten); auch werden die für totalitäre Staaten typischen „Ausbürgerungen" verboten (Art. 22 Verf. Italien, Art. 16 Abs. 1 S. 1 GG). Manche Länder garantieren den eigenen Staatsangehörigen, die sich im Ausland aufhalten, *Schutzansprüche* gegenüber dem eigenen Staat (z.B. Art. 14 Verf. Portugal, Art. 7 Verf. Lettland von 1991, Art. 25 Abs. 5 Verf. Bulgarien von 1991[338]). Mitunter wird – vor allem in neueren Verfassungen – der klassische *Dualismus* zwischen „nationalen" Grundrechten und universalen, *jedem* zustehenden Menschenrechten aufgelockert (so in Art. 15 Verf. Portugal; s. auch Art. 26 Abs. 2 Verf. Bulgarien, Gesetzesvorbehalt).

974 Bemerkenswert sind die Verfassungen, die Staatsbürgern sprachgleicher bzw. -verwandter Länder gegenüber *Sonderrechte* zugestehen (so Art. 15 Abs. 3 Verf. Portugal für „portugiesischsprachige Länder", so Art. 11 Abs. 3 Verf. Spanien in Sachen doppelte Staatsangehörigkeit in Bezug auf „iberoamerikanische Länder" oder durch besondere Beziehungen mit Spanien geprägte). Hier wirkt sich die Sprache als einigendes *Kultur*-Band aus: ein Gedanke, der sich in ganz anderem Kontext in Deutschland wiederfindet, nämlich bei der „kulturellen Einbürgerungsvoraussetzung": Beherrschung der deutschen Sprache in Wort und Schrift[339]. Gleiches gilt für die Erleichterung, die *doppelte Staatsangehörigkeit* zu erwerben. So sagt Art. 17 Verf. Nicaragua (1986)[340]:

---

337 Zit. nach JöR 38 (1989), S. 587 ff.

338 Zit. nach JöR 44 (1996), S. 497 ff. Besonders geglückt ist Art. 7 Abs. 3 Verf. Turkmenistan (1992), zit. nach JöR 42 (1994), S. 674 ff.: „Auch im Ausland garantiert der Staat dem Bürger Turkmenistans Schutz wie im Inland."

339 Dazu *K. Hailbronner/G. Renner/ H.-G. Maaßen,* Staatsangehörigkeitsrecht, 5. Aufl. 2010, StAG, § 8, Rn. 57 ff. – *T. Troge*, Europarecht und das Staatsangehörigkeitsprinzip im IPR, 2009.

340 Zit. nach JöR 37 (1988), S. 720 ff.

> „Gebürtige Mittelamerikaner haben das Recht, sich für die nicaraguanische Staatsbürgerschaft zu entscheiden, ohne die ursprüngliche Staatsbürgerschaft aufzugeben...“[341].

Auffallend ist das Postulat in Art. IV Sec. 5 Verf. Philippinen (1986): 975

> „Dual allegiance of citizens is inimical to the national interest and shall be dealt with by law.“[342]

Manche Länder zeichnen sich durch besonders detaillierte Kapitel zur Staatsangehörigkeit aus (so Kap. 3 Ziff. 9 bis 19 Verf. Uganda von 1995 mit der Einrichtung eines „Immigration board“, Ziff. 16 ebd.; Art. 144-148 Verf. Guatemala von 1985; Kap. 2 Art. 4 Verf. Namibia von 1990[343]; Art. 120-141 Verf. Singapur von 1963/1992[344]). 976

zu cc) Zu den *Entwicklungstendenzen* dürfte es gehören, dass manche neueren Verfassungen dem Text nach Ausländer und Staatenlose auf ihrem Boden in Sachen „Rechte, Freiheiten und Pflichten“ gleichstellen (so Art. 9 Abs. 1 Verf. Estland[345]) bzw. eine Differenzierung aus Gründen der Staatsangehörigkeit untersagen (so Art. 12 Abs. 2 Verf. Slowakei von 1992[346], Art. 6 Abs. 2 Verf. Bulgarien von 1991[347]). Art. 16 Verf. Türkei (1982) stärkt die grundrechtliche Stellung der Ausländer, insofern gesagt ist, die Grundrechte und Freiheitsrechte könnten für Ausländer „nach Maßgabe des Völkerrechts durch Gesetze eingeschränkt werden“. 977

Bemerkenswert ist der Versuch, den Staatsbürgerstatus schon auf *Verfassungs*stufe zu umschreiben. So sagt Art. 4 Verf. Lettland (1991)[348]: 978

---

341 Ähnlich schon Art. 92 alte Verf. Peru (1979) für „gebürtige Lateinamerikaner und Spanier“ (zit. nach JöR 36 (1987), S. 641 ff.) sowie Art. 145 Verf. Guatemala (1985) unter dem Stichwort „Zentralamerikanische Nationalität“ (zit. nach JöR 36 (1987), S. 555 ff.).

342 Vor allem *Kleinstaaten* sind der doppelten Staatsangehörigkeit gegenüber ablehnend eingestellt, was sich aus ihrer personalen „Ressourcenknappheit“ erklären mag; Nachweise in *P. Häberle*, Der Kleinstaat als Variante des Verfassungsstaates (1993), in: *ders.*, Rechtsvergleichung im Kraftfeld des Verfassungsstaates, 1992, S. 739, 763 ff.

343 Zit. nach JöR 40 (1991/92), S. 691 ff.

344 Zit. nach JöR 45 (1997), S. 600 ff.

345 Zit. nach JöR 43 (1995), S. 306 ff. S. auch Art. 9 Abs. 5 Verf. Niger (1992): „Les étrangers beneficient sur le territoire de la Republique des mêmes droits et libertés que les citoyens dans les conditions determinées par la loi.“

346 Zit. nach JöR 44 (1996), S. 478 ff.

347 Zit. nach JöR 44 (1996), S. 497 ff.

348 Zit. nach JöR 44 (1996), S. 395 ff.

„Republic of Latvia citizenship is a person's stable political and legal link with the Republic of Latvia.
The content of citizenship is shaped by the totality of the mutual binding rights and responsibilities of the citizen and the State.“

979 Darum ringt auch Art. 66 Abs. 4 Verf. Türkei (1982)[349], insofern er bestimmt:

„Keinem Türken kann, solange er nicht eine mit der Bindung an das Vaterland unvereinbare Handlung begangen hat, die Staatsbürgerschaft aberkannt werden.“

980 Der oft formelhaft garantierte *Schutzanspruch* für die eigenen Staatsbürger im Ausland wird mitunter eindrucksvoll verfeinert und zwar im Sinne einer Verstärkung der *kulturellen* Bindungen. Modellcharakter besitzt hier Art. 7 Verf. Rumänien (1991)[350]:

„L'État soutient les reserrement des liaisons avec les romains vivant au-delà des frontières du pays et agit dans le but de préserver, de développer et d'exprimer leur identité éthnique, culturelle, linguistique et religieuse, avec le respect de la législation de l'État dont ils sont les citoyens.“

981 Diese reife Textstufe zeigt, wie ergiebig es ist, Verfassungstexte *„als Literatur“* zu behandeln, zunächst unabhängig von der ihr zugehörigen – vielleicht oft noch defizienten – Verfassungswirklichkeit.

982 Nicht ohne einen Hauch von Diskriminierung liest sich ein Parallel-Artikel in der Verfassung Liberia (1983)[351]. Art. 27 lit. b lautet:

„In order to preserve, foster and maintain the positive Liberian culture, values and character, only persons who are Negroes or of Negro descent shall qualify by birth or by naturalization to be citizens of Liberia.“

983 Art. 6 Abs. 3 Verf. Russland (1993)[352] sagt:

„Dem Bürger der russischen Föderation darf weder seine Staatsbürgerschaft noch sein Recht auf den Wechsel der Staatsbürgerschaft genommen werden“ (ein absolutes Entziehungsverbot, Konsequenz der alten totalitären Ausbürgerungspraxis der Sowjetunion[353]).

---

349 Zit. nach JöR 32 (1983), S. 552 ff.

350 Zit. nach JöR 44 (1996), S. 514 ff.

351 Zit. nach JöR 35 (1986), S. 663 ff.

352 Zit. nach J. C. Traut (Hrsg.), Verfassungsentwürfe der Russischen Föderation, 1994, S. 381 ff.

353 S. auch Art. 7 Abs. 2 Verf. Turkmenistan (1992): „Keinem kann die Staatsbürgerschaft oder das Recht, die Staatsbürgerschaft zu wechseln, aberkannt werden.“

Nur als Merkposten sei schließlich – neben dem als „Kündigung“ des Gesellschaftsvertrags zu verstehenden Auswanderungsrechts – das *Asylrecht* erwähnt, denn es ist ein Stück offene Republik im Namen der Menschenrechte. Am schönsten bringt dies Art. 28 Abs. 1 Verfassungsentwurf der polnischen „Solidarität“ (1994) zum Ausdruck: 984

> „A foreigner persecuted for defence of human rights and freedoms or drastically deprived of them, shall have the right so seek asylum in the Republic of Poland.“

Eine „Vorstufe“ findet sich in Art. 105 Verf. Bayern (1946) und Art. 7 Verf. Hessen (1946). Einen besonderen *Einbürgerungstatbestand* schafft Art. 4 Abs. 6 Verf. Namibia (1990)[354]: 985

> „Nothing contained herein shall preclude Parliament from authorizing by law the conferment of Namibian citizenship upon any fit and proper person by virtue of any special skill or experience or commitment or services rendered to the Namibian nation either before or at any time after the date of Independence.“

Auch hier ist die *kulturelle* Grundierung unverkennbar. Die Verf. Singapur (1963/1992) verlangt vom Einbürgerungskandidaten u.a., „that he is of good character, and that he has an adequate knowledge of the national language“. Beide Anforderungen verweisen auf „Kultur“. 986

c) Die positive Rechtslage und herrschende Meinung in Deutschland

Sedes materiae ist der im Grundrechtsteil platzierte Art. 16 Abs. 1 GG („Die deutsche Staatsangehörigkeit darf nicht entzogen werden. Der Verlust der Staatsangehörigkeit darf nur auf Grund eines Gesetzes und gegen den Willen des Betroffenen nur dann eintreten, wenn der Betroffene dadurch nicht staatenlos wird.“) sowie die in den Übergangs- und Schlussbestimmungen verortete Legaldefinition des Begriffs „Deutscher“ mit der zusätzlichen Schaffung des Begriffs „Flüchtling oder Vertriebener deutscher Volkszugehörigkeit“ (Art. 116) sowie der Garantie des Anspruchs auf Wiedereinbürgerung für die, denen zwischen 1933 und 1945 die Staatsangehörigkeit entzogen worden ist. Im Übrigen ist die scharfe Gegenüberstellung von sog. „Deutschenrechten“ (z.B. die Versammlungsfreiheit nach Art. 8 GG) und Menschen- bzw. Jedermann-Grundrechten (z.B. 987

354 Zit. nach JöR 40 (1991), S. 691 ff.

die Eigentumsgarantie nach Art. 14 GG) charakteristisch – und fragwürdig.

988 In diesen Dualismus ist nach der Wiedervereinigung Bewegung gekommen durch die erstaunliche Regelung in Art. 3 Abs. 3 Verf. Brandenburg (1992), in dem es heißt: „Angehörige anderer Staaten und Staatenlose mit Wohnsitz im Land Brandenburg sind den Deutschen im Sinne des Grundgesetzes gleichgestellt, soweit nicht diese Verfassung oder Gesetze etwas anderes bestimmen." Auch Art. 5 Abs. 1 Verf. Sachsen (1992) wagt Neues in den Worten: „Dem Volk des Freistaates Sachsen gehören Bürger deutscher, sorbischer und anderer Volkszugehörigkeit an." Schließlich sei das neue Normbild in Art. 18 Verf. Mecklenburg-Vorpommern (1993) zitiert: „Die kulturelle Eigenständigkeit ethnischer und nationaler Minderheiten und Volksgruppen von Bürgern deutscher Staatsangehörigkeit steht unter dem besonderen Schutz des Landes."[355] Der von der Gemeinsamen Verfassungskommission 1993 vorgeschlagene neue Art. 20 b GG („Der Staat achtet die Identität der ethnischen, kulturellen und sprachlichen Minderheiten") kam nicht ins GG.

989 Der Klassikertext von *J.-J. Rousseau*: „Alle Staatsgewalt geht vom Volk aus" (vgl. Art. 20 Abs. 2 S. 1 GG) wird von der herrschenden Meinung gelesen als: Alle Staatsgewalt geht vom *deutschen* Volk aus (vgl. BVerfGE 83, 37 (50 ff.)), wobei wir uns durchaus von *K. Marx*' Diktum irritieren lassen dürfen, die herrschende Meinung sei die Meinung der Herrschenden! Das BVerfG spricht von einem „Status" und erwähnt wenigstens die Möglichkeit, dass durch staatsangehörigkeitsrechtliche Regelungen auf die „erhebliche Zunahme des Anteils der Ausländer an der Gesamtbevölkerung des Bundesgebietes" dadurch reagiert werden könne, dass „denjenigen Ausländern, die sich auf Dauer in der Bundesrepublik Deutschland niedergelassen haben, sich hier rechtens aufhalten und deutscher Staatsgewalt mithin in einer den Deutschen vergleichbaren Weise unterworfen sind, der Erwerb der Staatsangehörigkeit erleichtert wird".

990 Das (einfachgesetzliche) Staatsangehörigkeits- und Zuwanderungsrecht im Einzelnen und in den Reformdiskursen des Jahres 2015 darzustellen, wür-

---

355 Allgemein zum Thema: M. Dunne/T. Bonazzi (Hrsg.), Citizenship and Rights in multicultural Societies, 1995, darin der Beitrag von *G. de Vergottini*, Legal Rights, the New Minorities and Multiculturalism in Contemporary Italy, S. 169 ff.; T. Fleiner-Gerster (Hrsg.), Die multikulturelle und multi-ethnische Gesellschaft, 1995; *G. Brunner*, Nationalitätenprobleme und Minderheitenkonflikte in Osteuropa, 1996.

de den Umfang dieses Unterkapitels bei weitem sprengen. Noch ein Akzent sei indes gesetzt: Der Begriff „*deutsche Volkszugehörigkeit*“ verdient besondere Erwähnung. Denn darin kommen spezifisch *kulturelle Bande* zum Ausdruck, die die Flüchtlinge und Vertriebenen mit Deutschland verknüpfen. Verlangt wird, dass sich der Betreffende in seiner früheren Heimat zum deutschen Volkstum bekannt hat und durch Abstammung, Sprache oder sonstige ethnisch-kulturelle Merkmale auch objektiv diese Volkszugehörigkeit nachweisen kann (vgl. § 6 Bundesvertriebenengesetz). Nach einer Entscheidung des BVerwG[356] geht es um den verbindlich geäußerten Willen, Angehöriger des deutschen Volkes als einer national geprägten Kulturgemeinschaft zu sein und keinem anderen Volkstum anzugehören, sich dieser Gemeinschaft also vor jeder anderen nationalen Kultur verbunden zu fühlen. Damit wird die Fixierung auf das „ius sanguinis“ – oft als völkische Blutideologie kritisiert – von der Idee einer Kulturgemeinschaft her *ein Stück weit* korrigiert. Bei der Diskussion um die Zuwanderungsoffenheit Deutschlands gilt es daran zu erinnern, dass sich Preußens kulturelle und wirtschaftliche Größe nicht zuletzt dem Zuzug vieler Franzosen (Hugenotten) seit 1685 verdankt! Nach dieser überschlägigen Sichtung der „Materialien“ wird der Theorierahmen möglich.

d) Umrisse einer europäischen Verfassungslehre in Sachen „Staatsbürgerschaft“

Nur umrisshaft seien Aspekte eines „europäischen“ Verständnisses von 991
„Staatsbürgerschaft“ skizziert. Das kann hier nur programmatisch geschehen:

aa) Der deutsche Begriff „Staatsangehörigkeit“ ist *zu verabschieden*. Im 992
englischen Sprachraum mit seinem Dualismus von nationality und citizenship war er, wie bereits gesagt, ohnehin nie präsent. In der offenen Gesellschaft des Verfassungsstaates, der sich auf der kulturanthropologischen Prämisse „Menschenwürde“ gründet, ist er ein Relikt traditionellen Staatlichkeitsdenkens: Der Untertan gehört „dem Staat“ an, wird ihm „zugeschrieben“. Insofern aber die *Jellinek*sche Dreielementelehre einer Revision durch die Kennzeichnung der Kultur als „viertem“ Staatselement (*G. Dürig*) oder besser als „erstem“ unterliegt, ist die Frage zu stellen, ob

356 BVerwG DVBl. 1995, S. 569.

das letzte tiefste Band zwischen Verfassungsstaat und Bürger nicht die *Kultur* ist.

993 bb) Der vordringende Begriff der „*Bürgergesellschaft*“ („civil society“), wie ihn schon manche neueren Verfassungen verwenden (z.B. Präambel Verf. Tschechien von 1992, Präambel Verf. Mongolei von 1992), kann den Abschied von der „Staats-Angehörigkeit“ erleichtern. Sofern aus rechtstechnischen Gründen noch mit diesem Begriff gearbeitet werden muss, sollte er in Richtung auf „republikanische Verfassungszugehörigkeit“ umgedacht werden: um einerseits an die Sinnfülle der (auf *Cicero*, den Deutschen Idealismus und die Weimarer Klassik, bis zum „Vormärz 1848“ zurückgehenden) Reihung „res publica, salus publica, öffentliche Freiheit“ anzuknüpfen, andererseits den jedenfalls für Deutschland und wohl auch für die USA glücklichen Begriff des „Verfassungspatriotismus“ fruchtbar zu machen. Relevant wird also das *grundwerteorientierte* Verfassungsverständnis.

994 cc) Die „Staatsangehörigkeit“ hat *Grundrechtsqualität*; sie wurzelt in der Menschenwürde; dies gilt auch dort, wo eine Verfassung das Institut „Staatsangehörigkeit“ noch ganz im „*Staats*kontext“ denkt (vorbildlich aber Art. 26 Abs. 1 Verf. Portugal: „Recht eines jeden auf die Identität der Person ... auf die Staatsbürgerschaft ...“). Die Staatsbürgerschaft als Identitätselement kommt bereits vorbildlich zum Ausdruck in Art. 22 Verf. Italien: „Niemand kann aus politischen Gründen seiner Rechtsfähigkeit, seiner Staatsangehörigkeit und seines Namens beraubt werden.“ Hier sollten sich Rechtsgedanken auswirken, die sich schon früh in *internationalen Menschenrechts*dokumenten finden: so in Art. 15 Allgemeine Erklärung der Menschenrechte der UN (1948): „Jeder Mensch hat Anspruch auf Staatsangehörigkeit“ bzw. „Niemand darf seine Staatsangehörigkeit willkürlich entzogen noch ihm das Recht versagt werden, seine Staatsangehörigkeit zu wechseln“; oder in Art. 24 Abs. 3 IPBürgR (1966): „Jedes Kind hat das Recht, eine Staatsangehörigkeit zu erwerben.“ Schließlich gehört Art. 20 Abs. 2 AMRK (1969) hierher: „Jede Person hat Anspruch auf die Staatsangehörigkeit des Staates, auf dessen Territorium sie geboren wurde, falls sie keinen Anspruch auf irgendeine andere Staatsangehörigkeit hat.“ Diese Reservestaatsangehörigkeit bzw. dieses Territoriumsprinzip ist Konsequenz der Menschenwürde. So ist auch das Gebot, nicht in die Schutzlosigkeit der „Staatenlosen“ zu geraten, ein Menschenrecht. Und das absolute Ausbürgerungsverbot (Art. 16 GG, Art. 6 Abs. 3 Verf. Russland von 1993) bildet die Konsequenz dieses Ansatzes.

dd) Ius soli und ius sanguinis sind zwei *gleichermaßen* vertretbare Anknüpfungspunkte des Verfassungsstaates, sofern man sie vor allem *kulturwissenschaftlich* deutet („Mischsysteme" sind besonders einleuchtend und zu empfehlen). D.h.: Das ius soli ist ein Anknüpfungspunkt aus dem Verständnis des Gebietes bzw. Raumes als kulturell „erfülltem" Raum, das ius sanguinis macht sich die durch den kulturellen Sozialisationsprozess in der Regel vom Elternteil erbrachte „Leistung" zu eigen. Doch sollten Öffnungen über die doppelte Staatsangehörigkeit möglich sein[357]. Als wegleitende Erkenntnis wirkt bei all dem das Staatsverständnis, genauer, das Verfassungsstaatsverständnis – das hier ein *kulturell* grundiertes ist. Die „offene Staatlichkeit" (*K. Vogel*)[358], der „kooperative Verfassungsstaat", die „Europaoffenheit", wird andere Lösungen favorisieren als der klassische Nationalstaat zur Zeit von *G. Jellinek*. Bemerkenswert ist Art. 16 Abs. 2 n.F. GG. 995

ee) Speziell im *Europa der 28 EU-Länder* ist der Begriff „Staatsangehörigkeit" aus weiteren Gründen zu *verabschieden*: Die Unionsbürgerschaft bricht, wie schon mehrfach dargestellt, ein wesentliches Stück Staat bzw. „Staatsangehörigkeit" aus der Drei-Elementen-Lehre heraus. Wesentliche politische Rechte wie das aktive und passive Kommunalwahlrecht oder das Petitionsrecht sind nicht mehr „staatsbezogen", sondern *EU*-bezogen zu denken. Die EU-Staaten sind einander nicht mehr „Ausland". Damit bricht der Dualismus von Inländern und Ausländern wie schon bei den Marktfreiheiten jedenfalls im Raum der „28" ein Stück weit zusammen. Ob wir auf dem Weg zu einem „konstitutionellen Unionspatriotismus" sind, muss offen bleiben, erscheint angesichts der gegenwärtigen Krisenbeobachtungen aber alles andere als naheliegend. Die Konstituierung Europas aus einer kulturellen Vielfalt, aber auch Einheit[359], könnte diese Entwicklung dennoch befördern. 996

ff) In dem Maße, wie sich das geschlossene „Staatsangehörigkeits-Recht" öffnet durch erleichterte Zuwanderung bzw. die Einbürgerung und die Zu- 997

357 Bemerkenswert bleibt die Umschreibung des IGH im Nottebohm-Fall: „a legal bond having as its basis a social fact of attachment, a genuine connection of existence, interests and sentiments" (zit. nach *R. Grawert*, Staatsvolk und Staatsangehörigkeit, in: HStR, Bd. II, 3. Aufl. 2004, § 16.

358 Siehe auch *B. Beutler*, Offene Staatlichkeit und europäische Integration, in: FS Böckenförde, 1995, S. 109 ff.

359 Dazu *P. Häberle*, Europäische Rechtskultur, 1994 m.w.N.

lassung doppelter Staatsangehörigkeit[360], in dem Maß wird es möglich, dem Bild der „offenen Republik" näherzukommen[361]. Offen wird die Republik in Gestalt der nationalen Verfassungsstaaten, offen aber auch der Verfassungsverbund der EU. Beides bedingt sich und intensiviert sich. Mag manches heute noch utopischer Vorgriff sein: schreitet die Europäisierung stetig weiter, wird morgen wirklich sein, was heute erst als möglich erscheint. Eine Diskussion über den Begriff „Nation" wird dabei unumgänglich[362].

998 gg) Zu befürworten ist schließlich eine „*Europäisierung*" des Staatsbürgerschaftsrechts. So wie viele Teilbereiche der nationalen Verfassungsrechte heute europäisch werden, sollte die mehrfache Staatsbürgerschaft bei bzw. zwischen den *europäischen Ländern untereinander* erleichtert werden. Vorbild kann Art. 11 Abs. 3 Verf. Spanien (1978) sein („iberoamerikanische Länder"). Das seit *F. v. Martitz* (1875) zur Begründung der ausschließlichen Staatsangehörigkeit gepflegte Argument: „Niemand kann zwei Herren dienen"[363] ist fehl am Platze. In der Demokratie gibt es keine „Herren" über dem Bürger, alle „Staatsgewalt" wird von den Bürgern legitimiert. Überdies hätte ein *Goldoni* den Weg gefunden, wie z.B. im „Staatenverbund" der EU (BVerfGE 89, 155), der ja Verfassungsverbund und immer auch ein „Grundrechtsverbund" ist, konkurrierende Rechte und Pflichten ausgeglichen werden können. Ebenso wie die Einbürgerungsverfahren sollte auch im Verfahren der Verleihung der doppelten Staatsangehörigkeit die 1971 entwickelte Idee des „status activus processualis" effektiv werden[364]. Schon hier zeigt sich, dass Staatsbürgerschaft ein menschenrechtliches „Statusrecht" ist.

---

360 Siehe aber BVerfGE 37, 217 (254) in den Worten: „... dass innerstaatlich und international doppelte oder mehrfache Staatsangehörigkeit als Übel betrachtet wird, das sowohl im Interesse der Staaten wie im Interesse der betroffenen Bürger nach Möglichkeit vermieden oder beseitigt werden sollte."

361 *B. Oberndörfer*, Die Offene Republik – Zur Zukunft Deutschlands und Europas, 1991.

362 Vgl. nur *H. Münkler*, Die Nation als Modell politischer Ordnung, Staatswissenschaften und Staatspraxis 5 (1994), S. 367 ff.; H. Berding (Hrsg.), Nationales Bewusstsein und kollektive Identität, 2. Aufl. 1996.

363 Zit. nach *B. Ziemske*, Die deutsche Staatsangehörigkeit nach dem Grundgesetz, 1995, S. 231.

364 *P. Häberle*, Grundrechte im Leistungsstaat, VVDStRL 30 (1972), S. 43 ff., 86 ff. Dazu die seinerzeitige Aktualisierung im Blick auf „Einbürgerung als Verfahrensrecht?" bei *B. Ziemske*, Die deutsche Staatsangehörigkeit nach dem Grundgesetz, 1995, S. 319 ff.

F. Gemeinwohl, Grund- bzw. Orientierungswerte, Verfassungsziele, Erziehungsziele, national und europäisch

Vorbemerkung

Die in der Überschrift aufgereihten Stichworte erforderten je für sich große Forschungsprogramme. Sie sind teils klassischer Natur („Gemeinwohl"), teils neuere Prägungen („Grundwerte", „Orientierungswerte")[365]. Im Folgenden können sie nur skizziert werden. Über alle begrifflichen Unterscheidungen hinweg ist freilich im Auge zu behalten, dass sie alle in einem tiefen teils geistesgeschichtlichen, teils positivrechtlichen Zusammenhang stehen. War das klassische Gemeinwohl staatsbezogen, so verweisen heute Grund- und Orientierungswerte auf die verfassungsstaatliche Verfassung (und ihre Offenheit) ebenso wie ihrerseits die seit Art. 148 WRV klassischen auf den Begriff und Text gebrachten „Erziehungsziele" letztlich auf dieselbe Verfassung Bezug nehmen und sich durchaus in kräftigen Wachstumsprozessen („Umweltbewusstsein") entwickeln. Es ist letztlich das gemeinsame Ziel der *kulturellen* Grundierung der offenen Gesellschaft, die diese Begriffe und Texte zusammenhalten und gerne leisten wollen. Darum gehören sie – *kontextlich* behandelt – zentral in jede europäische Verfassungslehre (auch wenn sie im Folgenden nur ausschnitthaft ins Bild kommen). Dies auch deshalb, weil das Europa im engeren und weiteren Sinne, wie mehrfach gezeigt, viele Themen und Normenensembles von der national/verfassungsstaatlichen Ebene auf die europäische projizieren bzw. transportieren kann: Eine „Verfassungsgemeinschaft" hat und braucht Gemeinwohlaspekte, Grundwerte und Verfassungsziele, ja vielleicht sogar in nuce Erziehungsziele, die sie „im Innersten" zusammenhalten wollen. „Europa" ist nicht nur für die EU-Mitgliedstaaten innerstaatlich oder der Sache nach ein Erziehungsziel – so wie es auch „Staatsziel" (z.B. Art. 23 GG) ist (Stichwort „nationales Europaverfassungsrecht", oben Erster Teil A. II.). Europa ist auch vom Europäischen Verfassungsrecht her mindestens *latentes Erziehungsziel*[366]. Auch hier sehen wir uns einer Europäisierung von Prinzipien, Begriffen, Funktionen und Texten gegenüber. 999

---

365 Zum ganzen schon *P. Häberle*, Erziehungsziele und Orientierungswerte im Verfassungsstaat, 1981; *ders.*, Verfassungslehre als Kulturwissenschaft, 2. Aufl. 1998, S. 758 ff.

366 Aus der Lit.: *M. Bothe*, Erziehungsauftrag und Erziehungsmaßstab der Schule im freiheitlichen Verfassungsstaat, VVDStRL 54 (1995), S. 7 ff., 40 f.

1000 Im Folgenden werden in einem ersten Schritt das Gemeinwohl und seine Korrelat- bzw. Ersatzbegriffe am vergleichend erschlossenen Material der nationalen Verfassungsstaaten behandelt (1). Erst danach kann um die Dimensionen des europäischen Gemeinwohls gerungen werden (2). Dabei bleibt freilich das EU-Europa im Vordergrund. Nur ansatzweise kann darüber hinaus gefragt werden, ob auch das Europa im weiteren Sinne Gemeinwohlstrukturen hat. Die Verfassungsgemeinschaft EU ist, wie gezeigt, bereits besonders „dicht" gewebt. Das kommt zuletzt in der EU-Grundrechte-Charta zum Ausdruck, in der die „gemeinsamen Werte" und damit das Gemeinwohl vorkommt (vgl. Präambel; Gleiches gilt in Bezug auf die „Solidarität", Kap. IV), in der das „öffentliche Interesse" aber auch als Mittel für Begrenzungen von Freiheit und Eigentum auftritt (Art. 17).

1001 Auch das Europa im weiteren Sinne des Europarates und der OSZE hat längst einen Kanon von Grundwerten (sowohl auf der Grundrechts- wie Schrankenseite), vor allem die EMRK, aber auch in Form der in ihrer juristischen Geltungskraft schwächeren, indes nicht minder aussagekräftigen „Dokumente", die in der vorliegenden Verfassungslehre immer wieder beigezogen wurden: vom Kopenhagener Treffen über die menschliche Dimension über die Charta von Paris für ein neues Europa (beide 1990) bis zum Krakauer Symposium über das kulturelle Erbe der KSZE-Staaten (1991) und zum Stabilitätspakt für Europa (1995) mit seiner Betonung der „Errungenschaften" auf dem Weg zur Demokratie, Achtung der Menschenrechte, Rechtsstaatlichkeit etc. sowie dem schönen Wort vom „für Dialog und Zusammenarbeit offenen Europa".

1002 Da solche Prinzipien schon in den Schulen pädagogisch „gelernt" werden müssen, um eines Tages und z.B. schon heute im europäischen Haus juristisch zu gelten, deuten solche Texte auch auf ungeschriebene Erziehungsziele (Stichwort: Menschenrechte als Erziehungsziele). Das Erziehungsziel „in Sachen Europa" ist im Werden und verlangte eine eigene, hier nicht mögliche Abhandlung (Stichwort: Die Menschenrechtsgemeinschaft Europa als Erziehungsziel).

1003 Der Begriff „Staatsziele", in der deutschen Literatur gerne gewählt[367], ist auch hier ungeeignet, zumal es keinen „europäischen *Staat*" gibt. Wenn einmal die Verfassung *vor* dem Staat zu denken ist, so jedenfalls im konstitutionellen Europa! Zu beginnen wäre mit dem Verfassungsziel „Euro-

367 *D. Merten*, Über Staatsziele, DÖV 1993, S. 368 ff.; *U. Scheuner*, Staatszielbestimmungen, in: FS Forsthoff, 1972, S. 325 ff.; *J. A. Kämmerer*, Privatisierung und Staatsaufgaben, DVBl. 2008, S. 1005 ff.

pa" in den einzelnen nationalen Verfassungen. Dieses nationale Europaverfassungsrecht hat frühe Ausprägungen in Italien (Art. 11 Verf. Italien) und Deutschland (Präambel und Art. 24 a.F. GG), in unserer Gegenwart aber höchst erfindungsreiche Fortschreibungen hier auf Bundes- wie Landesebene (vgl. Art. 23 Abs. 1 n.F. GG einerseits, Art. 60 Abs. 2 Verf. Saarland, Art. 64 und 65 Abs. 2 Verf. Bremen andererseits; s. aber auch Art. 54 Abs. 1 Verf. Bern; auch Bayern hat seit 1997 einen eigenen Europa-Artikel[368]). Diesem nationalen Europaverfassungsrecht[369] „begegnet" auf der anderen, aber nicht etwa „höheren" Ebene das Ziel der „immer engeren Union der Völker Europas" (Art. 1 Abs. 2 EUV), speziell für die EU, aber auch in vielen Dokumenten des Europarechts i.w.S. Das „Europa-Bild" dieser Klauseln wäre ebenso auszuleuchten wie das „Menschenbild" bzw. „Weltbild". In der verfassungsstaatlichen „Bilderphilosophie"[370] ist jedenfalls Europa innerlich wie „äußerlich" heute mitkonstituierend.

---

368 Art. 3 a Verf. Bayern lautet seit 1998: „Bayern bekennt sich zu einem geeinten Europa, das demokratischen, rechtsstaatlichen, sozialen und föderativen Grundsätzen sowie dem Grundsatz der Subsidiarität verpflichtet ist, die Eigenständigkeit der Regionen wahrt und deren Mitwirkung an europäischen Entscheidungen sichert. Bayern arbeitet mit anderen europäischen Regionen zusammen."

369 Begriff vom *Erstverf.*: *P. Häberle*, Europaprogramme neuerer Verfassungen und Verfassungsentwürfe, in: FS Everling, 1995, Bd. I, S. 355 ff. Dazu schon Erster Teil A. II. 2.

370 Dazu *P. Häberle*, Das Menschenbild im Verfassungsstaat, 1. Aufl. 1988, S. 19 ff. (4. Aufl. 2008, S. 24 f.); *ders.*, Das Weltbild des Verfassungsstaates – eine Textstufenanalyse zur Menschheit als verfassungsstaatlichem Grundwert und „letztem" Geltungsgrund des Völkerrechts, in: FS Kriele, 1997, S. 1277 ff. S. bereits *H. Gollwitzer*, Europabild und Europagedanke, Ein Beitrag zur deutschen Geistesgeschichte des 18. und 19. Jahrhunderts, 2. Aufl. 1964. Dazu schon Erster Teil A. II. 1.

I. Gemeinwohl als verfassungsrechtlicher Text und Kontext: der materiell/prozessuale Doppelansatz, die pluralistische Gemeinwohltheorie auf der national-verfassungsstaatlichen Ebene

1. Zusammenfassung der Gemeinwohltheorie von 1970/83[371], ihre „Fortschreibung"

1004 a) Gesetzgeber, Regierung, Verwaltungsbeamte und Richter haben mit dem Gemeinwohlbegriff tagtäglich zu arbeiten; ein Ausweichen in die gängige „Leerformelthese" ist daher nicht möglich. In der pluralistischen Demokratie ist das – mit dem „öffentlichen Interesse" identische – Gemeinwohl unverzichtbar, so differenziert es zu ermitteln bleibt. Der Teilbeitrag der Jurisprudenz als praktischer Wissenschaft liefert Vorarbeit für ein interdisziplinäres Gesprächsforum.

1005 b) Auf allen Ebenen der Normenhierarchie und in allen Rechtsbereichen, aber auch im Kontext aller Staatsfunktionen, findet sich das *Gemeinwohl* als *Rechtsprinzip, Rechtssatz oder Rechtstopos*. Aus dem zunächst diffus erscheinenden Rechtsmaterial lassen sich auf Gesetzgebungs- und Rechtsprechungsebene bestimmte *Typologien*, d.h. Konstellationen erarbeiten, in denen das öffentliche Interesse auftritt und bestimmte Funktionen erfüllt. Zu ihnen gehört z.B. das Gemeinwohl als Kompetenzbegründung und grundrechtsbeschränkender, pflichtenbegründender Titel, als Ausnahmeklausel und Titel für staatliche Geheimhaltung (Nichtöffentlichkeit). Zunehmend zeichnen sich aber auch Differenzierungen und Verklammerungen ab: das Gemeinwohl bestimmt sich auch aus privaten Interessen, es kollidiert mit anderen (pluralen) öffentlichen Interessen („Insichkonflikte"); grundrechtliche Freiheit wird zum konstituierenden Bestandteil des öffentlichen Interesses: So geben Meinungs-, Presse- und Informationsfreiheit den Weg frei für „Öffentlichkeitsaktualisierung und Gemeinwohlkonkretisierung" in der res publica. Die dritte Gewalt wird dank ihrer subtilen prätorischen Techniken bei der Konkretisierung der öffentlichen Interessen zur „*Gemeinwohljudikatur*". Für Verwaltung und Gesetzgebung ist das Gemeinwohl seinerseits entwicklungsoffener Leitbegriff.

1006 c) Im Bereich des Gesellschaftlich-Öffentlichen formulieren Parteien und andere Pluralgruppen – etwa die Tarifpartner – öffentliche Interessen, die

371 *P. Häberle*, Öffentliches Interesse als juristisches Problem, 1. Aufl. 1970 (2. Aufl. 2006) bzw. *ders.*, Die Gemeinwohlproblematik in rechtswissenschaftlicher Sicht, Rechtstheorie 14 (1983), S. 257 ff.

in der *pluralistischen Demokratie* ihre Staatsbezogenheit und Vorgegebenheit (jenseits der Verfassungsdirektiven) verloren haben. Demokratie, Pluralismus und Offenheit, aber auch die Grundrechte verleihen dem Gemeinwohl inhaltlich und prozessual Profil; es ist im Rahmen rechtlicher Einrichtungen – etwa der Verbandsklage (z.B. von Umweltschutz- bzw. Tierschutzverbänden) – auch in die Verantwortung des Juristen gestellt.

d) Theoriegeschichte und Theoriediskussion – in Klassikertexten ebenso 1007
greifbar wie im politischen Alltag – schwanken zwischen der kritiklosen Hypostasierung des Gemeinwohls zum „höchsten", nicht hinterfragten, sondern „geglaubten", „ontologischen" Begriff („bonum commune", „Staatsräson", „Arkanmaxime"), in dessen Namen private Interessen beseitigt, ja wie in „geschlossenen Gesellschaften" unterdrückt werden („Gemeinnutz geht vor Eigennutz" u.Ä.) einerseits und der Degradierung zur bloßen „Leerformel" oder „Entzauberung" zum bloßen ideologisch verbrämten Machtinstrument andererseits. Demgegenüber erweist sich in offenen Gesellschaften (i.S. *K. Poppers*) das Gemeinwohl als eine *das menschliche Zusammenleben (mit-)konstituierende Formel.* Seine geschichtlich wandelbaren Inhalte verweisen auf letzte oder doch vorletzte Legitimationszusammenhänge wie Staats- und Verfassungsverständnis bzw. Herrschaftsform („Republik", „Demokratie"), Sozialethik und Gerechtigkeit, und es muss im konkreten Einzelfall des positiven Rechts in die Praxis umgesetzt werden – unbeschadet aller Spannung zwischen Gemeinwohl als idealem Postulat und als (nicht selten defizienter) Wirklichkeit.

e) Im demokratischen Verfassungsstaat (mit der Menschenwürde als Prä- 1008
misse, mit demokratischer Legitimation, Grundrechten und Gewaltenteilung, pluralistischer Öffentlichkeit und den „Staatszielen" des sozialen Rechts-, Umwelt- und Kulturstaates) wird eine *juristische Gemeinwohltheorie* möglich und notwendig. Verfassung, verstanden als rechtliche Grundordnung von Staat *und* Gesellschaft, gibt inhaltliche Direktiven für das Gemeinwohl, sie eröffnet aber auch eine Vielfalt von Verfahren zu seiner Konkretisierung und Revidierung: im Spektrum der „republikanischen Bereichstrias".

f) Stichworte sind „*salus publica ex constitutione*", „*salus publica ex pro-* 1009
cessu". Das – republikanische – Gemeinwohl ist im Rahmen des GG weniger *vor*gegeben als je konkret *auf*gegeben. Es ist Ergebnis von komplexen Prozessen im vielgliedrigen Zusammenspiel staatlicher Funktionen und öffentlicher Vorgänge.

1010 g) Vielfältige Gemeinwohlimpulse kommen im Verfassungsstaat aus der ebenso *offenen wie verfassten Gesellschaft*. Pluralgruppen aller Art formulieren aggressiv oder defensiv, punktuell oder sektoral Gemeinwohlaspekte, die sie in die staatliche Gemeinwohlbestimmung einbringen wollen.

1011 h) Trotz oder gerade wegen seiner juristischen Ausprägungen bedarf das Gemeinwohl *interdisziplinärer Forschung*. Seit der Antike eine Kategorie des Menschen, der über seine res publica nachdenkt und in ihr und für sie handelt, steht das Gemeinwohl in einem je konkreten Kulturzusammenhang. Juristische Grundlagenbegriffe wie das Gemeinwohl leben nicht aus sich selbst, sie erwachsen aus zahlreichen Integrationsleistungen der Kultur eines Volkes. Ein Katalysator ist das je konkret zu bestimmende und insofern „relative", aber auch mit klassischen Inhalten und Verfahren begabte „Gemeinwohl".

1012 i) Die Verfassung des Pluralismus beruht auf letztlich nur *kulturwissenschaftlich* zu erschließenden Zusammenhängen, die der Jurist nicht alleine erarbeiten kann (ähnliches gilt für die Erziehungsziele). Ihr Minimal- bzw. Grundkonsens (z.B. auf Respektierung der Gemeinwohl-Verfahren, auf Minderheitenschutz, auf Gewaltverbot und Toleranz) wurzelt in diesen Bezirken. Hier ist das heutige Gemeinwohlverständnis angesichts besonderer Krisen und Gefahren auf die Probe gestellt.

1013 j) Während das verfassungsstaatliche Gemeinwohlverständnis immer neue Instrumente und Verfahren erarbeiten muss, um *Gemeinwohldefizite* zu verhindern (Konsumenten, Immissionsgeschädigte, Steuerzahler, Minderheiten der Minderheiten, Verbandsklage?), hat sich die interdisziplinäre Gemeinwohldiskussion auf gewaltige Herausforderungen ideeller und materieller Art gefasst zu machen (z.B. in Sachen „nachhaltige Entwicklung"). Das offene Gemeinwohlverständnis steht und fällt mit der Verfassung des Pluralismus und mit der Fruchtbarkeit des Dialogs unter den Einzeldisziplinen. Einzubeziehen sind die Staatsaufgaben bzw. Staatsziele[372]: als Teilaspekte des umfassenden Gemeinwohls.

---

372 *K.-P. Sommermann*, Staatsziele und Staatszielbestimmungen, 1997; *M. Anderheiden*, Gemeinwohl in Republik und Union, 2006; M. Morlok u.a. (Hrsg.), Gemeinwohl und politische Parteien, 2008; *J. Krüper*, Gemeinwohl im Prozess, 2009; *Ch. Strünck*, Gibt es ein Recht auf Gemeinwohl? Öffentliche Interessen im Blickwinkel von Rechts- und Politikwissenschaft, 2014; W. Bendek (Hrsg.), The Common Interest in International Law, 2014.

2. Konstitutionelle Gemeinwohltypologie, Textstufenanalysen und „Gemeinwohljudikatur“ des BVerfG

Die folgende Bestandsaufnahme muss die Basis liefern, von deren Grund 1014
aus eine Gemeinwohltheorie gewagt werden kann. Das Gemeinwohl wird dabei nicht nur wörtlich in seinen typologisch reichen Erscheinungsformen untersucht; einbezogen seien auch Parallelbegriffe wie öffentliche Wohlfahrt, Staatsziele und Staatsaufgaben, Nachbarbegriffe wie „Interessen eines Landes“, Teilaspekte wie die „öffentliche Sicherheit und Sittlichkeit“. Vor allem sei das „öffentliche Interesse“ synonym begriffen. So reizvoll es immer wieder ist, das spezifisch Öffentliche in den öffentlichen Interessen aufzuspüren oder beim „Gemeinwohl“ das material Allgemeine zu suchen: die Vielfalt der Begriffe und der Pluralismus der Teilaspekte dessen, was das Gemeinwohl der Sache nach bezeichnet, muss im Ganzen ins Blickfeld kommen. Dabei wird um die Problematik *typologisch* gerungen, d.h. es wird untersucht, wo und wie der Topos „Gemeinwohl“ im Rechtsstoff erscheint, auch welche „Gegen- oder Korrelatbegriffe“ er hat (z.B. mindestens vordergründig das „private Interesse“). In dem Maße, wie Verfassungslehre auch rechtsphilosophisch zu arbeiten hat, muss die klassische rechtsphilosophische Dimension des Gemeinwohls mit bedacht werden.

a) Textstufenanalyse: Gemeinwohlklauseln (Typologie) in neueren Verfassungen in Ost und West, Nord und Süd (Auswahl)

Nur stichwortartig seien einige neuere Verfassungstexte zusammengestellt, 1015
die belegen, dass der Verfassunggeber auch heute noch bereits textlich mit der Sache „Gemeinwohl“ arbeitet (d.h. „denkt und handelt“). Es anzureichern ist dann Sache der offenen Gesellschaft der Verfassungsinterpreten. Ein vergleichender Blick i.S. der Textstufenanalyse gelte einigen osteuropäischen Verfassungen, sodann westeuropäischen wie Spanien, später einigen Verfassungen in Übersee.

Durchmustert man neuere Verfassungen auf den Gemeinwohl-Topos hin, 1016
so ergibt sich folgendes überschlägiges Bild: Die Verf. Polens (1997) fordert schon in der Präambel „alle diejenigen, die diese Verfassung zum Wohl der Dritten Republik anwenden werden“ auf, dies „besonders im Blick auf die Würde des Menschen und seine Rechte auf Freiheit zu tun“ – eine neue Verknüpfung von *Gemeinwohl und Menschenrechten*! Art. 104

Verf. Polen verlangt von den Sejm-Abgeordneten ein Gelöbnis u.a. im Blick auf „das Wohl des Vaterlandes und das Wohlergehen seiner Bürger" (vgl. auch den analogen Eid des Staatspräsidenten nach Art. 130 ebd.). Das Gemeinwohl ist, in welcher Umschreibung auch immer, oft Gegenstand von konstitutionellen *Eidesklauseln* (z.B. für den Präsidenten der Republik: Art. 33 Abs. 2 Verf. Griechenland von 1975; z.B. für die Abgeordneten: Art. 23 Abs. 3 Verf. Tschechien von 1992), von *bürgerbezogenen Staatsaufgaben* (z.B. Art. 21 Abs. 1 Verf. Republik Guinea von 1990: „Der Staat muss das Wohlergehen der Bürger fördern."). Die nBV Schweiz (2000) arbeitet innovativ: Die Präambel misst die „Stärke des Volkes" kühn am „Wohl der Schwachen" und sie definiert den „Zweck" der Schweiz in Art. 2 Abs. 2 u.a. mit dem Stichwort „gemeinsame Wohlfahrt", „nachhaltige Entwicklung", „innerer Zusammenhalt" und „kulturelle Vielfalt" (s. auch den Wohlfahrtsaspekt in Art. 94 Abs. 2 nBV Schweiz)[373].

1017 Als klassischer Titel für *Grundrechtsbeschränkungen* figuriert das „öffentliche Interesse" sehr allgemein in Art. 17 Abs. 1 Verf. Albanien von 1998 („Any limitation ... may be established only by law for a public interest"); Art. 22 Verf. Polen erlaubt Einschränkungen der Freiheit wirtschaftlicher Tätigkeit „aus wichtigen öffentlichen Interessen" – parallel eröffnet Art. 21 ebd. Enteignungen für „öffentliche Zwecke". Ähnlich verlangt Art. 36 Abs. 2 nBV Schweiz: „Einschränkungen von Grundrechten müssen durch ein öffentliches Interesse oder durch den Schutz von Grundrechten Dritter gerechtfertigt sein" – konkordant zu vielen neuen Kantonsverfassungen (z.B. Art. 28 Abs. 2 Verf. Bern von 1993). Art. 43 Verf. Uganda (1995) errichtet zwar ebenfalls das „öffentliche Interesse" als generelle *Grenze der Menschenrechte*, doch definiert es auch „the public interest", indem es bestimmt, was *nicht* im öffentlichen Interesse erlaubt ist (z.B. politische Verfolgung und was als Grenze „in einer freien und demokratischen Gesellschaft" nicht erlaubt ist) – der Versuch einer Normativierung und Differenzierung des Gemeinwohls „ex negativo". Weitere Beispiele für *Neuerungen* in Gestalt von konstitutionellen Gemeinwohltexten sind: die ausdrückliche Benennung der Zwecke des Zivildienstes („im Interesse der Allgemeinheit") in Art. 30 Abs. 3 Verf. Spanien (1978), die Förderungsaufgabe der öffentlichen Gewalt in Bezug auf die wissenschaftliche

---

373 Zur neuen Bundesverfassung insgesamt siehe: U. Zimmerli (Hrsg.), Die neue Bundesverfassung, 2000; T. Gächter/M. Bertsch (Hrsg.), Neue Akzente in der nachgeführten Bundesverfassung, 2000.

und technische Forschung „zum Wohle der Allgemeinheit" (Art. 44 Abs. 2 Verf. Spanien), die Ressourcenklausel in Art. 12 Abs. 2 Verf. Angola von 1992 („Verteidigung der natürlichen Ressourcen, indem er (sc. der Staat) sich auf ihre Nutzung und Verwendung zum Wohle der ganzen Gemeinschaft orientiert"), die Verpflichtung des Staates auf die Förderung des „bien-être social des citoyens" (Art. 49 Abs. 3 Verf. Kroatien von 1991), die staatlichen Regulierungsaufgaben in Bezug auf die Wirtschaft („general welfare of the people": Art. 46 Abs. 3 Verf. Litauen von 1992) und die Verpflichtung des Volkes auf das Wohlergehen künftiger Generationen (Präambel Verf. Armenien von 1995).

Mitunter finden sich auch *fragwürdige* Verfassungstexte: so wenn Art. 31 1018
Verf. Niger (1992) jedem Bürger die Pflicht auferlegt, für das „gemeine Wohl" zu arbeiten[374], oder große Innovationen: so wenn Art. 27 Abs. 1 Verf. Paraguay (1992) die Tätigkeit der Massenmedien und ihre Organisation ausdrücklich als im öffentlichen Interesse liegend kennzeichnet (eine richtige wissenschaftliche Erkenntnis ist hier auf eine Textstufe gebracht!), oder ihr Art. 38 ein Jedermann-Recht statuiert, „to defend common interests", z.B. in Sachen Umweltschutz, Volksgesundheit, kulturelles Erbe der Nation (s. auch Art. 68: Gesundheitsschutz „in the best interests of the community").

b) Beispiele für „Gemeinwohljudikatur" in der Rechtsprechung des deutschen BVerfG

„Gemeinwohljudikatur"[375] meint die vielen Auslegungstechniken bzw. die 1019
richterliche Konkretisierung von Gemeinwohltexten sowie den offenen und verdeckten „freien" Einsatz des öffentlichen Interesses durch die Judikatur. Nur als Merkposten und ohne Anspruch auf Vollständigkeit seien einige wegweisende Judikate des BVerfG erwähnt. Sie zeigen, dass das Wort „*Gemeinwohljudikatur*" berechtigt ist und bleibt. Sogar die alte „*Ge-*

---

374 Problematisch ist die generelle Verpflichtung des Bürgers auf das Gemeinwohl (vgl. Art. 33 Verf. Benin von 1990: „Jeder Bürger ... hat die Pflicht, für das Gemeinwohl zu arbeiten ..."; ähnlich Art. 48 Abs. 2 Verf. Burundi von 1992).

375 Dazu *P. Häberle*, Öffentliches Interesse als juristisches Problem, 1. Aufl. 1970, S. 425 ff. und passim (2. Aufl. 2006, S. 774 ff.); *ders.*, „Gemeinwohljudikatur" und Bundesverfassungsgericht, AöR 95 (1970), S. 86 ff., 260 ff.

meinwohlgerechtigkeit“[376] behält ihre ungebrochene Aktualität. Durchmustert man die Judikatur des BVerfG[377], figuriert das Gemeinwohl wie folgt:

1020 aa) Es gibt Beispiele für die Konkretisierung verfassungsrechtlicher oder gesetzlicher ausdrücklicher Gemeinwohltatbestände, vor allem bei § 32 BVerfGG (z.B. BVerfGE 91, 70 (81); 88, 25 (37 f.); 106, 51 (58 ff.); 109, 190 (236); 111, 147; 112, 90 (97), 284 ff.); dabei verdient besonders bei der Abwägung in Sachen der einstweiligen Anordnung Beachtung, dass in diesem Verfahren der Schutz des individuellen Grundrechts „auch dem Gemeinwohl“ dient (BVerfGE 94, 166 (237)).

1021 bb) Bei der Fixierung der Grundrechtsgrenzen wird gerne auf das „ungeschriebene“ Gemeinwohl zurückgegriffen, ausgeprägt bei Art. 12 GG (vgl. BVerfGE 93, 362 (369 ff.); 94, 372 (390); 96, 210 (211); 97, 228 (255 ff.); 101, 331 (347); 104, 357 (364 ff.); 106, 181 (192 ff.); 112, 255 (263, 267); 113, 259 (263)), wobei auch Art. 5 Abs. 1 S. 2 GG gewichtend als Gemeinwohlinteresse ins Spiel kommt: keine Monopolisierung der Berichterstattung über Gegenstände von allgemeinem Interesse, aber auch bei der Grenze des Art. 2 Abs. 1 GG (BVerfGE 91, 335 (339 f.); 97, 228 (269); 97, 271 (286)); sowie bei der Eigentumsregelung nach Art. 14 Abs. 1 S. 2 GG (BVerfGE 91, 294 (308); 97, 378 (385); 100, 1 (37 f.); auch Art. 14 Abs. 2 GG, dazu BVerfGE 102, 1 (15)); und im Rahmen der nach Art. 3 Abs. 1 GG dem Gesetzgeber erlaubten Differenzierungskriterien (BVerfGE 100, 1 (37 f.); 100, 138 (176); 100, 226 (240 f., 242, 244); 100, 289 (302); 110, 274 (299)) und auch bei der Koalitionsfreiheit nach Art. 9 Abs. 3 GG, obwohl sie ohne Gesetzesvorbehalt gewährleistet ist („Schutz von Gemeinwohlbelangen“, vgl. BVerfGE 100, 271 (283, 288)). Verallgemeinernd sagt das BVerfG sogar, bei jeder Grundrechtsbeschränkung bedürfe es einer gesetzlichen Regelung, „die einen legitimen Gemeinwohlzweck verfolgt und im Übrigen den Grundsatz der Verhältnismäßigkeit wahrt“ (BVerfGE 100, 313 (359); vgl. auch BVerfGE 100, 313 (375 f.); 115, 166 (197 ff.)).

---

376 Dazu *P. Häberle*, Öffentliches Interesse als juristisches Problem, 2. Aufl. 2006, S. 27, 100, 490 und passim; *F. Romig*, Gemeinwohlgerechtigkeit – Illusion oder Realität?, in: R. Weiler u.a. (Hrsg.), Gerechtigkeit in der sozialen Ordnung, 1999, S. 35 ff.; ferner BVerfGE 105, 185 (193).

377 Ältere Entscheidungen sind nachgewiesen in: *P. Häberle*, Kommentierte Verfassungsrechtsprechung, 1979, S. 235 ff. (Nachträge).

cc) Wirksam bleiben die Fälle, in denen das BVerfG sonst auf das Gemeinwohl oder dessen Nachbarbegriffe prätorisch zurückgreift; dies vor allem bei der Rückwirkung von Gesetzen (BVerfGE 89, 48 (66); 95, 64 (92); 103, 392 (403)). 1022

dd) Bei der Rechtfertigung strafrechtlicher Sanktionen (z.B. BVerfGE 96, 10 (26 f.); 98, 17 (39)) erscheint ebenfalls das Gemeinwohl (BVerfGE 106, 51 (58 ff.); 118, 168 (195 f.)). 1023

ee) Gleiches gilt bei Fragen des Verfassungsprozessrechts, etwa der Entschlossenheit des BVerfG, „im öffentlichen Interesse trotz der Rücknahme der Verfassungsbeschwerde über die Sache zu entscheiden“ (BVerfGE 98, 218 (243); s. auch BVerfGE 89, 291; 104, 287 (305)), sowie bei der bloßen Verfassungswidrigerklärung der Norm anstelle einer Nichtigkeitserklärung (BVerfGE 91, 186 (207): „Das Gemeinwohl gebietet hier aber einen schonenden Übergang von der verfassungswidrigen zu einer verfassungsgemäßen Rechtslage“). 1024

ff) Andeutungsweise dient das Gemeinwohl der Rechtfertigung eines Grundrechts (Art. 9 Abs. 3 GG; BVerfGE 88, 103 (114 f.): Tarifautonomie wird eher den „Interessen der widerstreitenden Gruppen und dem Gemeinwohl gerecht“ als eine staatliche Schlichtung). Schon an dieser Stelle, obwohl im national-verfassungsrechtlichen Kontext, sei auf eine interessante Parallele zur EuGH-Rechtsprechung verwiesen. Seit seiner berühmten *Cassis*-Entscheidung[378] erlaubt der Luxemburger Gerichtshof mitgliedstaatliche Beschränkungen der Grundfreiheiten gestützt auf „zwingende Gründe des Gemeinwohls“ („compelling reasons“, „mandatory requirements“), wobei sich die wichtige Frage stellt, inwieweit diese mitgliedstaatlichen Gemeinwohlinteressen ihrerseits europäisiert zu denken sind[379]. 1025

gg) Schließlich taucht „Gemeinwohl“ in der Judikatur des BVerfG im Kontext der deutschen Wiedervereinigung auf. In BVerfGE 95, 1 (23 ff.) rechtfertigt das Gericht die „Planung durch Gesetz“ im Blick auf die „außergewöhnliche Situation“ – das klassische Auftreten des Gemeinwohls in Ausnahme- bzw. Notfällen („Die bei einer Planfeststellung vorausgehende deutliche Verzögerung hätte angesichts der herausragenden Bedeutung des Vorhabens für die Stärkung der Wirtschaft in den neuen Ländern einen erheblichen Nachteil für das Gemeinwohl dargestellt“). Gerade in Ausnah- 1026

378 EuGH, Rs. 120/78, *Cassis de Dijon*, Slg. 1979, 649.

379 Dazu *M. Kotzur*, in: R. Geiger/D.-E. Khan/ders. (Hrsg.), TEU/TFEU, 2015, Art. 34 TFEU, Rn. 15 ff., insbes. 17 und 19.

mesituationen kann das Gemeinwohl eine besondere Bedeutung entfalten. Dazu ein unionrechtliches Pendant: Die Lockerungen der EU-Beihilfenverbote in Zeiten der globale Finanzkrise, die mit Gemeinwohlinteressen begründet wurden; auch die „Systemrelevanz“ mag ein solcher Gemeinwohlgrund sein[380].

1027 hh) Art. 20 a GG wird als „Gemeinwohlbelang“ erwogen, BVerfGE 102, 347 (365) und bewertet (119, 59 (83)); auch BVerfGE 103, 293 (307): „soziale Sicherung“, sowie BVerfGE 113, 167 (215).

II. Gemeinwohl im europarechtlichen Kontext: Elemente einer Bestandsaufnahme

1028 An dieser Stelle müsste nun eine Bestandsaufnahme der Gemeinwohlkonkretisierungen auf europäischer Ebene erfolgen. Diese aber wurde bereits im Zusammenhang mit der oben entwickelten Repräsentationstheorie unternommen, da Gemeinwohl ein Konnexbegriff zur Repräsentation ist[381]. Das gilt sowohl für das geschrieben Verfassungsrecht der EU, das ohne den alteuropäischen Topos „Gemeinwohl“ respektive seine Korrelat- bzw. Ersatzbegriffe wie Aufgaben, Ziele, Kompetenzen nicht auskommt, als auch für die Rechtsprechung des EuGH, die diesen alteuropäischen Begriff aufgreift und richterrechtlich fortschreibt. Dass dabei manche der eben vorgestellten (Leit-)Entscheidungen des BVerfG als Inspirationsquelle gedient haben mögen, sei ausdrücklich erwähnt. Gleiches gilt selbstverständlich für die Gemeinwohljudikatur aus allen anderen EU-Mitgliedstaaten, die vergleichend zu erfassen ein – gewiss lohnendes – Forschungsprojekt für viele Jahrzehnte wäre und neben der Sach- auch die Sprachkompetenz der möglichst interdisziplinär beteiligten Forscherinnen und Forscher erforderte. Auch die Gemeinwohlbezüge des Europarechts im weiteren Sinne, allen voran die geschriebenen Rechtstexte des Europarates und der OSZE sowie die Judikate des EGMR wurden bereits en detail vorgestellt[382]. Auf dieser textlichen Grundlage und aus den *Texten* respektive

380 *O. Michaelis*, Das EU-Beihilferecht. Die Anwendung des EU-Beihilferechts in der Finanzkrise unter juristisch-ökonomischer Betrachtung für die Kreditinstitute, 2011.

381 Siehe dazu bereits oben Dritter Teil C. Inkurs.

382 Dazu bereits oben Dritter Teil C. IV. 1.

ihren *Kontexten* heraus lassen sich nun die Grundzüge einer gemeineuropäischen Gemeinwohltheorie entwickeln.

III. Grundzüge einer Gemeinwohltheorie im Europäischen Verfassungsrecht

1. Die EU-Ebene – Acht Thesen

Die Elemente der Bestandsaufnahme sowie die Vergegenwärtigung der „alten" Gemeinwohltheorien aus den 70er und 80er Jahren müssen den Blick freigeben für das Heute bzw. die künftigen Gemeinwohl-Möglichkeiten. Der Vorgang, der eine radikale Revision aller überkommenen Begriffe und Denkschemata erfordert, ist die *Europäisierung*. Nicht nur das Entstehen von europäischem Sozial-, Arbeits- und Strafrecht, vor allem die all dies überdachenden Konturen einer sich entwickelnden europäischen Verfassungslehre zwingen dazu, Begriffe wie Souveränität oder die drei sog. „Staatselemente" der Allgemeinen Staatslehre und eben auch das Gemeinwohl ganz neu zu durchdenken. Die Europäisierung des Gemeinwohls bzw. der öffentlichen Interessen muss – parallel der Frage „Gibt es eine europäische Öffentlichkeit?"[383] – geleistet werden: „Gibt es ein europäisches Gemeinwohl?". Dabei sollten die innovationsreiche europäische Verwaltungsrechtswissenschaft[384] und die europäische Verfassungslehre Hand in Hand arbeiten. Vor allem ist das skizzierte Text- und Rechtsprechungsmaterial auszuwerten. 1029

Das Gemeinwohl bzw. die öffentlichen Interessen können nicht mehr primär staatsbezogen, nationalstaatsorientiert oder gar etatistisch begriffen werden. So wie heute die nationalen Verfassungen nur noch „*Teil*verfassungen" in einem teils geschriebenen, teils ungeschriebenen Ensemble des „Europäischen Verfassungsrechts" sind (mit Kategorien der „allgemeinen Rechtsgrundsätze" bzw. des „gemeineuropäischen Verfassungsrechts" er- 1030

383 Dazu der Beitrag von *P. Häberle*, Gibt es eine europäische Öffentlichkeit?, in: FS Hangartner, 1998, S. 1007 ff.; später vertieft im gleichnamigen Berliner Vortrag von 2000.

384 Repräsentativ: *J. Schwarze*, Europäisches Verwaltungsrecht, 1. Aufl. 1988 (2. Aufl. 2005), ders. (Hrsg.), Das Verwaltungsrecht unter europäischem Einfluss, 1996; *E. Schmidt-Aßmann*, Das allgemeine Verwaltungsrecht als Ordnungsidee, 1. Aufl. 1999 (2. Aufl. 2004), S. 307 ff.

fassbar), so wächst die Gemeinwohlidee in europäische Dimensionen hinein und kommt von hier in das nationale Verfassungsrecht „zurück", z.B. bei Grundrechtsbeschränkungen. Die Gemeinwohlperspektive ist wechselseitig zu erweitern[385], d.h. einerseits rechtfertigen sich Eingriffe in die Grundrechtspositionen deutscher Bürger über das „europäische Gemeinwohl" auch im Interesse anderer EU-Bürger. Andererseits wirken deutsche Interessen über das „europäische Gemeinwohl" auch in die Abwägungsprozesse anderer EU-Länder hinein. Die *räumliche Erweiterung* der Gemeinwohlperspektive stellt sich letztlich als Gewinn für alle EU-Bürger dar, jedenfalls wenn Subsidiarität bzw. Föderalismus und Regionalismus ergänzend wirken. Es gibt zwar nach wie vor Felder, in denen das Gemeinwohl ganz oder primär nationalstaatlich geprägt ist, so wie es auch Verfassungsthemen und Rechtsbereiche gibt, die in der Kompetenz der 28 Mitgliedstaaten der EU verbleiben und Teil ihrer „nationalen Identität" sind (vgl. Art. 4 Abs. 2 EUV). Doch so wie schon „Amsterdam" und „Schengen" die Drei-Elemente-Lehre *G. Jellineks* relativiert haben, ist die Gemeinwohlidee von ihrer nationalen Fixierung, ja Monopolisierung zu befreien. Konkret heißt dies für das Europarecht *im engeren Sinne der EU*:

1031 a) Die Verfassungsprinzipien dieser EU[386] wirken inhaltlich und prozessual als Direktiven auf die Prozesse der Konkretisierung von – europäischen – Gemeinwohlinteressen ein (materiell-prozessualer Doppelansatz wie beim nationalen Verfassungsrecht), bei welchem Vorgang viele beteiligt sind[387]. Statt eher farblos von „europäischem Interesse" sollte von konstitutionell geprägtem „*europäischem Gemeinwohl*" die Rede sein, das

---

385 Deutlich in BVerfG EuGRZ 2000, S. 175 ff., 176: „Bei der Rücknahme gemeinschaftswidriger nationaler Beihilfen tritt neben das mitgliedstaatliche öffentliche Interesse an der Wiederherstellung eines rechtmäßigen Zustandes ein öffentliches Interesse der europäischen Gemeinschaft an der Durchsetzung der gemeinschaftsrechtlichen Wettbewerbsordnung. Nach der verfassungsrechtlich unbedenklichen Rechtsprechung des BVerwG muss dieses eigene öffentliche Interesse der Gemeinschaft bei der Rücknahmeabwägung Berücksichtigung finden (vgl. BVerwGE 92, 81 (85 f.)". Zur „neuen Dimension" der Schranke des Gemeinwohls *L. Michael*, Die Wiedervereinigung und die europäische Integration in der Rechtsprechung des BVerfG, AöR 124 (1999), S. 583 ff., 610.

386 *H. M. Sagmeister,* Die Grundsatznormen in der Europäischen Grundrechtecharta, 2010.

387 Nicht nur die Kommission ist „Hüterin des europäischen Gemeinwohls" – „Gemeinschaftswohls".

sich gerade auch auf die Effektivierung (gemeinschafts-)grundrechtlicher Freiheit richtet.

b) Das europäische Verfassungsrecht trifft *inhaltliche* Aussagen zum Gemeinwohl; zugleich stellt es *prozessuale* Wege zu seiner Konkretisierung bzw. schließlich Findung und Klärung bereit: man denke an die Leistungen des Europäischen Parlaments in Sachen Gesetzgebung oder an die Verwaltungsverfahren der EU-Kommission[388]. 1032

c) Auch die Rechtsprechungsfunktion seitens des EuGH hat ihre Dimension des europäischen Gemeinwohls: Es gibt *europäische „Gemeinwohljudikatur"*, greifbar etwa in den Abwägungsprozessen des EuGH bei der Bestimmung von Inhalt und Grenzen der Unionsgrundrechte und in der Judikatur zu den Grundfreiheiten („Cassis" und die „zwingenden Gründe des Gemeinwohls" wurden bereits angesprochen[389]), aber nicht nur hier. Das Kraftfeld judizieller Öffentlichkeit in Luxemburg mag dabei auch ein Stück materieller – europäischer – Öffentlichkeit dank Richterspruch konstituieren. 1033

d) Hand in Hand mit dem prozessualen, jetzt auf die Europaebene bezogenen Gemeinwohlverständnis geht das *pluralistische Gemeinwohldenken*: d.h., das Gemeinwohl ist auch im EU-Kontext nicht apriorisch, „fertig" vorhanden, es muss vielmehr ungeachtet der materiellen konstitutionellen Direktiven nach Maßgabe des Europarechts im engeren Sinne in komplexen Prozessen aus den Determinanten des europäischen Kräfteparallelogramms der Mitgliedstaaten, der EU-Organe, auch der Parteien und Verbände sowie der Kirchen erarbeitet werden. Auch hier ist die europäische Öffentlichkeit mehr als bloßer „Resonanzboden". 1034

e) Zu unterscheiden ist ein *„hermeneutisches Dreieck"* zwischen Individual- bzw. Gruppen-Interessen einerseits, mitgliedstaatlichen Interessen und den EU-Gemeinschaftsinteressen andererseits. Es gibt viele Wechselwirkungen auf dem Weg zum europäischen Gemeinwohl. 1035

f) Auch das den Nationen verbleibende *„nationale" Gemeinwohl* bzw. mitgliedstaatliche Interesse muss potentiell immer auch im europäischen Kontext gedacht werden: Grundlage dafür bildet die eigene Kategorie des „nationalen Europaverfassungsrechts" (z.B. Art. 23 n.F. GG oder Art. 7 1036

388 Pionierhaft früh spricht *W. Hallstein*, Die Europäische Gemeinschaft, 1973, S. 79, 329 von „europäischem Gemeinwillen"; *M. Zuleeg*, Der Beitrag Walter Hallsteins zur Zukunft Europas, 2003.

389 *R. Bieber/A. Epiney/M. Haag*, Die Europäische Union, 11. Aufl. 2015, § 11, Rn. 55 ff.

Abs. 5 Verf. Portugal: Verstärkung der „europäischen Identität“[390]). Erst diese *innere* Europäisierung des Gemeinwohlbegriffs wird der heutigen Entwicklung des europäischen und nationalen Verfassungsrechts der 28 EU-Staaten gerecht.

1037 g) Nur als „Merkposten“, aber bewusst schon hier sei erwähnt, dass die Europäisierung der Gemeinwohltheorie nicht auf das Europarecht im engeren Sinne der EU beschränkt bleiben darf. Auch das Europarecht im weiteren Sinne des Europarats (47 Mitglieder) und der KSZE/OSZE (56 Mitglieder) hat schon seine, wenn auch weniger „dichten“ Gemeinwohldirektiven. So braucht und gebraucht der EGMR in Straßburg offen oder verdeckt Gemeinwohlaspekte in seiner schöpferischen Judikatur (Beispiele bei Grundrechtsabwägungen)[391]. Wenn die Schweiz und Österreich die EMRK auf Verfassungsstufe „leben“, so übernehmen sie auch die *in* dieser Konvention liegenden Gemeinwohlaussagen in ihr nationales Verfassungsrecht. Angesichts des Zusammenhangs von öffentlichen Interessen und Öffentlichkeit wird sich die prätorische oder legislative Gemeinwohlbildung im „ganzen“ Europa auch an anderen Beispielen nachweisen lassen.

1038 h) Bei all dem sei – vielleicht ein wenig „altmodisch“ – am Konzept der *„republikanischen Bereichstrias“*[392] festgehalten, d.h. der Unterscheidung zwischen „staatlich“, „privat“ und „öffentlich“. Sie bleibt dem Verfassungsstaat eigen, ist grundrechtlich abgesichert und nur so kann zwischen Gemeinwohl und privaten Interessen unterschieden, kann der Zusammenhang zwischen „öffentlich“ und „öffentlichen Interessen“ gewahrt werden. Die Skeptiker mögen einwenden: das Internet[393] schaffe eine unbegrenzte

---

390 Dazu *P. Häberle*, Europaprogramme neuerer Verfassungen und Verfassungsentwürfe, in: FS Everling, Bd. I, 1995, S. 355 ff.

391 Vgl. EGMR, 17488/90 vom 27. März 1996, Medien und Recht 1996, S. 123 ff.: Offenlegung einer journalistischen Informationsquelle ist nur dann mit Art. 10 EMRK vereinbar, „wenn sie durch eine überwiegende Notwendigkeit im öffentlichen Interesse gerechtfertigt ist.“ S. auch EGMR, 13470/87 vom 20. September 1994, Medien und Recht 1995, S. 35 ff.: „Art. 10 EMRK darf nicht so ausgelegt werden, dass er die im öffentlichen Interesse gelegene Einbeziehung von Gegenständen verbietet, deren Benutzung rechtmäßig als unerlaubt beurteilt wird“.

392 Dazu *P. Häberle*, Verfassungslehre als Kulturwissenschaft, 2. Aufl. 1998, S. 656 ff.

393 O. Hahn (Hrsg.). Digitale Öffentlichkeiten, 2015; *P. Schaar*, Das digitale Wir. Unser Weg in die transparente Gesellschaft, 2015; W. Schmale/M.-Th. Tinnefeld (Hrsg.), Privatheit im digitalen Zeitalter, 2014.

Öffentlichkeit, zu beklagen sei mit *R. Senett* „Verfall und Ende des öffentlichen Lebens – die Tyrannei der Intimität“ (1976). Kulturanthropologisch bleibt es beim Bedürfnis des Menschen, auch des Bürgers, nach privaten Reservaten, von denen aus das „Individuum im öffentlichen Austausch“ (so gleichnamig *E. Goffmann*, 1971) wirken kann. Art. 1 GG setzt mit seiner Menschenwürdegarantie bzw. verfassungsstaatlichen Wertordnung allen Tendenzen wie „Big Brother“, „Dschungelkamp“, aber auch den sozialen Medien letzte Grenzen, an denen gerade wir Juristen festhalten müssen: um der europäischen Identität willen.

Was am nationalstaatlich gewordenen Verfassungsstaat entwickelt wurde, 1039
ist auf das Europäische Verfassungsrecht zu übertragen: Dieses lebt ebenfalls von den menschlichen Ressourcen aus der Privatheit, auch die europäischen öffentlichen Interessen werden zu solchen auf dem schöpferischen Resonanzboden der „europäischen Öffentlichkeit“; wir haben zwar auf der europäischen Ebene keinen „Staat“, doch sehen wir konstitutionelle Momente, die EU-weit segmenthaft das leisten, was dem klassischen Nationalstaat eigen war: Unions*bürgerschaft*, *Gebiets*hoheit („Schengen“[394], Europol[395]), Währungs*hoheit* (herkömmlich ein Stück Staatsgewalt) dank des Euro, Rechtsprechungsfunktion des EuGH etc. All dies muss von den europäischen Verfassungsorganen EU-weit durchgesetzt werden.

2. Die gesamteuropäische Ebene – Sieben Thesen

Schon die Offenheit der EU für homogen strukturierte Beitrittskandidaten 1040
aus Europa (Art. 49 i.V.m. Art. 2 EUV) legt es nahe, jetzt den Blick auf das „ganze Europa“ zu weiten. Denn die EU ist nur ein *Teil*europa. Bereits die EMRK als ein Stück lebendes Verfassungsrecht verlangt, eine auf das ganze Europa bezogene Gemeinwohltheorie zu entwickeln, auch wenn nicht alle europäischen Staaten Mitglied sind. Entsprechendes gilt für die heute 56-köpfige OSZE-Gemeinschaft, auch wenn ihre konstitutionellen

394 *W. v. Bredow*, Grenzen. Eine Geschichte des Zusammenlebens vom Limes bis Schengen, 2014; *A. Siebold*, Zwischen Grenzen. Die Geschichte des Schengen-Raums aus deutschen, französischen und polnischen Perspektiven, 2013.

395 K. Schoppa, Europol im Verbund der europäischen Sicherheitsagenturen, 2013; bemerkenswert schon *J. F. Lindner*, Europol – Baustein europäischen Polizeirechts, BayVBl. 2001, S. 193 ff.

Strukturen noch deutlich schwächer und lockerer sind als die der heute 47 EMRK-Mitglieder. Es sei daran erinnert, dass manche Europarat-Texte Materialien für die EU geliefert haben (vgl. nur Textpassagen der EMRK von 1950 mit parallelen EU-Artikeln und vor allem die Kulturrechtsklauseln im Europäischen Kulturabkommen von 1954 mit dem Kulturverfassungsrecht in der EU: Art. 167 AEUV). Im Übrigen konstituiert die OSZE eine *regionale Verantwortungsgemeinschaft*. So wie es legitim ist, sogar auf der allgemeinsten Ebene, der Welt, der „Menschheit", nach Gemeinwohlelementen zu fragen[396], so sind auf der regionalen „Zwischenebene" Gemeinwohlprobleme zu behandeln. So stehen wir einer dreifachen Stufung der Gemeinwohlproblematik gegenüber: die verfassungsstaatliche, die regionale und die universale (verfassungsstaatliches, regionales, globales Gemeinwohl), – mit lebhaften Wechselwirkungen und Bedingtheitsverhältnissen.

1041 Im Europa im weiteren Sinne ist mit den Konturen der fortentwickelten verfassungsstaatlichen und auf das EU-Europa „analog" angewandten Gemeinwohltheorie zu arbeiten, bei allen Unterschieden der Bereiche und Gegenstände. Zu wählen ist zum einen ein materiell-rechtlicher und prozessualer Doppelansatz (d.h. Direktiven für das europäische Gemeinwohl sind aus inhaltlichen und verfahrensmäßigen Vorgaben zu gewinnen); zum anderen ist das 1970 entworfene offene, pluralistische Gemeinwohlverständnis auch auf das ganze Europa anzuwenden, d.h. neben rechtlich fixierten Vorgaben vor allem der regionalen Verträge bleibt das Gemeinwohl sozusagen „auf dem Weg": es ist eine offene, unterschiedlich zu gewinnende Größe, insoweit eher aufgegeben als vorgegeben. Im Einzelnen:

1042 a) In Gesamteuropa sind, bei allen Defiziten und Rückschlägen, die in der EMRK und anderen Abkommen verbürgten *Menschenrechte als „Gemeinwohlgut"* zu qualifizieren (Grundrechtsorientierung des Gemeinwohls). Nicht nur an der weitgehenden Pressefreiheit hängt ein öffentliches Interesse (dokumentiert z.B. im Pressebeauftragten der OSZE), auch andere Grundrechte, wie die Sicherung des Privat- und Familienlebens (Art. 8 EMRK) sind *auch* im Gemeinwohlinteresse garantiert. Das erfordert freilich, den damit gegebenen „Insichkonflikt" zu erkennen: Die den EMRK-Grundrechten beigefügten Eingriffsvorbehalte, vor allem im Interesse der „in einer demokratischen Gesellschaft notwendigen Maßnahmen"

396 Dazu *P. Häberle,* Öffentliches Interesse – revisited, in: G. Winter (Hrsg.), Das Öffentliche heute, 2002, S. 157 ff.

(vgl. z.B. Art. 9 Abs. 3 EMRK), wollen ihrerseits Gemeinwohlgüter schützen. Erforderlich wird eine konkordante Abwägung der verschiedenen pluralen Gemeinwohlaspekte.

b) Das in ganz Europa erhoffte friedliche Zusammenleben aller Bürger 1043
(und von ihnen ist ebenso primär auszugehen, wie dies innerverfassungsstaatlich geschieht), die gemeinsam verpflichtenden Rechtstexte der Verträge, die emotionale und rationale Zusammengehörigkeit im „*gemeinsamen Haus Europa*“[397] erlaubt es, den *Gemeinwohlbegriff* in Anspruch zu nehmen: er setzt ja eine „*Gemeinschaft*“ voraus. Sie hat ihre territoriale Grundlage im Kontinent, bei allen offenen Grenzen, und sie hat ihre rechtlichen Basiselemente im Entstehen und Ausbau des „Gemeineuropäischen Verfassungsrechts“[398]. Die ideell-kulturelle Schicht dieser Wertegemeinschaft ist teils in ihren Rechtsprinzipien positiviert, teils in erlebter gemeinsamer Geschichte und in auf Frieden und Wohlstand gerichteten Zukunftshoffnungen gegenwärtig. Sie machen „gesamteuropäische Identität“ aus und kommen etwa in der „Bekräftigung des tiefen Glaubens“ an Grundfreiheiten sowie in der Geist-Klausel der Präambel der EMRK von 1950 zum Ausdruck (s. auch ebd.: „gemeinsames Erbe an geistigen Gütern“). Als besonders ergiebig erweist sich das Europäische Kulturabkommen von 1954 (vgl. das Präambel-Ziel, die „europäische Kultur zu wahren und ihre Entwicklung zu fördern“ sowie die kulturelles Erbe-Klausel in Art. 1 und 2), sodann die Helsinki-Schlussakte von 1975, insofern sie an die „gemeinsame Geschichte“ erinnert und die Erkenntnis formuliert, „dass die vorhandenen gemeinsamen Elemente ihrer Traditionen und Werte bei der Entwicklung ihrer Beziehungen dienlich sei können“ (Präambel „Korb 1“). Das erwähnte Krakauer Dokument über das kulturelle Erbe der KSZE-Teilnehmerstaaten von 1991 ist besonders reich an Bezugnahmen auf die gemeinsamen europäischen Wertvorstellungen und es lässt auch erkennen, dass die gemeinsame Kultur Europas das ist, was den Kontinent früher, heute und inskünftig zusammenhält. Diese kulturwissenschaftlich definierbaren Bindemittel der präkonstitutionellen „europäischen Gemeinschaft im weiteren Sinne“ tendieren auch auf Gemeinwohlaspekte bzw.

397 Aus der Lit. hier nur: *M. Stolleis*, Europa – seine historischen Wurzeln und seine künftige Verfassung, 1997; klassisch *P. Koschaker*, Europa und das Römische Recht, 1947; *H. Coing*, Europäisierung der Rechtswissenschaft, NJW 1990, S. 937 ff.

398 *P. Häberle*, Gemeineuropäisches Verfassungsrecht, EuGRZ 1991, S. 261 ff. sowie Erster Teil B. II.

setzen solche voraus. Die regionale Verantwortungsgemeinschaft Gesamteuropa braucht das gemeinsame vielgliedrige Ringen um Gemeinwohlinteressen. Das Europäische Kulturabkommen des Europarates von 1954 lässt ebenso einen „Humus" für das schon als „Gemeinschaft" verstandene Europa erkennen wie Folgeabkommen oder KSZE- bzw. OSZE-Texte.

1044 c) Die – regionalen – Gemeinwohlinteressen des ganzen Europa haben in der *europäischen Öffentlichkeit* mehr als einen bloßen „Resonanzboden". Ihre „Kristallisationen", ihre Bewegungen und ihre inhaltlichen Gegenstände, vor allem aus Kunst und Kultur gespeist, tragen wesentlich dazu bei, dass ein *gesamteuropäisches Gemeinwohl* entsteht. Der materiale Zusammenhang von Öffentlichkeit und öffentlichen Interessen, auf der innerverfassungsstaatlichen Ebene entwickelt[399], muss europaweit begriffen werden. Es gibt eine normierende Kraft der Öffentlichkeit in Europa, die gerade das gemein/gesamteuropäische Gemeinwohl mitprägt. Es ist kein Zufall, dass Art. 35 der Satzung des Europarates Öffentlichkeit der Sitzungen der Beratenden Versammlung vorschreibt.

1045 d) Die beiden gemeineuropäischen Prinzipien, die hohe Gemeinwohlrelevanz besitzen, sind *Rechtsstaat* und *Demokratie*. Ursprünglich in nationalen Verfassungsstaaten entwickelt, sind sie heute zu „europäisieren", d.h. auch auf das gesamte Europa anzuwenden. Grundlage hierfür bilden mannigfache Texte, die beide Prinzipien nennen (vgl. Präambel EMRK von 1950: „wahrhaft demokratisches politisches Regime", „Vorherrschaft des Gesetzes"). Die Demokratie, als kulturanthropologische Prämisse des Verfassungsstaates entwickelt, ist heute gemeineuropäisch und auf dieser Ebene vor allem ein Hinweis, dass die einzelnen Staaten und Gesamteuropa dem Gemeinwohl in ihren Bereichen von der Seite der Verfahren her näher kommen sollen (z.B. Verfahren der Beratenden Versammlung des Europarates: Art. 22 bis 35 der Satzung). In einer Vielzahl von Verfahren kristallisieren sich Gemeinwohlinteressen heraus: auf der gesamteuropäischen Ebene etwa im Europarat und in OSZE-Verfahren, so sehr hier nur zaghafte Anfänge zu erkennen sind. Die Rechtsstaatsidee ist gerade auch auf der gesamteuropäischen Ebene am weitesten entwickelt: durch die EMRK und ihren Gerichtshof in Straßburg. Die Entscheidungen dieses Organs können füglich in Anspruch nehmen, der „europäischen Gemein-

399 Dazu *P. Häberle*, Öffentliches Interesse als juristisches Problem, 2. Aufl. 2006, S. 708 ff.

wohlgerechtigkeit“ zu dienen (auch dort, wo der „*ordre public européen*“ umschrieben wird)[400].

e) Was innerverfassungsstaatlich Gemeinwohlaspekte umreißt, nämlich der Kanon der sog. „Staatsziele“, ist – rudimentär – auch auf gesamteuropäischer Ebene sichtbar und ein Teil des vielfältigen europäischen Gemeinwohls. Europäische Gemeinwohlziele sind vor allem die im Europäischen Kulturabkommen sichtbaren *Kulturaufgaben* (vgl. Art. 3: „Förderung der im europäischen Interesse liegenden kulturellen Maßnahmen“), aber auch *soziale Ziele*, wie sie in der Europäischen Sozialcharta von 1961 umrissen werden (vgl. Präambel ESC: „soziales Wohl“, Aufgaben in Art. 1 Ziff. 1 bis 4), schließlich *Umweltschutz*ziele. 1046

f) Bei all dem ist ein um das Gemeinwohl ringender *gesamteuropäischer Trägerpluralismus* zu konzipieren: Materiell und prozessual bringen viele Beteiligte in Europa Gemeinwohlaspekte ein: die europäischen Verfassungsstaaten als Treuhänder ihrer Bürger, die sich in der europäischen Öffentlichkeit darstellenden pluralistischen Gruppen und Organisationen, die gesamteuropäisch agierenden Organe wie Europarat und Einrichtungen der OSZE und nicht zuletzt der Bürger, auf der Basis „seiner“ EMRK-Grundrechte. Sie alle streiten in einem Kräfteparallelogramm um das erst im Ergebnis ermittelte „europäische Gemeinwohl“. 1047

g) Die *Wissenschaft der Juristen* hat eine nicht gering einzuschätzende Formulierungs- und Vermittlungsaufgabe: indem sie Klassikertexte zum Gemeinwohl auf Europa hin denkt, ihnen neue Anwendungsbereiche erschließt, aber auch ganz neue Fragestellungen aufgreift. 1048

IV. Ausblick: Eine europäische Grundwertediskussion? Globalisierung der Gemeinwohldiskussion?

1. Das Gemeinwohl im künftigen Europa

Gemeinwohlkonzepte sind innerverfassungsstaatlich in langen Generationen erprobt worden, sie können nicht von heute auf morgen in einem „großen Sprung“ auf einen neuen Gegenstand, das sich einigende, in seiner Fi- 1049

---

400 Dazu schon *D. Thürer*, Der Verfassungsstaat als Glied einer europäischen Gemeinschaft, VVDStRL 50 (1991), S. 97 ff., 106. Von „Grundrechtsgemeinschaft, für die der Europarat ... bereits einen Rahmen bereit“ hält, spricht *H. Steinberger*, ebd., S. 9 ff., 49.

nalität offene Europa übertragen werden. Möglicherweise sind neue Teilparadigmen erforderlich, bis „das“ Gemeinwohl gesamteuropäisch und nicht staatsbezogen begriffen werden kann. Wenn sogar auf der rechtlich so „dichten“ EU-Ebene der Gemeinwohlgedanke erst nach und nach erarbeitet wird, wie soll er dann, so „alteuropäisch“ er auch ist, schon heute gesamteuropäisch konturierbar sein? Die Verfassung des Pluralismus beruht nicht nur auf der Erkenntnis, dass das Gemeinwohl keine ein für alle Mal vorgegebene oder vorfindliche Größe ist, sondern in vielfältigen *Gemeinwohl-Entdeckungsverfahren*[401] immer neu konturiert werden muss. Sie setzt bei wissenschaftlicher Gemeinwohlkonkretisierung letztlich immer auch auf nur kulturwissenschaftlich zu erschließende Zusammenhänge, die der Jurist nicht allein erarbeiten kann (ähnliches gilt für die Erziehungsziele). Ihr Minimal- bzw. Grundkonsens (z.B. auf Respektierung der Gemeinwohl-Verfahren, auf Minderheitenschutz, Gewaltverbot und Toleranz) wurzelt in diesen Bezirken. Hier ist das heutige Gemeinwohlverständnis angesichts besonderer Krisen und Gefahren auf die Probe gestellt. Das offene Gemeinwohlverständnis steht und fällt mit der *Verfassung des Pluralismus* und mit der Fruchtbarkeit des Dialogs unter den Einzeldisziplinen. Zu diesem Dialog gehört ohne jeden Zweifel auch das Ringen um einen (offenen) Grundwerte-Kanon (siehe Art. 2 EUV).

2. Eine europäische Grundwerte-Diskussion?

1050 Nicht nur Art. 2 EUV, eine Vielzahl von Dokumenten vor und nach 1989 vergewissert sich europäischer Grundwerte: So spricht die *EMRK* (1950) vom „tiefen Glauben an diese Grundfreiheiten“, vom „gleichen Geiste“ und „gemeinsamen Erbe an geistigen Gütern, politischen Überlieferungen“ etc. So berufen sich die Teilnehmerstaaten in der *Helsinki-Schlussak-*

401 *P. Häberle*, „Gemeinwohl“ und seine Teil- und Nachbarbegriffe im kulturellen Verfassungsvergleich, in: M. Morlok/U. v. Alemann/H. Merten (Hrsg.), Gemeinwohl und politische Parteien, 2008, S. 240 ff.; in gleichem Sinne *H. Schulze-Fielitz*, Theorie und Praxis parlamentarischer Gesetzgebung, 1988, S. 179 f.; *M. Morlok*, Informalisierung und Entparlamentarisierung politischer Entscheidungen als Gefährdungen der Verfassung, VVDStRL 62 (2003), S. 37 ff., 61: „Parlamentarische Entscheidungen als Gemeinwohlentscheidungen“; einen starken Akzent auf die prozedurale Dimension des Gemeinwohls legt *B. J. Hartmann*, Eigeninteresse und Gemeinwohl bei Wahlen und Abstimmungen, AöR 134 (2009), S. 1 ff., 14.

te der KSZE (1975) auf die „gemeinsame Geschichte“ und „Erkenntnis, dass die vorhandenen gemeinsamen Elemente ihrer Traditionen und Werte bei der Entwicklung ihrer Beziehungen dienlich sein können“ (s. auch den Passus: „Verstärkung des Bewusstseins gemeinsamer Werte unter ihnen“). Das *Kopenhagener Dokument* zur menschlichen Dimension der KSZE[402] (1990) beruft sich auf „das Bekenntnis aller Teilnehmerstaaten zu den Idealen der Demokratie und des politischen Pluralismus“; in der *Charta von Paris für ein neues Europa* (1990)[403] ist im Anschluss an einen Grundrechtskatalog davon die Rede, dass die „Achtung dieser Gebote das Fundament ist, auf dem wir das neue Europa aufbauen wollen“. Das Dokument des *Krakauer Symposiums über das kulturelle Erbe der KSZE*-Teilnehmerstaaten[404] unterstreicht „den Beitrag, den die Kultur zur Überwindung der Trennungen in der Vergangenheit und zur verstärkten Zusammenarbeit zwischen den Teilnehmerstaaten geleistet hat“. Überdies formuliert es die „tief empfundene Überzeugung“ der Teilnehmerstaaten, „dass sie gemeinsame, durch die Geschichte geprägte Wertvorstellung teilen“, die auf der Anerkennung bestimmter Grundrechte und „der Bedeutung geistiger und kultureller Werte, der Verpflichtung zu Redlichkeit, Toleranz und Offenheit für einen Dialog mit anderen Kulturen beruhen“. Das erinnert in Form und Inhalt an so manches innerstaatliche Erziehungsziel. „Stoff“ und „Geist“ dieser Textensembles deuten auf europäische Grundwerte, die bald in Gestalt von Erziehungszielen, Grundpflichten und in Verfassungspräambeln, teils über Gemeinwohlklauseln, teils in Gemeinsinn-Texten auftreten. An einer Stelle deutet sich sogar das pädagogische Moment an. Unter III Ziff. 32 des Krakauer Dokuments heißt es: „Die Darstellung sensibler Gedenkstätten kann ein wertvolles Mittel zur Förderung von Toleranz und Verständnis zwischen den Menschen sein“. Anderwärts (Ziff. 38 ebd.) wird den Teilnehmerstaaten nahegelegt, ein bestimmtes Verständnis zu fördern (sc. für die Bewahrung naturgeschichtlicher Stätten und Sammlungen). Kurz: Die ständige Selbstvergewisserung über die europäischen Grundwerte, zu denen jedes Land in Europa gemäß seinem eigenen kulturellen Erbe etwas beitragen kann, bildet einen Teil einer *europäischen Grundwertediskussion* und *Gemeinwohldebatte*. Die Wissenschaften spielen hierbei mehr als bloß die Moderatoren-Rolle. Das gilt auch für das letzte Stichwort zum Gemeinwohl – seine Globalisierung.

402 Zit. nach EuGRZ 1990, S. 239 ff.
403 Zit. nach EuGRZ 1990, S. 517 ff.
404 Zit. nach EuGRZ 1991, S. 251 ff.

3. Globalisierung der Gemeinwohldiskussion?

1051 Von der regionalen Verantwortungsgemeinschaft Europa sollte sich der Blick auch zur Welt im Ganzen hin weiten[405]. Solange es keine „neue Schule von Salamanca“ gibt, kann nur die Fragestellung angedeutet werden:

1052 a) Im Zeichen der Globalisierung wandert das Gemeinwohl auch auf die völkerrechtliche Ebene[406]: Das „Wohl aller Völker der Menschheit“ im Ganzen sollte ein potentieller und aktueller Topos werden: ohne weiteres greifbar im Umweltvölkerrecht, in Abkommen etwa zum Klimaschutz (Paris 2015) und Artenschutz etc., ganz allgemein in den „global commons“[407]. Vielleicht darf man von „globalem“ bzw. „universalem Gemeinwohl“ sprechen.

1053 Agierende beim Erkennen und Durchsetzen von globalen öffentlichen Interessen sind neben den Nationalstaaten gewiss auch die Organe der UN und die internationale Öffentlichkeit[408], nicht zuletzt die Non-Governmental Organisations, die sich immer mehr etablieren.

1054 Die internationale Menschenrechtsdiskussion liefert ebenfalls Aspekte des „globalen Gemeinwohls“: auf der Seite der Durchsetzung eines Kernbestands an universalen Menschenrechten streiten auch Gemeinwohlaspekte, nicht nur das Einzelwohl der in Frage stehenden einzelnen Menschen. Das „globale Gemeinwohl“ wird freilich u.U. auch einmal begrenzend gegen bestimmte Grundrechte stehen: etwa bei der Begrenzung der Kommunikationsvorgänge des „Internets“ im Interesse des Jugendschutzes, Gewaltverbots etc., wie überhaupt Elemente der alten „*Gemeinwohltypologie*“ von 1970 auf die Teilrechtsordnungen der „Welt“ übertragbar werden (Stichwort: Kompetenzaspekt, Ausnahmetitel etc.), etwa in Sachen Umweltschutz bzw. Umweltvölkerrecht.

---

405 Als Vorstudie: *P. Häberle*, Das Weltbild des Verfassungsstaates, in: FS Kriele 1997, S. 1277 ff. Einige allgemeine Stichworte bei *I. Brusis*, Politik und Gemeinwohl, zwischen Globalisierung und Individualisierung, in: U. v. Alemann u.a. (Hrsg.), Bürgergesellschaft und Gemeinwohl, 1999, S. 139 ff.; W. Brugger u.a. (Hrsg.), Gemeinwohl in Deutschland, Europa und der Welt, 2002.

406 W. Bendek (Hrsg.), The Common Interest in International Law, 2014.

407 *W. Durner*, Common Goods – Statusprinzipien von Umweltgütern im Völkerrecht, 2001.

408 Dazu *M. Kotzur*, Theorieelemente des internationalen Menschenrechtsschutzes, 2001, S. 180 ff.

Ermutigen kann bei all dem, dass es schon lange völkerrechtliche Texte 1055
gibt, die der Gemeinwohlidee nahekommen. So ist in der Präambel der UN-Charta (1945) die „Menschheit" Bezugspunkt, auch wird von einem bestimmten „gemeinsamen Interesse" gesprochen; in der Satzung des Europarates (1949) ist im Kontext der Aufgaben von „Fragen von gemeinsamem Interesse" die Rede; im Nordatlantik-Vertrag (1949) wird als Vertragsziel u.a. die „Förderung des Wohlergehens" postuliert, im Antarktis-Vertrag (1959) spricht die Präambel von „interest of all mankind" und im Weltraumvertrag (1967) heißt es „in Anerkennung des gemeinsamen Interesses der Menschheit an der ... Nutzung des Weltraums zu friedlichen Zwecken" bzw. zum „Wohle aller Völker". Im Wiener Übereinkommen zum Schutze der Ozonschicht (1985) ist in Art. 1 von Ökosystemen die Rede, die „für die Menschheit nützlich sind". Schon in so klassischen Verträgen wie dem I. Haager Abkommen (1907) ist im Vorspruch von „Wohlfahrt der Völker" die Rede, und der Briand-Kellogg-Pakt über die Ächtung des Krieges (1928) verwendet bereits das Wort vom „Interesse der Menschheit"[409]. Die Menschheit bzw. die Völker unseres Globus sind Bezugssubjekte allgemeiner Interessen, wenn man will: des völkerrechtlich konkretisierten und weiter zu konkretisierenden Gemeinwohls. Die vornehmste Bezugnahme steckt in allen Klauseln zum Schutz des „Gemeinsamen Erbes der Menschheit" („common heritage"). Und Art. 43 Verf. Polen (1997) erklärt „Verbrechen gegen die Menschheit" für unverjährbar. Auch im internationalen „ordre public" dürften Gemeinwohlaspekte verborgen sein.

409 Alle Texte zit. nach Völkerrechtliche Verträge, 13. Aufl. 2012 bzw. F. Berber (Hrsg.), Völkerrecht, Bd. I, 1967. – Zu den „Konturen eines ordentlichen Völkerstrafrechts": *G. Werle*, JZ 2001, S. 885 ff.; siehe auch *M. Kotzur*, Das Völkerrecht von der Menschheit her denken. Einige Überlegungen zu den „global commons", in: A. Blankenagel (Hrsg.), Den Verfassungsstaat nachdenken. Eine Geburtstagsgabe, 2014; *A. Cançado Trindade*, International Law for Humankind: Towards a New Jus Gentium, 2010.

G. Rechtsstaatliche Strukturen im europäischen Verfassungsraum – der „europäische Rechtsstaat"

Vorbemerkung

1056 Der „Rechtsstaat" hat national verfassungsstaatlich wie europa- und weltweit nicht erst seit 1989 eine besondere Erfolgsgeschichte aufzuweisen[410]. Eine „international rule of law" wird längst diskutiert[411] und *A. v. Arnauld* hat den zentralen Aspekt staatenübergreifender Rechtsstaatlichkeit pointiert herausgearbeitet: „Es mag paradox klingen: Der Rechtsstaat ist auf den Staat nicht angewiesen. Anders als das Demokratieprinzip ist das nomokratische Prinzip nicht an vermeintlich (?) ontologische Größen wie das 'Volk' (oder eben auch den 'Staat') gebunden, sondern knüpft allein an das Vorhandensein institutionalisierter Macht an."[412] In Sachen Bändigung und Begrenzung institutionalisierter Macht hat eben dieser dem nomokratischen Prinzip verpflichtete Rechtsstaat eine große Entwicklungsge-

---

410 Der „Rechtsstaat" ist gewiss eine spezifisch deutsche Wortprägung, siehe *K. Stern*, Das Staatsrecht der Bundesrepublik Deutschland, Bd. I, 2. Aufl. 1984, S. 764, unter Verweis auf *K. Michaelis*, Die Deutschen und ihr Rechtsstaat, 1980, S. 5; ebenso *M. Knauff*, Der Regelungsverbund: Recht und Soft Law im Mehrebenensystem, 2012. Die im Begriff angelegte Idee umfassender Rechtsbindung aller hoheitlichen Gewalt findet aber in der „Herrschaft des Rechts" ein terminologisches Gegenbild, das den englischen („rule of law") oder französischen („prééminence de droit") Begriff prägend durchzieht, dazu *A. v. Bogdandy*, Grundprinzipien, in: ders./J. Bast (Hrsg.), Europäisches Verfassungsrecht, 2. Aufl. 2009, S. 13 ff., 36; *J. Gerkrath*, L'émergence d'un droit constitutionnel pour l'Europe – Modes de formation et sources d'inspiration de la constitution des communautés et de l'union européenne, 1997, S. 347; vgl. auch *V. Röben*, Außenverfassungsrecht. Eine Untersuchung zur auswärtigen Gewalt des offenen Staates, 2007, S. 34. Aus der umfänglichen Lit.: *E. Forsthoff/O. Bachof*, Begriff und Wesen des sozialen Rechtsstaats, VVDStRL 12 (1954), S. 8 ff. bzw. 37 ff.; *E.-W. Böckenförde*, Entstehung und Wandel des Rechtsstaatsbegriffs, in: FS A. Arndt, 1969, S. 52 ff.; *H. Hofmann*, Geschichtlichkeit und Universalitätsanspruch des Rechtsstaats, Der Staat 34 (1995), S. 1 ff.; *K. Sobota*, Das Prinzip Rechtsstaat, 1997; *E. Sarcevic*, Der Rechtsstaat, 1996; *P. Kunig*, Das Rechtsstaatsprinzip, 1986; *ders.*, Der Rechtsstaat, in: FS 50 Jahre BVerfG, Bd. II, 2001, S. 379 ff. BVerfGE 111, 54 (82); 112, 185 (208); 118, 212 (230 f.); 121, 205 (219 f.); *G. Robbers*, in: BK, GG, Art. 20 Abs. 3 (Stand: 2014), Rn. 3236 ff.

411 Statt aller *S. Chesterman*, Rule of Law (Stand: 2012), in: MPEPIL (online verfügbar unter http://opil.ouplaw.com/home/EPIL) mit zahlreichen Literaturnachweisen.

412 *A. v. Arnauld*, Rechtsstaat, in: O. Depenheuer/Ch. Grabenwarter (Hrsg.), Verfassungstheorie, 2010, § 21, Rn. 13, 58 ff. m.w.N.

schichte hinter und gerade im Europäischen Verfassungsraum eine sich, bei manchen Defiziten und Rückschritten, doch beschleunigende Zukunft vor sich. Das sei an Texten, Judikatur und Literatur wenigstens ausschnitthaft belegt. Freilich: So sehr der „Rechtsstaat“ in all seinen Ausformungen vom „effektiven Rechtsschutz“ über das Bestimmtheitsgebot, den Vertrauensschutz, das Übermaßverbot, die Amtshaftung und das Rückwirkungsverbot in den einzelnen *nationalen* Verfassungsstaaten Europas seinen gesicherten Platz besitzt: im Europa im engeren Sinne der EU und im weiteren Sinne der OSZE kann er, wie einleitend unterstrichen, nicht als Rechts“*staat*“ figurieren. Denn im Europäischen Verfassungsraum gibt es ja gerade keinen „Staat“, wohl aber sind und bleiben die nationalen Verfassungsstaaten dieses Europa „*europäische*“ Verfassungsstaaten. Im Folgenden wird sich zeigen, dass die rechtsstaatlichen Strukturen und Elemente in der *EU* weithin vollständig „entwickelt“ sind, auch dank viel Richterrechts aus Luxemburg. So viel das Europäische Verfassungsrecht dem nationalen Verfassungsrecht in Sachen „Rechtsstaat“ verdankt: heute wirkt manches von Europa her in die Nationen hinein: etwa in die Beitrittsländer und -kandidaten der EU oder im Blick auf neue Verfassungsstaaten, Staaten wie die Ex-Jugoslawischen Länder auf dem Balken. Zunächst sei nicht nur aus „Übungszwecken“, sondern auch als Text-, Theorie- und Rechtsprechungsreservoir ein Blick auf die national-verfassungsstaatliche Ebene geworfen.

I. Stichworte zur Rechtsstaatlichkeit auf der national-verfassungsstaatlichen Ebene: Der soziale Rechtsstaat

1. Entwicklungsgeschichte, Klassikertexte, Verfassungstexte

Die Formel vom „sozialen Rechtsstaat“ (vgl. Art. 28 Abs. 1 S. 1 GG) zu 1057
einem zusammengehörigen Verfassungsprinzip verbunden zu haben, ist eine Gemeinschaftsleistung der deutschen Rechtswissenschaft und Verfassungspraxis. Ihre Klassiker sind *F. J. Stahl* und *R. v. Mohl* einerseits, insofern sie im 19. Jahrhundert wissenschaftliche Vorkämpfer der Rechtsstaatsidee waren[413], *H. Heller* andererseits, weil er im Blick auf die Wei-

413 Dazu aus der Lit.: *K. Stern*, Das Staatsrecht der Bundesrepublik Deutschland, Bd. I, 2. Aufl. 1984, S. 882.

marer Verfassung und allgemein den „Sozialstaat“ propagiert hat[414]. Kein Geringerer als *C. Schmid*, einer der einflussreichsten „Väter“ des Bonner Grundgesetzes, hat in den Verfassungsberatungen diese von *H. v. Mangoldt* vorgeschlagene[415] Formel *H. Hellers* ausdrücklich auf den „soziale(n) Pathos der republikanischen Tradition“[416] zurückgeführt. Recht betrachtet, ist der *soziale Rechtsstaat* eine kongeniale „Fortschreibung“ des alten Rechtsstaatsbegriffs für das 20. Jahrhundert, und heute fragt sich, ob es nicht einer erneuten Fortschreibung bedarf im Blick auf den Verfassungsstaat, der Verantwortung auf für künftige Generationen hat und insofern zum Umweltschutz verpflichtet ist (*„ökologischer Rechts- bzw. Verfassungsstaat“*, *„nachhaltiger Rechtsstaat“*). Jedenfalls ist heute der „soziale Rechtsstaat“ ein Wesenselement[417] im Ganzen des Verfassungsstaates, und dessen Textstufenentwicklung gibt dazu vielfältige Hinweise. So finden sich Textbelege in den meisten neueren Verfassungen, sei es in den Reformstaaten Osteuropas (Art. 1 Abs. 1 Verf. Mazedonien von 1991: „social state“; Art. 2 Verf. Polen von 1997: „demokratischer Rechtsstaat, der die Grundsätze der sozialen Gerechtigkeit verwirklicht“), sei es in Art. 1 Verf. Ukraine von 1996: „social, law-based state“ oder Afrika (Art. 1 Abs. 1 Verf. Äquatorial-Guinea von 1991: „sozialer und demokratischer Staat“; Präambel Verf. Madagaskar von 1995: „Rechtsstaat“; ebenso Art. 8 Abs. 1 Verf. Niger von 1996: „Rechtsstaat“).

1058 Die Formulierungen variieren, doch sie meinen im Grundsatz dasselbe: den auf *soziale Gerechtigkeit* verpflichteten Verfassungsstaat. Dies ist eine zugegeben sehr abstrakte Formel, sie ist vielfältiger (auch politischer) Ausgestaltung und Interpretation fähig und bedürftig. Doch ergeben sich im Rechtsvergleich gewisse „Teilprinzipien“, die allen Verfassungsstaaten gemeinsam sind. Dazu gehören nach der *formalen* Seite hin der „Vorrang der Verfassung“[418], die Bindung an das Gesetz (u.a. Gesetzmäßigkeit der

---

414 Vgl. *H. Heller*, Rechtsstaat oder Diktatur, 1930, S. 11; dazu aus der Lit. *W. Schluchter*, Entscheidung für den sozialen Rechtsstaat. Hermann Heller und die staatstheoretische Diskussion in der Weimarer Republik, 1968; *A. Dehnhard*, Dimensionen staatlichen Handelns, 1996, S. 33 ff.

415 Vgl. *K. Stern*, Das Staatsrecht der Bundesrepublik Deutschland, Bd. I, 2. Aufl. 1984, S. 878.

416 Parlamentarischer Rat, Stenographischer Bericht, S. 172; vgl. hierzu *K. Stern*, Das Staatsrecht der Bundesrepublik Deutschland, Bd. I, 2. Aufl. 1984, S. 880.

417 Vom „Wesensgehalt“ spricht auch *C. Schmid*, s. Parlamentarischer Rat, Stenographischer Bericht, S. 172.

418 Vgl. *R. Wahl*, Der Vorrang der Verfassung, Der Staat 20 (1981), S. 485 ff.

Verwaltung), nach der *materiellen* Seite hin ein gemeineuropäischer Standard an Menschenrechten, die Gewaltenteilung[419], die Staatshaftung, der Rechtsschutz durch unabhängige Richter etc. Bringt das deutsche Grundgesetz schon in Art. 20 Abs. 3 die Spannung von „Gesetz und Recht" zum Ausdruck und steht zwischen Positivität und Wertung, so bedeutet das Attribut „sozial" erst recht einen unmittelbaren Durchgriff auf (vorstaatliche) Gerechtigkeitselemente wie sozialer Ausgleich, Hilfe für die und Schutz der Schwachen („soziale Sicherheit"). Hatte die *Bismarck*sche-Sozialgesetzgebung von 1881 in der Praxis früh mit einem Sozialversicherungssystem begonnen, so war die Sozialstaatsklausel auch ein Weg zur *Integration der Arbeiterschaft* in den Verfassungsstaat bzw. das parlamentarische System. Was in der angloamerikanischen Welt als „welfare state" diskutiert und in den USA wohl eher schwach ausgeprägt ist, ist in den europäischen Verfassungsstaaten heute Gemeingut (wobei der Streit um eine „europäische Sozialcharta" der EU die Differenzen erkennen lässt). So zeichnen sich die nach dem Ende des zweiten Weltkrieges in Europa ergangenen Verfassungen alle durch mehr oder weniger ausgefeilte Klauseln aus, die im Grunde den „sozialen Rechtsstaat" meinen, so etwa in Italien (Art. 35, Art. 36, Art. 38 Verf. von 1947), aber auch in Griechenland (Art. 21-23 Verf. von 1975), Spanien und der Verfassung Portugals von 1976 (Art. 1: „freie, gerechte und solidarische Gesellschaft"; Art. 63 Abs. 1: „Alle haben das Recht auf soziale Sicherheit"). Auch die Schweizer Kantonsverfassungen enthalten eine reiche Palette an dem Sozialstaatsgedanken verpflichteten Normtexten, so etwa KV Aargau von 1980 (§ 25 Abs. 1: „Der Staat fördert die allgemeine Wohlfahrt und die soziale Sicherheit"); Verf. Bern von 1993 (Art. 29: „Sozialrechte"; Art. 30: „Sozialziele"), KV Basel-Stadt von 2005 (III: „Staatsziele").

Nur Verfassungen, die wie die der Niederlande von 1983 insgesamt in 1059
ihrem Regelungsprogramm eher karg bzw. zurückhaltend sind, bleiben bei bloßen Andeutungen (z.B. Art. 20 Abs. 2: „Vorschriften über den Anspruch auf soziale Sicherheit werden durch Gesetze erlassen"). Ein Blick auf Süd- und Mittelamerika ist demgegenüber sehr ergiebig bis hin zu sozialstaatlichen Überanstrengungen etwa in der Verf. Brasilien von 1988, zum Teil auch (alte) Verf. Peru von 1985. Vieles an Sozialstaatlichkeit kann erst der politische Prozess auf dem Weg der einfachen Gesetzgebung

419 Aus der Kommentar-Lit. zur Gewaltenteilung auch: *K.-P. Sommermann*, in: H. v. Mangoldt/F. Klein/Chr. Starck (Hrsg.), GG, Bd. II, 6. Aufl. 2010, Art. 20, Rn. 187 ff.; ebd., Rn. 205 ff. zum Schutz des „Kernbereichs".

schaffen. Dennoch bedarf er „anregender“ Verfassungstexte. Ein solches Regelungsoptimum (oder -minimum) an sozialer Gerechtigkeit gehört heute zum Standard des *Typus* „Verfassungsstaat“, etwa durch einklagbare Ansprüche auf das wirtschaftliche Existenzminimum, Ansprüche des Gesundheitsschutzes, des Schutzes der Familie und der Garantie auf menschenwürdige Arbeitsbedingungen[420].

1060 Eine vergleichende europäische Verfassungslehre, die wie die hier entworfene kurz sein muss, kann nur einige Linien der Gehalte des Prinzips „sozialer Rechtsstaat“ aufzeigen. Sie werden im Folgenden anhand der deutschen Literatur und Rechtsprechung angedeutet und bedürfen naturgemäß der Ergänzung durch Gelehrte anderer nationaler Rechtskulturen, etwa der italienischen. Auch müssen Divergenzen und Konvergenzen zwischen dem kontinental-europäischen „Rechtsstaat“ und der US-amerikanischen „rule of law“ erarbeitet werden. Unter diesem Vorbehalt das Folgende:

2. Die Ausgestaltung des Rechtsstaatsprinzips im deutschen Grundgesetz

1061 Die Ausgestaltung des *Rechtsstaatsprinzips* im deutschen Grundgesetz setzt sich aus einer Vielzahl von Elementen zusammen, die über das ganze GG verteilt textlichen Niederschlag gefunden haben: Das reicht von den Grundrechten[421] (Art. 1-19 GG) einschließlich des Vorbehalts des Gesetzes[422], des Grundsatzes der Verhältnismäßigkeit[423] und der Garantie des Rechtsschutzes[424] (Art. 19 Abs. 4 GG) über die Gewaltenteilung[425] (vgl.

---

420 Der gesamte Bereich der Daseinsvorsorge hat eine sozialstaatliche, daneben aber auch noch andere Dimensionen: siehe *J. Schwarze*, Daseinsvorsorge im Lichte des europäischen Wettbewerbsrechts, EuZW 2001, S. 334 ff.

421 *K. Hesse*, Grundzüge des Verfassungsrechts der Bundesrepublik Deutschland, 20. Aufl. 1995 (Neudruck 1999), Rn. 183.

422 *P. Badura*, Staatsrecht, 6. Aufl. 2015, S. 397.

423 BVerfGE 23, 127 (133) m.w.N.; vgl. *P. Lerche*, Übermaß und Verfassungsrecht, 1961, S. 61 ff.; differenzierend zu dieser und anderen Herleitungen des Prinzips der Verhältnismäßigkeit *L. Michael*, Der allgemeine Gleichheitssatz als Methodennorm komparativer Systeme, 1997, S. 267 f.

424 *E. Schmidt-Aßmann*, in: T. Maunz/G. Dürig (Hrsg.), GG, Art. 19 IV (Stand: 2015), Rn. 15 f.

425 Z.B. *K.-P. Sommermann*, in: H. v. Mangold/F. Klein/Chr. Starck (Hrsg.), GG, Bd. II, 6. Aufl. 2010, Art. 20, Rn. 187 ff. m.w.N.

Art. 20 Abs. 2 S. 2 GG), den Primat des Rechts[426], die Gesetzmäßigkeit der Verwaltung und den Vorrang der Verfassung[427] (Art. 20 Abs. 3 GG), die Staatshaftung[428] (Art. 34 GG) und das richterliche Prüfungsrecht[429] (Art. 100 Abs. 1 GG) bis hin zu den justiziellen Garantien der Art. 101 ff. GG.

Das Rechtsstaatsprinzip ist aber nach der Rechtsprechung des BVerfG „in 1062
der Verfassung nur zum Teil näher ausgeformt“[430]. Der Begriff des Rechtsstaates wird im deutschen Verfassungsrecht deshalb auch aus seiner generalklauselartigen Verwendung in Art. 28 Abs. 1 GG entwickelt. Der so verwendete Topos Rechtsstaat „bedarf der Konkretisierung je nach sachlichen Gegebenheiten“[431] und ist in der Lehre und Rechtsprechung vielfältig ausdifferenziert worden.

Im Mittelpunkt der Diskussion steht dabei immer wieder die Rechtssicher- 1063
heit.[432] Unter diesen Begriff fallen folgende Unteraspekte: das Problem der Rückwirkung von Gesetzen[433], die Frage der Bestimmtheit von Normen, der Bestandskraft von Verwaltungsakten und der Rechtskraft von Urteilen, der Selbstbindung der Verwaltung und Erfordernisse der Öffentlichkeit[434]. Gemeinsam ist diesen Aspekten die stabilisierende Funktion des Rechtsstaatsprinzips, als „Form der Herstellung von Kontinuität“[435]. Ursprung dieser verschiedenen verfassungsrechtlichen Gewährleistungen ist der Gedanke des Vertrauensschutzes, ja letztlich die „Idee der Gerechtigkeit“[436].

---

426 *K. Hesse*, Grundzüge des Verfassungsrechts der Bundesrepublik Deutschland, 20. Aufl. 1995 (Neudruck 1999), Rn. 193 ff.

427 Ebd., Rn. 199; *P. Badura*, Staatsrecht, 6. Aufl. 2015, S. 391 f.

428 Ebd., S. 405 ff.

429 Ebd., S. 391.

430 BVerfGE 65, 283 (290); s. noch BVerfGE 111, 54 (82); 113, 29 (47); 119, 331 (351 f.); 120, 224 (253 f.).

431 Ebd.

432 Vgl. *E. Schmidt-Aßmann*, Der Rechtsstaat, in: HStR, Bd. II, 3. Aufl. 2004, § 26; *P. Kunig*, Das Rechtsstaatsprinzip, 1986, S. 90 ff. – Aus der Kommentar-Lit. zum Rechtsstaat: *H. Schulze-Fielitz*, in: H. Dreier (Hrsg.), GG, Bd. II, 3. Aufl. 2015, Art. 20 (Rechtsstaat), Rn. 1 ff.

433 Vgl. hierzu BVerfGE 13, 261 (272), st. Rspr., vgl. BVerfGE 88, 384 (403 f.).

434 *P. Kunig*, Das Rechtsstaatsprinzip, 1986, S. 394 f.

435 *K. Hesse*, Grundzüge des Verfassungsrechts der Bundesrepublik Deutschland, 20. Aufl. 1995 (Neudruck 1999), Rn. 189.

436 BVerfGE 33, 367 (383) m.w.N.

1064 Methodisch bemerkenswert ist die Tatsache, dass das Rechtsstaatsprinzip mitunter zueinander gegenläufige Aspekte in sich vereint,[437] insbesondere im Widerstreit zwischen formaler und materialer Gerechtigkeit. Es wurde deshalb von einer „Janusköpfigkeit"[438] des Prinzips gesprochen.

3. Das Sozialstaatsprinzip

1065 Das *Sozialstaatsprinzip* (vgl. bereits Art. 20 Abs. 1 GG) wird im Grundgesetztext in einem Atemzug mit dem Rechtsstaatsprinzip genannt (Art. 28 Abs. 1 S. 1 GG spricht von den Grundsätzen des „sozialen Rechtsstaates"). Das wirft die Frage nach dem Verhältnis beider Prinzipien zueinander auf. So wie das Rechtsstaatsprinzip in sich Antinomien vereint, so wurden auch das Rechts- und Sozialstaatsprinzip oft als Gegensatzpaar begriffen. Die Lehre hat jedoch die von *E. Forsthoff*[439] behauptete Unvereinbarkeit Stück für Stück widerlegt bzw. abgemildert[440]. Dabei ist der Sozialstaatsgedanke jedoch zu einem denkbar unbestimmten Staatsziel („Blankettnorm"[441]) herausgebildet worden, bei dessen Ausgestaltung das BVerfG dem Gesetzgeber „einen weiten Raum zur freien Gestaltung"[442] zugesteht. Immerhin ist mit dem Sozialstaatsprinzip i.V.m. Art. 1 Abs. 1 GG nach und nach eine verfassungsrechtliche Garantie des Existenzminimums begründet worden[443]. Darüber hinaus spielt das Sozialstaatsprinzip als Argu-

437 BVerfGE 65, 283 (290).

438 *P. Kunig*, Das Rechtsstaatsprinzip, 1986, S. 378.

439 *E. Forsthoff*, Begriff und Wesen des sozialen Rechtsstaates, VVDStRL 12 (1954), S. 8 ff., 33.

440 *K. Hesse*, Grundzüge des Verfassungsrechts der Bundesrepublik Deutschland, 20. Aufl. 1995 (Neudruck 1999), Rn. 215 spricht von der Rechtsstaatlichkeit als Grenze der Sozialstaatlichkeit.

441 *K. Stern*, Das Staatsrecht der Bundesrepublik Deutschland, Bd. I, 2. Aufl. 1984, S. 914; A. v. Arnauld/A. Musil (Hrsg.), Strukturfragen des Sozialverfassungsrechts, 2009. Aus der Kommentar-Lit. zum Sozialstaat: *R. Gröschner*, in: H. Dreier (Hrsg.), GG, Bd. II, 2. Aufl. 2006, Art. 20 (Sozialstaat), Rn. 15 ff.

442 BVerfGE 18, 257 (273). Vgl. auch BVerfGE 100, 271 (284); 110, 412 (445 f.).

443 Vgl. BVerfGE 1, 97 (104) einerseits, BVerfGE 40, 121 (133) andererseits; BVerfGE 82, 60 (85). Früh BVerfGE 1, 159. Jetzt BVerfGE 110, 412 (445 f.); 113, 88 (108 f.); 115, 381 (390); 120, 125.

mentationstopos im Rahmen des allgemeinen Gleichheitssatzes[444], diverser Freiheitsrechte[445] und sogar des Demokratieprinzips[446] eine Rolle.

II. Rechts"staatliche" Strukturen im Verfassungsraum der EU

So sehr die Sache Rechtsstaat im nationalen Verfassungsrecht der westeu- 1066
ropäischen Staaten nach 1945 ausgeformt war und so groß die Faszinationskraft der Rechtsstaatlichkeit im Europarecht i.w.S. schon seit 1949 dokumentiert ist (zum Europarat unten III.): die alte EWG von 1957 kennt in ihren Vertrags- bzw. Verfassungsdokumenten keinen allgemeinen Begriff von „Rechtsstaatlichkeit", obwohl sie sich im Sinne *W. Hallsteins* von Anfang an als Rechtsgemeinschaft verstand und im Recht ihren maßgeblichen *Integrationsmodus* erkannte. Freilich war hier das Richterrecht des EuGH auf Einzelfeldern pionierhaft tätig, bis dann die Rechtsstaatlichkeit auch plakativ in den Verträgen von Maastricht und Amsterdam auftrat und im Vertrag von Lissabon konsequent fortgeschrieben ist.

Im Einzelnen: Im EWG-Vertrag normierte die Präambel lediglich das Ziel 1067
der Wahrung der „Freiheit"; auch dachte der Vertrag in rechtsstaatlichen Kategorien, wenn er bestimmte (wirtschaftliche) Freiheiten schützte (z.B. die Freizügigkeit der Arbeitnehmer nach Art. 48); auch war und ist bis heute die Definition der Aufgabe des EuGH mit „Wahrung des Rechts" (damals Art. 164 EWGV, heute Art. 19 Abs. 1 EUV)[447] ebenso rechtsstaatlich konzipiert wie das Klagesystem oder das Diskriminierungsverbot. Der eigentliche „Schub" in Sachen Rechtsstaatlichkeit kommt jedoch von der langjährigen schöpferischen Tätigkeit des EuGH her, was dann die Texte von Maastricht, Amsterdam und Lissabon „honorieren", indem sie zur Rechtsstaatlichkeit verallgemeinern, was der EuGH im Schubwechsel zwischen „Grundsatz und Norm" (*J. Esser*), „Einzelfall und Leitentscheidung" entwickelt hat. Heute heißt es in der Präambel zum EUV: „In Bestätigung ihres Bekenntnisses zu den Grundsätzen der Freiheit, der Demokra-

---

444 *H. F. Zacher*, Das soziale Staatsziel, in: HStR, Bd. II, 3. Aufl. 2004, § 28.Vgl. auch VVDStRL 64 (2005): „Der Sozialstaat in Deutschland und Europa".

445 *H. F. Zacher*, aaO., S. 1070; BVerfGE 115, 25 (43): Art. 2 Abs. 1 GG und das Sozialstaatsprinzip.

446 *H. F. Zacher*, aaO., S. 1096 ff. – *T. Kingreen*, Das Sozialstaatsprinzip im europäischen Verfassungsverbund, 2003.

447 Dazu *J. Schwarze*, Die Wahrung des Rechts als Aufgabe und Verantwortlichkeit des Europäischen Gerichtshofes, in: FS Hollerbach, 2001, S. 169 ff.

tie und der Achtung der Menschenrechte und Grundfreiheiten und der Rechtsstaatlichkeit"; so ist ebenda von einem „Raum der Freiheit, der Sicherheit und des Rechts" die Rede. Art. 2 EUV erhebt die Rechtsstaatlichkeit zum grundlegenden Wert der Union. Im Grunde rückt so das Rechtsstaatsprinzip in den Kernbereich der Identität der EU[448], in dem der „nationalen Identität" der Mitgliedstaaten ist sie schon! Viele Einzelprinzipien der Rechtsstaatlichkeit hat der EuGH erarbeitet: Vertrauensschutz", „Rückwirkungsverbot", „Bestimmtheitsgrundsatz", man darf auch die Amtshaftung hinzunehmen (Art. 340 AEUV und den richterrechtlich entwickelten Haftungsanspruch bei Verletzung von Unionsrecht), sodann die Verhältnismäßigkeit, die Pflicht zur Begründung von Einzelfallentscheidungen; den Grundsatz der Gesetzmäßigkeit der Verwaltung[449]. Lissabon ist insgesamt rechtsstaatlich durchdacht. Man vergegenwärtige sich nur die differenzierten Instrumentarien des Handelns der EU-Organe (Art. 288 AEUV), die Begründungspflicht für Rechtsakte (Art. 297 AEUV) und die Grundlinien des Verfahrensrechts des EuGH (Art. 19 EUV, Art. 251 AEUV). Der 2014 etablierte „Rechtsstaatsmechanismus" formt ein dialogbasiertes Vorverfahren zu Art. 7 EUV und wird Anfang 2016 mit Blick auf Polen (vorher schon mit Blick auf Ungarn und Rumänien) diskutiert/praktiziert. Vor allem aber steuert der Rechtsstaatsgedanke das Profil der Grundrechtstatbestände und die Schrankendogmatik.

1068 Ein Blick auf die EU-Grundrechte-Charta zeigt den kontinuierlichen Fortgang der Verdichtungsprozesse, die Wechselwirkung zwischen den Texten vieler Ebenen (national, EU-Recht, Europaratsdokumente) und der konge-

---

448 *E. O. Wennerström*, The Rule of Law and the Europaen Union, 2007; *F. G. Jacobs*, The Sovereignty of Law, 2007.

449 Dazu *R. Streinz*, Europarecht, 9. Aufl. 2012, Rn. 779; *E. Pache*, Der Grundsatz der Verhältnismäßigkeit in der Rechtsprechung der Gerichte der Europäischen Gemeinschaften, NVwZ 1999, S. 1033 ff.; *E. Sarcevic*, Der EuGH als gesetzlicher Richter (Art. 101 Abs. 1 GG), DÖV 2000, S. 941 ff.; *S. Höllscheidt/ Th. Schotten*, Immunität für Europol-Bedienstete – Normalfall oder Sündenfall?, NJW 1999, S. 2851 ff.; *E. Pache*, Der Grundsatz des fairen gerichtlichen Verfahrens auf europäischer Ebene, EuGRZ 2000, S. 601 ff.; *V. Schlette*, Der Anspruch auf Rechtsschutz innerhalb angemessener Frist – ein neues Prozessgrundrecht auf EG-Ebene, EuGRZ 1999, S. 369 ff. – Früh: *E.-W. Fuss,* Zur Rechtsstaatlichkeit der Europäischen Gemeinschaften, DÖV 1964, S. 577 ff.; s. auch *D. Buchwald*, Zur Rechtsstaatlichkeit der Europäischen Union, Der Staat 37 (1998), S. 189 ff.; *J. Schwarze*, Rechtsstaatliche Grundsätze für das Verwaltungshandeln in der Rechtsprechung des Europäischen Gerichtshofs, in: FS Rodriguez Iglesias, 2003, S. 147 ff.

nialen Rechtsprechung der beiden europäischen Verfassungsgerichte EuGH und EGMR. In der Präambel ist die Rede von den Grundsätzen der Demokratie und der Rechtsstaatlichkeit, vom „Raum der Freiheit, der Sicherheit und des Rechts", auch wird auf die EMRK verwiesen, ebenso auf die beiden europäischen Gerichtshöfe und -organe. Dies bündelt Rezeptionsvorgänge. In einzelnen Artikeln findet sich in Sachen Rechtsstaat aber auch ganz oder teilweise Innovatives: so in Art. 41 (Recht auf eine gute Verwaltung) unter Hinweis auf ältere Judikatur, so in Art. 49 Abs. 3 („Das Strafmaß darf gegenüber der Straftat nicht unverhältnismäßig sein"), dies mit dem Kommentar, der allgemeine Grundsatz der Verhältnismäßigkeit von Straftat und Strafmaß sei durch gemeinsame verfassungsrechtliche Traditionen der Mitgliedstaaten und die Rechtsprechung des EuGH festgeschrieben worden. Art. 52 Abs. 2 schreibt einen Schutz des Wesensgehalts der Grundrechte samt dem Grundsatz der Verhältnismäßigkeit vor und fest, wie ihn sowohl der EuGH seit Jahren und innerstaatliche Literatur z.B. in Deutschland und der Schweiz mindestens ebenso lange fordern[450].

III. Rechtsstaatliche Strukturen im Europa im weiteren Sinne

Die Konstituierung des Europa im weiteren Sinne ist in Bezug auf Teilas- 1069
pekte des Rechtsstaates vor allem dank der EMRK-Texte und der Judikatur des EGMR am ehesten greifbar, nur das Demokratieprinzip, auch Aspekte des Minderheitenschutzes sind schon ähnlich dicht bzw. intensiv ein Strukturelement des konstitutionellen Europa i.w.S. Vielleicht lässt sich sagen, dass die Sache „Rechtsstaat" ein wesentliches Stück der Identität Gesamteuropas ist. Europa als Kultur in Vielfalt und Einheit definiert sich zuvörderst als Ensemble von Prinzipien zur Wahrung des Rechts und der Demokratie. Pionierleistungen vollbrachte (auch) hier der *Europarat*. Schon in der Präambel der Satzung (1949) heißt es: „Herrschaft des Rechts", in Art. 3: „Grundsatz der Vorherrschaft des Rechts". Die EMRK (1950) definiert das „gemeinsame Erbe an geistigen Gütern" etc. u.a. im Blick auf „Achtung der Freiheit und Vorherrschaft des Gesetzes". Der fol-

---

450 Aus der Lit.: *K. Hesse*, Grundzüge des Verfassungsrechtes der Bundesrepublik Deutschland, 20. Aufl. 1995 (Neudruck 1999), Rn. 72, 317 ff., 332 ff.; *P. Häberle*, Die Wesensgehaltgarantie des Art. 19 Abs. 2 GG, 3. Aufl. 1983, S. 51 ff., 325 ff.; aus der Schweiz: *J. P. Müller/M. Schefer*, Grundrechte in der Schweiz, 4. Aufl. 2008; *M. Schefer*, Die Kerngehalte von Grundrechten, 2001.

gende Grundrechtskatalog ist nichts anderes als ein Konzentrat von Elementen des vom Nationalen ins Europäische wachsenden gemeineuropäischen *Rechtsstaatsrechts*. Das zeigt sich an Einzelgrundrechten wie den „habeas corpus“ (Art. 5) ebenso wie an der Unschuldsvermutung oder am Recht auf faires Gerichtsverfahren (Art. 6). Auch die Strukturierung der Grundrechte nach dem Schema Lebensbereich/Prinzip bzw. – begrenzte – staatliche Einschränkungsmöglichkeiten (z.B. Art. 8 Abs. 2 oder 11 Abs. 2 EMRK) ist spezifisch „rechtsstaatlich“. Nimmt man die Fülle und Dichte des diese Texte verlebendigenden Richterrechts des EGMR in Straßburg hinzu[451], so zeigt sich, dass Europa im weiteren Sinne sich vor allem als *Rechtsgemeinschaft mit Grundrechten und unabhängiger rechtsprechender Gewalt* versteht. Bei all dem ist daran zu erinnern, dass nationalen Varianten genügend Spielraum bleibt, etwa über die Figur der Beurteilungsspielräume der nationalen Instanzen[452]. Dennoch ist die Wahrung des Rechts im pathetischen wie im alltäglich praktizierten Sinne *der* Integrationswert Europas.

1070 Die Linien der Kontinuität und gelegentlich auch Weiterentwicklung werden auch in Texten nach 1949/50 greifbar. Mögen sie oft programmatischen, nicht rechtlich unmittelbar zwingenden Charakter haben, überall dort, wo der Form oder Sache nach von „Rechtsstaatlichkeit“ bzw. einzelnen seiner Prinzipien gesprochen wird, liegt nichtsdestoweniger ein Stück Bekräftigung der europäischen Einigung vor. Das Dokument des Kopenhagener Treffens der Konferenz über die menschliche Dimension der KSZE vom Juni 1990[453] fordert im Vorspruch den großen Satz, „dass pluralistische Demokratie und Rechtsstaatlichkeit wesentlich sind für die Gewährleistung der Achtung aller Menschenrechte und Grundfreiheiten“. Auch im folgenden Text sind „pluralistische Demokratie und Rechtsstaatlichkeit“ immer wieder als *Grundwerte* genannt: Die Würde des Menschen als Element der Gerechtigkeit, das Diskriminierungsverbot, wirksame Rechtsmittel, Unabhängigkeit des Richters, unparteiisches Wirken der rechtsprechenden Gewalt sind dann in den einzelnen Artikeln normiert

---

451 Aus der Kommentar-Lit.: J. A. Frowein/W. Peukert (Hrsg.), EMRK, 3. Aufl. 2009, siehe auch J. Iliopoulos-Strangs u.a. (Hrsg.), Rechtsstaat, Freiheit und Sicherheit in Europa, 2010; früher schon R. Hofmann/J. Marko/F. Merli/E. Wiederin (Hrsg.), Rechtsstaatlichkeit in Europa, 1996; *K. Berchtold*, Die Herrschaft des Rechts als europäisches Erbe, in: FS Schambeck, 1994, S. 907 ff.

452 Dazu aus der Lit.: *R. Streinz*, Europarecht, 9. Aufl. 2012, Rn. 396, 644, 845.

453 Zit. nach EuGRZ 1990, S. 239 ff.

(z.B. Art. 5). Die Charta von Paris für ein neues Europa vom 21. November 1990 (KSZE)[454] denkt Demokratie und Rechtsstaatlichkeit ähnlich intensiv zusammen (z.B. Vorspruch: „Demokratie beruht auf Achtung vor der menschlichen Person und Rechtsstaatlichkeit). Auch kommen immer wieder Teilelemente der Rechtsstaatsprinzipien zum Ausdruck (z.B. „unparteiische Rechtspflege“, „Schutz nationaler Minderheiten“, „Menschenrechte und Grundfreiheiten“). Das Dokument des Krakauer Symposiums über das kulturelle Erbe der KSZE-Teilnehmerstaaten vom Juni 1991[455] spricht in seiner Präambel von „Verpflichtung zur Rechtsstaatlichkeit, Toleranz und Offenheit“ für einen Dialog mit anderen Kulturen. Nimmt man andere Dokumente wie das Minderheitenschutzabkommen und das Sprachenschutzabkommen des Europarates hinzu[456], so zeigt sich die Entwicklungsfähigkeit des gemeineuropäischen Prinzips „Rechtsstaat“. Es erobert sich immer neue Bereiche, ist neu herausgefordert (z.B. inskünftig in der Gentechnik), hat viele Dimensionen und Schichten, vom Programmansatz bis zum subjektiven einklagbaren Grundrecht (z.B. auf den unparteiischen Richter und das faire Verfahren) und ist wohl das Prinzip, in Bezug auf das sich alle Europäer einig sind: als Antwort auf alle früheren totalitären Systeme.

Nur die Gewaltenteilung, innerstaatlich ebenfalls als Ausdruck des 1071 Rechtsstaatsprinzips verstanden[457], ist (noch) kein gemeineuropäisch durchgehaltener Wert – allerdings als Ausgrenzung der unabhängigen dritten Gewalt präsent und im Europa der EU als „institutionelles Gleichgewicht“ greifbar[458].

Im Ganzen dürften die drei Ebenen des Nationalen, der EU und des Euro- 1072 parechtes im weiteren Sinne in Sachen Rechtsstaat intensiv zusammenwirken: in wechselseitigen Produktions- und Rezeptionsprozessen. Selbst das nationale Verfassungsrecht kann auf Teilgebieten vom europäischen Verfassungsrecht lernen (so das GG in Sachen Unschuldsvermutung und fai-

454 Zit. nach EuGRZ 1990, S. 517 ff.

455 Zit. nach EuGRZ 1991, S. 290 ff.

456 Dazu R. Streinz (Hrsg.), 50 Jahre Europarat, 2000, S. 134 ff. bzw. 148 ff.

457 Dazu etwa *K. Hesse*, Grundzüge des Verfassungsrechtes der Bundesrepublik Deutschland, 20. Aufl. 1995 (Neudruck 1999), Rn. 499.

458 *H. Goeters*, Das institutionelle Gleichgewicht. Seine Funktion und Ausgestaltung im Eurpäischen Gemeinschaftsrecht, 2008.

res, auch zeitlich angemessenes Verfahren)[459]. Einmal mehr zeigt sich der Erkenntnisgewinn dank der Theorie von den *Teilverfassungen* in Europa! Gerade Deutschland sollte bescheiden bleiben. Es hat zwar viel in Sachen Rechtsstaat entwickelt, zu beklagen waren bzw. sind aber auch manche Defizite, die erst durch „Europa" ausgeglichen wurden. Im Übrigen bleibt der Rechtsstaat Ausdruck der *gemeineuropäischen Suche nach Gerechtigkeit.*

H. „Checks and Balances" im konstitutionellen Europa

Vorbemerkung

1073 Wie bei vielen, wenngleich nicht allen von der nationalen Verfassungslehre auf die europäische „umgedachten" (wenn man will: „weitergedachten") Themen ist die Gewaltenteilung, in welcher variierten Form auch immer, ein Eckstein des europäischen Verfassungsraums[460] – bis hin zur sich wandelnden Rolle privater Akteure und deren Beanspruchung quasihoheitlicher Gewalt[461]. Das „institutionelle Gleichgewicht" als unionales Pendant zur Gewaltenteilung wurde eben schon angesprochen[462]. Was im geistigen „Schatzhaus" des Typus Verfassungsstaat sich im Laufe von Jahrhunderten an Verfahren und Instrumenten, an Erfahrungswerten und Hoffnungen angesammelt hat, um dem Problem des Machtmissbrauchs

---

459 Dazu s. auch EuGH, Rs. C-185/95, *Überlange Verfahrensdauer vor dem EuG*, Slg. 1998, I-8417, auch abgedruckt in JuS 1999, S. 597 ff. mit Anm. von *R. Streinz*. Wichtig: BVerfGE 113, 345 (384); 118, 168.

460 Zum Gewaltenteilungsprinzip in der EU: *M. Brenner*, Der Gestaltungsauftrag der Verwaltung in der europäischen Union, 1996, S. 157 ff. („Gewaltenteilungsprinzip als gemeineuropäisches Verfassungsprinzip"); *R. A. Lorz*, Der gemeineuropäische Bestand von Verfassungsprinzipien zur Begrenzung der Ausübung von Hoheitsgewalt – Gewaltenteilung, Föderalismus, Rechtsbindung, in: P.-Ch. Müller-Graff/E. Riedel (Hrsg.), Gemeinsames Verfassungsrecht in der Europäischen Union, 1998, S. 99 ff.; *H.-D. Horn*, Über den Grundsatz der Gewaltenteilung in Deutschland und Europa, JöR 49 (2001), S. 287 ff., 288; allgemein *C. Möllers*, Gewaltengliederung, 2005.

461 Zum Problemkreis *M. Pöschl*, Sicherung grund- und menschenrechtlicher Standards gegenüber neuen Gefährdungen durch private und ausländische Akteure, VVDStRL 74 (2015), S. 405 ff.

462 Siehe auch noch *K. Ludwig*, Die Rechtsstaatlichkeit in der Erweiterungs-, Entwicklungs- und Nachbarschaftspolitik der Europäischen Union. Entwicklung einer European Rule of Law?, 2011, S. 59 ff.

durch Menschen bzw. Institutionen zu begegnen, entwickelt sich heute auch intensiv in das engere und (zaghafter) in das weitere Europa hinein. Dabei verbinden sich die inspirierenden Klassikertexte von *J. Locke* und *Montesquieu*, auch der „Federalist Papers" (1787/88)[463] mit neuen politischen Herausforderungen. Die letztlich anthropologische Gegebenheit aber bleibt: der Mensch neigt dazu, die Macht zu missbrauchen, in welchem Amt auch immer, und diese traurige Erfahrung kennzeichnet ihn als Menschen im nationalen Raum ebenso wie als „homo europaeus", er bleibt derselbe. Gewiss bleibt viel vom eher positiven Menschenbild des *J. Locke* maßgeblich, grundrechtliche Freiheit und pluralistische Demokratie beweisen es; das Modell des (europäischen) Gesellschaftsvertrages kann dabei dienen[464]. Doch lehrt die Erfahrung, dass der „gesunde Skeptizismus" eines *Montesquieu* auch beim Bau des europäischen Hauses unverzichtbar ist, und dass die Macht gemäßigt werden muss.

In zwei Schritten sei das Material erschlossen: Zunächst erfolge eine Ver- 1074
gegenwärtigung des Themas im national-verfassungsstaatlichen Raum. Sodann gelte der Blick den „beiden" europäischen Feldern. Sie unterscheiden sich von der nationalen Verfassungsgeschichte der innerstaatlichen Gewaltenteilung freilich prinzipiell: Während die („alte") Gewaltenteilung in Europa historisch einen *vorgefundenen*, vorhandenen, alle Gewalten konzentrierenden absolutistischen Staat reformieren bzw. beschränken musste[465], z.B. durch Schaffung einer sachlich und persönlich unabhängigen dritten Gewalt, ist die Gewaltenteilung im sich entwickelnden europäischen Verfassungsraum von *vornherein* ein Bauprinzip, das das Europa als „werdende Verfassungsgemeinschaft" von Anfang an prägt. Das Europa der EU ist kein Staat, weder Einheitsstaat noch Bundesstaat, gegen das die Gewaltenteilung *nachträglich* in Stellung zu bringen ist, sondern die in der EU heranwachsenden Verfassungsorgane und Verfassungsaufgaben

---

463 Vgl. A. und W. P. Adams (Hrsg.), Hamilton/Madison/Jay, Die Federalist-Artikel, 1994, besonders der 47. und 48. Artikel, S. 291 ff.

464 Zur Problematik des europäischen Gesellschaftsvertrages vgl. *E.-J. Mestmäcker*, Risse im europäischen Contrat Social, in: H. M. Schleyer-Stiftung (Hrsg.), H. M. Schleyer-Preis 1996 und 1997, Bd. 48, S. 53 ff.

465 Aus der Kommentar-Lit. zur Gewaltenteilung vgl. auch: *K.-P. Sommermann*, in: H. v. Mangoldt/F. Klein/Ch. Starck (Hrsg.), GG, Bd. II, 6. Aufl. 2010, Art. 20, Rn. 187 ff.; ebd., Rn. 205 ff. zum Schutz der „Kernbereichs". – Zum Klassiker Montesquieu: E. Mass/P.-L. Weinacht (Hrsg.), Montesquieu-Traditionen in Deutschland, 2005; E. Mass (Hrsg.), Montesquieu zwischen den Disziplinen, 2010.

müssen von den im „Prinzip Gewaltenteilung" gespeicherten juristischen Weisheiten begleitend „dirigiert" werden, weil auch hier zunehmend größere Macht von fehlbaren Menschen ausgeübt wird.

1075 Im Europa i.w.S. des Europarates und der OSZE als weniger „dichtem" Verfassungsraum ist die Gewaltenteilung nur sehr fragmentarisch erkennbar[466], vor allem in Gestalt des von der EMRK getragenen EGMR in Straßburg: Die dritte Gewalt als unabhängige Funktion und die durch sie gesicherten Grundrechte einerseits, zaghafte neue Institute wie der Pressebeauftragte der OSZE andererseits, bilden konstitutionelle Elemente im europäischen Verfassungsbau, die dem Prinzip Gewaltenteilung zuzurechnen sind. Die Beratende Versammlung des Europarates (Art. 22-35 Satzung des Europarates von 1949) orientiert sich zwar an parlamentarischen Vorbildern (vgl. etwa Art. 35: Öffentlichkeit der Sitzungen, Art. 40: Immunität). Doch handelt es sich hier nur um Vorformen gewaltenteilender Strukturen. Nur EMRK und EGMR verfassen das Europa im weiteren Sinne ein Stück weit und dabei grundlegend vom Prinzip der Gewaltenteilung her. Sie werden in der hier unternommenen europäischen Verfassungslehre in gehörigem Zusammenhang entsprechend hoch platziert.

1076 Im Übrigen hat das „Prinzip Gewaltenteilung" vor allem im Europa i.e.S. der EU seine zentrale, z.T. neuartige Ausprägung. Gemeinsames und Trennendes im nationalen bzw. EU-Raum sei im Folgenden erarbeitet. Die Frage, ob und wie in der EU nicht mehr „Gewaltenteilungspolitik" zu leisten ist, etwa durch Stärkung des Europäischen Parlaments als „erster Gewalt", Schaffung einer Zweiten Kammer, Ausbaus des „Europas der Regionen und Kommunen", sei als Merkposten wenigstens erwähnt.

---

466 Auch das Prinzip des „institutionellen Gleichgewichts" ist nur speziell für das Europa der EU ausgeformt, neben der bereits zitierten Lit. siehe noch den frühen Beitrag von *W. Bernhardt*, Verfassungsprinzipien – Verfassungsgerichtsfunktionen – Verfassungsprozessrecht im EWG-Vertrag, 1987, S. 86 ff., 110 ff.

I. Der national verfassungsstaatliche Bereich (Organkonstituierung und Funktionenteilung)

1. Gewaltenteilung im engeren und weiteren Sinne

a) Der Gewaltenteilungsgrundsatz

Der Grundsatz der Gewaltenteilung ist sowohl „Klassikertext" seit *Mon-* 1077
tesquieu (1748) als auch in der Trias Gesetzgebung, Vollziehung und Rechtsprechung konstituierendes Prinzip des *Typus* „Verfassungsstaat" und positives Verfassungsrecht in allen seinen nationalen Beispielsfällen und Varianten[467]. Zwischen den drei Ebenen bzw. Erscheinungsformen gibt es zahlreiche wechselseitige Überschneidungen und Befruchtungen. Das positive Verfassungsrecht vieler Länder bringt im Laufe der Zeit manches neue Verfassungsorgan (z.B. den Bürgerbeauftragten, den Ombudsmann bzw. Volksanwälte) hervor, das dann wieder in das Gesamtbild der Gewaltenbalance eingeordnet werden muss, so wie die stark gewordene Verfassungsgerichtsbarkeit in vielen Ländern erst nach und nach ihren „richtigen Standort" im Gesamtbild eines Verfassungsstaates findet. Inspirierender Klassikertext bleibt die Schrift von *Montesquieu* „De l'esprit des lois", in der es im XI. Buch, Kap. 4 heißt: „Eine ewige Erfahrung lehrt jedoch, dass jeder Mensch, der Macht hat, dazu getrieben wird, sie zu missbrauchen".

Dieses realistische Menschenbild der ständig akuten Gefahr des Macht- 1078
missbrauchs durch Menschen nicht nur in politischen bzw. staatlichen Ämtern leitet auch heute noch alles verfassungsstaatliche Ringen um optimale Gewaltenteilung an, und die immer neue schöpferische Rückkehr zum „Urtext" *Montesquieus* (und *J. Lockes*) vermag auch neue Gefahrenzonen von Machtmissbrauch zu erkennen und zu bekämpfen. M.a.W.: Gewaltenteilung ist ein *relativ offenes Prinzip*, mit Konstanten und Varianten. Während die Gefahr des Machtmissbrauchs konstant bleibt, weil der vom Verfassungsstaat in den Blick genommenen Mensch und Bürger wohl zu

467 Dabei wird die Gewaltenteilung in einer bestimmten historischen Situation auch immer von den dann und dort wirkenden politischen Kräften bestimmt, siehe *D. Th. Tsatsos*, Zur Geschichte und Kritik der Lehre von der Gewaltenteilung, 1968, S. 1 ff.; *K. Hesse*, Grundzüge des Verfassungsrechts der Bundesrepublik Deutschland, 20. Aufl. 1995 (Neudruck 1999), Rn. 481 ff.; auch *H. Dreier*, Demokratische Verwaltung im hierarchischen Staat, 1991, S. 175.

allen Zeiten und in allen Räumen (insofern) „derselbe“ bleibt (in seinen Schwächen und Stärken), variieren die einzelnen Ausprägungen der Gewaltenteilung von Zeit zu Zeit und Land zu Land[468]. Dabei ist zwischen der Gewaltenteilung im *engeren* und *weiteren* Sinne zu unterscheiden. Gewaltenteilung im *engeren* Sinne meint die Teilung der *staatlichen* Gewalten; Gewaltenteilung im *weiteren* Sinne bezieht sich darüber hinaus auf den gesamten gesellschaftlichen Bereich: z.B. ist in Deutschland von einer „publizistischen Gewaltenteilung“ zwischen privater Presse und öffentlich-rechtlichem Rundfunk und Fernsehen die Rede; z.B. ist auf eine Gewaltenbalance zwischen den Tarifvertragsparteien (Gewerkschaften und Arbeitgeberverbänden)[469] zu achten. Dies ist im Einzelfall sowohl Sache vor allem der Verfassungsgerichte, aber letztlich des gesamtgesellschaftlichen, auch politischen Prozesses. Sogar im Privatrecht kann das Bild des Gleichgewichts hilfreich sein, etwa zwischen bürgerlichen Vertragsparteien, auf das vor allem beim Mietverhältnis (vgl. BVerfGE 89, 1) und bei der zivilrechtlichen Bürgschaft (vgl. BVerfGE 89, 214) geachtet werden muss. Das Kartellrecht bzw. Gesetz gegen Wettbewerbsbeschränkungen dient im Grunde ebenfalls der Idee der Gewaltenbalance auf dem „offenen“ Markt – kennt im Europa der EU Parallelen und ist von diesen zugleich vorgeformt[470] –, und manches grobe Ungleichgewicht wird z.B. durch die Generalklauseln des Zivilrechts (Verbot sittenwidriger Rechtsgeschäfte bzw. „Treu und Glauben“) beseitigt. Zu denken ist auch an das innerbetriebliche Kräfteverhältnis zwischen Arbeitnehmern und Arbeitgebern, das bezeichnenderweise im (deutschen) „Betriebs*verfassungs*gesetz“ geregelt ist.

1079 Im Folgenden sei die Gewaltenteilung im engeren Sinne, die sich also auf den *Staat* bezieht, näher gekennzeichnet. Zu unterscheiden ist hier zwischen der „*horizontalen*“ und der „*vertikalen*“ Gewaltenteilung. Die *horizontale* bezieht sich klassisch auf die drei Gewalten Legislative, Exekutive und Judikative, organbezogen gedacht auf Parlament, Regierung bzw. Verwaltung sowie die Gerichte (vgl. Art. 20 Abs. 2 S. 2 GG). Bemerkenswert ist, dass sich die Zahl der Gewalten im Rahmen der gesellschaftlichen Wachstumsprozesse des Verfassungsstaates vermehrt hat. So gibt es in

468 *K. Hesse*, Grundzüge des Verfassungsrechts der Bundesrepublik Deutschland, 20. Aufl. 1995 (Neudruck 1999), Rn. 481 ff.

469 Vgl. *P. Badura*, Staatsrecht, 6. Aufl. 2015, S. 306 ff.

470 *E.-J. Mestmäcker/H. Schweitzer*, Europäisches Wettbewerbsrecht, 3. Aufl. 2014.

vielen Verfassungsstaaten die Rechnungshöfe[471] (auch die Deutsche Bundesbank, jetzt die Europäische Zentralbank), die in ihrem unabhängigen Status den Gerichten nahestehen (vgl. Art. 100 Abs. 1 und 2 Verf. Italien von 1947); so haben sich „Ombudsmänner“ oder benachbarte Formen wie Wehrbeauftragte (z.B. Art. 45 b GG), Datenschutzbeauftragte (z.B. Art. 21 b Verf. Berlin von 1950/1994) oder „Kinderanwälte“ (Art. 72 Abs. 4 Verf. Polen von 1997) entwickelt. Dass mitunter sogar die freie Presse als „vierte Gewalt“ bezeichnet wird, deutet darauf hin, dass Gewaltenteilung im engeren und weiteren Sinne zusammengedacht werden muss. M.a.W.: der Kanon der Gewalten und der von ihnen wahrzunehmenden Funktionen ist offen – wie die Entwicklungsgeschichte des Verfassungsstaates selbst.

Im staatlichen Bereich ist von der horizontalen Gewaltenteilung die *vertikale* zu unterscheiden[472]. Sie ist im Bundesstaat die Gewaltenteilung zwischen Bund und Ländern. Sie sichert aus deutscher Sicht (zusammen mit den Grundrechten) zusätzlich die politische Freiheit und rechtfertigt den Föderalismus dadurch in besonderer Weise. Aber auch Verfassungsstaaten, die sich „nur“ für den Regionalismus entschieden haben (von Italien bis Spanien) oder um einen solchen ringen (Großbritannien als „devolution“ in Schottland und Wales, seit 1998 auch in Nordirland) machen sich im Grunde die Idee der vertikalen Gewaltenteilung zunutze; dies umso mehr, wenn man den Regionalismus als zwar eigenständige Variante des Typus Verfassungsstaat ansieht, aber gleichwohl als „kleineren Bruder“ des Föderalismus deutet. 1080

b) Die nationalen Varianten des „Prinzips Gewaltenteilung“

Die *nationalen Varianten* des „Prinzips Gewaltenteilung“ sind groß. So hat die US-Bundesverfassung von 1787 das System der „checks and balances“ entwickelt, welches die *Trennung* der Gewalten betont, während die Demokratien mit parlamentarischem Regierungssystem, in denen die 1081

471 Dazu *H. Schulze-Fielitz*, Kontrolle der Verwaltung durch Rechnungshöfe, VVDStRL 55 (1996), S. 231 ff.

472 *K. Hesse*, Grundzüge des Verfassungsrechts des Verfassungsrechts der Bundesrepublik Deutschland, 20. Aufl. 1995 (Neudruck 1999), Rn. 231; über Wirkungen der vertikalen Gewaltenteilung aus Sicht der amerikanischen Bundesstaatskonzeption schon klassisch *E. Fraenkel*, Das amerikanische Regierungssystem, 4. Aufl. 1981, S. 104.

Regierung vom *Vertrauen* des Parlaments abhängt, Elemente vielfältiger Überschneidungen zwischen erster und zweiter Gewalt kennen (Gewaltenverschränkung). In ihnen bleibt freilich die unabhängige Gerichtsbarkeit stark ausgegrenzt und unabhängig, wenngleich es auch hier Einwirkungen gibt (z.B. Wahl bzw. Berufung der Richter teils durch die Parlamente, teils durch die Regierungen). Wie immer sich eine nationale gewaltenteilende Demokratie verfasst: entscheidend ist, dass der Grundgedanke der Gewaltenteilung, die Verhinderung von Machtmissbrauch, gewahrt bleibt. Hierbei ist auch die jeweilige Inkompatibilitätsregelung in den Blick zu nehmen (vgl. Art. 94 Abs. 1 S. 3, Art. 137 Abs. 1 und Art. 55 Abs. 1 GG)[473]. Dem Gedanken der Gewaltentrennung ist noch der der Gewaltenbalancierung hinzuzufügen, der wechselseitigen Kontrolle und Beschränkung[474].

1082 Historisch und rechtsvergleichend gesehen, ist die *Gewaltenhäufung* („Gewaltenkonzentration“) das – abschreckende – *Gegenmodell*: Es ist im Marxismus-Leninismus und seiner Ideologie des sozialistischen Zentralismus („sozialistische Gesetzlichkeit“), auch der „Parteilichkeit des Rechts“ ebenso praktiziert worden wie im deutschen Nationalsozialismus („Führerprinzip“, der „geheime Führerbefehl“ als oberste Rechtsquelle). Auch das SED-Regime im Deutschland der „DDR“ hat in Gestalt des (geheimen) Schießbefehls an der „Mauer“ bzw. innerdeutschen Grenze bis 1989 warnende Pervertierungen hervorgebracht.

1083 So ist es kein Zufall, dass zahlreiche Reformstaaten Osteuropas nach dem „annus mirabilis“ 1989 auf die Gewaltenteilung als *leitendes Konstitutionsprinzip* zurückgreifen (z.B. Art. 10 Abs. 1 Verf. Polen von 1997: „Die Staatsordnung der Republik Polen beruht auf der Teilung und dem Gleichgewicht der gesetzgebenden Gewalt, der vollziehenden Gewalt und der rechtsprechenden Gewalt“.)

1084 Auch Verfassungen in Übersee bekennen sich zur Gewaltenteilung und verwirklichen damit ein Stück „*Montesquieu*“ in ihrer Verfassung (z.B. Präambel Madagaskar von 1992/95). *Montesquieu* ist heute ein universaler Klassikertext der *einen* Menschheit unseres „blauen Planeten Erde“.

1085 Das deutsche Bundesverfassungsgericht hat die Gewaltenteilung in einer feinziselierten Dogmatik ausgebaut und immer neu umschrieben. Der Text

---

473 Hierzu *K. Hesse,* Grundzüge des Verfassungsrechts der Bundesrepublik Deutschland, 20. Aufl. 1995 (Neudruck 1999), Rn. 489; zu letzterem *D. Th. Tsatsos*, Die Unzulässigkeit der Kumulation von Bundestags- und Bundesratsmandat, 1965.

474 *K. Hesse*, Grundzüge des Verfassungsrechts der Bundesrepublik Deutschland, 20. Aufl. 1995 (Neudruck 1999), Rn. 476.

des Grundgesetzes, auch Art. 20 Abs. 2 S. 2 GG, enthält kein eindeutiges, ausdrückliches Bekenntnis zur Gewaltenteilung, weder zur Gewaltentrennung noch zur Gewaltenbalancierung[475], sondern impliziert nur die Gewalten*ver*teilung, ihre Gliederung[476]. Aber hinter der sparsamen Formulierung verbirgt sich das überpositive Gedankengut der Klassiker *Montesquieu* und *J. Locke*. Nach der Rechtsprechung des BVerfG ist die Gewaltenteilung ein tragendes Organisationsprinzip des Grundgesetzes (st. Rspr. seit BVerfGE 3, 225 (247)). Will man dies in das GG „hineinlesen", bleibt zu beachten, dass das GG auch in der einzelnen Ausgestaltung den Gewalteilungsgrundsatz „nirgends rein verwirklicht" hat (st. Rspr. wiederum seit BVerfGE 3, 225 (247); siehe auch BVerfGE 95, 1 (15)). Diese differenzierte Betrachtung bringt das BVerfG zu einer bereichsspezifischen Einzelfall-Rechtsprechung. Sie ist methodisch von drei Gedanken geprägt: Erstens argumentiert das Gericht teleologisch, indem es auf den Zweck der Gewaltenteilung abstellt, die nämlich „der gegenseitigen Kontrolle der Staatsorgane und damit der Mäßigung der Staatsherrschaft" (BVerfGE 95, 1 (15), st. Rspr. m.w.N.) diene. Zweitens stellt das BVerfG funktionelle Überlegungen an, „dass staatliche Entscheidungen möglichst richtig, das heißt von den Organen getroffen werden, die dafür nach ihrer Organisation, Zusammensetzung, Funktion und Verfahrensweise über die besten Voraussetzungen verfügen" (BVerfGE 68, 1 (86); 95, 1 (15)). Drittens bemüht das Gericht die Idee des „Wesensgehalts", dogmatisch verankerbar in Art. 79 Abs. 3 GG[477], indem es einen unveränderlichen Kernbereich jeder Gewalt für unveränderbar erklärt und die im GG „zugeschriebenen typischen Aufgaben" (BVerfGE 34, 52 (59); 95, 1 (15)) schützt. Das schließt aber beispielsweise staatliche Planung durch Bundesgesetz nicht aus, jedenfalls „wenn hierfür im Einzelfall gute Gründe bestehen" (BVerfGE 95, 1 (15)), d.h. Gründe für das „Gemeinwohl" (ebd.). Das BVerfG betrachtet die Gewaltenteilung somit nicht nur als negativen Schutzmechanismus gegen Machtmissbrauch, sondern auch als positives Konstitutionselement

---

475 *K. Hesse*, Grundzüge des Verfassungsrechts der Bundesrepublik Deutschland, 20. Aufl. 1995 (Neudruck 1999), Rn. 477.

476 *E. Schmidt-Aßmann*, Der Rechtsstaat, in: HStR, Bd. II, 3. Aufl. 2004, § 26, Rn. 47.

477 *E. Schmidt-Aßmann*, Der Rechtsstaat, in: HStR, Bd. II, 3. Aufl. 2004, § 26, Rn. 56; siehe auch *K.-P. Sommermann*, in: H. v. Mangoldt/F. Klein/Ch. Starck (Hrsg.), GG, Bd. II, 6. Aufl. 2010, Art. 20, Rn. 205 ff. zum Schutz des sog. „Kernbereichs".

staatlicher Macht, als Element der funktionellen Optimierung und „Gewaltenverantwortung“[478].

1086 Andere Länder können ein unterschiedliches Bedürfnis der Gewaltenteilung haben. Wichtig ist nur, dass sie den Machtmissbrauch *effektiv* verhindern. Im Ganzen erweist sich die Gewaltenteilung als Herzstück jedes Verfassungsstaates. Sie ist eine der glücklichsten „Erfindungen“ der Geistes- bzw. Kulturgeschichte und gleicht einem der 10 Gebote der Bibel – neben Menschenwürde und Demokratie, Menschenrechten und sozialem und ökologischem Rechtsstaat, auch Kulturstaat, Föderalismus bzw. Regionalismus, Rechtsschutz durch unabhängige Gerichte und Verfassungsgerichtsbarkeit. Vielleicht lässt sich sogar von einem verfassungsstaatlichen „Grundrecht auf Gewaltenteilung“ sprechen: jedenfalls dient diese letztlich der Idee der Menschenrechte, dem Schutz der „Freiheit des Einzelnen“ (BVerfGE 9, 268 (279)). Art. 16 der Erklärung der Menschen- und Bürgerrechte der französischen Nationalversammlung von 1789 nennt die Menschen- und Bürgerrechte in einem Atemzug mit der Gewaltenteilung und bezeichnet beide Elemente als schlechthin konstituierende: „Eine Gesellschaft, in der die Garantie der Rechte nicht zugesichert und die Teilung der Gewalten nicht festgelegt ist, hat keine Verfassung“. Somit gehört die Gewaltenteilung zu den Hauptelementen des modernen Verfassungsstaates[479].

2. Organkonstituierung und Funktionenteilung im Interesse staatlicher Aufgabenerfüllung

a) Die Staatsfunktionen

1087 Die verfassungsstaatliche Gewaltenteilung bezieht sich, soweit es um jene im engeren Sinne geht, auf bestimmte Staatsorgane, Verfassungsorgane bzw. Einrichtungen, auf die die staatlichen *Funktionen* als Aufgaben

---

478 *E. Schmidt-Aßmann*, Der Rechtsstaat, in: HStR, Bd. II, 3. Aufl. 2004, § 26, Rn. 50; siehe auch BVerfGE 101, 1 (41): „gewaltenteilendes System des Grundgesetzes“; 110, 193 (219); 124, 78 (120).

479 Vgl. *P. Badura*, Staatsrecht, 6. Aufl. 2015, S. 386 ff.; J. Isensee (Hrsg.), Gewaltenteilung heute, 2000. – Aus der Kommentar-Lit.: *H. Schulze-Fielitz*, in: H. Dreier (Hrsg.), GG, Bd. II, 3. Aufl. 2015, Art. 20 (Rechtsstaat), Rn. 1 ff.; *G. Robbers*, in: BK, Art. 20 Abs. 3 (Stand: 2014), Rn. 3236 ff.

gleichgewichtig verteilt werden[480]. In dieser Darstellung hätte man auch zunächst mit diesen Organen beginnen können, weil sie von der Gewaltenteilung einander zugeordnet werden. Indes werden im Verfassungsstaat alle „Organe" durch die *Verfassung* konstituiert und das überzeitliche Prinzip, der Klassikertext, der alle verfasste Staatlichkeit „teilt", balanciert und ihre Erscheinungsformen einander zuordnet, ist eben die *Montesquieu*sche Gewaltenteilung. Gewaltenteilung ist „zunächst Konstituierung unterschiedlicher Gewalten"[481] und sie ist – gedanklich der klassischen Lehre von der „gemischten Verfassung"[482] nahe – das „organisatorische Grundprinzip der Verfassung" *(K. Hesse)*.

Die drei klassischen *Funktionen*, nämlich Gesetzgebung, Vollziehung und 1088
Rechtsprechung sowie die hinter ihnen stehenden Aufgaben, wie sie sich aus den Grundrechten und den sog. Staatszielen bzw. Gemeinwohlaufgaben ergeben, einerseits und die Organe und Kompetenzen andererseits sind von vornherein zusammen zu denken bzw. aufeinander zu beziehen – auch wenn sie in der vorliegenden Darstellung getrennt erörtert werden müssen.

Auch hier wird im raumzeitlichen Rechtsvergleich gearbeitet, werden die 1089
positiven Verfassungstexte und ihre *gestufte* Entwicklung in den Blick genommen. Dem Programm der europäischen Verfassungslehre als „Kulturwissenschaft" gemäß sind jedoch stets auch die kulturellen Kontexte, die politische Kultur, das, was Wissenschaft und Rechtsprechung aus den Texten „gemacht" haben, wie sie sie praktisch leben, hinzunehmen. Dass dies nur höchst fragmentarisch und punktuell gelingen kann, liegt angesichts der Fülle der zu verarbeitenden verfassungsstaatlichen Verfassungen aus aller Welt auf der Hand, ganz abgesehen davon, dass heute kein einzelner Gelehrter mehr alle Texte und Kontexte zu überblicken vermag. Das vermöchte nur ein *Aristoteles* oder *Montesquieu* unserer Zeit.

---

480 *K. Hesse*, Grundzüge des Verfassungsrechts der Bundesrepublik Deutschland, 20. Aufl. 1995 (Neudruck 1999), Rn. 476 ff.; *Th. v. Danwitz*, Die Gestaltungsfreiheit des Verordnungsgebers, 1989, S. 47 f.: „funktionsgerechte und organadäquate Aufgabenzuordnung für Europa"; *K. Meßerschmidt*, Gesetzgebungsermessen, 2000; *H.-D. Horn*, Über den Grundsatz der Gewaltenteilung in Deutschland und Europa, JöR 49 (2001), S. 287 ff.; *C. Möllers*, Gewaltengliederung, 2005.

481 *K. Hesse,* Grundzüge des Verfassungsrechts der Bundesrepublik Deutschland, 20. Aufl. 1995 (Neudruck 1999), Rn. 484.

482 *A. Riklin*, Aristoteles und die Mischverfassung, in: FS G. Batliner, 1988, S. 341 ff.; *ders.*, Mischverfassung und Gewaltenteilung, in: FS Pedrazzini, 1990, S. 21 ff.

1090 Im Folgenden werden zunächst die drei „typischen“ Staats*funktionen* behandelt, sodann die typischen verfassungsstaatlichen *Organe*, nämlich das Parlament (ggf. auch zweite Kammern), das Staatsoberhaupt (Präsident oder Monarch), die Exekutive (d.h. Regierung und Verwaltung) sowie die Gerichte, insbesondere die Verfassungsgerichtsbarkeit; verwandte unabhängige Instanzen wie Rechnungshöfe, Staatsbanken oder Bürgerbeauftragte können nur „Merkposten“ sein.

1091 In einem eigenen Abschnitt sind die *„Staatsziele“* zu behandeln, die als „Gemeinwohl“ oder „Staatsaufgaben“ eine eher abstrakte Bezeichnung haben, im Einzelnen nationalen Verfassungsstaat aber je unterschiedlich durch Prinzipien wie „sozialer und ökonomischer Rechtsstaat“, „Kulturstaat“ und durch die Menschen- bzw. Bürgerrechte konkret werden. So wie die Staats- bzw. Verfassungsorgane von den Funktionen her Gestalt gewinnen, so sind auch die „Organe“ bzw. ihre Funktionen von der Erfüllung bestimmter Gemeinwohlziele bzw. Staatsaufgaben her zu verstehen.

1092 Die drei typischen Staatsfunktionen *dienen* der Erfüllung bestimmter in der Verfassung inhaltlich oder prozessual vorgezeichneter Aufgaben. Sie sind ihrerseits dem geschichtlichen Wandel unterliegende *Instrumente* des Verfassungsstaates. Trotz aller nationalen Vielfalt und Aufgabenvermehrung, die freilich heute durch *Privatisierung* zurückgeführt werden soll, lassen sich nach wie vor die drei Staatsfunktionen Gesetzgebung, Vollziehung und Rechtsprechung unterscheiden.

b) Die Staatsorgane, die Vielfalt organisierter Staatsfunktionen

1093 Die Konstituierung bestimmter „Organe“ bzw. die Einrichtung von Kompetenzen geschieht im Verfassungsstaat um bestimmter, umgrenzter Aufgaben willen. Das „Primat des Rechts“, die Funktion der Verfassung, „rechtliche Grundordnung“ des Staates und der Gesellschaft zu sein, äußert sich darin, dass die „Organe“ des Staates nur auf rechtlicher Grundlage agieren dürfen. Auch hier tut die Gewaltenteilung als Kontrollsystem i.S. von *checks and balances* ihr Werk. Kein Staatsorgan hat „Blankovollmacht“ i.S. spät- oder nachabsolutistischer Staatslehren. Die Modellvielfalt ist im raumzeitlichen Vergleich groß. Die europäische Verfassungslehre kann auch hier nur *typisierend* vorgehen.

aa) Das Parlament

Das Parlament steht im demokratischen Verfassungsstaat an erster Stelle, da es das demokratisch unmittelbar legitimierte „Hauptorgan" ist[483]. Selbst in einer Präsidialdemokratie kommt ihm eine besondere Legitimation zu, da es die *Vielfalt* eines pluralistisch aufgespaltenen Volkes „repräsentiert"[484] und auf eine Weise ein „Spiegelbild", ein breites Forum der Nation ist, eingeschränkt selbst dann, wenn es nach „reinem" Mehrheitswahlrecht gewählt wurde („gemischte" Wahlsysteme mit Elementen des Mehrheits- und Verhältniswahlrechts wie in Deutschland, auch Italien, verdienen eben wegen der breiten „Repräsentativität" den Vorzug)[485]. Dass das Parlament als Organ und die Gesetzgebung als staatliche Funktion nicht deckungsgleich sind, beweist die Unterscheidung zwischen materiellem und formellem Gesetz, wonach nicht alle abstrakt generellen Normen vom Parlament erlassen werden und nicht alle Parlamentsgesetze Rechtsnormen sind[486]. 1094

Klassisch ist bis heute die Unterscheidung von *W. Bagehot*[487]. Die Aufgaben des Parlaments liegen in seiner „elective", „expressive", „teaching" und „informing function" sowie in der „function of legislation". Die einzelnen Länder gehen sehr unterschiedliche Wege. Manche haben ein echtes Zweikammersystem (USA: Repräsentantenhaus und Senat), was primär durch den Föderalismus bedingt ist (s. auch Bundestag und Bundesrat in Deutschland). Es gibt aber auch zentralistische Staaten, die einen „Senat" besitzen (Tschechien, Slowenien, Polen). In dem Maße, wie der Regionalismus auf dem Vormarsch ist, kommt es auch zur Repräsentation der 1095

---

483 *M. Kotzur*, in: BK, GG, Vorbemerkung zu Art. 38 ff. (Stand: 2015), Rn. 2. Deshalb erwecken mögliche Kompetenzeinschränkungen der Legislativkörperschaft durch Internationalisierungsprozesse auch manche Ängste, siehe *M. Herdegen* und *M. Morlok*, Informalisierung und Entparlamentarisierung politischer Entscheidungen als Gefährdungen der Verfassung, VVDStRL 62 (2003), S. 7 ff. bzw. 37 ff. Schon früh zu Kompetenzverlusten der Volksvertretung im Rahmen der Prozesse der Internationalisierung und Europäisierung *Ch. Tomuschat*, Der Verfassungsstaat im Geflecht der internationalen Beziehungen, VVDStRL 36 (1978), S. 7 ff., 26 ff.

484 Zur Repräsentation vgl. *H. Hofmann*, Repräsentation, 4. Aufl. 2003.

485 Aus der Lit.: *K. Stern*, Das Staatsrecht der Bundesrepublik Deutschland, Bd. I, 2. Aufl. 1984, S. 301.

486 *K. Hesse*, Grundzüge des Verfassungsrechts der Bundesrepublik Deutschland, 20. Aufl. 1995 (Neudruck 1999), Rn. 502 ff.

487 *W. Bagehot*, The English Constitution, The World Classics, 1928, S. 117 ff.

Regionen in eigenen Kammern, mindestens aber zu Regionalparlamenten. Im GG fallen dem Bundestag u.a. folgende Aufgaben zu: die Kompetenz der Gesetzgebung (Art. 77 Abs. 1 GG) einschließlich der Haushaltsverabschiedung (Art. 110 Abs. 2 S. 1 GG) sowie der europäischen (Art. 23 Abs. 2 und 3 GG) und auswärtigen (Art. 52 Abs. 2, Art. 115 a Abs. 1, Art. 115 l GG) Angelegenheiten, der politische Einfluss durch die Wahl des Kanzlers (Art. 63 GG) und die Kontrolle (z.B. Art. 43 Abs. 1, Art. 44 GG). Von den sonstigen Aufgaben[488] sei hier nur die Wahl der Hälfte der Mitglieder des BVerfG (Art. 94 Abs. 1 S. 2 GG) genannt. Zu den typischen Aufgaben können aber nach der Rechtsprechung des BVerfG auch im Einzelfall untypische, wie etwa die der Legalplanung (BVerfGE 95, 1) treten.

1096 Auch wenn es unbestreitbar manche *Krisenerscheinungen* in Bezug auf die Parlamente[489] gibt, denen durch schrittweise „Parlamentsreformen“ abzuhelfen ist (z.B. Einführung des Selbstauflösungsrechts, aktuelle Stunden, Ausbau der wissenschaftlichen Hilfsdienste, Stärkung der Minderheitenrechte der Opposition gegenüber der Regierung, Verbesserung des Rechts der Untersuchungsausschüsse (z.B. durch öffentliche Sondervoten) etc.): Sie bleiben die repräsentative Stätte öffentlicher politischer Kontroversen, auf der sich die politischen Parteien verantworten müssen. Ein Stück „Öffentlichkeit der Verfassung“ wird gerade aus dem Parlament heraus geschaffen[490]. Die Parlamentswahlen sind auch heute noch ein wesentlicher *einheitsbildender Vorgang* für ein Volk, zumal dann, wenn die Demokratie wie im deutschen GG nur als mittelbare, nicht auch als unmittelbare (wie in der Schweiz: „halbdirekte Demokratie“) ausgestaltet ist. Gerade hier zeigt sich auch die intensive Verknüpfung von bestimmten

---

488 Hierzu *K. Hesse*, Grundzüge des Verfassungsrechts der Bundesrepublik Deutschland, 20. Aufl. 1995 (Neudruck 1999), Rn. 588 ff.

489 Dazu H.-P. Schneider/W. Zeh (Hrsg.), Parlamentsrecht und Parlamentspraxis in der Bundesrepublik Deutschland, 1989; *K. Hesse*, Grundzüge des Verfassungsrechts der Bundesrepublik Deutschland, 20. Aufl. 1995 (Neudruck 1999), Rn. 575; *M. Schröder*, Die Parlamente im europäischen Entscheidungsgefüge, EuR 2002, S. 301 ff.; *Ph. Kiiver,* The National Parliaments in the European Union: A Critical View on EU Constitution Building, 2006; *P. Häberle*, Rechtsvergleichung im Dienste der Verfassungsentwicklung – an Beispielen des Föderalismus/Regionalismus bzw. von Zweikammersystemen, in: FS Scholz, 2007, S. 583 ff.; K. Auel/T. Raunio (Hrsg.), National Parliaments, Electorates and EU Affairs, 2012 – Aus der Judikatur: BVerfGE 118, 277 (353 f.). – Zur Funktion zweiter Kammern *G. Mulert*, Die Funktion zweiter Kammern in Bundesstaaten, 2006.

490 Beachtlich in diesem Kontext: Auch das Recht des Europaparlaments, einen Untersuchungsausschuss einzusetzen, kann europäische Öffentlichkeit schaffen.

Grundrechten mit der Demokratie: Informations-, Meinungs- und Pressefreiheit sind „funktionelle Grundlage der Demokratie". Der Bürger, der sich über die Parlamentsarbeit informiert und sie bewertet, stellt ein Stück parlamentarischer Öffentlichkeit her. Auch wenn das Gewicht der Regierungs- und Administrativfunktionen gerade auch im Europa der EU (Kommission in Brüssel) zunimmt: Die in den Parlamenten und über sie gebildete *öffentliche Meinung* ist für den Verfassungsstaat unverzichtbar. Sie wirkt als sein Elixier, so wie überhaupt Öffentlichkeit „Sauerstoff der Demokratie" (*G. Heinemann*) ist.

Ein Wort zu *zweiten Kammern*, auch wenn sie (wie in manchen Nationen) 1097
nur eine schwache (vor allem beratende) Position haben: Im Sinne der Lehre von der „gemischten Verfassung" können sie der Demokratie ein aristokratisches Element vermitteln; in jedem Falle aber sind sie ein Element der Gewaltenteilung im gekennzeichneten Sinne. Was an „Effizienz" verloren zu gehen scheint, stellt sich im Ganzen dann doch als Gewinn für Bürgerfreiheit und politische Pluralität dar.

Das *Parlamentsrecht*, formal oft in bloßen Geschäftsordnungen geregelt, 1098
ist in seinen Grundsätzen materielles Verfassungsrecht[491]: so grundlegend und wichtig ist es für die ganze res publica. Die innere Gliederung in die Fraktionen („Parteien im Parlament") und Ausschüsse gehört hinzu.

Gerade hier zeigt sich aber, dass die Parlamente eigentlich keine „Staatsor- 1099
gane" im engeren Sinne des Wortes sind oder jedenfalls nicht nur: Sie ragen in den *gesellschaftlich-öffentlichen* Bereich hinein, sie bündeln den Pluralismus einer offenen Gesellschaft; ihre Organisation als ein Stück verfasster Staatlichkeit ist sekundäre Folge. Auf eine Weise sind sie „das Volk" als Gesamtheit der Bürger und Gruppen. Auch die einzelnen Abgeordneten, die einen Status der Freiheit, Gleichheit und Öffentlichkeit haben[492], sind auf das Wohl des *ganzen* Volkes bezogen und nur ihrem Gewissen verpflichtet (vgl. Art. 38 Abs. 1 GG). Ebenso sind die politischen Parteien im Verfassungsstaat nicht „staatliche Einrichtungen" wie in Einparteienstaaten, sondern freie gesellschaftliche „Gebilde", so sehr sie Macht akkumulieren, den Staat, d.h. Gesetzgebung und Vollziehung be-

---

491 *N. Achterberg*, Parlamentsrecht, 1984, S. 39; *J. Pietzker*, Schichten des Parlamentsrechts, in: H.-P. Schneider/W. Zeh (Hrsg.), Parlamentsrecht und Parlamentspraxis in der Bundesrepublik Deutschland, 1989, S. 333 ff., 354 spricht von sekundärem Verfassungsrecht.

492 Dazu *P. Häberle*, Freiheit, Gleichheit und Öffentlichkeit des Abgeordnetenstatus, NJW 1976, S. 537 ff. Zum Status des Abgeordneten, BVerfGE 118, 277 (323 ff.).

einflussen wollen und können und obligatorische Strukturen haben, die durch innerparteiliche Demokratie (vgl. Art. 21 Abs. 1 S. 3 GG) nur zum Teil aufgelockert werden können; wohl aber ist es ein Vorzug der „halbdirekten" Demokratie der Schweiz, ein Gegengewicht gegen die „Arroganz der Macht" politischer Parteien zu schaffen. Eine einseitige „Parteienschelte" erkennt die positive unverzichtbare Funktion politischer Parteien, wie sie im deutschen Recht anschaulich zum Ausdruck kommt, nicht hinreichend an: Art. 21 Abs. 1 S. 1 (*Mit*wirkung an der politischen Willensbildung des Volkes), § 1 PartG („verfassungsrechtlich notwendiger Bestandteil der freiheitlichen demokratischen Grundordnung").

1100 Im Übrigen ist auf das Gegengewicht durch *andere Pluralgruppen* wie Massenmedien[493], Kirchen und Verbände zu setzen. Ihre „Konkurrenz" schafft jene Pluralität des Verfassungsstaates, die ihn im Ganzen zu einem freiheitlichen Gemeinwesen macht. Vereinzelt nehmen sich die neueren Verfassungen in neuer Weise dieser Vielfalt an. So finden wir zunehmend Aussagen zu den Massenmedien (Art. 38 Verf: Portugal; Art. 20 Verf. Spanien; Art. 183 bis 187 Verf. Tschad von 1996), zu Verbänden bzw. juristischer Personen (z.B. Art. 40 Abs. 1 Verf. Portugal). Religionen und Konfessionen werden in einer reichen Formenvielfalt von den nationalen Verfassungen zur Kenntnis genommen („Religionsverfassungsrecht", vgl. unten L.). Die Verbände werden von der Grundrechtsseite her garantiert (z.B. Art. 9 GG)[494], auch in ihrer Grundrechtsfähigkeit geschützt (z.B. Art. 3 alte Verf. Peru von 1979). Sie sind aber auch in anderen Textensembles berücksichtigt (z.B. § 29 BNatSchG). Darum lässt sich im Typus Verfassungsstaat von einem *„status corporativus"* sprechen, der in manchem die einseitig individualistische Ausrichtung der klassischen Grundrechtskataloge korrigiert[495]. Die Verbände sollten als „pressure groups", die sie gewiss *auch* sind, nicht nur negativ bewertet werden: In einer Verfassung des Pluralismus sind sie für den einzelnen, sich im „kleinen" vergemeinschaftenden Menschen ebenso unverzichtbar wie im großen. Das Parlaments-

493 Zum Begriff siehe *N. Luhmann*, Die Realität der Massenmedien, 4. Aufl. 2009, S. 10; *M. Kloepfer*, Öffentliche Meinung, Massenmedien, in: HStR, Bd. III, 3. Aufl. 2005, § 42.

494 Vgl. hierzu BVerwGE 1, 184; BVerfGE 100, 214 (223).

495 Dazu *P. Häberle*, Verfassungslehre als Kulturwissenschaft, 2. Aufl. 1998, S. 965.

recht versucht Öffentlichkeit und Transparenz durch „Lobby-Listen“[496] u.Ä. zu schaffen (Offenlegung von Beraterverträgen der Abgeordneten[497], Offenlegung ihrer Verdienste).

bb) Das Staatsoberhaupt – Staatspräsident bzw. Monarch

Ein wesentliches Stück verfasster Staatlichkeit mit kaum verzichtbaren Funktionen der *Integration* und *Repräsentation* ist im Verfassungsstaat das „Staatsoberhaupt“ oder „head of state“. Während sie in der Verfassungsgeschichte durch ihre oft absolutistische Fülle an Kompetenzen herausragten, bietet der Verfassungsstaat der jüngeren Textstufenentwicklung ein anderes Bild: Staatspräsidenten bzw. in den konstitutionellen Monarchien Europas (die allesamt Demokratien sind) die Monarchen haben nur noch rechtlich begrenzte Kompetenzen, auch wenn sie unterschiedlich weit sind: man denke an die starke Stellung des US-amerikanischen Präsidenten dort, die schwache Position der skandinavischen Monarchen (Schweden, Norwegen und Dänemark) hier. Sie sind ein „Amt“ im Gefüge der Staatsfunktionen, erfüllen bestimmte Aufgaben und bilden einen Teil der gewaltengliedernden Vielfalt des Verfassungsstaates. 1101

Die verfassungsstaatlichen Verfassungstexte erfinden sehr verschiedene Formulierungen, um den Präsidenten bzw. Monarchen zu kennzeichnen. Die Verfassung Japans von 1946 spricht vom „Tenno“ als Symbol Japans und der „Einheit des japanischen Volkes“. 1102

Art. 5 der *de-Gaulle*-Verfassung von 1958 formuliert: „Der Präsident der Republik wacht über die Einhaltung der Verfassung ... Er ist der Garant der nationalen Unabhängigkeit“ – ein Beispiel, das sich in osteuropäischen Reformverfassungen mit Präsidialstruktur, auch in Afrika (z.B. Art. 58 Verf. Togo von 1992) wiederfindet. Deutschland hat in seiner Verfassungsgeschichte mehrere Varianten durchlebt: Während die WRV den in unmittelbarer Volkswahl gewählten Reichspräsidenten fast als „Erben“ des konstitutionellen Monarchen der Bismarck-Verfassung von 1871 einsetzte und damit einen Dualismus gegenüber dem Parlament („Reichstag“) begründete, sind die Kompetenzen des durch eine parlamentarische Körperschaft 1103

496 *R. Steinberg*, Parlament und organisierte Interessen, in: H.-P. Schneider/W. Zeh, Parlamentsrecht und Parlamentspraxis in der Bundesrepublik Deutschland, 1989, S. 217 ff., 256.

497 Grundsätzlich BVerfGE 118, 277.

(„Bundesversammlung“: Art. 54 GG) gewählten Bundespräsidenten bescheiden: er hat keine selbständige Teilhabe an der „obersten Staatsleitung“[498]. (Erneut zeigt sich, wie sehr Verfassungen „Reaktionen“ auf ihre Vorgängerverfassungen sind und wie sehr die Verfassungslehre Erfahrungswissenschaft[499] ist.) Gleichwohl kann der Bundespräsident – vor allem durch das „Wort“, die Rede – als von den Parteien und ihre Alltagsgeschäft „abgehobene“ Instanz manches „anregen“, auch kritisieren, etwa Reformen anstoßen. Er ist zwar kein „pouvoir neutre“ i.S. von *B. Constant*; er befriedigt aber doch das menschliche Bedürfnis, im Verfassungsstaat – neben den Gerichten – auf Zeit eine möglichst unabhängige Instanz zu haben.

1104 Bei jedem Neubau von Verfassungen, vor allem beim „nation building“ und „constitution making“ etwa in Südafrika, aber auch bei den neuen Verfassungen in Osteuropa ist auf den Zusammenhang von *Wahlverfahren und Kompetenzen* des „Staatsoberhauptes“ zu achten. Je größer die Kompetenzen des Präsidenten sind, desto eher ist an eine unmittelbare Volkswahl zu denken (vgl. etwa Art. 59 Verf. Togo, Art. 61 Verf. Tschad von 1996). Das ist zwar nicht zwingend so (vgl. Verf. Slowakei). Doch kann ein verfassungsstaatlicher Staatspräsident seine größeren Kompetenzen besser wahrnehmen, wenn er selbst unmittelbar demokratisch legitimiert ist (Beispiel: USA). Es kommt dann gegenüber dem Parlament zwar zu „Reibungen“, ggf. auch Blockaden, doch können diese ein heilsames Stück „checks and balances“ sein.

1105 Die *Monarchie* ist als verfassungsstaatliche Einrichtung keine defiziente Form verglichen mit dem republikanischen Staatspräsidenten („verfassungsstaatliche Monarchie“)[500]. Ihr Merkmal der Berufung durch Erbfolge mischt dem Typus Verfassungsstaat national ein monarchisch/aristokratisches Element bei. In Bezug auf den zwischenzeitlich abgedankten und auch von manchen Affären belasteten spanischen *König Juan Carlos I.* hat man – in Anerkennung seiner unbestreitbaren Verdienste um die dauerhafte Etablierung der Demokratie in Spanien – denn auch davon gesprochen,

---

498 Vgl. *K. Hesse*, Grundzüge des Verfassungsrechts der Bundesrepublik Deutschland, 20. Aufl. 1995 (Neudruck 1999), Rn. 655. Zum „Staatsoberhaupt“: *M. A. Wiegand*, Zum Begriff des Staatsoberhaupts, AöR 133 (2008), S. 475 ff.

499 Grundlegender Klassikertext ist *H. Heller*, Staatslehre, 1934, S. 37 ff.; dazu *A. Dehnhard*, Dimensionen staatlichen Handelns, 1996, S. 50 ff.

500 Dazu mit zahlreichen weiteren Nachweisen *P. Häberle*, Verfassungslehre als Kulturwissenschaft, 2. Aufl. 1998, S. 1001 ff.

er sei „König der Republik Spanien“. Das ist keine „contradictio in adjecto“, sobald man mit „Republik“ die Begriffe „freiheitlich“, „demokratisch“, in der Tradition eines *Cicero* auf die res publica und die „salus publica res populi“ bezogen, verbindet[501]. Im Übrigen fühlt sich mancher Bürger von den „Herrscherhäusern“ in seiner „emotio“ durch ihre „Tradition“ eher angesprochen als in seiner „ratio“ wie beim Staatspräsidenten auf Zeit. Beides charakterisiert den Menschen – ratio *und* emotio –, und der Verfassungsstaat tut gut daran, auch irrationale Konsensquellen zu nutzen: z.B. in Gestalt von sog. Staatssymbolen oder von Staatsfeiern bzw. Verfassungstagen[502] (wie dem 14. Juli in Frankreich oder dem 4. Juli in den USA bzw. ihrem *Martin-Luther King*-Tag) sowie Staatshymnen.

Bemerkenswerte Aufgabenkataloge finden sich in manchen neuen Verfassungen, auch in Abgrenzung zu Aufgaben des Parlaments und der Regierung (vgl. Art. 106 Ziff. 1 bis 30 Verf. Ukraine von 1996, Art. 84 bis 185 Verf. Südafrika von 1996). 1106

cc) Die Regierung

Regierung im institutionellen Sinne meint im Verfassungsstaat die Einrichtung, die grundsätzlich mit der spezifischen „Regierungsfunktion“ betraut ist und sich aus dem Ministerpräsidenten und den Ministern zusammensetzt. Während freilich der angelsächsische Begriff des „government“ weiter ist und das Ganze der Wirksamkeit des Staates meint, ist der kontinental-europäische Begriff „Regierung“ enger: Er bezeichnet die politische Staatsführung als verantwortliche Leitung des Ganzen der inneren und äußeren Politik[503]. Damit ergeben sich freilich Überschneidungen zu den Aufgaben und Tätigkeitsweisen des Staatspräsidenten einerseits (so im Präsidialsystem Frankreichs) und des Parlaments andererseits (so im 1107

---

501 Siehe jetzt *K. Nowrot*, Das Republikprinzip in der Rechtsordnungsgemeinschaft, 2014.

502 R. Poschner (Hrsg.), Der Verfassungstag, 1999; *P. Häberle*, Der Sonntag als Verfassungsprinzip, 2. Aufl. 2006.

503 *K. Hesse*, Grundzüge des Verfassungsrechts der Bundesrepublik Deutschland, 20. Auf. 1995 (Neudruck 1999), Rn. 531, unter Hinweis auf *U. Scheuner*, Der Bereich der Regierung, in: *ders.*, Staatstheorie und Staatsrecht, 1978, S. 455 ff. – Aus der Kommentar-Lit. zur „Regierungsverantwortung“: *G. Hermes*, in: H. Dreier (Hrsg.), GG, Bd. II, 3. Aufl. 2015, Art. 65, Rn. 1 ff., 10 ff. – Vgl. auch BVerfGE 110, 199 (214 ff.).

Bonner Grundgesetz, das die Regierungsfunktion eng mit der Gesetzgebungsfunktion verknüpft). Dennoch lässt sich der besondere Bezug zur *politischen* Funktion des Verfassungsstaates – im Unterschied zur vor allem in der Judikative verkörperten *Rechtsfunktion* – für die Regierung im institutionellen und funktionellen Sinne erarbeiten: Elemente der schöpferischen Dynamik und Aktivität, der eigeninitiativen Tätigkeit, der flexiblen Gestaltungsfreiheit, des „Führens“ stehen im Vordergrund. Es geht beim Regieren sicher *auch* um Machtausübung, im Verfassungsstaat geschieht sie jedoch um bestimmter materiell und prozessual in der *Verfassung* umrissener (Gemeinwohl-)Aufgaben willen. Die Regierung kontrolliert nach „unten“ bzw. innen die „Verwaltung“, nach außen sucht sie durch Informationspolitik die *öffentliche* Meinung zu beeinflussen, von der sie freilich (ihrerseits) zugleich kontrolliert wird. Im Parlament muss sie die Mehrheiten gewinnen und sich mit der Opposition auseinandersetzen.

1108 Die Verfassungen sind klug beraten, wenn sie textlich die Regierung im institutionellen und funktionellen Sinne nur im groben regeln und alles Übrige dem politischen Prozess überlassen. So sollte etwa die Zahl und Art der Ministerien von der Verfassung nicht vorgeschrieben werden: in Koalitionsregierungen parlamentarischer Systeme etwa muss Raum bleiben für das „bargaining“; vieles hängt von den beteiligten Personen und Parteien ab. Ein Verfassunggeber kann auch schwerlich alle neuen Bedürfnisse voraussehen, denen eine Regierung ad hoc und oft sehr rasch gerecht werden muss. So wurde z.B. im Freistaat Bayern ein Umweltministerium eingerichtet (1970), lange bevor sich die bayerische Verfassung im Wege einer Verfassungsänderung zum Umweltschutz als Staatsziel und Erziehungsziel bekannte (1984).

1109 Es fällt freilich auf, dass nur neuere Verfassungen in Sachen Regierung umfangreiche Aufgabenkataloge normieren, die z.T. sehr detailliert werden. (Beispiele: Art. 40 und 41 Verf. Südafrika von 1996; Art. 116 Verf. Ukraine von 1996; s. auch Art. 146 Abs. 4 Verf. Polen von 1997.)

1110 Vermutlich sollen solche „Aufgabentafeln“ nicht nur der „Anregung“, sondern auch der *Begrenzung* dienen: In Südafrika hat der Apartheidsstaat die Regierungsfunktion missbraucht, in Osteuropa hat der allmächtige sozialistische Staat als unumgrenzte Regierungsgewalt die Bürger zu Untertanen degradiert. So lassen sich die neuen Textstufen hier wie dort wohl erklären, dennoch muss daran erinnert werden, dass die regierungsbezogenen Aufgabenkataloge nicht allzu „barock“ überlastet werden sollten.

dd) Die Verwaltung

Die *Verwaltung* im institutionellen und funktionellen Sinne ist im Verfassungsstaat nicht minder wichtig[504]. Das zeigt schon das Wort vom Verwaltungsrecht als „konkretisiertem Verfassungsrecht" (*F. Werner*), aber auch ein Blick in die Normalität des Alltags. Hohe Staatsziele in der Verfassung müssen *praktisch* „vor Ort" umgesetzt werden. Zu Recht spricht man seit langem von „Verwaltungskunst" und seit kurzem von „Verwaltungskultur"[505]. Die einzelnen Nationen unterscheiden sich gerade in dieser Hinsicht sehr: So ist im (freilich zentralistischen) Frankreich die Ausbildung durch die Hohen Verwaltungsschulen viel gerühmt, genießt die bayerische Verwaltung im Gegensatz zu manchen norddeutschen Ländern besonderes Ansehen. New Public Management-Methoden[506], die Tendenz zur Privatisierung freilich deuten auf einen „Umbau" der Verwaltung, der jeden Ver- 1111

504 Zum „Verwaltungsrecht in Europa" umfassend A. v. Bogdandy/S. Cassese/P. M. Huber (Hrsg.), Handbuch Ius Publicum Europaeum, Bd. III-V, 2010-2014; aus der Lit.: W. Hoffmann-Riem/E. Schmidt-Aßmann (Hrsg.), Innovation und Flexibilität des Verwaltungshandelns, 1994; dies. (Hrsg.), Konfliktbewältigung durch Verhandlung, 1990; Wandlungen des Verwaltungshandelns und vielfältige Erscheinungsformen des kooperativen, mitunter auch informalen Verwaltungsvollzugs beleuchtet *H. Rossen*, Vollzug und Verhandlung, 1999. Vor allem verdient die Rolle der Verwaltung bei der Konkretisierung und Effektuierung der Grundrechte Beachtung, dazu siehe *P. Häberle*, Praktische Grundrechtseffektivität, insbesondere im Verhältnis zur Verwaltung und Rechtsprechung, Die Verwaltung 1998, S. 409 ff.; *H.-D. Horn*, Die grundrechtsunmittelbare Verwaltung, 1999; *K. Pfeffer*, Das Recht auf eine gute Verwaltung, 2006; W. Hoffmann-Riem/E. Schmidt-Aßmann/A. Voßkuhle (Hrsg.), Grundlagen des Verwaltungsrechts. Band I: Methoden, Maßstäbe, Aufgaben, Organisation, 2. Aufl. 2012; Band II: Informationsordnung, Verwaltungsverfahren, Handlungsformen, 2. Aufl. 2012; Band III: Personal, Finanzen, Kontrolle, Sanktionen, Staatliche Einstandspflichten, 2. Aufl. 2013.

505 *P. Häberle*, Verfassungslehre als Kulturwissenschaft, 1. Aufl. 1982, S. 20, Anm. 25 m.w.N. (2. Aufl. 1998, S. 1079, Anm. 1344 m.w.N.). Dazu W. Kluth (Hrsg.) Verwaltungskultur, 2001, mit Beiträgen u.a. von *M. Wallerath*, *K.-P. Sommermann, W. Kluth* (Verwaltung und Verwaltungsgerichtsbarkeit, S. 75 ff.) sowie *M. Kilian* (Verwaltungskultur im Spiegel verschiedener Literaturgattungen, S. 113 ff.); *K.-D. Classen*, Gute Verwaltung im Recht der EU, 2008.

506 Daneben sei auch auf das Stichwort vom „kooperativen Recht" verwiesen. Zu den unterschiedlichsten Facetten zu diesem Thema siehe N. Dose/R. Voigt (Hrsg.), Kooperatives Recht, 1995, mit Beiträgen u.a. von *Th. Ellwein* zur historischen Perspektive (Kooperatives Verwaltungshandeln im 19. Jahrhundert, S. 43 ff.), *H. Schulze-Fielitz* (Kooperatives Recht im Spannungsfeld von Rechts-

fassungsstaat vor große Herausforderungen stellt[507]. In Bundesstaaten und Regionalstaaten kommt ein Stück freiheitsschützender Gewaltenteilung auch in die Verwaltungsinstitution und -funktion, weil sie vertikal in Ebenen aufgegliedert wird. Im Übrigen ist Verwaltung im Verfassungsstaat durch die „Verwirklichung der staatlichen Aufgaben im Einzelnen und besonderen in der Gebundenheit an rechtliche Maßstäbe" gekennzeichnet[508]. Insbesondere sind folgende Merkmale hilfreich: Verwaltung als „angeleitete" Tätigkeit mit der Aufgabe einzelfallbezogener Konkretisierung, bei der Fach- und Sachkunde verlangt ist. Mit dem Begriff „abhängiger Vollzug" und dem Bild „wertfreie Technik" kann sie in der verfassungsstaatlichen Wirklichkeit von heute nicht angemessen umschrieben werden. Denn die Rechtsgebundenheit ist differenziert: in relativ offenen Verfassungsprinzipien wie „Sozialstaat", „Umweltstaat", „Kulturstaat", aber auch im Bereich unbestimmter Rechtsbegriffe wie „Gemeinwohl" oder „öffentliches Interesse", auch auf dem Felde der planenden, leistenden Verwaltung sowie im Ermessensbereich ist die öffentliche Verwaltung freier. Stets ist sie aber verfassungsunmittelbar. Sie hat einen *selbstständigen* Verfassungsauftrag (vgl. BVerfGE 49, 89 (125 ff.)), ihr kommt in ihren Kernfeldern ein verfassungskräftig geschützter Vorbehalt der Verwaltung zu[509]. Z.B. hat sie auch einen unmittelbaren Auftrag, Grundrechte zu schützen und bei ihrer Verwirklichung zu „helfen". Insofern behauptet sich die Verwaltung im Ganzen des Verfassungsstaates als eigenständige Gewalt, bes-

---

staatsprinzip und Verfahrensökonomie, S. 225 ff.) oder *D. Beck* (Kooperatives Verwaltungshandeln aus Sicht der Sozialpsychologie, S. 329 ff.).

507 *P. Mastronardi/K. Schedler*, New Public Management, 2. Aufl. 2004. Vgl. auch *G. F. Schuppert*, Die Erfüllung öffentlicher Aufgaben durch verselbständigte Verwaltungseinheiten, 1981, S. 24 ff. zu den „Public Corporations"; *J. A. Kämmerer*, Privatisierung, 2001.

508 *K. Hesse*, Grundzüge des Verfassungsrechts der Bundesrepublik Deutschland, 20. Aufl. 1995 (Neudruck 1999), Rn. 536, dort auch zum Folgenden. – Art. 195 Verf. Südafrika von 1996 legt ausdrückliche Verwaltungsziele fest, z.B. „high standard of professional ethics", „transparence", „good human-resource management" etc.

509 Dazu aus der Lit.: *W. Schmidt/R. Bartlsperger*, Organisierte Einwirkungen auf die Verwaltung, VVDStRL 33 (1975), S. 183 ff.; *P. Häberle*, Diskussionsbeitrag, ebd., S. 306; vgl. auch *G. Hermes*, in: H. Dreier (Hrsg.), GG, Bd. III, 2. Aufl. 2008, Art. 83, Rn. 18: „eigene Handlungs- und Entscheidungsspielräume" der Verwaltung; *W. Hoffman-Riem*, Eigenständigkeit der Verwaltung, in: ders./ E. Schmidt-Aßmann/A. Voßkuhle (Hrsg.), Grundfragen des Verwaltungsrechts, Bd. I, 2006, § 10. – Zur kommunalen Selbstverwaltung: BVerfGE 119, 331.

ser „Funktion“, so sehr sie von der politischen Regierung „dirigiert“ wird. Eine besondere Leistung des Verfassungsstaates, die immer wieder gefährdet ist, besteht in der Ausgestaltung von *Konnexgarantien* solchermaßen rechtsgebundener Gemeinwohlverwaltung. Hierher gehört in neuerer Zeit immer mehr das Prinzip *Öffentlichkeit der Verwaltung* (z.B. in Gestalt eines Grundrechts auf Umweltinformation greifbar etwa in Art. 74 Abs. 3 Verf. Polen von 1997); schon klassisch sind die mit dem Berufsbeamtentum verbundenen Postulate der „Unparteilichkeit“ bzw. strengen „Sachbezogenheit“ (vgl. Art. 130 Abs. 1 WRV: nicht „Diener einer Partei“), die freilich durch Ämterpatronage auch in vielen europäischen Demokratien oft gefährdet sind.

Zur zweiten Gewalt bzw. zur Verwaltung gehört auch die *kommunale* 1112
Selbstverwaltung, die im Verfassungsstaat sogar einen besonderen Bezug zu Demokratie und Grundrechtsentwicklung aufweist[510], was in Deutschland mit der Reform des *Freiherrn vom Stein* (1808) begonnen hat. Ein geglückter Verfassungstext ist insofern Art. 11 Abs. 4 Bayerische Verfassung von 1946: „Die Selbstverwaltung der Gemeinden dient dem Aufbau der Demokratie in Bayern von unten nach oben“. Analogien finden sich in der Europäischen Charta der kommunalen Selbstverwaltung von 1985 und in neuen Verfassungstexten nach 1989 (z.B. Art. 3 Abs. 2 Verf. Mecklenburg-Vorpommern von 1993).

Ebenfalls zur zweiten Gewalt gehört die *„militärische Verteidigung“*, auch 1113
wenn sie gegenüber den anderen Verwaltungsfunktionen ihre „Propria“ hat. Für den Verfassungsstaat ist entscheidend, dass er der Verteidigung bzw. dem Militär gegenüber genügend effektive Kontrollmechanismen aufbaut, damit sie sich nicht zu einem „Staat im Staat“ (wie in Weimar) verselbständigen. Dabei besteht ein Bedarf an funktionierender Kontrolle durch eine wache pluralistische Öffentlichkeit, aber auch an rechtlichen Kontrollmechanismen: Hierzu gehört die Frage, *wer* die Befehls- und Kommandogewalt über die Streitkräfte hat (oft liegt sie beim Staatsoberhaupt, z.B. dem US-Präsidenten oder dem französischen Staatspräsidenten (s. auch Art. 106 Ziff. 16 Verf. Ukraine von 1996; s. auch Art. 134 Abs. 1 Verf. Polen von 1997)), oder beim Monarchen (vgl. Art. 62 lit. h Verf. Spanien von 1978), mitunter beim Verteidigungsminister bzw. im Kriegsfall, beim Regierungschef (vgl. Art. 65 a, Art. 115 b GG); hierzu gehört

510 Vgl. *P. Häberle*, Verfassungslehre als Kulturwissenschaft, 2. Aufl. 1998, S. 751 ff.

die Schaffung von effektiven Einrichtungen *parlamentarischer Kontrolle* (z.B. einen „Wehrbeauftragten": Art. 45 b GG[511]). In Systemen kollektiver Sicherheit wie der Nato geht viel Entscheidungskompetenz an deren Bündnisinstanzen über, auch wenn in Deutschland vom BVerfG ein sog. Parlamentsvorbehalt begründet wurde (vgl. BVerfGE 90, 286). Im Grunde stehen wir auch hier vor Erscheinungen kooperativen Handelns[512] von Verfassungsstaaten, das traditionelle Leitbegriffe wie „Souveränität" fragwürdig macht[513]. Erst recht gilt dies in der EU: Hier ist „Europäisches Verwaltungsrecht" (*J. Schwarze*) entstanden[514].

1114 Dass die Streitkräfte in machen Demokratien eine eigene „Wächterrolle" haben (so wie früher in der Türkei der Nationale Sicherheitsrat: vgl. auch Präambel sowie Art. 118 und Übergangsartikel 15 Verf. von 1982) oder dass sie einer solche praktisch ausüben (so wohl auf den Philippinen oder in Indonesien), ist ein Beleg dafür, dass diese Länder noch keine voll „entwickelten" Verfassungsstaaten sind.

---

511 Vgl. hierzu *F.-H. Hartenstein*, Der Wehrbeauftragte des Deutschen Bundestages, 1977; *W. Heun*, in: H. Dreier (Hrsg.), GG, Bd. II, 3. Aufl. 2015, Art. 45 b.

512 In Erinnerung gerufen sei auch *E. Schmidt-Aßmanns* bewusst provozierende Frage, ob die Gewaltenteilung angesichts des „kooperativen Staates" ihre „strukturbildende Kraft" schon weitgehend verloren habe, vgl. *ders.*, Das allgemeine Verwaltungsrecht als Ordnungsidee, 1998, S. 159.

513 Ein interessantes Spezialkapitel zur Frage der nationalen Souveränität in Spanien behandelt *A. Timmermann*, Die nationale Souveränität in der Verfassung von Cádiz (1812), Der Staat 39 (2000), S. 570 ff.

514 Dazu auch *W. Hoffmann-Riem*, Strukturen des Europäischen Verwaltungsrechts – Perspektiven der Systembildung, in: E. Schmidt-Aßmann/W. Hoffmann-Riem (Hrsg.), Strukturen des Europäischen Verwaltungsrechts, 1999, S. 317 ff., 377; J. Ipsen/B. Stüer (Hrsg.), Öffentliche Verwaltung in Europa, Symposion H.-W. Rengeling, 1999; *S. Magiera/K.-P. Sommermann*, Verwaltung in der EU, 2001; *E. Schmidt-Aßmann*, Strukturen Europäischer Verwaltung und die Rolle des Europäischen Verwaltungsrechts, in: FS P. Häberle, 2004, S. 395 ff.; W. Erbguth u.a. (Hrsg.), Verwaltung unter dem Einfluss des Europarechts, 2006; *T. v. Danwitz*, Europäisches Verwaltungsrecht, 2008; J. Ph. Terhechte (Hrsg.), Verwaltungsrecht der Europäischen Union, 2011.

ee) Die Rechtsprechung

Die Rechtsprechung hat als Institution und Funktion im Verfassungsstaat 1115
von heute eine unvergleichliche *Aufwertung* erfahren[515]. Das hängt mit den negativen Erfahrungen in kommunistischen und nationalsozialistischen Unrechtsstaaten zusammen, dürfte aber auch konvergent zu der herausgehobenen unabhängigen Stellung der Richter im angloamerikanischen Rechtssystem sein (im deutschen GG Art. 97 Abs. 1). Hinzu kommt, dass die „Krönung“ von Rechtsschutz und Rechtsstaat oft in einer eigenen Verfassungsgerichtsbarkeit gesehen wird. Sie kann eine bespiellose Erfolgsgeschichte von Österreich (1920) bis ins ferne Südafrika (1996/97), von Italien, Frankreich, Portugal und Spanien bis zum deutschen BVerfG vorzeigen (von den klassischen Verfassungsstaaten besitzt nur Griechenland keine eigene Verfassungsgerichtsbarkeit). Hinzu kommt das Vorbild des US-amerikanischen Supreme Court und der Ausbau „europäischer Verfassungsgerichte“ wie des EuGH und des EGMR, auch die Tätigkeit des inneramerikanischen Verfassungsgerichts und das der Andenpaktländer. Bei allen Unterschieden je nach der historisch geprägten Rechtskultur: Durchgängig hat sich der Verfassungsstaat von der Idee *Montesquieus*, der Richter sei nur „bouche de la loi“ verabschiedet. Obgleich das Bild vom „Richterstaat“ (*R. Marcic*) überzeichnet ist, wächst durchweg die Einsicht in die „prätorische“ Funktion der dritten Gewalt, in ihre auch schöpferischen Aufgaben: „Wahrung des Rechts“ (vgl. Art. 19 Abs. 1 EUV[516]) allein reicht nicht aus: es geht auch um behutsame Rechtsfortbildung bis hin zum *Richterrecht* als eigener „Rechtsquelle“. In den USA spricht man plastisch von „law in action“, was zu ergänzen ist um das die Öffentlichkeit einbeziehende Wort: „law in *public* action“. Freilich ist die *demokratische Legitimation der Richter* in den einzelnen Ländern sehr unterschiedlich: In der Schweiz werden manche Richter auf Kantonsebene noch heute vom Volk direkt gewählt, ebenso in den USA in Einzelstaaten; in Deutschland wählen, höchst problematisch, Richterwahlausschüsse i.V. mit den Länderregierungen; auf die Sonderregelungen für Verfassungsrichter (bald

---

515 Vgl. *P. Häberle*, Verfassungslehre als Kulturwissenschaft, 2. Aufl. 1998, S. 1076 und passim.

516 *M. Kotzur*, Die europäische Gerichtsbarkeit, in: A. Hatje/P.-Ch. Müller-Graff (Hrsg.), Enzyklopädie Europarecht, Bd. III, 2014, § 5, Rn. 3; *J. Schwarze*, Die Wahrung des Rechts als Aufgabe und Verantwortlichkeit des EuGH, in: FS Hollerbach, 2001, S. 169 ff.

werden Teile von ihnen durch den Staatspräsidenten, bald von anderen Organen, vgl. Art. 135 Verf. Italien von 1947, Art. 147 Verf. Bulgarien von 1991, berufen) sei verwiesen. Da auch die im Verfassungsstaat von heute so aufgewertete „dritte Gewalt" nur ein *Teil* der staatlichen Funktionen ist und in das Gesamtsystem der Gewaltenteilung eingeordnet bleibt, hat sie das Prinzip funktionsrechtlicher Grenzen der rechtsprechenden Tätigkeit zu beachten, mögen diese auch in Raum und Zeit, von Land zu Land variieren („judicial activism"/"judicial restraint").

1116 Der Verfassungsstaat tut gut daran, um des großen Vertrauens willen, das der dritten Gewalt fast überall entgegengebracht wird, viele *Konnexgarantien* zu schaffen, um die persönliche und sachliche Unabhängigkeit der Richter zu sichern. Ihre Unabsetzbarkeit und Unversetzbarkeit, ihre Freiheit von Weisungen sowie andere als „justizielle Grundrechte" ausgebaute Garantien wie rechtliches Gehör, effektiver Rechtsschutz, Verbot von Ausnahmegerichten, „nulla poena sine lege" und „ne bis in idem" sowie Öffentlichkeit sind unverzichtbare Elemente, um den „Verfassungsstaat" als solchen durchzusetzen. Gewiss, es gibt stets auch Probleme der „inneren Unabhängigkeit" der Richter: Sie müssen sich ihr kulturelles „Vorverständnis" eingestehen, tunlichst von parteipolitischen Einflüssen freihalten und mit Hilfe eines (seit *F.-C. v. Savigny*, 1840) rational gesicherten (aber auch erweiterungsfähigen: Rechtsvergleichung!) Methodenkanons arbeiten, der das so gefundene Ergebnis an „letzten" und „vorletzten" Gerechtigkeitsmaßstäben orientiert. Mitunter sind sogar Durchgriffe auf vorstaatliches Naturrecht erforderlich[517]. Sowohl hinsichtlich der erwähnten Konnexgarantien als auch in Bezug auf die „Rechtsanwendung" bzw. Rechtsfortbildung gibt es heute einen Standard an Regeln und Verfahren, die den Typus Verfassungsstaat charakterisieren und an dem alle nationalen Verfassungsstaaten arbeiten müssen. Das BVerfG (BVerfGE 34, 269 (286)) hat die Rechtsfortbildungsfunktion der Gerichte auf die bewusste Abkehr des GG vom Gesetzespositivismus in Art. 20 Abs. 3 gestützt.

1117 Fragt man vor diesem Hintergrund nach der „Grundtypik" der Rechtsprechung, so ist auf ihre weitgehende Absonderung von den übrigen staatlichen Funktionen einerseits, ihre Aufgaben „autoritativer und damit verbindlicher, verselbständigter Entscheidung in Fällen bestrittenen oder ver-

517 Wie bei der Beurteilung der Strafbarkeit der „Mauerschützen" an der innerdeutschen Grenze: vgl. zur Strafbarkeit der Hintermänner BVerfGE 95, 96.

letzten Rechts" andererseits zu verweisen[518]. Wegen des den Verfassungsstaat kennzeichnenden „Vorrangs der Verfassung" (z.B. Art. 8 Abs. 1 Verf. Polen von 1997, Art. 3 Abs. 2 Verf. Benin von 1990), insbesondere der Bindung aller Staatsgewalten an die Verfassung, vor allem die Grundrechte, sind alle Gerichte in einem tieferen und weiteren Sinne „Verfassungsgerichte".

Nach diesem national-verfassungsstaatlichen Überblick jetzt „Europa". 1118

II. Das konstitutionelle EU-Europa (Vorformen bzw. das „institutionelle Gleichgewicht")

In den EU-Vertrags- bzw. Verfassungstexten ist das Prinzip „Gewaltentei- 1119
lung" nirgends ausdrücklich normiert, es sei denn mittelbar über die Rechtsstaatsidee (Art. 2 EUV, unabhängige Wahrung des Rechts seitens des EuGH, Art. 19 AEUV)[519]. Indes finden sich bei näherer Betrachtung doch schon viele textliche Teilaussagen, die – verstärkt durch die Judikatur des EuGH und ganzheitlich betrachtet – Gewaltenteilung als idée directrice auch „hinter" der EU als werdender Verfassungsgemeinschaft erkennbar werden lassen. Das Prinzip Gewaltenteilung ist ein europäisches Verfassungsprinzip, bei allen EU-typischen Modifikationen[520]. Dabei sei mit den Organen begonnen und danach kann nach den Funktionen gefragt werden.

---

518 So die Stimmen in der deutschen Lit. zusammenfassend: *K. Hesse*, Grundzüge des Verfassungsrechts der Bundesrepublik Deutschland, 20. Aufl. 1995 (Neudruck 1999), Rn. 547 ff. S. auch *P. Badura*, Staatsrecht, 6. Aufl. 2015, S. 789 ff. Zur Rechtsprechungsfunktion aus der Kommentar-Lit.: *H. Schulze-Fielitz*, in: H. Dreier (Hrsg.), GG, Bd. III, 2. Aufl. 2008, Art. 92.

519 Dazu *Th. Oppermann/C. D. Classen/M. Nettesheim*, Europarecht, 6. Aufl. 2014, § 5, Rn. 15 ff.

520 Zum Gewaltenteilungsprinzip in der EU: *M. Brenner*, Der Gestaltungsauftrag der Verwaltung in der EU, 1996, S. 157 ff.; *R. A. Lorz*, Der gemeineuropäische Bestand von Verfassungsprinzipien zur Begrenzung der Ausübung von Hoheitsgewalt – Gewaltenteilung, Föderalismus, Rechtsbindung, in: P.-Ch. Müller-Graff/ E. Riedel (Hrsg.), Gemeinsames Verfassungsrecht in der EU, 1998, S. 99 ff.; *H.-D. Horn*, Über den Grundsatz der Gewaltenteilung in Deutschland und Europa, JöR 49 (2001), S. 287 ff., 288; *H. Goeters*, Das institutionelle Gleichgewicht – seine Funktion und Ausgestaltung im Europäischen Gemeinschaftsrecht, 2008; *A. Weber*, Europäische Verfassungsvergleichung, 2010, S. 176 ff.

1. Organkonstituierung im EU-Raum

1120 Denkt man primär von der *Freiheit des Bürgers* her, so ist der *EuGH* das Organ, das dank seiner Unabhängigkeit in schon klassischer Weise der Gewaltenteilung dient[521]: Wahrung des Rechts und dessen schöpferische Fortentwicklung dienen der Machtkontrolle – parallel dem EGMR. Organ und Funktion eben dieser Judikative fallen zusammen. Das positive Verfassungsrecht der EU nimmt hier unverkennbar Maß an der innerverfassungsstaatlichen Gewaltenteilung. Andere „Verfassungsorgane" kommen hinzu! Zunächst der Rechnungshof der EU, der in „voller Unabhängigkeit zum allgemeinen Wohl der Union" tätig wird (Art. Art. 285 AEUV) und schon ein Stück europäischer Öffentlichkeit schafft. Auch er dient der Kontrolle und Mäßigung politischer Macht und ist innerverfassungsstaatlichen Vorbildern nachgeformt (z.B. Art. 114 Abs. 2 GG). In ähnlichem Geist ist das Amt des „Bürgerbeauftragen" konstituiert (Art. 228 AEUV). Dem aus skandinavischen Ländern stammenden „Ombudsmann" nachgebildet, dient er direkt den Freiheiten und Rechten der EU-Bürger, indem er EU-Organe kontrollieren kann. Ombudsmänner sind eine Fortschreibung der klassischen Gewaltenteilung (vgl. Abs. 3 S. 1 ebd.: „volle Unabhängigkeit"); sie zeigen die Offenheit und Entwicklungsfähigkeit dieses Prinzips. Dass sich das EU-Verfassungsrecht seiner bedient, ist ein weiterer Beleg seiner Lernfähigkeit, aber auch der Vitalität der Gewaltenteilung auf der europäischen Ebene.

1121 Das EU-Organ, das von seinem Status (der Unabhängigkeit her) dem Prinzip Gewaltenteilung von Text, Buchstaben und Geist des Europäischen Verfassungsrechts in besonders hohem Maße verpflichtet ist, ist die Kommission[522]. Freilich hat sie nationalverfassungsstaatlich weltweit wohl kein Vorbild. Sie ist ein genuin europapolitisches „Gewächs" und das klassisch *supranationale* Organ der EU. Das beginnt mit ihrer bereits skizzierten Gemeinwohlverpflichtung. Nach Art. 17 Abs. 1 S. 1 EUV fördert die Kommission die allgemeinen Interessen der Union und ergreift geeignete

---

521 Im weiteren Kontext „vertikaler Gewaltenteilung" siehe auch *M. Simm*, Der Gerichtshof der Europäischen Gemeinschaften im föderalen Kompetenzkonflikt, 1998.

522 *D. Adamski*, A revival of the Commission's role as guardian of the treaties, CMLR 49 (2012), S. 1553 ff.; *P. Stancanelli,* La Commission et le traité de Lisbonne, Revue des affaires européennes 2009-2010, S. 11 ff.; D. *Spence* (Hrsg.), The European Commission, 2006.

Initiativen zu diesem Zweck. Es ist diese alleinige, jedenfalls primäre Ausrichtung der Kommission auf das *Unioninteresse*, die ihr Akteursprofil bestimmt und von Rat oder Parlament unterscheidet. Die Unionsinteressen lassen sich freilich nie losgelöst von den mitgliedstaatlichen Gemeinwohlbindungen erfassen und werden durch die Werte und Ziele der Union, wie in Art. 2 und 3 EUV festgeschrieben, gewissermaßen *normativ programmiert.* Zur Erfüllung ihrer Gemeinwohlverpflichtungen stehen der Kommission differenzierte *Handlungsinstrumente* zu Gebote. Sie reichen von konkreten Rechtsetzungsvorschlägen über Grünbücher, Weißbücher, Mitteilungen, Empfehlungen und Stellungnahmen bis hin zu mehrjährigen Programmplanungen und interinstitutionellen Vereinbarungen. Den wichtigsten Akzent setzt freilich das Initiativmonopol der Kommission, in Art. 17 Abs. 2 S. 1 EUV jetzt ausdrücklich verankert. Freilich gibt es auch Ausnahmen zum Initiativmonopol, siehe etwa Art. 76 lit. b AEUV und Art. 223 AEUV; zugunsten des Rates sei auf Art. 135 AEUV und Art. 241 AEUV verwiesen. Seit Lissabon kann auch das Parlament die Kommission auffordern, initiativ zu werden: Art. 225 AEUV. Dazu kommt eine (parallele) Aufforderungsmöglichkeit durch die Mitgliedstaaten (Art. 135 AEUV) respektive durch die Unionsbürgerinnen und -bürger im Falle einer erfolgreichen Bürgerinitiative nach Art. 11 Abs. 4 EUV.

Je stärker das eben schon angesprochene Parlament gegenüber dem Rat 1122
wird, gerade im System gegenseitiger Hemmungen und Beschränkungen zwischen Rat, Kommission, Parlament und EuGH, desto mehr wächst es in die i.S. der klassischen Gewaltenteilung „erste“ Gewalt hinein. Dennoch bleibt es gerade in Sachen Rechtssetzung auch nach Lissabon bei einer Funktionenverschränkung, die gegenüber klassisch-verfassungsstaatlicher Gewaltengliederung ein Aliud darstellt. Hier ist der Judikatur (und Literatur) durch die Idee vom *„institutionellen Gleichgewicht“* zwischen den Unionsorganen eine treffende begriffliche Alternative geglückt[523]. Schon terminologisch akzentuiert sie, worum es einem System von „checks and balances“ geht: um die Bändigung, wechselseitige Hemmung und gegenseitige *Kontrolle institutionalisierter Macht.* Dieses aus der Anschauung der tatsächlichen Entwicklung *und* den Verfassungsnormen ge-

523 Aus der Lit. mit Nachweisen der Judikatur des EuGH: *Th. Oppermann/ C. D. Classen/M. Nettesheim*, Europarecht, 6. Aufl. 2014, § 5, Rn. 20; *R. Streinz*, Europarecht, 9. Aufl. 2012, Rn. 268; *W. Bernhardt*, Verfassungsprinzipien und Verfassungsgerichtsfunktionen – Verfassungsprozessrecht im EWG-Vertrag, 1987, S. 86 ff., 110 ff.

wonnene Prinzip des europarechtlichen institutionellen Gleichgewichts hat eine Entsprechung in neueren Verfassungen. Manche nehmen den Gedanken der „Balance" ausdrücklich auf (z.B. Art. 7 Verf. Albanien von 1998: Trennung und Gleichgewicht zwischen dem Gesetzgeber, der exekutiven und der richterlichen Gewalt; ähnlich § 4 Verf. Estland von 1992: „Prinzip der Gewaltentrennung und des Gewaltengleichgewichts"; s. auch Art. 10 Abs. 2 Verf. Polen von 1997[524]). Eine Verfassung in Afrika „erfindet" die Variante von der „Trennung und wechselseitigen Abhängigkeit der Funktionen der Hoheitsorgane" (so Art. 54 lit. d Verf. Angola von 1992)[525].

1123 Dem EuGH ist auch hier eine richterrechtliche Pionierleistung geglückt: das alteuropäische Balance-Denken (vielleicht auch der „gemischten Verfassung") auf die neuen Institutionen der Unionsverträge anzuwenden. Letztlich auch hier: *Montesquieu* im Europäischen Verfassungsrecht! Ein Stück *vertikaler Gewaltenteilung* schafft im Übrigen der Schutz der „nationalen Identität" (Art. 4 Abs. 2 EUV) und i.S. des Europas der Regionen der Ausschuss der Regionen sowie der Wirtschafts- und Sozialausschuss (Art. 300 f. AEUV)[526].

---

524 Texte zit. nach H. Roggemann (Hrsg.), Die Verfassungen Mittel- und Osteuropas, 1999. – *H. Roggemann*, Verfassungsentwicklung und Verfassungsrecht in Osteuropa, Recht in Ost und West 1996, S. 177 ff.; A. Stolz/B. Wieser (Hrsg.), Verfassungsvergleichung in Mitteleuropa, 2000; *A. Kaufmann*, Die Verfassung von Rumänien und das Gleichgewicht der Staatsgewalten, Recht in Ost und West 1997, S. 113 ff.; *G. Freytag*, Die Verfassung der Republik Polen vom 2. April 1997 im Spiegel der gesamteuropäischen Verfassungsstandards, Recht in Ost und West 1998, S. 1 ff.; *T. Diemer-Benedict*, Die neue Verfassung der Republik Polen, OER 1997, S. 223 ff.; *U. Hufeld*, Der staatliche Souveränitätsvorbehalt in der EU: Polen als Paradigma, in: E. Bos/J. Dieringer (Hrsg.), Die Genese einer Union der 27, 2008, S. 55 ff.

525 Zit. nach H. Baumann/M. Ebert (Hrsg.), Die Verfassung der frankophonen und lusophonen Staaten des subsaharischen Afrikas, 1997; Verf. Madagaskar von 1995 spricht schon in der Präambel von „Teilung und Ausgeglichenheit der Gewalten", die durch demokratische Verfahren ausgeübt werden müssen. Eher traditionell Art. 7 Verf. Tschad von 1996: „Das Prinzip der Ausübung der Macht ist die Regierung des Volkes durch das Volk und für das Volk, die auf der Teilung der exekutiven, legislativen und judikativen Gewalt beruht".

526 Aus der Lit. zu ihnen: *Th. Oppermann/C. D. Classen/M. Nettesheim*, Europarecht, 6. Aufl. 2014, § 6, Rn. 3 ff.

2. Funktionenteilung

Sie sei hier nur stichwortartig als „Dreier-Schema“ in Erinnerung gerufen und auf die EU angewendet. Der Rat ist ein Gesetzgebungsorgan mit exekutiven Befugnissen, die Kommission ist ein Exekutivvorgang mit legislativen Befugnissen, das Parlament das zum echten Mitgesetzgeber erstarkte Organ mit weitgehenden Kontrollbefugnissen und der EuGH das Judikativorgan mit Rechtsprechungsaufgaben. Bei all dem gibt es aber gegenseitige Verschränkungen und Hemmungen[527]. Hinzu tritt neben diese horizontale Gewaltenteilung die *vertikale*: greifbar ist sie in dem Struktur- und Organisationsprinzip des *Regionalismus* und in den schon mehrfach skizzierten präföderalen Strukturen der Union. Vertikal gewaltenteilend wirkt insbesondere der *Subsidiaritätsgrundsatz*, in Art. 5 Abs. 1 AEUV explizit verankert[528]. 1124

Inkurs: (Prä)Föderalismus und Regionalismus in Europa

a) Einleitende Aspekte

Es darf vermutet werden, dass Föderalismus und Regionalismus heute fast weltweit „Wachstumsthemen“ des Typus Verfassungsstaat sind. Für Europa können die Pionierleistungen des Europarates als „europäische Familie“ gar nicht überschätzt werden. Zumal in Sachen Regionalismus war und ist er eine Werkstatt. Drei Thesen deuten sich an: Zum einen: Die *gleichzeitige* Behandlung von Föderalismus und Regionalismus geschieht nicht zufällig, sie ist schon deshalb notwendig, weil beide letztlich auch 1125

---

527 Vgl. *M. Schweitzer/W. Hummer/W. Obwexer*, Europarecht, 2007, Rn. 653 ff.; s. auch *C. v. Buttlar*, Das Initiativrecht der Europäischen Kommission, 2003.

528 *S. Kadelbach*, in: H. von der Groeben/J. Schwarze/A. Hatje (Hrsg.), Europäisches Unionsrecht, Bd. I, 7. Aufl. 2015, Art. 5 EUV, Literaturnachweise; aus der Lit. darüber hinaus: *P. Häberle*, Das Prinzip der Subsidiarität aus der Sicht der vergleichenden Verfassungslehre, AöR 119 (1994), S. 169 ff.; *H. Lecheler*, Das Subsidiaritätsprinzip, Strukturprinzip einer europäischen Union, 1993; *Ch. Callies*, Das gemeinschaftsrechtliche Subsidiaritätsprinzip als „Grundsatz der größtmöglichen Berücksichtigung der Regionen“, AöR 121 (1996), S. 509 ff.; *M. Kenntner*, Das Subsidiaritätsprotokoll des Amsterdamer Vertrages, NJW 1998, S. 2871 ff.; *S. Eisenberg,* Kompetenzausübung und Subsidiaritätskontrolle im Europäischen Umweltrecht, 2006.

im Gedanken der Subsidiarität gründen. Zum anderen: „*Europa*“ ist, wie in dieser Verfassungslehre vielfach nachgewiesen, primär ein kultureller – *rechtskultureller* – Begriff, nur sekundär ein geographischer, darum ist z.B. der „spanische Blick“ nach Iberoamerika erlaubt. Und schließlich: auch im Folgenden wird nicht nur im herkömmlichen Sinne juristisch gedacht, sondern im tieferen Sinne *kulturwissenschaftlich*.

b) Elemente einer Bestandsaufnahme

aa) Der Föderalismus

(1) Die innerverfassungsstaatliche Ebene

1126 Der Föderalismus kann hier nur in Stichworten umrissen werden, Ausführlicheres findet sich ja schon an anderer Stelle. In von vornherein vergleichender Betrachtung fallen seine vielfältigen Erscheinungsformen auf: im Sinn einer *Skala* kann er von seiner recht „unitarischen“, dem (nur dezentralisierten) Einheitsstaat fast nahen Variante Österreichs (1920) aus beschrieben werden – über Belgien (1994) bis hin zu Deutschland (1871/1949) und der Schweiz (1848). In der Schweiz[529] sind die Kantone wohl am stärksten hinsichtlich Identitätsbewusstsein, Kompetenzen, finanzieller Potenz, Lebenskraft und „Eigensinn“. Wie stark in der Schweiz die föderale Vielfalt aus *Kultur* verstanden und gelebt wird, zeigt sich z.B. daran, dass die Initiative „Kulturprozent“ (d.h. ein bestimmter Prozentsatz der Staatsfinanzen des Bundes sollte für Kulturpolitik verwendet werden) in den 80er Jahren vom Volk verworfen wurde. Erst die „nachgeführte“ BV (2000) wagt mehr differenzierte Kulturaufgaben für den Bund (Art. 63 bis 71). In Deutschland[530] hat der Föderalismus 1989/90 eine Bewäh-

---

529 Aus der Lit.: *U. Häfelin/W. Haller*, Schweizerisches Bundesstaatsrecht, 8. Aufl. 2012, S. 54, 267 ff.; *P. Häberle*, Neuere Verfassungen und Verfassungsvorhaben in der Schweiz, JöR 34 (1985), S. 303 ff. Zur Nachführung der BV: Y. Hangartner/B. Ehrenzeller (Hrsg.), Reform der Bundesverfassung, 1995; siehe auch *P. Häberle*, Die „total“ revidierte Bundesverfassung der Schweiz von 1999/2000, in: FS Maurer, 2001, S. 935 ff. m. w. N.

530 *K. Hesse*, Grundzüge des Verfassungsrechts der Bundesrepublik Deutschland, 20. Aufl. 1995 (Neudruck 1999), Rn. 216 ff.; *K. Stern*, Das Staatsrecht der Bundesrepublik Deutschland, Bd. I, 2. Aufl. 1984, S. 635 ff.; *H. Bauer*, Bundesstaatstheorie und Grundgesetz, in: FS P. Häberle, 2004, S. 645 ff.; D. Merten (Hrsg.),

rungsprobe bestanden, als die fünf neuen Länder hinzukamen (nach Art. 23 a.F. GG), vor allem der Bund hat bis heute seinen Solidaritätspflichten im Ganzen genügt. Aus der Tiefe unserer Verfassungsgeschichte lässt sich sagen: *Deutsche Freiheit ist föderative Freiheit* – so stark wird das Selbstverständnis der Deutschen aus ihren „Kulturlandschaften“ als Thüringer (*Goethes/Schillers* „Weimar“), Sachsen (*Bachs* „Leipzig“), oder Brandenburger (*Fontanes* „Wanderungen“) geprägt (Pluralität kultureller Identitäten).

Der verfassungsstaatliche Föderalismus lässt sich nie aus dem jeweiligen 1127
Status quo heraus erklären bzw. auf *eine* „Theorie“ festlegen. In Deutschland hat er lebhafte Wachstumsphasen und Wandlungen hinter sich und gewiss auch vor sich: Auf die frühe Periode nach 1949 mit besonders starken Ländern und Elementen des „seperative federalism“ folgte die Blütezeit des „kooperativen Föderalismus“ in den 70er Jahren (Stichwort „Gemeinschaftsaufgaben“ nach Art. 91 a und b GG, Politikverflechtung, „Verbundföderalismus“). Die große Herausforderung brachte der Glücksfall der deutschen Einigung 1989/90 mit sich. Diesbezüglich lässt sich von „fiduziarischem Föderalismus“ sprechen, weil und insofern Bund und westdeutsche Länder *auf Zeit* personell und materiell den neuen Ländern gegenüber Hilfe leisten mussten und dabei zusätzlich Kompetenzen auf Zeit gewannen[531]. Heute wird stärker über den „Konkurrenzföderalismus“ nachgedacht.

Konnte man schon zuvor von Unitarisierungstendenzen sprechen – Stich- 1128
wort *K. Hesses* „unitarischer Bundesstaat“ von 1962 –, so zeichnen sich derzeit Tendenzen zu einer „Reföderalisierung“ ab: die Länder werden wieder stärker, sie gewinnen Kompetenzen (vgl. Art. 23 Abs. 2-7 n.F. GG

Die Zukunft des Föderalismus in Deutschland und Europa, 2007; I. Härtel (Hrsg.), Handbuch Föderalismus – Föderalismus als demokratische Rechtsordnung und Rechtskultur in Deutschland, Europa und der Welt, Bd. I: Grundlagen des Föderalismus und der deutsche Bundesstaat, 2012.

531 *P. Häberle*, Aktuelle Probleme des deutschen Föderalismus, Die Verwaltung 1991, S. 169 ff.; *M. Nierhaus*, Strukturprobleme des gesamtdeutschen Bundesstaates, in: Germania restituta, Symposium für K. Stern, 1993, S. 35 ff.; *H. Schulze-Fielitz*, Art. 35 Einigungsvertrag – Freibrief für eine Bundeskulturpolitik?, NJW 1991, S. 2456 ff.; *P. Häberle*, Kulturhoheit im Bundesstaat, AöR 124 (1999), S. 549 ff.; *ders.*, Föderalismus/Regionalismus – eine Modellstruktur des Verfassungsstaates – Deutsche Erfahrungen und Vorhaben – Memorandum für ein spanisches Projekt, JöR 54 (2006), S. 569 ff.; *O. Beaud*, Théorie de la Féderation, 2. Aufl. 2009.

und Art. 72 Abs. 2, Art. 75 GG wurde 2006 abgeschafft), wobei freilich manche Länderkompetenzen wegen der EU „erodieren“[532]. All diese Entwicklungen geben Anlass zu einer *„gemischten“ Bundesstaatstheorie*[533], wobei die Elemente des Wettbewerbs wichtig sind, aber nicht verabsolutiert werden sollten. Es scheint, dass auch andere Bundesstaaten immer ein *Ensemble* von Theorieelementen „leben“, wobei bald der separative und konkurrierende, bald der kooperative und unitarische Aspekt in den Vordergrund rückt.

1129 Die Bundesstaatsstruktur ist – im vereinten Deutschland ganz besonders – integraler Bestandteil unseres Verfassungsstaates. Im Rahmen einer vergleichenden, nationalen und europäischen Verfassungslehre als juristischer Text- und Kulturwissenschaft liegt es daher nahe, auch bei der Erfassung des Bundesstaates den Akzent auf das Kulturelle zu legen, so wichtig das Wirtschaftliche als Substrat bleibt und so sehr andere Theoriemodelle ihr relatives Recht behalten. Dabei ist sowohl der engere (Erziehung und Bildung, Wissenschaft und Kunst, Denkmalpflege und Medien) als auch der weitere Kulturbegriff (z.B. Volkskunst und Sport) einschlägig[534]. Und gerade das eminent Pragmatische jeder Bundesstaatsentwicklung legt theoretisch das Mischmodell nahe. Der Begriff „Kulturföderalismus“ ist ein geglücktes Wort, das für Deutschland historisch wie aktuell treffend die Verknüpfung von Bundesstaat und Kultur schon im Ansatz widerspiegelt. Das

---

532 Früh *M. Schröder*, Bundesstaatliche Erosionen im Prozess der europäischen Integration, JöR 35 (1986), S. 83 ff.; *M. Zuleeg*, Die Stellung der deutschen Länder und Regionen im europäischen Integrationsprozess, DVBl. 1992, S. 1329 ff.; *C. Baier*, Bundesstaat und europäische Integration, 2006; *P. M. Huber*, Der Bundesstaat in Europa – was bleibt für die Stadtstaaten?, NordÖR 2012, S. 161 ff.; *I. Stirn*, Lokale und regionale Selbstverwaltung in Europa. Strategien zur Bewältigung transnationaler Einflüsse auf die deutsche kommunale Selbstverwaltung, 2013.

533 Dazu *P. Häberle*, Aussprache, VVDStRL 46 (1988), S. 148 f. und *ders.*, Die Schlußphase der Verfassungsbewegung in den neuen Bundesländern (1992/93), JöR 43 (1995), S. 355 ff., 411 f.

534 *P. Häberle*, Vom Kulturstaat zum Kulturverfassungsrecht, in: ders. (Hrsg.), Kulturstaatlichkeit und Kulturverfassungsrecht, 1982, S. 1 ff., 20 ff.; s. auch *U. Steiner* bzw. *D. Grimm*, Kulturauftrag im staatlichen Gemeinwesen, VVDStRL 42 (1984), S. 7 ff., 8 ff. bzw. 46 ff., 60 f.

„offene Kulturkonzept", der „kulturelle Trägerpluralismus"[535] ist die juristische Verallgemeinerung dieses Gedankens.

In sieben prägnanten Stichworten lässt sich mit *K. Stern*[536] die positive Ausprägung des bundesstaatlichen Prinzips im deutschen Grundgesetz kennzeichnen, wobei diese Reihe von „Verfassungsnormen, Grundsätzen und Institutionen" auf eine „irgendwie geartete Pluralität der politischen Leitungsgewalt" („two centres of government") rückführbar ist: 1130

(a) Die jeweilige Staatlichkeit von Bund und Ländern, die ihnen einen jeweils „eigenen politischen Gestaltungsspielraum" lässt (vgl. BVerfGE 1, 14 (34); 36, 342 (360 f.)), wobei die Verfassungsräume des Bundes und der Länder einander selbstständig gegenüberstehen (BVerfGE 4, 178 (189); 36, 342 (360 f.); 107, 1 (10)). 1131

(b) Die Kompetenzverteilung zwischen Bund und Ländern als „wichtige Ausformung des bundesstaatlichen Prinzips... und zugleich als ein Element zusätzlicher funktionaler Gewaltenteilung. Sie verteilt politische Macht und setzt ihrer Ausübung einen verfassungsrechtlichen Rahmen" (BVerfGE 55, 274 (318 f.)). Den Ländern ist nach dem deutschen GG noch verblieben: die Organisation ihres staatlichen Bereichs, das Kommunalwesen, das Polizei- und Ordnungswesen, der kulturelle Bereich (vor allem Schul- und Hochschulwesen) und der Bereich der Planung der eigenen Aufgaben (s. aber auch BVerfGE 110, 33 (47 ff.)). 1132

(c) Als „ungeschriebener Verfassungsgrundsatz" das bundesfreundliche Verhalten des Bundes gegenüber den Gliedstaaten und der Gliedstaaten gegenüber dem Bund (BVerfGE 1, 299 (315); 8, 122 (138); 12, 205 (254); 31, 314 (354); 34, 9 (20); 43, 291 (348)), das im Zuge der deutschen Einigung jetzt auch spezifisch zwischen den westdeutschen Ländern und dem Bund gegenüber den ostdeutschen Ländern gelten sollte, unterstützt durch die Garantie der „verfassungsmäßigen Ordnung" durch den Bund nach Art. 28 Abs. 3 GG (s. auch das „Gemeinschaftswerk Aufschwung Ost", zuletzt: BVerfGE 92, 203 (230 f.)). Die „bundesstaatliche Solidargemeinschaft" (BVerfGE 101, 158 (222)) gehört ebenfalls hierher (BVerfGE 104, 249 (269 f.): „bundesfreundlich"); siehe auch BVerfGE 106, 225 (243). 1133

---

535 Dazu *P. Häberle*, Kulturpolitik in der Stadt – ein Verfassungsauftrag, 1979, S. 34 f., 37; *ders.*, Kulturverfassungsrecht im Bundesstaat, 1980, S. 14 f. und passim.

536 *K. Stern*, Das Staatsrecht der Bundesrepublik Deutschland, Bd. I, 2. Aufl. 1984, S. 667 ff.

1134 (d) Das Homogenitätsprinzip (vgl. Art. 28 Abs. 1 und 3 GG), verstanden als „mittlerer Standard" an Übereinstimmung sowohl der Glieder untereinander wie der Glieder und des Bundes. Es wird durch Pluralität im Übrigen balanciert und ermöglicht im Grunde erst, den Bundesstaat als ein Stück pluralistischer Gewaltenteilung zu begreifen. (Dass sich in Art. 23 Abs. 1 S. 1 n.F. GG („Struktursicherungsklausel") eine Art europäisches Homogenitätsprinzip findet, sei angemerkt.)

1135 (e) Die Einwirkungsmöglichkeiten des Bundes auf die Länder (z.B. als Bundesaufsicht oder Bundeszwang), die freilich durch die Einwirkungen der Länder auf den Bund (vgl. den Bundesrat nach Art. 50 GG) ausgeglichen werden.

1136 (f) Der Vorrang (verfassungsmäßigen) Bundesrechts vor Landesrecht (Art. 31 GG).

1137 (g) Die Mitwirkung der Länder bei der Bundeswillensbildung[537], des Bundesrates als „föderativen Verfassungsorgans". S. auch BVerfGE 112, 118 (142) und Art. 23 Abs. 6 n.F. GG.

1138 Diese sieben Elemente sind für den Bundesstaat ganz allgemein typusbestimmend, doch bleiben die nationalen Beispiele höchst variantenreich. Auf gewisse Analogiemöglichkeiten beim „kleineren Bruder", dem Regionalismus, sei schon hier verwiesen.

1139 Eines sei bereits an dieser Stelle nachdrücklich vermerkt, gerade auch mit Blick auf die europäische Verfassungsdebatte: Bei aller offenkundiger Überlegenheit föderaler Verfassungsstaaten gegenüber klassischen Einheitsstaaten und obwohl der Föderalismus (zusammen mit dem Regionalismus) heute fast weltweit Karriere macht: Weder Föderalismus noch Regionalismus sind *notwendige* Elemente des Typus Verfassungsstaat, der aber auf Menschenwürde und Menschenrechte, Demokratie und Gewaltenteilung bzw. unabhängige Gerichtsbarkeit nicht verzichten kann. Der Einheitsstaat bleibt eine *mögliche* und real existierende Variante des Verfassungsstaates, auch heute noch.

537 Vgl. *K. Stern*, Das Staatsrecht der Bundesrepublik Deutschland, Bd. I, 2. Aufl. 1984, S. 726 ff. – Zum „Landesverfassungsrecht" vorbildlich *J. Menzel*, Landesverfassungsrecht, 2002.

(2) Die europäische bzw. EU-Ebene

So vielgestaltig der Föderalismus in mehreren EU-Mitgliedstaaten ist, die EU-Ebene und erst recht der Europarat oder die OSZE sind nicht föderal verfasst. Die EU ist kein Bundesstaat, seit dem Maastricht-Urteil des BVerfG (BVerfGE 89, 155) spricht man von „Staatenverbund“[538], besser „Verfassungsverbund“ (*I. Pernice*) oder, wie in dieser Verfassungslehre, von der „Verfassungsgemeinschaft“. Stimmen, die eine unionale Bundesstaatlichkeit einfordern, verschaffen sich gewiss weiterhin Gehör, etwa die „Union der Europäischen Föderalisten“, eine supranationale Nicht-Regierungsorganisation, die in ihrer Internetpräsens fordert: „Vertiefte, aber föderale europäische Integration ist die einzige Lösung um den wirtschaftlichen, finanziellen und politischen Herausforderungen einer modernen und globalisierten Welt zu begegnen. Diese Botschaft gilt als schwierig oder gar unpopulär bedacht... Dennoch haben viele Staats- und Regierungschefs sich für „mehr Europa“, für eine Banken- und Fiskalunion als einzigen Ausweg aus der Krise ausgesprochen. Unsere Galerie „Federalist Outing„ bietet eine Sammlung föderalistischer Äußerungen, denn unsere Politiker beginnen endlich Farbe zu bekennen und Klartext zu reden im Sinne eines föderalen Europas!“[539] *G. Sperl* sieht in einer polemischen Kolumne in der österreichischen Zeitung „Der Standard“ vom 22. März 2015 das krisengeschüttelte „EU-Europa gar auf dem Weg zu einer amerikanischen Staatsstruktur“: „Weil Griechenland ohne EZB- und EU-Milliarden nicht lebensfähig ist (und das letztlich auch für Portugal, Spanien und andere zutrifft), verstärkt sich der Eindruck: Die Union der EU-Staaten wird durch die Bewältigung der Finanzkrise zum Staatenbund.“[540] Wissenschaftlicher Bewertung hält solche Zuspitzung für den Boulevard freilich nicht stand. Im Gegenteil, ein europäischer Bundesstaat scheint angesichts 1140

---

538 Aus der Lit.: *H. Steinberger*, Die Europäische Union im Lichte der Entscheidung des BVerfG vom 12. Oktober 1993, in: FS Bernhardt, 1995, S. 1321 ff.; *R. Streinz*, Das „Kooperationsverhältnis“ zwischen BVerfG und EuGH nach dem Maastricht-Urteil, in: FS Heymanns Verlag, 1995, S. 663 ff.; *J. A. Frowein*, Das Maastricht-Urteil und die Grenzen der Verfassungsgerichtsbarkeit, ZaöRV 1994, S. 1 ff.; *J. Schwarze*, Das Staatsrecht in Europa, JZ 1993, S. 591 ff.; *I. Pernice*, in: H. Dreier (Hrsg.), GG, Bd. II, 2. Aufl. 2006, Art. 23, Rn. 28 f.; *C. Schönberger*, Die EU als Bund, AöR 129 (2004), S. 81 ff.

539 http://www.federalists.eu/de (zuletzt besucht am 22. August 2015).

540 http://derstandard.at/2000013299447/Griechische-Krise-treibt-die-EU-in-einen-Bundesstaat (zuletzt besucht am 23. August 2015).

schwelender Europaskepsis von Großbritannien bis Ungarn ferner denn je, im Deutschland des Jahres 2015 wäre er sicher nicht mehrheitsfähig: Auch die politischen Parteien sprechen kaum mehr vom „europäischen Bundesstaat" (das große Stichwort gab einst *W. Hallstein*), sondern lieber vom „Europa der Vaterländer" – „Euro" hin oder her. Die Frage bleibt, ob die EU eine *Vorform* des Bundesstaates ist, worauf viele Strukturen deuten: etwa die gemeinsame Unionsbürgerschaft (Art. 20 ff. AEUV), das kommunale Wahlrecht (Art. 22 Abs. 1 AEUV), die Verankerung des Subsidiaritätsprinzips (Art. 5 Abs. EUV), die vielen gemeinsamen „Politiken", aber auch einzelne Normen wie Art. 10 Abs. 4 EUV (politische Parteien), das schon mehrfach genannte Petitionsrecht oder auch der Bürgerbeauftragte. Auch Klauseln wie Art. 167 AEUV mit ihrem Balanceakt zwischen Wahrung der „nationalen und regionalen Vielfalt" der Mitgliedstaaten und Hervorhebung des „gemeinsamen kulturellen Erbes" lassen sich präföderale Strukturen entnehmen, insofern sie Pluralitäts- bzw. Homogenitätsklauseln in Bundesstaaten (vgl. Art. 28 GG, Art. 7 EUV) nachgebildet erscheinen. Vor allem aber lässt neben dem EuGH der „Ausschuss der Regionen" (Art. 300 ff. AEUV) an präföderale Strukturen denken – sofern man nicht den Regionalismus ganz selbständig *neben* dem Föderalismus konturiert.

bb) Der Regionalismus

1141 Der Regionalismus erlebt seit geraumer Zeit einen fast globalen Aufschwung, wobei er mitunter vom Föderalismus schwer unterscheidbar ist – man denke an Äthiopien (1994) oder Südafrika (1996/97), 2007 an Spanien und den Irak. Er sei hier einstweilen nicht mittels einer formalen „Definition" erfasst, sondern vergleichend nach und nach inhaltlich konturiert: aus der Fülle des Beispielsmaterials. Dabei wird es notwendig, die *verschiedenen Ebenen* in Europa zu unterscheiden. In ihrem Zusammenspiel wird deutlich, wie intensiv dieses Europa bereits regionalistisch strukturiert ist[541]. Im Einzelnen:

541 Pionierhaft: F. Esterbauer (Hrsg.), Regionalismus, 1979. – Jetzt auch D. Valadès et al. (Hrsg.), Federalismo y regionalismo, 2005, sowie *P. Häberle*, Föderalismus-Modelle im kulturellen Verfassungsvergleich, ZÖR 2007, S. 1 ff.; s. auch *C. Seggermann*, Die Region, 2009.

(1) Die innerverfassungsstaatliche Ebene

Die innerverfassungsstaatliche Ebene ist in den Beispielsformen Italien und sein Ringen um einen „nuovo regionalismo"[542] 2006 gescheitert, vor allem in Gestalt des spanischen Modells[543] gelungen. In Großbritannien kommt es in Schottland und Wales, auch in Nordirland zu Regionalismus[544], hier sogar in besonders kunstvollen Flechtwerken. In Schottland fand am 18. September 2014 sogar ein Referendum über die Unabhängigkeit statt. Dieses ist zwar gescheitert, die Eigenständigkeit Schottlands aber seither viel weitergehend ausgeformt[545]. In den Reformstaaten Osteuropas finden wir Regionalstrukturen in oft noch allzu schwacher Vorform (vgl. Präambel Verf. Tschechien von 1992; Art. 15 Verf. Polen von 1997). Auch hier hilft das Bild der *Skala* von schwachen Regionen, die eher bloß 1142

542 Dazu aus der (älteren) Lit.: A. D'Atena (Hrsg.), Federalismo e Regionalismo in Europa, 1994, mit einem Beitrag *P. Häberles*, Aktuelle Probleme des deutschen Föderalismus, in: ebd., S. 107 ff.; S. Ortino/M. Sabella/N. Urbinati (Hrsg.), Quale Federalismo?, 1995; S. Ortino/P. Pernthaler (Hrsg.), Verfassungsreform in Richtung Föderalismus, 1997. Aus der *italienischen* Regionalismus-Lit.: *L. Paladin*, Diritto regionale, 5. Aufl. 1992; *V. Onida*, Landesbericht Italien, in: F. Ossenbühl (Hrsg.), Föderalismus und Regionalismus in Europa, 1990, S. 239 ff.; *S. Cassese/D. Serrani*, Moderner Regionalismus in Italien, JöR 27 (1978), S. 23 ff.; *T. Martines*, Diritto Costituzionale, 6. Aufl. 1990, S. 757 ff. – Aus der *Schweizer* Sicht: *D. Thürer*, Region und Minderheitenschutz – Aufbauelemente einer europäischen Architektur?, in: FS Bernhardt, 1995, S. 1337 ff.

543 Dazu aus der Lit. schon *P. Häberle*, Ein deutscher Beitrag zur italienischen Regionalismus- bzw. Föderalismusdebatte, in: FS Aubert, 1996, S. 483 ff.; *ders.*, Die Vorbildlichkeit der spanischen Verfassung, JöR 51 (2003), S. 587 ff.; *P. Cruz Villalón*, Die Neugliederung des Spanischen Staates durch die „Autonomen Gemeinschaften", JöR 34 (1985), S. 195 ff.; A. López Pina (Hrsg.), Das spanische Verfassungsrecht, 1993, mit Beiträgen von *P. Cruz Villalón*, *A. López Pina* und *J. Solé Tura*, S. 195 ff.; GS Ruiz Rico, 1997, Bd. II, S. 1161 ff. mit Beiträgen u.a. von *M. Carillo/F. Badia, M. Pérez Villabos*; J. Kramer (Hrsg.), Die Entwicklung des Staates der Autonomien in Spanien und der bundesstaatlichen Ordnung in der Bundesrepublik Deutschland, 1996; *J.-C. Pielow*, Gemeinden und Provinzen im Staat des territorialen Pluralismus, JöR 43 (1995), S. 511 (513 ff.).

544 Zu Nordirland: *R. Grote*, Die Friedensvereinbarung von Belfast – ein Wendepunkt in der Geschichte des Nordirland-Konflikts, ZaöRV 58 (1998), S. 647 ff.; *R. Sturm*, Integration – Devolution – Unabhängigkeit?, JöR 48 (2000), S. 351 ff.; *M. Mey*, Regionalismus in Großbritannien, 2003.

545 *M. Martini/M. Damm*, Succession of States in the EU, 2014, S. 159 ff.

dezentralisierte Strukturen andeuten[546], bis zu „blühendem“, effektivem Regionalismus wie in Spanien als diesbezüglichem europäischen „Musterland“.

(2) Die EU-Ebene

1143 Auf EU-Ebene finden sich Regionalstrukturen vor allem im „Ausschuss der Regionen“ (Art. 300 ff. AEUV). Im Übrigen sind all jene Mitgliedstaaten bzw. Verfassungsstaaten in den Blick zu nehmen, die Europa-Artikel, grenzüberschreitende Nachbarschafts-Artikel, Euro-Regio-Klauseln und ähnliches eingeführt haben bzw. eine entsprechende Praxis verfolgen. Denn dadurch schaffen sie ein Stück *europäische Regionalverfassung*. So normiert das GG in Art. 23 Abs. 1 S. 1 das Staatsziel „Europäische Union“ mit der Präzisierung „föderativen Grundsätzen und dem Grundsatz der Subsidiarität verpflichtet“[547]. Nach Art. 24 Abs. 1 a GG ist die Übertragung von Hoheitsrechten auf grenznachbarliche Einrichtungen möglich. Einen gewaltigen Innovationsschub bzw. eine neue Textstufe verdanken wir Art. 60 Abs. 2 Verf. Saarland (1992), der mustergültig die „europäische Region“ institutionalisiert in den Worten:[548]

> „Das Saarland fördert die europäische Einigung und tritt für die Beteiligung eigenständiger Regionen an der Willensbildung der Europäischen Gemeinschaften und des vereinten Europa ein. Es arbeitet mit anderen europäischen Regionen zusammen und unterstützt grenzüberschreitende Beziehungen zwischen benachbarten Körperschaften und Einrichtungen.“

Pionierhaft ist hier u.a. die Andeutung eines *weiteren* Europabegriffs bzw. Europarechts i.w.S. Neben der EU sind der Sache nach unter dem Begriff „vereintes Europa“ gewiss auch der Europarat und die OSZE zu verstehen. Damit wird aber auch eine das *gesamte* Europa verfassende Regional-

---

546 Zu Frankreich schon *D.-H. Voss*, Regionen und Regionalismus im Recht der Mitgliedstaaten der Europäischen Gemeinschaft, 1989, S. 365 ff.; *G. Héraud*, Die Regionalisierung Frankreichs, in: F. Esterbauer/P. Pernthaler (Hrsg.), Europäischer Regionalismus am Wendepunkt, 1991, S. 79 ff.

547 *P. Badura*, Staatsrecht, 6. Aufl. 2015, S. 490 ff., 490; *R. Streinz*, in: M. Sachs (Hrsg.), GG, 7. Aufl. 2014, Art. 23, Rn. 1 ff.

548 Dazu *P. Häberle*, Europaprogramme neuerer Verfassungen und Verfassungsentwürfe, in: FS Everling, Bd. I, 1995, S. 355 ff. S. schon oben Erster Teil A. II. 2.

struktur möglich. Diese Norm hat Epoche gemacht. So heißt es in Art. 65 Abs. 2 Verf. Bremen (1994):

> „Die Freie Hansestadt Bremen fördert die grenzüberschreitende regionale Zusammenarbeit, die auf den Ausbau nachbarschaftlicher Beziehungen, auf das Zusammenwachsen Europas und die friedliche Entwicklung der Welt gerichtet ist."

Ähnlich lautet Art. 12 Verf. Sachsen (1992). Art. 11 Verf. Mecklenburg-Vorpommern (1993) bekennt sich zur „grenzüberschreitenden Zusammenarbeit, insbesondere im Ostseeraum"[549]. Die Praxis ist hier sehr erfindungsreich. So arbeitet etwa die deutschsprachige Gemeinschaft in Belgien mit Rheinland-Pfalz zusammen. Vorbildlich ist die Klausel in Art. 1 Abs. 3 Verf. Salzburg (1999). Von den wissenschaftlichen und politischen Pionierleistungen des Europarates bei all dem wird noch zu sprechen sein.

(3) Die europäische, die EU-transzendierende Ebene (national)

Der Regionalismus gehört längst zu den Kräften, die das Zusammenwach- 1144
sen des *ganzen* Europa voranbringen bzw. ein Strukturelement der „Verfassung Europas" werden. Das zeigt sich besonders dort, wo sich EU-Länder mit *Nicht*-EU-Ländern regionalistisch zusammenschließen, vor allem im Europarat. Hier kommen neben der Arge Alp und Alpen-Adria die Europaregionen an den Ostgrenzen der EU ins Blickfeld, etwa die „Euregio Egrensis", die Zusammenarbeit im Oderbruch oder die Euroregion Pomerania. Im Westen ist die Regio Basilensis besonders weit fortgeschritten[550]. Dass sich damit die Schweiz nach Europa hin öffnet, sei besonders vermerkt. Tendenziell ermutigend wirken hier die neuen Textstufen in jungen Kantonsverfassungen der Schweiz. So heißt es in Art. 54 Abs. 1 Verf. Bern (1993): „Der Kanton beteiligt sich an der Zusammenarbeit der Re-

---

549 In Bayern ist (1998) ein eigener, neuer Europa-Artikel (Art. 3 a) mit folgendem Wortlaut eingeführt worden: „Bayern bekennt sich zu einem geeinten Europa, das demokratischen, rechtsstaatlichen, sozialen und föderativen Grundsätzen sowie dem Grundsatz der Subsidiarität verpflichtet ist, die Eigenständigkeit der Regionen wahrt und ihre Mitwirkung an europäischen Entscheidungen sichert. Es arbeitet mit anderen europäischen Regionen zusammen." – *W. Berg*, Bayern im Europa der Regionen, BayVBl. 2001, S. 257 ff. Siehe auch das Stichwort: Oberfranken als „grenzüberschreitendes Beispiel für Integration" (*J. Santer*).

550 Dazu *B. Speiser*, Der grenzüberschreitende Regionalismus am Beispiel der oberrheinischen Kooperation, 1993.

gionen Europas". Dieser Text hat „Schule" gemacht (vgl. etwa Präambel und Art. 1 Verf. Appenzell AR von 1995). Ähnliches wurde für und in St. Gallen vorgeschlagen[551]. Zur Vollständigkeit sei als Merkposten angeführt, dass auch der grenzüberschreitende Regionalismus unter *Nicht*-EU-Ländern systematisch einbezogen werden müsste (etwa zwischen manchen Ländern Osteuropas); auch alle Länder des Europarates, oder noch weitergreifend: der OSZE.

1145 Halten wir inne, um uns bewusst zu machen, welche Theoriekonsequenzen schon hier unmittelbar aus der Arbeit am Material erwachsen: Die grenzüberschreitenden Nachbarschafts- bzw. europäischen Regionalismus-Klauseln schieben nationales Verfassungsrecht im Namen Europas auf ein Terrain vor, das bislang vom Völkerrecht dominiert wurde bzw. das klassische Feld „auswärtiger Gewalt" bzw. „auswärtiger Beziehungen" war. Diese *Europäisierung via Regionen* fordert die Theoriebildung im Völkerrecht heraus, so wie sie das bisherige „Ausland" zum Inland macht und die sog. Allgemeine Staatslehre revolutioniert. Das Völkerrecht wird entweder vom nationalen Verfassungsrecht zurückgedrängt oder es kommt zu einer fast sensationellen „Gemengelage" von Völker- und Verfassungsrecht. Die Regionalstruktur verändert das Völkerrecht selbst. Sie wird zu einem Element des sog. „Völkerrechts". Jedenfalls sollte der Regionalismus nicht nur als Element des Europarechts im weiteren Sinne begriffen werden. An dieser Stelle wird die Erarbeitung des gesamten Theorierahmens unabweisbar.

(4) Die gesamteuropäische Ebene (übernational)

1146 Neue Rechtsprinzipien pflegen sich heute meist auf *zwei Wegen* teils parallel, teils im Mit-, teils im Nacheinander zu entwickeln: auf der innerstaatlichen Ebene, d.h. in Gestalt von Verfassungsprinzipien, und auf der internationalrechtlichen bzw. transnationalen „Schiene". Das kann am Beispiel der Menschen- und Bürgerrechte belegt werden – sie entwickeln sich heute in lebhafter „Konkurrenz" zwischen den verfassungsstaatlichen Verfassungen hier und den universalen bzw. regionalen Menschenrechtsdeklarationen dort, es lässt sich am Beispiel der Elemente „gemeineuropäischen

551 Dazu *P. Häberle*, Die Kunst der kantonalen Verfassunggebung – Das Beispiel der Totalrevision in St. Gallen, ZBl. 1997, S. 97 ff., 118 f.

Verfassungsrechts" z.B. für das Rechtsstaats- und Demokratieprinzip nachweisen[552], und derselbe Wachstums-, Entwicklungs-, Rezeptions- bzw. Kooperations-, auch Konkurrenzvorgang ist am Beispiel des Themas „Regionalismus" illustrierbar.

Vom *Europarat* aus kam es im Oktober 1975 zu einer ersten Konferenz 1147
der Regionalbehörden der Europäischen Randgebiete bzw. der sog. *Erklärung von Galway*[553]. In ihr wird beklagt, dass die Entwicklung der Randregionen Europas „langsamer vonstatten geht als diejenige der Zentralregionen", und drastisch heißt es: „die Auffassung der Europäischen Gemeinschaft über die Regionalpolitik verkennt vollständig die Region als lebendige Gemeinschaft; im Plan der Europäischen Gemeinschaft spielt die Region nur eine *passive* Rolle, nämlich nur als Verwaltungsrahmen wirtschaftlicher Tätigkeit." Bezug genommen wird auf die frühe *Europakonferenz der Gemeinden und Regionen* von 1970, in deren Entschließung es heißt, die regionale Selbständigkeit sei „mehr als Dezentralisierung der Staatsverwaltung". Sie beinhalte die direkte, allgemeine Wahl der regionalen gesetzgebenden und ausführenden Instanzen, die enge Zusammenarbeit mit den Gemeinden, die Mitwirkung in den Entscheidungen der Nationalstaaten und die Vertretung bei den europäischen Institutionen. In der Erklärung von *Galway* heißt es ebenfalls schon, es seien die notwendigen Maßnahmen zu treffen zum Schutze und zur Wiederauffrischung der Sprachen und Kulturen ethnischer Gemeinschaften, die oft vom Aussterben bedroht sind. Diese Maßnahmen sollten sich ausrichten an den europäischen Normen, betreffend den Respekt vor kulturellen Minderheiten.

Die *Konvention des Europarates über die Probleme der Regionalisation*, 1148
die sog. *Erklärung von Bordeaux* von 1978[554] repräsentiert bereits eine nächste – höhere – Textstufe mit genaueren Inhalten und differenzierteren, griffigen Textformen. Hier die wichtigsten Passagen:

> „1. Als wesentlicher Bestandteil des Staates ist die Region ein Grundelement des Reichtums eines Landes. Sie bezeugt dessen kulturelle Mannigfaltigkeit. Sie gibt Anregungen für die wirtschaftliche Entwicklung ...
> 2. Als Erben der Geschichte Europas und des Reichtums seiner Kultur stellen die Regionen Europas den unersetzlichen und unvergleichlichen Wert der europäischen Zivilisation dar ...

---

552 Dazu *P. Häberle*, Gemeineuropäisches Verfassungsrecht, EuGRZ 1991, S. 261 ff. sowie oben Erster Teil B. II.

553 Zit. nach F. Esterbauer (Hrsg.), Regionalismus, 1978, S. 209 ff.

554 Zit. nach F. Esterbauer, Regionalismus, 1978, S. 215 ff.

3. Das Recht jedes Europäers „auf seine Region" ist Teil seines Rechts auf Verschiedenheit. Dieses Recht zu bestreiten hieße die Identität des europäischen Menschen in Frage stellen, und letztlich auch Europas selbst.
4. Der Begriff der Region, manchmal verschieden von Land zu Land, bedeutet ... im Allgemeinen eine menschliche Gemeinschaft, die innerhalb der „größten, gebietsmäßigen Einheit eines Landes" lebt. Eine solche Gemeinschaft ist gekennzeichnet durch eine geschichtliche oder kulturelle, geographische oder wirtschaftliche Homogenität oder einer Kombination dieser Kennzeichen, „die der Bevölkerung eine Einheit verleiht in der Verfolgung gemeinsamer Ziele und Interessen"...
5. Ein Staat, der nicht die Mannigfaltigkeit der Regionen erkennen kann, aus denen er zusammengesetzt ist, ist auch unfähig, die Mannigfaltigkeit der europäischen Gemeinschaft festzustellen.
6. Durch Entwicklung und Selbstverwaltung auf den verschiedenen Ebenen, d.h. regional, örtlich und andersartig, fördert der Staat das Verantwortungsbewusstsein bei den Bürgern ..."

1149 Behandelt werden die Probleme des „Gleichgewichts zwischen den Regionen bei der Entwicklung eines freien Europas" sowie das Thema „Die Region und die Kultur". Hier fallen wesentliche Stichworte wie:

„Die Kulturautonomie muss jeder Region die Vollmacht garantieren, Verträge und Abkommen mit den anderen europäischen Regionen abzuschließen."

und (als Ziff. 28):

„Die Region ist der am besten geeignete Rahmen, um das regionale kulturelle Erbgut und seine Traditionen in bester Weise zu erhalten und zu entwickeln ..."

Ziff. 30:

„... Die Region liefert den Rahmen für die Anerkennung ethnischer und kultureller Verschiedenheiten, die Bewahrung der regionalen Sprachen, der regionalen Kulturen und Traditionen. Die Übertragung von eigentlich der Regierung zustehenden Vollmachten auf die regionalen Institutionen ist die logische demokratische Antwort auf die Wiederbejahung der jeder Region eigenen ethnischen und kulturellen Traditionen."

Ziff. 31:

„Die Förderung der regionalen Kulturen ist ein unersetzliches Element für den Aufbau eines Europa, das seine kulturellen und sprachlichen Verschiedenheiten respektiert."

Ziff. 38:

„Die Region ist der ideale Rahmen für die grenzüberschreitende Zusammenarbeit, die dazu bestimmt ist, die teilenden Wirkungen der nationalen Grenzen zu mildern, die das Gesicht Europas zerschneiden ..."

Ziff. 41:

> „... eine Mitwirkung der Regionen in einem vereinten Europa sollte durch Schaffung einer zweiten, aus Gemeinde- und Regionalvertretern zusammengesetzten Kammer ins Auge gefasst werden."

Spätestens im Vergleich mit heute wird sichtbar, wie viel an Problemas- 1150
pekten des verfassungsstaatlichen und europäischen Regionalismus in diesen Texten schon steckt. Sie bringen den Stand der damaligen Diskussion in Wissenschaft und Politik auf Begriff und Texte, sie wirken aber auch programmatisch. Sie verarbeiten Staatsrechtslehre als wissenschaftliche Literatur und sie inspirieren diese ebenso wie den Verfassunggeber späterer Verfassungen. Da die Literatur zum Thema heute fast unübersehbar geworden ist, lohnt es sich u. E. so sehr, den Verdichtungen in knappen *Texten* nachzugehen. Übrigens wird damit ein Stück jüngerer Verfassungsgeschichte des Regionalismus nachgezeichnet, die als solche das unverzichtbare Komplementärstück zu jeder kontemporären Rechtsvergleichung bildet.

Vorausgegangen waren kleine Textpassagen in der *KSZE-Schlussakte* 1151
„Korb 3" vom August 1975. Unter Ziff. 3 („Zusammenarbeit und Austausch im Bereich der Kultur") heißt es am Ende:

> „Die Teilnehmerstaaten, in Anerkennung des Beitrags, den die nationalen Minderheiten oder die regionalen Kulturen zur Zusammenarbeit zwischen ihnen in verschiedenen Bereichen der Kultur leisten können, beabsichtigen, wenn auf ihrem Territorium solche Minderheiten oder Kulturen existieren, diesen Beitrag unter Berücksichtigung der legitimen Interessen ihrer Mitglieder zu erleichtern."

Derselbe Text ist im Abschnitt 4 „Zusammenarbeit und Austausch im Be- 1152
reich der Bildung" für diese wiederholt (am Ende).

Ein Blick auf die sog. *Regionalistischen Leitsätze* bzw. die Resolution der 1153
von der bayerischen Staatskanzlei u.a. im Herbst 1978 in Brixen veranstalteten Studientagung „Regionalismus in Europa":

Diese Leitsätze nehmen in mehrfacher Hinsicht eine Mittlerstellung ein: 1154
Sie stehen zwischen national-verfassungsstaatlichen und internationalen, europarechtlichen Texten und sie wurden auf einem sowohl wissenschaftlichen als auch politischen Forum erarbeitet[555]. In der Sache haben sie das

555 Aus der Lit.: *F. Esterbauer*, Der europäische Regionalismus, BayVBl. 1979, S. 328 ff.

Regionalismus-Thema seither auf eine neue Textstufe gebracht und große Ausstrahlung bis heute entfaltet. Das zeigen die folgenden Passagen:

> „Regionale Eigenart
> 1. Das Recht auf regionale Eigenart ist Ausfluss des Rechts jedes einzelnen nicht nur auf Gleichheit im Recht, sondern auch auf Verschiedenheit bei der Selbstverwirklichung. Individuelle Identität ist sehr weitgehend auf regionale Identität, die unmittelbare Erlebniswelt, angewiesen ...
> Regionale Selbstbestimmung
> 4. Jeder – nicht nur der vom Selbstbestimmungsrecht der Völker betroffenen – Region soll die freie Wahl der Zugehörigkeit zu einem politischen System und des politischen Status in demselben zustehen, wobei in erster Linie ethnische und in zweiter Linie historische, schließlich geographische und eventuelle wirtschaftliche Kriterien zur Abgrenzung der Regionen heranzuziehen sind.“

1155 Von den weiteren gedankenreichen Stichworten und Leitsätzen seien erwähnt:

> „Föderalismus: vollendete Form des Regionalismus“.
> „Mehr Demokratie
> 9. Regionale Demokratie verwirklicht mit kleineren überschaubareren und dem Bürger einsichtigeren Gemeinschaften mehr Volksnähe als nur zentrale Demokratien großer Systeme.“

Sodann:

> „Mehr Kontrolle
> 12. In einem Zusammenhang mit der demokratiefördernden Wirkung des Regionalismus steht sein Entgegenwirken gegen Machtballungen und damit die Verstärkung wechselseitiger Kontrollmöglichkeiten, was in besonderer Weise für den Föderalismus mit seinen originären Teilgemeinschaften gilt.“

Ferner:

> „Kultur und Sprache
> 15. Freie kulturelle und sprachliche Ausdrucksformen dienen der individuellen und volklichen Selbstverwirklichung (Identität).
> 16. Im Interesse der Vielfalt und der vollen Entfaltung statt Uniformierung und Verflachung der Menschheits – und im besonderen der europäischen Kultur muss jedem regionalen Kulturbewusstsein und jeder Regionalsprache eine Kulturautonomie, eine territoriale für eine regionale Mehrheit und eine personale für eine regionale Minderheit, entsprechen.“

1156 Gefordert werden „Regionale Willensbildungsformen“ (wie Regionalgesetzgebung und Regionalregierung, regionale Wirtschafts-, Sozial- und Kulturräte), sodann „Innerregionale Zusammenarbeit“ (z.B. mit Hilfe einer „europäischen Regionalversammlung"). Unter dem Stichwort des letzten Abschnitts „Europäische Einheit und Vielfalt" heißt es:

> „27. Eine stabile, auf Freiheit beruhende Einheit, insbesondere eine europäische Identität als Wirtschafts-, Währungs-, Außen- und Verteidigungsunion auf demokratischer und Konflikte vermeidender oder verrechtlichender föderalistischer Grundlage, ist nur mit starker Berücksichtigung regionaler Vielfalt und Identitäten, sohin als Föderation von Völkern und Regionen erreichbar.
> …
> 29. Der Erfolg der europäischen Einigung hängt sehr wesentlich von der Umsetzung der Erkenntnis in die europäische Regionalpolitik ab, dass nur auf der Grundlage der „Solidarität aller Regionen" (Erklärung von Galway) und nicht bloß von zentralen Regionen und Metropolen ein europäisches Gemeinschaftsbewusstsein entstehen kann."[556]

Diese Texte bilden die Vor- und Plattform für einen neuen Wachstums- 1157
schub des Regionalismus-Themas. Von der überstaatlichen, europäischen Ebene her kam es zu einer „Entschließung der Teilnehmer der *Konferenz „Europa der Regionen" am 18./19. Oktober 1989 in München*, in der es u.a. heißt[557]:

> „Die Regierungschefs und Präsidenten der in München versammelten Länder, Regionen und autonomen Gemeinschaften, ...
> einig in dem Wunsch, die regionale grenzüberschreitende Zusammenarbeit und alle regionalen Initiativen, deren Ziel der größere europäische Zusammenschluss ist, zu verstärken, bekunden ihre gemeinsame Absicht... sich von folgenden politischen Zielsetzungen leiten zu lassen:
> 1. Europas Reichtum ist die Vielfalt seiner Völker und Volksgruppen, seiner Kulturen und Sprachen, Nationen, Geschichte und Traditionen, Länder, Re-

---

556 Einen Seitenblick verdient die *Europäische Charta der kommunalen Selbstverwaltung* vom Oktober 1985 (zit. nach F.-L. Knemeyer (Hrsg.), Die Europäische Charta der kommunalen Selbstverwaltung, 1989, S. 273 ff.). Freilich sind die Regionen allenfalls mittelbar angesprochen: so, wenn in der Präambel in Schutz und Stärkung der kommunalen Selbstverwaltung ein „wichtiger Beitrag zum Aufbau eines Europa" gesehen wird, „das sich auf die Grundsätze der Demokratie und der Dezentralisierung der Macht gründet", wenn die Subsidiarität umschrieben wird (Art. 4 Abs. 3). Manche Elemente wie Finanzausstattung (Art. 6, Art. 9) können als textliches Vorbildmaterial für Regionalstrukturen genommen werden. – Der Entwurf eines Artikels für die *Europäische Verfassung* (ebd. S. 283) verdient ebenfalls Beachtung: „(1) Den kommunalen und regionalen Gebietskörperschaften der Unionsstaaten wird das Recht auf Selbstverwaltung und Finanzautonomie im Rahmen der Gesetze nach Maßgabe des Prinzips der Subsidiarität gewährleistet."

557 Aus der Lit.: *F.-L. Knemeyer*, Subsidiarität und Föderalismus, Dezentralisation, DVBl. 1990, S. 449 ff.; der Text ebd., S. 453 f.

gionen und autonomen Gemeinschaften. Ziel unserer Politik ist es, diese Vielfalt zu erhalten und zu fördern ...
3. Subsidiarität und Föderalismus müssen die Architekturprinzipien Europas sein... Die künftige Europäische Union sollte in drei Stufen gegliedert sein: Europäische Gemeinschaften, Mitgliedstaaten, Länder oder Regionen oder autonome Gemeinschaften ... Das (sc. die Zuweisung von Aufgaben nach dem Subsidiaritätsprinzip zur selbständigen Erledigung) gilt vor allem für die Bereiche regionale Entwicklung, Erziehungs-, Bildungs-, Medien- und Kulturpolitik, Umweltschutz, Gesundheitswesen, innere Sicherheit.“

1158 Gefordert wird ein Initiativ-, Anhörungs- und Mitwirkungsrecht der Länder, Regionen und autonomen Gemeinschaften bei der Willensbildung und Entscheidung auf europäischer Ebene – Schaffung einer „repräsentativen Institution“ (Ziff. 4), sodann ein „eigenständiges Klagerecht“ vor dem EuGH (Ziff. 5) sowie eine Absicherung der Mitwirkungsrechte und des Klagerechts in den Römischen Verträgen bzw. in einer künftigen europäischen Verfassung.

1159 Das *Dokument des Kopenhagener Treffens der Konferenz über die menschliche Dimension der KSZE* vom Juni 1991[558] geht das Regionalismus-Thema zwar nicht direkt an, doch lassen sich Textelemente ausmachen, die eine gewisse Basis bilden: Ziff. 33:

„Die Teilnehmerstaaten werden die ethnische, kulturelle, sprachliche und religiöse Identität nationaler Minderheiten auf ihrem Territorium schützen und Bedingungen für die Förderung dieser Identität schaffen ...“

Ziff. 35:

„... Die Teilnehmerstaaten nehmen die Bemühungen zur Kenntnis, die ethnische, kulturelle, sprachliche und religiöse Identität bestimmter nationaler Minderheiten zu schützen und Bedingungen für ihre Förderung zu schaffen, indem sie als eine der Möglichkeiten zur Erreichung dieser Ziele geeignete lokale oder autonome Verwaltungen einrichten, die den spezifischen historischen und territorialen Gegebenheiten dieser Minderheiten Rechnung tragen und in Einklang mit der Politik des betreffenden Staates stehen.“

Formuliert ist schließlich die Ansicht (Ziff. 40.3),

„auf nationaler, regionaler und lokaler Ebene wirksame Maßnahmen in Einklang mit ihrer Verfassungsordnung zu treffen, um Verständnis und Toleranz insbesondere in Erziehung, Kultur und Information zu fördern.“

1160 Ein weiteres Textstück, in dem die Regionalismus-Idee sich objektiviert und verdichtet hat, ist dem *Krakauer Symposium über das kulturelle Erbe*

558 Zit. nach EuGRZ 1990, S. 239 ff.

der KSZE-Teilnehmerstaaten vom 6. Juni 1991 zu verdanken[559]. Im Vorspruch heißt es u.a.:

> „Sie (sc. Die Teilnehmerstaaten) sind der Ansicht, dass die Regionalaspekte der Kultur selbst einen Faktor bei der Völkerverständigung darstellen sollten. Regionale kulturelle Vielfalt ist ein Ausdruck der reichen gemeinsamen kulturellen Identität der Teilnehmerstaaten. Die Bewahrung und der Schutz dieser Vielfalt trägt zur Schaffung eines demokratischen, friedlichen und vereinten Europas bei..."

Im Abschnitt „I. Kultur und Freiheit" heißt es: 1161

> „9. Die Teilnehmerstaaten sind überzeugt, dass regionale und lokale Kulturen, einschließlich jener der nationalen Minderheiten eine Bereicherung des kulturellen Lebens darstellen."

Ein den Regionalismus inspirierender bzw. von ihm inspirierter Text 1162
könnte auch der Passus zum Stichwort „Kultur und kulturelles Erbe" sein:

> „13. Die Teilnehmerstaaten würdigen das Erbe jener Kulturen, die aufgrund sprachlicher Barrieren, klimatischer Bedingungen und geographischer Entfernung, zahlenmäßig begrenzter Bevölkerung oder durch historische Entwicklungen und politische Umstände bisher nur wenig zugänglich waren, ebenfalls als wesentliches Element ihres gemeinsamen kulturellen Erbes."

Gleiches gilt für Ziff. 18: 1163

> „Zusammenschlüsse zwischen verschiedenen Gruppen des privaten und öffentlichen Sektors auf lokaler, regionaler und nationaler Ebene leisten einen wertvollen Beitrag zur Gewähr einer wirkungsvollen und repräsentativen Erhaltung des kulturellen Erbes..."

Einen Höhepunkt in der Textstufenentwicklung des Themas „Regionalis- 1164
mus" markiert die „*Gemeinschaftscharta der Regionalisierung*" vom 18. November 1988, die das *Europäische Parlament* erarbeitet hat[560]. Gewiss, sie ist kein Verfassungstext, hat zunächst nur die Kraft von „soft law" und stammt von einem EU-Organ, gehört also nur dem Europarecht im engeren Sinne an. Gleichwohl ist hier eine „Zwischensumme" gezogen, die sowohl die innerverfassungsstaatliche Gestalt des Regionalismus als auch die europarechtliche Ebene befruchten kann. Die Wissenschaft tut gut daran, bei allen seitherigen Fortschreibungen die Regionalismus-Texte dieser Charta nach wie vor aufzugreifen und in ihr „System" zu integrie-

559 Zit. nach EuGRZ 1991, S. 250 ff.

560 Abl. 1998 C 326/296; auch in J. Bauer (Hrsg.), Europa der Regionen, 2. Aufl. 1992, S. 33 ff.

ren. Umgekehrt ist erkennbar, wie sehr diese Charta auf den bisher geschaffenen Textensembles aufbaut und insofern das Paradigma der Textstufenentwicklung bestätigt.

1165 Art. 1 lautet:

> „1. Im Sinne dieser Charta versteht man unter Region ein Gebiet, das aus geographischer Sicht eine deutliche Einheit bildet, oder aber ein gleichartiger Komplex von Gebieten, die ein in sich geschlossenes Gefüge darstellen und deren Bevölkerung durch bestimmte gemeinsame Elemente gekennzeichnet ist, die die daraus resultierenden Eigenheiten bewahren und weiterentwickeln möchten, um den kulturellen, sozialen und wirtschaftlichen Fortschritt voranzutreiben.
> 2. Unter „gemeinsamen Elementen" einer bestimmten Bevölkerung versteht man gemeinsame Merkmale hinsichtlich der Sprache, der Kultur, der geschichtlichen Tradition und der Interessen im Bereich der Wirtschaft und des Verkehrswesens. Es ist nicht unbedingt erforderlich, dass alle diese Elemente immer vereint sind.
> 3. Die verschiedenen Bezeichnungen und die rechtlich-politische Stellung, die diese Einheiten in den verschiedenen Staaten haben können (Autonome Gemeinschaften, Länder, Nationalitäten, usw.) schließen sie nicht aus den in dieser Charta niedergelegten Überlegungen aus."

1166 Bemerkenswert ist daran Folgendes: Der die Region charakterisierende Begriff „Gemeinsame Elemente" ist erklärtermaßen offen und beweglich gehalten. Die (an Art. 29 GG erinnernden) „Richtbegriffe" Sprache, Kultur, geschichtliche Tradition etc. sind höchst glücklich alternativ, nicht kumulativ verwendet. Überdies bleibt auch insofern Raum für die Unterschiede des je nationalen „Regionalismus", als „Autonome Gemeinschaften" und „Länder", auch „Nationalitäten" als mögliche Formen anerkannt werden – der Föderalismus stellt sich insofern als *eine* Erscheinungsform des Regionalismus dar. Art. 2 fordert die Mitgliedstaaten der EU auf, „unter Berücksichtigung des Bevölkerungswillens, der geschichtlichen Tradition und der Notwendigkeit einer effizienten und ihren Aufgaben entsprechenden Verwaltung ... auf ihren Hoheitsgebieten Regionen im Sinne von Artikel 1 dieser Charta zu institutionalisieren bzw. beizubehalten, wo sie bereits bestehen."

1167 Dieser Regionalisierungs- bzw. Föderalismusauftrag ist ein Beleg dafür, wie sich die europarechtliche Makroebene und die innerverfassungsstaatliche Mikroebene verschränken. Die Charta baut einerseits auf den Regionalismus- bzw. Föderalismus-Elementen der schon entsprechend gegliederten EU-Mitglieds- bzw. Verfassungsstaaten auf, andererseits macht sie die Regionalisierung für alle Staaten zum *Programm* und sie normiert Maximen, wie sie mindestens aussehen soll. Greifbar ist dies u.a. in Art. 3

Abs. 3 (volle Rechtspersönlichkeit für Regionen), Art. 4 (Feststellung der Grenzen unter Berücksichtigung des Bevölkerungswillens, sowie „demokratische Mechanismen“ bei einer Grenzänderung). So viel die Wissenschaft hier noch verfeinernd zu erarbeiten hat, erstmals liegt so etwas wie eine *Modell-Verfassung für Regionen* vor, die weit über die EU hinaus, z.B. in Osteuropa, beachtet werden sollte.

Die weiteren Regelungen der Charta lassen ebenfalls erkennen, wie sich 1168
diese aus einem intensiven *Textvergleich* und *Wirklichkeitsvergleich* der in Europa bislang ausgeprägten Erscheinungsformen des Regionalismus (einschließlich seiner „Anleihen“ beim Föderalismus) entwickelt haben und wie sehr sie diese zu „optimieren“ sucht. Art. 6 verlangt „zumindest“ eine Regionalversammlung und eine Regionalregierung mit einem Präsidenten – das erinnert an die Mindestgarantien in Bundesstaaten (z.B. Art. 28 GG). Gleiches gilt für das Gebot des Art. 7 Abs. 1, wonach die Regionalversammlung in freier, allgemeiner, unmittelbarer, gleicher und geheimer Wahl zu wählen ist. Die Aufgliederung der Gesetzgebungs- und Verwaltungskompetenzen ist ebenso modell- wie umrisshaft festgelegt, und auch hier springt die Orientierung an den bisherigen Regionalismus- bzw. Föderalismus-Beispielen in Europäischen Ländern ins Auge (z.T. auch an der kommunalen Selbstverwaltung).

Erkennbar werden die Konturen einer „allgemeinen“ Regionalismuslehre 1169
so wie es eine „allgemeine Bundesstaatslehre“ gibt, bei aller nationalen Beispielsvielfalt. Stichworte müssen genügen. Die Charta formuliert eine Art Selbstverwaltungsgarantie (Art. 11 Abs. 1), sie schafft einen Katalog zur Aufteilung der Gesetzgebungsbefugnisse mit deutlichen Anklängen an die aus dem Föderalismus bekannten Formen der ausschließlichen (Art. 11 Abs. 2 lit. a) und der konkurrierenden Gesetzgebung (Art. 12 Abs. 2 („gemeinsam oder konkurrierend“)). Sie kennt Kompetenzen des Staates kraft der „Natur der Sache“ (vgl. Art. 13 Abs. 1) und sie sieht für Kompetenzstreitigkeiten zwischen Staat und Region oder den Regionen untereinander „unabhängige Instanzen, vorzugsweise rechtsprechende Instanzen auf höchster Ebene“ vor (Art. 15) – hier fällt wiederum die Analogie zum Föderalismus auf, man denke z.B. an die deutschen Bundesstaatsstreitigkeiten (Art. 93 Abs. 1 Ziff. 3 GG). Schließlich sei das Kapitel IV „Finanzmittel“ erwähnt (Art. 17: „Die Regionen verfügen über eine finanzielle Eigenständigkeit und eigene Mittel ...“), das sehr variantenreich und flexibel die „Finanzverfassung“ der Regionen bis hin zur Steuerauftragsverwaltung (Art. 18 Abs. 2) und zum vertikalen und horizontalen Finanzausgleich (Art. 20 Abs. 2) normiert. Dabei findet sich sowohl der aus der Bundes-

staatslehre bekannte „Grundsatz der Solidarität“ als auch die (ebenfalls föderale) Formel von den „einheitlichen Lebensverhältnissen“[561].

1170 Die Charta treibt die Textstufenentwicklung des „Regionalismus-Verfassungsrechts“ bzw. die Regionalismuslehre noch auf einem anderen Felde kräftig voran. Während Kapitel V die interregionale grenzüberschreitende Zusammenarbeit eher i.S. des schon erreichten Status quo des europäischen Gemeinschaftsrechts festschreibt (Art. 23), gelingen ihr in Kapitel VI zum Stichwort „Beteiligung der Regionen an den Entscheidungen der Staaten und der Europäischen Gemeinschaft“ beachtliche Neuerungen. Wenn sie dabei an Entwicklungen der Wissenschaft und Rechtsprechung anknüpft (greifbar in Gestalt der Rezeption des „kooperativen Regionalismus“, der in Italien entwickelt wurde[562]), wenn sie auch sonst an Tendenzen der föderativ oder regionalistisch gegliederten Verfassungsstaaten in Europa sowie an europa- bzw. regionalismuspolitische Tendenzen und Forderungen anknüpft, so besteht ihre eigene Leistung doch darin, dass sie all dies auf konzentrierte Texte und knappe Begriffe gebracht hat, die, einmal in der (juristischen) Welt (Europas), die künftige Arbeit an konstitutionellem Regionalismus-Recht befruchten können. So sagt Art. 24 Abs. 2 in einer „Partizipationsklausel“: „Die Regionen sind berechtigt, angemessen an der Erfüllung der Aufgaben des Staates, insbesondere derjenigen, die auf ihrem Gebiet durchgeführt werden, beteiligt zu werden“. Und nach Abs. 3 muss die Beteiligung über „angemessene verfassungsmäßige Institutionen oder Institutionen auf der höchstmöglichen Rechtsebene gewährleistet werden.“ Abs. 4 bringt Entwicklungen im konstitutionellen Regionalismus-Recht mancher Verfassungsstaaten wie Italien und Spanien auf einen Nenner, indem er dekretiert: „Diese Intervention muss auf den Grundsätzen eines kooperativen Regionalismus beruhen, der auf dem Konzept der horizontalen Koordinierung basiert, das an die Stelle des traditionellen vertikalen Konzepts der zentralistischen Staaten tritt.“ Damit ist eine verfassungspolitische Maxime formuliert, die an Lehrbuchwissen erinnert, aber jetzt in Textform auskristallisiert ist. Der Einheitsstaat wird in einem Europatext in die Horizontale umgedacht und auf kooperative Formen ausgerichtet, wie sie ohne die Modellelemente des in Praxis und

561 In diesem Zusammenhang vgl. auch noch *R. Streinz*, Einführung: 50 Jahre Europarat, in: ders. (Hrsg.), 50 Jahre Europarat, 2000, S. 17 ff., 37.

562 Dazu die Nachweise in *P. Häberle*, Theorieelemente eines allgemeinen juristischen Rezeptionsmodells, JZ 1992, S. 1033 ff.

Theorie gewachsenen, des „kooperativen Föderalismus“ nicht denkbar wären[563].

1171 Während diese Regelungen die Region innerstaatlich im Verhältnis zu den Organen, Kompetenzen und Aufgaben des nationalen Verfassungsstaates stärken wollen und die etablierten Bundesstaaten (wie Deutschland, Österreich oder Belgien) kein Defizit aufweisen, gilt die Stoßrichtung von Art. 25 der Partizipation der EU, ihren Instanzen und Vorhaben. Die Regionen sollen innerstaatlich rechtzeitig und effektiv eingeschaltet werden. Art. 25 Abs. 1 verlangt, die „Regionen an der Ausarbeitung des Standpunktes, den die Staaten in den Gemeinschaftsinstanzen vertreten, im Rahmen ihrer Befugnisse oder wenn die zu behandelnden Themen direkt ihre Interessen berühren“, zu beteiligen. Abs. 2 fordert rasche und umfassende Unterrichtung über die Gemeinschaftsvorhaben, und „zwar vorzugsweise durch die Institutionalisierung der Vertretung der Regionen“. Abs. 4 will die Mitgliedstaaten veranlassen, die von den Regionen geäußerten Standpunkte in die Gemeinschaftsinstanzen einzubringen. Es liegt auf der Hand, dass diese Postulate Vorstufe einer Revision der EU-Verträge sein können, die die Regionen der und in den 28 Mitgliedstaaten auf der „Hochebene“ des primären Unionsrechts verankert, bis hin zu einer Regionalkammer, Klagerechten vor dem EuGH etc. Auch hier lässt sich somit eine *zweifache* Wirkung erkennen: die innerstaatliche Schaffung bzw. Verstärkung von „Regionen“ und ihre supranationale bzw. europarechtliche Verortung und „Konstitutionalisierung“. Schritt für Schritt entsteht so *gemeineuropäisches konstitutionelles Regionalismus-Recht* mit innerstaatlicher und europarechtlicher Ausformung. Sowohl das nationale Verfassungsrecht als auch das Europarecht sind gefordert, eine den bisherigen Texten „kongeniale“ „Regionalismus-Lehre“ zu entwickeln[564].

1172 Ein Vergleich der *innerstaatlichen* Regionalismustexte und der von der *Europaebene* kommenden, teils aus informellen Gremien, teils aus institutionalisierten transnationalen Formen stammenden Texten zeigt einen cha-

---

563 In diesem Kontext einer europäischen Föderalismus- und Regionalismuslehre sei noch auf zwei Sammelbände verwiesen: D. Merten (Hrsg.), Föderalismus und Europäische Gemeinschaften, 1990; P. Hänni (Hrsg.), Schweizerischer Föderalismus und europäische Integration, 2000.

564 Siehe noch *J. Beck*, Netzwerke der transnationalen Regionalpolitik, 1997; *A. Engel*, Zusammenhalt und Vielfalt in Europas Grenzregionen. Der Europäische Verbund für territoriale Zusammenarbeit in normativer und praktischer Dimension, 2014.

rakteristischen Unterschied: die „von außerhalb“ der nationalen Verfassungsstaaten entwickelten Texte sind weniger technisch, „kultureller“, farbiger, kühner, plastischer, insgesamt „freier“ im Sinne eines effektiven vielgestaltigen Regionalismus weiter gediehen und dynamischer als die innerstaatlichen. M.a.W.: In der Textstufenentwicklung liegt das „konstitutionelle Regionalismus-Recht“ des nationalen Verfassungsstaates etwas zurück. Das dürfte mehrere Gründe haben: „soft law“, Konventionen, Deklarationen, Entschließungen, Symposien, Arbeitskreise der Regionen stehen nicht in der unmittelbaren Verantwortung wie die Verfassungstexte der Nationalstaaten. Sie können zugunsten eines ausgebauten Regionalismus weiter vorpreschen und mehr wagen als diese; sie lassen das Korsett des zentralistischen Nationalstaates leichter hinter sich[565]. Sie sind der staatsfernen freien Wissenschaft und phantasievollen Regionalismuspolitik näher als die nationalen Verfassunggeber und ihre Ratgeber. Vielleicht sind sie auch der Europa-Idee gegenüber sensibler als so manche innerstaatliche Instanzen. Darum erfährt die Regionalismusidee wesentliche Impulse aus der Regionalismusbewegung, die sich in überstaatlichen Gremien und Kreisen Europas manifestiert. Was hier zu Texten „gerinnt“, ist eine Art Vorhut in Sachen Regionalismus. Letztlich sollte es aber zu einer *Synthese* kommen zwischen den innerstaatlich entwickelten und den transnational vorgeschlagenen Regionalismus-Formen. Sobald die nationalen Verfassungsstaaten erkennen, dass sie sich selbst den besten Dienst leisten, wenn sie sich intern regionalistisch strukturieren und einem „Europa der Regionen“ öffnen, kann die Werkstatt ihrer eigenen Texte fruchtbarer werden, können sie regionalistisches Neuland beschreiten und ihre Staatlichkeits- und Nationalismus-Ideologie korrigieren, d.h. relativieren[566]. In der heutigen Entwicklungsphase ist aber noch europäischen Impulsen als Vorreiter besondere Aufmerksamkeit zu schenken.

---

565 Zu all dem auch schon *P. Häberle*, Verfassungslehre als Kulturwissenschaft, 2. Aufl. 1998, S. 812 ff.; *J. E. Himmel*, Regionale Interessenvertretung in der EU. Eine Untersuchung unter Berücksichtigung von europäischem Recht und Regionalisierungstendenzen, 2012, S. 10 f.: „Europäische Regionen und das Prinzip der Regionalisierung“.

566 Für den Anwendungsfall Belgien siehe *A. Alen,* Der Föderalstaat Belgien – Föderalismus, Nationalismus, Demokratie, 1995. Vorbildlich Art. 1, Art. 3 Abs. 3 Statut Toskana von 2005.

c) Der Theorierahmen: der Regionalismus als eigenständiger „kleiner Bruder“ des Föderalismus

Föderalismus und Regionalismus, hier als *eigenständige* Strukturen des Verfassungsstaates der heutigen Entwicklungsstufe verstanden, lassen sich durch Gemeinsamkeiten und Unterschiede umreißen. Solange es keine „Regionalistic Papers“ in Analogie zu den „Federalist Papers“ der werdenden USA (1787) gibt, muss mühsame Kleinarbeit geleistet werden. 1173

aa) Gemeinsamkeiten zwischen Föderalismus und Regionalismus

(1) Die sieben Legitimationsgründe

Ins Auge springende *Gemeinsamkeiten* bestehen in Bezug auf die (sieben) 1174
Legitimationsgründe.

(a) So können Föderalismus wie Regionalismus zuvörderst *grundrechtstheoretisch* begründet werden. Texte z.B. des Europarates von 1978 sprechen[567] vom „Recht jedes Europäers“ auf seine Region, das Teil seines Rechtes auf Verschiedenheit ist. Dieses Recht zu bestreiten hieße, „die Identität des europäischen Menschen in Frage zu stellen, und damit auch Europa selbst“. Damit ist die gliedernde Einheit „Region“ beim Einzelnen Menschen und seinen Freiheiten angesiedelt. In den Blick kommt so besonders die *kulturelle Freiheit* und korporativ institutionell – die *kulturelle Autonomie*. So spricht die schon mehrfach zitierte Gemeinschaftscharta der Regionalisierung des Europäischen Parlaments (1988) von „gemeinsamen Elementen einer bestimmten Bevölkerung“ und nennt dabei „gemeinsame Merkmale“ hinsichtlich der Sprache, der Kultur, der geschichtlichen Traditionen etc. Damit ist für den Regionalismus das konzipiert, was die kulturwissenschaftlich betriebene Bundesstaatslehre für den Föderalismus 1175

567 Nachweise bei *P. Häberle*, **Der kooperative Verfassungsstaat – aus Kultur und als Kultur**. Vorstudien zu einer universalen Verfassungslehre, 2013, 5. Kapitel, XI.: „Föderalismus und Regionalismus als territorialer Pluralismus und kulturelle Gewaltenteilung“; vorher schon *ders.*, Der Regionalismus als werdendes Strukturprinzip des Verfassungsstaates, AöR 118 (1993), S. 1 ff., 28; Texte auch bei J. Bauer (Hrsg.), Europa der Regionen, 2. Aufl. 1992; *A. Gamper*, Die Regionen mit Gesetzgebungshoheit, 2004.

vorschlägt[568], wobei sie auf den Textpassus im Neugliederungs-Artikel 29 GG („landsmannschaftliche Verbundenheit", „geschichtliche und kulturelle Zusammenhänge") verweisen kann. Freiheit aus Kultur, kulturelle Freiheit vor Ort, in der kleineren Einheit wie Region oder Kanton bzw. Bundesland, sind Stichworte. Das Größere, der Regional- bzw. Föderalstaat gewinnt dadurch kulturelle Vielfalt.

1176 (b) Die *demokratische* Legitimation von Regionalismus und Föderalismus bildet einen zweiten Legitimationsgrund. So heißt es trefflich in Art. 227 Abs. 2 Verf. Portugal (1976/1992), die Autonomie der Regionen ziele auf „die demokratische Teilhabe der Bürger". Die „regionalistischen Leitsätze" von Brixen (1978) formulieren:

> „Mehr Demokratie – Regionale Demokratie verwirklicht mit kleineren überschaubaren und dem Bürger einsichtigeren Gemeinschaften mehr Volksnähe als nur zentrale Demokratie großer Systeme".

Diese „demokratiefördernde Wirkung" verbindet den Regionalismus mit dem Föderalismus. Die deutsche Bundesstaatstheorie hat seit langem Demokratie und Föderalismus zusammengedacht, u.a. mit dem Hinweis auf den Minderheitenschutz, den Einbau der Opposition in die demokratische Ordnung sowie die Auflockerung der inneren Ordnung der Parteien, was sich im dezentralisierten Einheitsstaat nicht erreichen lasse[569]. Genau diese Aspekte können aber auch auf den Regionalismus übertragen werden. Sie wären für Osteuropa besonders wichtig.

1177 (c) Die *gewaltenteilende Legitimation* des Föderalismus ist unter dem Stichwort „vertikale Gewaltenteilung" geläufig[570]. Sie lässt sich analog für den Regionalismus begründen. Die Verhinderung von Machtakkumulation und die Verstärkung wechselseitiger Kontrollmöglichkeiten durch regionale Aufgliederung staatlicher Kompetenzen und Aufgabenerfüllung sind

---

568 Dazu *P. Häberle*, Kulturverfassungsrecht im Bundesstaat, 1980; *ders.*, Aktuelle Probleme des deutschen Föderalismus, Die Verwaltung 1991, S. 1 ff.; *ders.*, Kulturhoheit im Bundesstaat, AöR 124 (1999), S. 549 ff. S. auch P. Pernthaler (Hrsg.), Föderalistische Kulturpolitik, 1988. Zur Vorbildwirkung regionaler Strukturen und föderaler Ordnungen für finanzielle Solidarität innerhalb der EU siehe *A. Keller*, Vorgaben föderaler Ordnungen für das Ausmaß und die Grenzen finanzieller Solidarität in der Europäischen Union, 2014, S. 26 ff.: „Dezentralisierungstheorem".

569 Grundlegend *K. Hesse*, Grundzüge des Verfassungsrechts der Bundesrepublik Deutschland, 20. Aufl. 1995 (Neudruck 1999), Rn. 227.

570 *K. Hesse*, Grundzüge des Verfassungsrechts der Bundesrepublik Deutschland, 20. Aufl. 1995 (Neudruck 1999), Rn. 231.

gerade im Einheitsstaat hilfreich, ja notwendig, und vermitteln Freiheit der Bürger. Dabei ist der Begriff „vertikal“ in Anführungszeichen zu setzen. Denn im Verfassungsstaat gibt es kein „Unten“ für den Bürger und kein „Oben“ für die staatlichen Ebenen. Die Menschenwürde ist die kulturanthropologische *Prämisse* des Verfassungsstaates, regionale, föderale und gesamtstaatliche Demokratie sind „nur“ die *Konsequenz.*

(d) Die *wirtschaftspolitische, entwicklungspolitische Legitimation* ist dem 1178
Regionalismus wie dem Föderalismus gemeinsam. Auch hier ist der Textvergleich im Kontext der Verfassungspraxis hilfreich. So besteht in Deutschland heftige Konkurrenz zwischen den Bundesländern gerade in wirtschaftlicher Hinsicht[571], bis hin zu staatlicher Abwerbung von Industrieunternehmen und dem „unendlichen“ Streit um den Länderfinanzausgleich[572]. Gerade der wirtschaftspolitische Nachholbedarf der fünf neuen Bundesländer war groß und eine wiedervereinigungsbedingte Ausnahme. Er bleibt es bis heute und verlangt auch nach 25 Jahren Deutsche Einheit Solidarität, wie sie von Anfang an z.B. in Gestalt des Werkes „Aufbau Ost“, „Solidarpakt I und II“, „Solidarbeitrag“ etc. geleistet wurde. Der „*fiduziarische Föderalismus*“ hat hier seine Stunde. Es gibt den GG-Auftrag, „gleichwertige Lebensverhältnisse“ zu schaffen, wozu auch das Wirtschaftliche gehört (vgl. Art. 72 Abs. 2 GG). Innerverfassungsstaatlich hat für den Regionalismus hier die Verf. Spanien (1978/1992) glückliche Textarbeit geleistet, insofern Art. 138 Abs. 1 von „Herstellung eines angemessenen und gerechten wirtschaftlichen Gleichgewichts“ spricht und Art. 143 Abs. 1 neben den historischen und kulturellen auch die wirtschaftlichen Eigenschaften als konstitutiv für eine Regionaleinheit ansieht. Hilfreich ist, auch für eine Europäische Verfassungslehre, die *keine eurozentrische* sein will, ein Blick nach Iberoamerika: Art. 259 Abs. 1 S. 2 (alte) Verf. Peru (1979) spricht plastisch von den Regionen als „geoökonomischen Einheiten“, und die Verf. Guatemala (1985) postuliert in Art. 224 Abs. 2 die Bildung von „Entwicklungsregionen“ nach „wirtschaftlichen,

---

571 Siehe aus dem Kontext der Debatten um den Länderfinanzausgleich *J. Wieland*, Eigenständigkeit und Solidarität – Aufgabengerechte Finanzverteilung zwischen Bund, Ländern und Kommunen, JZ 2014, S. 829 ff.; *ders.*, Neuordnung der Finanzverfassung nach Auslaufen des Solidarpakts II und Wirksamwerden der Schuldenbremse. Rechtsgutachten im Auftrag der Bertelsmann Stiftung, Speyerer Arbeitsheft Nr. 211, 2013; *R. P. Schenke*, Aufgabengerechte Finanzverteilung, NJW 2014, S. 2542 ff.

572 Dazu etwa *Th. Lenk*, Föderalismusreform III – Kritische Analyse der föderalen Finanzbeziehungen und aktuell diskutierte Reformansätze, 2014.

sozialen und kulturellen Kriterien". Kurz: Ökonomische Vielfalt, wirtschaftliche Differenz bilden ein Argument für die Gliederung des Verfassungsstaates in Länder bzw. Kantone oder Regionen. Dass dabei aber die föderale/regionale Solidarität, der Ausgleich hinzugedacht werden muss – als „Bundes"- bzw. „Regionaltreue" bekannt – sei schon hier vermerkt. In Deutschland ist der horizontale und vertikale Finanzausgleich[573] die handfeste Umsetzung des Postulats der Bundes- bzw. Ländertreue (vgl. Art. 104 a Abs. 4 GG: Ausgleich „unterschiedlicher Wirtschaftskraft", Art. 107 Abs. 2 S. 1: angemessener Ausgleich der unterschiedlichen Finanzkraft der Länder). Schon in der bereits erwähnten Erklärung von Galway (1975) findet sich das große Wort vom „Gemeinschaftsprinzip, d.h. Solidarität aller Regionen Europas". In der griechischen Finanzkrise wird um diese Solidarität heftig gerungen. Ob ein *europäischer fiduziarischer Prä-Föderalismus* ein streng interpretiertes Bail-Out-Verbot aufweichen und für die Architektur der Wirtschafts- und Währungsunion neue Gestaltungsimpulse geben kann, wird die Reformdiskussion des Krisenjahres 2015 (und darüber hinaus) zeigen.[574] Aber auch die zentralen Probleme der internationalen Flüchtlingskrise können nur bewältigt werden, wenn die Regionen Europas solidarisch zusammenstehen.

1179 (e) Die *Integrationsfunktion* ist für den Regionalismus in Ziff. 10 der Regionalistischen Leitsätze der Tagung von Brixen (1978) auf den Punkt gebracht worden:

> „Das im regionalen Bereich zusätzliche Maß an Zusammengehörigkeitsbewusstsein, wenn auch regionale Selbstbestimmung statt Fremdbestimmung herrscht, verstärkt die demokratische Integration, die Identifikation der Bürger mit ihren politischen Institutionen, wesentlich."

Unter dem GG werden die Deutschen wesentlich *als* Bayern, Hessen, Sachsen, Brandenburger etc. zu Deutschen, was die Wiedervereinigung bestätigt hat. Spaniens Verfassungsväter haben bereits die Integrationsfak-

---

573 Aus der Lit.: *D. Carl*, Bund-Länder-Finanzausgleich im Verfassungsstaat, 1995; *M. Kilian*, Das System des Länderfinanzausgleichs und die Finanzierung der neuen Bundesländer, JZ 1991, S. 425 ff.; *U. Häde*, Finanzausgleich, 1996; *S. Korioth*; Der Finanzausgleich zwischen Bund und Ländern, 1997; *Th. Lenk*, Aspekte des Länderfinanzausgleichs, 2001; *ders.*, Föderalismusreform III – Kritische Analyse der föderalen Finanzbeziehungen und aktuell diskutierte Reformansätze, 2014.

574 Siehe etwa *H.-J. Blanke/S. Pilz*, Solidarische Finanzhilfen als Lackmustest föderaler Balance in der Europäischen Union, EuR 2014, S. 541 ff.

toren genannt, die Regionalbewusstsein schaffen bzw. befördern können: „Flaggen und Embleme der Autonomen Gemeinschaften" (Art. 4 Abs. 2), die „anderen Sprachen" bzw. die „unterschiedlichen sprachlichen Gegebenheiten Spaniens" (Art. 3 Abs. 2 und 3). Es ist kein Zufall, dass *R. Smend*, der Erfinder der „Bundestreue", zugleich der Schöpfer der Integrationslehre wurde – mit Fern- und Nachwirkungen auf ganz Europa bis heute[575]. Seine Integrationslehre hätte er jedenfalls auch bzw. heute am Regionalismus „testen" können: Die „Zusammenordnung" von Zentralstaat und Regionen bzw. von Bundesstaat und Bundesländern (Kantonen), früher von Reich und Ländern, ergibt den „allgemeinen bündischen Rechtssatz der bundesfreundlichen Haltung", von *K. Hesse* als immanente Verfassungsnorm qualifiziert[576]. Die Integration ist eine doppelte: Sie gelingt auf der niederen Ebene (die Andalusier, Katalanen, Galicier etc. „finden sich" in ihrer Regionalverfassung) und sie gelingt zur höheren Ebene hin: was mit dem Begriff „Solidarität" in Art. 2 Verf. Spanien und Art. 227 Abs. 2 Verf. Portugal gemeint ist. Im sich einenden Europa kommt dessen Ebene als drittes Integrationsfeld hinzu, gegebenenfalls mit direktem Durchgriff von der Regional- bzw. Landesebene, auch Stadtstaatenebene zur EU hin. Stichwort z.B. Bremen als „Europa-Land"[577] oder Andalusien, auch Venetien als „*europaunmittelbare*" *Region*. So ist es konsequent, dass sich in regional verfassten Nationen wie Italien und Spanien besonders viel Europabewusstsein in den Regionen findet. Die Regionen holen sich ein Stück regionale Legitimation und Selbststand von „Europa" her, was den (stärkeren) Ländern in Bundesstaaten im „ewigen" Kampf der Selbstbehauptung gegen den Gesamtstaat nicht gleichermaßen, aber auch wichtig ist.

(f) Die *aufgabenteilende, dezentralisierende Dimension, das Subsidiaritätsargument*, verbindet den Föderalismus mit dem Regionalismus. Schon in der Entschließung der verdienstvollen und folgenreichen Münchener Konferenz „Europa der Regionen" (1989) heißt es: „Subsidiarität und Föderalismus müssen die Architekturprinzipien Europas sein: Die größere 1180

575 *R. Smend*, Ungeschriebenes Verfassungsrecht im monarchischen Bundesstaat (1916), in: Staatsrechtliche Abhandlungen, 4. Aufl. 2010, S. 39 ff.; *ders.*, Verfassung und Verfassungsrecht (1928), ebd., S. 118 ff., 271 ff.

576 *K. Hesse*, Grundzüge des Verfassungsrechts der Bundesrepublik Deutschland, 20. Aufl. 1995 (Neudruck 1999), Rn. 270.

577 Zu einer „föderalen Verfassungstheorie der Stadtstaaten" *P. Häberle*, 50 Jahre Landesverfassung Bremen, JZ 1997, S. 57 ff.

Einheit darf niemals Aufgaben übernehmen, die die kleinere Einheit zufriedenstellend erfüllen kann". Heute ist die Subsidiarität nicht nur auf Europaebene ein Verfassungsprinzip (Art. 5 Abs. 1 EUV), auch innerverfassungsstaatlich ist die von der Sozialenzyklika „Quadragesimo Anno" (1931) erfundene Subsidiarität zu einem Verfassungstext geronnen, vor allem in Art. 23 Abs. 1 S. 1 GG sowie Art. 7 Abs. 6 Verf. Portugal. Gewiss, die Subsidiarität ist schwer zu interpretieren[578]. Denn es bedarf eines Konsenses darüber, wer nach welchen Maßstäben entscheidet, ob eine Aufgabe auch auf der niederen Ebene zufriedenstellend erfüllt werden kann. Auch steht dieselbe Subsidiarität letztlich hinter *verschiedenen* Strukturprinzipien: Föderalismus, Regionalismus, auch kommunale Selbstverwaltung. Die Rechtskultur Großbritanniens versteht sie anders als etwa Deutschland. Hier bedarf es noch viel *„gemeineuropäischer Hermeneutik"*.

1181 (g) Der siebte und letzte Legitimationsgrund für Regionalismus ist der *europäische*. Das Europarecht im engeren (EU-)Sinne und im weiteren Sinne (Europarat, OSZE), aber auch das je nationale Europaverfassungsrecht (z.B. Art. 60 Verf. Saarland, Art. 54 Abs. 1 Verf. Bern) verweist auf europäische Regionen. Europa versteht sich sozusagen (auch) als *Gemeinschaft von Regionen*, da die Vielfalt seiner Kultur sich in ihnen besonders ausdrückt. Das europarechtliche und europapolitische Argument verleiht den Regionen daher besondere Schubkraft: innerstaatlich wie transnational grenzüberschreitend.

---

578 Aus der unüberschaubaren Lit.: A. Riklin/G. Batliner (Hrsg.), Subsidiarität, 1994; *P. Häberle*, Das Prinzip der Subsidiarität aus der Sicht der vergleichenden Verfassungslehre, AöR 119 (1994), S. 169 ff.; D. Merten (Hrsg.), Die Subsidiarität Europas, 2. Aufl. 1994; *Ch. Calliess*, Das gemeinschaftsrechtliche Subsidiaritätsprinzip (Art. 3 b EGV) als „Grundsatz der größtmöglichen Berücksichtigung der Regionen", AöR 121 (1996), S. 509 ff.; K. W. Nörr/Th. Oppermann (Hrsg.), Subsidiarität: Idee und Wirklichkeit, 1997; *M. Zuleeg*, Das Subsidiaritätsprinzip im Europarecht, in: FS Mélanges Schockweiler, 1999, S. 635 ff.; *W. Moersch*, Leistungsfähigkeit und Grenzen des Subsidiaritätsprinzips, 2001; *J. Isensee*, Subsidiaritätsprinzip und Verfassungsrecht, 2. Aufl. 2001; *R. Streinz*, Europarecht, 9. Aufl. 2012, Rn. 172; für das Europa im weiteren Sinne *F. Kollmar/J. M. Hoffmann*, Harmonisierung durch Subsidiarität? – Das 15. und 16. Zusatzprotokoll zur Europäischen Menschenrechtskonvention im Spiegel des Unionsrechts, DVBl. 2015, S. 725 ff.

(2) Föderalismus und Regionalismus als „Solidargemeinschaften“

Zu den „Gemeinsamkeiten“ zwischen den beiden verfassungsstaatlichen Strukturprinzipien gehören die wechselseitigen Solidaritätspflichten zwischen „kleiner“ und „großer“ Einheit. Für den Bundesstaat von *R. Smend* als Klassikertext etabliert, ist die „Bundestreue“ heute ein Testfall für jeden Föderalismus[579]. Das BVerfG hat sie in großen Judikaten ausgebaut (z.B. BVerfGE 6, 309; 8, 122; 12, 205; 43, 291; 61, 149; 81, 310 (337); 86, 148 (211 f., 213 f.)) und europaweit wird sie von den anderen nationalen Wissenschaftlergemeinschaften beachtet, wenn nicht rezipiert. Die „Erfolgsgeschichte“ dieses Verfassungsprinzips zeigt sich aber auch darin, dass es sich auf dem Felde des *Regionalismus* zu etablieren beginnt: schon auf Verfassungstextebene, als „Solidarität“ in den beiden iberischen Ländern Portugal (vgl. Art. 227 Abs. 3) und Spanien (Art. 2, s. auch Art. 156 Abs. 1, Art. 158 Abs. 2) sichtbar, aber auch in Rechtsprechung und Wissenschaft[580]. M.a.W.: Die „Bundestreue“ ist analogiefähig. In Regionalstaaten trifft die Regionen und Staaten eine wechselseitige Treuepflicht mit materiellen und prozessualen Auswirkungen, etwa Kooperationspflichten (was sich als „*kooperativer Regionalismus*“ darstellen mag), Pflichten zur gegenseitigen Information, Rücksichtnahme und Mitwirkung bis hin zum Beistand in finanzieller Hinsicht. Auch der Regionalismus ist eine „Solidargemeinschaft“. Im Jahre 2013 erhoben Bayern und Hessen einen Normenkontrollantrag in Sachen Länderfinanzausgleich[581]. Was das heißt, ist ja gerade auf dem Feld der Finanzen in Italien ebenso umstritten wie in Spanien. 1182

---

579 Aus der Lit.: *K. Hesse*, Grundzüge des Verfassungsrechts der Bundesrepublik Deutschland, 20. Aufl. 1995 (Neudruck 1999), Rn. 268 ff.; *H. Bauer*, Die Bundestreue, 1992; *A. Anzon*, La „Bundestreue“ e il systema federale tedesco, 1995; *A. Alen u.a.*, Bundestreue im belgischen Verfassungsrecht, JöR 42 (1994), S. 439 ff.; *M. Lück*, Die Gemeinschaftstreue als allgemeines Rechtsprinzip im Recht der Europäischen Gemeinschaft, 1992; mit spezifisch umweltrechtlichem Fokus *S. Schmahl/F. Jung*, Unionstreue und Loyalitätspflichten im Rahmen der (umweltrechtlichen) Außenbeziehungen der Europäischen Union, EurUP 2014, S. 309 ff.

580 Vgl. *P. Cruz Villalón*, Die Rechtsprechung des Verfassungsgerichts zu den Autonomen Gebietskörperschaften (1981-1986), in: A. López Pina (Hrsg.), Spanisches Verfassungsrecht, 1993, S. 195 ff., 217 ff.

581 Zum Problemkreis: *A. Katz*, Zukunftsfähigkeit der Finanzordnung des GG? – Schritte auf dem Weg zu einem konsistenten Gesamtkonzept, VBlBW 2012, S. 41 ff.

1183 Nach der Erarbeitung von Gemeinsamkeiten zwischen Föderalismus und Regionalismus wird jetzt die Konturierung der *Unterschiede* erforderlich.

bb) Unterschiede zwischen Föderalismus und Regionalismus

(1) Die Ausgangsthese

1184 Ausgangspunkt ist die These, der Regionalismus sei ein *eigenwüchsiges* und *eigenständiges* Strukturprinzip des Typus Verfassungsstaat, keine bloße „Vorform" des Föderalismus. Je nach Raum und Zeit seien beide Strukturformen, Föderalismus wie Regionalismus, eine *gleichberechtigte Alternative*, wobei es ganz von der Verfassungskultur einer Nation abhängt, ob sie die eine oder andere Form wählt und wie sie sie ausgestaltet. Deutschland gäbe sich nie mit einem „nur" regionalistischen Staatsmodell zufrieden, allenfalls stellt sich die Frage, ob (intern) „zentralistische" Länder wie Bayern stärker regionalisiert werden müssten oder z.B. ein eigenes Bundesland Franken zu schaffen sei! Frankreich tut sich schwer, mit dem Regionalismus Ernst zu machen, während Spanien einen besonders weit gediehenen Regionalismus zustande gebracht hat, der in manchem schon auf dem Weg zu einer „Vorform" des Föderalismus zu sein scheint. Dass dem fernen Betrachter die Einordnung eines Staates als „regional oder föderal" auch einmal schwer fallen kann, zeigen die Beispiele Äthiopiens (1994) und Südafrikas (1996/97).

(2) Einzelne Kriterien der Differenz

1185 Einige Kriterien der Unterschiedlichkeit seien indes genannt:

1186 (a) So bilden die Regionen *keinen „Staat"* wie das Bundesland, sie haben keine „Verfassung" im anspruchsvollen Sinne des Wortes (aber auch keine „verfassunggebende Gewalt") wie z.B. die Kantone der Schweiz, also auch keine Verfassungsautonomie, die das BVerfG zu Recht für die deutschen Länder betont (vgl. BVerfGE 9, 268 (279); 36, 342 (360 f.)). Indes finden sich wie in den Regionalstatuten doch *Teil*elemente (so in Sizilien, das 1947 noch *vor* der italienischen Verfassung sein Regionalstatut geschaffen hat). Besonders weit in der Konstitutionalisierung der Regionen ist im europaweiten Vergleich Spanien fortgeschritten, wobei zwei Perspektiven zu wählen sind: der Blick von der nationalen Gesamtverfassung her und der Blick vom jeweiligen Regionalstatut aus. Die spanische Verfassung ist der Eröffnung eines identitätsbegründeten Raumes für die Autonomen Gebietskörperschaften besonders aufgeschlossen: die Nennung des Rechts auf Autonomie der Nationalitäten und Regionen (Art. 2), die Anerkennung der „anderen Sprachen" als Amtssprachen (Art. 3 Abs. 2), die Zulassung eigener Flaggen und Embleme (Art. 4 Abs. 2).

Nimmt man einige Regionalstatute in den Blick, so fällt auf, wie intensiv etwa das Baskenland[582] (z.B. in Sachen Symbole: Art. 5; kulturelles Erbe: Art. 6 Abs. 5; Teilhaberechte: Art. 9 e) und Andalusien[583] (z.B. Art. 11 S. 2: Minderheitenschutz; Art. 12 Abs. 3 Ziff. 2: „Identität") diesen Verfassungsrahmen genutzt haben („kleine Verfassung"). Für eine vergleichende Regionalismuslehre in Europa wäre zu klären, was auf der Ebene der Gesamtverfassung zu normieren ist – einige Elemente gehören bereits in die *geschriebene* Verfassung, weshalb Frankreich nach wie vor eher einem dezentralisierten Einheitsstaat gleicht[584]. Spanien hat hier Vorbildliches geschaffen, auch in dem Wort von der „grundlegenden institutionellen Norm" (Art. 147 Abs. 1) und in der Positivierung von Mindesterfordernissen für die Autonomiestatute (ebd. Abs. 2). 2005 begann eine neue Phase (z.B. in Katalonien).

(b) Der dabei gewonnene *konstitutionelle Selbststand* der Regionen ist 1187
durch eine *klare Aufgabenteilung* zwischen Region und Gesamtstaat auf den Ebenen der drei Gewalten zu ergänzen. Die reichen Aufgabenkataloge der Verfassungen Italiens (Art. 117 f. Verf. von 1947), Portugals (Art. 229 Verf. von 1976/97), und Spaniens (Art. 147-152 Verf. von 1978/92), hier übrigens in Anlehnung an bundesstaatliche Verteilungsinstrumente wie ausdrückliche, ausschließliche Grundsatz-Kompetenzen etc., gehören zur „Grammatik" des verfassungsstaatlichen Regionalismus. Sie müssen frei-

---

582 Dazu *J. Corcuera Atienza*, La singularité basque au sein du système autonomique espagnole, JöR 43 (1995), S. 541 ff. mit Textanhang des Statuts (1979): Art. 1: „dieses Statut als institutionelles Grundgesetz". Zu Barcelona: *P. Häberle*, Föderalismus/Regionalismus – eine Modellstruktur des Verfassungsstaates – Deutsche Erfahrungen und Vorhaben – Memorandum für ein spanisches Projekt, JöR 54 (2006), S. 569 ff.

583 Dazu *F. Balaguer Callejón*, Die Autonome Gemeinschaft Andalusien im Bildungsprozess des autonomischen spanischen Staates, JöR 47 (1999), S. 109 ff. mit Textanhang des Statuts (1982).

584 Zu Frankreich: *M. Fromont*, Die französischen Dezentralisierungsgesetze, DÖV 1983, S. 397 ff.; *ders.*, Le progrès de la décentralisation en France, JöR 54 (2006), S. 307 ff.

lich Leben gewinnen, indem die Regionen ihrerseits in den Statuten Aufgabenkataloge konstitutionell festschreiben (z.B. Art. 12 und Art. 13-21 Statut Andalusien) und praktisch politisch erfüllen, ja sogar ein „Aufgabenerfindungsrecht“ in Anspruch nehmen. Die reale Kulturautonomie als Seele „regionaler Vielfalt“ ist dabei unverzichtbar (vgl. auch Art. 149 Abs. 2 Verf. Spanien).

1188 (c) Das dritte Element eines Regionalismus, der diesen Namen verdient, ist sozusagen die „physische Seite“, die Sicherung von *Haushalts- und Finanzautonomie*. Sie ist bekanntlich in Italien (vgl. Art. 119) der neuralgische Punkt. Art. 229 Abs. 1 lit. i Verf. Portugal spricht von „Steuerhoheit“ und kennt „Rahmengesetze“, die „finanzielle Autonomie“ der Autonomen Gemeinschaften in Spanien (Art. 156-158) ist vermutlich genauso umkämpft wie im föderalen Kontext in Deutschland.

1189 (d) Das vierte und letzte Element eines verfassungsstaatlichen Regionalismus ist die Art und Weise der *gesamtstaatlichen Einordnung* der Regionen als „geokultureller Einheit“, als „historischer Identität“, als kulturerfülltem Raum bzw. einem Stück kultureller Freiheit (vgl. Art. 147 Abs. 2 lit. a Verf. Spanien), Gewaltenteilung und „regionaler Demokratie“ als Lebensform. So wie der Bundesstaat je neu um eine Balance zwischen Homogenität und Pluralität ringen muss, so hat der regional gegliederte Verfassungsstaat parallel zu verfahren, wenn auch in stärkerer Betonung des Gesamtstaates. Neben den potentiell „scharfen“ Instrumenten des „Regierungskommissars“ (Art. 124 Verf. Italien), des Ministers der Republik (Art. 232 Verf. Portugal), neben Kontrollverfahren (Art. 153 und Art. 154 Verf. Spanien) bis hin zum scharfen Schwert nach Art. 157 ebd., neben der kleinen Homogenitätsklausel in Art. 147 und Art. 152 Abs. 1 Verf. Spanien, ist hier an das große Reservoir gestufter Treue- bzw. Solidaritätsmechanismen zu denken. Eigens erwähnt sei die *Verfassungsgerichtsbarkeit* als unabhängige Instanz. In dem Maße, wie sie auf der heutigen Entwicklungsstufe des Verfassungsstaates zu einem Charakteristikum seines *Typus* wird, sollte sie zum „Hüter“ des Regionalismus berufen werden (vgl. Art. 134 Verf. Italien, Art. 280 Abs. 2, Art. 281 Abs. 1 Verf. Portugal, Art. 153 lit. a Verf. Spanien). Hier besteht noch mancher Nachholbedarf. So ist zu fragen, ob nicht analog Art. 93 Abs. 1 Ziff. 3 GG den Regionen (wie dort den „Ländern“) *eigene Klagerechte* zugesprochen werden sollten. Sie wären sozusagen die „Vollendung“ eines *konstitutionellen Regionalismus-Rechts*, wobei freilich wiederum die Analogie zum Föderalismus in den Blick kommt. Eine offene Frage bleibt, ob und wie politische *Mitwirkungsrechte* der Regionen auf gesamtstaatlicher Ebene eingeräumt werden: etwa in Gestalt einer „zweiten“, kleinen (Regional)Kammer – Italien diskutiert darüber immer wieder. Das bedeutete wiederum einen Rückgriff auf Vorbilder im Föderalismus, wozu man sich bekennen sollte, bei aller Richtigkeit der These von der „Eigenwüchsigkeit“ des Regionalismus als verfassungsstaatlicher Alternative zum Föderalismus.

(3) Konturen des verfassungsstaatlichen Regionalismus (Zusammenfassung)

Vom *Typus* Verfassungsstaat her gedacht ergeben sich an *Regionalismus-Strukturen* folgende „Anforderungen“ (auch zur Unterscheidung von bloßen administrativen Dezentralisierungsstrukturen): 1190

a) Die Regionalstruktur muss in den Grundzügen in der geschriebenen Verfassungsurkunde normiert sein und Teil der Verfassung im materiellen Sinne bilden (Frankreich bleibt hier noch deutlich „unterentwickelt“).

b) Es muss eine effektive Kompetenzverteilung auf Gesetzgebungs-, Regierungs-, Verwaltungs- und Rechtsprechungsebene geben („Spiegelbild“ der Gewaltenteilung).

c) Es können rudimentäre „Vorformen“ einer Eigenstaatlichkeit vorliegen (wie Namen und Flaggen: Art. 4 Abs. 2 Verf. Spanien).

d) Die Organstruktur der Regionalismusfunktionen (z.B. Parlamente) sollte im Grundsätzlichen umrissen werden.

e) Denkbar sind „kleine“ Homogenitätsklauseln (vgl. Art. 152 Abs. 1 Verf. Spanien); doch sollte das Gegenprinzip der Pluralität und Vielfalt, das „Eigene“ der Regionen sichtbar werden, bei allen möglichen Formen von Kooperation („kooperativer Regionalismus“); auch der Weg zu „gemeinem Regionalrecht“ muss offen bleiben; „Regionalismustreue“ – als Analogie zur „Bundestreue“, unional gedacht zur „Unionstreue“ – sollte kein Lippenbekenntnis bleiben.

f) Mitwirkungsrechte der Regionen auf gesamtstaatlicher Ebene sollten in Form einer „zweiten kleinen (Regional-)Kammer“ oder in Gestalt qualifizierter Zustimmungserfordernisse bestimmt sein.

g) Verfahren der Konfliktregelung zwischen den Gesamtstaaten und den Regionen sowie den Regionen untereinander sollten vorgesehen und von einer unabhängigen Instanz geschützt werden.

h) Haushalts- bzw. Finanzautonomie (durch eigene Steuern gesichert) sollte den Regionen eingeräumt werden, ergänzt durch Formen des Finanzausgleichs.

1191 Diese „*verfassungsstaatliche Themenliste*" für Regionen braucht nicht kumulativ ausgeschöpft zu werden, die einzelnen Nationen dürfen sich sehr unterscheiden, doch sollten wesentliche Teile real werden, nur dann kann von „verfassungsstaatlichem Regionalismus" gesprochen werden; andernfalls würde der Regionalismus zu einem farblosen Allerweltsbegriff. Vieles deutet darauf hin, dass etwa *Frankreich* sich erst knapp an der *unteren* Grenze dieser Anforderungen bewegt[585], während *Spanien* an der „*oberen* Grenze angelangt" ist[586]. Im Rahmen einer europäischen Verfassungslehre des Regionalismus wären freilich auch die beiden Kategorien „grenzüberschreitender" Regionalismus (z.B. Arge Alp) und „innerstaatlich-grenzüberschreitender" Regionalismus (Regionalismus innerhalb der Gliedstaaten eines Bundesstaates: z.B. Franken in Bayern!) typologisch aufzubereiten.

1192 Welche Variante des Grundmusters eines „verfassungsstaatlichen Regionalismus" in der einzelnen Nation auch vorliegen mag: Ähnlich wie beim Föderalismus ist auch beim Regionalismus nach den *nicht-juristischen* Bedingungen und Voraussetzungen zu fragen. Der verfassungsstaatliche bzw. verfassungsrechtliche Regionalismus braucht eine bestimmte „kulturelle Ambiance", braucht gesellschaftliche Vorgegebenheiten, die ihn „tragen", lebendig halten und fortentwickeln, etwa Aspekte sozialkultureller Vielfalt, sprachlicher, landsmannschaftlicher oder geschichtlicher Pluralität[587]. Nur wo sie vorliegen, kann verfassungsstaatlicher Regionalismus gedeihen, er bliebe sonst auf dem Papier des Verfassungstextes, realiter siegte letztlich wieder der Einheitsstaat.

---

585 Zu Frankreich: *D.-H. Voss*, Regionen und Regionalismus im Recht der Mitgliedstaaten der Europäischen Gemeinschaft, 1989, S. 365 ff; *G. Héraud*, Die Regionalisierung Frankreichs, in: F. Esterbauer/P. Pernthaler (Hrsg.), Europäischer Regionalismus am Wendepunkt, 1991, S. 79 ff.

586 Dies zeigt sich auch darin, dass in Spanien immer wieder diskutiert wurde, wie die Autonomiestatuten die „territoriale Verfassung des Staates vervollständigt haben" (dazu *P. Cruz Villalón*, Die autonomen Gemeinschaften in Spanien, JöR 34 (1985), S. 195 ff., 228 ff. und „was sie zur materiellen Verfassung" Spaniens beigetragen haben (ebd., S. 241). *P. Häberle* hat schon 1983 für Spanien von einer „Vorform eines möglichen Bundesstaates" gesprochen, vgl. *P. Häberle*, Europa in kulturverfassungsrechtlicher Perspektive, JöR 32 (1983), S. 9 ff., 12, Anm. 18), dazu zustimmend und weiterführend *P. Cruz Villalón*, aaO., S. 240.

587 Grundlegend zu solchen Perspektiven *K. Möckl*, Der Regionalismus und seine geschichtlichen Grundlagen, in: F. Esterbauer (Hrsg.), Regionalismus, 1978, S. 17 ff. mit Aspekten wie „Geschichtslandschaften", „historische Räume".

cc) Insbesondere: „Differenzierter“ Föderalismus bzw. offener Regionalismus?

(1) Differenzierter, offener Regionalismus

Eine Testfrage für praktische Föderalismus- bzw. Regionalismus-Politik 1193
wie für die begleitende, vergleichende, kulturwissenschaftlich arbeitende Verfassungstheorie[588] ist die Frage nach *strukturellen Differenzierungsmöglichkeiten*. Italien hat von Anfang an ein differenziertes Modell gewählt, insofern es bestimmten Regionen wie Sizilien und Sardinien „besondere Formen und Bedingungen der Autonomie“ ermöglicht (Art. 116 Verf. Italien), Spanien schuf neben den sog. historischen Regionen (wie Katalonien, Galicien und das Baskenland) den besonderen Autonomisierungsprozess (Art. 148 Abs. 2, Art. 151), und das Baskenland hat besonders weitreichende Autonomierechte. Freilich stellt sich die Grundsatzfrage, ob der Gesamtstaat solche „Asymmetrien“ durchgängig erträgt. Wenn manche Regionen auf der „Schattenseite“ des Regionalstaates bleiben, könnte das den unverzichtbaren Bindekräften eines Mindestmaßes an Homogenität schaden. Andererseits könnten die „starken“ Regionen zum Triebwerk für einen Systemwechsel zum Föderalismus werden oder sogar zur Sezession führen. Die Parallele zur Kontroverse über Regierungs- und Flexibilisierungsmodelle in der EU liegt nahe. Wie dem auch sei: das Ringen um „differenzierten“, „offenen“ Regionalismus muss von der Verfassungslehre erst noch kongenial kommentiert werden.

(2) Differenzierter Föderalismus

Wie steht es aber um das Schlagwort vom *differenzierten Föderalis-* 1194
mus?[589] Hier ist u.E. Vorsicht geboten. Zwar kennt das deutsche GG insofern Momente der Differenzierung als etwa die Länder im Bundesrat je

588 *P. Häberle*, Der kooperative Verfassungsstaat – aus Kultur und als Kultur. Vorstudien zu einer universalen Verfassungslehre, 2013; *ders.*, Verfassungslehre als Kulturwissenschaft, 2. Aufl. 1998.

589 Dazu aus der Lit.: *D. Schindler*, Differenzierter Föderalismus, in: FS Häfelin, 1989, S. 371 ff; *P. Pernthaler*, Der differenzierte Bundesstaat, 1992, S. 1: „Unterschiedliche Rechtsstellung oder unterschiedlicher Wirkungsbereich“; *ders.*, Modell eines differenzierten Föderalismus, in: S. Ortino/P. Pernthaler (Hrsg.), Verfassungsreform in Richtung Föderalismus, 1997, S. 21 ff.

nach Bevölkerungszahl mehr (bis zu 6) oder weniger (mindestens 3) Stimmen haben (Art. 51 GG), während in den USA im Senat jeder Gliedstaat durch 2 Senatoren vertreten ist. Im Übrigen werden aber gerade die z.B. im vertikalen und horizontalen Finanzausgleich eingelösten Pflichten aus der Solidargemeinschaft „Bundesstaat" ausgeglichen, für die Stadtstaaten gelten überdies Besonderheiten[590]. Das unterschiedliche Profil der Glieder stößt wegen des Prinzips der „gleichwertigen Lebensverhältnisse" an eine gutgemeinte Grenze im Namen der Homogenität und Egalität, die Idee des „differenzierten" oder „asymmetrischen" Föderalismus hilft u.E. nicht weiter. Sie ist im Rahmen einer vergleichenden Bundesstaatslehre abzulehnen. Es käme zu „zentrifugalem Föderalismus". Hier zeigt sich eine echte weitere Differenz zwischen Föderalismus und Regionalismus: Das einzige „Ventil", das ein Bundesstaat für Veränderungen haben sollte, ist das Verfahren der *Neugliederung* (Art. 29 GG)[591]. Spanien erlaubt einen Zusammenschluss von Navarra und dem Baskenland, die Schweiz hat vorbildlich pragmatisch eine solche Neugliederung friedlich durch die Gründung des Kantons Jura (1977) geleistet – in Deutschland ist sie im Jahre 1996 in Berlin/Brandenburg (vgl. Art. 118 a GG) u.E. zu Recht gescheitert, im Südwesten (Baden/Württemberg) einst (1951) gelungen. Im Übrigen haben sich die bestehenden Länder allen ökonomischen Zwängen zum Trotz dank ihrer tiefen kulturellen Radizierung „gehalten".

d) Ausblick

1195 Nach der Entscheidung Schottlands gegen die eigenstaatliche Unabhängigkeit vom „Vereinigten Königreich" titelte die Berliner Zeitung am 18.09.2014: „Vom Europa der Vaterländer zum Europa der Regionen". In demselben Artikel heißt es: „Der österreichische Sozialdemokrat Otto Bauer hat 1907 in seinem Buch 'Die Nationalitätenfrage und die Sozialdemokratie' die Nation erstmals als Konstrukt der Geschichte beschrieben. Der Wien verbundene Gelehrte Eric Hobsbawm dekonstruierte die Nation

---

590 *P. Häberle*, 50 Jahre Bremer Landesverfassung, JZ 1997, S. 57 ff.

591 Dazu aus der Lit.: *I. v. Münch/U. Mager*, Staatsrecht, Bd. I, 7. Aufl. 2009, Rn. 685; *I. Pernice*, in: H. Dreier (Hrsg.), GG, Bd. II, 2. Aufl. 2006, Art. 29, Rn. 1 ff.; *P. Häberle*, Ein Zwischenruf zur föderalen Neugliederungsdiskussion, in: FS Gitter, 1995, S. 315 ff.; *S. Greulich*, Länderneugliederung und Grundgesetz, 1995.

dann als 'vorgestellte Gemeinschaft'. Man werde die Geschichte 'unweigerlich als Geschichte einer Welt schreiben müssen, die sich nicht länger von Nationen und Nationalstaaten zwingen lässt', schrieb Hobsbawm und prophezeite schon 1985: Die Welt wird künftig 'übernational und unternational sein'. Selbst wenn der neue unternationale Regionalismus sich mit einem 'Mantel des Kleinnationalismus' umgebe. Siehe Schottland, Katalonien, Baskenland, Südtirol und Flandern.“[592]

Das „Übernationale“ wie das „Unternationale“ prägt in seinen vielfältigen 1196
Verflechtungen Europas Verfassungsarchitektur. Gewiss, der Regionalismus mag sich – extrem zugespitzt – mit dem „Mantel des Kleinnationalismus“ umgeben, er ist aber kein Aliud zum „Europa der Vaterländer“, sondern Teil seiner pluralistisch differenzierten Substanz. So gehört zu den Einsichten dieser Verfassungslehre, dass Föderalismus und Regionalismus wahrhaft „europäische“ Themen und einander – auch in ihrem stetigen Reformbedarf – höchst verwandte Erscheinungsformen des Verfassungsstaates sind. Ihre Varianten bleiben vielfältig, die einzelnen Nationen oder „Vaterländer“ stehen hier in gesundem Wettbewerb, aber auch in einem Verhältnis des Gebens und Nehmens. Es sei die These gewagt, der Regionalismus könne vielleicht sogar zu einem Element des Völkerrechts als „völkerverbindendem Menschheitsrecht“ werden. Diesem Blick auf das Große, Globale korrespondiert der Sinn für das Nähere, die Heimat, das Kleine, die „Provinz“. Vor Jahren formulierte der damalige katalanische Präsident *J. Pujol*: „Ich habe folgende Idee von Europa: Die Staaten wird es zwar immer geben, doch sie werden zunehmend Kompetenzen nach oben an Brüssel sowie nach unten an die Regionen abgeben“[593]. So können alle Regionen in den Ländern des Europarates wie anderswo „Provinzen des europäischen Geistes“ sein bzw. werden, seien sie im föderalen oder regionalen Gehäuse. Sie können dabei „Grenzen“ zu Brücken werden lassen. Die vergleichende Verfassungslehre ist hier nur „Rahmenwissenschaft“ für andere Wissenschaften und vor allem für die Künste.

---

592 http://www.berliner-zeitung.de/politik/schottland-und-die-unabhaengigkeit-vom-europa-der-vaterlaender-zum-europa-der-regionen,10808018,28450614.html. (zuletzt besucht am 23. August 2015).

593 Zit. nach FAZ vom 29. April 1999, S. 14.

I. Europäische Verfassungsgerichte: EuGH und EGMR

I. Nationale Verfassungsgerichte in Europa: das BVerfG als „Muster“

1. Einleitende Aspekte

1197 Das BVerfG ist als Institution, aber auch in Gestalt der „Erfindungen“ und Entwicklungen seiner Judikatur vor allem zu Grundrechtsfragen und Problemen der Architektur des Rechtsstaates sowie z.T. des Föderalismus („Bundestreue“) weltweit anerkannt. Es strahlt über Europa hinaus aus[594]. Die regelmäßigen Treffen der Verfassungsgerichte Europas tun das Ihrige für Sache und Methoden des Rechtsvergleichs[595] und lassen den europäischen Verfassungsgerichtsverbund[596] zum Kommunikations- und Lernverbund reifen. Die osteuropäischen Reformstaaten von Russland

594 Repräsentativ: *M. Fromont*, Das Bundesverfassungsgericht aus französischer Sicht, DÖV 1999, S. 493 ff. – In der im Ausland erscheinenden fremdsprachigen Lit. nimmt das BVerfG immer eine besondere Stellung ein: z.B. J. Luther et al. (Hrsg.), Esperienze di Giustizia Costituzionale, Bd. I, 2000, S. 159 ff. Ferner *D. P. Kommers*, Can German Constitutionalism Serve as a Model for the United States?, ZaöRV 58 (1998), S. 787 ff. – Umgekehrt aber auch *H. Wilms*, Die Vorbildfunktion des United States Supreme Court für das BVerfG, NJW 1999, S. 1527 ff. Insgesamt R. Ch. van Ooyen/M. H. W. Möllers, Handbuch Bundesverfassungsgericht im politischen System, 2. Aufl. 2015.

595 Bis heute wirkungsmächtig *K. Hesse*, Bestand und Bedeutung der Grundrechte in der Bundesrepublik Deutschland (Länderbericht Deutschland, gehalten auf der IV. Konferenz der Europäischen Verfassungsgerichte in Wien), EuGRZ 1987, S. 427 ff.

596 *A. Voßkuhle*, Der Verfassungsgerichtsverbund, NVwZ 2010, S. 1 ff.

(1993)[597] bis Polen (1997)[598], von Slowenien (1991)[599] bis Georgien (1996) und der Mongolei (1992) haben in ihren Verfassungen durchweg eine selbständige Verfassungsgerichtsbarkeit etabliert, und man geht nicht fehl in der Annahme, dass das BVerfG auch hier Vorbildwirkung entfaltet hat, während der US-Supreme Court oder das Bundesgericht in der Schweiz zwar inhaltlich, nicht aber organisatorisch als Vorbild wirkten. So deutet manches darauf hin, dass die selbstständige Verfassungsgerichtsbarkeit als „Krönung" des Verfassungsstaates der heutigen Entwicklungsstufe gelten darf[600]. Der Respekt vor dem BVerfG als Teil der Verfassungskultur

---

597 Aus der Lit.: *T. Schweisfurth*, Der Start der Verfassungsgerichtsbarkeit in Russland, EuGRZ 1992, S. 281 ff.; *M. Hartwig*, Verfassungsgerichtsbarkeit in Russland, EuGRZ 1996, S. 177 ff.; *A. Nussberger*, Die Grundrechte in der Rechtsprechung des russischen Verfassungsgerichts, EuGRZ 1998, S. 105 ff.; *A. Blankenagel*, Constructing and Defending one's self: Some Thoughts concerning the Institutional Identity of Constitutional Courts, Tel Aviv University Studies in Law, Vol. 15 (2000), S. 23 ff., 35 ff.; H. Scholler (Hrsg.), Die Sicherung des Rechtsstaatsgebots im modernen europäischen Recht – anhand von Garantien im Recht der Europäischen Union sowie in Russland und Deutschland, 2011.

598 Polen schon *vor* „1989": dazu *L. Garlicki*, Vier Jahre der Verfassungsgerichtsbarkeit in Polen (1985-1989), JöR 39 (1990), S. 285 ff.; später: *J. Zakrzewska*, L'Etat de Droit et Tribunal Constitutionnel en Pologne, JöR 41 (1993), S. 15 ff. – G. Brunner u.a. (Hrsg.), Verfassungsgerichtsbarkeit in der Tschechischen Republik, 2001. Zu den unterschiedlichen Verfassungsgerichtsbarkeiten in Europa auch *A. Weber*, Europäische Verfassungsvergleichung, 2010.

599 Zu Slowenien: *I. Kristan*, Verfassungsentwicklung in Slowenien, JöR 42 (1994), S. 59 ff. – Soweit im Folgenden auf osteuropäische Verfassungen Bezug genommen wird, sind diese dokumentiert in der fünfteiligen Reihe im JöR (beginnend in Bd. 43 (1995), endend in Bd. 46 (1998)). – Afrikanische Verfassungen sind zit. nach H. Baumann/M. Ebert (Hrsg.), Die Verfassungen der frankophonen und lusophonen Staaten des subsaharischen Afrikas, 1997; lateinamerikanische nach L. López Guerra/L. Aguiar (Hrsg.), Las Constituciones de Iberoamerica, 2. Aufl. 1998.

600 Siehe auch M. Stolleis (Hrsg.), Herzkammern der Republik. Die Deutschen und das Bundesverfassungsgericht, 2011.

Deutschlands[601] bedeutet kein Verbot für Kritik[602]. So vieles für die These vom BVerfG als „Muster" oder „Modell" spricht: eine europäische Verfassungslehre muss – auch wenn sie mit nationalen Beispielsmaterial arbeitet – um die Relativität bzw. Kontextabhängigkeit aller lebenden Normen bzw. Institutionen wissen und dementsprechend arbeiten.

2. Aspekte selbständiger Verfassungsgerichtsbarkeit – Rechtsvergleich in Raum und Zeit

a) Methodenfragen

1198 Die methodischen Grundsatzfragen, in den letzten 30 Jahren vom Erstverfasser in seiner Sicht entwickelt[603], seien wie folgt charakterisiert: Die Rechtsvergleichung in Sachen Verfassungsstaat entfaltet sich in zwei – letztlich zusammengehörenden – Dimensionen: als Rechtsvergleichung in der Zeit (Verfassungsgeschichte) und als Rechtsvergleichung im Raum (Komparatistik). Es geht um eine vergleichende Textstufenanalyse, die – kulturwissenschaftlich sensibilisiert – von vornherein die *Kon*texte einbezieht. Dort, wo neben den geschriebenen Verfassungstexten die („ungeschriebene") Verfassungsrechtsprechung in den Vordergrund rückt, sind deren – konzentrierte – Texte entsprechend aufzuschlüsseln. Neben diese

---

601 Vgl. *C. Starck* (Hrsg.), Festgabe 25 Jahre BVerfG, Bd. I und II, 1976. Ein Parallelband ist etwa Bayerischer Verfassungsgerichtshof (Hrsg.), Festschrift zum 50jährigen Bestehen des Bayerischen Verfassungsgerichtshofs, 1997. Zu ihrer Übergabe: *P. Lerche*, Die Verfassung in der Hand der Verfassungsgerichtsbarkeit?, BayVBl. 1997, S. 17 ff.; *R. Ch. van Ooyen*, Die Staatstheorie des BVerfG und Europa, 3. Aufl. 2010; *M. Eberl*, Verfassung und Richterspruch, 2006; *R. Alleweldt*, BVerfG und Fachgerichtsbarkeit, 2006; *B.-S. Dörfer*, BVerfG und Bundesstaat, 2010. – S. auch *D. P. Kommers*, The Constitutional Jurisprudence of the Federal Republic of Germany, 3. Aufl. 2012. – C. Starck (Hrsg.), Fortschritte der Verfassungsgerichtsbarkeit in der Welt, Bd. I, 2004, Bd. II, 2005; R. C. v. Ooyen/M. H. W. Möllers (Hrsg.), Das BVerfG im politischen System, 2. Aufl. 2015. – *M. Bortfeld*, Der Afrikanische Gerichtshof für Menschenrechte, 2005. – W. Heun/C. Starck (Hrsg.), Verfassungsgerichtsbarkeit im Rechtsvergleich, 2008.

602 *Ch. Möllers/M. Jestaedt/O. Lepsius/Ch. Schönberger*, Das entgrenzte Gericht: Eine kritische Bilanz nach sechzig Jahren Bundesverfassungsgericht, 2011.

603 *P. Häberle*, Verfassung als öffentlicher Prozess, 1. Aufl. 1978, 3. Aufl. 1998; *ders.*, Rechtsvergleichung im Kraftfeld des Verfassungsstaates, 1992; *C.-D. v. Busse*, Die Methode der Rechtsvergleichung im öffentlichen Recht als richterliches Instrument der Interpretation von nationalem Recht, 2015.

geschriebenen bzw. ungeschriebenen Verfassungstexte treten die – viele Verfassungstexte verbindenden – Klassikertexte als Verfassungstexte „im weiteren Sinne“: Klassikertexte von *Aristoteles* bis *I. Kant*. Sie vermitteln den unmittelbar juristischen Texten zusätzliche und „ursprüngliche“ Inhalte (so wie in Sachen Gewaltenteilung *Montesquieu:* 1748). Damit kommt die sog. Verfassungswirklichkeit in das Blickfeld. Neben den klassischen Verfassungsfunktionen der Machtbeschränkung, Legitimierung und Einheitsstiftung, der Organisation von staatlichen Kompetenzen und Funktionen tritt eine weitere: die *kulturelle*. Lebende Verfassungen als ein Werk aller Verfassungsinterpreten der offenen Gesellschaft sind der Form und der Sache nach weit mehr Ausdruck und Vermittlung von *Kultur*, Rahmen für kulturelle (Re-)Produktion und Rezeption und Speicher von überkommenen kulturellen „Informationen“, Erfahrungen, Erlebnissen, Weisheiten[604]. Entsprechend tiefer liegt ihre – kulturelle – Geltungsweise.

Aus dem in dieser Verfassungslehre konsequent durchgehaltenen ganzheitlichem Kulturvergleich wenn nicht aller, so doch vieler verfassungsstaatlicher Verfassungen lässt sich ein Idealtypus der Verfassung konstruieren, der viele nationale realtypische Varianten hat. In solchem vielgliedrigen facettenreichen Vorgehen ist auch die Verfassungsgerichtsbarkeit zu erarbeiten[605]. 1199

b) Selbständige Verfassungsgerichtsbarkeit als Teilergebnis und Teilerfolg der europäischen Verfassungsgeschichte

Die selbständige Verfassungsgerichtsbarkeit setzt begrifflich eine unabhängige, gegenüber anderen Staats- bzw. Verfassungsorganen verselbständigte Institution mit bestimmten Kompetenzen bzw. Funktionen voraus. Von Österreich (seit 1867/1920) bzw. *H. Kelsen* pionierhaft entwickelt[606] 1200

---

604 Im nicht-juristischen, kulturanthropologisch bzw. ethnologisch gewendeten Sinne wird der Begriff „Verfassung“ nicht zufällig benutzt bei *B. Malinowski*, Eine wissenschaftliche Theorie der Kultur (1941), 1975, S. 142.

605 M. Wrase/Ch. Boulanger (Hrsg.), Die Politik des Verfassungsrechts. Interdisziplinäre und vergleichende Perspektiven auf die Rolle und Funktion von Verfassungsgerichten, 2013.

606 Vgl. *H. Kelsen*, Wesen und Entwicklung der Staatsgerichtsbarkeit, VVDStRL 5 (1929), S. 30 ff.; früh: *G. Jellinek*, Ein Verfassungsgerichtshof für Österreich, 1885. – Zum österreichischen Verfassungsgerichtshof: *L. Adamovich/R. Huppmann*, Die Judikatur des Verfassungsgerichtshofes 1975-1995, in: FS 75 Jahre

– für die USA wirkte Marbury vs. Madison (1803) als „landmark case" mit heute globaler Ausstrahlungskraft[607] – hat sie im deutschen GG eine weithin als modellhaft empfundene Ausgestaltung erfahren, die im sog. „Statusbericht" (Berichterstatter: *G. Leibholz*)[608] eine schon klassische „Denkschrift" gefunden hat. Weitere Modelle haben Portugal[609] und Spanien entwickelt[610]. Andere Verfassungsstaaten besitzen ebenfalls Gerichte, die in richterlicher Unabhängigkeit bestimmte verfassungsrechtliche Fragen entscheiden, aber dies eben als allgemeine Gerichte (wie das Bundesgericht in der Schweiz, vgl. Art. 189 nBV von 2000, oder der Supreme Court in den USA)[611]. In Frankreich hat sich der Conseil Constitutionnel immer mehr vom „Rat" zum echten Verfassungsgericht entwickelt[612]. In

Bundesverfassung, 1995, S. 503 ff.; *M. Holoubek*, Überblick über einige Grundpositionen des Grundrechtsschutzes in der jüngeren Rechtsprechung des österreichischen Verfassungsgerichtshofes, JöR 43 (1995), S. 573 ff.; D. Merten (Hrsg.), Verfassungsgerichtsbarkeit in Deutschland und Österreich, 2008.

607 Im US-amerikanischen Kontext vgl. auch *U. Thiele*, Verfassunggebende Volkssouveränität und Verfassungsgerichtsbarkeit, Die Position der Federalists im Fadenkreuz der zeitgenössischen Kritik, Der Staat 39 (2000), S. 397 ff.

608 JöR 6 (1957), S. 109 ff., 120 ff. Vgl. den Abdruck von *G. Leibholz* in: P. Häberle (Hrsg.), Verfassungsgerichtsbarkeit, 1976, S. 224 ff.

609 Zu Portugal: *J. J. Gomes Canotilho*, Direito Constitucional, 7. Aufl. 2006, S. 879 ff.; *S. Richter*, Die Entwicklung der konkreten Normenkontrolle in Portugal, JöR 41 (1993), S. 319 ff.

610 Zum spanischen Verfassungsgericht: F. Balaguer Callejón (Hrsg.), Derecho Constitucional, Bd. I 1999, S. 211 ff.

611 Aus der Lit. (kritisch): *I. Millhiser*, Injustices: The Supreme Court's History of Comforting the Comfortable and Afflicting the Afflicted, 2015; *E. Chemerinsky*, The Case Against the Supreme Court, 2014; *L. Tribe/J. Matz*, Uncertain Justice: The Roberts Court and the Constitution, 2014; *M. Tushnet*, Taking the Constitution away from the Courts, 2000; *W.H. Rehnquist*, The Supreme Court, 1987; *A. Bickel*, The Least Dangerous Branch – The Supreme Court at the Bar of Politics, 2. Aufl. 1986; *S. Estreicher/J. Sexton*, Redefining the Supreme Court's Role. A Theory of Managing the Federal Judicial Process, 1986; *A. S. Miller*, The Supreme Court. Myth and Reality, 1978. Im Übrigen *W. Haller*, Supreme Court und Politik in den USA, 1972; *B. Maaßen*, Der US-Supreme Court im gewaltenteilenden amerikanischen Rechtssystem (1787-1972), 1977.

612 Dazu *C. Starck*, Der Schutz der Grundrechte durch den Verfassungsrat in Frankreich, AöR 113 (1988), S. 632 ff.; *F. Luchaire*, Le Conseil Constitutionnel, JöR 38 (1989), S. 173 ff.; *M. Fromont*, La protection des droits de l'homme par le Conseil Constitutionnel, in: FS K. Stern 1997, S. 1085 ff.; *M. Verpeaux/M. Bonnard*, Le Conseil constitutionnel, 2007.

Osteuropa[613] haben die neuen Verfassungsstaaten überwiegend eine selbständige Verfassungsgerichtsbarkeit (z.B. Tschechien, Slowakei[614], Ungarn[615], Ukraine, die baltischen Länder wie Litauen, sodann Russland, in der heutigen Verfassungswirklichkeit freilich mit manchem Fragezeichen zu versehen[616], anders Estland), ferner die Türkei[617]. Dieser fast weltweite Erfolg der selbständigen Verfassungsgerichtsbarkeit auch in Teilen Afrikas, in Südafrika[618], Namibia, manchen schwarzafrikanischen Ländern

---

613 Aus der Lit. besonders ergiebig: *W. Ismayr*, Die politischen Systeme Osteuropas, 2013, S. 17 m.w.N.; *D. Parashu*, Die Entwicklung der Verfassungsgerichtsbarkeit in Tschechien und der Slowakei, 2011; *A. Kerek*, Verfassungsgerichtsbarkeit in Ungarn und Rumänien, 2010; J. A. Frowein/T. Marauhn (Hrsg.), Grundfragen der Verfassungsgerichtsbarkeit in Mittel- und Osteuropa, 1998; M. Verdussen (Hrsg.) La justice constitutionnelle en Europe centrale, 1997; *S. Milacic*, La démocracie constitutionnelle en Europe centrale et orientale, 1998; *D. Rousseau*, La justice constitutionnelle en Europe, 3. Aufl. 1998.

614 *D. Parashu*, Die Entwicklung der Verfassungsgerichtsbarkeit in Tschechien und der Slowakei, 2011; *A. Bröstl*, Zur Spruchpraxis des Verfassungsgerichts der Slowakischen Republik im Verfahren der Normenkontrolle (1993-1997), ZaöRV 59 (1999), S. 109 ff.

615 Dazu *A. Kerek*, Verfassungsgerichtsbarkeit in Ungarn und Rumänien, 2010; aus der älteren Lit.: *G. Brunner*, Zweieinhalb Jahre ungarische Verfassungsgerichtsbarkeit, Der Staat 32 (1993), S. 287 ff.; *G. Brunner/L. Sóloyom*, Verfassungsgerichtsbarkeit in Ungarn, 1995; *G. Spuller*, Das Verfassungsgericht der Republik Ungarn, 1998; *M. Pajor-Bytomski*, Einführung in die ungarische Verfassungsgerichtsbarkeit, EuGRZ 1993, S. 220 ff.; *P. Sonnevend*, Der verfassungsmäßige Schutz sozialrechtlicher Ansprüche in der jüngeren Rechtsprechung des ungarischen Verfassungsgerichts, ZaöRV 56 (1996), S. 977 ff.

616 W. L. Fadeev/C. Schulz (Hrsg.), Verfassungsgerichtsbarkeit in der Russischen Föderation und in der Bundesrepublik Deutschland, 2013; *E. Yustus*, Verfassungsgerichtsbarkeit in Russland und Deutschland, 2011; Aus der allgemeinen (älteren) Lit.: *G. Brunner,* Grundrechtsschutz durch Verfassungsgerichtsbarkeit in Osteuropa, in: FS K. Stern, 1997, S. 1041 ff.; *ders.*, Die neue Verfassungsgerichtsbarkeit in Osteuropa, ZaöRV 53 (1993), S. 819 ff.; *M. Hartwig*, Verfassungsgerichtsbarkeit in Russland. Der dritte Anlauf, EuGRZ 1996, S. 177 ff.

617 Zur Türkei: *E. E. Hirsch*, Die Verfassung der Türkischen Republik vom 9. November 1982, JöR 32 (1983), S. 507 ff. (mit Textanhängen). Die weiten Zuständigkeiten finden sich in Art. 146-153 Verf. Türkei. Zur rechtsschöpferischen Verfassungsauslegung des türkischen Verfassungsgerichts im Blick auf die einstweilige Anordnung: *Z. Gören*, Die einstweilige Anordnung in der Rechtsprechung des türkischen Verfassungsgerichts, EuGRZ 1994, S. 597 ff. (dort auch das Stichwort: „Das deutsche Beispiel als Modell für die türkische Praxis"). Aus der weiteren Lit.: *C. Rumpf,* Das türkische Verfassungsgericht und die Grundzüge seiner Rechtsprechung, EuGRZ 1990, S. 129 ff.

(z.B. Art. 70 bis 74 Verf. Zentralafrikanische Republik von 1995), ebenso wie in Lateinamerika[619], schließlich sogar in islamischen Staaten[620] sollte freilich nicht zu der These führen, jeder Verfassungsstaat „*müsse*“ heute zwingend eine selbständige Verfassungsgerichtsbarkeit gleichsam als „Krönung“ seiner derzeitigen Entwicklungsstufe haben. Es gibt durchaus Alternativen[621] oder Konnexinstitute: etwa den Ombudsmann wie in vielen Ländern (etwa Polen oder Art. 89 bis 94 Verf. Namibia von 1998), „Volksanwälte“ (Österreich), z.T. Rechnungshöfe oder Menschenrechtskommissionen (z.B. Verf. Togo von 1992). Im Übrigen: Großbritannien lebt bis heute ohne Verfassungsgerichtsbarkeit[622]!

---

618 D. Bonilla Maldonaldo (Hrsg.), Constitutionalism of the Global South. The Activist Tribunals of India, South Africa and Colombia, 2013; *M. S. Kende*, Constitutional Rights in Two Worlds. South Africa and the United States, 2009; *F. Oelkers*, Die Gleichheitsrechtsprechung des Südafrikanischen Verfassungsgerichts, ZaöRV 57 (1997), S. 899 ff.

619 R. Grote (Hrsg.), Der Beitrag der Verfassungsgerichtsbarkeit zur Sicherung von Grundrechten, Demokratie und Entwicklung. Einschätzungen aus Afrika, Asien, Lateinamerika, sowie Mittel-, Ost- und Südosteuropa, 2010; aus der früheren Lit.: H.-R. Horn/A. Weber (Hrsg.), Richterliche Verfassungskontrolle in Lateinamerika, Spanien und Portugal, 1989; D. García Belaunde/F. Fernandez Segado (Hrsg.), La Jurisdiccion Constitucional en Iberoamerica, 1997; *N. Lösing*, Die Verfassungsgerichtsbarkeit in Lateinamerika, 2001. – Spezifisch zum Problemkreis „Habeas Corpus“: *D. G. Belaunde*, Latin American Habeas Corpus, JöR 49 (2001), S. 513 ff.

620 *M. M. Daghles*, Die Kompatibilität islamischer Staatsauffassungen mit der freiheitlich demokratischen Grundordnung, 2010; *K. Bälz*, Islamisches Recht, staatliche Rechtssetzung und verfassungsgerichtliche Kontrolle, ZaöRV 57 (1997), S. 229 ff.

621 Vgl. etwa den eigengearteten Schiedsgerichtshof in Belgien, dazu *L.-P. Suetens*, Die Verfassungsrechtsprechung in Belgien – Der Schiedsgerichtshof, JöR 36 (1987), S. 135 ff.

622 Als frühe Pionierleistungen der Rechtsvergleichung in Sachen Verfassungsgerichtsbarkeit dürfen gelten: H. Mosler (Hrsg.), Verfassungsgerichtsbarkeit der Gegenwart, Länderberichte und Rechtsvergleichung, 1962; C. Starck/A. Weber (Hrsg.), Verfassungsgerichtsbarkeit in Westeuropa, 1. Aufl. 1986, 2. Aufl. 2008; vorausgegangen war der deutschsprachige Vergleich: *K. Korinek/J. P. Müller/K. Schlaich*, Die Verfassungsgerichtsbarkeit im Gefüge der Staatsfunktionen, VVDStRL 39 (1981), S. 7 ff. Tiefdringend *A. von Brünneck*, Verfassungsgerichtsbarkeit in den westlichen Demokratien, 1992. Klassikertexte versammelt der Band von P. Häberle (Hrsg.), Verfassungsgerichtsbarkeit, 1976. S. auch *M. Fromont*, La justice constitutionnelle dans le monde, 1996.

Vor allem sei vor allen Arten von „Hüterideologien“ gewarnt. Die bekannte These, der Staatspräsident oder das Verfassungsgericht seien exklusive „Hüter“ der Verfassung, ist abzulehnen. Zum einen bleibt der Schutz der Verfassung *allen* Bürgern und allen Staatsorganen gleichermaßen anvertraut. Der verfassungsstaatlichen Bürgerdemokratie widerspricht es, ein Organ als „höchstes“ zu stilisieren. Zum anderen ist die Verfassung „öffentlicher Prozess“, was sich in der Bewahrung von Vorhandenem nicht erschöpft. „Hüter“ ist jedenfalls ein schiefes Bild. Es sollte in einer vergleichenden Lehre von der Verfassungsgerichtsbarkeit[623] keinen Platz finden. Auch der gelegentlich geäußerte Anspruch „authentischer“ Verfassungsinterpret zu sein, ist wissenschaftlich abzulehnen (s. aber positivrechtlich für das Verfassungsgericht der Ukraine: Art. 147 Abs. 2, Art. 150 Abs. 1 Ziff. 2 Verf. Ukraine von 1996 sowie Art. 149, 151 Verf. Burundi von 1992); Art. 124 Abs. 1 Verf. Albanien (1998) spricht wenig glücklich von der „endgültigen Auslegung“. 1201

c) Ein Katalog der typischen Elemente selbständiger Verfassungsgerichtsbarkeit – sieben Charakteristika

Ohne Anspruch auf Vollständigkeit seien im Folgenden – sieben – typische Elemente aufgelistet. Sie ähneln eher dem „beweglichen System“ von *W. Wilburg*[624] denn einem geschlossenen Katalog. Im Ganzen betrach- 1202

---

623 Mehr als nur „Materialien“ liefert hierzu z.B. *M. Fromont*, La justice constitutionnelle dans le monde, 1996; D. García Belaunde/F. Fernandez Segado (Hrsg.), La jurisdicción constitucional en Iberoamerica, 1997; *C. Landa Arroyo*, Tribunal Constitucional y Estado Democrático, 1. Aufl. 1999 (2. Aufl. 2003); *D. García Belaunde,* De la Jurisdiccion constitucional al derecho procesal Constitucional, 2000. S. auch L. Favoreu (Hrsg.), Annuaire International de Justice Constitutionnelle, sowie *G. Zagrebelsky,* La giustizia costituzionale, 2. Aufl. 1988. Ergiebig auch *H. J. Faller*, Zur Entwicklung der nationalen Verfassungsgerichte in Europa, EuGRZ 1986, S. 42 ff.; *A. Weber*, Verfassungsgerichte in anderen Ländern, in: M. Piazolo (Hrsg.), Das Bundesverfassungsgericht. Ein Gericht im Schnittpunkt von Recht und Politik, 1995, S. 61 ff.; H. Wille (Hrsg.), Verfassungsgerichtsbarkeit im Fürstentum Liechtenstein, 75 Jahre Staatsgerichtshof, 2001; *G. Batliner*, Der konditionierte Verfassungsstaat. Die Ausstandsregel des Art. 7 lit. d LVG für liechtensteinische Verfassungsrichter, in: FS A. Riklin, 2000, S. 388 ff.

624 *W. Wilburg*, Entwicklung eines beweglichen Systems im bürgerlichen Recht, 1951; dazu *L. Michael*, Der allgemeine Gleichheitssatz als Methodennorm komparativer Systeme, 1997.

tet, prägen sie aber den Idealtypus der institutionell selbständigen Verfassungsgerichtsbarkeit – bei allen Varianten ihrer nationalen Beispielsformen und transnationalen Fortschreibungen.

1203 aa) Ein erstes Merkmal selbständiger Verfassungsgerichtsbarkeit ist ihre *Verfassungsorgan*qualität. D.h.: ihr „Status", ihre wichtigsten Kompetenzen müssen in der geschriebenen Verfassung selbst verankert sein. Vor allem die Garantie der richterlichen Unabhängigkeit ist – auch als materielles Verfassungsrecht – unverzichtbar. Zwar braucht die Verselbständigung nicht so weit zu gehen wie in Deutschland (eigener Haushaltstitel des BVerfG!), doch muss die Rechtsstaatlichkeit gesichert sein, auch in Gestalt der strikten Befolgung der Judikate durch die anderen Organe (Stichwort: Verfassungsorgantreue).

1204 bb) Die *demokratische Legitimation* bildet ein zweites Merkmal. So vermittelt sie ist (z.B. über das Wahlmännergremium nach § 6 BVerfGG wie in Deutschland): Das Verfassungsgericht muss lückenlos in der „Legitimationskette" *vom* Volk *zu* den Staatsorganen (*U. Scheuner*) stehen. Darum ist das Kooptationsmodell abzulehnen: Ergänzten sich die Verfassungsrichter durch ihre eigene Zuwahl, geriete die demokratische Legitimation mittelfristig bzw. letztlich zur Fiktion. So intensiv in Deutschland die politischen Parteien die Verfassungsrichterstühle „für sich" reklamieren: Die Bundestags- bzw. Landtagswahlen sind ein real eingelöster, nicht nur ideeller, Demokratie begründender Zurechnungsvorgang. Das Postulat vorheriger (öffentlicher) Anhörung der Kandidaten bleibt ein Desiderat (vgl. Art. 112 Abs. 4 S. 4 Verf. Brandenburg)[625].

1205 cc) Das *Prinzip Öffentlichkeit* hat nicht nur theoretisch (wegen des Zusammenhangs von „Öffentlichkeit und Verfassung") tragendes Organisationsprinzip für Status und Verfahren der Verfassungsgerichtsbarkeit zu sein, es hat auch praktisch wirksam zu bleiben (etwa in Gestalt der Öffentlichkeit der großen Prozesse, stets aber in Form öffentlicher Entscheidungsverkündung, ggf. auch der Sondervoten)[626]. Zu allem gehört die Bereitschaft zur

---

625 Dazu *P. Häberle*, Bundesverfassungsrichterkandidaten auf dem Prüfstand?, Ein Ja zum Erfordernis öffentlicher Anhörung, in: B. Guggenberger/A. Meier (Hrsg.), Der Souverän auf der Nebenbühne, 1994, S. 131 ff. – Lehrreich ist die Causa Dreier 2008.

626 Zum besonderen Öffentlichkeitsbezug verfassungsgerichtlicher Verfahren eindringlich: *H. Schulze-Fielitz*, Das BVerfG und die öffentliche Meinung, in: G. F. Schuppert/Chr. Bumke (Hrsg.), BVerfG und gesellschaftlicher Grundkonsens, 2000, S. 111 ff., 123 ff. Sondervoten in der Rspr. des BVerfG behandelt auch *J.*

selbstkritischen Überprüfung der eigenen Judikatur, nicht zuletzt dank der wissenschaftlichen Öffentlichkeit.

dd) *Rationale Rechtsprechungstätigkeit* – als Gericht – muss für das Ver- 1206
fassungsgericht kennzeichnend sein. Zwar hat es Teil an der „politischen Gesamtleitung" eines Gemeinwesens[627], doch ist Verfassungsrechtsprechung nicht „Politik", sie zeichnet sich vielmehr durch in ihren Methoden rational nachprüfbare, oft schöpferische „Anwendung" von „Gesetz und Recht" aus. Das schließt die Fortbildung der Verfassung nicht aus, sondern ein. Es geht um Tätigkeit im Dienste der „Bewährung", nicht bloßer „Bewahrung" der Verfassung. Mag im Einzelfall der Pluralismus bzw. das Zusammenwirken der vier bzw. (einschließlich der Rechtsvergleichung) *fünf* Auslegungsmethoden offen sein, mag eine subtil gehandhabte Gerechtigkeitskontrolle nicht immer sogleich „intersubjektiv nachvollziehbar" sein: Verfassungsrechtsprechung ist eine handwerklich geprägte, sich in Juristen"kunst" verlängernde Tätigkeit in Sachen Verfassung als rechtliche Grundordnung von Staat *und* Gesellschaft. Die bekannten „*Prinzipien der Verfassungsinterpretation*"[628] – von der heute durch Europa zu relativierenden „Einheit der Verfassung" (Stichwort: Kontext Europa) über die Völkerrechtsfreundlichkeit bis zur Maxime funktionellrechtlicher Richtigkeit[629] – begründen die verfassungsrichterliche Tätigkeit zusätzlich. Verfassungsgerichtsbarkeit ist gewiss in der Wirkung auch politisch, nicht aber in sich. Im Übrigen darf, ja sollte sich ein Verfassungsgericht sein eigenes Prozessrecht, wenn nicht positivrechtlich vorhanden, nach „allgemeinen Grundsätzen" selbst schaffen.

ee) Ein *gemeinsamer Mindeststandard an Kompetenzen und Funktionen*, 1207
die sich in bestimmte Arten von „Streitigkeiten" gliedern, prägt die Verfassungsgerichtsbarkeit als häufig vorkommender, aber nicht unverzicht-

---

Limbach, Das Bundesverfassungsgericht, 2. Aufl. 2010, S. 33 ff.; *U. Steiner*, ZRP-Rechtsgespräch, ZRP 2007, S. 245 ff.

627 Vgl. *K. Hesse*, Grundzüge des Verfassungsrechts der Bundesrepublik Deutschland, 20. Aufl. 1995 (Neudruck 1999), Rn. 566, 669.

628 Grundlegend *H. Ehmke*, Prinzipien der Verfassungsinterpretation, VVDStRL 20 (1963), S. 53 ff.

629 Zu diesen Fragen: *K. Hesse*, Grundzüge des Verfassungsrechts der Bundesrepublik Deutschland, 20. Aufl. 1995 (Neudruck 1999), Rn. 82 ff.; *ders.*, Funktionelle Grenzen der Verfassungsgerichtsbarkeit, in: FS H. Huber, 1981, S. 263 ff.; *G. F. Schuppert*, Funktionellrechtliche Grenzen der Verfassungsinterpretation, 1980; *H.-P. Schneider*, Verfassungsgerichtsbarkeit und Gewaltenteilung, NJW 1980, S. 2103 ff.

bar notwendiger Einrichtung des Verfassungsstaates der heutigen Entwicklungsstufe[630]. Art. 223 Verf. Portugal spricht treffend vom Verfassungsgericht als dem „im besonderen für die Rechtsprechung im verfassungsrechtlichen Bereich zuständigen Gericht". Hatte etwa der StGH der Weimarer Zeit noch zu wenige Kompetenzen, so besitzt das deutsche BVerfG ein Maximum, vielleicht auch (für Deutschland) ein Optimum an Zuständigkeiten. In grobem Rechtsvergleich lassen sich folgende, typisch werdende Arten verfassungsgerichtlicher Kompetenzen unterscheiden[631]:

- Organstreitigkeiten (z.B. Art. 138 Abs. 1 lit. c B-VG Österreich von 1920/94; Art. 93 Abs. 1 Ziff. 1 GG; Art. 89 Abs. 1 lit. b Verf. Georgien von 1995; Art. 120 Abs. 2 Verf. Bolivien von 1967)[632]
- Verfassungsbeschwerdeverfahren (z.B. Art. 161 Abs. 1 lit. b und Art. 162 Abs. 1 lit. b Verf. Spanien von 1978; Art. 160 Verf. Slowenien von 1991; Art. 87 d Verf. Tschechien von 1992; Art. 89 Abs. 1 lit. f Verf. Georgien von 1995; Art. 202 Abs. 2 Verf. Peru von 1995) mit den Varianten: gegen Gesetze bzw. Verordnungen, Verwaltungsakte oder sogar gegen richterliche Entscheidungen
- (in föderalen Ordnungen) Bundesstaatsstreitigkeiten (Föderalismus wie Regionalismus sollten tunlichst verfassungsrichterlich abgesichert sein: z.B. z.T. Art. 161 Abs. 1 lit. c Verf. Spanien; Art. 134 Verf. Italien von 1947; Art. 93 Abs. 1 Ziff. 3 GG; vgl. auch Art. 167 Abs. 4 lit. a Verf. Südafrika von 1996)
- Anklageverfahren (z.B. Art. 142 Abs. 2 lit. b B-VG Österreich) bzw. andere Verfassungsschutzverfahren (z.B. das Parteiverbot nach Art. 21 Abs. 2 GG; s. auch Art. 188 Ziff. 4 Verf. Polen von 1997)
- konkrete Normenkontrolle (z.B. Art. 140 Abs. 1 S. 1 B-VG Österreich; Art. 163 Verf. Spanien; Art. 152 Verf. Türkei von 1982)

---

630 Siehe dazu *K. Hesse*, Stufen der Entwicklung der deutschen Verfassungsgerichtsbarkeit, JöR 46 (1998), S. 1 ff. Zur Geschichte: *H. Triepel*, Wesen und Entwicklung der Staatsgerichtsbarkeit, VVDStRL 5 (1929), S. 2 ff.; *U. Scheuner*, Die Überlieferung der deutschen Staatsgerichtsbarkeit im 19. und 20. Jahrhundert, in: Festgabe für das BVerfG, 1976, Bd. I, S. 1 ff.; *K. Stern*, Das Staatsrecht der Bundesrepublik Deutschland, Bd. II, 1980, S. 967 ff.; *R. C. v. Ooyen*, Die Staatstheorie des BVerfG und Europa, 5. Aufl. 2014.

631 Eine auf das GG bzw. BVerfG bezogene Typisierung bei *K. Stern*, Das Staatsrecht der Bundesrepublik Deutschland, Bd. II, 1980, S. 978 ff.

632 Auch außereuropäisches Beispielsmaterial sei bewusst einbezogen; Europa ist Teil einer weltweiten Produktions- und Rezeptionsgemeinschaft; sein Recht ist auch aus globalen Rechtskontexten zu *rekonstruieren*.

- abstrakte Normenkontrolle (z.B. Art. 140 Abs. 1 S. 2 B-VG Österreich; Art. 155 Abs. 1 Verf. Angola von 1992)
- vorbeugende Normenkontrolle (z.B. Art. 278 Verf. Portugal von 1976; Art. 88 Abs. 2 Verf. Mali von 1993; Art. 170 Verf. Tschad von 1996, aber gerade nicht gemäß Art. 128 Abs. 2 Verf. Slowakei von 1992)
- die völkerrechtliche Normenkontrolle (z.B. Art. 188 Ziff. 1 und 2 Verf. Polen; Art. 116 Abs. 4 Verf. Belarus von 1994, s. auch Art. VI Ziff. 3 b am Ende Verf. Bosnien von 1995)
- sonstige Streitigkeiten, wie Wahlprüfungsverfahren (z.B. Art. 105 Art. 2 Verf. Litauen von 1992; Art. 89 Abs. 1 lit. d Verf. Georgien)
- Gutachtenkompetenz wie (bis 1956) das BVerfG und heute in Guatemala (Art. 272 lit. h und i Verf. von 1985) sowie in Rumänien (Art. 144 lit. f Verf. von 1991), Art. 112 Verf. Madagaskar (1995), Art. 105 Abs. 3 Verf. Litauen (1992), aber auch am EuGH und EGMR.

Nicht alle Kompetenzen brauchen gleichzeitig vorzuliegen. Doch sollte eine Verfassungsgerichtsbarkeit, die diesen Namen verdient, nicht allzu punktuell bleiben, wobei sich rechtspolitisch ein schrittweises Vorgehen bei der Erweiterung der Kompetenzen empfehlen mag.

ff) Unter den *vielerlei spezifischen* Funktionen sollten folgende vom Ver- 1208
fassungsgericht bewusst wahrgenommen und von der Wissenschaft verfassungstheoretisch aufbereitet werden:

- die evolutive Grundrechtssicherung im Kontext regionaler und internationaler Menschenrechtspakte
- der Schutz von Demokratie und Rechtsstaat, insbesondere des „Vorrangs der Verfassung" (z.B. Art. 272-274 Verf. Ecuador von 1998), nicht nur, aber doch besonders in Gestalt der Normenkontrolle, sei sie präventiv oder repressiv, abstrakt oder konkret
- die Wahrung der Gewaltenbalance als Sicherung der „Trennung der Staatsgewalten": in Art. 134 Abs. 3 Verf. Moldau (1994) sogar positiviert
- die Sicherung des Pluralismus und in ihm der Schutz von Minderheiten aller Art
- die friedliche Einordnung des nationalen Verfassungsstaates in regionale und internationale Verantwortungsgemeinschaften (Stichwort: „Völkerrechtsfreundlichkeit", vgl. BVerfGE 45, 83 (97); 92, 26 (48); 112, 1 (26); 111, 307 (317 f.), Menschenrechtskonformität)
- die behutsame, buchstäblich so verstandene „Fortschreibung" der Verfassung.

Die gekonnte Bewältigung „außerordentlicher Lagen“ (vorbildhaft z.B. in der deutschen Wiedervereinigung, BVerfGE 82, 322; 84, 133; 88, 384; 100, 1, sowie während der Transformationsphase in Polen und Ungarn seitens der dortigen Verfassungsgerichte) kann eine Bewährungsprobe für eine nationale Verfassungsgerichtsbarkeit sein, aber auch an ihre Grenzen führen. Die gegenwärtige Griechenland-Krise gibt entsprechende Beispiele, die die nationale wie die europäische Verfassungsgerichtsbarkeit betreffen[633].

1209 gg) Im Ganzen darf, ja soll eine funktionierende Verfassungsgerichtsbarkeit bewusst eine begrenzte Teilhabe am Vorgang des *Fortschreibens des Gesellschaftsvertrages* eines politischen Gemeinwesens sein[634]. Wenn Verfassung ein „immer neues Sich-Vertragen und Sich-Ertragen“ aller Bürger ist, hat eine lebendige Verfassungsgerichtsbarkeit eben hierbei einen begrenzten Anteil, auch als Arbeit am Grundkonsens[635]. Damit sind zugleich Aspekte einer *Theorie der Verfassungsgerichtsbarkeit* angedeutet. In der „regionalen Verantwortungsgemeinschaft Europa“ kann sie nur als *europäische* Theorie der Verfassungsgerichtsbarkeit konzipiert werden.

d) Auf dem Weg zu einer Verfassungstheorie der Verfassungsgerichtsbarkeit

1210 aa) *Typologisch* wäre problemorientiert zu unterscheiden zwischen:

- den institutionell organisatorischen Fragen (etwa Organisation, Wahl und Status der Verfassungsrichter, z.B. Immunität), wozu auch die (mitunter selbst geschaffenen) Prinzipien des Verfassungsprozessrechts gehören

633 Aus der Lit. etwa *P. M. Huber*, Verfassungsstaat und Finanzkrise, 2014; *D. N Triantafyllou*, Die asymmetrische Demokratie, EuR 2014, S. 458 ff.; *O. Sandrock*, Schuldenschnitte in Argentinien und Griechenland. Bisherige Erfahrungen und künftige Perspektiven, RIW 2014, S. 93 ff.

634 *P. Häberle*, Verfassungsgerichtsbarkeit als politische Kraft (1978), in: *ders.*, Kommentierte Verfassungsrechtsprechung, 1979, S. 425 ff., 436 ff.; weiterführend *H. Schulze-Fielitz*, Das Bundesverfassungsgericht in der Krise des Zeitgeistes, AöR 122 (1997), S. 1 ff., 14 ff.

635 Aus der Lit. vgl. *H. Kuriki*, Die Verfassungsgerichtsbarkeit als Erhalter des Grundkonsenses des Volkes, in: R. Weiler/A. Mizunami (Hrsg.), Die Gerechtigkeit in der sozialen Ordnung, 1999, S. 121 ff.

- den materiell funktionellen Fragen, etwa die Kompetenzen („Verfahrensarten“) und den bei ihrer Wahrnehmung praktizierten Methoden und Prinzipien der Verfassungsinterpretation einschließlich der den anderen Staats- bzw. Verfassungsorganen funktionell gelassenen Gestaltungsräumen (z.B. im Verhältnis zum Parlament oder zur auswärtigen Gewalt).
- Die konkreten *Arbeitsfelder* wären nach den wichtigsten *Verfassungsthemen* aufzugliedern:
- Menschenwürde und Grundrechte (differenziert nach den bürgerlichen und politischen Rechten bzw. den wirtschaftlichen, sozialen und kulturellen Rechten (auch „Staatsziele“))
- der soziale Rechtsstaat (einschließlich des Vorrangs der Verfassung) bzw. zunehmend der Kulturstaat und „Umweltstaat“
- die (ggf. „wehrhafte“) Demokratie (z.B. Parteiverbot)
- die horizontale (z.B. Organstreitigkeiten) und (in Föderalstaaten auch) vertikale Gewaltenteilung (einschließlich des etwaigen Schutzes von Regionen und Kommunen, in Bosnien der Ethnien)
- die Einordnung des nationalen Verfassungsstaates in regionale (Europa) und internationale Verantwortungsgemeinschaften (z.B. Normenkontrolle bei völkerrechtlichen Verträgen, Vorlageverfahren an den EuGH nach Art. 267 AEUV, Maßstabsbildung aus dem Völkerrecht bzw. den internationalen Menschenrechtspakten i.S. des „kooperativen Verfassungsstaates“ (Völkerrechtsfreundlichkeit) bzw. der „general rule of public international law“).

bb) *Dieser Problem- bzw. Themenkatalog* ist offen. Meist entspricht heute 1211
den Wachstumsstufen der Verfassungsentwicklung auch eine Wachstumsperiode der Verfassungsgerichte (mit zeitlich wechselnden Phasen der Aktivität und der Zurückhaltung), wobei diese, dem Vorrang der Verfassung gemäße, Kontrollfunktion immer auch eine (bei den einzelnen Ländern unterschiedlich intensive) Gestaltungsfunktion beinhaltet. Speziell in Europa konturieren sich immer deutlicher bestimmte „Standards“ heraus, nicht zuletzt dank *aller* Verfassungsgerichte (Stichwort: „gemeineuropäisches Verfassungsrecht“). Bei all diesem Verallgemeinerungsbemühen muss methodisch und sachlich Raum bleiben für eine der *individuellen* Verfassungskultur eines Volkes gerecht werdende Ausgestaltung und Bewertung; und es muss Raum bleiben für die *Spezifika des Transnationalen*, sollen auch EGMR und EuGH als Verfassungsgerichte wahr- und ernst genommen werden.

3. Der „Modellcharakter" des deutschen BVerfG

a) Vorfragen zum „Modellcharakter" bzw. Musterproblem

1212 Ehe der Modell- bzw. Mustercharakter des BVerfG behandelt und – behutsam differenzierend – bejaht wird, stellen sich Vorfragen. Der Typus „Verfassungsstaat" entwickelt sich – vergleichend betrachtet – in vielen nationalen Varianten. Wohl kein Verfassungsstaat vereinigt je in sich alle optimalen Modellelemente: Im Laufe der Entwicklungsgeschichte des *Typus* „Verfassungsstaat" haben indes viele Länder innovative Beiträge zur *Modellbildung* respektive *Typusprägung* geleistet: In Deutschland schufen hier gerade Organisation und Praxis des BVerfG Vorbildliches. Ob eine Einrichtung eines bestimmten Landes Modellcharakter für andere Verfassungsstaaten[636] hat, lässt sich nur in ganzheitlicher Rechtsvergleichung und nur kulturwissenschaftlich beantworten. D.h.: auch das *Un*gleiche der einzelnen Nationen ist zu erarbeiten. Eine bestimmte Einrichtung kann nicht absolut abstrakt als die „beste" angepriesen werden. Es hängt auch von der jeweiligen politischen und Verfassungskultur ab, ob und wann eine Einrichtung – vielleicht auch modifiziert – rezipiert werden kann. M.a.W.: Die in vorliegender Verfassungslehre schon intensiv herausgearbeitete *Kontext*abhängigkeit aller konstitutionellen *Texte* ist mitzubedenken, wenn eine Regelung als Modell „empfohlen" wird. So können bzw. sollten sich sehr junge Reformstaaten auf dem Weg hin zu robuster Rechtsstaatlichkeit und verfassungsstaatlicher Demokratie noch nicht das verfassungsrichterliche Sondervotum leisten (vgl. aber Slowenien und Kroatien!) – für Spanien[637] war es 1978 bereits in der Verfassung (Art. 164

---

636 Solches Modell-Denken wurde unternommen von *P. Häberle*, Verfassungsgerichtbarkeit – Verfassungsprozessrecht, 2014; vorher schon *ders.*, Allgemeine Probleme des Verfassungsrechts und der Verfassungsgerichtsbarkeit – auf der Grundlage des deutschen „Modells" und im Blick auf die Ukraine, JöR 48 (2000), S. 399 ff.

637 Zu Spanien: *M. Bassols Coma*, El Tribunal de Garantías Constitucionales de la II República La primera experiencia de justicia constitucional en España, 2010; *A. Weber*, Die Verfassungsgerichtsbarkeit in Spanien, JöR 34 (1985), S. 245 ff.; *P. Cruz Villalón*, Weitere zehn Jahre spanische Verfassung, JöR 48 (2000), S. 311 ff.; *ders.*, Conflict between Tribunal Constitutional and Tribunal Supremo: a National Experience, in: I. Pernice u.a. (Hrsg.), The future of the European Judicial System in a Comparative Perspective, 2006, S. 111 ff.; *ders.*, Grundlagen und Grundzüge staatlichen Verfassungsrechts: Vergleich, in: A. v. Bogdandy/P.

Abs. 1 S. 1) ein großes Wagnis, während es unter dem GG bekanntlich erst 1970 (§ 30 BVerfGG) eingeführt wurde. Nicht alle Verfassungsstaaten befinden sich jeweils auf der gleichen Entwicklungsstufe: Es gibt *Ungleichzeitigkeiten*, die bei aller Politik- und Verfassungsberatung bzw. Rechtsvergleichung zu bedenken sind und die auch eine Bereicherung bedeuten können.

Im Ganzen: Das Qualitätsurteil „Muster" bzw. „Erfolg" einer Einrichtung 1213
wie der Verfassungsgerichtsbarkeit muss ganzheitlich-rechtsvergleichend, abstrakt-individuell von den an das „Gelingen" einer Verfassung insgesamt gestellten Kriterien her gefällt werden (z.B. Menschenwürdeschutz, Freiheitssicherung, Minderheitenschutz, Bewahrung des Friedens nach innen und außen, Durchsetzung von Gerechtigkeit und Gemeinwohlzielen, Verhinderung von Machtmissbrauch etc.). Auch die Gegenfrage muss erlaubt sein: Wie wird in Ländern *ohne* jede Verfassungsgerichtsbarkeit oder mit einer solchen von nur geringem Gewicht der heute typisch verfassungsstaatliche „Vorrang der Verfassung" gewahrt? U.a. durch Wachsamkeit der öffentlichen Meinung, durch nationale und nicht nur in Europa zunehmend übernationale Staatsrechtslehrergemeinschaften, durch das Parlament, durch die einfachen Gerichte, die ohnehin in tieferem Sinne „Verfassungsgerichte" (weil an die Verfassung gebunden) sind. Immer wieder müssen die Anliegen der „Gegenklassiker" zur Verfassungsgerichtsbarkeit, etwa *T. Jefferson, B. Constant* oder *O. von Bismarck*[638], zur Diskussion gestellt werden.

Wenn das BVerfG als „Modell" qualifiziert wird, so kann dies im Übrigen 1214
theoretisch gemeint sein, sozusagen „platonisch": das BVerfG könnte Modell für andere Verfassungsstaaten sein. Denkbar ist aber auch eine praktische Sicht: das BVerfG ist für andere Länder in Sachen Verfassungsgerichtsbarkeit tatsächlich ganz oder (wie oft) zum Teil „Modell" geworden. Ob und wie etwaige Rezeptionsprozesse in der Wirklichkeit gelaufen sind, wer „Rezeptionsmittler" war (einzelne Verfassungspolitiker, nationale Wissenschaftlergemeinschaften oder einfach das „Internet"), ist schwer nachweisbar. Denkbar sind auch unbewusste „Wahlverwandtschaften". Heute gibt es jedoch weltweit Produktions- und Rezeptionsprozesse in Sachen Verfassungsstaat: in sein Kraftfeld gehört so oder so als vornehmes

---

Cruz Villalón/P. M. Huber (Hrsg.), Handbuch Ius Publicum Europaeum, Bd. I, 2007, § 13, Rn. 77 ff.

638 Dazu *K. Stern*, Das Staatsrecht der Bundesrepublik Deutschland, Band II 1980, S. 939.

Element die Verfassungsgerichtsbarkeit. Sie hat *Teil* an den für die Verfassung typischen Funktionen: der Machtbeschränkung im Interesse der Freiheit, der Konstituierung von Kompetenzen, der Integration von Bürgern und gesellschaftlichen Gruppen, ja zu einem Gran sogar der „Erziehung zur Verfassung".

b) Einzelne Modellelemente des BVerfG

1215 Nach Beantwortung solcher Vorfragen dürfen einzelne Elemente des BVerfG als Institution und aus seiner Praxis empfohlen werden. Wohl alle enumerativen Einzelkompetenzen des BVerfG haben sich so bewährt, dass sie grundsätzlich Modellcharakter haben; sogar der Verzicht auf die (bayerische) Popularklage – so sinnvoll diese auf Länderebene sein mag (Art. 98 S. 4 Verf. Bayern von 1947) – ist vorbildlich (anders Ungarn: Art. 32 A Abs. 2 Verf. von 1949/89 sowie Art. 241, Art. 242 Verf. Kolumbien von 1990). Über einzelne Kompetenzen mag man sich streiten (etwa die abstrakte Normenkontrolle). Für Deutschland ist das geltende Ensemble der Kompetenzen ein Glücksfall, was nicht ausschließt, dass andere Länder weniger wagen, weil hier der *politische* Prozess mehr leisten kann (etwa in den USA oder in der Schweiz – hier die z.T. unmittelbare Demokratie).

1216 Vorbildlich ist überdies die Bewältigung außerordentlicher Verfassungsprobleme wie der deutschen Wiedervereinigung[639]. Die Gratwanderung zwischen judicial activism und judicial restraint erweist sich hier als besonders schwierig. Empfehlenswert bleibt die Entwicklung eines eigenständigen Verfassungsprozessrechts[640] (ebenso die Stärkung der Landesverfassungsgerichtsbarkeit[641]). Schließlich darf die weithin widerspruchs-

---

639 Dazu (allgemein und vergleichend) J. J. Hesse/G. F. Schuppert/K. Harms (Hrsg.), Verfassungsrecht und Verfassungspolitik in Umbruchsituationen, 1999, und darin besonders die Beiträge von *H. Schulze-Fielitz* (S. 65 ff.) und *B.-O. Bryde* (S. 197 ff.).

640 Dazu aus der Lit., z.T. kontrovers: *P. Häberle*, Verfassungsprozessrecht als konkretisiertes Verfassungsrecht, JZ 1976, S. 377 ff.; *ders.*, Die Eigenständigkeit des Verfassungsprozessrechts, JZ 1973, S. 451 ff.; *E. Benda/E. Klein*, Lehrbuch des Verfassungsprozessrechts, 2. Aufl. 2001, S. 78 ff.

641 Vgl. *C. Tietje*, Stärkung der Verfassungsgerichtsbarkeit im föderalen System Deutschlands in der jüngeren Rechtsprechung des BVerfG, AöR 124 (1999), S. 237 ff.

lose und „selbstverständliche" Befolgung der Judikate des BVerfG durch die anderen Verfassungsorgane und die Öffentlichkeit als vorbildlich gepriesen werden. Gewiss: Schwankungen und Selbstkorrekturen des BVerfG bleiben ebenso wenig aus wie manche Kontroversen: das gilt gerade auch für die EU-bezogene Rechtsprechung von Maastricht bis Lissabon und darüber hinaus. Das Wechselgespräch zwischen der Verfassungsgerichtsbarkeit einerseits und den Medien, der Wissenschaft und sonstigen Öffentlichkeit andererseits, funktioniert trotz mancher Unwuchten in Detailfragen. Dass sich die Politik oft hinter Karlsruhe „versteckt" (gerade auch in Sachen Gleichstellung gleichgeschlechtlicher Lebenspartnerschaften), gilt nach wie vor[642]. Im Übrigen sei auf die zahlreichen Würdigungen seitens der Wissenschaft verwiesen, beginnend mit *R. Smends* großer Rede zum 10jährigen Bestehen des BVerfG[643]. Der hohe Autoritätsgewinn von Karlsruhe – der dem *ganzen* GG zu Gute kam – ist der Glücksfall der deutschen Verfassungsgeschichte und kann gewiss auch anderwärts als vorbildlich gelten.

Weniger modellhaft bzw. seltener nachgeahmt ist das Verfahren zur *Wahl* 1217
der Bundesverfassungsrichter. Vom Bundestag und Bundesrat mit Zwei-Drittel-Mehrheit gewählt, praktisch aber von den politischen Parteien im „do ut des"-Verfahren ausgehandelt, wird immer wieder eine Reform dieses Verfahrens diskutiert[644]. Bislang ohne Erfolg: Die politischen Parteien dominieren die Auswahl bzw. Wahl. Selten haben sog. „neutrale" Kandidaten (d.h. Nicht-Sympathisanten bzw. Nicht-Parteimitglieder) eine Chance[645]. Andere Verfassungsstaaten, vor allem Italien (Art. 135 Abs. 1 Verf. Italien) und viele Reformstaaten Osteuropas, schalten den – freilich im Gesamtsystem meist ohnehin stärkeren – Staatspräsidenten ein (ein Drittel

642 So schon die damalige Präsidentin des Bundesverfassungsgerichts *J. Limbach* im ZRP-Rechtsgespräch, ZRP 2000, S. 351 ff.

643 *R. Smend*, Festvortrag zur Feier des zehnjährigen Bestehens des Bundesverfassungsgerichts am 26. Januar 1961, in: P. Häberle (Hrsg.), Verfassungsgerichtsbarkeit, 1976, S. 329 ff.). Als Klassikertext erweist sich auch *E. Friesenhahn*, Die Verfassungsgerichtsbarkeit in der Bundesrepublik Deutschland, 1963. Zu einem solchen Klassikertext wird jetzt *K. Hesse*, Verfassungsrechtsprechung im geschichtlichen Wandel, JZ 1995, S. 265 ff.

644 *U. Kischel*, Amt, Unbefangenheit und Wahl der Bundesverfassungsrichter, in: HStR, Bd. III, 3. Aufl. 2005, § 69, Rn. 67 ff.

645 So vorbildlich etwa *K. Hesse*: 1975-1987.

der Verfassungsrichter wird von ihm ausgewählt)[646]. Positive Beispiele in Italien waren die so erfolgte Berufung der Professoren *A. Baldassarre* und *G. Zagrebelsky* in die Corte in Rom. In dieser Frage wäre zu diskutieren, ob nicht umgekehrt die anderen Länder speziell hier Modell für das GG sein könnten!

4. Punktuelle Defizite und (Reform)Fragen

a) Zurückhaltung in Sachen Rechtsvergleichung, Defizite in Sachen Europa?

1218 Die Rechtsvergleichung ist – noch – keine Lieblingsmethode des BVerfG[647], während sie in manchen Sondervoten nicht zuletzt zur Gewinnung höherer Legitimität gezielt eingesetzt wird[648]. Sie findet sich zu selten (vgl. aber BVerfGE 32, 54 (70); 75, 1 (21 ff.); 118, 79 (95 f.); 118, 277 (356 ff.); innerdeutsch: BVerfGE 79, 127 (144, 149)): das BVerfG operiert meist im Kanon der klassischen vier Auslegungsmethoden *F.-C. v. Savignys*. Demgegenüber arbeiten andere Verfassungsgerichte Europas rechtsvergleichend (vgl. etwa Spaniens Tribunal Constitucional oder auch Italiens Corte), oft freilich verdeckt. Es mag sein, dass das BVerfG wegen seines Ansehens auch im Ausland in Selbstgewissheit „introvertierter" arbeiten kann als Reformstaaten bzw. Entwicklungsländer. Dennoch dürfte in Zukunft eine stärkere „rechtsvergleichende Umschau" empfehlenswert sein – der US-Supreme Court ist sich hierzu trotz seiner mehr als 200jährigen Tradition nicht zu vornehm[649]. Freilich gibt es auch gerade dort poin-

646 Vgl. mit Varianten: Art. 103 Abs. 1 Verf. Litauen (1992); Art. 147 Abs. 1 Verf. Bulgarien (1991); Art. 140 Abs. 2 Verf. Rumänien (1991). Eine eindrucksvolle Mischung von Richtern, Staatsanwälten, Anwälten und Universitätsprofessoren verlangt Art. 122 Abs. 1 Verf. Kroatien (1991).

647 Dazu *Ch. Hillgruber*, Die Bedeutung der Rechtsvergleichung für das deutsche Verfassungsrecht und die verfassungsgerichtliche Rechtsprechung, JöR 63 (2015), S. 367 ff.

648 Vgl. SV Rupp-v.-Brünneck, BVerfGE 39, 1 (68 ff.); SV Sommer, BVerfGE 90, 145 (212 ff., insbes. 221); SV Lübbe-Wolff, BVerfGE 113, 273 (327 ff.); weitere Analysen in *P. Häberle*, Die Wesensgehaltgarantie des Art. 19 Abs. 2 GG, 3. Aufl. 1983, S. 407 ff.; *C. Eggeling*, Das Sondervotum in der Verfassungsgerichtsbarkeit der neuen Bundesländer, 2006.

649 Schon früh greift der US-Supreme Court vergleichend auf die gemeinsame Rechtstradition des anglo-amerikanischen Rechtskreises zurück: *Hutardo v. Cali-*

tierte Gegenstimmen. Zu deren ebenso scharfsinnigen wie scharfzüngigen Exponenten rechnet *A. Scalia.* Immer wieder hat er unterstrichen: „If there was any thought absolutely foreign to the founders of our country, surely it was the notion that we Americans should be governed the way Europeans are … What reason is there to believe that other dispositions of a foreign country are so obviously suitable to the morals and manners of our people that they can be judicially imposed through constitutional adjudication? Is it really an appropriate function of judges to say which are and which are not?“[650]

Scalia zeichnet indes ein Zerrbild verfassungsvergleichenden Arbeitens. 1219
Das „to be governed“ unterstellt normative Verbindlichkeit der Vergleichsrechtsordnung durch schlichte Übernahme in den Richterspruch. Tatsächlich aber geht es nicht um *spiegelbildliche Rezeption*, sondern um die Interpretation des Eigenen *im Spiegel* des Anderen, des Fremden. Das Eigene bleibt auch dort der Maßstab, wo der Norminterpret sich rechtsvergleichend und interdisziplinär öffnet. Der Verfassungsvergleich macht Deutungsangebote, er zwingt nicht auf. Je intensiver Rechtsordnungen miteinander verflochten sind, umso prekärer wirkt die selbstgenügsame Ignoranz gegenüber diesen Deutungsangeboten, auch wenn sie in das hohe Pathos demokratischer Selbstbestimmtheit gekleidet wird. Die „morals“ und „manners“ der Anderen entfalten ebenso wenig unmittelbaren normativen

---

fornia, 110 U.S. 516, 528 (1884): Gemeinsamkeiten des „due process of law“ in England und Amerika; *Malinski v. New York*, 324 U.S. 401, 416 f. (1945): „canons of decency and fairness which express the notions of justice of English-speaking peoples“; *Culombe v. Connecticut,* 367 U.S. 568, 602 (1961): „established test in Anglo-American Courts for two hundred years“; *Duncan v. Louisiana*, 391 U.S. 145, 149 (1968): „Anglo-American regime of ordered liberty“. – Rechtsvergleichende Ansätze finden sich – teilweise sehr zurückhaltend – in neueren Entscheidungen: *Stanford v. Kentucky*, 492 U.S. 361 (1989); *Raines v. Byrd*, 521 U.S. 811 (1997); *Printz v. United States*, 521 U.S. 898 (1997); dazu *R. Hirschl*, Comparative Matters. The Renaissance of Comparative Constitutional Law, 2014; mit zahlreichen Nachweisen *M. Tushnet*, The Possibilities of Comparative Constitutional Law, Yale Law Journal 108 (1999), S. 1225 ff.; 1230 ff.; *W. Rehnquist,* Verfassungsgerichte – vergleichende Bemerkungen, in: P. Kirchhof/ D.P. Kommers (Hrsg.), Deutschland und sein GG, 1993, S. 454 ff. Die zu geringe Bereitschaft des Supreme Court, rechtsvergleichend zu arbeiten, kritisiert *M. A. Glendon*, Rights Talk. The Impoverishment of Political Discourse, 1991, S. 158 („one way 'overseas trade',„).

650 *A. Scalia*, Foreign Legal Authority in the Federal Courts, Keynote address to the Annual Meeting of the American Society of International Law (March 31 to April 3, 2004), Proceedings of the Annual Meeting 98 (2004), S. 305 ff., 310.

Zwang, wie es die eigenen „morals“ und „manners“ tun. Von *Scalias* skeptischem Grundton sollten sich die Karlsruher Richter nicht anstecken lassen.

1220 Manche Introvertiertheit fällt, wie schon ausgeführt, auch in Sachen Europa auf. Das beginnt mit dem Maastricht-Urteil (BVerfGE 89, 155) und wirkt weit über „Lissabon“ (BVerfGE 123, 267) hinaus. Mag *hier* das BVerfG auch in seinem Verhalten zum EuGH einen gewissen europaverfassungsrechtlichen Nachholbedarf haben, so besteht dieser erst recht in Bezug auf die EMRK. Diese materielle Teilverfassung des Europa im weiteren Sinne gilt in der Schweiz und in Österreich auf *Verfassungs*stufe. Das BVerfG praktiziert nur eine gewisse Ausstrahlung der „unter“ dem GG geltenden EMRK auf das GG[651]. Die „innere Europäisierung“, die das BVerfG zu einem *europäischen Verfassungs*gericht – neben dem EGMR und dem EuGH – macht, könnte in Zukunft noch verstärkt werden. Hier hätte das BVerfG noch Nachholbedarf in Sachen „Modell“. Bislang leistet es ein „zu wenig“ an spezifisch europäischer Verfassungsgerichtsbarkeit. Die – mehr oder weniger aktive – Harmonie zwischen Karlsruhe und Straßburg störten etwa EGMR-Entscheidungen zur *Bodenreform* in der ehemaligen DDR[652] sowie in den Fällen *Caroline von Hannover (geb. von Monaco)*[653] und *Görgülü*[654]. Mitunter heftige Reaktionen in Politik und Medien, aber auch publizistische Verlautbarungen prominenter Richterpersönlichkeiten blieben nicht aus[655]. Im triangulären Spannungsfeld von nationalen Verfassungsgerichten, EuGH und EGMR werden die Herausfor-

651 Vgl. BVerfGE 64, 135 (157); 74, 102 (128), 358 (370); 111, 307 (317f.); 112, 1 (41 ff.).

652 EGMR DVBl. 2004, S. 365 ff.; dazu auch *S. Mückl*, Kooperation oder Konfrontation? – Das Verhältnis zwischen Bundesverfassungsgericht und Europäischem Gerichtshof für Menschenrechte, Der Staat 44 (2005), S. 403 ff., 404.

653 EGMR NJW 2004, S. 2647 ff.; *Ch. Starck*, Das Caroline-Urteil des Europäischen Gerichtshofs für Menschenrechte und seine rechtlichen Konsequenzen, JZ 2006, S. 76 ff.

654 BVerfGE 111, 307; *J. A. Frowein*, Die traurigen Missverständnisse. Bundesverfassungsgericht und Europäischer Gerichtshof für Menschenrechte, in: FS Delbrück, 2005, S. 279 ff.; die Fälle *Caroline von Monaco* und *Görgülü* behandelt *E. Benda*, Die Bindungswirkung von Entscheidungen des Europäischen Gerichtshofs für Menschenrechte, AnwBl. 2005, S. 602 ff.

655 Das dokumentieren die seinerzeitigen *H.-J. Papier* in einem Presseinterview, FAZ vom 9. Dez. 2004, S. 5: „Straßburg ist kein oberstes Rechtsmittelgericht“; *R. Jaeger* gegenüber der TAZ vom 28. Okt. 2004, S. 10; *L. Wildhaber* im Spiegel vom 15. Nov. 2004, S. 50 ff.: „Das tut mir weh“; siehe auch *H. Kerscher*, Der

derungen komplexer *Kommunikations-* und *Komparationsstrategien* immer größer.

b) Infragestellung der abstrakten Normenkontrolle?

Die abstrakte Normenkontrolle bedeutet eine besonders weitgehende 1221
Kompetenz des BVerfG (Art. 93 Abs. 1 Ziff. 2 i.V.m. § 76 ff. BVerfGG). Ihr „Modellcharakter" zuzusprechen, ist u.E. kaum empfehlenswert. Sie wird in anderen neueren Verfassungsstaaten wohl eher seltener übernommen und ragt besonders weit in den politischen Prozess hinein. Es hängt wohl jeweils von den Besonderheiten des einzelnen Verfassungsstaates ab, ob er sich eine solche sehr „politische" Kompetenz seines Verfassungsgerichts leisten will. Für Deutschland als typischen „Rechtswegestaat" mag sie sich wohl bewährt haben. Bemerkenswert ist die Einfügung eines weiteren Falles abstrakter Normenkontrolle in das GG (Art. 93 Abs. 1 Ziff. 2 a i.V.m. Art. 72 Abs. 2 GG)[656]. Eine junge Demokratie sollte indes, trotz „*Marbury v. Madison*" (5 U.S. 137 (1803)) sehr behutsam mit der Einräumung von „abstrakten Kompetenzen" seines (selbständigen) Verfassungsgerichts umgehen. Sie könnte die erst noch zu erarbeitende Autorität des Verfassungsgerichts gefährden.

c) Reform der Verfassungsbeschwerde?

Die Verfassungsbeschwerde (Art. 93 Abs. 1 Ziff. 4 a GG i.V.m. §§ 90 ff. 1222
BVerfGG) und mögliche Reformoptionen bleiben ein Dauerthema – auch mit Bezug auf den EuGH. Die Fülle der Verfassungsbeschwerden führt einerseits zu einer kaum handhabbaren Überlastung des Karlsruher Gerichts, ist andererseits aber eine Art Grund- und Schlussstein im Gefüge effektiven Individualrechtsschutzes (siehe Art. 19 Abs. 4 GG, Art. 47 EU-Grundrechte-Charta). So dringlich das Überlastungsproblem auch immer wieder

---

Kampf der Gerichte, SZ vom 18. Feb. 2005, S. 4, sowie *B. Fritz*, Vater ohne Sohn, FAZ vom 15. April 2005, S. 7.

656 Kritisch dazu seinerzeit *C. Pestalozza*, Das Bundesverfassungsgericht: Bonner Reform-Allerlei '98, JZ 1998, S. 1039 ff. Allgemein: *O. Lembcke*, Hüter der Verfassung, 2007; *E. Chiariello*, Der Richter als Verfassungsgeber?, 2009; *S. Kneip*, Verfassungsgerichte als demokratische Akteure, 2009.

sein mag: Die Verfassungsbeschwerde ist eine juristische und politische „Perle" im Kompetenzgeflecht des BVerfG. Sie macht das BVerfG zum „Bürgergericht" par excellence[657]. So relativ gering die „Erfolgsquote" ist: große Judikate sind auf ihrem Wege ergangen (z.B. BVerfGE 7, 198 – Lüth; 53, 30 – Mülheim-Kärlich; 87, 181 – Rundfunkfinanzierung; 89, 155 – Maastricht; 97, 350 – Euro; 123, 267 – Lissabon). Die Verfassungsbeschwerde macht das BVerfG auch zum Modell: Länder wie Spanien haben sie eingeführt, das Amparo-Verfahren in Lateinamerika wirkt als „Parallele"[658]. Deutschland als Land der höchst effektiven Verfassungsbeschwerde sollte bei seinem Modell bleiben und z.B. gerade *nicht* das *freie* Annahmeverfahren i.S. des US-Supreme Court rezipieren. Seine Verfassungskultur nähme Schaden. Zu ihr gehört auch die immer klarer werdende Doppelfunktion der Verfassungsbeschwerde: neben der Garantie des individuellen Rechtsschutzes die Wahrung der Verfassung (siehe BVerfGE 33, 247 (258 f.); 98, 218 (242 f.); weiterhin die zahlreichen angesprochenen Verfassungsbeschwerden mit Blick auf den europäischen Integrationsprozess).

d) Die deutsche Staatsrechtslehre als bloßer „Postglossator" des BVerfG?

1223 Die Fülle der Literatur, die das BVerfG begleitet und als „Kommentierte Verfassungsrechtsprechung" gelten darf[659], die Breite und mitunter Tiefe, die sich mit dem BVerfG als solchem beschäftigt[660], wirft die Frage nach

---

657 Vgl. *P. Häberle*: Die Verfassungsbeschwerde im System der bundesdeutschen Verfassungsgerichtsbarkeit, JöR 45 (1997), S. 89 ff., 112 ff., 131.

658 Dazu etwa *H.-R. Horn*, 80 Jahre mexikanische Bundesverfassung – was folgt?, JöR 47 (1999), S. 399 ff., 423 ff.

659 *P. Häberle*, Kommentierte Verfassungsrechtsprechung, 1979.

660 Vgl. die Handbuch-Artikel: *G. Roellecke*, Aufgaben und Stellung des Bundesverfassungsgerichts im Verfassungsgefüge, in: HStR, Bd. III, 3. Aufl. 2005, § 67; *H. Simon*, Verfassungsgerichtsbarkeit, in: E. Benda/W. Maihofer/H.-J. Vogel (Hrsg.), Handbuch des Verfassungsrechts, 2. Aufl. 1994, S. 1237 ff., 1253 ff.; *W. Löwer*, Zuständigkeit und Verfahren des Bundesverfassungsgerichts, ebd. S. 737 ff. Aufsätze und Monographien: *H. Schulze-Fielitz*, Das Bundesverfassungsgericht in der Krise des Zeitgeistes, AöR 122 (1997), S. 1 ff.; *I. Ebsen*, Das Bundesverfassungsgericht als Element gesellschaftlicher Selbstregulierung, 1985; *U. R. Haltern*, Verfassungsgerichtsbarkeit, Demokratie und Misstrauen, 1998; *ders.*, Integration als Mythos, JöR 45 (1997), S. 32 ff. Lehrbücher: *K. Stern*, Das Staatsrecht der Bundesrepublik Deutschland, Bd. II, 1980, S. 933 ff.; *K. Schlaich/S. Korioth*,

Rolle und Selbstverständnis der deutschen Staatsrechtslehre auf. Hat sie sich selbst „entthront"[661]? Wirkt sie als „Glossator" oder gar „Postglossator" von „Karlsruhe"? Wenn ja, sollte dies von den „Wissenschaftlergemeinschaften" anderer Länder übernommen werden? Hinter der These von der „Selbstentthronung" steckt zumindest eine *Teil*wahrheit. Teile der deutschen Wissenschaftlergemeinschaft neigen dazu, jeden Haupt- und Nebensatz einer Entscheidung so ernst zu nehmen wie einen Bibeltext. Jede nationale Staatsrechtslehrergemeinschaft bedarf eines Optimums an persönlicher Autonomie und fachlicher Selbständigkeit gegenüber der Verfassungsgerichtsbarkeit. Sie sollte sie rezensieren und kommentieren, aber im Entwurf neuer Paradigmen denkbar viel schöpferische Phantasie walten lassen, damit dann das Verfassungsgericht in „pragmatischer Integration von Theorieelementen" arbeiten und einer „Verfassung des Pluralismus" gemäß Mittelwege suchen kann. Die Rechtsvergleichung als *Zukunftswissenschaft* hat hier ihre Stunde. Sie stellt Kontexte her, relativiert die eigenen Texte und führt über die nationalen Verfassungsgerichte hinaus: z.B. auf die regionale Verfassungsgemeinschaft „Europa".

Das BVerfG gehört zum Grundkonsens unserer Republik, gerade auch in 1224
der Phase der deutschen Wiedervereinigung. Es hat sich wie nur wenige andere Institutionen „bewährt" und kann sich im Rechtsvergleich nicht nur „sehen" lassen. Es vermittelt der vergleichenden Verfassungslehre auch fruchtbare Impulse. Man mag sich allenfalls wünschen, dass sich das BVerfG noch deutlicher als spezifisch „europäisches Verfassungsgericht" versteht – dank stärkerer, offengelegter, innereuropäischer Rechtsvergleichung und dank stärkerer Öffnung zu Europa als „werdender Verfassungsgemeinschaft". Im Übrigen lebt die offene Gesellschaft der Verfassungsinterpreten in Europa die Rechtsprechung des BVerfG denkbar intensiv. Als Deutscher im „europäischen Deutschland" (*T. Mann*) kann man dafür nur dankbar sein.

Das Bundesverfassungsgericht. Stellung, Verfahren, Entscheidungen, 10. Aufl. 2015. *Kommentare*: etwa *S. Detterbeck*, in: M. Sachs (Hrsg.), GG, 7. Aufl. 2014, Art. 93 und Art. 94.

661 So die These von *B. Schlink*, Die Entthronung der Staatsrechtswissenschaft durch die Verfassungsgerichtsbarkeit, Der Staat 28 (1989), S. 161 ff.; *ders.*, Abschied von der Dogmatik, JZ 2007, S. 157 ff.; dazu auch *P. Häberle*: Ein „Zwischenruf" zum Diskussionsstand in der deutschen Staatsrechtslehre, in: FS H. Maier, 1996, S. 327 ff., 338 f.

1225 Vor dem Blick auf EuGH und EGMR sei noch an ein unionsrechtsspezifisches Muster erinnert, das heute für alle nationalen Verfassungsgerichtsbarkeiten in den Mitgliedstaaten der EU gilt. Das Unionsrecht besitzt in den Mitgliedstaaten unmittelbare Geltung und ist deshalb selbstverständlicher Prüfungsmaßstab der nationalen Gerichte einschließlich der nationalen Verfassungsgerichte. Sie haben es im Rahmen ihrer jeweiligen Zuständigkeiten anzuwenden, unter Berücksichtigung der EuGH-Rechtsprechung auszulegen und ihm so effektive Geltung („effet utile") zu verschaffen.

II. Die beiden europäischen Verfassungsgerichte EGMR und EuGH

1. Analogie

1226 In die „Musterproblematik" sind von vornherein die beiden europäischen Verfassungsgerichte EGMR und EuGH einzubeziehen. Zunächst zum Gerichtshof der Europäischen Union.

a) Der Gerichtshof der Union – unionales Fach-, europäisches Verfassungs- und europäisches Bürgergericht

1227 Eine Rechtsgemeinschaft wie die Europäische Union[662] lebt in hohem Maße von der *Gestaltungsmacht* und *Glaubwürdigkeit*[663] jener Akteure, die „Integration durch Recht" leisten. Sie trifft die Verantwortung, *normative Bindung* in *politische Inklusion* zu übersetzen und so politische Gemeinschaft mitzustiften. Die „offene Gesellschaft der europäischen Verfassungsinterpreten"[664] kennt – parallel zu ihrem verfassungsstaatlichen Pendant – eine Fülle das Recht gestaltender Aktivkräfte – vom engagierten Bürger über die institutionellen Akteure bis hin zur kritisch reflektieren-

---

662 *W. Hallstein*, Die Europäische Gemeinschaft, 5. Aufl. 1979, S. 53; *ders.*, Der unvollendete Bundesstaat, 1969, S. 33 ff.

663 *U. Haltern*, Verfassungsgerichtsbarkeit, Demokratie und Misstrauen, 1998; Misstrauen kann auf Seiten der Bürgerinnen und Bürger ebenso wie auf Seiten der Mitgliedstaaten entstehen, vgl. *G. H. Roth*, Der EuGH und die Mitgliedstaaten – ein zunehmend schwieriges Verhältnis, in: H. Isak (Hrsg.), Krise – Kompetenz – Kooperation, 2010, S. 127 ff.

664 *P. Häberle*, Die offene Gesellschaft der Verfassungsinterpreten (1975), in: *ders.*, Verfassung als öffentlicher Prozess, 3. Aufl. 1998, S. 155 ff.

den Wissenschaft. Der Gerichtshof der Europäischen Union hat als authentischer Interpret der Verträge zwar keine exklusive, aber gewiss die zentrale Stellung in diesem Akteursgefüge inne. Nicht von Ungefähr erkennen viele in ihm einen wesentlichen „Motor der Integration“[665], sogar einen „Motor der Konstitutionalisierung“[666]. Diese Verantwortungszuschreibung geht letztlich auf das in Art. 6 Abs. 1 EUV verankerte Grundprinzip der Rechtsstaatlichkeit zurück. Effektiver Rechtsschutz ist die selbstverständliche Konsequenz von Herrschaftsorganisation unter der „rule of law“. Deshalb trifft die über ihren völkerrechtlichen Gründungsakt längst hinausgewachsene, zum autonomen, dabei rechtsstaatlich gebundenen, grundrechtlich radizierten, letztlich konstitutionellen Gemeinwesen erstarkte Union ein umfassender Rechtsschutzauftrag[667]. Er ist ihr „verfassungsrechtlicher Normalfall“[668].

Das findet nach Lissabon in der Vertragsarchitektur der Union signifikanten Ausdruck. Die Grundlagenbestimmungen zum Gerichtshof der Europäischen Union[669] finden sich dort, wo die *konstitutionellen Fundamente* der Unionsgrundordnung gelegt werden[670]: im EUV, präzise in seinem neugefassten Art. 19[671]. Was der Gerichtshof programmatisch für sich 1228

665 *P. Hullen*, Der Europäische Gerichtshof als Motor der Integration, 2001.

666 Die Autonomisierung des europäischen Rechts durch den EuGH – und zwar sowohl gegenüber den mitgliedstaatlichen Rechtsordnungen als auch gegenüber von Politik und Verwaltung – hat eine konstitutionalisierende Dynamik entfaltet und ihr korrespondierende Transformationsprozesse bedingt, so *J. H. H. Weiler*, The Transformation of Europe, The Yale Law Journal 100 (1991), S. 2403 ff.; s. auch *J. Gerkrath*, L'émergence d'un droit constitutionnel pour l' Europe, 1997.

667 *M. Pechstein*, EU-Prozessrecht, 4. Aufl. 2011, Rn. 1; *C. D. Classen*, Effektive und kohärente Justizgewährleistung im europäischen Rechtsschutzverbund, JZ 2006, S. 157 ff.; vorher schon *ders.*, Die Jurisdiktion des Gerichtshofs der Europäischen Gemeinschaften nach Amsterdam, EuR 1999, Beiheft 1, S. 73 ff.

668 *J. Bast*, Handlungsformen und Rechtsschutz, in: A. v. Bogdandy/J. Bast (Hrsg.), Europäisches Verfassungsrecht, 2. Aufl. 2009, S. 489 ff., 554.

669 Die Fülle der Lit. zum EuGH und seiner Rechtsprechung ist kaum zu überblicken. Eindrucksvolle Verweise finden sich bei *A. K. Mangold*, Gemeinschaftsrecht und deutsches Recht. Die Europäisierung der deutschen Rechtsordnung in historisch-empirischer Sicht, 2011, S. 86 ff.

670 *D. Th. Tsatsos*, Die Europäische Unionsgrundordnung, EuGRZ 1995, S. 287 ff.; *ders.*, Die Europäische Unionsgrundordnung im Schatten der Effektivitätsdiskussion, EuGRZ 2000, S. 517 ff.; ders. (Hrsg.), Die Unionsgrundordnung. Handbuch zur Europäischen Verfassung, 2010.

671 Von einer „Zentralnorm der Rechtsgemeinschaftlichkeit“ spricht *Ph. Terhechte*, Der Vertrag von Lissabon: Grundlegende Verfassungsurkunde der europäischen

in Anspruch nimmt, wird verfassungsqualitativ verankert: Er will Fach- und zugleich Verfassungsgericht für eine *Rechtsgemeinschaft* sein, „in der weder die Mitgliedstaaten noch die Gemeinschaftsorgane der Kontrolle daraufhin entzogen sind, ob ihre Handlungen im Einklang mit der Verfassungsurkunde der Gemeinschaft ... stehen“[672].

1229 Neben der kontinuierlichen Konstitutionalisierung verändert ein ebenso kontinuierliches Anwachsen von Zuständigkeiten und Tätigkeiten der Union das Aufgaben- und Verantwortungsprofil des Gerichtshofs. Die Wahrung des Unionsrechts (Art. 19 Abs. 1 S. 2 EUV) im europäischen Rechts- und Verfassungsverbund wird zu einer immer komplexeren Aufgabe[673]. Das wiegt umso schwerer, als der EuGH die angesprochene Doppelrolle als höchstes unionales „Fach-“ und Verfassungsgericht bürgernah zu erfüllen hat und die eine nicht von der anderen Funktion überlagert, gar verdrängt werden sollte.[674] Bedingt durch das Inkrafttreten der EU-Grundrechte-Charta gewinnt die verfassungsgerichtliche Dimension – auch ohne die Möglichkeit einer Grundrechtsbeschwerde, die Rede von der EuGH-spezifischen Reform des Verfassungsbeschwerdeverfahrens klang schon an – sogar noch größeres Gewicht. Art. 47 Abs. 1 EU-Grundrechte-Charta aktiviert die rechtsstaatlich-institutionelle Seite der Grundrechte. Die Norm verleiht effektivem (Grund-)Rechtsschutz seinerseits Grundrechtsqualität.[675] Aus alldem zeichnet sich ein dreifaches Anforderungsprofil an

---

Rechtsgemeinschaft oder technischer Änderungsvertrag?, EuR 2008, S. 143 ff., 159.

672 EuGH, Rs. C-314/91, *Weber*, Slg. 1993, I-1093 (I-1109); sinngemäß schon vorher Rs. 294/83, *Les Verts*, Slg. 1986, 1339 (1365); zu diesen vom EuGH postulierten „Grundprinzipien des europäischen Rechtsschutzverbundes“ *C. D. Classen*, Rechtsschutz, in: R. Schulze/M. Zuleeg/S. Kadelbach (Hrsg.), Europarecht. Handbuch für die deutsche Rechtspraxis, 3. Aufl. 2015, § 4, Rn. 1.

673 *I. Pernice*, Die Zukunft der Unionsgerichtsbarkeit. Zu den Bedingungen einer nachhaltigen Sicherung effektiven Rechtsschutzes im Europäischen Verfassungsverbund, EuR 2011, S. 151 ff., 151.

674 *L. Manthey/Ch. Unseld*, Grundrechte vs. „effet utile“ – Vom Umgang des EuGH mit seiner Doppelrolle als Fach- und Verfassungsgericht, ZEuS 2011, S. 323 ff., 325; *F. Meyer*, Verfassungsgerichtsbarkeit, in: A. v. Bogdandy/J. Bast (Hrsg.), Europäisches Verfassungsrecht, 2. Aufl. 2009, S. 559 ff., 593 ff.; *A. Arnull*, The European Union and its Court of Justice, 2. Aufl. 2006, S. 661 f.

675 Siehe *A. Eser*, in: J. Meyer (Hrsg.), Charta der Grundrechte der Europäischen Union, 3. Aufl. 2011, Art. 47, Rn. 9 m.w.N. in Fn. 34, Rn. 16; allgemein *K. F. Baltes*, Die demokratische Legitimation und die Unabhängigkeit des EuGH und des EuG, 2011, S. 26 ff.

den Gerichtshof der Union der ab. Er soll höchstes unionales „*Fachgericht*“[676], *europäisches Verfassungsgericht*[677] und verfasste Einheit stiftendes wie sicherndes *Bürgergericht*[678] sein. Diesem Profil korrespondieren wiederum drei Maximen effektiven Rechtsschutzes: „*fachgerichtliche*“ *Entscheidungseffizienz*, *verfassungsgerichtliche Grundlagenorientierung*[679] und, beide verklammernd, *Bürgertransparenz*. Sie verlangen *institutionelle* Absicherung und *funktionale* Ausdifferenzierung.

Ganz in diesem Sinne übernimmt der Gerichtshof der Europäischen Union 1230
im unionalen Gefüge von „checks and balances“ die klassische Rolle der „dritten Gewalt“[680]. Er ist und bleibt ein unverzichtbarer Garant für das institutionelle Gleichgewicht zwischen den Unionsorganen. Die grundlegenden Vorschriften über die unionale Gerichtsverfassung finden sich in Art. 19 EUV und in Art. 251 bis 281 AEUV. Sie implizieren neben dem rechtsstaatlich-gewaltenteiligen Selbstverständnis auch die Notwendigkeit eines Mindestmaßes an demokratischer Legitimation des Organs, das zu primären Wahrung des Unionsrechts berufen ist[681]. Konkretisierend ergänzt wird die Gerichtsverfassung nach EUV/AEUV durch die Satzung des Gerichtshofs, seine Verfahrensordnung und die Verfahrensordnung des Gerichts sowie die des Gerichts für den öffentlichen Dienst[682]. Hinzu kommt auch noch die Dienstanweisung an den Kanzler. Darüber hinaus

---

676 *N. Weiß*, Historische Entwicklung von Rechtsschutz gegen die öffentliche Gewalt in Deutschland und der Europäischen Union, in: ders. (Hrsg.), Rechtsschutz als Element der Rechtsstaatlichkeit, 2011, S. 9 ff., 42 f. Hinsichtlich des fachgerichtlichen Aufgabenprofils differenziert *M. Pechstein*, EU-Prozessrecht, 4. Aufl. 2011, Rn. 7, zwischen der Funktion als Verwaltungsgericht (Klagen von Individuen gegen sie betreffende Rechtsakte), als Disziplinargericht (Abberufung von Kommissaren oder Richtern), als Zivilgericht (nicht nur bei Schadensersatzklagen) und – bei entsprechender Parteiabrede – sogar als Schiedsgericht.

677 *G. C. Rodriguez Iglesias*, Der Gerichtshof der Europäischen Gemeinschaften als Verfassungsgericht, 1992.

678 So schon *P. Häberle*, Europäische Rechtskultur, 1994, S. 157.

679 Für das deutsche Bundesverfassungsgericht klassisch ausgearbeitet bei *K. Hesse*, Grundzüge des Verfassungsrechts der Bundesrepublik Deutschland, 20. Aufl. 1995 (Neudruck 2000), Rn. 561 ff.

680 *I. Pernice*, Die dritte Gewalt der Europäischen Gemeinschaften, EuR 1996, S. 27 ff.; kritisch *M. Pechstein*, EU-Prozessrecht, 4. Aufl. 2011, Rn. 4 ff.

681 *V. Epping*, Die demokratische Legitimation der dritten Gewalt der Europäischen Gemeinschaften, Der Staat 36 (1997), S. 349 ff.

682 *K. Schiemann,* The Functioning of the Court of Justice in an Enlarged Union and the Future of the Court, in: A. Arnull/P. Eeckhout/T. Tridimas (Hrsg.), Continuity and Change in EU Law – Essays in Honour of Sir Francis Jacobs, 2008, S. 3 ff.

lässt sich mit Blick auf die Kompetenzseite eine dialektische Spannungslage nicht verleugnen, siehe Art. 5 Abs. 1 S. 1 EUV einerseits, Art. 4 Abs. 3 EUV anderseits. Als Unionsorgan ist der Gerichtshof strikt an das Prinzip der begrenzten Einzelermächtigung gebunden, woran mitgliedstaatliche Verfassungsgerichte ihn mitunter selbstbewusst erinnern[683]. Ebenso selbstbewusst verlangt der Gerichtshof, gestützt auf den Grundsatz der Unionstreue, von den Mitgliedstaaten und ihren Gerichten, den *effet utile* des Unionsrechts sicherzustellen. Diese durch *wechselseitige* Ermächtigungen und Begrenzungen konturierte Rechtsgemeinschaft verlangt kooperative Balance bei der Kompetenzinanspruchnahme; affirmativ in Anspruch genommene Letztentscheidungskompetenzen sind dafür nur selten hilfreich.

b) Der Europäische Gerichtshof für Menschenrechte als europäisches Verfassungsgericht

1231 Die EMRK steht mit den mitgliedstaatlichen Verfassungsrechtsordnungen ebenso wie mit dem Unionsrecht in vielfältigen Wechselwirkungen[684]. Diese bestimmen auch die (verfassungsgerichtliche) Rolle des EGMR im Gesamtgefüge der europäischen Gerichtsbarkeit[685]. Parallel zum Recht ihrer Mitgliedstaaten hat sich die Europäische Union – erst recht nach Lissabon – in nachdrücklicher Weise der EMRK geöffnet. Art. 2 EUV rechnet die Menschenwürde, die Wahrung der Menschenrechte und die Sicherung menschenrechtlich radizierter Freiheit zu den Werten der Union. Art. 6 Abs. 2 und 3 EUV ziehen aus diesem Wertebekenntnis eindeutige Konsequenzen: Abs. 2 eröffnet der Europäischen Union den (jüngst gescheiterten) Beitritt zur EMRK und Abs. 3 macht, ganz unabhängig von der Beitrittsoption, „die Grundrechte, wie sie in der Europäischen Konvention zum Schutz der Menschenrechte und Grundfreiheiten gewährleistet werden“ als „allgemeine Grundsätze“ zu einem verbindlichen Teil des Unionsrechts. Insgesamt: Der EGMR als „Verfassungsgericht“ Europas i.w.S. des Europarates konzentriert sich ganz auf die Menschenrechte und

683 Das Bundesverfassungsgericht etwa in der Maastricht-Entscheidung (BVerfGE 89, 155), in seinem umstrittenen Lissabon-Urteil (BVerfGE 123, 267) oder im Honeywell-Beschluss (BVerfGE 126, 286).

684 *Ch. Grabenwarter*, Europäischen Menschenrechtskonvention, 5. Aufl. 2012, § 4, Rn. 1.

685 *J. H. Wiethoff*, Das konzeptionelle Verhältnis von EuGH und EGMR, 2008.

damit die typisch verfassungsgerichtliche Grundrechte-Sicherung. Sowohl den Kompetenzen, den Verfahren, dem Status nach als auch in der Methodenwahl und den Rechtsprechungsergebnissen nach ist der EGMR ein „Verfassungsgericht“[686].

2. Inhalte, das „europäische Rechtsgespräch“

Bezüglich der Inhalte verdienen EuGH und EGMR erst recht eine Einbe- 1232
ziehung in jede Theorie der Verfassungsgerichtsbarkeit heute. Denn sie stehen mit den nationalen Verfassungsgerichten in lebhaftem Rechtsprechungsaustausch. Nichts anderes bezeichnet die Metapher vom Verfassungsgerichtsverbund[687], deren Verbundmodell den dialogischen Austausch impliziert. Die europäische Grundrechtsjudikatur lebt besonders intensiv von Materialien aus „Karlsruhe“. Auf anderen Feldern wirken auch die übrigen nationalen Verfassungsgerichte. Umgekehrt suchen diese inhaltlich das Gespräch mit „Straßburg“ bzw. „Luxemburg“. So wirken die EMRK und die Judikatur des EGMR in die Rechtsprechung des BVerfG hinein (vgl. BVerfGE 74, 358 (370); 76, 1 (81); 82, 106 (125); 83, 119 (128); 96, 152 (170); 103, 44 (64); 113, 273 (316)). Gleiches gilt für die Europäische Sozialcharta (BVerfGE 88, 103 (111) und die Internationalen Menschenrechtspakte (vgl. BVerfGE 88, 203 (260)). Alle nationalen und übernationalen europäischen Verfassungsgerichte sind Partner im konstitutionellen Entwicklungsprozess Europas; gelegentlich auch Kritiker, ja Zensoren[688].

---

686 *K. W. Weidmann*, Der EGMR auf dem Weg zu einem europäischen Verfassungsgerichtshof, 1985; *J. A. Frowein*, Der europäische Menschenrechtsschutz als Beginn einer europäischen Verfassungsrechtsprechung, JuS 1986, S. 845 ff.; *F. C. Mayer*, Europäische Verfassungsgerichtsbarkeit, in: A. von Bogdandy/J. Bast (Hrsg.), Europäisches Verfassungsrecht, 2. Aufl. 2009, S. 559 ff.

687 *A. Voßkuhle*, Der Verfassungsgerichtsverbund, NVwZ 2010, S. 1 ff.

688 Vgl. den vom EGMR gegenüber dem BVerfG erhobenen Vorwurf, dieses habe wegen überlanger Verfahrensdauer Art. 6 Abs. 1 EMRK verletzt (EuGRZ 1997, S. 310 ff. und ebd., S. 405 ff.). Aus der Lit.: *J. Limbach*, Die Kooperation der Gerichte in der zukünftigen europäischen Grundrechtsarchitektur, EuGRZ 2000, S. 417 ff.; *P. Funk-Rüffert*, Kooperation von EuGH und BVerfG im Bereich des Grundrechtsschutzes, 1999; *G. Nicolaysen/C. Nowak*, Teilrückzug des BVerfG aus der Kontrolle der Rechtmäßigkeit gemeinschaftlicher Rechtsakte: Neuere Entwicklungen und Perspektiven, NJW 2001, S. 1233 ff.; *S. Kadelbach*, Der Status der Europäischen Menschenrechtskonvention im deutschen Recht, Jura 2005,

1233 Die auf die nationale Verfassungsgerichtsbarkeit bezogen entwickelten „*Prinzipien der Verfassungsinterpretation*" (*H. Ehmke/K. Hesse*) lassen sich – modifiziert – auch auf EuGH und teils sogar den EGMR anwenden. Zu ihnen gehören, EuGH-spezifisch, vor allem die Einheit des Unionsverfassungsrechts, Ausdruck der normativen Kraft der „Unionsgrundordnung", sodann das Effektivitätsprinzip („effet utile"), der Schutz der Grundrechte als „allgemeine Rechtsgrundsätze", das Prinzip der Verhältnismäßigkeit als Ausdruck des Rechtsstaates, das institutionelle Gleichgewicht nach Maßgabe „funktioneller Richtigkeit" sowie das Subsidiaritätsprinzip. Die viel berufenen „Vertragsziele" bzw. ungeschriebenen „Geist-oder Verträge-Klauseln" überdachen das an diesen Verfassungsprinzipien orientierte Zusammenspiel der Auslegungsmethoden. Der bekannte „Methodenpluralismus" ist von der teleologischen bzw. vom EuGH praktizierten „dynamischen", „evolutiven" Auslegung gesteuert.

1234 Auf den EGMR bezogen die folgenden Überlegungen: Das Verständnis der EMRK als *Teil*verfassung Europas kann durchaus mit dem Prinzip der Einheit der Verfassung, nur eben auf die ganze EMRK als Teil bezogen werden. Integrierende Bezugnahmen auf die anderen Teilverfassungen des europäischen Ensembles von Teilverfassungen sind damit nicht ausgeschlossen. Z.B. wäre denkbar, dass der EGMR auch einmal auf Grundsätze der OSZE verweist: so wie der EuGH gelegentlich auf die EMRK Bezug nimmt. Soweit EuGH und EGMR Beurteilungsspielräume der Mitgliedstaaten respektieren, kommt hier das auf die Gewaltenteilung bezogene Prinzip „funktioneller Richtigkeit" zum Zuge. Dies ist zugleich ein Beispiel für ein dem EuGH wie EGMR gemeinsames „Prinzip der Verfassungsinterpretation". Der wachsenden Bedeutung der Fallrechtsmethode kommt zusammen mit dem Wechselspiel von „Text und Kontext" eine an dieser Stelle noch nicht auslotbare Rolle zu.

S. 480 ff.; *M. Büdenbender*, Das Verhältnis des EuGH zum BVerfG, 2005; *J. Wiethoff*, Das konzeptionelle Verhältnis von EuGH und EGMR, 2008; *U. Steiner*, Zum Kooperationsverhältnis von BVerfG und EGMR, in: FS Bethge, 2009, S. 653 ff.

3. Irritationen im „europäischem Rechtsgespräch“: Das retrospektive Lissabon-Urteil des BVerfG als versteinernde Maastricht-II-Entscheidung

Für Konflikte und Irritationen im europäischen Rechtsgespräch sei an dieser Stelle das stark etatistische Lissabon-Urteil des BVerfG genauer ins Blickfeld genommen[689]. Es qualifiziert in vielen Punkten als eine ganz in europakritischer Kontinuität stehende „Maastricht-II-Entscheidung“, die ein Stück weit das deutsche Grundgesetz „über alles“ setzt und das BVerfG, ganz souveränitätsgläubig, zum exklusiven Hüter des „nationalstaatlichen Souveränitäts-Panzers“ stilisiert. Vieles dessen, was in den nachfolgenden Entscheidungen zur Griechenland-Rettung wiederklingt, ist in „Lissabon“ bereits angelegt. Deshalb dieser spezifische Fokus auf spezifische Irritationen und Konfliktpunkte im gemeineuropäischen Rechtsgespräch. Er beginnt mit einer erinnernden Vergegenwärtigung der besonderen Art, wie sie in dieser Verfassungslehre an der einen oder anderen Stelle schon einmal vorgenommen wurde. Auch wenn nichts so alt ist wie die Tagezeitung vom vergangenen Tag und sich die Halbwertszeit des zeitgenössischen Pressechos als entsprechend kurz erweist, widerspiegelt sich gerade in den Pressestimmen etwas von jener *Dramatik*, die Europa in seinem *konstitutionellen Moment* von Lissabon erlebt hat. 1235

Die Idee der „constitutional moments“ ist von *B. Ackerman* her geläufig. Er begreift den Verfassungsprozess in den Vereinigten Staaten seit ihrer Gründung als eine Serie konstitutioneller Momente: „American history has been punctuated by successful exercises in revolutionary reform in which protagonists struggled over basic questions of principle that had ramifying implications for the conduct of large areas of American life.“[690] *Ackermann* unterscheidet dabei zwischen den Normalphasen eines mehr oder weniger wohlgeordneten politischen Alltags, in denen der Bürger primär Privatmann sein darf und die staatlichen Gewalten in den dafür vorgesehenen Verfahren ihrem Alltagsgeschäft nachgehen, und herausragenden Phasen politischen Umbruchs, die den Bürger zu neuen, sogar revolutionä- 1236

---

689 BVerfGE 123, 267.

690 *B. Ackerman*, We the People. Foundations, 1991, S. 59; s. weiterhin *ders.*, Transformative Appointments, Harvard Law Review 101 (1988), S. 1164 ff.; *ders.*, Higher Lawmaking, in: Sanford *Levinson* (Hrsg.): Responding to Imperfection. The Theory and Practice of Constitutional Amendment, 1995, S. 63 ff.; *ders.*, The Broken Engine of Progressive Politics, American Prospect 9 (1998), S. 34 ff.

ren konstitutionellen Grundentscheidungen provozieren[691], die Wendepunkte im Agieren der drei staatlichen Gewalten markieren, die das „standard law making" nicht mehr genügen lassen, sondern nach einem „higher law making" verlangen[692]. Konstitutionelle Momente stehen für Transformationsprozesse aus der politischen Krise heraus, in der Literatur anschaulich beschrieben als „times of political crisis in which the electorate acts collectively to effect constitutional change through informal, extraconstitutional means"[693]. Genau einen solchen Transformationsprozess aus der politischen Krise aus dem doppelten „Nein" zum Verfassungsvertrag hat Europa mit dem Vertrag von Lissabon erlebt. Die Intensität des Presseechos belegt den mit Lissabon verbundenen politischen Umbruch und seine konstitutionellen Wirkungen für die Union.

---

691 *B. Ackerman*, Bruce, Revolution on a Human Scale, The Yale Law Journal 108 (1999), S. 2279 ff.

692 *J. Klarmann*, Constitutional Fact/Constitutional Fiction: A Critique of Bruce Ackermann's Theory of Constitutional Moments, Stanford Law Review 44 (1992), S. 759 ff.

693 *Ebd.*

694 Das Lissabon-Urteil wurde auch in Frankreich beachtet und kommentiert, vgl. Le Monde vom 2. Juli 2009, S. 9. Harsche Kritik am „deutschen Sonderweg" äußerte *A. Grosser* in seiner „Außenansicht" (SZ vom 11. Juli 2009). – Weitere Pressestimmen aus dem Ausland (zit. nach FAZ vom 2. Juli 2009, S. 2): „Das Urteil … schafft vor allem eines: Klarheit. … Die EU ist kein Bundesstaat, sondern sie bleibt ein Verbund souveräner Staaten. … Das Urteil hat das EU-Parlament auf sein demokratiepolitisch richtiges Maß zurechtgestutzt." (Züricher Tagesanzeiger). „Die Deutschen als EU-Bremser" (Warschauer Tageszeitung). „Mehr als ein Zwischenruf" (Elsässische Tageszeitung). – Treffend auch *T. Oppermann*: Den Musterknaben ins Bremserhäuschen! – Bundesverfassungsgericht und Lissabon-Vertrag, EuZW 2009, S. 473. *Oppermann* spricht von einer „Karlsruher Europa-Sicht", die das deutsche Integrationsengagement „in nobler Verabsolutierung des Grundgesetzes ausbremsen" möchte. Er stellt auch die Frage: Nimmt der EuGH den „Fehdehandschuh" auf, den das BVerfG dem EuGH hingeworfen hat, als es „Luxemburg vom hohen Kothurn die Kompetenz zur Prüfung der Grenzen der Integration absprach"? Plastisch auch: „Die EU wird zum Ghetto, von der Mauer des Grundgesetzes umgeben".

a) Das Echo in der (deutschen) Tagespresse

Recht verkürzend lauteten erste Schlagzeilen[692]: „Karlsruhe gibt Bundestag Macht über Europa“[695] oder „Kein Lissabon-Vertrag ohne starken Bundestag“[696]. *H. Prantl* spricht gar von einer „europäischen Sternstunde“ (SZ vom 1. Juli 2009, S. 1). *R. Müller* titelt: „Weckruf aus Karlsruhe“ (FAZ vom 1. Juli 2009, S. 1; *ders.*: „Ja, aber“, ebd. S. 3). *T. Jungholt* betont: „Europas neue Grenzen, In einem historischen Urteil legt das Verfassungsgericht fest, wie weit die europäische Integration gehen darf. Die rote Linie ist die deutsche Verfassungsidentität.“[697] *G. Nonnenmacher* schreibt unter dem Titel „Karlsruher Interpretationen“ (FAZ vom 10. Juli 2009, S. 1): „Das Lob der Betroffenen für das Lissabon-Urteil ist heuchlerisch.“ Die bayerische CSU bekräftigt ihre europapolitischen Positionen unter dem Stichwort „mehr Kontrolle durch nationale Parlamente“. Sie verlangt nach österreichischem Vorbild, dass eine Abweichung von der Stellungnahme des Parlaments oder der Länderkammer nur aus zwingenden außen- und integrationspolitischen Gründen zulässig sein soll[698]. Der innerparteilich plötzlich ernst genommene Prozessbeteiligte MdB *P. Gauweiler* (CSU) lässt sich in der Münchner Abendzeitung wie folgt vernehmen: „Entweder man ist für Volksentscheide oder man ist es nicht. Für Volksabstimmung in Sachen Türkeibeitritt und gegen Volksabstimmung bei der EU-Verfassung geht nicht. Wer den Mehrheitswillen nur gelten lassen will, wenn er seiner eigenen vorgefassten Meinung entspricht, würde mit der Wahrheit lügen.“ 1237

Aufrüttelnd wirkt der prompte Beitrag von *A. Grosser*: „Deutschland auf dem Sonderweg“ (SZ vom 11. Juli 2009). *Grosser* schreibt: „Kein Grund zum Jubeln: Das Urteil aus Karlsruhe ist vielmehr ein Ausdruck der Furcht der Richter, sich dem Europäischen Gerichtshof unterwerfen zu müssen. Und es wirft die Frage auf: Haben es die Deutschen mit Europa je ernst gemeint? „ *Grosser* spricht von einem „schwarzen Tag“; er qualifi- 1238

695 SZ vom 1. Juli 2009, S. 1.

696 Die Welt vom 1. Juli 2009, S. 1.

697 Die Welt vom 1. Juli 2009, S. 3.

698 FAZ vom 16. Juli 2009, S. 1. Ergänzend sei erwähnt, dass die CSU Karlsruhe sogar noch „übertrumpfen“ will: Die Bundesregierung soll bei allen EU-Vorhaben zuerst die Zustimmung von Parlament und Ländern einholen, zit. nach SZ vom 4./5. Juli 2009, S. 1. Zuvor hatte die CSU den Vertrag von Lissabon sogar unter einen „völkerrechtlichen Vorbehalt“ stellen wollen, zit. nach FAZ vom 3. Juli 2009, S. 1.

ziert die EU zu Recht als „juristisches Wesen eigener Art“ und stellt bedauernd die Frage „Deutschland als Bremse“. Ein Leitartikel in der FAZ formuliert freilich Positives[699].

1239 Als einer der ersten deutscher Staatsrechtslehrer äußerte sich *C. Möllers*[700] sehr kritisch mit den Worten „Was ein Parlament ist, entscheiden die Richter, unverdientes Lob: das Lissabon-Urteil des Bundesverfassungsgerichts kann Demokratiefreunde nicht freuen.“ *F. Schorkopf* (Bonn) titelt mit ganz anderer Stoßrichtung: „Der Mensch im Mittelpunkt“ (FAZ vom 16. Juli 2009, S. 6). Der Mitherausgeber des Rheinischen Merkur und seinerzeitige Berichterstatter des Maastricht-Urteils *P. Kirchhof* schreibt in seinem Artikel „Der demokratische Weg Europas“[701], das Lissabon-Urteil wolle keinesfalls jede wichtige Entscheidung der deutschen Bundesregierung im Europäischen Rat von der Zustimmung des deutschen Parlaments abhängig machen. Im Gegenteil, es fordere vielmehr die vorherige Mitwirkung des deutschen Parlaments, wenn ein Unionsorgan sich eine Kompetenz zusprechen will, die das deutsche Parlament ihm im Unionsvertrag nicht gegeben hat. Präzise formuliert er: „Im Ergebnis darf also nur das deutsche Parlament die Brücke errichten, über die Europarecht nach Deutschland fließt und hier verbindlich wird.“ In großer Schärfe urteilt der in der Schweiz tätige deutsche Staatsrechtslehrer *R. Bieber* (Lausanne): „Autistisch und selbstgerecht“ (SZ vom 20. Juli 2009, S. 2). *M. Herdegen* (Bonn) schreibt demgegenüber in der angesehenen Rubrik der FAZ „Die Gegenwart“ am 24. Juli 2009, S. 9, über das Thema „Zeitgemäße Souveränität“. Offenbar zustimmend führt er aus, das BVerfG habe in seinem Lissabon-Urteil dem Souveränitätsgedanken als Grundlage demokratischer Selbstbestimmung wieder Auftrieb gegeben. Den Versuch des Lissabon-Urteils, unaufgebbare Bereiche politischer Selbstgestaltung vom Strafrecht bis zur Medienordnung als Kern staatlicher Souveränität herauszuschälen, hält er für „gewiss sinnvoll“. Zu Recht weist er jedoch da-

---

699 FAZ vom 15. Juli 2009, S. 1: „Das Urteil des Bundesverfassungsgerichts war kein Ausrutscher eines kleinlich dem Nationalstaat verhafteten Gerichts, sondern eine juristische Aufarbeitung der öffentlichen Debatte im größten Mitgliedstaat. Dass die EU allmählich genug Kompetenzen habe und dass Deutschlands Staatlichkeit letztlich vorrangig sei, ist im Lande Adenauers und Kohls heute alles andere als eine Minderheitsposition. Dieses Denken reicht weit über die CSU (und die Linkspartei) hinaus, weil die politische Klasse ihre Teilentmachtung durch die EU nicht verwinden kann.“

700 FAZ vom 16. Juli 2009, S. 27.

701 Rheinischer Merkur 30/2009, S. 26.

rauf hin, dass in der EU jeder Souveränitätsverlust durch die Mitwirkung auf der europäischen Entscheidungsebene kompensiert werde.

In den Leserbrief-Spalten überregionaler Zeitungen finden sich bemer- 1240
kenswerte Beiträge. So ist die Rede vom „überschätzten Karlsruher Richterspruch“[702]. Aus gutem Grund wird daran erinnert, dass es bei der Formulierung des Begleitgesetzes in Berlin darauf ankomme, das Schlimmste, ein imperatives Mandat[703] des Parlaments, zu vermeiden[704]. Kritik wird zu Recht an der bewussten Herabminderung der Bedeutung des Europäischen Parlaments geübt, das aus Karlsruher Sicht keine Vertretung der Unionsbürger sei und nur *ergänzend* demokratische Legitimität vermitteln könne. In einer Blitzumfrage der FAZ (30. Juli 2009, S. 6) werden einige deutsche Staatsrechtslehrer befragt und zu „Schnellschüssen“ verführt. Auffällig ist die Überschrift „Grundgesetz über alles“, ein Zitat von *T. Oppermann*. *Ch. Callies* gibt die Stellungnahme ab: „An den deutschen Demokratievorstellungen soll offenbar Europa genesen“. Er wagt sogar die Frage, inwieweit Deutschland „noch europafähig sei“. *M. Nettesheim* nennt das Urteil (zu Recht) „rückwärtsgewandt“.

Ein besonders scharfer kritischer Beitrag stammt von dem angesehenen 1241
ehemaligen Generalanwalt des EuGH *C. O. Lenz* (FAZ vom 8. August 2009, S. 7). Er titelt: „Ausbrechender Rechtsakt“ – und wendet damit einen vom BVerfG gegen andere gebrauchten Begriff gegen den Senat selbst. Die Essenz spiegelt sich im Untertitel des weithin überzeugenden Beitrags: „Das Urteil des Bundesverfassungsgerichts zum EU-Vertrag von Lissabon legt das integrationsoffene Grundgesetz in einer einseitig restrik-

702 FAZ vom 25. Juli 2009, S. 15. S. auch den Leserbrief in Welt am Sonntag vom 19. Juli 2009, S. 6: „Lasst uns über Europa streiten. „ sowie einen weiteren Beitrag „Karlsruhe oder: Nichts wird so heiß gegessen ...“, FAZ vom 4. August 2009, S. 6. S. auch den Leserbrief vom 12. August 2009, S. 6: „Europa – weder Gnade noch Anmaßung“. Sehr kritisch: *M. Steinbeis*, Karlsruhe ist nicht der Vatikan, Handelsblatt vom 8. August 2009.

703 Zu Recht kritisch: *J.-C. Juncker*, Imperative Mandate sind schädlich, Rheinischer Merkur Nr. 31/2009, S. 26. – Anders aber die CSU: Sie „will Minister in Brüssel durch imperatives Mandat binden“ (FAZ vom 13. Juli 2009, S. 1). – Zu Recht verlangt selbst der österreichische Außenminister *M. Spindelegger* (ÖVP): „In der Praxis braucht der Minister in Brüssel etwas Flexibilität“ (FAZ vom 13. Juli 2009, S. 2). *Spindelegger* betont die hohe Mitwirkungskompetenz von Nationalrat und Bundesrat und beurteilt die österreichische Praxis durchaus positiv.

704 Positiv aber: *M. Bergius*, FR vom 1. Juli 2009, S. 11: „Bundestag und Bundesrat werden in EU-Fragen weitaus mehr Befugnisse bekommen. Karlsruhe sei Dank. Vielleicht ist dann auch Schluss mit dem ewigen Gejammer über Brüssel.“

tiven Weise aus. Das Gericht begibt sich in eine politische Rolle und behindert die Schaffung eines vereinten Europa". So sehr der Beitrag auch in Einzelheiten einleuchtet, wie unten noch darzulegen ist, so sehr ist freilich daran zu erinnern, dass das BVerfG per se immer eine begrenzte politische Rolle spielt[705].

1242 Erst Anfang August 2009 verstärken sich plötzlich die *kritischen Stimmen* zum Lissabon-Urteil des BVerfG, vor allem aus dem politischen Lager[706]. Der angesehene damalige Erste parlamentarische Geschäftsführer der Union im Bundestag *N. Röttgen* (CDU) befürchtet, dass eine Bindung der Regierung an das Parlament nach dem Vorbild Österreichs Deutschlands Rolle „marginalisieren" könnte. Er verlangt ein Höchstmaß an Flexibilität für die deutsche Bundesregierung. Zu Recht verwarf er den Vorschlag der CSU, die deutsche Zustimmung zum Lissabon-Vertrag unter „völkerrechtlichen Vorbehalt" nach Maßgabe des Lissabon-Urteils zu stellen. Die damals 27 EU-Mitgliedsstaaten könnten keinen Vertrag schließen, wenn jeder eine eigene Auslegung dazu hinterlege. *Röttgen* meint auch, dass sich Karlsruhe gegenüber dem Parlament sehr weit vorgewagt habe. Er kritisiert: Problematisch sei, dass die Karlsruher Richter nationalstaatliche Souveränität und europäische Hoheitsausübung als eine „sich ausschließende Konkurrenz" wahrnähmen. Treffend schreibt er: „Einen Souveränitätsbegriff, der sich allein am Nationalstaat orientiert, halte ich für anachronistisch". In seinem Interview nennt er die kritischen Punkte mutig beim Namen. So weist er darauf hin, dass das GG den Begriff „Verfassungsidentität" nicht kennt. Er zeige, dass manche Ausführungen des Gerichts einen eher politischen Charakter haben. Auch sieht er die „altbekannte Konkurrenz" zwischen BVerfG und EuGH durchschimmern (*Röttgen* leitet für die Union das Verfahren zum neuen Begleitgesetz). Ministerpräsident *J. Rüttgers* (CDU) verlangt ein echtes „Initiativrecht" für Gesetze des Europäischen Parlaments. Scharf formuliert er: „Das Urteil zum EU-Vertrag habe mehr Unklarheit als Klarheit geschaffen"[707]. In der FAZ vom 13. August 2009, S. 1, werden namenlos bleibende kritische Stim-

705 Schon klassisch: *K. Hesse*, Grundzüge des Verfassungsrechts der Bundesrepublik Deutschland, 20. Aufl. 1995 (Neudruck 1999), Rn. 566, 669: „begrenzter Anteil an der obersten Staatsleitung".

706 FAZ vom 10. August 2009, S. 1 und 2.

707 FAZ vom 10. August 2009, S. 2. Ebd. ist auch von einem Appell von 30 Juristen die Rede, in dem das Karlsruher Urteil angegriffen wird, da das Gericht auf einen Justizkonflikt mit dem EuGH zusteuere.

men erwähnt wie „Germanisierung Europas“, „Machtmissbrauch seitens des Bundesverfassungsgerichts“. Auch werden wiederum ohne Namensnennung Forderungen von Wissenschaftlern erwähnt, darunter von jenen, „die im Lissabon-Verfahren die Bundesregierung und den Bundestag mit nicht durchschlagendem Erfolg vertreten haben“: Nach ihnen sollen die Richter künftig vom Gesetzgeber gezwungen werden, Zweifelsfragen hinsichtlich der EU dem EuGH vorzulegen. Wäre dies fair? Sähe es nicht als „Revanche“ aus?

b) Zur Würdigung: Licht und Schatten

Das Urteil wirkt schon prima facie wie eine habilitationsgleiche Leis- 1243
tung[708]: Es ist viel zu lang, sehr gelehrt. Beifall verdient die intensive rechtsvergleichende Arbeit auf der Ebene von Texten, Urteilen und eini-

708 Und ähnlich ausführlich gerät seine literarische Würdigung: Die Begleit-Lit. war schon nach kurzer Zeit kaum mehr zu überblicken, in Auswahl etwa: *Ch. Calliess*, Nach dem Lissabon-Urteil des Bundesverfassungsgerichts – Parlamentarische Integrationsverantwortung auf europäischer und nationaler Ebene, ZG 2010, S. 1 ff.; *W. Cremer*, Lissabon-Vertrag und Grundgesetz, Jura 2010, S. 296 ff.; *P. Häberle*, Das retrospektive Lissabon-Urteil als versteinernde Maastricht II-Entscheidung, JöR 58 (2010), S. 317 ff.; *F. J. Lindner*, Das Lissabon-Urteil des Bundesverfassungsgerichts und die Konsequenzen für die europäische Integration, BayVBl. 2010, S. 193 ff.; *F. C. Mayer*, Rashomon in Karlsruhe, NJW 2010, S. 714 ff.; *P.-Ch. Müller-Graff*, Das Lissabon-Urteil – Implikationen für die Europapolitik, Aus Politik und Zeitgeschichte 60 (18/2010), S. 22 ff.; *U. J. Schröder*, Die offene Flanke. Die verfassungsrechtlichen Anforderungen an die Begleitgesetzgebung zum Vertrag von Lissabon, DÖV 2010, S. 303 ff.; *A. Weber*, Die Europäische Union unter Richtervorbehalt?, JZ 2010, S. 157 ff.; *M. Wiemers*, Der Lissabon-Vertrag und das Bundesverfassungsgericht – Zum BVerfG-Urteil über den Vertrag zur Reform der Europäischen Union, VR 2010, S. 73 ff.; *C. D. Classen*, Legitime Stärkung des Bundestages oder verfassungsrechtliches Prokrustesbett?, JZ 2009, S. 881 ff.; *K. F. Gärditz/Ch. Hillgruber*, Volkssouveränität und Demokratie ernst genommen – Zum Lissabon-Urteil des BVerfG, JZ 2009, S. 872 ff.; *D. Grimm*, Das Grundgesetz als Riegel vor einer Verstaatlichung der Europäischen Union, Der Staat 48 (2009), S. 475 ff.; *M. Jestaedt*, Warum in die Ferne schweifen, wenn der Maßstab liegt so nah?, Der Staat 48 (2009), S. 497 ff.; *Ph. Terhechte*, Souveränität, Dynamik, Integration – making up the rules as we go along, EuZW 2009, S. 724 ff.; *D. Thym*, Europäische Integration im Schatten staatlicher Souveränität, Der Staat 48 (2009), S. 559 ff.; *R. Wahl*, Die Schwebelage im Verhältnis von Europäischer Union und Mitgliedstaaten, Der Staat 48 (2009), S. 587 ff.

gen, freilich sehr selektiv ausgewählten wissenschaftlichen Lehrmeinungen. Auffällig sind die vielen Selbstzitate. Leider kommt der Begriff Staat und Souveränität dutzende Male vor, (allzu) häufig auch die Metapher „Herren der Verträge" (z.B. Rn. 271, 334). Das Maastricht-Urteil (BVerfGE 89, 155) wird ebenso oft zitiert (z.B. Rn. 175, 180, 216, 217, 233, 236, 240, 251, 271, 312); auch darum ist das Lissabon-Urteil eine Art „Maastricht II".

1244 Die Redeweise von der „kooperativen Dimension" (Rn. 277) ist eine geglückte Erinnerung an den Begriff des „kooperativen Verfassungsstaates" (1978). Auf den ersten Blick fallen Widersprüche auf. So findet sich der Begriff „föderaler Verbund" der EU (Rn. 368) – also doch „präföderale" Elemente? Man erkennt viel Maastricht. Die Rede ist immerhin von der „europäischen Öffentlichkeit". Insgesamt bleibt es aber bei einer retrospektiven „Allgemeinen Staatslehre" aus der Hand von sieben Verfassungsrichtern, es kommt nicht zur „Europäischen Verfassungslehre", allenfalls in Ansätzen („europäische Öffentlichkeit", „Europarechtsfreundlichkeit", „politische Verfasstheit Europas").

1245 Bemerkenswert *positiv* sind: der ausgezeichnete Begriff „Integrationsverantwortung"[709] (Rn. 240, 243, 245, 320, 330) und die Erarbeitung einer verfassungsstaatlichen Staatsaufgabenlehre, zu der die Wissenschaft vor vielen Jahren ihre Vorleistungen erbracht hat. Hier zeigt sich, dass das BVerfG materiell, schöpferisch quasi als punktueller Verfassunggeber nachholt, was das Grundgesetz von 1949 formal gerade nicht vorgeschrieben hat. Bemerkenswert ist etwa der Hinweis auf Bildungsaufgaben, auf Kulturaufgaben sowie auf die Sonderstellung des Strafrechts (Rn. 249, 253). Die *Grundthese* des Folgenden lautet in Schlagworten: Das etatistische Lissabon-Urteil (eine „Gauweiler-Entscheidung"?) als „versteinerte" und „versteinernde" Maastricht II-Entscheidung – das BVerfG als exklusiver „Herr" des Europäischen Verfassungsrechts und Hüter seines nationalen „Souveränitäts-Panzers" – das nationalstaatlich interpretierte deutsche Grundgesetz steht „über allem"[710] – der Blick auf die genuin europäische „res publica" fehlt[711].

---

709 *K. Dingelmann*, Integrationsverantwortung und Identitätskontrolle: Das Lissabon-Urteil des Bundesverfassungsgerichts, ZEuS 2009, S. 491 ff.

710 In Anlehnung an die scharfe Kritik von *J. H. Weiler*, Der Staat „über alles", JöR 44 (1996), S. 91 ff.

711 *A. v. Bogdandy*, Konstitutionalisierung des europäischen öffentlichen Rechts in der europäischen Republik, JZ 2005, S. 529 ff.

aa) Positiva

(1) Gar nicht überschätzt werden kann die vom BVerfG erstmals gewagte Herleitung des *Demokratieprinzips aus der Menschenwürde* (Rn. 211). Bereits 1987 wurde in der deutschen Literatur von einem „Maßgabegrundrecht auf Demokratie“, entwickelt aus Art. 1 Abs. 1 GG, gesprochen[712]. In der Literatur und Judikatur herrschte lange das Bild von der „Legitimitätskette“ vom Volk zu den Staatsorganen vor. Das BVerfG wagt jetzt endlich die Menschenwürde zum Ausgangspunkt demokratischer Teilhabe zu machen und diese sogar in den Schutzbereich von Art. 79 Abs. 3 GG aufzunehmen (Rn. 211). Damit ist die langjährige deutsche – unpolitische – Sicht der Menschenwürde beendet. Die „Verlängerung“ der Menschenwürde zum aktiven und passiven Wahlrecht gemäß Art. 38 GG hin kann gar nicht genug gerühmt werden. Dieser Passus des Gerichts sollte auch im europäischen „Ausland“ Schule machen. Der Satz: „Der Staat ist um des Menschen willen da, nicht umgekehrt“ (Art. 1 Abs. 1 des Entwurfs von Herrenchiemsee, 1948) stand Pate bei dem schönen Ausspruch des BVerfG (Rn. 224): „Der Staat ist weder Mythos noch Selbstzweck, sondern die historisch gewachsene, global anerkannte Organisation für eine politische Gemeinschaft“. 1246

(2) Zu den weiteren *Positiva* gehören: die Verwendung des Wortes „gemeineuropäisch“ („gemeineuropäische Verfassungstradition“, Rn. 271), das in der deutschen Literatur eine lange Vorgeschichte hat[713]. Das BVerfG hat es bereits 1987, wohl aus der Feder von *H. Steinberger*, benutzt (BVerfG E 75, 223 (243): „gemeineuropäische Rechtsüberlieferung“). Glücklicherweise ist auch von „europäischer Öffentlichkeit“ die Rede. Hierzu zitiert das BVerfG (zu Unrecht) eine Nebenbemerkung aus dem Maastricht-Urteil (BVerfGE 89, 155 (185)), übrigens ungenau (Rn. 251, s. auch Rn. 290). Es nimmt die lange literarische Diskussionsgeschichte zum Thema „Gibt es eine europäische Öffentlichkeit?“ nicht zur Kenntnis[714]. Erfreulich ist, dass das BVerfG den Begriff des „integrations- 1247

712 *P. Häberle*, Die Menschenwürde als Grundlage der staatlichen Gemeinschaft, in: HStR, Bd. I, 1. Aufl. 1987, § 20, Rn. 61 ff. (Bd. II, 3. Aufl. 2004, § 22, Rn. 61 ff.).

713 Dazu *P. Häberle*, Europa in kulturverfassungsrechtlicher Perspektive, JöR 32 (1983), S. 9 ff., 16 f., 24 f.; *ders.*, Gemeineuropäisches Verfassungsrecht, EuGRZ 1991, S. 261 ff.

714 So die (früh bejahte) Frage von *P. Häberle*, Gibt es eine europäische Öffentlichkeit?, in: FS Hangartner, 1998, S. 1007 ff. Später aus der Lit.: C. Franzius u.a.

offenen Sinnes“ (Rn. 248) verwendet; auch fließen ihm Worte zur kooperativen Struktur in die Feder („überstaatlich kooperative Dimension“, „föderaler Verbund der EU“ (Rn. 277 bzw. 368, s. aber auch Rn. 278: „Verbund mit eigener Rechtspersönlichkeit“)). Doch nie werden Ross und Reiter genannt.

1248 Glücklicherweise findet sich einmal das Wort von der „politischen Verfasstheit Europas“ (Rn. 227)[715]. Demgegenüber spricht das BVerfG an anderer Stelle von der EU als „Vertragsrecht“ (Rn. 242, 339, 348, 409), auch als „Staatenverbund“ (LS 1)[716], sowie von „europäischem Integrationsverband“ (Rn. 332). An anderer Stelle wiederum heißt es: „Die 'Verfassung Europas', das Völkervertrags- oder Primärrecht bleibt abgeleitete Grundordnung“ (Rn. 231). Auch ist die Rede von „Vertragsunion souveräner Staaten“ (Rn. 249 sowie LS 3), vom „Verbund souveräner Staaten“ (Rn. 262). LS 1 Satz 2 wagt als verfassungsrichterliche „Legaldefinition“: „Der Begriff des Verbundes erfasst eine enge, auf Dauer angelegte Verbindung souverän bleibender Staaten, die auf vertraglicher Grundlage öffentliche Gewalt ausübt …“

1249 Die Bekräftigung des Prinzips der „*begrenzten Einzelermächtigung*“ überzeugt, auch wenn sie besonders häufig vorkommt (LS 2 a, Rn. 234, 262, 265, 275, 298, 301, 332, 409)[717].

1250 Zuletzt ein Wort zum Verständnis des Senats von dem etwas überraschend eingeführten *Art. 146 GG*. Längst gibt es Literatur zu der Frage, wie im *Typus* Verfassungsstaat die verfassunggebende Gewalt konstitutionalisiert ist[718]. Die Schweiz hat dazu in mittlerweile lange bewährter Tradition Mindestinhalte und Verfahren zu Totalrevisionen entwickelt und prakti-

---

(Hrsg.), Europäische Öffentlichkeit, 2004. Der Senat zitiert BVerfGE 89, 155 (185). Hier findet sich aber nicht der Begriff „europäische Öffentlichkeit“; die Rede ist nur von „öffentlicher Meinung“ in Europa. Wohl aber wird in Rn. 290 von der in der Erklärung von Laeken (2001) „angemahnten Bildung einer europäischen Öffentlichkeit“ gesprochen.

715 Die politische Verfasstheit Europas im engeren wie weiteren Sinne ist auch menschenrechtlich greifbar, siehe *J. A. Frowein*, The transformation of constitutional law through the European Convention on Human Rights, in: European Court of Human Rights (Hrsg.), Dialogue between judges, 2007, S. 73 ff.

716 Aus der Lit.: *P. Kirchhof*, Der europäische Staatenverbund, in: A. v. Bogdandy/J. Bast (Hrsg.), Europäisches Verfassungsrecht, 2. Aufl. 2009, S. 1009 ff.

717 Zu einer europäischen Prinzipienlehre generell: *A. v. Bogdandy*, Grundprinzipien, in: ders./Bast (Hrsg.), Europäisches Verfassungsrecht, 2. Aufl. 2009, S. 13 ff.

718 Dazu *P. Häberle*, Die verfassunggebende Gewalt des Volkes im Verfassungsstaat – eine vergleichende Textstufenanalyse, AöR 112 (1987), S. 54 ff.

ziert[719]. Für Deutschland ist daran zu erinnern, dass Art. 115 Verf. Brandenburg ein *geregeltes* Verfahren für eine verfassunggebende Versammlung normiert. Es ist zu einfach, mit dem Senat von einem „vorverfassungsrechtlichen Recht" (des Bürgers) zu sprechen, sich eine Verfassung zu geben (so aber Rn. 179). Die Frage, ob die Ewigkeitsgarantie des Art. 79 Abs. 3 GG „sogar für die verfassungsgebende Gewalt gilt", lässt der Senat klugerweise offen (Rn. 217). Hier ist einmal ein Stück des im Urteil seltenen „judicial restraint" zu erkennen. Fragwürdig ist jedoch die These (Rn. 180), wonach es nicht ausgeschlossen sei, dass Art. 146 GG i.V.m. den in Art. 93 Abs. 1 Nr. 4 a GG genannten Grundrechten und grundrechtsgleichen Rechten – hier Art. 38 Abs. 1 Satz 1 GG – als verletzt gerügt werden kann. Dieses (obiter?) dictum ist wahrlich ausgreifend.

(3) Schließlich einige Worte zu den *Methoden und der Zitierweise*. Be- 1251
rühmt ist der schon klassische Ausspruch des großen Bundesverfassungsrichters *K. Hesse*: Wir können nicht abstrakte Methodendiskussionen führen, wichtig sei, dass man baldmöglichst zur Sache komme (vgl. *ders.*, Diskussionsbeitrag, VVDStRL 33 (1981), S. 208[720]). Beim Lissabon-Urteil darf freilich vermutet werden, dass das Gericht intensiv über Methoden nachdachte. Jedenfalls ist zu rühmen, dass es viel *Rechtsvergleichung* praktizierte (Rn. 268 bis 270[721]). Im Lichte der auch in vorliegender Verfassungslehre entwickelten „Trias" des Vergleichs in Sachen Texte, Judikate und wissenschaftliche Theorien ist hervorzuheben, dass das BVerfG mehrfach auf Entscheidungen anderer (Verfassungs-)Gerichte Bezug nahm, so auf den IGH, den EGMR und den EuGH, den französischen Conseil Constitutionnel sowie das Tschechische Verfassungsgericht, auch auf ausländische Literatur, z.B. britische, spanische und französische Autoren, überdies auf Frankreichs Verfassung von 1958/2008 (Rn. 403). Dieses *gemeineuropäische Rechtsgespräch* kann gar nicht hoch genug eingeschätzt werden, zumal in der Wissenschaft viel von Kooperation, aber auch Konkurrenz zwischen den europäischen Verfassungsgerichten die

---

719 Dazu aus der Lit.: *P. Häberle*, Die Kunst der kantonalen Verfassunggebung, JöR 47 (1999), S. 149 ff., 154 ff. Aus der Schweizer Lit.: *U. Häfelin/W. Haller*, Schweizerisches Bundesstaatsrecht, 6. Aufl. 2005, S. 511 ff.

720 Noch deutlicher: *K. Hesse* im Interview mit *C. Landa* (zit. in JöR 57 (2009), S. 548): „in meinem Senat … ist nicht ein einziges Mal über Methodenfragen gesprochen worden."

721 In Rn. 286 findet sich auch ein vergleichender Blick auf „föderale Staaten", in Rn. 269 ein solcher im Blick auf „Präsidialsysteme".

Rede ist[722]. (Im Lissabon-Urteil fehlt indes das noch in BVerfGE 89, 155 (LS 7 a.E.) genannte „Kooperationsverhältnis" zum EuGH.) Freilich lehnt der Senat in Sachen Unionsbürgerschaft einen „historischen Vergleich" im Blick auf das Werden von Bundesstaaten leider ab (Rn. 347).

1252 Die *Zitierpraxis* des BVerfG ist seit Jahren oft kritisiert worden[723]. Auffällig ist, dass das BVerfG eine Reihe von europarechtlichen Autoren, die seit Jahrzehnten fast pionierhaft in Richtung auf das Europäische Verfassungsrecht forschten und an vorderer Front stehen, nicht zitiert. Erwähnt seien nur die Namen von *J. Schwarze*[724], *M. Zuleeg*[725], *J.A. Frowein*[726], *A. von Bogdandy*[727]. (Immerhin wird *T. Oppermann* mehrfach die Ehre von Zitaten zuteil.) Dies zeigt sich vor allem im Kontext des hohen Ranges der alten etatistischen Souveränitätsideologie, in die sich das BVerfG allenthalben verstrickt (dazu später unten 2). Ungewöhnlich ist auch die fast deklassierende Bezugnahme auf einen Beitrag des für den Deutschen Bundestag agierenden Prozessvertreters *I. Pernice*, eines in seiner Generation „führenden Europarechtlers" (*H.-U. Everling*) (unter dem Stichwort: „anders aber": Rn. 33). Es ist ja schon zweifelhaft, ob ein Senat die ältere wissenschaftliche Literatur von konkreten Prozessvertretern im laufenden Verfahren als solche zitieren soll. Bekräftigt wird überzeugend mit einer langen Selbstzitatkette der Begriff der „Völkerrechtsfreundlichkeit" des GG (Rn. 219, auch Rn. 225: „Völkerrechtsfreundlichkeit" und „Europa-

722 Aus der Lit. etwa: *F. Kirchhof*, Die Kooperation zwischen BVerfG und EuGH – Addierung oder Optimierung des Grundrechtsschutzes?, in: FS Herzog, 2009, S. 155 ff.; *U. Steiner*, Zum Kooperationsverhältnis von BVerfG und EGMR, in: FS Bethge, 2009, S. 653 ff.

723 Aus der Lit.: *P. Häberle*, Kommentierte Verfassungsrechtsprechung, 1979, S. 28 ff.; *ders.*, Verantwortung und Wahrheitsliebe im verfassungsjuristischen Zitierwesen, in: FS Schmitt Glaeser, 2003, S. 395 ff.; *M. Jestaedt*, Autorität und Zitat, Anmerkungen zur Zitierpraxis des BVerfG, in: FS Bethge, 2009, S. 513 ff.

724 Vgl. nur J. Schwarze (Hrsg.), Die Entstehung einer europäischen Verfassungsordnung, 2000.

725 Exemplarisch etwa *M. Zuleeg*, The European Constitution under Constitutional Constraints: The German Scenario, ELR 22 (1997), S. 11 ff.; *ders.*, Zum Verhältnis nationaler und europäischer Grundrechte. Funktionen einer EU-Charta der Grundrechte, EuGRZ 2000, S. 511 ff. Diese Handschrift findet sich auch in R. Schulze/M. Zuleeg/S. Kadelbach (Hrsg.), Europarecht. Handbuch für die deutsche Rechtspraxis, 3. Aufl. 2015, wieder.

726 *J. A. Frowein*, 50 Jahre Römische Verträge, in: C. Walter/R. Schulze (Hrsg.), 50 Jahre Römische Verträge, 2008, S. 43 ff.

727 Vgl. etwa *A. v. Bogdandy*, Konstitutionalisierung des europäischen öffentlichen Rechts in der europäischen Republik, JZ 2005, S. 529 ff.

rechtsfreundlichkeit“, s. auch Rn. 340). Wird mit dieser wirklich ernst gemacht?

1253 Ein eigenes Wort zum *Sprachstil* des Urteils: Es ist auf eine Weise thetisch, apodiktisch, fast rechthaberisch, meist negatorisch, defensiv. Man denke an den Passus: „Der Vertrag von Lissabon führt nicht auf eine neue Entwicklungsstufe der Demokratie“ (Rn. 295) oder (in Bezug auf das EU-Parlament): „kein Repräsentativorgan eines souveränen europäischen Volkes“ oder „Das demokratische Prinzip ist nicht abwägungsfähig“ (Rn. 216) sowie: Kein Verzicht „auf die in dem letzten Wort der deutschen Verfassung liegende Souveränität …“ (Rn. 340). In Wahrheit geht indes „nicht alle Staatsgewalt vom Volk aus“ (*D. Sternberger*). Auch steht Art. 1 GG *über* dem Demokratieprinzip. Die Menschenwürde ist die kulturanthropologische *Prämisse* des Verfassungsstaates, die Demokratie eine organisatorische *Konsequenz*. Im Übrigen gibt es in einer „offenen Gesellschaft“ keine „letzten Worte“[728].

1254 Ein großes Positivum findet sich in der neuen sprachlichen Begriffsschöpfung von der „Integrationsverantwortung“ (LS 2 a und b, Rn. 240, 243, 245, 320)[729]. Dieses bildet eine geglückte Bereicherung der bisherigen Europarechtswissenschaft. Deutlich spricht auch das Urteil von Europa*rechts*freundlichkeit (LS 4 S. 3, Rn. 340), wie dies in der Literatur seit langem gefordert worden ist – auch in anderen europäischen Verfassungsstaaten ergibt sich die Europarechtsfreundlichkeit aus deren „nationalem Europaverfassungsrecht“[730]. Freuen kann man sich auch darüber, dass an einer Stelle der Begriff „föderaler Verbund“ auftaucht (Rn. 368). Dies liegt indes gerade *nicht* in der Konsequenz des Urteils, das sich von der Födera-

---

728 Bewegend ist der Leserbrief eines Schülers von *G. Leibholz*: *G. J. Sieger*, FAZ vom 30. Juli 2009, S. 32. Er zitiert den Statusbericht von *G. Leibholz*, Der Status des Bundesverfassungsgericht, in: Bundesverfassungsgericht (Hrsg.) Das Bundesverfassungsgericht, 1963, S. 8 ff.: „Das Bundesverfassungsgericht ist nicht mit 'suprema potestas' begabt.“

729 R. Lhotta/J.Ketelhut/H. Schöne (Hrsg.), Das Lissabon-Urteil. Staat, Demokratie und europäische Integration im „verfassten politischen Primärraum“, 2013; M. Pechstein (Hrsg.), Integrationsverantwortung, 2012.

730 Beispiele: Art. 7 Abs. 6 Verf. Portugal von 1976/2004; Art. 7 Abs. 2 Verf. Slowenien von 1992/2002; Art. 28 Abs. 2 und 3 Verf. Griechenland von 1975; Kap. 10 § 5 Verf. Schweden von 1975/2003. Begriffsbildend zum „nationalen Europaverfassungsrecht“: *P. Häberle*, Europaprogramme neuerer Verfassungen und Verfassungsentwürfe – der Ausbau von nationalem „Europaverfassungsrecht“, in: FS Everling, Bd. I, 1995, S. 355 ff.

lismusidee in Bezug auf die EU ja distanziert und auf Art. 79 Abs. 3 bzw. Art. 146 GG als absolute Grenze verweist. Verbirgt sich hinter diesen Einsprengseln aus sehr anderem Geist ein längeres, an Kompromissen orientiertes, möglichst um Einstimmigkeit bemühtes Ringen der einzelnen Richter bei den Beratungen im Senat? Konnte der eine oder andere Richter das marmorne Staats- und Standbild des Berichterstatters da und dort nicht anrühren?

1255 So auffällig und mitunter fragwürdig die ungewöhnliche, den beiden EU-Verträgen von Lissabon kongeniale Länge des Urteils ist, so sehr ist anzuerkennen, dass das BVerfG wohl erstmals sehr eingehend genuine *Staatsaufgaben* skizziert. Dies geschieht jedoch im Zusammenhang mit dem *Souveränitätsbegriff* und nicht aus der Tiefe der *Verfassung* als Typus und Einzelbeispiel wie dem des GG heraus. Eine spezifische verfassungsstaatliche Staatsaufgabenlehre wurde vor Jahrzehnten entworfen, vor allem auch in vergleichender Absicht[731]. Sie war damals jedoch gerade nicht von der alten Souveränitätsdogmatik her konzipiert, sondern von der *Verfassungs*ebene aus entworfen. Zwar werden jetzt wichtige Aufgaben wie die Staatsbürgerschaft, die Verteidigung, die Strafrechtspflege, die „Verfügung“ (?)[732] über die Sprache, die „Gestaltung der Familien- und Bildungsverhältnisse“, die Ordnung der Meinungs-, Presse- und Versammlungsfreiheit oder der Umgang mit dem religiösen oder weltanschaulichen Bekenntnis aufgezählt (Rn. 249); dies geschieht aber eben nicht von der *Verfassungs*stufe aus, sondern eher retrospektiv von der alten Souveränitätslehre bzw. von einer überholten „Allgemeinen Staatslehre“[733] her. Es wäre leicht gewesen, sich bei all dem auf Texte des GG zu berufen: etwa auf Grundrechte wie Art. 6 und 4 GG oder gemäß einem „positiven Kompetenzverständnis“ (*H. Ehmke*) auf Art. 74 Abs. 1 Nr. 1, Art. 95 Abs. 1 GG in Sachen Strafrecht (dazu im Einzelnen: unten, vor allem zur Strafrechts-

---

731 Dazu *P. Häberle*, Verfassungsstaatliche Staatsaufgabenlehre, AöR 111 (1986), S. 595 ff.; *J. Isensee*, Staatsaufgaben, in: HStR, Bd. IV, 3. Aufl. 2006, § 73.

732 Ein freiheitlicher Verfassungsstaat „verfügt“ nicht über die Sprache seiner Bürger. Sie gehört dem ganzen Volk und wird insbesondere von Dichtern, Schriftstellern, auch wissenschaftlichen Autoren geformt, nicht zuletzt vom Alltag der Bürger selbst.

733 Eine lehrbuchhafte, etwas heterogene Strukturierung vom Strafrecht über das Gewaltmonopol und die fiskalischen Grundentscheidungen bis zur sozialstaatlichen Gestaltung von Lebensverhältnissen sowie kulturell besonders bedeutsamen Entscheidungen etwa im Familienrecht, Schul- und Bildungssystem oder über den Umgang mit religiösen Gemeinschaften findet sich in Rn. 252-260.

pflege: Rn. 366-367). Immerhin beruft sich das BVerfG auf das Sozialstaatsprinzip (Rn. 257) und schlägt von ihm aus eine geglückte Brücke zu Art. 1 Abs. 1 GG (Rn. 259: Staatsaufgabe der Existenzsicherung des Einzelnen). Auch bekräftigt es seine langjährige Erkenntnis, dass gemäß Art. 1 Abs. 1 GG Strafe Schuld voraussetzt (Rn. 364). Überdies liest man mit den Augen einer „Verfassungslehre als Kulturwissenschaft" (1982) gerne den Passus (Rn. 260) vom „eigenen Kulturraum" und von „kulturellen Wurzeln" sowie zum Raum zur Gestaltung „kultureller und sozialer Lebensverhältnisse" sowie zu Entscheidungen, „die in besonderer Weise auf kulturelle, historische und sprachliche Vorverständnisse angewiesen sind" (Rn. 249). Dies sind neue Töne aus Karlsruhe, alte aus der Wissenschaft.[734] Freilich wäre hier ein Hinweis auf die Texte des EU-Verfassungsrechts hilfreich gewesen (z.B. Art. 165, Art. 167 AEUV bzw. die Vorläufer-Texte, auch auf gemeineuropäisches Kulturverfassungsrecht). Verfassungsrechtswissenschaft ist juristische Text- und Kulturwissenschaft.

Positiv ist, dass das BVerfG ein „Stoppschild" gegenüber oft monierten 1256
Brüsseler Anmaßungen aufgestellt hat. Auch das „Halt" gegenüber schleichenden, stillen Kompetenzerweiterungen der EU durch „Brückenklauseln" (d.h. zu den verschiedenen Formen der Verfassungsänderung) ist zu begrüßen (dazu eingehend Rn. 315- 321, Rn. 413-416). Gleiches gilt für die vortrefflichen Passagen zum deutschen „Parlamentsheer" (Rn. 254).

bb) Negativa

Damit eröffnet sich der Blick auf *nicht wenige Schattenseiten* des sehr ge- 1257
sprächigen Urteils. Dabei sei indes positiv zugestanden, dass die „Gesprächigkeit" auch Ausdruck um Kompromissfindung zwischen den ganz unterschiedlichen Richterpersönlichkeiten und deren noch unterschiedlicheren Europa-Konzeptionen ist. Das Urteil führt auf eine Weise auch Rechtsgespräche mit sich selbst.

(1) Das *Staats- und „Souveränitätsverständnis*" (vgl. Rn. 223) ist eine 1258
Fortschreibung, ja Versteinerung des viel kritisierten Maastricht-Urteils (BVerfGE 89, 155). Die seit Jahrzehnten geführte wissenschaftliche Dis-

---

734 Zur „Kultur der Freiheit": *P. Häberle*, Aktuelle Probleme des deutschen Föderalismus, Die Verwaltung 1991, S. 169 ff., 184; *ders.*, Verfassungslehre als Kulturwissenschaft, 2. Aufl. 1998, S. 630 f.: „Freiheit aus Kultur".

kussion um den *Wandel* des Souveränitätsbegriffs wird vom Senat einfach nicht zur Kenntnis genommen[735]. Das BVerfG spricht von Verbund „souveräner Staaten" („Wahrung der Souveränität", Rn. 248), von „Staatsverband" (Rn. 175). Die postulierte Europarechtsfreundlichkeit und Integrationsoffenheit (z.B. Rn. 221, 225, 248, 340) ist hier vergessen. Der Senat geht mehrfach ausdrücklich selbst von den Nationalstaaten als „Herren der Verträge" (z.B. Rn. 271, 298, 334)[736] aus und macht sich darüber hinaus auch noch selbst zum Herren des EU-Verfassungsrechts! Aus der Perspektive des Europäischen Verfassungsrechts, der anderen nationalen Wissenschaftlergemeinschaften und der europäischen Öffentlichkeit im Ganzen ist diese introvertierte bundesrepublikanische Sicht kaum zu vermitteln.

---

735 Der Senat benutzt den Begriff „souverän" in der Tat 33 Mal (so zu Recht kritisch *C. O. Lenz*, FAZ vom 8. August 2009, S. 7). Eine intensive Auseinandersetzung mit der im Völkerrecht gleichermaßen innovativ wie intensiv geführten Souveränitätsdebatte findet indes nicht statt, der Wandel des überkommenen Souveränitätsverständnisses wird kaum zur Kenntnis genommen: *M. Kotzur*, Sovereignty and the European Federal Constitution – New Perspectives on Sovereignty in a Multilevel Scheme of Constitutionalism, The Federalist 2008, S. 131 ff. mit zahlreichen weiteren Nachweisen; *ders.*, Souveränitätsperspektiven – entwicklungsgeschichtlich, verfassungsstaatlich, staatenübergreifend, JöR 52 (2004), S. 198 ff.; *U. Haltern*, Was bedeutet Souveränität?, 2007; *P. W. Kahn*, The Question of Sovereignty, Stanford Journal of International Law 40 (2004), S. 259 ff.; *J. Kokott*, Souveräne Gleichheit und Demokratie im Völkerrecht, ZaöRV 64 (2004), S. 517 ff.; *B. Fassbender*, Sovereignty and Constitutionalism in International Law, in: N. Walker (Hrsg.), Sovereignty in Transition, 2003, S. 115 ff.; *A. Schmitt Glaeser*, Souveränität und Vorrang, in: A. v. Bogdandy (Hrsg.), Europäisches Verfassungsrecht, 2003, S. 205 ff.; *N. MacCormick*, On Sovereignty and Post-Sovereignty, in: *ders*, Questioning Sovereignty: Law, State, and Nation in the European Commonwealth, 1999, S. 123 ff.; *S. Krasner*, Sovereignty. Organized Hypocrisy, 1999; *G. Agamben*, Homo Sacer: Sovereign Power and Bare Life, 1998; grundlegend für ein instrumentales, menschenrechtlich begründetes und limitiertes Souveränitätsverständnis *J. P. Müller*, Wandel des Souveränitätsbegriffs im Lichte der Grundrechte – dargestellt am Beispiel von Einwirkungen des internationalen Menschenrechtsschutzes auf die schweizerischen Rechtsordnung, in: Symposion L. Wildhaber, 1997, S. 45 ff.; *M. W. Hebeisen*, Souveränität in Frage gestellt, 1995; *F. Hinsley*, Sovereignty, 1986. – Ein Teilaspekt: *I. Fährmann*, Die Bundeswehr im Einsatz für Europa, 2010.

736 In Rn. 247 a.E. wird die verfassunggebende Gewalt und die staatliche Souveränität einfach *neben*einander gestellt. – Das BVerfG vermischt die Souveränität mit dem Demokratiebegriff, um die Wirkung des Art. 79 Abs. 3 GG zu erreichen, was historisch fragwürdig ist. Souveränität stammt aus vordemokratischer Zeit. Dass die Staatsgewalt vom Volk ausgeht, ist kein Satz der Souveränität, sondern ein Satz der demokratischen Legitimation (*M. Stolleis*).

Wäre es nicht unziemlich, dürfte man fragen, warum das BVerfG aus der vielfältigen Kritik an seinem Maastricht I-Urteil nicht „lernen“ wollte[737], liebenswürdigerweise: nichts „annehmen“ wollte. Der Senat hätte die Gelegenheit wahrnehmen können, das vereinte Europa innerlich zur „Verfassungsräson“ (*A. Arndt*), nicht zur Staatsräson Deutschlands zu rechnen. In der EU vereint sind *nicht* primär die einzelnen Staaten, sondern die „Völker“ („immer engere Union der Völker Europas“: Art. 1 Abs. 2 EUV). Zu Recht kritisiert *C. O. Lenz*[738]: „Da (sc. der Begriff) Souveränität im Grundgesetz nicht erwähnt ist und daher abdingbar sein könnte, macht ihn das Verfassungsgericht zum Bestandteil des Begriffes „Demokratie“ und stellt ihn damit unter die Unabänderlichkeitsgarantie der Verfassung, so dass selbst der verfassungsändernde Gesetzgeber den Beitritt zu einem europäischen Bundesstaat nicht erklären könnte. Die Entwicklung wird auf den gegenwärtigen Zustand festgeschrieben …“ In den „Zielen der Präambel“ des GG wird gerade nicht das Souveränitätsverständnis des Senats sichtbar (anders Rn. 223). Die glaubwürdige Besinnung auf *K. Vogels* „offene Staatlichkeit“ (1964) hätte weitergeholfen.

Weitere *Negativa* seien beim Namen genannt. Zum einen: Das BVerfG arbeitet mit einem *prä*konstitutionellen Staatsbegriff[739]. Dies zeigt sich in dem Passus: unzulässige „Einschränkung der vom Grundgesetz vorausgesetzten (?) und geschützten Staatlichkeit“ (Rn. 375), „Das Grundgesetz setzt die souveräne Staatlichkeit Deutschlands nicht nur voraus, sondern garantiert sie auch“ (Rn. 216). Die darüber seit langem geführte Kontroverse in der Wissenschaft nimmt der Senat nicht erkennbar zur Kenntnis. Erinnert sei an die These von *R. Smend* und *A. Arndt* aus den 50er und 60er Jahren: Es gebe nur so viel Staat, wie die Verfassung konstituiert. Ihre Richtigkeit wird bestätigt durch die schöpferische Textstufe in der Präambel der Verfassung Brandenburgs (1992): „Wir, die Bürgerinnen und Bürger des Landes geben uns diese Verfassung“. Staat *vor* Verfassung zu 1259

---

737 Dazu *J. A. Frowein*, Das Maastricht-Urteil und die Grenzen der Verfassungsgerichtsbarkeit, ZaöRV 54 (1994), S. 1 ff.; *J. Schwarze*, Europapolitik unter deutschem Verfassungsrichtervorbehalt, NJ 1994, S. 1 ff.; *ders.*, Das „Kooperationsverhältnis“ des BVerfG mit dem EuGH, in: FS BVerfG, Bd. I, 2001, S. 224 ff., 229 ff.; *R. Streinz*, Die Rolle des EuGH im Prozess der Europäischen Integration, AöR 135 (2010), S. 1 ff.

738 Ausbrechender Rechtsakt, FAZ vom 8. August 2009, S. 7.

739 Repräsentativ für diese „Schule“: *J. Isensee*, Staat und Verfassung, in: HStR, Bd. II, 3. Aufl. 2004, § 15, Rn. 41: „Der Staat als phänomenologischer präkonstitutioneller Grundtypus“.

denken ist, bezogen auf den Nationalstaat, heute ebenso falsch wie unrichtig bezogen auf „staatsanaloge“ oder „präföderale“ Gemeinwesen wie den „Verfassungsverbund“ (*I. Pernice*), die Europäische Unionsgrundordnung (*D. Tsatsos)* oder die „Verfassungsgemeinschaft“ EU (so der Erstverf.). Der Senat verweigert sich all diesen auch im übrigen Europa bekannt gewordenen Umschreibungsversuchen des europäischen Gebildes als politischen Gemeinwesens sui generis. Vielleicht hat er sich zu sehr in die Falle der „Staatlichkeits-“Diskussion der Beschwerdeführer bzw. Antragsteller locken lassen (die EU als „Quasi-Staat“, „Entstaatlichung Deutschlands“, „Ausverkauf ureigenster staatlicher Befugnisse“).

1260 Zum anderen: Immer wieder bedient sich der Zweite Senat einzelner Teil-, ja Bruchstücke einer traditionellen mehr oder weniger „allgemeinen“, sicher aber sehr „deutschen“ Staatslehre. Dies zeigt sich bei seiner Berufung auf den großen Klassiker *G. Jellinek* in Sachen Staatsgebiet. Das BVerfG zieht keinerlei theoretische konstitutionelle Folgerungen aus der Tatsache, dass spätestens seit dem gemeinsamen Währungsraum des Euro und dem Abkommen von Schengen das Staatsgebiet relativiert ist (s. aber: „Eine gebietsbezogene Staatsgewalt, besteht unter dem gewandelten Verhältnis grenzüberschreitender Mobilität unverändert fort“ (Rn. 344), sowie „Das deutsche Staatsgebiet bleibt allein (!) der Bundesrepublik Deutschland als Rechtssubjekt zugewiesen“). Die Mitgliedsländer der EU sind einander nicht mehr „Ausland“, sie sind Inland, so wie man mit Autoren wie *A. Grosser* die Europapolitik längst zur „Innenpolitik“ zählen muss. Das Innen/Außen-Schema ist für das Europa der EU überholt. „Findlinge“ der traditionellen Staatslehre helfen bei der Erfassung der EU nicht mehr weiter. Damit sei *G. Jellineks* bleibende Größe als „Riese“ nicht in Frage gestellt. Aber auch Zwerge können auf dessen Schultern später ein Stück weiter sehen.

1261 (2) Das *Demokratieverständnis*[740] ist einseitig auf die „repräsentative Demokratie“ fixiert. Man erinnert sich auch an die fragwürdige, in der Literatur vertretene These, die repräsentative Demokratie sei die „eigentliche“ [741] (vgl. den Passus: „dieser Kernbestand kann ergänzt sein durch

---

740 Anders als im Folgenden *P. Kirchhof*: „Demokratie in Europa. Das neue Begleitgesetz zum Lissabon-Vertrag muss anspruchsvoll sein. Wenn die Europäische Union zu einem Staat würde, müsste Deutschland seine weitere Mitwirkung darin verweigern“, FAZ vom 4. Juli 2009, S. 12.

741 So die These von *E.-W. Böckenförde*, Mittelbare/repräsentative Demokratie als eigentliche Form der Demokratie, in: FS Eichenberger, 1982, S. 301 ff., und dies,

plebiszitäre Abstimmungen in Sachfragen", Rn. 270). Eher beiläufig, jedenfalls nicht nachhaltig wird auf die „ergänzende" Wirkung von partizipatorischen Demokratiegehalten im Vertrag von Lissabon Bezug genommen (Rn. 272, 290, 295). Dabei ist vergessen, dass viele EU-Verfassungsentwürfe gezielt Formen der direkten Demokratie auf die Textstufe gehoben haben[742]. Ein vergleichender Blick auf die Schweiz und ihre mit Stolz praktizierte halbdirekte Demokratie auf der Ebene der Kantone und des Bundes hätte hier eines Besseren belehrt (Stichwort: „Volksrechte"). Hier wird der „Parlamentsmonismus durch starke plebiszitäre Elemente" nämlich nicht nur „ergänzt" (so aber zu Unrecht Rn. 269). Immerhin sagt der Senat, die Demokratie der EU sei zwar „föderalisierten Staatsmodellen" angenähert (Rn. 288). Man darf auch an den Klassikertext von *W. Hallstein* erinnern: „Der unvollendete Bundesstaat" (1969).

(3) So sehr anzuerkennen ist, dass das BVerfG den Deutschen Bundestag 1262
sozusagen in die Pflicht genommen hat, ihm eine „zusätzliche Stärkung verordnet"[743] und auch Anregungen für das zu verbessernde Begleitgesetz vorschreibt, so sehr ist zu beklagen, dass das BVerfG den *Parlamentarismus auf der EU-Ebene nicht* würdigt und ihm nicht den gebotenen, in Straßburg und Brüssel auch praktisch bewahrheiteten hohen Stellenwert einräumt[744]. Weder dem Europäischen Parlament noch der europäischen Öffentlichkeit ist dieser Ansatz zu vermitteln. Vermutlich denken europäische Staatsrechtslehrer im „Ausland" – und dies zu Recht –, das „zweite" Maastricht-Urteil vom 30. Juni 2009 sei „sehr deutsch".

(4) Dem überkommenen staatszentrierten, das Werden der *europäischen* 1263
Demokratie nicht erkennenden *Demokratieverständnis* des BVerfG und seiner Sicht auf das sogenannte „Demokratiedefizit" der EU (Rn. 289, 293) entgeht auch, dass die Demokratie auf der heutigen Entwicklungsstu-

---

obwohl die Schweiz das nahezu ideale Modell der „halbdirekten Demokratie" praktiziert. Dazu schon kritisch *P. Häberle*, Verfassungslehre als Kulturwissenschaft, 2. Aufl. 1998, S. 87, 624: deutscher „Jargon der Eigentlichkeit".

742 Instruktiv der Sammelband von H. Bauer/P. M. Huber/K.-P. Sommermann (Hrsg.), Demokratie in Europa, 2005; völkerrechtlich konzipiert: *A. v. Bogdandy*, Demokratie, Globalisierung, Zukunft des Völkerrechts – eine Bestandsaufnahme, ZaöRV 63 (2003), S. 853 ff.

743 *R. Streinz*, NJW-Editorial, NJW 30/2009.

744 Immerhin heißt es in Rn. 271: „Das Europäische Parlament ist als ein unmittelbar von den Unionsbürgern gewähltes Vertretungsorgan der Völker eine eigenständige zusätzliche Quelle für demokratische Legitimation (vgl. BVerfGE 89, 155 (184 f.))".

fe von konstitutionellen politischen Gemeinwesen den *Minderheitenschutz* immer mitdenkt. Darum ist es hinzunehmen, ja zu begrüßen, dass kleine Nationen wie Malta oder Luxemburg im Vergleich zu Deutschland als großer EU-Nation im Europäischen Parlament in ihrem Stimmengewicht verglichen mit der kleinen Bevölkerungszahl im Lissabon-Vertrag hoch bewertet werden. (Im deutschen Bundesrat haben kleinere Länder zwar weniger Stimmen als größere. Das Stimmengewicht der Bürger in kleinen Ländern ist jedoch überrepräsentiert[745].) Man darf hier einen Klassikertext keines geringeren als *F. Schillers* zitieren, den der Erstverf. schon 1977 in seinem Besprechungsaufsatz über *U. Scheuners* Monographie zum Mehrheitsprinzip (1973) einzuführen wagte[746]. So sehr dieser Text vielleicht von der Geisteshaltung des deutschen Idealismus der Weimarer Klassik her geprägt ist: in dem Passus über das Wägen und Zählen bleibt er aussagekräftig. *F. Schiller* schreibt im „Demetrius“:

> „Was ist die Mehrheit? Mehrheit ist Unsinn,
> Verstand ist stets bei wen'gen nur gewesen.
> Bekümmert sich ums Ganze, wer nicht hat?
> Hat der Bettler eine Freiheit, eine Wahl?
> Er muß dem Mächtigen, der ihn bezahlt,
> um Brot und Stiefel seine Stimm' verkaufen.
> Man soll die Stimmen wägen und nicht zählen;
> der Staat muß untergehn, früh oder spät,
> wo Mehrheit siegt und Unverstand entscheidet.“

1264 Man darf wohl sagen, dass der Lissabon-*Vertrag* im Geiste eines „Europa der Vielfalt“ in Sachen Stimmgewicht bzw. Stimmgewichtung der kleinen im Verhältnis zu den großen Staaten zu Recht nicht „zählt“, sondern „wägt“ (zu erinnern ist auch an die kluge „doppelte Mehrheit“ im Lissabon-Vertrag, die eine Beherrschung der Großen durch die Kleinen verhindert: Art. 16 Abs. 4 ab 1. November 2014).[747] Im Übrigen verkennt der Senat wohl, dass der Lissabon-Vertrag wie jede Vertragsrevision seit Jahrzehnten schrittweise „mehr Demokratie“ bringt[748]. Erinnert sei nur an die

---

745 Dazu auch der Hinweis bei *C.O. Lenz*, FAZ vom 8. August 2009, S. 7.

746 *U. Scheuner*, Das Mehrheitsprinzip als Strukturelement der freiheitlich-demokratischen Grundordnung, JZ 1977, S. 241 ff.

747 Anders zu Unrecht *H.-W. Sinn*: „Die nicht gleichheitsgerechte Union“, FAZ vom 8. Juli 2009, S. 10, der dem Lissabon-Urteil zustimmt, insofern es das Europäische Parlament als „nicht gleichheitsgerecht gewählt“ bezeichnet.

748 Richter *Mellinghoff* sprach in der mündlichen Verhandlung von einem „ganz bedeutenden Fortschritt“ im Rahmen der „föderalen Demokratie“ dank der „Einbe-

Stärkung des Europäischen Parlaments bei der europäischen Gesetzgebung durch den Ausbau des Mitentscheidungsverfahrens, an den Gewinn der vollen Haushaltskontrolle, die Wahl des Kommissionspräsidenten und die Mitwirkung bei der Ernennung der Kommission, auch an die Bürgerinitiative. Hinzuzunehmen ist die Stärkung der Rolle der nationalen Parlamente, die zum Hüter der Kompetenzordnung gemacht werden und z.B. dank der als „Frühwarnsystem" eingeführten Subsidiaritätsrüge (dazu Rn. 37, 305) ihre eigene „Parlamentssouveränität" und nationale Demokratie stärken bzw. verteidigen können. Mit dem Vertrag von Lissabon geht eine weitere „Parlamentarisierung des europäischen Integrationsprozesses" einher, das EU-Parlament ist „kein Parlament zweiter Klasse" (*W. Schäuble*). Mit der Steigerung der Beteiligung des europäischen Parlaments könnten sich in Zukunft auch „grenzüberschreitende Parteien" herausbilden (*I. Pernice*). Der glückliche Begriff der „Integrationsverantwortung" ist eben nicht nur von Deutschland her zu konzipieren, sondern er ist von *allen* EU-Organen aus mit Leben zu erfüllen. Überdies trägt das BVerfG *selbst* „Integrationsverantwortung"! Es ist fragwürdig, wie der Senat dem Europäischen Parlament unter Berufung auf den Gleichheitssatz die demokratische Legitimität abspricht. Das BVerfG hat das Europäische Parlament „hinweg judiziert"[749], mindestens sehr abgewertet (vgl. Rn. 280: „Das Europäische Parlament … ist kein Repräsentationsorgan eines souveränen europäischen Volkes"; Rn. 281: „keine eigenständige Volkssouveränität der Gesamtheit der Unionsbürger").

(5) Die *Geringschätzung der Unionsbürgerschaft* (Rn. 347 bis 350)[750] verdient ebenfalls Kritik. Zwar zitiert das BVerfG eine Reihe von die Unionsbürgerschaft ernst nehmenden einschlägigen Entscheidungen des EuGH (Rn. 350), doch folgert es hieraus nicht, dass die Unionsbürgerschaft Ausdruck des vielgenannten „Europa der Bürger" ist und keineswegs platonisch bleibt. (Erinnert sei auch an das für „ausländische" EU-Bürger geltende Kommunalwahlrecht: z.B. Art. 28 Abs. 1 Satz 3 GG.) Der Senat 1265

ziehung der nationalen Parlamente" (zit. nach dem vorzüglichen Bericht über die mündliche Verhandlung des BVerfG, verfasst von *U. Karpenstein/S. Neidhardt* im Rahmen des Rechtsanwaltbüros Redeker, 2009, S. 7).

749 So zu Recht *C. Möllers*, FAZ vom 16. Juli 2009, S. 27.

750 Aus der Lit.: *C. Schönberger*, Unionsbürger, 2005. Mit ausführlichen Nachweisen zur Diskussion um die Unionsbürgerschaft und ihre weltbürgerliche Dimension: *M. Kotzur*, „We, the Citizens of Europe" – European Union Citizenship in a Global Context, in: American Enterprise Institute (Hrsg.), Citizenship, 2010.

zitiert die „Rechtsprechungslinie" des EuGH in Sachen europäische soziale Identität bzw. Teilhabe der Unionsbürger an den jeweiligen Sozialsystemen der Mitgliedstaaten (Rn. 395) und spricht sogar vom „Nukleus" einer europäischen Solidarität, doch all dies bleibt Lippenbekenntnis[751]. Der Senat wischt das „Leitbild" des „Europa der Bürger" sogar ausdrücklich fast weg (Rn. 295). Er nutzt seinen schönen Begriff von den „neuen bürgerschaftlichen Mitwirkungsmöglichkeiten" (Rn. 247) bei all dem leider nicht.

1266 (6) Fragwürdig ist der Umgang mit dem neuen Begriff der „*Verfassungsidentität*" (Rn. 218, 219, 240, 241, 364)[752]. Damit knüpft zwar das BVerfG (mit Selbstzitaten: BVerfGE 37, 271 (279); 73, 339 (375), vgl. Rn. 208) – wiederum ohne Fremdzitate – z.T. an wissenschaftliches Schrifttum an[753] und an die vom Lissabon-Vertrag selbst bestätigte alte Identitätsgarantie, deren Schutz als „nationale Identität" (vgl. Art. 4 Abs. 2 EUV[754]) auch dem EuGH anvertraut ist. Indessen ist dieser *kulturwissenschaftlich* zu erschließende Begriff als Instrument ausschließlich in der Hand des BVerfG problematisch. Überhaupt sollte sich ein Verfassungsgericht, und sei es noch so vertrauenswürdig und erfolgreich wie das BVerfG seit 1951, davor hüten, sich *allein* zum Hüter der „Verfassungsidentität" des Grundgesetzes und des EU-Verfassungsrechts aufzuschwingen. Das BVerfG weitet seinen Kontrollbereich über die Maastricht-Entscheidung I hinaus z.T. ungefragt aus. Die Umschreibung der „Verfassungsidentität" eines so erfolgreich gewachsenen Gebildes wie des GG in 60 Jahren kann nicht von einem einzigen Verfassungsorgan wie dem BVerfG für sich monopolisiert werden[755] (apodiktisch Rn. 218: „Darüber wacht das Bundesverfassungs-

751 Allgemein zum Wechselspiel europäischer und nationaler Identität: *A. v. Bogdandy*, Europäische und nationale Identität: Integration durch Verfassungsrecht, VVDStRL 62 (2003), S. 156 ff.

752 S. auch Rn. 208: „Identität der Verfassung"; Rn. 191: „Verfassungskerngehalte". Zuletzt BVerfG, Beschluss vom 15. Dezember 2015, 2 BvR 2735/14, Rn. 41 ff. – S. aber die Wiederholung des Art. 79 Abs. 3 GG in Art. 23 Abs. 1 S. 3 GG. – Aus seiner anderen Sicht *D. Murswiek*, Art. 38 GG als Grundlage eines Rechts auf Achtung des unabänderlichen Verfassungskerns, JZ 2010, S. 702 ff.

753 Dazu vor Jahrzehnten: *P. Häberle*, Verfassungsrechtliche Ewigkeitsklauseln als verfassungsstaatliche Identitätsgarantien, in: FS Haug, 1986, S. 81 ff.; s. auch *P. Kirchhof*, Die Identität der Verfassung, in: HStR, Bd. II, 3. Aufl. 2004, § 21.

754 Dazu BVerfGE 113, 273 (298).

755 *C. O. Lenz*, FAZ vom 8. August 2009, S. 7, spricht kritisch davon, dass das BVerfG eine „justizgeprägte Demokratie anstelle der parlamentsgeprägten, der parlamentarischen Demokratie" etabliert. „Das Urteil ist nur scheinbar parla-

gericht" – am Rhein?). Der Senat hätte sich etwas bescheidener von vorneherein in den Kontext aller nationaler Verfassungsorgane und alle anderen (mit EuGH und EGMR) 28 europäischen Verfassungsgerichte stellen sollen, genauso wie die deutsche Europarechtswissenschaft nur *eine* Wissenschaft im Dienste der gemeinsamen Europarechtswissenschaften ist. Die europäische Rechtseinheit „in Vielfalt" wird durch das Lissabon-Urteil nicht gestärkt, sondern gefährdet. All dies geschieht im Kontext einer traditionellen „Allgemeinen Staatslehre" statt einer Europäischen Verfassungslehre, die zugegebenermaßen nicht von *einer* Hand entwickelt werden kann, sondern von Repräsentanten aller 28 nationaler Wissenschaftlergemeinschaften[756] zu erarbeiten ist. Nur sie können die einzigartige Dynamik der europäischen Integration, in der es keine „letzten Worte" gibt, erfassen und die dualistischen Kategorien der deutschen Allgemeinen Staatslehre (Bundesstaat oder Staatenbund) zur Seite schieben.

Im Ganzen[757]*:* Das Urteil versagt sich dem *evolutiven Konstitutionalisierungsprozess* Europas. Es bleibt in einer „retrospektiven Staatslehre" aus der Hand von sieben deutschen Verfassungsrichtern gefangen, die in Deutschland nur *eine* „Schule" unter vielen sind und die sich auch einmal selbstkritisch nach ihrer eigenen, nur sehr mittelbaren demokratischen Legitimation fragen müssten – keine öffentliche Anhörung von Kandidaten wie im US-Senat, keine Transparenz, Parteiproporze in Dunkelkammern[758]. Das Projekt der Europäischen Verfassungslehre und des „Europas der Bürger" ist in Karlsruhe vertagt worden, hoffentlich nicht in Europa im Ganzen. Das BVerfG hat eine große Chance vertan. So sehr das Urteil für eine begrenzte Zeit zunächst Frieden stiften mag, so wenig „tragend" 1267

mentsfreundlich". – Im Übrigen ist an die Möglichkeit von Referenden zu erinnern, dazu *S. Hölscheidt/S. Menzenbach*, Referenden in Deutschland und Europa, DÖV 2009, S. 777 ff.

756 Die Dissertation des Berichterstatters *U. Di Fabio* trägt den bezeichnenden Titel „Offener Diskurs und geschlossenes System", betreut von keinem Geringeren als *N. Luhmann* (1991).

757 Ein kritikwürdiger Merkposten bleibt die unbefriedigende Behandlung des „Vorrangs" des Unionsrechts (dazu Rn. 33, 73, 331, 335 bis 337). An diesem Vorrang sollte kein Zweifel bestehen, siehe etwa *W. Frenz/A. Kühl*, Deutsche Grundrechte und Europarecht, Jura 2009, S. 401 ff., 403.

758 Vgl. *P. Häberle*, BVerfG-Kandidaten auf dem Prüfstand? Ein Ja zum Erfordernis öffentlicher Anhörung, in: B. Guggenberger u.a. (Hrsg.), Der Souverän auf der Nebenbühne, 1994, S. 131 ff.; jetzt auch *J. Limbach*, Zur Wahl der Richter und Richterinnen des BVerfG, in: FS Herzog, 2009, S. 272 ff., 277 f.

oder gar wegweisend sind seine „Gründe" im „vereinten Europa" (s. auch Präambel „Glied in einem vereinten Europa" sowie Art. 23 Abs. 1 Satz 1 GG – was auch den Weg zu einem europäischen Bundesstaat eröffnen kann) von heute und in der Zukunft.[759] Der Senat hat sich in seiner Begründung u.E. zu wenig vom „*europäischen* Deutschland" (*Th. Mann)* inspirieren lassen.

759 Noch einmal die Perspektiven der umfänglichen Lit.: *E. Pache*, Das Ende der europäischen Integration?, EuGRZ 2009, S. 285 ff.; *A. Fischer-Lescano,* BVerfG: Zurück zum Nationalstaat, Blätter für deutsche und internationale Politik 8/2009, S. 15 ff.; *C. D. Claasen*, Legitime Stärkung des Bundestages oder verfassungsrechtliches Prokrustesbett?, JZ 2009, S. 881 ff.; *K. F. Gärditz/C. Hillgruber*, Volkssouveränität und Demokratie ernst genommen – Zum Lissabon-Urteil des BVerfG, JZ 2009, S. 872 ff. (eher positiv); *F. Schorkopf*, Die Europäische Union im Lot – Karlsruhes Rechtsspruch zum Vertrag von Lissabon, EuZW 2009, S. 718 ff. (ebenfalls positiv). – Sehr kritisch: *A. Fisahn,* BVerfG friert die europäische Demokratie national ein!, KJ 2009, S. 220 ff.; *M. Nettesheim*, Ein Individualrecht auf Staatlichkeit? Die Lissabon-Entscheidung des BVerfG, NJW 2009, S. 2867 ff; *R. Ch. van Ooyen*, Eine „europafeindliche" Kontinuität? Zum Politikverständnis der Lissabon-Entscheidung, Internationale Politik und Gesellschaft 4/2009, S. 26 ff.; *C. Wohlfahrt*, The Lisbon Case: A Critical Summary, German Law Journal 10 (2009), S. 1277 ff.; *R. Uerpmann-Wittzack*, Frühwarnsystem und Subsidiaritätsklage im deutschen Verfassungssystem, EuGRZ 2009, S. 461 ff., 461: „Der demokratische Monismus des Lissabon-Urteils"; *F. Shirvani*, Die europäische Subsidiaritätsklage und ihre Umsetzung ins deutsche Recht, JZ 2010, S. 753 ff.; *M. Kottmann/C. Wohlfahrt*, Der gespaltene Wächter?, ZaöRV 69 (2009), S. 443 ff.; Schwerpunkthefte DÖV 2/2010, 7/2010; Schwerpunktheft ZEuS 4/2009; Schwerpunktheft Der Staat 48 (4/2009); *R. Streinz*, Das GG: Europarechtsfreundlichkeit und Europarechtsfestigkeit, ZfP 2009, S. 467 ff.; *A. Weber*, Die EU unter Richtervorbehalt?, JZ 2010, S. 157 ff.; *M. Nettesheim*, Die Integrationsverantwortung: Vorgaben des BVerfG und gesetzgeberische Umsetzung, NJW 2010, S. 177 ff.; *A. v. Bogdandy*, Prinzipien der Rechtsfortbildung im europäischen Rechtsraum, NJW 2010, S. 1; *U. Everling*, Europas Zukunft unter der Kontrolle nationaler Verfassungsgerichte?, EuR 2010, S. 91 ff.; *J. Schwarze*, Die verordnete Demokratie, EuR 2010, S. 108 ff.; *F. C. Mayer*, Rashomon in Karlsruhe, NJW 2010, S. 714 ff.; *J. Isensee*, Integrationswille und Integrationsresistenz des GG, ZRP 2010, S. 33 ff.; *I. Pernice*, Herren der Verfassung?, EuZW 2010, S. 321. – Aus der Tagespresse: *R. Müller*, Wenn Karlsruhe weh tut, Die Nachwehen der politischen Leitentscheidung, FAZ vom 13. November 2009, S. 10; laut *J. Fischer* spricht sich Karlsruhe selbst europapolitische Souveränität zu, vgl. Rheinischer Merkur, Nr. 8/2010, S. 4.

J. Konstitutionelle Elemente und Dimensionen sozialer Gerechtigkeit in Europa

Vorbemerkung

Die „soziale Gerechtigkeit“[760], bei der griechischen Rettungspolitik im 1268
Spannungsfeld zur Austerität auf eine harte Probe gestellt[761], ist mehr als nur ein „Folgekapitel“ des „europäischen Rechtsstaates“. So wie dieser innerstaatlich-national im Westeuropa der Nachkriegszeit längst zum „*sozialen* Rechtsstaat“ geworden ist, hat das Prinzip der „sozialen Gerechtigkeit“[762], in welcher Textgestalt auch immer, auf der nationalen wie auf der europäischen Ebene den Rang eines Verfassungsprinzips eingenommen. So variantenreich dies geschehen ist und sich ständig weiterentwickelt, so sehr ist zu vermuten, dass es gemeineuropäische Standards aus vielen „Rechtsquellen“ gibt, die in das Gebäude der „sozialen Gerechtigkeit“ gehören. Auch die Rechtsphilosophie ringt seit Aristoteles' Idee der iustitia distributiva[763] darum, soziale Gerechtigkeit auf den Begriff zu bringen[764]. *J. Rawls*[765] hat hierzu das „Prinzip des Unterschieds“ formuliert, wonach soziale Privilegien nur legitim sind, wenn sie auch den weniger Begünstigten nützen. Es gibt auch kritische Stimmen gegen die Idee der sozialen Gerechtigkeit als solche[766].

---

760 Dazu aus der Lit.: *Th. Ebert*, Soziale Gerechtigkeit. Ideen, Geschichte, Kontroversen, 2. Aufl. 2015; *C. C. Gould*, Interactive Democracy. The Social Roots of Global Justice, 2014; prägend *O. Höffe*, Soziale Gerechtigkeit als Tausch, in: *ders.*, Vernunft und Recht, 1996, S. 202 ff.; für einen zentralen Detailaspekt *W. G. Leisner*, Existenzsicherung im öffentlichen Recht. Minimum – Grundlagen – Förderung, 2007; *J. Martínez Soria*, Das Recht auf Sicherung des Existenzminimums, JZ 2005, S. 644 ff.

761 M. Countouris/M. Freedland (Hrsg.), Resocialising Europe in a Time of Crisis, 2013.

762 Dazu *P. Häberle*, Verfassungslehre als Kulturwissenschaft, 2. Aufl. 1998, S. 1044 ff.

763 *Aristoteles*, Nikomachische Ethik, V 5, Ziff. 1130 b ff. Dazu aus der älteren Lit.: *H. Salomon*, Der Begriff der Gerechtigkeit bei Aristoteles, 1937; später *G. Robbers*, Gerechtigkeit als Rechtsprinzip, 1980, S. 77; G. Hartung/S. Schaede (Hrsg.), Internationale Gerechtigkeit, 2009.

764 *M. Risse*, On Global Justice, 2012.

765 *J. Rawls*, Eine Theorie der Gerechtigkeit, 1975, S. 95 ff.

766 *F.A. von Hayek*, Die Illusion der sozialen Gerechtigkeit, 1981; dagegen *O. Höffe*, Soziale Gerechtigkeit als Tausch, in: *ders.*, Vernunft und Recht, 1996, S. 207.

1269 Im Folgenden sei bewusst mit einer Bestandsaufnahme sozialstaatlicher Ausprägungen in den neuen Verfassungen *Ost*europas begonnen: von ihren Präambelaussagen bis zu Folgeinstituten wie der Staatshaftung. Denn zum einen ringen sie erst seit 1989, also ganz neu, um „soziale Gerechtigkeit", zum anderen kamen einzelne Elemente der Bestandsaufnahme der nationalen Verfassungen Westeuropas schon im vorangegangenen Abschnitt zum „europäischen Rechtsstaat" als „sozialem Rechtsstaat" zur Sprache. Mit dieser Systematik sei aber auch einmal mehr unterstrichen, dass das Verfassungsmaterial Osteuropas *gleichrangig* mit dem Westeuropas zu behandeln ist. „Westeuropäische Egozentrik" hat in einer europäischen Verfassungslehre von heute keinen Platz.

1270 In einem zweiten Schritt seien dann Verfassungstexte und Dokumente von Europa im engeren Sinne der EU und im weiteren Sinne des Europarates seit der ESC ausgewertet. Erst dann liegt genügend Verfassungsmaterial vor, das verfassungsrechtlich erlaubt, von „Sozialer Gerechtigkeit in Europa" zu sprechen. Der Bogen spannt sich so z.B. von dem heranwachsenden Staatshaftungsrecht in vielen Verfassungen Osteuropas bis zur Rechtsprechung des EuGH zur mitgliedstaatlichen Haftung für Unionsrechtsverletzungen, die exekutives, legislatives und sogar judikatives Unrecht einschließt[767], oder vom jetzt getexteten, früher richterrechtlichen Sozialhilfeanspruch in der Schweiz (Art. 12 nBV) bis zu den kongenialen Textverbürgungen in osteuropäischen Verfassungen. Die Beispielsvielfalt anzureichern erforderte ein eigenes Buch. Im Folgenden seien nur Stichworte und besonders prägnante Textgruppen ausgewählt. Gerade junge Texte sind besonders aussagekräftig, während im Laufe der Zeit innerstaatlich stets die heranwachsende Praxis – als „Kontext" – hinzuzunehmen ist.

---

767 *C. Tomuschat*, Das Francovich-Urteil des EuGH – Ein Lehrstück zum Europarecht, in: FS Everling, Bd. II, 1995, S. 1585 ff.; *D. Detterbeck*, Haftung der Europäischen Gemeinschaft und gemeinschaftsrechtlicher Staatshaftungsanspruch, AöR 125 (2000), S. 202 ff.; *U. Kischel*, Gemeinschaftsrechtliche Staatshaftung zwischen Europarecht und nationaler Rechtsordnung, EuR 2005, S. 441 ff. Aus der Lehrbuch-Lit.: *R. Streinz*, Europarecht, 9. Aufl. 2012, Rn. 458.

I. Verfassungsstaatliche Strukturen auf den nationalen Ebenen Osteuropas

Im Folgenden seien repräsentative Textgruppen aufgelistet, die das neuere nationale Verfassungsrecht in Osteuropa in Sachen „soziale Gerechtigkeit" geschaffen hat. 1271

1. Generalklauselartige Bezugnahmen

Oft bekennen sich schon die Präambeln zur „sozialen Gerechtigkeit" oder synonymen Begriffen. Das gilt für Ungarn (1949/90: „soziale Marktwirtschaft")[768], Serbien (1990: „soziale Gerechtigkeit"), ebenso Mazedonien (1991), Albanien (1998: „soziale Solidarität"), Bulgarien (1991: „sozialer Rechtsstaat"), Ukraine (1996: „demokratischer, sozialer und Rechtsstaat"), Georgien (1995: „sozialer Rechtsstaat"). 1272

Verf. Polen (1997) definiert ihr Selbstverständnis im Grundlagen-Art. 2: „demokratischer Rechtsstaat, der die Grundsätze der sozialen Gerechtigkeit verwirklicht". Art. 1 Abs. 1 Verf. Montenegro (1992) wagt die neue Textstufe: „demokratischer, sozialer und ökologischer Staat". Art. 3 Verf. Kroatien (1990) rechnet die „soziale Gerechtigkeit" zu den „höchsten Werten der verfassungsmäßigen Ordnung" (ähnlich Art. 8 Abs. 1 Verf. Mazedonien); vgl. noch Art. 1 Abs. 1 Verf. Vorarlberg (1999): „soziale Ordnung". 1273

2. „Soziale Grundrechte"

Sie finden sich der Form und der Sache nach fast allgemein: z.B. in Ungarn in § 17 der alten Verfassung („Sorge für die Bedürftigen mit weitreichenden Maßnahmen"), speziell als Recht auf Arbeit (§ 70 B ebd.), als Recht auf soziale Sicherheit (§ 70 ebd.). Verf. Albanien garantiert die wirtschaftlichen, sozialen und kulturellen Freiheiten und Rechte im gleichen Kontext (Art. 49-58) und steckt sich in ihrer Partitur des Sozialstaates auch nicht einklagbare „soziale Ziele" wie Fürsorge für die Alten, Waisen und Invaliden (Art. 59) zum Ziel. Verf. Bulgarien (Art. 48 Abs. 1) relati- 1274

768 Es gilt auch in diesem Kontext immer wieder zu beachten, dass die soziale Marktwirtschaft eine der Voraussetzungen für die Durchsetzung der Menschenrechte ist.

viert das „Recht auf Arbeit" durch den realistischen Vorbehalt: „Der Staat bemüht sich um die Schaffung von Voraussetzungen für die Verwirklichung dieses Rechts". Damit ist die in Deutschland viel diskutierte Teilhabeseite auf einen guten Verfassungstext gebracht.

1275 Gerade bei diesem Thema wird viel aus dem Textreservoir der ESC (1961) und der UN-Menschenrechtspakte (1966) rezipiert (z.B. Art. 48 ff. Verf. Kroatien; Art. 30 ff. Verf. Mazedonien, Art. 64 ff. Verf. Polen), wobei es auch zu Innovationen kommt (vgl. z.B. das Umweltinformationsrecht nach Art. 56 Verf. Albanien, das Recht auf „Freiheit der Kultur" gemäß Art. 54 Verf. Bulgarien, das Informationsrecht über den Zustand der Arbeits- und Lebensbedingungen nach Art. 37 Abs. 5 Verf. Georgien, das Recht, über die Menschenrechte informiert zu werden, nach Art. 50 Abs. 3 Verf. Mazedonien, der Schutz der Behinderten gemäß Art. 51 Abs. 1 Verf. Republik Moldau von 1994 und Art. 46 Verf. Rumänien von 1991)[769].

3. Sonstige Textensembles im Dienste „sozialer Gerechtigkeit"

1276 Hier sind Staatshaftungsgarantien zu erwähnen (z.B. Art. 26 Verf. Slowenien, Art. 7 Verf. Bulgarien, Art. 53 Verf. Republik Moldau, Art. 77 Verf. Polen, Art. 56 Verf. Ukraine), sodann die variantenreichen Garantien des Schutzes der Minderheiten (z.B. Art. 33 und Art. 34 Verf. Slowakische Republik sowie Art. 3, Art. 20 Verf. Albanien, Art. 32 B Verf. Ungarn, Art. 27, Art. 35 Verf. Polen); schließlich sei das Recht auf Fürsorge der Staatsangehörigen im Ausland seitens ihres Heimatstaates genannt (z.B. Art. 36 Verf. Polen, auch Art. 8 Verf. Albanien sowie Art. 13 Abs. 1 Verf. Litauen) bzw. die analogen Schutzrechte (z.B. Art. 25 Abs. 4 Verf. Bulgarien, § 13 Verf. Estland, Art. 13 Abs. 1 Verf. Georgien, Art. 10 Verf. Kroatien, Art. 49 Verf. Mazedonien): eine Ausprägung des sozialen Rechtsstaates, die in Osteuropa einem gemeinsamen Standard nahekommt (vgl. auch Art. 61 Abs. 2 Verf. Russische Föderation, Art. 12, Art. 25 Abs. 3 Verf. Ukraine, § 69 Abs. 3 Verf. Ungarn) und verglichen mit manchen alten Ver-

769 Allgemein zu den sozialen Grundrechten im europäischen und weltweiten Textvergleich: *P. Häberle*, Verfassungslehre als Kulturwissenschaft, 2. Aufl. 1998, S. 386, 563, 566 und passim. – *R. Arango*, Der Begriff der sozialen Grundrechte, 2001; J. Iliopoulos-Strangas (Hrsg.), Soziale Grundrechte in Europa nach Lissabon, 2010; P. Brandt (Hrsg.), Soziales Europa?, 2009.

fassungen Westeuropas eine neue verfassungsstaatliche Textstufe darstellt[770].

Als *Zwischenbilanz* ergibt sich: Das Ideal „sozialer Gerechtigkeit“ wird in 1277
allen neueren Verfassungsstaaten in Osteuropa hoch gehalten. Trotz aller Rezeptionsvorgänge von West nach Ost seit 1989 ist es dem „osteuropäischen Verfassungsstaat“ in vielen Varianten geglückt, den sozialen Rechtsstaat, soziale Mindeststandards, auch neue soziale Bedürfnisse auf prägnante Textstufen zu bringen. Mag es heute auch noch viele Vollzugsdefizite geben: An die sozialstaatlichen Partituren auf diesen nationalen Ebenen ist zu denken, wenn über „soziale Gerechtigkeit“ im gesamteuropäischen Raum nachgedacht und entsprechendes Handeln seitens der Politik eingefordert wird. Der oft zu rasch erhoffte Übergang zur Marktwirtschaft[771] hat die osteuropäischen Reformstaaten nicht dazu verführt, den Gedanken des sozialen Ausgleichs, der sozialen Verantwortung, in nuce auch der Verteilungsgerechtigkeit zu vernachlässigen. Dies ist mehr als eine bloße äußere Korrektur des Denkens in Märkten und Wirtschaftskategorien. Es ergibt sich letztlich aus der Garantie der Menschenwürde[772]. Die Suche nach gemeineuropäischen Standards muss an dieses positivierte Verfassungsmaterial anknüpfen.

---

770 Der Variantenreichtum osteuropäischer Verfassungstexte im Dienste sozialer Vielfalt bestätigt einmal mehr, wie wichtig die Staatenvielfalt und die Vielfalt ihrer konstitutionellen Texte für das sich verfassende Europa ist. Dazu auch *P. Kirchhof*, Die Staatenvielfalt – ein Wesensgehalt Europas, in: FS Schambeck, 1994, S. 947 ff.; *T. Oppermann*, Größere und kleinere Mitgliedstaaten in der EU, in: FS Schmitt Glaeser, 2003, S. 559 ff.

771 Zum Transformationsproblem aus der Lit.: *M. Pavcnik*, Bewährung von Recht in gesellschaftlichen Umbrüchen, ARSP 86 (2000), S. 553 ff. Eine spezifisch strafrechtliche Analyse findet sich bei A. Eser/J. Arnold (Hrsg.), Strafrecht in Reaktion auf Systemunrecht. Vergleichende Einblicke in Transformationsprozesse, 2000. S. auch J. J. Hesse/G. F. Schuppert/K. Harms (Hrsg.), Verfassungsrecht in Umbruchsituationen, 1999.

772 Die „Neukonstitution Europas“ nach 1989 gründet auf der Menschenwürde. Die EU ist schon deshalb nicht nur „Finanzunion“ und Marktgemeinschaft, sondern auch Sozialunion. Für ein Konzept der „stufenweisen Integration“ (*G. Konrad*) ist die soziale eine unverzichtbare Stufe, auch im Dienste eines zukunftsoffenen europäischen Gesellschaftsvertrages als „Generationenvertrag“.

II. „Soziale Gerechtigkeit“ in Europa im engeren und weiteren Sinne

1. Das konstitutionelle Europa der EU

1278 Obwohl in einigen Verfassungen der Gründerstaaten der EWG von 1957 der soziale Gedanke früh lebendigen Ausdruck gefunden hatte (man denke an Verf. Italien von 1947, vgl. Art. 1: „auf die Arbeit gegründete Republik“, sowie Art. 29 ff., Art. 35 ff., auch an die Erfolgsgeschichte des „sozialen Rechtsstaates“ im GG von 1949) und obwohl die EMRK von 1950 allen Grund gab, den Menschen nicht zum Marktbürger, „Wirtschaftssubjekt“ oder gar „Produktionsfaktor“ zu degradieren: „Tropfen sozialen Öls“ finden sich in dem römischen Vertragswerk von 1957 nur punktuell – zu stark war die Fixierung auf Markt, Wettbewerb und wirtschaftlichen Wohlstand sowie „wirtschaftlichen Fortschritt“. Vielleicht blieben auch die Gegensätze zwischen einigen Ländern in Sachen Wirtschaftsverfassungsrecht zu groß: man denke an Frankreichs staats- und planwirtschaftliche Strukturen und Deutschlands „Ordoliberalismus“[773]. Immerhin geben manche frühen Texte der EWG einiges her und die spätere Entwicklungsgeschichte der EWG in Sachen „sozialpolitisches Aktionsprogramm“ (1974), das Ziel des „wirtschaftlichen und sozialen Zusammenhalts“ der EEA sowie das Dokument zur Sozialen Dimension des Binnenmarktes (1988), schließlich die „Gemeinschaftscharta der sozialen Grundrechte der Arbeitnehmer“ (1989)[774] markieren weitere Versuche, etwaige Defizite des sozialen Gedankens im Gründungsdokument von 1957 auszugleichen bzw. zu korrigieren. Erst recht setzen Maastricht und Lissabon einige Akzente Im Einzelnen zur Textstufenentwicklungen und von den einzelnen Textstufen her rekonstruiert[775]:

---

773 Zum „Streit um das Wirtschaftsverfassungsrecht“ klassisch: *E. R. Huber*, Streit um das Wirtschaftsverfassungsrecht, DÖV 1956, S. 97 ff., 135 ff., 172 ff., 200 ff. S. auch *H. H. Rupp*, Grundgesetz und „Wirtschaftsverfassung“, 1974; *M. Schmidt-Preuß*, Soziale Marktwirtschaft und Grundgesetz vor dem Hintergrund des Staatsvertrages zur Währungs-, Wirtschafts- und Sozialunion, DVBl. 1993, S. 236 ff.;

774 Zu alldem *R. Streinz*, Europarecht, 9. Aufl. 2012, Rn. 1118 ff.

775 Zum Thema siehe auch S. Svallfors (Hrsg.), Contested Welfare States. Welfare Attitudes in Europe and beyond, 2012; *G. Haverkate*, Die Zukunft des Sozialstaates in Europa, in: P.-Ch. Müller-Graff/H. Roth (Hrsg.), Recht und Rechtswissenschaft, 2000, S. 101 ff.

Im römischen Gründungsdokument von 1957 dachte schon die Präambel an den „wirtschaftlichen und sozialen Fortschritt“, an die „stetige Besserung der Lebens- und Beschäftigungsbedingungen“ als wesentliches Ziel. In Art. 51 EWGV war im Rahmen der personalen Freizügigkeit an die „soziale Sicherheit“ der Arbeitnehmer gedacht. In Art. 92 Abs. 2 wurden Beihilfen sozialer Art an einzelne Verbraucher erlaubt, und in Art. 117 war der Weg zur „Abstimmung der Sozialordnungen“ vorgezeichnet im Interesse einer Verbesserung der Lebens- und Arbeitsbedingungen der Arbeitskräfte. Auch der Katalog zur Zusammenarbeit in sozialen Fragen (Art. 118) nahm sozialverfassungsrechtliche Elemente wie soziale Sicherheit und Gesundheitsschutz in den Blick. Zuletzt darf man Art. 119 (Gleiches Entgelt für Männer und Frauen) hinzunehmen[776]. Auf der institutionellen Seite sucht der (beratende) Wirtschafts- und Sozialausschuss, so schwach er ist, den „Gruppen des wirtschaftlichen und sozialen Lebens“ und ihren Interessen ein Forum zu schaffen. 1279

Maastricht, Amsterdam und Lissabon ergeben dem Geist und Buchstaben ihrer Texte nach ein anderes ergiebigeres Bild – vielleicht wirken sich hier langfristig die Texte der ESC von 1961, ebenso später abgeschlossene Abkommen aus, vielleicht wurden Textstufenentwicklungen von den neu hinzugekommenen, stark sozial geprägten Verfassungen Portugals und Spaniens, auch Judikatur der EU, wirksam; vielleicht waren die Textgeber sich ihres europäischen Wohlstands in der Praxis so sicher, dass sie jetzt stärker an die soziale Gerechtigkeit denken konnten. Nimmt man die EU-Grundrechte-Charta von 2000 hinzu, so verstärkt sich der Eindruck einer Tendenz zu einem „Mehr an sozialer Gerechtigkeit“ im Europa der EU. Nicht zuletzt sei vermutet, dass die Europäische Union in dem Maß, in dem sie zur „*Verfassungs*gemeinschaft“ wird, die Balancen in Sachen sozialer Gerechtigkeit suchen muss und immer mehr findet. 1280

Bereits in der Präambel des EU-Vertrags von Maastricht/Amsterdam wird auf die ESC von 1961 und die Gemeinschaftscharta der sozialen Grundrechte der Arbeitnehmer von 1989 bestätigend verwiesen, im Anschluss an das Bekenntnis zu Freiheit, Demokratie, Menschenrechten und Rechtsstaatlichkeit. Damit hat die soziale Idee den Rang eines *europäischen* 1281

---

776 Dazu aus der älteren Lit.: *Ch. Langenfeld/B. Jansen*, in: Grabitz/Hilf (Hrsg.), Kommentar zur Europäischen Union, Bd. I, Art. 119 EGV (Stand: 1999); *M. Bieback*, Nomos-Kommentar zum Europäischen Sozialrecht, 1994, Art. 119 EGV; *P. Hilpold*, Der Schutz sozialer Grundrechte in der EU, in: FS Pernthaler 2005, S. 167 ff.

Grundwertes angenommen, der präambelgemäß normative Kraft bzw. Ausstrahlung auf Gesetzgebung und Judikatur haben kann[777]. Der Vertrag von Lissabon greift diesen Duktus auf. Im Übrigen ergänzt die Präambel die wirtschaftliche bzw. soziale Fortschrittsklausel von 1957 um die „nachhaltige Entwicklung". Im Zielkatalog des heutigen Art. 3 EUV ist vom „Wohlergehen" der Völker der Union die Rede (Abs. 1), Abs. 3 kennt die „soziale Marktwirtschaft" und verlangt, die „soziale Ausgrenzung" zu bekämpfen. Er will den „sozialen Zusammenhalt" und ebenso die Solidarität zwischen den Mitgliedstaaten. In der querschnittsartigen Zielorientierung aus Art. 3 wirkt überdies die Nachhaltigkeit wie ein sektorenverbindendes, das soziale Moment einbindendes Leitmotiv[778]. Die Verantwortungsbereitschaft des modernen Vorsorgestaates griffe zu kurz, hätte sie nur kurzzeitige Symptombekämpfung anstatt *nachhaltiger* Problembewältigung zum Ziel. Nachhaltigkeit hat auch über das Europarecht hinaus Leitbildfunktion. Der Sozialstaat hat sich den Aufgaben der Daseins-, Risiko- und Wachstumsvorsorge zu stellen. Gemeinsam ist dieser Aufgabentrias nicht nur ihre Bedürfnisorientierung (Bedürfnisse der gegenwärtigen und der künftigen Generationen), sondern auch das Element der Dauerhaftigkeit mit seinem impliziten Prozesscharakter. Dass der verteilende Staat angesichts knapper Mittel zu einer vorausschauenden und systematischen Planung verpflichtet ist, folgt aus den genannten Vorsorgedimensionen[779]. Diese Verpflichtung ist *zugleich* Gebot der politischen Vernunft, der ökonomischen Rationalität und auf mitgliedstaatlicher wie europäischer Ebene positivierte Rechtspflicht.

1282 Der Vorspruch zum AEUV erzählt – präambeltypisch – von werthaften Bekenntnissen und wegleitenden Erkenntnissen, er sucht *retrospektiv* Orientierung in der Vergangenheit und wagt *prospektiv* den Blick in die Zukunft. Er formuliert schließlich in feierlichem Sprachduktus die *Quintes-*

777 In der deutschen Kommentar-Lit. widerspiegelt sich der hohe Stellenwert der sozialen Idee auf Gemeinschaftsebene in dem Kommentar zum Europäischen Sozialrecht.

778 *W. Frenz*, Nachhaltiges Wettbewerbsrecht – mit Vorrang des Umweltschutzes?, EWS 2007, S. 337 ff.; *M. Kotzur*, Der nachhaltige Sozialstaat, BayVBl. 2007, S. 257 ff.

779 Siehe *Th. Würtenberger*, Staatsrechtliche Probleme politischer Planung, 1979, S. 383 ff.; *P. Kirchhof*, Mittel staatlichen Handelns, in: HStR, Bd. V, 1992, § 125, Rn. 103; *W. Hoppe*, Planung, in: HStR, Bd. III, 1988, § 71, Rn. 83.

senz des folgenden operativen Vertragstextes[780]. Wo die formale Geschlossenheit eines einheitlichen Verfassungsvertrages verlorengeht, „verklammern" immerhin die Präambeln von EUV und AEUV in ihren wechselbezüglichen Formulierungen die beiden Vertragswerke. Deshalb greift der AEUV den „sozialen Fortschritt" aus dem EUV auf und formuliert: „… entschlossen, durch gemeinsames Handeln den wirtschaftlichen und sozialen Fortschritt ihrer Staaten zu sichern, indem sie die Europa trennenden Schranken beseitigen." Sozialer Fortschritt verlangt nach dem Selbstverständnis der Union die Dynamik der Entgrenzung.

Wie schon im Verfassungsentwurf wird in Art. 4 AEUV zwischen aus- 1283
schließlicher und geteilter Zuständigkeit unterschieden[781]. Gemäß Abs. 2 lit. b unterfällt die „Sozialpolitik hinsichtlich der in diesem Vertrag genannten Aspekte" der geteilten Zuständigkeit. Besonders hervorgehoben ist in Abs. 2 lit. c der „wirtschaftliche, soziale und territoriale Zusammenhalt". Deutlich wird, dass die Union das soziale Moment als einen maßgeblichen Integrationsfaktor begreift. Freilich aber greift die sozialpolitische Zuständigkeit nur dort, wo ohnehin der Kompetenzraum der Union eröffnet ist. Diese dem Prinzip der begrenzten Einzelermächtigung korrespondierende Limitierung macht der Textpassus „hinsichtlich der in diesem Vertrag genannten Aspekte" unmissverständlich klar. Gemäß Art. 5 Abs. 3 AEUV kann die Union Initiativen zur Koordinierung der Sozialpolitik der Mitgliedstaaten ergreifen. Diese „Koordinierungs-Kompetenz" ist durch das Prinzip der begrenzten Einzelfallermächtigung und das Subsidiaritätsprinzip doppelt beschränkt; vor allem darf *Koordinierung* nicht mit *Harmonisierung* verwechselt werden.

---

780 *P. Häberle*, Präambeln im Text und Kontext von Verfassungen, in: FS Broermann, 1982, S. 211 ff., 245; siehe auch *A.-C. Kulow*, Inhalte und Funktionen der Präambel des EG-Vertrages, 1997, zu den kognitiven, deliberativen und voluntativen Elementen von Präambeltexten; *M. Kotzur*, Theorieelemente des internationalen Menschenrechtschutzes, 2001, S. 102. Präambeln sind, wie schon Art. 31 Abs. 2 WVK zeigt, aber auch ein integraler Bestandteil des jeweiligen Vertragstextes und entfalten im Rahmen ihrer spezifischen Funktionen rechtliche Bindungswirkung, in diesem Sinne schon *G. Fitzmaurice*, The Law and Procedure of the International Court of Justice 1951–4, The British Yearbook of International Law 33 (1957), S. 202 ff., 228.

781 Zur Kompetenzverteilung im Entwurf des Verfassungsvertrages siehe *A. Epiney*, Zur Abgrenzung der Kompetenzen zwischen EU und Mitgliedstaaten in der Europäischen Verfassung, Jura 2006, S. 755 ff.

1284 Unter Titel II „Allgemeine anwendbare Bestimmungen“ findet sich in Art. 9 AEUV eine sozialpolitisch inspirierte Querschnittsklausel: „Bei der Festlegung und Durchführung ihrer Politik … trägt die Union den Erfordernissen im Zusammenhang mit der Förderung eines hohen Beschäftigungsniveaus, der Gewährleistung eines angemessenen sozialen Schutzes, der Bekämpfung der sozialen Ausgrenzung sowie mit einem hohen Niveau der allgemeinen und beruflichen Bildung und des Gesundheitsschutzes Rechnung.“ Art. 14 AEUV verknüpft nach bewährtem Muster „sozialen und territorialen Zusammenhalt“. Die soziale Dimension der Unionsbürgerschaft, die der EuGH in heftig umstrittene Rechtsprechung schöpferisch ausgeweitet hat[782], erfährt in Art. 21 Abs. 3 AEUV neue Konturierung: „Zu den gleichen wie in Abs. 1 genannten Zwecken kann der Rat, sofern die Verträge hierfür anderweitig keine Befugnis vorsehen, nach einem besonderen Gesetzgebungsverfahren Maßnahmen erlassen, die die soziale Sicherheit oder den sozialen Schutz betreffen. Der Rat beschließt einstimmig nach Anhörung des Europäischen Parlaments.“ Ob die dynamische Fortentwicklung der Unionsbürgerschaft im Sinne gleicher sozialer Teilhabe durch den EuGH damit befördert oder eher „gesetzgeberisch gebändigt“ wird, bleibt abzuwarten.

1285 Im Kontext der Arbeitnehmerfreizügigkeit trägt der neugefasste letzte Abs. von Art. 42 AEUV mitgliedsstaatlichen Bedenken in Sachen gemeineuropäischer Sozialstandards Rechnung: „Erklärt ein Mitglied des Rates, dass ein Entwurf eines Gesetzgebungsakts nach Abs. 1 wichtige Aspekte seines Systems der sozialen Sicherheit wie dessen Geltungsbereich, Kosten oder Finanzstruktur verletzen oder dessen finanzielles Gleichgewicht beeinträchtigen würde, so kann es beantragen, dass der Europäische Rat befasst wird. …“

1286 Auch das Wettbewerbsrecht ist nicht sozialblind. In Art. 87 Abs. 3 lit. a AEUV am Ende wird folgender Satzteil angefügt: „… sowie der in Art. 299 genannten Gebiete unter Berücksichtigung ihrer strukturellen wirtschaftlichen und sozialen Lage“. Territorial radizierte soziale Asymmetrien dürfen also in Zukunft im Wege der Beihilfe ausgeglichen werden. Der neuen Textfassung kommt insoweit jedenfalls eine Klarstellungsfunktion zu. Durchaus programmatisch zu verstehen ist eine systematische Neuerung durch Lissabon: Titel XI wird Titel IX und heißt jetzt kurz und

782 *U. Becker*, Sozialrecht in der Europäischen Integration – eine Zwischenbilanz, ZFSH/SGB 2007, S. 134 ff.; *K. Hailbronner*, Die Unionsbürgerschaft und das Ende rationaler Jurisprudenz durch den EuGH?, NJW 2004, S. 2185 ff.

bündig: „Sozialpolitik". Auf Art. 136 AEUV folgt ein neuer Art. 136 a AEUV: „Die Union anerkennt und fördert die Rolle der Sozialpartner auf Ebene der Union unter Berücksichtigung der Unterschiedlichkeit der nationalen Systeme. Sie fördert den sozialen Dialog und achtet dabei die Autonomie der Sozialpartner. Der dreigliedrige Sozialgipfel für Wachstum und Beschäftigung trägt zum sozialen Dialog bei." Einerseits finden die Sozialpartner auf unionaler Ebene gewichtige Erwähnung, andererseits bleibt das soziale Europa „in Vielheit geeint", und zwar mit einem unzweideutigen Akzent auf der „Vielheit". Titel X gilt dem „Europäischen Sozialfonds".

Die neugefasste Überschrift von Titel XVII bringt eine interessante Kon- 1287
textualisierung. Der wirtschaftliche und soziale wird mit dem territorialen Zusammenhalt verknüpft. Die soziale Dimension des Ausgleichs zwischen strukturschwachen und strukturstarken Regionen/Mitgliedstaaten ist damit auf eine neue Textstufe gehoben. Auch im Zusammenhang mit den einzelnen Politiken ist das soziale Moment häufig angesprochen, etwa der „soziale Aufbau der Landwirtschaft" bei der Agrarpolitik (Art. 33 AEUV). Die Liste der Beispiele ließe sich fortsetzen. Ganz allgemein sind vor allem Querschnittsklauseln und Harmonisierungsregelungen typische Regelungszusammenhänge, um soziale Für- und Vorsorgeaufgaben bezogen auf unionsrechtlich anerkannte Schutzgüter zu entfalten[783].

Die EU-Grundrechte-Charta formuliert einen der weltweit wohl moderns- 1288
ten Menschenrechtstexte. Frühe Textvorbilder liefern Art. 22 der Allgemeinen Menschenrechtserklärung vom 10. Dezember 1948, Art. 6 ff. des IPwirtR vom 19. Dezember 1966 und die Europäische Sozialcharta vom 18. Oktober 1961, später hinzugekommen ist die Gemeinschaftscharta der sozialen Grundrechte der Arbeitnehmer vom 9. Dezember 1989[784]. Weit stärker als im deutschen Grundgesetz oder anderen mitgliedstaatlichen Verfassungen, weit stärker auch als in der EMRK ist der Aspekt sozialer Teilhabe berücksichtigt. Kapitel IV wählt mit der Solidarität ein „klassi-

783 *Ch. Enders*, Sozialstaatlichkeit im Spannungsfeld von Eigenverantwortung und Fürsorge, VVDStRL 64 (2005), S. 7 ff., 31.

784 In der neuen Präambel zum EUV heißt es: „in Bestätigung der Bedeutung, die sie (sc. die Mitgliedstaaten) den sozialen Grundrechten beimessen, wie sie in der am 18. Oktober 1961 in Turin unterzeichneten Europäischen Sozialcharta und in der Gemeinschaftscharta der sozialen Grundrechte der Arbeitnehmer von 1989 festgelegt sind". Vgl. auch *Ch. Enders*, Sozialstaatlichkeit im Spannungsfeld von Eigenverantwortung und Fürsorge, VVDStRL 64 (2005), S. 7 ff., 31.

sches Strukturprinzip der europäischen Moderne“[785] zur programmatischen Überschrift und entfaltet in Art. 27 ff. das mitunter „vergessene Ideal der Brüderlichkeit“ zu normativ verbindlichen Konkretisierungen. Damit wird die soziale Marktwirtschaft individualrechtlich abgesichert. Dass die EU-Grundrechte-Charta, britischem und polnischem „opting out“ zum Trotz – von völkerrechtlichem soft law zu verbindlichem europäischen Verfassungsrecht erstarkt, ist für das soziale Europa der wohl nachhaltigste Gewinn. Die Union will durchaus auch Sozialunion sein[786].

1289 Addiert man die vorgestellten Einzeltexte wie Mosaiksteine, so ergibt sich ein facettenreiches Gesamtbild sozialer Kompetenzen und Aktivitäten der EU, die einmal mehr rechtfertigen, dass die Union sich nicht selbst mehr als *EWG* bezeichnet und die Wissenschaft den Begriff der *Verfassungs*gemeinschaft wagen kann. Rechtsstaat, Demokratie, Wirtschaft, Kultur und Umwelt als konstitutionelle Themen sind glaubwürdig um die Sache der sozialen Gerechtigkeit bereichert.

2. Das Europa im weiteren Sinne

1290 Hier ist die ESC des Europarates von 1961[787] das hoffnungsvolle, bis in die EU-Grundrechte-Charta ausstrahlende Dokument (vgl. z.B. deren Art. 26, Art. 32, Art. 33, Art. 35). Schon die Präambel sorgt sich um das „soziale Wohl“ und die Einzelartikel liefern fast alle die Stichworte, die mehr soziale Gerechtigkeit schaffen wollen: etwa Recht auf gerechte Arbeitsbedingungen (Teil II Art. 2), das Recht auf soziale Sicherheit (ebd. Art. 12), das Recht auf Fürsorge (ebd. Art. 13). Nicht wenige Themen und Texte sind von den Reformstaaten in Osteuropa nach 1989 rezipiert und fortentwickelt worden, und einmal mehr zeigt sich, dass Texte, einmal in der Welt, über Raum und Zeit hinweg vitale „Vorratslager“ sein können, selbst wenn sie zunächst in der Wirklichkeit nicht greifen oder nicht „gelten“.

1291 Es fällt freilich auf, dass weder das Kopenhagener Treffen der KSZE noch die Charta von Paris für ein neues Europa (beide 1990) auf dieses Reser-

785 *U. Volkmann*, Solidarität – Programm und Prinzip der Verfassung, 1998.

786 Zur sozialpolitischen „Philosophie“ der Verträge und zur „Sozialunion“ *Th. Oppermann/C. D. Classen/M. Nettesheim*, 6. Aufl. 2014, § 29, Rn. 1 ff.

787 Aus der Lit. wiederum: *T. Oppermann/C. D. Classen/M. Nettesheim*, Europarecht, 6. Aufl. 2014, § 29, Rn. 6.

voir grundsätzlich zurückgreifen (vgl. nur Präambel Charta von Paris: „soziale Gerechtigkeit", welches Prinzip sich dann nur im Abschnitt „Wirtschaftliche Freiheit und Verantwortung" wiederfindet, auch in den Leitsätzen: „Wir werden soziale Gerechtigkeit und sozialen Fortschritt sowie das Wohlergehen unserer Völker fördern")[788]. Der soziale Aspekt der Verantwortung kommt auch in der Idee von der „Verantwortung gegenüber den Mitmenschen" (Art. 8 Abs. 2 KV Bern von 1993) zum Ausdruck. Offenbar waren die Prioritäten unmittelbar nach dem Zusammenbruch der sozialistischen Staatenwelt zunächst andere: Demokratie, Rechtsstaat, Grundrechte, Marktwirtschaft. Die Parameter mögen sich indes, gerade auch im Zuge der globalen Finanz- und europäischen Staatsschuldenkrise, verschoben haben. Der Vertrag von Lissabon hatte ohnehin, wie aufgezeigt, einen größeren Tropfen sozialen Öls gewagt als das vorangehende unionale Primärrecht. Ein soziales Europa bleibt die Europa im engeren und im weiteren Sinne umgreifende Möglichkeit[789]. Im Ganzen kommt dabei für das Europa i.w.S. der Gedanke sozialer Gerechtigkeit primär von der ESC und von den nationalen Verfassungen in West (vgl. nur Art. 1 Abs. 1 Verf. Spanien: „sozialer Rechtsstaat") und Ost her. Das „europäische Haus" hat auf diesem Feld noch viele Aufgaben vor sich. Die EU könnte dabei im Verbund vor allem mit ihrer Grundrechte-Charta Pionier und Vehikel sein.

K. Europäisches Kulturverfassungsrecht

Vorbemerkung

Obwohl diese europäische Verfassungslehre im Ganzen und Einzelnen als 1292
„kulturwissenschaftliche" erarbeitet ist, bleibt das „Kulturverfassungsrecht" ein abgrenzbarer Bereich von Textgruppen und Problemfeldern, et-

---

788 Im Stabilitätspakt für Europa der 52 bzw. 57 OSZE-Staaten vom März 1995 (zit. nach U. Fastenrath (Hrsg.), KSZE/OSZE-Dokumente, seit 1992) findet sich u.a. das Ziel, „die Errungenschaften auf dem Weg zur Demokratie, Achtung der Menschenrechte, Rechtsstaatlichkeit, wirtschaftlichem Fortschritt, sozialer Gerechtigkeit und Toleranz zu fördern und unumkehrbar zu machen" – ein Wertekanon des gemeinsamen Erbes Europas! An anderer Stelle ist ebd. vom „wirtschaftlichen und sozialen Fortschritt" die Rede.

789 U. v. Alemann u.a. (Hrsg.), Ein soziales Europa ist möglich. Grundlagen und Handlungsoptionen, 2015, T. Meireis (Hrsg.), Soziales Europa?, 2014.

wa neben dem Wirtschafts-, Arbeits-, Sozial- und Umweltverfassungsrecht. Es hat verselbständigte spezielle Ausformungen wie das „Staatskirchenrecht" (besser: „Religionsverfassungsrecht" als „spezielles Kulturverfassungsrecht"[790]) und es lebt auch in und aus vielen Querverbindungen zu anderen Rechtsgebieten, selbst etwa zur Finanzverfassung: man denke an das Stiftungsrecht bzw. Subventionen in Form von Steuerermäßigungen. Das kulturwissenschaftliche Verfassungsverständnis und das Konzept von „Europa als Kultur" schließen also den folgenden Abschnitt „Europäisches Kulturverfassungsrecht" nicht aus sondern ein. Eine sorgfältige, ganz Europa zunächst auf der nationalen, dann auf der „supranationalen" Ebene erfassende typologische Bestandsaufnahme der textlichen Erscheinungsformen von Kulturverfassungsrecht und z.T. der ihnen zuwachsenden Praxis dient der europäischen Verfassungslehre auf ganz spezifische Weise. Auch hier müssen freilich oft Stichworte genügen, kann es sich nur um eine Auswahl der „Prototypen" etwa für die Kulturgehalte in Präambeln, in allgemeinen Klauseln, in Grundrechtsbestimmungen, Minderheitenschutz-Garantien oder in Erziehungszielen handeln.

1293 Im Übrigen wirkt das *J. Monnet* zugeschriebene Wort inspirierend: „Würde ich nochmals anfangen können, würde ich mit der Kultur beginnen". Als „Gegenklassiker" freilich muss gelten, was *J. Rueff* (1950) sagte: „Europa entsteht über das Geld, oder es entsteht gar nicht". Angesichts der Finanz- und Griechenlandkrise erweist sich dieser Befund mitunter als bittere Wahrheit. Was die nationalen Verfassungsstaaten und Europa unter „Kultur" verstehen, bleibe hier noch offen: denkbar ist der eher traditionale Kulturbegriff: Religion, Bildung, Wissenschaft und Kunst, neuerdings auch Medien und Internet, näherliegend der pragmatische, von vornherein offene[791].

1294 In all dem sei auch hier Osteuropa von Anfang an einbezogen. Seine Beispielsvielfalt und Innovationskraft in Sachen Kulturverfassungsrecht seit 1989 muss jede europäische Verfassungslehre zur Kenntnis nehmen und auch theoretisch verarbeiten, etwa im Blick auf die zahlreichen Kulturel-

---

790 Dazu *P. Häberle*, Kulturverfassungsrecht im Bundesstaat, 1980, S. 20; *ders.*, Verfassungslehre als Kulturwissenschaft, 2. Aufl. 1998, S. 8, 22, 464 und passim. – Zum „Kulturbegriff" in der Rechtsprechung des BVerfG *M. Naucke*, Der Kulturbegriff in der Rechtsprechung des Bundesverfassungsgerichts, 2000.

791 Zu diesen Fragen: *P. Häberle*, Verfassungslehre als Kulturwissenschaft, 1. Aufl. 1982; *U. Steiner*, Kulturauftrag im staatlichen Gemeinwesen, VVDStRL 42 (1984), S. 7 ff.

les-Erbe-Klauseln, die wohl verhindern sollen, dass die Nationen nach dem Zusammenbruch des Ostblocks ins Bodenlose stürzen. Nationale bzw. kulturelle Identitätsklauseln wollen dem entgegenwirken[792].

I. Bestandsaufnahme der Erscheinungsformen von Kulturverfassungsrecht auf der nationalen und europäischen Ebene

1. National-verfassungsstaatliche Typologie

a) Präambeln

Präambeln[793] sind, wie gezeigt, die „höchste" Erscheinungsform von Kulturverfassungsrecht im Verfassungsstaat. Als Kategorie der Grundlegung und des Bekenntnisses, als „Konzentrat" der Verfassung, als Forum der Verarbeitung von Geschichte und des Entwurfs von Zukunft, kurz: als Umschreibung von (nationaler) Identität sind sie per se „Kulturverfassungsrecht". Mitunter wirken sie aber auch schon dem Wort nach prima facie als „Kulturreservoir". Besonders augenfällig wird dies in der Präambel der Verf. Polen (1997) und zwar durchgängig, besonders aber in dem Passus: „für die im christlichen Erbe des Volkes und in allgemein menschlichen Werten verwurzelte Kultur". Schon zuvor hatte Präambel Verf. Montenegro (1992) von „Gerechtigkeit und Kultur des Menschengeschlechts" gesprochen, hatte Präambel Verf. Bulgarien (1991) sich zur „Treue zu den allgemeinen menschlichen Werten: Freiheit, Frieden, Hu- 1295

792 Zu diesem Thema siehe auch *E. V. Heyen*, Kultur und Identität in der europäischen Verwaltungsrechtsvergleichung, mit Blick auf Frankreich und Schweden, 2000. Zur Schweizer Identität gehören Stichworte wie „Willensnation", „Sonderfall", „Abgrenzungen". – Kulturelle Identitätsklauseln sind umso wichtiger, als die Bürger (nationalen) Identitätsverlust fürchten, zumal angesichts der Europäisierung; A. Rauscher (Hrsg.), Nationale und kulturelle Identität im Zeitalter der Globalisierung, 2006.

793 *Gottesklauseln* (wahrlich „kulturträchtiges" Recht) bleiben hier ausgeklammert. Sie finden sich bezeichnenderweise zwar in nicht wenigen nationalen Verfassungen Westeuropas (z.B. Präambel GG), aber nur als „Alternativforum" auch in Osteuropa (z.B. Präambel Verf. Polen von 1997; Präambel Verf. Albanien von 1998): „Glauben" an Gott und/oder andere universelle Werte; Gottesbezüge fehlen aber im Europarecht im engeren und weiteren Sinne. Zu Gottesklauseln vergleichend: *P. Häberle*, Verfassungslehre als Kulturwissenschaft, 2. Aufl. 1998, S. 951 ff.

manismus, Gleichheit, Gerechtigkeit und Toleranz" bekannt. Ein weiteres signifikantes Beispiel aus Osteuropa findet sich in der Präambel Verf. Albanien (1998) in der Aussage: „dem Frieden, dem Wohlergehen, der Kultur und der sozialen Solidarität verpflichtet". Die Verf. Tschechien (1992) benennt in ihrer Präambel durchgängig Kulturgehalte, als Beispiel sei das Wort vom „Geiste der Unantastbarkeit der Menschenwürde" genannt, auch der Begriff der „Grundsätze der Bürgergesellschaft" und die kulturelle Erbes-Klausel („gemeinsam den ererbten natürlichen und kulturellen, materiellen und geistigen Reichtum zu hüten"). Präambel Verf. der Slowakischen Republik (1992), spricht einerseits vom „politischen und kulturellen Erbe unserer Vorfahren", andererseits von der „Entfaltung der geistigen Kultur". Präambel Verf. Estland (1992) verpflichtet sich sogar auf die „Erhaltung des estnischen Volkes und der estnischen Kultur".

1296 Ein Blick auf die Präambeltexte westeuropäischer Verfassungen runde diese Auswahl ab. Der vielleicht beste Prototyp ist Verf. Spanien (1978) zu verdanken. Denn ihr „konstitutionelles Schatzhaus" formuliert z.B. den Passus: „alle Spanier und Völker Spaniens bei der Ausübung der Menschenrechte und bei der Pflege ihrer Kultur und Traditionen, Sprachen und Institutionen zu schützen, den Fortschritt von Wirtschaft und Kultur zu fördern, um würdige Lebensverhältnisse für alle zu sichern"[794]. Die Verfassungspräambel Thüringens (1993) beginnt mit dem Satz: „In dem Bewusstsein des kulturellen Reichtums und der Schönheit des Landes"; andere wie Brandenburg (1992) bedienen sich der (kulturellen) „im Geiste-Formel" („im Geiste der Traditionen von Recht, Toleranz und Solidarität"). Gleich zwei Geist-Klauseln zeichnen die Präambel Verf. Hamburg (1952) aus. Die neue Schweizer BV (2000) schließlich formuliert Grundwerte wie „Solidarität und Offenheit gegenüber der Welt", macht sich aber auch die „gemeinsamen Errungenschaften" bewusst, welcher Begriff gewiss auch das Kulturelle umschließt. Auf Kantonsebene hat die Verfassungspräambel Solothurn (1986) die Formel aufgenommen: „den Kanton in seiner kulturellen und regionalen Vielfalt zu erhalten"; KV Zürich (2004): „kulturell starker Gliedstaat".

794 Beim Blick auf die romanischen Länder und romanischen Sprachen – neben Spanien vor allem Italien – wird auch deutlich, wie stark zum kulturellen Erbe Europas heute – noch – das Latein gehört.

b) Allgemeine und spezielle Kulturstaatsklauseln

Allgemeine und spezielle Kulturstaatsklauseln bilden eine zweite Artikelgruppe, in denen sich Kulturverfassungsrecht „speichert", ja besonders hoch konzentriert zeigt[795]. Auch hier seien zunächst Beispiele aus Osteuropa gebracht, um die dortigen Verfassungsmaterialien auch äußerlich sogleich erkennbar möglichst intensiv in diese europäische Verfassungslehre zu integrieren. Dass Osteuropa sich oft an westeuropäischen Beispielen orientiert haben mag, ist kein Grund, anders vorzugehen. Um auch hier mit der ausgereiften Verf. Polens zu beginnen: ihr Art. 6 Abs. 1 formuliert eine beispielhafte kulturelle Identitätsklausel, verknüpft mit Elementen des Staatsziels und der Grundrechte: „Die Republik Polen schafft Voraussetzungen für eine allgemeine Verbreitung von und einen gleichen Zugang zu den Gütern der Kultur, welche die Quelle der Identität des polnischen Volkes, seines Fortbestands und seiner Entfaltung ist". In die Form eines Staatsziels gießt Art. 59 Abs. 1 lit. j Verf. Albanien den „Schutz des nationalen Kulturerbes und die spezielle Fürsorge für die albanische Sprache", nachdem schon der Grundwerte-Artikel 3 das „nationale Erbe" hervorhebt. Art. 23 Verf. Bulgarien normiert: „Er (sc. der Staat) sorgt für die Erhaltung des nationalen und historischen kulturellen Erbes". Eine Variante ist Art. 68 Abs. 3 Verf. Kroatien (1990) geglückt, insofern er die vom Staat zu schützenden „wissenschaftlichen, kulturellen und künstlerischen Güter" als „geistige Werte des Volkes" ausweist. Neuland zeichnet sich in Art. 33 Abs. 3 Verf. Moldau (1994) ab, insofern die Kulturstaatsklausel neben den Werken von nationalem auch solche von „weltweitem Rang" umfasst. 1297

In Deutschland darf die allgemeine Kulturstaatsklausel in Art. 3 Verf. Bayern (1946/84) als Modell gelten: „Bayern ist ein Rechts-, Kultur- und 1298

---

795 S. dazu auch *P. Häberle*, Verfassungslehre als Kulturwissenschaft, 2. Aufl. 1998, S. 93 ff., 798. Allgemein zum Thema Kulturstaat siehe noch (historisch) G. Mettele (Hrsg.), Preußen als Kulturstaat im 19. Jahrhundert, 2015; *C. F. Germelmann*, Kultur und staatliches Handeln – Grundlagen eines öffentlichen Kulturrechts in Deutschland, 2013; (sehr kritisch) *D. Haselbach*, Der Kulturinfarkt. Von allem zuviel und überall das Gleiche. Eine Polemik über Kulturpolitik, Kulturstaat, Kultursubvention, 2. Aufl. 2012; *H. P. Plischka*, Der Kulturstaat: Eine Verfassung für das 21. Jahrhundert, 2. Aufl. 2009; *W. Hertel*, Kulturföderalismus in Deutschland, Jahrbuch des Föderalismus 2001, S. 154 ff.; *B. Weck*, Verfassungsrechtliche Legitimationsproblem öffentlicher Kunstförderung aus wirklichkeitswissenschaftlicher Perspektive, 2001; *W. Palm*, Öffentliche Kunstförderung zwischen Kunstfreiheitsgarantie und Kulturstaat, 1998.

Sozialstaat. Er dient dem Gemeinwohl. Der Staat schützt die natürlichen Lebensgrundlagen und die kulturelle Überlieferung". Für die neuen Bundesländer ist etwa Art. 16 Abs. 1 Verf. Mecklenburg-Vorpommern (1993) repräsentativ: „Land, Gemeinden und Kreise schützen und fördern Kultur, Sport, Kunst und Wissenschaft". In der Schweiz bestimmt § 36 Abs. 1 KV Aargau (1980) beispielhaft: „Der Kanton fördert kulturelles Schaffen und Gemeinschaftsleben"; KV Zürich: „günstige Rahmenbedingungen für kulturelle Innovation".

1299 Im übrigen Westeuropa ist Art. 3 Abs. 3 Verf. Spanien vorbildlich: „Der Reichtum der unterschiedlichen sprachlichen Gegebenheiten Spaniens ist ein Kulturgut, das besonders zu achten und zu schützen ist"[796]. Art. 16 Abs. 1 Verf. Griechenland (1975) verknüpft bestimmte kulturelle Grundrechte mit einem Kulturauftrag des Staates: „Kunst und Wissenschaft, Forschung und Lehre sind frei; deren Entwicklung und Förderung sind Verpflichtung des Staates".

1300 Spezielle Kulturstaatsklauseln beziehen sich z.B. auf die Erwachsenenbildung (Art. 29 Verf. Thüringen) oder das „historische und künstlerische Erbe der Nationen" (Art. 9 Abs. 2 Verf. Italien von 1947).

c) Kulturelle Grundrechte

1301 *Kulturelle Grundrechte* sind eine ebenso klassische wie sich schöpferisch fortentwickelnde Kategorie von (nationalem) Kulturverfassungsrecht. In Osteuropa fällt hier die neue Textstufe in Art. 54 Abs. 1 („Freiheit der Kultur") Verf. Bulgarien auf: „Jedermann hat ein Recht darauf, die nationalen und allgemein menschlichen kulturellen Werte zu nutzen sowie seine eigene Kultur in Übereinstimmung mit seiner ethnischen Zugehörigkeit zu entwickeln..." Denn darin ist der kulturelle Minderheitenschutz mitgedacht. In die grundrechtliche Teilhabeseite hinüber führt auch Art. 34 Abs. 1 Verf. Georgien, der zugleich eine vorbildliche „Kulturstaatsklausel" inno-

---

796 Zum Kulturwert der „Sprachenfreiheit" siehe *P. Häberle*, Verfassungslehre als Kulturwissenschaft, 2. Aufl. 1998, S. 744 ff. mit zahlreichen weiteren Nachweisen, vor allem auch aus der schweizerischen Lit. Zu kulturellen Rechte und Verfassung: *G. Britz*, Kulturelle Rechte und Verfassung, 2000. Für das Völkerrecht E. Riedel (Hrsg.), Economic, Social and Cultural Rights in International Law. Contemporary Issues and Challenges, 2014; Fragen der Durchsetzbarkeit behandelt *M. A. Trilsch*, Die Justiziabilität wirtschaftlicher, sozialer und kultureller Rechte im innerstaatlichen Recht, 2012.

vativ gestaltet hat: „Der Staat fördert die Entwicklung der Kultur, die uneingeschränkte Teilnahme am kulturellen Leben, die Entfaltung der kulturellen Eigentümlichkeiten und deren Bereicherung, die Anerkennung der nationalen und allgemein menschlichen Werte und die Vertiefung der internationalen kulturellen Beziehungen". Der letzte Textpassus ist ein Stück „kooperativer Kulturstaatlichkeit", Teil des kooperativen Verfassungsstaates der heutigen Entwicklungsstufe[797]. Art. 34 Abs. 2 wählt zugleich auch die überkommenen kulturellen Erbes-Klauseln: ein schönes Beispiel, wie sich Neues und Altes zum Kulturverfassungsrecht im gleichen Artikel verbindet. Im Übrigen seien klassische Rechte wie das Recht auf Bildung (Art. 35 Verf. Moldau, Art. 32 Verf. Rumänien, Art. 53 Verf. Ukraine), die Freiheit von Wissenschaft und Kunst (z.B. Art. 59 Verf. Slowenien) oder die Urheberrechte (z.B. Art. 50 Verf. Montenegro) erwähnt. Besonders allgemein bestimmt Art. 73 Abs. 1 Verf. Portugal: „Jeder hat das Recht auf Bildung und Kultur", wobei ein ganzes Bündel von Schutzaufträgen und Einzelgarantien, Staatszielen und Teilhaberechten i.S. von Kulturpolitik folgt (Art. 74- 79 im großen Abschnitt „Kulturelle Rechte und Pflichten").

Zur Grundpflicht von jedermann wird die Wahrung der Natur und des 1302
Kulturerbes sogar in Art. 73 Verf. Slowenien (ebenso Art. 44 Abs. 2 Verf. Slowakei; s. auch Art. 78 Abs. 1 Verf. Portugal). Art. 23 Ziff. 5 Verf. Belgien (1994/99) garantiert jedem „das Recht auf kulturelle und soziale Entfaltung". Aus der Schweiz sei hier nur das große kulturelle Grundrecht der „Sprachenfreiheit" genannt (z.B. Art. 15 Verf. Bern von 1993, Art. 18 nBV; Art. 12 KV Zürich). Im Übrigen bereichert sich das Textbild durch kulturelle Zugangsrechte (z.B. Art. 34 Abs. 3 Verf. Brandenburg), Teilhaberechte (z.B. Art. 11 Abs. 2 Verf. Sachsen von 1992).

---

797 Zum kooperativen Verfassungsstaat *P. Häberle*, Der kooperative Verfassungsstaat, in: FS Schelsky, 1978, S. 141 ff., fortgeführt in: *ders.*, Verfassungslehre als Kulturwissenschaft, 2. Aufl. 1998, S. 175 ff. – Auch von der verwaltungsrechtlichen Lit. wurde die Idee des Kooperativen – vor allem im Hinblick auf das Verhältnis von staatlichen und privaten Akteuren – aufgegriffen: *E.-H. Ritter*, Der kooperative Staat, AöR 104 (1989), S. 389 ff.; *E. Schmidt-Aßmann*, Das allgemeine Verwaltungsrecht als Ordnungsidee, 2. Aufl. 2004, S. 26 ff.; *L. Michael*, Rechtsetzende Gewalt im kooperierenden Verfassungsstaat, 2002; *M. Kotzur*, Grenznachbarschaftliche Zusammenarbeit in Europa. Der Beitrag von Art. 24 Abs. 1 a GG zu einer Lehre vom kooperativen Verfassungs- und Verwaltungsstaat, 2004.

d) Minderheitenschutz

1303 Der Schutz der *Minderheiten*[798] gerade von der kulturellen Seite her ist die vielleicht prekärste Form von Kulturverfassungsrecht. Hier kann sich textlich, weniger oft in der Wirklichkeit, manche nationale Verfassung in Osteuropa durchaus „sehen" lassen. So sagt Art. 45 Abs. 1 Verf. Litauen (1992): „Die aus Staatsbürgern bestehenden Volksgruppen regeln die Angelegenheiten ihrer Volkskultur, die Bildung, Wohltätigkeit und gegenseitige Hilfe selbständig". So bestimmt Art. 48 Abs. 2 Verf. Mazedonien (1991): „Die Republik garantiert den Schutz der ethnischen, kulturellen, sprachlichen und religiösen Identität der Nationalitäten". In Deutschland ist Art. 5 Abs. 2 Verf. Sachsen vorbildlich („Das Land gewährleistet und schützt das Recht nationaler und ethnischer Minderheiten deutscher Staatsangehörigkeit auf Bewahrung ihrer Identität sowie auf Pflege ihrer Sprache, Religion, Kultur und Überlieferung"). Auch die Schweiz hat sich um eine neue Textstufe bemüht (z.B. Art. 4 Abs. 1 Bern: „Den Bedürfnissen von sprachlichen, kulturellen und regionalen Minderheiten ist Rechnung zu tragen").

e) Erziehungsziele

1304 *Erziehungsziele* sind ein weiterer Themenbereich von Kulturverfassungsrecht. Bereits an anderer Stelle behandelt (vgl. oben E.), sei ihre Erscheinungsform hier nur als „Merkposten" erwähnt: so das Beispiel aus Art. 131 Verf. Bayern (z.B. „Aufgeschlossenheit für alles Wahre, Gute und Schöne"), Art. 28 Verf. Brandenburg (z.B. „Solidarität im Zusammenleben der Kulturen und Völker", ähnlich Art. 22 Abs. 1 Verf. Thüringen). Bemerkenswert sind die „Grundsätze der Erziehung und Bildung" in § 17 KV Basel Stadt von 2005.

f) Sonstige Erscheinungsformen von Kulturverfassungsrecht

1305 Als Beispiel für *sonstige Erscheinungsformen von Kulturverfassungsrecht* sei erwähnt der sog. kulturelle Trägerpluralismus. Er kommt modellhaft in

798 Umfänglich R. Hofmann u.a. (Hrsg.), Rahmenübereinkommen zum Schutz nationaler Minderheiten. Handkommentar, 2015.

Art. 12 Abs. 2 Verf. Baden-Württemberg (1993) zum Ausdruck: „Verantwortliche Träger der Erziehung sind in ihren Bereichen die Eltern, der Staat, die Religionsgemeinschaften, die Gemeinden und die in ihren Bünden gegliederte Jugend“[799]. Dem nationalen Kulturverfassungsrecht in Ost- und Westeuropa liegt er der Sache nach zugrunde: insofern alle Bürger (und Gruppen) dieselben kulturellen Grundrechte haben, auch die Minderheiten, die individuell und korporativ geschützt sind (z.B. Art. 35 Verf. Polen) und der Staat, der wegen der typischen Anti-Staatsideologieklauseln (z.B. Art. 13 Abs. 1 und 2 Verf. Russische Föderation von 1993) bei seiner Kulturförderung offen sein muss.

Die auch, aber nicht nur durch den Trägerpluralismus vermittelte *Offenheit des Kulturkonzepts*[800] ist ein Charakteristikum des nationalen (und europäischen) Kulturverfassungsrechts. Verfassungstextliche Ansätze finden sich z.B. in Art. 78 Abs. 2 Verf. Portugal: „in Zusammenarbeit mit allen Kulturträgern obliegt es dem Staat: a) den Zugang aller Bürger zu den Möglichkeiten und Mitteln kultureller Betätigung zu gewährleisten ...“ Wenn lit. c die Aufgabe nennt, „das Kulturgut zu fördern und zu schützen, damit es zu einem erneuernden Element der gemeinschaftlichen kulturellen Identität werde“, so ist damit eine neue Textstufe in Sachen Kulturverfassungsrecht geglückt: Kulturgut als lebendiges Element der (nationalen) kulturellen Identität. 1306

Zu den sonstigen Formen von (nationalem) Kulturverfassungsrecht gehören *Staatssymbolartikel* (prägnant Art. 14 Verf. Albanien, Art. 164-169 Verf. Bulgarien, Art. 11 Verf. Georgien („staatliche Wahrzeichen“), Art. 5 Verf. Mazedonien, §§ 65 und 76 Verf. Ungarn, Art. 11 Verf. Portugal und (klassisch) Art. 2 Verf. Frankreich von 1958 (Sprache, Flagge, Hymne, Wahlspruch), vor allem aber auch die (Staats-)*Sprachen-Artikel* (z.B. Art. 8 Verf. Irland von 1937, Art. 3 Verf. Spanien, Art. 4 Verf. Lettland von 1993, Art. 27 Verf. Polen), mit unterschiedlicher Toleranz gegenüber Minderheiten bzw. Volksgruppen (vorbildlich Art. 11 Verf. Slowenien, Art. 9 Abs. 3 Verf. Montenegro). Die Sprachenfreiheit der Schweiz[801] bildet hier das im übrigen Europa unerreichte Modell für offenes Kulturverfassungsrecht, das auf Grundwerte bezogene *Feiertagsrecht* (z.B. Art. 32 Verf. 1307

799 S. auch Art. 34 Abs. 3 Verf. Brandenburg: „Das Land, die Gemeinden und Gemeindeverbände unterstützen die Teilnahme am kulturellen Leben und ermöglichen den Zugang zu den Kulturgütern.“

800 Dazu *P. Häberle*, Kulturpolitik in der Stadt, 1979, S. 34 f.

801 Aus der Lit.: *J.P. Müller/M. Schefer*, Grundrechte in der Schweiz, 4. Aufl. 2008.

Hessen: „Der 1. Mai ... versinnbildlicht das Bekenntnis zur sozialen Gerechtigkeit ...“)[802]. Das EU-Europa kann hier bislang nur auf die praktizierte Europaflagge und auf die glücklicherweise wechselnde Kulturhauptstadt[803] verweisen. Die umstrittene Sprachenfrage[804] bleibe ein Merkposten, zeigt aber zusammen mit den anderen Erscheinungsformen und Problemfeldern von Kulturverfassungsrecht einmal mehr, dass ohne „nationalstaatliche Analogie“ keine europäische Verfassungslehre arbeiten kann.

2. Die europaverfassungsrechtliche Ebene

a) Kulturverfassungsrecht im Europa der EU

1308 In dem Maße, wie das Europa der EU zur „Verfassungsgemeinschaft“ reift, übernimmt es neben Feldern wie Wirtschaft und Umwelt auch das eigene Themenfeld der Kultur. Dies hier in einem zunächst positivistischen Sinne, denn letztlich und erstlich kommen das Europa im engeren und weiteren Sinne in der Tiefe historisch von der Kultur her, so unverzichtbar die Wirtschaft als Vehikel für die europäische Einigung bleibt. Nachdem vorstehend die vielfältigen Ausdrucksformen von Kulturverfassungsrecht im nationalen Rahmen in Ost- und Westeuropa an typologisch aufgelisteten Beispielen erkennbar wurden, stellt sich jetzt die Frage, ob und wie das Europa der EU von diesen Strukturen und Textensembles „gelernt“ hat, wie es sie rezipiert und im neuen eigenen Kontext wandelt. M.a.W.: „Europa in kulturverfassungsrechtlicher Perspektive“[805] kann ohne das nationale Beispielsmaterial kaum gedacht werden; umgekehrt liegt es nahe, dass in Zukunft auch Rückwirkungen nachweisbar werden: die europaverfassungsstaatlichen Strukturen der EU und des Europa im weiteren Sinne

---

802 Aus der Lit.: *P. Häberle*, Feiertagsgarantien als kulturelle Identitätsgarantien des Verfassungsstaates, 1987. Neue Texte: Art. 7 Abs. 5 Verf. Vorarlberg (1999), zit. nach JöR 54 (2006), S. 384 ff.

803 Aus der Lit.: *Th. Oppermann/C. D. Classen/M. Nettesheim*, Europarecht, 6. Aufl. 2014, § 34, Rn. 45.

804 Dazu aus der Lit.: *R. Streinz*, Europarecht, 9. Aufl. 2012, Rn. 275 ff.; T. Bruha/H.-J. Seeler (Hrsg.), Die Europäische Union und ihre Sprachen, 1998; *T. Oppermann*, Reform der EU-Sprachenregelung?, NJW 2001, S. 2663 ff. Siehe auch Erster Teil B. III. 3 c).

805 So *P. Häberle*, Europa in kulturverfassungsrechtlicher Perspektive, JöR 32 (1983), S. 9 ff.

wirken auch auf die nationalen „Werkstätten" von Kulturverfassungsrecht zurück: eine *gemeineuropäische Werkstatt*, eine gemeineuropäische *Produktions-* und *Rezeptionsgemeinschaft*.

aa) *Präambeln, Ziele, Werte*: Begonnen sei mit der Präambelkultur: Die 1309
Präambel zum EUV benennt in ihrem zweiten Passus als kultureller Vorspruch des gesamten Einigungswerkes die Grundlage der europäischen Rechtskultur: „schöpfend aus dem kulturellen, religiösen und humanistischen Erbe Europas". Ihr Passus 2 forderte schon in der Ursprungsfassung „ein(en) Kontinent ..., der offen ist für Kultur, Wissen und sozialen Fortschritt". Besonders kulturhaltig sind der Werteartikel (Art. 2 EUV) und der Zieleartikel (heute Art. 3 EUV). So beruft sich Art. 3 Abs. 3 UAbs. 3 EUV bezüglich der Union auf den „Reichtum ihrer kulturellen und sprachlichen Vielfalt", auf das *„kulturelle Erbe"*. Art. 3 Abs. 5 EUV will die Werte der europäischen Kultur gegenüber der Welt gefördert wissen. Dass die Kulturpolitik zwar weithin Sache der Mitgliedstaaten bleibt und die Union nur unterstützend, ergänzend und koordinierend tätig werden darf, bestätigen auch die neuen Kompetenzregelungen, etwa (Art. 2 Abs. 5 AEUV, Art. 167 Abs. 2 AEUV). Aber dennoch wirkt die Kultur für Europa und sein Recht konstitutiv, sei es, dass Art. 8 Abs. 1 EUV einen „Raum der guten Nachbarschaft" wiederum in den kulturellen Werten der Union verankert, sei es, dass Art. 17 AEUV die religiöse Identität als einen Teil der kulturellen Identität Europas versteht.

bb) *Grundrechte*: Damit zum Grundrechtsteil der „Constitutio Europaea". 1310
In der EU-Grundrechte-Charta finden sich zahlreiche Artikel mit Bezügen zum kulturellen Bereich. Insgesamt müssen die Freiheitsrechte ohnehin als *kulturelle Freiheiten* verstanden, muss die Menschenwürde aus Art. 1 GRCh als kulturanthropologische Prämisse politischer Einheit in Europa aufgefasst werden[806]. Im Folgenden nur einige illustrierende Aspekte. Zu denken ist an die kulturellen Tiefenschichten der Glaubens-, Gewissens- und Religionsfreiheit (Art. 10 GRCh), an die Freiheit der Medien in ihrer selbstverständlichen kulturellen Pluralität (Art. 11 Abs. 2 GRCh), ausdrücklich an Art. 13 S. 1 GRCh mit der Kunst- und Forschungsfreiheit, an seinen S. 2 mit der Achtung vor der akademischen Freiheit und Lehrfrei-

806 *P. Häberle*, Verfassungslehre als Kulturwissenschaft, S. 7 ff. und passim; *P. Andréani*, Contribution à la Convention Européenne sur la place de la culture dans le future traité, Anlage zum Dokument des Europäischen Konvents CONV 460/02 vom 17. Dezember 2002.

heit. Im Bildungsbereich[807] gewährleistet Art. 14 Abs. 1 GRCh ein Recht auf Bildung sowie den Zugang zur beruflichen Ausbildung und Weiterbildung, sein Abs. 2 garantiert den unentgeltlichen Pflichtschulunterricht, sein Abs. 3 die Freiheit zur Gründung von Lehranstalten. Es sind diese Freiheiten von Religion, Kunst und Wissenschaft sowie das Recht auf Bildung, die das Kulturverfassungsrecht der EU freiheitlich-pluralistisch machen und die drei kulturellen Urfreiheiten Religion, Kunst und Wissenschaft bündeln, eingedenk des *Goethe*-Wortes: „Wer Wissenschaft und Kunst besitzt, hat Religion, wer diese beiden nicht besitzt, habe Religion". Auch der Schutz des „geistigen Eigentums"[808] (Art. 11 Abs. 2) gehört in diesen Kontext.

1311 Die EU-Grundrechte-Charta weiß aber auch um die Gefahr, kulturelle Differenz zur Diskriminierung und Exklusion zu missbrauchen. So formuliert Art. 21 GRCh, älteren national-verfassungsrechtlichen wie völkerrechtlichen Vorbildern folgend, u.a. ein Diskriminierungsverbot aufgrund von Sprache und Religion. Art. 22 GRCh verpflichtet sich sodann: „Die Union achtet die Vielfalt der Kulturen, Religionen und Sprachen". In der Generationenperspektive denkt Art. 25 GRCh und gibt den älteren Menschen ein Recht auf Teilhabe am sozialen und kulturellen Leben.

1312 cc) *Politiken und Ziele*: Auch die im AEUV ausbuchstabierten Unionspolitiken beinhalten vielfältige kulturelle Momente. An erster Stelle rangiert Titel XIII, Art. 167 AEUV. In Titel XII, Art. 165 und Art. 166 AEUV folgen die „Allgemeine und berufliche Bildung, Jugend und Sport" Aber auch im Kontext der übrigen Politiken spielt die Kultur nicht nur eine untergeordnete Rolle. So garantiert Art. 9 AEUV, als Querschnittsklausel, das hohe Niveau der allgemeinen und beruflichen Bildung bei der Durchführung der Politiken. Art. 13 AEUV verlangt, das Wohlergehen der Tiere bei der Durchführung der Politiken zu berücksichtigen, nimmt aber (einschränkend) auch auf „religiöse Riten, kulturelle Traditionen und das regionale Erbe" Bezug. Kultur und Verbraucherschutz sind einander nicht fremd, im Gegenteil: Art. 169 AEUV stellt Bildung und Erziehung in einen Zusammenhang mit den Verbraucherinteressen und zeichnet das (kulturelle) Idealbild des mündigen Verbrauchers. Auch der in Titel V AEUV umrissene „Raum der Freiheit, der Sicherheit und des Rechts" ist ein kulturgeprägter Raum, siehe etwa Art. 67 Abs. 1 AEUV mit seinem

---

807 K. Odendahl (Hrsg.), Europäische (Bildungs-)Union?, 2011.
808 *S. Ang*, The Moral Dimensions of Intellectual Property, 2013.

Verweis auf die „Rechtstraditionen" und damit die Rechtskulturen der Mitgliedstaaten. Nicht zuletzt im Beihilferecht spielen kulturelle Aspekte eine wichtige Rolle. Art. 107 Abs. 3 lit. d AEUV räumt ein, dass wettbewerbsbeeinträchtigende Beihilfen zulässig sein können, wenn sie „der Förderung der Kultur und der Erhaltung des kulturellen Erbes dienen". Schließlich sei auf die spezifische Kulturhaltigkeit des Subsidiaritätsprinzips verwiesen[809], das die *„in Vielfalt geeinte" Union* entscheidend mitgestaltet. Dass die EU auf dem Felde des Kulturverfassungsrechts besonders viel vom Kulturrecht im Europa im weiteren Sinne rezipiert hat, zeigt das Folgende, womit zugleich die Osmose[810] zwischen beiden Teilen des europäischen Hauses dokumentiert wird. Auch hier diene die Systematik der Trias von Präambeln, Zielen und Grundrechten der Erschließung des Rechtsstoffes.

b) Kulturverfassungsrecht in Europa im weiteren Sinne

1313 Den Grundlagentext bildet hier das in vorliegender Verfassungslehre schon mehrfach kontextspezifisch behandelte Europäische Kulturabkommen des Europarates (1954).

1314 aa) Schon die *Präambel* schafft innovative Maßstäbe. Gleich eingangs ist die Rede von „Idealen und Grundsätzen, die ihr gemeinsames Erbe bilden", vom Ziel des Europarates und seiner Mitglieder, „die europäische Kultur zu wahren und ihre Entwicklung zu fördern", vom Ziel aller Vertragsparteien, das Studium „auch ihrer gemeinsamen Kultur zu fördern".

1315 bb) *Allgemeine und spezielle Kulturzielklauseln* finden sich in den nachfolgenden Artikeln: zum Schutz und zur Mehrung ihres Beitrags zum „gemeinsamen kulturellen Erbe Europas" allgemein (Art. 1), sodann (Art. 2) zum Studium der Sprachen und Geschichte. In Art. 3 ist von der Abstimmung der „im europäischen Interesse liegenden kulturellen Maßnahmen" die Rede.

---

809 Statt aller *A. D'Atena*, Die Subsidiarität: Werte und Wandel, in: FS P. Häberle, 2004, S. 327 ff. mit vielfachen Hinweisen auf die umfängliche (Grundlagen-)Lit.

810 Von „osmotischer Rezeption" spricht auch *G. Frankenberg*, Stichworte zur „Drittwirkung" der Rechtsphilosophie im Verfassungsrecht, in: R. Gröschner/M. Morlok (Hrsg.), Rechtsphilosophie und Rechtsdogmatik in Zeiten des Umbruchs, 1997, S. 105 ff., 110.

1316 cc) Ein *grundrechtlicher Teilhabeaspekt* kommt in Art. 4 zum Ausdruck („soweit wie möglich Bewegungsfreiheit und Austausch von Personen und Kulturgütern"). Dasselbe gilt für Art. 5 (europäische Kulturgüter als „Bestandteil des gemeinsamen europäischen kulturellen Erbes" und Erleichterung des „Zugangs zu ihnen").

1317 Die EMRK (1950) und ihre prätorische Fortentwicklung durch den EGMR[811] sei hier nicht auf ihre spezifischen Kulturgehalte untersucht, so sehr sie ins Auge springen. Die Menschenrechte sind Kulturverfassungsrecht par excellence, beginnend mit der Menschenwürdeklausel[812], eine Konzeption, die die gesamte europäische Verfassungslehre grundiert, hier aber nur als Merkposten nochmals genannt sei. Der „interkulturelle Dialog über universale Menschenrechte" (*J. Habermas*) führt freilich über Europa hinaus[813].

1318 Im Folgenden ein Blick auf KSZE- bzw. OSZE-Texte: Hier enthält „Korb 3" der Helsinki Schlussakte (1975) beachtliches Material. In einem eigenen Abschnitt „Zusammenarbeit und Austausch im Bereich der Kultur" finden sich u.a. folgende Textpassagen: „in diesem Geist ihren Kulturaustausch wesentlich erweitern, sowohl im Blick auf Personen als auch auf Werke" oder „unter Achtung der Eigenart einer jeden (Kultur) sowie zur Verstärkung des Bewusstseins gemeinsamer Werte unter ihnen", „gegenseitige Kenntnis ihrer Leistungen auf den verschiedenen Gebieten der Kultur", „Weiterentwicklung des Interesses für das Kulturgut ... eingedenk der Vorzüge und des Wertes jeder Kultur", „Zugang aller zu den Leistungen ... auf den verschiedenen Gebieten der Kultur ihrer Länder".

1319 Nach dem „annus mirabilis" 1989 kam es zu Dokumenten, die den Kulturgedanken für und in Europa in unterschiedlicher Weise zum Ausdruck bringen. Während noch das Kopenhagener Treffen (Juni 1990)[814] nur andeutungsweise an die Sache Kultur denkt (Hinweis auf die kulturellen Rechte in I.13) sowie an Rechte von Angehörigen von nationalen Minderheiten, „ihre ethnische, kulturelle, sprachliche und religiöse Identität frei

---

811 Aus der Lit.: J. Abr. Frowein/W. Peukert (Hrsg.), EMRK, 3. Aufl. 2009.

812 Der Kulturbezug der Menschenwürde wird – allerdings – im grundgesetzlichen Kontext – für ein spezielles Themenfeld herausgearbeitet von *R. Gröschner*, Menschenwürde und Sepulkralkultur in der grundgesetzlichen Ordnung, 1995. Wenn *W. Vögele*, Die Menschenwürde zwischen Recht und Theologie, 2000, verortet, kommt darin auch ein Kulturbezug zum Ausdruck. Das religiöse, theologische Element ist auch ein Kulturelles.

813 Vgl. auch *L. Kühnhardt*, Die Universalität der Menschenrechte, 1987.

814 Zit. nach EuGRZ 1990, S. 239 ff.

zum Ausdruck zu bringen... und ihre Kultur in allen ihren Aspekten zu erhalten und zu entwickeln": (IV, 32), auch mit Hinweisen auf das „gemeinsame kulturelle Erbe[815], gibt es in der Charta von Paris für ein neues Europa (November 1990)[816] einen eigenen Abschnitt zur „Kultur", wobei vorweg unter dem Stichwort „Menschenrechte, Demokratie, Rechtsstaatlichkeit" bereits der Schutz der kulturellen Identität nationaler Minderheiten herausgestellt wurde. Ein Kernsatz lautet: „Wir erkennen den wesentlichen Beitrag unserer gemeinsamen europäischen Kultur und unserer gemeinsamen Werte zur Überwindung der Teilung des Kontinents an. Wir unterstreichen daher unser Eintreten für die schöpferische Freiheit sowie für den Schutz und die Förderung unseres kulturellen und geistigen Erbes in all seinem Reichtum und all seiner Vielfalt".

Damit hat das ganze Europa der Kultur einen Klassikertext geschaffen, der 1320
seinesgleichen sucht und den jede europäische Verfassungslehre als Grundstein verwenden darf. Das Dokument des Krakauer Symposiums über das kulturelle Erbe der KSZE-Staaten[817] (1991) liefert weitere wertvolle Stichworte wie „Anerkennung der Bedeutung geistiger und kultureller Werte", „Dialog mit anderen Kulturen", „kultureller Dialog", „Religionsaspekte der Kultur", „gemeinsame kulturelle Identität der Mitgliedstaaten". Während diese Passagen in der Präambel stehen, wird es noch konkreter in den Artikeln, etwa zur „Kultur und Freiheit" mit Aussagen zur „kulturellen Kreativität", zur „Vielfalt vom Staat unabhängiger Mitgliedstaaten", zum „Pluralismus", zum „ungehinderten Zugang zur Kultur", zu den nationalen Minderheiten als Bereicherung des kulturellen Lebens". Aus dem Abschnitt „Kultur und kulturelles Erbe" sind neue Wortschöpfungen wie „kollektives Gedächtnis", ebenso bemerkenswert wie Aussagen zum Ziel, das „Bewusstsein der Öffentlichkeit für den Wert des kulturellen Erbes" zu fördern. Dass das kulturelle Erbe nicht nur retrospektiv zu verstehen ist, verlangt Ziff. III. 29: „Die Teilnehmerstaaten werden auch den neueren Beiträgen zum kulturellen Erbe (Kunst des 20. Jahrhun-

815 S. auch Ziff. 35 ebd.: „ethnische, kulturelle, sprachliche und religiöse Identität bestimmter nationaler Minderheiten."
816 Zit. nach EuGRZ 1990, S. 517 ff.
817 Zit. nach EuGRZ 1991, S. 250 ff.

derts ...) Aufmerksamkeit schenken". Mit all dem liegt genügend Material vor, um einen Theorierahmen zu skizzieren[818].

II. Ein Theorierahmen: Die werdende Kulturverfassung Europas

1321 Die Bestandsaufnahme hat eine große Vielfalt und Lebendigkeit kulturpolitischer Vorgänge und Initiativen, Hoffnungen und Aktivitäten in Bezug auf Europa sowie in Europa erkennbar werden lassen. Bemerkenswert ist in diesem Kontext ein namentlich gezeichneter Beitrag von zwölf Kulturministerinnen und -ministern aus Portugal, Litauen, Lettland, Frankreich, Deutschland, Italien, Slowenien, Zypern, Belgien, der Slowakei, Bulgarien und Kroatien, der im Vorfeld der Europawahlen 2014 u.a. in französischer und italienischer Sprache in den Zeitungen „Libération" und „La Republica" erschien[819]:

> „Der Grundgedanke von Europa geht doch in erster Linie zurück auf Generationen von Schriftstellern, Künstlern und Intellektuellen, die sich für diese Idee eingesetzt haben. Sie waren es doch, die den Mut und die Weitsicht aufgebracht haben, die Einheit der Völker in einem Moment anzustreben, als diese sich gegenseitig in blutigen Kriegen zerfleischten. Wir müssen nun ihren Erben aufmerksam zuhören, und wir müssen uns dieses Erbes würdig erweisen. …
>
> Vor allem die Kultur prägt das europäische Bewusstsein. Vor allem über die Kultur nehmen die Bürger Europa als eine Realität wahr. Vor allem die Kultur macht die Völker stolz auf Europa. Und gerade in der heutigen Zeit bietet das Europa der Kultur den Menschen die Möglichkeit, sich mit Europa zu identifizieren. In schwierigen Situationen sind wir versucht, nur auf uns schauen. Daher brauchen wir die Kultur, um eine einende Kraft zu entwickeln. Wir brauchen die Kultur, um die Solidarität unter den Europäern wieder neu zu beleben. Auch in Krisenzeiten darf die Kultur daher nicht zur Disposition stehen. …
>
> Daher schlagen wir, die europäischen Kulturminister, vor, eine Kulturstrategie im digitalen Zeitalter zu erarbeiten, damit die Kultur in den Mittelpunkt der Agenda des künftigen Europäischen Parlaments und der künftigen Kommission gerückt wird. Mit Blick auf die Europawahlen muss die Europäische Uni-

818 Siehe auch *R. Wägenbaur*, Auf dem Weg zur Bildungs- und Kulturgemeinschaft, GS Grabitz, 1995, S. 851 ff. Bei der Theoriebildung muss vor allem auch der Gemeinschaftsgedanke immer mit bedacht werden.

819 www.bundesregierung.de/Content/DE/Namensbeitrag/2014/05/2014-05-20-gruetters-filippetti-kultur-europa.html (zuletzt besucht am 15. September 2015).

on endlich die zentrale Rolle der Kultur für die europäische Politik anerkennen. Dies ist eine Voraussetzung dafür, dass das europäische Projekt an seinen politischen Anspruch anknüpfen und über den Kulturaustausch sein Versprechen der Einheit der Völker einlösen kann.“

Die politische Arbeit, die zur Entwicklung einer solchen Kulturstrategie notwendig ist, kann eine Verfassungslehre weder leisten noch ersetzen. Aber sie kann diesen Prozess von ihren Theorienangeboten her unterfüttern und eine Reihe von *fundierenden* kulturrechtlichen Texten zu Tage fördern, die schon jetzt Elemente eines kulturellen Europas auch in juristischer Gestalt bilden und dem „policy making“ normative Konturen vorgeben, gewissermaßen als *kulturellen Verfassungsauftrag*. Erkennbar wird ein europäisches Kulturverfassungsrecht „im Werden“. Zu dessen Systematisierung und Erschließung können Anleihen bei den Strukturen des innerstaatlichen Kulturverfassungsrechts gemacht werden. 1322

Mehr als in jedem anderen Teilbereich einer verfassungsstaatlichen Verfassung ist freilich der Bereich der Kultur von vornherein nur begrenzt „verfassbar“: weil Autonomie und Freiheit von Wissenschaft und Kunst, von Alternativ- und Gegenkulturen nur *begrenzt* vom Recht erfasst werden dürfen und sollen: es schafft eher Rahmenbedingungen, zieht schützende Grenzen und regt nur sehr bedingt an. An diese *Grenzen der Verrechtlichung* muss gerade von einem „offenen Kulturkonzept“ aus immer wieder erinnert werden. Und speziell Europa wird ja gerade als Kultur durch Vielfalt und Austausch, regionale Autonomie und Dezentralisierung, kulturelle Freiheit und Pluralismus konstituiert. Diese Aspekte sind Teil des vielberufenen „kulturellen Erbes“ Europas, das ihm auch für die Zukunft mit auf den Weg gegeben ist. Vor allem die Freiheit des Einzelnen bildet *das* ererbte „Kulturgut“ Europas und diese Freiheit ist zugleich eine Garantie dafür, dass sich die Kultur Europas weiterentfaltet. 1323

Im Folgenden werden einige jener Prinzipien erarbeitet, die Ansatzpunkte für ein europäisches Kulturverfassungsrecht „im Werden“ sind. Dabei ist das Koordinatensystem zu entwickeln, in dessen Rahmen sich in Zukunft Prozesse der Verdichtung kultur*politischer* Programme und Inhalte zu kultur*rechtlichen* Prinzipien abspielen könnten. Das Ganze ist als ein spezielles Anwendungsfeld kulturwissenschaftlicher Arbeitsmethoden zu begreifen[820]. 1324

---

820 Vgl. *P. Häberle*, Vom Kulturstaat zum Kulturverfassungsrecht, in: P. Häberle (Hrsg.), Kulturstaatlichkeit und Kulturverfassungsrecht, 1982, S. 53 ff. – Kulturwissenschaftlich in der Sache setzt *W. Hallstein,* Die Europäische Gemeinschaft,

1. Europa zwischen kulturellem Erbe und kulturellem Auftrag: die Zeitdimension, Europa als kultureller Prozess

1325 Der vielzitierte Reichtum des „kulturellen Erbes“ Europas ist nicht von heute auf morgen entstanden. Diese – banale – Einsicht zwingt zu Folgerungen: Europa als Kultur war und ist vor allem ein *Prozess in der Zeit.* Seine Vielfalt – auch seine Ungleichzeitigkeiten – sind eine Form des Pluralismus in der Zeit. Rechtlich muss alles getan werden, dass Europa dieser Prozess bleibt: Nur so ist seine Vielfalt garantiert. Was in Präambeln und anderen kulturbezogenen Rechtstexten als „Erbe“ charakterisiert wird[821], kann nur „in processu“ weiter vermittelt werden. Die Rechtsordnung hat ein Optimum an Rahmenbedingungen hierfür zu schaffen: Genannt seien kulturelle Grundrechte sowie regionale, präföderale und föderale Staatsstrukturen als Pluralismusgarantien.

1326 Ein Europa, das bei aller Vielfalt als eine „einheitliche Kultur“ begriffen wird, muss sich seiner Identität bewusst werden, um sie schützen zu kön-

---

1. Aufl. 1973, S. 14 an: „Die wissenschaftliche Darstellung spiegelt diese Tatsache vielleicht stärker in der Kunst- und Literaturgeschichte, die europäisch blieb, und weniger stark in anderen Zweigen wie der politischen Geschichte, die weithin eine Addition von Nationalgeschichten wurde, oder der Rechtswissenschaft, die allzu leicht der Schwerkraft der nationalen Gesetzgebungsmassen erlag, oder der Wirtschaftswissenschaft, die unbeschadet des Vielen, das wir ihr für unsere wirtschaftspolitische Arbeit verdanken, uns noch heute manchmal durch ihre „national“-ökonomische Einstellung enttäuscht.“ Unter dem Aspekt „Kultur“ ist die Neuauflage des Buchs *W. Hallsteins*, Die Europäische Gemeinschaft, 5. Aufl. 1979, noch ergiebiger: Das Plädoyer für die Ausdehnung der europäischen Einigung auf Kulturpolitik (S. 31) und der Hinweis auf die Bedeutung der Niederlassungsfreiheit für die freien Berufe für die Kulturpolitik (S. 141). *Hallstein* spricht sogar von der „kulturellen Persönlichkeit Europas“ (S. 212), im Rahmen eines eigenen Abschnitts über „Kulturpolitik“ (S. 211-216). – S. auch *C. Schmid,* Erinnerungen, 1981, S. 484 ff., der den Europa-Gedanken mit der „Freiheit der Kultur“ in Konfrontierung mit dem Totalitarismus in Zusammenhang bringt; *ders.* ebd. zur Kulturkonferenz der Europäischen Bewegung, die 1949 in Lausanne stattfand und aus der der Kongress für die Freiheit der Kultur in Berlin Ende Juni 1950 entstand. Aus der älteren Lit. noch: *G. Hindrichs*, Kulturgemeinschaft Europa, 1968, aus der neueren *J. Holthoff,* Kulturraum Europa, 2008.

821 Zu „kulturelles-Erbe-Klauseln“ in verfassungstheoretischer Sicht allgemein *P. Häberle*, Zeit und Verfassungskultur (1981), in: A. Mohler (Hrsg.), Die Zeit, 1982, S. 289 ff., 295 ff.; *ders*., Bürgerschaft durch Bildung als europäische Aufgabe, in: FS H.-P. Schneider, 2008, S. 460 ff. – Zum „Kulturraum Europa“ nochmals *J. Holthoff*, Kulturraum Europa, 2008.

nen. Es darf sich vor allem nicht zur *Politik* hin bzw. von ihr her instrumentalisieren, und es sollte sich auch nicht von der *Wirtschaft* vereinnahmen lassen. So unentbehrlich historisch die Wirtschaft für das Zusammenwachsen Europas war und so wichtig die wirtschaftliche Basis bleibt: Sie ist kein Selbstzweck. Europa ist Europa als *Kultur,* es bleibt Europa nur *als* Kultur, und alle kulturpolitischen Bemühungen in und um Europa wollen ja gerade dies bewusst machen: Europa muss seine Zukunft im kulturellen Bereich suchen bzw. wiederfinden[822]. Was folgt daraus praktisch?

Kulturpolitisch und kulturrechtlich sollte einerseits dafür gesorgt werden, 1327
dass dieses kulturelle Erbe *als Ganzes* und in seinen *Teilen* bewahrt wird. Gesetze zum Schutz nationalen Kulturgutes sind insofern konsequent[823]. Im Interesse der Kommunikation in Europa ist aber möglicherweise zu differenzieren: Vielleicht ist ein Verkauf von bestimmten Kulturgütern an andere Teile *Europas* zulässig, ja sogar erwünscht: im Interesse der Kommunikation und des Austausches bzw. der gegenseitigen Anerkennung der kulturellen Identität des Nachbarn. Die nationalen Kulturgüter sind ja ein Teil des „gemeinsamen Erbes"[824]. Vielleicht lässt sich in dieser Richtung das Gesetz über die unerwünschte Abwanderung deutschen Kulturgutes ins Ausland reformieren, ebenso alle Parallelgesetze in anderen Ländern. Das *europäische* „Ausland" wird privilegiert, ist es mittlerweile ohnehin schon „europäisches Inland" geworden.

Ein weiteres Beispiel ist der Streit um die Rückgabe abhanden gekomme- 1328
nen nationalen Kulturgutes[825]. Er müsste sich *innerhalb* Europas eher schlichten lassen als weltweit (man denke an den ewigen Streit zwischen England und Griechenland um Teile der Akropolis in Athen: die Elgin-Marbles, an den Beutekunststreit zwischen Russland und Deutschland).

Es geht aber nicht nur um die *Bewahrung* und Vermittlung des kulturellen 1329
Erbes als solchem. Europas kultureller Auftrag als in die *Zukunft* weisender Prozess verlangt z.B. Öffnung und Offenheit für neue kulturelle Ent-

---

822 Zur Kulturgutssicherung der EU: *Th. Oppermann/C. D. Classen/M. Nettesheim*, Europarecht, 6. Aufl. 2014, § 34, Rn. 47.

823 *P. Häberle*, Die Erinnerungskultur im Verfassungsstaat. „Denk-Mal"-Themen, Geschichtsorte, Museen, nationaler und universaler Kulturgüterschutz, 2011; *L. Schuschke-Nehnen*, Kulturgüterschutz in Deutschland und der Europäischen Union, 2008; *K. Odendahl*, Kulturgüterschutz. Entwicklung, Struktur und Dogmatik eines ebenenübergreifenden Normsystems, 2005.

824 Art. 5 des oben zitierten Europäischen Kulturabkommens vom 19. Dezember 1954.

825 *H. Güttler*, Beutekunst? Kritische Betrachtungen zur Kulturpolitik, 2010.

wicklungen, etwa für „Alternativkulturen“. Das kann sich bei regionalen Förderungspolitiken europäischer Instanzen auswirken. Ein Europa, das im Selbstverständnis auf dem Status quo seines überkommenen Erbes „sitzen“ bliebe, stellte sich selbst in Frage. M.a.W.: Der Pluralismus, der im *Rückblick* auf die Vergangenheit Europas praktiziert wird, muss auch die *Zukunft* prägen. Insofern ist die Kultur Europas und damit auch Europa selbst *unterwegs:* ein offener Prozess. Die Freiheit *der* Kultur und die Freiheit *als* Kultur ist eine Bedingung dafür, dass dieses Europa auch eine kulturelle Zukunft hat. Soweit begrenzte Leistungen staatlicherseits erforderlich werden, sollten sie grundsätzlich dezentralisiert, nur ausnahmsweise (z.B. im Weg der Harmonisierung des Kulturrechts wie des Urheberschutzes etc.) einheitlich erbracht werden.

2. Einzelne Garantien der Vielfalt und Einheit, Offenheit und Identität Europas als Kultur

1330 Die Konzeption der Vielfalt und Einheit, Offenheit und Identität Europas als Kultur verlangt Analogien zu Rechts*prinzipien*, die im *inner*staatlichen Kulturverfassungsrecht einzelner Länder bereits erprobt sind. Vor allem die deutschsprachigen Länder, insbesondere die Bundesrepublik Deutschland und ihre Einzelstaaten, die Schweiz als Bundesstaat und ihre Kantone, begrenzt auch Österreich[826], zeichnen sich schon heute durch ein *exemplarisches* Kulturverfassungsrecht aus. Seine Bestandteile sind vor allem differenzierte Kataloge kultureller Grundrechte im engeren Sinne (in Deutschland), Erziehungsziele sowie Vorformen kultureller Bundesstaatlichkeit (Regionen in Italien und in Spanien), Dezentralisierungstendenzen in England („devolution“) und Frankreich und Formen kultureller Bundesstaatlichkeit (Kulturhoheit bei den Ländern bzw. Kantonen). Diese kulturverfassungsrechtlichen Strukturen können Anschauungsunterricht sein und „Baumaterial“ liefern für die künftige Arbeit am europäischen Kulturverfassungsrecht: de lege (bzw. constitutione) lata und de lege (bzw. constitutione) ferenda. Das sei im Folgenden näher umrissen.

---

826 Dazu *P. Häberle*, Kulturverfassungsrecht im Bundesstaat, 1980, S. 77 ff. zu den beispielhaften Kulturförderungsgesetzen. Weiteres in JöR 54 (2006), S. 367 ff. sowie JöR 57 (2009), S. 641 ff.

a) Kulturelle Grundrechte als ein Stück Freiheit der Kultur

Auf Europaebene gelten schon jetzt Aspekte der Freiheit der Kultur[827] in 1331
Gestalt kultureller Grundrechte (im engeren Sinne). Einmal insofern und direkt, als die EMRK-Grundfreiheiten in allen Staaten Europas in Kraft sind und die EU-Grundrechte-Charta seit Lissabon zu verbindlichem Primärrecht erstarkt ist. Zum anderen in der Weise, dass viele Länder in Europa in gleicher oder doch ähnlicher Weise kulturelle Grundrechte nicht nur für ihre Staatsbürger, sondern für jedermann gewährleisten. Darin sind schon jetzt Elemente europäischen Kulturverfassungsrechts zu erblicken.

Soweit sich kulturelle Grundrechte in den einzelnen Verfassungsstaaten 1332
Europas ganz oder teilweise entsprechen, stellt sich die Frage, ob sich insofern schon *gemeineuropäisches* Recht, in concreto „gemeineuropäisches Kulturverfassungsrecht" entwickelt hat bzw. noch entwickelt. Eine „parallele" Geltung der Religionsfreiheit in allen europäischen Verfassungsstaaten oder der Freiheit von Kunst und Wissenschaft ist ein Stück europäischen Kulturverfassungsrechts. Mag formal Rechtsquelle der einzelstaatliche Gesetzgeber sein, im *kulturellen Gesamtrahmen* Europas und im Ergebnis kommt es zu einem *gemeineuropäischen Standard* an kultureller Freiheit auf dem Gebiet von Religion, von Wissenschaft und Kunst. Das machen die Kodifizierungen in der EMRK und der EU-Grundrechte-Charta nur allzu deutlich. Entsprechendes kann für das elterliche Erziehungsrecht[828] oder die Ausbildungsfreiheit[829] gesagt werden. In der Zukunft dürften Aspekte der Medienfreiheit noch stärker in den Vordergrund rücken (bei gleichzeitiger Kontrolle und Bändigung des Internet).

---

827 *W. von Simson* hat im Zusammenhang mit der Problematik der Menschenrechte mehrfach den Aspekt des Kulturellen betont: vgl. *ders.,* Die Bedingtheit der Menschenrechte, in: FS B. C. H. Aubin, 1979, S. 217 ff., 218: „Kulturgemeinschaft", und *ders.,* Internationaler Gerichtshof für Menschenrechte?, in: *ders.,* Der Staat und die Staatengemeinschaft, 1978, S. 195 ff., 197: „gemeinsame Rechtsüberzeugung oder gemeinsame Kultur der Freiheit ... wird offenbar, dass diese Gemeinsamkeit der Rechtsüberzeugung oder der Kultur die unentbehrliche Bedingung für einen rechtlichen Schutz von Menschenrechten ist ..."

828 *D. Facius*, Elternverantwortung und staatliches Erziehungsmandat – grundrechtliche Konfliktfelder, 2011.

829 Aktuelle problematisch im Kontext des sog. Bologna-Prozesses, dazu *P. Ziedek*, Bologna-Prozess in Deutschland. Verfassungs- und verwaltungsrechtliche Fragen der Einführung von Bachelor- und Masterstudiengängen, 2013.

1333 Die parallele Geltung von Rechtsprinzipien wird Ausdruck gemeinsamer Rechtskultur bzw. Kultur. Wo sich „Lücken“ im geltenden innerstaatlichen Recht zeigen, wo sich Auslegungsprobleme ergeben, kann *subsidiär* auf den in Europa vorhandenen Standard zurückgegriffen werden. Das schafft ein Stück kultureller und dann auch rechtlicher Einheit dieses Europas und es setzt zugleich ein Stück dieser Einheit als Rahmen voraus: weil das einzelstaatliche Recht in das gesamteuropäische kulturelle Erbe eingebettet ist. Der Interpret, sei es der Richter oder Wissenschaftler, der Gesetzgeber oder Verwaltungsbeamte, wirkt damit zugleich als *Katalysator* europäischer Integration. Sie ist hier primär kulturelle, nicht wirtschaftliche Integration. Und bei aller Vielfalt der europäischen Kultur: Ein Mindestmaß an kultureller Integration bleibt unentbehrlich.

1334 In Frage stehen nicht nur die kulturellen Grundrechte im engeren Sinne. *Alle* Grundrechte – verstanden als hart erkämpfte Ergebnisse eines kulturellen Reifungsprozesses – sind Ausdruck von Kultur, d.h. der Kultur des Europa und die USA sowie Kanada verbindenden Typus‘ „Verfassungsstaat“. Hinter allen Bemühungen, auf EU- oder EMRK-Ebene „Gemeineuropäisches Recht“ auszumachen, stehen letztlich *gemeinsame Kulturgehalte,* wie immer sie umschrieben werden (Europa als „Kulturraum“).

b) Erziehungsziele als Direktiven für Offenheit und für Kommunikation mit anderen (europäischen) Kulturen: Der Weg zur „multikulturellen Gesellschaft“ in Europa als Ganzem und in seinen Einzelstaaten

1335 Erziehungsziele, wie sie sich vor allem in den westdeutschen Länderverfassungen nach 1945 finden[830], in den ostdeutschen nach 1989, bilden ein wesentliches Stück des deutschen Kulturverfassungsrechts; besonders prä-

830 Aus dem Schrifttum grundlegend *H.-U. Evers*, Die Befugnis des Staates zur Festlegung von Erziehungszielen, 1979; später *P. Häberle*, Verfassungsprinzipien als Erziehungsziele, in: FS H. Huber, 1981, S. 211 ff.; *ders.*, Erziehungsziele und Orientierungswerte im Verfassungsstaat, 1981, sowie *ders.*, Verfassungslehre als Kulturwissenschaft, 2. Aufl. 1998, S. 758 ff.; *M. Bothe/A. Dittmann u.a.*, Erziehungsauftrag im staatlichen Gemeinwesen, VVDStRL 54 (1995), S. 7 ff.

gnant ist das Erziehungsziel nach Art. 26 Verf. Bremen[831]. Sie finden sich aber auch in internationalen Texten[832].

Schließlich lassen sich manche Verfassungsprinzipien „als“ Erziehungsziele interpretieren (z.B. Art. 24-26 GG). Die Frage ist, ob sich schon nach geltendem Recht in Europa Erziehungsziele ergeben, die spezifisch die *europäische Kultur* zum Gegenstand haben: indem sie zur Achtung vor ihr und ihren Ausprägungen, zu Toleranz gegenüber der Kultur anderer Völker in Europa erziehen wollen. Die Frage ist zu bejahen. Tendenziell lässt sich solches aus der Präambel der EMRK von 1950 gewinnen: Insofern dort vom Ziel der Entwicklung der Menschenrechte und Grundfreiheiten die Rede ist und das „gemeinsame Erbe an geistigen Gütern, politischen Überlieferungen, Achtung der Freiheit und Vorherrschaft des Gesetzes“ beschworen wird. Ähnlich formuliert die Satzung des Europarates vom 5. Mai1949[833] in ihrer Präambel und in ihrer auf das kulturelle und wissenschaftliche Gebiet erstreckten Aufgabenklausel in Art. 1 b. Das Europäische Kulturabkommen vom 19. Dezember 1954[834] spricht noch deutlicher vom „gemeinsamen europäischen kulturellen Erbe“. Eindrucksvoll und auch in und für Europa verbindlich ist Art. 13 des erwähnten Menschenrechtspaktes. Danach muss die Bildung „Verständnis, Toleranz und Freundschaft unter allen Völkern und allen rassischen, ethnischen und religiösen Gruppen fördern“. Dieses Ziel kann aber nur über ein entsprechendes Bildungsziel „Toleranz“ und „Öffnung für andere Kulturen“ eingelöst werden. 1336

Hinzuzunehmen sind Bestimmungen in europäischen Verfassungen[835], die sich wie Art. 24-26 GG als gemeineuropäische Erziehungsziele interpretieren lassen. Ja noch weitergehend: Die Völkerrechtsoffenheit des GG wird zur Achtung nicht nur vor der Kultur des territorial benachbarten Staates *in* Europa: Sie wird auch zur Achtung vor der (anderen) Kultur, die sich auf dem eigenen Boden des jeweiligen Verfassungsstaates entfal- 1337

---

831 Zit. nach C. Pestalozza (Hrsg.), Verfassungen der deutschen Bundesländer, 7. Aufl. 2001.

832 Vgl. Art. 13 des Paktes über wirtschaftliche, soziale und kulturelle Rechte: „Die Vertragsstaaten ... stimmen überein, dass die Bildung auf die volle Entfaltung der menschlichen Persönlichkeit und des Bewusstseins ihrer Würde gerichtet sein und die Achtung vor den Menschenrechten und Grundfreiheiten stärken muss.“

833 Zit. nach F. Berber (Hrsg.), Völkerrecht, Dokumentensammlung, Bd. I, 1967.

834 Zit. nach F. Berber, ebd.

835 Siehe schon die Typologie in *P. Häberle*, Der kooperative Verfassungsstaat, in: FS Schelsky, 1978, S. 141 ff.

tet: Indem sie von europäischen Migrantinnen und Migranten u. ä. staatsintern *gelebt* wird. Art. 24-26 GG werden sozusagen „introvertiert" verstanden: Mit Bezug auf die dank der EU-Freizügigkeit sich *innerhalb* der eigenen Grenzen entfaltenden Vielfalt von Kulturen.

1338 Rechts- und kulturpolitisch ist hier noch viel zu leisten: So wird „Europa" *als Erziehungsziel* in den staatlichen Schulen zu formulieren und zu lehren sein, so muss die sich daraus ergebende Achtung vor der kulturellen Identität der europäischen Völker[836] ebenso vermittelt werden wie die Fähigkeit, im Austausch (begrenzt auch: in Konkurrenz) mit ihnen zu leben. Europa als Kultur sollte auch in Erziehungszielen „auf den Begriff" gebracht werden; die Vermittlung von europäischem Kulturbewusstsein[837], auch hier nicht als Indoktrination verstanden, sondern als das „große Angebot". Insbesondere die Ziele Toleranz, Menschenrechte, etc. – ihrerseits *der* Bestandteil des „europäischen Erbes" – müssen als ein Stück Zukunft auf den Weg gebracht werden: Das *beginnt* mit ihrem Verständnis und ihrer Normierung als Erziehungsziel. Die Erziehungsziele der Bremischen Verfassung (1947) bleiben daher europaweit vorbildlich: Erziehung zur „friedlichen Zusammenarbeit mit anderen Menschen und Völkern" sowie zur „Teilnahme am kulturellen Leben des eigenen Volkes und fremder Völker" (Art. 26 Ziff. 1 bzw. 4) könnte jede Verfassung jeden Staates in Europa auszeichnen, ebenso wie dieselbe Idee die Präambel der Verfassung von Hamburg (1952) prägt: Hamburg will „im Geiste des Friedens eine Mittlerin zwischen allen Erdteilen und Völkern der Welt sein".

3. Dezentralisierte Organisationsstrukturen: eine Essenz von Kulturverfassungsrecht in Europa

1339 Aus der hier vorgeschlagenen Sicht ist der kulturell verstandene und praktizierte Bundesstaat die optimale Organisationsstruktur für den Kulturstaat[838]. Die Schweiz und die Bundesrepublik Deutschland scheinen mit

---

836 Dazu oben Einleitung E. II.

837 In diesem Kontext von europäischem und eigenem, je nationalem Kulturbewusstsein siehe auch Juristische Fakultät der Universität Heidelberg (Hrsg.), Kultur, Tradition, eigenes Kulturbewusstsein und Europäisches Gemeinschaftsrecht, 1999.

838 Dazu *P. Häberle*, Kulturverfassungsrecht im Bundesstaat, 1980; *ders.*, Kulturhoheit im Bundesstaat, AöR 124 (1999) S. 549 ff. – Zur Lage des österreichischen Föderalismus *P. Pernthaler/K. Weber*, Bundesverfassung und Föderalismus. Be-

ihrem Prinzip der Kulturhoheit der Kantone bzw. der Länder, die aber Raum gibt für *sektorale* Kulturstaatlichkeit des jeweiligen Bundes, dem Ideal nahe. In Europa gibt es indes auch andere Modelle innerstaatlichen Kulturverfassungsrechts. Von Land zu Land verschieden sind die Erscheinungsformen des kulturellen Regionalismus, man denke an Italien und das Autonomie-Statut von Südtirol, an die Regionalisierung in Spanien (Baskenland, Galicien, Katalonien, Andalusien), die möglicherweise Vorform von kultureller Bundesstaatlichkeit ist, sowie an den Beginn der kulturellen Dezentralisierung in Frankreich, die sich indes wegen der besonderen Tradition dieses Landes wohl kaum zur Bundesstaatlichkeit entwickeln kann.

Gerade die neueren Verfassungsentwicklungen in Europa lassen eine Ten- 1340
denz zu mehr Dezentralisation im kulturellen Bereich erkennen, so unterschiedlich die Einzelstaaten bleiben. Auf einen Nenner gebracht wird indes die *kulturelle Dezentralisation* als staatenübergreifendes Prinzip sichtbar, in verschiedener Intensität gewiss: am schwächsten noch im Regionalismus Italiens, am stärksten im deutschen und schweizerischen Bundesstaat. Heute scheint der Verfassungsstaat als *Typus* einer *Tendenz zur Dezentralisation* ausgesetzt zu sein, und diese beruht letztlich auf kulturellen Entwicklungen. Fragt man nach den Hintergründen, so dürften das erhoffte Mehr an kultureller Freiheit für den Einzelnen, das Mehr an kulturellem Pluralismus, der Trend zur kleineren kulturellen Einheit und die Entstehung von Alternativkulturen zu nennen sein. So vielgestaltig die einzelnen Modelle der Dezentralisation in den Verfassungsstaaten sind und auch bleiben werden, so einheitlich ist also das ihnen zugrundeliegende Prinzip. *Kulturelle Dezentralisation* darf schon heute als ein die europäischen Verfassungsstaaten *verbindendes* Prinzip mit kulturverfassungsrechtlicher Perspektive qualifiziert werden.

---

merkungen zum Stand der theoretischen und politischen Diskussion um das föderalistische Baugesetz der österreichischen Verfassung, Der Staat 21 (1982), S. 576 ff., *P. Häberle*, Textstufen in österreichischen Landesverfassungen – ein Vergleich, JöR 54, (2006), S. 367 ff. Für die Schweiz vgl. insbesondere *Y. Hangartner*, Grundzüge des schweizerischen Staatsrechts, Bd. I, 1980, S. 47 ff.

4. Insbesondere: Dezentralisierte Kulturpolitik

1341 Für die Kulturpolitik in Europa dürften zwei Maximen maßgebend sein: Erstens das Postulat vom *Minimum an zentraler Kulturpolitik* der Staaten bzw. der Europagremien – das auch in der Inanspruchnahme zentraler Kompetenzen dem Leitziel der regionalen Vielfalt, des kulturellen Trägerpluralismus, der kulturellen Freiheit „vor Ort" verpflichtet bleibt. Zweitens das Postulat vom Optimum an *dezentraler Kulturpolitik* in den Organisationsformen regionaler[839], präföderaler oder föderaler Strukturen. „Dezentralisation" diene hier als Oberbegriff. Vielleicht lässt sich vom „Subsidiaritätsprinzip im kulturellen Bereich" sprechen. Jedenfalls scheidet der Zentralismus als Prinzip von vornherein für jedes Bemühen um Strukturierung des „werdenden Kulturverfassungsrechts" in Europa aus.

1342 Abgrenzungsprobleme bleiben noch genug, etwa in der Frage, welche Felder von Kulturpolitik die EU in Brüssel ihren Kompetenzen „anlagern" soll, wie sich die Aktivitäten des Europarates in Straßburg kulturpolitisch verstärken lassen. So unentbehrlich hier kulturpolitische Initiativen sind, so sehr bleibt auch ihnen das Postulat der *Achtung vor der jeweiligen Regional-, Volks- oder Alternativkultur* als Vorgabe, bleibt die Bewahrung und Förderung des kulturellen Pluralismus und die kulturelle Freiheit das Ziel. Schließlich muss vor einem Zuviel an (staatlicher oder supranationaler) Kulturpolitik gewarnt werden: Sie führt meist zu Einengungen, zu mehr Bürokratie und zu einem Zuviel von Recht.

1343 Im Ganzen sollte es um die Ermöglichung von mehr kulturellem Austausch und gegenseitigem Verständnis für „das andere" gehen. Hier liegen Arbeitsfelder überregionaler Kulturpolitik. Der Weg zur Weiterentwicklung der *Europäischen Union* ist auf Dauer nur dann gangbar, wenn Europa *als Kultur* lebendig wird. So sehr das *Politische* oft vorangeht und vor-

---

839 Beachtlich in diesem Kontext die schon angesprochene Bologna-Erklärung vom Juni 1999, wonach bis 2010 – so die damalige Vision – ein europäischer Hochschulraum geschaffen werden sollte, was einen freiwilligen Verzicht auf viele Themen nationaler Bildungs- und Universitätspolitik bedeutete und immer noch bedeutet; s. auch *F.-R. Jach*, Schulverfassung und Bürgergesellschaft in Europa, 1999. – Kritisch zu Bologna, *P. Häberle*, Die deutsche Universität darf nicht sterben – ein Thesenpapier aus der Provinz, JZ 2007, S. 183; jüngst *R. Arnold*, Bildung nach Bologna. Die Anregungen der deutschen Hochschulreform, 2015.

angehen muss[840]: Von Dauer sind seine Bewegungen und Vorgänge nur, wenn sich ein *kultureller* Gesamtrahmen bildet bzw. bewusst wird und wenn sich lebendige kulturelle Prozesse in ihm vollziehen. „Europa in kulturverfassungsrechtlicher Perspektive“ ist dabei ein Teilaspekt mit der „europäischen Öffentlichkeit“ als „Resonanzboden“.

L. Europäisches Religionsverfassungsrecht

Vorbemerkung

Die *Sache* „Religion“ ist *kulturanthropologisch* begründet[841]. Dieser Abschnitt will in erster Linie Fragen stellen. Dies soll in *drei* Schritten geschehen: 1344

- die Fragestellung
- Elemente einer Bestandsaufnahme: Staat/Kirche-Modelle in Europa
- Theorieaspekte des Religionsverfassungsrechts in Europa als spezielles Kulturverfassungsrecht, endend in einem Inkurs: ein verfassungsstaatlicher „Euro-Islam“?

I. Die Fragestellung: Europäisierung, fortschreitende Säkularisierung, islamischer Fundamentalismus

1. Das Verhältnis von Staat und Kirche lässt sich heute nicht mehr nur national behandeln. Gewiss, die Vielfalt Europas prägt sich auch darin aus, dass jede Nation ihre unterschiedlichen Modelle hat: vom „Staatskirchentum“ in skandinavischen Ländern über die sog. „hinkende Trennung“ des Modells der Weimarer Verf. von 1919, die das GG von 1949 rezipiert hat und die es in vielen Kooperationsvarianten praktiziert[842], bis hin zum 1345

840 Aus der wissenschaftlichen Lit. zur Europäischen Union schon früh: H. von der Groeben/H. Möller (Hrsg.), Möglichkeiten und Grenzen einer Europäischen Union, Bd. I, Die Europäische Union als Prozess, 1980.

841 E. Durrenberger/S. Erem (Hrsg.), Anthropology unbound. A field guide to the 21st Century, 2016, mit einem Kapitel über „The anthropology of religion“.

842 Dazu etwa *A. v. Campenhausen*, Das bundesdeutsche Modell des Verhältnisses von Staat und Kirche, ZevKR 42 (1997), S. 169 ff; *C. Walter*, Religionsverfassungsrecht, 2006; *C. G. Classen*, Religionsrecht, 2006; *P. Unruh*, Religionsverfassungsrecht, 2. Aufl. 2012.

Trennungsprinzip in einigen Schweizer Kantonen und bis vor kurzem „reinen" Trennung in Frankreich, die jetzt in vielen Reformstaaten Osteuropas wiederkehrt. Denn alle Verfassungsstaaten Europas stehen heute im Prozess einer intensiven *Europäisierung*: Die Frage ist, ob und wie die Europäisierung auch das Verhältnis von Staat und Kirche ergreift oder ob hier Restbestände „nationaler Identität" (Art. 4 Abs. 2 EUV) bleiben, so dass jeder EU-Verfassungsstaat *„sein"* „Staatskirchenrecht" bzw. besser „Religionsverfassungsrecht" behält, obwohl ja auch die Religionsfreiheit individuell und korporativ via EMRK (Art. 9) bzw. via EU-Grundrechte-Charta (Art. 10) respektive als allgemeiner Rechtsgrundsatz via EU in Europa gilt und ihrerseits ein Stück weit Europa insoweit „verfasst".

1346 2. Fortschreitende Säkularisierung[843] bildet das zweite Stichwort. Sie ist für die westliche Welt charakteristisch und beeinflusst auch das rechtliche Staat/Kirchen-Verhältnis. Die „Verweltlichung der Welt" wird allenthalben greifbar. Dennoch, ein Rückzug der Kirchen aus öffentlichem Raum und Bewusstsein wäre prekär und überließe „der Welt" weiteres Terrain. Gewiss, es gibt „Gegenbewegungen": seit langem schon im Aufkommen von Jugendreligionen, von schwer durchschaubaren Sekten wie der „Scientology"[844]; vielleicht gehört auch die Suche nach einem „Weltethos" i.S. von *H. Küng* hierher, jedenfalls soweit sie um ein Konzentrat der Ethiken aller Weltreligionen ringt. Hinzu kommen eine *veränderte Wahrnehmung* und damit eine *veränderte Konnotierung von Religion*. Mit der gleichen Vehemenz, mit der sich das Religiöse als Sinnalternative zu Ökonomisierung, Überindividualisierung und – nicht zuletzt globalisierungsbedingter – Entwurzelung des Einzelnen neues Gehör verschafft[845], verändert sich, bedingt durch die Zunahme religiöser Vielfalt, der Blick auf das Radikalisierungspotential eines umfassenden Wahrheitsanspruchs von Religion[846]. Es

---

843 Zum Themenkreis *H. Goerlich*, Säkularität – Religiosität – Egalität – in einer nicht nur auf die Grenzen verfasster Rechte fixierten Perspektive (2011), in: *ders.*, Zur zugewandten Säkularität – Beiträge auf dem Weg dahin. Ausgewählte Schriften, 2014, S. 235 ff.

844 *H. Urban*, The Church of Scientology. A History of a New Religion, 2011.

845 Siehe etwa *D. Pollack*, Die Wiederkehr des Religiösen, in: Herder Korrespondenz spezial: Renaissance der Religion, 2006, S. 6 ff.; *F. Graf*, Die Wiederkehr der Götter, 2007 (beide zitiert bei *U. Sacksofsky*, Religiöse Freiheit als Gefahr?, VVDStRL 68 (2009), S. 9 ff., 9).

846 Relevant in diesem Zusammenhang und mit spezifischem Blick auf die Europäische Union: *H. Goerlich*, Die zugewandte Säkularität der Europäischen Union und die religionsrechtliche Vielfalt ihrer Mitgliedstaaten (2013), in: *ders.*, Zur zu-

wächst die Sorge vor der gesellschaftlichen Sprengkraft religiöser Differenz, wo die eine Wahrheit unversöhnlich auf die andere stößt[847]. Vor allem der Islam wird als Gefahrenquelle wahrgenommen: der „Krieg gegen den Terror“ ist seit dem 11. September 2001 primär ein Kampf gegen islamische Fundamentalisten, der inzwischen auch zahlreiche Paradigmen der Völkerrechtsordnung grundlegend verschoben hat[848]. Damit ist bereits der nächste Punkt angesprochen.

3. Der Fundamentalismus wird zu *der* Herausforderung des europäischen 1347
Verfassungsstaates: Während etwa jüdische Glaubensgemeinschaften in Deutschland meist das staatliche „Kleid“ der öffentlich-rechtlichen Körperschaft tragen (vgl. Art. 137 Abs. 5 WRV i.V. m. Art. 140 GG) und insofern in „Nähe“ zum Staat bleiben, während die Zeugen Jehovas diesen „Mantel“ suchten, er ihnen aber vom BVerwG verweigert wurde[849], fordert der islamische Fundamentalismus den Verfassungsstaat an vielen Fronten heraus[850]. Das begann in Deutschland bei der Frage, ob der Islam

---

gewandten Säkularität – Beiträge auf dem Weg dahin. Ausgewählte Schriften, 2014, S. 273 ff.

847 Damit stellen sich auch für das „Religionsverfassungsrecht“ neue Probleme, denen das enger geführte und enger gefasste „Staatskirchenrecht“ kaum mehr gerecht werden kann. Begriffsprägend und seither vielfach rezipiert: *P. Häberle*, „Staatskirchenrecht“ als Religionsrecht der verfassten Gesellschaft, DÖV 1976, S. 73 ff., 79 f. spezifisch zum Terminus „Religionsverfassungsrecht“.

848 *M. Kotzur*, Die Weltgemeinschaft im Ausnahmezustand?, AVR 42 (2004), S. 353 ff.

849 Dazu BVerwG JZ 1997, S. 1114 ff. mit Anmerkung von *A. Hollerbach* und BVerfGE 102, 370 ff.; *H. Weber*, Körperschaftsstatus für die Zeugen Jehovas in Deutschland, ZevKR 41 (1996), S. 172 ff.; *S. Korioth*, Loyalität im Staatskirchenrecht? Geschriebene und ungeschriebene Voraussetzungen des Körperschaftsstatus nach Art. 140 GG i.V.m. Art. 137 Abs. 5 WRV, in: GS Jeand'Heur, 1999, S. 221 ff.; *M. Morlok/M. Heinig*, Parität im Leistungsstaat – Körperschaftstatus nur bei Staatsloyalität? Ein Beitrag zur Dogmatik des Art. 140 GG i. V. mit Art. 137 I 2 WRV, NVwZ 1999, S. 697 ff.; *R. B. Abel*, Die aktuelle Entwicklung der Rechtsprechung zu neueren Glaubens- und Weltanschauungsgemeinschaften, NJW 2001, S. 410 ff., 411 f.

850 Auch in der älteren Lit. wurde das Thema bereits intensiv diskutiert: *F. Hufen*, Fundamentalismus als Herausforderung des Verfassungsrechts und der Rechtsphilosophie, in: H. Dreier/F. W. Graf/J. J. Hesse (Hrsg.), Staatswissenschaften und Staatspraxis, 1992, S. 455 ff.; *P. Häberle*, Der Fundamentalismus als Herausforderung des Verfassungsstaates, in: FS J. Esser, 1995, S. 50 ff.; *H.-T. Conring*, Der Islam und das Menschenrecht der Religionsfreiheit, KuR 1996, S. 127 ff.; *H.-G. Ebert*, Arabische Verfassungen und das Problem der Menschenrechte, VRÜ 30 (1997), S. 520 ff.; *J. Isensee*, Die Zukunftsfähigkeit des deutschen Staatskir-

ordentliches Lehrfach als Religionsunterricht werden soll, führt weiter in viele andere Bereiche, deren (mehr oder weniger starke) Fundamentalisierungstendenzen immer mit einer Grundrechtsrelativierung einhergehen: gesundheitsgefährdende Beschneidungs- oder Initiationsriten, Genitalverstümmelung von Mädchen, Verweigerung medizinischer Behandlung aus Glaubensgründen, Aufrufe zur Tötung von Gotteslästerern – Fall *S. Rushdie* –, hinduistische Witwenverbrennung, Blutrache-Fälle, Zwangsscheidungen, Schächten, Prosyletismusverbote, Verweigerung des koedukativen Sportunterrichts oder religiös motivierte Diskriminierung sexueller Identitäten[851], jüngst das vom EGMR bestätigte französische Burka-Verbot[852]. Daraus folgt auch die heute mehr denn je drängende Frage: Wird ein verfassungsstaatlicher „Euro-Islam“[853] möglich?

II. Elemente einer Bestandsaufnahme: Staat/Kirche-Modelle in Europa

1348 Die folgende Bestandsaufnahme ist primär juristisch ausgerichtet; wirklichkeitswissenschaftlich, hier i.S. von religionssoziologisch, kann nur punktuell gearbeitet werden.

---

chenrechts, in: FS Listl, 1999, S. 67 ff., 84 ff.; *E. Jayme*, Religiöses Recht vor staatlichen Gerichten, 1999, S. 6 ff.; *C. Hillgruber*, Der deutsche Kulturstaat und der muslimische Kulturimport. Die Antwort des Grundgesetzes auf eine religiöse Herausforderung, JZ 1999, S. 538 ff.; *N. Janz/S. Rademacher*, Islam und Religionsfreiheit. Die religiöse und weltanschauliche Neutralität des Staates auf dem Prüfstand, NVwZ 1999, S. 706 ff.; *S. Huster*, Die ethische Neutralität des Staates, 2002.

851 Für detaillierte Nachweise siehe *D. Richter*, Relativierung universeller Menschenrechte durch Religionsfreiheit. Ein Beitrag zu den rechtlichen Grenzen schädlicher religiöser Praktiken, in: R. Grote/Th. Marauhn (Hrsg.), Religionsfreiheit zwischen individueller Selbstbestimmung, Minderheitenschutz und Staatskirchenrecht – Völker- und verfassungsrechtliche Perspektiven, 2001, S. 89 ff.

852 Zu der Entscheidung des EGMR, 43835/11 vom 1. Juli 2014 siehe *U. Lembke*, Burka-Verbot: Der EGMR verkürzt den menschenrechtlichen Diskriminierungsschutz in Europa, http://www.juwiss.de/87-2014.

853 Siehe dazu unten IV.: Ein verfassungsstaatlicher „Euro-Islam“?

1. Die innerverfassungsstaatliche Ebene: nationale Modellvielfalt

Auch hier sei nur ein Ausschnitt behandelt: ein Blick auf Deutschland, 1349
auch die ostdeutschen Bundesländer mit ihren neuen Verfassungen, ein Blick auf die Schweiz[854], auf Italien, Portugal und Spanien im Süden sowie auf osteuropäische Reformländer. Dabei sei wiederum das „Textstufenmodell" angewendet bzw. mit der Rechtsvergleichung als „fünfter" Auslegungsmethode gearbeitet. Nur so kann der Entwicklungs- und „Fortschreibungsgedanke", die große Produktions- und Rezeptionsgemeinschaft, in der alle Verfassungsstaaten heute besonders intensiv in Europa miteinander kommunizieren, erfasst werden. Im *Vergleich* wird sichtbar, wie das, was in Sachen Staat/Kirche sich in älteren Verfassungsstaaten in der Wirklichkeit *entwickelt* hat, in jüngeren dann später textlich auf Verfassungsstufe fixiert wird. Auch ist ein Rückzug bzw. eine Schrumpfung der traditionellen „Themenliste" in Sachen Staat/Kirche bzw. Religionen zu vermuten. Im Einzelnen:

In Deutschland haben einige ostdeutsche Landesverfassungen neue Text- 1350
stufen entwickelt. So anerkennt Art. 36 Abs. 3 S. 1 Verf. Brandenburg (1992) „den Öffentlichkeitsauftrag der Kirchen und Religionsgemeinschaften"[855]. Damit wird eine Praxis, die sich in der Bundesrepublik nach 1945 herausgebildet hat bzw. von *R. Smend* (1951) theoretisch konzipiert wurde, auf einen Verfassungstext gebracht. Bemerkenswert ist auch Art. 109 Abs. 1 Verf. Sachsen (1992): „Die Bedeutung der Kirchen- und Religionsgemeinschaften für die Bewahrung und Festigung der religiösen und sittlichen Grundlagen des menschlichen Lebens wird anerkannt" – eine ähnliche Aussage findet sich schon in Art. 4 Abs. 2 Verf. Baden-

---

854 Aus der schon älteren Lit. nur: *P. Hafner*, Staat und Kirche im Kanton Luzern, 1991; *ders.*, Kirche und Demokratie, Schweizerisches Jahrbuch für Kirchenrecht, 1997, S. 37 ff.; *A. C. Kellerhals*, Die öffentlich-rechtliche Anerkennung von Kirchen und Religionsgemeinschaften im Kanton Solothurn, 1993; Schweizerische Vereinigung für evangelisches Kirchenrecht (Hrsg.), Kirche in der Stadt, 1997. S. im übrigen *P. Häberle*, Neuere Verfassungen und Verfassungsvorhaben in der Schweiz, JöR 34 (1985), S. 303 ff., 390 ff. m.w.N.; *D. Kraus*, Schweizerisches Staatskirchenrecht, 1993. Siehe jetzt auch *K. v. Beyme*, Religionsgemeinschaften, Zivilgesellschaft und Staat. Zum Verhältnis von Religion und Politik in Deutschland, 2015.

855 Die Entwicklung ist dokumentiert in JöR 39 (1990), S. 319 ff.; 40 (1991/92), S. 291 ff.; 41 (1993), S. 69 ff.; 42 (1994), S. 149 ff.; 43 (1995), S. 355 ff.; 47 (1999), S. 171 ff.; 56 (2008), S. 279 ff.

Württemberg (1953), danach in Art. 1 Abs. 1 S. 3 Verf. Vorarlberg (1984/99). Verfassungswirklichkeit ist auch in Art. 109 Abs. 3 Verf. Sachsen auf den Text gebracht („Die diakonische und karitative Arbeit der Kirchen und Religionsgemeinschaften wird gewährleistet"). Art. 32 Abs. 1 S. 2 Verf. Sachsen-Anhalt (1992) gewinnt textlich Neuland in dem Satz: „Das Recht, zu öffentlichen Angelegenheiten Stellung zu nehmen, wird gewährleistet" – sicher auch ein Ausdruck der aktiven Rolle der Kirchen in der Wende von 1989.

1351 Die Schweizer Kantonsverfassungen befinden sich seit den späten 60er Jahren in lebhafter Bewegung[856]. Neben der Pionierleistung der KV Obwalden (1968), Anerkennung des „kirchlichen Selbstverständnisses", ist die schrittweise Öffnung und Offenheit des schweizerischen Staatskirchenrechts und seine Tendenz hin zum *pluralistischen Religionsverfassungsrecht* als spezielles Kulturverfassungsrecht nachweisbar. In einer Themen- bzw. Problemliste wären folgende Felder zu nennen: Bistumsprobleme, Fragen des Religionsunterrichts, Kirchengutsgarantien, Feiertagsgarantien, Kirchenaustrittsregelungen, Beziehungen zu Universitäten, Möglichkeit der vertraglichen Regelungen zwischen Staat und Kirchen, Staatsleistungen. Die im ganzen sehr schöpferische Kantonsverfassung von Bern (1993) unterscheidet zwischen den drei schweizerischen Kirchen als „anerkannten Landeskirchen" mit öffentlich-rechtlicher Körperschaftsqualität (Art. 121) und sagt von den „israelitischen Gemeinden" in einem eigenen Artikel 126 Abs. 1, sie seien „öffentlich-rechtlich anerkannt". Bern öffnet sich auch einer entsprechenden Anerkennung „weiterer Religionsgemeinschaften". Damit ist ein „Brückenelement" zwischen Staat und Kirchen bzw. Religionsgemeinschaften geschaffen, wie sie in Deutschland herkömmlich bestehen (Anstaltsseelsorge, Religionsunterricht in staatlichen Schulen, staatlicher Einzug der Kirchensteuer, Staatsleistungen); darum spricht man bei uns von „hinkender Trennung". Vermerkt sei der Streit, ob der Bistumsartikel in der nachgeführten Schweizer Bundesverfassung bleibt (vgl. jetzt Art. 72 Abs. 3 nBV).

---

856 Dazu *P. Häberle*, Neuere Verfassungen und Verfassungsvorhaben in der Schweiz, JöR 34 (1985), S. 303 ff., 390 ff.; *ders.*, Die Kunst der kantonalen Verfassunggebung – das Beispiel der Totalrevision in St. Gallen (1996), ZBl. 1997, S. 97 ff. – hier II. 5; *D. Thürer*, „Wir, die Männer und Frauen ...", Ein Porträt der jüngsten schweizerischen Kantonsverfassung, ZBl. 1996, S. 433 ff. – Weitere Texte: Art. 130-131 KV Zürich (2004); Art. 108-112 KV Schaffhausen (2000).

Ein Blick auf Italien und die iberische Halbinsel – Portugal (1976) legt sich ausdrücklich auf das Trennungsmodell fest (Art. 41 Abs. 4), gewährleistet aber die Freiheit, „eigene Massenkommunikationsmittel" im Zusammenhang mit der Konfessionsausübung einzusetzen. Verf. Italien (1947)[857] sagt in Art. 7 Abs. 1: „Der Staat und die katholische Kirche sind, jeder im eigenen Bereich, unabhängig und souverän". Abs. 2 verweist auf die Lateranverträge. Art. 8 Abs. 1 S. 2 garantiert ein korporatives Element („Die von der katholischen Konfession abweichenden Bekenntnisse haben das Recht, sich nach ihren eigenen Statuten zu organisieren"). Überdies ist auf die Möglichkeit von Vereinbarungen verwiesen. Auch hier finden wir also „Brückenelemente". Eine salomonische Lösung ist Art. 16 Abs. 3 Verf. Spanien (1978) geglückt: „Es gibt keine Staatsreligion. Die öffentliche Gewalt berücksichtigt die religiösen Anschauungen der spanischen Gesellschaft und unterhält entsprechende kooperative Beziehungen zur Katholischen Kirche und den sonstigen Konfessionen". 1352

In den osteuropäischen Reformstaaten[858] herrscht die individualrechtliche Religionsfreiheit vor, verbunden mit einer Absage an eine „Staatskirche" (z.B. Art. 40 Verf. Estland von 1992, Art. 35 Verf. Lettland von 1991) bzw. in der Verankerung der Trennung (z.B. Art. 13 Abs. 2 Verf. Bulgarien von 1991, Art. 35 Abs. 3 Verf. Ukraine von 1996). Die Verf. der Slowakischen Republik von 1992 nimmt sich darüber hinaus ausdrücklich der „Kirchen und Religionsgemeinschaften" an (Art. 24 Abs. 2) und normiert Aspekte der korporativen, institutionellen Kirchenfreiheit[859]. Art. 29 Verf. Rumänien (1991) räumt den „cultes religieux" Autonomie ein und deutet sogar Unterstützung seitens des Staates an (in der Armee, in Krankenhäusern, Strafanstalten und Waisenhäusern). Art. 41 Verf. Kroatien (1991) postuliert einerseits Gleichheit aller Religionsgemeinschaften und das Trennungsprinzip, andererseits aber auch das Recht, Schulen und andere Institute, auch sozialer und karitativer Art, zu gründen und verspricht Schutz und Hilfe seitens des Staates (ähnlich Art. 19 Verf. Mazedonien 1353

857 Aus der Lit.: *S. Ferrari*, Staat und Kirche in Italien, in: G. Robbers (Hrsg.), Staat und Kirche in der Europäischen Union, 2. Aufl. 2005, S. 187 ff.; *C. Mirabelli/F. Onida*, Religioni e sistemi giuridici, 1997.

858 Dokumentiert in JöR 43 (1995), S. 105 ff.; 44 (1996), S. 321 ff.; 45 (1997), S. 177 ff.; 46 (1998), S. 123 ff. S. dazu auch: Essener Gespräche zum Thema Staat und Kirche: Die Neuordnung des Verhältnisses von Staat und Kirche in Mittel- und Osteuropa, Bd. 29 (1995).

859 R. Potz/K. Schwarz/B. Schinkele/E. Synek/W. Wieshaider (Hrsg.), Recht und Religion in Mittel- und Osteuropa, Bd. I: Slowakei, 2000.

von 1991). Die Verf. Serbien (1990) wagt den Satz (Art. 41 Abs. 4): „Der Staat kann Religionsgemeinschaften materiell unterstützen". Besonders intensiv und extensiv nimmt sich Verf. Polen (1997) des Themas an und zwar zunächst im Ersten Abschnitt über die „Republik", sodann im Grundrechtsteil. In Art. 25 wird der wörtlich für das GG nach 1949 entwickelte Begriff der „Neutralität" des Staates gebraucht und die „Freiheit der Artikulierung im öffentlichen Leben" gewährleistet. Der Garantie der Autonomie und gegenseitigen Unabhängigkeit „eines jeden in seinem Bereich" (sc. Staat und Kirchen sowie anderer Religionsgemeinschaften) folgt die neue Textstufe „Zusammenwirken zum Wohle der Menschen und der Allgemeinheit". Im Übrigen wird allgemein die Möglichkeit zu Verträgen eröffnet. Art. 53 regelt im grundrechtlichen Kontext die Religionsfreiheit in wohl allen ihren Facetten (individuell oder gemeinsam, öffentlich oder privat); sogar das Besitzen von Gotteshäusern und anderen Kultstätten sowie die Möglichkeit des Religionsunterrichts in den Schulen sind positiv geregelt.

1354 Da „Europa" das *ganze*, sich konstituierende „Haus Europa" einschließlich der europäischen postkommunistischen Reformstaaten meint, sind diese Texte im Auge zu behalten – auch angesichts der OSZE (dazu unten).

2. Europäisches Religionsverfassungsrecht als spezielles Kulturverfassungsrecht

1355 Hier begegnet uns eine enorme Erscheinungsvielfalt: zum einen national, wie gezeigt, die verschiedenen Modelle herkömmlichen „Staatskirchenrechts" mit ihren *gestuften* Nähe-Verhältnissen bzw. „Brückenelementen" zwischen Staat und Kirchen bzw. Religionsgesellschaften, sei es das reine Trennungsmodell mancher Schweizer Kantone oder Frankreichs, gemildert in Spanien, oder das noch intensive Kooperationsmodell der deutschen Tradition (öffentlich-rechtliche Körperschaftsqualität, Religionsunterricht an staatlichen Schulen, Anstaltsseelsorge, sogar Kirchensteuer, vgl. Art. 140 GG), z.T. innovativ fortgeschrieben in ostdeutschen Länderverfassungen, z.B. Art. 109 Abs. 1 und 3 Verf. Sachsen (1992)[860].

---

860 Zu solchen Modellvergleichen *P. Häberle*, Neuere Verfassungen und Verfassungsvorhaben in der Schweiz, insbesondere auf kantonaler Ebene, JöR 34 (1985), S. 303 ff., 385 ff.

Aber auch auf der „anderen“, von der *europäischen Verfassungslehre* zu 1356
behandelnden Ebene gibt es konstitutionelle Teilstrukturen, die es rechtfertigen, von „europäischem Religionsverfassungsrecht“ zu sprechen[861]. Dabei ist freilich der unglückliche Begriff „Staatskirchenrecht“ zugunsten des „Religionsverfassungsrechts“ entschlossen zu verabschieden[862], zumal es hier keinen Staat, sondern nur *Teil*verfassungen gibt: innerstaatlich in Deutschland schon wegen Art. 137 Abs. 1 WRV i.V.m. Art. 140 GG: „Es besteht keine Staatskirche“; europaverfassungsrechtlich aber wegen der Multikulturalität bzw. Multireligiosität Europas, das nicht mehr allein von den (christlichen) Kirchen ausgehen kann. Zwar bleibt das Christentum (in den Worten des BVerfGE 41, 29 (64)) „Kulturfaktor“, doch ist der Islam in Frankreich, auch Italien, längst zweite Religion (in Deutschland nach den beiden Großkirchen an dritter Stelle). In den *Teil*verfassungsrechten Europas wie der Religionsfreiheit der EU-Grundrechte-Charta (Art. 10

---

861 Pionierhaft zum Problem: *A. Hollerbach*, Europa und das Staatskirchenrecht, ZevKR 35 (1990), S. 263 ff.; *G. Robbers*, Staat und Kirche in der Europäischen Union, in: G. Robbers (Hrsg.), Staat und Kirche in der Europäischen Union, 2. Aufl. 2005, S. 351 ff.; Essener Gespräche zum Thema Staat und Kirche: Die Staat-Kirche-Ordnung im Blick auf die Europäische Union, Bd. 31 (1997), insbesondere der Beitrag von *R. Streinz*; *J. Winter*, Das Verhältnis von Staat und Kirche als Ausdruck der kulturellen Identität der Mitgliedstaaten der EU, in: FS Hollerbach, 2001, S. 893 ff.

862 Wie von *P. Häberle* immer wieder gefordert, z.B. in: *ders.*, Neuere Verfassungen und Verfassungsvorhaben in der Schweiz, insbesondere auf kantonaler Ebene, JöR 34 (1985), S. 385 ff., und in der Rezension des zit. Buches von G. Robbers (Hrsg.), Staat und Kirche in der Europäischen Union, 1. Auf. 1995, AöR 121 (1996), S. 677 ff.; *M. Morlok/M. Heinig*, Parität im Leistungsstaat – Körperschaftsstatus nur bei Staatsloyalität? Ein Beitrag zur Dogmatik des Art. 140 GG i.V. mit Art. 137 V 2 WRV, NVwZ 1999, S. 697 ff.; *G. Czermak*, „Religions(verfassungs)recht“ oder „Staatskirchenrecht“?, NVwZ 1999, S. 743 f.; *M. Heinig*, Zwischen Tradition und Transformation: das deutsche Staatskirchenrecht auf der Schwelle zum europäischen Religionsverfassungsrecht, Zeitschrift für evangelische Ethik 43 (1999), S. 294 ff.; *C. Walter*, Staatskirchenrecht oder Religionsverfassungsrecht?, in: R. Grote/T. Marauhn (Hrsg.), Religionsfreiheit zwischen individueller Selbstbestimmung, Minderheitenschutz und Staatskirchenrecht, 2001, S. 215 ff.; *A. Hense*, Staatskirchenrecht oder Religionsverfassungsrecht: mehr als ein Streit um Begriffe?, in: A. Haratsch u.a. (Hrsg.), Religion und Weltanschauung im säkularen Staat, 2001, S. 9 ff. Zur Begriffsgeschichte *A. Hollerbach*, Staatskirchenrecht oder Religionsrecht? Begriffs- und problemgeschichtliche Notizen, in: FS H. Schmitz, 1994, S. 869 ff., sowie *ders.*, Staatskirchenrecht oder Religionsrecht, in: KuR 1997, S. 1 ff., 49 ff.; H. M. Heinig/C. Walter (Hrsg.), Staatskirchenrecht oder Religionsverfassungsrecht?, 2007.

ebd.) und der EMRK (Art. 9 ebd.), früh sogar in der korporativen Dimension und der öffentlichen wie privaten getextet, sind nach der schon vom EuGH 1976 entwickelten Religionsfreiheit[863] nun auch der Kirchen- bzw. Religions-Artikel in der Schlusserklärung zum Vertrag von Amsterdam (1997) und dessen Fortschreibungen in den Blick zu nehmen. Die Erklärung zum Status der Kirchen und Religionsgesellschaften in der EU, die sich nicht im EGV fand, hatte über Art. I-52 Einzug in den gescheiterten Verfassungsvertrag genommen. Der Reformvertrag von Lissabon überführt ihn in den heutigen Art. 17 EUV, dessen Abs. 3 sogar noch eine wichtige Fortschreibung wagt und die Union aktivierend in die Pflicht nimmt: „Die Union pflegt mit den Kirchen und Religionsgemeinschaften in Anerkennung ihrer Identität und ihres besonderen Beitrags einen offenen, transparenten und regelmäßigen Dialog.“[864] Dieser neu ins Primärrecht aufgenommene Artikel über die religiösen und weltanschaulichen Gemeinschaften ist wohl auch als eine Art kontextspezifisch konkretisierender Fortschreibung von Art. 167 AEUV zu „lesen“. Kirchen, religiöse und weltanschauliche Gemeinschaften sind in vielen nationalen Verfassungsstaaten ein Teil der „Kulturen der Mitgliedstaaten“, gehören zu ihrer „nationalen Vielfalt“, aber sie sind gerade als *Religionen* notabene auch ein die staatlichen Grenzen transzendierendes „gemeinsames kulturelles Erbe“. Es bedarf jedenfalls heute einer Begriffsebene, die die christlichen Kirchen mit anderen Religionen verbindet: Dies kann nur der Oberbegriff „Religion“ leisten. Für den säkularen Staat tritt überdies die Weltanschauung hinzu.

3. Die europäische Ebene: Religionsverfassungsrechtliche Direktiven

1357 Die Bestandsaufnahme sei jetzt auf der europäischen Ebene genauer ergänzt, wobei klar ist, dass sich beide, die innerverfassungsstaatliche und die eurokonstitutionelle, heute immer mehr verschränken. Dabei müssen alle am europäischen Verfassungsprozess Beteiligten samt ihren Beiträgen einbezogen werden: vom Europarat, der in Sachen Minderheitenschutz, auch EMRK in Osteuropa immer stärker zu einem *mittelbaren Verfassung-*

---

863 Dazu *I. Pernice*, Religionsrechtliche Aspekte im Europäischen Gemeinschaftsrecht, JZ 1977, S. 777 ff.

864 *M. Kotzur*, in: R.Geiger/D.-E. Khan/M. Kotzur (Hrsg.), EUV/AEUV, 5. Aufl. 2010, Art. 17, Rn. 1 (mit weiteren Hinweisen auf die Lit.).

geber wird, über das EU-Parlament und den EuGH, soweit er früh, d.h. schon 1976 die Religionsfreiheit anerkannt hat (Fall Prais)[865], bis hin zu den übrigen EU-Organen. Unterstrichen sei nochmals das Innovationspotential der damals 15 EU-Regierungschefs. Sie nämlich schrieben die eben skizzierte Erklärung von Amsterdam fest, die ihrerseits maßgeblich auf Initiativen der deutschen katholischen Bischofskonferenz und der EKD zurückgeht[866].

a) „Maastricht", „Amsterdam", „Lissabon" und die Grundrechte-Charta der EU

Zunächst ein Wort zu *Maastricht* (1992). Das Staat/Kirchen-Verhältnis 1358
war hier wie schon gesagt nicht ausdrücklich behandelt, aber es gab zwei Normfelder, denen es sich durch *Interpretation* zuordnen ließ. Zum einen hieß es in der (heute so fortgeltenden) Präambel des EU-Vertrages: „unter Achtung ihrer (sc. der Völker) Geschichte, ihrer Kultur und ihrer Traditionen", und im seinerzeitigen Art. 6 Abs. 3 EUV wurde die Union auf die Achtung der „nationalen Identität" verpflichtet. Das Verhältnis von Staat und Kirchen formt – bei allem Wandel – ein wesentliches Stück der „nationalen Identität". In Frankreich gehört die Trennung von Staat und Kirche spätestens seit 1905 zum republikanischen Staatsverständnis. Wenn Art. 1 S. 1 der Verf. (1958) Frankreich als „laizistische Republik" definiert, so ist es nur konsequent, dass die Kirchen bzw. Religionsgemeinschaften keinen „Anker" im öffentlichen Recht haben. In Deutschland hingegen haben die Kirchen und z.T. auch die Religionsgemeinschaften einen öffentlich-rechtlichen Status. Diese Verschiedenheit und Vielfalt konnte und wollte „Maastricht" nicht einebnen und der Vertrag von Lissabon steht ganz in dieser Kontinuität. Die wesentlichen Strukturelemente des deutschen „Staatskirchenrechts" gehören gewiss zur status-quo-Garantie des heutigen Art. 167 Abs. 1 AEUV: „Wahrung ihrer nationalen und regionalen Vielfalt". Wenn von „gleichzeitiger Hervorhebung des gemeinsamen

865 Dazu *I. Pernice*, Religionsrechtliche Aspekte im Europäischen Gemeinschaftsrecht, JZ 1977, S. 777 ff. – später *S. Hobe*, Die Verbürgung der Religionsfreiheit in der EU-Grundrechtecharta, in: FS Rüfner, 2003, S. 317 ff.

866 *G. Robbers*, Partner für die Einigung. Die Kirchenerklärung der Europäischen Union, Herder-Korrespondenz 1997, S. 622 ff.; allgemein: *S. Mückl*, Europäisierung des Staatskirchenrechts, 2005.

kulturellen Erbes“ die Rede ist, so ist darin die (nicht ausschließlich) christliche (auch jüdische, islamische) Dimension Europas mindestens als Kulturaspekt, als „Kulturfaktor“ (vgl. BVerfGE 41, 29 (64)) mit angesprochen. Auch die kulturelle Querschnittsklausel in Art. 167 Abs. AEUV ist in diesem Licht zu lesen. Schließlich ist für Deutschland zu fragen, ob nicht auch das Subsidiaritätsprinzip (Art. 5 Abs. 1 EUV) den „Wesensgehalt“ des deutschen Staatskirchenrechts mitschützt.

1359 Bei Art. 17 AEUV in seiner heutigen, Amsterdam fortschreibenden Fassung fällt mehreres auf: Es handelt sich sowohl um einen „Kirchen“- als auch um einen „Religions“-Artikel, der zudem ins Säkular-Weltanschauliche ausgreift. Bemerkenswert ist die Anerkennung des statusrechtlichen Elementes je nach Mitgliedstaat (Art. 17 Abs. 1 AEUV). Vielleicht lässt sich sagen, „Amsterdam“ habe ein Stück *europäisches pluralistisches Religionsverfassungsrecht* geschaffen mit begrenzenden und „anregenden“ Funktionen. Lissabon hat es fortgedacht und fortgesetzt. Art. 17 AEUV lässt den einzelnen Nationen und Regionen (in Deutschland z.B. den Ländern, die ja eine große Variationsbreite von Bayern bis Brandenburg haben) genügend Spielraum für „ihr“ unterschiedliches Religionsverfassungsrecht. Deutschland kann sein sog. „Staatskirchenrecht“ weiter pflegen, auch wenn u.E. der Begriff „Staatskirchenrecht“ längst zu ersetzen ist durch „Religionsverfassungsrecht“. Denn in Art. 137 Abs. 1 WRV i.V.m. Art. 140 GG heißt es eindeutig: „Es besteht keine Staatskirche“ – u.E. also auch kein „Staatskirchenrecht“[867]! Auch im Schutz der „Kulturen der Mitgliedstaaten“ bleibt das jeweilige nationale bzw. regionale Religionsverfassungsrecht im *Hegel*schen Sinne „aufgehoben“, d.h. bewahrt. Insofern ist die heutige Rechtslage nicht weit entfernt von der Klausel, die die deutschen Kirchen bereits im Vorfeld von Amsterdam vorgeschlagen hatten:

---

867 Zu dieser Kontroverse: *P. Häberle*, „Staatskirchenrecht“ als Religionsrecht der verfassten Gesellschaft, DÖV 1976, S. 73 ff.; *ders.*, Votum, in: FS *K. Hesse*, 1990, S. 98 f.; anders *A. Hollerbach*, Staatskirchenrecht oder Religionsrecht?, in: FS Schmitz, 1994, S. 869 ff. – Zum Vertrag von Amsterdam: *M. Hilf/E. Pache*, Der Vertrag von Amsterdam, NJW 1998, S. 705 ff.; *R. Streinz*, Der Vertrag von Amsterdam, EuZW 1998, S. 137 ff.; *M. Hilf*, Amsterdam – Ein Vertrag für die Bürger?, EuR 1997, S. 347 ff.; *H. Lecheler*, Die Fortentwicklung des Rechts der EU durch den Amsterdamer Vertrag, JuS 1998, S. 392 ff. Für Art. 17 AEUV: *D. Kraus*, in: H. von der Groeben/J. Schwarze/A. Hatje (Hrsg.), Europäisches Unionsrecht, Bd. I, 7. Aufl. 2015, Art. 17 AEUV, Rn. 1 ff.; I-J. Werkner/A. Liedhegener (Hrsg.), Europäische Religionspolitik. Religiöse Identitätsbezüge, rechtliche Regelungen und politische Ausgestaltung, 2013.

Die EU „achtet die verfassungsrechtliche Stellung der Religionsgemeinschaften als Ausdruck der Identität der Mitgliedsstaaten und ihrer Kulturen sowie als Teil des gemeinsamen kulturellen Erbes“[868]. Die Kirchen hatten hierbei sogar auf den Begriff „Kirchen“ verzichtet – sie sind also selbst auf dem Weg zum Religionsverfassungsrecht! Bemerkenswert ist freilich die Ersetzung des Begriffs „verfassungsrechtliche Stellung“ durch das Wort „Status“. Europäisch gesehen war dies notwendig, um dem in Teilen Europas herrschenden Trennungsmodell Rechnung zu tragen. In Frankreich (oder z.B. Neuenburg in der Schweiz) haben die Kirchen als solche keine „verfassungsrechtliche Stellung“.

Ein wesentliches Stück europäisches Religionsverfassungsrecht hat die 1360
EU Grundrechte-Charta geschaffen, teils rezeptiv, teils innovativ, und zwar auf der ganzen Bandbreite von Textensembles im Teilverfassungsrecht der EU. Das beginnt mit der Präambel als Erbesklausel (geistig-religiöses und sittliches Erbe), wobei anzumerken ist, dass auch hier ein Gottesbezug fehlt und Frankreich wegen seines laizistischen Staatsverständnisses (vgl. Art. 1 S. 1 Verf. Frankreich) in Gestalt der Person seines Staatspräsidenten *J. Chirac* gegen eine deutlichere Betonung des Religiösen beim Konvent mit Erfolg interveniert hatte – einmal mehr zeigt sich, wie die einzelnen Nationen bei der Fortbildung des europäischen Verfassungsrechts ihre eigenen Verständnisse, Vorverständnisse und Textensembles einbringen wollen (und zum Teil können). In Form eines *kulturellen Grundrechts* taucht die Religionsfreiheit in Art. 10 auf, wobei viele Dimensionen dieses Grundrechts (analog Art. 9 EMRK) zu textlichem Ausdruck gelangt sind („einzeln oder gemeinsam“, d.h. individuell oder korporativ, „öffentlich oder privat“). Wenn dabei Erscheinungsformen der Religionswirklichkeit genannt sind (Gottesdienst, Unterricht, Bräuche und Riten), so ist dies eine geglückte neue Textstufe. Eher institutionell kommt der religionsverfassungsrechtliche Aspekt im Artikel zur kulturellen Pluralität (Art. 22) zum Ausdruck („Vielfalt der Kulturen, Religionen und Sprachen“), wobei die Begründung auf die Erklärung Nr. 11 der Schlussakte des Vertrags von Amsterdam verweist. *Im Ganzen:* Das europäische Religionsverfassungsrecht hat in der EU-Grundrechte-Charta einen erfreulichen Textschub mit großer Ausstrahlungswirkung erfahren. Indes gilt auch für die Interpretation von Art. 10 der Charta: „Vor dem Hintergrund des Art. 17 AEUV, der ein Achtungsgebot gegenüber dem jeweiligen Rechts-

868 Zit. nach FAZ vom 12. Juni 1997, S. 6.

status, den die Kirchen und Religionsgemeinschaften in den Mitgliedstaaten besitzen, enthält, und angesichts der fehlenden Kompetenz der EU zu einer eigenen Religionspolitik dürfte diese Zurückhaltung auf die unionale Grundrechtsgewährleistung zu übertragen sein."[869]

b) Europarat (EMRK) und KSZE bzw. OSZE

1361 In den europäischen *Teil*verfassungstexten des Europarates z.B. der EMRK (Art. 9) ist „nur" die Religionsfreiheit geschützt. Doch findet sich in dem Dokument der Teilnehmerstaaten der KSZE-Konferenz von Wien (1989) die Pflicht, das Recht religiöser Gemeinschaften von Gläubigen, die im verfassungsmäßigen Rahmen ihres Staates wirken, zu achten, u.a. „sich nach ihrer eigenen hierarchischen und institutionellen Struktur zu organisieren" und „ihr Personal in Übereinstimmung mit ihren jeweiligen Erfordernissen und Normen, wie mit etwaigen zwischen ihnen und ihrem Staat freiwillig vereinbarten Regelungen auszuwählen, zu ernennen und auszutauschen"[870]. Damit kommt der institutionell-korporative Aspekt der Religionsfreiheit, die „Kirchenfreiheit" klar zum Ausdruck[871]. Wenn die Krakauer Erklärung zum kulturellen Erbe (1991) eine „prinzipielle Anerkennung des bedeutenden Beitrags von Glaubensgemeinschaften sowie religiösen Institutionen und Organisationen zum kulturellen Erbe" formuliert, so verweist dies auf Art. 1 und 5 des Europäischen Kulturabkommens (1954) zurück („gemeinsames kulturelles Erbe Europas"). M.a.W.: Die OSZE legt sich nicht auf das Trennungsmodell fest.

869 *I. Augsberg*, in: H. von der Groeben/J. Schwarze/A. Hatje (Hrsg.), Europäisches Unionsrecht, Bd. I, 7. Aufl. 2015, Art. 10 GRCh, Rn. 1.

870 Dazu *A. Hollerbach*, Religions- und Kirchenfreiheit im KSZE-Prozess, in: FS Benda, 1995, S. 117 ff., 128. Allg. H. Lehmann (Hrsg.), Koexistenz und Konflikt von Religionen, 2004.

871 S. auch *A. Hollerbach*, Religions- und Kirchenfreiheit im KSZE-Prozess, in: FS Benda, 1995, S. 117 ff., 129.

III. Theoretische Aspekte eines europäischen Religionsverfassungsrechts (Thesen)

Nach dieser – fragmentarischen – Bestandsaufnahme, die freilich immer 1362
auch schon im Theorie-Raster vorliegender Verfassungslehre erarbeitet ist, jetzt thesenartig der Theorierahmen dieser Skizze:

1. „Maastricht“ (1992) i.V. mit „Amsterdam“ (1997), auch „Nizza“ (EU- 1363
Grundrechte-Charta von 2000) und vor allem „Lissabon“ (Art. 17 AEUV) haben begrenzendes und „anregendes“ Religionsverfassungsrecht als *Teil*verfassung Europas etabliert – so wie andere Lebensbereiche, etwa die Grundrechte oder das Recht der Wirtschaft und Umwelt, ein Stück *konstitutionelles* Europa geschaffen haben.
2. Dieses *europäische Religionsverfassungsrecht* ist *pluralistisch*, weil 1364
und insofern es die große Vielfalt der historisch gewordenen und in Zukunft möglichen Staat/Kirchen-Religions-Modelle bestehen und allen Religionsgemeinschaften den notwendigen Raum lässt.
3. Das europäische Religionsverfassungsrecht ist in der Tiefe *spezielles* 1365
Kulturverfassungsrecht, das als solches einen glücklichen Gegenakzent zum bislang (über)betonten „Europa der Wirtschaft“ setzt.
4. Dieser Rahmen für Kirchen und Religionsgemeinschaften schafft ein 1366
Stück jener *Öffentlichkeit Europas*, die auf Dauer nur als Öffentlichkeit aus *Kunst und Kultur* gedeihen kann; denn neben der Freiheit von Wissenschaft und Kunst bleibt die Religionsfreiheit die tiefste kulturelle Freiheit und „Quellgebiet“ menschlicher Kultur[872].
5. Die letztlich *kulturanthropologisch* begründete „*Besonderheit des Reli-* 1367
giösen“ verweist auf eine Weise auf den europäischen Bürger bzw. eine europäische Zivilgesellschaft, die derzeit von den vorherrschenden ökonomistischen bzw. Marktideologien verdrängt werden.

Die europäische Gesetzgebung muss im Einzelfall viel Sorgfalt aufwen- 1368
den, um die in Europa bestehende *Modellvielfalt* in Sachen Staat/Religion bzw. Kirchen-Verhältnisse zu respektieren. Besondere Fragen stellen sich im Blick auf den *Islam*. Dazu abschließende Überlegungen.

---

872 Diese kulturelle Grundierung mag auch ein Grund dafür sein, warum Denker wie *G. Jellinek* die Religionsfreiheit als ein „Urgrundrecht“ apostrophiert haben.

IV. Ein verfassungsstaatlicher „Euro-Islam"?

1369 Vor allem ist nach den Möglichkeiten eines verfassungsstaatlichen „Euro-Islam" zu fragen. Als Problemkreis ist etwa der „Islamische Religionsunterricht"[873] dringlich. Wird sich der Islam in Europa so entwickeln, dass er sich den Rahmenprinzipien des Verfassungsstaates einfügt? Kann der gläubige Muslim seinen Absolutheitsanspruch zurücknehmen und Toleranz üben? Kann er die Säkularität der offenen Gesellschaft anerkennen? Es stellen sich aber auch Fragen an die Kirchen im zum Teil postchristlichen Europa: Welche Aufgaben sollen sie wahrnehmen? Sollen Sie etwa nur für die Ethik sorgen?

1370 Das Problem lässt sich – zumal aus der Außenperspektive des Juristen, der freilich weiß, dass er die fundamentalistischen Exzesse einer Religion wie in den Kämpfern des „Islamischen Staates" greifbar, nicht mit dem Wesen dieser Religion gleichsetzen darf – nur in Frageform erörtern. Ist der Islam, der ja viele Facetten aufweist und keinem Monolith im Sinne des aggressiven Fundamentalismus gleicht, in der Lage, sich in Europa so zu entwickeln, dass er in den Rahmen der „Verfassung Europas" passt, aber Toleranz praktiziert und die Säkularität von Staat und Gesellschaft anerkennt? – der Verfassungsstaat muss auf seine Toleranzgrenzen via „ordre public" bestehen. Die orthodoxe Auslegung der „Scharia" ist ja kaum mit dem Typus Verfassungsstaat kompatibel[874]. Wird Religion respektive reli-

---

873 *J. Twardella*, Der Koran in der Schule. Studien zum islamischen Religionsunterricht, 2012; *M. Heckel*, Religionsunterricht für Muslime? Kulturelle Integration unter Wahrung der religiösen Identität. Ein Beispiel für die komplementäre Natur der Religionsfreiheit, JZ 1999, S. 741.

874 Bemerkenswert war in diesem Zusammenhang ein Vorschlag der Enquete-Kommission „Sogenannte Sekten und Psychogruppen" des 13. Deutschen Bundestages (zit. nach *H. Schmoll*, Der Islam als Vorwand, FAZ vom 12. April 1999, S. 16). Danach sollte Art. 140 GG dahin geändert werden, dass Religionsgesellschaften Körperschaften öffentlichen Rechts werden können, „sofern ihre Lehre und ihr Wirken mit der Wertordnung des Grundgesetzes vereinbar sind und sie die Gewähr dafür bieten, die ihnen übertragenen Rechte im Einklang mit dem geltenden Recht und in Kooperation mit anderen staatlichen Stellen auszuüben". Die Mehrheit votierte gegen die Änderung. Die SPD-Fraktion legte daraufhin ein Sondervotum vor, das dem 14. Deutschen Bundestag empfahl, „Art. 140 daraufhin zu überprüfen, ob eine ausdrückliche Aufnahme der Kriterien der Rechtstreue und der Loyalität gegenüber dem demokratisch verfassten Staat als Voraussetzung für die Anerkennung einer Religionsgemeinschaft als Körperschaft des öffentlichen Rechts angebracht ist".

giöse Freiheit – gewiss über den Islam hinaus, aber gerade wegen der von islamistischen Fundamentalisten praktizierten Exzesse – vom freiheitlichen Verfassungsstaat primär als Gefahr wahrgenommen? Als Gefahr für seinen säkularen Ordnungsanspruch und als Gefahr für die Mechanismen seiner konsensorientierten Ordnungsbildung?[875] Für eine Rechtsordnung, die vom Menschen her denkt und sich instrumental in den Dienst des Menschen gestellt sieht, ist das fast schon eine verbotene Frage. Sie muss vorliegend dennoch ebenso gewagt sein wie von der Vereinigung der Deutschen Staatsrechtslehrer auf ihrer Erlanger Jahrestagung 2008 mit Referaten von *U. Sacksofsky* und *C. Möllers*[876]. Und darüber hinaus ist zu fragen: Wo sind die konkreten Frontstellungen bzw. heiklen Punkte? Sie seien abschließend genannt: Bei Gottesklauseln nach Art des GG (Präambel) oder der „invocatio dei" der Schweizer Bundesverfassung (1874/1999) dürfte es keine Schwierigkeiten geben: Der Gott Mohammeds ist auch der Gott der christlichen bzw. jüdischen Tradition[877]. Doch schon bei der Sonntags-Garantie (auch bei den Feiertagen) stellen sich – wie in Europa insgesamt – Fragen. Wie steht es mit dem Ruf des Muezzins, wie mit dem Minarett im Stadtbild?[878] Wie steht es mit dem islamischen Religionsunterricht in den Schulen?[879] Dürfen dort Schülerinnen

---

875 *H. Goerlich*, Säkularität – Religiosität – Egalität – in einer nicht nur auf die Grenzen verfasster Rechte fixierten Perspektive (2011), in: *ders.*, Zur zugewandten Säkularität – Beiträge auf dem Weg dahin. Ausgewählte Schriften, 2014, S. 235 ff.

876 *U. Sacksofsky* bzw. *Ch. Möllers*, Religiöse Freiheit als Gefahr, VVDStRL 68 (2009), S. 9 ff. bzw. 42 ff.

877 Zum Problem: *P. Häberle*, „Gott" im Verfassungsstaat? (1987), weiter ausgearbeitet in: *ders.*, Verfassungslehre als Kulturwissenschaft, 2. Aufl. 1998, S. 951 ff.

878 Das Problem ist nicht neu, doch weiterhin virulent: *B. Guntau*, Der Ruf des Muezzin in Deutschland – Ausdruck der Religionsfreiheit?, ZevKR 43 (1998), S. 369 ff.; *S. Muckel*, Streit um den muslimischen Gebetsruf – Der Ruf des Muezzin im Spannungsfeld von Religionsfreiheit und einfachem Recht, NWVBl. 1998, S. 1 ff.; *E. Sarcevic*, Religionsfreiheit und der Streit um den Ruf des Muezzins, DVBl. 2000, S. 519 ff. Allgemein: *H.-J. Conring*, Korporative Religionsfreiheit in Europa, 1998.

879 Aus der schon zur Jahrtausendwende intensiv geführten Diskussion: *S. Korioth*, Islamischer Religionsunterricht und Art. 7 III GG, NVwZ 1997, S. 1041 ff.; *S. Mückl*, Staatskirchenrechtliche Regelungen zum Religionsunterricht, AöR 122 (1997), S. 513 ff., 548 ff.; *M. Heckel*, Religionsunterricht für Muslime?, JZ 1999, S. 741 ff.; *C. Langenfeld*, Integration und kulturelle Identität zugewanderter Minderheiten: Eine Herausforderung für das deutsche Schulwesen – Einführung in einige grundrechtliche Fragestellungen, AöR 123 (1998), S. 375 ff., 401 ff.; *Y.*

und Lehrerinnen ein Kopftuch tragen?[880], das französische Burka-Verbot wurde schon diskutiert. Wer soll in Sachen Schulunterricht auf islamischer Seite Ansprechpartner sein, wo sich dieser mit den Organisationsformen der westlichen Rechtskultur so schwer tut?[881] Dabei ist stets von beiden Seiten aus zu denken: nicht nur muss sich der „Euro-Islam" fragen lassen, wie er dem verfassten Europa entgegenkommt (als „*verfassungsstaatlicher Euro-Islam*"), auch umgekehrt ist selbstkritisch zu fragen: Was muss Europa als Rechts- und Kulturgemeinschaft tun, um dem Islam, der z.B. in Frankreich schon zweitstärkste Religion ist, tolerant entgegen zu kommen, um eine „Heimat" zu sein, z.B. für die Türken und Syrer, ihn als werdenden „Kulturfaktor" anzuerkennen? Ist hier nur das Trennungsmodell hilfreich, oder kann man wie in Österreich[882] die Figur der öffentlich-rechtli-

---

Hassan Bajwa, Muslime eine Gefahrenquelle für die Demokratie?, NZZ vom 30. April 1999, S. 110; *F. Fechner*, Islamischer Religionsunterricht an öffentlichen Schulen, NVwZ 1999, S. 735 ff.; *R. Tillmanns*, Islamischer Religionsunterricht in Berlin. Anmerkungen zu einem langjährigen Rechtsstreit, RdJB 1999, S. 471 ff.; *U. Häußer*, Islamische Inhalte im deutschen Schulwesen – Verfassungsrechtlicher Anspruch und schulische Wirklichkeit, ZAR 2000, S. 159 ff.; *M. Rohe*, Rechtliche Perspektiven eines islamischen Religionsunterrichts in Deutschland, ZRP 2000, S. 207 ff. Für die Schweiz: *J.-F. Aubert*, L'Islam à l'école publique, in: FS Hangartner, 1998, S. 479 ff. – Allgemein: *E. Mikunda Franco*, Derechos humanos y mundo islamico, 2001, mit islamischen Grundrechtstexten im Anhang (S. 222 ff.); *ders.*, Der Verfassungsstaat in der islamischen Welt, in: M. Morlok (Hrsg.), Die Welt des Verfassungsstaates, 2001, S. 151 ff.; *J.C. Bürgel*, Der Islam und die Menschenrechte, in: FS A. Riklin, 2000, S. 31 ff.

880 Siehe auch BVerfGE 108, 882; *M. Jestaedt*, Grundrechtsschutz vor staatlich aufgedrängter Ansicht. Das Kopftuch der Lehrerin als Exempel, in: FS Listl, 1999, S. 259 ff.; *K.-H. Kästner*, Religiös akzentuierte Kleidung des Lehrpersonals staatlicher Schulen, in: FS Heckel, 1999, S. 359 ff.; *S. Muckel*, Religionsfreiheit für Muslime, in: FS Listl, 1999, S. 239 ff., 247 ff.; *R. Zuck*, Nur ein Kopftuch? Die Schavan-Ludin Debatte, NJW 1999, S. 2948 ff.; *T. Böhm*, Dürfen islamische Lehrerinnen im Dienst ein Kopftuch tragen?, SchuR 2000, S. 208 ff.; *R. Halfmann*, Der Streit um die „Lehrerin mit Kopftuch" – Die Religionsfreiheit von Beamten im Konflikt mit dem religiös-weltanschaulichen Neutralitätsgebot des Staates, NVwZ 2000, S. 862 ff.; *E.-W. Böckenförde*, „Kopftuchstreit" auf dem richtigen Weg?, NJW 2001, S. 723 ff.

881 Zu einem Versuch des französischen Innenministeriums, die Vertreter verschiedener Strömungen institutionell zu verbinden s. *B. Basdevant-Gaudemet*, Staat und Kirche in Frankreich, in: G. Robbers (Hrsg.), Staat und Kirche in der Europäischen Union, 1995, S. 127 ff., 128.

882 Schon seinerzeit *I. Gampl*, Staatskirchenrecht, 1989, S. 164 ff. In Wien sprach man von „Austro-Islam."

chen Körperschaft wagen? Die Religionskriege seinerzeit in Ex-Jugoslawien, die auch religiös motivierten Bürgerkriege in Afghanistan, Syrien und Libyen, der wahnsinnige Terror des „Islamischen Staates" und die nicht abreißenden Ströme auch religiös verfolgter Bürgerkriegsflüchtlinge erinnern uns schmerzlich an das hohe Gut der *Toleranz*, zu dem *G. E. Lessing,* auf *G. Boccacio* zurückgreifend, in der Ringparabel des „Nathan" *den* Menschheitstext geschrieben hat.

M. Europäisches Umweltverfassungsrecht

Vorbemerkung

Es dürfte wenige Verfassungsthemen geben, die in kurzer Zeit solche fast stürmischen Wachstumsprozesse erleben wie das Umweltverfassungsrecht. Nichtjuristische Klassiker haben dem wirkkräftig vorgearbeitet: Von „The silent spring" (*R. L. Carson*, 1962) über „Frieden mit der Natur" (*K. M. Meyer-Abich*) bis zu *H. Jonas*' „Prinzip Verantwortung" von 1984[883]. Auf diesem Hintergrund haben sich nach und nach konstitutionelle Textstufen entwickelt, die im Folgenden in ihren typischen Erscheinungsformen dargestellt seien: zunächst an nationalen Beispielen, dann auf der europäischen Ebene. Auch hier hat die vergleichende Verfassungslehre von der nationalen Ebene auszugehen, um von hier aus den europäischen Raum, das „europäische Haus" zu strukturieren. Die Wege zur Konstitutionalisierung dürfen dann – gedanklich wie real – wieder auf die nationalen Ebenen zurückführen, vor allem in Osteuropa. 1371

Verantwortung für die und Schutz der Umwelt ist zwar heute ein globales Thema. Seit den Gipfelkonferenzen von u.a. Rio (1992), Kyoto (1999), Kopenhagen (2009), Rio+20 (2012), Lima (2014), und (erfolgreich) Paris (2015) hat sich ein auf die ganze Welt bezogenes Umweltbewusstsein entwickelt, auch wenn viele Bekenntnisse „platonisch" blieben und auf reale Umsetzung warten[884] (Paris 2015 lässt auch in Sachen Verbindlichkeit hoffen). Die jüngsten positiven Impulse der Regierung *B. Obama* aus den 1372

---

883 Dazu *J. Schubert*, Das „Prinzip Verantwortung" als verfassungsstaatliches Rechtsprinzip, 1998; *J. H. Klement*, Verantwortung, 2006.

884 Aus der Lit.: *P. Häberles* Diskussionsbeitrag in: FS Pernthaler, 1996, S. 92 f.: „ökologischer Menschheitspakt"; vgl. auch *S. Albin*, Die Vollzugskontrolle des europäischen Umweltrechts, 1999.

USA machen ebenfalls Hoffnung[885]. Das „Umweltvölkerrecht“[886] ist nur ein Stichwort unter vielen. Dennoch muss vor Ort, im Kleinen, in der Region in Sachen Umwelt Ernst gemacht werden. Jedenfalls die Koordinaten einer europäischen Verfassungslehre dürfen das Umweltthema nicht „auslassen“. Die theoretischen und praktischen Friktionen mit der Wirtschaft und ihrer Globalisierung seien als Merkposten wenigstens erwähnt. Europa, als schon konstituierte regionale Verantwortungsgemeinschaft muss sich auch mit den Mitteln der gesamten (europäischen) Rechtswissenschaft der Sache Umwelt annehmen, vielleicht sogar in Kooperation mit den seit der Jahrtausendwende so ins Zentrum gerückten sog. „Lebenswissenschaften“.

1373 Das (aufgeklärte) anthropozentrische Verständnis des Umweltschutzes dürfte freilich dabei nach wie vor dem nationalen Verfassungsstaat ebenso wie der europäischen Verfassungsgemeinschaft kongenial sein. „Eigenrechte der Natur“ sind, bei allem „Tierschutz“, abzulehnen[887]. Ein „grüner Kant“ lässt sich noch nicht entdecken.

---

885 Die Zeit online vom 03. August 2015: „Obama präsentiert Plan A für den Planeten. Der US-Präsident hat einen umstrittenen Klimaplan vorgestellt, der US-Kraftwerken striktere CO_2-Ziele auferlegt. Die Kohleindustrie will das verhindern“ (http://www.zeit.de/wissen/umwelt/2015-08/usa-barack-obama-klimaschutz-emissionsziele, zuletzt besucht am 16. September 2015).

886 Aus der Lit.: *A. Proelß*, in: W. Graf Vitzthum/ ders. (Hrsg.), Völkerrecht, 6. Aufl. 2013, S. 403 ff.; *A. Epiney/M. Scheyli*, Strukturprinzipien des Umweltvölkerrechts, 1998.

887 Zum Problem: *H. Schulze-Fielitz*, in: H. Dreier (Hrsg.), GG, Bd. II, 3. Aufl. 2015, Art. 20 a, Rn. 29 ff. m.w.N.; andere Akzente bei *D. Murswiek*, in: Sachs (Hrsg.), GG, 7. Aufl. 2014, Art. 20 a, Rn. 22 ff. Allerdings bleibt der Schutz der Tiere als Schutz von „Mitgeschöpfen“ ein wichtiges Postulat der Ethik.

I. Nationalstaatliche Erscheinungsformen vom Umweltverfassungsrecht („Umweltstaat")

So sehr sich in Deutschland wohl alle Literaturgattungen von der Kommentarliteratur[888] über die Handbücher[889], Lehrbücher[890] bis zur Monographie[891], auch dem Grundlagenaufsatz[892] des Themas angenommen haben, eine vergleichende Textstufenanalyse bleibt ergiebig und vermittelt erste Orientierungen. Gewiss, erst im Kontext von Klassikertexten und den sich in ihnen speichernden Theorien, von großen Urteilen der Verfassungsgerichte und der glossatorischen Detailarbeit der Dogmatik ergibt sich das *ganze* Bild des Umweltverfassungsrechts auf der heutigen Entwicklungsstufe des Verfassungsstaates. Dennoch bleibt die Textstufenmethode auch hier ein, wenn nicht primärer, so doch herausragender Erkenntnisweg der (europäischen) Verfassungslehre. Denn Verfassungstexte, einmal in der Welt, können auch nach längerer „Inkubationszeit" oft unerwartete normative Kraft entfalten (man denke an die Sozialstaatsklausel des Art. 20 GG, der der heutige Art. 20 a GG ein Stück weit ja parallel läuft). Sie sind jedenfalls weniger vergänglich als so manche juristische Sekundärliteratur! Vor allem eröffnet sich dank der Textstufenanalyse eine erste Strukturierung und Bändigung des riesigen Stoffes, der sich mittlerweile 1374

888 *H. Schulze-Fielitz*, *D. Murswiek*, ebd.

889 Z.B. H.-W. Rengeling (Hrsg.), Handbuch zum europäischen und deutschen Umweltrecht, 2. Aufl. 2003; W. Kahl (Hrsg.), Nachhaltigkeit als Verbundbegriff, 2008.

890 *M. Kloepfer*, Umweltschutzrecht, 2. Aufl., 2011; *H.-J. Koch,* Umweltrecht, 4. Aufl. 2014; *R. Sparwasser u.a.*, Umweltrecht, 5. Aufl. 2003. Siehe auch C. Nowak (Hrsg.), Konsolidierung und Entwicklungsperspektiven des europäischen Umweltrechts, 2015.

891 *R. Steinberg*, Der ökologische Verfassungsstaat, 1999; *H. Hofmann*, Rechtsfragen der atomaren Entsorgung, 1981; früh *P. Saladin/Ch. Zenger*, Rechte künftiger Generationen, 1988; *T. Brönneke*, Umweltverfassungsrecht, 1999; *A. Glaser*, Nachhaltige Entwicklung und Demokratie, 2006; *M. Lee*, EU-Environmental Law, Governance and Decision Making, 2. Aufl. 2014.

892 *D. Murswiek*, Staatsziel Umweltschutz (Art. 20 a GG), NVwZ 1996, S. 222 ff.; *D. Thym*, Umweltschutz in den Verfassungen der EU-Mitgliedstaaten, Natur und Recht, 2000, S. 557 ff.; *H. Hofmann*, „Umweltstaat": Bewahrung der natürlichen Lebensgrundlagen und Schutz vor den Gefahren und Risiken von Wissenschaft und Technik in staatlicher Verantwortung, in: FS 50 Jahre BVerfG, Bd. II, 2001, S. 873 ff.

sowohl national als auch auf der europäischen Ebene, kaum mehr überschaubar, angehäuft hat.

1375 Die Textgruppentrias von Umweltschutz als Staatsziel, als Erziehungsziel und als Grundrecht bzw. Grundpflicht ermöglicht eine erste Orientierung.

1. Der Umweltschutz als nationales Staatsziel (in Präambeln oder Grundlagen-Artikeln)

1376 Umweltschutz als Staatsziel bildet eine erste Textgruppe. Sie hat sich in westeuropäischen Ländern seit den 80er Jahren entwickelt und findet sich heute auch in den Reformstaaten Osteuropas seit 1989, was mittelfristig auf die europäische Ebene ausstrahlen kann und sollte.

1377 Als höchste Textform, die den Umweltschutz zum Staatsziel macht, aber auch in die Bürgerethik verweisen will, begegnet die Verfassungskategorie *Präambel*. Mag sie oft eher „unverbindlich" erscheinen, ihre normative Kraft ist mittelfristig bekanntlich groß. Ihre dirigierende Kraft wirkt, buchstäblich vor die Klammer der nachstehenden Artikelgruppen gezogen, „nachhaltig". Gerade relativ neue Themen wie der Umweltschutz suchen sich bezeichnenderweise zuerst besonders gern den Weg in die würdevolle Präambel einer verfassungsstaatlichen Verfassung.

1378 Über die Schweiz hinaus kommt hier der Verf. Aargau (1980)[893] eine Leitfunktion zu. Schon in der Präambel heißt es: „... in der Absicht, die Verantwortung vor Gott gegenüber Mensch, Gemeinschaft und Umwelt wahrzunehmen ..." – eine Formel, die etwa in der KV Basel-Landschaft (1984) Schule gemacht hat. Der Aargau hat mit diesem Thema dann auch in Gestalt eines Staatsziels Ernst gemacht. § 42 Abs. 1 lautet:

> „Kanton und Gemeinden sorgen durch ihre Rechtsetzung und bei der Wahrnehmung aller ihrer Zuständigkeiten für den größtmöglichen Schutz des Menschen und seiner natürlichen Umwelt gegen schädliche und lästige Einwirkungen".

1379 Die hochzonige Platzierung des Umweltthemas schon in der Präambel hat sowohl in der Schweiz (vgl. nur Präambel KV Solothurn von 1986; Präambel KV Bern von 1993: „Gemeinwesen, ... in dem alle in Verbindung

---

893 Zit. nach *P. Häberle*, Dokumentation in JöR 34 (1985), S. 437 ff.; dort und in JöR 47 (1999), S. 171 ff.; 56 (2008), S. 305 ff., auch die weiteren Schweizer Verfassungstexte.

mit der Schöpfung zusammenleben"; KV Appenzell AR von 1995: „Schöpfung in ihrer Vielfalt ..."; s. auch den erfolgreichen Privatentwurf Kölz/Müller (1. Aufl. 1984, 3. Aufl. 1995): „im Bewusstsein der Verantwortung für die Bewahrung einer gesunden und lebenswerten Umwelt auch für die kommenden Generationen"; zuletzt nBV von 2000: „in der Verantwortung gegenüber der Schöpfung... gegenüber den künftigen Generationen...", ähnlich KV Zürich von 2004) als auch in vielen späteren Verfassungen anderswo in Europa Gefolgschaft erfahren. So findet sich die auf die „Schöpfung" bzw. „Nachwelt" bezogene Verantwortungsphilosophie etwa in den Präambeln der Verfassungen der neuen Bundesländer in Deutschland (Verf. Brandenburg von 1992: „Natur und Umwelt zu bewahren und zu schützen"; Verf. Sachsen von 1992: „Bewahrung der Schöpfung"; Verf. Mecklenburg-Vorpommern von 1993: „die natürlichen Grundlagen des Lebens zu sichern"; Verf. Thüringen von 1992: „der Verantwortung für zukünftige Generationen gerecht zu werden").

Ein Blick auf so manche Präambeltexte der osteuropäischen Reformstaa- 1380
ten nach dem „annus mirabilis" 1989 bringt deutlich geringeren Ertrag. So spricht Verf. Estland (1992) in ihrer Präambel von „gemeinsamen Nutzen zukünftiger Generationen"[894]. Präambel Verf. Montenegro (1992) fordert pathetisch: „aufgrund der Überzeugung, dass die Natur eine Quelle der Gesundheit, der Geistigkeit und der Kultur des Menschengeschlechts und der Staat der Wächter des Heiligtums und der Reinheit der Natur ist". Manche Verfassungen bauen in ihre Präambel zwar den Generationenbezug ein (vgl. Polen von 1997, Ukraine von 1996), doch denken sie dabei nicht erklärtermaßen an den Umweltschutz schon in der Präambel. Wegen der totalitären Vergangenheit sind den Verfassunggebern hier andere Themen wie Rechtsstaat, Demokratie, Grundrechte, kulturelles Erbe in dieser Form offenbar noch wichtiger.

Den Reigen der umweltschutzbezogenen *Staatsziele* eröffnet in Deutsch- 1381
land Bayern mit seiner Verfassungsrevision von 1984. Ihr in Deutschland Schule machender Art. 3 Abs. 2 lautet: „Der Staat schützt die natürlichen Lebensgrundlagen und die kulturelle Überlieferung", der das Thema in das „soft law" der Erziehungsziele weiterdenkt (Art. 131 Abs. 2, dazu unten). Andere deutsche Länder rezipieren diese Idee sukzessive dem Geist oder Buchstaben nach in späteren Verfassungsnovellen (vgl. nur Art. 1

894 Zit. nach H. Roggemann (Hrsg.), Die Verfassungen Mittel- und Osteuropas, 1999.

Abs. 2 Verf. Niedersachsen, Art. 59 a Verf. Saarland, Art. 29 a Verf. NRW). In Ostdeutschland ist das Umweltverfassungsrecht in Staatszieleform besonders reich ausgeprägt (vgl. Art. 39 und Art. 40 Verf. Brandenburg von 1992; Art. 35 Verf. Sachsen-Anhalt von 1992; Art. 31-33 Verf. Thüringen von 1993 mit dem pionierhaften Auskunftsrecht über Umweltdaten). In Verfassungen westlicher Demokratien (z.B. Art. 66 Abs. 2 Verf. Portugal, Art. 45 Abs. 2 Verf. Spanien) ist die allgemeine oder spezielle Staatszieleform ebenfalls nachweisbar (ebenso in Art. 4 Abs. 1 Statut Toskana von 2005).

1382 In Osteuropa finden sich viele Beispiele (z.B. Art. 37 Abs. 4 Verf. Georgien von 1995; Art. 3 Verf. Kroatien von 1990: Erhaltung der Natur und der Umwelt des Menschen als „höchste Werte"; Art. 54 Verf. Litauen von 1992; Art. 5, Art. 74 Verf. Polen); Art. 8 Verf. Mazedonien (1991): „Grundwerte ...: Ordnung und Humanisierung des Raumes und Schutz und Förderung der Umwelt und der Natur".

1383 Im europäischen Rechtsvergleich ist nach alledem Art. 20 a GG von 1994 eher Rezeption denn Innovation, eher „Nachzügler" denn „Vorhut", so gefällig er sich heute ausnimmt („Der Staat schützt auch in Verantwortung für die künftigen Generationen die natürlichen Lebensgrundlagen ...")[895].

2. Der Umweltschutz als konstitutionelles Erziehungsziel

1384 Platzieren manche Verfassungsstaaten den Umweltschutz schon in der Präambel, so ist es nur konsequent, dass sie den Grundwert auch in den Katalog der Erziehungsziele umsetzen[896]. Das ist vorbildlich Bayern schon 1984 gelungen (Art. 131 Abs. 2: „Verantwortungsbewusstsein für Natur und Umwelt"), und andere deutsche Länderverfassungen sind dem gefolgt (vgl. nur Art. 28 Verf. Brandenburg; Art. 7 Abs. 2 Verf. NRW; Art. 22 Abs. 1 Verf. Thüringen).

1385 In ausländischen Verfassungen in Europa findet sich diese Textgestalt seltener (vgl. Ansätze etwa in der Schweiz: Art. 36 a Abs. 1 Verf. Appenzell AR von 1995: „Verantwortung für die Mitwelt" als Erziehungsziel; ähnlich schon Art. 42 Abs. 1 Verf. Bern von 1993: „Verantwortungsbewusst-

---

895 Dazu aus dem Kommentar-Lit. mit zahlreichen weiteren Nachweisen *H. Schulze-Fielitz*, in: H. Dreier (Hrsg.), GG, Bd. II, 3. Aufl. 2015, Art. 20 a.

896 Dazu *P. Häberle*, Erziehungsziele und Orientierungswerte im Verfassungsstaat, 1981.

sein gegenüber der Umwelt"). Der verfassungsrechtliche Kanon von Erziehungszielen ist seit der WRV (vgl. ihren Art. 148) ein sehr deutsches „Erbstück" und wird in anderen Ländern eher auf die Menschenrechte bezogen (z.B. Art. 22 Abs. 3 alte Verf. Peru von 1979; Art. 72 Verf. Guatemala von 1985[897]). Gleichwohl muss eine europäische Verfassungslehre sich den Zusammenhang des „Erziehungsziels Umweltschutz" vergegenwärtigen: Die *juristischen* staatsbezogenen Umweltschutznormen greifen letztlich *generationenüberschreitend* erst dann, wenn sie schon die Schule über das entsprechende Erziehungsziel vermittelt. Als mögliche Textstufe bzw. Alternative auf nationaler wie europäischer Ebene ist jedenfalls das „Bewusstsein für den Schutz von Natur und Umwelt" als Erziehungsziel bereit zu halten[898]. Als Element des europäischen Kulturverfassungsrechts sollte es in das Blickfeld der Europapolitik in EU und Europarat rücken.

3. Umweltschutz als Grundrecht bzw. Grundpflicht

Diese dritte Kategorie vom Umweltverfassungsrecht ist die am meisten 1386
problematische. Während Staatsziele und Erziehungsziele dem Verfassungsstaat auf seiner heutigen Entwicklungsstufe entsprechen und sie sich bald in Abwägungsprozessen, bald als Argumentationstopoi auch sonst in das (einfache) Recht umsetzen lassen, ist das „Grundrecht" auf eine gute Umwelt eher irreal und eine Überforderung dessen, was von der Themenliste verfassungsstaatlicher Verfassungen her geleistet werden kann. Ein Umweltgrundrecht ist nicht einklagbar. Die Normierung von Pflichten des Einzelnen mag Ausstrahlungswirkung haben, indem sie eine Sozialpflichtigkeit z.B. des Eigentums konkretisiert (vgl. Art. 65 Abs. 2 Verf. Montenegro: Umweltschutz als Grenze unternehmerischer Freiheit!). Im Übrigen aber ist sie allenfalls als verdecktes Erziehungsziel brauchbar. Dennoch finden sich nicht wenige Beispiele solchen Umweltverfassungsrechts.

---

897 Zit. nach JöR 36 (1987), S. 641 ff. bzw. 555 ff.

898 Dieses durch Erziehung vermittelte Bewusstsein ist letztlich auch Voraussetzung der Europäisierung der nationalen Umweltrechte als Gemeinschaftsaufgabe. Für Deutschland siehe z.B. *R. Steinberg*, Probleme der Europäisierung des deutschen Umweltrechts, AöR 120 (1995), S. 549 ff.; *R.-H. Liu*, Europäisierung des deutschen Umweltrechts, 2008; R. Brinktrine (Hrsg.), Energieumweltrecht in Zeiten von Europäisierung und Energiewende, 2014.

1387 Beginnen wir mit Verfassungen in *Westeuropa*: Art. 33 Verf. Belgien (1994) wagt als Ausformung des Rechts, ein menschenwürdiges Leben zu führen u.a. „das Recht auf den Schutz einer gesunden Umwelt“ (Ziff. 4). § 20 Grundgesetz Finnland (1999) bedient sich der Pflichtenethik in dem Satz: „Jeder trägt Verantwortung für die Natur und ihre Mannigfaltigkeit sowie für die Umwelt und das Kulturerbe“. Schon Art. 66 Abs. 1 Verf. Portugal bestimmt: „Jeder hat das Recht auf eine menschenwürdige, gesunde Umwelt und ökologisch ausgewogene Umwelt und ist verpflichtet, für ihre Erhaltung Sorge zu tragen“. Art. 46 Abs. 1 Verf. Spanien normiert: „Alle haben das Recht, eine der Entfaltung der Persönlichkeit förderliche Umwelt zu genießen, sowie die Pflicht, sie zu erhalten.

1388 Die Schweiz bleibt vorsichtiger. So fortschrittlich und aufgeschlossen sie in Sachen Umweltschutz als Staatsziel, z.T. wie gezeigt schon in Präambelform mit sozialethischen Dimensionen auf der Seite des Bürgers, arbeitet, ein Grundrecht auf eine bestimmte Umwelt findet sich weder in den Kantonen noch in der nBV (vgl. Art. 73 (Nachhaltigkeit) bis zu Art. 80 (Tierschutz)). Nicht einmal in dem einflussreichen „grünen“ Privatentwurf Kölz/Müller (1. Aufl. 1984, 3. Aufl. 1995) bzw. seinem Art. 34 steht ein Grundrecht auf gesunde Umwelt, wohl aber finden sich stilbildende Normen zum Verursacherprinzip und Beschwerderecht (Art. 35). Immerhin spricht Art. 114 Verf. Solothurn (1986) „von Schutz und Pflege der Umwelt als Aufgabe aller“, postuliert Art. 6 nBV eine individuelle und gesellschaftliche Verantwortung[899], was auch auf den Umweltschutz zielen dürfte.

1389 In *Osteuropa* seien als Beispiele erwähnt: Art. 55 Verf. Bulgarien (1991):

> „Die Bürger haben ein Recht auf eine gesunde und gedeihliche Umwelt in Übereinstimmung mit den festgelegten Standards und Normen. Sie sind verpflichtet, die Umwelt zu schützen“.

1390 § 53 Verf. Estland (1992) normiert eine Umweltschutzpflicht samt Schadensersatzpflicht. Art. 69 Abs. 2 Verf. Kroatien (1990) verspricht: „Der Staat sichert das Recht des Bürgers auf eine gesunde Umwelt“. Art. 43 Verf. Mazedonien gibt jedermann einen „Anspruch auf eine gesunde Umwelt“ und verpflichtet jedermann, die Umwelt und die Natur zu fördern und zu schützen (ähnlich Art. 44 Verf. Slowakei von 1992). Die vielleicht

899 Dazu die Kommentierung *P. Häberles* von Art. 6 nBV, in: B. Ehrenzeller/Ph. Mastronardi/R. J. Schweizer/K. A. Vallender (Hrsg.), Die schweizerische Bundesverfassung, 1. Aufl. 2002, S. 67 ff., 2. Aufl. 2008, S. 137 ff.

ausgereifteste Textstufe gelingt Art. 74 Verf. Polen. Er verlangt eine „Politik, welche den gegenwärtigen und zukünftigen Geschlechtern die ökologische Sicherheit gewährleistet", normiert eine Pflicht der öffentlichen Gewalten, die Umwelt zu schützen, gibt jedermann ein Recht auf Information über den Stand des Umweltschutzes und sagt zuletzt in Abs. 4 klug: „Die öffentlichen Gewalten fördern Tätigkeiten der Bürger zu Gunsten des Schutzes und der Lageverbesserung der Umwelt". (Einige Textbausteine ähnlicher Art schon in Art. 16 Verf. Ukraine: „ökologische Sicherheit", „ökologisches Gleichgewicht".)

Im Ganzen: Gemeineuropäische Standards (z.B. die Staatsaufgaben) in Sa- 1391
chen Umweltschutz sind erst in vagen Umrissen zu erkennen. Das Ob ist Ost und West gemein, aber das Wie ist höchst facettenreich. Impulse könnten von der europäischen Ebene her kommen[900]. Die Achtung der Tiere als „Lebewesen und Mitgeschöpfe" (Art. 32 Verf. Thüringen) ist die wohl am weitesten gehende Textstufe, die auch das Menschenbild des „homo europaeus" beeinflusst. Natur- und Kulturschutz stehen auch hier wechselseitig im Kontext.

II. Konstitutionalisierungstendenzen im Europäischen Raum: europäisches Umweltverfassungsrecht im Werden

Auch hier sei zunächst das Europa im engeren Sinne der EU, dann das Eu- 1392
ropa im weiteren Sinne in den Blick genommen. So sehr einleuchtet, dass der Umweltschutz an den nationalen Grenzen nicht Halt macht, die Sache Umwelt ist in Europa auf der Textebene bei weitem nicht so stark ausgeformt wie etwa das Rechtsstaats- oder Demokratieprinzip, ganz zu schweigen von der oft fehlenden Umsetzung in die Wirklichkeit bzw. den sog. Vollzugsdefiziten. M.a.W.: die „Textdichte" ist auf der europäischen Ebene im Ganzen eher gering bzw. sie hat noch große Wachstumsaufgaben vor sich. Gibt es auf EU-Ebene viele positive Anzeichen, das übrige Europa lässt noch viele Defizite erkennen. Umso wichtiger wird die Aufgabe der europäischen „Verfassungslehre": sie hat „wissenschaftliche Vorratspolitik" zu leisten, d.h. einen Vorrat an aus dem nationalen Verfassungsrecht gewonnenen Problemlösungsmaterial in Alternativen-Form anzubie-

900 Dabei ist sogar an die EMRK zu denken, siehe *A. Kley-Struller*, Der Schutz der Umwelt durch die EMRK, EuGRZ 1995, S. 507 ff.

ten, so dass „Europa“ sich auch in Sachen Umwelt *intensiver* und *extensiver* als bisher „verfassen“ kann.

1393 Bei all dem erstaunt, dass die neuen Verfassungsstaaten in Osteuropa in ihren Texten sich des Umweltthemas figurenreich angenommen haben, was auf lange Sicht in den ganzen europäischen Raum ausstrahlen kann.

1. Umweltverfassungsrecht in der EU

1394 Während die Umwelt im Römischen Vertrag der EWG (1957) noch kein Thema war bzw. ist, hat sich das Bild in der Einheitlichen Europäischen Akte (1987), sodann darauf aufbauend in den Verträgen von Maastricht, Amsterdam und konsequent fortgeführt in Lissabon substantiell geändert[901]. Das zeigt einmal mehr, dass zunächst die nationalen Verfassungsstaaten mit ihren Texten die „Werkstatt“ für die werdende Verfassungsgemeinschaft Europas sind, sich Analogiebildungen von ihnen zu ihr hin vollziehen. Denn nur als „Landschaftsschutz“ war das Umweltthema ansatzweise bereits in den 70er Jahren bekannt (vgl. Art. 9 Abs. 1 Verf. Italien von 1947: „Sie (sc. die Republik) schützt die Landschaft“, vgl. auch unter den westdeutschen Bundesländerverfassungen etwa Art. 62 Verf. Hessen von 1946). Freilich bleibt zu beachten, dass von einer „Anfangsphase der EU-Umweltpolitik 1972-1987“ gesprochen werden kann[902], die dann in Gestalt der Einheitlichen Europäischen Akte mit Art. 130 r-t, Art. 100 a EGV a.F., jetzt 191-193 AEUV, auf Verfassungshöhe intensivierte, was zuvor in „Aktionsprogrammen“ und umfangreicher Rechtsprechungstätigkeit Gestalt angenommen hatte – Wissenschaft und Judikatur (des EuGH) hatten begleitend durch erweiternde bzw. vertiefende Auslegung der Präambel und der Art. 2, Art. 100 und Art. 235 des ursprünglichen EWGV auch den Umweltschutz als wesentliches Ziel der damaligen

---

901 *A. Epiney*, Umweltrecht der Europäischen Union, 3. Aufl. 2013; für eine ausführliche und weit ausgreifende Literaturübersicht siehe *L. Krämer*, in: H. von der Groeben/J. Schwarze/A. Hatje (Hrsg.), Europäisches Unionsrecht, Bd. IV, 7. Aufl. 2015, Vorbemerkung zu Art. 191 bis 193 AEUV, Bibliographie; früh *S. Caspari*, Die Umweltpolitik der Europäischen Gemeinschaft, 1995.

902 *Th. Oppermann/C. D. Classen/M. Nettesheim,* Europarecht, 6. Aufl. 2014, § 33, Rn. 13 f. Allgemein zur europäischen Umweltpolitik vgl. auch *M. Herdegen*, Europarecht, 16. Aufl. 2014, S. 436 ff.; *J. Scherer/S. Heselhaus*, in: M. Dauses (Hrsg.), Handbuch des EU-Wirtschaftsrechts, Bd. II, 26. EL 2010, Buchstabe O: „Umweltrecht“.

Gemeinschaft vorweg definiert[903]. Einmal mehr wird anschaulich, wie Texte durch die gemeinsame schöpferische Arbeit von Literatur und Judikatur, auch den Rechtsetzer (des „Sekundärrechts") bzw. die umweltpolitische Wirklichkeit normative Kraft erlangen und neue Inhalte gewinnen. Der Umweltschutz „suchte" sich sozusagen seine konstitutionellen Texte innerhalb der EWG, bis er dann in Art. 191- 193 AEUV, Art. 3 EUV neue Textstufen schuf.

Diese Verträge arbeiten denn auch mit Textfiguren, die z.T. aus der ver- 1395
gleichend erschlossenen Textwerkstatt verfassungsstaatlicher Verfassungen bekannt sind. Das beginnt schon in der Präambel, die sich in vielen nationalen Verfassungen als „erste Gestalt" für Umweltverfassungsrecht erwiesen hat. So heißt es in der Präambel EUV: „In dem festen Willen, im Rahmen der Verwirklichung des Binnenmarktes sowie der Stärkung des Zusammenhangs und des Umweltschutzes den wirtschaftlichen und sozialen Fortschritt ihrer Völker unter Berücksichtigung des Grundsatzes der nachhaltigen Entwicklung zu fördern ..." Und der Zielkatalog des Art. 3 Abs. 3 EUV greift diesen „Grundton" auf in Textwendungen wie „hohes Maß an Umweltschutz" oder „Verbesserung der Umweltqualität". Sein Abs. 5 nimmt dann die „nachhaltige Entwicklung" in den Blick. Solche thematischen Zusammenhänge zwischen Präambelinhalten und Grundlagen-Artikeln aus dem nationalen Verfassungsrecht sind nur zu bekannt. (Die „Nachhaltigkeit" wurde aus dem UN-Recht rezipiert)[904]. Schließlich gewinnt der Umweltschutz den hohen Rang einer allgemeinen (so in den nationalen Verfassungen nicht bekannten) Querschnittsklausel an exponierter Stelle des unionalen Verfassungsrechts, nämlich in Art. 11 EUV[905]. Dort heißt es: „Die Erfordernisse des Umweltschutzes müssen bei der Festlegung und Durchführung der in Art. 3 genannten Unionspolitiken ... insbesondere zur Förderung einer nachhaltigen Entwicklung einbezogen werden"[906]. Im Vertrag über die Arbeitsweisen der Union schmückt das

---

903 Nachweise bei *Th. Oppermann/C. D. Classen/M. Nettesheim*, Europarecht, 6. Aufl. 2014, § 33, Rn. 13.

904 Siehe früh *R. Streinz*, Auswirkungen des Rechts auf „Sustainable Development" – Stütze oder Hemmschuh? Ansätze im nationalen, europäischen und Weltwirtschaftsrecht, Die Verwaltung 1998, S. 449 ff.; aus der europarechtlichen Kommentar-Lit.: *M. Kotzur*, in: R. Geiger/D. Khan/M. Kotzur (Hrsg.), EUV/AEUV, 5. Aufl. 2010, Art. 11 AEUV, Rn. 3.

905 Dazu *R. Geiger*, in: ders./D.-E. Khan/M. Kotzur (Hrsg.), EUV/AEUV, 5. Aufl. 2010, Art. 11 EUV, Rn. 1 ff.

906 Dazu *R. Streinz*, Europarecht, 9. Aufl. 2012, Rn. 1167.

Thema „Umwelt" den eigenen Titel XX. Aus diesen ungemein dicht gearbeiteten Art. 191-193 AEUV seien einige bekannte Stichworte wie das Verursacher- und Ursprungsprinzip, auch der Vorsorge- und Vorbeugungsgrundsatz erwähnt, freilich auch Innovationen, wie die Verfahren nach Art. 191 AEUV[907]. Art. 114 Abs. 4 und 5 AEUV erlaubt nationale Ausnahmen zur Rechtsangleichung zum Schutz der Umwelt.

1396 Von Bedeutung ist auch das unionale Sekundärrecht zum Umweltschutz, sei es in seiner direkten Wirkung, sei es vermittelt durch nationale Umsetzungsakte. Erwähnt seien hier nur die frühe, noch auf Art. 100, Art. 235 EGV a.F. gestützte Richtlinie 85/337 zur Umweltverträglichkeitsprüfung[908]; die Richtlinie 90/313 über den freien Zugang zu Informationen über die Umwelt[909], sowie die neue Wege der Steuerung beschreitende Verordnung (EWG) Nr. 1836/93 zum so genannten Öko-Audit[910] und hierzu das deutsche Umweltauditgesetz (UAG)[911]. Für die Textstufenentwicklung ist dabei besonders interessant: das Sekundärrecht eilte zunächst mit der UVP-Richtlinie (1985) voraus, das Primärrecht hat den Impetus mit der Einheitlichen Europäischen Akte (1987) aufgegriffen und seither eine „*verfassende*" Schrittmacherrolle übernommen.

1397 Einen neuen Textschub hat die EU-Grundrechte-Charta (2000) geleistet. Auch sie arbeitet mit den schon bekannten Text- bzw. Stilelementen. In der Präambel findet sich der Begriff „ausgewogene und nachhaltige Ent-

---

907 Zu den „Instrumenten": *R. Streinz*, Europarecht, 9. Aufl. 2012, Rn. 1174 ff. Zu dem relativ dichten Normenbestand der EU, der nahezu alle Umweltbereiche abdeckt: *J. Jahns-Böhm*, in: J. Schwarze (Hrsg.), EU-Kommentar, 3. Aufl. 2012, Art. 191 AEUV, Rn. 2; ebd. auch zum Tierschutz (Rn. 7 f.).

908 Seinerzeit *H. D. Jarass*, Auslegung und Umsetzung der EG-Richtlinie zur Umweltverträglichkeitsprüfung, 1989.

909 Aus der Lit. der Zeit: *H.-U. Erichsen*, Das Recht auf freien Zugang zu Informationen über die Umwelt – Gemeinschaftsrechtliche Vorgaben und nationales Recht, NVwZ 1992, S. 409 ff.

910 Damals *G. Lübbe-Wolff*, Die EG-Verordnung zum Umwelt-Audit, DVBl. 1994, S. 361 ff.; *J. Falke*, „Umwelt-Audit"-Verordnung. Grundsätze und Kritikpunkte, ZUR 1995, S. 4 ff.; *W. Köck*, Das Pflichten- und Kontrollsystem des Öko-Audit-Konzepts nach der Öko-Audit-Verordnung und dem Umweltauditgesetz, VerwArch 87 (1996), S. 644 ff.; *W. Ewer/R. Lechelt/A. Theuer*, Handbuch Umweltaudit, 1998; jetzt z.B. *G. Förtsch/H, Meinholz*, Handbuch betriebliches Umweltmanagement, 2. Aufl. 2014.

911 Hierzu aus der seinerzeitigen Lit.: *J. Schnutenhaus*, Die Umsetzung der Öko-Audit-Verordnung in Deutschland, ZUR 1995, S. 9 ff.; *G. Lübbe-Wolff*, Das Umweltauditgesetz, NuR 1996, S. 217 ff. – Allgemein: Th. Giegerich u.a. (Hrsg.), Bewahrung des ökologischen Gleichgewichts durch Völker- und Europarecht, 2010.

wicklung" sowie die Generationenperspektive („Verantwortlichkeiten und Pflichten"), und Art. 37 rezipierte Textelemente aus dem schon geltenden EU-Recht *in Verbindung* mit nationalverfassungsstaatlichen Vorbildern in dem Satz: „Ein hohes Umweltschutzniveau und die Verbesserung der Umweltqualität müssen in die Politiken der Union einbezogen und nach dem Grundsatz der nachhaltigen Entwicklung sichergestellt werden". Die „nachhaltige Entwicklung" hat damit über Zeiten und Räume hinweg eine „konstitutionelle Weltkarriere" gemacht, allenfalls den Menschenrechten vergleichbar.

Im Ganzen lässt sich wohl sagen, dass das Wort von der EU als „Umwelt- 1398
union" nicht übertrieben ist. Der Umweltschutz, in den modernsten Textensembles ausgestaltet, gehört zu den konstitutionellen Grundwerten von Europa im engeren Sinne[912]. Er hält dieses „im Innersten zusammen" (den Tierschutz eingeschlossen). Die EU als regionale Verantwortungsgemeinschaft wird hier besonders greifbar. Die nationalen Verfassungsrechte der 28 Mitgliedsländer werden besonders tief vom europäischen Umweltrecht her dirigiert. Es ist ein wesentliches Integrationsvehikel. Die EU-Umweltpolitik hat genügend differenzierte Verfassungstexte, die sie mit Leben erfüllen kann und erfüllt hat. Nimmt man die Textgruppen der nationalen Verfassungsstaaten in West- und Osteuropa hinzu, so bestätigt sich die These, dass eine Europäische Verfassungslehre ohne das Umweltthema heute nicht mehr erarbeitet werden kann. Da und dort werden auch schon Standards sichtbar, die auf dem Weg sind, gemeineuropäisches Verfassungsrecht zu werden (z.B. das Verursacherprinzip). Das EU-Umweltverfassungsrecht (z.B. die Querschnittsklausel) könnte aber auch stimulierend auf andere wirken.

2. Umweltverfassungsrecht im übrigen europäischen Raum („Haus")

Hatten die schon klassischen Teilverfassungen Europas, die EMRK[913], die 1399
ESC dem damaligen Zeitgeist der 50er und 60er Jahren gemäß verständli-

912 Die Grundwerte-Dimension beweist auch, dass für den Umweltschutz nicht nur der Staat, sondern auch und gerade die Bürger in die Verantwortung genommen sind. Siehe in diesem Kontext *P. M. Huber*, Weniger Staat im Umweltschutz, DVBl. 1999, S. 489 ff.

913 Siehe aber *A. Kley-Struller*, Der Schutz der Umwelt durch die EMRK, EuGRZ 1995, S. 507 ff.

cherweise den Umweltschutz noch nicht thematisiert, so ändert sich dies in späteren Dokumenten. Ohne Anspruch auf Vollständigkeit sei aus der Charta von Paris für ein neues Europa (November 1990)[914] der Passus zitiert: „Der Schutz der Umwelt liegt in der gemeinsamen Verantwortung aller unserer Nationen". In den nachfolgenden „Leitsätzen für die Zukunft" figuriert nach der wirtschaftlichen Zusammenarbeit immerhin das Thema „Umwelt". Stichworte sind hier z.B. „gesundes ökologisches Gleichgewicht in Luft, Wasser und Boden", „gut informierte Gesellschaft als Voraussetzung", „Einführung sauberer und abfallarmer Technologien", „wirksame Durchführung umweltpolitischer Maßnahmen". Auch das Krakauer Symposium über das kulturelle Erbe der KSZE-Teilnehmerstaaten vom Juni 1991[915] denkt, wenn auch von seinem Anliegen her negativ, an das Umweltthema (Ziff. 35: koordinierte Maßnahmen zum Schutz des gemeinsamen kulturellen Erbes vor schädigenden Umwelteinflüssen; auch Ziff. 36 und 37 wollen der „Umweltverschmutzung" entgegen wirken).

1400 *Im Ganzen*: Das Umweltthema ist in Gesamteuropa bislang nur eine schwache *Teil*verfassung. Obwohl die osteuropäischen Staaten auf ihrer nationalen Ebene textlich ein ausgreifendes Umweltverfassungsrecht seit 1989 „nachgeholt" haben, ihre Armut aber viele Vollzugsdefizite zulässt, von der gesamteuropäischen Ebene der OSZE her bieten sich ihnen nur sehr allgemein gehaltene Leitbilder. Hier besteht noch großer Nachholbedarf. Die europäische Verfassungslehre kann begrenzt „vorarbeiten". Die Idee der gesamteuropäischen „Verfassungswerkstatt" dürfte dabei ebenso hilfreich sein wie die Erkenntnis der europaweiten, z.T. weltweiten Produktions- und Rezeptionsgemeinschaft in Sachen „Verfassung", seien es Texte, Theorien, Judikatur oder (politische) Praxis.

---

914 Zit. nach EuGRZ 1990, S. 517 ff. Aus der Lit.: *A. Kley-Struller*, Der Schutz der Umwelt durch die Europäische Menschenrechtskonvention, EuGRZ 1995, S. 507 ff.; *R. Schmidt-Radefeldt*, Praktische Relevanz der EMRK für den Umweltschutz, EuGRZ 1999, S. 192 ff.

915 Zit. nach EuGRZ 1991, S. 250 ff.

N. Das europäische Wirtschaftsverfassungsrecht

Vorbemerkung

Im Kontext des europäischen Wirtschaftsverfassungsrechts[916] wird der Unterschied zwischen „Europäischem Verfassungsrecht" und „Europäischer Verfassungslehre" vielleicht am deutlichsten. Ersteres hätte mit einem institutionellen Teil zu beginnen und den Binnenmarkt an den Anfang seines materiellen Teils zu stellen. Das Binnenmarktrecht behandelt einen frühen und den vielleicht am weitesten ausgreifenden Teil jenes Primärrechtsbestands, der Schritt für Schritt im konstitutionelle Qualität erwachsen ist. Für letztere ist das Binnenmarktrecht nur ein, wenngleich ein zentrales Referenzgebiet, das aber, das erst im Lichte der konstitutionellen „Dreieinigkeit" von Demokratie, Menschenrechten und Rechtsstaat her erschlossen werden kann. Wenn die Wirtschaftsverfassung im Rahmen dieser europäischen Verfassungslehre äußerlich also eher ans Ende gerückt ist, so geschieht dies nicht ganz zufällig und der konstitutionellen Logik einer Verfassungslehre folgend. Entgegen der am positiven Recht ablesbaren Entwicklungsgeschichte von der EWG (1957) zur EU nach Lissabon (2009) kann für die Verfassungslehre bzw. die Verfassungstheorie zudem nur das *Europa der Kultur* der übergeordnete Rahmen bzw. die tragende Grundstruktur sein. So wichtig das Europa der Wirtschaft ist, so viel europäische Vitalität (und Krisenanfälligkeit!) sich in den Märkten zeigt, so viel Positives der wachsende Wohlstand bei der europäischen Einigung bewirkt hat: die letzten bzw. vorletzten „Ressourcen Europas" als Verfassungsgemeinschaft kommen aus der Tiefe seiner Kulturgeschichte, der Vielfalt seiner nationalen Kulturen, den vielerlei Rezeptions- und Produktionsprozessen in Sachen Kultur, der Pluralität seiner vielen Mischkulturen (z.B. in *W. A. Mozarts* „Türkischen Märschen" hörbar oder in Palermos Monreale sichtbar). Überdies mussten die Elemente und Dimensionen 1401

916 Siehe auch die Begriffsbildung bei P.-Ch. Müller-Graff/A. Hatje (Hrsg.), Enzyklopädie Europarecht, Bd. V: Europäisches Wirtschaftsordnungsrecht, 2015; *M. P. Egan,* Single Markets, Economic Integration in Europe and the United States, 2015; K. J. Hopt (Hrsg.), Das europäische Wirtschaftsrecht vor neuen Herausforderungen. Beiträge aus Deutschland und Griechenland, 2014; *E.-U. Petersmann*, International Economic Law in the 21st Century. Constitutional Pluralism and Multi-Level Governance of Interdependent Public Goods, 2012; Ch. Joerges/E.-U. Petersmann (Hrsg.), Constitutionalism, Multi-Level Trade Governance and International Economic Law, 2011; schon im Jahre 1990 sprach *E. Grabitz*, Über die Verfassung des Binnenmarktes, in: FS Steindorff, 1990, S. 1229 ff.

sozialer Gerechtigkeit, früh im idealistischen Entwurf der ESCE (1961) sichtbar und in Gestalt der unionalen „Solidarität“ in der EU-Grundrechte-Charta (2000) erkennbar, als immanente Grenzen der Sache Wirtschaft schon vorher angedeutet werden, waren das Europäische Umweltverfassungsrecht und das europäische Religionsverfassungsrecht zu skizzieren, weil der Markt instrumental in den Dienst des Menschen zu stellen und auf all die vorgenannten Gemeinwohlziele hin zu orientieren ist.

1402 Wie bei den anderen Abschnitten sei auch hier das *Analogieverfahren* bevorzugt. Der erste Blick gilt den nationalen Wirtschaftsstrukturen, ehe nach den Möglichkeiten und Grenzen ihrer Übertragung auf die beiden Räume des „europäischen Hauses“, das Europa der EU bzw. des Europarates samt OSZE, gefragt wird. Gerade das Europa im weiteren Sinne kann aber ohne die nationalen Wirtschaftssysteme der neuen Reformstaaten in Osteuropa nicht erfasst werden. Auf eine Weise schließt sich so der Kreis: von West nach Ost. Gerade nach der Osterweiterung, angesichts der Europäischen Nachbarschaftspolitik (Art. 8 EUV) mit ihrer „Östlichen Partnerschaft“[917] und vielfältiger Assoziierungsformen muss ihr Verfassungsmaterial mit spezifischer Kontextsensibilität berücksichtigt werden. Der gemeineuropäische Raum ist so i.S. des „Mehrebenendenkens“[918] von vornherein im Ganzen in den Blick zu nehmen, so stückwerkhaft dies immer bleiben mag. Die „Querelles allemandes“ i.S. des deutschen Streits um das Wirtschaftsverfassungsrecht können dabei nur ein kleines Stück im Mosaik sein. Die mit der Euro-Einführung und der späteren Finanzkrise, oft fälschlich als „Eurokrise“ apostrophiert, verbundenen Umbrüche seien als Stichwort in Erinnerung gerufen.

---

917 Sie umfasst die Länder Armenien, Aserbaidschan, Belarus, Georgien, Moldau und die Ukraine; detaillierte Nachweise bei *W. Hummer*, in: Ch. Vedder/W. Heintschel v. Heinegg (Hrsg.), Europäisches Unionsrecht, 2012, Art. 8 EUV, Rn. 20.

918 Dazu die Ansätze bei *I. Pernice*, Europäisches und nationales Verfassungsrecht, VVDStRL 60 (2001), S. 148 ff. Wegweisend: *J. Schwarze*, Auf dem Weg zu einer europäischen Verfassung – Wechselwirkungen zwischen europäischem und nationalem Verfassungsrecht, EuR 2000, Beiheft 1, S. 7 ff.

I. Stichworte zum nationalen Wirtschaftsverfassungsrecht: Fünf Thesen zur Verfassungstheorie des Marktes

1. Einleitende Aspekte

Das fast globale Scheitern des Marxismus-Leninismus hat viele Strukturelemente des Verfassungsstaates, vor allem die Menschenrechte, die Demokratie, den Rechtsstaat und auch die (soziale) Marktwirtschaft weltweit positiv ins Bewusstsein gerückt und als große Reformziele in Osteuropa legitimiert. Nicht zuletzt die Erfolgsgeschichte der „Marktwirtschaft" übt eine Faszination aus, die von den einzelnen Wissenschaften erst noch analysiert und erklärt werden muss, auch und gerade heute, da sich in Osteuropa drastisch zeigt, wie schwer die Umstellung von der Kommandowirtschaft auf die soziale Marktwirtschaft praktisch ist: personell, institutionell und rechtlich, aber auch psychologisch-mental und „moralisch". Die Verfassungslehre muss sich den Grundlagen-Fragen stellen: Welches sind die Perspektiven einer Verfassungstheorie des Marktes, die diesen als Teil der pluralistischen Gesellschaft konstituiert und in das Ganze der verfassungsstaatlichen Grundwerte einordnet? Der bundesdeutsche „Streit um das Wirtschaftsverfassungsrecht" liegt weit zurück und betrifft nur einen nachgeordneten Teilbereich der Grundsatzfrage[919]. Im Übrigen hat auch die Europa(rechts)wissenschaft dringlich – neu – nach dem „Markt" zu fragen[920], und das Entstehen eines riesigen Weltmarktes über alle Staatsgren- 1403

---

919 Aus der Lit.: U. Scheuner (Hrsg.), Die staatliche Einwirkung auf die Wirtschaft, 1971; *H. H. Rupp*, Grundgesetz und „Wirtschaftsverfassung", 1974; *R. Schmidt*, Staatliche Verantwortung für die Wirtschaft, in: HStR, Bd. IV, 3. Aufl. 2006, § 92; *P. Badura*, Wirtschaftsverfassung und Wirtschaftsverwaltung, 4. Aufl. 2011.; *F. Frotscher/U. Kramer*, Wirtschaftsverfassungs- und Wirtschaftsverwaltungsrecht. Eine systematische Einführung anhand von Grundfällen, 6. Aufl. 2013. Grundlegend für die Debatten in den frühen Jahren der Bundesrepublik war vor allem *E. R. Huber*, Der Streit um das Wirtschaftsverfassungsrecht, DÖV 1956, S. 97 ff., 135 ff., 172 ff., 200 ff. Im Blick auf die deutsche Wiedervereinigung: *M. Schmidt-Preuß,* Soziale Marktwirtschaft und Grundgesetz vor dem Hintergrund des Staatsvertrages zur Währungs-, Wirtschafts- und Sozialunion, DVBl. 1993, S. 236 ff.

920 Aus der Lit. etwa: L. Herzog/A. Honneth (Hrsg.), Der Wert des Marktes. Ein ökonomisch-philosophischer Diskurs vom 18. Jahrhundert bis zur Gegenwart, 2014; *G. Dueck*, Abschied vom Homo Oeconomicus. Warum wir eine neue ökonomische Vernunft brauchen, 2012; *L. Gertenbach*, Foucault und die Gouvernementalität des Neoliberalismus, 2007; *F. Wollenschläger*, Grundfreiheit ohne

zen hinweg liefert einen weiteren Grund, nach dem Markt, einem trotz aller Popularität recht „unbekannten Wesen" in der Breite vieler Teildisziplinen und der Tiefe jeder einzelnen sehr prinzipiell zu fragen. Die Verfassungslehre ist hier umso mehr gefordert als im Westen ein neuer Ökonomismus bzw. Materialismus um sich greift, Ökologie und Ökonomie verknüpft werden müssen und verfassungspolitisch in allen heutigen Prozessen der Verfassunggebung (z.B. in Mittel- und Osteuropa) praktisch zu entscheiden ist, was in Sachen Markt und Marktwirtschaft wie und auf welche Verfassungstexte gebracht werden soll[921]. *B. Geremek* hat in der Aufbruchsphase nach 1989 mit Recht den Satz formuliert[922]: „Es hat sich als leichter erwiesen, auch wenn das im Lichte der Geschichte Polens während der letzten zweihundert Jahre wie ein Paradoxon erscheint, die Freiheit zu erringen, als die Demokratie und die Marktwirtschaft wieder aufzubauen". Damit sind die zwei Prinzipien genannt, die im Verfassungsstaat von heute *untrennbar* zusammengehören: *Demokratie* und – soziale – *Marktwirtschaft*. Der moderne Verfassunggeber sollte diesem Zusammenhang gerecht werden und die soziale Marktwirtschaft textlich auf die Verfassungsstufe heben. Dabei sei erinnert: Erst die Staatsschuldenkrise führte zur umstrittenen Implementierung einer „Schuldenbremse" in Art. 109 GG und Art. 115 GG[923].

Markt, 2007 – die gleiche Frage stellt mehr als 15 Jahre vorher aus einem ganz anderen Kontext heraus *C. Joerges*, Markt ohne Staat? – Die Wirtschaftsverfassung der Gemeinschaft und die regulative Politik, in: R. Wildenmann (Hrsg.), Staatswerdung Europas?, 1991, S. 225 ff.

921 Im Folgenden ist nur eine Skizze möglich, die an frühere Arbeiten *P. Häberles* anknüpft und diese zu systematisieren sucht: *ders.*, Die Entwicklungsstufe des heutigen Verfassungsstaates – Paradigmen, Verfassungsthemen, Textstufen und Tendenzen in der Weltstunde des Verfassungsstaates – Der polnische Entwurf 1991, Rechtstheorie 22 (1991), S. 431 ff., 443 ff.; *ders.*, Verfassungsentwicklungen in Osteuropa – aus der Sicht der Rechtsphilosophie und der Verfassungslehre, AöR 117 (1992), S. 169 ff., 178 ff.; *ders.*, Grundrechte in pluralistischen Gesellschaften, Die Verwaltung 1993, S. 421 ff.

922 *B. Geremek*, Polens Botschaft für Europa, FAZ vom 3. Mai 1991, S. 37.

923 *C. Mayer*, Greift die neue Schuldenbremse?, AöR 136 (2011), S. 266 ff.

2. Die Einzelausarbeitung

a) Der Markt in kulturwissenschaftlicher Sicht, die „Zweihände-Lehre“ Markt/Recht, das integrierende Verfassungsverständnis

Der „Markt“ sei im ersten Zugriff mit Hilfe des Alltagsverständnisses lexikalischer Stichworte erschlossen: „Unter dem Markt ist die Ebene des Leistungsaustausches von Angebot und Nachfrage zu verstehen“[924], Markt = „ökonomischer Ort des Tausches, an dem sich durch das Zusammentreffen von Angebot und Nachfrage Preise bilden“[925] oder Markt = „Prozess, durch den in der auf dem Sondereigentum an den Produktionsmitteln beruhenden arbeitsteiligen Wirtschaft (Marktwirtschaft) die Erzeugung in die Wege gelenkt wird, auf denen sie der Befriedigung der dringendsten Bedürfnisse der Verbraucher am besten dient“[926]. Die Einzelwissenschaften – gerade hier zu arbeitsteiliger Interdisziplinarität aufgerufen – haben tiefer um die Eigenart des Marktes gerungen: Erwähnt sei das jetzt geflügelte Wort *F. A. von Hayeks* vom Markt als „Entdeckungsverfahren“ bzw. „Wissensgewinn aus trial and error“[927] oder die fragwürdige These vom Markt als Raum des „Dialogs über Werte“[928]. Dieser Idealisierung des Marktes[929] steht die anfechtbare Dämonisierung seitens des Marxismus gegenüber (Markt als Naturzustand für menschliche Wolfsnaturen, die einseitig das Recht des Stärkeren durchsetzen). Verkannt ist, dass der Markt im Verfassungsstaat weder rechts-, noch staats- und ethikfreier Raum ist. 1404

924 Art. Markt, in: Deutsches Rechtslexikon, Bd. II, 3. Aufl. 2003, S. 891.

925 Art. Markt, in: Gabler Wirtschaftslexikon, 18. Aufl. 2014, S. 283.

926 So eine bekannte Definition aus der alten, aber keineswegs überholten Lit.: Art. Markt, in: HdSW, Bd. VII, 1961, S. 131.

927 *F.A. von Hayek*, Die Verfassung der Freiheit, 3. Aufl. (Nachdruck 1991); *ders.*, Der Weg zur Knechtschaft, Neuausgabe 2003. Eine gute Einführung in das Lebenswerk *von Hayeks* gibt Schweizer Monatshefte, Heft 5a (1992): In memoriam F. A. von Hayek 1899 bis 1992, dort auch zu seinem Verhältnis zu *K. Popper* (S. 106 ff.); ferner *M. Streit*, Wissen, Wettbewerb und Wirtschaftsordnung, in: ORDO, Bd. 43 (1992), S. 1 ff.; *R. Kley*, F. A. Hayeks wissenschaftliche Verteidigung des Liberalismus, ZfP 1993, S. 30 ff.

928 So, auch daran sei aus der älteren Lit. erinnert, *W. Fikentscher*, Wirtschaftsrecht, Bd. I, 1983, S. 10.

929 Bekannt geworden ist die liberale Lehre von den „Drei Marktplätzen“ (wirtschaftlicher, politischer und geistig-kultureller Wettbewerb).

Die „invisible hand" des Marktes (*A. Smith*)[930] und die „sichtbare Hand des Rechts" (*E.-J. Mestmäcker*)[931] sind *gleichzeitig* zu denken. Das Netz von Millionen von rechtlich geordneten Verträgen, die Vertrauen voraussetzen und schaffen, ähnelt jenem Gesellschaftsvertrag, der aus dem Urzustand („status naturalis") in den „status civilis vel culturalis" herausführt und für den Verfassungsstaat im Ganzen charakteristisch ist: als immer neues Sich-Vertragen und Sich-Ertragen aller Bürger. Der Markt ist ein Sektor dessen, was der Gesellschaftsvertrag umfasst: life, liberty, estate, property, Arbeit aller gleichen Vertragspartner. Das empirisch nachweisbare Vertragsverhalten im Markt („Marktpartner") sollte den Anschluss suchen im Verhältnis zu den klassischen und neueren Vertragstheorien (und Gerechtigkeitslehren bis hin zu *J. Rawls*). Der Markt ist im Verfassungsstaat wie alles gesellschaftliche Leben strukturiert, funktionalisiert und normativ geprägt, d. h. konstituiert. Er ist realiter und ideell vom *Natur*zustand in den *Kultur*zustand transformiert: z.B. durch die materiellen und prozessualen Gerechtigkeits- und Gemeinwohlpostulate der Verfassung und die Rechtsordnung im Ganzen. Seine Freiheiten sind – auch durch die geschichtliche Entwicklung belegbar – von vornherein kulturelle, nicht natürliche Freiheiten. Und gerade einer Verfassungstheorie des Marktes muss es gelingen, im Prinzipiellen *Rousseau*s „Zurück zur Natur" das „Zurück zur Kultur" (*A. Gehlen*) entgegen zu setzen. Der Verfassungsstaat nimmt die spezifischen Leistungen des Marktes in seinen Dienst als unverzichtbares materielles Substrat seiner ideellen, auf die Menschenwürde und die Demokratie gerichteten Ziele. Weder die Dämonisierung noch die Idealisierung des Marktgeschehens wird diesem gerecht. Der realistische Blickwinkel auf einer *mittleren Linie* ist gefordert. Dadurch bleibt Raum für die Differenzierung nach *Teil*märkten: wie den „Kunst-"[932], Medien-,

---

930 Der „locus classicus" findet sich in *A. Smith*, Der Wohlstand der Nationen, in: H. C. Recktenwald (Hrsg.), 1986, S. 371: „Und er wird in diesen wie auch in vielen anderen Fällen von einer unsichtbaren Hand geleitet, um einen Zweck zu fördern, den zu erfüllen er in keiner Weise beabsichtigt hat."

931 Vgl. *E.-J. Mestmäcker*, Recht und ökonomisches Gesetz, 2. Aufl. 1984; *ders.*, Wirtschaftsrecht, RabelsZ 54 (1990), S. 409 ff.; *ders.*, Die sichtbare Hand des Rechts. Über das Verhältnis von Rechtsordnung und Wirtschaftssystem, 1978.

932 Dazu *P. Häberle*, Die Freiheit der Kunst in kulturwissenschaftlicher und rechtsvergleichender Sicht, in: P. Lerche u.a., Kunst und Recht im In- und Ausland, 1994, S. 37 ff., 71 ff. – Wichtig: BVerfGE 119, 1 – Esra.

auch „Meinungsmarkt“ hier, den Arbeits- und Kapitalgütermarkt dort[933], wobei heute die Europäisierung und Globalisierung der Märkte neue Herausforderungen an die Theorie des kooperativen Verfassungsstaates stellen. Gleiches gilt für die großen Verantwortungszusammenhänge, in die die nationalen und internationalen Märkte wegen des Umweltschutzes geraten[934]. Das „Prinzip Verantwortung“ (*H. Jonas*) nimmt sie verfassungsstaatlich wie auf dem Forum der Menschheit in „weltbürgerlicher Absicht“ spezifisch neu in Dienst.

Der Markt ist als Teil der offenen Gesellschaft von deren *Verfassung* 1405
(aus)gestaltet: als solcher nicht „naturwüchsig“ vorgegeben, sondern verfasst, nicht Reservat oder ausgegrenzt, sondern ein gesellschaftlicher Bereich, in dem sich die Ausübung vieler Grundrechte durch viele trifft: in Konkurrenz und Partnerschaft, in Austausch und Bündelung, im Mit- und Gegeneinander. Diese *Kommunikationsvorgänge* sind nicht „wild“, ein Freiraum ungezügelter Egoismen, die bürgerkriegsähnlich aufeinander prallen, sondern buchstäblich „kultiviert“- ein Stück Kultur. Damit werden die harten Interessengegensätze und Auseinandersetzungen der Marktbürger und ihrer (durch gewaltenteilende Strukturen disziplinierten) Gruppen nicht geleugnet, aber das Gewaltmonopol des Verfassungsstaates, das sich vielfältig ausdifferenzierende (oft genug auch verfehlte) Verbot des Missbrauchs wirtschaftlicher Macht (z.B. in den Generalklauseln des Bürgerlichen Rechts), das Einfordern von Sozialpflichtigkeit und Gemeinsinn, insgesamt das subtile Gebäude der lange gewachsenen Rechtskultur eines Volkes prägen das Markt- bzw. Wirtschaftsleben und machen es zu einem *inneren* Bestandteil der lebenden Verfassungsordnung. Die Intensität des

933 Dementsprechend hat das sich in der Geschichte ändernde Erscheinungsbild des Marktes bzw. der Wirtschaft Teil einer *Kultur*geschichte zu sein. Die Geistesgeschichte hat mit keinem geringeren als *Aristoteles* zu beginnen: vgl. *H. Flashar/O. Issing/S. Todd Lowry/B. Schefold*, Aristoteles und seine „Politik“, Vademecum zu einem Klassiker des antiken Wirtschaftsdenkens, 1992; *E. Salin*, Politische Ökonomie, Geschichte der wirtschaftspolitischen Ideen von Platon bis zur Gegenwart, 5. Aufl. 1967; B. Schefold (Hrsg.), Die Darstellung der Wirtschaft und der Wirtschaftswissenschaften in der Belletristik, 1992. Kulturwissenschaftlich arbeitet auch *E. Heuss*, Evolutorik und Marktwirtschaft, Jöhr-Vorlesung St. Gallen, 1992, S. 11 ff. Zu einem ganz aktuell sich ändernden Erscheinungsbild des Marktes im Generationenwandel seiner Akteure: *M. Kovarik*, Der Ruf der Generation Y nach „Easy Economy“. Wie eine neue Arbeitnehmergeneration den österreichischen Arbeitsmarkt auf den Kopf stellen wird, 2013.

934 Zu *H. Jonas: J. Schubert*, Das Prinzip „Verantwortung“ als verfassungsstaatliches Rechtsprinzip, 1998.

Verfassens der Marktwirtschaftsvorgänge unterscheidet sich zwar in Raum und Zeit von Nation zu Nation im Laufe der Geschichte, und die große Bandbreite wird sogar innerhalb desselben Verfassungsstaates z.B. durch Frankreichs (an „trial and error" orientierten) Pendeln zwischen Planwirtschaft und Sozialisierung bzw. Marktwirtschaft und Privatisierung unter den Präsidenten *Ch. de Gaulle* und *F. Mitterrand* und aktuell auch *F. Hollande* illustriert[935]. Gleichwohl vollzieht sich all dies auf dem Boden und im Rahmen einer die Marktkräfte und ihre Leistungen nutzende Verfassung: jedenfalls im Lichte des hier vertretenen *Verfassungsverständnisses*. Danach ist Verfassung „rechtliche Grundordnung" von Staat *und* Gesellschaft, sie dient nicht nur der Beschränkung und Rationalisierung von Macht"prozessen", sie konstituiert diese auch. Sie vergegenwärtigt den nationalen Grundkonsens, ist „Norm und Aufgabe" (*U. Scheuner*), „Anregung und Schranke" (*R. Smend*), ein öffentlicher Prozess. Das „gemischte" Verfassungsverständnis greift viele Teilaspekte der bisherigen Diskussion auf und unternimmt eine pragmatische Integration von Theorieelementen. Vor allem setzt es kulturwissenschaftlich an. Einbezogen in all diese (kulturellen) Zusammenhänge ist der Markt im Ganzen wie im Einzelnen: in seinen Strukturen und Funktionen, aber auch in seinen Grundrechtsbezügen, d. h. seiner Bedeutung für die Realisierung der Grundrechte und umgekehrt in seinem Konstituiert-Werden durch die Grundrechte der Einzelnen und Gruppen. In der Tiefe, letztlich und erstlich sind die „wirtschaftlichen Freiheiten" *kulturelle*: Freiheiten im Kulturzustand, zu dem auch die Wirtschaft gehört, obschon sie sich von den klassischen Kulturfeldern Religion und Bildung, Kunst und Wissenschaft unterscheidet[936].

---

935 So gibt es die italienische Variante der (sozialen) Marktwirtschaft mit dem (noch) hohen Anteil an Staatswirtschaft, die französische mit viel „Industriepolitik" oder den englischen „Thatcherismus", „New Labour" und die endgültige Abkehr davon durch die Wahl des linken Pazifisten Jeremy Corbyn zum neuen Labour-Vorsitzenden im September 2015. – Hilfreich: *A. Rinken*, Alternativen zur Privatisierung, 2008; *H. Rossnow*, Globalismus und New Labour. Zur diskursiven Konstruktion von Globalisierungsprozessen im Großbritannien der Blair-Ära, 2011.

936 Vgl. *L. Raiser*, Wirtschaftsverfassung als Rechtsproblem, in: FS J. von Gierke, 1950, S. 181 ff., 188, Wirtschaft und Recht seien „Teilbereiche ein und derselben Kultur, Schöpfungen eines Geistes, Glieder einer Wertwelt, Zeugnisse eines Gesamtstils ihres Volkes". – S. auch *W. Röpke* (1944), zit. nach W. Stützel u.a. (Hrsg.), Grundtexte zur Sozialen Marktwirtschaft, 1981, S. 229: „Sie (sc. die lebensfähige und befriedigende Marktwirtschaft) ist vielmehr ein kunstvolles Gebilde und ein Artefakt der Zivilisation, ..."; „... dass auch der Ablauf der so einge-

b) Der Markt im Koordinatensystem staats- und rechtsphilosophischer Klassiker-Texte: Menschenbild, Gesellschaftsvertrag, Erziehungsziele und Gewaltenteilung im wirtschaftlichen Bereich

Eine Verfassungstheorie des Marktes hat sich den Paradigmen der klassi- 1406
schen Rechts- und Staatsphilosophie ganz unmittelbar zu stellen. „Auf den Schultern von Riesen" wären Gipfelgespräche unter den Klassikern selbst – mit Blick auf die Verfassung – erforderlich[937]. Denn der Markt ist mit den Grundlagen sozialen Zusammenlebens eng verknüpft (z.B. mit „Menschenbild" und „Gesellschaft") und er bleibt dem Gerechtigkeits- und Gemeinwohlpostulat ebenso unterworfen wie andere Teilbereiche einer pluralistischen Demokratie. Nicht zuletzt ist die Frage nach den Strukturen und Funktionen des Marktes auch eine Frage nach dem „richtigen" Verfassungsverständnis. In dem Maße, wie die Rechts- und Staatslehre heute in die Lehre vom Verfassungsstaat zu integrieren ist, wird eine Verfassungstheorie des Marktes erforderlich, die diesen im Ganzen und im Einzelnen erfasst. Hier einige Stichworte: Der als Teil der pluralistischen Gesellschaft zu sehende Markt ist wie diese *verfasst*, d. h. er meint den Menschen nicht im Naturzustand („status naturalis"), sondern im „status civilis", d. h. Kulturzustand. Der Markt darf kein „bellum omnium contra omnes" sein bzw. werden, kein Feld für die vielleicht wirklich z.T. wölfische Natur des Menschen, so wie der Verfassungsstaat ja auch nicht von *T. Hobbes*, sondern von *J. Locke* her konstruiert und i.S. *I. Kants* ein Gesellschaftsvertrag fingiert wird. Das „gedämpft optimistische Menschenbild", nicht das pessimistische, auf den Erfahrungen des Bürgerkriegs beruhende von *T. Hobbes*, prägt den Verfassungsstaat ganz allgemein wie auch das Verständnis seines „Marktbürgers"[938]. *A. Smith* hat sein Menschenbild ebenso realistisch umschrieben wie klassisch formuliert[939]: „Dagegen ist

rahmten und überwachten Marktwirtschaft bestimmter wohldosierter und wohlerwogener Eingriffe des Staates bedarf."

937 L. Herzog/A. Honneth (Hrsg.), Der Wert des Marktes. Ein ökonomisch-philosophischer Diskurs vom 18. Jahrhundert bis zur Gegenwart, 2014. Eine reiche Fundgrube wirtschaftswissenschaftlicher Klassikertexte stellt für die Verfassungslehre der frühe Band dar: W. Stützel u.a. (Hrsg.), Grundtexte zur Sozialen Marktwirtschaft, 1981.

938 Dazu *P. Häberle*, Das Menschenbild im Verfassungsstaat , 1. Aufl. 1988 (4. Aufl. 2008).

939 *A. Smith*, Der Wohlstand der Nationen, 1776, in: H. C. Recktenwald (Hrsg.), 1986, S. 17.

der Mensch fast immer auf Hilfe angewiesen, wobei er jedoch kaum erwarten kann, dass er sie allein durch das Wohlwollen der Mitmenschen erhalten wird. Er wird sein Ziel wahrscheinlich viel eher erreichen, wenn er deren Eigenliebe zu seinen Gunsten zu nutzen versteht, indem er ihnen zeigt, dass es in ihrem eigenen Interesse liegt, das zu tun, was er von ihnen wünscht ... Wir wenden uns nicht an ihre Menschen-, sondern an ihre Eigenliebe, und wir erwähnen nicht die eigenen Bedürfnisse, sondern sprechen von ihrem Vorteil". Dieser Menschenbildaspekt ist der vom Verfassungsstaat auch im Blick auf den Markt gemeinte. In seinen Prinzipien, die das Wirtschaftsleben prägen, kommt dies immer wieder zum Ausdruck: etwa dank der Garantie des Privateigentums (bis hin zur Testierfreiheit) in Gestalt der „Privatnützigkeit"[940]. Dieses Menschenbild des „privatnützigen" Bürgers ist aber mit der Kunstfigur des viel zitierten „*homo oeconomicus*"[941] nicht identisch. Der „rationale Nutzenmaximierer" trifft nur einen *Teil*aspekt: denn weder ist der Mensch selbstsüchtig *nur* am *ökonomischen* Nutzen und Gewinnstreben orientiert, noch wird er allein vom *Rationalen* motiviert[942]. Die „frei und gleich an Würde und Rechten" ge-

---

940 *P. Häberle*, Vielfalt der Property Rights und der verfassungsrechtliche Eigentumsbegriff (1984), in: *ders.*, Rechtsvergleichung im Kraftfeld des Verfassungsstaates, 1992, S. 484 ff. – Vgl. *W. Eucken* (1952): „Nur im Rahmen der Wettbewerbsordnung gilt der viel genannte Satz, dass Privateigentum nicht nur dem Eigentümer, sondern auch dem Nichteigentümer Nutzen bringe" (zit. nach W. Stützel u.a. (Hrsg.), Grundtexte zur Sozialen Marktwirtschaft, 1981, S. 153).

941 *G. Kirchgässner*, Homo oeconomicus, 4. Aufl. 2013, S. 12 ff. – Klassisch *W. Röpke*, Ethik und Wirtschaftsleben (1955), zit. nach W. Stützel u.a. (Hrsg.), Grundtexte zur Sozialen Marktwirtschaft, 1981, S. 439 ff. (insbes. S. 441: „Es gibt einen Ökonomismus, der das Mittel zum Zweck macht und nur an das Brot denkt ..."; S. 447: „Ein solcher „homo oeconomicus" existiert aber als Durchschnittstyp so wenig wie die Helden und Heiligen"; S. 448: „das Wirtschaftsleben spielt sich nicht in einem moralischen Vakuum ab. Es ist vielmehr dauernd in Gefahr, die ethische Mittellage zu verlieren ..."). A. Löhr (Hrsg.), Resozialisierung der ökonomischen Rationalität, 2015; *M.-K. Franke*, Der Konsument – Homo Emoticus statt Homo Oeconomicus?, 2014.

942 *Philosophisch* ist das Modell des „homo oeconomicus" zu kritisieren, weil es die sozialen Bezüge übersieht, in denen jeder Einzelne von vornherein steht; *ethisch* verkennt es die Bindung des Menschen an überideelle Werte; *empirisch* übersieht es, dass der Mensch nicht nur rational ist und seine Präferenzen nicht immer dieselben sind. Schließlich ist mit *W. Röpke* (1955) daran zu erinnern, dass der Gewinnmaximierer den Markt untergräbt, weil Markt und Wettbewerb nur „von moralischen Ressourcen zehren, selbst aber keine schaffen" (zit. nach W. Stützel u.a. (Hrsg.), Grundtexte zur Sozialen Marktwirtschaft, 1981, S. 439 ff., 448). Siehe

borenen, mit „Vernunft und Gewissen begabten", auf den „Geist der Brüderlichkeit" verpflichteten Menschen (vgl. Art. 1 AEMR von 1948) sind in ihrer „Natur" – und Kultur – viel zu komplex (*auch* emotional, *auch* altruistisch, *auch* idealistisch), als dass sie sich auf solche simplen Formeln bringen ließen. Vor allem besteht die kulturelle Leistung des Verfassungsstaates gerade darin, die Vielfalt der Menschenbildelemente zur Kenntnis zu nehmen, sie zu schützen, auf sie zu setzen und sie zu „bilden und zu bessern". In seinen *Erziehungs*zielen werden Teilaspekte „seines" Menschenbildes sichtbar. So soll nach Art. 26 Ziff. 2 der erwähnten AEMR die Ausbildung die volle Entfaltung der menschlichen Persönlichkeit und die „Stärkung der Achtung der Menschenrechte" sowie „Verständnis und Duldsamkeit" zum Ziele haben; so verlangt z.B. Art. 26 Ziff. 1 Verf. Bremen (1947) die „Erziehung zu einer Gemeinschaftsgesinnung, die auf der Achtung der Würde jedes Menschen und auf dem Willen zu sozialer Gerechtigkeit und politischer Verantwortung beruht"[943]. Im Übrigen sollte ein Stück der anthropologischen Weisheit fruchtbar gemacht werden, die *Montesquieu* 1748 dazu veranlasst hat, seine *Gewaltenteilungslehre* zu „erfinden": Der Mensch neigt von Natur aus dazu, Macht zu missbrauchen. Das gilt nicht nur für den Menschen in staatlichen Ämtern und öffentlicher Verantwortung; es gilt auch für den am Marktgeschehen teilnehmenden Bürger. Darum ist der Verfassungsstaat immer wieder gefordert, zur Eindämmung von Vermachtungsprozessen die Gewaltenteilung im engeren (d. h. auf den Staat bezogenen) Sinne zu erweitern im Blick auf den gesellschaftlichen und das bedeutet auch wirtschaftlichen Bereich! Die staatliche Wettbewerbspolitik dient dem. Die Gewaltenteilung in diesem „weiteren Sinne" bildet die Grundidee, die viele verfassungsstaatliche Prinzipien in Sachen Markt hervorgebracht hat: von der Festlegung der

---

auch *K.-J. Kerscher*, Homo Oeconomicus und Menschenbild. Form und Wesen einer beachtenswerten Spannung, 2013.

943 Hier wird *W. Röpkes* alte Lehre von der „Asymmetrie der Marktwirtschaft" einschlägig: Der Markt ist selbst auf außermarktliche Bedingungen angewiesen. Dazu gehören Gesetze und Vorschriften, aber auch die kulturellen und moralischen Voraussetzungen. „Markt, Wettbewerb und das Spiel von Angebot und Nachfrage erzeugen jene sittlichen Reserven nicht. Sie setzen sie voraus und verbrauchen sie". *Röpke* zählt zu den Normen einer Marktwirtschaftsethik „Selbstdisziplin, Gerechtigkeits- und Gemeinsinn, Ehrlichkeit, Fairness, Achtung vor der Menschenwürde des anderen, feste sittliche Normen, – das alles sind Dinge, die die Menschen bereits mitbringen müssen, bevor sie auf den Markt gehen" (zit. nach W. Stützel u.a. (Hrsg.), Grundtexte zur Sozialen Marktwirtschaft, 1981, S. 448).

„sozialen Funktion" des Privateigentums (Art. 42 Abs. 2 Verf. Italien von 1947) über die Staatsaufgabe „Verteilung des Wohlstandes" (Art. 20 Verf. Niederlande von 1983) bis zum Verbot des „Missbrauchs wirtschaftlicher Macht" (Art. 81 lit. e Verf. Portugal von 1976) und aller „unsittlichen Rechtsgeschäfte" (Art. 151 Abs. 2 S. 2 Verf. Bayern von 1946).

c) Marktwirtschaft und Demokratie – ein Analogon?

1407 Vieles deutet auf einen *inneren* Zusammenhang von Demokratie und Marktwirtschaft: die Gleichzeitigkeit, mit der sie beide in den Revolutionen Osteuropas seit 1989 gefordert werden, die Texte demokratischer Verfassungsstaaten, die die (soziale) Marktwirtschaft als Staatsziel bzw. Strukturnorm normieren, aber auch darüber hinaus gehende, die etwa eine „Verbindung der politischen Demokratie mit den Ideen der wirtschaftlichen Demokratie" wollen (Präambel Verf. Hamburg von 1952), die auf die Verwirklichung einer „wirtschaftlichen, sozialen und kulturellen Demokratie" zielen (Art. 2 Verf. Portugal) oder die innerbetriebliche Mitbestimmung verlangen (Art. 47 Abs. 2 Verf. Bremen, Art. 26 Verf. Nordrhein-Westfalen von 1950). Parallelisierungen zwischen Markt und Demokratie liegen bereits aus historischen Gründen nahe, ist doch 1776 sowohl das Jahr der *Virginia Bill of Rights* als auch der Veröffentlichung von *A. Smith*s „The Wealth of Nations". Die späteren Klassiker vertiefen die Analogie: *F. Böhm*[944] vergleicht den Markt mit idealen Formen der plebiszitären Demokratie, mit täglichen Abstimmungen, Konsumentensouveränität, alltäglichen Wahlmöglichkeiten aller, und bereits *J. A. Schumpeter*[945] hat den Satz diskutiert: „Es gibt keine demokratischere Institution als einen

---

944 *F. Böhm*, Die Ordnung der Wirtschaft als geschichtliche Aufgabe und rechtsschöpferische Leistung, 1937; *ders.*, Wirtschaftsordnung und Staatsverfassung, 1950; *ders.*, Privatrechtsgesellschaft und Marktwirtschaft, ORDO, Bd. XVII, 1966, S. 75 ff.

945 *J. A. Schumpeter*, Kapitalismus, Sozialismus und Demokratie, 1946, S. 294.

Markt“[946]. Provozierend wirkt schließlich der Satz von *F. Tönnies*[947]: der Markt sei die „Waage“ der ökonomischen Justitia. Hat der Markt im Verfassungsstaat aber wirklich die Gestalt einer *ökonomischen* Form der Demokratie?[948].

Hier bedarf es einer *differenzierenden* Antwort: Nur die *soziale* Marktwirtschaft[949] kann Gegenstand einer begrenzten Analogie zur *pluralistischen* Demokratie sein, so dass die „Marktbürger“ die „Demokratiebürger“ sind. Die über das Sozialstaatsprinzip vermittelten Gerechtigkeitslehren von *Aristoteles* bis *J. Rawls* prägen die Marktwirtschaft des Verfassungsstaates mit: z.B. in Form von „Verbraucherschutz“ (vgl. Art. 51 Verf. Spanien von 1978), von „sozialen Minimalrechten für die Arbeitsgesetzgebung“ (vgl. Art. 102 Verf. Guatemala von 1985), von Ansprüchen auf „soziale Sicherheit“ (vgl. Art. 20 Abs. 2 Verf. Niederlande von 1983), von Gewerkschaftsfreiheit und Streikrecht (vgl. Art. 23 Abs. 2 Verf. Griechenland von 1975). Die Verfassungslehre steht vor der Aufgabe, die Strukturen und Funktionen, die wohlstandsfördernden Leistungen und Grenzen von Markt und Marktwirtschaft in ihr offenes Koordinatensystem zu integrieren. Die Enzyklika von *Papst Johannes Paul II* „Centesimus annus“ (1991)[950] lie- 1408

---

946 S. auch die These „liberaler Demokraten“ (zit. nach *H. Krüger*, Sozialisierung, in: K. A. Bettermann/H. C. Nipperdey/U. Scheuner (Hrsg.), Die Grundrechte, Bd. III/1, 1958, S. 267 ff., 273), der Markt sei eine Demokratie, „auf dem jeder Pfennig, der ausgegeben wird, einen Stimmzettel darstellt“. – Vgl. aber auch *J. Habermas*, Drei normative Modelle der Demokratie: Zum Begriff deliberativer Politik, in: H. Münkler (Hrsg.), Die Chancen der Freiheit. Grundprobleme der Demokratie, 1992, S. 11 ff.

947 *F. Tönnies*, Gemeinschaft und Gesellschaft, 8. Aufl. 1935 (3. Nachdruck 1991), S. 42.

948 Der Markt ist „der messende, wägende, wissende Richter, welcher das objektive Urteil fällt. Dieses müssen alle anerkennen ... also denselben Maßstab gebrauchen, mit derselben Waage wägen.“

949 *W. Kersting*, Wie gerecht ist der Markt? Ethische Perspektiven der sozialen Marktwirtschaft, 2012; *A. Heise*, Die „Soziale Marktwirtschaft“ unter Globalisierungsbedingungen. Eine kritische Bestandsaufnahme, 2012. Um einmal mehr auf die ältere Lit. zurückzugreifen: Nach *A. Müller-Armack* besteht der Grundgedanke der Sozialen Marktwirtschaft darin, „das Prinzip der Freiheit auf dem Markte mit dem des sozialen Ausgleichs zu verbinden“ (zit. nach W. Stützel u.a. (Hrsg.), Grundtexte zur Sozialen Marktwirtschaft, 1981, S. 85).

950 *K.-U. Bartels*, Katholische Soziallehre und ordoliberale Ordnungskonzeption. Eine ordnungspolitische Analyse der Enzyklika Centesimus annus, 1997; 1991, im Jahr des Erscheinens der Enzyklika, hat auch die EKD für die „Soziale Marktwirtschaft“ plädiert, vgl. die Denkschrift „Gemeinwohl und Eigennutz. Soziale

fert dazu manche Stichworte, sofern sie als Modell für die wirtschaftliche und soziale Entwicklung ein Wirtschaftssystem bezeichnet, „das die grundlegende und positive Rolle des Unternehmens, des Marktes, des Privateigentums und der daraus folgenden Verantwortung für die Produktionsmittel, der freien Kreativität des Menschen im Bereich der Wirtschaft" anerkennt. Die politische (und das heißt *demokratische*) Freiheit und die *wirtschaftliche* sind – auch als Ausdruck der *einen* Würde des Menschen – gewiss „unteilbar", insofern gehören soziale Marktwirtschaft und freiheitliche Demokratie im Verfassungsstaat unteilbar zusammen[951]. Indes bedarf es kräftiger „Rahmenbedingungen" (besser: Konstitutionsbedingungen), ja rechtlicher Kontrollen und nicht weniger sozialstaatlicher „Eingriffe" im Rahmen der Gerechtigkeit, z.B. zum Schutze der Schwächeren[952], um Markt und Demokratie in Analogie zu bringen[953]. Die Leistung

---

Marktwirtschaft als Chance für zukunftsfähiges wirtschaftliches Handeln"; in ihr wird die Effizienz des Marktes positiv bewertet, doch ist den klassischen Zielen der Marktwirtschaft (Vollbeschäftigung, Geldstabilität, Wirtschaftswachstum und gerechte Eigentumsverteilung) das neue Ziel „Erhaltung der natürlichen Umwelt" hinzugefügt. – Bemerkenswert ist die Erklärung zur Volkskammerwahl 1990 seitens des gemeinsamen Aktionsausschusses katholischer Christen in der DDR vom Febr. 1990 (zit. nach FAZ vom 22. Febr. 1990): Erkenntnis der katholischen Soziallehre, „dass freie Marktwirtschaft nicht sozusagen im Selbstlauf Wohlstand für alle bringt, sondern diese zwingend eines ausgebauten Systems sozialer Sicherheiten und wechselseitiger Unterstützung als fester Komponente bedarf, um zur sozialen Marktwirtschaft zu werden".

951 Vgl. *E. Hoppmann*, Freiheitliche Wirtschaftspolitik und Verfassung, Jenenser Vorträge, 1992, S. 7: „Eine Wirtschaftsordnung freier Menschen ... umfasst zweierlei: Erstens die freiheitssichernden Verhaltensregeln und zweitens die aus diesen herauswachsenden konkreten Marktprozesse, die ein selbstregulierendes, evolutorisches System bilden. Freiheit und Marktwirtschaft sind insofern miteinander verknüpft..."

952 Vgl. Art. 45 Abs. 4 Nr. 1 Verf. Irland (1937/72): „Der Staat gelobt, die wirtschaftlichen Interessen der wirtschaftlich schwächeren Gruppen der Gemeinschaft mit besonderer Sorgfalt zu schützen, sowie, wo es notwendig ist, zum Unterhalt der Kranken, Witwen, Waisen und Alten beizutragen". – Ähnlich nennt *W. Röpke* (1950), zit. nach W. Stützel u.a. (Hrsg.), Grundtexte zur Sozialen Marktwirtschaft, 1981, S. 49 ff., 60 f. unter den „nichtwirtschaftlichen Bereichen" u.a. „die sozialen Fragen der Korrektur der Einkommensverteilung, der Sicherheit und des Schutzes der Schwachen." Dies ist ein Beleg unter vielen für die *Parallelität* von Klassikertexten der Lit. und Verfassungstexten!

953 Speziell die Texte zur „wirtschaftlichen Demokratie" sind missverständlich und treffen nicht das hier Gemeinte. Auch die wirtschaftliche Mitbestimmung ist kein *Demokratie*-, sondern ein Grundrechtsproblem; dazu schon *P. Häberle*, Grund-

des demokratischen Verfassungsstaates besteht gerade darin, Marktwirtschaft und den sozialen Rechtsstaat in der Geschichte Stück für Stück in „praktischer Konkordanz“ entwickelt zu haben. Die offene Gesellschaft besitzt ihr Pendant in der Offenheit und Freiheit der Märkte. Die soziale Marktwirtschaft ist *verfassungsimmanentes Prinzip* des Typus „Verfassungsstaat“ geworden.

d) Drei Grenzen des Prinzips „Markt und Marktwirtschaft“[954]

Obwohl das „Markt-Bild“ seit dem „Schwellenjahr“ 1989 tendenziell immer mehr Bereiche beansprucht, ja mitunter ausufert, insofern nicht nur von „Meinungs-“ und „Kunstmarkt“ die Rede ist, sondern eine ganze Nation als „Supermarkt“ (*M. Ruthven*) bezeichnet wird: Es wird hohe Zeit, dass die Verfassungslehre entschlossen an die *Grenzen* erinnert. Der Markt ist nicht das Maß aller Dinge und schon gar nicht das Hauptmaß des Menschen. Nicht alles menschliche Zusammenleben ist unter Marktgesichtspunkten zu ordnen und zu bewerten. Im Verfassungsstaat ist immer wieder an die in Texten greifbare *instrumentale* Natur zu erinnern („Wirtschaft im Dienst des Menschen“, Dienst am Gemeinwohl, insbesondere an der Menschenwürde, allmähliche Wohlstandsmehrung, Dienst an der sozialen Gerechtigkeit u.Ä.). Bereichs- und funktionsspezifisch lassen sich die Grenzen von Markt und Marktwirtschaft wie folgt konkretisieren: Zum einen ist das Marktmodell in bestimmten *kulturellen* Bereichen wie der Erziehung, Bildung und Ausbildung, z.T. auch der Forschung sowie der Familie, in sozialen wie den Kernbereichen des Arbeitsrechts gerade *nicht anwendbar*. Der Verfassungsstaat muss sensibel dafür bleiben, ob die einzelnen gesellschaftlichen Felder marktfähig bzw. -bedürftig sind oder nicht, wobei sich in der geschichtlichen Entwicklung Veränderungen ergeben können (in Deutschland: neben dem öffentlich-rechtlichen gibt es auch privates Fernsehen, soziales Mietrecht, staatliches Gesundheitswesen etc.). Zum anderen ist bei aller ordoliberalen Einsicht in die „Interdependenz 1409

---

rechte im Leistungsstaat (1972), in: *ders.*, Die Verfassung des Pluralismus, 1980, S. 163 ff.

954 *P. Schulte*, Wirtschaftsethik und die Grenzen des Marktes, 2014. Vgl. wiederum auch die Fragestellung von *W. Röpke* (1950): „Grenzen der Marktwirtschaft“, „die nichtmarktwirtschaftlichen Bereiche“ (zit. nach W. Stützel u.a. (Hrsg.), Grundtexte zur Sozialen Marktwirtschaft, 1981, S. 49 ff., 56 ff., 60 f.).

der Ordnungen“ bzw. die Unteilbarkeit politischer und wirtschaftlicher Freiheit die Offenheit des demokratischen Willensbildungsprozesses[955] (als Teil der Verfassung des Pluralismus) durchzusetzen. Dem dienen das Verfassungspostulat „Unterordnung der wirtschaftlichen Macht unter die demokratische Staatsgewalt“ (Art. 80 lit. a Verf. Portugal[956]) und das Verbot jeden Missbrauches der wirtschaftlichen Freiheit („insbesondere zu monopolistischer Machtzusammenballung und zu politischer Macht“: Art. 39 Abs. 1 Verf. Hessen von 1946; ähnlich Art. 81 Verf. Portugal). Schließlich findet die wirtschaftliche Freiheit des einzelnen ihre *Grenze* „in der Rücksicht auf den Nächsten und auf die sittlichen Forderungen des Gemeinwohls“ (Art. 151 Abs. 2 S. 3 Verf. Bayern, ähnlich Art. 52 Abs. 2 Verf. Rheinland-Pfalz von 1947). Hier ist der Ort für die minimalethischen Gehalte der bürgerlichen Rechtskultur[957] (von der Generalklausel „Treu und Glauben“ bis zum „ehrbaren Kaufmann“)[958]. Im Ganzen sollten wir die Einsicht von *J. Semprun*, dem Friedenspreisträger des deutschen Buchhandels von 1994 beachten: „Die Marktwirtschaft ist darauf angelegt, immer neue Ungleichheit zu schaffen. Sie erarbeitet Reichtum und Wohlstand, aber keine Gerechtigkeit. Also muss es darum gehen, die Auswirkungen der Krise zu korrigieren“[959]. Angesichts der globalen Finanzkrise und der europäischen Staatsschuldenkrise könnte das Memento aktueller und drängender nicht sein.

1410 Insofern ist allen gegenwärtigen Tendenzen zu einer immer weiter ausufernden sozialdarwinistischen „totalen“ Marktwirtschaft entgegenzutre-

---

955 Dazu *K. Hesse*, Grundzüge des Verfassungsrechts der Bundesrepublik Deutschland, 20. Aufl., 1995 (Neudruck 1999), Rn. 22 ff.

956 Art. 38 Abs. 4 Verf. Portugal: „Der Staat gewährleistet die Freiheit und Unabhängigkeit der Massenkommunikationsmittel gegenüber der politischen Gewalt und der wirtschaftlichen Macht“. Vgl. dazu auch *H. Meditz*, Steuerung staatlicher, gesellschaftlicher und privater Akteure in Portugal, 2010.

957 Vgl. *W. Röpke*, Ethik und Wirtschaftsleben (1955), zit. nach W. Stützel u.a. (Hrsg.), Grundtexte zur Sozialen Marktwirtschaft, 1981, S. 439 ff., 449: „Wenn wir eine solche Ordnung als eine „bürgerliche“ im weitesten Sinne bezeichnen, so ist dies der Untergrund, auf dem das Ethos der Wirtschaft ruhen muss“. – S. noch aus der älteren Lit.: *K. H. Biedenkopf*, Über das Verhältnis wirtschaftlicher Macht zum Privatrecht, 1965; aus der neueren Lit.: *P. Ulrich*, Integrative Wirtschaftsethik, 4. Aufl. 2008.

958 *R. Holzmann*, Wirtschaftsethik, 2015; *N. O. Oermann*, Wirtschaftsethik. Vom freien Markt bis zur Share Economy, 2015; *B. Emunds*, Poltische Wirtschaftsethik globaler Finanzmärkte, 2014.

959 Zit. nach FAZ Magazin vom 7. Oktober 1994, S. 58 ff., 59.

ten. Das verlangt nach *wirtschaftsethischen* Fundierungen der Marktwirtschaft, die übrigens angesichts der „*Globalisierung* der Märkte" die einzelnen Verfassungsstaaten transzendiert und so teils neue Chancen eröffnet, teils neue Gefahren mit sich bringt. *Weltweit* werden so Minimalstandards der Menschenwürde, Sozial- bzw. Umweltverträglichkeit erforderlich.

e) Die soziale Marktwirtschaft als „dritter Weg" zwischen Kapitalismus und Sozialismus: die Kulturleistung des Verfassungsstaates

Auf dem Forum des Verfassungsstaates wurde die Kontroverse „Kapitalismus oder Sozialismus" schon vor 1989 gegenstandslos: denn er hat sich in 1411
seiner langen Textstufenentwicklung idealiter und realiter durch die Schaffung des Arbeits- und Sozialverfassungsrechts im Kontext zum Wirtschaftsverfassungsrecht die *soziale* Marktwirtschaft als solche voll integriert. Sie bildet den so oft berufenen „dritten Weg" (*O. Schlecht)*[960] und stellt eine kulturelle Leistung von Rang dar. Es wäre falsch, nach dem Zusammenbruch des Sozialismus vor allem in Osteuropa (1989) das „kapitalistische System"[961] als das „siegreiche" zu bezeichnen. „Siegreich" ist der *Typus* Verfassungsstaat, und dies nicht zuletzt deshalb, weil er es verstanden hat, für die soziale Frage *gerechte* Lösungen auf den Weg zu bringen. Gewiss, in der Frage, wie soziale Gerechtigkeit mit, zuweilen ggf. auch gegen die Wirtschaft verwirklicht wird, gibt es große Unterschiede: etwa im Vergleich zwischen den USA und Deutschland (man denke hier an die „dynamische Rente" und das Mitbestimmungsrecht (vgl. BVerfGE 50, 290)). Tendenziell aber hat der reine „Kapitalismus" in keinem europäischen Verfassungsstaat überlebt. Wo er in seiner Frühform wiederzukehren scheint, etwa in der heutigen Transformationsphase mancher postkommunistischer Gesellschaften wie in Russland, ist sein wölfisches Aussehen erschreckend genug, und gerade im Kontrast lässt sich erkennen, wie weit sich das verfassungsstaatliche Wirtschaftsleben vom „Kapitalismus" entfernt hat. Auch dort, wo die soziale Marktwirtschaft nicht das ausdrückliche Verfassungsziel bildet, ist sie der Sache nach durch ihre „Mosaikstei-

---

960 Vgl. *O. Schlecht*, Grundlagen und Perspektiven der Sozialen Marktwirtschaft, 1990.

961 *J. Kromphardt*, Analysen und Leitbilder des Kapitalismus von Adam Smith bis zum Finanzkapitalismus, 2015.

ne“ wie wirtschaftliche, soziale und kulturelle Freiheiten bzw. das Arbeits- und Sozialverfassungsrecht gleichwohl garantiert. Grundrechte „der“ Arbeit, etwa Kündigungsschutz, Recht auf menschenwürdige Arbeitsbedingungen, Sozialversicherung (auch „Sozialpolitik“) formen die Marktwirtschaft zur „sozialen“ um und sie vermitteln dadurch dem Verfassungsstaat ein wesentliches Stück seiner Legitimation. Der Markt ist zum *sozialen* und *kulturellen* Raum geworden, in dem Menschenwürde nicht nur postuliert, sondern auch praktiziert wird. Der Verfassungsstaat weist in den Strukturen, die er für „seinen“ Markt entwickelt hat, in den positiven Funktionen, die er durch die leistungsfähige Marktwirtschaft erfüllen lässt und den Korrekturen, die er immer wieder anbringen muss, durch materielle und prozessuale Prinzipien den „dritten Weg“ zwischen „Staatsversagen“ und „Marktversagen“ in den bekannten Streitparolen. Die in Gestalt der Tarifautonomie gefundene, stets neu gefährdete Balance der Arbeitgeber- und Arbeitnehmerinteressen bildet dabei ein Fundament seiner „sozialen“ Marktwirtschaft.

3. Zusammenfassung

1412 Markt und Marktwirtschaft bilden heute ein zentrales, „inneres“ Verfassungsproblem. Klassikertexte von *A. Smith* bis *K: Popper*, hier als Verfassungstexte im weiteren Sinne verstanden[962], und die Entwicklungsstufen der (mit ihnen oft verknüpften) geschriebenen Verfassungstexte im engeren Sinne liefern mehr als bloße Problemhinweise. Sie zeigen – ganzheitlich betrachtet –, dass es im Wirtschaftsleben um ein Stück verfasster Freiheit – und Verantwortung –, einen Ausschnitt der kulturellen Freiheit, um Gemeinwohl und Gerechtigkeit geht, und beweisen, dass der Verfassungsstaat nicht „natürliche“ Räume umhegt, sondern *kulturelle* Bereiche konstituiert. Anders gesagt: Die pluralistische Gesellschaft verfasst sich auch in der Weise immer neu, dass sie für das Wirtschaften Rahmenordnungen und rechtliche Institute schafft, mit dem rechtsethischen Konsens (der auch ein Stück indirekter „Wirtschaftsethik“ ist) vor allem im einfachen Recht Ernst macht und das Sozialstaatsprinzip (z.B. im Sozial- und Arbeitsrecht) so verwirklicht, dass die Marktwirtschaft zur *sozialen* Marktwirtschaft als Gemeinwohlaspekt wird. Markt und Wettbewerb bedeuten

---

962 Dazu *P. Häberle*, Klassikertexte im Verfassungsleben, 1981.

für die offene Gesellschaft viel, wenngleich nicht alles. Der „homo oeconomicus" ist nur eine Teilwahrheit. Die viel berufene Offenheit des Verfahrens der demokratischen Willensbildung darf nicht durch ökonomische Vermachtungsprozesse verfälscht werden. Gewaltenteilende Strukturen, vom Staat auf die Wirtschaft übertragen (z.B. Kartellgesetze, Pressefusionsgesetze!), müssen dem vorbeugen. Wettbewerbspolitik ist insofern „Demokratiepolitik", zugleich Dienst an der sozialen Marktwirtschaft.

Eine Verfassungstheorie des Marktes steht vor immer neuen Herausforde- 1413
rungen: Die Ökologie muss zur Ökonomie in ein Verhältnis „praktischer Konkordanz" wachsen, wie dies manche Staatsziele programmatisch fordern (so z.B. Art. 38 Verf. Thüringen: „Die Ordnung des Wirtschaftslebens hat den Grundsätzen einer sozialen und der Ökologie verpflichteten Marktwirtschaft zu entsprechen"). Und: Die pluralistische Demokratie überlebt nur dann, wenn sie sich in einer Verantwortungsbereitschaft mit den „werdenden" Verfassungsstaaten Osteuropas weiß und die dortigen Transformationsprozesse unterstützt[963]. Die Verfassungs*theorie* des sozial abgefederten und dem Umweltschutz verpflichteten Marktes sollte weltweit zur gelebten Verfassungs*praxis* werden. Der gemeineuropäisch/atlantische Verfassungsstaat hätte dann einmal mehr bewiesen, dass er die Menschenwürde zur kulturanthropologischen Basis hat, die pluralistische Demokratie als deren Konsequenz begreift und am Ziel des „Wohlstands der Nationen" gerechtigkeits- und gemeinwohlorientiert arbeitet, ohne einem „Ökonomismus" anheimzufallen. Dieser verbietet sich schon wegen der Moralität und Idealität, die das republikanische Zusammenleben der Bürger in einem Verfassungsstaat und dank des Verfassungsstaates auszeichnet. Und er missachtete auch, was die Menschen in Osteuropa in meist friedlichen Revolutionen 1989 gewagt haben: vielleicht sogar schon in „weltbürgerlicher Absicht"; jedenfalls mit weltbürgerlichen Konsequenzen.

963 Dazu *P. Häberle*, Verfassungsentwicklungen in Osteuropa, AöR 117 (1992), S. 169 ff., auch in: *ders.*: Europäische Rechtskultur, 1994, S. 101 ff.

II. Konstitutionelle Teilverfassungen in Sachen Wirtschaft in Europa

1. Europa im engeren Sinne der EU

1414 Eine europäische Verfassungslehre kann sich hier kürzer fassen. Denn kaum ein Thema ist so intensiv behandelt worden wie die EU als Wirtschaftsgemeinschaft[964]. Herauszuarbeiten sind nur die Textgruppen und Themen, die in ihrer *typologischen* Struktur Analogien zum bisher bekannten nationalen Wirtschaftsverfassungsrecht zeigen bzw. von der EU aus auf die nationale Ebene vor allem in Osteuropa ausstrahlen können oder die Neues schaffen. An erster Stelle rangieren präambelartige Aussagen bzw. Grundlagen-Artikel, an zweiter Stelle die wirtschaftlichen Freiheiten, an dritter Stelle sonstige Ausdrucksformen von Wirtschaftsverfassungsrecht in der EU.

1415 a) *Präambeln* bzw. *Grundlagen-Artikel* im EU-Recht nehmen sich der Sache Wirtschaft teils allgemein, teils näher zielorientiert an. So spricht Präambel EUV von der „Verwirklichung des Binnenmarktes", womit der „Markt" konstitutionalisiert worden ist, so entwirft Art. 3 Abs. 3 EUV das Ziel, einen Binnenmarkt zu errichten. Die Präambel des AEUV nennt u.a. „beständige Wirtschaftsausweitung, ausgewogenen Handelsverkehr und redlichen Wettbewerb", auch das Ziel des „Zusammenschlusses der Wirtschaftskräfte". Neben den hier nicht zu wiederholenden einzelnen Wirtschaftspolitiken der Union (allen voran der Binnenmarkt nach Art. 26 ff. AEUV) sei nur noch Art. 120 AEUV erwähnt: die Textpassage vom „Grundsatz der offenen Marktwirtschaft mit freiem Wettbewerb, wodurch ein effizienter Einsatz der Ressourcen gefördert wird".

---

964 *M. Herdegen*, Europarecht, 16. Aufl. 2014, S. 274 ff.; *T. Oppermann/C. D. Classen/M. Nettesheim,* Europarecht, 6. Aufl., 2014, § 18, Rn. 1 ff. Aus der Kommentar-Lit.: *D. Hattenberger*, in: J. Schwarze (Hrsg.), EU-Kommentar, 3. Aufl. 2012, Art. 120 AEUV; *A. Hatje*, Wirtschaftsverfassung im Binnenmarkt, in: A. von Bogdandy/J. Bast (Hrsg.), Europäisches Verfassungsrecht, 2. Aufl. 2009, S. 801 ff.; *E.-J. Mestmäcker*, Wirtschaft und Verfassung in der Europäischen Union, 2. Aufl. 2006. – Aus der schon älteren Lit.: *E.-U. Petersmann*, Thesen zur Wirtschaftsverfassung der EG, EuZW 1993, S. 593 ff.; *J. Basedow*, Von der deutschen zur europäischen Wirtschaftsverfassung, 1992; *P. Behrens*, Die Konvergenz der wirtschaftlichen Freiheiten im europäischen Gemeinschaftsrecht, EuR 1992, S. 145 ff.; *E. Grabitz*, Über die Verfassung des Binnenmarktes, in: FS Steindorff, 1990, S. 1229 ff.

b) Die *wirtschaftlichen* bzw. sog. *Marktfreiheiten* bilden einen essentiellen Bestandteil des Wirtschaftsverfassungsrechts der EU und sie folgen dem national verfassungsstaatlich bekannten Schema von Grundsatz und Ausnahme bzw. Einschränkungsmöglichkeiten und Vorbehalten (vgl. z.B. Art. 63 ff. AEUV). Neuland sind aber die Maßnahmenkataloge zur (allmählichen) Herstellung der erhofften Grundrechtewirklichkeit (vgl. für die Freizügigkeit: Art. 46 AEUV, für das Niederlassungsrecht: Art. 49, Art. 50 AEUV, für die Dienstleistungen: Art. 56 bzw. Art. 59 AEUV). Hier handelt es sich um nichts anderes als um die für den nationalen Bereich schon 1971 erarbeitete sog. „Grundrechtspolitik"[965], jetzt auf der übernationalen Ebene. Die EU-Grundrechte-Charta bereichert vor allem den Katalog wirtschaftlicher Freiheiten und Rechte. Ihre Präambel vorweg kann als Akzentuierung des kulturellen bzw. Wertehintergrunds der EU gelesen werden („gemeinsame Werte", „geistig-religiöses und sittliches Erbe", „Vielfalt der Kulturen und Traditionen", „Identität der Mitgliedstaaten"). Sie kommt dann aber auch zur Sache Wirtschaft, in den Worten: „Die EU stellt den freien Personen-, Waren-, Dienstleistungs- und Kapitalverkehr sowie die Niederlassungsfreiheit sicher." Im Kapitel „Freiheiten" spricht Art. 12 vom „Recht, sich insbesondere im politischen, gewerkschaftlichen und zivilgesellschaftlichen Bereich... mit anderen zusammenzuschließen" (was die Gewerkschaftsfreiheit einschließt). Art. 15 garantiert die Berufsfreiheit und das Recht zu arbeiten, Art. 16 schützt die „unternehmerische Freiheit", Art. 17 das Eigentumsrecht. Das Kap. „Solidarität" schafft in Art. 27 ein Recht auf Unterrichtung und Anhörung der Arbeitnehmer im Unternehmen; die folgenden Garantien sichern soziale Schutzrechte im Arbeitsleben (Art. 28 bis 32). Den wirtschaftlichen Schutz der Familie nennt ausdrücklich Art. 33 Abs. 1. Art. 36 regelt den Zugang zu Dienstleistungen von allgemeinem wirtschaftlichen Interesse, Art. 38 den Verbraucherschutz. Kurz: Die EU-Grundrechte-Charta „vollendet" das Wirtschaftsverfassungsrecht der EU von der grundrechtlichen Seite her fast ideal. 1416

c) In die Kategorie *„sonstiger Erscheinungsformen von Wirtschaftsverfassungsrecht"* gehört etwa das Regelwerk zur Zulässigkeit staatlicher Beihilfen (Art. 107-109 AEUV), das sich so kaum in nationalen Verfassungen getextet findet. Auch die differenzierten Normen zum Wettbewerb (Art. 101 ff., Art. 116 und Art. 117 AEUV) dürften konstitutionelle Neu- 1417

965 *P. Häberle*, Grundrechte im Leistungsstaat, VVDStRL 30 (1972), S. 43 ff., 75.

heiten im Panorama einer national vergleichenden Verfassungslehre sein[966]. Die Normen zum Missbrauch einer marktbeherrschenden Stellung (Art. 102 AEUV) und das Monopolverbot (Art. 106 AEUV) haben demgegenüber in ausdrücklichen Verboten von Monopolstellungen, wie sie sich in einigen osteuropäischen Verfassungen finden, ein Gegenstück (z.B. Art. 49 Abs. 2 Verf. Kroatien von 1990). Im Übrigen bleibt nationales Verfassungsrecht auf die grundrechtlichen Implikationen des Konfliktes zwischen den Wettbewerbern (Stichworte: Vertragsfreiheit, Berufsfreiheit) beschränkt. Art. 120 AEUV ist, wie schon gezeigt, der Wirtschaftspolitik gewidmet. Sie obliegt den Mitgliedstaaten, die dabei dem „Grundsatz einer offen Marktwirtschaft mit freiem Wettbewerb“ (Art. 120 S. 2 AEUV) verpflichtet sind. Allerdings bezweckt die Europäische Union eine „engere Koordinierung der Wirtschaftspolitik und eine dauerhaft Konvergenz der Wirtschaftsleistungen der Mitgliedsstaaten“ (Art. 121 Abs. 3 AEUV). Die gemeinsame Währungspolitik (Art. 127 ff. AEUV)[967] bleibe hier nur ein „Merkposten“: als Stichwort in Sachen Verlust der nationalen Währungshoheit als klassischem Bestandteil des „Staatselements“ Staatsgewalt bzw. Souveränität[968].

2. Europa im weiteren Sinne einschließlich gemeinsamer Strukturen in den osteuropäischen Reformstaaten

1418 Osteuropas Übergang zur (sozialen) Marktwirtschaft (1989 folgende), der Herkulesvorgang der „Transformation“[969] kann hier nicht im Einzelnen dargestellt werden. Gleichwohl sei wenigstens an den juristischen Texten

966 Zur europäischem Wettbewerbsordnung allgemein *M. Herdegen*, Europarecht, 16. Aufl. 2014, S. 358 ff.; M. Dauses (Hrsg.), Handbuch des EU-Wirtschaftsrechts, 31. EL 2012.

967 *R. Rebhahn*, Solidarität in der Wirtschafts- und Währungsunion, 2015; *M. Dazmann*, Das Verhältnis von Geldpolitik, Fiskalpolitik und Finanzstabilitätspolitik. Seine Implikationen für das finanzstabilitätspolitische Mandat der Zentralbank am Beispiel der Eurorettungspolitik, 2015; *Ch. Ohler*, Bankenaufsicht und Geldpolitik in der Währungsunion, 2015; *P. de Grauwe*, Economics of Monetary Union, 10. Aufl. 2014.

968 Vgl. hierzu aus Sicht des nationalen Verfassungsrechts BVerfGE 97, 350 – Euro. Vgl. dazu die Entscheidungsanmerkungen von *M. Sachs* in: JuS 1999, S. 705 ff.; *H. Kortz* in: EWS 1998, S. 225 ff. und *H. Siekmann* in: EWiR1998, S. 743 f.

969 Dazu aus der Lit.: *P. Häberle*, Europäische Rechtskultur, 1994, S. 149 ff.

belegt, dass und wie Osteuropa auf dem Weg ist, konstitutionell den Anschluss an das westeuropäische Wirtschaftsverfassungsrecht zu finden. Materialien finden sich dabei auf zwei Ebenen: Zunächst seien die konstitutionellen Texte von Europa im weiteren Sinne befragt, denn die EMRK ist auch in ihren wirtschaftsrelevanten Direktiven schon heute weithin Bestandteil der osteuropäischen Reformstaaten und die OSZE entwickelt hohe Ideale, etwa im Stabilitätspakt für Europa von 1995 („gutnachbarliche Beziehungen", „wirtschaftlicher Fortschritt", „offenes Europa")[970]. In einem zweiten Schritt seien die nationalen wirtschaftsverfassungsrechtlichen Prinzipien verglichen und auf einen bzw. mehrere gemeinsame Nenner gebracht: i.S. von osteuropäischem Wirtschaftsverfassungsrecht, national und verallgemeinert auch *gemein(ost)europäisch*. Im Einzelnen:

a) Texte in Sachen Wirtschaft

Nur in Stichworten sei gefragt, welches die Vorgaben sind, die Texte von Europarat und KSZE/OSZE in Bezug auf die Sache Wirtschaft und ihre „Subjekte" machen. An erster Stelle fungieren Aussagen in der EMRK (1950). Sie ist zwar keine „Charta wirtschaftlicher Grundrechte", doch bewirkt sie mittelbar auch die Freiheitlichkeit des Wirtschaftslebens, indem sie „Achtung der Freiheit und Vorherrschaft des Gesetzes" postuliert (Präambel), jedem Menschen ein „Recht auf Freiheit und Sicherheit" garantiert (Art. 5 Abs. 1) oder Vereinigungs- bzw. Gewerkschaftsfreiheit sichert (Art. 11 Abs. 1). Das 1. Zusatzprotokoll (1952) nimmt das „Recht auf Achtung und Eigentum", das 4. (1963) die Freizügigkeit in den Katalog auf und normiert damit implizit auch wirtschaftliche Freiheiten. 1419

Die EMRK skizziert so paradigmatisch Elemente eines Menschenbilds, das nicht primär vom „homo oeconomicus" geprägt ist, sondern diesen allenfalls als *Teil*aspekt des „homo europaeus" versteht. Dass dies in der „Frühzeit" der europäischen Einigung geschieht, sei hervorgehoben und als Korrektur am einseitigen Bild von „Europa als Markt" und der heute vordringenden „lingua oeconomica" gewertet. 1420

Ein Blick auf spätere Texte liefert folgende Stichworte: Schon das erste große Dokument nach dem „annus mirabilis", das des Kopenhagener Tref- 1421

970 Zit. nach U. Fastenrath (Hrsg.), KSZE/OSZE-Dokumente, seit 1992.

fens in Sachen „menschliche Dimension“ der KSZE (Juni 1990)[971], liest sich auch als ein Stück freiheitlicher Wirtschaftsverfassung. Es gibt zwar primär Rechtsstaatlichkeit, Demokratie und Grundrechtskataloge „vor“, doch kommen auch die Grundstrukturen des europäischen Wirtschaftsverfassungsrechts zentral ins Bild, weil die Freiheit der Gewerkschaften garantiert wird (Ziff. I 10.3; s. auch Ziff. III 27: „freie und unabhängige Gewerkschaften, Genossenschaftsbewegungen, Aufbau anderer freier Vereinigungen und Interessenvertretungen“). Den großen Durchbruch aber bringt erst die Charta von Paris für ein neues Europa (Nov. 1990)[972]. Hier findet sich ein eigener Abschnitt „wirtschaftliche Freiheit und Verantwortung“, der sich im Ganzen und Einzelnen wie ein Konzentrat gemeineuropäischen Wirtschaftsverfassungsrechts liest und einen „Bauplatz“ für die nationalen Elemente darstellt. Er sei darum auszugsweise direkt abgedruckt – als positivrechtlicher jüngerer Klassikertext in Sachen Wirtschaft, auch wenn er nur „soft law“ sein kann:

> „Wirtschaftliche Freiheit, soziale Gerechtigkeit und Verantwortung für die Umwelt sind unerlässliche Voraussetzungen des Wohlstandes. – Der in der Demokratie zum Ausdruck gebrachte und durch den Rechtsstaat gewährleistete freie Wille des Einzelnen bildet die notwendige Grundlage für eine erfolgreiche Wirtschafts- und Sozialentwicklung. Wir wollen eine die Würde des Menschen achtende und schützende Wirtschaftstätigkeit fördern. – Freiheit und politischer Pluralismus sind notwendige Elemente unserer gemeinsamen Bemühungen um die Entwicklung von Marktwirtschaften hin zu dauerhaftem Wirtschaftswachstum, Wohlstand, sozialer Gerechtigkeit, wachsender Beschäftigung und rationeller Nutzung der wirtschaftlichen Ressourcen.“

1422 In den „Leitsätzen für die Zukunft“ steht im Abschnitt unter „wirtschaftliche Zusammenarbeit“ der Satz:

> „Wir betonen, dass die wirtschaftliche Zusammenarbeit auf der Grundlage der Marktwirtschaft einen entscheidenden Beitrag zum Aufbau eines prosperierenden und geeinten Europa leisten wird.“

1423 Diese gewiss von der Erfolgsgeschichte der damaligen EWG und den nationalen Wirtschaftsverfassungsrechten in (West)Europa geprägten Sätze können im Rahmen der werdenden europäischen Verfassungslehre (hier in Sachen Wirtschaft) gar nicht überschätzt werden. Sie liefern Teilstücke für Denken und Handeln auf der nationalen wie gesamteuropäischen Ebene. Ob und wie sie als Werkstatt schon auf die neuen nationalen Verfassungen

---

971 Zit. nach EuGRZ 1990, S. 239 ff.
972 Zit. nach EuGRZ 1990 S. 517 ff.

in Osteuropa wirken bzw. wie sie in Zukunft als „Vorratslager“ für Bauelemente im europäischen Haus insgesamt verwendet werden könnten, lässt sich aus dem folgenden systematisierenden Vergleich der einschlägigen Textmaterialien in Osteuropas *nationalen* Verfassungen erschließen.

b) Wirtschaftsverfassungsrechtliche Prinzipien in Osteuropa

Die wirtschaftsverfassungsrechtlichen Prinzipien in den neuen osteuropäi- 1424
schen Verfassungsstaaten dürften schon auf den ersten Blick ausgewogen im Kontext von Kultur- bzw. kulturellem Erbe sowie Postulaten sozialer Gerechtigkeit stehen. Die Abwendung von der Zentralverwaltungswirtschaft und die nationale Befreiung von totalitärer Bevormundung durch die vormalige UdSSR wirken sich gerade auch in den einschlägigen Textbildern aus. Dabei sei im ersten Zugriff zwischen allgemeinen staatszielhaften Aussagen zu Markt und Marktwirtschaft unterschieden gegenüber von typisch wirtschaftlichen Freiheiten und sonstigen Textformen von Wirtschaftsverfassungsrecht. Da und dort mögen auch ausschnitthaft vergleichende Textstufenvorgänge sichtbar werden, doch sei die Methode als solche vorausgesetzt. Soweit wie möglich sei die zeitliche Entwicklungsgeschichte der Texte berücksichtigt.

aa) Markt und (soziale) Marktwirtschaft als allgemeine Strukturnorm

Die alte Verfassung Ungarns (1949/90)[973] hat das Verdienst ebenso früh 1425
wie hochrangig das Thema zu behandeln. Sogar in der Präambel heißt es: „... Übergang in einen das Mehrparteiensystem, die parlamentarische Demokratie und die soziale Marktwirtschaft verwirklichenden Rechtsstaat“. In § 9 Abs. 1 ist die Wirtschaft Ungarns als eine „Marktwirtschaft“ definiert, „in der öffentliches und privates Eigentum gleichberechtigt sind.“ Als Grundlagenartikel formuliert Art. 19 Verf. Bulgarien (1991) wenig

973 Die folgenden Texte sind zitiert nach H. Roggemann (Hrsg.), Die Verfassungen Mittel- und Osteuropas, 1999 bzw. nach der fünfteiligen Dokumentation in JöR, beginnend in Bd. 43 (1995) und endend Bd. 46 (1998). S. auch *G. G. Sander*, Die Teilhabe mittel- und osteuropäischer Staaten an wirtschaftlichen Integrationsräumen, am Beispiel der Tschechischen Republik, in: FS T. Oppermann, 2001, S. 301 ff.

später: „Die Wirtschaft der Republik Bulgarien gründet sich auf die freie wirtschaftliche Initiative". Eigenständig normiert Art. 49 Abs. 1 Verf. Kroatien (1990) das Thema früh: „Die Freiheit der Unternehmerschaft und des Marktes sind das Fundament des Wirtschaftssystems der Republik Kroatien". Verf. Mazedonien (1991) nennt unter ihren „Allgemeinen Bestimmungen" vorweg das Prinzip (Art. 8 Abs. 1: „Freiheit des Marktes und des Unternehmertums" (wiederholt in Art. 53 Abs. 1)). Verf. Moldawien (1994) versucht sich ebenfalls an einer umfassenden Umschreibung der sozialen Marktwirtschaft in den Worten des Art. 126 Abs. 1: „Die Wirtschaft der Republik ist eine Marktwirtschaft mit sozialer Ausrichtung, gegründet auf Privateigentum und öffentlichem Eigentum, die sich in freiem Wettbewerb befinden." In Absatz 2 werden teils wirtschaftliche Freiheiten in Gestalt des status negativus (Freiheit des Handels), teils Schutzrechte (Schutz der Umwelt), teils leistungsorientierte Aufgaben (Förderung der wissenschaftlichen Forschung) katalogartig angefügt. Schon Art. 9 Abs. 3 verkündet lapidar: „Der Markt, die freie wirtschaftliche Initiative und der lautere Wettbewerb sind die Grundfaktoren der Wirtschaft". Diese Textfiguren haben ihren Vorläufer in Art. 134 Verf. Rumänien (1991), denn hier wird ebenfalls zunächst das Prinzip normiert („Die Wirtschaft Rumäniens ist eine Marktwirtschaft"), ehe dann bestimmte Grundrechte einerseits, Gemeinwohlinteressen anderseits verbürgt sind („Aufrechterhaltung des ökologischen Gleichgewichts").

1426 Textlich und inhaltlich gelingt Verf. Polen (1997) eine neue konstitutionelle Entwicklungsstufe der (sozialen) Marktwirtschaft. Ihr Art. 20 im Grundlagenteil lautet: „Die auf die Freiheit wirtschaftlicher Tätigkeit, das Privateigentum sowie die Solidarität, den Dialog und die Zusammenarbeit der Sozialpartner gestützte soziale Marktwirtschaft bildet die Grundlage des wirtschaftlichen Aufbaus der Republik Polen." Denn damit sind neue Begriffe wie „Dialog" und „Solidarität" bzw. Voraussetzungen der sozialen Marktwirtschaft beim Namen genannt, so dass die späteren sozialen Schutzrechte (z.B. Grundrecht der Arbeit in Art. 24) ebenso konsequent sind wie die Garantie der wirtschaftlichen Freiheit, die nur „in Ansehung eines wichtigen öffentlichen Interesses" eingeschränkt werden kann (Art. 21).

bb) Wirtschaftliche Freiheiten

Sie werden schon durch die UN-Pakte von 1966 („wirtschaftliche, soziale und kulturelle Rechte“) vorgeformt und oft rezipiert[974]. Doch finden sie in Osteuropa manche eigene Textprägungen und spezifische Kontexte, die als Mosaiksteine im Gesamtbild des europäischen Wirtschaftsverfassungsrechts nicht übersehen werden dürfen. Pionierhaft wirkt auch hier die alte Verf. Ungarn, ihr § 9 Abs. 1 lautet: „Die Republik Ungarn anerkennt und unterstützt das Recht zur Unternehmung und die Freiheit des Wettbewerbs in der Wirtschaft“. Nach der Garantie von Eigentum, Erbrecht, Ehe und Familie heißt es in § 17: „Dic Rcpublik Ungarn sorgt für die Bedürftigen mit weitreichenden sozialen Maßnahmen“ – ein Postulat sozialer Gerechtigkeit! Verkündet § 70 B ein nicht einklagbares „Recht auf Arbeit“, so sind die folgenden sozialen Schutzrechte realistischer, etwa der status corporativus nach § 70 Abs. 1 C („Recht zum Schutz seiner wirtschaftlichen und gesellschaftlichen Interessen mit anderen zusammen eine Organisation zu bilden“) oder der status positivus nach § 70 E bzw. F (Recht auf soziale Sicherheit bzw. Recht auf Bildung). Verf. Georgien (1995) verleiht der Einführung der „wirtschaftlichen Freiheit“ im Kontext des Aufbaus des „sozialen Rechtsstaates“ sogar Präambelrang. 1427

cc) Sonstige Erscheinungsformen von (nationalem) Wirtschaftsverfassungsrecht

Unter dem Auffangstichwort „*Sonstige Erscheinungsformen* von (nationalem) Wirtschaftsverfassungsrechts“ seien einige prägnante Beispiele heterogener Themen herausgegriffen. So betritt Art. 19 Abs. 2 Verf. Bulgarien Neuland in dem Satz: „Das Gesetz schafft und gewährleistet jedem Bürger und jeder juristischen Person die gleichen rechtlichen Bedingungen für eine wirtschaftliche Tätigkeit“ – eine leistungsrechtliche Grundrechtsdimension. Präambel Verf. Kroatien spricht von „wirtschaftlichem und kulturellem Wohlstand“. Verf. Litauen (1992) benennt ihren Abschnitt IV „Volkswirtschaft und Arbeit“, wobei wirtschaftliche Freiheiten und soziale Schutzrechte in einen geglückten Zusammenhang geraten. Statusähnlich sagt Art. 55 Abs. 2 Verf. Mazedonien prägnant: „Die Republik gewährleis- 1428

974 Dazu z.B. W. Kälin u.a. (Hrsg.), Die Schweiz und die UNO-Menschenrechtspakte, 2. Aufl. 1997.

tet die gleiche Rechtsstellung aller Marktteilnehmer". Auch findet sich in derselben Verfassung eine wirtschaftliche Fortschrittsklausel (Art. 57).

1429 Wie variantenreich dasselbe Thema normiert werden kann, zeigt sich in Art. 13 Abs. 3 S. 2 Verf. Ukraine (1996): „Der Staat gewährleistet allen Subjekten des Eigentumsrechtes und der Wirtschaft Rechtsschutz und die soziale Ausrichtung der Wirtschaft". Im Kontext eines Grundrechtes ist hier in der Sache die soziale Marktwirtschaft normiert. Schließlich gelingen auch der Russischen Föderation neue Texte und Kontexte zu „alten Themen". Art. 8 Abs. 1 ihrer Verfassung (1993) lautet: „In der Russischen Föderation werden die Einheit des Wirtschaftsraums, die freie Bewegung von Waren, Dienstleistungen und Finanzmittel, die Förderung des Wettbewerbs und die Freiheit der Wirtschaftstätigkeit garantiert."

1430 *Im Ganzen*: Die neuen osteuropäischen Verfassungen thematisieren Markt und Marktwirtschaft samt ihren konstituierenden Voraussetzungen, aber auch Folgerechten bzw. Schutzaufträgen für den Staat überaus figurenreich. Sie vergessen dabei den korrigierenden Kontext „sozialer Gerechtigkeit" und Kultur keineswegs. In Sachen wirtschaftliche Rechte zeigen sich gemeineuropäische Standards von der unternehmerischen Freiheit bis zum Schutz der Gewerkschaftsfreiheit[975]. Sichtbar wird auch eine fruchtbare Textstufenentwicklung von West nach Ost und zurück. Auch innerhalb Osteuropas zeigen sich Rezeptionsvorgänge. Wirtschaftsverfassungsrecht ist in West- und Osteuropa kein leeres Wort. Es bildet ein zentrales Kapitel einer auf der nationalen und der gemeineuropäischen Ebene erarbeiteten europäischen Verfassungslehre. Wirtschaft hat sich schon textlich auch in einer „Verfassungslehre als Kulturwissenschaft" ihren wichtigen, wenn auch *immanent begrenzten* Platz erobert. Dass bei all dem genügend Offenheit für die Wirtschafts*politik*[976] (Art. 120 ff. AEUV) bleibt, sei ebenso angemerkt wie an die Grenzen zu erinnern ist, an die das Verfassungsrecht hierbei stößt.

---

975 S. auch die Fragestellung von *P.-Ch. Müller-Graff*, Die wettbewerbsverfasste Marktwirtschaft als gemeineuropäisches Verfassungsprinzip?, in: ders./E. Riedel (Hrsg.), Gemeinsames Verfassungsrecht in der Europäischen Union, 1998, S. 53 ff.

976 Mit dem Titel „Europäische Wirtschaftspolitik der Zukunft" gibt die FS für E. Nowotny, 2014, ihr Programm vor. Darüber hinaus *J. Schwarze*, Europäisches Wirtschaftsrecht, 2007.

III. Der Theorierahmen: Vom Marktbürger und „Wirtschaftssubjekt“ zum Europabürger der EU

Das bisherige aufgeschlüsselte Verfassungsmaterial hat genügend Belege dafür geliefert, dass Markt und Marktwirtschaft zwar unentbehrliche Elemente des Europas der EU sind, dass sie aber nicht verabsolutiert werden dürfen. Es ist das Europa der *Kultur*, das den letzten Grund für das Europa der EU und das ganze „europäische Haus“ schafft. Das lenkt den Blick auf seine Bewohner, auf die „Europabürgerinnen und -bürger“ des *ganzen* Europa (bewusst ist nicht nur von Unionsbürgerinnen und Unionsbürgern die Rede). Der „europäische citoyen“ (mitunter auch „bourgeois“) ist von den Elementen des bereits skizzierten europäischen Menschenbildes her geprägt. Seine „Gesichtszüge“ sind in der EMRK ebenso umrissen wie sie sich aus einer Gesamtschau der in Osteuropa auf der nationalen Ebene heranwachsenden Verfassungsstruktur in Austausch und Wertung ergeben. Der homo europaeus ist ein Werk von Kunst und Kultur – als „zweiter Schöpfung“. Er ist nicht primär der „homo oeconomicus“. 1431

Jedenfalls steht die Wirtschaft im Dienste eines menschenwürdigen Europa als Kultur. Allmacht des Marktes ist weder vom nationalen Verfassungsstaat her noch europäisch erträglich. Staat und Markt sollten vielmehr um ein einander „komplementäres“ Verhältnis ringen. Darum sollte man sich auch weigern, den Begriff „Markt“ auf alle Lebensbereiche anzuwenden. Der Markt kann auf *Teil*gebieten Schrittmacher sein, „Quellgebiet“ alles Menschlichen aber ist die Kultur. Die wirtschaftliche Globalisierung mag ja unvermeidlich sein, die kulturelle wäre aber eine Katastrophe (*M. Druon*). „Europa“, oft primär juristisch-technisch, oft nur historisch definiert, muss auf der Spur des hier entwickelten Ansatzes kulturell, weit, offen und nicht primär ökonomisch verstanden werden. Das „europäische Haus“ ist eine gute Metapher, wenn man sich die Fülle des griechischen „oikos“ vergegenwärtigt[977]. Der „Markt Europa“ ist nur ein Teilaspekt, denn demokratisch-politische Ordnungen legitimieren sich nicht primär ökonomisch, sondern kulturell. Die soziale und ökologische Komponente harren der politischen und wissenschaftlichen Verstärkung (Stich- 1432

977 Dazu *M. Stolleis*, Europa – seine historischen Wurzeln und seine künftige Verfassung, 1997, S. 28. – Aspekte der geistesgeschichtlichen Entwicklung des Begriffs „Europa“ in: H. Timmermann (Hrsg.), Die Idee Europa in Geschichte, Politik und Wirtschaft, 1998, und J. Schlumberger/P. Segl (Hrsg.), Europa – aber was ist es?, 1994.

wort „Europäischer Sozialstaat“ bzw. „Umweltunion“). Der Mensch ist das Maß der Dinge, nicht die Wirtschaft und der Markt. So wichtig sie sind, sie bleiben ein *Mittel* zum Zweck des kulturell vielfältigen Europa als Haus mit vielen Zimmern und „Erkern“, z.B. mit Blick nach Iberoamerika oder auf die USA und Kanada. Das europäische kulturelle Erbe *und* die nationale Identität der Einzelstaaten sind gemeint. Dabei gehört Osteuropa zu Europa, ebenso Russland ohne seine asiatischen Teile (daran sei gerade nach der Annexion der Ukraine erinnert); wohl auch die Türkei, weil wir heute nicht mehr vom „christlichen Europa“ ausgehen dürfen, sondern um einen „verfassungsstaatlichen Euro-Islam“[978] ringen müssen, der sich freilich seinerseits tolerant zu gerieren hat.

1433 Vor allem ist Europa *Kultur*, das vom Menschen hier seit Jahrhunderten, oft in „Renaissancen“, Geschaffene, und dies oft als „Mischkultur“ auch in den einzelnen Nationen (Insofern ist die „europäische Identität“ Teil der nationalen und umgekehrt!). Man denke an Palermos Capella Palatina oder die türkischen Elemente in der Musik des göttlichen *W. A. Mozart*. Vielleicht darf man sogar von „europäischem Kulturpatriotismus“ sprechen. Hier ist auch der Ort von Europa als „Erziehungsziel“. Dieser vorsichtige europäische Kulturoptimismus steht gegen alle Positionen der Euroskeptiker, der Markteuropäer und Staatlichkeitsdenker. Kongenial ist ihm der gedämpfte wissenschaftliche bzw. Menschenbild-Optimismus, der auch auf die schrittweise mögliche Erfüllung verfassungsstaatlicher Reformbedürfnisse setzt.

1434 Diese Pluralität von Öffentlichkeit in Europa wird wohl so bleiben, weil sich in ihr das Europa der Bürger, Kommunen und Regionen wiederfindet. Kann man nach einem berühmten Wort von *J. Delors* den europäischen Binnen-Markt nicht „lieben“, so sehr wohl die europäische Kultur. Das sauertöpfische Wort von Bundespräsident *G. Heinemann*, er liebe seine Frau, nicht die Verfassung, hilft uns zumal angesichts des „Verfassungspatriotismus“ in Deutschland nicht weiter. Man wird sehen, ob uns Deutschen dauerhaft der Übergang vom „DM-Nationalismus“, jenem schmerzenden, aber wohl auch wahren Wort von *J. Habermas*, zum geeinten Europa gelingt (trotz AfD!): mit seinen *vielen* Muttersprachen und der *einen* „Vatersprache“ Europas als Rechts- und Kulturgemeinschaft.

1435 Beteiligte sind Parteien, Verbände, Gewerkschaften und Unternehmen, Kirchen, Medien, und sie agieren, grundrechtlich gesichert, im Interessen-

978 S. dazu oben L.: Europäisches Religionsverfassungsrecht.

wettstreit. Auch der hier vorgestellte „Markt“[979] ist ein solches gesellschaftlich-öffentliches Teilfeld – freilich nicht das Maß aller Dinge und schon gar nicht das Maß des Menschen! Im Verfassungsstaat steht das Öffentliche im Spannungsbogen der erwähnten „republikanischen Bereichstrias“ zwischen Staat und Privat, aber es ist mehr als bloßes „Zwischenglied“. So gibt es zunehmend „Kultursponsoring“, es bleiben aber auch die unverzichtbar vom Verfassungsstaat zu erbringenden bzw. zu vermittelnden Kulturleistungen: als „Grundversorgung“. Zu Recht postulierte die „Erklärung von Paris“ der Sozialistischen Internationale vom November 1999: „Wir verwechseln nicht Markt und Demokratie“. Es gebe Güter, die außerhalb der Regeln der Marktwirtschaft zu schützen seien: Erziehung, Gesundheit, Kultur und Umwelt[980].

Das Europa als – verfassungsfähige – *Rechtsgemeinschaft* ist so öffentlich 1436
wie Rechtsetzung, Rechtsfindung und -fortentwicklung öffentlich sind, die bekannten Demokratiedefizite freilich bleiben. Der Lebensbereich *Wirtschaft* ist ambivalent: Einerseits ermöglicht er dank der Marktfreiheiten viel erlebbare Öffentlichkeit. Europas Einigung wurde stark vom Ökonomischen her befördert; andererseits ist Europa eine durch das Ökonomische und die globale Weltwirtschaft bedrohte *Kulturgemeinschaft*. Materialistisches und ökonomisches Effizienzdenken verfehlt und gefährdet das Inhaltliche am Öffentlichkeitsbegriff: seinen Bezug auf das „gemeinsame Erbe an geistigen Gütern“, sein Bekenntnis, dass die europäischen Staaten vom „gleichen Geiste beseelt sind“ (so die Präambel der EMRK von 1950!), seinen Entschluss, die „Solidarität“ zwischen den Völkern „unter Achtung ihrer Geschichte, ihrer Kultur und ihrer Traditionen zu stärken“ (so die Präambel des Maastricht-Vertrages von 1992). Europa lebt aus bestimmten inhaltlichen und prozessualen Grundwerten, die immer wieder – öffentlich – wiederholt, bestätigt und fortentwickelt werden müssen. Nur vor diesem Hintergrund ist der „homo europaeus“ als solcher zu begreifen.

979 Aus der italienischen Lit. vgl. dazu noch: *L. Cassetti*, La cultura del mercato fra interpretazioni delle Costituzione e principi Comunitario, 1997.

980 Zit. nach FAZ vom 10. November 1999, S. 8.

O. Das EU-Steuer- bzw. Finanzverfassungsrecht (Auswahl)

Vorbemerkung

1437 Die Steuer- bzw. Finanzordnung gehört zu den klassischen Themen (bzw. meist Schlusskapiteln) jeder nationalen Verfassung und damit auch jeder nationalen Verfassungslehre. Die Frage ist, ob die Zeit für das Thema Steuerordnung als Teil der Finanzverfassung als Gegenstand der europäischen Verfassungslehre schon reif ist. Soweit es sich um eine Vergleichung der nationalen Beispiele handelt und es um die Suche nach gemeinsamen Standards zwischen ihnen geht, gewiss[981]. Indes ist fraglich, ob und wie die EU und ihre Steuer- bzw. Finanzordnung schon ebenso in die vorliegende europäische Verfassungslehre integriert werden könnten wie andere Themen, etwa der Rechtsstaat als „europäischer Rechtsstaat", die Demokratie als „europäische Demokratie", das „europäische Kultur- und Umweltverfassungsrecht"[982].

1438 Die Finanz- und Steuerhoheit der Mitgliedsstaaten wird „im Grundsatz" als unangefochten fortbestehend angesehen (auch wegen des Grundsatzes der begrenzten Einzelermächtigung), doch fällt schon prima facie auf, dass Art. 110 AEUV mit seinem steuerlichen Diskriminierungsverbot und Art. 93 AEUV wegen seines Harmonisierungsgebots ein Stück Steuerverfassungsrecht der EU schaffen, ganz abgesehen von der EU-Finanzgewalt in Art. 310 ff. AEUV. Wenn es heißt, über die Ausübung des nationalen parlamentarischen Budgetrechts blieben die Mitgliedstaaten finanziell „Herren der Union", so fragt sich, ob diese schon klassische Herrenideologie in der Zukunft noch fortleben kann, wo sie doch für die EU im Übrigen abzulehnen ist. Sind ausgerechnet die Finanzen das letzte Reservat einer im Übrigen überholten „Herrenideologie"? oder wie kann diese Kompetenz der Mitgliedsstaaten in das Bild der EU als Verfassungsgemeinschaft konsistent eingeordnet werden?

1439 Im Folgenden sei sozusagen „auf Vorrat" für die weiter in Zukunft wachsende „Verfassungsgemeinschaft" EU zunächst der nationale Bestand an Steuerverfassungsrecht gesichtet, ehe gefragt wird, ob und wie europa-

---

981 Aus der europarechtlichen Lit.: *T. Oppermann/C. D. Classen/M. Nettesheim*, Europarecht, 6. Aufl. 2014, § 8; *C. Stumpf*, in: J. Schwarze (Hrsg.), EU-Kommentar, 3. Aufl. 2012, Art. 110 AEUV.

982 Erinnert sei auch daran, dass eine bessere Abstimmung auf den Feldern der Finanz-, Wirtschafts- und Strukturpolitik, für die es keine unmittelbare EU-Zuständigkeit gibt, ein immer wichtigeres Anliegen der nationalen Politiken wird.

bzw. verfassungstheoretisch mit „Steuern und Finanzen", „Währung und Haushalt" umzugehen ist (Stichworte: substanzielle Relativierung des Staatselements „Hoheit" durch den Euro, „europäischer Gesellschaftsvertrag" als unverzichtbare Basis für den Umgang mit den Finanzen: „no European taxation without European representation").

I. Das nationale Steuerverfassungsrecht im Textstufenvergleich

1. Elemente einer Bestandsaufnahme (Auswahl)

a) Die Schweiz

Die Schweiz ist für eine sensible Textstufenanalyse in Sachen nationalen Steuerverfassungsrechts besonders ergiebig. Sie hat nach und nach viele Prinzipien und Textvarianten entwickelt, die höchst kreativ als Problemlösungsmaterial auf der Ebene der Verfassungslehre bereit liegen und mehr als nur „anregend" sind. Beginnen wir mit den *Kantonsverfassungen*[983], die zeigen, wie sehr der Föderalismus in fast allen Grundsatzthemen des Verfassungsrechts einer „Werkstatt" gleicht. 1440

In Sachen „*Besteuerungsgrundsätze*" findet sich das im Vergleich wohl ausgereifteste Modell in § 119 KV Aargau (1980): 1441

> „(1) Bei der Ausgestaltung der Steuern sind die Grundsätze der Solidarität und der Leistungsfähigkeit der Steuerpflichtigen zu beachten.
> (2) Die Steuern sind so zu bemessen, dass die gesamte Belastung der Steuerpflichtigen mit Abgaben nach sozialen Grundsätzen tragbar ist, die Leistungsfähigkeit der Wirtschaft nicht überfordert, der Wille zur Einkommens- und Vermögenserzielung nicht geschwächt und die Selbstvorsorge gefördert wird.
> (3) Steuerhinterziehung und Widerstände gegen die Steuererhebung sind wirksam zu ahnden."

Diese kluge Mischung verschiedener Prinzipien ist zu einem oft ganz oder teilweise nachgeahmten „Leit-Artikel" geworden, was umso bemerkenswerter ist, als in der Schweizer halbdirekten Demokratie alle Total- und Teilrevisionen sowie die Steuergesetzgebung selbst vor das Volk kommen. Zunächst wirkte das Steuerverfassungsrecht von Aargau auf die Totalrevi- 1442

---

983 Die folgenden Texte sind zitiert nach der Dokumentation in JöR 34 (1985), S. 424 ff., fortgeführt in JöR 47 (1999), S. 171 ff. – Neue Texte: Art. 122-129 KV Zürich (2004), zit. in JöR 56 (2008), S. 305 ff.

sion in Basel-Landschaft (1984). Dem dortigen § 133 („Grundsätze der Steuererhebung") gelingen sogar noch einige Verfeinerungen. So sind als Grundsätze u.a. zusätzlich genannt: die „Erhaltung des Leistungswillens des einzelnen", die „Schranken der Eigennutzungsgarantie und die Gesamtbelastung der Steuerpflichtigen mit Abgaben", die „Auswirkung auf Wirtschaftsablauf und Wettbewerbsverhältnisse", die „Gleichbehandlung juristischer Personen ungeachtet ihrer Rechtsform". Neuartig sind die (verfassungsbezogenen) Richtpunkte steuerlicher Begünstigung wie „die Familie sowie Personen mit Unterstützungspflichten", die Selbstvorsorge, namentlich eine „angemessene Vermögensbildung" und das „selbstgenutzte Wohnungseigentum". Schon eine erste Analyse dieser höchst schöpferischen Verfassungstexte gibt der vergleichenden Dogmatik manche Hilfestellung: etwa in Sachen normative Kraft der Eigentumsgarantie gegenüber dem Steuergesetzgeber, die steuerlichen Förderungsaufträge gegenüber der Familie, das Prinzip der Begünstigung angemessener Vermögensbildung und der Förderung des selbstgesetzten Wohnungseigentums: wenn man will „leistungsstaatlicher" Elemente im Blick auf Privateigentum und Wohnungseigentum[984].

1443 Die beiden Normensembles in den Kantonsverfassungen von Aargau und Basel-Landschaft haben in der Schweiz „Schule gemacht". So ähnelt Art. 60 der späteren Verf. Uri (1984) diesen Vorbildern ebenso wie Art. 133 KV Solothurn (1986), dem freilich insofern eine Verfeinerung glückt als dort gesagt ist (Abs. 3): „Bei der Besteuerung von Einkommen und Vermögen sind die Grundsätze einer angemessenen Progression anzuwenden" – und sogar der Zeitfaktor in dem Gebot berücksichtigt ist: „Die kalte Progression ist periodisch auszugleichen" – womit ein steuerwissenschaftlicher Begriff in eine (wohl bislang einzigartige) neue Textstufe eingegangen ist. Der Katalog von Steuererleichterungen (Art. 134) ist insofern gegenüber den erwähnten älteren Vorbildern angereichert worden als auch die „berufliche Weiterbildung und Umschulung" erwähnt wird (lit. e). Auch die KV Bern (1993) trägt viel zu einem *gemeinschweizerischen* Bestand an Besteuerungsgrundsätzen bei (Art. 104), wobei (in Abs. 3) genau verlangt wird, „dass die Sozialleistungen sowie die Anstrengungen zur Sicherung der Vollbeschäftigung berücksichtigt werden". Einmal mehr zeigt sich, wie sehr sich das Steuerverfassungsrecht in das Ganze einer

984 Zu diesem Grundrechtsverständnis *P. Häberle*, Grundrechte im Leistungsstaat, VVDStRL 30 (1972), S. 43 ff.

Verfassung, hier ihrer „Sozialziele“ bzw. Staatsaufgaben einordnet, allgemein auch in ihre Grundrechtspolitik („angemessene Vermögensbildung“ bzw. „Wohnungseigentumsförderung“). Einmal mehr bestätigt sich die These, dass in den sich fortschreibenden Verfassungstexten, vergleichend betrachtet, viel Problemlösungsmaterial gespeichert ist, das die (national introvertierte) Wissenschaft und Judikatur nur zu gerne übersieht[985].

Kantonsverfassungen wie etwa Appenzell AR (1995) mögen zwar nur ein- 1444
zelne der genannten Grundsätze rezipieren (Art. 98 Abs. 3: Grundsätze der Rechtsgleichheit und wirtschaftlichen Leistungsfähigkeit); andere mögen sich des Themas sogar ganz enthalten (so KV Tessin von 1997). Dennoch ist in der Schweiz Bahnbrechendes in Sachen Steuerverfassungsrecht, insonderheit Besteuerungsgrundsätze geglückt[986]. Dass das Thema Steuerpflicht als Grundpflicht spärlicher behandelt ist, sei angemerkt (vgl. etwa Art. 122 KV Jura von 1977: „Devoir fiscal: Les contribuables participent solidairement, selon leur capacité economique, aux charges de l’Etat et des communes“; s. auch Art. 51 KV Glarus von 1988: „Steuerpflicht: Alle Steuerpflichtigen haben nach ihren Mitteln und ihrer wirtschaftlichen Leistungsfähigkeit die Staats- und Gemeindelasten zu tragen“). Besonders betont sei aber der in Deutschland so schwer vermittelbare Gedanke vom Zusammenhang von *Staatsaufgaben und Steuern*. Schon Art. 121 KV Jura (1977) formuliert ihn prägnant in den Worten: „L‘Etat et les communes perçoivent les impôts et autres contributions publiques nécessaires à l’execution de leures tâches“, oder noch schlichter: § 85 Abs. 1 KV Thurgau (1987): „Der Kanton erhebt Steuern zur Erfüllung seiner Aufgaben“.

Zuletzt ein Blick auf die *Bundesebene*: Die alte Bundesverfassung (Stand: 1445
1994) kannte zwei umfangreiche Steuer-Artikel (Art. 41 bis und Art. 41 ter); sie sorgte sich auch um eine „Harmonisierung der direkten Steuern“ (Art. 42 quinquies), wobei eine Grundsatzgesetzgebung des Bundes für die Kantone und Gemeinden in Sachen Steuerprüfpflicht, Gegenstand,

985 Zu diesem Ansatz: *P. Häberle*, Verfassungslehre als Kulturwissenschaft, 2. Aufl. 1998, S. 342 ff. und passim.

986 Auch eine Reihe inoffizieller bzw. für die Schweiz so typischer „Privatentwürfe“ normiert Besteuerungsgrundsätze, vgl. etwa Art. 125 Entwurf *T. Jaag/A. Kölz* für Zürich (1993), zit. nach JöR 47 (1999), S. 239 ff., und Art. 130 Entwurf EVP für Zürich (1993), zit. ebd., S. 239 ff. – Art. 131 Entwurf „Grüne“ für Zürich (1994), zit. ebd., S. 268 ff., erweitert den Katalog der Begünstigungsaufträge – in sich konsequent – um den Tatbestand „Gewährung von finanziellen Anreizen für nachhaltiges und ökologisches Verhalten“. Pionierhaft ist die „Schuldenbremse“ in § 120 KV Basel Stadt (2005).

zeitliche Bemessung der Steuern etc. genannt ist. Inhaltliche Besteuerungsgrundsätze finden sich nicht. Auch der Verfassungsentwurf 1977[987] schweigt sich insoweit aus.

1446 Die neue Bundesverfassung vom 18. Dezember 1998, die als „Nachführung“ ein Stück Transparenz der Verfassungswirklichkeit schaffen will, bringt hier Fortschritte. Art. 127 Abs. 2 lautet:

> „Soweit es die Art der Steuer zulässt, sind dabei insbesondere die Grundsätze der Allgemeinheit und der Gleichmäßigkeit der Besteuerung sowie der Grundsatz der Besteuerung nach der wirtschaftlichen Leistungsfähigkeit zu beachten.“

1447 Im Übrigen sind detaillierte Direktiven zur Steuerharmonisierung (Art. 129) und Artikel zu den verschiedenen Steuern normiert, von den direkten Steuern (Art. 128) über die Mehrwertsteuer (Art. 130) bis zu „besonderen Verbrauchssteuern“ (Art. 131). Schon der Entwurf 1995[988] hatte sich mit dem Steuerverfassungsrecht beschäftigt (bemerkenswert: Art. 107 Abs. 2 mit dem Gebot, die Folgen der „kalten Progression“ periodisch auszugleichen; s. auch Art. 119 Abs. 2 Entwurf 1996[989]).

b) Die osteuropäischen Reformstaaten

1448 Ein Blick auf die *osteuropäischen Reformstaaten*. Welche Teile des Steuerrechts haben sie in welchen Textvarianten konstitutionalisiert? Haben sie nur westliche Themen rezipiert oder auch schon Eigenes geschaffen? So eng die Produktions- und Rezeptionsgemeinschaft der Verfassungsstaaten nach 1989 geworden ist[990], es fällt auf, dass die neuen Verfassungsstaaten in Osteuropa nur sehr punktuell auf das Problem Steuer schon in ihren Verfassungsurkunden eingehen. Immerhin finden sich einige bemerkenswerte Regelungen und Entwicklungen. Im Einzelnen:

1449 Beginnen wir mit Polens langem Weg zu einer neuen Verfassung[991]: Ein früher Verfassungsentwurf des Seym (1991) ordnet die Steuerpflicht immerhin den Grundpflichten zu (Art. 36); ein Verfassungsentwurf des Se-

---

987 Zit. nach JöR 34 (1985), S. 536 ff.

988 Zit. nach JöR 47 (1999), S. 349 ff.

989 Zit. nach JöR 47 (1999), S. 372 ff.

990 Dazu die Analyse *P. Häberles*, Verfassungsentwicklungen in Osteuropa – aus der Sicht der Rechtsphilosophie und der Verfassungslehre, AöR 117 (1992), S. 169 ff.

991 Vgl. die Dokumentation in JöR 43 (1995), S. 184 ff.

nats (1991) lässt sie als Teilaspekt der Verpflichtung, zum Gemeinwohl einen Beitrag zu leisten, erscheinen (Art. 47). Die Verfassung von 1997 integriert die Steuerpflicht in die „responsibilities and duties“. Während Art. 60 Verf. Bulgarien (1991) die Steuerpflicht nur erwähnt, verlangt Art. 53 Abs. 2 Verf. Rumänien (1991) immerhin Steuergerechtigkeit („juste répartition des charges fiscales“). Sehr blass bleibt der steuerverfassungsrechtliche Artikel 33 Verf. Mazedonien (1991), auch Art. 52 Verf. Serbien (1990) und Art. 39 Verf. Turkmenistan (1992) sowie Art. 51 Verf. Usbekistan (1992).

Bemerkenswert ist die Entwicklung der Verfassungstexte in Russland[992]. 1450
Der frühe Verfassungsentwurf (1993) stellt einen vortrefflichen Zusammenhang zwischen Steuerpflicht und Staatsaufgaben her („The payment of taxes ... is the duty and obligation of citizens and their associations in order to defray the state's expenditure on defense, social needs, and other state needs“). Auch wenn diese Textstufe in anderen bzw. späteren Entwürfen wieder „verloren“ geht, einmal in der Welt, bleibt er ein unvergesslicher Fingerzeig für die Verfassungspolitik und Dogmatik in Sachen Steuern. Die Verfassung Russlands (1993) kommt zwar auf diese Idee nicht zurück, sie steuert aber etwas Eigenes zu anderen Themen bei: eine Textvariante zur Rückwirkung von neuen oder neu belastenden Steuern, die sie ausschließt (Art. 57).

Während eine Reihe anderer Verfassungen Osteuropas wenig einfallsreich 1451
sind und meist nur an die Steuerpflicht denken (z.B. Art. 54 Verfassungsentwurf Moldawien von 1993, Art. 17 Verf. Mongolei von 1992 sowie Art. 73 Verf. Aserbaidschan von 1996 und Art. 35 Verf. Kasachstan von 1996)[993], verdient die Entwicklung der Steuer-Artikel in der Ukraine besondere Aufmerksamkeit[994]. Art. 74 Verfassungsentwurf von 1992 legt die Steuerpflicht fest: „in accordance with principles of equal and progressive taxation“, im späteren Art. 62 Verfassungsentwurf von 1992 gehen diese materiellen Prinzipien verloren, ebenso in Art. 63 Verfassungsentwurf von 1993, der sich ebenfalls mit der bloßen Gesetzmäßigkeit dieser Grundpflicht begnügt. In Art. 67 Abs. 2 Verf. Ukraine (1996) wird dem aber eine neue Konnexpflicht hinzugefügt (die jährliche Steuererklärungspflicht!). Wieder einmal zeigt sich, dass selbst im Entstehungsprozess einer konkre-

992 Zit. nach JöR 45 (1997), S. 310 ff.

993 Zit. nach JöR 46 (1998), S. 354 ff. bzw. 433 ff. und 448 ff., sowie JöR 47 (1999), S. 634 ff. (Kasachstan).

994 Zit. nach JöR 46 (1998), S. 124 ff.

ten Verfassung wechselt, was der Verfassunggeber für so wichtig hält, dass er es in den Rang der formellen Verfassung hebt. Nimmt man aber in Raum und Zeit vergleichend alle (geschriebenen) Steuerrechtsprinzipien zusammen, so hat man ein Ensemble der Steuerproblematik im Verfassungsstaat der heutigen Entwicklungsstufe.

c) Westeuropa

1452 Zurück nach *Westeuropa*: Art. 73 Abs. 1 Verf. Türkei (1982)[995] schreibt das Leistungsfähigkeitsprinzip fest. Wenn Absatz 2 sagt: „Das soziale Ziel der Finanzpolitik ist die gerechte und ausgewogene Verteilung der Steuerlast", so zeichnet sich darin – programmatisch – das Prinzip des Sozialstaates und der Steuergerechtigkeit ab, was dem Gesamten der Verfassung entspricht (vgl. nur Art. 2: „sozialer Rechtsstaat, Gerechtigkeit").

1453 Die beiden iberischen Länder Portugal und Spanien nehmen sich des Steuerverfassungsrechts sehr grundsätzlich an. Verf. Portugal (1976/1992)[996] normiert die Ziele des Steuersystems („Befriedigung des Finanzbedarfs und gerechte Einkommens- und Vermögensverteilung": Art. 106 Abs. 1), sie präzisiert den Gesetzesvorbehalt (Abs. 2 und 3) und sie umschreibt die Einkommensteuer (Art. 107 Abs. 1: „ist einheitlich und progressiv und berücksichtigt die Bedürfnisse und Einkünfte der zum Haushalt gehörenden Personen"). Das Programm der Erbschafts- und Schenkungssteuer ist ebenfalls bestimmt (Abs. 3 ebd.: „dergestalt progressiv, dass sie zur Gleichheit unter den Bürgern beiträgt"). Abs. 4 ebd. formuliert Leitziele für die Besteuerung des Konsums (z.B. „soziale Gerechtigkeit" und Besteuerung von Luxusgütern).

1454 Verf. Spanien (1978/92) regelt ebenfalls Teilaspekte eines umfassenden Steuerverfassungsrechts. Im Abschnitt „Rechte und Pflichten der Bürger" findet sich die Grundpflicht samt materiellen Besteuerungsgrundsätzen (Art. 31 Abs. 1: „gemäß ihren wirtschaftlichen Möglichkeiten und mittels einer gerechten und auf den Grundsätzen der Gleichheit und der Progression beruhenden Steuersystems, das in keinem Fall konfiskatorischen Charakter haben darf"). In Absatz 3 ist der Gesetzesvorbehalt normiert, im Abschnitt „Wirtschaft und Finanzwesen" wird gesagt (Art. 134 Abs. 7):

---

995 Zit. nach JöR 32 (1983), S. 552 ff.

996 Aus der Lit: *A. P. Dourado/R. Prokisch*, Das steuerrechtliche Legalitätsprinzip in Portugal und Deutschland, JöR 47 (1999), S. 35 ff.

„Das Haushaltsgesetz kann keine neuen Steuern festlegen. Es kann Steuern modifizieren, wenn ein materielles Steuergesetz das vorsieht.“

Andere Mitgliedsländer der EU beharren meist auf dem Gesetzesvorbehalt 1455
(z.B. Art. 78 Abs. 1 Verf. Griechenland von 1975; s. auch Art. 99 Abs. 1 Verf. Luxemburg von 1968/96), sie formulieren ein Rückwirkungsverbot (Art. 78 Abs. 2 Verf. Griechenland), denken aber auch an die Besteuerung der „Wertsteigerungen benachbarter Privatgrundstücke“ (Art. 78 Abs. 4 S. 2 ebd.), verlangen ein „progressives Steuersystem“ (Art. 53 Abs. 1 Verf. Italien von 1947; sie will überdies die Spartätigkeit ermutigt wissen, Art. 47 Abs. 1 ebd.). § 61 Finnische Regierungsform 1919/95 verbindet die Regelung des Gesetzesvorbehalts mit der Forderung nach Aussagen über den „Rechtsschutz des Steuerpflichtigen“. Eine ungewöhnlich detaillierte Regelung des Rückwirkungsproblems findet sich in § 10 Abs. 2 Verf. Schweden von 1975/1980.

Auffällig im guten Sinne ist Verf. Island (1944/1968)[997]. Ihr § 64 Abs. 2 1456
formuliert einen Grundsatz, den in Deutschland erst das BVerfG (BVerfGE 19, 268 (273)) erarbeiten musste: „Niemand ist verpflichtet, an eine religiöse Gemeinschaft, die seiner Überzeugung nicht entspricht, Steuern zu zahlen“.

Frankreich, das so viele Grundlagen des Typus Verfassungsstaat geschaf- 1457
fen hat, sei in einigen „Urtexten“ befragt. Art. 13 der Erklärung von 1789 sieht für den Unterhalt der Streitmacht und die Aufgaben der Verwaltung vor: „une contribution commune est indispensable; elle doit être également repartie entre tous les citoyens, en raison de leurs facultés“[998]. Die Verfassung von 1791 regelt die „contributions publiques“ überdies in einem eigenen Teil V. In Art. 20 Verf. von 1793 wird gesagt: „Nulle contribution ne peut être établie que pour l'utilité générale. Tous les citoyens ont le droit de concourir à l'établissement de contributions, d'en surveiller l'èmploi, et de s'en faire rendre compte“. Eine Variante zu diesen Grundgedanken findet sich in Art. 16 Verf. von 1795: „toute contribution est établie por l'utilité générale; elle doit être répartie entre les contribuables, en raison de leurs facultés“. In der Acte Additionnel von 1815 findet sich ein eigener Titel III über „De la loi de l'impôt“, u.a. mit der Unterscheidung zwischen direkten und indirekten Steuern. In der Verf. von 1830 rückt die Steuerpflicht sogar in den Art. 2 vor: („indistinctment, dans la proportion

997 Zit. nach P. C. Mayer-Tasch (Hrsg.), Die Verfassungen Europas, 2. Aufl. 1975.

998 Texte zit. nach J. Godechot (Hrsg.), Les Constitutions de la France depuis 1789, 1979. Zu Art. 13 der Erklärung von 1789 auch BVerfGE 84, 239 (269).

de leur fortune“). In der Verf. von 1848 wird die causa der Steuer definiert („pour l’utilité commune“: Art. 15); auch das Prinzip „en proportion de ses facultés et de sa fortune“. Art. 16 formuliert den Gesetzesvorbehalt. Art. 17 erlaubt die direkte Steuer nur für ein Jahr, die indirekten für mehrere Jahre.

1458 Wertet man die Entwicklungsgeschichte des französischen Steuerverfassungsrechts, so fällt auf, wie sich Stück für Stück die einzelnen Grundsätze herausgebildet haben, sie aber auch variiert worden sind. Dass das Steuerverfassungsrecht diesen hohen Stellenwert im Gesamtgefüge des Verfassungsstaates gewonnen hat, ist bleibende Erkenntnis.

d) Deutschland

1459 Erst zuletzt seien die Textvarianten in *Deutschland* aufgelistet. Das GG regelt zwar Grundsatzfragen wie Gesetzgebungshoheit, Verwaltungs- und Ertragshoheit in Sachen Steuern, doch statuiert es weder eine Grundpflicht von jedermann noch materielle Besteuerungsgrundsätze – ein Grund mehr für das BVerfG, selbst kräftig materielles Steuerverfassungsrecht zu schaffen (z.B. BVerfGE 82, 60 (198); 84, 239; 93, 121 (165); 96, 1; 98, 106; 110, 412 (433 ff.); 112, 268; 118, 168 (196); 122, 210 (230 ff.)).

1460 Ergiebiger wird ein Blick in die Landesverfassungen nach 1945. In den ostdeutschen Länderverfassungen findet sich ein in anderen Staaten, vor allem in der Schweiz, unbekanntes Verbot von Volksentscheiden über Abgabengesetze (Art. 59 Abs. 4 Verf. Mecklenburg-Vorpommern von 1947[999], ebenso Art. 59 Abs. 5 Verf. Sachsen von 1947, Art. 38 Abs. 4 Verf. Thüringen von 1946). Gelegentlich ist der Gesetzesvorbehalt für Steuern und Abgaben ausdrücklich formuliert (Art. 53 Verf. Mark Brandenburg von 1947, Art. 81 Verf. Mecklenburg-Vorpommern, Art. 83 Abs. 1 Verf. Sachsen). Vereinzelt findet sich aber auch eine bemerkenswerte Gesamtkonzeption der einzelnen Steuern. So sagt Art. 84 Verf. Sachsen:

> „(1) Vermögens-, Einkommens- und Verbrauchersteuern sind in einem angemessenen Verhältnis zueinander zu halten und nach sozialen Gesichtspunkten zu staffeln. Hierbei ist die Leistungsfähigkeit einerseits und die Aufrechterhaltung einer mittleren Lebenshaltung andererseits zu berücksichtigen.

---

999 Zit. nach B. Dennewitz (Hrsg.), Die Verfassungen der modernen Staaten, Bd. II, 1948.

(2) Durch eine starke Staffelung der Erbschaftssteuer soll eine volksschädliche Kapitalanhäufung verhindert werden."

Fast gleichlautend waren Art. 68 Verf. Thüringen und Art. 82 Verf. Mecklenburg-Vorpommern. 1461

Unter den westdeutschen Länderverfassungen zeichnet sich Bayern (1946) 1462 besonders aus. Art. 123 normiert die Grundpflicht („alle sind im Verhältnis ihres Einkommens und Vermögens und unter Berücksichtigung ihrer Unterhaltspflicht zu den öffentlichen Lasten heranzuziehen"), verlangt ein „angemessenes Verhältnis" zwischen Verbrauchs- und Besitzsteuern und sieht den Zweck der Erbschaftssteuer „auch" darin, die „Ansammlung von Riesenvermögen in den Händen einzelner zu verhindern". Art. 70 Abs. 2 Verf. Bremen (1947) nimmt u.a. die Steuern vom Volksentscheid aus; Art. 68 Abs. 1 S. 3 Verf. Nordrhein-Westfalen (1950) schließt entsprechende Volksbegehren aus (ähnlich Art. 99 Abs. 1 S. 3 Verf. Saarland von 1947/1993, Art. 81 Abs. 1 S. 3 Verf. Sachsen-Anhalt von 1992).

Eine Fundgrube für Steuerverfassungsrecht stellen die drei alten süddeut- 1463 schen Länderverfassungen unter einem besonderen Aspekt dar: Sie dekretieren: „Jedem Staatsbürger und seinen versorgungsberechtigten Angehörigen ist ein steuerfreies Mindesteinkommen zu belassen" (so Art. 103 Verf. Württemberg-Baden von 1946, Art. 106 Verf. Baden von 1947). Wenn Art. 15 Abs. 1 S. 3 Verf. Württemberg-Hohenzollern (1947) sagt: „Durch Arbeit und Sparsamkeit erworbenes Vermögen wird besonders geschützt" (ebenso Art. 8 Abs. 2 Verf. Württemberg-Baden), so richtet sich dies auch an den Steuergesetzgeber. Art. 15 Abs. 2 Verf. Baden sagt dies sogar ausdrücklich in einem Zusatz („insbesondere bei der Besteuerung"). Der Grundsatz von Steuerfreiheit von Mindesteinkommen hätte dem BVerfG in einer einschlägigen Judikatur (BVerfGE 82, 60; 87, 153) mehr als nur (innerdeutsch) rechtsvergleichendes Material sein können!

Ein Blick auf die Landesverfassungen der *Weimarer Zeit*[1000] erweist sich 1464 in einem Punkt als ergiebig: Fast alle nehmen Gesetze über Steuern und Abgaben grundsätzlich von der Volksabstimmung aus (vgl. § 23 Verf. Baden von 1919, § 77 Verf. Bayern von 1919, Art. 41 Verf. Braunschweig von 1922, Art. 58 Verf. Hamburg von 1920, § 46 Verf. Mecklenburg-Schwerin von 1920, Art. 6 Verf. Preußen von 1920). Art. 134 WRV (1919)

1000 Zit. nach O. Ruthenberg (Hrsg.), Verfassungsgesetze des Deutschen Reichs und der deutschen Länder, 1926. – F. Wittreck (Hrsg.), Weimarer Landesverfassungen, 2004.

hatte zuvor den Pionierartikel geschaffen: „Alle Staatsbürger ohne Unterschied tragen im Verhältnis ihrer Mittel zu allen öffentlichen Lasten nach Maßgabe der Gesetze bei."

1465 Nur als Merkposten seien die Stichworte in Erinnerung gerufen, die das Thema Steuern im deutschen Verfassungsrecht des *19. Jahrhunderts* kennzeichnen: das Steuerbewilligungsrecht der Stände (z.B. VII §§ 5, 7, 9 Verf. Bayern von 1818)[1001] und die Garantie der Auswanderungsfreiheit „ohne Bezahlung einer Nachsteuer" (vgl. § 32 Verf. Königreich Württemberg) und Vorformen des Gesetzesvorbehalts (z.B. § 37 Verf. Sachsen von 1831; Art. 99 preußische oktroyierte Verf. von 1848). In § 39 Verf. Sachsen findet sich sogar ein harmonisierendes Gesamtkonzept: „Es soll ein neues Abgabensystem festgestellt werden, wobei die Gegenstände der direkten und indirekten Besteuerung nach möglichst richtigem Verhältnis werden zur Mitleidenschaft gezogen" – eine Vorform späterer Regelungen, z.B. in Bayern (1946).

2. Ein typologischer Problemkatalog

1466 Schon aus der in Raum und Zeit vergleichenden Textstufenanalyse lässt sich als Zwischenbilanz ein typologischer Problemkatalog herausfiltern[1002], der – bei allen nationalen Varianten – für das materielle Steuerverfassungsrecht im Verfassungsstaat der heutigen Entwicklungsstufe charakterisiert ist:

1467 Steuern als Problem der *Grundrechte und Grundpflichten*, dies in Gestalt der (allgemeinen) Steuerpflicht („Abgabengleichheit"), jenes teils begrenzend (Gleichheit als Grundsatz), „letzter" Schutz durch die Eigentumsgarantie, bedingt auch durch das Erbrecht, andererseits aber auch Begren-

---

1001 Zit. nach E. R. Huber (Hrsg.), Dokumente zur deutschen Verfassungsgeschichte, Bd. I, 1961.

1002 Treffende Aspekte finden sich auch bei *C. Waldhoff*, Verfassungsrechtliche Vorgaben für die Steuergesetzgebung, 1997, S. 217, der sich allenthalben auf das Textstufenparadigma beruft (z.B. S. 307, 343). Grundsatz-Lit.: *P. Kirchhof*, Die staatsrechtliche Bedeutung der Steuerreform, JöR 54 (2006), S. 1 ff.; *M. Kloepfer*, Aspekte der Umweltgerechtigkeit, JöR 56 (2008), S. 1 ff.; *A. Korte*, Die konkurrierende Steuergesetzgebung des Bundes im Bereich der Finanzverfassung, 2008; *R. Wendt*, Neuordnung der Finanzbeziehungen im Bundesstaat, in: FS Jung, 2007, S. 1085 ff. Global ausgreifend *Th. Egner*, Internationale Steuerlehre, 2015.

zung des Eigentums und Erbrechts durch (gestaffelte) Steuer(progression), schließlich Schutz von Ehe und Familie im Steuerrecht, Förderung breiter Eigentumsstreuung; die Grundpflicht hängt mit der demokratischen (gleichen) Staatsbürgerschaft zusammen.

Steuern als Problem der *Demokratie* (gegenläufige Beispiele in der 1468
Schweiz einerseits, Stichwort: Referendumsdemokratie, in Deutschland andererseits: Steuern sind hier vom Referendum ausgenommen).

Besteuerung als Gegenstand des (demokratischen) *Gesetzesvorbehalts* ein- 1469
schließlich des Problems der Rückwirkung, mit der Variante des Steuerverfassungsvorbehalts[1003].

Prinzip der Besteuerung nach (wirtschaftlicher) „*Leistungsfähigkeit*"[1004] 1470
und die Formulierung ihrer Teilaspekte, auf den Gleichheitssatz bezogene, typisierende Gesetzesgeltung, typisierende Rechtsanwendung, Systemkonsequenz etc.

Materielle Besteuerungssätze wie (allgemeine) „soziale Gerechtigkeit", 1471
Staatsziele wie Sozialstaat, Schutz der Arbeit und Familie, Umweltschutz, Eigentumspolitik, worin auch der Zusammenhang zwischen Staatsaufgaben und Steuern partiell zum Ausdruck kommt.

Sonstige Verfassungsthemen wie harmonisches Gesamtkonzept der Ein- 1472
zelsteuern (wie Verbrauchs- und Besitzsteuern), Schutz der Glaubensfreiheit, Freistellung bestimmter (Kultur-)Einrichtungen von der Steuerpflicht, Verbot „kalter Progression", „Luxussteuer", Verbot der Doppelbesteuerung; Föderalismus und Regionalismus stellen besondere Fragen.

Dieser Problem- bzw. Regelungskatalog ist, der Eigenart des Verfassungs- 1473
staates gemäß, *offen*. In keiner Verfassung von heute sind gleichzeitig alle Steuerthemen normiert. M.a.W.: die konstitutionelle Regelungsthematik und -geschichte des Steuerrechts variiert in Raum und Zeit, je nach dem einzelnen Land, seiner Geschichte, seiner Befindlichkeit im Ganzen. Wichtig ist nur die Erkenntnis, dass die Sache Steuern ein Element des materiellen Verfassungsrechts ist, auch wenn (wie auf GG-Ebene) das

---

1003 Aus der älteren Lit.: *L. Osterloh*, Gesetzesbindung und Typisierungsspielräume bei der Anwendung von Steuergesetzen, 1992. – S. auch *H. Kube*, Finanzgewalt in der Kompetenzordnung, 2004.

1004 *A. Meyer*, Steuerliches Leistungsfähigkeitssystem und zivilrechtliches Ausgleichssystem. Zum zivilrechtlichen Ausgleich von Steuerfolgen, 2013; aus der älteren Lit.: *D. Birk*, Das Leistungsfähigkeitsprinzip als Maßstab der Steuernormen, 1983; *M. Jachmann*, Wider das Steuerchaos, 1998, S. 30 ff.; *dies.*, Leistungsfähigkeitsprinzip und Umverteilung, StuW 1998, S. 293 ff. – Zur Leistungsfähigkeit jetzt BVerfGE 124, 282 (296).

meiste nach und nach prätorisch vom Verfassungsgericht entwickelt worden ist. Gleichwohl mag es einen Idealtypus des möglichen Regelungsprogramms des Steuerverfassungsrechts geben. Die wissenschaftlich beratende Verfassungspolitik kann sich hieraus Anregungen holen. Auch wäre es von einem eigenen Reiz, das vom BVerfG nach und nach geschaffene materielle Steuerverfassungsrecht auf prägnante „kongeniale" Verfassungstexte zu bringen – Parallelen zu längst vorhandenen Texten wurden ja schon aufgedeckt (z.B. in Sachen Steuerfreiheit des Existenzminimums). Man hätte so ein Reservoir von Texten und Problemen.

1474 Der Begriff „*Steuerstaat*" ist eine terminologische Verengung, die der Sache nicht gerecht wird. Steuern verweisen, schon textlich sichtbar, auf das Ganze der Verfassung, von der der Staat nur ein Teil ist. Sie greifen weit in das Gesellschaftliche hinüber. Die Verstrebung des Steuerrechts im *Ganzen* der Verfassung von den Grundrechten und Grundpflichten über die sog. Staatsziele bzw. Staatsaufgaben bis hin zu einzelnen Kompetenzen[1005] verbietet es, wie bisher vom „Steuerstaat" zu sprechen[1006]. Denn diesem etatistischen Begriff fehlt die Verfassungsorientierung. Das Steuerrecht wird immer stärker zu einem *Verfassungsthema* par excellence[1007]. Seine Teilprinzipien erobern teils die Verfassung im formellen Sinne, insofern sie in die geschriebene Verfassungsurkunde Eingang finden: bald auf dem Weg der Verfassunggebung, bald in Gestalt von Verfassungsänderungen. Das Steuerrecht „wächst" aber auch in das Verfassungsrecht im materiellen Sinne hinein: Es wird zu einem Aspekt des für das politische Gemeinwesen „Wichtigen" bzw. „Grundlegenden". In Deutschland zeigt sich dies insofern, als das BVerfG prätorisch ungeschriebene Prinzipien des Steuerrechts ausformuliert und in Gestalt „stiller" Verfassunggebung zu vielen Einzelheiten „als Gesetzgeber" ausformuliert, etwa zum seinerzeiti-

---

1005 Vgl. schon *P. Häberles* Diskussionsbeitrag, VVDStRL 39 (1981), S. 405 f.; *ders.*, Verfassungsstaatliche Staatsaufgabenlehre, AöR 111 (1986), S. 595 ff.

1006 *N. I. Schaper*, Steuerstaat im Wettbewerb, 2014; *M. Droege*, Gemeinnützigkeit im offenen Steuerstaat, 2010.

1007 Auf eine Weise ebenso *P. Kirchhof*, Die Steuer als Ausdruck der Staatsverfassung, in: FS Sendler, 1991, S. 65 ff.; *ders.*, Die Steuerrechtsordnung als Wertordnung, StuW 1996, S. 3 ff.; *ders.*, Die verfassungsrechtliche Rechtfertigung der Steuern, in: FS K. Vogel, 1996, S. 27 ff., 32: „Die Steuer als Ausdruck einer freiheitlichen Staatsverfassung"; *ders.*, Die staatsrechtliche Bedeutung der Steuerreform, JöR 54 (1996), S. 1 ff.; *R. Barthelmann*, Der gestaltende Steuergesetzgeber in Konflikt mit dem Sachgesetzgeber, 2006.

gen „Halbteilungsgrundsatz“[1008]. Anders gesagt: Die stagnierende, seit langem geforderte „große“ Steuerreform wird als verdeckte Verfassungsreform vom BVerfG selbst ein Stück weit vorangetrieben. Der Vorwurf der Überschreitung der funktionellrechtlichen Grenzen im Verhältnis zum Gesetzgeber greift u.E. hier nicht: „judicial activism“ ist dort am Platze, wo der parlamentarische Gesetzgeber sich lange Zeit hindurch verweigert bzw. unfähig zeigt, grundlegende *Gerechtigkeitsprinzipien* in seinem Steuerrecht durchzusetzen[1009].

Das juristische Thema „Steuern im Verfassungsstaat“ bedarf einer *inter-* 1475
disziplinären Ergänzung, d.h. auch andere (Kultur-)Wissenschaften müssen die Probleme aufbereiten, etwa in Sachen „Schattenwirtschaft“, Steuerhinterziehung (als „Kavaliersdelikt“) und ihre Gründe, allgemein die „Steuermoral“ als ein Stück „Ethik im Verfassungsstaat“. Sie bedeutet auch, dass der Steuern einziehende Verfassungsstaat sparsam, solide und „wahr“ mit Geld umgeht – die Rechnungshöfe[1010] sind in diesem, über das Juristische hinausführenden Kontext zu sehen.

3. Perspektiven einer Verfassungstheorie des nationalen Steuerrechts

Im Folgenden seien Verfassungsperspektiven des nationalen Steuerrechts 1476
skizziert, die umso mehr zu überzeugen vermögen, als sie auf einer Bestandsaufnahme aufbauen und aus dem Verfassungs-, Gesetzes- und Rechtsprechungsmaterial „herauswachsen“. Nachdem Materialien des positiven Rechts aus rechtsvergleichender Sicht aufbereitet worden sind, ist auch ein Forum geschaffen, das bei allen nationalen Varianten relativ allgemeine Aussagen zum Thema „Steuerrecht im Verfassungsstaat“ treffen kann.

Das Modell des Gesellschaftsvertrags, fiktiv gedacht oder real praktiziert 1477
als „immer neues Sich-Vertragen und Sich-Ertragen aller“ im politischen Gemeinwesen, liefert den Theorierahmen für den „Steuerbürger“. Der

---

1008 BVerfGE 93, 121 (relativiert durch BVerfGE 115, 97); *M. A. Pausenberger*, Eigentum und Steuern in der Republik. Ein Beitrag zum steuerverfassungsrechtlichen Halbteilungsgrundsatz, 2008.

1009 Dazu schon *P. Häberles* Votum, in: FS K. Vogel, 1996, S. 55 ff.; zustimmend *K. Vogel*, ebd., S. 62 f.

1010 *H. Schulze-Fielitz*, Kontrolle der Verwaltung durch Rechnungshöfe, VVDStRL 55 (1996), S. 231 ff.

Bürger zahlt Steuern letztlich als Äquivalent für die Erfüllung der auch ihm dienlichen Staatsaufgaben. Die innere Rechtfertigung der Steuerpflicht[1011] liegt in diesem Ansatz. Die dogmatische bzw. rechtspraktische Definition der Steuer durch das Fehlen der „Gegenleistung" verdeckt den tiefen rechtsphilosophischen Zusammenhang zwischen allgemeiner Steuerpflicht und konkreten Staatsaufgaben.

1478 Das auf den Verfassungsstaat der heutigen Entwicklungsstufe fortgedachte bzw. „fortgeschriebene" Modell des Gesellschaftsvertrages, von der Menschenwürde aus konzipiert, führt zu deren „organisatorischer Konsequenz": zur *Demokratie* – greifbar im Satz „No taxation without representation" und zu der Konsequenz „strikter Legalität"[1012] bzw. Tatbestandsmäßigkeit[1013]. Und sie ist es auch, die viele praktisch relevante Vorgaben gegenüber dem Steuerrecht macht: Neben der Geltung des Gleichheitssatzes i.S. der Gleichheit der Besteuerung ist es die Rolle der politischen Parteien (Art. 21 GG), die das Steuerrecht mit „dirigiert". Die begrenzte Abzugsfähigkeit der Spenden an Parteien um des Dienstes willen, den diese der Demokratie leisten, gehört z.B. hierher – freilich folgen aus dem Demokratieprinzip auch bestimmte Grenzen (vgl. BVerfG 85, 264 (314 ff.)). Schließlich lassen sich die Theorie des Gesellschaftsvertrags bzw. das Demokratieprinzip auch für die *Grenzen der Staatsverschuldung* fruchtbar machen[1014].

1479 Das Demokratieprinzip verlangt aber auch Gestaltungsfreiheit für den parlamentarischen Steuergesetzgeber[1015]. Innerhalb der Rahmenregelungen der Verfassung muss ein Spielraum bleiben. Darum bestehen Zweifel, ob

1011 Dazu schon *P. Häberle*, Verfassungslehre als Kulturwissenschaft, 2. Aufl. 1998, S. 715 (Anm. 371), 737.

1012 BVerfGE 84, 239 (271).

1013 Dazu BVerfGE 6, 55 (70); 74, 182 (199 f.); 84, 239 (268 ff.) mit historisch-rechtsvergleichender Argumentation (z.B. Hinweis auf Art. 13 der französischen Erklärung von 1789 und Art. 134 WRV). – S. auch *L. Osterloh*, Methodenprobleme im Steuerrecht, JöR 56 (2008), S. 141 ff.

1014 Dazu aus einer Rechtsphilosophie der Zeit bzw. des Generationenvertrags: *P. Häberle*, Zeit und Verfassungskultur (1982), in: *ders.*, Verfassungslehre als Kulturwissenschaft, 2. Aufl. 1998, S. 93 ff., 602 ff.; *R. Wendt/M. Elicker*, Staatsverschuldung und intertemporäre Generationengerechtigkeit, DVBl. 2001, S. 457 ff.; *P. Kirchhof*, Die Staatsverschuldung als Ausnahmeinstrument, in: FS Mußgnug, 2005, S. 131 ff.; *K. Lange*, Staatsverschuldung als Verfassungskrise?, in: FS Frotscher, 2007, S. 237 ff.; *H. Neidhardt*, Staatsverschuldung und Verfassung, 2010.

1015 Vgl. BVerfGE 13, 181 (202 f.); 74, 182 (200).

der Topos „Widerspruchsfreiheit der Rechtsordnung" wie im Verpackungssteuerurteil des BVerfG[1016] voreilig eingesetzt werden darf[1017]. Denn der parlamentarische Prozess ist kein Logik-Seminar, er bleibt voller Widersprüche in Zeit und Raum, die aus den ureigenen Spannungen der politischen Parteien und der Notwendigkeit, zu *Kompromissen* zu finden, resultieren. Auch ist es eine Überforderung des Gesetzgebers, von ihm eine „Einheit" *ex ante* zu verlangen, die nicht einmal ein rechtsphilosophisches Seminar *ex post* erarbeiten kann!

Die Grundrechte des Steuerbürgers kommen in ihrer ganzen Komplexität 1480 ins Blickfeld. Sie wirken zunächst als *Grenzen* für den Steuergesetzgeber, man denke an die Menschenwürde[1018] und den Gleichheitssatz (Steuergleichheit)[1019]. Aber auch die Garantie des Privateigentums (Art. 14 GG)[1020] zieht mindestens eine letzte Grenze (Stichwort: Erdrosselungssteuer[1021], Halbteilungsgrundsatz[1022]); schließlich folgen Grenzen aus der Garantie des Erbrechts[1023], das freilich in Deutschland immer wieder besonders stark strapaziert worden ist. Es ist aber nicht nur der grundrechtliche „status negativus", der die Kompetenzen des Steuergesetzgebers be-

---

1016 BVerfGE 98, 83.

1017 Aus der seinerzeitigen Lit.: *K. Fischer*, Die kommunale Verpackungssteuer und die Widerspruchsfreiheit der Rechtsordnung – BVerfG NJW 1998, S. 2341 und BVerwGE 96, 272. S. auch allgemein *D. Felix*, Einheit der Rechtsordnung, 1998; *K. Tipke*, Über die Einheit der Steuerrechtsordnung, in: FS Friauf, 1996, S. 741 ff.; *H. Sodan*, Das Prinzip der Widerspruchsfreiheit der Rechtsordnung, JZ 1999, S. 864 ff.

1018 BVerfGE 82, 60 (85). – *T. Beyer*, Die Freiheitsrechte, insbesondere die Eigentumsfreiheit, als Kontrollmaßstab für die Einkommensbesteuerung, 2004.

1019 Vgl. BVerfGE 97, 332 (346): „Steuergerechtigkeit i.S.v. Art. 3 Abs. 1 GG verlangt Gleichmäßigkeit der Besteuerung". S. schon BVerfGE 74, 182 (200). Aus der Lit.: *A. Nußberger*, in: Sachs (Hrsg.), GG, 7. Aufl. 2014, Art. 3, Rn. 134, 151 ff.; *R. Wernsmann*, Das gleichheitswidrige Steuergesetz, 2000. Vgl. BVerfGE 110, 274 (291 ff.), 110, 412 (431 ff.); 112, 268 (279 ff.); 118, 168 (196).

1020 Aus der Lit.: *P. Kirchhof*, Besteuerung und Eigentum, VVDStRL 39 (1981), S. 213 ff.

1021 BVerfGE 14, 221 (241); 82, 159 (190).

1022 BVerfGE 93, 121. Dazu *H. Sendler*, Streitigkeiten über den Streit um den Halbteilungsgrundsatz, NJW 2000, S. 482 ff. Später aber BVerfGE 115, 81 (108 ff.).

1023 BVerfGE 93, 165.

grenzt[1024]. Auch die übrigen Gehalte der mehrdimensional zu interpretierenden Grundrechte strukturieren das Steuerverfassungsrecht. So sind aus Art. 6 GG positive Förderungsaufträge mit Folgen für den Steuergesetzgeber herauszulesen[1025].

1481 Der gesellschaftsvertragstheoretische Ansatz lenkt den Blick nicht nur auf die Seite des Bürgers („Steuerpflicht"), sondern auch auf dessen „Gegenüber": den Verfassungsstaat bzw. seine *Aufgaben und Ziele*. Konkret: Die Staatsziele und Staatsaufgaben sind inhaltliche Vorgaben für das Steuerrecht – bei aller Gestaltungsfreiheit des Steuergesetzgebers im Einzelnen. Das Staatsziel *sozialer Rechtsstaat* (vgl. die Besteuerungssätze in KV Basel-Land bzw. Aargau und Bern sowie BVerfG: „Sozialstaatsprinzip"[1026]) wirkt hier ebenso prägend wie der *Rechtsstaat*[1027], der *Umweltschutz* (Stichwort „ökologische Steuerreform", Besteuerung von Energie etc. – Argumentationshilfe gibt Art. 20 a GG) und die (in vielen deutschen Ländern verbürgte) *Kulturstaatsklausel*[1028]. Letzteres zeigt sich in der „besonderen" Behandlung von Spenden für kulturelle Zwecke. Soweit heute das Stiftungsrecht reformiert werden soll, liegt ihm letztlich die verfassungsstaatliche Begünstigung kultureller Zielsetzungen zugrunde. Ob in der Verfassung eine ausdrückliche quantitative Grenze (etwa Steuerhöchstsätze nach kalifornischem Vorbild[1029]) eingeführt werden soll, erscheint fraglich.

Das verfassungstheoretische „Raster", das hier skizziert wird, hat auch einen praktischen Zweck: Es dient dazu, dem Bürger „pädagogisch" den „Ort" des weithin undurchschaubaren Steuerrechts verständlich zu machen. Und es kann vielleicht sogar eines Tages eine Handreichung für eine der Transparenz (Rechtssicherheit) und „Praktikabilität" dienende „große" Steuerreform sein.

1024 Aus der Lit.: *G. F. Schuppert*, Verfassungsrechtliche Prüfungsmaßstäbe bei der verfassungsgerichtlichen Überprüfung von Steuergesetzen, in: FS Zeidler, Bd. I, 1987, S. 691 ff.

1025 Beispiele BVerfGE 6, 55 (71 ff.); 61, 319 (342 ff.); 82, 60 (86); 82, 198; 89, 346 (352 ff.); 93, 165 (174). Zuletzt BVerfGE 108, 351 (363 ff.); 112, 268 (281). Dazu *C. Waldhoff*, Rechtsprechungsanalyse Steuerrecht und Verfassungsrecht, Die Verwaltung 2008, S. 259 ff.

1026 BVerfGE 29, 402 (412).

1027 Vgl. BVerfGE 13, 153 (160).

1028 Vgl. aber auch BVerfGE 81, 108 (118, 121).

1029 Dazu *C. Waldhoff*, Rechtsprechungsanalyse Steuerrecht und Verfassungsrecht, Die Verwaltung 2008, S. 259 ff, 278 ff.

II. Ein europäischer Theorierahmen für die EU

Er kann nur stichwortartig angedeutet werden[1030]. So wie die klassische 1482
Allgemeine Staatslehre das Steuer- bzw. Finanzrecht in ihr Koordinatensystem eingeordnet hat, wenn sie konsequent war, so muss eine europäische Verfassungslehre sich dem Thema analog stellen, jedenfalls sollte sie einige Kategorien bereit halten, die dem Europabürger, der europäischen Öffentlichkeit verständlich machen, wie sich die EU heute und rechtspolitisch in Zukunft den Problemen stellen muss.

1. Die Übertragung der Währungshoheit von den nationalen Mitgliedstaa- 1483
ten auf die EU (Euro) kann in ihrer Bedeutung gar nicht überschätzt werden. Denn damit wird eines der wichtigsten Staatlichkeitsattribute auf die Verfassungsgemeinschaft EU verlagert. Das Thema „Währungshoheit" wandert, in Zeiten der Finanzkrise freilich umstrittener denn je, nach Europa und das nationale Verfassungsrecht verliert ein Thema, ganz abgesehen davon, dass so aus der angeblich virtuell allzuständigen Staatsgewalt ein klassisches Element herausgebrochen wird. Zu beachten ist hier auch die symbolische Seite. Die Währung gehört – neben Flaggen, Hymnen, Hauptstädten – zu den klassischen „Staatssymbolen", in einzelnen Mitgliedstaaten waren sie sogar Herzstück des Staatsverständnisses der Bürger (vor allem in Deutschland). Das Identifizierungsfeld des Europabürgers erweitert sich um den Euro (der in der aktuellen Krise für manche aber auch desintegrierend wirkt und seine Tauglichkeit als Identifikationssymbol ein Stück weit zu verlieren droht), das nationale Identifizierungsfeld verkleinert sich – emotional und rational. Dass die EZB als unabhängige Institution konstituiert wurde (als Verfassungsorgan), war die Rezeption des deutschen Modells.

2. Schon dieser Vorgang kann nur im Rahmen eines (noch fiktiven) 1484
europäischen Gesellschaftsvertrags eingeordnet werden. Eigentum und Arbeit, auch Freiheit, werden ja durch die europäische Währung mitgeprägt und gesichert. Sie aber gehören zu dem, was der Europabürger in den Vertrag einbringt und wofür er Leistungen erhält.

3. Alles, was der Bürger für Europa indirekt oder direkt zahlt, lässt sich 1485
nur aus den Aufgaben bzw. Zielen rechtfertigen, die die Verfassungsgemeinschaft EU für den Bürger erbringt. Hier muss der im nationalen Kon-

1030 *F. S. M. Heselhaus*, Abgabenhoheit der Europäischen Gemeinschaft in der Umweltpolitik, 2001.

text erarbeitete Zusammenhang von Ausgaben und Aufgaben[1031] europäisiert werden. Die Gemeinschaftsziele, das europäische Gemeinwohl, alle EU-Politiken sind in diesem Zusammenhang zu sehen. Sie lassen sich nur so rechtfertigen.

1486 4. Prinzipien, wie sie ein nationalverfassungsstaatlicher Vergleich ergeben hat, so z.B. Gleichheit (Diskriminierungsverbot), Belastung nach der Leistungsfähigkeit etc., gelten auch im werdenden Steuer- und Finanzverfassungsrecht der EU. Der „europäische Rechtsstaat" muss sich auch hier durchsetzen.

1487 5. Die hier wohl noch nicht geltende „europäische Demokratie" muss Schritt für Schritt im vorliegenden Problemfeld entwickelt werden. Die national parlamentarische Budgethoheit bleibt, aber auch sie wird wohl Bereiche abgeben müssen, an eine demokratisch legitimierte, dabei von den nationalen Parlamenten kontrollierend mitverantwortete Budgethoheit der EU. Die EU müsste sich bei einer etwa beginnenden eigenen Steuergesetzgebung[1032] frühzeitig von vornherein an den oben erwähnten Prinzipien des Schweizerischen Steuerverfassungsrechts orientieren (z.B. Gleichheit, Erhaltung des Leistungswillens des Einzelnen, Begünstigung für Familien und Personen mit Unterstützungspflichten)[1033]. Die Einführung einer EU-Steuer, wohl erstmals im Sommer 2001 von *H. Eichel* erwogen, könnte sich mittelfristig auf dem Hintergrund des Satzes „no representation without taxation" als richtig erweisen. Eine EU-Steuer an Stelle der undurchsichtigen Finanzgebaren diente auch der Transparenz der EU. Freilich bedeutete ein EU-Steuerverfassungsrecht auch ein Stück europäische Staatlichkeit. Jedenfalls könnte sie der EU Luft für solidarisches Handeln angesichts der Herausforderungen von globaler Finanz und europäischer Flüchtlingskrise verschaffen.

1488 6. Ein weniger einschneidendes Gestaltungsprinzip im Rahmen der „EU-Steuerverfassung" ist der Gedanke der Steuerharmonisierung. Harmonisierung und Rechtsangleichung wurden bereits in den Eingangskapiteln als wesentliche Elemente der Europäisierung umschrieben.[1034] Im Steuerrecht

---

1031 Dazu *P. Häberles* Diskussionsbeitrag, in: FS K. Vogel, 1996, S. 55 f., 56.

1032 *J. Wieland*, Steuerwettbewerb in Europa, EuR 2001, S. 119 ff.

1033 Schon *K. Tipke*, Europäisches Steuerverfassungsrecht – Eine rechtsvergleichende Übersicht, in: FS K. Vogel, 2000, S. 561 ff.

1034 Zu den Grenzen richterlicher Rechtsangleichung sei aus der älteren Lit. noch verwiesen auf *O. Remien*, Grenzen der gerichtlichen Rechtsangleichung mittels der Grundfreiheiten des EG-Vertrags, JZ 1994, S. 349 ff.

erlangen sie besondere Bedeutung, es gibt differenzierte Modelle. So wird im Streit um die Steuerharmonisierung in der EU vorgeschlagen, nur die Bemessungsgrundlagen sollten vereinheitlicht werden, die Steuersätze sollten dagegen oberhalb eines Mindestsatzes weiter miteinander konkurrieren

P. Europa und seine Nachbarn – Europa in der Welt

Ein Europäisches Verfassungsrecht hätte an dieser Stelle die Regeln zur 1489
Gemeinsamen Außenpolitik, zur Nachbarschaftspolitik, zur Beitritts- und Assoziierungspolitik auszubuchstabieren[1035]. Eine Europäische Verfassungslehre öffnet sich an ihrem Ende nur mit bewussten konstitutionellen Schlaglichtern ihren Nachbarn und der Welt. An dieser Stelle sei auch das Prinzip, von der nationalen Ebene sowohl auf das Europa im engeren Sinne als auch auf das Europa im weiteren Sinne zu überblenden, aufgegeben und eine andere Form der *Verblendung* gewählt. Für die Nachbarschaftspolitik sei, aufgrund des hohen Innovationsgehalts von Art. 8 EUV, von der Union her gedacht; für „Europa in der Welt" sei die europäische Perspektive gänzlich transzendiert und das Völkerrecht/die Weltgemeinschaft der Ausgangspunkt.

I. Die Nachbarn

Die Europäische Nachbarschaftspolitik (ENP)[1036] nach Lissabon gehört zu 1490
den innovativsten Ansätzen in den Außenbeziehungen der Europäischen Union[1037]. Art. 8 EUV, durch den Vertrag von Lissabon in Anlehnung an Art I-57 des gescheiterten Verfassungsvertrages in den EUV eingefügt[1038], verschafft ihr nicht nur eine ausdrückliche Rechtsgrundlage, sondern steht

1035 Das geschieht detailgenau etwa in A. Hatje/P-Ch. Müller-Graff (Hrsg.), Enzyklopädie Europarecht, Bd. X: Europäische Außenbeziehungen, 2014.

1036 Die ausführliche Homepage der Europäischen Kommission zur Nachbarschaftspolitik findet sich im Internet unter: http://ec.europa.eu/world/enp/index_en.htm

1037 *H. Maurer/L. Simão*, From Regional Power to Global Power? The European Neighbourhood Policy after the Lisbon Treaty, in: A. Boening/J.-F. Kremer/A. v. Loom (Hrsg.), Global Power Europe, Bd. I, 2013, S. 93 ff.

1038 *W. Hummer*, in: Ch. Vedder/W. Heintschel v. Heinegg (Hrsg.), Europäisches Unionsrecht, 2012, Art. 8 EUV, Rn. 1.

auch für das Nachbarschaftsmodell eines „offenen Europa". So heißt es in seinem Abs. 1: „Die Union entwickelt besondere Beziehungen zu den Ländern in ihrer Nachbarschaft, um einen Raum des Wohlstands und der guten Nachbarschaft zu schaffen, der auf den Werten der Union aufbaut und sich durch enge, friedliche Beziehungen auf der Grundlage der Zusammenarbeit auszeichnet." Bereits in einem Strategiepapier vom 12.05.2004[1039] hatte die Kommission die wesentlichen Maßgaben zur Öffnung und Ausgestaltung des „Nachbarraumes" vorgezeichnet und war der Programmatik einer Kommissionsmitteilung aus dem Vorjahr gefolgt: „Wider Europe – Neighbourhood: A new Framework for Relations with our Eastern and Southern Neighbours."[1040] Die so konzipierte Nachbarschaftspolitik ist Teil des Ringens um eine gleichermaßen wertorientierte wie kohärente EU-Außenpolitik insgesamt[1041].

1491 Das bewusste Bekenntnis zu gemeinsamen Werten (siehe Art. 2 EUV) begreift Europa als Wertegemeinschaft[1042]. Der Rechtsstaatlichkeit kommt dabei eine herausgehobene Rolle zu. Sie hat die Doppelnatur eines *gemeinsamen Wertes* und eines rechtlich geordnetes Miteinander überhaupt erst *ermöglichenden Prinzips*[1043]. Sie spielt auch eine zentrale Rolle für jene mit dem Wendejahr, dem „annus mirabilis" 1989/90[1044] einsetzenden Transformationsprozesse in der Staatenwelt Mittel- und Osteuropas, die den europäischen Integrationsprozess in ganz neuen Grenzen (respektive „Entgrenzungen") definieren und ein neues *Verantwortungsbewusstsein*

1039 Mitteilung der Kommission „European Neighbourhood Policy Strategy Paper", KOM(2004) 373.

1040 Ebd.; *E. Piehl*, Europäische Nachbarschaftspolitik – Genesis, Bestandsaufnahme und Perspektiven, in O. Leiße (Hrsg.), Die Europäische Union nach dem Vertrag von Lissabon, S. 333 ff., 334.

1041 *H. Maurer/L. Simão* From Regional Power to Global Power? The European Neighbourhood Policy after the Lisbon Treaty, in: A. Boening/J.-F. Kremer/ A. v. Loom (Hrsg.), Global Power Europe, Bd. I, 2013, S. 93 ff., 95 ff.

1042 *L. Kühnhardt*, Constituting Europe, 2003, S. 18; *F. Reimer*, Wertegemeinschaft durch Wertenormierung. Die Grundwerteklausel im Europäischen Verfassungsvertrag, ZG 2003, S. 208 ff.; *Ch. Calliess*, Europa als Wertegemeinschaft – Integration und Identität durch europäisches Verfassungsrecht?, JZ 2004, S. 1033 ff.

1043 *A. v. Bogdandy*, Grundprinzipien, in: ders./J. Bast (Hrsg.), Europäisches Verfassungsrecht, 2. Aufl. 2009, S. 13 ff., 32 ff.

1044 *P. Häberle*, Perspektiven einer kulturwissenschaftlichen Transformationsforschung – Übergangs-, Transfer- und Rezeptionsprobleme auf dem Weg des (post-)kommunistischen Osteuropa zum gemeineuropäischen Verfassungsstaat, in: FS E. G. Mahrenholz, 1994, S. 133 ff.

der *Gemeinschaftsakteure* bedingen. Die werdende und wachsende Union will ihre Außenbeziehungen aktiver, vor allem responsiv zu den Transformationsbemühungen und -erfolgen gestalten[1045]. Konzipiert als eine Art „umbrella policy“, soll die Nachbarschaftspolitik für die ganz unterschiedlichen Bedürfnisse der jeweiligen Nachbarn *ausdifferenzierte Instrumentarien* bereithalten und die Vorstellung von einer hermetisch abgeschlossenen „Festung Europa“ zerstreuen[1046].

Art. 8 Abs. 1 EUV verwendet dabei den Nachbarschaftsbegriff in zweifa- 1492
cher Bedeutung. Er spricht zum einen von den Ländern in der Nachbarschaft der Union und nimmt damit Bezug auf einen in spezifischer Weise sozial geprägten Raum[1047]. Er verweist zum anderen auf das Ideal der „guten Nachbarschaft“. Der Verfassungskonvent hat sich einer Legaldefinition des Nachbarschaftsbegriffs ebenso enthalten wie der Reformvertrag von Lissabon[1048]. In frühen EU-Dokumenten ist teils nur von „immediate neighbourhood“ die Rede, spätere differenzieren zwischen „neighbourhood“ und „immediate neighbourhood“, in anderen wird Nachbarschaft interessengeleitet gedacht: „where the European Union has a strong interest in the stability and development of the region“[1049]. All diese Ansätze nehmen die Ambivalenzen des Nachbarschaftsbegriffs bewusst in Kauf[1050]. Verschiedene Nachbarschaftsverständnisse können sich durchaus überlagern. Der „Raum des Wohlstands“ ist ein primär wirtschaftlicher, die „friedlichen Beziehungen“ verweisen auf geostrategische und damit

1045 Siehe *Th. Oppermann/C. D. Classen/M. Nettesheim*, Europarecht, 6. Aufl. 2014, § 41, Rn. 9.

1046 *W. Hummer*, in: Ch. Vedder/W. Heintschel v. Heinegg (Hrsg.), Europäisches Unionsrecht, 2012, Art. 8 EUV, Rn. 10; *P. Van Elsuwege/R. Petrov*, Article 8 TEU: Towards a New Generation of Agreements with the Neighbouring Countries of the European Union?, European Law Review 2011, S. 688 ff., 689.

1047 Siehe auch *A. Kellerhals/W. Uebe*, in: J. Schwarze (Hrsg.), EU-Kommentar, 3. Aufl. 2012, Art. 8 EUV, Rn. 11; *D. Thym*, in: E. Grabitz/M. Hilf/M. Nettesheim (Hrsg.), EUV/AEUV, Art. 8 EUV (Stand: 2015), Rn. 6 ff.

1048 *W. Hummer*, in: Ch. Vedder/W. Heintschel v. Heinegg (Hrsg.), Europäisches Unionsrecht, 2012, Art. 8 EUV, Rn. 7.

1049 Nachweise bei *P. Van Elsuwege/R. Petrov*, Article 8 TEU: Towards a New Generation of Agreements with the Neighbouring Countries of the European Union?, European Law Review 2011, S. 688 ff., 691.

1050 *D. Hanf*, The ENP in the light of the new „neighbourhood clause“, College of Europe Research Paper in Law Nr. 2/2011, S. 2; sehr kritisch *S. Blockmanns*, Friend or Foe? Reviewing EU Relations with its Neighbours Post Lisbon, Cleer Working Papers 3/2011, S. 113 ff., 116.

territoriale Momente[1051]. Die „Zusammenarbeit" steht schließlich für das, was Nachbarschaft ermöglicht und ihre Funktionslogik ausmacht (= kooperative Öffnung). Wenn die EU einen „Ring befreundeter Staaten" errichten will[1052], gehen Nachbarschaftsverständnisse oder -konzepte fließend ineinander über; die Nachbarschaftspolitik erscheint als wohlstandsorientiertes Ordnungsinstrument und als Teil der Europäischen Sicherheitsstrategie[1053].

1493 Der Nachbarschaftsbegriff aus Art. 8 EUV lässt sich damit am treffendsten als ein *„gemischter"* beschreiben, der sich aus geographischen, politischen, wirtschaftlichen und vor allem auch kulturellen Momenten speist[1054]. Eine unmittelbare Grenznachbarschaft in geographischem Sinne verlangt er nicht[1055]. Dass die EFTA-Mitgliedstaaten Schweiz, Liechtenstein, Norwegen und Island derzeit ebenso wenig wie die Beitrittskandidaten in die ENP einbezogen sind, ist eine politische Entscheidung der zuständigen EU-Organe, aber kein rechtliches Gebot aus Art. 8 Abs. 1 EUV[1056]. Wie weit der „Ring der Freunde" ausgreift, liegt im politischen Ermessen der EU-Organe und wird nicht zuletzt von der Kooperationslogik der Nachbarschaftspolitik mitbestimmt. Ein Mindestmaß an regionaler Nähe verlangt sie aber zweifellos.

1051 *D. Thym*, in: E. Grabitz/M. Hilf/M. Nettesheim (Hrsg.), EUV/AEUV, Art. 8 EUV (Stand: 2015), Rn. 8.

1052 Nachweise bei *E. D. Stratenschulte/W. Priesmeyer-Tkocz*, Weniger ist mehr. Lehren aus dem Stillstand der Östlichen Partnerschaft, Osteuropa 61 (2011), Heft 11, S. 7 ff., 7; siehe weiterhin Mitteilung der Kommission, KOM (2003) 104 vom 11. März 2003, S. 4.

1053 Europäische Sicherheitsstrategie, Rats-Dok. 15895/03 vom 08. Dez. 2003, das Dokument ist auch bekannt als „Solana-Papier", dazu *E. Piehl*, Europäische Nachbarschaftspolitik – Genesis, Bestandsaufnahme und Perspektiven, in O. Leiße (Hrsg.), Die Europäische Union nach dem Vertrag von Lissabon, S. 333 ff., 334.

1054 *A. Kellerhals/W. Uebe*, in: J. Schwarze (Hrsg.), EU-Kommentar, 3. Aufl. 2012, Art. 8 EUV, Rn. 10 m.w.N.; *C. Nowak*, Multilaterale und bilaterale Elemente der EU-Assoziations-, Partnerschafts- und Nachbarschaftspolitik, EuR 2010, S. 746 ff., 748.

1055 *D. Hanf*, The ENP in the light of the new „neighbourhood clause", College of Europe Research Paper in Law Nr. 2/2011, S. 3 unter Verweis auf die Beispiele Armenien und Aserbaidschan; *K. Schmalenbach*, in: Ch. Calliess/M. Ruffert. (Hrsg.), EUV/AEUV, 4. Aufl. 2012, Art. 8 EUV, Rn. 4.

1056 *D. Thym*, in: E. Grabitz/M. Hilf/M. Nettesheim (Hrsg.), EUV/AEUV, Art. 8 EUV (Stand: 2015), Rn. 7; a.A. *A. Kellerhals/W. Uebe*, in: J. Schwarze (Hrsg.), EU-Kommentar, 3. Aufl. 2012, Art. 8 EUV, Rn. 12.

Die ENP formt einen Teilbereich der EU-Außenbeziehungen (Titel 5 EUV, Art. 205 ff. AEUV). Sie teilt die Zielperspektiven respektive Wertorientierungen der EU-Außenpolitik[1057] und scheint daher unter Titel I zu den „Gemeinsamen Bestimmungen" unglücklich geregelt[1058]. Die exponierte Stellung im Grundlagenkapitel des Unionsvertrages hat aber gewiss symbolische Bedeutung. Wie im Wortlaut von Art. 8 EUV angelegt, ist der „Raum … der guten Nachbarschaft", der „auf den Werten der Union aufbaut", in bewusstem Kontext zum Wertebekenntnis aus Art 2 EUV normiert; mehr noch, das Prinzip der „guten Nachbarschaft" erhält einschließlich des von ihm umfassten Kooperationsgedankens[1059] schon durch seine systematische Stellung das Gewicht eines *Verfassungsprinzips* der Union[1060]. Art. 8 EUV will der ENP ferner einen kohärenten, aber dennoch hinreichend flexiblen Rechtsrahmen geben[1061]. Das Flexible, auch Hybride der ENP hatte schon vor dem Vertrag von Lissabon die Bestimmung ihrer Rechtsnatur schwierig gemacht. Sie wurde zumeist als Konglomerat aus entwicklungspolitischen und, eher undifferenziert, „nicht-entwicklungspolitischen" Maßnahmen eingestuft; diese fanden ihre entsprechende Rechtsgrundlage sowohl in Art. 179 EGV als auch Art. 181 a EGV[1062]. Die so skizzierte Hybridnatur der ENP löst Art. 8 EUV nicht auf. Ihrer bewusst, schafft er eine vereinheitlichende Regelungskompetenz und verbindet mit ihr einen *Handlungsauftrag* an die zuständigen EU-Organe[1063]. 1494

1057 Vgl. *N. Bobitski*, Do Ut Des? The Need for True Reciprocity in the European Neighbourhood Policy, European Foreign Affairs Review 13 (2008), S. 449 ff., 468.

1058 *A. Kellerhals/W. Uebe*, in: J. Schwarze (Hrsg.), EU-Kommentar, 3. Aufl. 2012, Art. 8 EUV, Rn. 3; *R. Geiger*, in: ders./D.-E. Kahn/M. Kotzur (Hrsg.), EUV/AEUV, 5. Aufl. 2010, Art. 8 EUV, Rn. 1; *R. Schütze*, European Community and Union, Decision-Making and Competences on International Law Issues (Stand: 2011), in: MPEPIL (online verfügbar unter http://opil.ouplaw.com/home/EPIL), Rn. 32.

1059 Art. 8 Abs. 1 EUV spricht von „enge(n), friedliche(n) Beziehungen auf der Grundlage der Zusammenarbeit".

1060 Allgemein *A. v. Bogdandy*, Grundprinzipien, in: ders./J. Bast (Hrsg.), Europäisches Verfassungsrecht, 2. Aufl. 2009, S. 13 ff.

1061 Siehe Konvents-Dok. CONV 649/03 vom 02. April 2003, S. 2; siehe auch *W. Hummer*, in: Ch. Vedder/W. Heintschel v. Heinegg (Hrsg.), Europäisches Unionsrecht, 2012, Art. 8 EUV, Rn. 23 ff.

1062 *K. Ludwig*, Die Rechtsstaatlichkeit in der Erweiterungs-, Entwicklungs- und Nachbarschaftspolitik der Europäischen Union, 2011, S. 184.

1063 *A. Kellerhals/W. Uebe*, in: J. Schwarze (Hrsg.), EU-Kommentar, 3. Aufl. 2012, Art. 8 EUV, Rn. 10.

a) Die südliche Dimension der ENP

1495 Die südliche Dimension der ENP[1064] bindet Syrien (durch den Bürgerkrieg ad absurdum geführt), den Libanon, Israel, Jordanien, Ägypten, Tunesien, Algerien und Marokko sowie die palästinensische Autonomiebehörde ein; dies sind die Teilnehmer sowohl des sog. Barcelona-Prozesses[1065] als auch der Europa-Mittelmeer-Partnerschaft[1066]. Damit ist die infrastrukturelle Komplexität der südlichen ENP-Dimension schon angedeutet. Sie setzt sich aus unterschiedlichen bilateralen Kooperationsabkommen (auch Interimsabkommen), vor allem den „Europa-Mittelmeer-Abkommen", und der multilateralen „Union für das Mittelmeer" zusammen[1067]. Es soll ein übergreifender Raum für politischen Dialog zwischen den Partner geschaffen und der Handel gefördert werden; schrittweise Liberalisierung soll eine Annäherung an den Binnenmarkt ermöglichen; Verwaltungskooperation soll wechselseitiges Lernen anregen, wirtschaftliche, soziale, kulturelle und finanzielle Zusammenarbeit soll wohlstandsfördernd und stabilitätssichernd wirken; und schließlich soll auch die (wirtschaftliche) Integration der Maghreb-Länder untereinander Unterstützung finden[1068]. Wie heute der ENP insgesamt ging (und geht) es auch diesen Abkommen um die großen Transformationsthemen: die Förderung der Demokratie, die Wahrung der Menschenrechte, die Stärkung des Rechtsstaates, den Respekt vor dem Völkerrecht[1069] – und das angesichts einer immer prekäreren Wirklichkeit.

1496 Die institutionelle Architektur der „Union für das Mittelmeer" ist eine auf Dialog angelegte. Paritätisch besetzte Institutionen wollen den partnerschaftlichen Charakter unterstreichen[1070] – und all das in einem auf (jedenfalls partielle) Multilateralisierung angelegten Rahmen. Anfänglich ge-

---

1064 *K. Pieters*, The Integration of the Mediterranean Neighbours into the EU Internal Market, 2010.

1065 *G. Gloser*, Neue Dynamik für konkrete Ergebnisse, Barcelona-Prozess: Union für den Mittelmeerraum, integration 31 (2008), S. 399 ff.

1066 *R. Streinz*, in: ders. (Hrsg.), EUV/AEUV, 2. Aufl. 2012, Art. 8 EUV, Rn. 5; *A. Kellerhals/W. Uebe*, in: J. Schwarze (Hrsg.), EU-Kommentar, 3. Aufl. 2012, Art. 8 EUV, Rn. 6.

1067 *C. Nowak*, Multilaterale und bilaterale Elemente der EU-Assoziations-, Partnerschafts- und Nachbarschaftspolitik, EuR 2010, S. 746 ff., 750.

1068 Ebd., S. 751 ff. mit zahlreichen Nachweisen zu den einzelnen Abkommen.

1069 Ebd.

1070 Zu Einzelheiten ebd.

plant waren als multilaterale Instrumente zweijährliche Gipfeltreffen der Mitgliedstaaten unter einem jeweils rotierenden Vorsitz (nach Vorbild des Europäischen Rats), um über Themen wie Energie, Sicherheit, Terrorismusbekämpfung, Immigration und Handel zu beraten. Daneben waren regelmäßige vorbereitende Treffen hochrangiger Beamter vorgesehen – auch mit dem Ziel einer Evaluation der erreichten Fortschritte[1071]. Den jeweiligen Vorsitz sollten sich im Sinne einer Doppelspitze dabei stets ein südlicher Mittelmeeranrainerstaat und ein EU-Mitgliedstaat teilen. Am 04. November 2008 einigten sich die Außenminister der 43 Mitgliedstaaten in Marseille auf Barcelona als Sitz für das Generalsekretariat der Mittelmeerunion[1072]. Die schrittweise institutionelle Ausdifferenzierung sollte die Union für das Mittelmeer effizienter und weniger krisenanfällig machen. Doch mit dem „Arabischen Frühling" kam es anderes[1073]; angesichts der multiplen Instabilitäten sind nur noch informelle Kooperationsbeziehungen möglich. Der geplante Rhythmus der Zweijahres-Gipfel konnte ebenfalls nicht eingehalten werden. Das Schicksal der Union für das Mittelmeer scheint derzeit ungewisser denn je.

b) Die Östliche Partnerschaft

Mit der Östlichen Partnerschaft (ÖP)[1074] – bezogen auf Belarus (Weißrussland), die Ukraine, Moldau (Moldawien), Armenien, Aserbaidschan und Georgien – hat die Europäische Union seit 2008/09 auch eine ausdifferenzierte Nachbarschaftspolitik im mittel- und osteuropäischen Raum etabliert[1075]. Vertragliche Bindungen zwischen den meisten der vorgenannten 1497

1071 *B. Lippert*, Europäische Nachbarschaftspolitik, Jahrbuch der Europäischen Integration 2009, S. 163 ff., 167.

1072 Final Declaration of Marseille, 03.-04. November 2008, welcher die Statuten des Generalsekretariats der Union für das Mittelmeer festlegt, abrufbar unter: http://ufmsecretariat.org/wp-content/uploads/2015/10/Marseille-Declaration.pdf (zuletzt besucht am 23. August 2015).

1073 *M. Emerson*, Just Good Friends? The European Union's Multiple Neighbourhood Policies, The International Spectator 46 (2011), S. 45 ff., 51 f.

1074 *E. Korostelva*, Eastern Partnership. A New Opportunity for the Neighbours, 2011; *dies.*, The European Union and its Eastern Neighbours. Towards a More Ambitious Partnership, 2012.

1075 *K. Böttger*, Im Osten nichts Neues? Ziele, Inhalte und erste Ergebnisse der Östlichen Partnerschaft, integration 32 (2009), S. 372 ff., 372; *E. A. Korostelva*, Change or Continuity: Is the Eastern Partnership an Adequate Tool for the Euro-

Staaten und der EU bestanden ohnehin schon vorher aufgrund von zweiseitigen Assoziierungsabkommen. Über diese bilateralen Vertragsverhältnisse spannt sich nun die multilateral ausgerichtete Östliche Partnerschaft, wobei der Begriff „Partnerschaft" bewusst eine Alternative zur (Voll-)Mitgliedschaft suggeriert[1076]. Von ihrem Format her richtet sich die ÖP an die sechs östlichen ENP-Länder; ob und inwieweit Russland und die Türkei eingebunden werden können, bleibt strittig[1077] und nach der Ukraine-Krise politisch derzeit utopisch. Unstrittig aber ist der Grundgedanke einer regionalen Ausdifferenzierung der ENP, die andernfalls eine allzu heterogene Gruppe europäischer und nichteuropäischer Staaten nach dem „one size fits all"-Prinzip einzubinden suchte[1078]. Die ÖP nimmt daher sehr bewusst die ENP-Prinzipien der Differenzierung und der Konditionalität auf; sie will „politische Assoziierung" und „wirtschaftliche Integration"[1079].

1498 Die konkrete Ausgestaltung der ÖP steht im Spannungsfeld von Bilateralität und Multilateralität. So gilt es zwischen drei interdependenten Ebenen der Zusammenarbeit zu differenzieren: der bilaterale Kooperation zwischen der Europäischen Union und den einzelnen Partnerstaaten sowie zwischen den Partnerstaaten untereinander; der regionalen Kooperation zwischen der Europäischen Union und der Region als Ganzer; schließlich der multilateralen Kooperation innerhalb der ENP als umfassendem Rahmenkonzept[1080]. Wenngleich institutionell nur schwach ausgestaltet, hat sich die ÖP von den ersten Entwürfen bis hin zum Prager Gipfel rasch ent-

---

pean Neighbourhood, in: International Relations 25 (2011), S. 243 ff.; *R. Streinz*, in ders. (Hrsg.), EUV/AEUV, 2. Aufl. 2012, Art. 8 EUV, Rn. 4.

1076 *B. Ferrero-Waldner*, Die Europäische Nachbarschaftspolitik – Sicherheit und Wohlstand durch Vernetzung, in: Politische Studien 60 (2009), Themenheft 1, S. 9 ff., 13 f.; *C. Nowak*, Multilaterale und bilaterale Elemente der EU-Assoziations-, Partnerschafts- und Nachbarschaftspolitik, EuR 2010, S. 746 ff., 756; *A. Kellerhals/W. Uebe*, in: J. Schwarze (Hrsg.), EU-Kommentar, 3. Aufl. 2012, Art. 8 EUV, Rn. 6.

1077 Ebd.

1078 *K. Böttger*, Im Osten nichts Neues? Ziele, Inhalte und erste Ergebnisse der Östlichen Partnerschaft, integration 32 (2009), S. 372 ff., 374.

1079 So *B. Lippert*, Europäische Nachbarschaftspolitik, Jahrbuch der Europäischen Integration 2009, S. 163 ff., 171 unter Verweis auf die Gemeinsame Erklärung des Prager Gipfeltreffens im Jahre 2009: Rat der Europäischen Union, Gemeinsame Erklärung des Prager Gipfeltreffens zur Östlichen Partnerschaft, 7. Mai 2009, S. 5 f.

1080 *K. Böttger*, Im Osten nichts Neues? Ziele, Inhalte und erste Ergebnisse der Östlichen Partnerschaft, integration 32 (2009), S. 372 ff., 375.

wickelt[1081], blieb aber krisenanfällig. Ohnehin ist das stärker Informelle die Stärke der ÖP[1082]. Sie bleibt aber, erst recht nach der russischen Intervention in der Ukraine, wie die Nachbarschaftspolitik insgesamt, reformbedürftig. Das „more for more" umfassender Konditionalität muss einem Ansatz weichen, der stärker den spezifischen Bedürfnissen der jeweils betroffenen Nachbarstaaten gerecht wird.

II. Europa in der Welt

In seiner Hinwendung zur Welt entfaltet der „homo europaeus" sein welt- 1499
bürgerliches Potential. Und vom Völkerrecht her erfährt Europa eine Menschheitsorientierung, die jedenfalls in der Werteradizierung der europäischen Außenpolitik (siehe Art. 2 und Art. 3 AEUV) schon mitangelegt ist. Das Völkerrecht, „das allen Menschen friedlich zusammenführend Schutz verleiht", hat in den Menschen bzw. den Menschenrechten seinen „letzten Geltungsgrund", qualifiziert als „Menschheitsrecht"[1083]. Hinter dieser *Fortschrittserzählung* einer kontinuierlichen Humanisierung des Völkerrechts verbirgt sich nichts anderes als *Kants* Formel, wonach „der Mensch, und überhaupt jedes vernünftige Wesen" als „Zweck an sich selbst, nicht bloß als Mittel zum beliebigen Gebrauch für diesen oder jenen Willen" existiere und deshalb in „allen seinen, sowohl auf sich selbst, als auch auf andere vernünftige Wesen gerichteten Handlungen jederzeit zugleich als Zweck betrachtet werden" müsse[1084]. Der Mensch ist daher der erste und letzte Grund allen Rechts und jeder Rechtsordnung – auch der Völkerrechtsordnung[1085]. Aus diesem Grunde mögen die Bedürfnisse

---

1081 Ebd.

1082 *B. Lippert*, Europäische Nachbarschaftspolitik, Jahrbuch der Europäischen Integration 2009, S. 163 ff., 173.

1083 *P. Häberle*, Nationales Verfassungsrecht, regionale „Staatenverbünde" und das Völkerrecht als universales Menschheitsrecht: Konvergenzen und Divergenzen (2005), in: M. Kotzur/L. Michael (Hrsg.), Verfassungsvergleichung in europa- und weltbürgerlicher Absicht. Späte Schriften, 2009, S. 231 ff., 232.

1084 *I. Kant*, Grundlegung zur Metaphysik der Sitten, 1785, Erster Abschnitt, AA IV 428.

1085 In diesem Sinne *Ph. Allott*, Reconstituting Humanity – New International Law, European Journal of International Law 3 (1992), S. 219 ff.; vorher schon – im Titel ebenso programatisch wie emphatisch *ders.*, Eunomia – New Order for a New World, 1990.

und Erwartungen der Menschheit als solcher[1086] auch geeignet sein, eine materielle Rechtsquelle auszubilden, wo es an einer „single overarching authority“ fehlt und die normativ verbindlichen Regelungen nicht auf einen einheitlichen Souverän, einen zentralen „Weltgesetzgeber“ zurückgehen[1087]. Die in der Völkerrechtsordnung wirksam werdende legitimierende Kraft („the power of legitimacy“[1088]), so ließe sich folgerichtig argumentieren, hinge damit ab von einer Humanisierung des Völkerrechts, einer „humanization of International Law – in which human rights constitute the basic foundation of the legal order“[1089].

1500 Die Menschenrechte wären die konstitutionelle Grundlage der solchermaßen vom Menschen her legitimierten Ordnung, die Menschheit als solche wäre ihr *erster* und *letzter* Bezugspunkt, ihre *prima* und zugleich *ultima* causa. Die relevanten Bedürfnisse der Menschheit oder, noch basaler formuliert, die Dinge, die die Menschheit insgesamt *angehen*, sind vielfältig. Hier nur einige zentrale Beispielsfelder: der schon erwähnte Menschenrechtsschutz, das Selbstbestimmungsrecht der Völker, die nachhaltige Entwicklung, der Umweltschutz, die globale Abrüstung, die weltweite Armutsbekämpfung, der effektive Flüchtlingsschutz respektive die verantwortungsbewusste Migrationssteuerung[1090], nicht zuletzt die rechtliche Einhegung der Datenströme im World Wide Web wie auch insgesamt der „global commons“.

1501 Wirklichkeitsgeleitete Völkerrechtswissenschaft[1091] muss die Menschheit schon deshalb und nicht aus reinem Idealismus oder der Lust an Theoriebildung in luftigen Höhen ernst nehmen. Oft wurden die relevanten weltweiten Abhängigkeiten, Vernetzungen und Verflechtungen, wurde das „Aufeinander-Angewiesen-sein“ im „global village“ beschrieben: auf den

1086 Heute schon klassisch *C. W. Jenks*, The Common Law of Mankind, London, 1958; *A. A. Cançado Trindade*, International Law for Humankind: Towards a New Jus Gentium, 2010. Weiterhin *B. de Sousa Santos,* Towards a New Legal Common Sense, 2002.

1087 *J. Klabbers*, International Law, 2013, S. 9.

1088 *Th. M. Franck*, The Power of Legitimacy among Nations, 1990.

1089 *A. A. Cançado Trindade*, International Law for Humankind: Towards a New Jus Gentium, 2010, S. 28.

1090 Zur Hungerbekämpfung im Kontext des Syrien-Konflikts *M. Bothe*, Die Waffe Hunger, in: SZ vom 03. Februar 2013, S. 9.

1091 *H. Heller*, Staatslehre, 1934, S. 37 ff.; dazu *A. Dehnhard*, Dimensionen staatlichen Handelns, 1996, S. 50 ff.; *P. Häberle*, Verfassungslehre als Kulturwissenschaft, 2. Aufl. 1998, S. 176, 242 f., 343 f.

Feldern der Technologie, der Ökonomie und Ökologie, der Politik etc. Es sind diese Befunde, die die traditionell staatszentrierten Kategorien im Nachdenken über die Legitimationsgrundlagen von politischer Willensbildung sprengen und den Staat im wahrsten Sinne des Wortes *menschheitlich transzendieren*. All das bedingt Gewissheitsverluste in der bisherigen Theoriebildung und richtet den Blick auf das vom Staat Losgelöste, notwendig Universelle hin. Hier treffen sich *europäische Verfassungsuniversalität* und eine mögliche konstitutionelle Matrix der Völkerrechtsgemeinschaft[1092]. Sie orientieren die politische Gemeinschaft auf ihren Nukleus, den einzelnen Menschen hin. Das, und nichts anderes meint Europas menschheitliche Einbindung in die Welt. Und von hier aus, von diesem Nukleus her, stellt sich die letzte Frage dieser Verfassungslehre: Quo vadis, Europa?

Q. Quo vadis, Europa? Ein europäisches Manifest – und kritische Nachfragen

I. Zur beständigen Neubegründung der europäischen Verfassung aus ihren Texten und Kontexten

Ausblick und Quintessenz mögen zusammenführen, was schon in der Vorbemerkung angeklungen ist: Vorliegende Verfassungslehre ringt nicht nur um *Erkenntnisse über Europa*[1093], sie versteht sich auch als ein bewusstes *Bekenntnis zu Europa*. Wissenschaft kann und darf das *bekenntnishafte Moment* wagen, wenn sie dabei kritische Reflektion nicht ausblendet und ihre Vorverständnisse offenlegt. Letzteres in den vorangegangenen Kapiteln, schöpfend aus der Tiefe der europäischen Rechtskultur und rechtsvergleichend angelegt, längst geschehen. Ersteres muss daran erinnern, dass jedes Verlangen nach Selbstvergewisserung sich zumeist aus tiefen Verun- 1502

1092 *Th. Kleinlein*, Konstitutionalisierung im Völkerrecht, 2012; M. Avbelj/J. Komárek (Hrsg.), Constitutional Pluralism in the European Union and Beyond, 2012.

1093 Programmatisch *D. Thürer*, Europa als Erfahrung und Experiment, 2015.

sicherungen speist. Je unsicherer Europas „Quo vadis?“[1094] erscheint[1095], desto drängender sucht es sich seiner Identität und Finalität zu versichern, desto sorgenvoller macht es sich auf die Spurensuche nach seiner Idee[1096] und reflektiert die Notwendigkeit seiner Neubegründung[1097]. In der Tat erlebt die Europäische Union derzeit eine der zentralen Krisen[1098] und einige der größten Herausforderungen seit ihrem Bestehen. Die globale Finanz- und parallel dazu die Staatsschuldenkrise hat Griechenland an den Rand des Staatsbankrotts gedrängt. Sie bedrängt, Hand in Hand mit einer teils schwachen Konjunktur und hohen (Jugend-)Arbeitslosigkeit, weit darüber hinaus auch andere EU-Mitgliedstaaten und die gemeinsame Währung, den Euro. Wer glaubte, die Ukraine-Krise hätte die Union nach Lissabon auf ihre bislang härteste außenpolitische Bewährungsprobe gestellt[1099], wurde durch die Flüchtlingskrise rasch eines Besseren belehrt. Und letztere reicht weit hinein in das Innere der Union, rührt dabei an ihren Grundfesten, der in Art. 2 EUV emphatisch beschworenen geteilten Wertgrundlage, vor allem der Solidarität. Die Skepsis vieler Unionsbürgerinnen und Unionsbürger wächst angesichts eines Integrationsmodells, das kaum einen Lebensbereich unberührt lässt und trotz seiner überbordenden Regelungsfülle doch den wesentlichen Herausforderungen rechtsstaatlich geordneten, demokratisch legitimierten und gemeinwohlorientierten politi-

---

1094 *W. Böttcher*, Europa – quo vadis?, in: ders. (Hrsg.), Klassiker des europäischen Denkens. Friedens und Europavorstellungen aus 700 Jahren europäischer Kulturgeschichte, 2014, S. 743 f.; *L. Kühnhardt*, Quo vadis Europa?, Aus Politik und Zeitgeschichte 55 (36/2005), S. 3 ff.; *K. Kinkel*, Quo vadis Europa?, Referat im Rahmen der Vortragsreihe „Rechtsfragen der europäischen Integration“, Bonn, 29. Oktober 2007, in: Zentrum für Europäisches Wirtschaftsrecht (Hrsg.), Vorträge und Berichte, Nr. 162, 2010.

1095 S. Kadelbach (Hrsg.), Europa am Scheideweg: mehr oder weniger Europa?, 2015.

1096 *P.-Ch. Müller-Graff*, Europa-Idee in der Krise?, EuR 2015, Beiheft 2: Verfassungszustand und Verfassungsentwicklung der Europäischen Union, S. 149 ff. Die Suche nach der Idee und nach der Identität verlaufen dabei teilweise parallel, siehe auch – schon klassisch – *A. Giddens*, Modernity and Self-Identity, 1991.

1097 *L. Kühnhardt*, Europa – innere Verfassung und Wende zur Welt. Standortbestimmung der Europäischen Union, 2010.

1098 *Ka. Tuori/Kl. Tuori*, The Eurozone Crisis. A Constitutional Analysis, 2014.

1099 Etwa mit Blick auf die gegen Russland verhängten Wirtschaftssanktionen, dazu *M. Hertle*, Wirtschaftssanktionen der EU als Reaktion auf Völkerrechtsverletzungen von Drittstaaten im Zusammenhang mit der Ukraine-Krise, ZEuS 2015, S. 117 ff.

schen Einig-Werdens nicht (mehr) gewachsen scheint[1100]. Wo etwa die Rechtsgemeinschaft[1101], wie bei der Euro-Rettung, ihr rechtliches Dürfen aus-, nach Meinung mancher sogar überreizt, impliziert ein vermeintliches „failed law“[1102] rasch eine „failing Union“.

Entsprechend drastische Worte wählte der neue Kommissionspräsident *J.-* 1503
C. Juncker bei seiner ersten „State of the Union“-Rede am 09. September 2015[1103]: „Denn unsere Europäische Union ist in keinem guten Zustand. Es fehlt an Europa in dieser Union. Und es fehlt an Union in dieser Union. Das müssen wir ändern – und wir müssen das jetzt ändern.“ *Junckers* mahnender Imperativ findet ganz unterschiedliches Gehör. Seinen Appell zur Änderung will der britische Premierminister *D. Cameron* eher als ein künftiges „weniger Europa“ verstanden wissen[1104]. Die Entwicklung in Polen gibt großen Anlass zur Beunruhigung für den europäischen Rechtsstaat und sein pluralistisches Pressewesen. Politische Gruppierungen wie die „Alternative für Deutschland“ (kurz „AfD“) ergreifen die Gelegenheit und propagieren den Euro-Austritt, jedenfalls den „Grexit“[1105] als Krisenlösung[1106]. Ganz anderer Intuition folgt der französische Wirtschaftsminis-

---

1100 Siehe *A. Hatje*, Vorwort, EuR 2015, Beiheft 2: Verfassungszustand und Verfassungsentwicklung der Europäischen Union, S. 5.

1101 *W. Hallstein*, Die Europäische Gemeinschaft, 5. Aufl., 1979, S. 53; dazu auch *U. Everling*, Bindung und Rahmen: Recht und Integration, in: W. Weidenfeld (Hrsg.), Die Identität Europas, 1985, S. 152 ff., sowie *A. von Bogdandy*, Europäische Prinzipienlehre, in: ders. (Hrsg.), Europäisches Verfassungsrecht, 2003, S. 149 ff., 167.

1102 *S. Haack*, Failed Law. Überlegungen zum Stellenwert des Politischen im zwischenstaatlichen Recht, JöR 63 (2015), S. 167 ff.; *A. v. Bogdandy/M. Ioannidis*, Systemic deficiency in the rule of law: what is, what has been done, what can be done, CMLR 51 (2014), S. 59 ff.

1103 Abrufbar unter http://europa.eu/rapid/press-release_SPEECH-15-5614_de.htm (zuletzt besucht am 14. September 2015).

1104 Siehe auch *R. Zbíral*, Restoring tasks from the European Union to Member States: A bumpy road to an unclear destination?, CMLR 52 (2015), S. 51 ff. Dass die derzeitige Euroskepsis im Vereinigten Königreich sich auch auf das Europa im weiteren Sinne bezieht, sei dabei nicht verschwiegen, siehe etwa *K. Durst*, „Strasbourg has developed mission creep“: Wie berechtigt ist die Kritik der britischen Konservativen Partei am Europäischen Gerichtshof für Menschenrechte?, ZEuS 2015, S. 207 ff.

1105 *Th. Straubhaar*, Die griechische Tragödie, AuA 2015, S. 385.

1106 *Ch. Nestler/J. Rohgalf*, Eine deutsche Angst – Erfolgreiche Parteien rechts von der Union. Zur AfD und den gegenwärtigen Gelegenheitsstrukturen des Parteienwettbewerbs, ZfP 2014, S. 389 ff.

ter *E. Macron* in einem Interview mit der Süddeutschen Zeitung Ende August 2015[1107]. Er fordert eine grundlegende Erneuerung von Europäischer Union und Eurozone im Sinne einer weitergehender Unionalisierung und einer „europäische Wirtschaftsregierung". Sein kritischer Befund stimmt die gleiche Melodie an wie die *Juncker*-Rede und steht ebenso paradigmatisch für die gegenwärtigen Integrationskrisen und die daraus resultierenden Herausforderungen: „Meine Generation muss Europa von Grund auf erneuern.... Wir stehen vor der Frage: Wollen wir die Neugründer Europas sein – oder seine Totengräber?"[1108] Europa dürfe nicht nur als „riesige Bürokratie … ohne Vision und politisches Ziel" wahrgenommen werden, sondern brauche „Richtung" und „Sinn".[1109]

1504 Eine europäische Verfassungslehre darf nicht der Versuchung erliegen, auf diese Sinnsuche politische Antworten zu geben. Sie darf ebenso wenig der Versuchung erliegen, die geforderte „Neugründung der Union" entkontextualisiert und losgelöst von ihrer *evolutiven Konstitutionalisierung* neu deuten zu wollen. Ihr „Suchbild"[1110] ist ein anderes. Sie will Europas Idee und Sinn, seine normativen Konturen, die (seltenen) Revolutionen und (tagtäglichen) Evolutionen in seinem konstitutionellen Werden aus seinen *Verfassungstexten* heraus *rekonstruieren*. Zu diesen rechnen nicht nur das europäische Primärrecht und die mitgliedstaatlichen Verfassungsordnungen. Zu diesen rechnen auch in idealiter weltweitem, realiter punktuellem Vergleich zu erschließende Verfassungstexte von Drittstaaten. Wie etwa könnten die für das Europa nach Maastricht so zentralen Transformationsprozesse in der Staatenwelt Osteuropas ohne die komparative Bezugnahme auf parallel ablaufende Prozesse etwa in Iberoamerika gedeutet werden? Hinzu rechnen auch Europas Verfassungstexte im weiteren Sinne als relevante Kontexte. Wie könnte Europas Sinnsuche auskommen ohne einen *Kant*, *Locke*, *Rousseau* oder *Hobbes*, wie ohne einen *Coudenhove-Kalergi* oder *Churchill*? Aus der Perspektive der Verfassungslehre bedeutet eine Neubegründung Europas keine „Neuverfassung" – schon gar nicht

---

1107 SZ vom 31. August 2015, S. 2.

1108 Ebd.

1109 Ebd.

1110 Die Metapher ist angelehnt an *U. Volkmann*, Verfassungsrecht zwischen normativem Anspruch und politischer Wirklichkeit, VVDStRL 57 (2008), S. 57 ff., 88 f., und wurde etwa aufgegriffen von *A. v. Arnauld*, Öffnung der öffentlich-rechtlichen Methode durch Internationalität und Interdisziplinarität: Erscheinungsformen, Chancen, Grenzen, VVDStRL 74 (2015), S. 39 ff., 40.

dezisionistisch im Sinne einer einmaligen Betätigung verfassunggebender Gewalt gedeutet[1111] – sondern ein kontinuierliches *Fortdenken* und *Fortschreiben* seiner Verfassungstexte – was *Konstruktion* und *Rekonstruktion* notwendig ein-, gelegentliche *Dekonstruktionen* indes nicht ausschließt. Die Antwort auf das „Quo vadis Europa?" impliziert stets ein „Ad fontes Europae!"

Dass der heutige Verfassungszustand der Europäischen Union – dank mu- 1505
tiger Aufbrüche und trotz enttäuschender Rückschläge – die normative Zuschreibung der Verfassungsqualität verdient, hat vorliegende Verfassungslehre exemplarisch anhand der unterschiedlichsten Referenzgebiete verdeutlicht. Von dieser Verfassungsqualität her ist jedes „neubegründende" Fortschreiben der Europäischen Union zu denken[1112]. Die *Neubegründung* – etwas ganz anderes als eine *Neugründung* aus dem vermeintlichen konstitutionellen Nichts – meint nichts anderes als einen kontinuierlichen konstitutionellen Prozess, ist *E. Renans* Idee eines einheitsstiftenden „täglichen Plebiszits"[1113] ins Europäische gewandelt. Schon 1972 hatte *H. P. Ipsen* festgestellt: „Ohne damit einen bestimmten Verfassungsbegriff zu absolutieren und ohne lediglich wegen ihrer Zugehörigkeit zum Primärrecht der Gemeinschaftsverträge jeder Bestimmung diesen Charakter zuzuweisen, darf von einem Inbegriff des Primärrechts als von der materiellen Verfassung der Gemeinschaften gesprochen werden."[1114] Und am Ende der 1970er Jahre fügte dem *G. Nicolaysen* hinzu: „Die parlamentarische Billigung der Verträge diente also gerade nicht der Umwandlung des Vertragsrechts in die jeweilige mitgliedstaatliche Ordnung, sondern sie war 'Verfassungsgebung' für die Gemeinschaft, bei der die beteiligten Staaten von der ihnen kraft Souveränität zustehenden 'Gründungsgewalt'

1111 Der dezisionistische Ansatz geht zurück auf *C. Schmitt*, Verfassungslehre, 1928, S. 1 ff., 20 ff. und passim; dazu *L. Michael*, in: BK, GG, Art. 146 (Stand: 2013), Rn. 434 ff.; *I. Pernice*, Carl Schmitt, Rudolf Smend und die europäische Integration, AöR 120 (1995), S. 100 ff.

1112 S. Kadelbach/K. Günther (Hrsg.), Europa: Krise, Umbruch und neue Ordnung, 2014.

1113 *E. Renan,* Was ist eine Nation?, Rede am 11. März 1882 in der Sorbonne, übersetzt von Henning Ritter, mit einem Essay von Walter Euchner, EVA-Reden, Bd. XX, 1996, S. 7 ff., 34 f.: „Das Dasein einer Nation ist – erlauben Sie mir dieses Bild – ein Plebiszit Tag für Tag, wie das Dasein des einzelnen eine dauernde Behauptung des Lebens ist".

1114 *H. P. Ipsen*, Europäisches Gemeinschaftsrecht, 1972, S. 64.

Gebrauch gemacht haben."[1115] Was damit eine europäische Verfassungslehre des Jahres 2015/16 rekonstruierend fortzudenkend hat, sind nicht nur die europäischen Verfassungstexte im engeren und weiteren Sinne, es sind auch die wissenschaftlichen Reflexionen über Europas Verfassungsgenese. Gewiss muss Wissenschaft immer eine „Neuvermessung der Welt"[1116] wagen. Sie wäre aber vermessen, ihre je relativen *Neubegründungen* zu *Neugründungen* zu stilisieren. Es geht vielmehr um den zugleich selbstbescheidenen wie überaus anspruchsvollen „Brückenschlag zwischen Europa-Idee und Unionsrecht", der herausführt aus dem „geltenden Acquis in das vor-positive Versuchsgelände der Rekonstruktion einer von manchen als länger als 600 Jahre berechneten Ideengeschichte."[1117] Die europäische Verfassungslehre bezieht sich damit immer auch auf das positive Recht, ihr Bezugsrahmen aber geht weit darüber hinaus. Das Wechselspiel zwischen europäischem Verfassungsrecht und europäischer Verfassungslehre sei noch einmal zugespitzt: Das europäische Verfassungsrecht muss sich interdisziplinär, komparatistisch und vor allem kulturwissenschaftlich anreichern lassen, um nicht in positivistischer Verengung kontextblind zu erstarren. Die Europäische Verfassungslehre hingegen muss sich ein Stück weit durch das positive europäische Verfassungsrecht *einfangen* und *bändigen* lassen, um die überreiche Fülle ihrer Kontexte normativ zu bündeln, um ihre Neubegründungsversuche zu fokussieren und letztlich auch dem Praxistest der Rechtsanwendung zu stellen. Dabei versteht sie ihren Gegenstand, die europäische Verfassung, als einen *Prozess*, der (be)ständiger Reformbedürftigkeit unterliegt. Constitutio Europae semper est reformanda!

1115 *G. Nicolaysen*, Europäisches Gemeinschaftsrecht, 1979, S. 8.

1116 In sprachlicher Anspielung auf den im Jahre 2005 erschienenen Roman von *D. Kehlmann* mit dem Titel „Die Vermessung der Welt".

1117 *P.-Ch. Müller-Graff*, Europa-Idee in der Krise?, EuR 2015, Beiheft 2: Verfassungszustand und Verfassungsentwicklung der Europäischen Union, S. 149 ff., 151, unter Verweis auf *R. H. Foerster*, Europa. Geschichte einer politischen Idee, 1967, und W. Böttcher (Hrsg.), Klassiker des europäischen Denkens. Friedens und Europavorstellungen aus 700 Jahren europäischer Kulturgeschichte, 2014.

II. Zu den Gelingensbedingungen und Reformfragen der Europäischen Verfassung

1. Europäische Öffentlichkeit aus der Krise

Eine der beständiger Reformbedürftigkeit unterliegenden Gelingensbedingungen europäischer Verfasstheit ist, so eine der zentralen Thesen und ständig wiederkehrendes Leitmotiv vorliegender Verfassungslehre, die europäische (politische) Öffentlichkeit. Es ist ausgerechnet die Finanz- und Staatsschuldenkrise[1118] in der Eurozone, die einen ganz wesentlichen Beitrag zur qualitativen Veränderung dieser politischen Öffentlichkeit geliefert hat. Dieses oft verkürzt und angesichts der noch immer stabilen Währung irreführend als „Euro-Krise" apostrophierte Szenario verkörpert ohne Zweifel einen gravierenden Testfall für Integration und Integrationsmethode[1119]. Es evoziert, wie bereits angeklungen, schwierige Fragen rechtsstaatlicher Bändigung und verlangt nach fragiler Gewaltenbalance zwischen demokratisch legitimierten Entscheidungsträgern und der Finanzmacht unabhängiger Zentralbanken[1120]. Der Streit über die Kompetenz zum Ankauf von Staatsanleihen durch die EZB ist längst zu einem Konflikt zwischen Karlsruhe und Luxemburg[1121], zwischen Euro-Befürwortern und Euro-Gegner, Austeritätspolitikern und Deficit-Spending-Anhängern. Dieser Streit aber wurde, mitunter dramatisch, vor den Augen eines wachen, rational wie emotional betroffenen europäischen Publikums ausgetragen. 1506

Welche mitgliedstaatlichen Finanzminister hätten je die Bekanntheit von *Y. Varoufakis* und seines deutschen Antipoden erlangt? Wann wäre je die Innenpolitik eines Mitgliedstaates, begonnen mit der Wahl von Minister- 1507

1118 *M. Ruffert*, The European debt crisis and European Union law, CMLR 48 (2011), S. 1777 ff.

1119 So *F. Schimmelpfennig*, Die Eurokrise: Testfall für Integration und Integrationsmethode, ZPol 2015, S. 249 ff.

1120 *J. Vogl*, Politik ohne Regelungsmonopol. Vierte Gewalt, Finanzmacht, Zentralbanken, ZPol 2015, S. 257 ff.

1121 BVerfGE 134, 366; EuGH, Rs. C-62/14, *Gauweiler*, ECLI:EU:C:2015:400, abgedruckt in EuZW 2015, S. 599 ff. und dazu *Ch. Herrmann/C. Dornacher*, Grünes Licht vom EuGH für EZB-Staatsanleihenkäufe – ein Lob der Sachlichkeit, EuZW 2015, S. 579 ff.; *A. Thiele*, Das Mandat der EZB und die Krise des Euro, 2013; allgemein *K. Lenaerts*, Kooperation und Spannung im Verhältnis von EuGH und nationalen Verfassungsgerichten, EuR 2015, S. 3 ff.

präsident *A. Tsipras*, seinen Zweifeln an der Verbindlichkeit und Rechtmäßigkeit der vorher mit dem IWF und den europäischen Institutionen getroffenen Vereinbarungen[1122] bis hin zum griechischen Referendum, so intensiv als Politik wahrgenommen worden, die alle in Europa angeht und deren politisches Schicksal alle ganz unmittelbar betrifft? Wann wären je die entscheidenden Debatten im griechischen Parlament live von den Fernsehsendern anderer Mitgliedstaaten übertragen und wäre Politik *für* und *in* Europa – gewissermaßen in Echtzeit – so dramatisiert worden? Ganz zu schweigen von den Brüsseler Gipfelnächten zur Eurorettung, dem Fokus auf die Eurogruppe[1123], auch medial zu Schicksalsfragen der Union stilisiert. Selten zuvor hat europäisches politisches Entscheiden – im Positiven wie Negativen – einen so nachhaltigen Resonanzboden gefunden[1124].

1508 Damit ist jedenfalls punktuell eine neue Form europäischer politischer Öffentlichkeit entstanden, deren Potentiale heute noch nicht ausgelotet werden können. Dass diese politische Öffentlichkeit zwar europäisch, aber alles andere als notwendig pro-europäisch ist, müssen Europapolitik wie europäische Verfassungslehre gleichermaßen zur Kenntnis nehmen. Damit wächst gewiss auch die gemeineuropäische (Gemeinwohl-)Verantwortung in der Eurozone[1125] und weit darüber hinaus. Aber sollte Europa grundlegenden politischen Streit auch künftig *bürgeröffentlich* austragen und

1122 *M. Meng-Papatoni*, Legal Aspects of Memoranda of Understanding in the Greek Debt Crisis, ZEuS 2015, S. 3 ff.

1123 *T. Jacquemain*, Ein seltener Blick: Die Euro-Gruppe aus juristischer Perspektive. Steht das informelle Beratungsgremium vor weiteren Reformschritten, ZEuS 2015, S. 27 ff.

1124 Wiederum sei aus *J.-C. Juncker*s „State of the Union"-Rede zitiert (Abrufbar unter http://europa.eu/rapid/press-release_SPEECH-15-5614_de.htm (zuletzt besucht am 14. September 2015): „Zusammen blickten wir in den Abgrund. Und wieder einmal gelang es uns erst in diesem letzten Moment, uns auf das wirklich Wichtige zu besinnen und unserer Verantwortung gerecht zu werden. Schließlich wurde eine Lösung gefunden, Verpflichtungen wurden eingehalten und umgesetzt. Vertrauen wird jetzt wieder aufgebaut, auch wenn das noch auf wackeligen Füßen steht. Ich bin nicht auf alle Aspekte der erzielten Ergebnisse stolz. Aber ich bin stolz auf die Teams der Europäischen Kommission, die bis in den späten August Tag und Nacht unablässig daran gearbeitet haben, die Kluft zwischen scheinbar unvereinbaren Standpunkten zu überbrücken und Lösungen herbeizuführen, die im Interesse Europas und des griechischen Volkes sind."

1125 *M. Potacs*, Verantwortung in der Wirtschafts- und Währungsunion, EuR 2015, Beiheft 2: Verfassungszustand und Verfassungsentwicklung der Europäischen Union, S. 135 ff.

letztlich aushalten können, so wäre das ein großer konstitutioneller (Legitimations-)Gewinn[1126].

2. Solidarität in der Krise

In ebenso hohem Maße wie die Griechenland-Krise schafft die Flücht- 1509
lingskrise des Jahres 2015 europäische Öffentlichkeit. Hier wie dort geht es immer auch um Solidarität als Wert der Union (Art. 2 EUV) mit normativem Anspruch und moralischer Verpflichtungswirkung.[1127] Stärker aber noch als erstere (die Finanzkrise) gefährdet letztere Europa in seiner Verfassungssubstanz. Entsprechend dramatisch klingen wiederum die Mahnungen europäischer Spitzenpolitiker, seien es Kommissionspräsident *J.-C. Juncker*, der Präsident des Europäischen Parlaments *M. Schulz*[1128] oder Repräsentantinnen und Repräsentanten aus den Mitgliedstaaten. Und auch die Tagespresse scheut sich nicht vor drastischen Bezugnahmen. So zitiert die SZ vom 14. September 2015 auf S. 2 – in deutscher Übersetzung – einen Beitrag aus der New York Times der Vorwoche. Diese hatte die aktuelle europäische Flüchtlingskrise und die mangelnde Solidarität innerhalb der Union mit der „schwärzesten Zeit in der europäischen Geschichte" verglichen: „Die Flüchtlingskrise ist kein Genozid. Es müssen jetzt überall auf dem Kontinent Flüchtlinge registriert, untergebracht, umgesiedelt oder repatriiert werden. Aber seit die Juden von den Nazis verdrängt wurden, hat es nicht mehr so viele Bilder aus Europa gegeben von Menschen, die in Züge eingesperrt, von Babys, die über Stacheldraht gehoben, von Massen erschöpfter Menschen, die von Uniformierten herumgescheucht werden."

1126 Vgl. auch *D. Obradovic*, Policy Legitimacy and the European Union, Journal of Common Market Studies 34 (1996), S. 191 ff.

1127 *H. Prantl*, Im Namen der Menschlichkeit: Rettet die Flüchtlinge, 2015.

1128 In einem Interview mit der Zeitung „Die Welt" am 29. August 2015 (http://www.welt.de/politik/ausland/article145753640/Martin-Schulz-wirft-EU-Laendern-Versagen-vor.html, zuletzt besucht am 30. August 2015) formuliert *Schulz*: „Wir haben es nicht mit einem Versagen der EU zu tun, sondern mit einem eklatanten Versagen einiger Regierungen, die sich aus der Verantwortung stehlen, indem sie eine gemeinsame europäische Lösung verhindern ... Die Regierungen einiger Mitgliedstaaten müssen endlich ihre Blockade beheben und dieses unwürdige Spiel beenden."

1510 Das Flüchtlingsdrama ist wiederum auch ein Testfall für den europäischen Rechtsraum. Grenzen werden geschlossen, Grenzkontrollen wieder eingeführt und damit die vom Schengener Abkommen ermöglichten Ausnahmemöglichkeiten bis in Grenzbereiche hin ausgeschöpft. Die Standards der Dublin-III-Verordnung[1129], auf denen das europäische Asylverfahren gründet und die regeln, dass Asylbewerber sich dort registrieren lassen müssen, wo sie die EU betreten, sind nicht mehr durchgängig eingehalten. Die verbindliche Festlegung fester Flüchtlingsquoten zwischen allen Mitgliedstaaten bleibt noch immer ein Desiderat solidarischen Miteinanders. Das Flüchtlingsdrama gefährdet damit nicht nur die Freizügigkeit, sondern bringt den gesamten Rechtsraum Europa in eine gefährliche Schieflage. Wiederum sei *J.-C. Juncker* mit einem erinnerungskulturellen Memento zitiert: „Wir Europäer sollten uns daran erinnern, dass Europa ein Kontinent ist, auf dem im Laufe der Geschichte fast jeder einmal ein Flüchtling war. Unsere gemeinsame Geschichte ist geprägt von Millionen von Europäern, die vor religiöser und politischer Verfolgung, vor Krieg, vor Diktatur und vor Unterdrückung fliehen mussten."[1130]

1511 Die durch Flüchtlings- und Staatsschuldenkrise in all ihren Facetten geforderte Solidarität[1131] rechtlich noch effektiver auszugestalten, mag eine wichtige Reformforderung sein. Doch schnell stößt das Recht hier auch an die Grenzen seiner Steuerungskraft. Das Recht kann politischen Einigungswillen weder ersetzen noch zu ihm zwingend verpflichten. Es kann nur die konstitutionellen Rahmenbedingungen schaffen, die diese Einigungsoption prozedural ausgestalten und materiell-rechtlich anleiten. Das Recht kann zu politischer Einheit hinführen und ihr normative Substanz geben – aber wohlgemerkt: diese normative ist *nicht ihre einzige Substanz*. Und ein zweites sei angemerkt: Wird diese normative Substanz verletzt – von der schleichenden Umgehung bis zum offenen Rechtsbruch, die Grenzen sind, wie Griechenland- und Flüchtlingskrise überdeutlich zeigen, fließend – so führt das zwar zu einer Verfassungskrise, aber nicht zur Verän-

1129 Verordnung (EU) Nr. 604/2013 des Europäischen Parlaments und des Rates vom 26. Juni 2013.

1130 http://europa.eu/rapid/press-release_SPEECH-15-5614_de.htm (zuletzt besucht am 14. September 2015).

1131 M. Kneuer/C. M. Masala (Hrsg.), Solidarität. Politikwissenschaftliche Zugänge zu einem vielschichtigen Begriff, ZPol 2015; *D. Thym*, The elusive limits of solidarity: Residence rights of and social benefits for economically inactive Union citizens, CMLR 52 (2015), S. 17 ff.

derung der Verfassungsqualität. Die nationale Verfassungslehre hat längst bestätigt: auch eine Verfassung, die gebrochen wird, bleibt eine Verfassung[1132]. Die Verfassungskrise verändert nicht die Verfassungsqualität. Sie zeigt aber, dass sich Verfassungsqualität bewähren muss. Genau darum geht es den folgenden Gestaltungsoptionen respektive Reformperspektiven: Die Europäische Union muss ihre Verfassungsqualität – getragen von der Verfassungssubstanz ihrer Mitgliedstaaten und eingebettet in den Verfassungskontext des Europarates – deutlicher sichtbar machen, sie bewahren, fortschreiben, verdichten und immer neu bewähren.

3. Gestaltungsoptionen zur Krisenbewältigung und Krisenvermeidung

Die Bewährung der europäischen Verfassungsqualität erfordert einen Prozess rechtlicher Verdichtung. Dazu sind drei Modi denkbar. Am intensivsten wirkt die Vertragsänderung, die der Sache nach dann immer auch ein Stück weit „Verfassungsänderung" ist. Sie wird derzeit besonders vehement und mit guten Argumenten für die Regularien der Wirtschafts- und Währungsunion gefordert – das Stichwort von der europäischen Wirtschaftsregierung ist schon gefallen. Aus doppeltem Grund aber sollte die Vertragsänderung, abgesehen vom vereinfachten Änderungsverfahren, ultima ratio bleiben. Zum einen haben die Verhandlungen von Lissabon und zuvor der gescheiterte Verfassungsvertrag gezeigt, wie mühevoll und stets gefährdet eine entsprechende politische Einigung zu erreichen ist und sich leicht im allzu Kompromisshaften zu verlieren droht. Zum anderen braucht ein verfassungsqualitatives Regelungswerk *Stabilität* und *Kontinuität*. So wie Verfassungsänderungen nicht das politische Alltagsgeschäft des Verfassungsstaates werden dürfen – in der Bundesrepublik Deutschland trägt dem Art. 79 GG Rechnung –, müssen unionale Vertragsänderungen die wohlüberlegten Ausnahmen von dann bewusst großer Tragweite bleiben. Vor allem eine immer weitergehende Kompetenzübertragung auf die Union kann schon angesichts des Subsidiaritätsprinzips nicht der Königsweg sein. Jede neue Unionskompetenz, etwa in Sachen „Europäischer Wirtschaftsregierung", bedarf sorgfältigen Austarierens und bürgerschaftlicher Unterstützung[1133]. 1512

1132 *P. Häberle*, Verfassungslehre als Kulturwissenschaft, 2. Aufl. 1998.

1133 Wiederum sei aus der „State of the Union"-Rede *J.-C. Juncker*s, http://europa.eu/rapid/press-release_SPEECH-15-5614_de.htm (zuletzt besucht am 14. Septem-

1513 Ein zweiter, alltäglicherer Modus der rechtlichen Verdichtung ist die richterrechtliche Rechtsfortbildung. Diese Aufgabe haben die beiden europäischen Verfassungsgerichte EuGH und EGMR schon immer beherzt wahrgenommen. Sie wissen dabei auch, dass letztlich die mitgliedstaatliche Akzeptanz ihres „judicial activism" zentrale Gelingensbedingung des judikativen Verdichtungsprozesses ist. Den dritten und wohl anspruchsvollsten Modus der Verdichtung bildet die *Übersetzung* des europäischen Verfassungsrechts nicht nur in die mitgliedstaatliche Rechtspraxis, sondern in das rechtliche Leben und Erleben der Bürgerinnen und Bürger. Wer die Unionsbürgerfreizügigkeit beansprucht oder sich auf den freien Warenverkehr beruft, wer die Nichtigkeit eines unionalen Rechtsaktes vor dem EuGH geltend machen will (Art. 263 Abs. 4 AEUV), muss wissen, dass sie/er die europäische Verfassung aktualisiert. Nichts anderes meint die an anderer Stelle dieses Buches konzipierte offene Gesellschaft der europäischen Verfassungsinterpreten.

1514 Verdichtungsbedarf besteht vor allem mit Blick auf die „konstitutionelle Trinität" aus Grundrechten, Demokratie und Rechtsstaatlichkeit. Für die europäische Grundrechtsgemeinschaft[1134] heißt Verdichtung dabei nicht ein Mehr an Grundrechten, sondern kohärenter und weniger friktionsreicher Grundrechtsschutz. In Sachen Rechtsstaatlichkeit[1135] gilt es sicherzustellen, dass gerade die Krisenbewältigungsmechanismen nicht zu einer

---

ber 2015), zitiert: „Drittens *brauchen wir ein effektiveres und demokratischeres System der wirtschafts- und haushaltspolitischen Überwachung*. Ich will, dass dieses Parlament, die nationalen Parlamente und die Sozialpartner auf allen Ebenen zu maßgeblichen Akteuren dieses Prozesses werden. Außerdem will ich, dass dem Interesse des Euro-Raums als Ganzem bei den politischen Maßnahmen der EU und der Mitgliedstaaten von Anfang an besser Rechnung getragen wird. Das Interesse des Ganzen ist mehr als die Summe seiner Teile. Dies wird in unseren Vorschlägen zur weiteren Straffung und Stärkung des Europäischen Semesters der wirtschaftspolitischen Koordinierung zum Ausdruck kommen" (Hervorhebung im Original).

1134 *C. Franzius*, Strategien der Grundrechtsoptimierung in Europa, EuGRZ 2015, S. 139 ff., *K. Lenaerts*, In Vielfalt geeint. Grundrechte als Basis des europäischen Integrationsprozesses, EuGRZ 2015, S. 362 ff.; *Ch. Möllers*, Grundrechtsschutz: wäre weniger mehr? – Zu Friktionen im europäischen Mehrebenensystem, ZEuP 2015, S. 461 ff.

1135 *V. Skouris*, Die Rechtsstaatlichkeit in der Europäischen Union, EuR 2015, Beiheft 2: Verfassungszustand und Verfassungsentwicklung der Europäischen Union: Verfassungszustand und Verfassungsentwicklung der Europäischen Union, S. 9 ff.

Logik sich perpetuierender Ausnahmesituationen führen und das Primärrecht unterlaufen. Das jüngste „Spitzenkandidatenprozedere" bei der Wahl zum Kommissionspräsidenten mag, obwohl im Primärrecht so nicht etabliert, demokratischen Legitimationsgewinn bedeuten. Ob es sich etabliert, bleibt abzuwarten und hängt ein Stück weit wohl auch vom Fortune der amtierenden Kommission ab. Eine echte parlamentarische Verantwortung der EU-Exekutive wäre die folgerichtige Reformkonsequenz[1136]. In jedem Falle aber gilt es, die deliberativen Momente politischen Entscheidens auf unionaler Ebene konsequent und bürgerdemokratisch auszubauen[1137]. Ein post-demokratisches Europa darf nicht zur Zukunftsvision werden[1138]. Über die genannte Trias hinaus fordert angesichts gravierender finanzieller Einschnitte, Sparzwänge und hoher Jugendarbeitslosigkeit nicht nur in Griechenland die Finanzkrise die europäische Sozialstaatlichkeit heraus[1139]. Hier gilt es vor allem zu diskutieren und zu klären, wie weit die Solidarpflichten der Bürgerinnen und Bürger für ihre „fellow Europeans" aus anderen Mitgliedstaaten reichen – von den steuerfinanzierten Rettungspakten bis hin zur oft so apostrophierten Migration in die Sozialsysteme. Bei all diesen Verdichtungsprozessen wird ein weiterer Diskurs über die zwischen Mitgliedstaaten und Union geteilte Souveränität nicht ausleiben[1140]. Ihn konstruktiv zu begleiten, gehört dabei zu den maßgeblichen Aufgaben auch der Europäischen Verfassungslehre. Die Liste der Verdichtungsnotwendigkeiten ließe sich gewiss noch fortsetzen und bedarf der Konkretisierung in Spezialpublikationen. Diesbezüglich muss die europäische Verfassungslehre in pluralistischer Arbeitsteilung ihren kreativen Beitrag leisten. Ein letzter Aspekt, der auch vor die Klammer gezogen an den Anfang der Reformüberlegungen hätte gestellt werden können, bilde den Schlusspunkt: die Dialektik von Integration und Desintegration, mit der Europa leben muss. Eine aktuelle Entscheidung des EuGH zum Integrationsfaktor Sprache (EuGH, Rs. C-138/13, ECLI:EU:C:2014:2066 –

1136 *A. Hatje*, Demokratie in der Europäischen Union: Plädoyer für eine parlamentarische Verantwortung der Regierung in der EU, EuR 2015, Beiheft 2: Verfassungszustand und Verfassungsentwicklung der Europäischen Union, S. 40 ff.

1137 E. O. Eriksen/J. E. Fossum (Hrsg.), Democracy in the European Union. Integration through Deliberation, 2000.

1138 *C. Crouch*, Postdemokratie, 2008.

1139 *U. Becker*, Sozialstaatlichkeit in der Europäischen Union, EuR 2015, Beiheft 2: Verfassungszustand und Verfassungsentwicklung der Europäischen Union, S. 19 ff.

1140 *S. Krasner*, Sovereignty, 1999.

Dogan) steht stellvertretend für manche mitgliedsstaatliche Befürchtung, dass Marktintegration dort desintegrierend wirken könnte, wo es beim kulturellen Integrationspotential des Marktteilnehmers (hier der Sprachkenntnis) Defizite gibt[1141]. Ein integrationsoffenes Europa darf Integrationsängsten nicht erliegen, es darf sie aber auch nicht verleugnen. Die Bürgerinnen und Bürger wollen gerade auch in diesen Ängsten und Sorgen ernst genommen werden. Nur dann kann eine Fortschreibung der Europäischen Verfassung in Zeiten der Krise und aus der Krise heraus gelingen[1142]. Nur dann findet das *Fortschrittsnarrativ* der Europäischen Verfassung sein Publikum.

1141 LS 2: „Art. 41 Abs. 1 des Zusatzprotokolls zum Assoziierungsabkommen EWG – Türkei ist dahin auszulegen, dass die darin enthaltene Stillhalteklausel einer Regelung des nationalen Rechts entgegensteht, die eingeführt wurde, nachdem das Zusatzprotokoll in dem betreffenden Mitgliedstaat in Kraft getreten ist, und vorschreibt, dass Ehegatten von in diesem Mitgliedstaat wohnenden türkischen Staatsangehörigen, wenn sie zum Zweck der Familienzusammenführung in das Hoheitsgebiet dieses Staates einreisen wollen, vor der Einreise nachweisen müssen, dass sie einfache Kenntnisse der Amtssprache dieses Mitgliedstaats erworben haben. Eine solche Regelung, die eine Familienzusammenführung erschwert, indem sie die Voraussetzungen für eine erstmalige Aufnahme der Ehegatten türkischer Staatsangehöriger im Hoheitsgebiet des betreffenden Mitgliedstaats im Vergleich zu denjenigen verschärft, die galten, als das Zusatzprotokoll in Kraft trat, stellt nämlich eine „neue Beschränkung" der Ausübung der Niederlassungsfreiheit durch diese türkischen Staatsangehörigen im Sinne von Art. 41 Abs. 1 des Zusatzprotokolls dar. Eine solche Beschränkung ist verboten, sofern sie nicht durch einen zwingenden Grund des Allgemeininteresses gerechtfertigt und geeignet ist, die Erreichung des angestrebten legitimen Ziels zu erreichen, und nicht über das zu dessen Erreichung Erforderliche hinausgeht. Auch wenn man davon ausgeht, dass die Bekämpfung von Zwangsverheiratungen und die Förderung der Integration zwingende Gründe des Allgemeininteresses darstellen können, geht diese nationale Regelung über das hinaus, was zur Erreichung des verfolgten Ziels erforderlich ist, da der fehlende Nachweis des Erwerbs hinreichender Sprachkenntnisse automatisch zur Ablehnung des Antrags auf Familienzusammenführung führt, ohne dass besondere Umstände des Einzelfalls berücksichtigt werden."

1142 *R. Youngs*, The Uncertain Legacy of Crisis: European Foreign Policy Faces the Future, 2014.

III. Zur Fortschrittserzählung von der Europäischen Verfassung

Der letzte Punkt dieses „Qua vadis“ ist gewiss auch eine *Gelingensbedingung* der Europäischen Verfassung, sei aber zukunftsperspektivisch als eigenständiger Punkt ausbuchstabiert. Will die Europäische Verfassung ihre Bürgerinnen und Bürger[1143] immer stärker für sich gewinnen und dadurch ein zentrales (Legitimations-)Defizit überwinden, so bedarf es neben allen (rechtlichen) Reformen in der Verfassungsarchitektur auch einer glaubwürdigen Meistererzählung europäischen Einig-Werdens[1144]. Sie muss rational überzeugen und emotional ansprechen[1145]. Die Idee der „großen Erzählung“, des Narrativs, haben die Rechtswissenschaften, ähnlich wie etwa die Geschichtswissenschaften, von den Literaturwissenschaften rezipiert. Diese operieren, an die Dramentheorie angelehnt, mit einem dreigliedrigen Begriff des Narrativs[1146]. Am Anfang steht ein Equilibrium, eine Situation aus Ausgewogenheit, die durch fundamental umstürzende Ereignisse – eine fundamentale Krise – zerstört wird und nach der Katharsis in ein neues Equilibrium mündet. Übertragen auf die Europäische Verfassung heißt das: Am Anfang steht eine bis in die Antike hineinreichende europäische Schicksalsgemeinschaft, die auf einer gemeinsamen Wertbasis beruht. Die immer stärkere Betonung des Nationalen, gipfelnd in den großen Totalitarismen des 20. Jahrhunderts, hat diese Grundlage geteilter Werte zerstört. Zur Union integriert, besinnt sich Europa auf seine Werte zurück und findet ein neues Equilibrium[1147]. Wie jede Erzählung ist dieses Narrativ keine Wirklichkeitsbeschreibung, sondern eine *Idealkonstruktion*, die vom Woher gedacht dem Wohin Sinn geben und Legitimation verleihen will. Sinn- und Legitimationsstiftung sind seine zentrale Funktion, 1515

1143 *N. N. Shuibhne*, Limits rising, duties ascending: The changing legal shape of Union citizenship, CMLR 52 (2015), S. 889 ff.; W. Schröder/W. Obwexer (Hrsg.), 20 Jahre Unionsbürgerschaft: Konzept, Inhalt und Weiterentwicklung des grundlegenden Status der Unionsbürger, EuR 2015, Beiheft 1.

1144 Die „utopischen Elemente“ im Integrationsprozess können hierfür wertvolle Inspiration sein. Zu diesen Elementen in der bisherigen Integrationsgeschichte *M. Koch*, Das utopische Europa. Die Verträge der politischen Integration Europas und ihre utopischen Elemente, 2015.

1145 In diesem Kontext sei verwiesen auf *M. Guibernau*, The Birth of a United Europe: On Why the EU has Generated a Non-Emotional Identity, Nations and Nationalism 17 (2011), S. 302 ff.

1146 *Z. Todorov*, Théories du symbole, 1977.

1147 Zur Herausbildung dieser Werte *M. Kaufhold*, Europas Werte. Wie wir zu unseren Vorstellungen von richtig und falsch kamen, 2013.

vermittelt auf der Grundlage eines fixen semantischen Musters mit vertrautem Wiedererkennungswert. Als Erzählung wendet es sich an sein Publikum und eröffnet einen Kommunikationszusammenhang hin zu den Bürgerinnen und Bürgern der Union. Es geht ihm nicht darum, einen Gründungsmythos zu erfinden[1148], sondern die Bürgerinnen und Bürger anzusprechen, sie zu überzeugen und damit für das Integrationsprojekt zu gewinnen: um *Zugehörigkeit* zu *werben* und zur *Zugehörigkeit einzuladen.*

1516 Europas konstitutionelles Fortschrittsnarrativ stellt die Union in die gemeineuropäische Traditionslinie der res publica[1149]: *Wertgeleitet* sollen die Unionszugehörigen „gemeinsame politische Sache machen" und sich ihrer Sache sicher sein. Dieses Wertgeleitet-Sein ist zwar in Art. 2 EUV konturiert, die Norm selbst legt sich aber auf keinen eindeutigen Wertbegriff fest, sondern führt ganz unterschiedliche Kategorien im Wertgewand ein. Die Menschenwürde mag ein Wert oder weit mehr, nämlich die anthropologische Prämisse einer Verfassungsordnung schlechthin, sein. In Art. 1 der EU-Grundrechte-Charta ist sie jedenfalls in Grundrechtsqualität erstarkt. Demokratie und Rechtsstaatlichkeit firmieren im Kontext verfassungsstaatlicher Verfassungsordnungen seltener als Werte denn Fundamentalprinzipien der Staatsorganisation. Gleiches gilt für die Freiheit, deren Sicherung für den Verfassungsstaat schlechthin konstitutiv ist. Gleichheit, gerade die Gleichheit von Männern und Frauen, Menschen- und Minderheitenrechte haben Grundrechtsqualität, beanspruchen normative Verbindlichkeit und sind nicht bloße wertgeleitete Programmsätze. Die Toleranz mag demgegenüber ein klassischer Wert, die Gerechtigkeit ein Moment überpositiver Verortung des Rechtsstaates, die Solidarität mag Wert und Pflicht, mag zwischenmenschlich oder zwischenstaatlich gedacht, der Pluralismus wiederum selbstverständliche Voraussetzung von Demokratie sein.

1148 *A. S. Bostanci*, Making the Mythical European: Elucidating the EU's Powerful Integration Instrument of Discursive Identity Construction, Perspectives on European Politics and Society 14 (2013), S. 172 ff.; *Ch. Bottici*, A Philosophy of Political Myth, 2007; *P. W. Khan*, Putting Liberalism at its Place, 2004; *U. Haltern*, Europarecht und das Politische, 2005.

1149 *L. Kühnhardt*, Constituting Europe, 2003, S. 26; insbes. zur Menschenrechtsidee *Ch. Starck*, Die philosophischen Grundlagen der Menschenrechte, in: FS P. Badura, 2004, S. 1033 ff.; zum materiellen Republikverständnis – auch den sozialen Gehalten, die sich dahinter verbergen – *R. Gröschner*, in: H. Dreier (Hrsg.), GG, Bd. II., 2. Aufl., 2006, Art. 20 (Sozialstaat), Rn. 37 ff. m. w. N.

Werden all diese, auch in ihrer normativen Verdichtung ganz unterschiedlichen Topoi auf einen einheitlichen Wertbegriff heruntergebrochen, so macht sie das einerseits normativ nur schwer handhabbar. Andererseits ist damit aber – zurück zum Narrativ – ein nicht zu unterschätzender Appellcharakter, ein werbendes Eintreten für einen Idealtypus der Herrschaftsorganisation verbunden[1150]. Werte umschreiben individuelle oder gesamtgesellschaftliche Grundeinstellungen, die besonderen Richtigkeitsanspruch erheben, Kontinuität beanspruchen und die Legitimationsgrundlage für wiederum individuelles oder kollektives Handeln schaffen wollen[1151]. Wenngleich stets subjektiv, sind sie doch intersubjektiv vermittelbar und Kommunikationsgrundlage für das tägliche neue „Sich-Einig-Werden" in einer politischen Gemeinschaft. Kraft ihrer Orientierungs- und Ordnungsfunktion[1152] wollen sie, das sei neuerlich betont, alle Bürgerinnen und Bürger für das gemeinsame Integrationsprojekt gewinnen. Europas konstitutionelles Fortschrittsnarrativ erhebt schließlich Europa zum Wert an sich[1153]. Von ihrem ersten Kapitel an hat vorliegende Verfassungslehre zu zeigen versucht: Der Europabegriff, mit dem Art. 49 EUV arbeitet, ist weit mehr als eine nur geographische Kategorie. Woher Europa kommt und wohin es will, lässt sich nur aus der Tiefe seiner Kultur ergründen. Für die europäische Rechtsgemeinschaft ist ein Bekenntnis zu gemeinsamen Kulturwerten auch noch drängender als für Nationalstaaten, die das einigende Band gemeinsamer Kultur und geteilter kultureller Werte selbstverständlicher erleben. Der Schutz und die Entwicklung des kulturellen Erbes Europas vermitteln identitätsstiftende Anbindung an Tradition und Herkommen, wollen zugleich Zukunftsperspektive sein. Wie diese Zukunft in der digitalisierten Welt des 21. Jahrhunderts „erobert" wird, titelt „Die Zeit" im letzten Dezemberheft 2015. Allem Anschein zum Trotz hätten weder der „Islamische Staat" noch *W. Putin*s neoimperiale Machtpolitik eine Langfristperspektive. Nicht mit terroristischer Gewalt oder mit Landraum, vielmehr mit „Kapitalmärkten, Hochtechnologie, Rechtsstaatlichkeit, Gedanken- und Informationsfreiheit" lasse sich eine politische Gemeinschaft 1517

1150 *O. Calligaro*, Negotiating Europe. EU Promotion of Europeanness since the 1950s, 2013.

1151 Ähnlich *Ch. Calliess*, Europa als Wertegemeinschaft – Integration und Identität durch europäisches Verfassungsrecht?, JZ 2004, S. 1033 ff., 1034 unter Verweis auf Arbeiten von *U. Di Fabio*.

1152 *U. Di Fabio*, Grundrechte als Wertordnung, JZ 2004, S. 1 ff., 3.

1153 *J. McCormick*, Europeanism, 2010.

in der Moderne zukunftsfähig gestalten[1154]. Was heißt das für Europa im weiteren und engeren Sinne, vor allem für die EU? Als Rechtsgemeinschaft gründet die Union in einem wertgestützten und werteverwirklichenden Normsystem[1155]. Um es für künftige Generationen zu erhalten, bedarf es einer zentralen Botschaft: Die Zugehörigkeit zur Union ist ein Wert an sich. Sie sollte allen Zugehörigen eine zweite Heimat werden[1156].

1154 *J. Joffe*, Die Schwäche der Weltenzündler, Die Zeit vom 30. Dezember 2015, S. 1.

1155 *B. Simma*, Bemerkungen zur Methode der Völkerrechtswissenschaft, in: FS E. Kolb, 1971, S. 339 ff., 340.

1156 So explizit *Th. Oppermann*, Die Zukunft der Europäischen Union und ihrer Verfassung, EuR 2015, Beiheft 2: Verfassungszustand und Verfassungsentwicklung der Europäischen Union, S. 171 ff., 176; siehe auch *ders.*, Zur Zukunft der Europäischen Union, in: FS Schwarze, 2014, S. 876 ff.

Bibliographie zum europäischen Verfassungsrecht (in Auswahl)

Bieber, Roland/Epiney, Astrid/Haag, Marcel, Die Europäische Union, 11. Aufl., Nomos Verlagsgesellschaft, Baden-Baden 2015.

Calliess, Christian/Ruffert, Matthias (Hrsg.), EUV/AEUV. Kommentar, 4. Aufl., C. H. Beck, München 2011.

Ehlers, Dirk (Hrsg.),Europäische Grundrechte und Grundfreiheiten, 4. Aufl., Verlag Walter de Gruyter, Berlin 2014.

Frowein, Jochen Abr./Peukert, Wolfgang (Hrsg.), Europäische Menschenrechtskonvention. Kommentar, 3. Aufl., Verlag N. P. Engel, Kehl am Rhein 2009.

Geiger, Rudolf/Khan, Daniel-Erasmus/Kotzur, Markus (Hrsg.), European Union Treaties. A Commentary, C. H. Beck/Hart, München/Oxford 2015.

Geiger, Rudolf/Khan, Daniel-Erasmus/Kotzur, Markus (Hrsg.), EUV/AEUV. Kommentar, 5. Aufl., C. H. Beck, München 2010.

Grabitz, Eberhard/Hilf, Meinhard/Nettesheim, Martin (Hrsg.), Das Recht der Europäischen Union. EUV/AEUV. Kommentar, 57. Ergänzungslieferung, C. H. Beck, München August 2015.

Häberle, Peter, Der kooperative Verfassungsstaat – aus Kultur und als Kultur. Vorstudien zu einer universalen Verfassungslehre, Duncker & Humblot, Berlin 2013.

Häberle, Peter, Die Wesensgehaltgarantie des Art. 19 Abs. 2 Grundgesetz (Freiburger Dissertation), 1. Aufl., C. F. Müller, Karlsruhe 1962, 3. Aufl., C. F. Müller, Heidelberg 1983.

Häberle, Peter, Erziehungsziele und Orientierungswerte im Verfassungsstaat, Verlag Karl Alber, Freiburg/München 1981.

Häberle, Peter, Europäische Rechtskultur. Versuch einer Annäherung in zwölf Schritten, Nomos Verlagsgesellschaft, Baden-Baden 1994.

Häberle, Peter, Feiertagsgarantien als kulturelle Identitätselemente des Verfassungsstaates, Duncker & Humblot, Berlin 1987.

Häberle, Peter, Gemeineuropäisches Verfassungsrecht, Europainstitut an der Universität, Basel 1997.

Häberle, Peter, Gibt es eine europäische Öffentlichkeit?, Verlag Walter de Gruyter, Berlin 2000.

Häberle, Peter, Nationalflaggen als bürgerdemokratische Identitätselemente und internationale Erkennungssymbole, Duncker & Humblot, Berlin 2008.

Häberle, Peter, Nationalhymnen als kulturelle Identitätselemente des Verfassungsstaates, 1. Aufl., Duncker & Humblot, Berlin 2007, 2. Aufl., Duncker & Humblot, Berlin 2013.

Häberle, Peter, Öffentliches Interesse als juristisches Problem (Freiburger Habilitation), 1. Aufl., Athenäum Verlag, Bad Homburg 1970, 2. Aufl., Berliner Wissenschafts-Verlag, Berlin 2006.

Häberle, Peter, Verfassungslehre als Kulturwissenschaft, 1. Aufl., Duncker & Humblot, Berlin 1982, 3. Aufl., Duncker & Humblot, Berlin 1998.

Hallstein, Walter, Der unvollendete Bundesstaat. Europäische Erfahrungen und Erkenntnisse, Econ Verlag, Düsseldorf/Wien 1967.

Hallstein, Walter, Die europäische Gemeinschaft, Econ Verlag, Düsseldorf/Wien 1973.

Haratsch, Andreas/Koenig, Christian/Pechstein, Matthias, Europarecht, 9. Aufl., Mohr Siebeck, Tübingen 2014.

Hatje, Armin/Müller-Graff, Peter-Christian (Hrsg.), Enzyklopädie Europarecht, Bd. I-X, Nomos Verlagsgesellschaft, Baden-Baden 2013-2015.

Herdegen, Matthias, Europarecht, 17. Aufl., C. H. Beck, München 2015.

Hobe, Stephan, Europarecht, 8. Aufl., Verlag Franz Vahlen, München 2014.

Ipsen, Hans Peter, Europäisches Gemeinschaftsrecht, Mohr Siebeck, Tübingen 1972.

Isensee, Josef/Kirchhof, Paul (Hrsg.), Handbuch des Staatsrechts der Bundesrepublik Deutschland, Bd. X-XI, 3. Aufl., C. F. Müller, Heidelberg 2012-2013.

Lenz, Carl-Otto/Borchardt, Klaus-Dieter (Hrsg.), EU-Verträge. Kommentar, 6. Aufl., Bundesanzeiger Verlag, Köln 2012.

Oppermann, Thomas/Classen, Claus Dieter/Nettesheim, Martin, Europarecht, 6. Aufl., C. H. Beck, München 2014.

Rengeling, Hans-Werner/Middeke, Andreas/Gellermann, Martin (Hrsg.), Handbuch des Rechtsschutzes in der Europäischen Union, 3. Aufl., C. H. Beck, München 2014.

Schulze, Reiner/Zuleeg, Manfred/Kadelbach, Stefan (Hrsg.), Europarecht. Handbuch für die deutsche Rechtspraxis, 3. Aufl., Nomos Verlagsgesellschaft, Baden-Baden 2015.

Schwarze, Jürgen, Europäisches Verwaltungsrecht, 2. Aufl., Nomos Verlagsgesellschaft, Baden-Baden 2005.

Schwarze, Jürgen/Becker, Ulrich/Hatje, Armin/Schoo, Johann (Hrsg.), EU-Kommentar, 3. Aufl., Nomos Verlagsgesellschaft/Helbing Lichtenhahn Verlag/facultas.wuv Verlag, Baden-Baden/Basel/München/Wien 2012.

Streinz, Rudolf (Hrsg.), EUV/AEUV. Kommentar, 2. Aufl., C. H. Beck, München 2012.

Streinz, Rudolf, Europarecht, 9. Aufl., C. F. Müller, Heidelberg 2012.

Tsatsos, Dimitis, Th. (Hrsg.), Die Unionsgrundordnung. Handbuch zur Europäischen Verfassung, Berliner Wissenschafts-Verlag, Berlin 2010.

Vedder, Christoph/Heintschel von Heinegg, Wolff (Hrsg.), Europäisches Unionsrecht. EUV, AEUV, Grundrechte-Charta. Handkommentar, Nomos Verlagsgesellschaft/Dike Verlag, Baden-Baden/Zürich 2011.

von Bogdandy, Armin/Bast, Jürgen (Hrsg.), Europäisches Verfassungsrecht, 2. Aufl., Springer Verlag, Berlin 2009.

von Bogdandy, Armin/Huber, Peter M. (Hrsg.), Handbuch Ius Publicum Europaeum, Bd. I-VI, C. F. Müller, Heidelberg 2007-2016.

von der Groeben, Hans/Schwarze, Jürgen/Hatje, Armin (Hrsg.), Europäisches Unionsrecht, Kommentar, Bd. I-IV, 7. Aufl., Nomos Verlagsgesellschaft, Baden-Baden 2015.

Stichwortverzeichnis

Die im Stichwortverzeichnis aufgeführten Verweise beziehen sich ausschließlich auf die Randnummern.

Europäische Verfassungslehre

Stimmen zu den Vorauflagen

»Das in den wenigen Jahren seit 2001 sehr erfolgreiche, immer wieder aufgelegte Buch ist nicht nur eine Landmarke seines Gegenstandes. Es spiegelt auch die ersten Schritte der Entstehung eines gemeineuropäischen Verfassungsbewusstseins. Insofern ist es nicht nur bahnbrechend, sondern auch die beste Rechtfertigung des großen Ansehens seines Autors vor allem im Ausland, aber zunehmend auch hier in Deutschland.« Univ.-Prof. Dr. Helmut Goerlich, SächsVBl. 11/08

»Das Buch, das schon in seinen früheren Auflagen gewichtige wissenschaftliche Resonanzen fand, leistet insgesamt einen imponierenden Beitrag für das Ansehen der deutschen Rechtswissenschaft im europäischen Ausland und darüber hinaus.« Prof. Dr. Dr. h.c. Peter Lerche, BayVBl. 22/08

»In der für ihn typischen, unnachahmlichen Art und Weise von Individualität und Originalität breitet Häberle seine Ideen vor dem Leser aus. Die Europäische Verfassungslehre bietet die wissenschaftliche Lebenssumme des Verfassers auf dem Gebiet der Europawissenschaft und beeindruckt durch die Perspektive eines weltoffenen Europas.« Prof. Dr. Christian Calliess, LL.M., JZ 1/09

»Häberles Werk ist das Originellste und an tiefen Einsichten Reichste, was in deutscher Sprache (und nicht nur in dieser) zum Wesen eines gemeineuropäischen Verfassungsrechts gedacht und ausgesagt wurde.« Univ.-Prof. Dr. Michael Kilian, DÖV 22/09

»Häberles Europäische Verfassungslehre ist eine reiche Fundgrube fruchtbarer Gedanken für die europäische Verfassungsdiskussion.« RA Dr. Matthias Wiemers, VR 11/09

Nomos